Helmut Thielicke

Glauben und Denken in der Neuzeit

Glauben und Denken in der Neuzeit

Die großen Systeme der Theologie
und Religionsphilosophie

von

Helmut Thielicke

2. Auflage
durchgesehen und erweitert

J. C. B. Mohr (Paul Siebeck) Tübingen

HELMUT THIELICKE, geboren 1908 in Barmen. Nach theologischer und philosophischer Promotion 1936 bis 1940 kommissarischer Ordinarius in Heidelberg. 1940 nach Absetzung Pfarrer in Ravensburg. Reise- und Redeverbot. 1942 bis 1945 theologisches Amt in Stuttgart. 1945 bis 1954 Ordinarius in Tübingen. Ab 1951 Rektor und Präsident der Rektorenkonferenz. 1954 Ruf nach Hamburg. 1960 Rektor der Universität Hamburg. Autor einer Systematischen Theologie (7 Bände), einer Anthropologie und anderer theologischer und Predigtwerke. 1984 Erinnerungen „Zu Gast auf einem schönen Stern". Helmut Thielicke starb 1986 in Hamburg.

CIP-Titelaufnahme der Deutschen Bibliothek

Thielicke, Helmut:
Glauben und Denken in der Neuzeit : d. grossen Systeme d.
Theologie u. Religionsphilosophie / von Helmut Thielicke. –
2., durchges. u. erw. Aufl. – Tübingen : Mohr, 1988
    ISBN 3-16-145336-0 brosch.
    ISBN 3-16-145348-4 Gewebe

1. Auflage 1983
2. Auflage 1988 durchgesehen und erweitert

© 1983, 1988 J.C.B. Mohr (Paul Siebeck) Tübingen

Printed in Germany.

DEM GEDÄCHTNIS MEINES FREUNDES

HANS P. SCHMIDT

PROFESSOR DER THEOLOGIE

AN DER UNIVERSITÄT FRANKFURT

1926–1980

Eine Zeit trägt die Schuld der andern, weiß sie aber selten anders zu lösen als durch neue Schuld.

Friedrich D. E. Schleiermacher

Wie Blut und Schweiß der vergangenen Generationen den Kulturacker gedüngt haben, auf denen unser heutiges Leben blüht oder dahinwelkt, so sind die Irrtümer der suchenden und strebenden Geister die Stufen, auf welchen man vorwärts schreitet.

Martin Kähler

Das Christentum ist von Anfang an ein einziges Nacheinander von Unruhe und Unordnung. Ein Jahrhundert ist wie das andere, nur daß denen, die gerade darin leben, das ihre schlechter scheint als alle Zeiten vorher ... Religion scheint immer im Aussterben, Spaltung übermächtig, das Licht der Wahrheit verdüstert, die Gläubigen versprengt. Die Sache Christi liegt immer im Todeskampf, als wäre es nur eine Frage der Zeit, ob es heute oder morgen mit ihr zuende geht.Die Heiligen sind immer am Verschwinden, und Christus ist immer am Kommen ... Wie lange noch soll die untergehende Welt erhalten werden? Durch die schwachen Lichter, die um ihr Dasein ringen? ... Die Fluten steigen hoch ... Die Fluten türmen ihre Wellen. Die Wogen des Meeres sind mächtig und wütend schäumend! Der Herr, der in der Höhe wohnt, ist mächtiger.

Kardinal Newman

Vorwort

Dieses Buch ist aus einer Vorlesung hervorgegangen, die ich jahrzehntelang – in immer neuer Überarbeitung – an den Universitäten Tübingen und Hamburg während eines Drei-Jahres-Zyklus gehalten habe. Es ging um einen „Vierstünder", der sich jeweils über zwei Semester erstreckte. Nun habe ich den ganzen Stoff noch einmal redigiert, zum Teil neu gestaltet und nicht unerheblich erweitert.

Die laufende Vorlesung wurde immer wieder durch Diskussionsstunden mit meinen Hörern ergänzt. Was ich durch dieses Echo – in Spruch und Widerspruch, in Fragen und Anregungen – erfuhr, ist dann in meine Darstellung eingegangen und hat auch in diesem Buche seinen Niederschlag gefunden. Gerade die Neigung junger Studenten, inmitten von Sachdebatten immer wieder *auch* zu fragen, was sie mit dem Vorgetragenen anfangen könnten, was es für sie und ihr Leben bedeute, hat – wie ich hoffe – zur Aktualisierung der Stoffe einiges beigetragen. Die Einsamkeit der Studierstube ist bei einem solchen Werk gewiß unverzichtbar. Aber der andere Pol lebendiger Auseinandersetzung sollte ihr zugeordnet sein.

Über Ziele und Methoden dieser Arbeit wird im Einleitungsartikel das Nötige gesagt. Hier mag der Vorweg-Hinweis genügen, daß ich die vorgetragenen Epochen protestantischer Theologiegeschichte nicht in der Art eines Historikers behandle, sondern unter dem Leitgesichtspunkt ganz bestimmter Fragestellungen, vor allem der Frage, wie Glauben und Denken sich miteinander auseinandersetzen. Dieses Problem ist freilich keine beliebig herausgegriffene Spezialfrage. Es erscheint mir eher als das eigentlich *tragende* Problem in der Theologie der letzten Jahrhunderte und auch unserer eigenen Zeit. Vielleicht ist es überdies didaktisch fruchtbar, wenn dem jungen Studenten – an ihn und nicht *nur* an den späteren sachkundigen Leser habe ich natürlich immer gedacht! – auf diese Weise eine thematische Mitte angeboten wird, um die herum sich die Stoffe ordnen lassen und von der sie ihre Kontur empfangen.

Mit dieser Absicht verbindet sich ein weiteres Ziel: Ich möchte vor allem die heute diskutierten Probleme der Theologie in ihrer Entstehungsgeschichte aufzeigen. Man könnte es auch umgekehrt formulieren: Ich möchte die großen systematischen Entwürfe der letzten Jahrhunderte im Lichte unserer heutigen Probleme aufzeigen.

Kein Zweifel, daß damit diese Untersuchung einen *subjektiven* Akzent erhält: daß nämlich die geschichtlichen Abläufe und ihre repräsentativen Gestalten nicht in gleichmäßiger Distanz an uns vorüberziehen, sondern daß der Standort des Beobachters für die perspektivische Differenz zwischen einem Näher und einem Ferner sorgt. Ob das nur eine Hypothek oder ein Gewinn oder beides ist, mag der Leser entscheiden. Ich möchte nur meinerseits zu erkennen geben, daß mir diese Lage der Dinge klar ist und daß ich sie bewußt in Kauf nehme:

Einmal ist ja schon die Bestimmung dessen, was als „unsere heutigen Probleme" zu gelten hat, ausgesprochen subjektiv. Es sind, jedenfalls hier, im wesentlichen die Probleme, mit denen der Verfasser in den Jahrzehnten seiner theologischen Arbeit gerungen und die er in seinen systematischen Arbeiten dann auch niedergelegt hat. Mancher mag so Fragestellungen vermissen, die ihm wichtig sind, obwohl ich glaube, daß die thematische Achse der folgenden Erörterungen – vornehmlich die mit dem Spannungsfeld Glauben und Wissen verbundene Polarität von „Zweifel" und „Aneignung" – zu jenen Fundamentalien zählt, die jeden bedrängen, der sich mit theologischen oder religionsphilosophischen Fragestellungen befaßt.

Das Kriterium, nach dem ich die theologischen Denker ausgesucht habe, ist die Frage, ob und inwieweit sie für jene thematische Achse repräsentative Bedeutung haben.

Das hat zur Folge, daß ich von der Kunst des Weglassens reichen Gebrauch machen mußte. Große Gestalten, die in andern Bereichen als denen meines Leit-Themas ihre Bedeutung haben, sind teils übergangen, teils tauchen sie nur in allerhand Querverbindungen auf, die allerdings in reichem Maße ausgebaut werden. (Daß es KARL BARTH in seinem nach wie vor wichtigen Werk „Die protestantische Theologie im 19. Jahrhundert" auch nicht viel anders machen konnte, ist mir dabei ein gewisser Trost.) Ansonsten ist das Buch mit reichen Assoziationen zu andern theologischen Themen und Figuren durchsetzt, vor allem mit Bezügen zur theologischen und philosophischen Arbeit unseres eigenen Jahrhunderts. Das kann ja kaum anders sein, wenn ich die Gestalten der Vergangenheit nicht nur als Gewesene behandeln, sondern sie als unsere Gesprächspartner verstehen möchte. Das führt zu einer Spannung zwischen der zu bedenkenden zeitlichen Differenz und der Bemühung, sie dennoch in einer gewissen Gleichzeitigkeit zu sehen. Diese Spannung hat eine dramatische Seite. Und mir ist die Theologiegeschichte denn auch immer wieder als ein Drama erschienen – mit Phobos und Katharsis und allem, was dazu gehört.

* * *

Dieses Buch ist dem Gedächtnis meines Freundes HANS P. SCHMIDT gewidmet, der zusammen mit seinem jüngsten Sohn Weihnachten 1980 tödlich verunglückt ist. Er hinterläßt eine überaus schmerzliche Lücke in der jüngeren Theologengeneration. Sein Schrifttum, so prägend es für viele war und gewiß noch weiter sein wird, kann wohl einen Eindruck von seiner bohrenden Nachdenklichkeit und seinem Sinn für theologische Gegenwartsprobleme vermitteln, kaum aber die Lebendigkeit und Spontaneität seines Menschentums, seine Glaubensfreude und sein Glaubensleid, seinen schwäbischen Humor und sein Charisma für Freundschaft vergegenwärtigen. Alles dies ist in den Herzen derer, die seine Schüler und Freunde gewesen sind, bewahrt. Ich selbst habe in ihm einen der treuesten Gefährten verloren, obwohl seine eigenständige Kontur ihn nie so etwas wie einen theologischen „Parteigänger" sein ließ.

Er war erst sechzehn Jahre alt, als er nach einem Vortrag zum ersten Male und dann immer wieder zu mir kam, so daß ich an seiner Entwicklung teilnehmen und ihn auch ein wenig anleiten konnte. Später hat er – nach seiner Heimkehr aus schwerster Kriegsgefangenschaft – bei mir in Tübingen studiert und war danach in Hamburg mein Assistent; ich war auch sein Doktor- und Habilitations-„Vater". Als sein hohes Reflexionsniveau ihn in gewissen Phasen seines Werdens zu einer Form von Abstraktion führte, die mir nicht unbedenklich erschien, schickte ich ihn für einige Zeit zu dem überaus handfesten und volkstümlichen Evangelisten WILHELM BUSCH in Essen, ebenso zu einem Training bei der Mitternachtsmission einer Großstadt, wo er zu einfachsten und christlich kaum angerührten Menschen zu reden lernte. Auch diese Probe bestand er, so daß er sich auf jedem Parkett, auf jedem Bretterboden und jedem Asphalt zu bewegen wußte. Daß der Glaube menschliche Originale – Handarbeit Gottes sozusagen – zustandekommen läßt, das konnte einem in HANS SCHMIDT vor Augen geführt werden.

Ich denke in Trauer und Dankbarkeit an alles, was ich seiner Freundschaft verdanke.

***

Noch ein persönliches Wort zu diesem Buch mag mir am Schluß gestattet sein:

Im Vorwort des letzten Dogmatik-Bandes (Theologie des Geistes, 1978) schrieb ich, daß mit der Vollendung der auf sieben Bände angewachsenen Systematischen Theologie mein wissenschaftliches Lebenswerk abgeschlossen sei. Daß es mir vergönnt ist, dem Gesamtcorpus nun diese historische Ergänzung noch hinzuzufügen, daß ich mit Frische, immer wieder auch in heiterem Rückblick auf meine Lieblingsvorlesung, daran arbeiten konnte, empfinde ich als gnadenvolles Geschenk.

HELMUT THIELICKE

Zur zweiten Auflage

Die anhaltende Nachfrage nach diesem Buch macht eine Neuauflage erforderlich.

Bei dieser Gelegenheit konnte dem Wunsch des Verfassers entsprochen und das jetzige 6. Kapitel über „Goethe und das Christentum," eingefügt werden. Es war ursprünglich an dieser Stelle vorgesehen, wurde aber 1982 aus damals aktuellem Anlaß separat unter gleichem Titel beim Piper-Verlag München/ Zürich veröffentlicht.

Die Register wurden der neuen Seitenzählung angepaßt und ergänzt, inzwischen bekannt gewordene eindeutige Druckversehen wurden korrigiert.

Der Verlag

Inhalt

Teil III
Die großen Systeme des 18. und 19. Jahrhunderts und ihre Nachwirkungen

Abkürzungen

(außer den im Text jeweils angegebenen)

Anthropol.	=	Thielicke, Mensch sein – Mensch werden. Entwurf einer christl. Anthropologie
AT	=	Altes Testament
ChrD	=	K. Barth, Die christl. Dogmatik im Entwurf I, 1927
DAS	=	Deutsches Allgemeines Sonntagsblatt
EA	=	Erlanger Lutherausgabe
EK	=	Evangelische Kommentare
EvGl	=	Thielicke, Der evangelische Glaube, 3 Bde.
EvTh	=	Zeitschrift: Evangelische Theologie
Ges. Schr.	=	Gesammelte Schriften
Gr. Kat.	=	Luthers Großer Katechismus
Hampe	=	J. Chr. Hampe (ed.), Die Autorität der Freiheit. Gegenwart des Konzils und Zukunft der Kirche im ökumenischen Disput, I–III, 1967
Heppe	=	H. Heppe, Die Dogmatik der evangelisch-reformierten Kirche, 1935
HK	=	Herder-Korrespondenz
HWP	=	Historisches Wörterbuch der Philosophie
KD	=	K. Barth, Die kirchliche Dogmatik
LBK	=	Die Bekenntnisschriften der evangelisch-lutherischen Kirche
LMH	=	Lutherische Monatshefte
LThK	=	Lexikon für Theologie und Kirche
NR	=	Die neue Rundschau
NT	=	Neues Testament
NTW	=	Theologisches Wörterbuch zum Neuen Testament, ed. G.Kittel/ F. Friedrich
NZsyTh	=	Neue Zeitschrift für Systematische Theologie
PhB	=	Philosophische Bibliothek
RE	=	Realenzyklopädie für protestantische Theologie und Kirche, 3. Auflage
RGG	=	Religion in Geschichte und Gegenwart
Salnar	=	Salnar's Harmonia confessionum fidei (Reformierte Bekenntnisse), ed. A. Ebrard, 1887
SW	=	Sämtliche Werke
ThBl	=	Theologische Blätter
ThE	=	Thielicke, Theologische Ethik, 3 Bde.
ThL	=	Theologische Literaturzeitung
ThR	=	Theologische Rundschau
ThSt	=	Theologische Studien
TRE	=	Theologische Realenzyklopädie
WA	=	Weimarer Lutherausgabe
WW	=	Werkausgabe

ZAW	=	Zeitschrift für alttestamentliche Wissenschaft
ZsyTh	=	Zeitschrift für systematische Theologie
ZThK	=	Zeitschrift für Theologie und Kirche
ZwZ	=	Zeitschrift: Zwischen den Zeiten

1. Teil
Geschichtstheologische Prolegomena zur Theologiegeschichte

1. Kapitel

Ziel und Methode

I. Das Ziel

a) Die dialogische Absicht

Bei einem so umfangreichen Komplex von Tatsachen und Problemen, wie ihn die Theologie- und Philosophiegeschichte der letzten Jahrhunderte enthält, empfiehlt es sich genau zu präzisieren, worin wir unsere Aufgabe sehen, und welche Methoden zu ihrer Bewältigung sich nahelegen.

Ich trete nicht mit einem primär historischen Interesse an unsern Gegenstandsbereich heran. Vielmehr geht es mir um die Darlegung eines Systematikers, der die Denker der Vergangenheit als Dialogpartner versteht und mit ihnen die theologische Wahrheitsfrage diskutieren möchte. Nicht als ob ich angesichts der Gestalten, deren Porträt hier gezeichnet werden soll, Jahreszahlen, biographischen Daten und Umweltschilderungen aus dem Wege gehen wollte. Ganz im Gegenteil möchte ich einen gewissen Ehrgeiz darein setzen, die großen Denker möglichst plastisch, möglichst unmittelbar und auch in der erregenden Polarität von Menschlichem-Allzumenschlichem auf der *einen* und der sie ergreifenden und von ihren Gedanken umkreisten Wahrheit auf der *andern* Seite sichtbar zu machen. Wie sollten wir auch anders ein denkerisches System und erst recht die *Geschichte* des Wahrheitssuchens beschreiben können als so, daß wir die Gestalt des jeweiligen Autors auf uns wirken lassen und die Frage stellen, welchen „Sitz im Leben" seine Gedanken haben?

Auch die theologische Arbeit, die wir *selber* treiben, ist ja ein menschliches Werk, ein zumeist mit großer Leidenschaft vollbrachtes Werk, in das die ganze Existenz geworfen ist und dessen verzehrende Glut nicht selten alles das, was man „privat" nennt, zur Schlacke verbrennt. Manchmal aber ist die Theologie auch getrieben worden im Zuge des Trägheitsgesetzes von Traditionen und erschöpfte sich dann in der mehr oder weniger beteiligten Kommentierung überkommener Sätze.

Meist waren die Theologen enorm fleißige Leute; und wer die Biographien dieser Männer studiert, kann manchmal betroffen sein von der Quantität ihrer akademischen Stundenzahl – Lehrkontingent nennt man das heute – und von der Zentimeterzahl der von ihnen produzierten Buchreihen. Manchmal sind sie auch Florettfechter gewesen, die sich an der Politur ihrer Aphorismen selber erbauen mochten, während sie ihre Zeitgenossen durch Verfremdungseffekte und Provokationen schockierten. LESSING etwa oder auch KIERKEGAARD wird man zu diesem Typus rechnen dürfen.

Einige wollten schlichte Baumeister sein, die den Glauben der Christenheit in gedanklicher Ordnung vorzuführen gedachten; andere wollten abbauen und destruieren, um auf einem planierten Gelände Neues zu errichten (so zum Beispiel DAVID FRIEDRICH STRAUSS). Andere waren Fischer und Missionare, deren Herz sich vor dem Elend der säkularen Welt zusammenkrampfte. Wieder andere waren apologetische Angler, die den Haken ihres Scharfsinns schwungvoll auszuwerfen verstanden und sich vornahmen, daß möglichst viele Fische im Meer der Welt in die Verfügung ihrer Schnur kommen möchten.

Kurzum: die Theologie ist immer ein sehr menschliches Werk und wird getrieben von lebendigen Menschen, die manchmal einen echten Heiligenschein haben, manchmal auch nur Scheinheilige sind; von Menschen, die ihre größte Leidenschaft auf der Kanzel oder auf dem Katheder entfalten, die Missionare oder Gelehrte, nicht selten auch beides sind; die im Dienste ihres Herrn und manchmal auch ihres Ehrgeizes – oder wiederum im Dienste von beidem – stehen.

Weil das so ist, weil also die Theologie ein sehr menschliches Werk ist, trifft der Satz LUTHERs auf sie zu: persona facit opera (die Person ist's, die die Werke tut – und charakterisiert). Darum spricht nicht nur die *Botschaft* durch den denkenden Verkünder, sondern er bekennt sich in seinen theologischen Äußerungen zugleich *selbst;* er bekennt sich in seiner Betroffenheit oder auch in seiner Nicht-Betroffenheit. Der Zeitgeist mischt ebenfalls bei ihm mit, obwohl er selbst das oft gar nicht bemerkt und vielfach auch gar nicht will; die Nachfahren haben dafür eine um so bessere Witterung.

Damit komme ich zu einem ersten Grundsatz der Theologie-Geschichtsschreibung, wie sie mir vorschwebt: Es hängt mit eben jener Persongebundenheit des theologischen Geschäfts zusammen, daß wir eine Theologiegeschichte niemals bloß als eine Geschichte theologischer Gedanken und Ideen schreiben können. Wir haben vielmehr die Art und Weise darzulegen, wie konkrete Menschen einer bestimmten Zeit das Kerygma angeeignet haben und wie sie mit der Anfechtung fertig geworden sind, die ihnen ihr jeweiliger Zeitgeist besorgte – ganz gleich, ob dieser Zeitgeist sich in der aufklärerischen Anbetung der ratio, ob er sich im historischen Materialismus und seinem ausschließlich gesellschaftspolitischen Interesse, oder ob er sich im romantischen Kult des Gefühls (oder welch anderen Formen auch immer) ausdrückte.

Zur theologischen Reflexion kommt es also immer dann, wenn die Botschaft – sie ist stets das Primärereignis! – auf die Denkformen und Denkfiguren trifft, in denen die Menschen einer bestimmten Zeit sich reflexiv bewegen. Die Botschaft tritt zuerst als das mit diesen Formen und Figuren nicht Vereinbare in Erscheinung; sie steht in Spannung und Konkurrenz zu ihnen. Setzt sie sich aber durch, läßt sie es also zum Glauben kommen, tritt der paradoxe Zustand ein, daß wir sie mit eben diesen unseren zeitgebundenen Kategorien einfangen und ausdrücken müssen, sofern wir nicht in Stummheit und Schweigen versinken wollen. Die Spannung zwischen dem Ewigen, das hier „anwest", und den zeitgebundenen Mitteln der Aneignung wird immerfort bemerkbar bleiben. Die Begriffe beginnen gleichsam zu tanzen, indem sie nun etwas ausdrücken sollen, was ihren bisherigen ideologischen Gehalten nicht mehr entspricht, was diese Gehalte transzendiert. Wenn der Prolog des Johannes-Evangeliums von der Fleischwerdung des Logos spricht, so bedient er sich einer stoischen oder gnostischen Terminologie. Aber er „bedient" sich deren eben nur. Denn der Begriff Logos muß, um das Mysterium der Inkarnation zu umschreiben, seine bisherige Bedeutung als Chiffre für das Weltprinzip ausschütten und sich mit einem Gehalt füllen lassen, der ihm von Haus aus fremd ist.

So kommt die Sprache zugleich an ihre Grenze; die Wortgefäße können durch ihre Gehalte gesprengt werden. Ein Indiz dafür ist es, daß die Aussageform des Paradoxes unvermeidlich wird. Nicht nur Paulus, auch LUTHER und später KIERKEGAARD nehmen ihre Zuflucht so immer wieder beim Paradox, und KARL BARTH konnte von der „unmöglichen Möglichkeit" sprechen, das Wort Gottes in unserer menschlichen Sprache weiterzusagen.

Nicht selten wird die Spannung zwischen dem andrängenden Kerygma und unseren Reflexionsmitteln und Aufnahmeapparaturen dadurch beseitigt, daß man die Botschaft bloß in sie *integriert* und ihnen so statt einer bloß instrumentalen Bedeutung eine Herrschaftsposition zugesteht. In diesem Falle assimiliert man die Botschaft an die „Welt"; man läßt sie nur sagen und bestätigen, was wir auch von uns aus schon wissen. Man weist ihr höchstens die Aufgabe zu, für eine sakrale Überhöhung dieses von uns Gewußten zu sorgen. Das kann sich in sehr sublimen Denkprozessen ergeben. Es kann aber auch in vulgärer Plumpheit und dann überdeutlich in Erscheinung treten. Wir brauchen nur an gewisse systemkonformistische Theologien in ideologischen Diktaturen zu denken: So empfingen etwa die „Deutschen Christen" des Dritten Reiches ihre weltanschaulichen Normen von den Nazis. Was sie als angeblich christliche Botschaft dann von sich gaben, war gleichgeschaltet und integriert. Die Spannung der Botschaft zum Zeitgeist – und damit ihre Pointe – war eliminiert.

Hier wird paradigmatisch sichtbar, in welcher Weise Theologie stets mit einer Auseinandersetzung zwischen dem Kerygma und dem Selbstverständnis einer Zeit – vergröbernd können wir sagen: mit einer Auseinandersetzung zwischen Ewigkeit und Zeit – zu tun hat. Aus diesem Grund kann die *Existenz* derer, die Theologie treiben, nie außer Betracht bleiben. Sie spielt vielmehr mit. Ihr ist sogar die Hauptrolle zugemessen. Sie ist gleichsam das Schlachtgebiet zwischen Ewigkeit und Zeit. Hier fällt die Entscheidung darüber, wem oder was Herrschaft zugemessen wird, und wer oder was nur dienendes Instrument ist. Das möchte ich noch durch einige Überlegungen vertiefen:

Wenn man die Theologie als den durchreflektierten Glauben, als die Reflexionsgestalt des Glaubens, definieren könnte, so hat es die Theologie*geschichte* mit der Geschichte des *Glaubens,* oder genauer: mit der Geschichte des glaubenden *Menschen,* oder noch genauer: mit der Geschichte von Menschen zu tun, die ihren Glauben und sich selbst bekannten, und zwar durch eine bestimmte Reflexionsgestalt ihres Glaubens. Doch habe ich damit noch nicht alles gesagt. Zu dieser Glaubens- und Reflexionsgeschichte kommt ein wichtiges Moment hinzu:

b) Die polare Struktur des theologischen Denkens

Der Glaube glaubt nämlich nicht nur *an* etwas, sondern stets auch *gegen* etwas. Darum haben wir es in der Geschichte der Theologie und des ihr jeweils zugrunde liegenden Glaubens zugleich mit der Geschichte von ganz bestimmten Anfechtungen zu tun, *wider* die geglaubt und *wider* die das theologische Argument mobilisiert wurde:

Für LUTHER etwa war der Ort, wider den er seine Theologie mobilisierte, die Anfechtung durch die Gesetzesgerechtigkeit; ihr trat er mit dem argumentierenden Bekenntnis des sola-fide entgegen.

Für die Aufklärungstheologen – REIMARUS und SEMLER etwa – bestand jener Ort in dem zementierten Anachronismus der Orthodoxie und ihrer dogmatischen Metaphysik, die man nicht mehr unbesehen und gläubig hinnehmen konnte, wenn man als Aufgeklärter, vom Vernunftglauben Durchdrungener ehrlich bleiben und seine Identität behaupten wollte.

Für SCHLEIERMACHER bestand der Ort der Anfechtung im Aufmarschgebiet der historischen und naturwissenschaftlichen Kritik an einem biblisch fundierten Glauben: Die Historie stellte das supranaturalistische Geschichtsbild der Bibel in Frage und drohte es in einen historischen Relativismus aufzulösen; die Naturwissenschaft kritisierte das biblische Weltbild und setzte an die Stelle seiner Transzendenzbezogenheit (und seiner vorkopernikanischen, „nachweisbar" überholten Gestalt!) die in sich ruhende, naturgesetzlich durchwirkte Endlichkeit. Dieser im wahrsten Sinn radikalen, an die Wurzeln greifenden Kritik war nicht mehr mit einigen apologetischen Mätzchen, mit einem Ja-aber-endetail, beizukommen. Dieser Kritik gegenüber bedurfte es vielmehr eines strategisch groß angelegten Rückzugs auf das sturmfreie, von keiner wissenschaftlichen Kritik mehr erreichbare Plateau der Innerlichkeit, des Gefühls und des Erlebens. Im Sinne KANTS könnte man sagen: Es ging darum, eine apriorische Fundierung der religiösen Aussage zu erreichen, die derjenigen von theoretischen Verstandesurteilen ebenbürtig war. Genau das hat SCHLEIERMACHER in der Einleitung zu seiner Glaubenslehre, wie wir noch sehen werden, denn auch versucht. Seine Theologie war ein Großunternehmen der Prophylaxe gegenüber einer von ihm vorausgeahnten Zeit der Wissenschaftsgläubigkeit. Diesem Kommenden gegenüber mußte ein bloßes Bekennen religiöser Wahrheit so lange wehrlos und steril bleiben, wie es nicht gelang, einen rocher des bronze, sprich: ein neues fundamentum fidei zu finden, an dem jede wissenschaftliche Kritik sich die Zähne ausbeißen mußte.

Für den Bibeltheologen MARTIN KÄHLER endlich – um auch seine paradigmatische Bedeutung hier anklingen zu lassen – lag der Ursprung seiner Anfechtung in der religionsgeschichtlichen Nivellierung des Christentums und der problematisch gewordenen Zuordnung von Offenbarung und Geschichte. Sollte etwa die historisch-kritische Schriftforschung darüber befinden dürfen, an welchen Christus wir noch verläßlich glauben können? Sollte unser Christusglaube auf *das* beschränkt werden müssen, was das kritische „Subtraktionsexempel" der Historie von ihm übrig ließ? Auch hier konnte sich – ähnlich wie bei SCHLEIERMACHER, wenn auch mit anderer theologischer Tendenz – die Antikritik nicht mit einem kleinlichen Gezänk über historische Einzelfragen begnügen. Sie mußte vielmehr den Versuch der historischen Schriftkritik, den wissenschaftlich eruierten „historischen Jesus" zum alleinigen Glaubensgrund zu machen, ex pricipio bestreiten und den diesem Unternehmen zugrundeliegenden Begriff von „Geschichtlichkeit" destruieren. Das hat KÄHLER dann, wie wir noch sehen werden, in seinem grundlegenden Werk „Der sogenannte historische Jesus und der geschichtliche biblische Christus" (1892) getan.

So könnte man noch lange fortfahren und die Geschichte der Theologie nicht nur als eine Geschichte des *Glaubens* und seiner Reflexionsgestalten, sondern gleichzeitig auch als eine Geschichte der *Anfechtungen* dieses Glaubens beschreiben.

Theologie entsteht überhaupt *immer* in der Anfechtung oder sie entsteht nie. LUTHERs bekannter Satz, daß die Anfechtung den Theologen mache (tentatio facit theologum), weist bereits darauf hin, daß die Infragestellung, wider die geglaubt werden muß, zugleich nach dem theologischen Argument ruft, mit dessen Hilfe der Glaube sich die Klärung seiner selbst zu verschaffen sucht. (Dichter wie ALBERT CAMUS oder GOTTFRIED BENN, die den Weg zu je „eigenem" Erkennen über das Nichts gehen, haben zumindest in formaler Analogie das gleiche Problem gesehen.) Auch DOSTOJEWSKI kann von sich bekennen, daß sein „Hosianna durch das große Fegefeuer des Zweifels hindurchgegangen" sei[1].

Für die Aussagestruktur der Bekenntnisschriften ist es charakteristisch, daß ihre Sätze diese Herkunft aus der Anfechtung widerspiegeln: Sie verbinden ja das „Wir-bekennen ..." stets mit einem „Wir-verwerfen ...", das „Glauben-an ..." also mit einem „Glauben-wider ...". Daß der negative Verwerfungssatz jeweils auf die positive Bekenntnisaussage *folgt,* darf nicht darüber hinwegtäuschen, daß die historische Genese dieser Aussage sich in umgekehrter Richtung vollzogen hat: Gerade die Anfechtung durch eine häretische Position war es ja, die dazu provozierte, sich den eigenen Glauben reflexiv zu verdeutlichen und das Ergebnis dieses Klärungsprozesses in einer Bekenntnisaussage niederzulegen.

Daß es auf *diese* Weise, nämlich auf dem Weg über die *Anfechtung,* zu theologischen Aussagen kommt, erklärt zugleich, warum es keine zeitlosen theologischen Sätze und keine theologia perennis gibt: Theologie kommt stets durch

---

[1] Ergänzende Hinweise zur Anfechtung bei LUTHER: Sensibus non experimur, sed per afflictiones (WA 11,70,13). – ... was gelust den got, das er den teuffel alzo an uns hetzt? Ideo ut Euangelium veniat ad suas vires ... (20,461,23). – Vgl. Art. „Temptation" des Verfs. in: Encyclopedia of the Lutheran Church III (1965), 2327ff.

eine Herausforderung (challenge im Sinne TOYNBEES) zustande und bleibt so stets an ihre geschichtliche Situation und Stunde gebunden. Ihre Gültigkeiten sind deshalb nur so herauszustellen, daß sie jeweils in andere Situationen und Stunden transponiert werden, also der hermeneutischen Vermittlung bedürfen. Das gleiche gilt selbstverständlich auch von der *Predigt,* deren geschichtliche Verhaftung allein schon *daran* sichtbar wird, daß selbst die Predigten großer Theologen – denken wir an LUTHER oder auch SCHLEIERMACHER! – heute unmöglich wiederholt werden könnten. Der Prediger ist nur *seiner* Stunde und *seinen* Zeitgenossen verpflichtet.

Darum weist die Theologie bereits aus ihrem Wesen heraus nicht nur auf einen ewigen, zeit-„überlegenen" Grund, dem die Offenbarung entstammt, sondern ebenso auf bestimmte Konstellationen des Zeitgeistes, innerhalb dessen und dem gegenüber sie ihre Aussagen macht. Sie hat insofern eine polare Struktur. In diesen Konstellationen kommen vor allem drei Momente zum Vorschein:

c) Die Bedeutung des Zeitgeistes und der zeitbedingten Sprachschemata

Erstens geht es um die *Anfechtung* der betreffenden Zeit, mit der sich die Botschaft jeweils konfrontiert sieht. In der Neuzeit ist hierbei, wie schon angedeutet, vor allem an die *Naturwissenschaft* zu denken, in deren Gefolge sich die Idee einer nach außen abgeschlossenen, nur auf sich selbst bezogenen Kosmologie zweifellos auf das allgemeine Lebensgefühl auswirkt. Ferner bringt der moderne *Historismus* mit seiner alles relativierenden Tendenz eine ähnliche Wirkung hervor. Und schließlich ist noch an den weltanschaulichen Einfluß von Soziologie und Psychologie zu denken, die beide je auf ihre Weise dazu neigen, alle geistigen und geistlichen Phänomene auf immanente Faktoren zurückzuführen und sie psycho- oder soziogenetisch zu verstehen.

Von diesen verschiedenen Infragestellungen her ergibt sich das Problem, ob und inwieweit sich bei diesen neuen Konstellationen und Seinsverständnissen die alten christlichen Glaubenssätze überhaupt noch aussprechen lassen, ohne daß dem wachen Zeitgenossen ein unbilliges sacrificium intellectus oder die Flucht in einen doppelten Wahrheitsbegriff zugemutet wird. Die Aufregungen, die von BULTMANNS Entmythologisierungsunternehmen oder von J.A.T. ROBINSONS Buch „Honest to God"[2] ausgingen, sind dadurch zu erklären, daß sie an diese Grundfrage rührten, ob sich das Christentum innerhalb des gewandelten Weltverständnisses noch behaupten könne. Müssen seine dogmatischen Sätze nicht zumindest modifiziert werden – etwa in der Art, daß man nur das existenzielle Selbstverständnis ernstnimmt, das in dem von mythischen und supranaturalen Zeitbedingtheiten verschalten Kerygma enthalten ist und entsprechend herauspräpariert werden muß?

---

[2] Deutsch: „Gott ist anders", 5. Aufl. 1964.

Diese Infragestellung ist deshalb so elementar, weil es dabei um die *Glaubwür-digkeit der christlichen Verkündigung* und ihrer Theologie geht. Sie ist nämlich nur dann glaubwürdig, wenn ich sie mir *so* anzueignen vermag, daß sie mich nicht in einen Konflikt stürzt mit dem rational begründeten Existenz- und Welt-verständnis, wie ich es in meinem sonstigen Leben (als Handwerker oder Wissen-schaftler zum Beispiel) vertrete, wenn also die Unteilbarkeit meines Ich gewahrt bleibt. Diese Glaubwürdigkeit bleibt aber *nicht* erhalten, wenn ich intellektuelle Verdrängungen vornehmen müßte, um glauben zu können.

Darum wird es beispielsweise zu einem offenen Problem, mit welcher Begründung ich die Auferstehung Christi zum Grund meines Glaubens erklären kann. Um das mit gutem Gewissen zu können, muß ich über die Frage reflektieren, ob und inwiefern ich in der Auf-erstehung Christi ein „geschichtliches Ereignis" sehe. Bezeichne ich sie so als geschicht-liches Ereignis, dann muß ich sofort der nächsten Frage standhalten, in welchem *Sinne* ich hier von Geschichte spreche. Meine ich hier „Geschichte" in dem gleichen Sinn, wie ich sie meine, wenn ich von der Kreuzigung Christi oder auch von der Geburt Napoleons rede, wenn es also um ein objektives und objektivierbares Ereignis in Raum und Zeit geht? Melde ich hier Bedenken an – und das muß ich ja wohl, weil die Auferstehung das ge-schichtliche Continuum transzendiert und weil auch die Evangelien in anderer Weise über sie berichten als über den historischen Akt der Kreuzigung –, dann bin ich genötigt, Aus-kunft darüber zu geben, welchen Geschichtsbegriff ich denn *dann* verwende und wie sich dieser mein „theologischer" Geschichtsbegriff zu demjenigen verhält, den ich normaler-weise in Anspruch nehme: dann nämlich, wenn ich historisch über die Fakten der Welt-geschichte nachdenke[3].

Die neuen und veränderten Konstellationen des Welt- und Geschichtsver-ständnisses nötigen mich also, mich der von ihnen ausgehenden Infragestellung des Glaubens zu stellen. Jedenfalls zwingen sie mich *dann* dazu, wenn ich nicht unreflektiert und selbstsicher das überlieferte Glaubensgut nur reproduziere, sondern wenn ich glaubwürdig zu sein wünsche und solidarisch mit meinen Zeit-genossen jene Infragestellung auf mich selbst zukommen lasse, also die Aufgabe ihrer Bewältigung für die eigene Person übernehme. Der Theologe hat sogar in erhöhtem Maße die Aufgabe, stellvertretend für seine Zeitgenossen diesen geisti-gen und geistlichen Konflikt in sich auszutragen. Es handelt sich hier, wenn man den etwas belasteten Begriff nicht scheut, um die *apologetische* Aufgabe der Theologie. Man übt diese Aufgabe am besten an historischen Stoffen ein. Jeder theologische Denker, den wir im Folgenden behandeln, stellt uns ja vor die Frage, worin jener Konflikt für ihn bestand, ob er sich ihm stellte und wie er ihn bewältigt hat.

Zweitens enthalten die Konstellationen des Zeitgeistes eine jeweils sich *än-dernde* Frage an Verkündigung und Theologie: LUTHERS Frage nach dem gnädi-gen Gott ist sicher nicht – wenigstens nicht in direkter Form – *unsere* Frage. In

---

[3] Vgl. zu diesem Problem der „Geschichtlichkeit" der Auferstehung die ausführlichere Darlegung in EvGl II, 522ff. – Ferner nenne ich das wichtige Buch von RICHARD R. NIE-BUHR, Resurrection and Historical Reason, New York 1957 (deutsch: Auferstehung und geschichtliches Denken, 1960).

einem Café, an einem Stammtisch oder in einem Eisenbahnabteil wird man sie kaum jemals hören. Nicht der *gnädige* Gott, sondern die *Existenz* Gottes ist unser Problem. Und selbst dieses Problem äußert sich nur selten in Klartext, sondern meist chiffriert: Es verbirgt sich in der Frage nach dem verlorenen Sinn, in der Klage über dessen Verlust und im Leiden an der Absurdität[4].

Wenn ich unabhängig von derartigen Zeitfragen Theologie treibe, so antworte ich ständig auf Fragen, die nicht gestellt sind, und verschweige andere, die meine Zeitgenossen bewegen. Ich verhalte mich dann gewissermaßen reaktionär und treibe Theologie in einem anachronistischen Sinne, nämlich im Rahmen einer vergangenen Zeitgenossenschaft, deren Theologie zu *ihrer* Zeit sehr wohl auf die gestellten Fragen eingegangen ist. Indem so der Kontakt zwischen dem Kerygma und der (zeitgebundenen) Existenz ausbleibt, produziere ich notwendig Indifferenz. – Diese zweite Aufgabe, die sich aus der Konfrontation der Theologie mit zeitgenössischen Fragen ergibt, bezeichne ich (neben der erstgenannten „apologetischen") als die Aufgabe der *Aktualisierung*.

Drittens: Ein letztes Problem, das uns von den Konstellationen des Zeitgeistes her gestellt wird, ergibt sich aus den wechselnden begrifflichen Instrumentarien, wie sie in der Regel von den Humanwissenschaften (früher vornehmlich von der Philosophie, heute mehr von Psychologie und Soziologie) vorgeprägt sind. Jede Zeit liefert uns in Verbindung mit ihren Fragen und ihren Infragestellungen ein solches Begriffsinventar, das dann auch in die theologische Reflexion einzugehen pflegt – und wohl auch eingehen *muß,* wenn die Theologie ihre hermeneutische Aufgabe, ihre Aktualisierungsfunktion und ihre Zeitnähe ernstnimmt. Deshalb läßt sich die neuzeitliche Theologie, vor allem seit der Aufklärung, nur in Verbindung mit der jeweiligen Philosophie und den von ihr gelieferten Begriffsschemata darstellen. So sind etwa, um diese Verbindung an einigen repräsentativen Gestalten zu verdeutlichen, DAVID FRIEDRICH STRAUSS nur von HEGEL, ALBRECHT RITSCHL und WILHELM HERRMANN nur von KANT und RUD. BULTMANN nur von HEIDEGGER aus zu verstehen. Nicht immer sind die Beziehungen so eindeutig. Doch gibt es kaum einen Fall, selbst den der BARTHschen Theologie nicht, in dem sie ganz ausfiele[5]. Im übrigen stellt uns schon das Neue Testament selbst, wo Gnosis und hellenistische Logos-Spekulationen immer wieder solche gedanklichen Schemata liefern, vor das gleiche Problem.

---

[4] Aus diesem Grund ist gerade die junge Generation von der Sisyphus-Idee ALBERT CAMUS' oder von der Zufalls-Existenz des Menschen in der Molekularbiologie von JACQUES MONOD bewegt (Le hasard et la nécessité, Paris 1970; deutsch: Zufall und Notwendigkeit, 1971).

[5] Was BARTH in dieser Hinsicht anbelangt, so hat F. GOGARTEN in seiner (freilich einseitig-polemischen) Streitschrift „Gericht oder Skepsis" (1937) sich um den Nachweis bemüht, in welchem Maße bei BARTH verkappte Existenzphilosophien und Identitätsspekulationen wirksam sind. – Heutige Theologien der Hoffnung (auf protestantischer Seite J. MOLTMANN) greifen auf das „Prinzip Hoffnung" von ERNST BLOCH, theologische Sozialethiken greifen auf die Frankfurter Schule (vor allem J. HABERMAS) zurück.

Auch die *katholische* Theologie steht vor denselben Fragen. Das legt sich schon deshalb nahe, weil hier die Verbindung von Theologie und philosophischer Terminologie durch die aristotelischen Grundlagen des Thomismus besonders eng war. Demgegenüber verfochten maßgebliche Jesuiten-Theologen von Lyon-Fourvière in ihren Schriftreihen „Christliche Quellen" (Sources chrétiennes) und „Theologie" die These, die zementierte Bindung des theologischen Denkens an die scholastisch-aristotelische Synthese führe zu einem Anachronismus und raube den Gegenwartsbezug. So befand der Jesuit H. BOILLARD in seinem Buch über „Bekehrung und Gnade beim hl. Thomas von Aquin" (1944), daß die Gnadenlehre des THOMAS durch ihre Bindung an das aristotelische Schema von Form und Stoff (eîdos und hýle) zu einer heutzutage überholten mittelalterlichen Theologie werde, die als eine nicht mehr „aktuelle" Theologie notwendig eine „falsche" Theologie werde. Die gemeinsame Forderung dieser französischen Jesuitenschule, HENRI DE LUBAC und JEAN DANIÉLOU an der Spitze, bestand darin, daß heutige Theologie ihre Fragestellungen und Ausdrucksschemata dem Bestand *ihrer* Zeit entnehmen müßten, und daß ARISTOTELES etwa durch existenzialistische (und weitere dann folgende) zu ersetzen seien. Insofern gaben sie dem Einfluß von S. KIERKEGAARD und auch RUDOLF OTTO freien Raum in ihrer Theologie. Diese Forderung gewann z. B. Gestalt in DE LUBACS Werk über Eucharistie und Kirche im Mittelalter (Corpus mysticum, 2. Aufl. 1949), in dem er sich um den Nachweis bemühte, daß die Darstellung der Gegenwart Christi im Sakrament mit Hilfe der aristotelischen Begriffe von „Substanz" und „Akzidenz" eine unerträgliche Verengung bedeuteten, jedenfalls dann, wenn dieses philosophische Schema Dauergeltung beanspruche. Desgleichen ging es DANIÉLOU um das Ziel, den Graben zwischen der Kirche und der heutigen Welt dadurch zu überwinden, daß jede lebendige Theologie in Korrespondenz mit den Fragestellungen der Jetztzeit und entsprechend auch mit ihrer Terminologie treten müsse. So sei es etwa erforderlich, daß der Subjektivität, wie sie sowohl im Existenzialismus wie im Marxismus betont sei, auch im theologischen Denken der ihr gebührende Stellenwert zuerkannt werde.

Dieses Programm übte gerade durch seine Modernität eine derartige Faszination aus, daß sich PIUS XII. in seiner Enzyklika „Humani generis" (1950) veranlaßt sah, diese „Neue Theologie" Frankreichs kritisch zurückzuweisen. Sein Hauptargument war dabei, daß jeder Versuch, die philosophia perennis (!) der Scholastik durch heutige philosophische Strömungen abzulösen, zu einem dogmatischen Relativismus führen müsse. In der scholastischen Philosophie gehe es nicht um ein bloß kurzlebiges philosophisches System, das beliebig austauschbar sei. Sie sei vielmehr eine Manifestation dessen, wie die göttliche Offenbarung dem menschlichen Denken zu Hilfe komme. Entsprechend hätten auch ökumenische Konzile sich dieser philosophischen Schemata bedient und ihnen damit das Siegel der Endgültigkeit verliehen. – Gerade an dieser päpstlichen Intervention zeigt sich, wie fundamental und gelegentlich dramatisch die Auseinandersetzung um das Aktualisierungsproblem in der Theologie und damit auch um die Verbindung zwischen Theologie, Philosophie und den Humanwissenschaften überhaupt sich darstellt.

Diese Überlegungen machen es uns möglich, unsere *Aufgabe* nunmehr zu präzisieren:

Es soll uns darum gehen, inmitten dieser zeitbedingten Ausdrucksschemata das inhaltliche Aussage-*Ziel* des jeweiligen Denkers herauszufinden, den zeitlichen Zwischenraum dadurch transparent zu machen und so einen gegenwärtigen Gesprächspartner in ihm zu finden. Deshalb können wir uns nicht mit bloßen de-facto-Fragestellungen begnügen wie etwa: „Was" haben LESSING, SCHLEIERMACHER, RITSCHL, BARTH und andere – zitierbar und in Anführungsstrichen – gesagt, was steht also objektiv da? (Das wäre im übrigen auch ziemlich geistlos und langweilig!) Sondern die Frage muß lauten: Was haben sie im Rahmen der ihnen zur Verfügung stehenden Schemata sagen *wollen?* Was war ihre Aussage-Intention?

Theoretisch ist es leicht, diese Aufgabe zu formulieren. In der Durchführung stehen ihr nicht geringe Schwierigkeiten entgegen. Diese sind keineswegs nur technischer Art, sondern sie verweisen auf ein grundsätzliches Verstehensproblem: Denn jene zeitbedingten Aussage-Schemata „dienen" nicht nur, so daß zwischen der Aussage selbst und ihrem begrifflichen Instrumentarium leicht unterschieden werden könnte. Vielmehr kommt es immer wieder zu einer Art *Aufstand* der begrifflichen Mittel. Sie können dann ihre ideologischen Gehalte, die sie im Rahmen der zeitgenössischen Philosophie besitzen, in den inhaltlichen Bereich theologischer Aussagen eindringen lassen und diese so überfremden. Dafür lassen sich viele Beispiele beibringen, und sie werden auch in unseren kritischen Anfragen an die Denker der Vergangenheit immer wieder zur Sprache kommen.

Hier erwähne ich zur vorläufigen Illustration dieses Überfremdungsvorgangs nur zwei Fälle:

Ehe im Prolog des Johannes-Evangeliums – das klang schon kurz an – der christologische Satz formuliert werden konnte: „Das Wort (= Logos) ward Fleisch", hatte die griechische Philosophie, vor allem in der Stoa, jahrhundertelang den Logos-Begriff umkreist und ihn mit mit ganz bestimmten weltanschaulichen Inhalten ausgestattet: Er bezeichnete z. B. die den Kosmos durchwaltende Weltvernunft und zugleich die subjektive ratio, die dem kosmischen Logos analog ist und ihn so zu verstehen vermochte. Wenn das Johannes-Evangelium nun diesen Logos-Begriff übernimmt, um mit seiner Hilfe das Mysterium der Inkarnation zu umschreiben, so streift es diese ideologischen Gehalte des Logos-Begriffs ab, verwendet ihn gleichsam nur als entleerte Hülse, als bloßes Synonym für das „Wort" Gottes. Es hütet sich also, die Erscheinung Christi durch den stoischen Logos-Begriff „definieren" zu lassen und Christus so als bloße Idee in das Umfeld griechischen Denkens zu integrieren. Vielmehr ist es umgekehrt. Was im Johannes-Evangelium „Logos" bedeutet, wird durch Christus, das heißt durch alles, was in den folgenden Kapiteln nun von ihm berichtet wird, definiert.

Bei den *frühchristlichen Apologeten* des 2. Jahrhunderts (JUSTINUS MARTYR vor allem) liegt das genaue Gegenbeispiel vor: Um das Christentum Menschen, die durch die griechische Denktradition geprägt sind, verstehbar zu machen und ihnen nahezubringen, suchte man nachzuweisen, daß die griechischen Philosophen gewissermaßen Vorläufer Christi waren: Was sie über den kosmischen Logos zu sagen wußten, waren erste Wahrheitspartikel und bloße Andeutungen dessen, was dann in Christus als der Erscheinung des Welt-Logos selbst in seiner Fülle und Vollständigkeit ans Licht trat. Das apologetische Ziel bestand also darin, daß griechisch geprägte Geister in Christus nicht ein schlechthinniges Novum, womöglich einen Skandal und ein Ärgernis erblicken möchten (1. Kor 1,23), sondern daß sie sich in ihrem Denken durch ihn gerade bestätigt und ihr bisher fragmentarisches Wissen durch ihn überhöht und vollendet sehen sollten. Diese missionarische Konzeption setzte aber voraus, daß die Christus-Botschaft dem griechischen Denken „akkomodiert" werden mußte, daß Christus also – im Unterschied zum Johannesevangelium! – nun durch den griechischen Logos-Begriff definiert wurde. Es ist klar, daß viele Aussagegehalte des Evangeliums – z. B. die „Torheit" des Kreuzes (1. Kor 1,18; 2,6ff.) oder das wunderhafte Geschehen – bei diesem Integrationsvorgang unter den Tisch fielen. Jedenfalls zeigt sich hier, wie der Logos-Begriff seine dienende Funktion als bloß begriffliches Instrumentarium aufgibt und eine normativ-herrschaftliche Rolle zu spielen beginnt: Christus wird nun unter den Logos-Begriff „subsumiert", er wird gleichsam zu seiner bloßen Illustration und wird ihm deckungsgleich.

So haben wir hier ein klassisches Beispiel für den *Aufstand der begrifflichen Mittel* vor uns. In solchen Fällen wird es unmöglich, die Form der Aussage einfach zu subtrahieren, um so die inhaltliche Aussage-Intention herauszuschälen. Denn die Form ist hier selber zum Inhalt geworden. Das ist die hermeneutische Schwierigkeit, auf die wir immer wieder stoßen werden.

Ein zweites Beispiel für diesen Aufstand der begrifflichen Mittel sehen wir in der Art vor uns, wie BULTMANN die philosophische Terminologie HEIDEGGERs adaptiert. Hier kann ich mich kürzer fassen und darf für die ausführliche Auseinandersetzung auf Band I von *Der evangelische Glaube* verweisen (besonders S. 50ff.). BULTMANNs Begriff der existenzialen Bibelinterpretation, die den Heideggerschen Existenz-Begriff übernimmt, kann Bibel-Aussagen nur insoweit für verbindlich erachten, als sie für mich relevant sind und mich – im Sinne TILLICHs ausgedrückt – „unbedingt angehen". Zu diesem Zweck muß er bemüht sein, bloß zeitgeschichtlich bedingte Aussageformen (z.B. mythische oder gnostische) vom kerygmatischen Aussagekern abzulösen. Die Frage ist nur, inwieweit das sachgemäß möglich ist, wenn seine eigenen begrifflichen Mittel und Kriterien – eben die von HEIDEGGER übernommenen – normative Bedeutung gewinnen und „hermeneutische Prinzipien" werden, die den zu verstehenden Text unter Umständen überfremden. Wird nicht das entscheidende Kriterium, ob ein Text mir existenziell „bedeutsam" werde, dafür sorgen, daß alles *nicht* bedeutsam Erscheinende nun nicht mehr rezipiert werden kann, und daß es so zu Ausgliederungen und Eliminierungen kommen muß, wie man sie an BULTMANNs Stellung zu den Wundern oder zur Auferstehung Christi (um nur einiges zu nennen) in der Tat beobachten kann? Wird nicht das hier verwendete Kriterium für das Mythische (daß es nämlich die Vorfindlichkeit des Göttlichen aussage) selbst die Inkarnation als zumindest fragwürdig erscheinen lassen müssen? BULTMANNs Theologie ist so ein Experiment, an dem sich die Problematik einer Trennung von Aussage-Form und Aussage-Intention besonders gut exemplifizieren läßt.

Daß man Theologiegeschichte jedenfalls nicht als abstrakte Ideengeschichte treiben kann, dürfte nach allem Gesagten klar sein. Wenn man nur darstellen will, wie das starre Autoritätsprinzip der Orthodoxie das Verlangen nach Mündigkeit und Emanzipation – also nach Aufklärung – ausgelöst hat, wie dann der so zur Herrschaft gelangte Vernunftbegriff den kritischen Idealismus KANTs und den metaphysischen Idealismus FICHTES, HEGELS und SCHELLINGS aus sich heraussetzte, um dann den Widerspruch der Linkshegelianer und auch KIERKEGAARDS zu provozieren, ich sage: wenn man nur diese Evolution der Ideen darzustellen wünscht, so müßte unser entscheidendes Problem außer Betracht bleiben: Wir kämen dann nie zu einer Differenzierung zwischen Aussageinhalt- und -form, weil der konkrete, an geschichtliche Situationen gebundene Mensch hier überhaupt nicht ins Visier käme, jener Mensch also, der sich mit seinen zeitgebundenen Denkschemata der christlichen Botschaft nähert und sie verstehen wollend mit seinen Gedanken umkreist. *Deshalb ist es unser Ziel, konkrete Menschen an ihrem konkreten geschichtlichen Ort aufzusuchen und über unsere eigene zeitgeschichtliche Gebundenheit hinweg – die wir dann selbstkritisch im Auge behalten müssen! – mit ihnen zu reden.*

Im Sinne dieses Zieles möchte ich die hier niedergelegte Arbeit des Verstehens nicht als Historiker, sondern in systematischer Absicht leisten. Das bedeutet negativ: Es geht mir nicht primär darum zu erkennen, wie es „an sich" gewesen ist. Es geht mir auch nicht um Vollständigkeit der zu besprechenden Gestalten und ebensowenig um lückenlose Markierung aller geistesgeschichtlichen, kulturellen und politischen Linien, in deren Schnittpunkt sie jeweils stehen. Vielmehr ist es mein Anliegen, diese Gestalten nach bestimmten theologischen und philosophischen *Problemen* zu befragen, oder besser: mit ihnen gemeinsam die wesentlichen Fragenbereiche zu durchschreiten, die ihnen und uns als Themen gleichermaßen aufgegeben sind.

Dadurch ergibt sich von vorneherein eine gewisse Auswahl: Ich greife aus der Fülle des geschichtlichen Bestandes solche Gestalten heraus, die repräsentativ stehen für einige beherrschende Themen der Neuzeit, an denen wir selber „stampfen und glühen" (LESSING), Gestalten also, von denen wir hoffen dürfen, daß sie uns als Dialogpartner bei der Bewältigung jener Themen durch Kritik und Antikritik weiterhelfen können.

Zu diesem Versuch, durch ein Gespräch mit der Vergangenheit in unserer eigenen Problematik weiterzukommen, lockt die Zeit seit der Aufklärung schon deshalb in besonderem Maße, weil in ihr das gesamte Feld der theologischen Grundlagenfragen durchschnitten wurde. Da in diesem Zeitraum gewisse neuzeitliche Fragestellungen – zum Beispiel die Spannung von Glaube und Geschichte – zum ersten Male auftauchen, so brechen sie mit der dramatischen Wucht von gewagten und revolutionären Entdeckungen, zugleich auch mit der Frische des ersten Erlebnisses auf. Sie sind noch nicht durch die Gewöhnung der Skepsis „domestiziert", wie es bei uns als späten Epigonen zumeist ist. (Daß es beim Verhältnis Glaube und Geschichte, Glaube und Naturwissenschaft um schwierige und vielleicht unlösbare Fragen geht, ist uns durch langen Problemumgang schon allzu vertraut, so daß wir uns fast damit abgefunden haben – ausgenommen vielleicht beim „ersten Erlebnis", in dem ein reifender Jugendlicher auf sie stoßen mag). Es hat darum einen hohen Reiz, die Grundlagenprobleme bei ihrem ersten Auftauchen zu beobachten.

d) Das durch dieses Ziel bestimmte Programm (Überblick)

In einer vorläufigen schematischen Übersicht möchte ich einmal die wichtigsten Probleme, die sich aus dieser Absicht ergeben und uns später beschäftigen werden, zusammenstellen:

Erstens: Das Verhältnis von Offenbarung und Vernunft
Die Dringlichkeit dieser Fragestellung wächst in dem Maße, wie sich seit DESCARTES der Blick auf das emanzipierte Ich und seine Subjektivität richtet, und wie dann in und seit der Aufklärung der Grund für die Würde dieses Ich darin gesehen wird, daß es „Vernunftträger" ist. Von dorther gewinnt es das Bewußtsein, zu mündiger Autonomie befähigt und verpflichtet zu sein. Das impliziert notwendig ein Spannungsverhältnis zu den autoritären und (anscheinend oder scheinbar) entmündigenden und heteronomen Ansprüchen jeder Art von Offenbarung oder Dogma. Die repräsentative Gestalt, an der wir diese Grundspannung studieren wollen, wird vor allem LESSING sein. Er intiiert mit seinem

Emanzipationsprogramm Auseinandersetzungen, die bis heute in immer neuen Variationen fortdauern und besonders bei BONHOEFFER und GOGARTEN sowie ihren Nachfolgern zu beobachten sind.

Zweitens: Das Verhältnis der Gebote Gottes zum menschlichen Gewissen.

Hier handelt es sich um eine erste Variante der soeben genannten Grundspannung. Denn auch im Verhältnis der Gebote zum Gewissen wird die Relation von Autorität und Autonomie thematisiert. Wenn *einmal,* so lautet die hier gestellte Frage, durch KANT das autonome sittliche Ich entdeckt und systematisch begründet wurde: kann man dann im religiösen Bereich doch wieder dahinter zurück und sich durch Mandate einer Außeninstanz, eines „*Nicht*-autós" – eben Gottes! – verpflichten lassen? Sind göttliche Gebote nicht prinzipiell ein héteros nómos, ist also Theonomie nicht gleich Heteronomie und damit sittlich in jedem Falle verwerflich? Oder könnte in diesem Konflikt doch noch eine Lösung gefunden werden: etwa in der Weise, daß sich die Gebote Gottes vor der normativen Instanz unseres Gewissens als „sittliche" Ansprüche ausweisen und so eben *doch* von unserer Autonomie als legitime Norm akzeptiert werden können? Entspricht es aber der Würde göttlicher Mandate, wenn sie sich so vor dem Forum des sittlichen Ich allererst legitimieren und dieses Forum demnach als vorgesetzte Instanz anerkennen müssen? Wir besprechen dieses Problem an Hand der Analyse von KANTs Autonomiebegriff und der theologischen Konsequenzen, die KANT selbst zieht. Von dort aus beobachten wir, wie die durch KANT geprägte Theologie des 19. Jahrhunderts diesen philosophischen Ansatz rezipiert und die ihr damit auferlegte Spannung zwischen Autonomie und Theonomie bewältigt hat. Hierbei geht es uns um Dialoge mit ALBRECHT RITSCHL, vor allem aber mit WILHELM HERRMANN.

Da es sich hier um ein Problem handelt, das auch ganz abgesehen von seinem kantischen Ursprung in Permanenz schwelt, müssen wir ebenso seine moderneren Spielarten verfolgen. In einem berühmt gewordenen Streit zwischen KARL BARTH und EMIL BRUNNER äußerte es sich in der Kontroverse über den sogenannten „Anknüpfungspunkt", den Gesetz und Evangelium in unserer Bewußtseinsstruktur, in Vernunft und Gewissen vor allem, vorfänden und durch den sie sich, wie BRUNNER meinte, vernehmbar machten[6]. BARTH lehnte jede Frage nach solchem Anknüpfungspunkt radikal mit der Begründung ab, daß schon der bloße Blick auf Verstehens- und Aufnahmebedingungen des Kerygma dem Worte Gottes die Freiheit und Vollmacht seines schöpferischen Bewirkens raube und damit der alten Versuchung erliege, die Theologie in Anthropologie zu verwandeln. Diese Kontroverse (wir kommen im Schlußkapitel noch einmal auf sie zu sprechen) weist trotz der Unerfreulichkeit ihrer Modalitäten immerhin auf den Kern der Auseinandersetzung zwischen Autonomie und Theologie hin: auf

---

[6] Ausgelöst wurde dieser Streit durch BRUNNERs Schrift „Natur und Gnade". Zum Gespräch mit K. Barth, 1934. Sie erfuhr eine überaus rüde Antwort in „Theologische Existenz heute" Nr. 14, 1934 unter dem an Kürze nicht zu überbietenden Titel „Nein".

die auch im Gespräch mit der katholischen Theologie relevante Frage der „analogia entis", das heißt auf die Frage, ob und inwieweit es eine Zusammenstimmung zwischen unserer Natur (und damit auch unserer natürlichen Bewußtseinsstruktur) *und* der Offenbarung (der „Übernatur") gebe.

Indem wir solche Linien jeweils ausziehen, brechen wir ständig aus dem jeweils historischen Ort aus und dringen bis in die Gegenwart vor. Wir interessieren uns also mehr für die Probleme als für die Denkergestalten, an denen wir ihr erstes Auftauchen beobachten. Diese haben für uns mehr die Bedeutung von Modellfällen für sachliche Überlegungen.

Drittens geht es uns – im Zuge der genannten Fragestellungen, um *das Verhältnis von Theologie und Philosophie überhaupt.*

In der Frage nach diesem Verhältnis wird die Relation zwischen Offenbarung und Vernunft sozusagen auf ihre breiteste Basis gestellt. Wir gehen dieser Relation an Hand von HEGEL und seiner Schule nach und verfolgen zugleich die von ihm ausgelösten Reaktionen bei den „Links-Hegelianern" und – auf theologischer Seite – bei KIERKEGAARD.

Viertens handelt es sich um *die Bedeutung der modernen historisch-kritischen Schriftforschung für den auf die Bibel gegründeten Glauben.*

Auch hier aktualisieren sich Fragen, die unter den vorangehenden Gesichtspunkten bereits angesprochen sind. Vor allem geht es um die hermeneutischen Bedingungen, die in der Subjektivität gründen: Ist eine historisch-kritische Bemühung um den Bibeltext wirklich so voraussetzungslos und neutral, wie sie sich – vor allem zu Beginn – vielfach gegeben hat, wenn sie den Glauben als ein Vorurteil verstand, das durch den menschlichen Verstand dingfest zu machen und dann kritisch zu überwinden sei? (REIMARUS, DAVID FRIEDRICH STRAUSS). Damit in Zusammenhang steht die Frage nach der Unterscheidung zwischen dem (nicht verbindlichen) Weltbild der Bibel und dem Kerygma selbst, nach dem also, was in unserer Generation vor allem unter dem Stichwort „Entmythologisierung" bekannt geworden ist. Lange vor BULTMANN sind bereits in der Aufklärungszeit bei SEMLER analoge Fragestellungen aufgetaucht.

Fünftens ist damit das Thema *des Verhältnisses von Offenbarung und Geschichte überhaupt* gestellt, das von den „Klassikern" J. CHR. K. VON HOFMANN, JOH. TOBIAS BECK und später von MARTIN KÄHLER erörtert wird, bis heute aber von seiner Relevanz nichts eingebüßt hat.

Sechstens wird mit der Erweiterung des räumlichen Gesichtskreises zunehmend *das Verhältnis des Evangeliums zu den Religionen* akut. Während bereits SCHLEIERMACHER den Begriff der Religion überhaupt behandelte, ohne ihre geschichtlichen Konkretionen en detail ins Auge zu fassen, sah sich die sogenannte „religionsgeschichtliche Schule" – als deren Repräsentant hier nur TROELTSCH genannt sei – vor die empirischen Gestalten der Weltreligionen gestellt und damit in die Kontroverse zwischen absoluter und relativer Wahrheit versetzt. Ist das Christentum, so lautet die hier gestellte Frage abgekürzt, nur eine unter vielen Erscheinungen der Religionsgeschichte? Dann müssen alle missionarischen Antriebe zugunsten eines nur noch dialogischen Austausches zwischen den Religionen zurücktreten. Oder hat das Evangelium transzendente Ursprünge, die es – bei aller Einbettung seiner Ausdrucksformen in die religionsgeschichtliche Umwelt und Typologie – letzten Endes der Welt der Religionen „gegenüber"-stellt?

Siebtens treibt der Säkularismus gewisse Ansätze des aufklärerischen Denkens auf die Spitze, wenn es hier nicht mehr bloß um eine durch die Vernunft „gereinigte" Religion geht, sondern wenn die Vernunft in ihrem äußersten herrschaftlichen Aufschwung *die Religion als Ideologie oder Projektion* „entlarvt". Als Paradigmen dieser Religions- und Ideologiekritik kommen K. MARX, L. FEUERBACH und F. NIETZSCHE zur Sprache.

Nach dieser Problemübersicht möchte ich so vorgehen, daß ich für die genannten fundamentalen Fragestellungen je einen maßgebenden Repräsentanten heraussuche (und zwar möglichst einen, der auslösend an der Eröffnung der Diskussion beteiligt ist), ihn analysiere und zu den Vorgängern oder Nachfolgern punktierte Linien ausziehe.

II. Die Methode

Zum Grundsätzlichen historischen Verstehens

Wenn ich sagte, wir würden uns von einem systematischen und nicht von einem primär historischen Interesse leiten lassen, so bedarf dieses Prinzip doch gewisser Einschränkungen. Denn auch eine „nur" historische Bemühung um das Verständnis von Texten philosophischer oder theologischer Provenienz kann ja nicht auf das sogenannte „An-sich" der Vergangenheit aus sein. Vielmehr geht sie mit dieser Vergangenheit gleichsam eine Partnerschaft gemeinsamen Fragens ein und ruft sie damit in die Gegenwart eines jetzt und hier zu führenden Dialogs. Nur in dieser wechselseitigen Durchdringung von historischem und systematischem Interesse wird das Denken der Vergangenheit ernst genommen.

Damit werden wir vor das Problem des *Verstehens* geführt. Da wir in diesem Buch fortgesetzt Texte dieser Art auslegen und verstehen müssen, da es zudem unsere Aufgabe ist, zu „polemisieren" – das heißt anzunehmen, zu verwerfen und also Werturteile zu fällen –, ist es unerläßlich, daß wir uns am Beginn unserer Arbeit einige Grundsätze der Hermeneutik klarmachen. Gerade bei einer Arbeit an den Systemen der letzten Jahrhunderte werden wir auf diese Aufgabe gestoßen, vor allem aus zwei Gründen:

einmal deshalb, weil hermeneutische Überlegungen den zu besprechenden Zeitraum aufs stärkste bestimmt haben, so daß wir uns keinem bloßen Vorgeplänkel hingeben, sondern es mit dem Gedankenmaterial dieser Epoche *selbst* zu tun haben. Ihr Augenmerk ist ja vornehmlich durch die Frage bestimmt – wir werden das noch sehen –, ob und inwieweit biblisch fundierte und traditionell überkommene Dogmen in einer veränderten Bewußtseinslage noch verstanden und vor allem „angeeignet" werden könnten.

Zweitens sind hermeneutische Überlegungen bei einer Analyse der letzten Jahrhunderte auch deshalb unumgänglich, weil wir gerade bei diesem zeitlich Nahen durch gewisse Vorverständnisse und Vorurteile, vor allem durch bewußte oder unbewußte Abwertungen bestimmt sind. Ist der romantische Subjektivismus eines SCHLEIERMACHER, ist der Kantianismus eines ALBRECHT RITSCHL und der Liberalismus A. VON HARNACKS nicht längst „überwunden" und „überholt"? Sind sie nicht als bloß historisch und museal abzuwerten? Das ist für viele in unserer Generation nur noch eine schlicht rhetorische Frage.

Kein Wunder, daß so die Betrachtung des Vergangenen nicht-engagiert und äußerst langweilig wird, daß sie der Krankheit der Geschichtslosigkeit neue Bakterienstämme zuführt. Auf dem Regal der heutigen Theologen pflegen ja oft genug ebenso viele Ketzerhüte wie Bücher zu stehen; und die Bereitschaft, sie liebevoll auszuteilen, ist eine der bestentwickelten Spontaneitäten unserer Disziplin, die keineswegs nur der „kritischen Jugend" eignen.

Die Frage lautet also: Wie kann man einen Mann wie etwa SCHLEIERMACHER überhaupt verstehen? Welche Maßstäbe kommen in Betracht, um ihn theologisch zu werten? Wenn man nur in orthodoxer Primitivmanier das Lineal der Bekenntnisschriften anzulegen brauchte, um dann in schadenfrohem Überlegenheitsdünkel die sich herausstellenden Wellenlinien einer Theologie zu beobachten, *dann* freilich hätte man leichtes Spiel. Aber wie töricht und respektlos wäre das!

Welchen Grundsätzen ist also der Vorgang des Verstehens und Wertens theologischer Sätze zu unterstellen? Das ist unsere vorrangige Frage.

Mit dieser *hermeneutischen Frage* greifen wir zugleich ein Problem auf, das – wie gesagt – im Mittelpunkt nahezu aller neueren Theologen gestanden hat. Was haben denn die Aufklärer, was hat ein LESSING denn anderes getan, als ein neues hermeneutisches Programm aufzustellen? Dieses Programm lautete etwa so: Wir dürfen uns nicht in unseren weltlichen und religiösen Selbstverständlichkeiten von gewissen christlichen Traditionen bestimmen lassen; wir sind für das, was wir als Wahrheit erachten, zu verantwortlich, um nur eine Durchgangsstation zu sein, an der das Fließband der Tradition vorüberzieht. Vielmehr haben wir den Rang und die Geltung dieser Traditionen – einschließlich der Heiligen Schrift! – an den Wahrheitskriterien unserer Vernunft und an unserem Gewissen verantwortlich zu messen. Hat nicht ebenso SCHLEIERMACHER das hermeneutische Problem gestellt (nicht nur expressis verbis, wie er es allerdings *auch* getan hat, sondern vor allem implizit in jedem Satz seiner Glaubenslehre), wenn er Offenbarung und Selbstbewußtsein in Einklang zu bringen und damit eine Dichotomie unseres allgemeinen und unseres religiösen Bewußtseins zu vermeiden suchte? Hat es nicht ebenso die RITSCHL-Schule gemacht, wenn sie sittlich-religiöse Kriterien anwandte, um die verbindlichen Offenbarungsgehalte von zeitbedingten Gefäßen der Aussage zu unterscheiden? Und MARTIN KÄHLER in seiner Auseinandersetzung mit dem historischen Substraktionsexempel und Karl Barth mit seiner „pneumatischen Exegese" – und, und ...?

Selbst radikale Progressisten im Zeitalter einer wild gewordenen Soziologie sind auf ihre Weise Hermeneuten: Sie befragen die Texte unter dem Gesichtspunkt, welche Impulse der Erneuerung, der Weltveränderung und des Revolutionären in ihnen enthalten seien. Unter der Herrschaft dieses Kriteriums kann es dann etwa zu der Frage kommen, ob Martin Luther oder Thomas Münzer die größere leitbildliche Funktion für den Protestantismus zuzuschreiben sei[7].

So werden wir dem hermeneutischen Problem während unseres Zeitraums in immer neuen Variationen begegnen. *Hier* begnüge ich mich mit drei seiner Haupttypen, denen ich als vierten Typus das eigene, in diesem Buch verwendete Prinzip der Interpretation hinzufügen möchte. Diese verschiedenen Typen sind unter dem Leitgedanken ausgewählt, daß die heutigen Historiker und Philosophen, teilweise auch die Theologen, dem einen oder andern dieser Typen nahestehen[8].

a) Erster Typus: Die pragmatisch bestimmte Hermeneutik

Sie findet ihre klassische Repräsentation in Nietzsches Frühschrift „Vom Nutzen und Nachteil der Historie für das Leben" (1873/74). Unter drei Gesichtspunkten macht Nietzsche die kreative Bedeutung klar, die die Geschichte für meine eigene Identitätsfindung hat: Sie gewinnt diese Bedeutung

erstens dann, wenn ich sie als „monumentalische" Historie verstehe. Ich konzentriere mich so vor allem auf die großen Gestalten und Momente der Geschichte, auf den „Höhenzug der Menschheit durch die Jahrtausende hin". Das Humanum erscheint mir hier in seinen äußersten Möglichkeiten – und es sind *meine* Möglichkeiten, denn ich bin ja dieses Geschlechts.

Zweitens gewinnt die Geschichte diesen existenziellen Bezug, wenn ich „antiquarische" Historie betreibe. Damit meint Nietzsche die Versenkung in die Lokalhistorie, in die Geschichte der eigenen Stadt. In ihr entdecke ich mein er-

---

[7] Diese Alternative ist von Dieter Forte in dem seinerzeit Aufsehen erregenden Stück „Martin Luther & Thomas Münzer" (1971) sogar dramatisiert worden.

[8] Für die neuere Geschichte der Hermeneutik hat das dreibändige Werk von Joachim Wach, Das Verstehen, 1926, immer noch seine Bedeutung. An neueren Arbeiten nenne ich aus der fast unübersehbaren Fülle des Schrifttums außer den noch anzuführenden: R. Bultmann, Das Probl. der Hermeneutik, in: Glauben und Verstehen II, 211 ff. – G. Ebeling, Wort und Glaube II (1969), 99 ff. – ders., Art. Hermeneutik, in: RGG, 3. A., III, 242 ff. (Lit.). – ders., Dogmatik des christlichen Glaubens I (1979); vgl. Reg. in Bd. III. – H. G. Gadamer, Wahrheit und Methode, 1960. – A. Schopenhauer macht übrigens darauf aufmerksam (in dem Kapitel „Zur Wissenschaftslehre", in: Die Welt als Wille und Vorstellung; Frauenstädt III, 133), daß die Wissenschaftslehre und also auch die Hermeneutik eine „späte" Wissenschaft sei und erst nach den de facto schon geschehenen Akten des Verstehens getätigt werden könne. Hier findet sich eine deutliche Analogie zu Kleists Essay „Über den Weltlauf".

weitertes Selbst. Der so Betrachtende „versteht die Mauer, das getürmte Tor, die Ratsverordnung, das Volksfest als ausgemaltes Tagebuch seiner Jugend und findet sich selbst in diesem allem".

Drittens hilft mir die Geschichte zur Selbstfindung, wenn ich im Sinne „kritischer" Historie mit ihr verfahre. Wer das tut, „muß die Kraft haben ..., eine [seine!] Vergangenheit zu zerbrechen und aufzulösen, um leben zu können; dies erreicht er dadurch, daß er sie vor Gericht zieht, peinlich inquiriert und endlich verurteilt". Es ist hart, so „mit dem Messer an seine Wurzeln" zu greifen und „grausam über alle Pietäten" hinwegzuschreiten. Aber selbst in dieser kritischen Distanzierung – so hat es übrigens auch ALEXIS DE TOCQUEVILLE gesehen – *bedarf* ich der Geschichte, um an ihr im Für und Wider zu reifen und „ich selbst" zu werden.

Es geht NIETZSCHE folglich nicht um so etwas wie ein objektives, „uninteressiertes" Verstehen von Geschichte und von Texten, die uns aus ihr überkommen. Seine Intention richtet sich nicht auf ein An-sich des Gewesenen. Gibt man sich *diesem* Ziel hin und läßt so die riesige Masse an historischen Daten auf sich einwuchten, so wird man, meint NIETZSCHE, gleichsam ein Krüppel, ein wissenschaftlicher Invalide, dessen Gliedmaßen und dessen Gehirn unter dieser Wucht verbogen und zerquetscht werden, so daß er sein Eigenes verliert.

Das Problematische historischen Erkennens und Verstehens liegt so für NIETZSCHE nicht im erkenntnistheoretischen Bereich (insofern es hier nur zu Annäherungs-, zu approximativen Gewißheiten kommen könne), sondern im Existenzialbereich: Ich werfe meine Existenz immer mit in die Waagschale, ich setze sie selbst immer mit ein und aufs Spiel, wenn ich historisch zu verstehen suche. Und zwar sind zwei Möglichkeiten dieses Einsatzes zu erkennen:

Entweder (1.) treibe ich historische Forschung in der Weise, daß ich mich an die Geschichte hingebe, daß ich mich selber – in der Askese meines Objektivitätswillens – der Vergangenheit stelle. Ich emigriere dann gleichsam aus meiner Gegenwart in die Vergangenheit, um ganz in ihr aufzugehen. Dadurch aber lasse ich mich von Fremdstoffen überfluten, werde von ihnen absorbiert und aufgefressen. Der so sich Hingebende wird darüber zum wissenschaftlichen Männchen, das sich an diesen Stoffen übernimmt und darüber die Fähigkeit verliert, sein eigenes Leben zu leben, also seinerseits geschichtlich zu existieren. Persönlichkeiten werden so, wie NIETZSCHE meint, „zu ewiger Subjektlosigkeit oder, wie man sagt zur ‚Objektivität' ausgeblasen".

Jemand, der sich so zur Geschichte verhält, ist nicht mehr eigenständig genug, um der Geschichte gegenüberzutreten, sie zu „inquirieren", zu werten und abzuwerten. Er könnte, um das an einem theologischen Beispiel zu illustrieren, eine Gestalt wie SCHLEIERMACHER nicht mehr verstehen und ernstnehmen. Sie wäre für ihn kein Gesprächspartner mehr, den man hört, dem man ins Wort fällt, den man kritisiert und dem gegenüber man sich mit besseren Thesen behauptet. Statt dessen schlüpft er als ein „zur Objektivität Ausgeblasener" in SCHLEIERMACHER hinein, wird allenfalls zum Schleiermacher-Philologen. Und von seinem eigenen theologischen Ich bleibt nur eine leere ausgebrannte Hülse.

Das wäre dann die „verfluchte Immanenz" des Verstehens, über die während der Studentenrevolte 1968 der SDS-Ideologe Peter Schneider einmal in einem ZEIT-Artikel (26/1968, S. 24) klagte: „Wir sind so verdammt immanent gewesen. Als wir den Prinzen von Homburg durchgenommen haben, da haben wir den Prinzen von Homburg durchgenommen. Als er verzweifelt war, ... haben wir uns nicht gefragt, wieso er ... verzweifelt war. Als er sich auf seinen Tod vorbereitete, da haben auch wir uns auf seinen Tod vorbereitet ... Und als sich der Kurfürst mit ihm aussöhnte, da waren auch wir versöhnt. Wir waren alles. Wir waren groß und erhaben wie Schiller, wenn wir Schiller lasen, krank und ironisch wie Thomas Mann, wenn wir Thomas Mann lasen ... Aber niemals lasen, dachten, fühlten wir so, wie *wir selber* waren." In diesem Aufschrei klingt genau jene Anklage wider, die Nietzsche mit seiner ironischen Beschreibung des Anempfindens meinte und mit der er jenes Hineinschlüpfen in eine fremde Immanenz, das Aufgeben der eigenen Identität in Denken, Fühlen und Wollen anprangerte.

Oder, das ist die andere (2.) Möglichkeit, bei der ich meine Existenz ins Spiel bringe: Ich behaupte mich gegenüber der Geschichte, ich lasse also die zu verstehende Gestalt nicht „monumentalisch" über mich Herr werden. Ich mag ihr zwar für bestimmte Beispielhaftigkeiten ihres Lebens und Werkes dankbar sein, werde anderes aber verwerfen, mich also messend und wertend verhalten und insofern in distanziertem Gegenüber zu ihr verharren, das heißt *eigenständiges Selbst* bleiben.

Es liegt auf der Hand, daß sich in dieser Position das angemessenere Verhalten zur Geschichte ausspricht, so gewiß ich hier die geschichtliche Gestalt ernst nehme. Ich nehme sie ja nur dann ernst, wenn ich mit ihr einen Dialog über Recht und Unrecht, Wahrheit und Lüge führe, wenn ich die Partnerschaft eines Ja oder Nein mit ihr eingehe und mich so auf keinen Fall als bloß registrierende Kamera verhalte, der es gleich ist, ob ihr Objektiv auf Albert Schweitzer oder auf – Hitler gerichtet ist.

Wir können aber dieses auszeichnende Prädikat einer größeren Angemessenheit geschichtlichen Verhaltens nur dann verleihen, wenn wir noch genauer differenzieren. Das existenzielle Verhältnis allein tut es nämlich *auch* noch nicht! Denn innerhalb dieses engagierten Verhältnisses zur Geschichte gibt es noch zahlreiche Varianten, von denen ich im Zusammenhang mit *Nietzsche* nur zwei erwähne:
Einmal: Ich kann mich mit der zu verstehenden historischen Gestalt zusammen solidarisch wissen gegenüber den gleichen, uns beide bestimmenden *Normen.* Bin ich z. B. theologischer Luther-Forscher, so steht über Luther und mir gleichermaßen die normierende Autorität der Heiligen Schrift. Im Angesichte dieser Autorität rede ich nun mit Luther und frage ihn und mich, ob wir diese Autorität in Lehre und Verkündigung angemessen zur Geltung bringen. Tue ich das nicht und geht es mir nur darum, Luther ideengeschichtlich zu interpretieren und ihn als Initiator dessen zu verstehen, was dann im Luthertum Gestalt gewinnt, so bin ich im besten Falle ein „Morphologe"[9]. Diese Art der Darstellung könnte im Grunde ebenso ein Buddhist, ein Muslim oder auch ein Atheist bringen. Denn sie verhält sich in keiner Weise zu meiner Existenz. Stehe ich aber zu Luther im Verhältnis einer gegenseitigen scharfen Befragung, so verhalte ich mich mit „Affektion" und lasse ihn im Dialog mir gleichzeitig sein. Dank und Kritik werden dies Verhältnis bestimmen. Es ist kein Wunder, daß sich zur Beschreibung dieses Verhältnisses Begriffe aus Kierke-

---

[9] Ich denke hierbei auch an das große, 1931/32 zuerst erschienene Werk von Werner Elert, Morphologie des Luthertums.

GAARDS Sprache nahelegen: daß die Wahrheit in der „unendlichen Leidenschaft der Innerlichkeit", im Engagiertsein der Subjektivität wese[10].

Ferner: Eine zweite Variante existenzialer Geschichtsbetrachtung besteht darin, daß ich
mich zwar mit meinem geschichtlichen Dialogpartner auseinandersetze – so wie NIETZSCHE
das ja fordert und auch tut –, daß ich aber keineswegs mit ihm unter einer gemeinsamen
Norm stehe, und zwar einfach deshalb nicht, weil es diese letzten Normen gar nicht gibt.
NIETZSCHE lehnt ja in heftigen Polemiken jegliche autoritative Norm des Guten, Wahren
und Schönen ab und hegt die Überzeugung, daß diese Normen nur erfunden seien, um dem
Menschen die Freiheit seiner Selbstmächtigkeit zu nehmen, um ihn zu domestizieren und
auf diese Weise die Sklavenmoral der Dekadence zu erzeugen. Wenn aber so letzte, meinen
historischen Gegenstand und mich selbst umfangende Normen fehlen, werde ich *selbst*
zum obersten Beziehungspunkt aller Dinge. Ich habe ja nichts mehr über mir, auf das ich
meinerseits noch bezogen wäre. Dann besteht der existenzielle Bezug zu meinem historischen Gegenstand folgerichtig nur noch darin, daß er mir entweder nutzt oder aber zum
Nachteil gereicht. So werde ich notwendig selbst zum Kriterium der Geschichte, meinerseits aber von niemandem und nichts kritisiert. Denn ich bin ja nicht mehr interessiert an
der „Wahrheit", sondern nur noch an der Frage, was die Geschichte an Impulsen für
meine eigene widerständige Selbstwerdung oder auch – ins Moderne gewendet – an Motiven
für eigene Aktionen und Weltveränderungsprogramme (!) aus sich herausgibt. Auf diese
Weise trete ich selbst in den perspektivischen Mittelpunkt des geschichtlichen Geländes.
　　Es bedarf kaum einer besonderen Erklärung, daß ich mir so ein wahres Verstehen des
Vergangenen verbaue, oder genauer: daß ich jedes Interesse an diesem Verstehen verliere.
Der Pragmatiker ist nur noch an sich selbst interessiert.

　　Die *marxistisch-leninistische Literatur* (selbst Berichte der Moskauer Akademie) enthüllt
die letzten Konsequenzen dieses Pragmatismus. Natur- und Geschichtswissenschaft –
sogar die Astronomie! – haben letzten Endes nicht mehr den Sinn – zumindest nicht mehr
den *alleinigen* Sinn –, irgendwelche Wahrheiten sichtbar zu machen, sondern die eigene
Doktrin, die eigenen weltanschaulichen Axiome zu bestätigen. Eine „wissenschaftliche"
Aussage kann so eine *ideologische* Pointe gewinnen, sogar auf Propaganda-Effekte aus
sein; sie kann ein Stück Tendenzdichtung werden, in der sich der „Dichtende" selbst objektiviert, statt Objektivitäten zu empfangen. Als Beispiel dafür nenne ich die polemische Auseinandersetzung mit A. EINSTEINS These von der Endlichkeit der Welt, deren weltanschauliche Affinität zum Schöpfungsglauben man fürchtet, und der man die These von den
unendlichen Entfaltungsmöglichkeiten der Materie entgegensetzt, eine These, die mit der
Idee der Grenzenlosigkeit zugleich unabsehbare schöpferische Impulse vermittelt[11]. Ferner
erinnere ich an die Lehre des inzwischen in Ungnade gefallenen Botanikers T. D. LYSENKO
von der weltanschaulich postulierten und dann um wissenschaftliche Bestätigung bemühten „Vererbung erworbener Eigenschaften"[12].

　　Es ist wichtig, sich diesen Typus existenzialer Geschichtsinterpretation durch NIETZSCHE
zeigen zu lassen, damit wir *ein wenig immun gegenüber dem Vorurteil werden, als sei der
existenzielle Bezug als solcher schon ein eindeutig positiver Faktor der Hermeneutik. Das ist
eben *nicht* so. Der existenzielle Bezug als solcher ist vielmehr nur eine leere Form und in-

---

　　[10] Ein freilich extremes, schon die Grenzen dieser Möglichkeit berührendes Verhältnis
zu einer geschichtlichen Gestalt zeigt CHRISTOPH SCHREMPF in seinen Kierkegaard-Darstel-
lungen. Dafür ist schon sein Essay-Titel bezeichnend: „Mein erstes Bekenntnis zu Kierkegaard – und zu mir" (1884; Ges. Werke, Bd. XII, 1935, 1).
　　[11] G. A. WETTER, Der dialektische Materialismus, 1952, 358ff., 319, 616.
　　[12] Zu diesem weltanschaulich bedingten Wissenschaftsverständnis vgl. die Darstellung
in der Theol. Ethik II,2, § 235ff.

sofern durchaus ambivalent. Sonst könnten nicht Denker so radikal verschiedener Provenienz wie MARX, KIERKEGAARD, NIETZSCHE oder auch BULTMANN – um nur einige zu nennen – von ihm ausgehen. Man muß deshalb genau präzisieren, *worin* dieser existenzielle Bezug jeweils besteht: ob er im Vernehmen-wollen des Andern, in der Solidarität mit ihm angesichts letzter Normen, oder aber ob er im bloßen Pragmatismus besteht. In diesem Sinne werden wir auch das Programm der existenzialen Interpretation bei BULTMANN in kritischer Wachheit prüfen müssen.

Jedenfalls bemerken wir schon jetzt, wie leicht der Begriff des Existenziellen zu einem inhaltslosen Schlagwort werden und wie der existenzielle Bezug statt zur Erhellung der Wahrheit zu ihrer Verdunklung, wie er statt zum Verstehen auch zum Miß-Verstehen führen kann.

b) Zweiter Typus: Die historisch-psychologisch bestimmte Hermeneutik

Innerhalb der neueren Theologie findet sich dieser Typus besonders rein bei E. TROELTSCH und in der „liberalen" Theologie. Klassisch ausgebildet aber wurde dieses Prinzip durch SCHLEIERMACHER in seinen später herausgegebenen Vorlesungen über Hermeneutik[13]. Auf ihm fußen weiterhin W. DILTHEY[14], in der neueren Zeit E. SPRANGER[15] und in etwa auch GADAMER. Ich beschränke mich im folgenden wesentlich auf SCHLEIERMACHER und DILTHEY. Wir müssen deren Verstehensbegriff zur Kenntnis nehmen, wenn wir die heutige hermeneutische Diskussion und vor allem BULTMANNS Interpretationsprinzipien durchdringen wollen. Gerade sie sind durch die Auseinandersetzung mit dieser historisch-psychologischen Weise des Verstehens geprägt. Hier ist der Brückenschlag zwischen Einst und Jetzt, den wir uns ja vornahmen, besonders eindrücklich zu demonstrieren.

SCHLEIERMACHER unterscheidet vor allem eine divinatorische und eine komparative Methode des Verstehens. Beide Methoden sind einander zugeordnet und ergänzen sich zu einem Gesamtakt des Verstehens. Wir wenden uns einer kurzen Analyse beider Verstehensmethoden zu:

1. Die *divinatorische* Weise des Verstehens

Nach der berühmt gewordenen Formulierung SCHLEIERMACHERS besteht der divinatorische Akt darin, „sich in den andern zu verwandeln", ihn gleichsam von innen zu sehen; modern würde man vielleicht sagen: das Selbstverständnis des andern nachzuvollziehen und ihn an dessen eigenen Kriterien zu messen. Nur so kommt es, meint SCHLEIERMACHER, zu einer „unmittelbaren", wir können auch sagen: zu einer intuitiven, einer „kongenialen" Erfassung der fremden Indivi-

---

[13] Sämtliche Werke, 1. Abt., Bd. 7 (1838).
[14] Die Entstehung der Hermeneutik, 1900, in: Gesammelte Schriften V (1957), 317ff.
– DERS., Das Verstehen anderer Personen und ihrer Lebensäußerungen, aaO. VII, 204ff.
[15] Lebensformen, 7. A. 1930, 410ff.

dualität. Es liegt wohl in dieser Richtung, wenn GOETHE das Genie – hier auf
den Dichter gemünzt, der fremde Individualitäten gestaltet – durch seine Fähigkeit bestimmt sieht, „selber dabei gewesen zu sein".

Wie aber kann dieses Sich-hineinverwandeln-in ... überhaupt möglich sein?
Indem er diese Frage stellte und beantwortete, hat der Historiker J. G. DROYSEN
in seinem „Grundriß der Historik"[16] und nach ihm DILTHEY SCHLEIERMACHERS
Idee des Divinatorischen ergänzt und in einen weiteren anthropologischen
Rahmen gestellt: „Den Menschen und menschlichen Äußerungen und Gestal-
tungen gegenüber sind wir und fühlen wir uns in wesentlicher Gleichartigkeit
und Gegenseitigkeit – jedes Ich geschlossen in sich, jedes jedem andern in seinen
Äußerungen sich erschließend." Das heißt also, auf eine einfache Formel gebracht: Wir alle sind Geist vom gleichen Geist und Fleisch vom gleichen Fleisch,
wir stehen in der Solidarität der Menschlichkeit und können uns darum aus unserer Analogie zueinander verstehen. Negativ ausgedrückt: Wir sind primär
nicht dadurch geistig verbunden, daß wir nach denselben Themen fragen, z.B.
nach dem Sinn des Lebens oder auch nach Gott, daß wir so als Referenten und
Korreferenten über dasselbe Thema handeln und darum sofort wissen, „worum
es geht". Sondern wir sind verwandt und verstehen uns deshalb, weil wir durch
die Gattung „Mensch" einander analog sind; und nur *darum* – d.h. aus diesem
tieferen anthropologischen Grund – haben wir auch dieselben Fundamental-
fragen[17]. So erfolgt der Akt des Versehens nach DROYSEN „als unmittelbare In-
tuition, als tauche Seele in Seele"; er sieht das in Analogie zu Empfängnis und
Begattung. Dieses Eintauchen, so meint DILTHEY, ist nur deshalb möglich, weil
„alle individuellen Unterschiede ... letztlich nicht durch qualitative Verschiedenheiten der Personen voneinander, sondern nur durch Gradunterschiede ihrer
Seelenvorgänge bedingt" sind. Nur dadurch vermag der Ausleger „eine Nachbildung fremden Lebens in sich herbeizuführen"[18]. Die anthropologische Grundbedingung, „an welche diese Möglichkeit gebunden ist, liegt (also) darin, daß in
keiner fremden individuellen Äußerung etwas auftreten kann, das nicht auch in
der auffassenden Lebendigkeit enthalten wäre"[19].

Deshalb können wir nur das verstehen, was seine Anknüpfungspunkte und
Brückenköpfe in uns selbst besitzt. Theologisch ausgedrückt – und damit ein
Problem aufgreifend, das unsern ganzen Zeitraum durchzieht –, heißt das: Wäre
Gottes Offenbarung schlechthin transzendent, bliebe sie für uns unzugänglich.
Sie schließt sich uns nur auf, weil sie sich unserer Sprache bedient und weil sie
Wirklichkeitsbestände anspricht, um die wir bereits *vor* jeder Offenbarung, also

---

[16] 3. A. 1882; Neudruck 1925, §9.

[17] Auf einer ähnlichen Grundlage behandelt K. JASPERS in seiner Allgemeinen Psycho-
pathologie (4. A. 1946, 250ff.) den Unterschied zwischen „Verstehen" (als interpersonalem
Akt) und „Erklären".

[18] AaO. V, 329f.

[19] AaO. 334. Ganz anders TROELTSCH in seiner Lehre vom „Fremdseelischen", siehe
15. Kap.

im Rahmen unseres natürlichen Menschentums wissen (Gewissen, Schuld, Leid, Sehnsucht nach Frieden und vieles andere)[20].

Die Möglichkeit des Verstehens ist somit begründet in der Verwandtschaft (der Analogie) zwischen dem, der zu verstehen sucht, und dem Gegenstand seines Verstehens. Das allein ist die Vorbedingung dessen, was SCHLEIERMACHER den divinatorischen Akt, die Hineinverwandlung in den andern nennt. Aufgrund dieses hermeneutischen Prinzips sieht er dann auch in der Offenbarung etwas Verwandtes und nicht im Sinne KIERKEGAARDS „das ganz Andere". Der Versuch z. B., in der Glaubenslehre das Selbstbewußtsein des Menschen mit den Dogmen zu harmonisieren und nur *das* für eine legitime theologische Aussage zu halten, was mit meinen schon vorliegenden geistigen Gegebenheiten kooperiert und darum auch in sie integrierbar ist, wird durch diesen hermeneutischen Grundsatz bereits präjudiziert. Das „Credo quia absurdum" ist von hier aus schlechthin unvollziehbar. Auf das Verständnis der Offenbarung könnte man eher den Spruch GOETHES anwenden: „Wär' nicht das Auge sonnenhaft, die Sonne könnt' es nie erblicken."[21]

Mit dem so gestellten hermeneutischen Thema empfangen wir eine dringliche Anfrage aus der Tiefe des 18. und 19. Jahrhunderts, die auch heute nicht verstummt ist. Man könnte diese Anfrage so formulieren: Machen wir es uns seit BARTH nicht viel zu leicht, wenn wir von Gott als dem „ganz Anderen" sprechen, der keinerlei Brückenkopf in unserm natürlichen Ich vorfinde? Nicht als ob BARTH keine guten Gründe gehabt hätte, seine These – besonders im Römerbriefkommentar – gewissen Synthetizismen des sogenannten Kulturprotestantismus und seinen „Religion und …"-Themen entgegenzuschleudern. Sobald man aber aus dieser Antithese eine selbständige These werden läßt, gewinnt BLOCHs ironische Kritik eine nicht ganz unberechtigte Bedeutung, wenn er von „Barths Geheimkabinett und fester Burg der Transzendenz" spricht[22]. Wird in diesem Rahmen nicht die hermeneutische Fragestellung überhaupt hinfällig? Der spätere BARTH der „Kirchlichen Dogmatik" hat freilich durch Modifikationen des vorher radikal verworfenen Analogieprinzips hier einige Korrekturen angebracht[23].

Was theologisch *hinter* SCHLEIERMACHERS divinatorischem Prinzip steht, ist jedenfalls dies: Er möchte die Theologie nicht auf ein positivistisch gesetztes Deusdixit reduziert sehen, weil die von ihr reflektierten Offenbarungsgehalte dann ein

---

[20] Bei Paulus taucht dieses Problem im Zusammenhang des Zungenredens (Glossolalie) 1. Kor 12 u. 14 auf. Er fordert, daß die hier gemachte individuelle Transzendenzerfahrung durch Hermeneuten in den allen verfügbaren Sprachraum transponiert werde. Vgl. dazu EvGl III, 113 ff.

[21] Im Grunde ist auch TILLICHs Korrelationsprinzip auf diesen hermeneutischen Grundsatz aufgebaut. Vgl. System. Theol. I (1959), 79.

[22] E. BLOCH, Atheismus im Christentum, 1968, 72 ff.

[23] Siehe „Epilog".

fremdstoffliches Oktroi bleiben müßten. Demgegenüber liegt ihm alles an der Möglichkeit der *Aneignung*. Dieses Ziel ist gewiß legitim, und unsere Frage hat sich ausschließlich darauf zu richten, ob die ihm vorschwebenden hermeneutischen Mittel es ebenfalls sind. Wo ist die Pointe dieser Aneignung zu sehen: in ihren anthropologischen Voraussetzungen, das heißt in der Gegebenheit einer Analogie zwischen dem Verstehenden und dem *zu* Verstehenden – *oder* aber in der Zueignung durch das testimonium Spiritus Sancti? Sind aber Aneignung und Zueignung wirklich *nur* als Alternative zu sehen? Das ist die Frage, die wir im Auge behalten und die uns bei unsern geplanten Dialogen immer wieder begleiten wird[24].

2. Die *komparative* Weise des Verstehens

In dieser Form des Verstehens wird das zu Verstehende zunächst als Allgemeines gesetzt und dann das Individuelle und Besondere durch Vergleich herausgearbeitet. Man könnte also, bildlich gesprochen, bei diesem komparativen Verstehensakt wie bei einem Mikroskop von einer Grob- und einer Feineinstellung sprechen.

Das mag an einigen Beispielen erläutert werden:

SCHLEIERMACHERS Glaubenslehre hat die Erforschung des christlichen Lehrzusammenhangs zum Ziel. Die erste Grobeinstellung zeigt den Ober- und Allgemeinbegriff, unter den das Christentum zu subsumieren ist, den Begriff der Religion. Auch der Monotheismus ist noch ein Allgemeines, das bei dieser Einstellung sichtbar wird. Die Feineinstellung läßt auf genauere Differenzierungen achten, etwa auf die Unterschiede gegenüber andern Religionen und Monotheismen. Oder – um wieder auf SCHLEIERMACHERS eigener Ebene zu argumentieren –: Die Grobeinstellung läßt mich ein gewisses Abhängigkeitsgefühl als allgemeinmenschliches Lebensgefühl erkennen. Die Feineinstellung führt dann zu einer Differenzierung zwischen einer nur relativen Abhängigkeit von endlichen Größen und einem Gefühl „schlechthinniger Abhängigkeit". Die erstere Form der Abhängigkeit ist nur relativ und gebrochen, weil ich ihr mit einem Restbestand verfügbarer Freiheit – sei dieser auch noch so klein – entgegenwirken kann. Das Gefühl „schlechthinniger" Abhängigkeit zeigt mir, daß selbst diese mir verfügbare Freiheit nicht von mir bewirkt ist, sondern daß ich sie empfangen habe und insofern von ihrem Empfang abhängig bin. Deshalb deutet diese schlechthinnige Abhängigkeit auf eine Größe, die alle endlichen Gegenstände transzendiert. So nenne ich den Grund dieser Abhängigkeit „Gott". Weitere Erkenntnisstufen im Rahmen der Feineinstellung lassen mich dann die Art, in der die christliche Religion den so bestimmten Gottesbegriff herausarbeitet, mit anderen Ausprägungen vergleichen, um so den spezifisch *christlichen* Charakter verstehend zu eruieren.

Auch EDUARD SPRANGER bringt ein schönes Beispiel für diesen Progressus der Komparation: Wenn ich Sokrates verstehen will, subsumiere ich ihn zuerst (1.) unter den allgemeinen Begriff des Philosophen, dann (2.) unter bestimmte Rubriken innerhalb der Philosophie, z.B. unter den des Dialektikers, des Ethikers, des Pädagogen. Dabei beobachte ich freilich (3.), daß er in keine dieser Einzelrubriken paßt, daß er ein Mensch voller Wider-

---

[24] Zu der gestellten Frage nach der Alternative darf ich auf die Überlegungen dazu in EvGl I, § 7–11 sowie auf die Theologie des Geistes in Bd. III verweisen.

sprüche, ein Mensch sui generis ist. So bildet sich schon im Stadium dieser Subsumptionsakte das Bild von einer ganz neuen, in sich beruhenden und nicht mehr subsumierbaren Ganzheit dieser Gestalt. Das so sich herausbildende heuristische Leitbild, der noch unkontrollierte Gesamteindruck der sokratischen Gestalt wird dann (4.) im Zuge der Vergleichs- und Rubrizierungsarbeit immer mehr verfeinert, überprüft und ergänzt, bis sich schließlich aus all diesen Verstehensakten ein neues gültiges Bild des Sokrates erhebt.

Diese Technik des komparativen Verstehens leuchtet zunächst außerordentlich ein. Wir alle verwenden sie fortgesetzt im Alltag: Ich stoße etwa auf einen neuen Bekannten. Unwillkürlich taxiere ich ihn ein. Das will sagen: Ich ordne ihn kraft der mir geläufigen Kriterien einer bestimmten Rubrik zu: dem Typus des Biedermanns, des Playboys oder des Snobs etwa. Ich schätze ihn als brav-normal oder als exzentrisch, als großzügig oder kleinkariert, als vital und blutvoll oder als leptosom-intellektuell ein. Gegenüber den Damen spricht man sogar ganz offen von dieser Kategorie des Allgemeinen und sagt etwa: Das ist mein „Typ". (Ehe ich diesen „Typ" heirate, sehe ich ihn mir aber doch noch genauer an, d.h. ich gebe mich der von SCHLEIERMACHER empfohlenen Bemühung um Komparation hin und beginne zu spezifizieren: Ich prüfe ihre Art zu denken, zu fühlen, zu reagieren – und zu kochen).

Freilich erlebt diese alltägliche Gestalt des komparativen Verstehens schon im Umkreis eben dieses Alltags oft genug ihre Krise. Es gibt besondere menschliche Erscheinungen in unserem Leben, die sich nicht subsumieren lassen, sondern selber normierende Modelle werden. Das gilt z.B. von der Gestalt unserer Mutter. Hier gibt es charakteristischerweise kein vorgängiges Prinzip der Mütterlichkeit, auf das ich meine Mutter beziehen könnte. Diese wird in meinem Bewußtsein vielmehr selbst zur imago dessen, was für mich Mütterlichkeit heißen kann.

Ähnliches gilt von der berühmten „Liebe auf den ersten Blick", deren Spontaneität ein Hinweis darauf ist, daß ich *nicht* erst einen Akt der Komparation vollziehen muß, um festzustellen, welcher Grad von Liebens-„Würdigkeit" dem andern Menschen eignet. Ich beziehe seit dieser ersten Begegnung alles, was ich im Bereich des Eros erlebe, auf jene eine Begegnung. Sie kann so den Rang einer maßstäblichen Größe gewinnen, während diese Begegnung selbst nicht gemessen und subsumiert wird. Wenn jemand dann doch wieder zu komparieren beginnt – wie das dem on-dit zufolge bei alten und resignierten, gleichwohl lebenshungrigen Ehemännern vorkommen soll –, wenn er die Taufrische eines jungen Mädchens mit seiner gereiften (!) Lebensgefährtin konkurrieren läßt, wenn er also ins Komparative *zurückfällt,* dann fängt das eheliche Verstehen nicht *an* (wie es nach SCHLEIERMACHER doch eigentlich sein müßte!), sondern es hört gerade auf. Es wird hier zum Zeichen einer Entfremdung und eines Auseinanderlebens.

Diese etwas melancholische Ehegeschichte zeigt jene vereinfachten, aber gleichwohl klaren Linien, die das Banale gelegentlich bietet. Ich möchte sie deshalb sofort theologisch auswerten. Die hermeneutischen Prinzipien SCHLEIERMACHERS und, wie wir ohne Übertreibung sagen können, des modernen liberalen Humanismus überhaupt geraten nämlich in eine doppelte Krise, die im theologischen Bereich besonders deutlich hervortritt.

Erste Krise (zum komparativen Prinzip)

Die Idee der Komparation setzte voraus, daß ich einen allgemeinen Maßstab besitze, dem ich die individuelle Erscheinung unterstelle, z. B. den allgemeinen Maßstab „der" Religion, innerhalb dessen ich die Erscheinung „Christentum" oder auch „Reformation" eingeordnet sehe. Wie aber, wenn nun das Evangelium sich dieser Subsumption verschlösse, wenn es nämlich *selber* der Maßstab der Religion, wenn es das *Gericht* über sie oder auch ihre *Erfüllung* wäre, statt sich umgekehrt vor dem Forum eines allgemeinen Religionsbegriffs als dessen angemessene Verwirklichung legitimieren zu müssen? Könnte es nicht tatsächlich so sein, daß hier die Parallele zu dem alten Ehemann sich bedenklich aktualisierte? Wenn ich nämlich das Evangelium mit den sogenannten Parallelen der Religionsgeschichte vergleiche und wenn ich das, genauer gesagt, nicht aus einem selbstverständlich berechtigten wissenschaftlichen Interesse, sondern deshalb tue, weil ich mich erst einmal der sittlichen und religiösen Vorzüge des Evangeliums vergewissern möchte (ob es denn wirklich die höchste, womöglich absolute Ausformung der Religion sei): könnte dann dieses komparativische Vorgeplänkel nicht darauf deuten, daß ich dem Evangelium gegenüber bereits unsicher, müde und resigniert geworden wäre, daß ich sein Eigentliches schon gar nicht mehr verstünde? Wäre dies nicht, geistesgeschichtlich gesehen, das Kennzeichen später Zeitalter, die der Resignation des Relativismus verfallen sind?

Ein instruktives Beispiel dafür bietet Rud. Kittel in einem Aufsatz von 1921 über „Die Zukunft der alttestamentlichen Wissenschaft"[25]: „Jeder Religion muß ihr Darsteller ihren Platz in der Gesamtheit der Religionen anweisen. (Das wäre die Komparation; Verf.). Versuchen wir das für die alttestamentliche, so wird sich bald zeigen, daß sie an der Spitze aller alten Religionen steht. Wer sich gegenwärtig hält, in welcher Reinheit und Hoheit die Gottesidee (!) zum Ausdruck kommt, nämlich als Idee vom Weltgott und Heilsspender für alle und zugleich von Gott als sittlichem Willen und heiligem Lenker der Geschichte; wer dazu bedenkt, wie daraus das Ideal der Persönlichkeit erwächst, die nur als eine sittlich-heilige wirklichen Wert hat ...; wer endlich den gewaltigen sittlichen und sozialen Universalismus auf sich wirken läßt", der könne sich nur an den Kopf greifen, wenn er Harnacks These liest, daß das Alte Testament dem Neuen nicht gleichstehe. „Sind jene Tatsachen vorhanden, so ist damit die alttestamentliche Religion nicht allein die Blüte aller antiken Religionen, sondern sie ist auch der Idee der Religion als solcher (!) so nahe gerückt, daß wir nicht anders können, als auch ihren Wahrheitsgehalt selbst und ihren bleibenden Wert ... zu behaupten."

Hier finden wir alle Symptome beieinander, die wir vorher herausgearbeitet haben: die maßstäbliche Größe „der" Religion, „des" Sittlichen, „der" Persönlichkeit usf. Das Alte Testament ist kein fraglos hingenommenes Urgestein mehr, dessen Evidenz uns unmittelbar überzeugt, sondern man verhält sich zu ihm apologetisch, weil man selber unsicher geworden ist, auch wenn die geheime Resignation durch Emphase überspielt wird. Das Alte Testament ist in einem bestimmten Koordinatensystem, nämlich dem des sittlich-religiösen, von Harnack

---

[25] ZAW 1921, 96ff.

kritisiert worden. Es hat die Komparation mit anderen Dokumenten der Religion, vor allem dem Neuen Testament, nicht bestanden. Darum sieht man sich genötigt, es nun innerhalb desselben Systems – das zugleich das eigene ist – zu verteidigen. Eben damit aber läßt man das Alte Testament nicht mehr den Maßstab seiner selbst sein und kann darum auch einer facultas se ipsum interpretandi der Heiligen Schrift keinen Raum geben. Vielmehr fügt man sich den neuen sittlich-religiösen Verbindlichkeiten eines aufgeklärten Humanismus und bemüht sich um eine Legitimation innerhalb seiner Kriterien. Durch diese Art der Komparation gebraucht man dasselbe Rezept, das die altchristlichen Apologeten des 2. Jahrhunderts verwandten, wenn sie den Griechen die Christusbotschaft mit dem Argument anzudienen suchten, daß sie dem Schema griechischen Denkens nicht nur genüge, nicht nur in es integrierbar sei, sondern es *innerhalb* des Systems überbiete. Kann man von diesen und anderen héteroi nómoi her das Alte Testament überhaupt noch in seinem Proprium erkennen[26]?

Zweite Krise (zum Prinzip des Divinatorischen)
Die divinatorische Methode, so sahen wir, besteht darin, daß wir uns in den anderen hineinversetzen. Was uns dazu instand setzt, ist unsere analoge psychische Struktur. Dabei ist vorausgesetzt, daß wir den anderen verstehen, wenn wir seine Psyche erfaßt haben. Es liegt deshalb auf dieser Linie, wenn der Ritschlianer WILHELM HERRMANN ein „inneres Leben Jesu" konstruiert, um so die Ebene einer Analogie zu gewinnen, auf der wir ihm begegnen und ihn verstehen können[27].

Geht es aber – das ist eine mögliche Testfrage – wirklich um die Psyche des Jesaja, wenn wir den Propheten verstehen wollen? Ist diese Psyche überhaupt bei diesem Verstehensakt akut? Wer „ist" denn Jesaja, wenn er als Prophet zu uns spricht? Er „ist" dann doch der, dem eine Botschaft (ein Kerygma) anvertraut ist, der von dieser Botschaft gebraucht und gewissermaßen verzehrt wird. Um ihn selber – sagen wir: als Persönlichkeit – geht es dabei überhaupt nicht. Höchstens insoweit geht es um ihn, als uns seine persönliche Glaubwürdigkeit interessiert, als er uns z. B. die Gewißheit vermittelt, daß er Gott mehr gehorche als den Menschen, daß also sein Kerygma eine Realität für ihn sei, die er mit seinem Leben bezeugt. Abgesehen davon aber geht es nicht um ihn, sondern um seine Botschaft, die uns ebenso wie ihn selber angeht.

Fragt man nun trotzdem, wer denn Jesaja selbst und in persona sei, würde man auf eine abwegige Fährte geraten, jedenfalls dann, wenn man mit allerhand Psychologismen antworten und darin eine relevante Aussage sehen würde: etwa

---

[26] Zu diesen héteroi nómoi würden auch einseitig christologische Kriterien gehören, die gelegentlich nicht nur an das Alte Testament herangetragen, sondern geradezu in es hinein projiziert werden. Das gilt etwa von den Arbeiten W. VISCHERS, besonders von seinem Buch „Das Christuszeugnis des Alten Testaments", 1934, noch radikaler von H. HELLBARDT (Abrahams Lüge, ThEx Nr. 42). Zur Auseinandersetzung damit vgl. ThE I, § 573 ff.; EvGl III, 195, 252.
[27] Der Verkehr des Christen mit Gott, 4. A. 1903, 49 ff.; 62 ff.

damit, daß er ein sehr stürmisches Temperament gehabt habe und Sanguiniker gewesen sei, daß er eine große Fähigkeit des Glaubens (vielleicht besser der „Gläubigkeit") und der Hingabe besessen und zudem über eine rasante Eloquenz verfügt habe. Weiterhin habe ihm eine erhebliche metaphysische Begabung für das Erkennen theologischer Geschichtslinien geeignet. *Daß* Jesaja (oder genauer: beide Jesaja-Gestalten) diese Eigenschaften tatsächlich besessen hat, mag schon sein. Er selbst aber würde wohl gesagt haben, daß diese seine Eigenschaften gar nicht mehr „an sich" bestanden hätten, sondern von Gott in Dienst genommen worden seien. Sein Sein bestünde darin, daß er der von Gott Angesprochene sei. Was ihn bestimme, seien nicht seine Eigenschaften, sondern eher seine „Außen"-schaften. Alles, was er außer diesem Angesprochensein noch darstelle, könne nur von *dort* her verstanden werden. Dabei handle es sich nur um ein völlig amorphes Rohmaterial, das erst durch die Indienstnahme seine Formung erfahre[28].

Wenn das aber stimmt, geht es letzten Endes nicht um den divinatorischen Akt eines Sich-in-den-anderen-Hineinversetzens, sondern dann geht es um einen Dialog mit Jesaja über seine *Botschaft*. Wenn ich Jesaja „verstehen" will, darf ich nicht im Rohmaterial seiner psychischen Eigenschaften wühlen, sondern ich muß ihn auf das kerygmatische Thema befragen, von dem er bestimmt ist und von dem *ich* bestimmt werden soll, das uns also gleichermaßen angeht, und angesichts dessen wir miteinander solidarisch sind. – Damit stehen wir vor dem dritten Typus des Verstehens:

c) Dritter Typus: Die existenziale Interpretation

BULTMANN hat nach allem Gesagten in *einem* Punkte wohl zweifellos recht: Wenn er nämlich die These verficht, ein Verstehen, eine Interpretation sei *„stets an einer bestimmten Fragestellung, an einem bestimmten Woraufhin orientiert"*[29]. Ich verstehe Jesaja, wenn ich ihn nach der „Sache" befrage, von der er bestimmt ist. Ich verstehe ihn nicht, wenn ich nur seine psychischen Voraussetzungen recherchiere oder wenn ich ihn lediglich als Quelle für die Religions- und Kulturgeschichte Israels verwende. Das kann ich freilich *auch,* das muß ich unter Umständen sogar. Doch wenn ich ihn so als Historiker „verwende", d.h. wenn ich

---

[28] Ein besonders faszinierendes Modell für diese Art Ich-Betrachtung bietet GÜNTER JACOB in seiner Studie „Der Gewissensbegriff Luthers", 1929. Er zeigt, daß für LUTHER das Gewissen als ontisches Gebilde überhaupt nicht faßbar, ja nicht einmal ein Thema bilde. Es sei nämlich nie neutral, sondern stets durch den bestimmt, der es in Anspruch nimmt. Wie sehr sich das Gewissen je nach dieser Inanspruchnahme wandelt, geht nach LUTHER schon daraus hervor, daß ante fidem „Gott mein Verkläger, das Gewissen aber mein Verteidiger" ist (Deus accusator, con defensor), während es *im* Glauben genau umgekehrt damit steht (con accusator, Deus defensor). Vgl. dazu ThE I, § 1596; 1674ff.

[29] Glauben und Verstehen II, 1952, 216.

ihn als Quellen-Mittel zu bestimmten, von mir erfragten Zwecken – z. B. zu kultur- oder sozialgeschichtlichen Zwecken – verwende, erhebe ich kaum den Anspruch, Jesaja zu verstehen oder auch nur verstehen zu *wollen*. Ich gleiche dann eher dem Garderoben-Fachmann eines Schauspielhauses, der SCHILLERS „Kabale und Liebe" kostümlich auszustatten hat und nun anhand von zeitgenössischen Bildern Friedrichs des Großen oder seines Vaters festzustellen sucht, wie damals eine Offiziersuniform aussah und wie die Damen des Rokoko gekleidet waren. Und warum soll ein Garderoben-Fachmann nicht auch historisches Bildmaterial über Friedrich den Großen als Quelle für seine zweifellos honorige Branche verwenden? Er wird aber – im Unterschied vielleicht zu manchen Historikern, die da gelegentlich einen blinden Fleck im Auge haben – kaum den Anspruch erheben, sich mit dieser Uniform-Befragung nun divinatorisch zu Friedrich dem Großen zu verhalten und also sein Wesen dadurch zu erhellen. Wirkliches Verstehen vollzieht sich tatsächlich und nur in einer Befragung „Woraufhin", wobei das intendierte Ziel der Wesenskern der fremden Individualität bzw. das ist, was diesen Kern bestimmt.

Ganz sicher gilt das jedenfalls für kerygmatische Texte, deren Autor sich in Dienst genommen weiß. Wenn für mich das *Thema,* über das der Apostel Paulus schreibt, wenn Schuld und Rechtfertigung für mich belanglos sind, dann nehme ich den Schlüssel zu seiner Existenz nicht in Anspruch und verstehe ihn darum auch nicht, selbst wenn ich ein ausgewiesener Philologe der neutestamentlichen Gräzität sein sollte. Denn unter jenem Thema *existiert* Paulus. Diese Existenz *hat* ein Thema.

So sehr wir also BULTMANN gegenüber der historisch-psychologischen Front recht geben müssen, so problematisch ist nun der positive Teil seiner hermeneutischen Thesen. Er sagt nämlich: Wenn das Verstehen immer an einem bestimmten Woraufhin orientiert ist, dann schließt das ein, „daß sie (die Interpretation) nie voraussetzungslos ist; genauer gesagt, daß sie immer von einem Vorverständnis der Sache geleitet ist, nach der sie den Text befragt. Aufgrund eines solchen Vorverständnisses ist eine Fragestellung und eine Interpretation überhaupt erst möglich" (aaO.).

Was heißt nun, ein „Vorverständnis" haben? Mit Vorverständnis ist *erstens* das gemeint, was ich von dem kerygmatischen Thema immer schon weiß. Ich bringe beispielsweise gegenüber der paulinischen Lehre von der Sünde stets schon insofern ein Vorverständnis mit, als ich wenigstens im moralischen Sinne um gut und böse, als ich auch um mein verklagendes Gewissen und um meine „Entfremdung" weiß. Die Gesamtheit dessen, was der natürliche Mensch so an Vorverständnissen mitbringt, sieht BULTMANN – besonders in seinen früheren Schriften – repräsentativ bei HEIDEGGER zusammengetragen und analysiert. Nur weil ich dieses Vorverständnis besitze, können die paulinischen Themen überhaupt bei mir anklingen und kann ich sie in meinem Gesichtsfeld unterbringen. Andernfalls wären sie chinesische Musik für mich. Dieses Vorverständnis – wie es etwa die Philosophie zum Ausdruck bringt, wenn sie von der Schuld, der Entfremdung, der „Uneigentlichkeit" des Menschen spricht – wird dann in der Begegnung mit dem Kerygma selbst korrigiert und zum eigentlichen „Verständnis" geformt.

Zweitens: Während *dieser* Begriff des Vorverständnisses bei BULTMANN im allgemeinen bekannt ist und auch oft genug erwähnt wird, tritt ein anderer Gedankengehalt des Wortes „Vorverständnis" in der Diskussion weniger in Erscheinung. Er ist auch viel versteckter, in seinen Konsequenzen aber vermutlich noch gravierender. Diese andere Seite des Begriffs Vorverständnis besteht in Folgendem:

Das Vorverständnis bezieht sich immer auf eine bestimmte Weise, in der der Mensch sich selbst bewertet. Er bewertet sich z.B. als einen Verlorenen, von seiner eigentlichen Bestimmung Abgefallenen. Um diese Verlorenheit, dieses Nicht-in-Ordnung-Sein weiß er nach BULTMANN auch als natürlicher Mensch; davon weiß auch die Philosophie, keineswegs nur die Theologie. Und in diesem Sinne rufe „HEIDEGGERS Philosophie ... den Menschen aus der Verlorenheit in das Man zu sich selbst zurück"[30]. – Der Mensch weiß ferner um seine Endlichkeit, er weiß um sich als jemanden, der auf den Tod hin entworfen ist. Und schließlich weiß er um sich als einen der Angst Preisgegebenen, dem das In-der-Welt-Sein unheimlich ist.

Das Vorverständnis ist also eine Art natürlichen Selbstverständnisses, wie es mir konstitutionell eignet. Und Selbstverständnis wiederum impliziert den Akt des Sich-wertens.

Die entscheidende Frage nun, die hier zu stellen ist, lautet: *Welche Rolle spielt dieses Vorverständnis, wenn es der Offenbarung, wenn es dem Kerygma begegnet?*

Man kann diese Rolle sehr schlicht und doch präzise damit umschreiben, daß es zu einer „Umwertung" des bisherigen Selbstverständnisses komme, daß es in ein anderes Bezugssystem transportiert werde:

Der Mensch, der sich natürlicherweise als einen der Endlichkeit und dem Gericht Überantworteten verstehen muß, der ferner an seine unrevidierbare Vergangenheit fixiert ist, erfährt nun im Sterben und Auferstehen des Christus, daß ihm eine neue Zukunft eröffnet wird. Er darf sich nun werten als einen der Zoé, dem Leben Zugeordneten. Er gewinnt folglich ein *anderes* Selbstverständnis.

Hier erkennen wir, daß das natürliche Selbstverständnis nur sehr *bedingt* bereit ist, sich umwerten zu lassen. Es befragt nämlich das Kerygma danach, was in ihm an Umwertungsimpulsen enthalten sei. Nur daran ist der Mensch interessiert. Was sein gegebenes Selbstverständnis nicht tangiert, was also nicht fähig ist, anthropologisch interpretiert zu werden, ist für ihn inaktuell. Es ist nicht „zuständig".

Von vornherein stehen also bestimmte *Bedingungen* fest, die erfüllt sein müssen, wenn ein Satz oder ein Bericht des Neuen Testaments als verbindliches Ke-

---

[30] Neues Testament und Mythologie, in: Kerygma und Mythos I, ed. H. W. BARTSCH, 2. A. 1951, 35.

rygma qualifiziert werden soll: „*Das Verstehen von Berichten über Ereignisse als Handeln Gottes setzt ein Vorverständnis dessen voraus, was überhaupt Handeln Gottes heißen kann.*"[31]

Dieses Handeln kann z.B. nicht in gegenständlicher Vorfindlichkeit aufweisbar sein wie das Datum einer Schlacht oder die Biographie eines Staatsmannes. Damit ist aber der „geschichtliche" Charakter des Kerygma – etwa die historische Faktizität von Kreuz und Auferstehung – relativ inaktuell und belanglos. Das alles wird nun notwendig in den Bereich einer illegitimen Vergegenständlichung Gottes, also des Mirakels und des Mythos verwiesen. Denn zur Umformung meines Selbstverständnisses bedarf es in der Tat der Faktizität jener Heilsereignisse *nicht*. Eine solche Umwertung könnte auch durch irgendeine Heils-*Lehre*, sie könnte ebenso von PLATO her vollzogen werden. Auch eine dichterische, also bloß erfundene Figur wie Faust oder auch Gestalten aus DANTES „Göttlicher Komödie" könnten eine umwerfende Bedeutung für mein Selbstverständnis gewinnen.

Freilich differenziert hier BULTMANN genauer. Er möchte die Geschichtlichkeit als solche gerade *nicht* aufgeben. Aber die eigengesetzliche und normative Kraft des Begriffs Vorverständnis erlaubt ihm doch nur eine sehr dünne Historie, die kaum wesentlich über den historischen Charakter einer Gestalt wie PLATON hinausgeht.

So ist etwa die Auferstehung Christi kein geschichtliches Faktum, das in der Außenwelt stattfände, sondern sie ist ein visionärer Reflex in der Psyche der Jünger, der von der Begegnung mit dem auf Erden Wandelnden herrührt.

Es gehe hier zwar nur um einen visionären Traum. Doch sei ein solcher Traum ja keineswegs ein „völlig innermenschlicher Vorgang", sondern er trage seinen „Grund als präsente Realität in sich". „„Imaginär' war die Schau der Jünger (nur), insofern sie den Gegenstand ihrer Schau in die räumliche, den Sinnen unterworfene Welt projizierten. Damit ist aber der Gegenstand ihrer Schau noch kein imaginärer …"[32] Das Geschichtliche ist hier reduziert auf ein X, das diesen träumerischen Effekt ausgelöst hat und als „präsente Realität" in ihm nachwirkt.

Mit anderen Worten: Das Vorverständnis begnügt sich nicht damit, nur ein einfaches zeitliches Prae zu sein, das ich bereits an das Kerygma herantrage, sondern es hat darüber hinaus noch eine sachlich *postulierende* Kraft und wirkt sich als beherrschend werdendes Kriterium auch inhaltlich auf das aus, was überhaupt als Kerygma legitimierbar ist. Ich frage gleichsam das Kerygma: Was hast du zu *meinen* Problemen zu sagen? Und diese Fragestellung hat präjudizierende Kraft. Sie wirkt ebenso wie das Vorverständnis als Sieb, durch das die kerygmatischen Gehalte gefiltert werden. Nur das durchdringt dieses Sieb, was als für mich geltende Wahrheit zum Inhalt meines Selbstverständnisses werden kann.

---

[31] Glauben und Verstehen II, 231.

[32] Antwort BULTMANNS auf eine Anfrage des hessischen Bruderrats, mitgeteilt in meinem Aufsatz „Die Entmythologisierung des NT", in: Kerygma und Mythos I, 159ff., bes. 171f.

So ereignet sich bei BULTMANN *im Grunde nicht Geschichte, sondern es ereignet sich Bewußtsein:* Das Vorverständnis gewinnt den Rang eines Kriteriums und einer Norm, wenigstens eines heimlich und gleichsam ungegenständlich wirksamen Kriteriums.

Aus diesem Grund ist BULTMANN nicht so sehr daran interessiert, ob ein neutestamentliches Datum, ob Weihnachten, Ostern und Pfingsten in historischen Fakten gründen oder aber Mythen sind. Denn der Ideengehalt eines geschichtlichen Ereignisses *und* der Ideengehalt eines Mythos können gleicherweise auf das Verständnis meiner Existenz einwirken. Ich verliere darum als Christ nichts, wenn ich alles, worin Gott als „gegenständlich", als Weltinhalt und Vorfindliches gesehen wird, in die Rubrik des Mythos verweise. Denn damit ist jener Bericht ja keineswegs eliminiert. Er kann vielmehr als interpretierter Bericht – das heißt als ein Bericht, der auf seinen Ideengehalt abgehorcht ist – existenziell genauso fruchtbar werden.

An dieser Stelle erheben wir unseren entscheidenden Vorbehalt gegenüber BULTMANNS hermeneutischen Prinzipien:

Das Prinzip des Vorverständnisses ist ein bibelfremdes normatives Prinzip, das sich als von außen herangetragenes Kriterium auswirkt. Zugespitzt können wir sagen: Ich kann, wenn ich auf diesem Vorverständnis insistiere, nicht mehr alles für möglich halten. Die historische Faktizität der Heilstatsachen ist von hier aus – jedenfalls pauschal gesehen – sofort indiskutabel, weil sie weit über eine existenzielle Gebrauchsfähigkeit hinausgeht, weil sie gar nicht in mein Selbstverständnis eingehen *könnte*.

Hier sehen wir die Grenze von BULTMANNS These, daß ich einen Text im Sinne eines Woraufhin befragen müsse. Er setzt nämlich dabei stets voraus, daß dieses Woraufhin ein existenzielles Thema, ein Thema meines Selbstverständnisses ist, rechnet aber nicht ernsthaft mit der Möglichkeit, daß der biblische Text mich *selbst* befragt, oder besser: daß er die ganze Phalanx meiner an ihn herangetragenen Fragestellungen durchbricht und mich überhaupt das rechte Fragen *lehrt*. Er rechnet kaum ernstlich mit der Möglichkeit, daß hinsichtlich des Kerygma viel mehr im Himmel passiert als in meinem Noûs, der das Selbstverständnis bildet. Er scheint sich dem zu verschließen, was mir geradezu als Achse der neutestamentlichen Botschaft erscheint: daß nämlich viel wichtiger als das Mitsterben und Mitauferstehen mit Christus die Tatsache ist, daß Christus überhaupt und ganz unabhängig von meinem darauf eingehenden oder mich verschließenden Verhalten gestorben und auferstanden *ist,* daß also jene extreme vollzogene Faktizität den ontischen Primat besitzt gegenüber dem exemplarischen Nachvollzug des *Mit*sterbens und *Mit*auferstehens.

BULTMANN steht also dem Kerygma nicht vorbehaltlos gegenüber, sondern präjudiziert von seinem Vorverständnis her, was es sein muß, um sich für den Titel „Kerygma" zu legitimieren. Dieses präjudizierende Moment besteht in der Frage, ob und inwieweit ein Text existenzial interpretierbar sei, d.h. Inhalt eines möglichen Selbstverständnisses werden könne.

Hier liegt in der Tat ein wesentliches Problem, das ich an dieser Stelle nur andeuten kann. Tatsächlich komme ich ja ohne diese Befragung des Textes nicht aus, und zwar aus zwei Gründen nicht:

Einmal kann keine christliche Verkündigung, kann insbesondere die Predigt nicht darauf verzichten, einen biblischen Text „ad hominem" zu exegesieren und seinen „Sitz im Leben" zu verdeutlichen. Das heißt aber nichts anderes, als daß ich verkündigend auf das Selbstbewußtsein des Hörers zugehe: auf seine Ängste und Hoffnungen, seine falschen Sicherheiten und Verzweiflungen, kurz: auf alles, was sein Leben erfüllt.

Ferner: Ohne die Rückfrage, wie sich ein Text zu meinem vorgängigen Selbstverständnis verhält, begebe ich mich ja *jedes* hermeneutischen Kriteriums und bin dann in Gefahr, einer handfesten Verbalinspirationslehre zu verfallen – einer Lehre also, die mich nötigen würde, alles pauschal als verbum Dei, als Kerygma zu übernehmen, nur weil es „dasteht". Wie sollte ich denn etwa gegenüber dem eschatologischen Dschungel des letzten Buches der Bibel ohne derartige kritische Prinzipien der Hermeneutik durchkommen können? Man sieht doch an den eschatologischen Phantastereien mancher Sekten, wohin die Ignorierung solcher Prinzipien führt!

Es bedarf also in der Tat gewisser kritischer Orientierungspunkte des Verstehens. Dem Alten Testament gegenüber könnte Luthers Frage, inwiefern es „Christum treibe", in etwa die Funktion eines solchen Orientierungspunktes übernehmen[33].

Unsere Frage an Bultmann lautet nur, inwieweit er diese Prinzipien dem Text selbst entnommen habe, *oder* aber inwieweit er jene Prinzipien auf dem Umweg über den Begriff des Vorverständnisses und des modernen Weltbildes von *außen* herangetragen hat. *Deshalb hege ich Bedenken gegenüber dem Begriff eines hermeneutischen „Prinzips" überhaupt.* „Prinzip" bedeutet einen fixen, statischen, axiomatischen und sich durchhaltenden Standpunkt. Gegenüber kerygmatischen Texten aber muß ich immer bereit sein, meine Vorbehalte, Voreingenommenheiten und Vorurteile revidieren und überholen zu lassen.

Gerade in den Dialogen Jesu wird dieses Problem ständig exemplifiziert: Da stellen die Menschen bestimmte Fragen an Jesus, z.B. die nach dem ewigen Leben, oder auch die Frage, wie ein Erbstreit geschlichtet werden solle. Diese Fragen deuten stets darauf, daß sie ein bestimmtes Vorurteil ihm gegenüber hegen, daß sie etwas *Bestimmtes* in ihm sehen: einen Weisheitslehrer etwa, einen Richter, einen Revolutionär oder einen Messias (wie sie sich ihn vorstellen).

Es ist aber sehr charakteristisch, daß die in solchem Erwartungshorizont gestellten Fragen nicht einfach beantwortet werden, sondern daß Jesus mit *Gegenfragen* auf sie reagiert. Das ist ein Indiz dafür, daß er sich niemals auf der Ebene der menschlichen Vorurteile erkennen läßt. Er läßt sich nur erkennen, wenn ein Mensch bereit ist, seine vorgefaßten Meinungen im Hinhören revidieren zu las-

---

[33] Vgl. dazu EvGl III, 150ff.; 189; 193ff.

sen, also eine totale Überraschung zu erleben, die ihm alle seine hermeneutischen Vorurteile über den Haufen wirft. Der existenziale Interpret, so scheint mir, befragt zwar den Text auf seine existenziellen Bezüge hin, aber er läßt sich nicht umgekehrt und in gleicher Strenge von diesem Text auf seine *eigenen* Grundlagen hin befragen (z. B. auf die selbstverständliche Geltung des modernen, auf Immanenz begründeten Weltbildes hin).

Nur dann aber, wenn ich mich selbst befragen *lasse,* nehme ich den geschichtlichen Gegenstand ernst. Andernfalls bin ich in Gefahr, nur mich selbst und meine eigenen Denkvoraussetzungen ernst zu nehmen und dann „der Herren eig'nen Geist" sich in den Gegenstand der Interpretation hineinprojizieren zu lassen.

In diesem Sinne möchte ich bemüht sein, die hier zu behandelnden Gestalten möglichst voraussetzungslos, möglichst selbstvergessen zu befragen, *weil* ich sie eben ernst nehmen möchte. Ich möchte sie von dem *Thema* her verstehen, in dessen Namen sie dachten. Völlige Voraussetzungslosigkeit gibt es freilich nicht. Wir können nicht über unseren eigenen Schatten springen. Aber wir können in selbstkritischer Wachheit diese unsere Voraussetzungen einkalkulieren, sie als blinden Fleck (folglich als Not und nicht als hermeneutische Tugend!) verstehen und so unter Kontrolle halten.

Damit haben wir die Vorhalle unseres Themas mit den von ihm selbst gestellten Prinzipien- und Methodenfragen durchschritten und wenden uns nunmehr den Stoffen selbst zu.

2. Kapitel

Der durchgängige Scopus des Denkens seit der Aufklärung: der Zweifel

Es wird gut für uns sein, inmitten und trotz der verwirrenden Vielfalt des philosophischen und theologischen Denkens der letzten Jahrhunderte nach einem roten Faden zu suchen, nach einem gemeinsamen Scopus also, der unsere Orientierung leiten und erleichtern kann. Weniger didaktisch als sachlich angemessen wäre es natürlich, diesen Scopus anhand besprochener Stoffe allererst zu *finden* und ihn nicht schon als Vorgabe zu präsentieren. Angesichts mancher Leser, denen diese Stoffe neu sind, mag aber ein gewisser Informationsvorsprung (ein schreckliches Modewort!) des Autors, an dem er seine Leser teilnehmen läßt, didaktisch hilfreich sein.

Tatsächlich meine ich zu sehen, daß unsere Epoche einen solch beherrschenden und die Vielfalt zusammenhaltenden Leitgedanken erkennen läßt. Von einigen respektablen „Sonderlingen" abgesehen – als Beispiele dafür mögen KIERKEGAARD oder auch JOHANN TOBIAS BECK oder Vater und Sohn BLUMHARDT genannt sein – könnte man die Denker dieses Zeitraums als eine gewisse Einheit, als einen Chor mit verschiedenen Stimmen zwar – auch mit einigen atonalen Partien –, aber eben doch als einen *Chor* begreifen.

Wenn ich den verbindenden Scopus auf eine kurze Formel bringen darf, möchte ich sagen: *Das 18. und 19. Jahrhundert mit ihren vorbereitenden und nachfolgenden Systemen sind Jahrhunderte des Zweifels gewesen.* Allerdings geht es um andere Gestalten des Zweifels, als sie die alte und mittelalterliche Kirchengeschichte kennt. In holzschnittartiger Vereinfachung möchte ich vier Hauptgestalten des theologischen Zweifels nennen, von denen allein zwei als wesentliche Figuren innerhalb unseres Zeitabschnitts auftauchen. Wir können sie nennen: (I.) den Zweifel an der Barmherzigkeit Gottes; (II.) den Zweifel an der Gerechtigkeit Gottes; (III.) den Erkenntniszweifel; (IV.) den pragmatischen Zweifel.

ad I: *Der Zweifel an der Barmherzigkeit Gottes*

Für diese erste Gestalt des Zweifels kann hier LUTHER repräsentativ stehen. Dieser Zweifel entsteht angesichts des richtenden Gesetzes und bezieht sich auf die misericordia Dei, an die man nicht zu glauben wagt und die man also bezweifelt. Kann ich, sofern ich mich im Schema des Gesetzes bewege und Gottes Forderung durch Verdienst und Leistung zu erfüllen strebe, wirklich mit der Barmherzigkeit Gottes rechnen? „Durch gute Werke gerecht" werden zu können, würde ja – ins Moderne übersetzt – bedeuten, daß der Mensch imstande wäre, sich selbst zu produzieren (wie der Marxismus das ja insofern für möglich hält, als der Mensch von gesellschaftlichen Strukturen abhängig ist und sich tatsächlich als neuen Menschen reproduzieren kann, wenn er jene Strukturen ändert). Kann ich also, durch welche Leistung immer, mich selbst zur kainé ktísis (zur neuen Kreatur) machen und damit das Ja Gottes erringen? Ich sehe aber, daß ich nicht über mich hinausdringe, daß ich an mein entfremdetes So-sein fixiert bleibe und so die fordernde Anklage des Gesetzes niemals zum Schweigen zu bringen vermag. Ich bleibe im circulus vitiosus des „Ich soll, aber ich kann nicht" gefangen und sehe mich darum mit der ira Dei, nicht aber mit der misericordia Dei, konfrontiert. Die bleibende Illustration dieser Gestalt des Zweifels wird durch LUTHERS Klosterkämpfe geliefert; sie ließen als menschlichen Ausweg aus dem Zweifel an der misericordia Dei nur die Alternative desperatio (Verzweiflung) und securitas (Sicherheit) übrig.

In geistesgeschichtlicher Hinsicht wage ich die These, daß es sich hier um den letzten spezifisch „mittelalterlichen" Zweifel handle. Denn dieser Zweifel ergibt sich deutlich erkennbar *nicht* angesichts der empirischen und konkreten Gestalt des Lebens; er ergibt sich nicht durch die Beobachtung des Weltlaufs und der unergründlichen Verborgenheit menschlicher Schicksale, sondern er ist völlig dem transzendenten Bereich der Offenbarung zugeordnet. Er entsteht ja innerhalb der Dialektik von Gesetz und Evangelium, folglich auf dem autochthonen Boden des sacrum, nicht durch das profanum einer in ihrem Verlauf beobachteten Welt. Der Zweifel an der misericordia Dei setzt die Fraglosigkeit der Existenz Gottes, ja noch mehr: er setzt die Fraglosigkeit der Selbsterschließung dieses Gottes voraus.

ad II: *Der Zweifel an der Gerechtigkeit Gottes*

Diese zweite Gestalt des Zweifels hat schon eher eine neuzeitliche Pointe. Sie taucht zwar auch im Hiob-Buch, in Psalm 73 und vielen anderen Stellen des Alten Testaments auf und ist mindestens so alt wie die erstgenannte Gestalt des Zweifels. Doch zum Hauptthema und zur Initiatorin folgenreicher theologischer Destruktionen wird sie erst in der Neuzeit. Im Unterschied zum Zweifel an der misericordia Dei geht es bei der Infragestellung der justitia Dei um das Irrewerden an einer sinnvollen Regie der Welt überhaupt. Damit hängt die nächste Konsequenz unmittelbar zusammen: der Zweifel an der Existenz Gottes selbst. Ein Gott, der des Weltlaufs nicht mächtig ist, ist ein Widerspruch in sich. Wird der Zufall zum Herrn – „ohne Wahl zuckt der Strahl" –, kann die Welt nicht mehr als Schöpfung verstanden werden. Entsprechend wird auch ein angeblicher Schöpfer zum Inhalt bloßer Wunsch-Illusionen abgewertet.

Diese Eskalation des Zweifels findet sich nicht nur auf jüdisch-christlichem Boden, sondern gibt sich bereits in der späteren griechischen Antike zu erkennen. Im Herakles-Drama des EURIPIDES hat der Held im Wahnsinn (den Hera über ihn verhängt hat) seine eigenen Kinder umgebracht. Angesichts ihrer Leichen stellt Herakles dann in einem lichten Moment die Frage: Kam mein Wahnsinn von *keinem* Gott – wo kam er her? Kam er von einem Gott – *war* er ein Gott? – Hier sehen wir deutlich den Übergang vom Zweifel an der Sinnhaftigkeit, am „gerechten" Walten göttlichen Tuns bis zum Zweifel an der göttlichen Qualität selbst und damit an der Existenz des Gottes. Für EURIPIDES sind die Götter nicht mehr fraglos. Er ist schon in das Stadium des Zweifels und der theologischen Resignation eingetreten.

Diese „Rasse" von Zweifel entsteht an der Beobachtung der Wirklichkeit, wenn sie, um eine Formulierung JEAN PAULS aufzugreifen[1], den Eindruck der „kalten ewigen Notwendigkeit" und des „wahnsinnigen Zufalls" vermittelt.

Der Widerspruch zwischen dem, was Gott gemäß seiner Selbstaussage ist – nämlich ein gerechter Gott, dazu „barmherzig und von großer Güte" – *und* der Erfahrung einer widersinnigen Wirklichkeit, in der die Schlechten oft genug belohnt und die Guten bestraft werden, diese Kollision also zwischen Offenbarung und konkreter Realität, zwischen Glauben und Erfahrung entbindet immer wieder das Theodizee-Problem. Unserer Zeit ist es vertraut durch die rhetorisch-resignierte Frage „Wie kann Gott das zulassen?" Diese Frage impliziert die Alternative, daß nur Eines stimmen könne: *Entweder* die behauptete These des Glaubens vom gerechten, die Welt sinnvoll steuernden Gott *oder* die Beobachtung des Weltlaufs, die dazu in Widerspruch steht. Der Spatz des Nonsens in der Hand gewinnt dann schnell die Überhand gegenüber der Taube des Gottesglaubens auf dem Dach.

Das Erdbeben von Lissabon 1755, bei dem 30 000 bis 60 000 Menschen umkamen, war deshalb auch ein Erdbeben innerhalb der sowieso schon wankend gewordenen religiösen Welt. Und LEIBNIZ hatte ihr doch erst vor kurzem das optimistische Attest ausgestellt, daß unsere Welt die beste aller möglichen Welten, daß sie ein sinnvoll gesteuerter und göttlich durchwalteter Organismus sei.

VOLTAIRE hat in seinem „Poèm sur le désastre de Lisbonne" diese Sinnkatastrophe, diese Katastrophe eines Glaubens an die göttliche Gerechtigkeit, weidlich ausgeschlachtet. In „Dichtung und Wahrheit" weiß aber auch GOETHE über diesen niederschmetternden, zur Glaubensanfechtung werdenden Jugendeindruck zu berichten. Zur Orientierung über die Auswirkung dieser Krise vgl. W. LÜTGERT, Die Erschütterung des Optimismus durch das Erdbeben in Lissabon, 1901. Eine ähnliche Bedeutung wie dieses Erdbeben hat in unserer Zeit das Nazi-Konzentrationslager Auschwitz gewonnen. Es sind nicht nur vereinzelte Stimmen, die davon sprechen, daß man nach Auschwitz nicht mehr singen könne: „... der alles so herrlich regieret".

Man muß bei dieser Gestalt des Zweifels also beachten, daß er sich immer aus der Beobachtung und Interpretation der umgebenden Weltwirklichkeit ergibt.

---

[1] In der „Predigt des toten Christus vom Weltgebäude herab, daß kein Gott sei" aus dem „Siebenkäs". Vgl. dazu die Analyse in EvGl I, 331 ff.

Denn der moderne Empirismus, der das Zeitalter der Naturwissenschaften und der Technik überhaupt erst möglich macht, ist ja durch seinen Blick auf diese objektivierbare Realität fixiert[2]. Auch wenn es diese Beobachtung bereits sehr früh und schon in sakral bestimmten Zeiten gegeben hat – man war damals ja nicht einfach wirklichkeitsfremd! –, so liegt es doch nahe, daß in dem Maße, wie das Diesseits systematisch erforscht wird, und wie der Mensch sich seit der Renaissance empirisch zu orientieren beginnt, diese Gestalt des Zweifels dominierend werden muß. Der Säkularismus macht die entdeckten Strukturgesetze des Diesseits zum Kriterium von Wirklichkeit überhaupt, dann aber natürlich auch zum Kriterium der Wirklichkeit *Gottes*.

Doch es passiert noch mehr. Dieser Zweifel gewinnt nicht nur *quantitativ* ein größeres Gewicht, sondern er wird auch im *qualitativen* Sinne radikalisiert: Der Psalmist und auch Hiob hadern mit Gott über die Prinzipien seiner Weltführung und empfinden sie als ungerecht – bis sie sich mit einem glaubenden „Dennoch" und nicht etwa mit einem verstehenden oder erratenden „Deshalb, weil …" zu Gott durchringen. Indem Gott so für sie der selbstverständliche und nicht infragegestellte *Partner* des Haderns bleibt – auch wenn man ihm gleichsam Ordnungsrufe erteilt –, ist er für sie eine unangefochtene Realität. Die Verborgenheit, das absconditus-esse Gottes, wird geradezu als ein Teil seines *Wesens* verstanden. Und die Unerkennbarkeit seiner Spuren, die Verborgenheit seines Seins sub contrario, ist nur ein Zeichen seiner majestas und seiner höheren Gedanken. Charakteristisch dafür ist Ps 77,20: „Dein Weg war im Meer und dein Pfad in großen Wassern, und man spürte deinen Fuß nicht." Man beachte aber, *wie* diese Klage über die Spurenlosigkeit Gottes – und das heißt doch auch: über die Unmöglichkeit, Gott an der Evidenz seines sinnvollen und gerechten Wirkens zu erkennen – geäußert wird: Sie hat die Form eines Gebetes und *rechnet* so nicht nur mit der Existenz des also Verborgenen, sondern hegt auch die Gewißheit, daß er die Klage vernimmt. (Die Analogie zum Verlassenheitswort Jesu am Kreuz drängt sich hier auf.) So *unangefochten* also bleibt hier die Realität Gottes und bleibt auch das Vertrauen, daß er „mein" Gott sei und bleibe.

MARTIN BUBER radikalisiert die hier entstehende Frage: „Wie ist in einer Zeit, in der es Auschwitz gibt, noch ein Leben mit Gott möglich? – Die Unheimlichkeit ist zu grausam, die Verborgenheit zu tief geworden. ‚Glauben' kann man an den Gott noch, der zugelassen hat, was geschehen ist; aber kann man noch zu ihm sprechen? Kann man ihn noch anrufen? Wagen wir es, den Überlebenden von Auschwitz, dem Hiob der Gaskammern, zu empfehlen: ‚Danket dem Herrn, denn er ist gütig, denn in Weltzeit währt seine Huld' –?

Aber wie ist das mit Hiob selber?

Er klagt nicht nur, er klagt Gott *an*, daß er ihm ‚sein Recht beseitigt' habe, daß also der Richter der ganzen Welt wider das Recht handle. – Und er empfängt von Gott eine Antwort. Aber was Gott zu ihm sagt, beantwortet die Anklage gar nicht, es berührt sie

---

[2] Der zitierte JEAN PAUL-Text, aber auch JENS PETER JACOBSENS „Niels Lyhne" und in unserer Zeit die sog. „Theologie nach dem Tode Gottes" zeigen diesen Ursprung des Zweifels sehr deutlich.

nicht einmal. Die wahre Antwort, die Hiob empfängt, ist die Erscheinung Gottes allein, dies allein also, daß die Ferne sich zur Nähe wandelt, daß ‚sein Auge ihn sieht', daß er ihn wiedererkennt.

Nichts ist erklärt, nichts ausgeglichen, das Unrecht ist nicht Recht geworden und die Grausamkeit nicht milde. Nichts ist geschehen, als daß der Mensch wieder Gottes Anrede vernimmt. – Das Geheimnis ist ein Rätsel geblieben, aber es ist ihm, dem Menschen, zu eigen geworden" (BUBER, Die vierte Rede über das Judentum, 1952).

Die Verborgenheit Gottes wird auch in Ps 77 nicht zum Anlaß einer „Anklage" wider Gott, sondern sie taucht innerhalb eines Lobgesanges, in einer Doxologie auf. Das besagt doch: es sei gerade ein Zeichen der Größe Gottes, die unsere Gedanken überragt, wenn wir ihn *nicht* erkennen, und wenn alles Vergängliche so *nicht* einfach ein durchschaubares Gleichnis ist.

In diesem Umkreis erschließt sich Gott also nicht aus der Wirklichkeit. Diese ist ganz im Gegenteil weithin nur Quelle der Anfechtung (es sei denn, man dächte an zeichenhafte Ausnahmen, an geschichtliche Taten wie die Befreiung aus Ägypten, den Durchzug durch das Meer und Ähnliches). Die *Gewißheit* Gottes ergibt sich im Alten Testament vielmehr aus seinem von Zeichen begleiteten *Wort,* in dem er sich unmittelbar – also nicht kraft eines Rückschlußverfahrens aus der Wirklichkeit – enthüllt. Und ferner vom *Ende* her, aus dem Nachhinein. Die Aufforderung, das „Ende" der Gottlosen zu bedenken (Ps 73,17), ist so etwas wie eine Antizipation von eschatologischen Gedanken, die die Verheißung enthalten, daß erst nach Vollendung dieser unserer Weltzeit die Stunde komme, wo wir in Klarheit schauen dürfen, was vorher nur in einem dunklen Spiegel (1. Kor 13,12) und bis zur Unerkennbarkeit verzerrt erschien, was nur wagender Glaube festzuhalten vermochte.

Im Durchschreiten dieses Zweifels findet der Glaube zur Klärung seiner selbst: daß er nämlich nicht nur ein Glaube an ..., sondern immer auch – bis zum Ende dieser Weltzeit – ein Glaube gegen ..., daß er also Dennoch-Glaube ist.

Während so hier im *Rahmen* des Gottesglaubens gezweifelt wird, vollzieht sich in der Geschichte des Zweifels auf die Neuzeit zu eine tiefgreifende *Mutation:* Nun beginnt der Zweifel sich auf die Existenz Gottes selbst zu beziehen. Das Gebet, in dem sich bisher der Zweifel äußerte, bricht ab und wird selber zum Gegenstand des Zweifels.

Woran liegt das?

Indem man Gott mit einer selbständig ausgebildeten Idee der Gerechtigkeit identifiziert – also nicht mehr von ihm selber Auskunft darüber empfängt, wer er sei und was er als „seine" Gerechtigkeit verstanden wissen will –, indem also selbstgesetzte Maßstäbe zum Kriterium des Gottesbildes werden, wird der so in unsere Wertetafeln Integrierte selbst fragwürdig. Am Ende dieser Zweifelsgeschichte tritt an die Stelle des Gottesglaubens der Schicksalsglaube.

Die weltanschauliche Verklärung dieses Nachfolgeglaubens liegt im Tragischen vor: Die Person der Götter wird von der moîra, von der toten Notwendigkeit der Abläufe, verschlungen. Das ewige Herz tritt hinter der Anangke zurück. Die Klassiker beginnen wieder Tragödien zu schreiben. Die so aufkommende Rezeption des Tragischen erscheint mir für ihre gebrochene Stellung zum Christentum aussagekräftiger als manche verwirrende Zitatensammlung aus ihren unmittelbar religiösen Aussagen[3].

Der Zweifel an der Gerechtigkeit und schließlich an der Existenz Gottes, wie er sich aus dem Erlebnis der Sinnlosigkeit ergibt, erreicht in der Moderne noch eine letzte Stufe. Sie führt zur *Bejahung* der Sinnlosigkeit und zur Erkenntnis der Kreativität des Nichts, mit dem wir konfrontiert werden. Hier kommt es nicht mehr zu der trauernden Feststellung: „Die Wirklichkeit stimmt nicht mit den Thesen der Tradition oder mit den Sinn-Postulaten unserer Vernunft überein"; vielmehr wird in einem dialektischen Überstieg die Sinnlosigkeit selbst wieder mit Sinn erfüllt. Die Absurdität etwa, wie sie bei ALBERT CAMUS in der Sisyphus-Gestalt zum Ausdruck kommt, wird als produktive Befreiung empfunden. Angesichts des entleerten Universums, in dem kein Gesetz und keine Normen regieren und mir darum auch nichts Richtungsweisendes vorgegeben ist, muß ich mich selbst zum auctor legis machen und damit zu radikaler Autonomie bereit sein[4].

ad III: *Der Erkenntniszweifel*

Mit der dritten Gestalt des Zweifels stoßen wir auf die typische Problematik des 18. und 19. Jahrhunderts und seiner vorbereitenden Denkbewegungen. Es handelt sich jetzt nicht mehr um den Zweifel an der misericordia oder der justitia Dei, sondern um die Fraglichkeit religiösen Erkennens überhaupt.

Die Frage, die diesen Wechsel in der Struktur des Zweifels auslöst, lautet: Auf welche Legitimation *gründen* sich eigentlich die selbstverständlichen Geltungen unserer Zeit und speziell der christlichen Konvention, auf die jene Geltungen weithin zurückgehen? Mit welchem Recht glaubt man z. B. an einen transzendenten Gott, der sich durch die Geburt seines Sohnes, durch dessen Tod und Auferstehung kundgetan habe? Sind etwa die *historischen* Berichte darüber so hieb- und stichfest, daß man auf sie tatsächlich den Glauben an eine so extravagante, den Rahmen aller historischen Analogien sprengende Nachricht wie die von dem wieder lebendig gewordenen Leichnam Christi gründen könnte? Oder lassen sich etwa *logische* Argumente finden, die einem dies ungewöhnliche Geschehen glaubhaft andemonstrieren können? Gibt es eine legitime Erkenntnis dieser Heilsfacta, sei es mit historischen *oder* logischen, jedenfalls *anerkannten* Mitteln der Vergewisserung? (Das waren etwa Fragen, wie sie neben anderen

---

[3] Vgl. dazu: THIELICKE, Schuld und Schicksal. Über das Tragische, 1936.

[4] Diesen Gedanken hat der Freund CAMUS', der Mikrobiologe J. MONOD, in seinem Werk (dtsch.) „Zufall und Notwendigkeit", 1970 naturwissenschaftlich zu unterbauen sich bemüht. Ich erinnere ferner an den „tollen Menschen" NIETZSCHES. Vgl. EvGl I, 354ff.

von REIMARUS und SEMLER gestellt wurden.) Nur wenn es Formen verbindlicher Vergewisserung gäbe, könne man weiterhin Christ sein, ohne dabei seine intellektuelle Redlichkeit zu verlieren.

Darum geht Eines unter allen Umständen *nicht* (und in dieser Negation brechen geradezu vulkanische Leidenschaften des Geistes auf, die etwa den Denkbewegungen eines GOTTHOLD EPHRAIM LESSING, dieses ehrlichsten aller Aufklärer, ein Vibrieren mitteilen, wie es einen Schiffsrumpf durchzittert) – Eines geht unter keinen Umständen: daß man sich dem Trägheitsgesetz der Tradition hingibt, sich von ihm mitnehmen läßt und einfach auf Autorität hin glaubt. So schreibt LESSING schon als Zwanzigjähriger 1749 einmal an seinen Vater, das Christentum sei nichts, was man von seinen Eltern auf Treu und Glauben annehmen könne. Und das zwei Jahre später entstandene Lehrgedicht „Die Religion" rückt statt der Religion selbst das religiöse Subjekt mit seiner Annahme-Problematik in den Mittelpunkt[5]. Entsprechend äußert sich auch der Muselmann Saladin im „Nathan":

Ein Mann wie du bleibt da
Nicht stehen, wo der Zufall der Geburt
Ihn hingeworfen, oder, wenn er bleibt,
Bleibt er aus Einsicht, Gründen, Wahl des Beß'ren (III,5).

Und Nathan selber fragt:

Wie Geld in Sack, so striche man in Kopf
Auch Wahrheit ein? ...

Wir sind keine Passagiere auf dem Schiff der Tradition, um uns passiv mitnehmen zu lassen, sondern wir sind verantwortliche Steuermänner.

Die skeptische Einsicht, die sich so in mancherlei Variationen äußert, ist also die: Wahrheiten kann man nicht einfach erben und in „seinen Sack streichen". Unter bestimmten Bedingungen kann man wohl bei den alten ehrwürdigen Wahrheiten *bleiben*. (Tatsächlich finden wir hier keine Spur von bloß revolutionärem Vorwärtsdrängen, von einem Angeln nach Neuheiten und nach Veränderung um ihrer selbst willen.) Man kann aber nur dann bei diesen Wahrheiten bleiben, wenn sie „aus Einsicht, Gründen, Wahl des Beß'ren" *angeeignet, d.h.* als wahr *befunden* werden. Sie müssen deshalb „erworben" und nicht bloß auf Autorität hin „übernommen" werden. Sonst wäre ich – speziell bei religiösen Wahrheiten – nicht mehr *Subjekt* meines Glaubens an eine Wahrheit, sondern ich würde nur den Glauben eines *anderen* glauben. In scharfer Wendung gegen diesen epigonalen Abstieg hat ALEXANDER SCHWEIZER (gest. 1888) einmal das bittere Wort gesprochen, daß „einst die Väter ihren Glauben bekannt" hätten, jetzt aber die Theologen sich vielfach „abmühten", nur die Bekenntnisse jener Väter zu „glauben"[6]. Es müsse deshalb unsere vornehmste Aufgabe sein, der gegenwärtigen Christenheit einen „wirklich glaubbaren (!) Glauben" aufzu-

---

[5] O. MANN, Lessing, 1949, 47.
[6] F. KATTENBUSCH, Die deutsche evang. Theol. seit Schleiermacher, 1926, 57.

zeigen. Darin habe jedes ernsthafte theologische Programm zu bestehen. Man wird sicher sagen dürfen, daß es – jedenfalls der Intention nach – einem Denker wie BULTMANN um diesen glaubbaren Glauben gegangen sei, wenn er das unseren Glauben beanspruchende Kerygma zu scheiden suchte von seinem nicht mehr glaubbaren zeitgeschichtlich-weltbildlichem Rahmen.

Die *Glaubbarkeit des Glaubens,* deren sich die ehrlich suchenden Gestalten der Aufklärung zu vergewissern strebten, und die von orthodoxen Fanatikern oft in blasphemischer Selbstsicherheit weggewischt wird, diese Frage nach der Glaubbarkeit braucht also keineswegs das Gerüchlein des „Rationalismus" an sich zu tragen. Glaubbarkeit ist ja nicht identisch mit rationaler Beweisbarkeit. Um Glaubbarkeit kann es mir auch dann gehen, wenn ich etwa zu zeigen suche, daß die Religion eine Wahrheit sui generis ist, die sich historischen und logischen Wahrheitspostulaten entzieht. So hat z. B. SCHLEIERMACHER von der Glaubbarkeit des Glaubens gehandelt, wenn er sie in Anschauung und Gefühl ansiedelt und wenn er seinen Zeitgenossen klar zu machen sucht, daß ihre emotionale Subjektivität die religiöse Wahrheit bereits in sich berge, daß diese Wahrheit ihnen also nicht als Oktroi von außen her begegne. Und meint TILLICH nicht etwas zumindest formal Ähnliches, wenn er die Aneignung religiöser Wahrheit mit der Gewißheit gegeben sieht, daß sie „mich unbedingt angeht"?

Wir sehen jedenfalls: Der Erkenntniszweifel hat seine Würde. Sein Scopus besteht keineswegs darin – ich bitte den Leser, das zu beachten –, daß man nicht mehr *glauben,* sondern nur noch *erkennen* wolle! So sieht nur das Zerrbild der Aufklärung aus, wie es in vielen sich überlegen dünkenden Köpfen geistert. Nein: Man will durchaus glauben, zumindest dazu bereit sein. (So denken jedenfalls viele, wenn auch nicht *alle* Aufklärer.) Aber man will *selber* glauben und nicht den Glauben eines anderen glauben, weil das in der Tat gar kein Glaube mehr wäre. Doch geht es dabei nicht nur um den Glauben selbst. Gleichgewichtig daneben steht der Respekt vor der Würde des religiösen Subjekts, das autonom bleiben und sich keine Fremdstoffe infiltrieren lassen will. Das humane Selbst bleibt nur dann und solange unbeschädigt, wie es sich mit seinem Glauben identifizieren kann, wie es also um *seinen* Glauben geht.

So wehrt man sich gegen die heraufdämmernde Schizophrenie des neuzeitlichen Bewußtseins, das ein gefährliches Gefälle aufweist: die Neigung nämlich, höchst unreflektiert in der *einen* Bewußtseinsschicht ein glaubender Christ und in der *anderen* ein heidnischer Intellektueller zu sein. So kämpft man um die Ganzheit und Ungebrochenheit seines Menschentums und damit um das Menschentum überhaupt. *Das religiöse Motiv der Glaub-„Würdigkeit" und das humane Motiv der Ich-Ganzheit sind untrennbar voneinander.*

WALTER FREYTAG, der Hamburger Missionswissenschaftler, berichtete einmal von einem extremen Beispiel solcher Bewußtseinsspaltung, das dem Gesagten als Illustration dienen mag: Ein junger chinesischer Astronom, in Europa ausgebildet, beteiligte sich nach der Rückkehr in seine Heimat an nächtlichen Lärmszenen, die den Mond vertreiben sollen. Er tat das offensichtlich nicht in heuchlerischer Anpassung an einen innerlich überwundenen Brauch, sondern weil er in zwei Bewußtseinsdimensionen aufgespalten war.

Die Menschen dieser Zeitwende sind so Theologen der Anfechtung. Sie umgehen diese Anfechtung nicht, sondern stellen sich ihr. Insofern sind die Anfragen, mit denen sie uns Heutige bestürmen, nicht erledigt. Sich nur „historisch" zu ihnen zu verhalten oder sich ihnen in theologischer Schulsicherheit überlegen zu dünken, wäre vermessen. *Wir sind bei den Dialogen mit ihnen, um die es in diesem Buch ja gehen soll, nicht die fortgeschrittenen Partner, die nachsichtig auf Überwundenes zurückblicken könnten, sondern wir bleiben ihnen gleichzeitig.*

ad IV: *Der pragmatische Zweifel*

Die letzte Gestalt des Zweifels, die sich ebenfalls im 19. Jahrhundert anbahnt, ist der *pragmatische* Zweifel. Diese Art Zweifel ist viel zu resigniert, um „letzte" Wahrheiten – das heißt solche, die mit Grund, Ziel und Sinn des Daseins zu tun haben und darum die Signatur des Religiösen tragen – noch erkennen zu wollen und sie überhaupt für einen verfügbaren Erkenntnisgegenstand zu halten. Der so Resignierte erkennt sich am ehesten in der Ironie der Pilatusfrage: „Was ist Wahrheit?!" wieder. Er sieht bei dem, was man im Bereich von Theologie und Philosophie früher einmal für „Wahrheit" hielt, allenfalls „Ideologien", also unwirkliche, jenseit von Lüge und Wahrheit stehende Spiegelbilder realer Daseinsfundamente. Meist ist die Vertretung solcher dubiosen Luftspiegelungen mit handfesten Interessen verbunden: Unter trügerischer Vorgabe angeblicher Wahrheit geht es in Wirklichkeit – um das marxistische Beispiel zu gebrauchen – um die Beschwichtigung der Ausgebeuteten; man vertröstet sie auf ein Jenseits oder beruhigt sie mit den vermeintlich höheren Gedanken der Vorsehung[7].

Aus diesem Denkansatz ergeben sich folgende Konsequenzen:

1. Während die Wahrheit (*wenn* es sie gibt!) immer als eine absolute, als eine Wahrheit „ein für allemal", gedacht werden muß, sind die Ideologien stets relativ. Die Frage, ob eine Religion oder eine Philosophie „wahr" sei, ist auf dem Boden des ideologischen Denkens unangemessen. Denn diese Frage unterstellt, daß Wahrheit eine zeitüberlegene Norm sei, während sie hier doch nur als eine Funktion ganz anderer, realer, eben „jeweiliger" Gegebenheiten erscheint.

2. Während Wahrheit (*wenn* es sie gibt!) zeitlos und konstant ist – mag sie auch in zeitbedingte Aussageformen eingewickelt sein –, ist die Ideologie ihrer Substanz nach zeitbedingt und variabel. Sie wechselt etwa im gleichen Maße und im gleichen Takt, wie sich die gesellschaftlichen und ökonomischen Realitäten ändern oder wie die biologische Struktur derer, die sie produzieren, anders ist.

---

[7] Zum Begriff der Ideologie: ThE II,2, § 133 ff.; 154 ff. – Am kürzesten ist der genannte Begriff der Ideologie auf marxistischer Seite im „Kommunistischen Manifest" (1847/48) definiert. Er taucht aber nicht nur in der materialistischen Geschichtsauffassung, sondern auch im biologischen Materialismus auf, wo der Logos-Bereich als Überbau des Bios, d.h. der Fundamental-Realität, interpretiert wird. Charakteristisch dafür ist das Werk des früheren Königsberger Philosophen HANS HEYSE, Idee und Existenz, 1935.

3. Daraus ergibt sich die spezifische Gestalt des Zweifels, wie sie in diesem Denkschema allein noch auftauchen kann. Der Zweifel kann sich nun nicht mehr auf die Frage beziehen, ob das im Rahmen einer Ideologie Gesagte „wahr" sei; die Wahrheitsfrage selbst ist auf dieser Ebene ja schon abwegig und dubios. Der Zweifel kann sich vielmehr nur noch auf die Frage beziehen, ob eine bestimmte Ideologie – und damit auch eine so interpretierte religiöse Aussage – dem jeweiligen gesellschaftlichen Zustand und der durch ihn bestimmten Bewußtseinslage adäquat sei, vor allem *noch* adäquat sei, ob sie also nicht einen längst überwundenen Status widerspiegele. Vulgär, aber deutlich ausgedrückt lautet deshalb der aus dieser Ecke gegen das Christentum erhobene Vorwurf nicht: „Du verkündest Unwahres" oder gar: „Du lügst", sondern er kann nur die ironische Form annehmen: „Du bist hinter dem Mond zurück" oder: „Du hast den Geist der Zeit noch nicht begriffen". Als schlimmstes Pudendum gilt das Veraltet-, das Überholt-sein, nicht etwa eine Normwidrigkeit wie „unmoralisch" oder „unwahr". Hier bahnt sich zugleich der Vorwurf des *Reaktionären* an.

In diesem Rahmen ist auch NIETZSCHES Zeitdiagnose aus der „Fröhlichen Wissenschaft" zu verstehen: „Das Eis, das heut' noch trägt, ist schon sehr dünn geworden: der Tauwind weht, wir selbst, wir Heimatlosen, sind etwas, das Eis und andere allzu dünne Realitäten aufbricht." Das Eis ist hier die abendländisch-christliche Kultur, deren Wertsetzungen – gut und böse etwa – überholt sind. (Nebenbei darf ich hier eine eigenartige Beobachtung verzeichnen: Seine eigene Diagnose hält man fast nie für eine „Ideologie" und relativiert sie infolgedessen auch nicht zum bloßen Überbau eines realen Zustandes. Man billigt ihr vielmehr, so scheint es doch, den altmodischen Rang einer Wahrheits-Norm zu.)

Für die Theologen, teilweise auch für die Philosophen des 18. und 19. Jahrhunderts entsteht angesichts der besprochenen Gestalten des Zweifels, für die sie selbst großenteils repräsentativ stehen (soweit sie jedenfalls geistesgeschichtlich fruchtbar geworden sind), die Frage, wie man den Zweifel bewältigen könne. Dabei eignet ihnen *eine* gemeinsame Überzeugung: Man kann auf keinen Fall an dem so aufgebrochenen Zweifel vorüber, sondern muß ihn durchschreiten, wenn es nicht zur Zerstörung des religiösen Subjekts und seiner Humanität kommen soll. Das aber würde sich begeben, wenn die christlichen Dogmen zu Zwangsglaubenssätzen werden, die man dem Zweifel gewaltsam entgegenwürfe. Man kann deshalb die Bibel nicht einfach rezitieren, als ob nichts geschehen wäre. Man kann auch die reformatorische Tradition nicht einfach ungebrochen übernehmen und wie einen Naturschutzpark der pura doctrina sichernd umgrenzen. Auf diese Weise würde man nicht nur theologisch unsachlich verfahren – indem man die Geschichtlichkeit der Theologie übersähe und ihre Aussagen im Sinne zeitlos-mathematischer Lehrsätze behandelte –, sondern man würde auch die lebendigsten und zur Reflexion bereiten Geister seiner Zeit verlieren.

Man könnte die neu gefundene und seitdem auf dem Tapet bleibende theologische Pointe so formulieren: Theologie kann immer nur im dialogischen Eingehen auf die Generation betrieben werden, innerhalb deren sie gepflogen wird. Sie vollzieht sich darum stets in einer doppelten Richtung: einmal im Hingewandt-sein auf das Wort der Offenbarung, das sie nachbuchstabiert, und ferner im Hingewandt-sein – in der „Korrelation" – zu den Menschen, mit denen zusammen und stellvertretend für die sie denkt. *In dieser Doppelrichtung besteht die Menschlichkeit der Theologie. Eine theologia perennis ist den Engeln vorbehalten.*

V. Die Frage des Zweifelnden nach möglicher „Aneignung"

Dem Zweifel entspricht nun nach der positiven Seite hin das Problem der *Aneignung.* Damit haben wir neben dem Zweifel das zweite Stichwort gefunden, das die theologische Thematik unseres Zeitraums bestimmt. In dem Maße, wie die Theologie und ihr Gegenstand nicht mehr zu den Selbstverständlichkeiten gehören, gibt es nur noch die Alternative, sich von beidem loszusagen oder aber einen Weg zu finden, wie ich mir die theologische Aussage als eine glaub- und verstehbare Aussage *zugänglich* machen kann.

Damit hängt es zusammen, daß seit SCHLEIERMACHER (bis heute!) zwei theologische Lehrbereiche mehr und mehr in den Vordergrund treten:

einmal die theologische Prinzipienlehre, d.h. die Religionsphilosophie und das, was wir in den akademischen Lehrplänen als „Dogmatik I" zu bezeichnen pflegen[8]. Hier geht es um die typisch neuzeitliche, vom Zweifels- und Aneignungsproblem ausgelöste Auseinandersetzung zwischen Glaube und Bewußtsein, Offenbarung und Vernunft, kurz: um die Frage der Glaubbarkeit des Glaubens und damit um die Möglichkeit der intellektuellen Redlichkeit des Glaubenden.

Ferner bildet sich der Lehrbereich der Homiletik (Predigtlehre) heraus. Solange ich den biblischen Text als nicht infragegestellte Autorität nur zu rezitieren und homilieartig zu umschreiben brauche, bleibt das homiletische Problem noch latent. Es gewinnt seine Virulenz erst durch die Frage, wie ich *gezielt* verkündige. Erst wenn ich mich zu dieser Frage genötigt sehe, wird mir klar, daß die bloß deklamierte Wahrheit unter Umständen gar nicht trifft, weil der unter anderen Denkvoraussetzungen existierende Hörer den aktuellen Bezug der Botschaft, ihr „quoad-me" und das „mea-res-agitur" nicht bemerkt, und weil die fremde (welt-

---

[8] Im Unterschied zur Scholastik, in der infolge des Analogieprinzips das Verhältnis von Vernunft und Offenbarung lebhaft verhandelt wurde (ThE I und EvGl I, Reg. „Analogia entis") und damit eine „Prinzipienlehre" der Dogmatik gegeben war, kann in der protestantischen Dogmatik des 17. und 18. Jahrhunderts selbst in den Kapiteln „De ratione" davon kaum die Rede sein. Der große systematische Durchbruch dieser Disziplin begibt sich erst durch die Einleitung von SCHLEIERMACHERs Glaubenslehre. Von weiteren Hinweisen erwähne ich: G. EBELING, Studium der Theologie. Eine enzyklopädische Orientierung, 1975, 139ff. – DERS., Dogmatik des christlichen Glaubens I, 1979, 13ff. – H. G. PÖHLMANN, Abriß der Dogmatik, 2.A. 1975, 13ff.

bildliche und sonstwie zeitbedingte) Rahmung der Textaussage ihm diese Pointe
verbirgt.

Beispielhaft kann man sich das klar machen an einer (erfundenen) Anekdote: Während
des Dritten Reiches findet im Berliner Sportpalast eine Großversammlung statt, in der die
Leidensgestalt des Gekreuzigten geschmäht wird und durch einen heroisch hochstilisierten
Christus ersetzt werden soll. Ein Mann fühlt sich demgegenüber zum Bekennen genötigt
und macht den protestierenden Zwischenruf: „*Christus* ist der Messias!" Er erreicht damit
nur bei seiner nächsten Umgebung eine vorübergehende kopfschüttelnde Aufmerksamkeit.
Ein anderer aber ruft: „Christus ist unser einziger Führer in Zeit und Ewigkeit; wer ihn
verwirft, ist ein Verführer." Er sagt dasselbe, was auch der erste Zwischenrufer meinte;
aber er formulierte es in aktueller Zuspitzung auf den Führerkult des Nazismus. Während
der erste Rufer auf Unverständnis stößt und niemand sich in seiner „mea-res" getroffen
fühlt, beginnen bei dem zweiten die Puppen zu tanzen. Er dürfte das Martyrium gewählt
haben, weil sein Bekenntnis verstanden wurde.

Die Frage nach der „mea-res" und damit nach der Aktualisierung der
Botschaft kann nun erst dann entstehen, wenn das „Ego" und das „Meum" problematisch geworden ist, wenn es sich aus seiner fraglos-selbstverständlichen
Zuordnung zur Botschaft gelöst hat und sich seines Proprium bewußt geworden
ist[9]. Dann muß ich in der Tat die Frage stellen, *wer* denn der sei, dem ich verkündige, mit welchen Vorverständnissen und Vorurteilen, mit welchen Zweifeln
er der Botschaft gegenübertritt.

Das homiletische Problem entsteht also erst dann, jedenfalls in radikalem
Sinn, wenn der Hörer für mich nicht mehr eine tabula rasa ist, die ich mit dem
Kerygma einfach bemalen könnte, sondern wenn er mir als ein schon Beschrifteter, als ein religiös, weltanschaulich, auch als ein vom Zeitgeist Beschrifteter entgegentritt. Dann sieht man sich verständlicherweise zu der Aufgabe gedrängt,
diese Last-Schriften erst löschen – sprich: Vorurteile abbauen – zu müssen, um
Platz für das eigene Schreiben frei zu bekommen.

Hier wäre allerdings schon jetzt die kritische Gegenfrage anzumelden, ob es
in der Begegnung des Evangeliums mit dem natürlichen Menschen nicht ganz
anders zugehe: ob nämlich die gegebene Beschriftung der tabula nicht durch
apologetische Vorweg-Aufräumearbeit, sondern im Akt der Verkündigung
selbst beiseite geräumt werde, ob es also weniger um eine Vorbereitung *für* die
Wahrheit, als um eine Befreiung – auch von Vorurteilen – *durch* die Wahrheit
gehe. Daß jene Vorurteile aber in der Tat dafür sorgen können, im ersten Akt
des Hörens alles „in den falschen Hals" zu bekommen, und daß eine auf das Ego
des Menschen konzentrierte Theologie dadurch aufs tiefste beunruhigt werden
muß, ist verständlich. Man braucht nur daran zu denken, welche Verwirrung das
allgemein übliche *moralische* Mißverständnis des Begriffs „Sünde" stiften muß
und wie wenig von dorther der Korrelatbegriff „Erlösung" oder „Rechtfertigung" plausibel ist.

---

[9] In EvGl I habe ich die theologische Richtung, die sich auf dieses emanzipierte Selbst
des neuzeitlichen Menschen gründet, als „cartesianische" Theologie bezeichnet.

Diese Inblicknahme der inneren Situation des Hörers – seines Ego also – ist es wohl vor allem, die das 19. Jahrhundert dazu veranlaßt hat, Predigtlehren zu konzipieren. Auch dort, wo diese Aufgabe nicht ausdrücklich thematisiert wird, schwingt zwischen den Zeilen der verschiedenen Glaubenslehren ständig die Frage, *wie* nun die Botschaft den „Gebildeten unter den Verächtern der Religion" auszurichten sei. Schon dieser Buchtitel ist ja für die Problemstellung überaus charakteristisch. Die „Gebildeten" sind hier zugleich die am meisten mit Vorurteilen Belasteten, deren Subjektivität zunächst einmal von allerlei religiösen Mißverständnissen befreit werden muß.

Schon der Aufriß dieser Hauptprobleme wird uns darauf aufmerksam gemacht haben, welche Fragen hier an unser eigenes dogmatisches und homiletisches Denken gestellt werden. Haben wir nicht viele der hier auftauchenden Fragestellungen zu unserem Nachteil vergessen? Unzählige Predigten, die heute gehalten werden, könnten im Jahr 1800 genauso gut gehalten worden sein. Das ist nicht ein Zeichen für die zeitlose Güte ihrer Rezepte, sondern für ihr zeitenthobenes Vorbeigehen am Hörer und damit für ihre Langweiligkeit. Der zufällig – vielleicht bei Kasualreden oder Weihnachtsfeiern – hereingeschneite *säkulare* Hörer wird sich verwundert fragen, von was der Prediger eigentlich spreche; das *konventionelle* Gemeindeglied aber mag feststellen: „Alles vollkommen richtig; aber ‚ich' kam nicht darin vor. Darum reißt es mich nicht vom Stuhl."
Das dürft wohl auch die Ursache dafür sein, daß die lebendigsten Geister der Zeit auf unseren Kirchenbänken vielfach fehlen und manchmal nur solche diese Bänke füllen – ich denke an Alte und Kinder, auch an den gesellschaftlichen Ausschnitt –, in deren geschichtsentnommener Existenz die Frage nach der Glaubbarkeit des Glaubens und der gebrochenen Stellung ihres Ego zur Botschaft im allgemeinen nicht auftaucht.

Wie die Theologen seit der Aufklärung mit dem Zweifel und zugleich mit dem Problem der Aneignung fertig zu werden suchten, werden wir im einzelnen zu bedenken haben. Es ist *das* Thema dieses Buches. Dieses Thema bestimmt und begrenzt zugleich die Stoffauswahl. Es mag bei unseren vielfach verschlungenen Streifzügen der Orientierung dienen, wenn ich bereits hier die beiden Haupttypen kurz charakterisiere, die uns bei der Begegnung mit dem Zweifel und der Aufgabe der Aneignung immer wieder entgegentreten werden.
1. Der *eine* Typus der Aneignung besteht darin, daß man eine *Synthesis* zwischen der Offenbarung und der zweifelnden Vernunft anstrebt. Dieses Streben nach Synthesis arbeitet – hier zunächst vergröbert und verkürzt formuliert – mit der These: Die christliche Offenbarung ist die tiefste und geradlinige Antwort auf alle Fragen und Zweifel der Vernunft. Der Urtypus dieser These findet sich bei den schon erwähnten Apologeten des zweiten Jahrhunderts. Den theologischen Hintergrund der so intendierten Synthesis bildet die Lehre von der Analogie des Seins (analogia entis), von der die protestantische Theologie unseres Zeitraums reichen Gebrauch macht.

Im Zusammenhang dieser synthetischen Konzeption muß deshalb auch das Problem des *Anknüpfungspunktes* einen hervorgehobenen Stellenwert gewinnen: Die Offenbarung hat einen Brückenkopf in unserer Subjektivität; die gratia findet in der humanen natura etwas, das ihr entgegenkommt und auf das sie aufbauen kann[10].

Statt aller theoretischen Darlegungen mag an dieser Stelle ein bezeichnendes Zitat aus F. A. G. Tholucks seinerzeit berühmtem Werk „Guido und Julius. Die Lehre von der Sünde und vom Versöhner oder Die wahre Weihe des Zweiflers" dienen (1823, 159): „Das nun im Menschen, was Gott will, wenn er sich angezogen fühlt von dem verwandten Geiste (!), der ihm aus der christlichen Offenbarung entgegenweht, wird ... von desto hingebenderer Liebe zu dem Verwandten erfüllt werden (!). Es wird je länger, desto mehr in dasselbe einzudringen, sich seiner zu bemächtigen, es zu verstehen suchen, dieses Verständnis aber wird nichts anderes sein als ein Aneignen des geliebten Gegenstandes, ein Übergehen in denselben. Es geschieht ja hier eigentlich nichts anderes, als was überhaupt bei jedem Akt des lebendigen Verstehens eintritt." – In diesem Falle – bei dem „Pietisten" Tholuck – wird die Synthesis, die divinatorisches Verstehen ermöglicht, also nicht durch die Analogie von Vernunft und Offenbarung, sondern durch die von religiös-emotionaler Subjektivität und Offenbarung begründet.

2. Neben diesem Verhältnis der Synthesis, das die Aneignung bestimmt, versucht man nun auch ein ganz anderes Prinzip für die Aneignung fruchtbar zu machen: das der *Diastase*. Damit ist noch nicht jene Gestalt der Diastase gemeint, wie sie durch Kierkegaard und später durch Barth theologisch formuliert wurde und die besagt, daß Gott zum Menschen im Verhältnis eines totaliter-aliter stünde. Die Analogie zwischen dem religiösen Subjekt und dem, was diese religiösen Impulse in ihm auslöst (das Universum oder auch die im Dogma enthaltenen Wahrheiten), wird vielmehr durchaus aufrechterhalten. Das diastatische Moment sitzt – etwa bei Schleiermacher – an einer ganz anderen Stelle: Es meint das totaliter-aliter der subjektiven Dimensionen, in denen einerseits das theoretische und moralische Denken beheimatet ist, andererseits aber die religiöse Aneignung erfolgt. Im letzteren Fall geht es um „Anschauung" und „Gefühl", d.h. um sehr spezifische Aufnahmeformen, oder – wie beim späteren

---

[10] Das klassische Modell dieses Bezugs von Gnade und Natur ist die scholastische Lehre von der analogia entis (einem Begriff, der in dieser *Form* von E. Przywara in seiner „Religionsphilosophie katholischer Theologie", 1927, 22ff. geprägt wurde. Das thomistische Prinzip, daß die Gnade auf die Voraussetzungen der Natur aufbaue (gratia non tollit naturam, sed perficit; supernaturale complet et perficit naturam; vgl. F. Diekamp, Kathol. Dogmatik II, 9. A., 1939, 48ff.), muß freilich – worauf gerade die neuere katholische Theologie großen Wert legt – ergänzt werden durch den Satz des Concilium Lateranense (1215), daß von Schöpfer und Geschöpf keine Ähnlichkeit ausgesagt werden könne, ohne daß sie eine größere Unähnlichkeit zwischen beiden einschlösse (quia inter creatorem et creaturam non potest similitudo notari, quin inter eos major sit dissimilitudo notanda; Denz. 806). Zum Begriff analogia entis: Vat. I, Cap 4: De fide et ratione; Denz. 3015ff.; ferner: G. Söhngen, Die Einheit in der Theologie, 1952, 235. – ThE I, Reg. Wichtig ist auch die Auseinandersetzung zwischen Barth und Brunner über dieses Thema: E. Brunner, Natur und Gnade, 1934, und die gleich darauf in der ThEx folgende Antwort Barths, Nein.

SCHLEIERMACHER – um ein „Selbstbewußtsein" sui generis. Der religiöse Aneignungsakt ist damit von allen anderen geistigen Akten geschieden. Später hat man in Fortsetzung dieser Linie sogar von einem speziellen religiösen „Apriori" gesprochen[11]. Der letzte große Vertreter dieser Art von Diastatik ist wohl KARL HEIM gewesen, wenn er die religiöse Erfahrung in seiner Dimensionenlehre auf das nichtgegenständliche Subjekt bezieht und sie als „unerklärliches Urfaktum" streng vom gegenständlichen Denken empirischer Erfahrung abhebt[12].

VI. Themenkatalog: Ausblick auf die zu besprechenden Stoffe

Wenn wir mit der Thematik „Zweifel" und „Aneignung" den Scopus neuzeitlicher Theologie richtig getroffen haben, läßt sich auf dieser Basis eine Typologie theologischer und religionsphilosophischer Konzeptionen erstellen. Diese Typologie würde die zu Beginn in Aussicht gestellte Methode unseres Vorgehens bekräftigen: daß ich nicht vorhabe, die großen Systeme in ihrer historisch-zeitlichen Abfolge darzustellen, sondern den jeweiligen Denk-Typus im Themenbereich von „Zweifel" und „Aneignung" in einigen charakteristischen Ausprägungen aufzuzeigen, und zwar über den ganzen Zeitraum hinweg. Auf diese Weise gewinnen wir klare, sachlich bestimmte Partnerschaften für unseren geplanten Dialog. Ja noch mehr: Wir sehen auf den verschiedenen Ebenen die theologischen und philosophischen Denker *selbst* bereits in einem Dialog, wie er durch die Differenzierungen innerhalb desselben Typus ausgelöst wird. Wir sahen bereits, daß sich die polaren Vorgänge „Zweifel" und „Aneignung" aus der modernen Emanzipation der *Subjektivität* ergeben, d.h. durch die zunehmende Bewußtwerdung des „Ego" und des „Meum". *Deshalb empfiehlt es sich, die angesteuerte Typologie um diesen Begriff der Subjektivität mit der großen Bandbreite ihrer Nuancen herum zu ordnen.* Dabei werden wir uns in der Kunst des Auslassens üben müssen.

Eine derart systematisch geordnete Typologie könnte so aussehen[13]:

1. Die *erkenntnistheoretisch* bestimmte Subjektivität (DESCARTES, LESSING, KANT). Hierbei geht es um die in der Subjektivität liegenden Bedingungen der Erfahrung, auch der *religiösen* Erfahrung.

2. Die *religiös entflammte* Subjektivität (SCHLEIERMACHER). Der Grund der Religion wird im „Gefühl", im „Selbst"-Bewußtsein gesucht. Was in der Wort-

---

[11] So E. TROELTSCH, Ges. Schriften II, 1913, 754ff. – ANDERS NYGREN, Die Gültigkeit der rel. Erfahrung, 1922. – Vgl. dazu EvGl I,448.

[12] Leitfaden der Dogmatik I, 3.A. 1923, 13ff. – Glaube und Denken. Philosophische Grundlegung einer christlichen Lebensanschauung, 4.A. 1938, 102ff.; 184ff. – Glaubensgewißheit. Eine Untersuchung über die Lebensfrage der Religion, 4.A. 1949, 140ff.

[13] Ich bringe sie hier in einem geschlossenen Überblick, was nicht bedeuten soll, daß wir alles damit Genannte im Folgenden behandeln werden. Manches wird in anderen Zusammenhängen und nur vorübergehend gestreift werden können.

gestalt von Bibel oder Dogma begegnet, kann nur angeeignet werden, wenn das so Begegnende in die festgestellten subjektiven Bedingungen integriert wird.

3. Die *christlich erweckte* Subjektivität (Tholuck, Hofmann). Nicht die christliche Wahrheit in ihrer Wortgestalt ist der primäre Gegenstand der theologischen Reflexion, sondern der Christ (und seine subjektive Innerlichkeit!), in dem sich dieses Wort auswirkt und in dem es Gestalt gewinnt, bildet diesen Gegenstand. Hier geht es um eine Weiterbildung des schleiermacherschen Religionsbegriffs in dem Sinne, daß nicht die religiöse Subjektivität in ihrem An-sich, sondern in ihrer Bestimmtheit durch die christliche Botschaft behandelt wird.

4. Die *personal-ethische* Subjektivität (Kant, Ritschl, Herrmann). Bei Kant versteht sich das sittlich-autonome Ich zugleich als „autark", also keiner transzendenten Zufuhren und Weisungen bedürftig – im Gegenteil. Das versieht die diesem Ansatz folgenden Theologen mit einigen Konfliktstoffen: Da das Gewissen als subjektiver Ort der Religion gilt, da Gott dann aber nicht als eine das Gewissen heteronomisierende Größe gedacht werden kann, ringen die theologischen Kantianer um eine mögliche Verbindung des christlichen Gottesgedankens mit dem autonomen Gewissen. Ihre einflußreiche und ausgebreitete Schule ist wohl wesentlich an der bis heute erkennbaren Moralisierung des Christentums beteiligt.

5. Die *idealistische* Subjektivität (Hegel und die Linkshegelianer). Der absolute Geist denkt sich durch Vermittlung des endlichen Geistes, der gewissermaßen sein Instrument ist (Hegel). Oder aber – so die Linkshegelianer in allerhand Varianten – der endliche Geist mit seiner Subjektivität ist die einzige, ihrerseits wieder durch materiale Größen bedingte Realität, während der vermeintlich absolute Geist nur deren Überbau und Projektion ist. So will diese Richtung die Hegelsche Geistlehre vom Kopf auf die Füße stellen.

6. Die *historische und geschichtliche* Subjektivität (Troeltsch, Kähler). Die hier waltende und sehr verschieden beantwortete Frage ergibt sich aus dem Faktum, daß unsere Subjektivität ja in zeitlicher Distanz zum biblischen Heilsgeschehen steht. Welche Bedeutung hat dieser zeitliche Zwischenraum zwischen zwei ihrerseits an die Zeit gebundenen Größen? Wird dadurch ein Gefälle auf Relativismus ausgelöst, so gewiß jede historische Erscheinung bedingt ist und deshalb kein Absolutum zu repräsentieren vermag? Dieser Relativierung unterläge dann auch der historische Jesus (so etwa Troeltsch). Welche Möglichkeiten eines Geschichtsverständnisses sind denkbar, in dem die relativierende Distanz – gerade in bezug auf Jesus – überwunden wird? Das ist die Frage Kählers. Sie führt zu einer Unterscheidung zwischen dem Begriff „historisch", der ein von mir distanziertes Gewesenes meint, und dem Begriff „geschichtlich", dem es um eine Geschichte geht, die mich in sich hineinnimmt.

7. Die *existenzielle* Subjektivität
einmal in ihrer theologischen Gestalt (Kierkegaard, Bultmann). Hier geht es um eine verschieden gesehene Zuordnung der „Existenz" (also nicht nur *par-*

tieller Bereiche der Subjektivität wie Gefühl oder Vernunft) zum Offenbarungs-
wort;

ferner in ihrer areligiös-atheistischen Gestalt (NIETZSCHE sowie einige Richtungen des modernen Existenzialismus), wo die Existenz ihr Selbstverständnis
aus sich selbst gewinnt.

8. Ein Ausblick auf das fernere Ringen *mit* der Subjektivität oder *um* sie
(BARTH, E. BRUNNER, TILLICH).

2. Teil

Vorbereitende Konzeptionen: Descartes und die Aufklärer

3. Kapitel

Descartes: Der Durchbruch zum menschlichen Subjekt

> Nicht cogito ergo sum, sondern umgekehrt
> oder noch hebräischer: est, ergo cogito, und
> mit der Inversion eines so einfachen princi-
> pii bekommt vielleicht das ganze System
> eine andere Sprache und Richtung.
> JOHANN GEORG HAMANN,
> An Jacobi, 2. 6. 1785

I. Die Stellung DESCARTES' in der Philosophie- und Theologiegeschichte

Literatur: Die wichtigsten Werkausgaben sind in der Philos. Bibl. vertreten (Felix Meiner Verlag). Nach ihnen wird im Folgenden meist zitiert. Studierenden sind vor allem die „Meditationen" zu empfehlen (Nr. 27 PhB). Diese Ausgabe enthält auch die Einwände von CATERUS, MERSENNE, HOBBES, ANTOINE ARNAULD, CASSENDI, BOURDIN sowie die Erwiderungen von DESCARTES. Dtsch.-lat. Parallelausgabe PhB 250a. – Discours de la Méthode (dtsch. Nr. 26; französ.-dtsch. 261). – Principia philosophiae (dtsch. Nr. 28). – Briefe DESCARTES', ed. M. BENSE, 1949. – Von der sekundären Literatur seien nur genannt: K. BARTH, KD III,1, 401 ff. – E. CASSIRER, Descartes. Lehre, Persönlichkeit, Wirkung, 1939. – W. DILTHEY, Ges. Schr. II, 6. A., Reg. – KUNO FISCHER, Geschichte der neuern Philosophie, 4. A., Bd. I u. II, 1897. – K. JASPERS, Descartes u. die Philosophie, 2. A. 1948. – GERH. KRÜGER, Die Herkunft des philosophischen Selbstbewußtseins, in: Logos 22, 1933, 225 ff. – R. LAUTH, Die Frage nach dem Sinn des Lebens, 1953 (hierin ein Descartes-Kapitel). – L. RICHTER, Dialoge mit deutschen Denkern, 1949.

DESCARTES eröffnet die Reihe der Denker, die den Zweifel, aber auch seine Überwindung thematisieren und die um die Aneignung legitimer Erkenntnis ringen. Er ist ein Denker des Null-Punktes, der jede Selbstverständlichkeit traditioneller Geltungen infragestellt und den Prozeß der Vergewisserung von vorne beginnt.

Der Achsen-Satz seiner Meditationen „Cogito (ergo) sum" steht an der Schwelle des neuzeitlichen Denkens. Man könnte ihn die Initial-These der Säkularisation nennen. Der gegenüber dem Mittelalter neue, ungewohnte Ton wird sofort vernehmbar, wenn wir uns klar machen, daß diese Generalthese mit einem Verbum in der ersten Person beginnt: „Ich" denke, und daß so das Subjekt und seine Subjektivität akzentuiert wird. Dreierlei ist an diesem Satze bedeutsam:

Erstens. Für den mittelalterlichen, aber auch den antiken Menschen war weder das denkende Subjekt noch der Denkakt selbst primär wichtig. Der nahe-

zu ausschließliche Akzent des Interesses liegt vielmehr auf dem Sein, das „ist"
und das *dann* allererst auch *gedacht* wird. Das Ontische hat den eindeutigen
Primat gegenüber dem Noetischen.

Das wird etwa an der Art deutlich, wie ANSELM von der Wahrheit des Erkennens und der Wahrheit des Tuns (auch das gibt es!) spricht[1]. Die Richtigkeit
(rectitudo) dessen, was ich will und tue, hängt davon ab, ob ich mit ihm die in
der objektiven Seinsordnung gegebenen Werte intendiere. Diese Richtigkeit
kommt aber nicht nur einer so bestimmten bewußten Willensrichtung zu, sondern sie kann auch bewußtlosen Dingen und Vorgängen eignen: Ein Ding kann
wahr sein, wenn es das ist, was es sein soll. So „tut" etwa das Feuer „Wahrheit
und Richtigkeit", wenn es brennt und erwärmt. Denn das „soll" es, das ist seine
Seinsbestimmung. Damit erfüllt es die Rolle, die ihm in der Seinsordnung zugewiesen ist. Das Denken und Handeln des Menschen ist entsprechend wahr, wenn
es die ihm vom Sein zugewiesene Sollensgestalt erfüllt. Diese ist durch die Wert-
ordnung gegeben, mit der der Schöpfer das Sein ausgestattet hat. Da unser Denken und Tun aber in der Regel nicht deckungsgleich mit dem so intendierten
Wert sind, sondern ihn nur in Annäherungswerten zu erreichen pflegen, so muß
ihr Wahrheitsgehalt quantifiziert werden. Das will sagen: Es gibt nicht nur
Wahrheit *oder* Unwahrheit (a *oder* non-a), sondern es gibt ein Mehr-oder-
weniger-wahr-Sein. Das Wort „wahr" ist – sehr ungewohnt für uns neuzeitliche
Menschen! – steigerungsfähig. Der Grad der Wahrheit hängt davon ab, in
welcher Nähe oder Ferne unser Denken und Handeln sich gegenüber dem verhält, was der Schöpfer als Telos in das Sein gesenkt hat. Der finis ultimus (das
letzte Ziel) der Schöpfung ist gleichsam die Wahrheit in Potenz. Der Grad der
Annäherung an diesen finis bestimmt entsprechend den Grad der Wahrheit. Der
Mensch ist allein bedeutsam als Gestalt dieses geschaffenen Seins und unterliegt
deshalb in seinem Denken und Tun denselben Wahrheitskriterien wie alle anderen Seinsgestalten, wie Pflanzen, Tiere und Steine.

Ich habe diesen kleinen Exkurs über ANSELM eingefügt, um uns schon hier
einen Eindruck davon zu verschaffen, wie die Zeiten sich bei DESCARTES gewandelt haben. Es ist undenkbar, daß im geistigen Horizont ANSELMs das cartesianische Ich als selbständiges Gegenüber zur Welt, als Maßgröße, auftauchte! Dieses
Ich spielt bei ANSELM nur insoweit eine Rolle, als es ein Seiendes unter anderem
Seienden ist und insofern auch den gleichen Forderungen unterliegt, die für alle
Seinsgestalten gelten: sich nämlich dem Organismus des geschöpflichen Kosmos
einzufügen und damit seine Wahrheit zu gewinnen, nicht aber aus dieser Ordnung herauszufallen oder ihr gegenüberzustehen.

Bei DESCARTES verschiebt sich das Interesse nun vom objektiven Sein hinweg
auf das *Subjekt,* das diesem Sein gegenübersteht, das sich nicht mehr in es integriert und entsprechend auch nicht mehr in ihm geborgen weiß.

---

[1] Die folgenden Zitate stammen aus dem „Zwiegespräch über die Wahrheit" aus der
Vorrede von De Incarnatione Verbi (Patrologia Latina Bd. 158, 259 ff.)

Dieser Erdrutsch des Denkens – denn um nichts geringeres geht es – ist offenbar nur deshalb möglich, weil man dieses objektiven Seins, weil man Gottes und der Welt *ungewiß* geworden ist. Deshalb müssen erst einmal die Bedingungen in diesem so emanzipierten Subjekt untersucht werden, unter denen überhaupt Erkenntnis *möglich* ist. Erkenntnistheorie ist stets – genau wie Hermeneutik – ein Zeichen für Skepsis und Gewißheitsverlust[2]. Das Stichwort „Ich denke" tritt so an die Stelle des Seienden und des Gedachten, der Denk-*Akt* an die Stelle des *Denk-Inhaltes*. Von nun an wird das Denken des Denkens zum Thema. Der Mensch ist im Weltgebäude nicht mehr zu Hause; es rieselt und knackt im Gebälk. Er hat sich nach draußen begeben und ist für sich allein.

Zweitens: Die Konzentration auf das „Ich" und auf das „Ich-denke" sagt aber noch mehr. Für den mittelalterlichen Menschen – und zwar für THOMAS VON AQUIN gleicherweise wie für LUTHER – bedeutete Selbsterkenntnis so viel wie Erkenntnis des Verhältnisses zu Gott. Das Wesen des eigenen Selbst konnte nicht abgesehen von der Tatsache bestimmt werden, daß es von Gott geschaffen ist, sich von ihm schuldhaft gelöst hat und gleichwohl von ihm heimgesucht und erlöst wird. Der Mensch ist also jemand, der eine *Geschichte* mit Gott hat. Sie ist geradezu die Pointe seiner Existenz. Diese Pointe besteht also nicht – jedenfalls nicht primär – in ontischen Eigenschaften wie etwa darin, daß er Vernunftträger ist oder einen aufrechten Gang hat. Wenn die Geschichte mit Gott es ist, die das Sein des Menschen ausmacht, dann ist dieses Sein nur *relational* zu bestimmen: Es ist ein Sein unter Gericht und Gnade. Auch seine Würde ist relational: eine dignitas aliena, eine „fremde" Würde.

Dann aber kann ich nur wissen, was der Mensch ist, wenn ich weiß, wer und was Gott ist. Da ich nun über Gott nur dadurch etwas erfahre, daß er sich in Jesus Christus selbst erschließt, kann ich auch von mir selbst nur etwas wissen, wenn ich mich auf diese Selbsterschließung Gottes beziehe und *meine* Menschlichkeit in der Menschheit *Jesu Christi* erkenne, wenn ich in ihm das „Urbild" des Mensch-seins sehe und so an einer lebendigen Gestalt erblicke, wozu ich entworfen bin. Insofern kann sich der Mensch nicht selber und von sich aus sagen, wer er ist, da er sich ja nicht selber sagen kann, wer Gott ist. In diesem Sinne ist Anthropologie für den Christen immer ein Stück Theologie.

Zugespitzt ausgedrückt: *Der Mensch erfährt sein Wesen durch Offenbarung.* Er ist selber Gegenstand des Glaubens. Sein Wesen nur durch die Statistik seiner ontischen Eigenschaften erfassen zu wollen, würde folglich seine Pointe verfehlen. Man würde ihn dann etwa, wie NORBERT WIENER einmal nett und ironisierend sagt, als „federlosen Zweifüßler" definieren; doch würfe man ihn dann „mit einem gerupften Huhn, einem Kängeruh oder einer Springmaus in einen Topf" und hätte sein Proprium gerade *nicht* erfaßt[3]. AUGUSTINS „Bekenntnisse"

---

[2] In genialer Prägnanz hat H. v. KLEIST das Theoretisieren dieser Art in seinem Essay über den „Weltlauf" dargestellt.

[3] N. WIENER, Mensch u. Menschmaschine, 1952, 14.

sind deshalb der klassische Ausdruck einer *christlichen* Anthropologie: Diese Autobiographie ist in Wahrheit eine Historiographie göttlicher Führungen. Die sie bezeichnende Grundrelation kommt auch formal darin zum Ausdruck, daß sie als Gebet abgefaßt ist.

Bei DESCARTES nun als dem theologischen Initiator der Neuzeit ist es umgekehrt. Seine These lautet: Ich kann mich selbst nur dadurch erkennen, daß ich über mich selbst als isoliertes Ich reflektiere. Und erst nachdem ich so festgestellt habe, *daß* ich bin, *wer* ich bin und *wie* meine Erkenntnisapparatur funktioniert, kann ich einen Schritt weitergehen und *nun* erst der Frage nachgehen, ob und wie ich das *außerhalb* meiner Befindliche zu erkennen vermag, wie es z.B. zu einer Erkenntnis der Welt, aber auch Gottes kommen kann.

Wenn ich die Tendenzwende auf eine möglichst scharfe Formel bringen darf, könnte sie so lauten: LUTHERS Denken ist durch die These bestimmt: Ich muß erst wissen, wer Gott ist, um zu wissen, wer ich bin. Die Gottesgewißheit geht deshalb der Selbstgewißheit voran. – DESCARTES aber sagt: Ich muß erst wissen, daß und wer *ich* bin, um zu erkennen, wer und was *Gott* ist, und um mir über die (in diesem Ich angelegten) Bedingungen klar zu werden, unter denen überhaupt eine legitime theologische Aussage möglich ist.

Schon wenn wir es so ausdrücken, bemerken wir, in welchem Maße dieser Denkansatz bis heute nachwirkt. Ich erinnere nur an das, was wir im Einleitungskapitel über die existenziale Interpretation der Bibel feststellten: Auch hier wurden mit Hilfe einer Existenz-Analyse (einem der cartesianischen Ich-Analyse verwandten Vorgang) die Bedingungen festgestellt, unter denen ein Geschehen als Handeln Gottes qualifiziert werden könne.

Die Selbstgewißheit geht so bei DESCARTES der Gottesgewißheit voran. Darum lautet sein erster Satz nicht: Deus *est* oder auch Deus *dixit,* sondern: *Cogito,* ich denke. Dann kommt erst lange einmal nichts ...

Dieser Satz hat, wie ich noch zeigen möchte, den Rang eines Axioms, von dem sich alles weitere, auch jede Art theologischer Aussage, erst als Folgerung ergibt. Wenn nämlich das Erkenntnissubjekt – also das Ich jenes „cogito" – nicht genau präzisiert und in seiner Erkenntnispotenz eindeutig ausgemacht ist, muß ich den ungesichertsten metaphysischen „Behauptungen", muß ich jeder angeblichen Offenbarung, aber auch jedem Aberglauben hilflos zum Opfer fallen und bin außerstande gesetzt, das Echte vom Unechten zu unterscheiden. Und genau davor haben die neuzeitlich-kritischen Theologen (die Begriffe „neuzeitlich" und „kritisch" sind hier beinahe synonym!) die größte Angst: ich könnte das Übliche vorbehaltlos nachschwätzen, die Subjekthaftigkeit meines Ich damit preisgeben und so dem Attentat wider die Würde der Humanität erliegen. Weil DESCARTES diesem Gefälle *nicht* erliegen will, setzt er mit dem ein, was er für das axiomatische Felsenfundament aller Erkenntnis hält: eben mit dem „Cogito".

Drittens: Von hier aus wird der Weg zum Phänomen des *Zweifels* übersehbar. (Dieses Thema wollten wir ja im Auge behalten). Wenn ich *einmal* bezüglich des objektiven Seins unsicher geworden bin, wenn mir *einmal* die Existenz Gottes, ja selbst der Umwelt zweifelhaft wurde, dann wäre es unnütz, nur kleine taktische Vorstöße zu machen, um der anbrandenden Ungewißheit doch noch dieses oder jenes als vermeintlich sicheres Datum zu entreißen. So könnte ich mir etwa einreden: Der Schreibtisch, an dem ich sitze, sei doch wohl ein unbestreitbar Seiendes; auch der Mensch, den ich liebe – und manches andere. Solche ontologischen Rückzugsgefechte wären aber für DESCARTES nur ein fatales Flickwerk, ein apologetisches Manöver, das das zweifelhaft Gewordene nicht zurückzuholen vermöchte. Ich muß vielmehr etwas anderes sehr viel Radikaleres tun:

Ich muß statt taktischer Kleinversuche einen strategischen Rückzug antreten. Das bedeutet: Ich muß die ganze Konkursmasse des unsicher Gewordenen (und das ist schlechthin alles außer der *einen* Tatsache der Ich-Gewißheit, des „sum") bereitwillig preisgeben. Ich darf also nicht dieses oder jenes doch noch als gewiß sichern wollen, ich muß vielmehr die Bewegung der skeptischen Destruktion, in die ich nun einmal gerissen bin, aufgreifen und bis zum bitteren Ende oder zum happy end durchführen. Ich muß diesen Prozeß so willentlich bejahen und meinem Denkgeschick gewissermaßen mit einem „amor fati" begegnen.

Mit anderen Worten: Ich sehe mir jetzt sogar die *Aufgabe* zugewiesen, zu zweifeln, und zwar bewußt und radikal zu zweifeln. Ich muß sogar *das* infragestellen, was mir bisher noch relativ gewiß und verbürgt schien.

Nur wenn ich das tue, habe ich eine gewisse Aussicht, auf irgendeine tiefere Schicht des *Nicht*-bezweifelbaren und *Nicht*-mehr-Zersetzbaren zu stoßen – falls es diesen ontischen rocher de bronze überhaupt gibt. Ich muß so aus der Not des Zweifeln-*müssens* die Tugend des Zweifeln-*sollens* machen. So wird der Zweifel, der mich im ersten Stadium nur überfallen hat, zum Range eines *gewollten* und nunmehr in methodischer Absicht gebrauchten Zweifels erhoben. Er wird zum Programm. Erst wenn ich so die Urschrift des Seins, nämlich die unmittelbare Selbstgewißheit des „sum" gewonnen habe, bin ich im Besitze eines tragfähigen ontischen Fundamentes und kann dann versuchen, von dieser „innersten Widerstandslinie" der Erkenntnis aus neu vorzustoßen und weiteres Gelände für meine Erkenntnis zurückerobern.

Auch wenn LUTHER Zweifel und Anfechtung niemals zu einem Mittel theologischer Methode gemacht hat, so gibt es gegenüber DESCARTES doch ein gewisses punctum comparationis. Auch bei ihm gibt es Hinweise, daß ich erst durch die *Anfechtung* hindurch zur Gewißheit des Glaubens komme, weil in afflictione, tentatione et dubio alle falschen Stützen dahinfallen und ich mich dann auf das Zentrum (den rocher de bronze) der promissio Dei zurückziehe, daß er „mein Gott" sein wolle[4]. Das Jesàja-Logion: „Die Anfechtung lehrt aufs Wort merken" (28,19) wird so immer wieder zu einem Leitwort LUTHERS. Solange die Menschen Frieden und Sicherheit genießen, „verachten und versäumen sie das Wort"; erst die Anfechtung macht ihnen die Wahrheit des Wortes gewiß, so daß „Kraft und Frucht des Wortes nur in der Anfechtung sind" (WA 25,189, 15). In diesem Sinne kann es geradezu „die gefährlichste Anfechtung sein, wenn keine Anfechtung da ist" (6,223, 31 ff.). In der tentatio und tribulatio vollziehen wir die passiones Christi nach, so daß wir dann auch seiner Tröstungen (consolationes) teilhaftig werden (5, 158, 18).

---

[4] Vgl. dazu den Aufsatz von P. ALTHAUS, Gottes Gottheit als Sinn der Rechtfertigungslehre Luthers (1931), in: Theol. Aufsätze II, 1935,1–30.

Hierbei geht es freilich nicht um einen dialektischen Automatismus, der methodisch aus-
genützt werden könnte, sondern um die Zusage der praesentia Dei, die uns für die Anfechtung zugesagt wird. Das grenzt LUTHERS Lehre vom Zweifel entscheidend gegenüber dem
Gebrauch des Zweifels bei DESCARTES ab. Der theozentrische Blickpunkt in LUTHERS Interpretation des Zweifels ergibt sich daraus, daß Gott die Sicherheit erschüttern muß, die wir
uns in unseren weltanschaulichen Gehäusen (wie wir heute sagen würden) verschaffen, und
uns mit Hilfe der Anfechtung ins Nichts entbietet, damit er dann an diesem Null-Punkt
sein Werk an uns beginnen könne. So heißt es in der Auslegung des 7. Bußpsalms: „Gottis
natur ist, das er auß nicht etwas macht, darumb wer noch nit nichts ist, auß dem kan gott
auch nichts machen. die Menschen aber machen auß etwas eynn anders. das ist aber eytell
unnutz werck" (WA 1,183,39–184,3).

Es ist tatsächlich ein großartiger strategischer Plan, den DESCARTES konzipiert
hat. Doch dieser Plan ist mir im einzelnen jetzt gar nicht so wichtig wie die theologiegeschichtlich so fundamentale, geradezu umstürzende Tatsache, daß *hier
der Zweifel zu einer ganz neuen und kreativen Funktion erhoben wird:*

Für das Mittelalter war er tatsächlich eine „Not" und keine philosophische
„Tugend". Hier umschloß er in Gestalt der Anfechtung Angst und Unfrieden,
ja er war letzten Endes ein Zeichen der Sünde. Auch LUTHER hätte, wie schon
angedeutet, den Zweifel nie zu einem gleichsam programmierbaren Glaubens-
Exerzitium machen können, obwohl *Gott* – aber nicht der planende Mensch! –
ihm im Heilsgeschehen eine solche Rolle zuweisen konnte. Der Zweifel war für
den mittelalterlichen Menschen etwas, das man sich wie eine Infektion, wie einen
Virus „zuzieht" und deshalb nicht als eine Art Heilfieber initiativ und bewußt
auslösen kann.

Freilich darf man den Zweifel – um noch einmal an LUTHER zu erinnern –, nachdem
er einmal da ist, nicht sozusagen „allopathisch" behandeln, indem man etwa eine willentliche Verdrängung als Gegengift auf ihn ansetzt. Vielmehr muß ich ihn „homöopathisch"
im Sinne von similia similibus behandeln, d.h. ich muß ihn auf seiner Ebene zuende führen
– dies jedoch nicht aus methodisch-strategischen, sondern aus *theologischen* Gründen:
Würde ich nämlich den Zweifel mit meinem Willen bekämpfen, ihn also gewaltsam verdrängen, so wäre das eine Art selbsteigener cooperatio und damit Werkgerechtigkeit.
Diese würde auch dann Platz greifen, wenn ich den Zweifel zu einer methodischen Maß-
nahme erhöbe, um mir, wie DESCARTES das tut, die Prämie der Gewißheit zu verschaffen.
Im Sinne LUTHERS und im Unterschied zu DESCARTES sähe der Umgang mit dem Zweifel
vielmehr so aus: Ich kann ihn *deshalb* gelassen annehmen, weil ich weiß, daß er nur *vorletzte* Gewißheiten anzukratzen vermag, und daß ich dann, wenn ich dies Vorletzte getrost
dahinfahren lasse, auf eine metallische, unangreifbare Schicht stoße, die – jedenfalls für
LUTHER! – *nicht* zu erschüttern ist. Diese Schicht ist die mich im Ersten Gebot erreichende
Zusicherung Gottes, daß er „mein" Gott sein und mir zugewandt bleiben wolle. Von dort
aus frage ich dann nach den soeben verlorenen Gewißheiten zurück, z. B. nach dem Kreuz
Christi und seinem Versöhnungstod, der mir einen Augenblick zweifelhaft wurde. Vom
rocher de bronze des Ersten Gebotes aus wird mir klar, daß Gott diesen Weg, dessen ich
mich rational nicht versichern kann, hat gehen *wollen* (siehe dazu ALTHAUS, aaO.). Der
Zweifel ist so bei LUTHER nie ein zu wollender, sondern stets nur ein anzunehmender Zweifel. Die infragegestellte Gewißheit des Vorletzten wird immer gehalten und umfangen
durch eine Gewißheit des Letzten, zu dem ich fliehen und an dem ich mich halten kann
wie an den Hörnern des Altars.

Innerhalb der cartesianischen Erkenntnisstrategie ist dem Zweifel tatsächlich
eine *schöpferische Rolle* zugewiesen. Er wird aus einer Not zur erstrebenswerten

Tugend, er wird zum gewollten Mittel der Erkenntnis. Noch schärfer: Nicht der *Glaube* führt zum Erkennen, nicht „die Furcht des Herrn ist der Weisheit Anfang" (Spr 1,7; Hiob 28,28), sondern es ist eher umgekehrt: Der Zweifel ist der erste Schritt zum Erkennen und insofern zum Anfang der Weisheit. Und erst dann, wenn *er* beseitigt ist, kann die Furcht des Herrn beginnen. Nur dann nämlich ist diese Furcht vor dem Verdikt eines unkontrollierten Aberglaubens gesichert.

So wird der Zweifel zur Signatur menschlicher Mündigkeit, deren Selbstbewußtsein das Proprium des Ich verantwortlich verwaltet und es nicht unbesehen einem On-dit oder nur vermeintlichen Plausibilitäten überläßt. Der homo modernus ist emanzipiert und verschafft sich in eigener methodischer Initiative seine Gewißheiten. Er durchbricht das Tabu der kollektiven Selbstverständlichkeiten.

Wir halten demnach fest:
Für das Mittelalter war der Zweifel „Sünde", weil er Gott infragestellte. Für DESCARTES *und die Neuzeit überhaupt ist der Zweifel als Entlarvung üblicher Plausibilitäten und als deren „Hinterfragung" eine Tugend,* weil er innerhalb aller Infragestellungen als letzten nicht mehr hinterfragbaren Realitätsbestand das Ich mit seinem Cogito (oder in der Folgezeit auch andere letzte Realitäten) findet. Die Seinsgewißheit ANSELMS etwa *jetzt* noch naiv zu übernehmen: *das* wäre für DESCARTES Sünde. (Und auch die formale Ähnlichkeit von beider „Gottesbeweisen", auf die wir noch zu sprechen kommen, darf hier die fundamentale Differenz nicht übersehen lassen).

Es entsteht von nun an geradezu so etwas wie eine Verliebtheit in den Zweifel, wie ein metaphysischer Narzißmus. Auf jeden Fall ist der cartesianische Zweifel gleichsam ein angeschlagener Akkord, der Stille gebietet und das Konzert der Neuzeit beginnen läßt. Der hier sich meldende homo modernus tritt uns in unserem Jahrhundert besonders markant in den verschiedenen Spielarten des *Existenzialismus* entgegen: in ALBERT CAMUS etwa und seiner gewollten Konfrontation mit dem Nichts, das ihn nach allen Infragestellungen anblickt; oder in HEIDEGGERS Emanzipation vom „Man"; oder in SARTRES Distanz von der Fixierung durch eine seit ARISTOTELES uns beherrschende essentia oder durch die fixierende Erwartung unserer Umwelt – um nur einiges zu nennen.

In alledem kommt *eine außerordentliche Zäsur des modernen Geistes* und damit auch der neueren Theologiegeschichte zum Ausdruck. Diese Zäsur wird von DESCARTES repräsentativ dargestellt. Deshalb müssen wir ihm besondere Aufmerksamkeit zuwenden. Ich fasse diese Zäsur abschließend in ihren thematischen Stichworten noch einmal zusammen:

Erstens: Verschiebung des Erkenntnisinteresses vom objektiven Sein auf die Subjektivität und die in ihr gegebenen Erkenntnisbedingungen;
zweitens: die Erhebung der Selbstgewißheit über die Gottesgewißheit;
drittens: der Strukturwandel des Zweifels.

Ich sage wohl nicht zuviel, wenn ich auszusprechen wage: Seit dieser Zäsur ist in jeder modernen Theologie ein Quäntlein, gelegentlich auch ein ganzes Faß cartesianischen Salzes enthalten[5]. Wer DESCARTES begriffen hat, hat die Pointe der großen theologischen und philosophischen Systeme des 18. Jahrhunderts bis heute – in ihrem Spruch und in ihrem Widerspruch[6] – erfaßt, so gewiß der springende Punkt in der Gegebenheit des Zweifels und in der Aufgegebenheit der Aneignung von Gewißheit besteht. Damit haben wir das Thema noch einmal angeschlagen, das schon im Mittelpunkt unserer Einleitung stand.

II. *Zur Persönlichkeit* DESCARTES'[7]

DESCARTES lebte von 1596 bis 1650. Die Art seiner Lebensführung ist dem Wesen seines Philosophierens derart angemessen, der Modus seiner Existenz ist so symbolkräftig, daß ich sein Porträt in einigen Strichen skizzieren möchte. (Dabei beschränke ich mich auf das theologisch Relevante und muß so manche Dimension seines Denkens, z.B. die mathematische, außer acht lassen). Philosophen leben ja nicht immer so, wie sie lehren (die Theologen übrigens oftmals auch nicht!). Hier dagegen decken sich Idee und Erscheinung eines Lebens, decken sich Bios und Logos nahezu vollkommen.

Die Hauptquelle der folgenden Mitteilungen ist DESCARTES' „Discours", in dem vieles von seiner Entwicklung zum Philosophen zur Sprache kommt. Schon dieses autobiographische Interesse ist der Tendenz des Cogito sum angemessen. Insofern ist die Autobiographie eine neuzeitliche Erscheinung. Bei AUGUSTINS „Konfessionen", dieser wohl ersten Autobiographie, darf man ja nicht übersehen, daß sie als *Gebet* abgefaßt sind, und daß es hier streng genommen nicht um eine autobiographische Darstellung der eigenen Entelechie geht – *trotz* aller sublimen psychologischen Analysen. Vielmehr handelt es sich um die Darstellung der Geschichte mit Gott und den Dialog mit Gott *über* diese seine Lebensgeschichte und sein Sosein. Bei DESCARTES aber steht im Mittelpunkt das eigene Ich in seinem Für-sich-sein und darum auch um einen autobiographischen Monolog mit sich selbst. KUNO FISCHER hat die Meditationen des DESCARTES einmal ein „monologisches Drama" genannt.

Monologisch ist sein ganzes Leben denn auch gewesen. Man hat von seiner Philosophie gesagt, sie sei im *Zimmer* geboren, nicht in der Peripatie draußen und auch nicht im Dialegesthai. Sie ist das Produkt eines Geistes, der ganz auf sich selbst konzentriert und gleichsam völlig introvertiert ist. Die Probleme flie-

---

[5] Der Verfasser hat deshalb einen durchgängigen Typus neuzeitlicher Theologie in seiner Dogmatik als „cartesianische Theologie" bezeichnet und dargestellt (Evbl I).

[6] Beim „Widerspruch" denke ich etwa an K. BARTH, aber nicht *nur* an ihn.

[7] Einen kurzen Überblick über DESCARTES' Leben und Werk, über die vielfältigen Dimensionen seines Denkens und Forschens als Philosoph und Gegner der Scholastik, als Mathematiker, Physiker, Anatom und Ernährungsphysiologe, kann man sich verschaffen durch die rororo-Bildbiographie von RAINER SPECHT, Descartes, 1966.

ßen ihm nicht zu, indem er den Sinn der Welt und der Geschichte erforscht und so im Scheitern an der Wirklichkeit, im Schmerz des Zusammenpralls dann etwa die Idee des Gerechten zu finden sucht[8]. Bei DESCARTES ergeben sich die Probleme eher parthenogenetisch aus dem Denkakt selbst[9].

Unwillkürlich sieht man ihn als Denker so mit sich selbst beschäftigt, wie er es einmal im 6. Abschnitt der 1. Meditation beschreibt: „Ich sitze jetzt hier, mit meinem Winterrocke angetan am Kamin und halte dies Papier in der Hand. Wer könnte mich daran zweifeln lassen, daß ich so dasitze, und ferner daran, daß dies meine Hände, daß dieser gesamte Körper der meine ist. Ich müßte mich denn mit irgendwelchen Wahnsinnigen vergleichen, deren Gehirn durch widrige Dünste infolge schwarzer Galle so geschwächt ist, daß sie hartnäckig behaupten, sie seien Könige, während sie doch bettelarm sind, oder sie hätten einen tönernen Kopf oder sie seien gar Kürbisse oder aus Glas; aber das sind eben Wahnsinnige.“

DESCARTES meditiert also über sich selbst, um seine Identität festzustellen. Er ist eben *kein* Kürbis, sondern ein Mann im behaglichen Schlafrock. Er ist er selbst. So fängt sein Philosophieren an. Es beginnt damit, daß das Subjekt zum Cogito identifiziert wird. Diese Philosophie steht jenseits aller Begegnungen; sie ist kommunikationslos und solipsistisch. Sie beginnt mit genau jener Introspektion, die GOETHE verwirft, wenn jemand sich selbst kennen lernen will, und an deren Stelle er Tätigkeit und Begegnungen als die wahrhaften Mittel der Selbstvergewisserung empfiehlt[10].

Nicht als ob DESCARTES während seines ganzen Lebens nur Stubenhocker gewesen wäre und sich so *immer* in einer splendid isolation abgeriegelt hätte. Er ist vielmehr einer der weitestgereisten Leute seiner Zeit gewesen. Ehe er seine Werke schrieb, absolvierte er ausgiebige Wanderjahre, die ihn von Rom bis Stockholm, von Holland bis Siebenbürgen führten. Er sah sich die Kaiserkrönung in Frankfurt sowie eine Hochzeit des Dogen in Venedig an. Er erlebte die Feier des Jubeljahres in Rom, hat Paris genossen und war Gast an vielen Höfen.

Trotzdem kann man nicht sagen, daß diese Reisen ihn zu „Begegnungen“ geführt und durch diese Begegnungen geprägt hätten. Es scheint so, als ob er sich kaum mit den Rätseln, den Unzulänglichkeiten und den Wundern der Welt konfrontiert gefühlt hätte. Denn er blieb bei alledem merkwürdig in sich selbst verschlossen. Ihm flossen aus dieser Welt keine Schicksale zu, sie war vielmehr für ihn, wie er sich einmal ausdrückt, ein Buch, in dem er „lesen“ wollte. Viel-

---

[8] Ich denke hierbei an eine dazu kontrastierende Gestalt wie HESIOD, den Vater des Naturrechts, der gerade durch schlimme Erlebnisse der Rechtsbeugung zur Idee der Gerechtigkeit und der lex aeterna geführt wurde (vgl. ThE I, § 1910–12).

[9] Das braucht trotzdem nicht auszuschließen, daß DESCARTES gewisse Anstöße aus der Philosophiegeschichte, vor allem aus dem Studium der Stoa empfangen hat. Im „Discours“ (1. Abschn.) kann er sogar darauf hinweisen, daß sich das Motiv des Zweifels bei ihm (u.a.) aus der Überlegung ergeben hat, „wie viel verschiedene Meinungen über denselben Gegenstand von den Gelehrten verteidigt werden, während doch die *wahre nur eine* sein kann“. Vgl. dazu DILTHEY, aaO. 295.

[10] Materialen dazu in ThE II,1, § 1387ff.

leicht würde man im Hinblick auf heutige Phänomene lieber – und wie ich glaube, sogar präziser – sagen: die Welt war für ihn eine illustrierte Zeitung oder die Tagesschau des Fernsehens. Diese öffentlichen Kommunikationsmittel haben es ja an sich, daß die Parade von Mord und Glanz, Sensation und Alltäglichem uns nur als *Zuschauer* tangiert, kaum aber umstürzend in unsere Existenz hineinfährt. Wir legen das so Betrachtete einigermaßen ungeschoren, von besonderen Ausnahmen abgesehen, sehr bald ad acta. Ein Buch von WILHELM RAABE oder ein Lied von MATTHIAS CLAUDIUS, in denen wenig geschieht, kann dagegen tief in uns eindringen. Die bunte Fülle der Sensationen (nun gar in der Boulevard-Presse!) ritzt uns nicht einmal die Haut.

Tatsächlich kommt diese Art des distanzierten Erlebens der Art sehr nahe, wie DESCARTES die Welt erfährt. Er weist selbst darauf hin, daß er nicht als acteur, sondern als spectateur – etwas boshaft gesagt: als voyeur – in ihr weile, daß er sie an sich „vorüberziehen" sehe (wie einen Film sozusagen). Er hat nicht die Spur einer Leidenschaft, diese Welt zu bearbeiten, mit ihr zu kämpfen und sie zu verändern. Sein zuschauerischer Quietismus hat ihm denn auch die Verachtung seiner lebenstüchtigen Familie weidlich auf den Hals gezogen.

So ist DESCARTES strenggenommen gar nicht *in* dieser Welt, sondern draußen. Zum spectateur gehört Distanz. Schon seine Lebensmaxime „Bene qui latuit, bene vixit" verrät das Maß, in dem er sich der Welt entnommen fühlt. *Er ist ein ausgesprochen weltloser Mensch.* Das ist einer *der* Punkte in seinem Leben, von dem aus sich eine gerade Linie zum Solipsismus und zu der Weltlosigkeit mancher Existenzialismen von heute ziehen läßt.

Gelegentlich bringt er diese Distanziertheit mit plastischer Eindringlichkeit zum Ausdruck (so in den „Regulae"): Er sieht vom Fenster aus Leute vorübergehen und erblickt ihre Kleider und Hüte. Er wandert über die Amsterdamer Märkte, die Menschen wie Bäume (!) betrachtend. Sie sind also für ihn kein Du, sind nicht personhaft, sondern erfüllen den Raum und sind damit von den Dingen nicht prinzipiell unterschieden. Sie sind res extensae. Ihre Beseeltheit wird nirgendwo zum Thema seines Erlebens und Philosophierens. Der Eros oder auch der Haß hat hier kein Heimatrecht. DESCARTES lebt in schicksalloser Einsamkeit mit sich selbst.

Auch in seinen Briefen kommt dieser spectateur-Standpunkt immer wieder und selbst dann zum Ausdruck, wenn er von Bewunderung für seinen Partner erfüllt ist, z.B. für BALZAC. Wenn er ihm Amsterdam als Aufenthaltsort empfiehlt, dann zählt er lauter Gründe für eine hier mögliche Passivität und gesicherte Distanz auf. So in einem Brief vom 5. Mai 1631: „Ich gehe jeden Tag mitten im Wirrwarr einer großen Bevölkerung mit ebenso viel Freiheit und Ruhe spazieren, wie Sie es in Ihren Alleen tun würden, und betrachte die Menschen ... nicht anders als die Bäume, auf die man in Ihren Wäldern trifft, oder die Tiere, die dort grasen." Beim Anblick von Bauern bei ihrer Feldarbeit denkt er daran, „daß ihre Arbeit dazu dient, die Stätte meines Wohnsitzes zu verschönern und zu bewirken, daß mir dort nichts fehlt". Auch die Schiffe, die er im Hafen ankern sieht, lösen in ihm nur den Gedanken aus, daß sie „uns reichlich verschaffen, was Indien hervorbringt". Vom Militär sieht er seine ungestörte Sicherheit bewahrt. Im übrigen, so wird man sagen dürfen, hat ein großer Teil von DESCARTES' Briefen mehr monologischen als dialogischen Charakter.

Was den spectateur-Standpunkt DESCARTES' anbelangt, so dürfte es gewiß bedeutungsvoll sein, daß er in der Blütezeit der niederländischen Malerei in Holland lebt und so von der Atmosphäre des Schauens und Malens umgeben ist, oder genauer: daß Licht und Schatten wichtiger sind als die Dinge selbst, daß ihr Reflex, daß ihre Halbdunkelheit sich zwischen ihn und die Wirklichkeit schiebt.

In der Tat meine ich, daß sich von dieser Malerei aus ein direkter Weg in die Mitte seines Philosophierens eröffne. Das bestätigt ein Zitat aus dem „Discours": „Die Maler können im Flächenbild nicht alle verschiedenen Ansichten eines dreidimensionalen Körpers darstellen. Darum wählen sie eine der hauptsächlichsten, die sie allein ins Licht (!) setzen. Die übrigen aber lassen sie nur so weit erscheinen, als man sie bei Betrachtung der Lichtseite sehen kann." So habe auch er, DESCARTES, es als Philosoph gemacht.

Zur Interpretation dieses vielleicht wesentlichsten Satzes seiner Selbstdeutung nur dies: Der spectateur kann nicht alle Seiten des Seins gleichzeitig und gleichmäßig sehen. Wenn man die Wirklichkeit abbilden will, muß man die uns zugewandte und gleichsam „gewisseste" Seite wählen und kann das andere nur andeuten, muß es unter Umständen wie bei einem Bilde von REMBRANDT im Halbdunkel vergehen lassen.

Vielleicht läßt sich das, was ich meine, so sagen: das tertium comparationis zwischen der Malerei und DESCARTES' Philosophieren ist das Prinzip des *Perspektivischen*. Die Nötigung zur Perspektive impliziert, daß Vordergrund und Hintergrund, Deutliches und Undeutliches unterschieden werden. Diese Unterscheidung ergibt sich daraus, daß die Perspektive sich aus dem Standort des Beobachters entwickelt, daß sie – um der Analogie zu DESCARTES eine pointierte Wendung zu geben – an den *Ich*-Bezug gebunden ist[11].

Auf die Philosophie angewandt heißt das: Indem wir über das Sein reflektieren, können wir in direkter Form nur das uns Zugewandte abbilden. Das in äußerster Unmittelbarkeit uns Zugewandte aber ist unsere eigene Existenz. Sie ist das allein Gewisse und bildet gleichsam den Vordergrund, der in unmittelbarer Anstrahlung, in „Evidenz" vor uns liegt. Alles andere versinkt in Halbdunkel und Ungewißheit. Ich habe die Außenwelt so nicht direkt und in Evidenz zur Verfügung; ich gewinne sie vielmehr nur im Rückschluß, d.h. so, daß ich sie in Beziehung zu meiner Existenz sehe. So entsteht im Weltbild des DESCARTES das, was er in dem angeführten Zitat als Perspektive umschrieb.

Malerisch gesehen stellt DESCARTES gleichsam den Gegenpol zu CASPAR DAVID FRIEDRICH dar. In Friedrichs Landschaften ist eine *menschenlose Welt,* ist die Landschaft sozusagen transhuman geworden: ein einsames heimkehrendes Schiff, eine zerklüftete Polarlandschaft (obwohl auch das wieder eine konfessorische Selbstdarstellung enthält). Bei DESCARTES dagegen geht es um den *welt-*

---

[11] Tatsächlich taucht dieser Ich-Bezug wohl zum ersten Male (im Unterschied z.B. zur ägyptischen Malerei) bei der Erfindung der Perspektive durch APOLLODORUS von Athen und AGATARCHOS von Samos auf. Vgl. ThE III, § 3258–3261.

losen Menschen. Zwischen diesen Polen schwingen die immer wiederkehrenden Weltanschauungsprobleme der Neuzeit: Der zum Zweifel erwachte Mensch hat Gott verloren. Damit ist auch die Beziehung zur Welt problematisch geworden, weil die verbindende Klammer zwischen beiden entfällt. Der Ausfall der Vertikalen bringt auch eine Krise im horizontalen Bereich. Darum entstehen solche Probleme wie die: Ist das Sein nur eine Erscheinung des menschlichen Bewußtseins? Zu einer Lösung in diesem Sinne entschloß sich der Hochidealismus FICHTES. Oder man fragt umgekehrt: Ist das Bewußtsein nur eine Erscheinung der Materie, nur eine Funktion seiner Umwelt und eine Spiegelung (Ideologie) der gesellschaftlich-ökonomischen Zustände? Die Bejahung dieser Frage findet sich in den verschiedenen Spielarten des Materialismus, vor allem im dialektischen Materialismus von MARX.

Innerhalb der Theologiegeschichte wirkt sich die in eine Krise geratene Ich-Gott-Beziehung dahin aus, daß nicht nur die Dogmatik, sondern auch die Ethik unsicher wird. Das wird etwa in der Frage offenkundig, die die neuere Geschichte der Ethik wie ein roter Faden durchzieht (und mit dem besonders und vielleicht als erster RITSCHL gerungen hat): Inwiefern kann der Mensch dem Nomos Gottes überhaupt unterstellt werden? Ist er nicht vielmehr in Weltzusammenhänge eingeklemmt und integriert, z.B. in wirtschaftliche Prozesse, die ihn durch ihre Eigengesetzlichkeit zu determinieren drohen?

In diesem Sinne kann DAVID FRIEDRICH STRAUSS zur Ethik des Krieges sagen, dieser entstehe atmosphärisch wie ein Blitz aus der Elektrizität der Luft, er sei also nicht ein Phänomen der Moral, sondern eher der Meteorologie. Darum sei es Unsinn, ihn durch die Gebote Gottes verboten zu sehen und ihn überhaupt in das Koordinatensystem von gut und böse einzubeziehen. Er sei amoralisch, sei fatum.

Ist also der Mensch – das wird doch dann zur theologischen Frage – nur der Exponent dieser determinierenden Weltgesetze, oder aber steht er im Namen der Gebote Gottes dieser Welt *gegenüber*? Wie verhält sich das Gesetz Gottes zur Eigengesetzlichkeit der Strukturen und Prozesse? – In allen diesen – für uns unvermeidbaren – Fragen drückt sich die Unsicherheit gegenüber der Relation von Ich und Welt aus. Und diese Unsicherheit wieder ergibt sich, weil der Mensch nach biblischer Sicht aus der ungebrochenen Gemeinschaft mit Gott und der von ihm gestifteten Welt in die Zone einer bloßen Begegnung mit sich selbst entwichen ist. Dieser Prozeß ist, einmal in Gang gebracht, unumkehrbar, weil die neue Situation nun auch neue Verantwortungen auferlegt, denen wir nicht ausweichen dürfen.

Im übrigen geht es bei diesem Prozeß keineswegs nur um ein neuzeitliches Geschehen, bei dem DESCARTES initiativ beteiligt ist. Im Grunde ist der Sündenfall der Beginn dieses Geschehens, während die cartesianische Infragestellung des Ich-Welt-Bezuges nur besondere Formen der Explikation jenes Falles vor Augen führt. – Natürlich haben wir mit dieser modernen Krise der Ich-Welt-Beziehung eine andere Nuance angesprochen, als sie DESCARTES' Zweifel an der Außenwelt meinte. Er rechnete (wie wir noch sehen werden: aus *methodischen* Gründen) mit der Nicht-Existenz der Welt. Heute zeigt sich jene Krise eher in dem Fremdheitsgefühl gegenüber der Welt – in dem Gefühl, das JACQUES MONOD als Zigeuner-existenz des Menschen am Rande des Alls, zufällig entstanden und ins Sein geworfen, beschreibt.

Gerade wenn wir diese Linien von DESCARTES her so nach rückwärts und vorwärts ausziehen, mag uns klar werden, welche Schlüsselstellung und welchen repräsentativen Rang DESCARTES für die Wende zur Neuzeit innerhalb der Philosophie- und Theologiegeschichte besitzt.

III. Zu seiner Lehre

a) Der Beweis des Ich

Nach diesen Ausblicken und dieser biographischen Vorbereitung können wir uns den theologisch besonders relevanten Partien von DESCARTES' Lehre zuwenden.

Der methodische Zweifel des DESCARTES – ich sagte es schon – setzt damit ein, daß er die Existenz der Außenwelt radikal infragestellt. Wir stellten auch bereits fest, *warum* er das tut: Er möchte durch den Kunstgriff konsequenten Zweifels testen, ob er so auf einen letzten *nicht* mehr infrage zu stellenden Seinsbestand stoße, der dann den strategischen Sinn einer „innersten Widerstandslinie" hätte – einer Linie, von der aus dann neue Ausfälle zum Wiedergewinn der verlorenen Welt zu machen wären.

Nun können wir ja sehr wohl den Gedanken in uns nachvollziehen, daß alles, was wir erleben und für real halten, auf bloßer Einbildung beruhe, daß wir sozusagen nur träumen. Halten wir nicht im Augenblick des Träumens unsere Phantasmagorien ebenfalls für real? Gibt es wirklich, um auf GOETHES Farbenlehre anzuspielen und den Realitätszweifel noch weiter abzuwandeln, „draußen" und unabhängig von unserem Auge die Farben rot, blau, gelb?

Selbst wenn wir aber diesen Gedanken einer nur geträumten Realität in uns nachvollziehen können, drängt sich doch sofort die kritische Frage auf, ob man diese Traum-Hypothese wirklich radikal und bis ins letzte durchführen könne. Der arithmetische Satz etwa, daß $2 + 2 = 4$ sei, läßt sich doch als wahr „erweisen" und kann folglich dem Verdikt, er sei möglicherweise nur von mir geträumt, *nicht* unterliegen. Oder doch?

DESCARTES macht sich diesen Einwand auch selbst und gibt die unverbrüchliche Wahrheit dieses Satzes durchaus zu. Doch hilft diese Feststellung hinsichtlich der Realitätsfrage keinen Deut weiter. Die Überlegung, die DESCARTES darüber anstellt, ist verblüffend:

Er räumt zwar ein, daß die Relationen und Maßverhältnisse in mathematischen Gleichungen oder bei geometrischen Figuren stimmen. Wäre es aber nicht möglich, so fragt er, daß überhaupt keine ausgedehnten Raumgebilde existieren, auf die die Maßverhältnisse des Dreiecks oder die Addition von Zahlen anzuwenden wären? Die Gleichung $2 + 2 = 4$ ist doch, für sich genommen, ein von der Wirklichkeit abstrahiertes Zahlenspiel. Es könnte sich nur konkretisieren und eine ontologische Aussage enthalten, wenn ich *Seiendes* addiere und z. B. sage: 2 Eier und noch 2 Eier sind zusammen 4 Eier. Aber eben die *Existenz* dieser Eier ist doch zweifelhaft! Und über diese Existenz sagt das Additionsexempel in der Tat noch gar nichts aus. Eindeutig wahr sind also nur die Relationen. Die Wahrheit und Existenz dessen aber, was jeweils zueinander in Relation gesetzt wird, *bleibt* zweifelhaft. So kommt es zur Unsicherheit über die Faktizität. (Darüber handelt die 1. Meditation.)

Insofern ist auch unser Verhältnis zur *Geschichte* als einem Bereich des Faktischen zweifelhaft. Mit letzter Gewißheit kann man eben nur „Geltendes" (etwa die geometrischen Maßverhältnisse), nicht aber „Seiendes" erfassen.

Diese Zweifelsgestalt bei DESCARTES ist nun ebenfalls, wenn auch nicht in dieser methodisch zuende gedachten Radikalität, durch die Geistesgeschichte hin präsent geblieben. Klingt sie nicht an in LESSINGS bekanntem Wort, daß zeitbedingt-zufällige Geschichtswahrheiten zeitlos-notwendige Vernunftwahrheiten nicht begründen können? LESSING hat DESCARTES' Fragestellung hier sozusagen umgedreht: Er stellt nämlich in Frage, ob man von Seiendem, von einem jedenfalls als seiend und geschehen *Berichteten,* zurückschließen könne auf Geltendes, auf eine unbedingte Wahrheit. Kann man z. B. von einem so als real berichteten Wunder zurückschließen auf eine in Geltung befindliche Allmacht Gottes, oder besser: auf die dogmatische Geltung des Satzes über diese Allmacht? – Genauso nun, wie *dieser* Rückschluß zweifelhaft ist, muß auch die entgegengesetzte Richtung der conclusio fragwürdig sein: wenn man nämlich von Geltendem – etwa von jenen Maßverhältnissen – auf Seiendes zurückschließen will. In beiden Fällen – das ist hier das tertium comparationis – bleibt das Seiende, das Faktische zweifelhaft: *entweder* als „Prämisse", sofern man aus ihm auf ein zeitlos Geltendes schließt wie bei den orthodoxen Gegnern LESSINGS, *oder* als „Folgerung", sofern man aus arithmetischen Relationen auf das Seiende dessen schließt, was durch sie in Relation gesetzt ist.

Ich wage in meinen Fragen und Ausblicken sogar *noch* weiter zu gehen: Zeigt sich der gleiche cartesianische Zweifel nicht auch in unserem Jahrhundert bei der Kerygma-Theologie der BULTMANN-Schule? Auch hier ist das Seiend-Faktische, das „Historische", ungewiß. Diese Ungewißheit besteht sowohl gegenüber der kerygmatisch überlagerten, nur als theologisch *gedeutetes* Geschehen uns vorliegenden Geschichte Israels wie gegenüber den entsprechenden, durch spätere Gemeindetheologie geprägten Nachrichten über die Jahre 1 bis 30. An dieser Ungewißheit hat sich z. B. die Krisis des Begriffs „historischer Jesus" entzündet. Ist aber nicht auch hier an die Stelle des ungewiß gewordenen Faktischen (z. B. des „historischen Jesus") das Geltende einer Relation getreten? Was ist denn in dieser Theologie der eigentliche rocher de bronze der Gewißheit? Ich möchte darauf antworten, dieser rocher sei die Beziehung Kerygma–Glaube (wieder eine Relation also!). War es mit dieser Beziehung von Geltendem und Seiendem nicht auch vorher schon so, etwa bei der „liberalen Theologie", aus der BULTMANNS Position in Spruch und Widerspruch hervorgegangen ist? Auch bei A. v. HARNACK kommt es nicht auf den existierenden Jesus und auf die sogenannten „großen Taten Gottes" an, die ja wieder zum Bereich der Faktizität gehören würden; sondern es kommt allein an auf das „Geltende" dessen, was dieser Nazarener gesagt hat, auf die Gültigkeit seiner Lehre also, die ebenso wenig durch etwas Faktisches beglaubigt werden muß wie die Geltung des pythagoreischen Lehrsatzes durch die Existenz seines Autors. Was „gilt", ist die Botschaft von „Gottvertrauen, Demut, Sündenvergebung und Nächstenliebe" sowie vom „unendlichen Wert der Menschenseele", heißt es im „Wesen des Christentums" (4,2 und 5,3). „Nicht der Sohn, sondern allein der Vater gehört in das Evangelium, wie es Jesus verkündigt hat, hinein" (8. Vorlesung, 1, S. 91): Der Blick auf den Sohn würde uns auf die Zone historischer Faktizität angewiesen sein lassen. Beim Vater dagegen kommt es auf eine geltende Relation an, die der Titel einer Predigtsammlung aus dieser Sphäre prägnant wiedergibt: „Gott und die Seele", „Die Seele und ihr Gott"[12].

Wir kehren nach diesem geschichtlichen Vorausblick, der uns DESCARTES' Zweifel als unerhörte Initialzündung verdeutlichen sollte, zu ihm selbst zurück:

Für jemanden, der in christlicher Tradition steht – und das tut DESCARTES ja – ergibt sich natürlich sofort die Frage, ob wenigstens *theologische* Argumente verfügbar und imstande sein könnten, um uns diesen Zweifel an der Existenz der Außenwelt zu nehmen. Ist nicht allein schon der Glaube an den Schöpfer Himmels und der Erden eine Garantie dafür, daß Himmel und Erde eben existieren? – Doch selbst diese Überlegung führt nicht weiter, meint DESCARTES. Auch eine vorzeitige Berufung auf den Deus creator ist philosophisch unerlaubt. Denn wer garantiert mir für die Richtigkeit dieses Dogmas, oder noch schärfer: für die *Existenz* Gottes, für die Existenz *dieses* Gottes?

Auch vor *Gott* kann die zweifelnde quaestio facti nicht halt machen. Obwohl DESCARTES – wenigstens teilweise – in Analogie zum ontologischen Gottesbeweis ANSELMS argumentiert, sind dessen theologische Voraussetzungen für ihn nicht mehr einfach gegeben, vor allem nicht der spirituelle ordo des Seins, der von Gott als seinem Sinngrund her konzipiert war und deshalb allenthalben auf ihn als das summum ens hindeutete. Gerade weil dieser theologische Hintergrund des Seins-Verständnisses so für DESCARTES nicht mehr besteht – jedenfalls nicht als Gegenstand selbstverständlicher Übernahme –, kann sein Zweifel sich bis zu einer verwegenen, ja tollen Extremform steigern: Es wäre doch nicht a limine auszuschließen, daß statt eines gütigen, eines summum-bonum-Gottes ein *Dämon* diese Scheinwelt als trügerische Kulisse um mich herum aufgebaut hätte und daß er eine zynische, um nicht zu sagen „sadistische" Freude daran hätte, mich so zu täuschen[13]. Das ist wohl die äußerste Grenze, bis zu der die Leidenschaft des Zweifels zu entführen vermag.

Hierbei begibt sich DESCARTES freilich in die Gefangenschaft eines Zirkels, der allem Zweifel zum Trotz auf eine letzte ihm verbleibende Seins- und Gottesgewißheit deutet und seinen radikalen methodischen Zweifel insofern als ein fast gewaltsames Experiment – als *bloßes* Experiment! – erscheinen läßt. Auf diesen Zirkel hat W. DILTHEY aufmerksam gemacht[14]. Er mache sich bei DESCARTES „darin geltend, daß das Dasein der Gottheit, deren veracitas die Gültigkeit der Erkenntnismittel garantieren soll, selbst erst vermittels des Kausalgesetzes und Substanzbegriffs abgeleitet wird. Ihre Evidenz ist intuitiv gegeben,

---

[12] RITTELMEYER, 1906.
[13] Med. II,7.
[14] Weltanschauung und Analyse des Menschen seit Renaissance u. Reformation, Ges. Schr. II, 6. A. 1960, 350.

aber die Gültigkeit des Evidenten für Gegenstände *soll erst aus der Wahrhaftigkeit Gottes bewiesen werden, deren Beweis doch diese objektive Gültigkeit voraussetzt.* Diese notiones communes werden aber nicht nur bei dem Gottesbeweis angewandt: DESCARTES konnte sich dem nicht verschließen, daß schon das cogito sum die Gültigkeit einfacher Begriffe voraussetzt: *sie sind in allem Erkennen als dessen Bedingung bereits enthalten"* (Hervorhebung v. Verf.).

Hieraus scheint sich zu ergeben, daß hintergründig und um drei Ecken herum *doch* eine größere Verwandtschaft zu ANSELM bestehen könnte, als das Zweifelsexperiment sie unmittelbar verrät.

Selbst wenn aber meine Denk- und Erfahrungsinhalte so nur eine täuschende Fata morgana sein sollten, steht doch jedenfalls *Eines* fest: daß ich als Denkender und Zweifelnder *existiere.* Der Zweifel selbst enthält einen letzten, schlechthin evidenten Faktizitätshinweis: *daß* ich eben zweifle, daß *ich* eben zweifele, daß folglich der Vorgang dieses Zweifelns und daß das Subjekt, in dem er sich abspielt, existiert: dubito ergo sum. (Die Aussage „ergo"-sum hat eigentlich nicht den Rang einer conclusio, sondern sie ist unmittelbar evident, so daß es angemessener heißt: cogito [dubito] sum.) Die Existenz des Ich als letztes Substrat der Wirklichkeit ist jedenfalls unanfechtbar.

Wieder möchte ich an dieser Stelle einen kleinen Augenblick verweilen und darauf aufmerksam machen, wie auch heute angesichts der Seinsvergessenheit und der Ungewißheit des Seienden der Zweifel als methodisches Mittel benutzt wird, um wieder ontischen Grund zu gewinnen (auch wenn diese Methode anders gehandhabt wird und auch nicht beim cartesianischen Ich endet):

1. Als erstes Beispiel nenne ich PAUL TILLICHS Buch „Mut zum Sein"[15]: Ich zweifele am Sinn und bin so vom Nihilismus bedroht. Doch entdecke ich dabei – und diese Entdeckung auszulösen, ist die eigentliche Pointe dieses Buches –, daß ich stets im Namen von etwas zweifle, das im Akt des Zweifelns mitgegeben ist. Ich zweifle ja doch im Namen von Normen, zum Beispiel der Norm „Sinn", und stelle fest, daß die Wirklichkeit dem, was ich als Sinn-Voraussetzung in mir trage, nicht entspricht. Dann aber kann es überhaupt keinen reinen Nihilismus geben, in dem alle Hinweise auf Sinn schlechthin eliminiert wären. Denn ich habe den Sinn ja immer schon „im Rücken" und komme bereits von ihm her. Daß aber so die Norm „Sinn" immer schon mitgegeben ist, würde ich gar nicht bemerkt haben, wenn ich sie nicht bezweifelt hätte, sondern nur auf naive Weise und in ungebrochener Selbstverständlichkeit mit ihr gerechnet hätte. Deshalb hat der vom Nihilismus Bedrohte die größere Chance, einen elementaren Sinngrund zu entdecken.

2. Ähnliches zeigt sich beim *existenzialistischen* Zweifel: Indem ich zweifle, das heißt hier: indem ich nichts Gegebenes, nichts Tradiertes und keine selbstverständliche, allgemein als plausibel angesehene Geltung einfach übernehme, sondern sie gerade in Frage stelle, komme ich zu meinem *eigenem* Dasein. Ich widerstehe dann der Auflösung meiner Existenz in die Anonymität des „Man" und finde so meine Identität als existierendes Ich. Hier heißt es zwar nicht im Sinne DESCARTES': „Ich zweifle, also bin ich", sondern es wird in einem gefüllteren Sinne gesagt: „Ich zweifle, also komme ich zum Dasein, finde ich also mein eigentliches Sein und gewinne Existenz". Ich fahre nicht mehr als bloßer Passagier auf dem Schiff der allgemeinen Selbstverständlichkeiten mit. Ich frage vielmehr *selber,* ob ich auf dem richtigen Kurs bin. Ich trete auf die Brücke und übernehme Verantwortung.

Trotz aller Nuancen ist in beiden Fällen die Analogie zu DESCARTES' Fragestellung unverkennbar. Es geht jeweils um einen Zweifel, der mich zu einem evident Ontischen führen soll.

---

[15] The Courage To Be, Yale Univ. Press 1952; dtsch 1953.

Wenden wir uns nun wieder dem cartesianischen Cogito-sum zu, so ist vor allem dies zu bedenken:

Das Ich, das als seiendes Subjekt dem Denkakt zugrundeliegt, wird nur erschlossen durch eine Innenschau dieses Denkens selbst. Negativ heißt das: Die Ich-Gewißheit entsteht nicht durch Begegnung mit der Außenwelt; deren Existenz wird ja gerade als fragwürdig unterstellt. DESCARTES' Gewißheits-Experiment fällt also betont aus dem Rahmen dessen, was wir sonst von der Entstehung des Selbstbewußtseins und der Selbstgewißheit erfahren haben[16]: Das Kind erlebt sich selbst doch gerade in der Begegnung mit der Außenwelt: Es lernt sich selbst dadurch kennen und verstehen, daß es mit der Umwelt experimentiert. Es lehnt sich zu weit vor und fällt auf die Nase. So erlebt und erfährt es dann auch, daß es kein Geistwesen ist, sondern einen Körper besitzt, der dem Gravitationsgesetz unterliegt. Es ist artig und wird belohnt; es ist ungezogen und wird bestraft. An diesen Reaktionen der Außenwelt, die hier durch Vater und Mutter repräsentiert wird, kommt es zu einer Selbsterfahrung als sittliche Person, als Ich (später u. U. noch mehr dadurch, daß es sich von diesen Reaktionen emanzipiert, gerade dadurch aber auf sie bezogen bleibt).

GERARDUS VAN DER LEEUW bestätigt das, wenn er sagt, daß das *Spiel* des Menschen die urtümlichste Äußerung sei, in der er sich selbst entdecke[17]: Er entdeckt sich an den Widerständen, die er dabei findet, sozusagen an den *Grenzen* des Spiels, an dem, was ihm dabei „widerfährt". Das Kind greift nach den Stäben seines Bettchens und nach seinem großen Zeh, um dadurch allmählich zu entdecken, was zur Außenwelt und was zu ihm selbst gehört. Genauso können wir auch als Erwachsene sagen: wir erfahren uns selbst an dem Leben, das uns widerfährt und auch an der Art, wie wir auf das so Widerfahrende reagieren. Wir lernen uns kennen, indem wir uns – etwa bei einer alpinistischen Kletterpartie – in den Grenzbereich unserer Leistungsfähigkeit begeben oder in kritischen Augenblicken

---

[16] Das Zustandekommen des Selbstbewußtseins durch den Kontakt zur Außenwelt sowie den *unmittelbaren* Zugang zu ihr hat EDMUND HUSSERL in seinen Logischen Untersuchungen (vor allem im 2. Bd.: Untersuchungen zur Phänomenologie und Theorie der Erkenntnis, 1901) gelehrt. Seine „Phänomenologie" ist insofern so etwas wie eine Gegenposition zu DESCARTES, als dieser nur *mittelbar,* nämlich auf dem Weg über umständliche deduktive Operationen, zur Gewißheit der Außenwelt gelangt. Die von HUSSERL gelehrte unmittelbare Subjekt-Objekt-Relation, die in unserm Bewußtsein angelegt ist, bezeichnete er als dessen „Intentionalität". – In seinen 1913 erschienenen „Ideen zu einer reinen Phänomenologie" dagegen gibt es wieder Überlegungen, die gewisse Assoziationen zu DESCARTES' Erkenntnisexperiment auslösen. Er vollzieht dort nämlich eine „Reduktion auf das reine Bewußtsein". Auch dieses „reine Bewußtsein" ist zwar noch intentional ausgerichtet, bleibt also noch immer Bewußtsein von der Welt und ihren Dingen, läßt aber deren Dasein dahingestellt und „klammert es [experimentell] aus". (Das eben erinnert so an DESCARTES!) Hierin deutet sich ein gewisser Bruch mit der ursprünglichen Konzeption an, in der HUSSERL alles an dem *unmittelbaren* Sich-Darbieten der Welt gegenüber dem Subjekt lag. – Später, in den zwanziger Jahren, bricht sein Interesse an der mit uns verflochtenen Lebenswelt wieder stärker hervor, so daß ihn die Frage beschäftigt, welche Leistungen unseres Bewußtseins es zuwege bringen, daß wir uns vorwiegend naiv und unreflexiv, wie „selbstverständlich" in der uns begegnenden Welt bewegen.

[17] Der Mensch u. die Religion, Basel 1941, 35.

unsere Überzeugungstreue auf die Probe stellen lassen[18]. VAN DER LEEUW drückt das sehr schön so aus: „Der Mensch spielt nicht nur, sondern es wird auch mit ihm gespielt. Seine letzte Ergriffenheit ist der Schrecken des Todes. Sein Spiel ist gestörtes Spiel. Es hat ein Ende, sobald es anfängt. Kaum begonnen, hört es schon auf. Das menschliche Leben ist ein zurückgeworfenes Leben, ein Leben zum Tod." In dieser seiner Endlichkeit, in der Begegnung mit dem ihn Begrenzenden – letztlich mit dem Tode – erfährt sich also der Mensch selbst[19].

Wir halten demnach fest: Bei DESCARTES erfährt das Ich sich selbst *nicht* in der Begegnung, sondern das Ich erfährt sich als Subjekt eines Denkaktes, der selbst noch gar nicht auf die Außenwelt bezogen ist, sondern sich möglicherweise als einzige Realität inmitten einer irrealen Scheinwelt ereignet. Der Denkakt denkt nicht „etwas", sondern er denkt; er ist reiner Akt. Und als eben dieser Akt ist er die einzig gesicherte Realität[20].

Man kann nun vermuten, daß das cartesianische Ich als Subjekt des cogitare keinerlei personale Züge trägt, sondern eine künstliche Abstraktion ist. Das Ich, das kein Gegenüber mehr besitzt, das weder innerhalb einer Ich-Gott- noch einer Ich-Du- noch einer Ich-Es-Beziehung existiert, verliert sich selbst in seiner humanen Qualität; es wird zur doketischen Spukerscheinung einer res cogitans, die

---

[18] Angesichts dieser Formen der Selbsterprobung mag einem die Problematik der heute üblichen Selbsterfahrungsgruppen und ihrer narzißhaften Ich-Orientiertheit aufgehen.

[19] Die Frage der Selbsterkenntnis (nicht mit Hilfe der Introspektion, der Konzentriertheit auf das Ego, sondern mit Hilfe von Begegnungen) ist auch ein wichtiges Thema in der Anthropologie GOETHES. Vgl. dazu ThE II,1 § 1387 bis 1392.

[20] Die mannigfachen Einwände seiner Zeitgenossen gegen diesen Denkansatz des DESCARTES (sie sind in der Meditationsausgabe der Philos. Bibl. [Bd. 27, S.81ff.] gesammelt) greifen nur zum kleineren Teile das „Cogito" an. (In *diesem* Falle interessiert vornehmlich die Struktur des Subjekts und die Frage seines materiellen Substrates sowie der Modus des Denkaktes selbst.) Das wichtigste Ziel der kritischen Argumente sind vielmehr die *Folgerungen* daraus, z.B. und vor allem der Gottesbeweis. –

Ein sehr beachtlicher Einwand gegen das cartesianische „Cogito", also gegen den zentralen Punkt der Meditationen ist in *unserer* Zeit erhoben worden, und zwar von Seiten der in Frankreich beheimateten Philosophie des *Strukturalismus*. So kehrt einer ihrer Hauptvertreter, MICHEL FOUCAULT, den Ausgangspunkt von DESCARTES' Bemühung um Selbstvergewisserung geradezu um: Es stimme ja gar nicht, daß das Denken seinem Subjekt, nämlich dem denkenden Ich, die Gewißheit seiner Existenz vermittle. Denn in seinem Denken sei das Ich gerade *nicht* bei sich selbst, sondern bei etwas anderem, nämlich in der Einflußsphäre überpersönlicher Strukturen, in deren Rahmen es denke, und die seine Blickweise – schon vermittels der ihm überkommenen Sprache – unerkannt leiteten. Das Erkenntnissubjekt erkennt gerade nicht dieses andere, *bei* dem es so ist, und verfügt also auch nicht darüber. Das Ich, das dem Cogito zugrundeliegt, ist insofern keinen Augenblick „bei sich selbst", wie DESCARTES wähnte, und befindet sich deshalb in einem Irrtum über seine Identität, wenn es seiner Existenz gewiß werden will, ohne zu ahnen, daß es gar nicht bei sich selbst, sondern bei jenem „andern" ist. Dieses Erkenntnissubjekt muß deshalb „notwendig geopfert" werden. (W. SEITTER, [ed.], Michel Foucault, Von der Subversion des Wissens, 1974, 83ff.) – Die Bedeutung der Sprache als einer den individuellen Denkakt tragenden und rahmenden Struktur hat vor allem der Begründer des – freilich von ihm noch nicht so genannten – Strukturalismus herausgestellt: FERDINAND DES SAUSSURE in seinem berühmten „Cours de Linguistique Générale", posthum 1916.

jenseits von Liebe und Haß, gut und böse steht, und erinnert an das gespenstische, solipsistische Ich, das sehr viel später MAX STIRNER (= CASPAR SCHMIDT) in seinem Werk „Der Einzige und sein Eigentum" (1845) als letzte Realität darstellt.

„Was bin ich demnach?", fragt DESCARTES in der 2. Meditation (14) und antwortet: „Ein denkendes Ding! Und was heißt das? Nun, – ein Ding (!), das zweifelt, einsieht, bejaht, verneint, will, nicht will und das auch Einbildung und Empfindung hat ..." – So hat das Ich weder den gestirnten Himmel über sich, noch hat ein geliebtes Wesen Leidenschaften in ihm erregt, noch ist es von einem Kunstwerk angerührt, noch fühlt es sich im Frieden Gottes geborgen. Es hat allenfalls Geborgenheits-*Gefühle*, Begeisterungs-*Eruptionen*, erregte Affekte oder gar bloße Affektiertheiten. Aber das alles sind keine fließenden Bewegungen, die zwischen dem Ich und einem Extra-se spielten. Es geht nur um ein Wellenspiel über dem Grunde des Ichs, und die Wellen sinken sofort wieder in sich selbst zurück. Es begeben sich bloß gespenstische Aktionen im leeren Raum.

Wir fühlen uns wieder an jene Szene erinnert, in der DESCARTES die Menschen auf dem Amsterdamer Markt beobachtet, wo sie ihm wie Bäume vorkommen, also nur res extensae sind. Wir mögen hier sehen, wie ein geistiges Charakteristicum der Neuzeit erste Konturen anzunehmen beginnt: Ich meine die Verdinglichung des Menschen. Er ist weithin nur noch relevant als Träger von Funktionen – wobei es nicht entscheidend ist, ob die Funktion im Denkakt (wie bei DESCARTES) oder ob sie in technischen Manipulationen besteht. Hier könnte sich so etwas wie eine erste, noch verschwommene Vision der Computer-Welt andeuten.

b) Der Beweis der Existenz Gottes und der Welt

Diese Ballade des Solipsismus endet nun bei DESCARTES mit einem happy end. Er findet die Welt schließlich doch wieder, wenn auch eine sehr anonyme, sehr abstrakte, eine entgeistete und entpersönlichte Welt. Wie kommt DESCARTES zu der Gewißheit, daß es trotz allen Illusionsverdachtes eben doch eine Außenwelt, eben doch Realitäten gibt, die *jenseits* des Innenraums seines Ich stehen?

Er kommt zu dieser Gewißheit durch die Vermittlung eines *Gottesbeweises*. Wenn ich früher die negative These aufstellte, daß der Mensch, der Gott verliert, auch die Welt noch *mit* verliere, weil er die verbindende Klammer um das Weltkontinuum eliminiert hat, so entspricht es dieser These nun nach der positiven Seite, daß man die Welt, daß man die Realität des Außen nur dann wieder gewinnt, wenn man sich jener umschließenden göttlichen Klammer versichert hat:

„Habe ich ... erst einmal eingesehen, daß es einen Gott gibt, und zugleich auch, daß alles übrige von ihm abhängt und daß er kein Betrüger ist, und habe ich daraus geschlossen, daß alles, was ich klar und deutlich erfasse, notwendig wahr ist, so läßt sich ... kein Gegenstand beibringen, der mich zum Zweifel verleiten könnte, sondern ich besitze hiervon ein wahres und sicheres Wissen."[21]

---

[21] Med. V,17; aaO. 59.

DESCARTES rührt mit diesem Satz an die theologischen Grundlagen aller Ontologie, wenn er davon ausgeht, daß die Relation von Denken und Sein, von Ich und Welt sowie von Ich und Du niemals *direkt* gedacht werden könne. Anders ausgedrückt: es ist ein auswegloses philosophisches Unternehmen, den einen Kontrahenten dieser Relation aus dem anderen abzuleiten. Man kann weder aus dem Ich die Existenz der Welt noch aus der Welt die Existenz des Ich ableiten. Man kann also das nicht tun, was in der nachcartesianischen Geistesgeschichte wiederholt geschieht: so, wenn der Idealismus aus der Geiststruktur des Subjekts die Fülle der Welterscheinungen ableitet, oder wenn der Materialismus das erkennende Ich aus der stofflichen Struktur des Seins deduziert. Die Subjekt-Objekt-Beziehung kann vielmehr nur, wie DESCARTES gesehen hat, über ein Tertium hinweg hergestellt werden: dann nämlich, wenn man – um es modern und mit der Begrifflichkeit von JASPERS zu sagen – das ungegenständlich Umgreifende, das die Subjekt-Objekt-Beziehung selbst erst *Herstellende,* kennt. Dieses die Relation selbst Konstituierende nennt DESCARTES „Gott". Schon die Stoa hatte auf dieses Umgreifende mit ihrer Idee des Welt-Logos hingewiesen: Nur weil es diesen den Kosmos durchwaltenden Logos gibt, können wir mit unserem noetischen Logos – eben unserer Vernunft – das Seiende verstehend durchdringen und haben es als Subjekte überhaupt zur Verfügung.

Wir sehen demnach: Die Gottesidee mag bei DESCARTES noch so seltsam (für uns Heutige seltsam!) begründet werden, und dieser Gott mag eben so sehr wie das Ich, das ihn denkt, ein Gespenst sein: DESCARTES stößt immerhin von seinen Prämissen her auf die echte theologische Fundamentalfrage jeder Philosophie, auf die Frage nämlich, ob der Gottesgedanke (gleich, wie man ihn fassen mag) nicht das inhärierende Prinzip jeder philosophischen Gewißheit sein müsse[22].

Die Frage ist nun, *wie* denn DESCARTES von jener Autarkie der geschlossenen Ich-Welt aus überhaupt zu einer gültigen Idee Gottes kommen könne.

Er sucht jene Idee mit Hilfe des ontologisch-realistischen Denkschemas der Scholastik zu gewinnen, wie es ANSELM in ähnlicher Weise bei seinem „Gottesbeweis" verwendet. Auch wenn ich den Gedankengang hier stark zusammenziehen muß und so kaum einen Eindruck von der sublimen Vorsicht und der vielfachen Kontrolle jedes einzelnen Gedankenschrittes vermitteln kann, so sind wenigstens die folgenden Schwerpunkte zu markieren:

DESCARTES' Ausgangsthese ist, daß ich in mir die Idee Gottes *vorfinde*[23]. Das sagt zunächst noch gar nichts darüber aus, ob dieser Idee auch eine Realität entspricht. Denn ich finde ja auch andere Ideen in mir vor, denen zweifellos *keine* im Außen fixierbare Realität entspricht: Da gibt es z. B. die Idee des Dreiecks;

---

[22] KANT hat diese Frage bejaht, wenn er in der „Kritik der reinen Vernunft" zum Ausdruck bringt, daß die Vernunft die Idee Gott bilden müsse, weil sie zu den Bedingungen ihres Denkens gehöre. Sie gebe damit „die Idee von etwas an die Hand, worauf alle empirische Realität ihre höchste und notwendige Einheit gründet" (Anhang zur transzendentalen Dialektik; Weischedel-Ausg. WW IV,586f.; vgl. auch 557f.).

[23] Der Gottesbeweis findet sich in der 3. Meditation.

der Dichter hat Ideen von Sirenen und andern Märchenfiguren; der urtümliche Mensch findet, so könnten wir illustrierend mit C. G. JUNG noch hinzufügen, in seinem unterschwelligen Bewußtsein „Archetypen" vor. Immerhin muß aber, so fordert die Denkstruktur des „Realismus", ein gewisses Größenverhältnis zwischen dem Produzierenden und dem Produzierten vorliegen. Es ist „vermöge der natürlichen Einsicht offenbar, daß zum mindesten ebensoviel Realität in der gesamten wirkenden Ursache (causa efficiens) vorhanden sein muß, wie in der Wirkung eben dieser Ursache. Denn ich möchte wohl wissen, wovon sonst die Wirkung ihre Realität hernehmen sollte, als von der Ursache"[24]. Dann aber kann nicht *ich* die Ursache der mir bewußten Gottesidee sein, weil ich als causa efficiens gar nicht eine solche Real-Potenz bin, um die Idee eines ewigen und allmächtigen Gottes zu produzieren. Wenn also „die objektive Realität irgendeiner meiner Ideen so groß ist, daß ich dessen gewiß bin, daß diese weder in formaler noch in eminenter Weise in mir enthalten ist, daß folglich ich selbst nicht die Ursache dieser Idee sein kann, so folgt daraus notwendig, daß ich nicht allein in der Welt bin, sondern daß auch irgendeine andere Sache (!), welche die Ursache dieser Idee ist, existiert"[25]. Deshalb bin ich zu dem Schluß genötigt, daß nicht mein Bewußtsein, sondern daß *Gott* die res producens dieser in mir vorgefundenen Idee sei. In diesem Sinne kommt es dann zu der Definition: „Unter dem Namen Gottes verstehe ich eine Substanz, die unendlich, unabhängig, von höchster Einsicht und Macht ist, und von der ich selbst geschaffen worden bin, ebenso wie alles andere Existierende, falls es nämlich existiert."[26]

Hier ist wohl der geeignete Ort, um sichtbar zu machen, wie sich trotz des gemeinsamen ontologischen Bodens der Gottesbeweis DESCARTES' von dem ANSELMS unterscheidet:

Zwischenüberlegung

ANSELMS Gottesbeweis setzt bekanntlich mit einem *Gebet* ein. Dieses Gebet enthält bereits den entscheidenden Schlüssel für das Verständnis seines Beweises und widerlegt im Grunde seine „Beweis"-Intention. Es eröffnet das 2. Kapitel seines „Proslogion" und lautet in seinen wesentlichen Sätzen: „So gib mir nun, Herr, der du dem Glauben auch die Einsicht verleihst, gib mir ... die Erkenntnis ..., *daß* du bist, wie wir glauben, und daß du das bist, *was* wir glauben. Wir glauben aber von dir, daß über dich hinaus Größeres nicht gedacht werden kann."

An dieses Gebet knüpft nun der Gottes-„Beweis" selber an, und zwar im Rahmen des genannten scholastisch-realistischen Denkschemas. Verkürzt ausgedrückt besagt er: Wenn wir in unserm glaubenden Bewußtsein die Idee eines Wesens tragen, über das hinaus Größeres nicht gedacht werden kann, dann muß dieses Wesen auch existieren. Denn wenn ihm Existenz mangelte, dann *wäre* es ja nicht jenes Größte.

Mir geht es nun nicht darum, diesen sogenannten Gottsbeweis zu kritisieren (was für ein nachkantisches Denken allzu leicht wäre und dann unter der Hand banal werden könnte), sondern ich will diesen Beweis hier mit dem Blick auf DESCARTES nur *interpretieren*[27].

---

[24] III,19, S. 32.

[25] III,22, S. 34.

[26] III,27, S. 36f.

[27] In größerem Zusammenhang hat K. BARTH *seine* theologische Interpretation ANSELMS gebracht: Fides quaerens intellectum. Anselms Beweis der Existenz Gottes im Zusammenhang seines theologischen Programms, 1931.

ANSELMS Denken vollzieht sich im Rahmen – im *gesicherten* Rahmen! – einer alles tragenden Gottesgewißheit. Diese Gewißheit ist nicht das Produkt seiner Reflexionen im Proslogion, sondern sie ist ihnen vorgegeben und trägt sie. Insofern braucht das, was unbedingt gewiß, nämlich im *Glauben* gewiß ist, nicht erst bewiesen zu werden. Darum muß das, was wie ein Beweis aussehen mag, eine ganz andere Intention verfolgen. „Beweisen" vollzieht sich ja stets als ein Prozeß, durch den man von geringerer zu größerer oder gar absoluter Gewißheit kommen will. Daß das Hypothenusen-Quadrat im rechtwinkligen Dreieck gleich der Summe der beiden Katheten-Quadrate ist, kann ich zwar mit einiger Sicherheit auch dadurch feststellen, daß ich die Quadrate zu wiederholten Malen nachmesse. Die so gewonnene empirische Wahrscheinlichkeit wird aber zur Gewißheit erst durch den geometrischen Beweis. Er allein vollzieht den Überschritt von einer noch so hohen Wahrscheinlichkeit zu gesicherter, eben „nachgewiesener" Erkenntnis. – Bei ANSELM aber ist es gerade nicht so, daß bei ihm zunächst eine nur gemäßigte, eine bedingte, also defiziente Gottesgewißheit bestünde, die er dann mit Hilfe eines Gottesbeweises zu einer absoluten Gewißheit erheben möchte. Nein: diese absolute Gewißheit besteht bereits, *ehe* er sich zum „Beweisen" anschickt. Das eben zeigt sich an dem Gebet, mit dem er seinen Gottesbeweis einleitet. Hier bekennt er die im Glauben bereits *vorliegende* Gewißheit.

Warum dann aber noch die Bemühung um den überständigen „Beweis"? Sein Ziel ist zweifellos nicht der Gewinn von Gottesgewißheit, sondern nur die *Transformation* dieser Gewißheit von der Ebene des Glaubens auf die Ebene des Intellectus. Die zunächst unreflektierte Glaubensgewißheit wird in die Reflexionsgestalt des intellektuellen und argumentierenden Wissens übertragen. Der Glaube möchte, daß seine Gewißheit sich auch der Vernunft mitteile, so daß sie in die Rühmung des Gebetes mit einzustimmen vermag. Insofern gilt: fides quaerens intellectum, der Glaube sucht die Vernunft; er sucht sie auf seine Seite zu bringen. Die Gottesgewißheit geht sogar, wie sich zeigen ließe, im Unterschied zu DESCARTES der Selbstgewißheit *voran*. Wer oder was er selbst ist, weiß ANSELM zunächst gar nicht genau: Wie sich subjektives Überzeugt-sein zu der intellektuellen Dimension des Ich verhält, wie sich diese verschwommenen und zunächst auseinanderstrebenden Ich-Komponenten einander zuordnen, mag ihm vorerst höchst unklar sein. Vermutlich ist es nicht zu gewagt, wenn wir im Sinne heutiger Denkweisen interpretieren: ANSELM sieht sich als ein seinem Thema (= Gottesgewißheit) kaum adäquates Subjekt, zumindest als entfremdeter Intellekt. Dieser Intellekt hinkt dem Glauben nach. Er ist sozusagen noch im Dämmerzustand der Unerwachtheit. Gerade deshalb sieht er sich veranlaßt, von *glaubender* Gewißheit auch zu *rationaler* Klarheit zu kommen und sein glaubendes mit seinem intellektuellen Ich zu „synchronisieren". Um diesen Consensus beider *betet* er ja gerade.

Eben dies aber, daß die Gottesgewißheit der Vernunft- und sogar der Selbstgewißheit vorangeht, wird von DESCARTES genau umgekehrt gesehen. (Die formale Analogie des Argumentierens auf dem Boden scholastisch-realistischer Ontologie darf uns also nicht täuschen!). DESCARTES' Zweifel ist neuzeitlich und stellt radikal in Frage: Könnte Gott nicht Einbildung, könnte er nicht, wie FEUERBACH es später formulieren wird, „Projektion" sein? Könnte nicht selbst das, was wir als Außenwelt bezeichnen, sich als Illusion und Traum herausstellen?

ANSELM lebt und denkt demgegenüber nicht nur auf dem Boden einer unerschütterten Gottes-, sondern einer ebenso evidenten und unbezweifelten Seinsgewißheit: Da Gott der finis ultimus des Seins ist, wird in seinem Licht das Sein als eine final durchwirkte Ordnung offenbar. Deren Elemente können insoweit erkannt werden, als unsere Vernunft die Stellung dieser Elemente innerhalb der Seinsordnung, das will sagen: als sie ihren Bezug zum finis ultimus festzustellen vermag. Dieser Bezug ist dann die „rectitudo" der einzelnen Seinsgrößen.

Die Dinge sind demnach „wahr" und werden dann auch für unsere Erkenntnis in ihrer veritas und rectitudo offenbar, wenn sie ihr Wesen vollkommen repräsentieren, d.h. wenn sie in ihrem Sein das sind, was sie gemäß ihrer Seinsbestimmung und ihrem finalen Sinn sein *sollen.* Auch ein Geschehen wird wahr, insofern es dieser seiner Bestimmung entspricht. „Das Feuer – ich erwähnte dieses Beispiel schon einmal – ‚tut die Wahrheit und Richtigkeit', wenn es erwärmt, denn das soll es, dazu ist es bestimmt."[28]. Weil die Wahrheit eines Dinges oder auch eines Verhaltens sich so nach seinem onto-teleologischen Bezuge richtet, gibt es auch Steigerungs- und Minderungsformen des Begriffes „wahr", also nicht nur die Alternative „wahr-unwahr". Der Maßstab für diese Komparative ist die größere oder geringere Nähe zum Endzweck. So ist der Quarz „wahrer" als der Kiesel und der Kristall „wahrer" als der Quarz, weil er im Unterschied zu seinen Vorformen „seine Fähigkeit, solche Raumform zu bilden, Licht zu brechen usw. sichtbar werden läßt"[29].

Entsprechend bin ich selbst als Erkennender „wahr" (und *erkenne* dann auch Wahrheit), wenn ich meinerseits in diese von Gott als finis ultimus bestimmte Seinsordnung eingefügt bin und von diesem Endzweck her denke.

ANSELM würde so vermutlich DESCARTES der Unwahrheit bezichtigen, weil er sich als res cogitans, als Subjekt des Cogito-sum aus jener Seinsordnung emanzipiert hat. Indem er so die Gottesgewißheit zugunsten der Selbstgewißheit preisgebe, müsse er wohl – so sieht es von ANSELMS Konzeption her doch aus! – in die Weltlosigkeit, in den totalen Seinsverlust abstürzen. Der Versuch, von diesem zunächst weltlosen Ich über eine spekultiv wiedergewonnene Gottesgewißheit dann erneut zur Seinsgewißheit durchzufinden, müßte ANSELM, der den umgekehrten Weg beschreitet, wohl abstrus und unbegreiflich erscheinen.

Trotz des gemeinsamen ontologischen Denkschemas, in dem sich beide bewegen, tritt so ihre radikale Distanz zu Tage: Es ist der Abstand zwischen einer in Gott noch ungebrochen gründenden Seinsgewißheit zu den Infragestellungen des emanzipierten, an der Schwelle der Neuzeit angesiedelten Menschen. Daß der Zweifel DESCARTES' keinen autobiographisch-konfessorischen Sinn hat, sondern ein methodisches Experiment ist, darf uns an jener Distanz nicht irre machen, denn auch ein solches „Experiment" ist bezeichnend genug für die sich erhebende Fraglichkeit von allem. ANSELM jedenfalls hätte ein solches Experiment wohl nicht in den Sinn kommen können.

Wir halten einen Augenblick inne. Der Idee Gottes, wie DESCARTES sie in seinem solipsistischen Bewußtsein vorfindet, fehlen alle personhaften Züge: Dieser Gott ist nur eine „res" infinita. Er liebt nicht und er zürnt nicht; er steht als unpersönliche Substanz jenseits von Gericht und Gnade. Personhafte Züge ergeben sich immer erst in der Begegnung von Ich und Du. Dieser Gott aber *begegnet* mir ja nicht, sondern er ist nur ein abstrakter Punkt, den ich jenseits meines empirischen Gesichtsfeldes mit Hilfe mehrerer „geometrischer Örter" konstruiere. Personhaftigkeit aber kann niemals durch eine Conclusio gegenwärtig werden.

Um es beispielhaft zu verdeutlichen: Wenn ich erst durch Schlußfolgerung erkennen will, was der Eros ist und wie deshalb die Liebe eines Freundes oder meiner Frau aussehen müßte, damit sie der Idee des Eros entspreche, habe ich mich jenseits aller Zonen begeben, in denen persönliche Begegnungen stattfinden können, in denen überhaupt Menschen zu atmen vermögen. In der Conclusio stoße ich nicht auf personhafte Wirklichkeiten, sondern höchstens auf Sachen oder auch auf Geltungen. Darum ist es nur folgerichtig, wenn DESCARTES Gott als eine Sache oder Substanz kennzeichnet.

Hier liegt eine gewisse Analogie zu SPINOZA vor, in dessen System Gott ebenfalls Substanz, natura naturans, ist. Und wenn er von einem amor Dei intellectualis spricht, dann ist das eine höchst unpersönliche Liebe (insofern eigentlich ein Widerspruch in sich

---

[28] R. ALLERS, Anselm von Canterbury, 1936, 97.
[29] Zu einer ausführlicheren Analyse der anselmschen Ontologie vgl. EvGl I, 397ff.

selbst!), formal derjenigen ähnlich, die NIETZSCHE meint, wenn er vom amor fati redet. Den Gott, der „mich" nicht persönlich mit seiner Liebe meint, kann ich auch meinerseits nicht als persönlichen Gott mit Liebe umfangen. Die Apologie der Confessio Augustana nimmt die polare Gegenposition ein, wenn sie Gott aufgrund seiner Zuwendung zu uns als objectum amabile (als liebenswerten Gegenstand) bezeichnet, den ich meinerseits zu lieben vermag[30]. Die Formel „objectum" ist hierbei eine pointierte Zuspitzung, fast eine stilistische Ironie.

Ähnlich wie bei DESCARTES liegen die Dinge auch im aufklärerischen Deismus, wo Gott nicht so sehr eine Sache (res), sondern ein Ordnungsprinzip, wo er Inbegriff der Teleologie der Welt und die Ursache für einen handfesten Optimismus ist. Wir sehen, welche Entwicklung DESCARTES auch hier wieder mit seinem Denkansatz inauguriert, und daß wir im Anblick seines Systems zugleich bedeutsame Strecken der Philosophie- und Theologiegeschichte angedeutet sehen: Es geht um eine zunehmende Entpersönlichung Gottes, sei es zur Substanz oder zur Idee.

c) Der zweifelnde und der gläubige DESCARTES

Es fehlt uns nun nur noch, den *Schlußstein* in DESCARTES' System zu beachten und also zu fragen, wie er von der erwiesenen oder scheinbar erwiesenen Realität Gottes zu der Realität der Außenwelt kommt.

„Gott ist kein Betrüger", ist dabei seine leitende These. Wir mögen uns sofort zu der Frage veranlaßt fühlen, woher DESCARTES das denn weiß, da doch Ehrlichkeit und Betrug mit „persönlichen" Eigenschaften zusammenhängen. Entsprechend seinem Denkansatz wird beides aber ebenfalls entpersönlicht und ausschließlich durch das Argument gehalten, daß „in aller Täuschung und allem Betruge ... etwas von Unvollkommenheit" liege, Gott aber qua definitione vollkommen, daß er das suum ens sei[31]. Aus diesem evidenten Datum, daß Gott so kein Betrüger sein könne, schließt DESCARTES auf die Existenz der Dinge:

> „Da nun Gott kein Betrüger ist, so ist es ganz offenbar, daß er diese Ideen (= die Vorstellungen von Häusern, Menschen, Sonne, Mond und Sternen, die ich in mir vorfinde) nicht unmittelbar von sich oder auch durch Vermittlung irgendeines Geschöpfes in uns sendet (erg: und also zu Trugbildern macht) ... Denn da Gott mir durchaus keine Fähigkeit gegeben hat, dies zu erkennen, sondern einen großen Hang, zu glauben, sie würden von körperlichen Dingen entsandt, so sehe ich nicht ein, in welcher Weise man erkennen könnte, daß er nicht ein Betrüger sei, wenn sie anderswoher als von den körperlichen Dingen kämen. – Folglich existieren die körperlichen Dinge."[32]

Wenn somit die Gewißheit, daß es Seiendes gebe, daran hängt, daß Gott existiert und daß er kein Betrüger ist, so stellt sich im Nachhinein heraus, daß DESCARTES überhaupt nicht *radikal,* sondern nur in einem methodisch angelegten

---

[30] Apol. CA, LBK (= Luther. Bekenntnisschriften) 185,55–186,2.
[31] Med. IV,3, S. 44f.
[32] Med. VI,21, S. 68.

Experiment gezweifelt hatte, daß also dieser Zweifel nur bedingt existenziellen Rang haben kann. Es zeigt sich, anders ausgedrückt, daß er im Rahmen einer latent und höchst indirekt immer noch vorhandenen, trotz aller Emanzipation nicht *ganz* beseitigten Seinsgewißheit gezweifelt hat. Das entscheidende Indiz für die *so* vorhandene Seinsgewißheit ist die Achsenstellung, die er dem ontologischen Gottesbeweis beimißt – denn an diesem Beweis hängt ja alles. Dieser Beweis gründet aber in der immer noch gegebenen „heimlichen" Annahme, daß die Begriffe vom Sein abgezogen sind, und daß dieses Sein teleologisch strukturiert und auf ein summum ens hin ausgerichtet ist. Dieser geistbestimmte Organismus des Seins – die Stoiker würden sagen: diese seine Logos-Bestimmtheit – teilt sich natürlich den Begriffen mit, die aus ihm abgezogen werden. In der so verstandenen Gestalt des Seins kann es deshalb eine sinnvolle Korrespondenz von Denken und Sein geben. Denn die rectitudo der Seinsordnung manifestiert sich ja auch darin, daß das Denken eine sinnvolle, dem Seins-Ordo entsprechende Funktion hat. Genauso, wie das Feuer „wahr" ist, wenn es wärmt, so ist auch das Denken „wahr", d. h. seinsgerecht, wenn es den gleichen Logos repräsentiert, der auch das Sein durchwaltet – und diesen Logos insofern auch *wahrnimmt*.

Deshalb ist das Seinsgesetz, daß Größeres nicht im Kleineren enthalten sein kann (daß sich etwa im Magen einer Maus keine Elefant befinden kann!), auch auf das Denken anzuwenden: auf jenes Denken, das eben dem Sein analog ist und es nur reflektiert. Dann aber ist die Schlußfolgerung legitim, daß die in mir als endlichem Wesen auftauchende Idee eines Unendlichen nicht in dem Mikro-Gebilde meins Intellektes gewachsen sein kann und deshalb auf eine reale Existenz extra me deutet.

Indem DESCARTES *diesen* modus cogitandi verwendet und den Gottesbeweis mit einer Schlüsselstellung bei der Überwindung des Zweifels versieht, ist erwiesen, daß er im Namen und im Rahmen einer nicht *ganz* erschütterten Seinsgewißheit denkt. Ich komme also mit Hilfe eines „metaphysischen Indizienbeweises" (wenn man will) zu der Feststellung, daß DESCARTES realiter und existenziell nicht wirklich, jedenfalls nicht *ganz,* mit jenem Zweifler identisch ist, als welchen er sich ausgibt. Er ist weniger ein existenzieller als ein methodischer, spielerischer und experimentierender Zweifler. Er ist kaum in Gefahr, an seinem Zweifel zu verbluten, weil er nicht eigentlich an der Front steht, sondern nur ein Sandkastenspiel betreibt. Er geht gleichsam nur im Manöver, nicht im Ernstfall, von einem Als-ob aus. Doch schon auf die Idee eines solchen Experimentes zu kommen, dürfte zugleich doch ein Indiz dafür sein, daß die Seinsgewißheit ihre Selbstverständlichkeit verloren hat, und daß das Experiment insofern – vorsichtig formuliert – doch nicht ohne existenziellen Bezug ist. Wer zu „hinterfragen" beginnt, sieht sich auf schwankenden Boden versetzt. Für ANSELM wäre, wie gesagt, dieses Experiment absurd gewesen. DESCARTES jedoch steht auf der Schwelle zur Neuzeit und damit zu einer Skepsis, für die die Plausibilitäten der bisherigen Tradition nicht mehr bestehen.

IV. Zusammenfassung und Ausblick

DESCARTES als Initiator kommender Denkbewegungen

Religiöses Verstehen ist so bei DESCARTES ausschließlich auf das Denken und nicht auf eine reale Begegnung mit Gott gegründet. Dieses Denken zweifelt an allem außer an sich selbst (und seiner ontologischen Struktur!). Damit inauguriert DESCARTES folgende Denkbewegungen, die im 18. und 19. Jahrhundert erst zur vollen Reife kommen und sich in einschneidender und prägender Weise theologiegeschichtlich bis heute auswirken:

1. DESCARTES bereitet den philosophischen Begriff des *Postulates* vor, wie er in KANTS Transzendentalismus zu seiner Erfüllung kommt.

Auch bei KANT ist Gott nicht Inhalt einer Begegnung. Die Möglichkeit einer solchen Begegnung, wie sie in Gestalt eines Offenbarungshandelns Gottes Ereignis werden kann, wird freilich nicht bestritten[33]. Das Thema von KANTS religionsphilosophischer Bemühung kreist aber um das *noetische* Problem der Offenbarung, d.h. um die philosophische Vergewisserung einer Tatsache, die er als Christ durchaus akzeptieren mag. Als philosophische Aussage gültig wird für KANT jedoch ein Tatbestand erst dann, wenn er sich aus den Bedingungen des Denkens selbst ergibt. Die Frage lautet deshalb: *Ist* Gott in den Bedingungen des Denkens enthalten, muß dieses Denken folglich, wenn es sich selbst analysiert, mit Notwendigkeit auf ihn stoßen? Gerade wenn wir die Frage so formulieren, wird die Beziehung zu DESCARTES' Denkansatz deutlich.

Zunächst kann man nach KANT nicht sagen, daß das Denken – jedenfalls das der reinen theoretischen Vernunft – mit Notwendigkeit auf Gott stieße[34]. Denn Gott ist niemals innerhalb unseres Erfahrungshorizontes objektivierbar; er liegt also nicht im Bereiche dessen, was KANT als transzendentale Apperzeption bezeichnet. In den Bedingungen der *praktischen* Vernunft aber taucht die Gottesidee, wie wir noch sehen werden, sehr viel nachdrücklicher auf: Hier wird er als

---

[33] Das zeigt sich darin, daß KANT neben der Vernunftreligion durchaus von „Offenbarung" und „göttlicher Eingebung" im Rahmen des Christentums sprechen kann (z.B. Kr.d.pr.V. 158 A; Rel. innerh. [beides Philos. Bibl.] 119; 168). Das gilt, obwohl KANT den entscheidenden Akzent zweifellos auf die Vernunftreligion legt und die Offenbarung für ihn nur insoweit relevant zu sein pflegt, als sie die Gottes- und Normen-Postulate der Vernunft bestätigt. Gegenüber allem, was diese Postulate in der Offenbarung transzendiert, ist bei KANT eine deutliche Reserve zu beachten, so daß es gelegentlich heißen kann, man könne sich nur „durch die größte Not zur Annahme" eines „göttlich eingegebenen ... Glaubens" gedrungen fühlen und werde es sich statt dessen „zur Maxime machen", es mit dem „reinen Vernunftglauben" zu halten: Rel. innerh. 159.

[34] Auch bei der erkenntnistheoretischen Selbstkritik der Vernunft, die nach den Bedingungen ihres Erkennens fragt, taucht die Idee Gott nur in äußerst schwach punktierten Linien auf. (Im späteren Kapitel über KANT wird genauer darüber zu handeln sein.) Zwar stößt die reine theoretische Vernunft auf die „Idee von etwas ..., worauf alle empirische Realität ihre höchste und notwendige Einheit gründet" (Kr.d.r.V. [Weischedel] IV 586), doch ist diese als „Gott" bezeichnete Einheitsidee kein Erkenntnisgegenstand, bleibt vielmehr im Dämmer einer Als-ob-Annahme (aaO. 594).

Postulat eines summum bonum gedacht, in dem sich die konkret unvereinbaren Begriffe von Pflicht und Glück zu einer metaphysischen Einheit zusammenschließen. Da wir nicht umhin können, diesen überpolaren Indifferenzpunkt, diesen jenseitigen Katalysator gleichsam, zu postulieren, ist es „moralisch notwendig, das Dasein Gottes anzunehmen"[35]. Insofern liegt die Gottesidee hier – bei der *praktischen* Vernunft – in den Bedingungen des Denkens selbst.

In dem Maße nun, wie das menschliche Ich sich als res cogitans versteht – das ist auch bei KANT bedingt der Fall, jedenfalls im Zuständigkeitsbereich der reinen Vernunft –, tritt Gott in eine Zone völliger Indirektheit. Er ist nicht mehr begegnende Mächtigkeit, er ist auch nicht mehr erfahrene Realität, sondern er ist ungegenständlich in den Bedingungen des Denkens enthalten. Er ist nicht *mehr* als der Schnittpunkt zweier punktierter Denklinien. HEINE hat, wie wir noch sehen werden, geradezu vom Tode Gottes bei KANT gesprochen[36].

2. Auch DESCARTES' Gedanke, daß das Denken an allem außer an sich selbst zweifelt, gewinnt in der Ethik KANTs eine bedeutsame Konsequenz – nicht nur in seiner Erkenntnistheorie, in der das denkende Subjekt auf sich selbst konzentriert ist (wenn auch in seiner Relation zur erfahrenen Welt), sondern vor allem in der Kritik der *praktischen* Vernunft. Denn diese zweifelt auf ihre Weise ebenfalls an allem, was an normativen Ansprüchen von außerhalb (vom extra se) an sie herankommt und stellt es unter Heteronomie-Verdacht. Sie zweifelt nur nicht an sich selbst, so daß man in etwas pointiert formulierter Anlehnung an DESCARTES sagen könnte: „In mir tönt ein unbedingtes ‚Du-sollst', also bin ich, genauer: bin ich als sittliches Subjekt.

3. Endlich inauguriert DESCARTES damit noch die ideelle Produktivität einer zum Mythos erhobenen Vernunft, wie HEGEL sie vertritt, wenn er die Wirklichkeit aus der Vernunft deduziert: aus jener Vernunft, die als Weltgeist sich im endlichen Geist ihrer selbst bewußt wird.

Wenn man bedenkt, daß gerade KANTs und HEGELs Konzeption die Theologie des 19. Jahrhunderts maßgeblich geprägt hat, wird deutlich, welche vulkanische Kraft umstürzenden Denkens mit DESCARTES die Traditionen des christlichen Abendlandes antastet, und wie die eigentlichen Impulse neuzeitlichen und säkularen Denkens von *ihm* erstmals in programmatischer Weise ausgelöst werden. Es ist deshalb ein gutes Prinzip unseres Theologisierens, wenn wir die Auseinandersetzung mit dem Säkularismus ständig unter den Auspizien des „cartesianischen Ansatzes" stattfinden lassen. Auch die Auseinandersetzung um die Begriffe des Anknüpfungspunktes, des Vorverständnisses und der Aneignung sollten wir immer so führen, daß der Nachhall des cartesianischen Programms in ihr hörbar wird. DESCARTES' Denken ist tatsächlich das Salz, das in allen Speisen geschmeckt werden kann, die wir an der theologischen und philosophischen Tafel des 19., aber auch *unseres* Jahrhunderts angeboten sehen.

---

[35] Kr.d.pr.V. [Philos. Bibl.], 144.
[36] Dazu: EvGl I, 381 ff.

Zum Abschluß darf festgestellt werden, daß sich DESCARTES' Zweifel, inhaltlich gesehen, als denkmethodischer Trick herausgestellt hat. Um das zu verstehen, ist die Beachtung dreier Gesichtspunkte wichtig:

Erstens: DESCARTES' Zweifel ergibt sich, wie wir sahen, parthenogenetisch aus dem Denkakt selbst, und zwar dadurch, daß der nur Denkende sich selbst als Subjekt und damit als das einzig ganz sicher Seiende erfährt. Dieser Zweifel ist nun deshalb ein bloß methodischer Trick, weil der wirkliche. der existenzielle Zweifel sich eher in umgekehrter Richtung ergibt. Er entsteht ja nicht durch die Tatsache, daß der Mensch (jedenfalls vorerst) das einzige Subjekt, das einzig fraglos Existente ist, während alles andere zweifelhaft wäre, sondern der wirkliche Zweifel am letzten Wirklichkeitsbestande ergibt sich gerade aus der entgegengesetzten Erfahrung: daß nämlich der Mensch nur Objekt eines von draußen auf ihn Einwirkenden ist oder sein könnte, und daß damit seine ,,Ich"- und ,,Subjekt"-Qualität gerade in Frage gestellt wird. Dieser Zweifel ergibt sich etwa aus der Frage: Bin ich nur das Objekt einer blinden Tyche-Macht[37]? Manche Sinnlosigkeit des Lebens könnte darauf hindeuten. Dann aber wäre der Zweifel an Gott – eben am letzten Wirklichkeitsbestande – unausweichlich. – Eine andere Spielart dieser Frage führt zur gleichen Konsequenz: Bin ich nur der effectus in einem Kausalgeschehen, das mich determiniert und insofern der Freiheit und der Personhaftigkeit beraubt? Bin ich nur das Produkt wirtschaftlicher und sozialer Milieu-Konstellationen oder gewisser Drüsenfunktionen und damit materialer Gegebenheiten? Dann hätte ich wiederum allen Grund, an dem personhaften Charakter eines Gottes und meiner selbst zu zweifeln.

Alle diese Fragestellungen liegen aber bei DESCARTES völlig außerhalb des Horizontes. Er denkt, indem er sich im Ghetto des Inner-Ich befindet, gerade jenseits solcher Zonen wirklicher Begegnungen, in denen fundamentale, die Existenz anrührende Zweifel aufzutauchen pflegen. *Sein Zweifel ist vielmehr eine heuristische Konstruktion, die zu dem Zwecke aufgeführt wird, mit dem Hilfsmittel des konsequenten, aber nur experimentell gemeinten Zweifels eine letzte nicht mehr zersetzbare Seinsschicht aufzuspüren.*

Zweitens. Dann aber wird man sagen müssen – wir sind bei der Untersuchung seiner ontologischen Denkstruktur schon darauf gestoßen –, daß DESCARTES bei seinem Denkansatz die Prämisse ,,Gott" als heimliche Konterbande immer noch mit sich schleppt, d.h. daß die Nicht-Existenz Gottes für ihn ein geradezu unvollziehbarer Gedanke ist: unvollziehbar deshalb, weil Gott das maßgebliche Fundament dieser Denkstruktur ist. Nicht die Existenz Gottes, sondern allenfalls seine *Denkbarkeit* ist für ihn kontrovers, und auch das nur deshalb, weil mittelalterlich-ontologisches und neuzeitlich-empirisches Denken sich in ihm begegnen und miteinander zu ringen beginnen:

---

[37] Ich erinnere an das früher schon einmal zitierte Werk von J. MONOD, Zufall und Notwendigkeit, sowie an den Sisyphus-Gedanken von A. CAMUS.

Seine Lösung dieser Frage vollzieht sich so, daß er noch einmal die ontologische Denkstruktur der Scholastik mächtig werden läßt und so zu der These gelangt, daß Gott *denknotwendig* sei.

Nachdem aber der empiristische Pol seines Denkens es *einmal* dahin hat kommen lassen, daß die Denknotwendigkeit Gottes für einen Augenblick zur *offenen* Frage wurde – im Unterschied zu ANSELM, für den sie noch fraglos feststand –, wird sehr bald aus der Frage der Denknotwendigkeit Gottes das Problem seiner Denk-*Möglichkeit*. In dieser Form geht die Frage dann durch das ganze 19. Jahrhundert und hat ihre vorerst letzte prominente Ausformung (jedenfalls auf protestantischer Seite) wohl in der Theologie KARL HEIMS gefunden. Hier taucht sie als die Frage auf: Wie ist das Absolute innerhalb der Relativität zu denken? *Kann* es hier gedacht werden? Ist es also denk-,,möglich"?

Zuerst geht es um die Denknotwendigkeit Gottes, später um sein Sein oder Nicht-Sein. Was im ersten Akt nur ein denkerisches Experiment ist (freilich schon ausgelöst durch den ersten Schritt in den Horizont neuzeitlichen Denkens), wird in der Fortwirkung dieses Denkens sehr bald zum Ernstfall. Es wird zur Probefrage, *ob Gottesglaube ,,noch" möglich sei.*

Drittens. Es entsteht noch eine letzte Frage, die sich besonders angesichts einer Gestalt wie SPINOZA und auch der späteren idealistischen Philosophie ergibt (beide stehen gewissermaßen auf den Schultern des DESCARTES): Ist dieses göttliche ,,X", das DESCARTES in seiner Denknotwendigkeit aufweist, ist diese res omnipotens und natura naturans wirklich der Vater Jesu Christi? Wird mit Hilfe der hier aufgewiesenen geometrischen Örter wirklich ein Punkt angepeilt, auf dem der Vater Jesu Christi zu lokalisieren wäre, *wenn* er sich geschichtlich meldet? Gibt es eine Adventserwartung der theoretischen Vernunft, oder besser: gibt es eine konstruierbare Adventslinie des Denkens, auf welcher der Punkt ,,Weihnachten" als das Inkarnationsereignis zu fixieren wäre? Geht es hier wirklich um ein religionsphilosophisches Prolegomenon zu einer möglichen Theologie?

Wir müssen diese Frage wohl verneinen und sehen auch geschichtlich-konkret an der unpersönlichen Gottessubstanz SPINOZAS, sehen an dem unpersönlichen primum movens des Deismus sowie am Weltgeiste HEGELS, daß das tatsächlich auch nicht so ist, daß vielmehr hier an die Stelle des Vaters Jesu Christi ein imaginäres Gebilde tritt, das niemals – wie DESCARTES es offenbar noch gewollt und gemeint hat – in der Lage wäre, sich mit dem Gott der christlichen Tradition identifizieren zu lassen. Jesus Christus sprengt offenbar alle diese Vorverständnisse und Postulate – *wenn* er sich meldet. Und der heilige Geist kriecht niemals in die bereitgehaltenen Schläuche (die *alten* Schläuche! [Mt 9,17]) des menschlichen Geistes und seiner postulierenden Denkakte.

Die Theologie des 19. Jahrhunderts, ganz sicher jedenfalls die idealistisch bestimmte, ist weithin als der Versuch zu verstehen, das Pneuma in dieser Weise einzufangen, es gleichsam in menschlichen Noûs zu verwandeln. Und sie ist weiterhin die Geschichte der Unmöglichkeit, das zu *können*. Darüber wird später noch einiges zu sagen sein.

Daß der heilige Geist trotz all dieser Versuche und trotz seiner immer wiederholten Gefangennehmung in Systemen dennoch stets *neue* Theologie schafft, um jene Systeme dann wie tönerne Gefäße zu zerbrechen, das könnte fast – ich sage „fast"! – einem Gottesbeweis gleichkommen. Nicht viel weniger erstaunlich als die Auferstehung des Christus aus dem Grabe ist seine Auferstehung aus der Gefangenschaft der Systeme. Es ist zum Verwundern, daß er nicht *mit* in den Tod stürzt, wenn die Systeme sterben, sondern daß er immer neu aus ihnen emporfährt und seinen Kyrios-Rang aufrechterhält.

Wir sehen also, in wie unerhörter Weise DESCARTES' Denken voller Implikationen ist, die alle wesentlichen Grundlagenprobleme der neuzeitlichen Theologie vorausbilden. Deshalb mußte ich ihn ausführlicher als manche späteren Gestalten behandeln. Vielleicht reden wir deshalb oft so leichtfertig von „moderner Theologie" – als ob diese der letzte Schrei sei –, weil wir DESCARTES zu wenig beachtet haben. Er war ja auch „nur" ein Philosoph!

4. Kapitel

Reimarus und der Deismus

I. Allgemeine Probleme der Aufklärung

Ihre rationalistische und empiristische Variante

Bei dem Versuch, ein Bild des aufklärerischen Denkens zu vermitteln, beschränke ich mich zunächst auf einen Umriß seiner Grundzüge und hebe dabei in thetischer Kürze die entscheidenden Schwerpunkte hervor.

Zunächst muß man verstanden haben, daß und warum die Aufklärung zwei grundverschiedene Erscheinungsformen besitzt, die es beide zu einer ähnlich nachhaltigen Wirkungsgeschichte in Theologie, Philosophie und Ethik gebracht haben und wohl auch noch weiter bringen werden. Ich meine *erstens* die sogenannte „rationalistische" Aufklärung in Deutschland, der wir anhand von REIMARUS, SEMLER und LESSING genauer nachgehen werden, und *zweitens* die „sensualistische" Aufklärung in England, die maßgebend von HUME repräsentiert wird. Der einzige universelle Denker der Neuzeit, der beide Gestalten der Aufklärung gleicherweise nicht nur rezipierte, sondern auch zu überwinden strebte, war I. KANT, von dem jetzt zunächst noch nicht zu sprechen ist.

Ich möchte nur in einigen Strichen diese unterschiedlichen Ausformungen charakterisieren und dabei zeigen, daß es sich nicht um historisch zufällige, sondern um logisch notwendige Varianten handelt. Daß sich die Aufklärung in diese polar gegensätzlichen Ausformungen hinein differenziert, begreifen wir nur, wenn uns das älteste und sozusagen „permanente" Problem der Philosophie gegenwärtig ist. Wir haben es bei DESCARTES bereits angesprochen. Ich meine das Verhältnis von Denken und Sein, Ich und Welt, schließlich die Subjekt-Objekt-Relation selbst.

Man kann die Beziehung von Ich und Welt entweder so bestimmen, daß das *Ich* als Orientierungspunkt benutzt wird, wie das in extremer Weise DESCARTES tat. Das heißt, man benutzt das Ich – genauer das Ich, insofern es denkt und Sinneswahrnehmungen hat – als die unangefochtene Ausgangsbasis für alle Beobachtungen im Draußen. Dieses Draußen ist dann das dem Ich „Erscheinende". In einem solchen Sinne verfährt die *deutsche* Aufklärung, wenn sie das rationale Ich als Subjekt aller Erkenntnis von Natur und Geschichte bestimmt. Sie fügt dem sofort einen weiteren Satz hinzu und sagt: Das auf diese Weise dem Ich Erscheinende ist *keine* Häufung diskontinuierlicher und amorpher Impressionen, sondern es ist verstehbar, es kann in seiner tragenden Struktur begriffen werden, z.B. hinsichtlich der es durchwaltenden Naturgesetze. Im Gegenstandsbereich unseres Erkennens, so sagt dieses Prinzip, kann kein Moment vorhanden sein, das nicht auch in der auffassenden Lebendigkeit enthalten wäre. (Wir erinnern uns an diese Formulierung DILTHEYS, an der wir uns das Analogieprinzip des divinatorischen Verstehens klar gemacht haben.)[1] Wir können also die Außenwelt nur deshalb begreifen, weil sie denselben Gesetzen gehorcht wie unsere Ratio, weil sie ebenso *vernünftig* ist wie unsere eigene Vernunft, so daß die noetische und die ontische Vernunft einander analog sind[2]. Unser Verstand funktioniert im Sinne des Kausalgesetzes, er verknüpft Grund und Folge, Ursache und Wirkung miteinander. Demselben Gesetze unterliegt auch die Außenwelt (um wieder an die Naturgesetze zu denken). Die Struktur des Seins ist Geist von unserm Geist. Eben deshalb können wir sie begreifen.

Negativ ausgedrückt bedeutet das: Tritt etwas Unbegreifliches vor uns hin, etwas prinzipiell Irrationales also, das sich der Rezeption durch unsere Vernunft widersetzt – ein aus dem Rahmen der Naturgesetze herausfallendes „Wunder" etwa –, so besteht der alarmierende Verdacht, daß dies Unbegreifliche ohne reales Fundament, daß es also nicht *wahr* oder sogar böswillig erfunden sei. Insofern gilt für die Aufklärung tatsächlich das Dictum CHR. MORGENSTERNS, daß nicht sein kann, was nicht sein darf. Und das Irrationale darf nicht sein, weil es nicht denkbar ist. Dieses Analogieprinzip der Aufklärung erreicht seinen Kulminationspunkt in HEGEL, für den alles Seiende vernünftig ist, weil es als Emanation des Weltgeistes existiert, der sich zugleich in unserem endlichen Geiste selbst denkt.

Wenn nun in dieser Weise die Subjekt-Objekt-Relation vom Ich her bestimmt wird, so ist theoretisch auch der *umgekehrte* Weg denkbar: daß nämlich jene Relation von der *Außenwelt* her beobachtet wird, und daß man demzufolge das Ich nur als Exponenten, in gewisser Weise sogar nur als Produkt dieser Welt auffaßt (wie das in verschiedenen Spielarten des Materialismus später der Fall ist). Diesen Weg ist der Vater des Positivismus und Empirismus, der große DAVID HUME (1711–1776) gegangen. An dem Gegensatz zu ihm hat sich übrigens KANTS Transzendentalismus, hat sich vor allem seine Lehre vom Apriori wesentlich gebildet, besser: sich antithetisch entzündet. Wenn ich die entscheidenden Thesen HUMES hier zusammenfassend nenne, versuche ich zugleich die Abgrenzung zum deutschen Rationalismus zu markieren.

1. Für HUME ist der rationalistische Zweig der deutschen Aufklärung selbst nur eine verkappte Metaphysik; denn er setzt, von HUME aus gesehen, eine unbeweisbare These voraus: daß nämlich jene Übereinstimmung zwischen dem Strukturgesetz des Denkens, also des Erkenntnis-Subjekts, *und* dem Strukturge-

---

[1] Im 1. Kap. bei der Behandlung der historisch-psychologisch bestimmten Hermeneutik, II b.

[2] Im Griechentum bezeichnet der Begriff lógos sowohl die nóesis wie die ousía. Vgl. dazu den Art. „Der Logos in Griechentum und Hellenismus" von H. KLEINKNECHT, NTW III, 76ff.

setz des Seins bestünde. Die Annahme dieser prästabilierten Harmonie zwischen beiden, aufgrund deren man allein Rationalist sein kann, ist für HUME nichts anderes als eine metaphysische Setzung, auf keinen Fall also ein wissenschaftlich objektivierbarer Satz. Man kann im besten Falle eine solche Analogie *annehmen,* man kann an sie *glauben,* aber man kann sie nicht beweisen. Dann aber soll man auch nicht so tun, als ob man eine vorurteilslose, weil rational ernüchterte Wissenschaft betriebe. Die mit dem kühlen Pathos der Sachlichkeit arbeitende deutsche Aufklärung steckt also für den englischen Empirismus immer noch voller religiös-metaphysischer Voreingenommenheiten.

2. Indem also HUME auf jedes metaphysische Postulat einer Gesetzlichkeit verzichtet, ist er genötigt, den Aktionsradius menschlicher Erkenntnis erheblich zu reduzieren: Das erkennende Ich ist nur imstande, *Eindrücke* von der Außenwelt her entgegenzunehmen, ohne den Anspruch erheben zu können, einen gesetzmäßigen Ablauf jener Realitäten festzustellen, die solchen Eindrücken zugrundeliegen. Was wir als Inhalt unseres Bewußtseins festzustellen vermögen, besteht nur in diesen „Eindrücken", diesen „Impressionen", außerdem noch in „Ideen". Damit sind Vorstellungen und Begriffe gemeint, die sich durch die Summierung und Wiederholung jener Eindrücke allmählich herausbilden und in denen sie dann gleichsam „gespeichert" sind.

3. Die Ideen sind demnach nicht – wie bei PLATON – der Erfahrung vorgegeben, sondern sie sind das *Produkt* der Erfahrung; sie beruhen nicht auf einer Anamnesis, sondern ergeben sich nachträglich aus der Beobachtung. Ähnlich steht es mit dem Begriff der *Naturgesetze:* Daß die Sonne morgens aufgeht, wird uns aufgrund statistischer Erfahrungen gewiß, nicht durch Berufung auf ein deduzierbares physikalisches Gesetz. Erfahrung wird also nicht dadurch festgemacht, daß ich Erscheinungen in ihrer Gesetzlichkeit (z.B. in ihrer Kausalbedingtheit) erkenne, sondern Erfahrung gründet auf dem Gesetz der großen Zahl.

So ergibt sich der positivistische „Gegebenheitsstandpunkt", und zwar nicht nur in der Naturwissenschaft, wo ich mich der Fakten und Vorgänge durch das wiederholte Experiment versichere, sondern ebenso im *Recht:* Auch hier kann es keine vorgegebene Norm der Gerechtigkeit geben, sondern nur, wie wir heute sagen würden, die Normativität des Faktischen. Das Recht beruht auf gesellschaftlichen Absprachen, die sich zum Gewohnheitsrecht verdichtet haben.

Wiederum ähnlich steht es in der Ethik mit dem *Gewissen.* Nach HERBERT SPENCER (1820–1903), der als sehr viel Späterer dieser Richtung zuzurechnen ist, hat das Gewissen keine normative Funktion, sondern es ist ein Erfahrungsspeicher für das, was „man tut" und was sich bewährt hat. In ihm sind sozusagen die Erfahrungen aufbewahrt, daß das „Gute" sich immer wieder als das Wertbeständigste und Nützlichste erwiesen hat, daß z.B. Lügen kurze Beine haben und daß die Sonne es an den Tag bringt. Hier wird so der positivistische Gegebenheitsstandpunkt mit dem Nützlichkeitsstandpunkt kombiniert. Der darin angelegte Eudämonismus und Utilitarismus ist das genaue Gegenteil dessen, was KANT als moralisches Prinzip herausstellt. Er bildet zugleich den ideologischen

Hintergrund dessen, was sich in dem Satze ausspricht: Right or wrong – my country (mitsamt den Vergröberungen dieses Satzes, wie etwa das Dritte Reich sie sich leistete[3]).

4. Der Inhalt unseres Bewußtseins, soweit er in Eindrücken und Ideen besteht, bildet so gleichsam die Kopie der Außenwelt, eine Art photographischer Platte. Wir stehen damit vor einer Umkehrung des cartesianischen Ansatzes, bei dem das weltlose Ich zunächst als Subjekt des Denkaktes mit sich alleine war.

Eine kritische Überlegung liegt hier sehr nahe: Der aufklärerische Positivismus dieser Art enthält im Grunde _dasselbe_ Problem wie der deutsche Rationalismus. Auch HUME kann die Beziehung von Ich und Außenwelt nur durch ein (wenn auch unausgesprochenes, sehr diskret gehandhabtes) metaphysisches Postulat herstellen. Der deutsche Rationalismus postulierte die prästabilisierte Analogie von ontischem und noetischem Logos. HUME aber postuliert ebenfalls ein Auf-einander-hin-angelegt-Sein von Ich und Außenwelt und damit ein Umgreifendes: Denn _daß_ eben die Außenwelt im Ich Impressionen auslöst, _daß_ das Ich sozusagen die Funktion einer Antenne und eines Empfängers ausüben kann, beruht selbstverständlich _auch_ auf einer hintergründigen Zuordnung von beiden Partnern dieser Begegnung. Die so vorausgesetzte Zuordnung ist genauso wenig auf positivistische Weise zu objektivieren, wie die Analogie zwischen noetischer und ontischer Vernunft im Rahmen des deutschen Rationalismus objektivierbar ist.

Ich versuche das Problem jener Zuordnung an einem Beispiel zu verdeutlichen: Wenn ich den Reflex von Impressionen auf einem Zellophanstreifen festhalten will, genügt es ja nicht, ein beliebiges Stück Zellophan hochzuhalten und es jenen Impressionen auszusetzen. Dann würde _gar_ nichts passieren, und ich beginge einen ähnlichen Streich wie die Schildbürger, als sie die Sonne in einem Sack fangen wollten. Sack und Sonnenlicht sind als Kontrahenten einander inadäquat und entbehren jener Analogie, die offenbar vorhanden sein muß, wenn ein Dargebotenes aufgefangen werden soll. (Die Schildbürgergeschichte behandelt damit das philosophische Urproblem der Subjekt-Objekt-Relation!) Es bedarf vielmehr, wenn ich solche Abbilder und Reflexe erzielen will, einer ganz bestimmten chemischen Einrichtung des Zellophanstreifens, die ihn lichtempfindlich macht und so das aufnehmende Gerät auf das zu Empfangende, auf das Licht, abstimmt, d.h. jene Analogie herstellt. Die dünne lichtempfindliche Schicht erfüllt diese Aufgabe.

In diesem Sinne bleibt DESCARTES _das große Ausrufezeichen am Rande jeder Erkenntnistheorie,_ so gewiß er die Verbindung zwischen Ich und Außenwelt als nicht exakt herstellbar bezeichnet und die Verbindung zwischen beiden mit Hilfe eines Umgreifenden, eines „Gottesbeweises", d.h. durch die Intervention eines ausgesprochen metaphysischen Aktes herzustellen strebt. Was die englische und die deutsche Aufklärung heimlich tun, geschieht bei DESCARTES offen und programmatisch. Die cartesianische Lösung dieses Problems mag hinsichtlich der

---

[3] Zu SPENCER siehe ThE I, § 1465–1483.

Art des ontologischen Gottesbeweises gewiß problematisch sein. Viel wichtiger aber ist, daß niemand vor KANT das *Problem* der Ich-Welt- und der Subjekt-Objekt-Beziehung so gesehen hat wie er.

5. Die Konsequenzen des positivistischen Ansatzes bei HUME für die *Religionsphilosophie* deute ich nur an: Es kann weder eine spekulative noch eine Erfahrungsgrundlage für die Anerkennung einer Offenbarungsreligion geben. Eine spekulative deshalb nicht, weil Spekulation ja heißen würde, mit Hilfe eines Vernunftbeweises – also der Unterstellung einer apriorischen Gesetzlichkeit – die Legitimität angeblicher Offenbarung zu bestätigen. Diese apriorische Vernunftgesetzlichkeit gibt es aber nicht; sie beruht nur auf der ideologischen Setzung von Axiomen. Was zur Verfügung steht, ist vielmehr nur die Erfahrung, die sich aufgrund der psychischen Kopien der Außenwelt bildet.

Diese Erfahrung aber kann die Gültigkeit der Offenbarungsreligion auf keinen Fall begründen, im Gegenteil: Sie kann nur ein Veto gegen jede Art *vermeintlicher* religiöser Erfahrung beisteuern. Denn innerhalb der normalen Ich-Welt-Begegnung tauchen keine Indizien für eine transzendente Wirklichkeit auf, wie sie etwa in Wundern oder anderen aus dem gewohnten Rahmen fallenden Ungereimtheiten gesehen zu werden pflegen. Auch wenn HUME nicht das Argument gebrauchen kann, daß das derart Außergewöhnliche doch jenseits der „Naturgesetzlichkeit" stünde – diesen Begriff gibt es strenggenommen für ihn ja gar nicht! –, so kann er doch darauf hinweisen, daß es jenseits aller jemals gemachten „Erfahrung" stünde. MORGENSTERNS Wort, daß nicht sein kann, was nicht sein darf, wird bei ihm sozusagen abgewandelt in das andere Dictum, daß nicht sein könne, was noch nie gewesen und noch nie erfahren worden sei. Man darf vielleicht so sagen: Es gibt für ihn zwar nicht das Gesetz der Kausalität, durch dessen Geltung jenes Außergewöhnliche widerlegt wäre. (Dieses Gesetz löst sich vielmehr, wie wir sahen, in die statistische Regelmässigkeit des immer wieder neu zu Beobachtenden auf.) Wohl aber gibt es für ihn das Gesetz der Analogie im Sinne des Satzes von BEN AKIBA, daß alles schon einmal da gewesen sei und daß deshalb alle jetzigen Wahrnehmungen in Analogie zu früheren stünden. HUME nimmt damit die positivistische Kritik der Religion, wie sie im 19. Jahrhundert populär geworden ist und bis heute noch die opinio communis vieler Halbgebildeter darstellt, prototypisch vorweg.

Ebenso charakteristisch für ihn ist nun auch seine *positive* Lösung. Denn immerhin taucht ja nun die Religion als eine geschichtliche Potenz, als wahrnehmbare Gegebenheit und insoweit auch als Gegenstand der Erfahrung de facto *auf*. Es „gibt" doch so etwas! Auch HUME sieht den Kultus, hört Predigten und Choräle und riecht den Weihrauch (oder läßt sich durch andere davon berichten). Diese von ihm (oder seinen Zeitgenossen) erfahrenen optischen, akustischen und odorischen Eindrücke sind aber, da sie Inhalte einer Erfahrung sind, selbst wieder nur durch Erfahrung zu begründen. Das heißt: Sie sind nicht aus metaphysisch transzendenten Ursachen abzuleiten, sondern nur durch andere empirische Realien, die im Horizont möglicher Erfahrung auftauchen können. Als diese die Religion produzierenden Realien erkennt HUME gewisse

psychologisch konstatierbare Grundaffekte des Menschen: vor allem Furcht
und Hoffnung, Sorge um das Leben und Sicherungsbedürfnis. Angesichts der
naturgesetzlichen Bestimmtheit des Menschen, der bedrohenden Schicksalsmacht und anderer Vernichtungskräfte, „entspringt die Religion als der Glaube
an erhabene ... Mächte, durch deren Hilfe die dem Menschen eigene Macht in
irgendeiner Weise ergänzt oder zu einem Ganzen in seiner Art erhoben wird,
welche dem Drucke der Naturwelt gewachsen ist"[4]. Die Religion ist eine psychologisch oder genauer: eine psychoempirisch zu verstehende Illusion, die als
Mittel zu dem Zweck fungiert, dem Menschen das Dasein erträglich zu machen
und ihm als dämpfendes Opium zu dienen.

Damit ist die Wahrheitsfrage gänzlich dispensiert, da die Religion ja nicht als
normative Aussage ernst genommen, sondern nur – ein wenig modern ausgedrückt – als psychoanalytisch zu verstehendes Zweckhandeln unseres Unbewußten verstanden wird. Auch ohne besondere Entfaltung wird so die Linie unschwer kenntlich, die von dort zum Religionsverständnis von KARL MARX und
SIGMUND FREUD führt. Ebenso verstehen wir, daß hier der moderne Begriff der
„Ideologie" mit Macht vorbereitet wird[5].

Nachdem ich so einen allgemeinen Umriß der aufklärerischen Geistesgeschichte und ihrer theologischen Relevanz gegeben habe, wenden wir uns nunmehr derjenigen Zone des aufklärerischen Denkens zu, die das unmittelbare
Vorfeld der deutschen Theologie des 19. Jahrhunderts bildet.

II. Die deistische Theologie des H. S. REIMARUS (1694–1768)

Zur Literatur: Vor allem die von LESSING herausgegebenen „Fragmente eines Ungenannten", die man in den LESSING-Ausgaben findet. Ferner: A. SCHWEITZERS Geschichte der
Leben-Jesu-Forschung, die in ihrer 1. Aufl. den Titel hatte: Von Reimarus bis Wrede
(1906). – Außer in kirchenhistorischen Werken, einer Anzahl Dissertationen und mehr bei-
läufigen Bemerkungen ist von Seiten der theol. Systematiker (selbst in BARTHS Theol.-
gesch.) dem REIMARUS kaum Aufmerksamkeit geschenkt worden. Nur DAVID FRIEDRICH
STRAUSS hat sich dieses ihm in vielem verwandten Geistes angenommen (Hermann Samuel
Reimarus und seine Schutzschrift ..., 1862; ferner in: Der alte u. der neue Glaube, 1872
[Kröner-Ausg. Bd. 25, 1938, 23ff.]). – E. HIRSCH, Geschichte der neuern evang. Theol. IV,
1954, 144ff.

a) Persönlichkeit und Werke

REIMARUS, 1694 in der Nähe von Stettin geboren, verbrachte die wesentliche Zeit
seines Lebens als Professor für orientalische Sprachen an der Hamburger Ge-

---

[4] Dieses Zitat ist eine kleine ironische Irreführung des Lesers, denn es stammt nicht von
HUME, sondern von dem Theologen ALBRECHT RITSCHL, der etwas zur Begründung der
Religion anführt, was für HUME eher zu ihrer Widerlegung beiträgt. (RITSCHL, Die christl.
Lehre von der Rechtfertigung und Versöhnung III, 2. Aufl. 1883,186).

[5] Zu dem in diesem Sinne verstandenen Begriff der Ideologie siehe ThE II,2, §§ 133ff.;
208ff.; 294ff.; 196ff.; 765ff.

lehrtenschule Johanneum. Charakteristisch für sein Leben und sein Denken ist seine Esoterik: Er stand in höchstem christlichem Ansehen, hielt sich zum Gottesdienst und befand sich in bestem Einvernehmen mit dem Klerus; tatsächlich aber lehnte er insgeheim das kirchliche Christentum radikal ab. Seine erst posthum herausgegebenen und durch LESSING bekannt und berühmt gewordenen „Fragmente"[6] sind ein richtiger christlicher Kriminalroman, der alle biblischen Wunder als Betrug und die angeblichen Offenbarungen als Hirngespinste zu erweisen bemüht ist. REIMARUS geht weit über die Feststellung hinaus, die neutestamentlichen Zeugen seien eben noch rückständig und an ein mythisches Zeitalter verhaftet gewesen, hätten aber wenigstens bona fide gehandelt. Er charakterisiert sie vielmehr als abgefeimte Betrüger und Taschenspieler, „da ihre Handlungen so vielfach von den Regeln der Tugend, ja des Natur- und Völkerrechtes abweichen".

Mit diesem großen Kladderadatsch post mortem, der wie eine Bombe einschlug, hat nicht zuletzt *er* dafür gesorgt, daß die schockierten christlichen Bürger von nun an die Aufklärung für den „altbösen Feind" hielten. Er selbst aber hat sich so in den Ruf eines Heuchlers gebracht[7]. Und mit diesem Verdikt der Heuchelei belastet lebt er denn in der Theologiegeschichte fort. In der Geschichte der Kirche lebt einer ja meist so fort, wie er im Augenblick des größten Schocks gewirkt hat, den er seinen Zeitgenossen versetzte. Darum ist hier auch ein Boden, auf dem sich mit Vorliebe fixe Ideen fortzeugen. (Man denke etwa daran, als welcher Christenschreck DARWIN mit seiner Evolutionstheorie in vielen Köpfen geistert!) So herrscht denn über REIMARUS die fixe Idee, er sei ein Heuchler gewesen; und vielleicht verdankt er es diesem Renommee der Unseriösität, daß sich die Theologie so wenig mit ihm beschäftigt hat und beschäftigt.

Es könnte einen freilich schon nachdenklich stimmen, daß ausgerechnet LESSING diesen REIMARUS recht eigentlich – nun nicht gerade auf die Altäre, doch immerhin auf die Katheder erhoben hat, daß er nämlich durch die Herausgabe von REIMARUS' „Apologie oder Schutzschrift für die vernünftigen Verehrer Gottes" sein vornehmster Propagandist geworden ist. LESSING aber gilt als einer der ehrlichsten, unbestechlichsten (und insofern der Heuchelei denkbar abgewandten) Geister der Neuzeit überhaupt. Wie soll man das erklären[8]?

Wenn wir die Etikette „der Heuchler REIMARUS" genauer prüfen, dringen wir

---

[6] Genauer: Apologie oder Schutzschrift der vernünftigen Verehrer Gottes. Fragmente eines Ungenannten.

[7] Einen ähnlichen postmortalen Donnerschlag in unserem Jahrhundert bedeuteten Fürst BÜLOWS „Denkwürdigkeiten", 1930, die WILHELM II. als „Denkunwürdigkeiten" bezeichnete.

[8] J. S. SEMLER (1725–1791), von dem später noch die Rede sein wird, hat es ausdrücklich mißbilligt, daß LESSING sich zu jener Edition entschlossen hat. Er ließ LESSINGS Erklärung, daß er damit das „Gift, das im Finstern schleichet" nur vorgeführt habe, um den Theologen Gelegenheit zu geben, die christliche Wahrheit um so gründlicher zu verteidigen, nicht gelten und beantwortete sie mit einer äußerst satirischen Anekdote (H. v. CAMPENHAUSEN, Theologenspieß und -spaß, 1973, 116ff.)

in ein Geheimnis der Aufklärung ein, das ich als ihre „Esoterik" bezeichnen möchte, und das in Reimarus einen hervorgehobenen Vertreter hat. Was ist darunter zu verstehen?

In gewissen Epochen der Theologiegeschichte pflegt das Erkenntisproblem – auch im Felde der Religion selbst – in den Vordergrund zu rücken. Das war so in der Aufklärung der Fall[9]. Dann aber kann es dahin kommen, daß der Glaube als eine bloße *Vorstufe* der Erkenntnis erscheint[10]. Er ist gleichsam eine primitive Initialgestalt im Prozeß allmählich werdender Erkenntnis. Da er noch nicht zu abstrakten Äußerungen befähigt ist, bedient er sich der mythischen Bildersprache. Überdies zeigt sich die Unerschwinglichkeit exakter Erkenntnis beim Glauben auch darin, daß er bloße „Vermutung" bleibt. Mit erkenntnistheoretischen Kategorien gesehen, ist der Glaube insofern nur eine mehr ahnende Vorstufe der Erkenntnis, ein bloßes „Für-wahr-‚halten'", ein bloßes „Ich-halte-dafür, daß ...", „Ich vermute-, daß ..." Der Satz, daß der Glaube *fiducia,* d. h. ein jenseits aller objektivierbaren Erkenntnis stehendes personales *Vertrauen* ist, muß von diesem Ansatz aus unzugänglich bleiben – dies vor allem auch deshalb, weil der Weg zur fiducia schon durch den unpersönlichen Gottesbegriff des Deismus verbaut ist.

Solage ich nun so – während des Glaubens-Stadiums – in kritiklos vollzogenen Vermutungen stecken bleibe, bin ich allzu schnell bei der Hand, die exakte Nachfrage nach innerweltlichen Ursachen eines Geschehens zu überspringen und statt dessen metaphysische Ursachen – Eingriffe Gottes etwa wie Wunder – anzunehmen.

Der Verfasser sah einmal ein atheistisches Propaganda-Flugblatt der Sowjetunion, das diese Sicht der Dinge symbolträchtig zum Ausdruck brachte. Das Blatt zeigte nebeneinander zwei Bilder der gleichen Familie während eines Gewitters. Auf dem einen Bilde kniete sie im Gebet nieder, um die Abwendung des Blitzschlages zu erflehen. Das andere Bild hob den inzwischen errichteten Blitzableiter markant hervor und zeigte, wie die Familie seelenruhig bei einer Mahlzeit um den Tisch saß. Sie war inzwischen über die physikalische Ursache des Gewitters und die Verhinderung seiner Gefahren informiert, während sie vorher einfach die Ursache „Gott" und „ira Dei" angenommen hatte. Hier gilt die Erkenntnis als die eindeutige Überbietung des Primitivstadiums, dem der Glaube zugeordnet ist.

Der immanente Kausalnexus oder auch die empirische Statistik (im Sinne Humes), mit denen wirkliche Erkenntnis zu tun hat, sind so für den Glauben „noch" nicht verfügbar. Deshalb führt er alles ihm unbegreiflich Scheinende naiv auf supranaturale Ursprünge zurück. Insofern gehört er zum noch nicht aufgeklärten *mythischen* Stadium der Menschheitsgeschichte. Die Entwicklungsstufen scheinen also vom Mythos zum Logos zu führen[11].

---

[9] Mit gewissen Einschränkungen gilt das auch heute von einigen Überakzentuierungen der hermeneutisch-erkenntnistheoretischen Frage, wie sie sich innerhalb der Bultmann-Schule ergeben haben.

[10] Das wird man der Bultmann-Schule allerdings keineswegs vorwerfen können!

[11] So der Buchtitel von W. Nestle, Vom Mythos zum Logos, 2. A.1942.

Die Beziehung von Mythos und Logos wird allerdings zu verschiedenen Zeiten verschieden verstanden. Es ist keineswegs immer so, daß der Mythos nur Vorstufe des Logos wäre; es kann auch eine Remythisierung geben, nachdem das Logos-Stadium durchlaufen wurde. Das liegt daran, daß das Mythische eine Aussageform darstellt, die auch das erfaßt, was der Logos *nicht* mehr zu sagen vermag, nämlich die „Tiefe" des Seins[12]. Ein prominentes Beispiel für diese Remythologisierung, die den Logos überbietet, ist PLATON: Obwohl er die „Aufklärung" hinter sich läßt und nicht mehr naiv an die homerischen Götter glaubt, stellt er die Philosophie „auf dem Hintergrunde des Mythos von Apollon dar"[13] und erfindet selber mythische Bilder wie etwa das Höhlengleichnis.

Analoges zeigt sich auch in unserem Jahrhundert, das keineswegs nur „Entmythologisierung", sondern auch „Remythologisierung" gebracht hat, vor allem in der Dichtung. Hier brauchen nur die Namen R. M. RILKE, E. JÜNGER und GERH. NEBEL genannt zu werden. Auch in der angelsächsischen Literatur finden wir diesen „viel"-sagenden Rückgriff auf den antiken Mythos, z.B. bei JOYCE, T. S. ELIOT, O'NEILL u.a. Vgl. Dazu EvGl I, 80ff.

Indem so der Erkenntnisakt in den Mittelpunkt des Gesichtsfeldes rückt, wird nicht nur die Frage akut, *was* man erkennt, sondern auch die Frage, *wer* erkennt. Dieser „Wer" aber hat eine Geschichte, und darum haben auch die Erkenntnisakte dieses „Wer" eine Geschichte: Er steht auf einer primitiven oder aufgeklärten, einer mythischen oder rationalen Stufe bzw. er bewegt sich evolutionär zwischen ihnen.

Man hat nicht selten behauptet, die Aufklärung habe keinen Sinn für Geschichte gehabt. Das stimmt aber nur teilweise. Es trifft zu, insofern der Aufklärer zeit- und geschichtslose Vernunftwahrheiten sucht. Beispielhaft dafür ist LESSINGS Abwertung der „zufälligen Geschichtswahrheiten" gegenüber den „notwendigen Vernunftwahrheiten". Es stimmt aber nicht, wenn man bedenkt, daß dem Erkenntnisakt *selbst* eine betont geschichtliche Qualität zugemessen wird. Die Dimension des Geschichtlichen ist sozusagen vom Objekt- in den Subjekt-Bereich verschoben worden (was wir noch bei REIMARUS, SEMLER und LESSING beobachten werden). Damit aber hat die Aufklärung einer Seite des Geschichtlichen ihre Aufmerksamkeit zugewendet, die in unseren heutigen hermeneutischen Reflexionen eine große Rolle spielt. Ich meine die *Geschichtlichkeit des Verstehens*[14]. Wir haben diesen aufklärerischen Gedanken nur insofern weitergebildet, als wir diese Geschichte des Verstehens nicht mehr im Sinne einer aufsteigenden Entwicklung sehen können, wie das REIMARUS und auch LESSING taten (für sie stand am Ende ein ewiges Zeitalter der Vernunft und damit eines adäquaten, unmittelbaren Verstehens), sondern als wir uns mit dem „Daß" die-

---

[12] So MANFRED SCHROETER in seiner Einleitung zu J. J. BACHOFEN, Der Mythus von Orient und Okzident, 1926, XC. Ähnliches gilt auch vom Symbol: EvGl I,78.

[13] GERH. KRÜGER, Einsicht u. Leidenschaft. Das Wesen des platon. Denkens, 1939, 31.

[14] Daß das Verstehen jeweils an einen geschichtlichen Ort gebunden ist und daß sich seine Bedingungen deshalb wandeln, ist seit DILTHEYS hermeneutischen Überlegungen mehr und mehr ins Bewußtsein getreten (Die Entstehung der Hermeneutik, Ges. Schr. V, 317ff.) und spielt in der gesamten Literatur zur Hermeneutik seitdem eine Rolle. Beispielhaft nenne ich nur die Arbeiten von G. EBELING (u.a. Wort u. Glaube I, 1ff.; III, 488ff.; RGG, 3. A. III, 244f.). Symptomatisch für die Geschichtlichkeit des Verstehens ist es bereits, daß es eine Geschichte der Hermeneutik gibt.

ser Geschichtlichkeit des Verstehens begnügen. Der Fortschrittsgedanke der
Aufklärung dünkt uns heute eher naiv – also als das Gegenteil ihres eigenen
Selbstverständnisses.

Jedenfalls: Nach dem Geschichtsverständnis der Aufklärung ist jedem Stadium der Menschheit eine bestimmte Erkenntnisweise zugeordnet. Auch die *Vernunft* hat eine Geschichte, die sie aus vorrationalen Dämmerzuständen zum
Lichte ihrer selbst führt.

Dann aber entsteht sofort ein *pädagogisches* Problem: Darf ich jedem jede Erkenntnis zumuten[15]? Das ist offenbar nicht möglich. LESSING kann geradezu
davor warnen – und äußert damit eine generelle aufklärerische Meinung –,
Menschen eines noch naiven, vorrationalen Stadiums ein Zuviel an fortgeschrittener Erkenntnis zuzumuten: „Hüte dich, du fähigeres Individuum, der du am
letzten Blatte dieses Elementarbuches [der Offenbarung] stampfest und glühest,
es deine schwächeren Mitschüler merken zu lassen, was du witterst oder schon
zu sehen beginnest!"[16] Denn, so können wir hinzusetzen, diese noch zurückge-
bliebenen Zeitgenossen fassen dich, wenn du vorzeitig und womöglich tollpat-
schig mit deinem Erkenntnisstande herausplatzest, als Zerstörer der religiösen
Substanz auf. Und du destruierst sie in ihren Augen ja tatsächlich insofern, als
sie deiner Erkenntnis noch nicht gewachsen sind. Deshalb mangelt ihnen das
nötige Differenzierungsvermögen, kraft dessen ihnen klar werden könnte, daß
du das auch von *ihnen* Geglaubte – zunächst *nur* im Glauben Ergriffene – lediglich *weiter* entwickelt aber keineswegs eskamotiert hast, daß es von dir nur
entmythisiert und spiritualisiert worden ist, ohne daß es deshalb seine Identität
verlöre. Diese Kategorien stehen dem Schwächeren eben noch nicht zur Verfügung, so daß sie in dir nur jemanden sehen können, der ihnen den Boden unter
den Füßen wegzieht.

Die „schwachen Brüder" können auch für Paulus zum Thema werden, wenn er über den
Gebrauch christlicher Freiheit spricht. Deshalb warnt er davor, daß gereifte, um die Nichtigkeit der Götter wissende Christen in souveräner Freiheit Götzenopferfleich essen, wenn
Unsichere und Schwache dabei sind. Denn viele haben diese Gnosis eben noch nicht
(1. Kor 8,7), glauben also das Opferfleisch wirklicher Götter zu essen und beflecken so ihr
Gewissen. Vorzeitige Begegnung mit überlegener Erkenntnis kann destruktiv wirken. Darum muß diese überlegene Erkenntnis u.U. verborgen werden, muß gewissermaßen esoterisch bleiben. – Auch für LUTHER kann sich dieses Problem stellen, wenn er etwa im Vorwort zum Römerbrief davon spricht, daß die Prädestinationslehre ein „starker Wein" sei,
der für Säuglinge – für Anfänger im Glauben – noch nichts tauge. Er sieht bestimmte
Wahrheiten ebenfalls an geschichtliche Stufen gebunden; denn „ein jegliche Lehre hat ihr
Maß, Zeit, Alter"[17]. In diesem Wissen um die Geschichtlichkeit der Wahrheit reichen sich
Paulus, LUTHER – und LESSING die Hand.

---

[15] Man denke an das alte hermeneutische Problem eines vielfach gefächerten Schrift-
sinnes, der in der Regel verschiedenen Entwicklungsstufen und Graden der Einsicht zugeordnet ist. So etwa bei ORIGINES, dessen ontologischer Trichotomie ein dreifacher Schrift-
sinn entspricht: der somatische (buchstäbliche), der psychische (moralische) und der pneu-
matische (mystisch-allegorische).

[16] Erz.d.M.s § 68.

[17] Münchener Ausg. VI,106.

Damit ist aber dann das Problem des *Esoterischen* gegeben, das sich gerade bei REIMARUS so drastisch stellt und ihn in der Maske konventioneller Kirchlichkeit unter seinen Zeitgenossen wandeln ließ, während sein wahres Gesicht die ernüchterten Züge eines wissend Gewordenen, eines längst Abgefallenen zeigte. Das nötigt uns so, die Frage nach der Grenze zwischen schuldiger Ehrlichkeit und schuldiger (pädagogischer) Rücksichtnahme zu stellen. Doch gewinnt diese Frage jetzt eine vertiefte Gestalt: Darf ich Menschen, die mir vertrauen, die Achse meines Glaubens oder besser: die Achse meines Glaubens*verständnisses* verschweigen?

Auch wenn die Aufklärung diesen Konflikt zu akutem Ausbruch brachte – REIMARUS ist hier nur ihr besonders radikaler Sprecher! –, so reicht das damit aufgeworfene Problem weit über die Epoche der Aufklärung hinaus: Damit kann auch die Not vieler heutiger Prediger umschrieben sein, die selbst die hermeneutischen Fragestellungen, wie sie etwa durch die historisch-kritische Schriftforschung aufgeworfen werden, kennen, sie aber nicht auf die Kanzel zu bringen wagen, weil die Gemeinde ihnen angeblich nicht gewachsen sei. (Mit dieser Begründung ist aber zweifellos auch Schindluder getrieben worden; sie kann didaktische Faulheit oder auch ein entsprechendes Unvermögen ebenso überdecken wie Kleinglauben und menschliche Feigheit; ebenso aber kann sie eine ernsthafte und *tiefer* liegende Bedrängnis anzeigen.) Jedenfalls wird der Kampf um das rechte Verständnis der hermeneutischen Fragen, das „Kerygma *im* Text", so auf das Ghetto der Studierstuben und der theologischen Fachdiskussionen beschränkt, bis die Magazine kommen und von den Dächern herab – dann aber meist auch verzerrt und entstellt – verkünden, was noch unter der Arkandisziplin einer nicht bewältigten Auseinandersetzung stand.

Dieses Problem des REIMARUS, das uns selbst so bedenklich auf den Leib rükken könnte, ist nicht mit ein paar Worten abzutun. Wenn ich im Stil jener geistlichen „Expauken", wie sie JOHANN TOBIAS BECK (1804–1878) in seine Vorlesungen einzustreuen pflegte, dazu ein paar Bemerkungen machen darf, dann diese:

Erstens. Die Theologie übt eine stellvertretende Funktion gegenüber der Gemeinde aus. Das will sagen: Es gibt einen Stand, eben den ordo theologorum, der dem Problem und auch den Aporien der Wahrheitsfindung standzuhalten hat. Anfechtung und Not, die das mit sich bringt, und die bis zum Verbluten gehen können, sind ein notwendiges Leiden beim Vollzug dieser Stellvertretung. Doch bilden sie nicht nur das Leiden, sondern auch die Größe und das Pathos theologischer Existenz. Denn mit der Gefahr dieser Erkenntnisprozesse sind ja auch Erweiterungen unseres Horizontes gegeben. So wäre es etwa ein äußerst fatales Mißverständnis, wollte man in der historisch-kritischen Schriftforschung nur Belastung und Bedrängnis des Glaubens, sozusagen ein einziges Subtraktionsexempel gegenüber seiner Substanz, sehen. Sie hat ja zugleich viele Mißverständnisse des Glaubens (z.B. im Sinne einer fides quae creditur) beseitigen helfen. Sie hat das Pleroma biblischer Aussagen in seinem Reichtum dadurch hervortreten lassen, daß sie die Vielfalt der Zeugen und Zeugnisse – damit auch die besprochene Geschichtlichkeit der Wahrheit! – offensichtlich machte und die Polyphonie des kerygmatischen Chores hervortreten ließ. Die dadurch virulent werdende hermeneutische Frage stellt zugleich die Differenz zwischen geistlicher Mitte und Peripherie, zwischen Aussage*form* und Aussage*inhalt* heraus. Damit sind der geistlichen Erkenntnis Chancen zu einem Reichtum eröffnet, der etwa der Verbalinspirationslehre verschlossen bleiben mußte, weil sie alle biblischen Aussagen auf der gleichen Ebene einer homogenen Offenbarungsgestalt angesiedelt sah. Der etwa drohenden Verlustrechnung steht so eine unabsehbare Gewinnchance gegenüber, eine Chance freilich, die nur *wagend* – im *Glaubenswagnis* – ergriffen werden kann. Theologisches Erkennen ist insofern ein Front- und kein Etappengeschehen.

Zweitens. Die stellvertretende Funktion der Theologie besagt aber zugleich, daß es um *dieselbe* Wahrheit geht, d.h. nicht um eine andere und höhere Wahrheit, als sie die alte fromme Rentnerin unter meiner Kanzel hat. Es ist dieselbe, durch die Nötigung zu intellektueller Redlichkeit nur teurer *erkaufte,* vielleicht aber auch vertiefte Wahrheit.

Erst von diesem zweiten Punkt aus stoßen wir auf die hintergründige Heuchelei des REIMARUS. Denn er hatte ja die Illusion einer höheren und insofern auch *anderen* Wahrheit. Oder noch schärfer: Er wandte sich nicht im Namen eines Pleroma an Wahrheit gegen die halbe oder noch mythisch verhüllte Wahrheit seiner zeitgenössischen Mitchristen, sondern er wandte sich im Namen seiner vermeintlichen Wahrheit gegen die offenkundige *Lüge,* und zwar gegen eine raffiniert und mit kriminellen Mitteln inszenierte Lüge der biblischen Berichterstatter.

Daß er mit diesem tödlichen und tötenden Wissen im Herzen esoterisch getarnt inmitten der Gemeinde lebte: das war seine Lüge. Und man wird das nicht einfach mit dem Hinweis abtun können, der Terror der christlichen Tradition habe ihn in seiner Zeit dazu genötigt. Schließlich hat LESSING es ja gewagt, diese Kundgaben zu *seinen* Lebzeiten zu publizieren (allerdings, wie man zugeben muß, mit einigen taktischen Absicherungen, die die Zufälligkeit ihrer Auffindung erheblich übertrieben und den zu erwartenden Bannstrahl ein wenig von der eigenen Person abwenden sollten).

Die theologische Existenz in der Unwahrhaftigkeit, wie wir sie REIMARUS vorwerfen müssen, wirkt sich aber sofort auf die Unwahrheit und den Widerspruch der theologischen Aussage *selbst* aus. Das ist das Selbstgericht, das als Damoklesschwert über jeder theologischen Aussage hängt:

REIMARUS selbst kam wohl der Hiatus in seiner gesamten theologischen Konzeption kaum zu Bewußtsein: daß er nämlich in seiner „Apologie" auf der *einen* Seite die These verfocht, Jesus und seine Apostel hätten, soweit man den Kern ihres Kerygma im Auge hat, die reinste Sitten- und Religionslehre vorgetragen; daß er auf der *anderen* Seite aber gleichzeitig behauptete, sie hätten dieses edle Werk nur aus niedrigster Gesinnung und mit geradezu kriminellen Mitteln des Betruges unternommen. Daß man beides schwerlich zugleich behaupten kann, ist wohl offenkundig. Es ist aber wichtig, diesen offenbar nicht bemerkten Kontrast der beiden Thesen bei REIMARUS festzustellen, weil sich in ihm die schon angedeutete Beziehung zwischen Existenz und Theologie ausspricht. Denn die „Unordnung" und Widersprüchlichkeit in der *Existenz* des REIMARUS wird hier in die theologische Aussage selbst projiziert: Jesus und die Apostel erscheinen als dieselben Betrüger, als die heimlich um die Wahrheit Wissenden, aber diese Wahrheit nun mit verlogener Mythologie Einnebelnden wie REIMARUS selbst.

Hier verrät sich ein theologisches Geheimnis überhaupt, und wir sind wirklich beim theologischen Thema, wenn wir REIMARUS darauf anreden: Zu legitimen theologischen Aussagen kann es nur kommen, wenn der theologisch Denkende die Erlösung, über die er reflektiert, für sich selber in Anspruch nimmt, wenn seine *Existenz* also im johanneischen Sinn auf das „Sein in der Wahrheit" gerichtet ist. Jede heimliche Bindung, jede Unordnung unserer Existenz wirkt sich auf die theologische Aussage selbst aus. Erlösung bewirkt auf der erkenntnistheoretischen Ebene „Unbefangenheit". Man kann sich danach ausmalen, ein wie vergebungsbedürftiges Unternehmen die Theologie ist, und wie wenig sie den Titel einer „sancta" theologia für sich in Anspruch nehmen kann.

Damit haben wir schon einige Probleme angerührt, vor die uns die von LESSING publizierte „Apologie" des REIMARUS stellt. Von den übrigen Werken besprechen wir hier nur die 1754, in seinem 60. Lebensjahr, erschienenen „Vornehmsten Wahrheiten der natürlichen Religion, in zehn Abhandlungen auf eine begreifliche Art erkläret und gerettet". Diese Schrift entfaltet die deistische Religionslehre und wendet sich nicht in extenso gegen die Orthodoxie, sondern gegen den billigen, materialistisch bestimmten Atheismus, also gegen die *andere* Front. Gerade dadurch errang REIMARUS den mißverstehenden Applaus vieler seiner christlichen Zeitgenossen und tat nun seinerseits, wie wir sahen, nichts, um das Mißverständnis aufzuklären.

b) REIMARUS *als Repräsentant des Deismus*

Das Gesamtschema, in das der Deismus des REIMARUS seine Gottesidee einfügt, ist mechanistischer Art: Die Welt ist eine Maschine, die von dem göttlichen Ingenieur zum Wohle des höchststehenden Geschöpfes, des Menschen, in Gang gesetzt wurde[18].

Hier treten also drei Faktoren zueinander ins Spiel: Gott, Welt und Mensch, oder anders: Ingenieur (Werkmeister), Instrument und Benutzer. Das ist viel mehr als ein bloßes Gleichnis; es ist der strenge begriffliche Ausdruck für die unsere Welt tragenden Grundrelationen. Wir sehen uns diese Relationen nun ge-

---

[18] Der achtzehnjährige NIETZSCHE hat dieses mechanistische Weltbild in einigen Versen aufgegriffen: „Des Weltalls ewge Räder / Rollen im kreisenden Lauf / Des Erdballs rostge Feder / Zieht stets sich von selber auf." (WW, ed. H. J. Mette, II, 1934, 68.)

nauer an und lassen uns durch folgende Fragen leiten: 1. Aus welchem Grunde und zu welchem Ziel erstellt Gott diese Maschine? – 2. Wie funktioniert sie? – 3. Welche Konsequenzen impliziert dieses Maschinenbild für die Stellung zum Gottesverständnis der christlichen Tradition? (Diese dritte Frage sprechen wir im Wesentlichen bei der Erörterung der beiden anderen an.)

Zunächst also die *erste* Frage: Aus welchem Grunde und zu welchem Ziele setzt der göttliche Ingenieur die Maschine in Gang?

Um vorweg einen theologischen Maßstab für die deistische Antwort und ihre Beurteilung zu gewinnen, erinnern wir uns daran, daß diese Frage nach dem Warum und Wozu der Schöpfung auch vielfach inmitten der spezifisch *christlichen* Tradition auftaucht. Um die christliche Antwort darauf in möglichst allgemeinen Umrissen, innerhalb deren die verschiedenen Spielarten Platz finden können, anzudeuten, könnte man sagen: Gott schuf die Welt und den Menschen, um sich dem Du seines Ebenbildes zur Gemeinschaft zu erschließen und sich in seinen Werken zu verherrlichen [19]. Im Sündenfall hat der Mensch diesen Schöpfungsplan Gottes sabotiert, indem er aus dieser Gemeinschaft herausbricht und sich aus der Gottebenbildlichkeit in eine Gottebenbürtigkeit aufzuschwingen sucht. Der Mensch als Du-Partner Gottes ist zugleich dessen Risiko: Er destruiert den Schöpfungsentwurf Gottes.

Diese grobe Umrißzeichnung macht deutlich, daß wir über Grund, Ziel und Sinn der Schöpfung nur als solche reden können, die aus der Schöpfung ausgebrochen und gleichwohl – kraft der von Gott aufrechterhaltenen Bundesgnade – zur Heimholung aus der Entfremdung bestimmt sind. Dies kann nur bedeuten, daß wir Grund und Ziel der Schöpfung auf keinen Fall spekulativ und „apriori" konstruieren, sondern über beides nur insoweit Gewißheit erlangen können, als Gott sich selbst im Worte als Schöpfer kundgibt und im Heilsgeschehen als der erschließt, der aller Untreue des Menschen zum Trotz am Ziel seiner Schöpfung festhält, in gnadenvoller *Zuwendung* festhält. Der Gnadenwille Gottes aber, der so der maßgebliche Inhalt des geschichtlichen Telos ist, kann mir nur offenbart und also *gesagt* werden. Negativ ausgedrückt: Er kann nicht Inhalt eines bloßen Vernunftpostulates sein.

Damit ist die entscheidende Grenze markiert, jenseits deren der Deismus des REIMARUS zu denken beginnt:

Indem er das Modellbild der Weltmaschine entwirft, konstruiert er eine apriori erkennbare Welt-Finalität, die *einsichtig* ist, deren Kenntnisnahme also nicht auf einer kontingenten Mitteilung beruht. Er rechnet mit bestimmten evidenten Axiomen, aus denen er die Gesetze und das Telos des Weltverlaufs ableitet. *Nicht „Hören", sondern „Ableiten" ist die tragende Funktion des deistischen Denkens.* Es bildet geradezu den Zauber des rationalistischen Weltbildes, daß der Kosmos kraft seiner logischen Struktur derartige Deduktionen ermöglicht.

Das oberste Axiom für dieses Unternehmen „Ableitung" ist dabei die Ge-

---

[19] Siehe dazu die Schöpfungstheologie in ThE I (Reg.), bes. § 759ff.

gebenheit Gottes und ferner die Gegebenheit der Tatsache, daß er vollkommen ist. Die Idee eines vollkommenen Wesens gilt dabei als Denknotwendigkeit.

Aus diesem Begriff der Vollkommenheit ergibt sich nun in Form von conclusiones jede weitere Aussage, vor allem die über Grund und Ziel der Schöpfung.

Es kommt mir viel darauf an, daß wir schon hier den Punkt genau fixieren, an dem das deistische Schöpfungsverständnis in *Gegensatz zur christlichen Schöpfungstheologie* tritt. Ich möchte diesen Punkt mit Hilfe einiger Antithesen verdeutlichen:

Die *christliche Theologie* – am schärfsten in der reformatorischen Ausprägung – sagt: Um die Schöpfung zu erkennen, muß ich den Schöpfer kennen. Nur wenn ich die „Person" kenne, kann ich auch ihre Intentionen, hier: das Telos seines Schöpfungswirkens kennen. Die Bedingung dafür ist die Selbsterschließung Gottes – eben jener „Person" – in seinem Wort.

Der *Deismus* sagt: Um die Schöpfung, um also die Funktionen der Weltmaschine zu kennen, muß ich mir als erstes über den Begriff der Vollkommenheit klar werden. Dieser Begriff impliziert bereits eine Aussage über das Telos. Denn vollkommen kann nur etwas sein, das einen Sinn, d.h. ein Telos besitzt und dieses Telos auf dem kürzesten Wege erreicht.

Die *reformatorische Theologie* sagt: Wenn ich den Schöpfer zuvor kennen muß, bin ich darauf angewiesen, daß er sich mir vorstellt. Ich erkenne ihn, im Sinne KANTs formuliert, nur aposteriori aus seiner Selbstkundgabe in Wort und Geist.

Der *Deismus* sagt: Die Idee der Vollkommenheit ist mir als evident gegeben. Folglich kann ich apriori Aussagen über das Schöpfungsziel machen.

Wie kommt es nun zur Idee der Vollkommenheit und zur Entdeckung dessen, was sie an Implikationen enthält?

Diese Idee wird immer wieder mit Hilfe derselben gedanklichen Techniken gewonnen, die voller – im einzelnen kaum zu entwirrender[20] – Anklänge an die Ontologie der Scholastik sowie an LEIBNIZ und SPINOZA sind. Ich nenne dafür das überaus prägnante Beispiel aus LESSINGs Schrift „Das Christentum der Vernunft", deren Argumentation sich in ähnlicher Form auch bei REIMARUS selbst findet[21].

§ 1: „Das einzige vollkommenste Wesen hat sich von Ewigkeit her mit nichts als mit der Betrachtung des Vollkommensten beschäftigen können." Glosse: Hier geht es um die Einheit von Subjekt und Objekt im absoluten Erkennen, wie es dem Begriff eines vollkommenen Subjektes entspricht.

§ 3: „Vorstellen, Wollen und Schaffen ist bei Gott eines. Man kann also sagen: alles, was sich Gott vorstellt, alles das schafft er auch." Glosse: Würde Gott sich bei seiner Selbstbetrachtung das Vollkommene vorstellen, ohne es zu wollen, so wäre das ein Minus an (ethischer) Vollkommenheit; würde er das so Gewollte nicht schaffen, so wäre damit seine (ontologische) Vollkommenheit in Frage gestellt.

---

[20] Vgl. dazu: ERICH SCHMIDT, Lessing II, 3. A. 1909, 463ff.
[21] Aus dem Nachlaß, 1784; Witkowski-Ausg. 6,308ff.

§ 4: „Gott kann sich nur auf zweierlei Art denken; entweder er denkt alle seine Vollkommenheiten auf einmal und sich als den Inbegriff derselben; oder er denkt seine Vollkommenheiten zerteilt, eine von der anderen abgesondert und jede von sich selbst nach Graden abgeteilt." Glosse: Im ersten Falle, wo er nur sich selbst in seiner Vollkommenheit denkt, führt dieses Denken zur Erschaffung eines Wesens, „welchem keine Vollkommenheit mangelte, die er selbst besaß". Dieses Wesen „nennt die Schrift den *Sohn Gottes ...*" (§ 5 und 6). Im zweiten Falle dagegen kommt es zur Erschaffung der *Welt*.
§ 13: „Gott dachte seine Vollkommenheiten zerteilt, das ist, er schaffte Wesen, wovon jedes etwas von seinen Vollkommenheiten hat; denn, um es nochmals zu wiederholen, jeder Gedanke ist bei Gott eine Schöpfung."

Das Ziel der Schöpfung, der in Gang gesetzten Weltmaschine, ist also die Selbstverwirklichung der Vollkommenheit Gottes. Doch muß dieses Ziel nun auch in seiner speziellen Beziehung auf den *Menschen,* es muß anthropologisch formuliert werden. Da der Mensch zu dieser vollkommenen Schöpfung gehört, muß sie ihn auch selber zur Erfüllung dieser Vollkommenheit gelangen lassen. Dieses Vollkommenheitsziel besteht in seiner Eudaimonia, in der Glückseligkeit.

Um das, was mit Eudaimonia gemeint ist, zu erfassen, kann uns KANTS Definition hilfreich sein, weil in ihr das deistische Verständnis deutlich nachschwingt: Glückseligkeit als „Zustand eines vernünftigen Wesens in der Welt" beruht auf „der Übereinstimmung der Natur zu seinem ganzen Zwecke"[22]. Es findet in dieser Übereinstimmung somit nichts geringeres als seine eigentliche Identität. Da der Zweck die Vollkommenheit ist und der Mensch ein Glied in jenem Prozeß bildet, der von der Vorstellung der göttlichen Vollkommenheit zur Verwirklichung dieser Vollkommenheit führt, kommt der Mensch schließlich zur Übereinstimmung mit seinem Zweck und ist also *glückselig.* Der daraus sich ergebende, der Natur des Menschen entnommene Imperativ lautet dann: „Handle deinen individualischen Vollkommenheiten gemäß."[23]

Damit haben wir die erste der beiden gestellten Fragen beantwortet, die Frage: *Aus welchem Grunde und zu welchem Ziel erstellt Gott die Maschine? Die Antwort lautet: um der Eudaimonia willen.*

Die *zweite* zu stellende Frage lautet: Wie funktioniert die Maschine?

Ihr Ablauf ist so eingerichtet, daß die Teleologie ihrer Funktionsweise allenthalben evident wird, so daß der Mensch an ihr die Vollkommenheit des Ingenieurs zu erkennen vermag. Theologisch ausgedrückt heißt das: Er kann innerhalb des Weltgeschehens – in Natur und Geschichte gleichermaßen – die Fußspuren Gottes ablesen. Es gibt deshalb für ihn die Möglichkeit einer „natürlichen Theologie"; der Weltprozeß selbst wird zur Offenbarungsquelle. Philosophisch formuliert, bedeutet dasselbe: Der Mensch kann aposteriori, d.h. durch eine empirische Diagnose der Vollkommenheit des Weltlaufs *das* bestätigt sehen, was er apriori durch Reflexion über den Begriff der Vollkommenheit bereits in spekulativer Weise voraus konstatiert hat. So kommt es zu einer wohl durchdachten, von allen Seiten – spekulativ *und* empirisch – abgerundeten Teleologie.

---

[22] Kr.d.pr.V., aaO. 143.
[23] LESSING, aaO. § 26.

Obwohl sich VOLTAIRE in seinem „Philosophe ignorant" von 1767 zum Sensualismus LOCKES bekennt, kann er doch ganz in diesem deistischen Sinne sagen, daß für ihn am überzeugendsten *die* Theologie sei, die aus der Ordnung und Zweckmäßigkeit des Weltbaus abgeleitet wird: „Soll ich dir die Wahrheit sagen, liebes Kind?" läßt er die Natur zum Philosophen sprechen; „man hat mir einen Namen gegeben, der mir nicht zukommt. Man nennt mich Natur, und ich bin doch ganz Kunst". Zur Welt als Kunstwerk aber gehöre als Künstler *Gott,* der „ewige Mathematiker". VOLTAIRE fügt noch ein moralisches Argument für die Teleologie hinzu. Es bedürfe auch eines belohnenden und bestrafenden Gottes, eines Repräsentanten der sittlichen Weltordnung: „Wenn Gott nicht existierte, müßte man ihn (deshalb) erfinden."[24]

Nur wenn man sich diese Grundgedanken einer konsequent teleologischen Weltsicht klar macht, begreift man viele Lebensäußerungen der deistischen Frömmigkeit, vor allem ihre Predigt. Denn von seinem Ansatz her muß sich der Deismus zu zwei Intentionen gedrängt fühlen, denen er dann auch mit wahrer Leidenschaft nachgeht:

Er muß *erstens* die Vollkommenheit des Weltlaufs ständig nachzuweisen suchen. Die Versenkung in diese Fragen hat gleichermaßen den Sinn der Naturerforschung wie den der religiösen Meditation (ein eigentümlicher Gegensatz also zu dem Interesse JACQUES MONODS, der sich in unseren Tagen bemüht, die „Zufälligkeit" des Lebens, speziell des menschlichen Lebens, zu erweisen).

Zweitens wird sich der Deismus zu den uns heute so rührend anmutenden Moralismen gedrungen fühlen, die seine Predigten durchziehen: die Menschen nämlich aufzufordern, sich einer naturgemäßen Lebensweise zu befleißigen. Naturgemäßheit bedeutet ja, sich der Finalität der göttlichen Weltordnung einzufügen, und wird insofern als Gottesdienst verstanden. So kommt es zu Ermahnungen, ja nichts im Übermaß zu betreiben (z.B. das Tanzen) oder im Schlafzimmer die Fenster offen zu halten, damit frische Luft hereinkomme. Der diesbezüglichen Lebensrezepte sind Legion. Das alles steht nicht, jedenfalls nicht *nur,* in Lehrbüchern der Hygiene, sondern in Predigtmanuskripten. (Es ist vielleicht etwas boshaft, aber mir drängt sich doch die Frage dabei auf, ob heute viele mit allerhand Gesellschafts-Ideologien durchsetzte Predigten nicht genau das in soziologischer Manier tun, was die aufklärerischen Predigten durch ihre Anleihen bei Hygiene, Agrikultur und anderen „weltlichen" Erkenntnisquellen auf ihre Art ebenfalls taten, nur daß es heute sehr viel humorloser dabei zugeht.) Oft werden auch umgekehrt die Lehrbücher der Hygiene zu theologischen Ethiken.

Ehe ich meinem Triebe nachgehe, den Leser mit einigen Beispielen dieser Art zu erfreuen, möchte ich trotz der Drolligkeit im einzelnen doch die Imposantheit der Tatsache erwähnen, daß hier zum letzten Male in der neueren Geschichte eine Totalität der Welt in den Blick genommen wurde, eine Einheit von Naturwissenschaft, Historie und Theologie, in der die einzelnen Disziplinen im Verhältnis der Komplementarität zueinander stehen und als Elemente der gleichen umgreifenden Teleologie in Erscheinung treten sollen. Überdies begegnen wir

---

[24] So in seinem Dictionnaire philosophique. Questiones sur l'encyclopeadie, 1774–75, Art. „Nature".

hier noch einmal dem ethischen Leitgedanken der Aufklärung: einer Humanitätsidee, der alles daran liegt, die Einheit des Menschenbildes zu erhalten und damit
der Zerrissenheit in auseinanderstrebende Ich-Sektoren – in Sektoren des Wissens und Glaubens vor allem – zu wehren. Dieses ehrwürdige Hintergrund-
Motiv müssen wir bei aller Kobolderei, die sich im Vordergrund abspielt, festhalten.

Ich möchte nur einige bezeichnende Formen vorführen, in denen sich dieses
Suchen nach den Spuren Gottes in der Schöpfungswelt äußert, und sie jeweils
theologisch kommentieren. So bringt REIMARUS in seinen „Abhandlungen"
immer wieder die Sprache darauf, daß man Gott in der zweckmäßigen Organisation der tierischen Organismen wiedererkennen könne[25], z.B. in den „Falten der
Haut des Nashorntieres"[26]: Das Rhinozeros sei sonst ein dick- und harthäutiges
Tier; nur an den Gelenken zeige es eine gefaltete, sehr sanfte und biegsame Haut,
geradezu wie Seide, aber eben nur an den Gelenken, wo das Tier diese Biegsamkeit für seine Bewegung braucht. Was hier den Hinweis auf den Schöpfer nahelegt, ist der Umstand, daß das Nashorn diese Hautelastizität nicht etwa durch
seine Bewegungen selbst erwirbt – dann ginge es um ein theologisch nichtssagen-
des Phänomen –, sondern daß es diese sinnvolle Einrichtung bereits aus dem
Mutterleibe mitbringt. Gerade das läßt auf eine weise Vorsehung und damit auf
die Existenz Gottes schließen. Unzählige Beispiele dieser Art (so etwa den
hakenschlagenden Hasen, der den Hund kraft eingeborenen Instinktes und ohne
Vernunftgebrauch überlistet) sammelt REIMARUS, um in ihnen stets die gleiche
Pointe zu entdecken: daß diese eingeborenen Künste und Triebe „einen unendlichen Verstand zur ersten Ursache haben müssen".

Doch gerade dieses Kleine, in dem sich so die Spuren einer Teleologie-im-
Großen und damit Indizien für die Existenz Gottes zeigen, ist zugleich der Quell-
ort für die *Krisen* dieses theologischen Konzepts. Die Schwierigkeiten sitzen hier
immer im Detail. (Das mag auch der Grund dafür sein, daß HEGEL, wenn er die
großen Linien der Selbstentfaltung des Weltgeistes aufspürt, die Individualität
scheut. Es ist so, wie wenn er in diesem Detail das Nicht-Subsumierbare, die
mögliche Ausnahme fürchte.)[27] Läßt man die deistische Spurensuche nach der
Fährte Gottes und seiner Vorsehung auf sich wirken, glaubt man gewisse zwie-
spältige Emotionen bei jenen Spurensuchern mit Händen greifen zu können: Auf
der einen Seite herrscht die Lust an der Entdeckung. Dicht daneben aber zeigt
sich so etwas, das mir wie eine apologetische Alarmbereitschaft erscheint: Was
machen wir, wenn wir irgendwo, bei irgendeinem Detail, auf *Sinnlosigkeit,* auf
irgendeine Kleinigkeit stoßen, die schlechterdings absurd ist und sich wider jede

---

[25] REIMARUS hat diesem Thema auch ein besonderes Buch gewidmet: Allgemeine Betrachtungen über die Triebe der Tiere, hauptsächlich ihre Kunsttriebe, 1760. Bes. das
11. Kap. beschäftigt sich mit der Bedeutung, die die tierischen Kunsttriebe für die Erkenntnis des Schöpfers haben. Außer seiner theologischen Intention wird damit REIMARUS zugleich ein Mitbegründer der Tierpsychologie.

[26] AaO. 261 ff.

[27] EvGl I, 372 ff.

Einfügung in das teleologische Konzept sperrt? Hier ist die Angst unverkennbar, eine einzige, nicht auflösbare Sinnlosigkeit könne, ja müsse das ganze System zum Einsturz bringen. Nur ein Ironiker wie VOLTAIRE hat diese Angst natürlich nicht, im Gegenteil: ihm macht es Vergnügen, in solchen nicht subsumierbaren Details zu wühlen, Absurditäten aufzuspüren und so nicht nur LEIBNIZ' These von der „besten aller Welten", sondern zugleich die deistische Weltharmonie zu verspotten (obwohl wir gelegentlich, wie schon an einem Beispiel deutlich wurde, auch andere Töne bei ihm vernehmen können). [28]

Ich wüßte für diese apologetische Leidenschaft, auch im Kleinsten noch providentielle Zweckmäßigkeit zu finden und es so der Sinnbedrohung zu entreißen, kein drastischeres, aber auch bezeichnenderes Beispiel als das große Werk von GOTTFRIED OHNEFURCHT RICHTER „Ichthyotheologie oder vernunft- und schriftgemäßer Versuch, die Menschen aus Betrachtung der Fische zur Bewunderung, Ehrfurcht und Liebe ihres großen, liebreichen und allweisen Schöpfers zu führen" (Leipzig 1754), ohne Register 912 Seiten [29]!

Der allgemeine Lobpreis der Fische, die dem Menschen als schmackhafte Nahrung dienen, ist noch relativ einfach. Hier ist die deistische These, daß alles Geschaffene auf Finalität und damit auf die Eudaimonia des Menschen hin angelegt sei, leicht zu verifizieren, wenigstens, was das Generelle, was die große Linie angeht. Im Speziellen aber muß der Verfasser auch hier einen schweren Kampf wider das andrängende Sinnlose führen: So bildet es für ihn eine Anfech-

---

[28] Ein Beispiel für diesen Spott ist VOLTAIRES „Candide oder der Glaube an die beste der Welten" (1759). Dr. Pangloß, der LEIBNIZENS These von der besten aller Welten vertritt und jede Absurdität als Sinngeschehen zu interpretieren weiß, verfault an einer Geschlechtskrankheit, die letzten Endes auf CHR. COLUMBUS' „Import" zurückgehe. Er habe aber nicht nur sie importiert, sondern auch „Schokolade und Koschenillefarbe", so daß in der besten der Welten das Negative zumindest mit einem Positiven verbunden ist. – Gelegentlich taucht in Gesprächen über die Negativa auch der Gedanke an die „Erbsünde", an die „wölfische Natur" des Menschen als mögliche Ursache vieler Fragwürdigkeiten und Verderbnisse auf. Doch wird dieser Gedanke sofort wieder dadurch entschärft, daß Pangloß selbst das Böse in einen Sinnzusammenhang bei der besten aller möglichen Welten einzuordnen weiß. Nachdem VOLTAIRE so in dieser vermeintlichen Idealwelt immer neue, jedem „zureichenden Grund" hohnsprechende Abstrusitäten sich begeben läßt, führt er in seiner Geschichte – gleichsam als Zusammenballung des Sinnlosen – das Erdbeben von Lissabon vor, das wie eine große Störung in das Harmoniedenken der Aufklärung hereinbrach. Und angesichts dieser Schrecknisse, der verstümmelten Leichen und der gewaltigen Zerstörungen bricht Candide, der bisher stets willfährige Pangloß-Schüler, in die Worte aus: „Wenn das die beste aller möglichen Welten ist, wie sehen dann wohl die andern aus?"

[29] G. O. RICHTER gehört in die Reihe der sog. Physikotheologen, die derartige Nachweise der providentia Dei aus Naturphänomenen unternahmen. Zu ihnen gehört außer BARTHOLD HINRICHT BROCKES mit seinem berühmten (auch hier noch kurz zu besprechendem) Werk „Irdisches Vergnügen in Gott" u.a. auch FRIEDRICH CHRISTIAN LESSER mit seinen beiden Werken: „Lithotheologie ..." (1735), Gottesbeweis aus Steinen, und „Testaceotheologie ..." (1744), Gottesbeweis mit Hilfe einer „natürlichen und geistlichen Betrachtung der Schnecken und Muscheln". Textauszüge davon finden sich in der Sammlung von W. PHILIPP, Das Zeitalter der Aufklärung, 1963. – Hinter diesen Versuchen steht als philosophische Grundlegung das berühmte Werk von CHRISTIAN WOLFF, „Vernünftige Gedanken von Gott, der Welt und der Seele des Menschen, auch allen Dingen überhaupt" (1733).

tung, daß so viele Leute ertrunken sind und dann noch von den gottgeschaffenen Fischen aufgefressen wurden. Um dadurch das Sinngefüge der Schöpfung und die Gerechtigkeit – schließlich sogar die *Existenz* – Gottes nicht verdunkeln zu lassen, geht er sämtlichen ihm bekannten Fällen solcher Art nach und siehe: zu seiner Erleichterung stellt sich heraus, daß alle diese Leute etwas Falsches oder Böses getan haben, so daß sie sich diesen Tod schuldhaft zuzogen. Schon ist das Gleichgewicht wieder hergestellt! Auch der bedrängende Gedanke, daß viele Menschen an einer Fischgräte erstickt sind oder verdorbenen Fisch gegessen haben, löst sich in Luft auf. Hier läßt sich RICHTER nach gründlichen Recherchen durch die Feststellung beruhigen, daß diese Leute entweder die Fischspeise nicht sachgemäß geprüft oder aber zu hastig gegessen hätten.

Nach endlosen Besprechungen solcher nur *vermeintlicher* Disharmonien in der göttlichen Weltsteuerung ringt GOTTFRIED OHNEFURCHT RICHTER noch mit einem besonders delikaten und schier unlösbar scheinenden Problem. Und es ist charakteristisch, daß es das fernst Hergeholte ist! Im deistischen Konzept warten gerade an den äußersten Grenzen die am meisten bedrohlichen Infragestellungen, so auch hier: Es gibt ja Tiefseefische, die der Mensch nie zu sehen bekommt, die gar nichts mit ihm zu tun haben und folglich auch seiner Eudaimonia nicht dienen können. Also eine Sinnbedrohung vom Meeresgrunde? Da ruft ihm ein Theologe der WOLFF-Schule, der „selige JOHANN GUSTAV REINBECK" das lösende Wort zu, das auch diese Dämonen der Tiefe in die kosmische Ordnung sinnvoll einzufügen weiß: „Des Schöpfers Absicht ist wohl diese gewesen, das durch der vielen Fische Bewegung das Wasser um desto eher für der Fäulung sollte bewahret bleiben" (444). Ein Flossenschlag, und die Harmonie ist gerettet!

Beispiele dieser Art ließen sich beliebig vermehren. Deshalb begnüge ich mich mit zwei besonders eindrucksvollen (und amüsanten) Fällen.

Zunächst ein paar Verse aus des Hamburger Senators B. H. BROCKES „Irdisches Vergnügen in Gott, bestehend in Physikalischen und Moralischen Gedichten" (9 Bände, 1721–48)[30].

In einer Arie geht es darum, daß das dem Menschen unnütze, als Nahrung nicht taugliche Gras von den Kühen wie in „lebendigen Öfen" zur trinkbaren Milch destilliert werde. Das zeuge für die wunderbare Ordnung des Schöpfers, der alles für die Eudaimonia der Krone seiner Schöpfung, eben des Menschen, eingerichtet habe:

> Liebstes Vieh, da ich hier stehe
> Und wie man dich melke sehe,
> Fällt mir bei...,
> Daß in dir das Gras für mich / Auf so wundersame Weise
> So zum Trank als auch zur Speise
> Zubereitet werd' und sich / Als in lebendigen Öfen
> Gleichsam selber destilliere. / Sprich nun, Mensch, ob in der Tat
> Dem, der es verordnet hat, / Nicht unendlich Lob gebühre?

---

[30] Eine schöne Faksimile-Ausg. erschien 1965 in der Metzlerschen Verlagsbuchhdlg., Stuttgart. Das Werk ist in vielen Auflagen erschienen und auch verschiedentlich als Oratorium komponiert worden.

So sieht BROCKES wieder einmal die These bestätigt, die ein Vers seines Gedichtes „Über den Mißbrauch der Natur" so formuliert:
„Es wirken Gott und die Natur nie was vergebens …"

Das zweite Beispiel, das ich nennen möchte, ist heute leicht greifbar, so daß ein kurzer Hinweis genügen mag. Es handelt sich um den katholischen Pfarrer aus dem Schwabenland MICHAEL VON JUNG und sein Werk „Melpomene oder Grablieder", 1839[31]. Der schwäbische Pfarrer hatte die Idee, statt gesprochene Grabpredigten zu halten, diese lieber in Verse zu bringen und dann zu einer (bändergeschmückten) Laute am Grabe zu singen, begreiflicherweise unter großem Zulauf. Er benutzte dabei Moritaten-Melodien, wie sie in früheren Zeiten auf Jahrmärkten üblich waren[32]. Seine berühmt gewordene Sammlung enthielt vornehmlich Grenzfälle des Todes (Unglücksfälle, plötzliches Hinwegsterben besonders wertvoller Menschen, Selbstmord u.Ä.), für die sich der Moritaten-Stil des Vortrags besonders eignete, bei denen sich aber vor allem Gelegenheit bot, inmitten aller erlebter Schrecken und Ungereimtheiten doch wieder das zielbestimmte Handeln Gottes aufzuweisen und damit die lauernde Anfechtung niederzukämpfen. Bezeichnende Überschriften sind: Bei dem Grabe eines erschossenen Jägers; … eines vorzüglichen Schullehrers; … eines Mannes, der in Betrunkenheit erfror; … einer Giftmischerin, die enthauptet wurde. Nachdem JUNG den Sinn dieser Todesfälle, oft mit Mühe und darum in holperigen Versen, eruiert hat, läßt er moralische Mahnungen folgen, die dazu auffordern, sich gemäß den von Gott gesetzten Schöpfungszielen zu verhalten und sich so der Ordnung des Seins einzufügen. Entsprechend lautet eine der Strophen, die er dem Nachruf auf einen Jüngling widmete, „der sich zu tod tanzte":

> Es tanzen zwar die Weisen auch,
> Doch nur sich langsam drehend,
> Sie tanzen mit Vernunftgebrauch
> und nur vorübergehend …

Abschließend zu dieser kleinen Modellschau der aufklärerischen Natur- und Gottesgemäßheit mit ihrer braven GELLERT-Moral sei noch ein Urteil mitgeteilt, das AUGUST THOLUCK (1799–1877) über einen Nachfahren der Aufklärungstheologie, einen sehr beliebten Hallenser Modeprediger, fällte: „Er predigt, was man zu seinem Lobe sagen muß, zwar gewöhnlich strenge Sittlichkeit, indessen macht er doch auch zuweilen von dem Christentum Gebrauch."[33]

Abgesehen von den Krisen der Welt-Teleologie, wie sie aus dem Bereich der Details und der Grenzfälle drohen, gibt es für die Aufklärung zwei *fundamentale* Bedrohungen, wider die sie ihre apologetische Reflexion mobilisieren muß. Die eine Bedrohung ist das Übel, die zweite der Tod. Hier gewinnt das Theodizee-Problem seine äußerste Schärfe.

---

[31] In der Herder-Bücherei (Nr. 599) habe ich die Grablieder zusammen mit einem kommentierenden Essay unter dem Titel „Fröhliche Grablieder zur Laute" neu erscheinen lassen.

[32] Der oben genannten Ausgabe sind diese leicht singbaren Melodien beigegeben. Der Verfasser hat sie jedesmal, wenn im Zyklus seiner theologischen Vorlesung die Aufklärung an der Reihe war, von Studenten in historischer Treue vortragen lassen. Pedelle und Garderobenfrauen waren jeweils ins Kolleg mit eingeladen und erheblich, wenn auch wohl in anderer Weise als die ursprünglichen Hörer, davon beeindruckt.

[33] L. WITTE, Das Leben Tholucks I, 1884,375.

III. Das fundamentale Theodizee-Problem

a) Das Übel

Wir sahen schon, daß es eine *vordergründige* Lösung dieses Problems gibt: Wenn das Übel als Strafe für begangene Schuld interpretiert werden kann, bleibt die sittliche Weltordnung im Gleichgewicht. Doch diese Schuld-Strafe-Korrespondenz ist nur in sehr beschränktem Umfange feststellbar. Bei Hiob wird gerade die absolute Nichterkennbarkeit einer solchen Korrespondenz zum Problem. Weil das Erdbeben von Lissabon ebenfalls eine drastische Widerlegung eines Korrespondenz-Gedankens zu sein schien, erschütterte es auch die harmonische Weltkonstruktion der Aufklärung: Es riß die Bösen *und* die Guten in ein gemeinsames Verderben. Es machte keine Unterschiede zwischen beiden und hüllte das Übel in ein offensichtlich nicht „aufzuklärendes" Rätsel. So blieb das Übel resistent gegenüber jedem Versuch einer sinnvollen Ableitbarkeit.

Wie versucht nun der Deismus diese Unableitbarkeit des Übels apologetisch zu bewältigen? Wie will er verhindern, daß es die Fundamente seiner teleologischen Vision erschüttert, ja sie geradezu ad absurdum führt?

Die Deisten und mit ihnen REIMARUS lösen diese Frage im Prinzip genauso, wie LEIBNIZ sie in seiner Theodizee gelöst hatte. Es ist die einzige und insofern auch klassische Lösung, wie sie innerhalb der Lehre von einem in sich geschlossenen finalen Weltsystem möglich ist:

Um nämlich die *ganze* Teleologie zu erkennen – statt bloß einzelne Spuren wie bei der Gelenkhaut des Rhinozerus oder beim Hakenschlagen des Hasen –, bedürfte es eines Einblicks in die Ganzheit des Systems. Man müßte, um diesen Einblick zu gewinnen, dem Weltgeist des LAPLACE (1748–1827) gleichen, der aus einer gegebenen Weltformel alle vergangenen und künftigen Weltzustände ableiten kann und insofern das Ganze überblickt. Da wir begrenzten Menschen dieses System aber niemals als Ganzes übersehen *können,* bleiben uns die Zwecke, die in unzähligen Einzelfakta beschlossen sind, verborgen. Sie scheinen uns deshalb sinn- und zweck*los* zu sein. Doch sie *erscheinen* eben nur so um der Begrenztheit unseres Blickfeldes willen. Es gehört, so heißt es bei REIMARUS, „ein unendlicher Verstand dazu, die Vollkommenheit und Unvollkommenheit der ganzen Welt, im Großen, im Kleinen, dem Raume und der Zeit nach, zu beurteilen. So sehr wir nun von solcher Einsicht entfernt sind, so vermessen ist es auch, etwas für unnütze, unvollkommen oder böse zu erklären, bloß weil man nicht weiß, *wozu* es gut sein sollte"[34], d.h. weil man die Zwecke nicht sieht, selbst wenn sie hie und da einmal verblüffend deutlich in Erscheinung treten können – aber eben nur hie und da.

Schmerz, Zweifel und Angst beruhen folglich auf mangelnder Einsicht in die Totalität des Systems. Kennten wir dieses System in seiner Gänze, würden wir die Symphonie der Schöpfung hören.

---

[34] Die vornehmsten Wahrheiten ..., 580.

Dieses Bild kann uns in der Tat zu wesentlichen Aussagen leiten:

Der Mensch, jedenfalls der *musikalische* Mensch, ist erbaut, wenn er eine Symphonie hört, weil er – wie KANT das in der „Kritik der Urteilskraft" sagen kann – die immanente Teleologie des Kunstwerks überblickt; denn zum Wesen des Kunstwerks gehört es, ein im Raum oder – wie bei der Musik – ein in der Zeit abgeschlossenes und in seiner Totalität überblickbares System zu sein[35]. Ein Hund dagegen heult, wenn er eine BACHsche Fuge hört, weil er das Ganze nicht verstehen kann und darum nur eine amorphe Akkumulation von höchst unmotivierten Tönen vernimmt, die ihm Unbehagen bereiten. In der Rolle dieses Hundes befinden wir uns, wenn wir schrille Dissonanzen und gestaltlose Ton-Impressionen in Gestalt von unableitbaren Katastrophen inmitten der Symphonie des Lebens hören. Wir nehmen eben nicht mehr in uns auf, wie und zu welchen Themen sich diese „Geräusche" verbinden.

Es geht folglich nicht um einen ontischen Mangel des Seins selbst, der dessen Vollkommenheit infragestellen könnte, sondern es geht um ein noetisches Defizit, das zu Lasten des Betrachters registriert werden muß. FRIEDRICH DER GROSSE stimmt dieser Sicht der Dinge zu, wenn er wenige Jahre vor seinem Tod die Worte findet:

Nicht darfst du Gottes Weisheit schuldig nennen,
Statt deiner Einsicht *Schwäche* zu bekennen[36].

Im Sinne des Deismus könnten wir die Harmonie des Universums nur vom *Eschaton* aus sehen und hören, weil das Weltgeschehen nur von dorther als Ganzes, eben als „System", überblickbar ist. Es geht in der Tat hier um eine *säkularisierte Eschatologie*.

Und genau *hier* ist in der deistischen Konzeption auch der einzige Punkt, an dem ich das angedeutet sehe, was das Christentum „Glauben" nennt – und zwar Glauben nicht mehr im Sinn einer bloß praekognitiven „Vermutung", sondern im Sinne von fiducia, von „Vertrauen". An diesem einzigen Punkte gibt der Deismus seinen Anspruch preis, daß er sich nur auf Einsicht und Evidenz gründe. Denn REIMARUS fordert, daß der Mensch aufgrund seiner nur partiellen Einsicht in die Teleologie darauf „vertrauen" müsse, daß auch das Ganze – das nicht mehr *schaubare* Ganze – auf göttliche Zwecke hin sinnvoll geordnet sei. Er vertraut darauf, daß die paar im Winde verwehenden Akkorde, die inmitten undurchdringlicher Weltgeräusche an sein Ohr dringen, dafür bürgen, daß auch das Makro-Chaos der Sinnlosigkeit für einen höheren Blick sich zum Kosmos lichten werde[37]. *So liegt ein Hauch eschatologischen Glaubens über dieser kühlen Vernunftreligion.*

---

[35] Durchaus auf dieser Linie spricht GOTTFRIED BENN davon, daß das Kunstwerk als geschlossene Gestalt eine Art Notwehr und Schutzwall gegen das andrängende Gestaltlose und Chaotische, ja gegen das Nichts sei. Vgl. dazu und zu KANTs Kunsttheorie die Ethik der Kunst, in: ThE III, § 3123 ff.
[36] WW XIV, 18–20.
[37] AaO. 614 ff.

Wir stehen damit, so können wir sagen, an einem Punkte, wo der Deismus inkonsequent ist – jedenfalls dann, wenn man ihn an seinen eigenen Axiomen mißt. Das veranlaßt mich, an unseren früheren Hinweis zu erinnern, daß eine Theologie gerade in den Momenten der Inkonsequenz ihre intimsten Geheimnisse verrate. REIMARUS verrät hier, daß er mit *einem* Finger noch den Zipfel eines erhabenen Gewandes berührt, und daß seine Welt zu nichts zerfiele, wenn er dieser heimlichen Berührung nicht teilhaftig wäre. Wer wagt es zu entscheiden, ob dieser beiläufige Kontakt nicht wesentlicher, auch für REIMARUS wesentlicher sei, als das ganze Gedankengebäude, das in den Philosophiegeschichten über ihn aufgezeichnet ist?

b) Der Tod

Es gibt noch eine letzte und ernsteste Klippe, an der nicht nur die Sinn-Konstruktion, sondern auch der Sinn-Glaube des Deismus zu scheitern droht. Die Frage, um die es geht, lautet so:

Wie, wenn einer nun mitten im Unglück, in einem ganz sinnlosen, ganz „unteleologischen" Unglück stirbt? Wie, wenn z. B. Hiob vor seiner Wiederherstellung gestorben wäre? Bei einem so Betroffenen hätten alle Erwägungen über die Symphonie des Gesamtlebens keinen Sinn mehr. Dann wäre sie auf jeden Fall an *einer* Stelle abgebrochen. Und diese Katastrophe im individuellen Detail müßte die Symphonie dann auch insgesamt infrage stellen.

Um die ganze Aporie des Todesverhängnisses für die Aufklärung zu verdeutlichen, möchte ich sie vor dem Hintergrund unserer eigenen Zeit aufzeigen. Dann stellt sich, so meine ich, zugleich heraus, daß die Aufklärung hier gewisse vor-neuzeitliche, christlich-mittelalterliche Implikamente erkennen läßt:

Für den heutigen Atheisten oder Nihilisten mit seiner typisch „modernen" Weltanschauung bildet der Tod keineswegs ein derart beklemmendes Problem wie für REIMARUS. Das hängt mit der Degeneration der Personalität zusammen. Gilt diese als völlig ins Kollektiv integriert, so daß selbst ihre Organe vergesellschaftet sind[38], so gibt es sozusagen keinen Geist mehr aufzugeben und keine Seele mehr auszuhauchen. Die Person ist in überpersönliche Größen hinein aufgelöst und darin „aufgehoben". – Könnte sich für das Denken des REIMARUS nicht eine ähnliche Lösung anbieten? Bin ich innerhalb der Symphonie des Gesamtlebens nicht ebenfalls nur ein verhallender Ton? Gebe ich mich sterbend nicht ebenfalls in sie hinein auf, so daß sich der Tod als problemloser Übergang in dieses Überpersönliche darstellt? Warum kommen die Aufklärer nicht auf diese – nur *scheinbar* naheliegende – Idee?

Sie *können* nicht darauf kommen, weil sie ganz vom Individuum her denken.

---

[38] Vgl. K. MARX, Zur Judenfrage, über die „gesellschaftlichen Organe", Kröner Ausg. Bd. 209, S. 199; 241. Näheres zu diesem und dem Folgenden in meinem Buch Leben mit dem Tod, 1980.

Die gesamte Weltmaschinerie soll doch der Eudaimonia des Menschen dienen! Folglich kann man bei der Lösung des Todesproblems nicht über den Menschen, genauer: über den *einzelnen* Menschen, den „homme en detail" hinweggehen. Täte man das doch, würde man die Welt-Teleologie ihres Telos und damit ihrer Pointe berauben, so gewiß der Mensch und seine Eudaimonia doch deren Zielpunkt bildet. Darum muß der Gedanke einer überpersönlichen Gemeinschaft, in der ich aufgehe, der ich auch mit meinem Opfertode dienen könnte, für die Aufklärung unerschwinglich bleiben.

So sehr nun dieser Individualismus, so sehr diese Lehre von der Selbstzwecklichkeit der Einzelperson eine künstliche Abstraktion und insofern eine Krankheitserscheinung sein mag, so darf man andererseits doch nicht übersehen, daß eben hier die christliche Tradition – wenn auch in verzerrter Gestalt – nachwirkt: Der Mensch ist hier immerhin noch als imago Dei, als ein character indelibilis gesehen. In dem Pathos, mit dem man seine Würde preist, klingt noch die uralte christliche Doxologie wieder, die den Schöpfer rühmt und seinen gnadenvollen Entschluß lobt, ein Bild zu gestalten, das ihm gleich sei. Die Verdinglichung des Menschen, die wir freilich im Deismus vorgeahnt sehen – DESCARTES' Idee vom Menschen als einer res cogitans wirkt ja hier nach – ist immerhin noch nicht so weit fortgeschritten, daß sich eine Lösung des Todesproblems vom Überpersönlichen her ergeben könnte: weder von einer Idee her, in der man sterbend aufginge, noch von einem Kollektiv her, in dem das Individuum unter Selbstaufgabe sich auflöste.

Darum bleibt für REIMARUS, der hier für die Aufklärung überhaupt spricht, nur *eine* Lösung, die der abbrechenden Individualität die Verbindung mit der Symphonie des Ganzen erhält: nämlich der Glaube an ein *Fortleben*. Es bleibt nur die Ausflucht in ein Jenseits der Todesgrenze, mit dessen Hilfe die bedrängende Theodizee-Frage allein lösbar wird. „Da nun dergleichen widrige Begebenheiten (wie das Hiob-Geschick oder das Leiden der Gerechten überhaupt) wirklich in diesem Leben nicht selten entstehen, so könnte Gottes Weisheit, Liebe und Gerechtigkeit gegen die Menschen nicht gerettet werden, wenn kein anderes Leben wäre, worin diese Disharmonie aufgelöset und, als in dem letzten Akte der Schaubühne, die gekränkte Unschuld gekrönet, die tobende Bosheit bestraft würde."[39]

So wird die *Lehre von der individuellen Unsterblichkeit neu begründet.* Wenn die atheistischen sozialrevolutionären Bewegungen seit der Mitte des vorigen Jahrhunderts dem Christentum vor allem diese Vertröstung auf das Jenseits vorwarfen und in ihr den Grund dafür sahen, daß die Ausgebeuteten nicht mit letzter Kraft die Lebensbedingungen ihres Diesseits zu ändern bereit waren, so dürfte mit jenem Vorwurf weniger die christliche Eschatologie als eben *diese* Art Fortsetzung der Lebenssymphonie hinter der Bühne unserer Zeitlichkeit getroffen sein.

---

[39] REIMARUS, aaO. 665.

Hier – beim Unsterblichkeitsproblem der Aufklärung – ist somit der Punkt, wo der Versuch scheitert, das Geheimnis der Welt und des Menschen mit den Mitteln der Einsicht, *bloßer* Einsicht, zu lösen und den Glauben hinter sich zu lassen. Wir haben auch den Grund dieses Scheiterns bemerkt: Es gibt keinen endlichen Standort, von dem aus die Ganzheit des Seins zu überblicken und die Symphonie des Lebens in ihrer Fülle zu hören wäre. Das Ventil, das den Überdruck der angestauten und unlösbaren Probleme entweichen lassen soll, ist das Unsterblichkeitspostulat. Die damit sich ergebende Position zwischen Einsicht und Glaube wird offenbar dann unvermeidlich, wenn die Individualität als das unaufgebbare menschliche Grunddatum verstanden wird. Dann nämlich bleibt nichts anderes übrig, als entweder die andrängenden Lebens- und Theodizeeprobleme *innerhalb* der begrenzten Zeitstrecke zwischen Geburt und Tod zu lösen oder das Dasein der Individualität über den Tod hinaus zu prolongieren. Indem sich REIMARUS vor diese Alternative gestellt sieht, ist er in ein Problem-Modell verwickelt, das alle nur zeitgeschichtliche Relevanz übersteigt und in Zonen hineinreicht, in denen die Philosophie- und Theologiegeschichte immer wieder vor ähnlichen Problem-Konstellationen gestanden hat.

Um nur *ein* Beispiel dafür anzudeuten: Auch die Tragödie ringt in vielen ihrer Spielarten mit der Frage, wie die jeweils dargestellten Grundkonflikte des Daseins innerhalb der endlichen Lebensstrecke des Menschen zu bewältigen seien. Daß das Christentum die Existenz des Menschen sich nicht in ihrer Endlichkeit erschöpfen sieht, ist vermutlich der Grund dafür, daß es im strengen Sinne keine „christliche Tragödie" geben kann. Der tragische Held, der sophokleische Ödipus z.B., muß innerhalb seiner begrenzten Frist mit dem ihm gestellten Schuld-Schicksal-Problem (Vatermord und Inzest) fertig werden, ohne daß ihm zu dessen Lösung die Ausflucht in ein über den Tod hinaus prolongiertes Dasein offenstünde. Er findet diese Lösung im duldenden Einvernehmen mit seinem Geschick, als er der Heilige von Kolonos wird. Die Grundordnungen des Seins müssen erst herausgefordert und verletzt werden, damit sie in ihrer Selbsträchung manifest werden und so ihre Unverletzlichkeit proklamieren können. Ödipus spielte die Rolle eines solch schuldig-unschuldigen Provokateurs der Seins-Ordnungen. Er ist das Opfer ihres rächenden Zuschlags und verhilft ihnen so dazu, ihr heiliges Tabu offenbar werden zu lassen. Der amor fati, mit dem er sich zu diesem seinem Geschick bekennt, ist so schon *innerhalb* der Daseins-Strecke zwischen Geburt und Tod die tragische Lösung eines Konflikts, der sich einer letzten *spekulativen* Auflösung widersetzt.

Wir können die Lehre des REIMARUS und der Deisten freilich nicht abschließen, ohne am Ende noch darauf hinzuweisen, daß auch in *dieser* Lösung der Unsterblichkeitsidee ein letzter, für die Teleologie kritischer Faktor nicht beseitigt werden kann: *Wie* soll denn die Harmonie wiederhergestellt werden können, wenn man in dieser Weise an einen jenseitigen Ausgleich denkt? Ein solcher Ausgleich würde ja auch dazu führen müssen, daß „die tobende Bosheit gestraft" werden muß, daß also die Notwendigkeit der *Hölle* gesetzt wird. Sie wäre dann das lokale Symbol dafür, daß die Idee der Harmonie eben nicht völlig aufgeht, daß an *einem* Ort die Auflösung der Dissonanzen *nicht* erfolgt. Ob man sich mit einer Idee der Allversöhnung (Apokatástasis pánton) oder mit Reinkarnations-Theorien von dieser Misere befreien und jenen „Rest, zu tragen peinlich" abstoßen könnte?

Bei manchen Aufklärern klingt tatsächlich so etwas an. Gelegentlich ist jedenfalls von dem freundlichen und liebreichen Gleise der Vernunft die Rede, der „keine Hölle und keine Furien zu Begleiterinnen dienen". Bei REIMARUS selbst wird über die Hölle und die etwaige Ewigkeit der Höllenstrafen nicht weiter reflektiert. Es geht nur um ein Marginale, über das sein Blick, kaum daß es geschrieben ist, sogleich hinweggleitet. Vielleicht gehören solche Annahmen für die Erfahrungs- und Konkretheitsfreudigkeit des REIMARUS zu sehr in die Zonen der Spekulation, als daß derart schwach punktierte Linien für ihn noch diskutabel wären. Jedenfalls schweigt er darüber. Die göttlichen Gerichte und die ira Dei sind für die optimistische Heiterkeit dieses Denkens ein pudendum, über das man wohl tatsächlich besser schweigt. Denn *würde* man davon reden, könnte es zur Berührung mit einem gefährlichen Sprengstoff kommen, der dieses schöne und heitere Schiff mit seinen Sonnensegeln tödlich antasten würde. Gewisse Urelemente des christlichen Kerygma könnten möglicherweise wieder mächtig werden, die man schon deshalb fürchten muß, weil sie verdrängte Fragen zur Sprache brächten.

Andererseits kann der Deismus nicht beim Totschweigen des derart Verdrängten (weil eine letzte Misere seines Konzepts Anrührenden) stehen bleiben. Er muß weiter. Er muß das, was als unerledigter Rest der christlichen Tradition in seiner Tiefe ruht, aktiv angreifen. Dieser Angriff erfolgt indessen nicht in dieser Zone des Eschatologischen; deren Luft wäre nach aufklärerischem Geschmack dafür wohl zu dünn. Er wird vielmehr im Umkreis der konkreten Geschichte vorgetragen. Damit kommen wir zur letzten Frage, die wir bei REIMARUS besprechen wollen:

IV. Welche Konsequenzen ergeben sich für die Stellung des REIMARUS zum konventionellen Christentum?

Diese Folgerungen zieht REIMARUS in seiner „Apologie oder Schutzschrift der vernünftigen Verehrer Gottes". Dabei geht es weniger um eine „Apologie", eine Verteidigung des Deismus wider den konventionellen Glauben, als um eine vehementen *Angriff* auf jede christliche Tradition. REIMARUS verfährt hier nach demselben strategischen Rezept, das wir in der Argumentationsweise des Deismus immer wiederkehren sahen: Es besteht in der doppelten Buchführung einer apriori- und einer aposteriori-Argumentation.

Am Anfang steht die apriori gewonnene These: Die natürliche Religion des Deismus, wie sie spekulativ aus der Vollkommenheit Gottes abgeleitet wurde, ist die allein wahre, durch Vernunft legitimierte Religion. Was so spekulativ vorbereitet wurde, bestätigt sich im empirischen Test: Die Welt erweist sich als logisch-finaler Zusammenhang. Folglich – das ist jetzt wiederum eine conclusio apriori – muß jede supranaturale, auf transzendente Einwirkungen sich gründende Religion (und damit auch das Christentum) *falsch* sein. Das ist so das apriori gewonnene Vorurteil, mit dem REIMARUS gleich zu Beginn der Orthodoxie entgegentritt.

Die zweite These ist aposteriori gewonnen und lautet so:
Jedes einzelne geschichtliche Datum, auf das sich die christliche Religion zur Begründung ihres transzendenten Ursprungs beruft, ist unhaltbar. Folglich ist auch die christliche Religion als solche unwahr. – Damit wäre dann die apriorische Feststellung, der Deismus allein sei die wahre Religion, wiederum aposteriori bestätigt. Beide Resultate müssen, wenn die Rechnung stimmen soll, kongruent sein.

So also kommt REIMARUS zur *historischen Kritik,* so wird er der Vater der modernen historisch-kritischen Methode in der Bibel-Forschung. Wenn man sich diesen Start einer neuen theologischen Disziplin vergegenwärtigt, wird es wohl begreiflich, daß sie in den Augen der Gemeinde und der Stillen im Lande bis heute mit einem Verdikt belastet ist und geradezu die Rolle des schwarzen Mannes spielt.

Diese Reserve der christlichen Gemeinde ist die Ursache vieler Konflikte, vor allem der Divergenz von sogenannter Universitäts- und sogenannter Gemeinde-Theologie, und damit auch der vielfach zu beobachtenden Hemmung, Fragen der historisch-kritischen Schriftforschung vor dem Forum der Gemeinde zu behandeln. So wird der Weg ins akademische Ghetto jener Disziplin und zugleich der Weg zu dem beschritten, was uns als Esoterik der Aufklärung begegnete und sich bei REIMARUS zur Extremform steigerte. Es wäre sehr unangemessen, sich snobistisch über diese Reserve der Gemeinde zu erheben. Um zumindest zu verstehen, bedarf es der Erinnerung, daß die Bibelkritik zum ersten Male als tödlicher *Angriff* auf den Plan trat, und zwar nicht als bloßer Angriff auf die mythische Einkleidung biblischer Wahrheit oder auf die Wucherungen der Volksfrömmigkeit, sondern als radikale Bestreitung der christlichen Botschaft *selbst.* Der damit erlittene Schock hat es dann vielfach verhindert, der tiefgreifenden Umwertung ansichtig zu werden, die sich inzwischen mit der historisch-kritischen Bibelforschung vollzogen hat: Sie arbeitet heute – und zwar quer durch ihre vielfachen Spielarten – mit einer ausgesprochen *theologischen* Intention. Damals, bei REIMARUS, begann sie mit der tendenziösen Absicht, ein rationalistisch-spekulatives Vorurteil zu bestätigen. Späterhin, bis heute, ist dagegen (unter anderem!) ihr Ziel, hinter die interpretierende Gemeindetheologie und legendäre Stilisierungen zurückzudringen und das tatsächlich Geschehene oder ursprünglich Gesprochene zu eruieren. Das aber hat durchaus nicht einfach destruktiv gewirkt (von Ausnahmeerscheinungen abgesehen). Vielmehr ist durch die entdeckte Vielfalt der Zeugen inmitten der Grundeinheit des Zeugnisses sowie durch Herausarbeitung der Einzelkonturen die Polyphonie des Ganzen der Bibel erst in seinem Stimmenreichtum, in seiner kerygmatischen Fülle deutlich geworden. – Erst wenn man das, was REIMARUS gewollt hat, mit dem kontrastiert sieht, was heute im Rahmen theologischer Arbeit an historischer und literarischer Kritik getrieben wird, lernt man die hier eingetretene Tendenzwende zu ermessen.

Die historisch-kritischen Thesen des REIMARUS sind – das darf nach unserer „strategischen" Erörterung festgestellt werden – nicht sogenannte Ergebnisse der Forschung, sondern sie stehen schon *vor* aller Forschung fest, jedenfalls in ihrer Pointe. Sie sind Zweck-Thesen, die nur empirisch zu erhärten sind. Die vorangegangene Apriori-Argumntation *hat* ja bereits festgestellt, was allein historisch wahr sein darf, weil es spekulativ wahr ist. Macht man sich das klar, so wird man die Kritik des REIMARUS weniger mit Erschütterung als mit einem guten Schuß Humor zur Kenntnis nehmen.

In diesem Sinne lassen sich die berühmt gewordenen Zweck-Thesen in der Apologie so zusammenfassen:

1. Die (Heils-)Tatsachen, auf die sich die christliche Religion beruft, sind nachweislich unhaltbar.

2. Die Bürger und angeblichen Augenzeugen, denen wir die Nachrichten über „Offenbarungen" verdanken, sind unseriös und handeln aus betrügerischer Absicht.

3. Die Lehren, die mit Offenbarungsanspruch auftreten – z. B. die Rechtfertigungs- und Stellvertretungslehre – sind nicht nur philosophisch widerspruchsvoll, sondern fallen schon durch die Unwahrheit der historischen Tatsachen, an die sie gebunden sind (Auferstehung, Himmelfahrt u. a.), dahin.

4. Die angeblich verbalinspirierten heiligen Schriften sind nachweislich menschlichen und sogar dunkelmännischen Ursprungs.

Im Zuge dieser Zweckthesen kommt es nun zu jener destruktiven Kritik, die über weite Strecken an kriminalistische Enthüllungen erinnert. Diese schrecken auch nicht vor einer Diffamierung der Gestalt Jesu zurück – im Gegenteil: gerade hier muß das Hinterfragen und Entlarven den Gegner im Lebensnerv treffen. Das Attentat wider Jesus Christus selbst bleibt dabei in einem eigentümlichen Zwielicht von Respekt und Hohn. Es ist so, wie wenn REIMARUS an dieser Stelle in einen Kampf mit sich selbst verwickelt würde und sich nur schwer von den Fesseln einer sehr tiefgehenden Hemmung zu befreien vermöchte.

Das von ihm gewaltsam konstruierte Porträt Jesu ist tatsächlich von sehr widerstreitenden, geradezu unvereinbaren Zügen durchwirkt:

Auf der *einen* Seite kann er ihn – nicht ohne Wärme, sogar in deutlicher innerer Beteiligung – als einen Vertreter der reinsten Sitten- und Religionslehre, eben der vernünftigen, preisen; er anerkennt z. B., daß er dem Zeremonialgesetz einen ungleich geringeren Rang zumißt als den sittlichen Pflichten und der Bekehrung; er kann sogar von der „schönen Bergpredigt" sprechen.

Andererseits habe sowohl er selbst wie seine Apostel sich der niedrigsten Mittel bedient, um diesen Forderungen Nachdruck zu verschaffen und vor allem sich selber zur Geltung zu bringen. Er ist eben nicht *nur* der reine Tugendlehrer, sondern zugleich ein Reich-Gottes-Stratege. Er glaubt, daß sich seine Tugendgesetze nicht aufgrund von bloßen Appellen durchsetzen lassen, sondern nur dann, wenn sie unter seiner messianischen Regie stehen und wenn ihnen eine mit weltlicher Macht ausgestattete Führung den nötigen Nachdruck verschafft. Der edle Zweck der Tugend kann nur mit Macht und List verwirklicht werden. (Der Jesus des REIMARUS *gleicht mehr dem* DOSTOJEWSKISCHEN Großinquisitor als seinem Gesprächspartner aus Nazareth). Deshalb muß er den Thron Davids usurpieren. Dazu entfaltet er eine rege Propaganda-Tätigkeit, um die politisch-messianischen Hoffnungen anzufachen. Das macht es nötig, die Menge wider die Römer aufzuwiegeln, damit ihre Erlösungshoffnung zu einem großen Aufstand führt. Wenn es dahin kommt, muß vorgesorgt werden, daß man dann nur ihn, Jesus, zum Revolutionsführer erkürt. Ein listenreicher Schachzug wird zu diesem Zweck inszeniert: der Taufspektakel, bei dem sein Vetter Johannes, ein rechtes

Filou, mit ihm unter einer Decke steckt. Als beide zusammen die Theater-Taufe aufführen, tun sie so, als ob sie einander nicht kennten. Dadurch wirkt die Himmelsstimme (wie *die* wohl manipuliert wurde?) um so nachdrücklicher, wenn sie Jesus als den gottgewollten messianischen Herrscher proklamiert. Tatsächlich fällt das Volk darauf herein, zumal mit List zustandegebrachte Wunder die messianische Sendung zu legitimieren scheinen. Dabei wartet Jesus in berechnender Taktik den richtigen Zeitpunkt ab – ja nicht zu früh! –, an dem er auf den Volkswunsch seiner Königsproklamation eingeht. Selbst das, was WREDE später als das „Messiasgeheimnis" bezeichnen wird[40] – Jesu Verbot nämlich, die Kunde von seinen Wundern zu verbreiten – ist nur ein raffinierter Trick. Bekanntlich stimuliert jede Geheimnistuerei den Trieb zu Gerüchten. Und genau diesen Propagandaeffekt hatte er denn auch im Auge.

Hier kann ich abbrechen, weil diese Kostprobe genügt, um sich ein Bild von den wahrlich grotesken Enthüllungspraktiken des REIMARUS zu machen. (Und wir erinnern uns, daß er in Hamburg den frommen Kirchenchristen mimte, der in der Maske des Naiven weiter jenen Schwindel mitmachte, den er als einziger durchschaut hatte!).

Man kann sich denken, welche Räuberpistole so erst aus den Auferstehungsberichten gemacht wurde. Hier bereitet es ihm eine hämische Freude, dem verabredeten Betrug dadurch auf die Schliche zu kommen, daß er die einzelnen „Zeugen" getrennt von einander verhört und dann beobachtet, wie sie sich in Widersprüche verwickeln und so ungewollt ihr Illusionstheater entlarven.

Seine Enthüllungskritik setzt REIMARUS übrigens schon beim Alten Testament an. Daß es dabei um kerygmatisch weniger zentrale Texte geht als in den Evangelien – z.B. wenn ein Wunder wie der Durchzug durchs Rote Meer als Schwindel entlarvt wird (Ex 14,19ff.)[41] –, tut der destruktiven Wucht des Angriffs keinen Abbruch – jedenfalls dann nicht, wenn man sich mit der gegnerischen Front des orthodoxen Luthertums auseinandersetzt. Wird nämlich auch nur *eine* noch so periphere Stelle als eindeutig unwahr diagnostiziert, dann kann sie nicht vom heiligen Geiste eingegeben sein. An dieser Folgerung ist erkennbar, daß REIMARUS hier den neuralgischen Punkt der orthodoxen Inspriationslehre anrührt, geradezu tödlich anrührt. Das wird vor allem unter zwei Gesichtspunkten deutlich:

---

[40] WILLIAM WREDE, Das Messiasgeheimnis in den Evangelien ..., 1901.

[41] Hier rechnet REIMARUS wie ein Generalstäbler mit logistischem Scharfsinn aus, daß zu 600 000 israelistischen Soldaten noch Frauen, Kinder und Greise hinzuzurechnen seien, mindestens 4 auf jeden, so daß sich ein Heerbann von etwa zweieinhalb Millionen ergeben habe. Dazu kommt noch die zahlenmäßig wiederum genau berechnete Menge an Vieh und Wagen. Wenn zehn Mann nebeneinander marschieren, ergibt das einen Zug von 180 deutschen Meilen (= 1356 km). Angesichts des militärgeographisch erfaßten Geländes hätte es für den Durchzug aber nicht bloß der drei zur Verfügung stehenden Stunden bedurft, sondern ganzer neun Tage! Folglich sei der Bericht unmöglich wahr – quod erat demonstrandum.

Einmal wird jede Verbalinspirationslehre tatsächlich und in toto dadurch widerlegt, daß nur an *einer* Stelle die historische, geographische oder naturwissenschaftliche Unmöglichkeit eines Berichtes nachgewiesen wird, zumal wenn zusätzlich eine weitere Erklärung beigeschafft werden kann, wie es zu diesen Irrtümern gekommen ist (tendenziöse Absicht, Trübe der Quellen, weitere Verzerrungen im Zuge des Tradierens u.a.). *Die Anfechtung kommt auch hier wieder vom Detail,* geradezu von extrem peripheren Stellen (wie für den Deismus von den Tiefseefischen!). – So ergibt es eine gewisse Gemeinsamkeit der kritischen Elemente auf beiden Seiten: im System der säkularen Teleologie und in dem der konfessionellen Orthodoxie.

Ferner wird die Verbalinspirationslehre dadurch am Lebensnerv getroffen, daß ihre Unfähigkeit zutage tritt, die *Geschichtlichkeit* der Offenbarung hochzuhalten. Diese Geschichtlichkeit kommt in dem concursus von göttlichen und menschlichen Faktoren zum Ausdruck: im Miteinander von göttlichen Weisungen und Inspirationen auf der *einen* sowie von ungehorsamen, fehlsamen Menschen auf der *anderen* Seite. Die theologische Schuld der Verbalinspirationslehre – wenn man einmal so sprechen darf –, besteht darin, daß sie über dem krampfhaften und dogmatisch sanktionierten Festhalten aller „Geschichten" der Bibel die „Geschichtlichkeit" der Offenbarung verleugnete und das Wort der Schrift entleiblichte. Gerade im Moment ihrer vermeintlich äußersten Lehrgerechtigkeit verfiel sie der Häresie eines Schrift-Doketismus.

Wenn man das feststellt, erscheint vor dem Hintergrund der Orthodoxie das Bild des REIMARUS vielleicht doch wieder anders, so daß wir erneut vor die Problematik des Verstehens theologiegeschichtlicher Phänomene gestellt werden. Ich möchte die Frage, um die es geht, so ausdrücken:

REIMARUS kämpfte gegen das Ungeschichtlich-Doketische der orthodoxen Schriftlehre. Da aber das Christentum, mit dem er es in seiner Zeit zu tun hatte, in globo diese doketischen Züge besaß – jedenfalls in seinem Erfahrungshorizont –, wurde sein Protest zu einem Angriff auf das Christentum überhaupt[42]. Wer hat hier die Schuld, wenn denn einmal so gesprochen werden soll? –: das orthodoxe Christentum, das sich der Ungeschichtlichkeit überantwortete und damit in einem sublimen Sinne die Fleischwerdung des Wortes verleugnete, das so der Gesetzlichkeit verfiel und an die Stelle der Inkarnation eine dubiose Inkodifikation setzte – *oder* jener merkwürdige Bußprediger REIMARUS, der nun das (kerygmatische) Kind mit dem (doketischen) Bade ausschüttete? Konnte er denn Kind und Bad überhaupt unterscheiden? War er persönlich „verstockt", so daß er hier nicht zu differenzieren vermochte, oder war es seine geistliche Umwelt, die seinen Blick verschleierte? Und wen trifft hier die größere Verantwortung, wenn REIMARUS diesen Schleier an *einer* Stelle zerriß, wenn er durch ein kleines Loch einiges in scharfen Konturen erblickte, während der Zusammenhang, in dem es stand,

---

[42] Ebenso ist wohl NIETZSCHES Antichristentum kaum zu verstehen ohne die moralisierend-liberale Gestalt des zeitgenössischen Christentums.

ihm verschlossen blieb? Die grotesken Verzerrungen, denen wir bei ihm begegnen, könnten so zu erklären sein. Richtigkeiten ohne Zusammenhang: das ist die zeugerische Triebfeder der Karikatur.

Mir macht es Freude (wenn ich einen Augenblick so persönlich reden darf), gerade eine so ausgefallene Figur wie REIMARUS nicht snobistisch als „restlos abgetan und überwunden", als „Aufkläricht" zu verstehen und dann zu übergehen, sondern ihn ernstzunehmen. Gerade an diesem Extrem müßte sich unser eingangs formuliertes Programm bewähren, in einen Dialog mit vergangenen Denkern einzutreten und sie insofern als Partner zu respektieren.

Wenn wir in dieser Absicht mit REIMARUS über unser gemeinsames Thema reden, d.h. ihn auf unser gemeinsames Woraufhin befragen, werden wir ihm vielleicht folgendes vorhalten:

Aus welcher Ecke und mit welchen Kriterien operierst du eigentlich, wenn du den ungeschichtlichen Schriftdoketismus attackierst? Kommst du nicht zu dieser Kritik von einem ganz bestimmten, höchst säkularen Verständnis der Historizität? daß nämlich alles mit rechten Dingen und „natürlich" zugegangen sein müsse, daß alles – wie E. TROELTSCH es später formuliert hat – den Gesetzen der Kausalität, der Analogie und der Immanenz entsprechen müsse, wenn es solle für möglich und also für wahr gehalten werden? (Verzeihe, REIMARUS, daß wir inzwischen durch kluge Leute auf all dies aufmerksam gemacht und dadurch gescheiter geworden sind, während für dich diese Überlegungen noch im Schoße der Zukunft verborgen waren!) Hast du jedenfalls, wie sich das heute für *uns* darstellt, jene orthodoxe Ungeschichtlichkeit nicht mit unzureichenden, ja falschen Waffen angegriffen, o REIMARE? mit Waffen nämlich, die sich im nächsten Augenblick nicht nur gegen die doketische *Verfälschung* des Kerygma, sondern gegen das Kerygma *selber* wenden und dich dann in die peinliche Lage bringen mußten, dieses Umstürzende deinen Zeitgenossen nicht zumuten zu können, so daß du dich zur Rolle eines Hypokrites, eines Heuchlers, gezwungen sahst –? Eben diese rationalistischen Voraussetzungen deiner Kritik können niemals – auch später nicht – mit der geschichtlich verstandenen Offenbarung in Einklang gebracht werden. Hättest du nicht besser den Doketismus im Namen des Kerygma selbst angreifen sollen, statt es zum Opfer deiner Destruktion zu machen? Damit meine ich: du hättest zu deinem maßgeblichen Gesichtspunkt machen müssen, daß Gott sich konkrete Menschen, Patriarchen, Propheten und Apostel erwählt hat, Menschen, die diesen ihren Gott dann in *ihren* Kategorien, in *ihren* Weltbildern und meinetwegen auch in *ihrer* mythisch bestimmten Mentalität verstanden. Dann würde dir klar geworden sein (was uns im Fortgang der Zeiten und in eigener schuldvoller Erfahrung inzwischen klar wurde), daß diese Menschen samt ihren Zeitgenossen immer wieder in die Gefahr gerieten, ihre geschichtlichen Voraussetzungen und überdies noch ihren Selbstbehauptungswillen *über* den göttlichen Spruch Herr werden zu lassen, das tönerne Gefäß also *über* seinen erhabenen Inhalt zu stellen. Es soll nicht der Pharisäismus von Leuten sein, die an einer Station der weitergegangenen Geschichte stehen, wenn wir dich fragen: Hättest du nicht sachgemäßer wider den Schriftdoketismus gekämpft von dem Gesichtspunkt her, daß die Bibel ein Dokument für die heimsuchende Auseinandersetzung Gottes mit dem Menschen, mit dem widerstrebenden, ungehorsamen, fehlsamen Menschen ist, daß dieses Dokument deshalb die Knechtsgestalt des Geschichtlichen besitzt, und daß es nur *Einen* gegeben hat, in dem das Wort ganz und ungeteilt und unversehrt Fleisch ward?

Doch das war dir wohl unerschwinglich, REIMARUS, weil du schon von Prämissen ausgingst, die dir Gott gar nicht so als „Person" erscheinen lassen *konnten,* sondern die ihn dir als Idee der Vollkommenheit vermittelten. Und nun sahest du in der Orthodoxie *auch* nur eine sehr verfremdete „göttliche Person", eine Person nämlich, die ebenfalls zu einer bloßen Idee zu verblasen schien: zur Idee eines Subjektes der Inspiration und eines Movens von Gänsekielen, die mechanisch ein Diktat nachschrieben. Und auch den Patriarchen und Propheten und Aposteln begegnetest du nicht als „Personen", sondern sie waren für dich eher automatisch funktionierende Buchhalter eines inspirierenden Geistes. Und also waren auch sie nichts anderes als die Idee von Aufnahmegeräten ohne Fleisch und Blut (Computer gewissermaßen – wie wir heute sagen würden –, in die etwas eingegeben wurde). Was blieb dir denn anderes übrig, o REIMARE, als nun die *eine* Idee, *deine* Idee der göttlichen Vollkommenheit, gegen die Ideen des Doketismus auszuspielen? Was blieb dir anderes übrig?

Wer wagt es, hier zu richten, wenn wir wirklich unser hermeneutisches Programm ernst nehmen und uns dann zu zweierlei auf keinen Fall verstehen können: uns *entweder* nur historisch distanzierend zu verhalten und also die großen Theologen nicht mehr ernst zu nehmen, *oder* aber sie ungeschichtlich an unserer eigenen theologischen Erkenntnis zu messen?

Wir werden bei solchen Fragen von der Erkenntnis überfallen, daß wir nicht zum Richter bestellt sind, sondern selber mit REIMARUS unter dem Gerichte stehen, unter dem Jüngsten Gericht. Wir können nur miteinander reden – und müssen dann allerdings auch mit einander *rechten* – als die Patienten, die ihres gemeinsamen Arztes gewärtig sind.

Mit alledem sind wir keine Relativisten, die die absoluten Maßstäbe in der Theologie preisgegeben hätten. Wir kommen ja zu dem, was nach Relativismus aussehen *könnte,* nur dadurch, daß wir um das Absolutum des Jüngsten Gerichtes wissen. Dieses Gericht aber ist als Maßstab nicht verfügbar, weil eine „Person" auf dem Richtstuhl sitzt und weil diese „Person" die *Herzen* kennt, während wir nur die theologischen *Argumente* kennen.

Ausgerechnet dieser so flach erscheinende REIMARUS, dieser so viel belächelte und meist übergangene Aufklärer stellt uns so vor die letzten Geheimnisse der Theologie überhaupt.

Wer trägt also die eigentliche Schuld: Der Deist REIMARUS oder die orthodoxen Doketen? Das ist wohl die entscheidende Frage. Die Schuld der Orthodoxie zog sich das Gericht des Deismus auf den Hals. Aber war es ein gerechtes Gericht und nicht vielmehr neue Schuld? *Die Geschichte der Theologie ist die Geschichte von vergebungsbedürftigen Gedanken.* Solange die Theologie um diese ihre Not und Bedürftigkeit weiß, bleibt sie gesund, weil sie unter der Rechtfertigung steht. Die Theologie *lehrt* nicht nur die Rechtfertigung, sondern sie *lebt* von ihr. Darum ist Theologie nur von jemandem zu treiben, der um die Vergebung der Sünden weiß. Und weil es diese Menschen immer geben wird, darum hört die Theologie nicht auf. Ich wüßte keinen anderen Grund dafür zu nennen, daß die Dogmengeschichte mit ihrer Wirrnis sich selbst noch nicht ad absurdum geführt[43] hat und daß sie noch nicht in einem kläglichen Grabe versunken ist, über dem die Gemeinde nun *ohne* Theologie ihre Lobgesänge singt. Darum geht die Theologie bis zum Jüngsten Tage weiter – nur darum.

Unter diesem Gesichtspunkt bitte ich das SCHLEIERMACHER-Wort zu hören und zu verstehen, das ich als Motto diesem Buch voransetzte und mit dem ich dieses Kapitel beschließen will. Es steht in einem Brief an F. H. JACOBI und zeigt, wieviel SCHLEIERMACHER von diesem Mysterium der Theologie gewußt hat:[44] „Eine Zeit trägt die Schuld der andern, weiß sie aber selten anders zu lösen als durch neue Schuld."[45]

---

[43] D. F. STRAUSS hat bekanntlich davon gesprochen, daß die Dogmengeschichte das „Dogmengericht" sei.

[44] Aus Schleiermachers Leben (Briefsammlung), 1858, II, 343.

[45] Zur modernen, auf einer erheblich veränderten Ebene stattfindenden Auseinandersetzung mit dem Rationalismus sei hingewiesen auf die Kontroverse zwischen H. ALBERT und G. EBELING: EBELING, Kritischer Rationalismus? Zu H. Alberts Traktat über kritische Vernunft, 1973. – H. ALBERT, Theol. Holzwege. G. Ebeling u. der rechte Gebrauch der Vernunft, 1973. – Wichtig ist vor allem die systematische Entfaltung des Problems bei S. SCHARRER, Theol. Kritik der Vernunft, 1977. Ferner erwähne ich das zusammenfassende Berichtsbuch von H. HEMPELMANN, Kritischer Rationalismus u. Theologie als Wissenschaft, 1980.

5. Kapitel

Gotthold Ephraim Lessing
Die Frage nach dem Unbedingten in der Geschichte

Zur Literatur: Ein ausführliches Verzeichnis der Original- und sekundären Lit. von und über LESSING findet sich in der leicht zugänglichen Rowohlt-Monographie von W. DREWS, Gotthold Ephraim Lessing in Selbstzeugnissen u. Bilddokumenten, 1962. – Zur Ergänzung des hier Gesagten vgl. das Buch des Verf.s: Offenbarung, Vernunft und Existenz. Studien zur Religionsphilosophie Lessing, 5. A. 1967. – Ich zitiere nach der Werk-Ausgabe von Georg Witkowski.

Zur Biographie: Hier mag – außer ganz wenigen Angaben – der Hinweis auf das genannte Werk von DREWS sowie auf die Kurzfassung von C. BERTHEAU in RE 3. A., 11,406ff. und den Artikel von O. MANN in der RGG, 3. A., genügen. – LESSING starb, erst 52 Jahre alt, 1781. Die in ihm sich abspielende Auseinandersetzung zwischen Rationalismus und Orthodoxie, wie sie seine theologischen Schriften durchzieht (vor allem seine Dispute mit dem Hamburger Hauptpastor GOEZE), ist nicht ohne seinen häuslichen Hintergrund zu verstehen. Sein Vater JOH. GOTTFR. LESSING war ein angesehener lutherischer Geistlicher, der neben gelehrten Publikationen auch eine Sammlung pietistischer Lieder herausgegeben hat. Bekannt geworden ist von seinen eigenen Liedern vor allem eines, das das Speisungswunder besingt, und in dem es heißt: „Andreas hat gefehlet, / Philippus falsch gezählet, / wir rechnen als ein Kind; / mein Jesus kann addieren / und kann multiplizieren / auch da, wo lauter Nullen sind.“ – Die alte Gelehrtentradition seiner Familie aktualisierte sich schon in dem jungen Gotthold Ephraim: Bereits als Schüler studierte er in eigener Initiative antike Autoren. Seine bewegte Studentenzeit, die er in Leipzig, Wittenberg und Berlin zubrachte, führte ihn von dem zuerst begonnenen Theologiestudium weg zur Philosophie, Philologie, den Naturwissenschaften und auch zur Medizin. Hier kündigt sich der universale Bildungshorizont an, der uns vor allem in seinen kritischen Schriften begegnet. Lange und ihn prägende Aufenthalte brachte er immer wieder in Berlin zu, ohne daß er – außer als Dramaturg am Hamburger Theater und als Bibliothekar in Wolfenbüttel – je ein eigentliches „Amt" angestrebt hätte. Einen Ruf als Rhetorik-Professor nach Königsberg lehnte er sogar ab. So ist er nirgendwo wirklich ansässig geworden und wirkte vielerorts als freier Schriftsteller, gelegentlich einmal als Mitglied einer Redaktion wie bei der Vossischen Zeitung. Sein persönliches Leben war immer wieder durch permanente Geldnöte belastet, vor allem aber durch den Tod seiner Gattin, mit der er nur fünfzehn Monate eine erfüllte Ehe führte. Er starb in Einsamkeit und Erbitterung, fast erblindet, auf einer unruhigen Reise in Braunschweig. Durch seine großen Dramen vor allem, aber auch durch seine kritischen Schriften zum Theater und zur Religion hat er als einer der ganz wenigen Klassiker bis heute eine kaum verminderte Präsenz, während manche von denen, die zu ihrer Zeit klassischen Rang besaßen (z.B. HERDER, KLOPSTOCK, WIELAND) in der heutigen Bildungswelt kaum noch eine Rolle spielen.

I. Lessings *Ringen um das Verhältnis von Offenbarung und Geschichte*

a) Lessing, *der sokratisch-dialektische Denker*

Obwohl Lessings Denken von einer kristallenen Klarheit und Präzision ist, meint man sich gleichwohl – gerade in seinen kritisch-polemischen Äußerungen zur Theologie – einem verschlungenen Labyrinth gegenübersehen, in dem er selber nur mit Mühe oder gar nicht zu finden ist. Mit den Worten „er selber" meine ich seine persönliche Existenz, meine ich seine eigenen Glaubens-Thesen inmitten der reichen Vielfalt seiner Antithesen. Auch ein jahrzehntelanger Umgang mit ihm entrückt ihn immer wieder in eine geheimnisvolle Ferne, während die Faszination einer trotzdem bestehenden, kaum erklärbaren Nähe nicht nachläßt.

Daß man ihn so schwer in den Blick bekommt, liegt nicht zuletzt an ihm selber. Kierkegaard hat in seiner *Abschließenden unwissenschaftlichen Nachschrift* den Grund dafür ausgeplaudert, wenn er in seiner Liebeserklärung an Lessing sagt: Welches Resultat hat er also gefunden? „O wunderbarer Lessing! Er hat keins, gar keins, da ist auch nicht die Spur von einem Resultat!" Warum nicht? Nun: er ist kein Systematiker, der Wahrheiten in fixierter Form aussprüche, sondern er ist ein existierender Denker, dem die Wahrheit widerfährt, dem sie Ereignis wird und der so eine sehr bewegte *Geschichte* mit der Wahrheit hat. Hierin gleicht er seinem geliebten Sokrates, dessen Entelechie ja ebenfalls dadurch bestimmt war, nicht Wahrheiten einfach zu dozieren, sondern Wahrheiten zu entbinden und durch mäeutische Künste eine je eigene Begegnung mit der Wahrheit auszulösen.

Sokrates sowohl wie Lessing üben das aus, was der dritte im Bunde, nämlich Kierkegaard, einen „Appell" nennt: Sie importieren keine Wahrheiten als Fertigfabrikate, sondern sie lösen die eigene Produktion oder Reproduktion von Wahrheit aus und verhelfen insofern zur Mündigkeit. Sie lassen – wie man heute vielleicht sagen würde – „Existenz" entstehen.

Dadurch gewinnt dieses mäeutische Denken eine polare Struktur: Es setzt sich in Spannung zu demjenigen, dem es sich mitteilt. Und da es unendlich viele Kombinationen dieser Spannung gibt, wird der Denkakt selbst unendlich. Daran liegt es, daß niemand sagen kann, was Sokrates, was Platon, was Luther oder auch was Lessing „an sich" gelehrt hätten, so daß man es ein für allemal in die Formen fixierter Ergebnisse gießen könnte. Sondern jede Generation und jeder Mensch muß neu die Begegnung vollziehen und kann im Grunde nur die eigene dialogische Geschichte mit diesem Gegenüber referieren. Und dieser Dialog hört auch im Leben des Forschers nie auf.

Lessing lebt aber nun vor allem in einem Dialog mit sich selber. Um ihn zu verstehen, müssen wir darum den inneren Raum dieses Selbstgespräches betreten und an ihm teilnehmen. Wie sieht dieser Dialog aus?

Sein Ich, insofern es in die geschichtliche Überlieferung des Christentums hineingebunden ist, redet mit einem anderen Ich, das sich als Vernunftwesen versteht und nur allgemeingültige Wahrheiten, KANT würde sagen: synthetische Urteile a priori, anerkennen kann. So redet der Epiker in ihm mit dem Dramatiker; und auch der Heide in seinem Kopf redet – wie er es einmal ausgedrückt hat – mit dem lutherischen Christen in seinem Herzen. Gerade weil diese Spannungen nicht in voreiligen Synthesen aufgelöst werden, sondern weil er deren polare Glieder streng auseinanderhält, ist LESSINGS Denken ein ausgesprochenes Scheidewasser.

Ein großer Teil seines Denkens läßt sich in diesem Sinn als analytische Scheideunternehmung darstellen, weil er ein Feind aller Kompromisse und Synthesen ist. Ich nenne nur einige solcher Scheideaufgaben:

1. Er verneint die Mixtur von positiver und natürlicher Religion in dem vernünftigen Christentum des REIMARUS und will „beide Lichter" gesondert „fortbrennen lassen".

2. Er unterscheidet zwischen Buchstaben und Geist, zwischen der Religion Christi und der christlichen Religion. Man darf etwa – das ist damit gemeint – das kirchliche Dogma nicht in die Religion Christi zurückzuprojizieren. Man darf normative Gedanken nicht durch ihre historische Genesis legitimieren wollen, um sich durch dieses geschichtliche Alibi dann eine *trügerische* Form der Gewißheit zu verschaffen – trügerisch deshalb, weil man sich so durch eine *Autorität* heteronomisieren ließe und diese Autorität überdies erfände. Wer die neueren Kontroversen über das Problem „historischer Jesus" und „urchristliches Kerygma" kennt, stellt erstaunt fest, in welchem Maße sie bei LESSING präfiguriert sind.

3. Weiterhin differenziert er zwischen zufälligen Geschichtswahrheiten und notwendigen Vernunftwahrheiten; zwischen typisierender Poesie und individualisierender Geschichte.

4. Endlich unterscheidet er noch zwischen den einzelnen Kunstgattungen: Drama und Epos, Tragödie und Komödie.

Nur im Rahmen solcher Differenzierungen versteht man auch den *Dramatiker* LESSING, obwohl das hier nur am Rande zu erwähnen ist, gleichwohl aber doch zur Sache gehört. Er ist nämlich Dramatiker aus zwei Gründen:

Einmal, weil er durch und durch Dialektiker, d.h. ein Mensch des Gespräches ist. Das läßt sich schon am dialogischen Stil seiner Arbeiten beobachten. LESSING arbeitet mit Ausrufe- und Fragezeichen. Durch seine Sätze klingen Beschwörung und Hohngelächter. Er hat immer einen Adressaten. Er ist der absolute Anticartesius: Seine Philosophie ist nicht im Zimmer und ist nicht am Kamin geboren, wo er sie in stillen Stunden aus sich selbst erzeugte, so wie Zeus die Pallas Athene seinem Gehirn entspringen ließ: LESSING hat immer ein Gegenüber. Die Wahrheit ist für ihn kein zeitloser mathematischer Satz, sondern eben etwas, das sich vollzieht, das Ereignis wird und das der Provokation durch die Antithese bedarf, um sein Versteck zu verlassen.

Die Wahrheit ist insofern geschichtlich. Sie west im Zusammenspiel von Partnern. Das bringt die *Erziehung des Menschengeschlechts* zum Ausdruck. Denn hier wird die Wahrheit in einem Prozeß der Kristallisierung schließlich „frei".

Sie hebt sich im Zuge immer neuer Infragestellungen – TOYNBEE würde sagen: von challenges – aus dem Dunkel mythischer Verhüllungen an das Licht der Vernunfthelle. Weil so die Wahrheit ein Widerfahrnis ist, weil sie ein Begegnendes ist, ist das Drama die angemessenste Form seiner Äußerung. Selbst in seinen theologischen Schriften ist er ganz und gar Dramatiker.

Auch hier kann er sich gar nicht anders äußern denn im Dialegesthai. Das geht so weit, daß ganze Partien in seinem *Anti-Goeze* auch formell als Dialoge abgefaßt sind: „Er" – „Ich". Auch daß bei ihm die ständige hermeneutische Frage zu stellen ist, ob er gymnastikós oder dogmatikós rede, ist durch diesen dialogischen Stil seiner Aussage bestimmt. Denn jeder Dialog stellt vor die Frage, ob seine einzelnen Sätze ihren Schwerpunkt in der angesprochenen *Sache* oder aber in dem angesprochenen *Gegenüber* besitzen. Darum ist jeder Gedankengang LESSINGS ein Vexierbild, in dem Gesprächspartner und Sache versteckt und beide gleichzeitig zu einer geschlossenen Figur komponiert sind.

Das *andere* Motiv, das bei ihm zum Drama drängt, ist der Wille zur Synthese, der trotz aller Leidenschaft des Scheidens und Differenzierens ja *auch* zum Zuge kommen muß:

Der Dialektiker seziert und isoliert die Glieder. Der Dramatiker dagegen komponiert und belebt. Wenn wir den dramatischen Vorgang in HEBBELS Wort richtig dargestellt finden, daß das Drama die „tiefere Rekonstruktion des Lebens" sei, so wird man sagen dürfen, daß der Komparativ „tiefer" bei LESSING die Allgemeingültigkeit der Konstruktion bedeutet. Allgemeingültig aber heißt bei LESSING immer: vom Zufall, vom Spiel der Geschichte gereinigt. Das würde in seiner Sprache bedeuten, daß das Drama, indem es den typischen Vorgang, sozusagen das Urmuster des Geschehens, darstellt, über die zufällige Geschichtswahrheit hinausdringt, um die Vernunftwahrheit des Lebens und des Geschichtsprozesses selbst zu suchen. So deutet sich hier ein letzter gemeinsamer Hintergrund seiner theologischen und seiner ästhetischen Konzeption an. Darum habe ich diese Zusammenhänge erwähnt.

b) LESSINGS *Thema: Das menschliche Wesen und seine Gefährdung*

Damit ist in der Tat das Grundthema seiner denkerischen Existenz angerührt. Dieses Thema läßt sich vielleicht so formulieren: Wie kann ich, das Vernunftwesen, mich selbst als Geschichtswesen übernehmen, ohne dabei meine Existenz zu veruntreuen?

Das, was ich hier mit „Existenz" bezeichne, ist bei LESSING dadurch bestimmt, daß ich Träger des Logos bin. Demgegenüber ist die Geschichte das heteronome und irrationale Außen, das die Logos-Struktur meines Wesens bedroht.

Ich muß dieses Grundthema noch einen Augenblick entfalten, damit der Anschein vermieden wird, als gehe es bei dem Stichwort Vernunftwesen um das Phänomen der Aufklärung, die uns historisch entrückt ist und uns nicht unmittelbar angeht, obwohl man im Sinne von WILHELM RÖPKE mit einem gewissen hintergründigen Recht auch sagen könnte, daß wir in der Phase einer erneuten Aufklärung, einer Aufklärung zweiten Grades sozusagen, lebten.

Wenn wir in ein echtes Dialegesthai mit LESSING kommen wollen, müssen wir uns vielmehr klarmachen, daß LESSING zunächst an einer Bestimmung des menschlichen Wesens überhaupt gelegen ist. Ich *habe* nämlich ein „Wesen", GOETHE würde es den Daimon oder die Entelechie nennen. Dieses mein Wesen, mein Ich-Kern also, ist (wie GOETHE es in den orphischen Urworten beschreibt) vielfach von außen her bedroht: durch Tyche, Moira, Eros und anderes. Diese alle wollen meinen Schicksalswagen – ich spiele auf das bekannte Wort im Egmont an – von seiner Bahn ablenken und mein Wesen verbiegen.

Während nun *Goethe* an die Unzerstörbarkeit der menschlichen Entelechie glaubt und dessen gewiß ist, daß sie sich nach allen Erschütterungen wie eine Kompaßnadel immer wieder auf ihre ursprüngliche Wesensrichtung einspielt, ist LESSING *Skeptiker* und sieht sich vor das Risiko gestellt, sein Wesen veruntreuen und also verlieren zu können.

Wir werden gleich sehen, auf welche Weise dieser Wesensverlust eintreten kann. Zunächst aber ist es mir wichtig, daß wir die Frage nach dem Schicksal des menschlichen Wesens bei LESSING überhaupt gestellt sehen.

Daß er dieses Wesen nun genauer als „Vernunftwesen" definiert, ist demgegenüber sekundär. Hier nimmt er einfach das begriffliche Koordinatensystem seiner Zeit in Anspruch. Wir müssen, um in ein sachbezogenes Dialegesthai mit ihm zu kommen, berechtigt sein, auch *unser* Koordinatensystem ins Spiel zu bringen, d.h. wir dürfen hier an die Stelle dessen, was LESSING unter Vernunftwesen begreift, durchaus das setzen, was *wir* je nach unserer Anthropologie und Weltanschauung unter diesem „Wesen" verstehen. Wir dürfen statt dessen sagen: Charakter, Existenz, Essenz, Dasein, Personhaftigkeit oder auch im christlichen Sinne homo spiritualis, geistlicher Mensch.

Dieses mein Wesen ist also gefährdet. Das ist das Entscheidende.

Die Wesensgefährdungen sehen nun je nach der Art, wie ich mein Wesen verstehe, jeweils anders aus: Verstehe ich mein Wesen im Sinne KANTS als sittliche Person, so treten diese Gefährdungen in Erscheinung als Heteronomie, als Diktatur der Sinnlichkeit, als Hörigkeit gegenüber fremdem Willen und als Eudämonismus. Verstehe ich mein Wesen im Sinne HEIDEGGERS oder SARTRES als Existenz, so ist die Gefährdung so etwas wie Preisgegebenheit an das Man oder Fixierung durch „die Andern"; oder sie bedeutet die Oktroyierung einer fremden essentia. Verstehe ich es im Sinne LESSINGS als Vernunftwesen – wobei Vernünftigkeit viel mehr ist als Intellektualität; doch das kann ich hier nicht zeigen –, dann ist die Gefährdung durch die Geschichte, durch den Bereich des zufällig Andrängenden, des fremden und mich vergewaltigenden Stoffes gegeben.

Denn dadurch, daß ich in einer lebendigen Geschichte und Tradition stehe, werden mir ja bestimmte Werte und Geltungen als Selbstverständlichkeiten suggeriert: Wenn ich dafür Beispiele einem Fundus völlig anderer Provenienz, als er bei LESSING zu finden ist, entnehmen darf, könnte man sagen: Vielleicht lebe ich in einer Monarchie und meine, daß es nur eine feudale Gesellschaftsordnung gebe. Vielleicht lebe ich im bolschewistischen Kraftfeld und meine, daß der dialektische Materialismus das selbstverständliche Axiom jeder wissenschaftlich begriffenen Weltsicht sei.

Das alles sind dann nicht *meine* Überzeugungen; denn *ich* habe sie ja gar nicht produziert; sie sind nicht der Überbau *meiner* Existenz. Vielmehr denkt ein anderes durch mich hindurch; fremde Werte und fremde Willensimpulse haben einen Brückenkopf auf dem Terrain meines Ich gebildet. Und während ich dauernd von außen gesteuert werde, meine ich, ich bewegte mich aus eigener Kraft und in selbstgewählter Richtung.

Darum ist die Geschichte mit ihren an mich herangetragenen Geltungen eine heteronome Größe, die mein eigenes Wesen zu *vergewaltigen* droht. Und so muß ich mich mit meiner Geschichte denn auseinandersetzen, wirklich „aus-ein-ander"- und von ihr ab-setzen, um „ich selbst" zu werden. Sie wird mir so zu einer Provokation, zu einer mäeutischen Herausforderung, die mich nötigt, mich entweder selbst zu finden oder aber vollends in sie zu verlieren. (In seiner Frühschrift *Vom Nutzen und Nachteil der Historie* hat übrigens NIETZSCHE diese Auseinandersetzung mit der Geschichte klassisch beschrieben.)

c) Die Geschichte als Macht der Gefährdung

Für LESSING wurde dieses Problem der Vergewaltigung durch die andrängende und gleichsam „entselbstende" Geschichte nun in einer sehr existenziellen Weise akut. Es stellt sich ihm nämlich in *der* Weise, daß das, was er als christliche Überzeugung empfangen hatte, damit in Frage gestellt sein mußte. Das ist unschwer einzusehen:

Die christliche Botschaft hat ja die Struktur eines „Berichtes". Die Bibel ist ein Geschichtsbuch, das uns Nachrichten über Geschehnisse, also über Geschichtliches, vermittelt: über Botschaften Gottes („So spricht der Herr"), über Taten von Menschen und Wunder der Heilung, der Sündenvergebung, der Totenerweckung.

Inwieweit kann es mir nun erlaubt sein, letzte, für meine Existenz entscheidende Aussagen und Antriebe aus solchem geschichtlichen Stoff zu empfangen? Das ist die Frage, mehr noch: das ist LESSINGS *Lebens*problem.

Erstens: Wenn ich als Vernunftwesen um den maximalen Grad von Urteilssicherheit weiß, sagen wir einmal um die Sicherheit von logischen Urteilen: kann mir dann noch die fragwürdige Sicherheit einer bloß historischen Nachricht genügen? Kann ich etwa auf unkontrollierbare Nachrichten über einen angeblich auferstandenen Gottessohn meine Existenz gründen?

Wenn es um die letzte Sinnbegründung meiner Existenz, wenn es um mein ewiges Schicksal geht, muß ich mich doch *absolut* verhalten. Steht diese Nötigung, mich absolut zu verhalten, aber nicht in Widerspruch zu der dezidiert relativen, der eben *nur* relativen Sicherheit, die mir historische Mitteilungen über ein *angeblich* Geschehenes vermitteln können?

Die hier erreichbare Gewißheit ist ja durch drei entscheidende Momente eingegrenzt und scheint damit in einen unerträglichen Widerspruch zu der Unbedingtheit einer certitudo zu treten, wie sie Glaubensüberzeugungen eignen müßte:

a) Einmal nämlich ist diese aus der Geschichte empfangene Gewißheit doch dadurch eingegrenzt, daß sie nicht von *meiner* rationalen Entelechie produziert, sondern als die Behauptung *anderer* – etwa als Behauptung erlebter Wunder – nur von außen „importiert" ist.

b) Ferner: Historische Vergewisserung vollzieht sich im Unterschied zu mathematischen Einsichten, zu exemplarischen Vernunftwahrheiten also, nur in Approximation, in Annäherungswerten, und hat darum höchstens den Rang bloßer Wahrscheinlichkeit.

c) Endlich ist noch ein Letztes festzuhalten (mit diesem Gesichtspunkt hat übrigens ERNST TROELTSCH die Infragestellungen LESSINGS zu Ende gedacht): Was historisch verifizierbar sein und mir also gewiß werden soll, muß den Kriterien der Analogie, der Kausalität und der Immanenz genügen. Der Analogie insofern, als es in der Geschichte nichts Einmaliges gibt, das prinzipiell nicht auch woanders vorkommen könnte; der Kausalität insofern, als sich kein ursachloses Geschehen denken läßt; und der Immanenz insofern, als unser Bewußtsein unfähig ist, ein Geschehen zu registrieren, das aus dem objektivierbaren Geschehensgefüge grundsätzlich herausfiele. – Dann aber scheint sich doch das, was mir als geschichtlicher Grund der christlichen Wahrheit zugemutet wird, jeder Verifizierung zu entziehen! Denn die Auferstehung Christi etwa – und damit die Achse des christlichen Dogmas – ist analogielos und „einmalig", sie ist in keinen Kausalfluktus und kein immanentes Geschehensgefüge einzuordnen.

Auf diese umstürzende und alles in Frage stellende Verlegenheit deutet LESSING mit seiner berühmten These, daß zufällige Geschichtswahrheiten nicht den Grund für notwendige Vernunftwahrheiten abgeben könnten. Diese Radikalität seiner Frage muß man in sich aufgenommen haben.

Das ist also der erste, der *erkenntnistheoretische* Teil der Frage Lessings nach dem Verhältnis von menschlichem Selbst und Geschichte.

Es ergibt sich aber noch eine *zweite* Stufe dieser Frage:

Kann nun ein Glaube, *falls* er überhaupt so aus geschichtlichen Mitteilungen entstehen könnte, jemals meine eigene Überzeugung werden? Wird er nicht zu einem Nachplappern dessen werden, was andere vor mir geglaubt haben? (ALEXANDER SCHWEIZER sagte im vorigen Jahrhundert das schon zitierte Wort: „Einst haben die Väter ihren Glauben bekannt. Jetzt aber mühen sich die Theologen vielfach ab, den Glauben der Väter zu glauben." Sie vollziehen also glaubend nicht ihre eigene Existenz, sondern sie kriechen in fremde Existenzen und geben ihr Rollenspiel dann als Bekenntnis, als *originales* Bekenntnis aus.) Das ist der zweite und existentielle Teil jener Frage.

So verschlingen sich erkenntnistheoretische und existentielle Gefährdungen bei der Begegnung des Menschen mit der Geschichte – und das alles in der äußersten Potenz, wenn das *Christentum* eben diese Geschichte ist, die mir begegnet.

Ich möchte diese doppelseitige Gefährdung an einem bekannten Zitat aus der Schrift *Über den Beweis des Geistes und der Kraft* von 1777 verdeutlichen:

„Ein anderes sind Wunder, die ich mit meinen Augen sehe und selbst zu prüfen Gelegenheit habe; ein anderes sind Wunder, von denen ich nur historisch weiß, daß sie andere wollen gesehen und geprüft haben.
Das ist doch wohl unstreitig? Dagegen ist doch nichts einzuwenden?
Wenn ich zu Christi Zeiten gelebt hätte, so würden mich die in seiner Person erfüllten Weissagungen allerdings auf ihn sehr aufmerksam gemacht haben. Hätte ich nun gar gesehen, ihn Wunder tun; hätte ich keine Ursache zu zweifeln gehabt, daß es wahre Wunder gewesen: so würde ich zu einem von so lange her ausgezeichneten, wundertätigen Mann allerdings so viel Vertrauen gewonnen haben, daß ich willig meinen Verstand dem seinigen unterworfen hätte; daß ich ihm in allen Dingen geglaubt hätte, in welchen ebenso ungezweifelte Erfahrungen ihm nicht entgegen gewesen wären.
Daran liegt es: daß Nachrichten von erfüllten Weissagungen nicht erfüllte Weissagungen, daß Nachrichten von Wundern nicht Wunder sind. *Diese,* vor meinen Augen erfüllten Weissagungen, die vor meinen Augen geschehenen Wunder, wirken *unmittelbar. Jene* aber, die Nachrichten von erfüllten Weissagungen und Wundern, sollen durch ein *Medium* wirken, das ihnen alle Kraft benimmt."

Man erkennt von hier aus, daß die LESSINGsche Gegenüberstellung von zufälliger Geschichtswahrheit und notwendiger Vernunftwahrheit doch einen *radikaleren* Sinn und einen *größeren* Ernst besitzt, als man im allgemeinen denkt, wenn man hier überheblich von „Aufklärerei" spricht und die Herrschaft eines platten Rationalismus am Werke sieht. Gewiß: Wir können als Christen sein Wort von der zeitlosen Vernunftwahrheit so nicht nachsprechen. Als These ist das Wort eine unmögliche Beschreibung dessen, was jemals und immer christlicher Glaube bedeutet hat.

Aber wie steht es mit dem Charakter dieses Wortes als Antithese gegen die zufällige Geschichtswahrheit? Genauer lautet die Frage LESSINGS an uns dann so: Muß das Christentum nicht in der Tat degenerieren und in seiner Substanz angetastet werden, wenn es an den Buchstaben der historischen Chroniken hängt (weil es dann nämlich nicht mehr vom Vertrauen auf die Wahrheit lebt, sondern weil es statt dessen zu einer fides historica, zu einem krampfhaften historischen Für-wahr-Halten entartet und also nur unter einem ständig wiederholten sacrificium intellectus et conscientiae aufrechterhalten werden kann)?

d) Der Irrweg der Orthodoxie: Falsche Vergewisserungen

Hier rührt LESSING in der Tat an die eigentliche Wunde der Orthodoxie, die ihm in der sehr respektablen Gestalt des Hamburger Hauptpastors GOEZE entgegentrat. Eine Theologie, die in der fides historica verhaftet ist, muß in der Tat ja insofern degenerieren, als sie nun ihre gesamte Kraft auf die Aufgabe versammeln muß, den historischen Buchstaben zu retten, und zwar ohne Rücksicht auf Verluste, auch auf den Verlust der intellektuellen Redlichkeit. Sie muß also krampfhaft apologetisch werden.

Die Illustration dessen hat uns die neuere Theologiegeschichte geliefert und hat damit manches von dem bestätigt, was LESSING vorausgesehen hat: Wir brauchen nur an die Apologetik der sogenannten „positiven" Theologie der Jahrhundertwende zu denken, die den christlichen Glauben stehen und fallen sah mit der Tatsache, daß wirklich die vier Evangelisten ihre Evangelien selbst geschrieben hätten, und die darum in wahrhaft verblendeter Energie den Nachweis zu erbringen versuchte, daß etwa der Jünger Johannes der Verfasser des vierten Evangeliums sei. Man braucht nur an die Angst dieser Theologie vor der „Legende" zu denken und an die entsprechenden Versuche, den Glauben durch historische Konstruktionen und durch eine verkrampfte Historisierung legendärer Stoffe zu retten.

Dieselbe apologetische Verkrampfung beobachten wir auch im Verhältnis der Orthodoxie zur Naturwissenschaft: etwa dann, wenn der Versuch gemacht wurde, die naturwissenschaftliche Theorie von der Affenabstammung des Menschen ihrer theologischen Bedrohlichkeit dadurch zu berauben, daß man nun mit dilettantischen biologischen Argumenten auf gewisse Brüche in der Kontinuität der Entwicklung vom Tier zum Menschen hinweist und sich über jeden Knochen freut, der noch zum Erweis jener Kontinuität fehlt, weil man so die biblische Schöpfungsgeschichte zu retten meint.

Wenn die Verheißung des Glaubens gilt, so ruft ausgerechnet LESSING der Theologie ins Gewissen, daß die Hölle ihn und die Gemeinschaft der Glaubenden nicht überwältigen darf, wenn also auch die Hölle der historischen und der naturwissenschaftlichen Anfechtung diese Überwältigung nicht erreichen soll, dann ist es zweifellos Unglaube, wenn man nun seinerseits diese Hölle überwältigen möchte und wenn man also – ohne Bild gesprochen – die historische Fundamentierung des Glaubens mit Gewalt, mit Verkrampfung und insofern intellektuell unredlich herzustellen sich bemüht.

Dieses Moment der Unwahrhaftigkeit und zugleich auch der Ungläubigkeit wirft LESSING im Grunde dem Hauptpastor GOEZE vor. Er spielt also nicht einfach die Vernunft gegen den Glauben, sondern er spielt den vor der Vernunft verantworteten Glauben gegen den Unglauben aus. Das ist, so dünkt mich, eine erstaunliche Feststellung! Bitte: LESSING nimmt gegenüber dem Hauptpastor GOEZE, gegenüber dem Vertreter des kirchlichen Glaubens also, nicht die Vernunft, sondern den Glauben in Schutz und bekämpft den Pastor von St. Katharinen so auf dem Boden seiner eigenen Voraussetzungen. Herr GOEZE soll nicht nur *einsehen,* sondern sich auch ein bißchen *schämen.* Inkonsequenz gegenüber den eigenen Prämissen ist ja schließlich ein pudendum! „Die mögen sich schämen, welche die Verheißung ihres göttlichen Lehrers haben, daß seine Kirche auch von den Pforten der Hölle nicht überwältigt werden soll, und einfältig genug glauben, daß dieses nicht anders bestehen könne, als wenn sie die Pforten der Hölle überwältigen." Der Unglaube liegt hier nach LESSING darin, daß die Hölle, in diesem Falle die historische Anfechtung, zur Gegenfront für menschliche Unternehmungen und taktische Mätzchen wird. Man organisiert dann eine apologetische Hilfsaktion für den ohnmächtigen Gott. Ein anderes Mal ruft LESSING aus: „Wann wird man aufhören, an den Faden einer Spinne (eben an solche historischen Mätzchen!) die ganze Ewigkeit aufhängen zu wollen?"; wann wird man also aufhören, die Unbedingtheit des Glaubens auf das Bedingte zu gründen?

Ich wüßte nicht, wo Lessing unseren heutigen Fragestellungen, wie sie seit TROELTSCH und KÄHLER, seit BARTH und BULTMANN im Schwange sind, näher wäre.

Die Gewißheit des Glaubens ist also nicht durch die historische Kritik, sondern durch die Sucht nach falschen Vergewisserungen gefährdet. „O, ihr Toren" – ruft er dem Hauptpastor GOEZE und seinen Gesinnungsgenossen zu –, „die ihr den Sturmwind gern aus der Natur verbannen möchtet, weil er dort ein Schiff in die Sandbank vergräbt und hier ein anderes am felsigen Ufer zerschmettert! O, ihr Heuchler! denn wir kennen euch! Nicht um diese unglücklichen Schiffe ist euch zu tun, ihr hättet sie denn versichert: euch ist lediglich um euer eigenes Gärtchen zu tun; um eure eigene kleine Bequemlichkeit, kleine Ergetzung. Der böse Sturmwind! da hat er euch ein Lusthäuschen abgedeckt, da die vollen Bäume zu sehr geschüttelt. Da eure ganze kostbare Orangerie in sieben irdenen Töpfen umgeworfen. Was geht es euch an, wieviel Gutes der Sturmwind sonst in der Natur befördert? Könnte er es nicht auch befördern, ohne eurem Gärtchen zu schaden? Warum bläset er nicht bei eurem Zaune vorbei?"

Der Sturmwind der historischen Kritik, die Offensive der Redlichkeit gegen die zufälligen Geschichtswahrheiten, hat also auch sein Gutes, meint LESSING. Dieser Sturmwind ist schöpferisch und heilend für den, der sich in diesen Sturm zu stellen wagt, gerade weil er nun wie ein zerstörendes Unwetter in die ganze Armada der Orthodoxie, und d.h. der konkreten Gestalt des klerikal und historisch sich sichernden Christentums, hineinfährt. Wer über diesen Sturmwind schimpft und sich in den Windschatten hineinbegibt, verrät damit nur, daß er einer geheimen pragmatischen Tendenz frönt, nämlich seinen Glauben wie einen Naturschutzpark zu hüten und zu konservieren. Dieses Privatinteresse an einem verwendbaren, gleichsam griffigen Christentum ist aber nicht das Fundament der Wahrheit, auf das allein Glaube gegründet sein kann: „Auf diesen Schlamm, auf diesen Schlamm, großer Gott! wenn auch einige Goldkörner darunter wären, versetzt trotzig und keck mein Nachbar das vollendete Gebäude seines Glaubens!"

Das, was mir die letzte Gewißheit gibt, muß also mein persönlicher subjektiver Besitz, muß von mir „angeeignet" sein, muß *meine* Wahrheit sein. Das, was mir von außen versichert und zugesprochen wird und was insofern im Bannkreis des Kontingenten bleibt, kann niemals den Grund meiner Gewißheit, meines Glaubens und damit meines ewigen Schicksals bilden.

e) LESSINGs *Begriff der Subjektivität*

So stoßen wir im Zusammenhang mit der Frage der Aneignung auf das Problem der *Subjektivität*. Die Theologie und Philosophie der Neuzeit, ganz besonders die des 19. Jahrhunderts, haben nun zwei verschiedene Ausprägungen dieses Begriffes vollzogen. Wenn man diese beiden Ausprägungen verstanden hat, so hält man, meine ich, gleichsam den roten Faden in Händen, der einen durch das Labyrinth dieser Epoche der Geistesgeschichte geleiten kann.

Die prophetische Kraft der Problemstellungen LESSINGS wird daran deutlich, daß jene Ausprägungen der Subjektivität bei ihm bereits erkennbar sind:

Der *erste* Begriff der Subjektivität ergibt sich aus der Frage: Wer bin ich – und wie muß infolgedessen die Wahrheit aussehen, die ich mir anzueignen vermag? Die Antwort darauf lautet bei LESSING: Ich bin ein Vernunftwesen und kann mich darum weder auf Autoritäten noch auf außervernünftige Zufälligkeiten gründen. Der Gegensatz zur Autorität ist das autonome Verstehen und die eigene Einsicht. Der Gegensatz zum Zufälligen ist das Notwendige.

Der *zweite* Begriff der Subjektivität ist völlig anderer Art. Er ergibt sich aus der Frage: Was ist Wahrheit – und wie muß ich mich infolgedessen verhalten, damit ich sie mir aneignen kann? Die Antwort auf diese Frage läßt sich mit Hilfe der Ringparabel aus dem *Nathan* geben:

Die Gewißheit darüber, welches der echte unter den drei Ringen sei, läßt sich aufgrund des exakten Befundes nicht objektivieren. Das liegt daran, daß die hier in Frage stehende Wahrheit ihrem Wesen nach nicht Inhalt eines objektiven Befundes, sondern daß sie ein mich ergreifendes Ereignis ist. Das Wesen des echten Ringes besteht nämlich nicht in seiner dinglichen Vorfindlichkeit, nicht in dem also, was ein Juwelier durch die Lupe oder durch chemische Reagenzien diagnostizieren kann, sondern das Wesen des echten Ringes besteht in seiner Fähigkeit, etwas zu bewirken und in meinem Leben zu vollziehen: nämlich mich „vor Gott und Menschen angenehm zu machen".

Diese seine Fähigkeit ist in der Tat objektiv nicht diagnostizierbar. Diese Fähigkeit ist vielmehr nur daran zu erkennen, daß ich mich seiner Wirksamkeit aussetze und mit ihm „kooperiere", mich also „verhalte" und etwas Bestimmtes „werde". Gerade die objektive Ungewißheit über den echten Ring entbindet die subjektive Leidenschaft der Vergewisserung und provoziert darum das Mittun.

Die Antwort auf die in der zweiten Form der Subjektivität angeschnittene Wahrheitsfrage muß also lauten: Es geht nicht um eine objektive, sondern um eine existentielle Wahrheit. Ich muß mich darum mitmachend und in „leidenschaftlicher Innerlichkeit" zu ihr verhalten, damit ich sie mir aneignen kann.

Die Folge des *erst*genannten Begriffes der Subjektivität besteht darin, daß das Christentum an das religiöse und ethische Subjekt angeglichen wird. Das ist auf der theologiegeschichtlichen Linie zwischen SCHLEIERMACHER und RITSCHL und auch darüber hinaus in sehr verschiedenen Variationen tatsächlich der Fall. Hier wirkt die ontologische und die erkenntnistheoretische Entdeckung des Subjekts, wie sie DESCARTES und KANT je auf ihre Weise gewannen, nach. Der Mittler zwischen den philosophischen Formen dieses Subjektverständnisses und ihrer theologischen Anwendung, vermittels deren das Christentum an den Verstehensbereich des Menschen assimiliert wird: dieser Vermittler ist – LESSING.

Die Folgen des *zweit*genannten Begriffes der Subjektivität werden dagegen von KIERKEGAARD ausgezogen. Die christliche Wahrheit, so argumentiert KIER-KEGAARD, ist von einer ganz bestimmten Qualität: Sie besteht nicht in objektiven dogmatischen Lehrsätzen, die ich einsehen könnte oder die ich für wahr halten müßte, sondern die christliche Wahrheit besteht in einer *Person,* die von sich sagt: „Ich bin die Wahrheit", und der ich also vertrauen muß. Zwischen einem Lehrsatz und einer Person ist natürlich ein unendlicher qualitativer Unterschied. Das drückt sich vor allem darin aus, daß von beiden unsere Subjektivität in völlig verschiedener Weise beansprucht wird:

Ein *Lehrsatz* erhebt Anspruch auf Allgemeingültigkeit. Das bedeutet: die Subjektivität ist für ihn austauschbar. Die objektive Wahrheit vergleichgültigt also die Subjektivität. Sie geht über Liebe, Haß und Leidenschaft völlig hinweg. Sie verlangt nicht von mir, daß ich mich in einem bestimmten Sinne zu ihr „verhalte" oder mitmache. Objektivität bedeutet wirklich im strengen Sinne „Interesselosigkeit" und also ein Verhalten sine ira et studio. – Bei der *Person* dagegen, die die Wahrheit ist, ist das ganz anders. Hier kommt gerade alles auf mein Verhalten an, z.B. auf das Verhalten der Liebe, des Vertrauens oder auch des Hasses.

Insofern spielt die Subjektivität, die „Innerlichkeit" mit. Gerade wenn ich von einer Person, etwa von einem geliebten Menschen, objektiv nichts oder wenig weiß (KIERKEGAARD gebraucht dieses Beispiel in seiner „Einübung im Christentum"), wenn ich z.B. bei einem Menschen, den ich liebe oder dem ich vertraue, beobachte, daß sein Handeln für mich undurchsichtig, vielleicht sogar fragwürdig ist, und daß mein objektivierender Geist keine auflösende Formel mehr für diesen Widerspruch findet, dann gewinnt mein Verhalten zu ihm, meine Innerlichkeit, gerade die höchste Leidenschaft. In dem Maße, wie mir Gott nicht objektiv zur Verfügung steht – weder in dem Sinne, daß ich ihn in einer historischen Offenbarung zuhanden hätte, noch so, daß ich in den Phänomenen der Vorsehung ihn selbst zu greifen und evident zu machen vermöchte –, spannt er die Intensität meines Glaubens aufs äußerste an und beansprucht damit meine Subjektivität höchstgradig. Die Wahrheit liegt hierbei nicht im Gegenstand, sondern im *Verhältnis* zu diesem Gegenstand. Es kommt nicht darauf an, ob etwas objektiv wahr „ist", sondern ob ich mich wahr, d.h. angemessen zu ihm „verhalte", ob ich in der Wahrheit „bin". Christlich gesprochen ist dieses Verhältnis der Glaube.

Es ist nun nicht schwer, auch zwischen dieser *zweiten* Gestalt der Subjektivität, also zwischen dieser Position KIERKEGAARDs und derjenigen LESSINGs gegenüber der Wahrheit eine Verbindung zu erkennen. Das Wahrheitsverständnis in der Ringparabel zeigt ja die gleiche „Leidenschaft der Innerlichkeit" und die gleiche „objektive Ungewißheit" wie die Wahrheit des Glaubens bei KIERKE-GAARD. Beide Male ist Wahrheit nicht als ein geltendes und aussagbares Etwas begriffen, sondern als ein Vorgang, als etwas, das sich in mir entbindet. Von da aus fällt der stärkste Akzent nicht auf das Fazit der dabei herausspringenden und fixierbaren Wahrheit, sondern auf den *Weg,* den ich gehen muß, und auf das Engagement, dem ich mich hingebe. So sagt LESSING in der Duplik: „Nicht die Wahrheit, in deren Besitz irgendein Mensch ist oder zu sein vermeinet, sondern die aufrichtige Mühe, die er aufgewandt hat, hinter die Wahrheit zu kommen, macht den Wert des Menschen aus. Denn nicht durch den Besitz, sondern durch die Nachforschung der Wahrheit erweitern sich seine Kräfte, worin all seine immer wachsende Vollkommenheit bestehe. Der Besitz macht ruhig, träge, stolz." Das objektive Wissen kann ich in den Archiven meines Bewußtseins ablegen; ich kann es auf sich beruhen lassen, weil es sich in der Tat selber trägt und weil *ich* es nicht zu tragen, zu verantworten und bekennend dafür einzustehen habe.

f) LESSING *als Vorläufer* KIERKEGAARDS

JASPERS hat diese verschiedenen Weisen der Wahrheit und damit auch die verschiedenen Weisen des *Verhaltens* zur Wahrheit symbolisch an den Positionen GALILEIS und GIORDANO BRUNOS aufgewiesen:

GALILEI vertritt eine objektive Wahrheit. Wenn er sie verleugnet und also dem Engagement ausweicht, so verletzt das diese Wahrheit nicht, weil sie von keiner Subjektivität abhängig ist, die sich mit ihr identifiziert. Er kann also wirklich widerrufen und gleichzeitig (wenigstens nach der Legende) ironisch sagen: „Und sie bewegt sich doch!" Er kann das nämlich im Wissen darum tun, daß seine astronomische Wahrheit sich kraft ihrer objektiven Evidenz auch ohne ihn, ohne den Anwalt einer bekennenden Subjektivität, durchsetzen wird.

GIORDANO BRUNOS panentheistische (Weltanschauungs-)Wahrheit dagegen ist *nicht* objektiv, sondern sie wird in einem ganz bestimmten Weltverhalten, in der „Existenz" frei. Infolgedessen ist sie schicksalhaft mit diesem Verhalten verknüpft. Versagt sich hier die Existenz, so wird die Wahrheit selbst tödlich angetastet; sie bedarf des ihr zugeordneten, für sie einstehenden Zeugen. Darum darf GIORDANO BRUNO *nicht* widerrufen.

Die Wahrheit sitzt hier also in der engagierten Subjektivität. An anderer Stelle sagt LESSING: „Wenn Gott in seiner Rechten alle Wahrheit und in seiner Linken den einzigen, immer regen Trieb nach Wahrheit, obschon mit dem Zusatze, mich immer und ewig zu irren, verschlossen hielte, und spräche zu mir: ‚Wähle!' ich fiele ihm mit Demut in seine Linke und spräche: ‚Vater, gib! die reine Wahrheit ist ja doch nur für dich allein!'" Dieser Satz ist nicht einfach „faustisch" zu verstehen, wie man das gerne tut. Und ebensowenig möchte er die weiße Fahne der Kapitulation gegenüber einer unbedingten, einer *letzten* Wahrheit hochziehen. Vielmehr will er nur einen Hinweis auf den *Weg* dieser Art von Wahrheitsfindung sowie auf die *Struktur* dieser Wahrheit bringen: Diese Struktur ist nicht ein objektives Gewebe, sondern ein „Verhältnis", das meine *Beziehung* zur Wahrheit bestimmt.

Es ist erstaunlich, wie sich hier buchstäblich jedes Wort in die Terminologie KIERKEGAARDS übersetzen läßt: Der immer rege Trieb ist die „unendliche

Leidenschaft der Innerlichkeit"; und der Zusatz: „mich immer und ewig zu irren" ist die genaue Umschreibung dessen, was KIERKEGAARD die „objektive Ungewißheit" nennt. Der Satz endlich: daß der Besitz der Wahrheit träge und stolz mache, ist das genaue negative Gegenbild dessen, was KIERKEGAARD in der *Abschließenden unwissenschaftlichen Nachschrift* als das *Werden* des existenziellen Denkers bezeichnet: „Während das objektive Denken das Resultat alles sein läßt und der ganzen Menschheit behilflich ist, durch Abschreiben und Ableiern des Resultats und des Fazits zu betrügen, läßt das subjektive Denken alles auf das Werden ankommen und läßt das Resultat aus, teils weil das gerade dem Denker gehört, indem er den Weg geht, teils weil er als Existierender beständig im *Werden* ist, was doch jeder Mensch ist, der sich nicht verführen ließ, objektiv zu werden, unmenschlich in Spekulationen zu werden."

Ist es nicht – wenn wir ihm aus *dieser* Richtung des Denkens und Befragens nahen – ein ganz *anderer* LESSING, der uns hier anblickt, einer, der wenigstens in bestimmten Augenblicken seines Denkens die Aufklärung hinter sich gelassen hat, einer, den man mit deistischen Kategorien überhaupt nicht mehr angemessen versteht, sondern den man von KIERKEGAARD aus interpretieren müßte?

Das mag uns noch zu der letzten Frage führen, ob nicht der berühmte Aussagestil gerade in den theologischen Schriften LESSINGS von der so erarbeiteten Position aus zu verstehen sei. Sowohl LESSING selbst wie seine Zeitgenossen haben darauf hingewiesen und teilweise darüber gejammert, daß er sich nicht „dogmatikōs", sondern immer nur „gymnastikōs" ausdrücke, daß es also keinen Fixpunkt seines Denkens gebe, bei dem man ihn behaften könnte. Ich habe selbst am Anfang davon gesprochen, daß sich gerade hierin das Dialegesthai der LESSINGschen Mitteilungsweise melde. Es liegt aber nahe, nicht nur ein *methodisches* Problem in dieser Mitteilungsweise zu sehen. Das gymnastikōs stellt keinen nur taktischen Trick dar und ist auch mehr als ein Ausdruck des *dramatischen* Elementes in LESSINGs Denken. Vielmehr scheint dieser Stil der Aussage durch seinen Wahrheitsbegriff selbst bestimmt zu sein. „Gymnázein" heißt üben, einüben. Die Wahrheit, zu der man sich verhält, in der man „ist", und die man also nicht bloß „kennt", muß eingeübt, sie kann keineswegs als bloßes Fazit ausgesagt werden.

So ist LESSING im Grunde, im letzten Grunde, kein Prediger und kein Lehrer und erst recht kein spekulierender Philosoph, sondern er ist ein Exerzitienmeister, er ist jemand, dem es um ein geistiges Training geht, innerhalb dessen die Wahrheit zur Erscheinung kommen, als alétheia zur Entbergung kommen soll. Er ist in mancher Hinsicht ein Socrates redivivus. Dieser Exerzitienmeister hat schulmeisterliche Augenblicke, er kann auch manchmal platt rationalistisch sein, und gelegentlich verführt ihn die faszinierende Fülle seiner gedanklichen und sprachlichen Mittel zum Spiel. Aber er ist *mehr* als dies alles, was er *auch* ist. Er ist ein Mensch, dessen Existenz an allen Ecken und Enden über seine Formeln hinausschießt. Darum ist er der Prophet und Initiator kommender Entwicklungen gewesen. Und ein Prophet weiß selbst oft nicht alles, was er sagt. Darum muß ein Prophet immer von den Erfüllungen her verstanden werden, die oft größer sind als er selber.

Und alles, was die folgenden Epochen der Theologie gedacht haben – bis auf den heutigen Tag! –, das sind immerhin Variationen eines Themas, das LESSINGS geistiges Ohr vernommen und das er dann angeschlagen hat.

Wir können nur weiter denken, wenn wir dieses Thema im Ohr haben. Und wie *könnten* wir dieses Thema in uns bewegen, ohne zugleich diesem redlichsten aller Denker einen Platz in unseren Herzen zu gönnen, dann aber vielleicht auch mit einem freundlichen Nicken den Hauptpastor GOEZE zu grüßen.

II. LESSINGS *Ringen um das Verhältnis von Offenbarung und Vernunft*

a) *Verwirrende Widersprüche in seinen Äußerungen*

Nicht der *Charakter* LESSINGS schwankt in der Geschichte, wohl aber die Meinung über das, was er in seinen theologischen Schriften als „seine" christliche Wahrheit verstanden hat: War er ein Aufklärer à la REIMARUS und dann auch ein Esoteriker à la REIMARUS? Der hatte seine innere Emanzipation, seine Emigration aus dem corpus christianum ja, wie wir sahen, für sich geheimgehalten, weil er der Meinung war, seine Zeitgenossen seien diesem Wissen noch nicht gewachsen. Was war also LESSINGS wahre und eigene Meinung in puncto Christentum? Und was steht hinter seinem Satze, daß er „mit dem Kopf ein Heide", „mit dem Herzen aber ein lutherischer Christ" sei? Wie bringt er beides zusammen? Gibt es überhaupt eine solche Synthese oder bleibt beides unverbunden nebeneinander stehen?

Der Kern der Problematik scheint mir darin zu bestehen, daß das Unbedingte, das Absolute der Wahrheit, für LESSING nicht in der *Geschichte* auftauchen kann, weil diese Geschichte nur eine Akkumulation von Zufälligkeiten und Irrationalitäten ist. Unbedingte Wahrheit kann allein im Horizont der *Vernunft* auftauchen. Da im Mittelpunkt des Christentums aber nun eine „geschichtliche" Offenbarung, also ein Bericht von Geschehenem und Widerfahrenem steht, rückt diese Wahrheitsquelle unter das gleiche Verdikt jener „Zufälligkeiten" und erlaubt so keinen Zugang zum Unbedingten, jedenfalls keinen *unmittelbaren* Zugang. Diese Resignation gegenüber einer nur geschichtlich vermittelten Wahrheit scheint hinter LESSINGS schon erwähntem Satz zu stehen, daß zufällige Geschichtswahrheiten niemals der Beweis von notwendigen Vernunftwahrheiten werden könnten[1], und daß hier der „garstige, breite Graben" klaffe, über den er nicht kommen könne, sooft und ernstlich er auch den Sprung versucht habe. „Kann mir jemand hinüberhelfen, so bitte ich ihn, ich beschwöre ihn. Er verdienet einen Gotteslohn an mir."[2]

---

[1] 7,22.
[2] 7,84.

LESSING will also offenbar beides – Vernunft und Geschichte – miteinander verbinden; er will (der Intention nach) seine Identität als Vernunftwesen bewahren, ohne aber die christliche, auf Geschichte gegründete Tradition preiszugeben.

Wie aber soll das möglich sein? Wer sich Zitate zu dieser Polarität aus seinem Schrifttum zusammensucht, sieht sich bald einer großen Hilflosigkeit überantwortet, weil er einer Summe widersprechender Aussagen gegenübersteht. Wir begegneten diesem Faktum bereits, als wir über den Dialektiker und Sokratiker in LESSING sprachen.

So kann er sich im Anti-Goeze ausdrücklich von dem Vernunftglauben des REIMARUS distanzieren und darauf hinweisen, er habe „nie das geringste geschrieben oder öffentlich behauptet, was mich dem Verdachte aussetzen könnte, ein heimlicher Feind der christlichen Religion zu sein."[3] Dann wieder gibt es Äußerungen (von GOEZE begierig aufgegriffen), wie sie sich etwa in dem allerdings etwas apokryphen JACOBI-Gespräch finden. Dort gebärdet er sich pantheistisch, will von transzendenten Interventionen nichts wissen und möchte sich „alles natürlich ausgebeten haben".

Genauso verwirrend wie dieser unser erster Eindruck ist auch der Blick in die sekundäre LESSING-Literatur, wo die Interpreten meist einen der beiden Standpunkte als die *eigentliche* Meinung LESSINGS herausstellen, in der Regel den aufklärerischen REIMARUS-Standpunkt. Vielfach oszilliert ihre Deutung auch zwischen beiden Positionen. Das wird dann dadurch erklärt – wir erwähnten das –, daß LESSINGS Denkstil eben nicht „dogmatikōs" sei, so daß er in „thetischer" Form seine Meinung kundgäbe, sondern „gymnastikōs". Er sei ein Sokratiker, der mit der eigenen Stellungnahme eben hinter dem Berge halte, sich geradezu verstelle, um durch allerhand Provokationen und in der geliebten Rolle des advocatus diaboli bei seinem Gesprächspartner bestimmte Reflexionsvorgänge anzukurbeln und dadurch eine *eigene* Position in ihnen zu entbinden.

Wieder eine andere Deutung der vorliegenden Widersprüche spricht von LESSINGS höchst dramatischer Entwicklung, die ihn bald an dieser, bald an jener Position vorüberführe und so das Bildnis eines leidenschaftlich Suchenden vermittle. Doch das alles verfängt nicht. Ganz abgesehen davon, daß diese vermeintliche Entwicklung LESSINGS dann einer steilgezackten Fieberkurve gliche und ihn in geringsten zeitlichen Abständen das Gegenteil des eben noch Gesagten äußern ließe – ganz abgesehen davon, sage ich, finden sich beide Positionen sogar inmitten einer einzigen, obendrein seiner am meisten „systematischen" Schrift. Ich meine seine „Erziehung des Menschengeschlechts". Dort kann in den Paragraphen 4 und 77 beides hart nebeneinander stehen. Ich komme später darauf zurück.

---

[3] 7,269.

b) *Der historische und der rationale Wahrheitsbegriff*
 in seiner jeweiligen Begrenztheit

Ich versuche nun in dieser Frage so weiterzukommen, daß ich in heuristischer
Absicht zunächst die *These* aufstelle: *Offenbarung und Vernunft haben bei* LES-
SING *eine Art komplementärer Bedeutung.* Keine der beiden Instanzen – transzendente Offenbarung oder immanente Vernunfteinsicht – ist von *sich* aus imstande,
letzte Gewißheit zu vermitteln. Es bedarf stets einer Bestätigung der einen durch
die andere Instanz.

Dies also meine vorläufige These.

Die Tatsache zunächst, daß die im Modus der Geschichtlichkeit auftauchende
Offenbarung von sich aus keine letzte Gewißheit zu zeitigen vermag, ergibt sich
für LESSING – ebenso übrigens wie für REIMARUS – aus erkenntnistheoretischen
Erwägungen über den Gewißheitsgrad historischer Einsicht überhaupt.

Ich erinnere dafür noch einmal an den Kernsatz in seinem „Beweis des Geistes
und der Kraft"[4]: „Ein anderes sind Wunder, die ich mit meinen Augen sehe und
selbst zu prüfen Gelegenheit habe: ein anderes (dagegen) sind Wunder, von
denen ich nur historisch weiß, daß sie andre wollen gesehn und geprüft haben."

Die Offenbarung kann folglich schon *darum* nicht Trägerin letzter Gewißheiten sein, weil sie mir keineswegs selber – als Inhalt einer aktuellen Erfahrung –
zuteil wird, sondern weil sie durch den historischen Träger in die Mittelbarkeit
gerückt und in ihrer historischen Sicherheit nur bedingt kontrollierbar wird.

Durch diese Mittelbarkeit rückt die Sicherheit des Offenbarungsinhaltes auf
die Stufe der Wahrscheinlichkeit, bloßer Approximation also. „… Denn daß die
Zeugnisse, worauf sie sich gründet (nämlich die geoffenbarte Religion) glaub-
würdige Zeugnisse sind, kann höchstens doch nur *höchstwahrscheinlich* gemacht
werden."[5]

Wie aber kann ich – so hat MARTIN KÄHLER einmal gefragt – eine unbedingte
Gewißheit des Glaubens, wie kann ich ein fundamentum vitae in einer prinzipiell
bedingten Gestalt der Vergewisserung sehen können? Ja noch mehr: In seinem
„Nachlaß" heißt es einmal bei LESSING: Je mehr die Religion die Autorität einer
Offenbarungsaussage in Anspruch nehme, sich also geschichtlich-übergeschicht-
lich abzusichern versuche, um so *verdächtiger* wirke sie gerade auf ihn[6].

So steht die Offenbarungswahrheit an innerer Sicherheit aus zwei Gründen
hinter der Vernunftwahrheit zurück: einmal um der historischen Mittelbarkeit
willen, in welcher sich der Offenbarungsträger befindet (Grad der bloßen Wahrscheinlichkeit!); und sodann, weil die derart nur wahrscheinliche – und insofern
irgendwie nur autoritativ hingenommene – Offenbarungstatsache in sich selber
wiederum „zufällig", kontingent und darum nicht a priori überzeugend sein
kann.

---

[4] 7,79ff.
[5] 6,417.
[6] 6,417.

Deshalb also kommt es zum rationalen Gewißheitsdefizit der zufälligen Geschichtswahrheiten gegenüber den notwendigen Vernunftwahrheiten; *deshalb* gibt es den „garstigen, breiten Graben", den zu überqueren er sich vergeblich bemühte.

Dies alles bedeutet bei LESSING aber keinesfalls eine grundsätzliche Disqualifizierung der Geschichtswahrheit gegenüber der Vernunftwahrheit. Es besagt vielmehr nur, daß die Beweisgründe beider Wahrheiten prinzipiell heterogen sind. Ebenso nämlich, wie der Satz gilt, daß zufällige Geschichtswahrheiten der Beweis von Vernunftwahrheiten nicht werden können, gilt auch der umgekehrte, daß Vernunftwahrheiten nie beweiskräftig und umfassend genug sind, um sie als Offenbarungswahrheiten auszugeben und sich allein auf sie zu gründen. Denn die Offenbarung enthält auch mancherlei Wahrheiten, die der Vernunft nicht erreichbar sind und sie deshalb zu einer „gewissen Gefangennehmung" (!) zwingen.

Mögen also gewisse Vernunftwahrheiten zweifellos evident sein, so wird diese Evidenz doch in *dem* Falle fehlen, wo die Vernunftspekulation sich auf Wahrheiten erstreckt, die einer bestimmten *metaphysischen* Region angehören, die damit „ihren Begriff übersteigen" und die, wenn sie als *Offenbarungs*wahrheiten von außen an die Vernunft herantreten, gerade zu jener angedeuteten „Gefangennehmung der Vernunft" nötigen.

Diese Gefangennehmung aber bedeutet Verzicht auf die Beweiskraft, jedenfalls hinsichtlich bestimmter Bereiche. Sie bedeutet zugleich einen Verzicht auf den Anspruch, in jenen Bereichen weiterzudringen als bis zum bloßen Postulat. Das Fehlen jener Evidenz (oder positiv ausgedrückt: der bloße Postulatcharakter der erreichbaren Einsichten) bedeutet, *subjektiv* ausgedrückt, das Fehlen der *Gewißheit*.

c) Das komplementäre Verhältnis beider Wahrheitsbegriffe

Damit stehen Vernunft- und Offenbarungswahrheit, wenn sie voneinander isoliert und für sich betrachtet werden, prinzipiell auf der gleichen Stufe der Ungewißheit.

Was die *Vernunft* anbelangt, so geht das insbesondere hervor aus der Unsicherheit und der bloßen Postulathaltung, über die ihre autonomen Unsterblichkeitsspekulationen nie hinausdringen können: Der Vernunft von sich aus ist es nämlich nicht möglich, bloß aufgrund der „ungleichen Austeilung der Güter dieses Lebens" den „strengsten Beweis für die Unsterblichkeit der Seele und für ein anderes Leben" zu gewinnen[7]. Jene ungleiche Güterverteilung bzw. ihre Beurteilung durch die Vernunft führt faktisch – wie die Kantische Lehre vom höchsten Gut es explizit und besonders prägnant zeigt – höchstens zum Postulat. Das Vernunftpostulat gewinnt den Charakter der Gewißheit erst durch das Hin-

---

[7] Erz.d.M. § 28.

zukommen eines analogen Offenbarungsinhaltes, der – für sich betrachtet und isoliert von der ratio – gleichfalls „unsicher" geblieben wäre: In dem Augenblick, wo zum „Postulat" der Unsterblichkeit die entsprechende Verkündigung *Christi* kommt, wird die Lehre „zuverlässig"[8].

Zur *Gewißheit* (zur „Zuverlässigkeit,,) ist also stets eine Korrelation des Vernunft- und des Offenbarungspartners notwendig. Sobald Gott „einmal erkannt" ist, d. h. sobald die Korrelation zwischen der Offenbarung Gottes und der Sinnerfassung der Offenbarung durch die Vernunft hergestellt ist, kann man ihm nicht mehr „untreu" werden, d. h. man kann aus der Gewißheit über ihn und seinen Anspruch nicht mehr herausfallen[9]. Kann diese erforderliche Korrelation jedoch *nicht* hergestellt werden, so bleiben die entsprechenden Wahrheiten in der Unsicherheit des Postulates stecken. Das zeigt die Lehre von der *ewigen Wiederkehr* am Schluß der „Erziehung des Menschengeschlechts", für die ein Offenbarungshinweis fehlt und die darum über die Fragehaltung nicht hinausdringen kann[10].

Offenbarung und Vernunft sind so bei Lessing – das sei als Resultat markiert – aufeinander hin geschaffen und zu einem unlöslichen Sinnzusammenhang gefügt. Das ging schon aus dem metaphysischen Axiom des Erziehungsbuches hervor: Denn dieses besagte, daß die gemeinsame Geschichte von Vernunft und Offenbarung nur beschrieben werden kann mit Hilfe einer fortgeschrittenen, d. h. mit Hilfe einer offenbarungsmäßig *erzogenen* Vernunft.

So ist das korrelative Ineinander von Vernunft und Offenbarung nicht nur der zu beschreibende *Gegenstand* des Systems, sondern es ist diesem als Sinnvoraussetzung bereits *vorgegeben*. Dieser metaphysische Hintergrund ist es so letztlich, der die Gewißheit nur an Wahrheiten entstehen läßt, die auf jenes letzte korrelative Ineinander zurückgehen.

Wir können dies Ineinander – in Verbindung mit dem Gewißheitsproblem – abschließend so formulieren:

Die *Offenbarung* bedarf, um gewiß zu sein, eines testimonium rationis in Gestalt ihrer Einsehbarkeit und ihres Eingesehenwerdens. Die *Vernunft* bedarf für gewisse religiös – metaphysische Bereiche der bestätigenden Offenbarung. Letzte Gewißheiten bringt somit nur der zweite Teil der Geschichte, in dem die geschehenen Offenbarungswahrheiten einsichtig werden, d. h. wo die Vernunft die Offenbarung „erhellt", und damit die Korrelation zu ihrer Vollständigkeit gelangt. „Die Offenbarung hatte (im ersten Teil) seine Vernunft geleitet, und nun erhellte die Vernunft auf einmal seine Offenbarung."[11]

---

[8] Erz.d.M. § 58.
[9] Erz.d.M. § 40.
[10] § 94.
[11] § 36.

d) Die Vernunft als Repräsentantin des ganzen Menschen, nicht nur des rationalen Sektors

Bei dieser Erhellung der Offenbarung durch die Vernunft (d. h. bei jenem testimonium rationis) ist nun zu bedenken, daß „Vernunft" hier den *ganzen Menschen* repräsentiert, daß es sich folglich nicht bloß um eine im engeren Sinn „rationale" Sinndeutung des Offenbarungsgehalts, sondern vielmehr um eine „Einstimmung" des ganzen Menschen mit ihm handelt. So kann LESSING die Wahrheit des Offenbarungsinhaltes und damit die subjektive Gewißheit sich darin bezeugen sehen, daß der Mensch ihn als wahr *„empfindet"*, daß er sich so „selig in ihm *fühlet"*[12].

Hier zeigt sich in bemerkenswerter Weise ein geistesgeschichtliches Moment: *daß die Aufklärung nämlich in diesem ihrem LESSING-Stadium keineswegs bloß die Repräsentantin einer isolierten Rationalität, sondern daß sie die Repräsentantin menschlicher Existenz überhaupt ist* – auch wenn deren Eigenschaft, Vernunftwesen zu sein, ihre vornehmste Signatur bildet. Die Vernunft deckt aber menschliche Existenz nicht in ihrer *Gänze* ab. Diese behält vielmehr etwas Überschießendes, das auch bei ihrem Gewinn von Wahrheitsgewißheit wirksam wird.

Dieses Überschießende ist das, was LESSING hier als „Empfindung" und als „seliges Gefühl" der Geborgenheit bezeichnet. Darin nimmt er vorweg, was SCHLEIERMACHER später mit seinem religiösen Selbstbewußtsein meint, nämlich mit dem Gefühl „schlechthinniger Abhängigkeit" (also wieder einem „Gefühl"), und was TROELTSCH noch später als „Erlebnis" umschreibt.

Es gibt auch für LESSING Formen einer religiösen Vergewisserung von einer Weite – einer *existenziellen* Weite –, der gegenüber die ratio nur als Provinz erscheint, wenn auch als eine Provinz, die die Hauptstadt der Humanität auf ihrem Gelände hat. Die Gewißheit, die dieses testimonium rationis bzw. die Einstimmung des totalen Menschen herbeiführt, kann hierbei so unbedingte Formen annehmen, daß sie schließlich sogar gleichgültig gegen die Zuverlässigkeit *historischer* Bezeugung wird, genauer: daß sie die Korrelation mit der Historie infolge der subjektiven Gewißheit als schlechthin gegeben und nicht mehr kontrollbedürftig ansieht: „Wenn der Paralytikus die wohltätigen Schläge des elektrischen Funkens *erfährt* (!): was kümmert es ihn, ob Nollet oder ob Franklin oder ob keiner von beiden recht hat?"[13]

Diese Verachtung *historischer* Gegenargumente spricht auch aus der These, daß eine historische Begründung ruhig falsch sein könne – wie sogar ein mathematisches Schlußverfahren möglicherweise irrig wäre –, wenn nur die herausspringende Wahrheit richtig sei[14]. Das „geometrische Theorem" des EUKLIDES, meint er, ist von der autoritativen Bindung an seinen historischen Urheber ablösbar, ja gänzlich von ihr unabhängig. Darum wäre es auch unnötig und ge-

---

[12] 7,54.
[13] 7,54.
[14] Über den Beweis ..., 7,85.

wissermaßen widersinnig, wenn der Disput über die historische Grundlage einer Wahrheit in eins gesetzt würde mit einem Meinungsstreit über die Wahrheit selber. Die Gewißheit einer evidenten Wahrheit bleibt davon völlig unberührt[15]. Diese Form unmittelbarer Gewißheit, die sich an der Evidenz der Wahrheit genügen läßt, ohne den geglaubten Gegenstand von seinem „apokryphen" oder „historischen" Charakter abhängig zu machen[16], deutet keimhaft auf übergeschichtliches Denken.

Jene Gewißheit bewahrt ihre Unabhängigkeit aber auch gegenüber dem *rationalen* Einwand – ein erneutes Symptom dessen, daß das testimonium rationis weit über den Umkreis bloß „rationaler" Spekulation hinaus die Einstimmung der *totalen* Person zum Ausdruck bringt: „Wenn man auch nicht imstande sein sollte" – kann Lessing sagen –, „alle die Einwürfe zu heben, welche die Vernunft gegen die Bibel zu machen so geschäftig ist, so bliebe dennoch die Religion in den Herzen derjenigen Christen unverrückt und unverkümmert, welche ein inneres *Gefühl* von den wesentlichen Wahrheiten derselben erlangt haben"[17]. Das testimonium sentiendi ist hier zur Substanz jener Einstimmung geworden, die in der Korrelation von Mensch und Offenbarung den Gipfel religiöser Gewißheit zu zeitigen vermag und darum – auch für Lessing! – einer rationalen Kritik gegenüber nicht mehr anfällig ist. Hier kommt es zu einem nicht mehr infragezustellenden rocher de bronze der Wahrheit.

Diese beiden Formen, in denen die „Gewißheit" einen unzersetzbaren Hort gegenüber historischen und rationalen Argumenten bildet, sind das eindringlichste Indiz für das gleichsam komplementäre Verbundensein von Vernunft- und Offenbarungswahrheit.

e) Die bleibende Transzendenz der Offenbarung und ihres Vernunftgehaltes

Aus dem Problem der subjektiven Gewißheit, das durch den Gedanken der Komplementarität gelöst wird, ergibt sich zugleich ein weiteres Problem; ich meine die Frage, wie der *Wahrheits*begriff zu bestimmen sei, der jener Gewißheit entspricht.

Im ersten Augenblick scheint diese Frage leicht eine Antwort zu finden. Denn da die allgemeingültige *Vernunft*wahrheit das Ziel der Geschichte ist, so scheint sich der Wahrheitsbegriff allemal auf den rationalen, vom Ziel her bestimmten Kern des Offenbarungsinhalts zu erstrecken.

Dieser Vernunftkern scheint um so leichter feststellbar zu sein, als die Offenbarungswahrheit, die nachher in freischwebende vernünftige Ideen übergehen soll, schon in der „Gegenwart", d.h. in der noch geschehenden Geschichte, an jener übergeordneten, freischwebenden Wahrheit orientiert sein muß: „Die Reli-

---

[15] So im „Beweis des Geistes und der Kraft".
[16] 7,85.
[17] 7,185.

gion ist (auch jetzt schon) nicht (deshalb) wahr, weil die Evangelisten und Apostel sie lehrten: sondern sie lehrten sie, weil sie wahr ist ... Auch das, was Gott lehrt, ist nicht wahr, weil es Gott lehren *will*: sondern Gott lehrt es, weil es wahr ist."[18] Wer die Dogmengeschichte kennt, wird sich hier an den thomistisch-skotistischen Streit erinnern fühlen und dabei feststellen, daß Lessing eher auf die Seite des Thomas von Aquin gehört. Jedenfalls tritt hier der geschilderte rationale Kern deutlich hervor. Denn Lessing charakterisiert den Offenbarungsinhalt ganz klar als Funktion einer rationalen Wahrheitsidee, die von ihrer geschichtlich bedingten und darum gebrochenen Gestalt abgelöst werden kann.

Die Gleichgültigkeit gegenüber allen nur historischen Begründungen, sobald es um letzte Gewißheit und letzte Vergewisserung geht: diese Gleichgültigkeit spiegelt sich hier in der Objektivität des Wahrheitsbegriffes wider.

Damit scheint das Problem des Wahrheitsbegriffes zunächst gelöst zu sein: Das Problematische daran rührte nur daher, daß ein objektives und zeitloses Sein – nämlich das geschichtsjenseitige Zeitalter des Evangeliums der reinen Vernunft – in die Gebrochenheit geschichtlicher Prozesse einging. Das wurde vom Herrn der Geschichte deshalb so verfügt, meint Lessing, damit diese „ewige" Wahrheit sich geschichtsgebundenen Wesen akkommodieren, sich ihrem Erkenntnis-Status angleichen könne – und damit sie so *zugleich* ein Stimulanz für deren eigene selbsttätige Entwicklung bilde.

Hierbei geht es also keineswegs um den Dualismus heterogener Elemente; d.h. um den Dualismus zweier miteinander unvereinbarer Wahrheitsbegriffe. Vielmehr ist durch den Vernunftgehalt des Dogmas ja ein *Kontinuum* zwischen dem Äon der geschichtsgebundenen und dem Äon unmittelbarer Vernunftwahrheit gegeben. Auch die in der Geschichte versteckte und im Wechsel ihrer Äußerungsformen schillernde Wahrheit bleibt ja transparent für die eigentliche Pointe, die sich im Eschaton der Geschichte enthüllen wird. Ein alle Zeitalter durchwirkendes Wahrheits-Kontinuum ist somit unverkennbar.

Doch wird diese Bestimmung des Wahrheitsbegriffes bei Lessing durch folgende Erwägungen wieder zweifelhaft:

1. Solange die Geschichte läuft – auch in ihren fortgeschritteneren Stadien –, ist der rationale Offenbarungskern, also der Gehalt an zeitlos objektiver *Wahrheit*, auf keinen Fall in grundsätzlicher Allgemeinheit verfügbar. Denn sonst wäre durch ein simples Abstraktionsmanöver das Vernunftzeitalter ja augenblicklich herstellbar und die Offenbarung im Vollsinne damit entmächtigt. Lessing spricht statt dessen aber im Vorbericht von einer „weiten Ferne", durch die er von der Vernünftigkeit jener Wahrheit noch geschieden sei. Statt dessen bleibt die faktisch verfügbare Wahrheit auf allen Stufen der noch laufenden Geschichte eine Kompilation aus zwei Größen, deren keine sich von der andern durch den Hinweis auf eine beide überwölbende Rationalität ausstechen läßt:

Die *erste* jener beiden Größen ist die Offenbarung, soweit sie bereits von dem religiösen Subjekt „verstanden" und seiner Vernunft einsichtig geworden ist, so-

---

[18] 7,214.

weit dieses Subjekt also um sie „*weiß*" oder auch eine gefühlsmäßige Einstimmung mit ihr erreicht hat. Sie ist demnach eine in Vernunftwahrheit eben erst umgemünzte Offenbarungswahrheit.

Die *zweite* Größe ist die Offenbarungswahrheit, sofern sie der Vernunft noch *voranschreitet* und sie so transzendiert, sofern sie also noch „geglaubt" und noch *nicht* „gewußt" wird.

Damit steht die Offenbarung für LESSING an jedem beliebigen Punkt der noch nicht bei ihrem Telos angekommenen Geschichte teils unter, teils über dem „Wasserspiegel" der Vernunft. Die Objektivität des Wahrheitsbegriffs wird also aufs neue durch die Subjektivität des Betrachters zweifelhaft: Denn da diese der Geschichtlichkeit ebenso eingeflochten ist wie die im Dogma gegenständlich gegebene Wahrheit, so ist der rationale Kern des Dogmas – dessen Erkenntnis allein einen zeitlos objektiven, weil kontinuierlichen Wahrheitsbegriff zeitigen könnte – in Wirklichkeit gar nicht von jener Subjektivität her einsichtig.

Der *Standort* des Betrachters in der Geschichte manifestiert hier wiederum seine schicksalhafte Bedeutung im LESSINGschen Denken. Und zugleich wird der tiefe Zusammenhang seines Systems hier offenbar: Denn die gleiche Tatsache des geschichtlichen Standortes, die hier den Begriff einer objektiv zeitlosen, kontinuierlichen Wahrheit unmöglich macht, bildet zugleich den systematischen Grund für die Aufspaltung des LESSINGschen Denkens in eine exoterische und eine esoterische Komponente. In beidem zeigt sich ja das gleiche Phänomen: Beide Male sind der Denkakt und der Denkinhalt von der geschichtlichen Subjektivität des Betrachters mitbestimmt und dadurch inkonstant geworden. Zeitlos objektive und damit „absolute" Inhalte lassen sich so im Raum der Geschichte nicht denken, weder durch Herausstellung des im Dogma letztlich intendierten Wahrheitsgehaltes noch durch Herausstellung des Esoterischen inmitten exoterischer Hüllen.

2. Ferner wird die Herausstellung eines objektiven Wahrheitsbegriffs durch folgende Erwägung zweifelhaft:

Die Offenbarung ist als historisches Faktum, als „Geschichtswahrheit" – wie wir sahen – für LESSING stets mit dem Charakter der „Zufälligkeit" und der Singularität belastet im Gegensatz zu den „notwendigen" und allgemeinen Vernunftwahrheiten. Damit wird die Frage nach der Allgemeingültigkeit einer Wahrheit auf neue Art erschwert. Denn nicht nur, daß hier die von der Subjektivität bedingte Schwierigkeit besteht, im Singulären das Allgemeingültige, im exoterisch Gegenwärtigen das esoterisch Zukünftige zu sehen, es kommt vielmehr noch erschwerend hinzu, daß *mehrere* singuläre, „zufällige" Geschichtswahrheiten *neben*einander auftauchen und behaupten können, die allgemeingültig objektive Wahrheit je *in sich* zu tragen. Dies Problem wird dann aktuell, wenn mehrere singuläre historische Offenbarungen konkurrierend nebeneinander stehen und jenen Primat-Anspruch erheben. Das ist, in religionsphilosophischer Abstraktheit und Schärfe formuliert, das tiefste Problem der Ringparabel in *Nathan dem Weisen*. Mit diesem Hinweis muß ich mich hier begnügen.

f) Die Abhängigkeit der Wahrheit vom geschichtlichen Standort des Beobachters

Damit wird das Problem der „objektiven Wahrheit" bei LESSING voll deutlich:

Im Innern der Geschichte, d. h. am Ort der Existenz, ist von „objektiver", zeitentbundener Wahrheit nur insoweit die Rede, als die Offenbarung schon ein Stückweit rational durchdrungen oder wenigstens dem religiösen Gefühl in seiner „Bedeutsamkeit" aufgegangen ist. Sie wäre bis dahin schon „eingesehen". Und klar wäre so auch, daß das in der Offenbarung gesetzte Telos nicht *nur* am Ende der geschichtlichen Evolution auftaucht. Insoweit würde schon jetzt, jedenfalls hie und da, das Vernunftzeitalter angebrochen sein.

So ist z. B. für LESSINGS geschichtlichen Standort bereits der objektive Wahrheitsgehalt des Satisfaktionsdogmas in seiner völligen Zeitentbundenheit einsichtig (eingeschränkt freilich auch hier durch die tastende Fragehaltung, in der die Objektivität entgegengenommen wird). Die Zeitentbindung der anderen Dogmen wird noch „erwartet"; die Objektivität ihrer Geltung ist noch nicht erschienen.

Theoretisch dagegen, d. h. *außerhalb* des Ortes der geschichtlichen Existenz, ist die objektive Wahrheit *aller* Offenbarungsinhalte potentiell schon ersichtlich, eben weil der Ort ihrer geschichtlichen Relativierung bekannt ist. „Potentiell" freilich nur deshalb, weil jener objektive Wahrheitsinhalt vorläufig allein hinsichtlich seines „Daß" postuliert wird, in seinem konkreten „Wie" dagegen noch uneinsichtig ist. Sollten – fragt LESSING – im Neuen Testament, dem wir noch nicht entwachsen sind und dessen objektiver, zeitloser Geltungsinhalt insofern noch uneinsichtig ist, „nicht noch mehr dergleichen Wahrheiten vorgespiegelt werden, die wir als Offenbarungen so lange anstaunen sollen, bis sie die Vernunft aus ihren anderen ausgemachten Wahrheiten herleiten und mit ihnen verbinden" lernt[19], m. a. W.: bis jener objektive Geltungsinhalt ersichtlich geworden und von der Autorität seiner Verkündigungsform ebenso lösbar geworden ist wie ein „geometrisches Theorem" von der Autorität des EUKLIDES?[20]

Die objektive, die absolute Wahrheit existiert also für den zu theoretischer Betrachtung Fähigen, für das „fortgeschrittenere Individuum", nur als „Erwartung" und als „Frage": als *Erwartung* insofern, als die Tatsache, als das „Daß" des objektiven Wahrheitsgehalts aufs bestimmteste postuliert ist und darum vom Fortschritt in der Zeit erwartet wird; als *Frage* aber insofern, als das „Wie", d. h. der konkrete Wahrheitsinhalt noch unbekannt ist; denn noch ist ja die Vernunft unvermögend, den Offenbarungsgehalt aus ihren „anderen ausgemachten Wahrheiten herzuleiten und mit ihnen zu verbinden".

Die Existenz objektiver Wahrheit besitzt so – fassen wir zusammen – die gleiche Sicherheit wie die Existenz des Vernunftzeitalters; nur daß sie im Jetzt beide nicht über die Gestalt der Gebrochenheit und der Vorläufigkeit hinausdringen.

---

[19] Erz.d.M. § 51.
[20] AaO. § 72.

Damit ist das Verhältnis von „zufälliger Geschichtswahrheit" und „notwendiger Vernunftwahrheit", das in der Schrift An den Herrn Direktor Schumann zu Hannover[21] erfragt und im Erziehungsbuch beantwortet ist, in grundsätzlicher Schärfe aus LESSINGS Systemansatz *selbst* eruiert.

g) Die Lösung der Widersprüche: Zwei verschiedene Vernunftbegriffe
    Die empirische Vernunft und die Vernunft „an sich"

Wir haben die Wahrheit, wie LESSING sie versteht, nun in ihren verschiedenen Dimensionen beobachtet: *einmal* als Wahrheit im Sinne zeitloser und insofern unbedingter Geltung; *sodann* als eine Wahrheit, die sich dem Druck der Geschichte aussetzt und die hier – gemäß den verschiedenen Reifestadien der Menschheit – zuerst in mythischer Verschlüsselung, als Bilderschrift sozusagen, auftaucht, dann aber stufenweise von ihrem geschichtlichen Träger frei wird, um schließlich im Eschaton in ihrer unmittelbaren, nicht mehr verhüllten Evidenz zu erscheinen.

Von dieser Schau der Dinge her fällt nun auch ein Licht auf den früher aufgezeigten Widerspruch zwischen den §§ 4 und 77 der „Erziehung des Menschengeschlechts".

Wir erinnern uns: Nach § 4 gibt die Erziehung (sprich: die transzendente Führung des Menschengeschlechts, die „Offenbarung") „dem Menschen nichts, was er nicht auch aus sich selbst haben könnte"; sie gibt es ihm nur „geschwinder und leichter". Sie antizipiert nur die mögliche eigene, die immanente Entwicklung des Menschen, aber sie überbietet sie nicht. In § 77 dagegen heißt es, die Offenbarung enthalte zugleich Eröffnungen über das göttliche und auch das menschliche Wesen, auf welche die „menschliche Vernunft von sich selbst *nimmermehr* gekommen wäre". Sie soll also Momente enthalten, die den Aktionsradius der Vernunft grundsätzlich und bleibend transzendieren. Sie eröffnet insofern auch Wahrheiten, die dem Zugriff der Vernunft ein für allemal entzogen bleiben.

Wie ist dieser Widerspruch aufzulösen? Ist er überhaupt aufzulösen? Mir scheint für diese Frage nun Eines entscheidend zu sein:
An beiden Punkten liegt ein jeweilig anderes Vernunftverständnis vor. Im 4. Paragraphen ist unter „Vernunft" ein transzendental allgemeines Vermögen verstanden, das auf der Subjektseite der zeitentbundenen objektiven Wahrheit entspricht. Der Terminus „Vernunft" ist somit in ähnlichem Sinne gebraucht, in dem KANT etwa von der Kritik „der" Vernunft – d.h. nicht einer bestimmten, empirisch gegebenen, sondern *der* transzendentalen Vernunft schlechthin – spricht.

Da nun, wie wir fanden, bei LESSING das Ziel der Offenbarungsgeschichte die objektive zeitlose Wahrheit war, die von der historischen Verknüpfung mit dem

---

[21] 1777: „Über den Beweis des Geistes und der Kraft".

Mythus loslösbar ist, so könnte mit demselben Recht auch jenes Geschichtsziel als die Befreiung zu der rein transzendentalen, von empirisch historischen Schlacken gereinigten Vernunftgestalt beschrieben werden. Damit wäre nichts anderes gesagt als dies, daß der Sinn des LESSINGschen Geschichtsprozesses letztlich darin besteht, die religiösen Inhalte von der Verhaftung an gegenständliche Geschichtszusammenhänge zu befreien und in das Subjekt und seine Autonomie zu verlegen. Insofern ist das von der Offenbarung letztlich Intendierte und in ihr Enthaltene nichts, was „die" Vernunft in irgendwelcher Gestalt überragte und ihr insofern unerreichbar wäre. Die Offenbarung ist ebenso wie die empirisch verzerrte und in historische Nivellierungen abgestufte Vernunft nur eine höchst vergröbernde Umschreibung der platonischen Idee der Vernunft.

Im Hinblick auf den zeitlos geltenden Geschichtsertrag rückt somit die Vernunft (der „Zögling"!) keineswegs unter, sondern neben und über die Offenbarung. Daher rührt die prinzipielle Gleichstellung beider im 4. Paragraphen. Die Annahme dieser Gleichstellung ist offensichtlich berechtigt, wenn der transzendentale („platonische") Vernunftbegriff zugrunde gelegt wird.

Von hier aus ist das Postulat dann völlig sinnvoll, jedenfalls von LESSINGS Ansatz her, daß die Vernunft, sich selbst überlassen, an jenes gleiche Ziel gelangen müsse, dem sie faktisch durch den erziehenden Offenbarungsakt zugeführt wird. Denn jenes Ziel ist sie ja letztlich *selber* in ihrer transzendentalen Unmittelbarkeit, d. h. als Korrelat zu der objektiven Wahrheit, die als Ertrag der zielgerichteten Geschichte entspringen soll.

Daß dies aber nur ein *Postulat* ist, geht daraus hervor, daß es nach LESSINGS Erziehungsbuch eine „sich selbst überlassene" Vernunft de facto gar nicht *gibt*, weil es keine Vernunft „gibt", d. h. weil die platonische Idee der Vernunft nur endgeschichtlich existiert und insofern im Jetzt eben *nicht* existiert. Da die Vernunft innerhalb der Geschichte selbst nur eine geschichtliche und gerade keine absolute Vernunft, keine Vernunft „an sich" ist, kommt die Möglichkeit, daß sie, „sich selbst überlassen", gleichfalls ans Geschichtsziel gelangen würde, de facto gar nicht in Betracht. Denn sie wäre ja in der Gestalt, in der sie „sich selbst überlassen" werden könnte, gar nicht die Vernunft „an sich", sondern irgendeine empirische, von der Geschichte gebrochene Vernunft.

Von hier aus wird zugleich die Stellung zu § 77 klar. Während der 4. Paragraph – rein theoretisch – von einer Möglichkeit autonomer Selbstentfaltung *„der"* Vernunft – die als solche ja gar nicht existiert! – redet, spricht der 77. Paragraph von der faktischen, d. h. der *geschichtlichen* Unmöglichkeit jener Selbstverwirklichung. Denn die Unfähigkeit der Vernunft, von sich aus auf „nähere und bessere Begriffe vom göttlichen Wesen, von unserer Natur, von unseren Verhältnissen zu Gott" zu kommen und den jahrmillionenlangen Irrweg einer Selbstentfaltung zu vermeiden, ergibt sich aus der empirisch geschichtlichen Gestalt der Vernunft. In der „Praxis" hätte sowohl das Einzelindividuum wie das Menschengeschlecht nur einen umgrenzten quantitativen *Grad* jener Vernunft, aber nicht eine ihrem transzendentalen Begriff *adäquate* Gestalt der Vernunft hervorgebracht.

Damit ist klar geworden, daß die abweichenden Aussagen über die Frage, ob die Vernunft das Geschichts-Telos von sich aus erreichen könnte, zu erklären sind aus dem Dualismus der beiden in LESSINGS Weltbild vorwaltenden Vernunftbegriffe:

Sofern an die transzendentale Vernunft gedacht ist, mußten alle von der Offenbarung intendierten Ziele *grundsätzlich* auch von jener selbst zu erreichen sein, da sie bzw. die von ihr erkannte „objektive Wahrheit" das Ziel aller Offenbarungswege ist.

Sofern dagegen an den geschichtlichen Schatten jenes „platonischen" Urbildes der Vernunft gedacht ist, wird die *Grenze* aller empirischen Selbstentfaltung ersichtlich. Und da für LESSING die Vernunft in erster Linie ein *geschichtlicher* Begriff ist, da LESSING eben von dem konkreten Gegebensein der Vernunft und nicht von dem ungeschichtlichen Urbild ihres An-sich her denkt, wird für ihn der Deus ex machina der Offenbarung schlechthin unvermeidlich, wenn die Dualität der beiden Vernunftbegriffe die einheitliche Sinnstruktur des Daseins nicht sprengen soll.

Noch einmal klingt hier – wir dürfen sagen: am innersten Ansatz der Weltbetrachtung LESSINGS – *der Fragecharakter seines Denkens* auf.

Vielleicht ist der rettende Akt der Offenbarung selbst nur ein Postulat, so wie der Deus ex machina, den die Tragödie gebar, gleichfalls ein Postulat und ein metaphysischer Hilferuf ist. Vielleicht ist er selber (jener rettende Akt der Offenbarung) nur die mythische Versöhnung der ausweglosen Dualität des Daseins – wie der „heilige, verstoßene Spinoza" sie anderwärts suchte und durch die Verlegung der Wirklichkeit in Gott und des empirisch Bewegten in die zeitlose Ruhelage der Substanz zu gewinnen strebte.

Aber auch wenn das Erziehungsbuch so zum Postulat und zum Hilferuf würde oder zu einem Sprung, mit dem der greise Kämpfer ein letztes Mal den „garstigen, breiten Graben" zu überwinden strebt, so hat jene spannunglösende Offenbarung nur Sinn, wenn sie als aktuell transzendente verstanden wird: Denn die Schwere jener Dualität war ja darin beschlossen, daß sie vom Menschen und auch von den „glücklicher organisierten Kindern der Natur" her gerade *nicht* zu lösen war und so jener äußeren Hilfe bedurfte.

Sollte somit die Offenbarung nur erfragt und gerufen sein, so wäre sie als *transzendente* erfragt und gerufen.

Sehe, wer kann! Wir stehen hier im Innersten des LESSINGschen Denkens.

Wer das Transzendenzproblem jener Offenbarungsidee nur von den methodischen Mätzchen des exoterischen und esoterischen Denkens her glaubt erledigen zu können, hat nicht tief genug gesehen und ist in den Vorhöfen stehengeblieben.

LESSINGS „wahre Ansicht", um die der Schwarm der Interpreten kreist, war eine *„Frage"* und im Grunde eine höchst *„unaufgeklärte"* Frage. Nur die *Richtung* jenes Fragens und die Vorläufigkeit der Antwort, die der Sucher LESSING sich *erzwang*, durfte zur Debatte stehen. Die Frage selbst muß in ihrem grundsätzlichen Offenbleiben respektiert werden.

So scheint mir die Geschichtsdeutung Lessings – wenn wir die dunkle Hintergründigkeit seines nach außen hin kristallhellen Denkens auf einen Augenblick erhellen dürfen – von drei Takten bewegt zu sein:

Der *eine* ist die aufklärerische Entmächtigung der Irrationalität des Geschichtslebens, ihre Degradierung zur zeitlichen Darstellung zeitloser Ideen. – Der *zweite* ist die Bejahung jener Irrationalität der Geschichte, sofern sie als in sich ruhendes Gebilde der Immanenz angeschaut wird. Das geschieht aber in dieser Reinheit bei Lessing nicht, sondern der zweite Takt geht gleich in den *dritten* über: Das irrationale Geschichtsleben gewinnt aufs neue seinen teleologischen Bezug durch die „transzendente" und zielsichere Führung der menschlichen ratio, die ja, sich selbst überlassen, nur *empirische* ratio und insofern ir-ratio ist.

So wird das Problem der „aktuellen Transzendenz", um das Lessings ganzes metaphysisches Denken kreist, lebendig in der Ehrfurcht vor der konkreten Geschichte, die ihrer rationalistischen Entmächtigung widerstrebt. Und hier wird offenbar, wie die Aufklärung in der „Erz.d.M.s" schon an ihrer eigenen Grenze steht, um sich im nächsten Augenblick ganz zu überwinden.

Wie freilich dieser Grenzbereich von Lessing selbst nur in der Haltung des Fragers betreten wird, so möchte ich selbst die Ehrfurcht des Fragens – ob es nun wahrhaft so sei – bei dieser *letzten* Deutung nicht verleugnet wissen. Denn diese führte schon zu der personalen Begegnung, die auf dem untersten Grunde jeder Sach-Analyse wartet, *wenn* diese Sache mit „Religion" oder „Weltanschauung" zu tun hat. Und hier spürt die historische Analyse stärker als auf den ersten Stadien ihres Weges, daß sie trotz allen Willens zur Exaktheit im Wägen und Wagen wurzelt. Das ist die große Überraschung an dem exakten Aufklärer, an dem Florettfechter des Geistes, an dem Meister der „Cabbalisterey".

III. Kritischer Ausblick auf die Wirkungsgeschichte Lessings

Von dem nun, was Lessing mit seinen Fragestellungen für die Theologiegeschichte – bis heute! – bedeutet, mag nicht weniges schon bei meinem Versuch des Interpretierens *selbst* hervorgetreten sein. Am Schluß möchte ich zwei Schwerpunkte dieser seiner Wirkungsgeschichte herausstellen.

Der *erste* Schwerpunkt scheint mir das Problem der Aneignung, der *zweite* Schwerpunkt die Frage nach der Tragfähigkeit einer von der Geschichte gelösten „Idee" der Wahrheit zu sein.

a) Das Problem der Aneignung

Alle bei Lessing auftauchenden religionsphilosophischen Fragestellungen entstammen einer einzigen Prämisse: einer Prämisse, die seit Descartes' Cogitosum die Geister beherrscht und in der Aufklärung ihre erste grandiose Entfaltung erfährt:

Es ist die Entdeckung des Ich als des perspektivischen Mittelpunktes der Welt.

Es geht dabei aber nicht nur um eine „perspektivische" Frage, auch nicht nur um das transzendentale Ich KANTS, das ja das subjektive Korrelat zu jeder möglichen Welt- und Objekterfahrung bildet. Es geht zugleich um das Ich in seiner normativen Funktion. Was kann damit gemeint sein?

Das Ich entdeckt sich gerade in der Aufklärung in seinem humanen Rang, in seiner möglichen Mündigkeit. Respektiert man diesen Rang, ist es nicht mehr möglich, dieses Ich – das doch im Sinne KANTS der Träger des praktischen Logos ist – als Mittel zum Zweck zu mißbrauchen. Es ist ebenfalls nicht mehr möglich, es nur zum Objekt von außen kommender Ansprüche zu machen (selbst wenn es sich um die Ansprüche von angeblichen Geboten Gottes oder von sonstigen Autoritäten handelt). Das sich mündig wissende Ich hat sich ja in seinem Eigensein, in seiner Rolle als Autós, entdeckt. Kraft dieses seines Eigenseins steht es nun vor der Frage, ob es berechtigt und in der Lage sei, sich bestimmte Ansprüche „anzueignen" oder aber sie als heteronom und deshalb entwürdigend abweisen zu müssen.

Das einmal zum Selbstbewußtsein erwachte Ich kann von jetzt ab nicht mehr autoritativ über sich verfügen lassen, wenn es sich nicht selber aufgeben und sein Pfund der Humanität vergraben will.

Auf diese neue Situation spielt KANT in seinem berühmten, 1784 erschienenen Essay „Was ist Aufklärung?"[22] an: „Aufklärung ist der Ausgang des Menschen aus seiner selbstverschuldeten Unmündigkeit." Wichtig sind hierbei nun die von KANT gebrachten Definitionen der in diesem Satz verwendeten Begriffe: „,Unmündigkeit' ist das Unvermögen, sich seines Verstandes ohne das Zutun eines andern zu bedienen. ,Selbstverschuldet' ist diese Unmündigkeit, wenn die Ursache derselben nicht am Mangel des Verstandes, sondern am Mangel der Entschließung und des Mutes (!) liegt, sich seiner ohne Leitung eines andern zu bedienen. Sapere aude! Habe Mut, dich deines eigenen Verstandes zu bedienen!"

KANT sieht das Problem der Unmündigkeit also nicht in einem unzureichenden Standard der Intellektualität, sozusagen in kognitiver Unterbelichtung, noch drastischer: in einem unzureichenden Intelligenzquotienten. Sollte so etwas vorliegen, würde er gewiß den § 51 StGB in Anrechnung bringen und schuldlose Unzurechnungsfähigkeit einräumen. Nein: Die in seinem Sinne Unmündigen haben das eigene Denken *verdrängt,* weil sie sich dem „Wagnis", selbstverantwortliche und selbstdenkende Subjekte zu sein, verschlossen. Sie wollten sich im Sinne SARTRES nicht zur Freiheit verurteilen lassen.

Insofern ist der maßgebliche Impuls der Aufklärung nicht die Absicht, zu besserer Erkenntnis anzuleiten und den intellektuellen Standard zu heben. Nein, dieser maßgebliche Impuls ist ein *ethisches* Motiv: Es geht um einen Appell an den Willen, zum Selbstsein und zum Wagnis der Mündigkeit bereit zu sein. Es geht um einen Appell an die Würde der Humanität, die es nicht dulden kann, eigene Verantwortung zu verdrängen und die Einheit des Bewußtseins so zerreißen zu lassen. Und diese Einheit *wird* ja zerrissen, wenn man etwa als Kaufmann

---

[22] Werk-Ausgabe von W. WEISCHEDEL, Bd. 11, 53 ff.

oder als Naturwissenschaftler in der *einen* Dimension seines Ich rational kalkuliert und in der *anderen* (z. B. der religiösen) kritiklos glaubt und übernimmt, also sein Vernunftwesen hier *nicht* zur Geltung kommen läßt, ja es geradezu verleugnet.

KANT sagt also mit alldem nicht, daß die Menschen vor der Aufklärung nur *falsche* Dinge erkannt hätten, daß sie etwa – sofern sie christlich glaubten – nur einem irrlichternden Aberglauben auf den Leim gegangen seien.

Sie haben möglicherweise *durchaus* die Wahrheit erreicht, wenn sie Christen waren und wenn das christliche Dogma wahr ist. Doch auf welche *Weise* sind sie dann mit der Wahrheit umgegangen? Nun, eben so, daß sie sich dabei des Verstandes eines *andern* bedienten: etwa des Verstandes der Propheten oder der Apostel oder der großen Lehrer der Kirche.

Auch LESSING kann sagen, daß sie auf diesem Wege durchaus Verbindung mit der Wahrheit gehabt haben. Denn die heiligen Schriften *enthalten* ja die Wahrheit, wenn auch in verschlüsselter und sich akkommodierender Gestalt.

Wer aber diese Wahrheit nur autoritativ übernimmt und sie lediglich durch ein angebliches „Deus-dixit" begründet sieht, wer sie sich also nicht „aneignet" und die *eigene* Vernunftwahrheit in solchen Texten entdeckt, der hat trotz allen objektiven Wahrheitsbesitzes ein entfremdetes, ein depraviertes Verhältnis zur Wahrheit.

Woran es KANT und LESSING demgegenüber liegt, ist also dies:

Es kommt gar nicht bloß auf die Wahrheit selbst an, sondern mehr noch darauf, *wie* wir die Wahrheit finden. Es geht um unser *Verhältnis* zur Wahrheit. (Das wurde schon im 1. Teil dieses LESSING-Kapitels angedeutet, als es uns um LESSINGs Gegenüberstellung mit KIERKEGAARD ging).

Wahrheit will ja eine Macht der *Überzeugung* sein. Bin ich nicht von ihr überzeugt, sondern nur zu ihr überredet, zu ihr suggeriert oder gar zu ihr gezwungen, dann habe ich – welch ein Paradox! – nur ein verlogenes Verhältnis zur Wahrheit. So etwas gibt es also, und KIERKEGAARD war mit seiner Idee des existierenden Denkers der große Ankläger dieses verlogenen Verhältnisses zur Wahrheit.

Das Entscheidende darüber steht übrigens schon im Johannes-Evangelium, wenn es hier heißt: „Nur wer aus der Wahrheit *ist,* der höret meine Stimme" (d. h. die Stimme der Wahrheit; 18,37). Damit ist doch gemeint: nur wer mir nachfolgt, wer meine Wahrheit in seinem ganzen Sein mächtig werden läßt, kommt zu mir in eine hermeneutische Beziehung der Analogie, die ihn dann meine Wahrheit auch verstehen läßt, die sie dann zu *seiner* Wahrheit, zu seiner *angeeigneten* Wahrheit werden läßt.

Es gehört folglich zum Ethos des mündig gewordenen, d. h. des autonomen Menschen, sich seines *eigenen* Verstandes zu bedienen und demgemäß auf jede Außensteuerung, auf jedes Gegängelt-werden und damit auf jede Heteronomie zu verzichten.

Das bedeutet nun keineswegs – auch bei KANT und bei LESSING nicht! –, daß man sich jeder Autorität verschließen und also alle Autoritätsansprüche a limine ablehnen müßte. Die Gottesstimme vom Sinai mit ihren Zehn Geboten ist damit durchaus nicht von vornherein diskreditiert. Es geht vielmehr auch hier nur um die Frage, *wie* ich sie annehme. Und in dieser Hinsicht gilt, daß alle solche Ansprüche die Zensurstelle eben jenes „eigenen Verstandes" passieren müssen und sich dort ihr Placet, den Stempel der Aneignenbarkeit zu holen haben.

Warum dann aber, so möchte man hier fragen, *überhaupt* noch jene Autorität? Warum nicht gleich den Übergang zur völligen und emanzipierten Autonomie? Wir haben gesehen, wie vorsichtig LESSING hier argumentiert. Es sind vor allem zwei Gesichtspunkte, die ihn da zurückhaltend sein lassen: *einmal* ist es die Tatsache, daß wir noch nicht am Ende der Zeit stehen, sondern selbst als „fortgeschrittene Individuen" noch mitten in der Bewältigung des Elementarbuchs der Offenbarung stehen. Und *ferner* hält er es für denkbar, daß hier Einsichten verborgen sein können, die für unsere Vernunft *bleibend* unerschwinglich sind.

LUTHER, der auf seine Weise ebenfalls gegen Autoritäten aufbegehrt hat und etwas von der Mündigkeit des Christen wußte, hat hier wahrscheinlich doch die tiefere Antwort gegeben – eine Antwort, die uns heute besonders nahekommen mag, weil wir gebrannte Kinder sind und die so oft geforderte Rationalität immer wieder in ihrem drastischen Bankrott erlebt haben. Er hat nämlich gesehen, in welchem Maße unsere Vernunft durch Furcht und Hoffnung gesteuert ist, und daß sie oft nur die Argumente liefert, um unsere Furcht als unbegründet und unsere Hoffnung als begründet zu erweisen. Diese Einsicht steht übrigens hinter seinem so oft mißverstandenen Wort, daß die Vernunft eine „Hure" sei. Damit ist nichts anderes gesagt, als daß unsere Vernunft den Leib ihrer Argumente dem Inferioren (eben den Mächten von Furcht und Hoffnung) zur Verfügung stellt und sie aus dem Fundus ihrer Argumente bedient. Einer derart labilen Vernunft (es ist die Vernunft, die bei LESSING als die geschichtlich-konkrete Vernunft auftaucht) kann man sich nicht anvertrauen, ohne in die Irre geführt zu werden. Und auch LUTHER könnte deshalb – wenn auch mit modifiziertem Sinngehalt – das Wort KANTs übernehmen, daß die Vernunft zu Verstande gebracht werden müsse.

Damit wird das Grundproblem – das *ethische* Grundproblem – der Aufklärung deutlich, wie wir es auch und vor allem bei LESSING beobachteten: Es ist das Problem der Aneignung von Wahrheit und damit des *Verhältnisses* zur Wahrheit.

Eigne ich mir Gehalte, die ich für mich verbindlich sein lasse, *nicht* an, so spalte ich mein Bewußtsein und hebe also seine Einheit auf. Darauf spielt LESSING mit seinem Dictum an, daß er mit dem Kopf ein Heide, mit dem Herzen aber ein lutherischer Christ sei.

Es ist geradezu die Pointe von LESSINGs und besonders auch SCHLEIERMACHERS Theologie, dieser Bewußtseinsspaltung entgegenzuwirken. So ist etwa SCHLEIERMACHER bedrängt durch das, was die Orthodoxie in den Köpfen der Gebildeten angerichtet hat: Wer nämlich als ein so Gebildeter naturwissenschaftlich geschult und vom in sich geschlossenen Kräftehaushalt der Natur überzeugt ist, muß das verdrängen, „abspalten", wenn er im orthodoxen Sinne am Wunderglauben festzuhalten wünscht. Lehnt er solchen Verdrängungsvorgang ab, muß er demnach unreligiös, muß er zum „Verächter der Religion" werden. Darum ist SCHLEIERMACHERS leidenschaftliche Bemühung darauf gerichtet, die Religion mit dem kritischen Bewußtsein des modernen Menschen zu versöhnen. Dieses Ziel versucht er so zu erreichen, daß er die Religion als einen eigenständigen Bewußtseinsinhalt *neben* den wissenschaftlichen Bewußtseinsinhalten interpretiert.

Hier kündigt sich aber noch ein weiteres Problem an: Der mündig gewordene Verstand will *zunächst* nur Kriterium, nur Zensurbehörde sein. Aber er wird unter der Hand normativ.

Dieser Übergang kann sich so vollziehen, daß ich sage: Alles, was ich mir ehrlicherweise aneignen kann, muß vernünftig sein; denn ich bin ein Vernunftwesen. Logischerweise wird dann alles Nicht-Vernünftige ausgeschieden werden. Übrig bleibt so schließlich nur die platte Rationalität einer Morallehre, die ich aus mir selbst produzieren kann. Gerade weil ich sie aber so selbst hervorbringen kann, brauche ich dann auch den *vernünftigen* Teil der biblischen Botschaft schließlich nicht mehr. Was ich selbst produzieren kann, brauche ich nicht mehr zu importieren. So kommt es hier zu einem endgültigen Abschied von allem, was bisher als Anspruch einer Offenbarung galt. Ist dieser Abschied von der positiven Religion nicht auch in *Nathan dem Weisen* angedeutet?

Dieser Übergang vom Kriterium zur Norm setzt sich bis in die Gegenwart fort, z.B. (worauf ich früher schon hinwies) in BULTMANNS existenzialer Interpretation der Bibel. Hier zeigt sich das gleiche Prinzip, auch wenn die normative Instanz bei ihm nicht mehr die Vernunft im Sinne LESSINGS, sondern die modern verstandene „Existenz" ist. Wahrheit kann es in biblischen Texten nur dann für mich geben, meint BULTMANN, wenn diese mir in ihrer „Bedeutsamkeit" klar werden. Dabei geht es um eine „existenzielle" Bedeutsamkeit. Bedeutsam ist für mich aber nur etwas, das mich in den Grundbefindlichkeiten meiner Existenz anspricht, das also zum Beispiel Bezug nimmt auf meine Angst, auf mein Leiden an der Endlichkeit und also am Sterben-müssen, auf meine Bedrängnis durch die Sinnfrage oder auch auf mein falsches Vertrauen gegenüber dem Hiesigen. Nur so tritt die „Relevanz" des Kerygma hervor und *qualifiziert* sich damit überhaupt erst als Kerygma. Das Kriterium für diese Relevanz ist also meine innere (existenzielle) Befindlichkeit.

Und sofort zeigt sich auch hier, wie dieses Kriterium unter der Hand normativen Rang gewinnt: Was nicht existenzial interpretierbar ist, etwa alttestamentliche Kultvorschriften oder auch Wunderberichte, wird in seinem kerygmatischen Rang definitiv abgeschrieben.

Wir können dies alles auf der Linie der aufklärerischen Fragestellung sehen, wie wir sie bei LESSING fanden. Sie hat eben eine reelle Problematik entbunden, auch wenn sie diese Problematik fragwürdig gelöst hat. An der Fragestellung selbst aber kommen wir nicht vorüber. Es ist die Frage nach der möglichen Aneignung christlicher Gehalte in einem sich ändernden Bewußtsein, in einem zunehmend *kritischer* werdenden Bewußtsein.

Nun noch zu dem *zweiten* Problem, das sich in der Wirkungsgeschichte LESSINGS aktualisiert:

*b) Zur Frage der Tragfähigkeit einer von der Geschichte gelösten „Idee"
der Wahrheit*

Sogenannte „christliche Prinzipien"

Mit dieser „Idee der Wahrheit" meine ich das Ergebnis eines immer wieder zu beobachtenden Abstraktionsvorgangs: des Versuchs nämlich, ohne dogmatische oder geschichtliche Bindung gewisse christliche „Prinzipien" herauszustellen, z.B. die Prinzipien „Liebe" oder auch „Hoffnung". (Man mag dabei z.B. an ERNST BLOCH denken.) Dabei vertraut man offensichtlich auf die Evidenz dieser Prinzipien.

Und *weil* sie evident sind, bedarf es dann auch keiner Berufung auf die heilsgeschichtliche Basis mehr. Der johanneische Satz: „Also hat Gott die Welt geliebt, daß er seinen eingeborenen Sohn gab" (3, 16) wird überfällig. Denn er beruft sich zur Begründung der Liebe auf das Faktum des Christusgeschehens. Das „Prinzip" Liebe ist aber ebenso wie Nathans Anweisung, „vor Gott und Menschen angenehm" zu sein, auch ohne diese Berufung aus sich selbst einsichtig. Es bedarf jetzt keiner heilsgeschichtlichen Basis mehr.

Ich möchte diesen so einleuchtend scheinenden Vorgang zunächst einem Bedenken aussetzen, das sich aus der geschichtlichen Beobachtung dieses Emanzipationsvorgangs ergibt. *Die so herausdestillierten sog. christlichen Prinzipien tauchen nämlich nie in ihrem An-sich auf, sondern pflegen stets von irgendeinem ideologischen Gerüst getragen, in dieses Gerüst gleichsam integriert zu sein.*

Als Beispiel dafür nenne ich nur den Marxismus: die humanitären Ideen gerade des jungen MARX sind zweifellos Säkularisationen des christlichen Liebes- und Humanitätsgedankens, werden aber sofort in das System des historischen Materialismus integriert.

So werden die sogenannten christlichen Prinzipien nicht nur von ihrem geschichtlichen Ursprungsort gelöst, sondern sie werden gleichzeitig in ein anderes Koordinatensystem transportiert. Sie tauchen sozusagen nie „nackt" auf, sondern sie werden sofort ideologisch – so oder so – eingekleidet.

Wir konnten in den sechziger und siebziger Jahren diesen Vorgang in unmittelbarer Nähe beobachten. Ich denke dabei an die sozialpolitischen Leidenschaften junger Christen, ihre Anteilnahme an unterdrückten rassischen, sozialen und religiösen Minderheiten, ihren leidenschaftlichen Protest gegen ungerechte Strukturen. Zweifellos war ihr Ausgangspunkt dabei ein ausgesprochen christliches Liebesmotiv. Im Zuge ihres Einsatzes aber trat dieser Ausgangspunkt mehr und mehr zurück und verflüchtigte sich in einen allgemein „humanitären Antrieb". Und auch hier wieder zeigte sich – man braucht nur an die christlichen Studentengemeinden des letzten Jahrzehnts zu denken! –, daß dieses humanitäre Liebesprinzip sich sofort ideologisch füllte: Man transponierte es aus dem Bereich christlicher Motivation in ein marxistisches Umfeld. Aus den Studentengemeinden wurden weithin Polit-Clubs. LESSING konnte zu seiner Zeit kaum sehen – die Epoche der Ideologien war ja noch nicht angebrochen! –, daß ein Zeitalter reiner Vernunftwahrheiten nie kommen, sondern daß diese Vernunftwahrheit auch in Zukunft *kostümiert* auftreten würde – nicht mehr *mythisch* kostümiert wie in den ersten Stadien der Erziehung des Menschengeschlechts, wohl aber in vielerlei *ideologischen* Garderoben.

Noch eine weitere Beobachtung scheint mir bei diesen Vorgängen wesentlich: Das dogmenfrei gewordene, auf vermeintliche Grundideen reduzierte Christentum pflegt im ersten Akt dieses Geschehens von den Zeitgenossen freudig begrüßt zu werden. Die christliche Liebes„idee" etwa geht leicht in Herz, Gemüt und Vernunft ein. Sie wird als vertrauter Gast bewillkommt und als Geist von unserm Geist erkannt und begrüßt, zumal sie jetzt ohne dogmatisches Gepäck in unsere Stube tritt. Nun aber erscheint das Christentum als zeitkonform und darf sich des epitheton-ornans „modern" bedienen.

Die Bereitschaft jedoch, das so zeitkonform gewordene und entdogmatisierte Christentum nun für akzeptabel zu halten, ist nur vorübergehend. Man bemerkt sehr bald, daß hier nur etwas gesagt wird, was wir von uns selbst her bereits wissen. Die Freude an dieser Selbstbestätigung währt deshalb nicht lange, man beginnt vielmehr sehr bald zu fragen: Warum sollen wir uns etwas in dogmatischer Verfremdung sagen lassen, was wir viel natürlicher und unbeschwerter aus dem Fundus unseres *eigenen* Bewußtseins holen können?

Das ist dann das Ende jener heute oft zu beobachtenden Linie, auf der die Theologie nicht nur die Fragen ihrer Zeit *aufgreift* und ihre Botschaft auf sie einspielt (das wäre ja nur legitim!), sondern wo sie in diesen Fragen *aufgeht* und sich zur Vertreterin zeitkonformer Ideen deklassiert. Hier steht sie dann nicht nur der Weltlichkeit aufgeschlossen gegenüber, sondern sie *integriert* sich in die Weltlichkeit und gibt sich damit selber auf. Das ist die entscheidende Frage, die die gebrannten Kinder des 20. Jahrhunderts an LESSING als das Kind des noch naiven 18. Jahrhunderts zu richten hätten.

Von hier aus mögen viele Probleme der Säkularisation einen neuen Aspekt gewinnen: Sobald der eigentliche Motor abgestellt ist – und unter diesem Motor verstehe ich das Heilsgeschehen, wie es im Neuen Testament berichtet ist –, rollen die in Gang gesetzten Schwungräder einer christlichen Kultur noch eine Zeitlang nach. Sie werfen dabei durchaus noch „christliche Ideen", Prinzipien der Humanität und vieles andere ab. Doch wird die Bewegung langsamer und langsamer. Schließlich muß sich menschlicher Aktivismus – vor allem in Gestalt von ideologischen Antrieben – um ihr Weiterrollen bemühen, es sei denn, wir griffen erneut auf jene Macht des Ereignisses zurück, die einmal das Schwungrad in Bewegung setzte.

LESSING dürfte diese letzte Konsequenz wenigstens geahnt und sich ihr nicht verschlossen haben. Wie anders wäre es sonst zu erklären, daß er auch als „fähigeres Individuum", „das schon an dem letzten Blatte dieses Elementarbuchs stampfte und glühte"[23], nicht nur auf der Hut blieb, es seine schwächeren Mitschüler merken zu lassen, was er „witterte und schon zu sehen begann". Ihm geht es ja um mehr: Er lehnt es auch ab, das als Offenbarung Erfahrene einfach

---

[23] Erz.d.M., § 68.

ad acta zu legen und es gleichsam als FEUERBACHsche „Projektion" kompromittiert zu sehen. LESSING verharrt auch weiterhin in einem Selbstgespräch des natürlichen und des geistlichen Menschen in sich, des geschichtsgebundenen Christen *und* des Anwalts eines Evangeliums der Vernunft.

So hält er aus in der widerspruchsvollen Spannung zwischen dem geschichtlichen Grunde der Offenbarung *und* einer sich emanzipierenden Vernunftwahrheit. Darum kann er auch in allem polemischen Kampfgetümmel (worauf ich schon aufmerksam machte) seinen theologischen Hauptgegner, den Hamburger Pastor GOEZE, respektvoll und von ferne grüßen, selbst wenn es im wesentlichen ein Ade-Gruß war.

LESSINGS „Antworten", LESSINGS mancherlei Notausgänge aus seiner Denkbedrängnis mögen uns heute dubios und in vielem als zeitgebunden erscheinen. Seine „Fragen" aber werden uns bleibend begleiten.

Über diese Fragen können wir nie hinauswachsen. Wir können nur in sie hineinwachsen. Es ist vor allem andern die Frage, ob wir uns darüber klar sind, was Glauben heißen könnte, und ob wir es wagen, uns das *anzueignen,* was der Glaube meint.

6. Kapitel

Goethe und das Christentum

Abstimmung mit dem Leser

Seit der Aufklärung gibt es vor allem *eine* Frage gegenüber der christlichen Tradition, die nicht nur die Glaubenden bewegt (sofern sie selbstkritisch geblieben sind), sondern auch Agnostiker und Atheisten (sofern sie sich nicht in die Etappe der Indifferenz zurückgezogen haben). Bei LESSING brach diese Frage zum ersten Male elementar auf, und er gab ihr zugleich eine Gestalt, die bis heute ihre exemplarische Bedeutung behalten hat und uns auch weiterhin begleiten wird. Ich möchte das von LESSING aufgeworfene Problem so formulieren: Wie kann der damals und heute „moderne" Mensch[1], der sich seines Ichs bewußt geworden und aus seiner „selbstverschuldeten Unmündigkeit" (KANT) erwacht ist, mit dem Anspruch der überlieferten Religion fertig werden? Geht es hier nicht um ein autoritäres Oktroi, dem er sich im Namen seiner mündigen Selbstbestimmung widersetzen muß? Er sieht also hier seine Identität bedroht.

Als einzige Alternative zu dieser Absage an die christliche Überlieferung scheint sich anzubieten, daß die Bedingungen festgestellt werden, unter denen ich *ohne* solche Selbstaufgabe die Normen, Werte und Imperative des Christentums übernehmen und mir aneignen kann.

LESSING sieht nun die Identität des Menschen in seiner Eigenschaft als *Vernunftwesen*. Das bedeutet dann, daß nur „notwendige Vernunftwahrheiten", also autonom Einsehbares, für ihn die angemessene Gestalt der Wahrheit sein können.

Dadurch aber muß es zu einer Spannung mit der christlichen Tradition

---

[1] Das spätlateinische Adjektiv „modernus" findet sich im Beginn des 2. Jahrtausends zuerst als Bezeichnung der Nominalisten, insofern diese – entgegen aller theologischen Erkenntnismetaphysik und ihrer platonisch bestimmten Realitätssetzung der Allgemeinbegriffe – nur die Existenz des *Individuellen* anerkannten. Auch der Erbauer der ersten gotischen Kathedrale bezeichnete sein Werk als „opus modernum", um zwischen sich und die opera antiqua eine Zäsur zu legen. Im theologischen Bereich kann der Begriff „modern" nicht selten eine abfällige Bedeutung gewinnen. So kritisierte der päpstliche Legat SIMON DE BRION die „progressive theologische Neugier", die er 1523 an der neugegründeten Universität von Paris zu beobachten meinte, und bezeichnete sie als „moderna curiositas".

kommen; denn das heilige Buch der Christenheit übermittelt nur „zufällige Geschichtswahrheiten", die sich der eigenen mündigen Einsicht gerade widersetzen: Wunder zum Beispiel, die nur „*andere* wollen erlebt haben", die aber in meinem eigenen Erfahrungshorizont *nicht* auftauchen; oder angeblich göttliche Gebote, die nur auf das windige Faktum eines behaupteten Deus-dixit zurückgehen, jedoch im Normengefüge meines Gewissens nicht ohne weiteres unterzubringen sind[2].

Viele Interpreten der Aufklärung sehen in solchen Alternativen nur die Symptome eines Rationalismus, will sagen: einer zeitbedingten Vernunftgläubigkeit, mit der wir Heutigen uns nicht ohne weiteres identifizieren können. Damit hätte man aber die Pointe derartiger Äußerungen verfehlt. In Wahrheit geht es nämlich um letzte Grundfragen der *Humanität*.

Die eigentliche Angst der Aufklärer – und LESSINGs vor allem! – gründet nämlich in der Sorge, daß die *menschliche Würde* angetastet werden könnte, wenn man auf bloße Autorität hin etwas übernimmt, ohne es vor jenen Kriterien zu verantworten, über die der mündige Mensch doch verfügt. Damit würde er sein Humanum einer Bewußtseinsspaltung überantworten: In gewissen Regionen des Geistes – in der Philosophie z.B. oder auch in den exakten Naturwissenschaften – brächte er sehr wohl seine autonomen Erkenntniskriterien ins Spiel; im *religiösen* Bereich dagegen umginge er diese Zensurstelle und unterwürfe sich blindlings Behauptungen und Forderungen, deren Gültigkeit nicht nachkontrollierbar wäre. Die Würde des Humanum ist aber nur dann gewahrt, wenn es als ein unteilbar Ganzes respektiert und also nicht in dieser Weise zerrissen wird.

Deshalb können Ansprüche von außen her, vor allem aus der Tradition und den kollektiven Normen des „Man-tut-dies-und-das", nur dann akzeptiert werden, wenn man sie „anzueignen" vermag, wenn man sie also – modern ausgedrückt – internalisieren kann und gleichsam über einen Brückenkopf für sie im eigenen Bewußtsein verfügt. Nur dann bliebe unsere Identität unangetastet; nur dann würde sie nicht durch Fremdansprüche verbogen, entfremdet und heteronomisiert.

Wird der Mensch wie in der Aufklärung nun als Vernunftwesen definiert, dann werden die Fragen der Aneignung und der Identitätsbewahrung notwendig in rationalistischen Kategorien ausgedrückt. Das ist in der Tat zeitbedingt. Doch geht es dabei nur um die äußere Form der Argumentation. Der eigentliche Kern jener Fragen aber, ihre Pointe geradezu, ist das Problem der Humanität selbst.

Nur wenn wir uns diese Zusammenhänge klar machen, können wir einsehen, daß auch GOETHEs Ringen mit dem *Christentum* auf dieser geistesgeschichtlichen Linie liegt, das heißt um die Frage kreist, ob und inwieweit das Christentum der Tradition von mir angeeignet werden könne, ohne meine Identität zu

---

[2] Genaueres dazu in den Vorlesungen des Verf.s: Vernunft und Existenz bei LESSING. Das Unbedingte in der Geschichte, Joachim-Jungius-Gesellschaft der Wissenschaften, Nr. 40, 1981.

bedrohen, ob es vielleicht sogar diese meine Identität *heraus*zubilden vermöge und mich so zu mir selbst kommen lasse.

Ein wesentlicher Unterschied gegenüber LESSING besteht sicher darin, daß GOETHES Denken sich über eine ungleich größere ozeanische Weite erstreckt und daß seine Anthropologie sich nicht entfernt darin erschöpft, den Menschen als bloßes Vernunftwesen zu verstehen. Dieses Mehr an Dimensionen, dieses Überschießende in seinem Verständnis der Humanität auszumachen, wird eine der wesentlichen Aufgaben sein, die wir im Folgenden zu lösen versuchen. So sehr aber das goethesch verstandene Humanum die Eindimensionalität des aufklärerischen Menschenbildes auch überragen und hinter sich lassen mag, so ist doch *ein* tertium comparationis festzuhalten: *Hüben und drüben geht es immer wieder um die Frage der Aneignung und der Bewahrung menschlicher Identität, sobald das Thema „Religion" aufs Tapet kommt.*

I. Gesichtspunkte für eine theologische Befragung Goethes

Natürlich wäre es trotzdem eine unzulässige Vereinfachung, wollte man die sogenannte Religion GOETHES und hier wieder sein besonderes Verhältnis zum Christentum ausschließlich auf das Problem der Aneignung reduzieren (so viele Aspekte dieses Schlüsselwort auch zu erschließen vermag). Ein Indiz für dieses Ungenügen ist nicht nur die Vielschichtigkeit seiner Natur und seines Werkes[3], sondern auch die vielbeschriebene und meist tendenziös analysierte Widersprüchlichkeit zwischen einmal angeeigneten und dann wieder verworfenen Achsensätzen der christlichen Religion. Bei dieser Widersprüchlichkeit spielen auch, wie wir noch sehen werden, chronologische Lebensstadien eine wesentliche Rolle. Zwischen seiner Jugend, die vom Pietismus der KATHARINA VON KLETTENBERG beeinflußt war – GOETHE hat ihr im 6. Buch der „Lehrjahre" ein Monument errichtet –, und der Weite seiner reifen und Alters-Jahre liegen Welten[4]. Aber auch abgesehen vom Chronologischen sind durchgängig große Spannweiten in seinen Aussagen zu beobachten, die von fast konfessorischer Bejahung christlicher Glaubensgehalte bis zu dem gegenüber LAVATER geäußerten Satz reichen, er sei „zwar kein Widerchrist, kein Unchrist, aber doch ein dezidierter Nichtchrist"[5]. Auch hier werden wir, um das Gewicht solcher Sätze zu beurteilen, die jeweilige Situation und vor allem den jeweiligen

---

[3] Zu den Werk-Ausgaben, nach denen ich in der Regel zitiere (Ausnahmen werden vermerkt): 1. Die Ausgabe der J.G. Cotta'schen Buchhandlung, Stuttgart 1949ff. (zitiert: Cotta). – 2. Artemis Gedenkausgabe, Artemis-Verlag und Deutscher Taschenbuchverlag, Zürich – München 1977 (zitiert: Artemis). – Briefe und Gespräche, die in verschiedenen Ausgaben verfügbar sind, werden nach dem Datum zitiert. Die umfassendste Ausgabe: Gespräche, ed. K.R. MANDELKOW, 4 Bde, [2]1963ff. Genannt seien noch die Ausgaben der Gespräche mit F.W. RIEMER, ed. A. POLLMER, 1921, mit Kanzler v. Müller, ed. E. GRUMACH, 1956. Ferner der Briefwechsel mit K.F. ZELTER, 3 Bde, 1913ff.

[4] H. v. SCHUBERT, Goethes religiöse Jugendentwicklung, 1925.

[5] Weimar, 29. Juli 1782.

Gesprächspartner zu bedenken haben. Die Gretchenfrage, oft in etwas inquisitorischer Absicht gestellt, „wie GOETHE es mit der christlichen Religion gehalten" habe, ob er überhaupt ein „Christ" gewesen sei, stößt immer wieder auf schwer durchschaubare Hintergründe und nötigt zu scheuer Zurückhaltung. Der unbeschreibliche Geistesreichtum GOETHES läßt uns aus Gründen, die zur Sprache kommen werden, vor dem Mißbrauch des „Bekenntnislineals" zurückzucken. Der nur trivial Zitierende wird immer das ihn bestätigende und ihm willkommene Wort finden. Wir möchten uns vor solchen Praktiken hüten.

Zur Frage der religiösen Aneignung

a) Bleibt das Christentum ein nicht anzueignender Fremdkörper?

So kann denn auch das Stichwort „Aneignung", das unserem Verständnis der Aufklärungsperiode wohl gute Dienste leistet, bei GOETHE höchstens sporadisch in Betracht kommen. Es kann uns vielleicht helfen, tiefer in die Frage – als *Frage!* – einzudringen, ob er denn ein Christ gewesen sei. Eine Gelegenheit dieser Art scheinen mir einige mit SCHILLER gewechselte Briefe zu sein, in denen es um die Frage geht, ob die christliche Lehre überhaupt Goethes Natur eingestückt werden könne, ob sie nicht vielmehr ein Fremdkörper, etwas grundsätzlich Heterogenes, für ihn bleiben müsse.

Wie gut, daß SCHILLER und GOETHE damals keine telefonischen Ortsgespräche führen konnten, sondern ihren Gedankenaustausch brieflich pflogen! So werden wir ebenso wie in zahlreichen anderen Korrespondenzen zu Zeugen dessen, wie Fragen unmittelbar aus dem Lebensvollzug hervorgehen:

GOETHE kündigte seinem Freunde am 18. März 1795 an, daß er gerade das „religiöse Buch" seines Romans – gemeint sind die „Bekenntnisse einer schönen Seele" im 6. Buch der „Lehrjahre" – schreibe und daß eine solche Darstellung für ihn unmöglich gewesen wäre, wenn er „nicht früher die Studien nach der Natur dazu gesammelt hätte". Was er mit diesen „Studien nach der Natur" meint, dürfte eine leicht ironisierende Umschreibung seiner eigenen pietistischen Lebensphase sein, die wesentlich durch die fromme Stiftsdame K. VON KLETTENBERG bestimmt war. (Diese bildet auch das Urbild der „schönen Seele".)

Schon am nächsten Tage antwortete ihm SCHILLER, daß er zwar nicht wenig neugierig auf das angekündigte religiöse „Gemälde" sei, zugleich aber seine Skepsis zum Ausdruck bringen müsse: Dieses Gemälde „kann weniger als irgendein andres aus Ihrer Individualität fließen, denn gerade dieses scheint mir eine Saite zu sein, die bei Ihnen, und schwerlich zu Ihrem Unglück, am seltensten anschlägt(!). Um so erwartender bin ich, wie Sie das *heterogene* Ding mit Ihrem Wesen gemischt haben werden. Religiöse Schwärmerei ... kann nur Gemütern eigen sein, die beschauend und müßig in sich selbst versinken, und nichts weniger scheint mir *Ihr* Kasus zu sein als dieses. Ich zweifle keinen

Augenblick, daß Ihre Darstellung wahr sein wird – aber das ist sie alsdann lediglich durch die Macht Ihres *Genies* und nicht durch die Hilfe Ihres *Subjektes*" (Hervorhebungen vom Verf.).

Diese von SCHILLER so aufgeworfene Frage, ob GOETHE sein christlich-religiöses Kapitel wirklich als Selbstdarstellung, als eine Äußerung seines „Subjekts" bringen könne oder ob seine Genialität nur ein täuschend imitierendes Als-ob aufführe – diese Frage bleibt offen, übrigens auch für SCHILLER selbst.

Das kommt in seinem Brief vom 17. August 1795 zum Ausdruck, den er nach der Lektüre des 6. Buches der „Lehrjahre" schrieb. SCHILLER vermißt hier zwar einiges, was das „Eigentümliche christlicher Religion" betrifft, sieht GOETHE aber doch auf dem *Wege* dahin. Er selbst charakterisiert dieses Eigentümliche nun in einer Weise, daß es sowohl für ihn wie für seinen großen Freund keinesweg mehr als heterogen zu erscheinen braucht. Er findet nämlich in der „christlichen Religion virtualiter die Anlage zu dem Höchsten und Edelsten", zu einer Vollendung der Humanität also, auch wenn das De-facto-Christentum immer „widrig und abgeschmackt", als eine „verfehlte Darstellung dieses Höchsten" erscheint. SCHILLER sieht nämlich im Evangelium (das er freilich nicht als solches bezeichnet) das Widerspiel des Gesetzes und damit den Prototyp dessen, was er seinerseits als „schöne Seele" bezeichnet: als eine Seele, in der Pflicht und Neigung versöhnt, ja identisch geworden sind. „Hält man sich an den eigentümlichen Charakterzug des Christentums, der es von allen monotheistischen Religionen unterscheidet, so liegt er in nichts anderem als in der *Aufhebung des Gesetzes* oder des KANTischen Imperativs, an dessen Stelle das Christentum eine *freie Neigung* gesetzt haben will. (Damit meint er die *Liebe* zu Gott und dem Nächsten.) Es ist also in seiner reinen Form (!) Darstellung *schöner* Sittlichkeit oder der Menschwerdung des Heiligen und in diesem Sinn die einzige *ästhetische* Religion, daher ich es mir auch erkläre, warum diese Religion bei der weiblichen Natur so viel Glück macht..." SCHILLER möchte in GOETHES Kapitel über die Religion diese Saite ein wenig deutlicher klingen hören. Täte sie das – doch darauf geht er nicht mehr ein –, würde wohl seine Sorge gegenüber der Heterogenität dahinfallen. Aber fällt sie so, wie das Christentum nun einmal ist, wirklich dahin?

b) Erster Hinweis auf das komplementäre Verhältnis
*   religiöser Positionen*

Wenn so die Frage, ob die christliche Religion für GOETHE ein Fremdkörper bleiben müsse, unentschieden bleibt, dürfte das signalisieren, daß die Problemstellung schief angesetzt ist und daß eine tiefere Dimension aufgesucht werden muß, wenn wir angemessen nach GOETHES Verhältnis zum Christentum fragen wollen.

Obwohl nämlich das Christentum für GOETHE zwar eine (in der Regel) mit Respekt registrierte Religion ist, obwohl die Luther-Bibel sein Denken, seine

Bilder- und Gleichniswelt, ja sogar seine Sprache zeitlebens tiefer geprägt und
ihn mehr „gebildet" hat als irgendein anderes Werk[6], so gilt es ihm später
doch nur als eine von *mehreren* Möglichkeiten, die eigene Existenz mit einem
„letzten" Fundament zu versehen. Die Frage, warum und wie es zu diesen
offenbar gleichrangigen, monopolwidrigen Möglichkeiten komme, ist das
Kernproblem, dem wir uns im folgenden zuwenden wollen. Ein Zitat von
paradigmahaftem Rang, das uns durch alle Überlegungen begleiten wird, sei
deshalb an den Anfang gestellt:

Dieses Wort fiel, als GOETHES Freund FRIEDRICH HEINRICH JACOBI 1811
seine Schrift „Von den göttlichen Dingen" herausgegeben hatte. Hierin verfocht er die Lehre von einem transzendenten, persönlichen Gott, der sich dem
Menschen im Herzen offenbare, während er sich in der Natur verberge. Von
dieser Position aus war es verständlich, daß er SCHELLINGS Naturphilosophie
des Pantheismus beschuldigte und dessen theistisch, ja christlich klingende
Begrifflichkeit als heuchlerische Verschleierung bezeichnete. SCHELLING reagierte darauf überaus heftig und antwortet 1812 von Tübingen aus mit einer
gesalzenen Replik. In diesem Streit zwischen zwei ihm nahestehenden Freunden sah sich GOETHE nun zu einer Stellungnahme veranlaßt, in der er seine
eigene Position innerhalb der Polarität von christlichem Theismus und (vermeintlich) „atheistischem" Pantheismus zu erkennen geben mußte. Direkte
Selbstbekenntnisse dieser Art pflegen bei GOETHE überhaupt durch jeweils
auftauchende *Gegen*positionen ausgelöst zu werden, die ihm unerträglich
scheinen. Deshalb verdanken wir gerade der Auseinandersetzung mit Freunden, die ihm menschlich nahestanden und deren religiöse Enge ihn besonders
quälen mußte – ich denke vor allem an JACOBI und LAVATER –, die wichtigsten
konfessorischen Selbstdarstellungen.

So war es auch hier: GOETHE ist über JACOBIS persönliche, naturenthobene
Gottesvorstellung entsetzt und schreibt ihm am 10. Mai 1812, daß ihn „das
Büchlein ziemlich indisponiert" habe. Und in einem Brief an KARL LUDWIG
VON KNEBEL beklagt er sich über die „Beschränktheit" seines Freundes, dessen
„gutes Herz und trefflichen Charakter" er ausdrücklich anerkennt. Es wolle
ihm eben „nicht zu Kopfe, daß Geist und Materie, Seele und Körper, Gedanke
und Ausdehnung oder ... Wille und Bewegung die notwendigen Doppelingredienzien des Universums waren, sind und sein werden, die beide gleiche Rechte
für sich fordern und deswegen beide zusammen wohl als Stellvertreter Gottes
angesehen werden können"[7]. JACOBI reiße also die Ganzheit des Universums
auseinander und beschränke seine Gottesvorstellung auf einen partikulären
Aspekt. So nimmt er besonders Anstoß an JACOBIS These, daß die Natur Gott
verberge, und stellt ihr die eigene „Vorstellungsart" entgegen, die den „Grund
meiner ganzen Existenz" ausmache. Seine eigene „reine, tiefe, angeborene und
geübte Anschauungsweise" habe ihn „unverbrüchlich gelehrt", Gott in der

---

[6] Biblische Bilder und Sprachwendungen durchziehen nicht nur sein gesamtes Werk,
sondern auch seine Briefe, besonders die an ZELTER und JACOBI.

[7] Brief an KNEBEL vom 8. April 1812.

Natur, die Natur in Gott zu sehen". So habe er sich vor dem „schmerzlichen
Verdruß" über JACOBIS unerfreuliche Schrift in sein „altes Asyl" geflüchtet und
„in SPINOZAS Ethik auf mehrere Wochen (seine) tägliche Unterhaltung" gefunden[8].

Als nun JACOBI über ein halbes Jahr später (am 28. Dezember 1812) endlich
in einem rührenden Brief seinen Kummer über den Verdruß seines Jugend-
freundes äußert und ihn seiner bleibenden Liebe versichert, fällt jenes äußerst
gravierende Wort, das ich ankündigte und in dem seine konfessorische Selbstkundgabe wohl ihre dichteste Gestalt gewinnt. Am 6. Januar 1813 schreibt
GOETHE an JACOBI:

„*Ich für mich kann, bei den mannigfaltigen Richtungen meines Wesens, nicht
an einer Denkweise genug haben; als Dichter und Künstler bin ich Polytheist,
Pantheist*[9] *hingegen als Naturforscher, und eins so entschieden wie das andere.
Bedarf ich eines Gottes für meine Persönlichkeit als sittlicher Mensch, so ist
dafür auch schon gesorgt*[10]. *Die himmlischen und irdischen Dinge sind ein so
weites Reich, daß die Organe aller Wesen zusammen es nur erfassen mögen.*"

Es ist hier noch zu früh, aufgrund dieses konfessorischen Achsenwortes ein
Urteil darüber zu fällen, ob oder inwieweit GOETHE Christ gewesen ist. Nur so
viel läßt sich von hier aus sagen, daß die Fülle göttlicher Wirklichkeit für ihn
nicht in *einer* Glaubensweise erschöpfend zum Ausdruck kommen könne, daß
vielmehr alle denkbaren perspektivischen Zugänge und „daß die Organe aller
Wesen zusammen" in Anspruch genommen werden müßten, um die Fülle des
Göttlichen zu erfassen. Die monotheistische, sprich: die christliche Glaubensweise mag für die „Persönlichkeit als sittlicher Mensch" durchaus einen angemessenen Zugang bedeuten. Aber ich *bin* eben nicht nur, meint GOETHE, „sittlicher Mensch", ich stehe als Künstler einer nur polytheistisch beschreibbaren
Vieldimensionalität der Wirklichkeit und als Naturforscher einem allseitigen
In-sein Gottes im Kosmos gegenüber. Gleichnishaft könnte man dieses Bekenntnis GOETHES vielleicht so umschreiben, daß die Korrelation Gott-Welt-
Ich nicht durch eine Schwarz-Weiß-Graphik, sondern nur durch einen Vielfarbendruck wiedergegeben werden könne, der durch das In- und Übereinander

---

[8] Tages- und Jahreshefte von 1811; Cotta 8, 1219. Die ihm besonders ärgerliche These
JACOBIS, daß die Natur Gott verberge, wird auch 16 Jahre später noch einmal erwähnt in
dem Nachtrag zur „Rezension von F.H. JACOBIS auserlesenem Briefwechsel" vom 9. April
1827; Artemis 14, 383.

[9] Obwohl GOETHE den Begriff „Pantheismus" immer wieder unbefangen zu verwenden
scheint, hat er ihn gelegentlich auch zurückgewiesen, so in einem sehr späten Brief an
ZELTER vom 31. Oktober 1831: „Einer dieses Gelichters (aus dem Kreis um HENGSTEN-
BERG) wollte mir neulich zu Leibe rücken und sprach von Pantheismus. Da traf er's recht!
Ich versicherte ihm mit großer Einfalt: daß mir noch niemand vorgekommen sei, der wisse,
was das Wort heiße." Offenbar sieht GOETHE seine These „Gott in Natur – Natur in Gott"
durch diesen Begriff nicht angemessen gedeckt. Tatsächlich wird das, was er meint, korrek-
ter durch das Wort „Panentheismus" wiedergegeben, dessen wir uns darum im folgenden
bedienen werden. Es gibt auch die Traditionslinie GIORDANO BRUNO – SPINOZA, auf der
GOETHE sich hier bewegt, genauer wieder.

[10] Gemeint ist hier natürlich der Monotheismus.

verschiedener Farbschichten die ganze Fülle des erscheinenden Göttlichen sichtbar werden läßt.

GOETHE sieht die hier ins Spiel kommenden Denk- und Glaubensweisen also nicht in *Konkurrenz* zueinander, so daß man sich zwischen ihnen entscheiden müßte, sondern er sieht sie in einem komplementären Ergänzungsverhältnis, das erst im Gebrauch *aller* Zugänge die Weite des Göttlichen erscheinen läßt und nur so auch die Ganzheit meines *Ich*, meines Humanum, in Anspruch nimmt.

Gerade dieser letzte Aspekt zeigt, daß und wie GOETHES Denken auch an der Traditionslinie jener Humanitätsidee partizipiert, die wir bereits bei LESSING beobachteten: Hier wie dort besteht die Sorge, das Humanum könne zerteilt und in seiner Totalität angetastet werden: sei es durch eine nur einseitige, die Wirklichkeit nur partikulär ergreifende „Denkweise" (wie bei GOETHE), sei es durch eine Bewußtseinsspaltung, die den Menschen „schizophren" in ein Vernunftwesen für die *irdischen* Dinge und in ein irrationales, zufallbestimmtes Wesen für den *Glaubens*bereich aufteilt (wie bei LESSING).

c) Die Vieldimensionalität des Seins und die perspektivischen Unterschiede der Anschauung

Es ist verständlich – wir deuteten das bereits an –, daß dieses Bekenntnis zur Fülle des Seins und damit auch zur Vieldimensionalität des religiösen Ich gerade dann provoziert wird, wenn GOETHE ausgerechnet bei seinen Freunden entsprechende Verengungen und Partikularismen beobachtet. So ist es nicht von ungefähr, daß das zitierte Achsenwort eben in der Kontroverse mit JACOBI auftaucht, der Gott auf den Sektor einer persönlichen Ich-Du-Beziehung beschränken möchte.

Als fast noch radikalerer Provokateur dieser Art wirkt LAVATER auf GOETHE, vor allem durch eine gewisse Penetranz seines christlichen Ausschließlichkeitsanspruchs, der sich allerdings hinter weltmännischer Gewandtheit und scheinbarer Aufgeschlossenheit verbarg. Jedenfalls war er eine Natur, die keine „Vielfarbendrucke", keine nur perspektivischen Differenzen kannte, sondern ausschließlich in Absolutheiten und entsprechenden Alternativen dachte. So erfolgt gerade an dieser Stelle der Zusammenprall mit dem sonst von GOETHE so verehrten Manne; zugleich kommt es von GOETHES Seite zu den deftigsten und farbigsten Formulierungen seiner Gegenposition: Auch hier ist es der Widerstand von menschlicher Nähe und sachlichem Gegensatz, der Goethes scharfe Reaktionen auslöst: „Wir berühren uns beide so nah, als Menschen können, dann kehren wir uns seitwärts und gehen entgegengesetzte Wege... ich verliere den LAVATER, in dessen Nähe ich wohl auch von dem Zusammenhang seiner Empfindungen und Ideen hingerissen worden, den ich erkenne und liebe; jetzt aber (nach der Lektüre seines ‚Pilatus') sehe ich nur die scharfen Linien, die sein Flammenschwert schneidet, und es macht mir auf den Moment eine widerliche Empfindung". Er wirft LAVATER die Absolutsetzung des „Ein-reiches Christi" vor und bittet ihn um Verzeihung, daß er von seiner „aus-schließlichen Intoleranz" abgestoßen werde. Ausgerechnet er, LAVATER, der menschlich das „toleranteste, schonendste Wesen" sei, gebe sich als „Lehrer einer ausschließenden Religion". – Offensichtlich empfindet GOETHE es als besonders deprimierend, wenn LAVATER die andere von ihm ausgeschlossene Wahrheit nicht einmal für ein „Nichts" erklärt (was GOETHE für ehrenvoller zu halten scheint), sondern wenn er eine *andere* Art des „Hinausschließens" meint, nämlich „hinaus, wo die Hündlein sind, die von des Herren Tische mit Brosamen genährt werden, für die abgefallene Blätter des Lebensbaumes, ge-trübtere Wellen der ewigen Ströme, Heilung und Labsal sind" (Matth. 15,27)[11]. – „In unsers Vaters Apotheke" meint GOETHE in seinem Brief vom 4. Oktober 1782, „sind viele Rezepte". Und vorher fragt er: „Was sind die tausendfältigen Religionen anders als tausendfache Äußerungen dieser Hei-lungskraft", die ihnen innewohnt? „Mein Pflaster schlägt bei dir nicht an, deins nicht bei mir." Können also die einzelnen Rezepte einen ausschließlichen Widerspruch bilden, oder ergänzen sie sich? – Wer dächte hier nicht an LES-SINGS Wort von dem wohltätigen elektrischen Funken, bei dem der Paralytikus nicht frage, ob er ihn NOLLET oder FRANKLIN verdanke!

Deshalb enthalten die Religionen nur verschiedene Perspektiven, unter denen das Göttliche erscheint. Die aber können sich nicht exklusiv zueinander verhal-ten, sondern sie müssen miteinander kooperieren und sich ergänzen, wenn die Fülle des Göttlichen nicht seiner Universalität beraubt und in eine partikuläre Endlichkeit hinabgezogen werden soll. So kommt es dann zu der aufgewiese-nen Synthese von Mono-, Poly- und Pantheismus. Und es ist verständlich, wenn GOETHE vor einer geplanten Zusammenkunft seinen Freund LAVATER bittet, daß sie einander ihre „Partikular-Religionen ungehudelt lassen" soll-ten[12].

Natürlich kann es beim Gedanken der Perspektive auch dazu kommen, daß ich für *meine* Person bestimmte Perspektiven, die anderen wichtig sein mögen, ausschließe – dann aber nur, weil sie eben *meiner* Natur zuwider sind und deshalb in *meiner* Suche nach dem Göttlichen nicht weiterführen.

Diese subjektive Exklusivität einer religiösen Position bringt Goethe einmal zum Ausdruck, als ihm LAVATERS „Offenbarung Johannes" in die Hand ge-kommen war. In diesem Buche kam ihm, wie er sagt, nichts nah als LAVATERS vertraute Handschrift. Das letzte Buch der Bibel selbst bleibt ihm dagegen „fatal"; er spricht von einem ihm fremden „Geruch": „Ich bin ein sehr irdi-scher Mensch", schreibt er am 28. Oktober 1779 an LAVATER, „mir ist das Gleichnis vom ungerechten Haushalter, vom verlornen Sohn, vom Sämann, von der Perle, vom Groschen ppp göttlicher (wenn ja was göttlichs da sein soll) als die sieben Bischöfe, Leuchter, Hörner, Siegel, Sterne und Wehe. Ich denke

---

[11] Brief an LAVATER vom 9. August 1782.
[12] Brief vom 28. Oktober 1779.

auch aus der Wahrheit zu sein, aber aus der Wahrheit der fünf Sinne, und Gott habe Geduld mit mir wie bisher."[13] In der Tat: die subjektive Exklusivität muß den Komparativ möglich machen, daß etwas für mich „göttlicher" und ein anderes weniger oder gar nicht göttlich sei.

Nur in *diesem* Sinne, so scheint mir, ist das schon zitierte Wort GOETHES zu interpretieren, daß er zwar kein „Widerchrist, kein Unchrist, sondern ein dezidierter Nichtchrist" sei. Viele Worte GOETHES können nur von der Front her, *wider* die er sich wendet, und von dem jeweiligen Adressaten aus verstanden werden. Und gerade bei diesem Wort vom „dezidierten Nichtchristen" ist dieser Kontext wichtig: Es fällt eben gegenüber LAVATERS Absolutsetzungen und seinen Zerschneidungen durch das „Flammenschwert"[14]. Und hier kann es nur bedeuten: Wenn LAVATERS Christentum gelten soll, wenn dieses Christentum also nicht mehr eine Perspektive *neben* anderen sein darf, sondern aus dem religiösen Gesamtspektrum herausgeschnitten wird – *dann* und unter *dieser* Bedingung muß GOETHE von sich sagen, daß er ein dezidierter Nichtchrist sei. Dabei ist die hintergründige Ironie nicht zu überhören, die an LAVATER die Frage zurückgibt, ob denn *er* dem religiösen Sinn des Christentums gerecht werde, ob GOETHE also *ihn* nicht mit dem Verdikt eines „Nichtchristen" belastet sehen müsse.

Wenn aber die Verschiedenheit der Religionen ontologisch in der Vieldimensionalität des Seins und noetisch in der Differenz der Perspektiven begründet ist, braucht es zu keiner Kontroverse dieser Art mehr zu kommen – außer zur Behauptung dessen, was ich die „subjektive Ausschließlichkeit" nannte und was der Abwehr von Absolutheitsansprüchen dienen soll, die mein Selbst und meine Entelechie verbiegen würden. *Das Gesetz der Perspektive schließt die verschiedenen Religionen und Glaubensweisen zu einem Spektrum zusammen, dessen Farben sich komplementär zueinander verhalten.* Dadurch werden Alternativen ausgeschlossen. Insofern kommt es zur *Toleranz.*

d) Paradigma dafür: Die Religion der Ehrfurcht

Eine beispielhafte Entfaltung dieses komplementären Religionsverständnisses bringen „Wilhelm Meisters Wanderjahre" in dem Kapitel über die Pädagogi-

---

[13] Wenn GOETHE „als Mann und Greis... höchstens... einmal die Kirche betritt, wenn HERDER predigt" (FR. BLANCKMEISTER, Goethe u. die Kirche seiner Zeit, Dresden 1923, 178), so dürfte gerade in diesem Bezug des Evangeliums zum lebendigen Leben eine Verwandtschaft zwischen GOETHE und HERDER geblieben sein. In seiner Aufzeichnung „Der Redner Gottes" hebt HERDER diesen Bezug hervor: Er will „jedesmal die biblische Sprache in die fließende Sprache unserer Zeit und (unseres) Lebens... übersetzen"; er will dem Zuhörer gleichsam seine eigene „Zunge rauben" (d.h. diese Zunge für *sich* in Anspruch nehmen) und die gleiche Sprache reden, in der dieser „sich über alle Sachen der Welt erklärt" (HERDERs Sämtl. Werke, Cotta 1830, Bd. 32,3ff.). Hier dürfte sich GOETHE also vor apokalyptischen und weltentrückten Bildern sicher gefühlt haben!

[14] Brief vom 9. August 1782.

sche Provinz[15]. Hier geht es um drei Gestalten der Ehrfurcht, von denen jede einen Typus der Religionsgeschichte repräsentiert und die erst – wie die „würdigen Obern" der Provinz darlegen – in ihrem Zusammenklang und Miteinander *die* wahre Religion hervorbringen.

„Keine Religion, die (bloß) auf *Furcht* gegründet ist, wird bei uns geachtet", so erfährt Wilhelm. Denn Furcht entspricht zwar der menschlichen Natur. Starke sowohl wie Schwache fürchten aus dieser ihrer Natur heraus „ein bekanntes oder unbekanntes mächtiges Wesen". Der Obere gibt also Wilhelm wenigstens teilweise recht, wenn dieser „die Furcht roher Völker vor mächtigen Naturerscheinungen und sonst unerklärlichen... Ereignissen" das Kennzeichen der Primitivreligion nennt. Doch kann er sich nicht zu Wilhelms Annahme bekennen, daß eben dies der Keim gewesen sei, aus dem sich dann „ein höheres Gefühl, eine reinere Gesinnung... stufenweise" entwickelt habe. Denn die *Ehrfurcht*, hier als religiöses Grundgefühl verstanden, gehe keineswegs derart evolutionär aus der Natur hervor. Zur Ehrfurcht könne sich der Mensch von sich aus nie entschließen. Es gehe hier vielmehr um einen „höheren Sinn, der seiner Natur *gegeben* werden muß" und von ihr nicht aus sich selbst ergriffen werden kann. Der Eindruck, daß GOETHE dabei auf die katholische Verbindung der Natur mit einer sie vollendenden Gnade anspielt, wird noch dadurch verstärkt, daß hier auch von den „Heiligen" die Rede ist: Sie sind „besonders Begünstigte", bei denen jener höhere Sinn sich schon aus ihrer Natur entwickelt[16].

Eine Frage, die GOETHE gegenüber allem Religiösen (so auch hier) besonders bewegt, ist das Problem, ob der Mensch in seiner Identität durch religiöse Ansprüche vergewaltigt werde oder ob er dabei „er selbst" bleiben dürfe. (Sein Protest gegen JACOBIS und LAVATERS missionarischen Eifer für *ihre* Glaubensweise war ja gerade durch die Furcht vor dieser Vergewaltigung des eigenen Ich motiviert!) Wenn GOETHE nun die *Ehrfurcht* als das religiöse Grundgefühl anspricht und damit zugleich seine *eigene* Confessio ablegt, scheint mir das in diesem seinem Humanitäts- und Identitätsinteresse begründet zu sein: Die „Furcht" nämlich, läßt ein Fremdes, das ich eben befürchte, über mich Herr werden und verbiegt damit mein Eigensein. „Die Ehrfurcht" dagegen läßt mein Selbst unangetastet, sie läßt meine Entelechie bestehen. Denn *„bei der Ehrfurcht, die der Mensch in sich walten läßt, kann er, indem er Ehre gibt, seine Ehre behalten, er ist nicht mit sich selbst veruneint wie in jenem Falle"*, der Furcht. Hier kommt es also nicht mehr zu einem Widerstreit zwischen dem Divinum und dem Humanum, bei dem das letztere unterliegen müßte.

Auch diese Einschätzung der Ehrfurcht, die den Menschen vor „Veruneinung mit sich selbst" bewahrt, erscheint mir als ein Schlüsselwort für GOETHES Religionsverständnis: Es deutet auf den Ort, wo Religion und Humanität zur

---

[15] 2. Buch, 1. und 2. Kap.

[16] Daß katholische Theologie diese Charakterisierung nicht für ein korrektes Bild des Heiligen wird halten können, tut der Annahme der genannten Assoziation sicher keinen Abbruch.

Einheit gelangen können und vor jeder Art dogmatischen Oktrois geschützt bleiben.

Da die Ehrfurcht als religiöses Grundgefühl verstanden wird, kann sie zum Kriterium für eine religionsgeschichtliche Typologie werden; sie kann das Verbindende und das Scheidende in den Religionen manifest werden lassen: Da sie in dreifacher Gestalt vorliegt – als Ehrfurcht vor dem, was *über* uns, *neben* uns und *unter* uns ist –, repräsentiert sie auch die drei wirklich „echten" Religionen: die ethnische, die philosophische und die christliche Religion.

Die *„ethnische"* oder „heidnische" Religion zeigt eine erste Ablösung der Furcht durch die Ehrfurcht. Sie wird recht eigentlich „an der Wiederkehr der Schicksale ganzer Völker... begriffen", erklärt der Älteste. Das ist wohl auch der Grund für die etwas verwunderliche Tatsache, daß die Religion *Israels* in den Sockeln und Friesen der Hallen-Galerie als Paradigma dieser heidnischen Religionen erscheint. Jahwe ist ja der Gott der *Geschichte*. Zugleich aber gibt es noch andere Analogien zwischen dem Gotte Israels und den Göttern der Heiden: „Wenn die Götter den Menschen erscheinen, (wandeln) sie gewöhnlich unerkannt unter ihnen." So wird Abraham „von seinen Göttern(!) in der Gestalt schöner Jünglinge besucht", während dicht darüber Apoll – ebenfalls indirekt und verborgen – unter den Hirten Admets erscheint.

Die *„philosophische"* Religion gründet sich auf die Ehrfurcht vor dem, was uns *gleich* ist, was neben uns steht: vor der Menschheit vor allem, aber auch den „übrigen irdischen Umgebungen, notwendigen und zufälligen". Diese Religion steht in der Mitte zwischen den beiden anderen, denn der Philosoph, „der sich in die Mitte stellt, muß alles Höhere zu sich herab, alles Niedere zu sich heraufziehen, und nur in diesem Mittelzustand verdient er den Namen des Weisen."

Sehr merkwürdig ist nun, daß Christus innerhalb dieser Typologie nicht bei der dritten Glaubensweise auftaucht (bei der Ehrfurcht vor dem, was unter uns ist), sondern ausgerechnet bei dieser *philosophischen* Religion. Der Obere der Pädagogischen Provinz erklärt das damit, daß dieser „göttliche Mann" gewissermaßen aus dem geschichtlichen Zusammenhang herausfalle, daß er „mit der Weltgeschichte seiner Zeit in keiner Verbindung gestanden" habe, also auch nicht der ethnischen und israelitischen Religion zuzurechnen sei. Christus habe ein „Privatleben", seine Lehre sei „eine Lehre für die Einzelnen". Was aber „dem Einzelnen innerlich begegnet, gehört... zur Religion der Weisen", eben zur philosophischen Religion.

Ich frage mich, ob hier nicht das Bild des aufklärerischen Tugendlehrers nachwirke, das sich für einen Augenblick in den Vordergrund zu schieben scheint. Nur für einen Augenblick zwar: denn es kommt alsbald zu der Andeutung, daß er *mehr* war und daß sich diese Lehre vom Einzelnen nur auf die Zeit bezog, in der er „auf der Erde umherging". Es kann auch nicht verborgen sein (obwohl er da nicht ausdrücklich genannt wird), daß er zugleich im Zentrum der *dritten* Religion steht, der spezifisch christlichen, die auf die Ehrfurcht vor dem gegründet ist, was *unter* uns ist.

Die *christliche* Religion ist deshalb „ein Letztes, wozu die Menschheit gelangen konnte und mußte". Sie beruht ja nicht darauf, daß der Mensch sich selbst erhöht, um so alles Irdische unter sich liegen zu sehen – das würde nicht zur Ehrfurcht, sondern eher zur Hybris führen –, sondern daß er „auch Niedrigkeit und Armut, Spott und Verachtung, Schmach und Elend, Leiden und Tod als göttlich anzuerkennen" vermag. Selbst Sünde und Verbrechen gewinnen durch die Ehrfurcht vor dem, was unter uns ist, einen veränderten Sinn; sie erschöpfen sich nicht mehr in der Funktion, „Hindernisse" des Heiligen zu sein, sondern können sogar als „Fördernisse des Heiligen" geachtet werden. (Wenn hier nicht von der Sünde, sondern von den Sündern gesprochen worden wäre, würde man die Pointe des Evangeliums mit dieser dritten Gestalt der Ehrfurcht eher getroffen sehen!)

Es mag wiederum mit einem Nachklang aufklärerischen Denkens zusammenzuhängen, wenn die Oberen der Provinz die drei Religionsgestalten im christlichen Credo vorgebildet sehen, und zwar in dessen trinitarischem Aufbau. Diese Deutung sieht im 1. (dem Schöpfungs-)Artikel den Ausdruck der ethnischen Religion, im 2. Artikel den der christlichen und im 3. Artikel, der von der „begeisterten Gemeinschaft der Heiligen" handelt, die Darstellung der philosophischen Religion, denn die Heiligen sind ja „die im höchsten Grad Guten und Weisen". Da die Trinitätslehre nun die „höchste Einheit" der drei göttlichen Personen betont, bekennt sie zugleich die von den Oberen proklamierte Einheit der verschiedenen Religionsvarianten.

Natürlich drängt diese Differenzierung zwischen den drei Ehrfurchten samt der daraus sich ergebenden Typologie der Religionen zu der Frage – Wilhelm Meister spricht sie denn auch aus –: *„Zu welcher von diesen Religionen bekennt ihr euch denn insbesondere?"* Diese Schlüsselfrage muß auf eine Antwort drängen, in der wir GOETHES eigene Confessio erblicken dürfen, zumal sie genau auf denselben Punkt zielt, an dem auch die drei Theismen in ihrer Korrelation für uns sichtbar wurden.

Auch sub specie der Ehrfurcht wird keine der Religionen vor der anderen hervorgehoben oder gar mit dem Monopolcharakter der Absolutheit ausgestattet. Sie haben vielmehr alle einen komplementären Charakter und ergänzen sich nur miteinander zu „der" Religion. Wir bekennen uns „zu allen dreien", erwidern nämlich die Oberen, „denn sie zusammen bringen eigentlich die wahre Religion hervor". Auch hier also muß es wieder zu dem besprochenen Vielfarbendruck kommen, demgegenüber die einzelne Farbschattierung (an der sich Absolutheitsfanatiker wie LAVATER und JACOBI genügen lassen!) „die" Religion nur fragmentarisch und unerträglich einseitig abbildet.

Wichtiger aber noch als das Bekenntnis zu dieser Synthese der Religionen ist die *Begründung*, in deren Namen es zu ihr kommt. Diese Begründung zeigt uns, wie hier aufklärerische Gedanken nur partiell aufgenommen, vor allem aber überboten werden:

Das aufklärerische Religionsverständnis hatte ja trotz seiner großen Variationsbreite *eine* Gemeinsamkeit darin, daß es in den Religionen das Vernünf-

tige und moralisch Normative herausdestillierte. Darin schwang zugleich ein humanitäres, man könnte auch sagen: ein anthropozentrisches Motiv mit:
Daß der Mensch ein Vernunftwesen sei, war ja die Pointe der Humanität. Dieser Humanität wurde nur dann Genüge getan, wenn sie in ihrer Einheit bewahrt, wenn sie also durch ihre religiöse Bindung nicht zerrissen wurde in eine autonome Dimension, die sie bei sich selbst ließ, und eine heteronomisierende Dimension, in der sie durch die Zufälligkeit einer geschichtlich bedingten Religionstradition vergewaltigt wurde. Diese Zerrissenheit konnte nur vermieden werden, wenn das Vernunftwesen Mensch allein noch mit den *vernünftigen* und *moralischen* Elementen einer Religion zu tun hatte. Und da – wie in LESSINGS „Nathan" – im Christentum, Judentum und Islam diese Elemente enthalten waren, konnte es hier zur Synthese der Religionen kommen.

Bei GOETHE nun wird dieses humanitäre Motiv der Synthesis aufgegriffen und dennoch grundlegend verändert. Es wird zunächst *aufgegriffen*:
Der Obere weist darauf hin, daß die drei Ehrfurchten in einer „obersten Ehrfurcht" gipfeln und sich in ihr verbinden. Diese oberste Ehrfurcht ist „die Ehrfurcht vor sich selbst". In ihr gelangt „der Mensch zum Höchsten ... was er zu erreichen fähig ist, daß er sich selbst für das Beste halten darf, was Gott und Natur(!) hervorgebracht haben...". Das Humanum ist so der Bezugspunkt aller religiösen Bindungen. In ihm koinzidieren sie. Schon daß Gott und Natur, vom Humanum aus gesehen, panentheistisch zusammenfallen und daß das Humanum als die höchste Gestalt des gottdurchwirkten Seins erscheint, deutet die sich anbahnende Synthese an.

Zugleich aber wird das humanitäre Motiv der Aufklärung damit *überboten* und fundamental verändert, und zwar in zweierlei Hinsicht:
Einmal ist es nicht eine substantielle Vernünftigkeit, die hier als Kern der Religionen herausgeholt und objektiviert würde. GOETHE geht es überhaupt nicht um einen objektivierbaren Sachgehalt (der die Fülle religiöser Erscheinungen im übrigen ja auch unerträglich versimpeln müßte). Es geht ihm vielmehr um die Gemeinsamkeit eines *Verhältnisses* zum Heiligen, eben um das Verhältnis der Ehrfurcht. Modern ausgedrückt handelt es sich also um ein „existentiell" Verbindendes und insofern um die nicht-rationale und nicht-objektivierbare Realität eines Verhältnisses. Indem es um ein „Verhältnis" geht, bleibt der Sachgehalt der Religionen selbst zunächst ganz außer Betracht. Zugespitzt ausgedrückt könnte man sagen: Das Religiöse liegt gar nicht entscheidend in den Religionen selbst, es liegt mindestens ebenso auf der humanen Seite, in der Haltung des Menschen, in der Befindlichkeit des Humanum – hier in der *Ehrfurcht*.

Ferner sieht das von GOETHE erschaute Humanum wesenhaft *anders* aus als in der Aufklärung: Hier war die Vernunft in dem Maße, wie sie zum letzten Kriterium religiöser Wahrheit wurde und dementsprechend der Mensch als Vernunft-„Wesen" erschien, zugleich oberste Instanz. Damit bereitete sich jene Inthronisierung der „Göttin" Vernunft vor, wie sie in der französischen Revolution dann vollzogen wurde. Ebenso war die Aufklärung das Präludium zur

Gott-Rolle des Menschen: zu jener Entlarvung der Theologie als Anthropologie, wie FEUERBACH sie später proklamierte. GOETHE aber weist aus- und nachdrücklich darauf hin, daß der Mensch, selbst wenn er „sich selbst für das Beste halten darf, was Gott und Natur hervorgebracht haben", niemals jener hybriden Selbstüberhebung verfallen könne – solange er jedenfalls in der *Ehrfurcht* verharre. Denn diese Ehrfurcht vor sich selbst schließt ja ein, daß er sich vor etwas *anderem* beugt: vor dem, was über, neben und unter ihm ist. Und gerade diese Beugung, besser: die Möglichkeit zu diesem Sichbeugen ist es, die für ihn das Privileg des Humanum ausmacht. Dessen Größe besteht paradoxerweise in diesem Sich-verneigen-können; sie besteht darin, daß er hinter einem Numinosum zurücktritt, das außerhalb seines Selbst liegt. Dies ist der einzige Grund dafür, „daß er auf dieser Höhe verweilen kann, ohne durch Dünkel und Selbstheit(1) wieder ins Gemeine gezogen zu werden".

e) Das Humanum als das Verbindende der religiösen Perspektiven

So kann sich im Namen der Ehrfurcht auch das zusammenschließen, was in der religiösen Welt vordergründig als heterogen erscheint: Sobald die Beziehung zum Humanum als das eigentlich Bestimmende erkannt wird, tritt das Komplementäre in Erscheinung. Auch widersprüchlich Erscheinendes muß dann diesem Humanum in verschiedener Weise dienen und gewinnt in solchem Dienst eine gemeinsame Pointe.

Das kommt aufs schönste zum Ausdruck in dem Loblied, das der Älteste der Provinz auf die *Bibel*, speziell auf das Alte Testament als „die treffliche Sammlung ihrer (der Israeliten) heiligen Bücher" anstimmt. „Sie stehen so glücklich beisammen, daß aus den fremdesten Elementen ein täuschendes Ganzes hervortritt." Für die Art, wie er dieses „Ganze" hervorhebt, ist es nun wiederum bezeichnend, daß es nicht um einen objektivierbaren Aussage-Gehalt geht, der die verbindende Klammer dieses Ganzen ausmachte, sondern daß es abermals Beziehungen zum Humanum – also *Beziehungen*! – sind, die sich ergänzend zusammenschließen und zu einem gemeinsamen Affiziert-werden dieses Humanum führen: Denn jene fremdesten Elemente, die uns hier, gleichsam kollaborierend, anrühren, sind „vollständig genug, um zu befriedigen, fragmentarisch genug, um anzureizen, hinlänglich barbarisch, um aufzufordern, hinlänglich zart, um zu besänftigen; und wie manche andere entgegengesetzte Eigenschaften sind an diesen Büchern, an diesem Buche zu rühmen!"

Man könnte sagen, die Bibel übe so im vernehmenden Subjekt eine *sokratisch-entbindende* Funktion aus. Gerade ihr objektives Nicht-Zusammenstimmen wirke in diesem Subjekt einheitlich stimulierend. Das Humanum *selbst* stellt insofern das einigende Band dar. Es ist die Sammelstelle der verschiedenen Perspektiven. Hier ist kein Gelände, auf dem Alternativen gedeihen könnten; hier gibt es nur ein Sowohl-als-auch.

Wir dürfen uns durch diese Verbindung der Religion mit der Humanität bei

GOETHE nun auf keinen Fall zu der irrigen Annahme verführen lassen, daß das Göttliche für ihn so etwas wie eine „Projektion" des Humanum sei. Der Gedanke der Perspektive kann vielmehr nur bedeuten, daß, sobald die Realität des Göttlichen erscheint, sich diese Epiphanie nur in der Brechung durch das menschliche Bewußtsein, eben nur perspektivisch vollziehen kann. Hierbei ist der Begriff „menschliches Bewußtsein" eher noch zu weit gefaßt. Dieses Bewußtsein müßte noch vielfach differenziert werden je nach individuell-natürlicher Konstitution, geschichtlichem Standort und anderen existentiellen Bedingungen, unter denen es steht.

In diesem Sinne ist dann der Gedanke der Perspektive allerdings ein *hermeneutischer Schlüssel*, der uns viele Dimensionen des goetheschen Denkens – nicht nur die religiöse Dimension – erschließen kann. Von den mancherlei Paradigmen dafür, die uns später noch beschäftigen werden, deute ich hier nur zwei an:

Einmal denke ich an den Dualismus Faust/Mephistopheles, der letztlich auf einer perspektivischen Differenz beruht: Beide sehen dasselbe Sein, aber sie sehen es von einer anderen Seite. Faust sieht den Sinn des Universums – „der Weisheit letzten Schluß" – darin, daß es uns zu einem immer strebenden Bemühen auffordert, das nirgendwo zur Ruhe und zum Ziel gelangt – nicht einmal dort, wo er den Küstendamm wider die andrängenden Elemente errichtet hat. Auch der ist ja nichts Endgültiges; er muß vielmehr *weiterhin* verteidigt werden und bleibt eine zeichenhafte Aufforderung zum nie aufhörenden Kampf mit der Flut: „Nur der verdient sich Freiheit wie das Leben, der ständig sie erobern muß." – Die mephistophelische Perspektive dagegen läßt dies ewige „Weiterschreiten", in dem Faust „Qual und Glück" findet, läßt diesen nie beschließbaren Akt des kämpferischen Bemühens als sinnlose Zirkelbewegung, als Drehen im Kreis und als ein „Ewig-Leeres" erscheinen. Das enthüllt sich in Fausts Sterbestunde[17]:

> Vorbei und reines Nichts, vollkommnes Einerlei!
> Was soll uns denn das ew'ge Schaffen!
> Geschaffenes zu nichts hinwegzuraffen!
> Da ist's vorbei! Was ist daran zu lesen?
> Es ist so gut, als wär' es nicht gewesen,
> Und treibt sich doch im Kreis, als wenn es wäre.
> Ich liebte mir dafür das Ewig-Leere.

Ferner: Auch die Deutung der Entelechie als Ausdruck humaner Selbstheit *und* als „dämonische" Potenz scheint mir auf eine solche *perspektivische* Unterscheidung hinzuweisen. Das erste orphische Urwort, das „die begrenzte Individualität der Person, das Charakteristische" an ihr zum Ausdruck bringt, ist

---

[17] Über das Verständnis von Tod und Unsterblichkeit in GOETHES „Faust" hat der Verfasser in seinem Buche „Leben mit dem Tod" ausführlicher gehandelt (Tübingen 1980).

nicht von ungefähr mit „Daímon" überschrieben: Jene Selbstheit ist zwar so etwas wie ein Pfand der Humanität, das weder durch Týche noch Eros von sich abgelenkt und in die Entfremdung entführt werden darf, das aber gleichwohl *auch* wieder gewaltsam, unter Umständen verhängnisvoll an sich *gefesselt* bleibt: „So *mußt* du sein, dir *kannst* du nicht entfliehen." An Gestalten wie Napoleon wird diese dämonische Seite der Persönlichkeit, ihr Gefesselt-sein an die sozusagen *schicksalhafte* Selbstheit immer wieder demonstriert[18].

f) Auswirkungen des perspektivischen Sehens auf Goethes Aussagen über das Christentum. Das Fehlen konfessorischer Eindeutigkeit

Vermutlich geht vieles, was bei GOETHE als widersprüchlich und ungereimt empfunden wird und was gerade in seinen religiösen Aussagen zu oft peinlichen Vereinnahmungen durch die eine oder andere Seite führt, auf diese Art perspektivischer Verschiedenheit seines Sehens zurück. Das gilt vornehmlich von seinen Stellungnahmen zum *Christentum*:

Es gibt einerseits Aussagen, bei denen sich GOETHE gleichsam in das christliche Glaubensgut hineinbegibt, geradezu „hineinkriecht" und aus dessen Immanenz heraus von ihm spricht. Hier redet er – um seine früher besprochene Terminologie zu verwenden – sozusagen auf der „monotheistischen" und insofern adäquaten Ebene vom Christentum. Das ist etwa in dem seinem Freunde ZELTER übersandten Entwurf einer Reformationskantate der Fall[19].

Ganz anders, *perspektivisch* anders, kann dagegen ein Urteil GOETHES über das Kreuz Christi ausfallen, wenn er als *Künstler* (d.h. hier: von der inadäquaten Ebene des Polytheisten) davon spricht[20].

Die nicht zur Ausführung gelangte, nur in ihrem Plan entworfene Kantate[21] bringt einen Querschnitt durch die Gesamtheit des biblischen Heilsgeschehens von der Gesetzgebung auf dem Sinai bis zur Auferstehung und zur Himmelfahrt Christi. Besonders hervorgehoben ist dabei – theologisch ausgedrückt – das Thema von *Gesetz und Evangelium*, das sich in den Gestalten Moses' und Christus' personifiziert: Das mosaische Du-sollst umschreibt einen Prozeß, der bei Christus durch die nach oben ziehende vergeistigende Liebe vom Zwang

---

[18] Auch die „Sonnenpferde der Zeit", die mit „unsers Schicksals leichtem Wagen" durchgehen – Egmont spricht von ihnen – deuten wohl darauf hin (Egmont, 2. Aufz.).

[19] Zur 300-Jahrfeier der Reformation im Jahre 1817; der Entwurf dazu findet sich in dem Brief an ZELTER vom 10. Dezember 1816. – Vgl. dazu auch den Aufsatz von RUDOLF HERMANN, in: Zeitschr. f. System. Theol. 1941, 213 ff.

[20] Das geschieht in GOETHES Briefen an ZELTER z.B. dann, wenn er sich über die dem 60jährigen HEGEL gewidmete Medaille ausläßt, deren Rückseite das Bild des Kreuzes bringt (Briefe vom 1. Juni 1831 und 27. Januar 1832). GOETHE stimmt dem abfälligen Urteil ZELTERS darüber (vom 14. Dezember 1830) zu.

[21] Außer in dem Brief an ZELTER vom 10. Dezember 1816 findet er sich neben einigen übrig gebliebenen Strophen in der Weimarer Werkausgabe, Bd. 16, 570 ff.

zur *Freiheit* führt. Dabei wird das „Allein-durch-den-Glauben" gegenüber der Person Christi nachdrücklich akzentuiert.

Obwohl nun die Einmaligkeit des biblischen Heilsgeschehens zugunsten einer höheren Gesetzlichkeit des Geschehens, eines bloßen Symbolismus sozusagen, zurücktritt, obwohl auch der Zusammenhang von Schuld und Versöhnung kaum berührt wird, so besteht hier dennoch eine ausdrückliche Nähe zum Gedankengut reformatorischer Theologie. Daß GOETHE im übrigen die Bibel stets (im Sinne jenes Symbolismus) als ein Buch versteht, in dem die Wahrheit des *Menschlichen* in vielerlei Lichtbrechungen dargestellt wird, sahen wir schon bei der Erörterung der Pädagogischen Provinz. *Heils*geschichte ist deshalb immer auch ein Paradigma der *Welt*geschichte, eben der Geschichte des *Menschen*. Sie ist in der Geschichte Israels symbolisch-prototypisch dargestellt. In der Pädagogischen Provinz lesen wir deshalb auch das Wort: „Der Gehalt derselben (d.h. der alttestamentlichen Religion) findet sich in der Weltgeschichte, sowie die Hülle derselben in den Begebenheiten. An der Wiederkehr der Schicksale ganzer Völker wird sie eigentlich begriffen."

Die Ebene der Betrachtung und damit die Perspektive kann aber, wie gesagt, wechseln und dann ganz *andere* Aussagen zustande kommen lassen – etwa über das *Kreuz*. Die merkwürdige Kombination des Kreuzes mit einem antiken Genius und einer (die Philosophie darstellenden?) Frau auf der Rückseite der Hegel-Medaille befremdet ihn, so daß er dazu „nichts zu sagen" weiß. Aber: „Mir scheint sie einen Abgrund zu eröffnen, den ich ... bei meinem Fortschreiten ins ewige Leben immer links liegen gelassen habe."[22]

Es ist wohl ein ganzer Komplex von Motiven, der GOETHE von der Darstellung des Kreuzes zurückschrecken läßt, nicht nur (obwohl *auch*) eine ästhetische Hemmung. Was ihn verletzt, ist vor allem „das leidige Marterholz, das Widerwärtigste unter der Sonne". Das „sollte kein vernünftiger Mensch auszugraben und aufzupflanzen bemüht sein"[23].

Daß GOETHES Abneigung gegenüber dem Kreuz nicht eine Distanzierung gegenüber dem gekreuzigten *Christus* bedeutet, wird in mancherlei Hinsichten deutlich. Was ihn stört, sind immer wieder die Marterinstrumente und die Darstellung des Todes. Deshalb möchte er auch in dem Denkmal-Vorschlag von 1830 „Christus nebst zwölf alt- und neutestamentlichen Figuren den Bildhauern vorschlagen". Er will Christus nicht als Gekreuzigten, sondern als den aus seinem Grab Hervorgehenden dargestellt wissen – gerade weil wir ihn immer wieder „sehr unschicklich gemartert, sehr oft nackt am Kreuze und als Leichnam sehen mußten". Hier mag darüber hinaus auch seine bekannte Abneigung gegen Tod und Begräbnis mitspielen. Hinzu kommt bei der Hegel-Medaille gewiß GOETHES Widerwille, das Marterholz in Verbindung mit metaphysischen Spekulationen HEGELS zu sehen: „...Daß ein Philosoph durch

---

[22] Brief an ZELTER vom 1. Juni 1831.

[23] Brief des 82-Jährigen vom 9. Juni 1831 an ZELTER. Hier erinnert ihn die Aufpflanzung des Marterholzes an die „bigotte Kaiserin-Mutter" Helena, die Mutter Konstantins: „Wir sollten uns schämen, ihre Schleppe zu tragen."

einen Umweg über die Ur- und Ungründe des Wesens und Nicht-Wesens(!) seine Schüler zu dieser trockenen Kontignation (= Balkenwerk) hinführt, will mir nicht behagen"[24].

Im gleichen Brief weist GOETHE übrigens darauf hin, daß er das Kreuz als Mensch und Dichter auch zu *schmücken* verstanden habe, etwa in seinen Stanzen. Damit spielt er auf das Mysterien-Fragment „Die Geheimnisse" an, wo das Kreuz mit Rosen geschmückt ist (Rosenkreuzer-Symbol) und so nicht mehr den Tod, sondern Leben und Tod-*Überwindung* symbolisiert: In dieser Hinsicht kann es dann eine *ästhetische* Perspektive gewinnen und als Lebens-Symbol von ihm angenommen werden:

> Das Zeichen sieht er prächtig aufgerichtet,
> Das aller Welt zu Trost und Hoffnung steht,
> Zu dem viel tausend Geister sich verpflichtet,
> Zu dem viel tausend Herzen warm gefleht,
> Das die Gewalt des bittern Tods vernichtet,
> Das in so mancher Siegesfahne weht...
> Er fühlet neu, was dort für Heil entsprungen,
> Den Glauben fühlt er einer halben Welt...
> Es steht das Kreuz mit Rosen dicht umschlungen...[25]

Diese perspektivischen Verschiedenheiten in den religiösen Aussagen GOETHES bringen es mit sich – und erinnern damit an LESSINGS ständig sich wandelnde Fechterpositionen, an sein „gymnastikōs-Reden" –, daß es unmöglich ist, in thetischer Form so etwas wie ein *Glaubensbekenntnis* GOETHES festzustellen. Daran hat schon SCHILLER Anstoß genommen und in Briefen an CHRISTIAN GOTTFRIED KÖRNER darüber geklagt, daß GOETHE niemals zu fassen, daß er nie bei einer Aussage zu behaften sei und sich stets eine Hintertür offen lasse, um zu verschwinden und sich zu entziehen:

„Öfters um GOETHE zu sein, würde mich unglücklich machen: Er hat auch gegen seine nächsten Freunde kein Moment der Ergießung, er ist an nichts zu fassen... Er besitzt das Talent, die Menschen zu fesseln, und durch kleine und große Attentionen sich verbindlich zu machen; aber sich selbst weiß er immer frei zu behalten" (2. Februar 1789). Es fehle ihm ganz „an der herzlichen Art, sich zu irgend etwas zu *bekennen*" (1. November 1790). Einmal kann es sogar heißen: „Dieser Mensch, dieser GOETHE, ist mir im Wege" (9. März 1789).

Ganz ähnlich, nur weniger indigniert, kann sich auch WIELAND in seinem Gedicht „An Psyche" äußern, das er nach einem angeregten Abend mit GOETHE schrieb und in dem er den Eindruck von dessen Wandelbarkeit wiedergibt:

---

[24] Brief an ZELTER vom 27. Januar 1832.
[25] Artemis 3, 274f.

Und wenn wir dachten, wir hätten's gefunden
Und, was er sei, nun ganz empfunden,
Wie wurd' er so schnell uns wieder neu!
Entschlüpfte plötzlich dem satten Blick
Und kam in andrer Gestalt zurück...[26]

Schon der Knabe GOETHE vergleicht sich in einem der allerfrühesten Briefe mit einem „Camaeleon" (2. Juni 1764). So fürchtet er, daß jemand, der ihn sonst gut kennt, doch die eine oder andere Seite seines Wesens – Gutes oder Fehlerhaftes – übersehen haben könnte. Auch später taucht das Bild vom Camäleon wiederholt auf[27].

Es ist die Vieldimensionalität seines Wesens, die es so dahin kommen läßt, daß er schon wieder in einem anderen Bereich west, wenn man ihn in dem einen gerade erreicht zu haben meint. So erscheint er als ständig sich Entziehender, eben als der nicht zu Behaftende. Dieser Vieldimensionalität des Wesens entsprechen auch die vielen Aspekte seiner religiösen Welt, die wir unter dem Bilde des Vielfarbendrucks veranschaulichten.

Die Erläuterungen, die GOETHE in seinem Fragment „Die Geheimnisse" gegeben hat, lassen die komplementäre Zusammenstimmung der verschiedenen Religionen und damit seine Nicht-Behaftbarkeit bei *einer* von ihnen noch einmal anklingen: Die „verschiedensten Denk- und Empfindungsweisen, welche in dem Menschen durch Atmosphäre, Landstrich, Völkerschaft, Bedürfnis, Gewohnheit entwickelt oder ihm eingedrückt werden", stellen sich „hier am Orte in ausgezeichneten Individuen" dar, die sich um einen Mann versammeln und durch ihn repräsentieren lassen, der den charakteristischen Namen „Humanus" führt. Indem hier „jede besondere Religion einen Moment ihrer höchsten Blüte und Frucht erreicht", nähert sie sich jenem „oberen Führer und Vermittler", ja ist „mit ihm vollkommen vereinigt". Humanus verbindet sie also; das heißt ohne Bild: Die letzten Ziele aller Religionen – das also, worin sie das Telos ihrer „höchsten Frucht" erreichen – koinzidieren in der Humanität. Hier wird die Analogie zweierlei Vieldimensionalitäten – die der Religion und die des humanen Subjekts – in der Begegnung offenbar. In diesem Rahmen können deshalb religiöse Gehalte *angeeignet* werden. Diese Frage der *Aneignungsmöglichkeit* sollte ja den ersten Gesichtspunkt bilden, unter dem wir GOETHE befragen wollten[28].

Dieser gewissermaßen „pluralistische" Eindruck, den wir von GOETHES Wesen und seiner von SCHILLER beklagten Nicht-Erfaßbarkeit – speziell in der religiösen Sphäre – gewinnen mögen, bringt nun die Frage mit sich, ob und wieweit das Humanum tatsächlich imstande sein könne, einen einheitlichen Bezugspunkt des so Verschiedenen zu bilden, ob es also durch die genannte

---

[26] Zit. von BARKER FAIRLEY, A Study of Goethe, Oxford 1947; deutsch 1953, 9.

[27] AaO. 6ff.

[28] Die genannten Erläuterungen zu „Die Geheimnisse" finden sich in: Artemis 3, 760ff., bes. 762f.

Vieldimensionalität nicht zerrissen werde. Damit ist die Frage nach GOETHES Verständnis seiner *Identität*, ja der Identität *überhaupt* gestellt.

So taucht jetzt ein zweiter Gesichtspunkt für unsere Befragung GOETHES auf. (Der erste war, wie gesagt, die Frage der „Aneignung", sie führte uns auf die Vieldimensionalität seiner religiösen Bekenntnisse.) Es geht nunmehr um die Frage nach dem menschlichen Selbst nach seiner Konstanz und Kohärenz.

Zur Bewahrung der Identität. Die „Entelechie"

a) Die Analogie von Entelechie und Kosmos

Wir erinnern uns: Nach GOETHES Sicht kann die Religion das entelechische Selbst versehren; sie kann dieses Selbst aber auch erhalten und vollenden helfen; sie kann sowohl identitäts*hemmend* wie identitäts*fördernd* sein.

SCHILLER fürchtete – wir sprachen darüber –, daß das Christentum, wie GOETHE es im Tagebuch der Schönen Seele darstellte, sein Selbst verbiegen könne, weil es seinem Wesen „heterogen" sei. Auch GOETHE selbst hat sich wiederholt Gedanken darüber gemacht, daß das Christentum – besser: ein bestimmtes *Verhältnis* zu ihm – diesen Entfremdungseffekt hervorbringen könne. In einem Brief an HERDER vom Juli 1772 schüttet er sein Herz darüber aus und beklagt, wie sehr so etwas bei LAVATER der Fall sei, obwohl er doch „den schönsten, schlichtesten Menschenverstand hat, den ich je gefunden habe". LAVATER sei körperlich so leidend, daß er (um wieder mit SCHILLER zu sprechen) den Widerstand gegenüber dem Heterogenen nicht mehr aufbringe und daß so etwas Fremdes ihn besetzt halte. Deshalb sei er der „besten Freude... beraubt", nämlich *„des Wohnens in ihm selbst"*, der Freude also, eine eigene Identität zu haben. Denn „unter allen Besitzungen auf Erden ist ein eigen Herz die kostbarste, und unter tausend haben sie keine zween". LAVATER sei so sehr von einem Fremden besetzt, daß er nicht einmal mehr in sich aufzunehmen vermöge, „wenn man aus dem *in sich und durch sich lebenden und wirkenden Herzen redet"*. Hierbei ist es gleichgültig, ob GOETHE die Macht der Überfremdung in einem ihm oktroyiert erscheinenden dogmatischen Christentum oder aber in einer einseitigen Rationalität sieht, für die der „Kopf alles ist" und die ein trügerisches Verstandesurteil über die viel verläßlichere Erkenntnis der Sinne stellt[29].

Andererseits haben wir bei der Betrachtung der drei Ehrfurchten, daß sie dem Humanum und damit auch dem menschlichen Selbst zu seiner wirklichen *Entfaltung* verhelfen: Ehrfürchtig sein heißt, auf der Höhe der Humanität zu verweilen, ohne durch „Dünkel und Selbstheit wieder ins Gemeine gezogen zu werden".

---

[29] Sprüche in Prosa, 556f. – Zu den Briefen an HERDER: J. GOEBEL, Herder u. Goethe, in: Goethe-Jahrb. 1904, 156ff.

Das entelechische Selbst gründet demnach in *Bindungen*. Es ist jedenfalls nicht die fensterlose Monade LEIBNIZENS, sondern es ist auf das von ihr Unterschiedene hin *geöffnet*: sei es zu dem wie immer verstandenen Göttlichen, in dem es gründet, in dem es „verwandt" ist und dem gegenüber es „sich unterwirft und anbetet"[30]; sei es zu der umgebenden Wirklichkeit, die das Ich vornehmlich mit den Sinnen (und hier wieder speziell mit dem Auge) wahrnimmt und in der es handelt.

Daß die Entelechie des Ich sich durch *beide* Gestalten der Bindung erfüllt, liegt letztlich daran, daß „die begrenzte Individualität der Personen"[31] in den Kosmos und seine Gesetze eingelassen ist und ihn mikrokosmisch spiegelt. Deshalb greift GOETHE in den Urworten zu astrologischen Bildern, um diese kosmische Verwobenheit der „geprägte(n) Form, die lebend sich entwickelt" zu verdeutlichen. Und da das kosmische Sein vom Göttlichen durchdrungen ist, da es der Gottheit ziemt, „die Welt im Innern zu bewegen,/Natur in Sich, Sich in Natur zu hegen", so ist die Öffnung der Entelechie auf das umgebende Sein hin zugleich ihre Öffnung zum Göttlichen hin, „so daß, was in Ihm lebt und webt und ist,/Nie seine Kraft, nie seinen Geist vermißt"[32]. Eine Scheidung zwischen vertikaler (religiöser) und horizontaler (weltlicher) Dimension wird damit absurd.

Daß es eine solche Verbundenheit der Entelechie mit dem Universum gibt, ist darin begründet, daß beide sich wie Mikrokosmos und Makrokosmos zueinander verhalten, so daß der Mensch sich nicht nur in seiner Verwandtschaft mit dem Universum, sondern ebenso in einer Verwandtschaft mit der Gottheit erfährt.

Wir können diese Verwandtschaft und damit den Grund für die Aufgeschlossenheit der Entelechie auch durch den Begriff *Analogie* umschreiben: „Wär' nicht das Auge sonnenhaft,/die Sonne könnt' es nie erblicken...".

Mit dieser Analogie hängt es zusammen, daß ich gar nicht in einer Innenschau meiner Entelechie verharren *kann*. Wo immer ich mich in ihr (also in mir selbst!) umsehe, wird sie mir zum Gleichnis des kosmisch Ganzen, in dem sie lebt, webt und ist: „Suchet in euch, so werdet ihr alles finden, und erfreuet euch, wenn da draußen, wie ihr es immer heißen möget, eine Natur liegt, die Ja und Amen zu allem sagt, was ihr in euch selbst gefunden habt."[33] Denn „es ist etwas unbekanntes Gesetzliches im Objekt, welches dem bekannten Gesetzlichen im Subjekt entspricht"[34]. Diese „Synthese von Welt und Geist (ist es), welche von der ewigen Harmonie des Daseins die seligste Versicherung gibt"[35]. Es ist die panentheistische Seligkeit der Zusammenstimmung.

Diese Analogie, die den göttlich durchwalteten Kosmos und das mit der

---

[30] Dichtung u. Wahrheit, 1. Teil, 5. Buch; Cotta 8, 239.
[31] Urworte, orphisch, zur I. Stanze.
[32] Prooemion, Str. 3.
[33] Maximen u. Refl., 1080; Cotta 7.
[34] AaO. 1344.
[35] AaO. 562.

Gottheit verwandte Ich miteinander verbindet, ist bei GOETHE zwar vornehmlich hier *panentheistisch* begründet, aber doch nicht nur. Gelegentlich können sich auch christliche Einflüsse geltend machen, so daß – theologisch ausgedrückt – jene Synthese nicht als allgemeine analogia entis, sondern als eine speziell dem Glauben erschlossene analogia fidei erscheinen kann.

Dafür seien zwei Beispiele genannt:

Erstens: Es zeugt von der eminenten Einfühlung GOETHES in das christliche Glaubensverständnis, wie sie gerade das 6. Buch der „Lehrjahre" zeigt, daß die hier sich bekennende Schöne Seele *diese* Seite der Gotteserkenntnis anspricht. Von einem befreundeten weisen Arzt sagt die Verfasserin der Bekenntnisse: „...so leitete er meine Aufmerksamkeit von der Erkenntnis des menschlichen Körpers... auf die übrigen nachbarlichen Gegenstände der Schöpfung und führte mich wie im Paradiese umher, und nur zuletzt(!)... ließ er mich den in der Abendkühle im Garten wandelnden Schöpfer aus der Entfernung ahnen. Wie gerne sah ich *nunmehr* Gott in der Natur, da ich ihn *mit solcher Gewißheit im Herzen trug*" (Hervorhebungen vom Verf.). Hier klingen für GOETHE offensichtlich panentheistische und christliche Gottesgewißheit zusammen: Zunächst erhebt sich der Blick aus der Schöpfung zu dem (aus der Entfernung geahnten) Schöpfer. Man mag sich dabei an die analogia entis erinnert fühlen. Sodann aber wendet sich der Blick in die umgekehrte Richtung: Die Schöne Seele hat vorher durch den Herrenhuter die Gewißheit des Glaubens empfangen und blickt nunmehr vom Glauben an den persönlichen Deus Creator (= den Schöpfergott) zurück auf seine Schöpfung, um erst *so* seine dortigen Spuren zu entdecken. Hier stellt sich deshalb die Assoziation zur analogia fidei ein.

Es klingt zugleich noch etwas anderes an, was GOETHE am 12. Oktober 1825 zu ECKERMANN äußerte: daß jemand „wohl... in menschlichen Dingen ein großer Kenner werden" könne, „in göttlichen Dingen" aber könne nur ein Wesen ein solcher Kenner werden, „das dem Höchsten selber gleich wäre". Hier kommt die christliche, speziell von Paulus vertretene These zum Vorschein (1. Kor. 2,11), daß der Mensch *nicht* in jener Analogie zu Gott stände, die ihm eine angemessene Gotteserkenntnis erlauben könnte. Vielmehr sei nur Gott *selbst* sich adäquat, so daß es eine wahre cognitio Dei nur in seiner eigenen Selbsterkenntnis gebe. So kann hier inmitten von GOETHES Panentheismus, inmitten seines Preisliedes auf die Gottesverwandtschaft des Menschen einmal jene ganz *andere* („monotheistische") Sicht der Religion auftauchen, bei der der Mensch in seinem totalen qualitativen *Anders*-sein gegenüber Gott erscheint. ECKERMANN bemerkt denn auch, daß wir Menschen diese Kunde, wie sie ein dem Höchsten selber gleiches Wesen uns vermitteln würde, „nicht zu fassen und nichts damit anzufangen" wüßten, so daß wir „jenem Unkundigen vor dem Gemälde gleichen, dem der Kenner seine Prämissen, nach denen er urteilt, durch alles Einreden nicht mitzuteilen imstande wäre".

Zweitens: Christlicher Herkunft ist wohl auch, wenn GOETHE gelegentlich das panentheistische Analogie-Denken, die Gleichnishaftigkeit alles Vergänglichen in Frage stellt – jedenfalls *insoweit* in Frage stellt, als der Mensch sich dieser Analogie hybrid bemächtigt und – à la Prometheus! – die Gottheit nun nach *seinem* Bilde formt. Wiederum theologisch ausgedrückt heißt das: Die Tatsache, daß Gott den Menschen zu seinem Bilde, zu seinem „Analogon" macht, ist nicht umkehrbar. Es ist nicht zu überhören, daß der Gedanke eines persönlichen Gottes hier im Hintergrund steht:

> Wie einer ist, so ist sein Gott,
> Darum ward Gott so oft zum Spott[36].

Dieser Gedanke GOETHES führt nach vorwärts und rückwärts zu nachdenkenswerten Assoziationen: Nach vorwärts zu NIETZSCHE, wenn er die Gleichnisrichtung umkehrt und das *Un*vergängliche als „Gleichnis" und „Dichtererschleichnis" denunziert; nach rückwärts zu LUTHER: „Welcher Art jemand in sich selbst ist, so erscheint ihm dann auch Gott" (zu Römerbrief 3,5). LUTHER deutet damit auf die Zwielichtigkeit des Verhältnisses von Gott und Mensch: Es ist pervers, wenn das Gottesbild nur eine vergrößerte Kopie des menschlichen Selbstbildnisses ist. Wenn ich mich aber von Gott erlösen und in Ordnung bringen lasse, dann entsteht damit ganz von selbst ein anderes, und zwar das *wahre* väterliche Gottesbild.

b) Folgerungen für die Selbsterkenntnis

Daß das entelechische Selbst bei GOETHE nicht die LEIBNIZsche nach außen geschlossene Monade ist, daß es vielmehr Fenster zur Außenwelt hin hat und überdies als Mikrokosmos die Gesamtheit des Seins *in* sich widerspiegelt, das zeigt sich nicht zuletzt an der Art, wie GOETHE über die *Selbsterkenntnis* denkt.

Dabei fällt auf, daß er sich wiederholt und vehement gegen das Orakelwort: „Erkenne dich selbst!" wendet[37]. Gegenüber ECKERMANN vermerkt er in dem langen Gespräch vom 10. April 1829 kritisch, daß die zu allen Zeiten wiederholte Aufforderung, „man solle trachten, sich selbst zu erkennen, eine seltsame Forderung sei, der bis jetzt niemand genügt hat, und der eigentlich auch niemand genügen soll". Er selbst kenne sich auch nicht; Gott solle ihn sogar davor behüten.

Seine Warnung vor diesem Streben nach Selbsterkenntnis variiert vielfach das gleiche Argument, das er auch gegenüber ECKERMANN gebrauchte: Der Mensch sei „mit allem seinem Sinnen und Trachten aufs *Äußere* angewiesen, auf die Welt um ihn her". Von sich selbst wisse und erfahre er nur durch diesen Umgang mit dem Draußen, „wenn er genießt oder leidet, und so wird er auch bloß durch Leiden und Freuden über sich belehrt". Der Mensch selbst aber

---

[36] Zahme Xenien vom 21. Juni 1814.
[37] Zweimal berichtet Kanzler v. Müller von polemischen Äußerungen GOETHES gegen das Orakel: am 8. März 1824 und am 29. Juni 1825. FALK berichtet Ähnliches am 25. Januar 1830.

(man darf vielleicht sagen: der Mensch „an sich"), der sich hinter diesem Umgang mit dem Draußen und der von ihm gewährten Selbsterfahrung verbirgt, sei „ein dunkles Wesen", er wisse nicht, „woher er kommt noch wohin er geht"; er wisse auch „wenig von der Welt und am wenigsten von sich selbst".

Selbsterkenntnis kann demnach nicht bedeuten, in einer Art Autoanalyse auf sich selbst konzentriert zu sein; hier würde man sich nur in der dunklen Unergründlichkeit des menschlichen Wesens verlieren. Positiv gewendet kann sie nur besagen, in Selbstvergessenheit nach außen zu streben und seine Selbsterfahrung auf das zu beschränken, was die so vollzogene „*Tätigkeit*" mir über mich selbst kundgibt: Es sei gut für den Menschen, sagt JARNO in den „Lehrjahren", seiner selbst „in einer pflichtmäßigen Tätigkeit zu *vergessen*. Da lernt er erst sich selbst *kennen*, denn das *Handeln* eigentlich vergleicht uns mit andern"[38]. Das entelechische Selbst kann folglich niemals *unmittelbar* angepeilt und erschlossen werden. Es gibt sich nur in seiner Relation zum Draußen zu erkennen. Es „ist" gewissermaßen diese Relation.

Das bedeutet zugleich eine Art transzendentaler Begrenzung der Selbsterkenntnis: der Begrenzung nämlich auf das, was das *tätige* Selbst in diesem seinem Nach-außen-treten von sich erfährt. „Wie kann man sich selbst erkennen lernen? Durch Betrachten niemals, wohl aber durch Handeln. Versuche, deine Pflicht zu tun, und du weißt gleich, was an dir ist."[39] Und im „Tasso" sagt Antonio:

> Es ist wohl angenehm, sich mit sich selbst
> Beschäftigen, wenn es nur so nützlich wäre.
> Inwendig lernt kein Mensch sein Innerstes
> Erkennen . . . – nur
> Das Leben lehret jedem, was er sei[40].

GOETHES Abneigung gegen jede narzißhafte Nabelbeschau, die sich in unmittelbarer tätigkeitsloser Selbstbetrachtung verliert, kann sich in den „Zahmen Xenien" gelegentlich bis zur Form der Satire steigern:

> Autochthonisch, autodidaktisch
> Lebst du so hin, verblendete Seele!
> Komm nur heran, versuch dich! praktisch
> Merkst Du verdrießlich, wie's überall fehle[41].

Es war wohl eben diese Abneigung GOETHES gegen jede Art Introspektion, die ihm auch eine erkenntnistheoretische Beschäftigung des *Denkens* mit sich selbst, wie KANT sie in der „Kritik der reinen Vernunft" betrieb, verhaßt sein

---

[38] Hervorhebungen vom Verf. – Lehrjahre, 7. Buch, 9. Kap.; Cotta 6, 571f.
[39] Maximen u. Refl.; Artemis 12, 442.
[40] 2. Aufz., 3. Auftr.
[41] Artemis 2, 377.

ließ und ihm wider die Natur ging. Am Denken interessierte ihn das, *was* es denkt – seine Tätigkeit sozusagen –, aber nicht seine Autoanalyse und Introvertiertheit:

> Wie hast du's denn soweit gebracht? ...
> Mein Kind, ich habe es klug gemacht,
> Ich habe nie über das Denken gedacht[42].

Mir ist nur *eine* Stelle bekannt, in der GOETHE jene Relation zurücktreten läßt, und zwar im Rahmen seiner Farbenlehre. Zu ECKERMANN bemerkt er am 1. Februar 1827, daß es „bei dieser Wissenschaft ... auf scharfe Sonderung des Objektiven vom Subjektiven" ankomme. So habe er mit den Farben, „die dem Auge gehören", den Anfang gemacht. Er betont seine Überzeugung, daß er in diesem Falle beim rechten Ende angefangen habe, „indem ich zunächst das *Organ* berichtige, durch welches alle Wahrnehmungen geschehen ...".

Daß GOETHE bei dieser sonst von ihm abgelehnten Konzentration auf die Subjektseite (hier: auf das Auge) gleichwohl auch in der Farbenlehre die Korrelation mit dem Außen voraussetzt, kommt neben seiner allgemeinen Interpretation der Farben besonders pointiert zum Ausdruck in einer Bemerkung SCHOPENHAUERS: „Dieser GOETHE war so ganz Realist, daß es ihm durchaus nicht zu Sinn wollte, daß die Objekte als solche nur da seien, insofern sie von dem erkennenden Subjekt vorgestellt werden. ‚Was!' sagte er mir einst, mit seinen Jupiteraugen mich anblickend, ‚das Licht sollte nur da sein, insofern Sie es sehen? Nein! Sie wären nicht da, wenn das Licht Sie nicht sähe!'"[43]

c) Die Bedeutung der „Tätigkeit" für das Selbst- und Weltverständnis. Der religiöse Bezug der Tätigkeit

Die Bindung jeder wahren Selbsterkenntnis an das, was wir die Relation nach außen nannten, begründet wohl zur Genüge, daß in GOETHES anthropologischen Äußerungen der Begriff der *Tätigkeit* eine so beherrschende Rolle spielt. Dieser Begriff taucht besonders häufig auf bei Bildungs- und Erziehungsthemen, wie sie in den „Lehr- und Wanderjahren" behandelt werden, aber auch in zahllosen Gesprächs- und Briefäußerungen. So kann ich hier im Sinne von pars pro toto nur einige bezeichnende Aussagen bringen:

„Wenn ich einen Menschen kennenlerne", versetzt der Oheim im 6. Buch der „Lehrjahre", „frage ich sogleich: womit beschäftigt er sich? Und wie? Und in welcher Folge? Und mit der Beantwortung der Frage ist auch mein Interesse an ihm auf zeitlebens entschieden"[44]. GOETHE kann in der Schätzung der Tätigkeit so weit gehen, daß er sie durch den Mund seiner Gestalten als „des

---

[42] Zahme Xenien; Artemis 2, 381.
[43] Leider hat der Verf. den Fundort nicht mehr aufspüren können.
[44] Cotta 6, 471f.

Menschen erste Bestimmung", ja als „das erste und letzte am Menschen"[45] bezeichnen kann. Wie sich das ganze Leben so um Tätigkeit dreht und selbst das Ausruhen nur dadurch kreativ wird, daß es neue Möglichkeiten für das Tätigsein eröffnet, erörtert der weise Arzt in den „Bekenntnissen": „Tätig zu sein, ist des Menschen erste Bestimmung, und alle Zwischenzeiten, in denen er auszuruhen genötiget ist, sollte er anwenden, eine deutliche Erkenntnis der äußerlichen Dinge zu erlangen, die ihm in der Folge abermals seine Tätigkeit erleichtert."[46]

Da menschliches Leben so in seinem *Wesen* „Tätigkeit" ist, muß der Verzicht auf sie zu einem Lebens-Defizit, zur Selbstentfremdung, ja zu psychopathologischen Syndromen führen. In solchen Zuständen gewinnt ein Zurückfinden zur Tätigkeit deshalb geradezu therapeutische Bedeutung. So äußert der Geistliche, als man über die Methode spricht, Wahnsinnige zu kurieren: Er finde „die Mittel, vom Wahnsinne zu heilen, sehr einfach. Es sind eben dieselben, wodurch man gesunde Menschen hindert, wahnsinnig zu werden. Man errege ihre Selbsttätigkeit, man gewöhne sie an Ordnung... Ich habe des alten (von Melancholie belasteten) Mannes Stunden eingeteilt; er unterrichtet einige Kinder auf der Harfe, er hilft im Garten arbeiten und ist schon viel heiterer."[47] Er – der Geistliche – disputiere nicht mit ihm über seine Skrupel, aber „ein tätiges Leben führt so viele Ereignisse herbei, daß er bald fühlen muß, daß jede Art von Zweifel nur durch Wirksamkeit gehoben werden kann."[48] Die Erziehung,

---

[45] Die letztere Aussage berichtet Natalie über den „wunderbaren, unerklärlichen" Abbé: Lehrjahre, 8. Buch, 3. Kap.; Cotta 6, 604.

[46] Lehrjahre, 6. Buch; Cotta 6, 481. Vgl. auch die folgenden Seiten.

[47] Lehrjahre, 5. Buch, 16. Kap.; Cotta 6, 402.

[48] Einsichten dieser Art gewinnen heute durch empirische Beobachtungen eine gewisse Bestätigung: So berichtet HUGO KÜKELHAUS (Organ und Bewußtsein, 1977) von gewissen Experimenten der NASA, in denen einer Versuchsperson sämtliche Sinneseindrücke entzogen wurden. Man legte sie in eine körperwarme Flüssigkeit 80 Meter unter der Erde und isolierte sie von allen Schall-, Geruchs- und Tastempfindungen. Sofort stellten sich Angst-Halluzinationen ein, das Hormonsystem desintegrierte, das Blut begann sich aufzulösen, so daß nach 8 Minuten der Versuch abgebrochen werden mußte. Das Leben, so zeigt sich hier, ist nur möglich durch Reizerfahrung, durch die Auseinandersetzung des leiblichen Ich mit der Umwelt. Sonst erlischt es. Die Assoziation zu GOETHE stellt sich hier insofern ein, als die Entelechie – wie wir sagten – nach außen geöffnet ist, als sie deshalb einer nach außen gewandten Tätigkeit bedarf und durch eine incurvatio in se ipsum erkranken muß. – Daß wir in der Suche nach unserm Selbst nach außen gewandt sein müssen, findet sich auch in den Einsichten vieler Denker und Dichter. Ich erinnere nur an DILTHEYS bekanntes Dictum, daß sich der Mensch nur in der Geschichte erkenne, nie durch Introspektion (WW, Bd. 7, 279). Ein schönes Wort dazu findet sich im ersten Satz des Buches „Wind, Sand und Sterne" von ANTOINE DE SAINT-EXUPÉRIE: „Die Erde lehrt uns mehr Selbsterkenntnis als Bücher, weil sie uns Widerstand leistet. Und nur im Kampf findet der Mensch zu sich selbst."

Endlich nenne ich noch ein einschlägiges Wort HUGO VON HOFFMANNSTHALS (Aufzeichnungen, 1955, 9): „Der Mensch wird in der Welt nur gewahr, was schon in ihm liegt; aber er braucht die Welt, um gewahr zu werden, was in ihm liegt; dazu aber sind Tätigkeit und Leiden nötig."

die dieses Therapeuticum der Tätigkeit ignoriert, führt nur dazu, daß wir „uns und unsere Kinder auf die Tollheit vorbereiten".

Die Tätigkeit ist so für GOETHE nichts Geringeres als das entscheidende Mittel, unser menschliches Selbst zu verwirklichen, dieses Selbst zu erkennen und sogar das im Wahnsinn verlorene Selbst wiederzugewinnen. Wir kommen nur durch sie zu uns selbst, und sie allein ist es auch – so dürfen wir sagen –, die unserer Entelechie die Chance gibt, sich als geprägte Form lebend zu entwikkeln, also ihr Telos zu erreichen. Insofern ist sie tatsächlich für GOETHE „das erste und letzte am Menschen" und deutet das Ziel seiner Bestimmung an. Sie ist wohl auch ein Chiffre für Fausts immer strebendes Bemühen.

Dieser Rang der Tätigkeit als eines Letztwertes bringt es mit sich, daß sie in die Dimension des *Religiösen* hineinragt. Für diese Diagnose bedarf es nicht einer ausdrücklichen Verbindung des Begriffs „Tätigkeit" mit religiösen Termini, obwohl man auf diese manchmal förmlich wartet. Dennoch *gibt* es solche Hinweise, für die ich nur zwei exemplarische Fälle nenne:

Erstens: Das Tagebuch der Schönen Seele (Nataliens Tante) ist gewiß nicht mit GOETHES eigenem Bekenntnis zu identifizieren. Gleichwohl enthält es, einem christlichen Rahmen eingefügt, Partien, in denen GOETHE sich selbst unmittelbar kundzugeben scheint. Das dürfte vor allem dort so sein, wo die Verfasserin sein Bekenntnis zur Tätigkeit auch ihrerseits vollzieht. Und wenn sie dann – gerade am Ende ihres Tagebuches – die Tätigkeit als einen Weg beschreibt, auf dem wir nicht nur Gottes gewiß werden können, sondern den dieser Gott ausdrücklich zu *gehen* heißt, dann dürfte das hier mitschwingende christliche Bekenntnis nicht nur jenes bloße „Rahmenwerk" sein, innerhalb dessen GOETHE die „schöne, herrliche Seele"[49] sprechen läßt, sondern dann äußert er sich hier offensichtlich selber: „Werden wir", so heißt es in den Bekenntnissen, „durchs *Praktische* (gemeint ist eben die ‚Tätigkeit') doch unseres eigenen Daseins erst recht gewiß; *warum sollten wir uns nicht auch auf eben dem Wege von jenem Wesen überzeugen können, das uns zu allem Guten die Hand reicht?"*[50] Wer fühlt sich hier nicht an den Faust-Schluß erinnert, wo die Engel, „Faustens Unsterbliches tragend"[51] von der Liebe sprechen, die an ihm, seinem Tätig-sein und Immer-strebenden-Bemüh'n „von oben teilgenommen" habe und ihm gerade *wegen* dieser Verbindung mit der himmlischen Liebe verheiße, daß ihm „die selige Schar/mit herzlichem Willkommen" begegnen werde. Der Chor der Büßerinnen endlich verkündet, daß diese ewige Liebe dem schuldig Gewordenen ihr Verzeihen gönnen werde; und Doctor Marianus fleht zur „Jungfrau, Mutter, Königin", sie möge Faust „gnädig" sein.

Daß Maria außer den genannten Titeln auch als „Göttin" bezeichnet wird, zeigt, daß dies christlich anmutende und von biblischen Gestalten erfüllte Schlußbekenntnis im Faust mit einiger Reserve zu behandeln ist. (Das ist nicht das einzige Symptom!) Ganz gleich aber, ob es hier um das biblische Gnaden-

---

[49] Cotta 6, 602.
[50] Lehrjahre, 6. Buch, Schluß; Cotta 6, 486.
[51] Ursprünglich hieß es statt „Unsterbliches" Faustens „Entelechie".

Kerygma geht oder nur um die wie immer gedachte Hilfe der Götter („. . .rufet die Arme der Götter herbei!"): zu GOETHES eigenem Bekenntnis gehört es sicher, daß er eines transzendenten Beistandes sowohl in der Gewährung des Tätig-sein-Könnens und -Dürfens wie in dessen Lohn gewiß ist.

Das Tätig-sein ist jedenfalls in den „Bekenntnissen" als das entscheidende Mittel zur eigentlichen Lebenserfüllung, sogar zur *religiösen* Lebenserfüllung verstanden. Der Gegensatz dazu und damit die *Verfehlung* des Lebens-Telos dürfte hier wie auch sonst das bloße „Betrachten" und inaktive Spekulieren sein.

Vermutlich wäre es kurzschlüssig, hier nur ein simples Zusammenspiel von verdienstvollem Tätigsein, göttlichem Beistand und endlicher Gnadenbelohnung ausgesprochen zu sehen. Vielmehr dürfte eher jener johanneische Satz den hermeneutischen Schlüssel bieten, in dem Christus sagt: Nur wenn jemand den Willen dessen tue *(tue!)*, der ihn gesandt hat, werde er dessen inne werden, ob seine Lehre von Gott stamme oder ob er nur aus Eigenem schöpfe (Joh. 7,17). Letzte Gewißheiten über die letzte Wirklichkeit – ob diese nun im engeren Sinne als christlich oder im allgemeinen Sinne als pan-, poly- oder monotheistisch religiös verstanden wird – ergibt sich für GOETHE jedenfalls nicht aus bloß untätigem Betrachten, sondern aus jenem aktiven Engagement und Sich-Einlassen, das er als „Tätigkeit" bezeichnet. Tätigkeit ist sozusagen die Form, in der der *ganze* Mensch sich in etwas investiert, in der er ganz und gar „dabei" ist. Nur dann gelten ihm jene Verheißungen, die GOETHE allein in *religiösen* Chiffren auszudrücken vermag (selbst wenn er nicht von der Erkenntnis des *Göttlichen*, sondern „nur" des *menschlichen* Selbst spricht).

Zweitens: Diese Sicht der Dinge gewinnt ihre Bestätigung in GOETHES Äußerungen über die *Unsterblichkeit.* Lehren dieser Art pflegen die eigentlichen Geheimnisse der ihnen zugrundeliegenden Anthropologie auszuplaudern. Hinweise auf die überdauernden Elemente enthüllen ja zugleich, worin das Eigentliche, das Substantielle menschlicher Existenz gesehen wird.[52]

Auch hier lehnt GOETHE jedes tätigkeitslose, bloße „Betrachten" jenseitiger Zustände ab und spricht davon, daß so etwas nur „für vornehme Stände und besonders Frauenzimmer (sei), die nichts zu tun haben". Ein tüchtiger Mensch, „der schon hier etwas Ordentliches zu sein gedenkt und der daher täglich zu streben, zu kämpfen und zu wirken hat, läßt die künftige Welt auf sich beruhen und ist tätig und nützlich in dieser"[53].

Damit mag es zusammenhängen, daß GOETHE nicht eben *häufig* die Sprache auf das Thema des Fortlebens bringt. Dennoch ist es gerade die hiesige Tätigkeit – also das Gegenteil jener von ihm ironisierten schmarotzerischen und nur betrachtenden Untätigkeit –, die als Pointe unserer Menschenexistenz die Frage nach ihrem Untergang oder ihrem Weiterbestehen entbindet: „Wenn ich bis an mein Ende rastlos wirke, so ist die Natur verpflichtet, mir eine andere

---

[52] Vgl. die Analyse der Unsterblichkeitslehre in dem Buch des Verf.s: Leben mit dem Tod, 1980; sowie in: Der evang. Glaube III (Reg.), 1979.

[53] Zu ECKERMANN, 25. Februar 1824.

Form des Daseins anzuweisen, wenn die jetzige meinen Geist nicht ferner auszuhalten vermag."[54] Auch mit der ewigen Seligkeit wüßte ich „nichts anzufangen, wenn sie mir nicht neue Aufgaben und Schwierigkeiten zu besiegen böte"[55].

GOETHE kann sich nicht denken, daß die Monas, wie er die in ihrer Tätigkeit wesende[56] Entelechie gelegentlich nennt, untergehen könne. Auch wenn er dabei von der Unzerstörbarkeit „hoher Seelenkräfte" spricht, fällt auf, daß die Monas weniger im strengen Sinne personhaft verstanden, sondern wesentlich durch ihr Verwobensein mit der *Natur* charakterisiert ist. Insofern schwingen bei der Aussage über die Fortdauer der Monas sicher panentheistische Motive mit.

Das kommt etwa in dem berühmten Gespräch GOETHES mit J. D. FALK am Begräbnistage WIELANDS (25. Februar 1813) zum Ausdruck: „Vom Untergang solcher hohen Seelenkräfte kann in der Natur(!) niemals und unter keinen Umständen die Rede sein; so verschwenderisch behandelt sie ihre Kapitalien nie." WIELANDS Seele, so GOETHE, sei „von Natur ein besonderer Schatz, ein wahres Kleinod". Die Fortdauer einer solchen Seele und unserer Seele überhaupt stehe „keineswegs mit den vieljährigen Beobachtungen, die ich über die Beschaffenheit unserer und aller Wesen in der Natur angestellt, in Widerspruch; im Gegenteil, sie geht aus denselben mit neuer Beweiskraft hervor". Allerdings: „Wieviel oder wie wenig von dieser Persönlichkeit... verdient, daß es fortdauere, ist eine andere Frage und ein Punkt, die wir Gott überlassen müssen".

Daraus geht hervor, daß es nicht nur Rangstufen der Entelechien untereinander, sondern sogar solche innerhalb einer Entelechie selbst gibt. Diese Rangstufen implizieren jeweils verschiedene Grade und Möglichkeiten des Fortlebens. Er nimmt „verschiedene Klassen und Rangordnungen der letzten Urbestandteile aller Wesen an", die er „Seelen nennen möchte"[57]. Auf diese Klassen bezieht sich wohl seine Bemerkung gegenüber ECKERMANN am 1. September 1829: „Ich zweifle nicht an unserer Fortdauer, denn die Natur kann die Entelechie nicht entbehren; aber wir sind nicht auf gleiche Weise unsterblich, und um sich künftig als große Entelechie zu manifestieren, muß man auch eine sein."

Spekulationen aber, in denen man eine persönliche Fortdauer „dogmatisch" nachweisen möchte, sind nach GOETHE schon deshalb sinnlos, weil man sich dann in bloßen Antinomien verlöre. Man staffiere nur so gewisse innere Wahr-

---

[54] AaO., 4. Februar 1829; siehe auch ECKERMANNs rührende Antwort darauf.

[55] Zu Kanzler F. W. v. MÜLLER, 26. Januar 1825.

[56] Schon dadurch unterscheidet sich seine Monas von der Monade bei LEIBNIZ. Trotzdem will er den „Ausdruck" bewußt von diesem übernehmen (Gespräch mit FALK, siehe weiter unten). Manchmal scheint GOETHE allerdings zu meinen, LEIBNIZ verstehe unter Monade etwas Ähnliches wie er unter Entelechie (so zu ECKERMANN, 3. März 1830). Es ist nicht ganz klar, ob er innerhalb dieser Ähnlichkeit zugleich die Differenz gesehen hat.

[57] Gespräch mit FALK, aaO.

nehmungen und Gewißheiten spekulativ aus. Diese innere Wahrnehmung bekundet sich für ihn vor allem darin, daß es einem denkenden Wesen schlechthin unmöglich sei, sich ein Nicht-sein, ein Aufhören des Denkens und Lebens zu denken. In dieser Unmöglichkeit manifestierte sich so etwas wie ein Beweis der Unsterblichkeit auf eine unwillkürliche, noch nicht objektivierte Art[58].

d) Kritische Fragen

Eine religiöse, hier an GOETHE zu stellende Frage bleibt bei diesen Äußerungen über das Fortleben der Entelechie allerdings offen. Diese Frage ergibt sich aus gewissen Unausgeglichenheiten zwischen der Art, in der GOETHE über das *hiesige* und in der er über das *zukünftige* Sein der Monas spricht. Da es hier nun keineswegs nur um Formalia im Sinne einer bloßen Redefigur (einer „Alloiosis" im Sinne ZWINGLIS), sondern um ein theologisches Sachproblem zu gehen scheint, müssen wir einen Augenblick über gewisse hier auftauchende Widersprüche nachdenken:

Das entelechische Selbst entfaltet sich bei seiner zeitlich-diesseitigen Existenz in *der* Weise – wir handelten darüber –, daß es sich als geprägte Form lebend entwickelt. Das ist aber nicht nur seine *Möglichkeit*, sondern es ist auch sein *Muß*: „So mußt du sein, dir kannst du nicht entfliehen...".

Was so im ersten orphischen Urwort gesagt wird, findet auch sonst bei GOETHE immer wieder seine Bestätigung; ich erinnere nur an die Studierzimmer-Szene im „Faust", wo es ausgerechnet Mephistopheles ist, der auf jenes Muß hinweist: „Du bist am Ende – was du bist./Setz' die Perücken auf von Millionen Locken,/Setz' deinen Fuß auf ellenhohe Socken,/Du bleibst doch immer, was du bist."

Die fatalistische Dunkelheit, die gerade nach der Sicht des Mephistopheles über diesem Müssen der Selbstverwirklichung liegt, fehlt bei GOETHE, wenn er von der postmortalen Existenzweise der Entelechie spricht. Da gibt es nur Weiter- und Fortentwicklung. Wie mag es zu erklären sein, daß der Schatten des Müssens das ewige Werden „drüben" oder „danach" *nicht* mehr begleiten soll?

Bei CHRISTOPHER MARLOWE, dem Dichter der ersten Faust-Tragödie im 16. Jahrhundert, vor SHAKESPEARE noch und lange vor GOETHE, ist es jedenfalls anders: Nach vierundzwanzig Jahren des Teufelspaktes hat Faust *Angst* vor dem Fortleben. Er fleht die Berge an, über ihn zu fallen, die Erde, ihn zu verschlingen und den Kosmos, in ihm aufgelöst zu werden. Er sehnt sich gleichsam nach den Flügeln der Morgenröte, um vor sich selbst und seinem Fortleben zu fliehen (Ps. 139,9). Denn die Fortsetzung einer dem *Teufel* verschriebenen Existenz, eine Unsterblichkeit ohne die Gnade Gottes also, sei grausam. Immer weitermachen zu *müssen*, wenn der ewige Grund verloren ist

---

[58] So zu Kanzler v. MÜLLER, 19. Oktober 1823.

und das Nichtige einen umzingelt, ist die Hölle. So sehnt sich Faust sozusagen nach dem Aufgelöstwerden im Nirwana – ähnlich, wie der Buddhist darauf aus ist, aus dem Samsara, aus dem ewigen Kreislauf und dem Zwang zu immer neuer Existenz, auszubrechen. Bei MARLOWE löst die Unsterblichkeit einen *Phobos* aus.

Liegt der Ausschluß dieses *Müssens* beim Fortleben und liegt die Ignorierung des darüber liegenden Dunkels vielleicht – etwas unschön und allzu pauschal gesagt – an der Dominanz des GOETHEschen Panentheismus, der den Tätigen in die auch ihrerseits stets tätige Natur übergehen und sich in ihr „symbolisch auflösen" läßt, so daß gar kein Selbst mehr *da* ist, das sich in Ewigkeit aushalten müßte? (Das läßt sich freilich nur bedingt so ausdrücken!) Und liegt umgekehrt die Düsternis des Fortleben-müssens bei MARLOWE vielleicht daran, daß er als mittelalterlicher Mensch das humane Selbst als ein Selbst coram Deo, als personhaftes und darum schuldverhaftetes Wesen verstand, das nun in seiner Unsterblichkeit den Phobos zu ertragen hat, sich eine Ewigkeit lang in seiner Geschiedenheit von Gott aushalten zu müssen und (statt sich fortzuentwickeln) dieser Fragwürdigkeit als unveränderlicher Last des Müssens ausgesetzt zu sein – ? Kann GOETHES kosmische Religiosität die „Hölle der Unsterblichkeit" nicht mehr sehen, weil sie keinen Ort für das Böse hat oder weil sie nur ein sehr gebrochenes, ein teleologisch gedämpftes Verhalten zu ihm kennt? Es kann ja kein Zweifel bestehen, daß Mephistopheles diese teleologisch-*kreative* Bedeutung des Bösen repräsentiert und daß der Herr ein durchaus ironisches Verhältnis zu ihm hat:

> Des Menschen Tätigkeit kann allzu leicht erschlaffen,
> Er liebt sich gern die unbedingte Ruh',
> Drum geb' ich gern ihm den Gesellen zu,
> Der reizt und wirkt und muß als Teufel schaffen.

Weil er nur dieses gleichsam domestizierte Böse kannte, empörte er sich auch über KANTS Begriff eines „radikalen" Bösen.

So schreibt GOETHE am 7. Juni 1793 aus dem Lager Marienborn an HERDER: Nachdem KANT ein langes Menschenleben hindurch seinen Philosophenmantel von mancherlei sudelhaften Vorurteilen gesäubert habe, sei es sehr bedauerlich, daß er ihn am Ende doch noch mit dem Schandfleck des radikalen Bösen „beschlabbert" hätte. Im übrigen ist die Radikalität dieses von KANT gemeinten Bösen kaum mit der des christlichen Sündenverständnisses zu vergleichen[59].

Hat GOETHE an *dieser* Dimension seines Entelechie-Gedankens – an der

---

[59] Religion innerhalb... 33. 37f. (Philos. Bibl.); dazu Bd. 1 der „Theol. Ethik" des Verf.s, § 1614.

Unfreiheit, dem servum arbitrium des Ich, das in Ewigkeit von dem Muß seiner Selbstverwirklichung nicht mehr loskommt –, hat er an *dieser* Dimension vorbeigeblinzelt? Sollte die Entelechie letzten Endes *doch* nur ein wertfreies, unschuldiges Stück Natur sein? GOETHES gebrochenes Verhältnis zur Wirklichkeit der Schuld – wir kommen darauf noch zurück – scheint das nahezulegen.

Doch möchte ich die gestellte Frage offen bleiben lassen, zumal wir uns hier nicht polemisch mit einer *These* GOETHES, sondern eher mit einem leer gebliebenen *Fleck* in seinem Denken auseinandersetzen. (Es mag an diesem Negativum einer bloßen Leer-Stelle liegen, daß unser Problem, soweit ich sehe, bisher in der GOETHE-Literatur nicht aufgetaucht ist.) Selbst wenn wir die gestellte Frage aber mit einem Ja beantworten würden, könnte es nur ein sehr verhaltenes und bedingtes Ja sein. Denn wir sahen schon, daß es bei GOETHE keine Einlinigkeit gibt, bei der Brüche und Abbrüche eindeutig auszumachen wären. Der „Vielfarbendruck" gerade seines *religiösen* Denkens schimmert vielmehr in mancherlei Licht- und Farbbrechungen auf. GOETHE kann zurücknehmen, was er eben noch sagte, weil seine Perspektive sich ändert und weil das Pleroma des Lebens für ihn reicher ist als jede Einzelaussage. So ist er ein Denker von lebendigster Inkonsequenz und ist, wie SCHILLER ja bemängelt hatte, nirgendwo zu fassen, bei nichts endgültig zu behaften.

e) Abschließendes zum Entelechie-Gedanken

Wir können den Kern von GOETHES Aussagen über das entelechische Selbst nunmehr zusammenfassen:

Die Entelechie ist für ihn nicht ein in sich geschlossenes und isoliertes Stück Sein, sondern im Gegenteil: sie ist ein Sein im Bezug. Sie verwirklicht sich nur in der Tätigkeit, im Nach-außen-Treten, und sie läßt sich auch nur im Vollzuge dessen erkennen. Das Auge als Symbol des sinnlich wahrnehmenden, erkennenden Subjekts kann sich nicht selbst sehen wollen, sondern es erfährt sich, indem es – selber sonnenhaft! – die Sonne oder ihren farbigen Abglanz auf den Dingen erblickt, sich also nach außen wendet. Und wohin es da auch sieht, wohin ich mich als Tätiger auch wende: alles ist durchwaltet von der Analogie zwischen dem Mikrokosmos des Ich und dem Makrokosmos des Seins. Darum *gibt* es überhaupt nur die Möglichkeit von Sehen und Erkennen! Allenthalben – in mir sowohl wie in der erblickten Natur – ist Tätigkeit. Sogar die *Religion selbst* begegnet mir als tätige und stellt mich unter ihre Wirkung, entbindet aber, grade als *christliche* Religion, zugleich die eigenen Kräfte.

Das kann GOETHE am Gegensatz zu HEGELS Religionsverständnis verdeutlichen, wenn er kritisch und ablehnend vermerkt, daß dieser die Religion in die Ruhelage seines philosophischen Universums integriere. Demgegenüber meint er: „Die christliche Religion ist ein mächtiges Wesen für sich, woran die gesunkene und leidende Menschheit von Zeit zu Zeit sich immer wieder emporgearbeitet hat; und indem man ihr diese Wirkung zugesteht, ist sie über aller Philosophie erhaben und bedarf von ihr keiner Stütze."[60]

Es darf sicher anmerkungsweise darauf hingewiesen werden, daß die hier gegebene Charakterisierung der christlichen Religion eine gewisse, wenigstens *formale* Verwandtschaft mit LUTHERs Verständnis der Gott-Mensch-Beziehung hat. Gott sowohl wie der Mensch sind uns nur in ihrer wechselseitigen Beziehung dargeboten: Gott ist nicht in seinem An-sich, nicht als „verborgener Gott" (als Deus absconditus) für mich ein möglicher theologischer Gegenstand; er ist vielmehr der „offenbare Gott" (der Deus relevatus), der Immanuel, der Gott „für mich". Wiederum kann der Mensch nicht als eine für sich seiende Größe (wie bei Aristoteles) verstanden werden, sondern nur in seiner Beziehung zu Gott: als Geschaffener, als Sünder und Erlöser. Auch P. TILLICH (um nur *einen* exemplarischen Fall aus der protestantischen Tradition herauszugreifen) zielt mit seinem Korrelationsgedanken in eine ähnliche Richtung.[61]

II. Der Panentheismus Goethes und die Frage nach dem persönlichen Gott

Die panentheistische Dominante im religiösen Spektrum

Der Art, in der GOETHE über die Selbsterkenntnis denkt, liegt – so sahen wir – die panentheistische Mikro-Makrokosmos-Analogie zugrunde. Diese drückt in der Tat die eigentlich *tragende* Dimension in GOETHES Religion aus. Unser Bild vom Vielfarbendruck mag in seiner Pointe durchaus zutreffen, könnte aber insofern doch täuschen, als der eine oder andere so etwas wie eine *Gleichberechtigung* der verschiedenen religiösen Positionen – Pan-, Poly- und Monotheismus – daraus schlösse. Tatsächlich aber ist es so, daß bei GOETHE der Panentheismus die eigentliche thematische Mitte darstellt. Da er durch sein langes Leben hindurch aber ein ständig Auf- und Wahrnehmender bleibt und sich niemals auf einen dogmatischen Standpunkt fixieren läßt, da vielmehr alle seine Positionen nur heuristischen Rang haben und so im Namen der erlebten Wirklichkeit überholbar bleiben, kann es nie dahin kommen, daß selbst die panentheistische Grundstimmung so etwas wie ein Standpunktmonopol gewänne.

GOETHE hat viele Gelegenheiten zu bemerken und auszusprechen, daß er wesentliche Dimensionen der Wirklichkeit – speziell der *menschlichen* Wirklichkeit – auf dieser Ebene nicht zu Gesicht bekommen kann. Zu solchen hier ausgeblendeten Dimensionen gehören etwa Schuld und Endlichkeit der indivi-

---

[60] Zu ECKERMANN, 4. Februar 1829, vgl. auch die Äußerung gegenüber v. MÜLLER (27. Juli 1827): „Ich mag nichts von der Hegelschen Philosophie wissen, wiewohl Hegel selbst mir ziemlich zusagt."

[61] System. Theol. 1, 1955, 79. Vgl. auch Theol. Ethik 1, § 433.

duellen Existenz[62]. So muß es immer wieder zu einer das System des Panentheismus störenden Intervention *anderer* Sichtweisen, zum Beispiel der des Monotheismus und hier wieder speziell des Christentums, kommen. Doch haben diese anderen Sichtweisen wohl eher die Bedeutung von Korrektiven oder auch des Kontrapunktes gegenüber dem Cantus firmus der Gott-Natur.

Gerade dann nämlich, wenn GOETHE Hand an den Vielfarbendruck legt, wenn er also von den verschiedenen Perspektiven religiösen Sehens spricht, kann die Betonung des panentheistischen „Eins und Alles" (hen-kai-pan) bei ihm durchbrechen, so daß dieses dann eben *nicht* mehr als eine bloß *partielle* Perspektive, sondern als die alle Perspektiven *umgreifende* Wirklichkeit erscheint. Charakteristisch dafür ist eine Äußerung gegenüber Riemer am 2. August 1807: „Was wir von den Dingen aussprechen, kann nicht bloße Vorstellungsart sein, es sind die wirklichen Dinge in unserer Vorstellungsart. Freilich setzt nur menschliche Ansicht (= Perspektive) verschiedene Dinge. Es ist alles nur eins; aber von diesem Einen an sich zu reden, wer vermag es?" Der Seinsgrund ist demnach *eins*, ist ein Monon im Sinne SPINOZAS[63]. Nur indem dieser Weltgrund sich uns – fragmentarisch genug – erschließt, zerlegt er sich in verschiedene Perspektiven.

Dieses Wissen um ein geschautes Ganzes, das unzugänglich bleibt und das uns beim Versuch seiner Mitteilung an die Grenzen der Sprache führt (weil es sich nämlich hier notwendig in Sonderungen zerlegen muß): das war es wohl, was GOETHE mit JOHANN GEORG HAMANN, dem Magnus des Nordens, verband. Dabei spielte es keine Rolle, daß dieses Ganze für HAMANN alles andere als das Hen-kai-pan, daß es vielmehr ein (theistisch-)*christlich* gesehenes Ganzes war. Das sind für GOETHE wohl eher verschiedene Kategorien des *Sehens*, die hinter dem Gemeinsamen, nämlich dem Ringen um das Ganze, für ihn zurücktreten. Deshalb preist er es als „herrliche Maxime", wenn HAMANN sagt: „Alles, was der Mensch zu leisten unternimmt, es werde nun durch Tat oder Wort oder sonstwas hervorgebracht, muß aus sämtlichen vereinigten Kräften entspringen; alles Vereinzelte ist verwerflich." GOETHE weist allerdings darauf hin, daß dies schwer zu befolgen sei, denn „der Mensch, indem er spricht, muß für den Augenblick einseitig werden, es gibt keine Mitteilung, keine Lehre ohne Sonderung". Er muß also den Anblick des Ganzen, um in unserer Terminologie zu sprechen, in verschiedene „Perspektiven" zerlegen. Weil HAMANN das Unmögliche versucht habe, sich des Ganzen dennoch sprachlich zu bemächtigen, habe er zu „allen Elementen" greifen müssen. So erklärt sich GOETHE die barocke Assoziationen-Fülle der HAMANNschen Sprache (Dichtung u. Wahrh., 3. Teil, 12. Buch; Cotta 8, 602).

---

[62] Vgl. dazu das Buch des Verf.s: Leben mit dem Tod, 1980, 161 ff.

[63] Vgl. neben vielen andern Zeugnissen auch den ziemlich frühen Brief an HERDER vom 6. September 1787, in dem er u.a. davon berichtet, wie er gerade durch die Botanik das spinozistische Hen-kai-pan bestätigt gefunden habe.

Im Hinblick auf GOETHE kann nun kein Zweifel bestehen, daß die *panenthei-stische* „Vorstellungsart" bei der Zerlegung des religiösen Spektrums die eigentliche Dominanz behält, während die anderen Vorstellungen nur so etwas wie flankierende Ergänzungen bedeuten können.

Nur „Ergänzungen", keine einschneidenden Veränderungen! Daß Gottes In-sein in der Natur und daß das In-sein der Natur in Gott keine transzendenten Interventionen zuläßt und den Weltregisseur überhaupt nicht mit personalen Eigenschaften ausgestattet sehen kann, ist der beherrschende Gedanke in dem so gesehenen Gott-Welt-Bezug: „Die Natur wirkt nach ewigen, notwendigen, dergestalt göttlichen Gesetzen, daß die Gottheit selbst daran nichts ändern könnte."[64] Und schließlich:

> Was wär ein Gott, der nur von außen stieße,
> Im Kreis das All am Finger laufen ließe!
> Ihm ziehmt's, die Welt im Innern zu bewegen,
> Natur in Sich, Sich in Natur zu hegen...[65]

Der jüngere GOETHE sieht in seinem 1782 erschienenen aphoristischen Essay „Die Natur"[66] in dieser „ein ewiges Leben, Werden und Vergehen..., und doch rückt sie nicht weiter... Die Menschen sind alle in ihr und sie in allen" ...Auch der Mensch erscheint hier noch – das wird später modifiziert – als ein Stück Natur, so daß, jedenfalls *hier!*, nicht nur für das Verständnis Gottes, sondern auch für das des Menschen jeder personale Akzent entfällt. – Als GOETHE sehr viel später noch einmal auf diesen Aufsatz stößt und am 24. Mai 1828 einiges Erläuternde dazu an Kanzler v.Müller schreibt, nennt er zwar seine „Stufe damaliger Erkenntnis (nur) einen Komparativ..., der seine Richtung gegen einen noch nicht erreichten Superlativ zu äußern gedrängt ist". Doch ändert sich trotz des nun erreichten Superlativs an der durchgängigen Gott-Welt-Korrelation deshalb nichts. Auch hier geht es bloß um die in sich ruhende Natur; nur werden jetzt die zwei großen „Triebräder der Natur" – Polarität und Steigerung – als das sie letztlich Bewegende ausgemacht, also Anziehung und Abstoßung sowie Evolution[67].

Die Notwendigkeit der gesetzlichen Abläufe umfängt mit ihrem teleologischen Gefüge alle Polaritäten und läßt sie so als Naturphänomene erscheinen:

Sie umgreift *einmal* (1) die Polarität von Gut und Böse, „denn unfühlend / Ist die Natur: / Es leuchtet die Sonne / Über Bös' und Gute..." Und obwohl hier Indizien auftauchen, daß der Mensch nicht *ganz* dieser „unfühlenden" Notwendigkeit unterworfen ist, daß er vielmehr allein „das Unmögliche" ver-

---

[64] Dichtung u. Wahrh., 4. Teil, 16. Buch; Cotta 8, 784.
[65] Prooemion; Artemis 1, 509.
[66] Artemis 16, 921.
[67] Artemis 18, 925. – Vielleicht spielt das rätselhafte, dem 16. Buch von „Dichtung u. Wahrh." vorangesetzte und hinsichtlich seiner Herkunft nicht aufgeklärte Motto „Nemo contra deum nisi deus ipse" auf diese Polarität innerhalb der Gott-Natur an. Es hätte also

mag und unterscheiden, wählen und richten kann[68], obwohl endlich nicht nur der Bezug des Humanum auf die Natur, sondern auch auf die unsterblichen Götter als seine Leitbilder markiert wird: *dennoch* scheint jenes Umgreifende der Naturnotwendigkeit die letzte Herrschaftsmacht zu sein:

> Nach ewigen, ehrnen,
> Großen Gesetzen
> Müssen wir alle
> Unserer Daseins
> Kreise vollenden[69].

Die in der Natur waltende Notwendigkeit umfängt *ferner* (2) die Polarität von Werden und Vergehen, Sterben und Wiedererstehen. Sie gehört mit noch anderen Gegensätzen (wie Geist und Materie, Seele und Körper, Gedanke und Ausdehnung) zu den „notwendigen Doppelingredienzien des Universums"; man mag sie deshalb „als Stellvertreter Gottes" ansehen können[70]. Darum werde ich dem kosmischen Gefüge, wie es paradigmatisch in der Natur erscheint, nur dann gerecht, wenn ich wissentlich und willentlich – also im Namen meines menschlichen Privilegs, das „Unmögliche" zu vermögen – den Auf- und Abtakt dieses polar strukturierten Rhythmus an mir selbst vollziehe:

> Und so lang du das nicht hast,
> Dieses: Stirb und Werde!
> Bist du nur ein trüber Gast
> Auf der dunklen Erde[71].

---

gar nichts zu tun mit der Gegensatz-Struktur, wie sie in LUTHERS (personalem!) Gottesverständnis, etwa im Widerstreit zwischen dem Deus absconditus und Deus revelatus, zwischen dem auctor legis und dem auctor evangelii auftaucht. Zu jenem Motto vgl. auch: EDUARD SPRANGER, Goethe. Seine geistige Welt, 1967, 416ff.

[68] Siehe das Gedicht „Das Göttliche", 1783: „Nur allein der Mensch / Vermag das Unmögliche; / Er unterscheidet, / Wählet und richtet / ...Er allein darf / Den Guten belohnen, / Den Bösen strafen / Heilen und retten, / Alles Irrende, Schweifende / Nützlich verbinden."

[69] AaO., 6. Strophe. – Obwohl GOETHE in diesem Gedicht deutlich auf Matt. 5,45 anspielt („Gott läßt seine Sonne aufgehen über die Bösen und Guten"), liegt eine Welt zwischen beiden Zitaten. Im Evangelium taucht dieser Hinweis im Rahmen des Liebesgebotes auf und bedeutet hier: Wie Gott (und zwar der *persönliche* Gott!) in bewahrender Güte nicht nur der Guten, sondern auch der Bösen gedenkt, soll auch unsere Liebe nach beiden Seiten wirksam werden. Gott ist hier also gerade nicht als ein überpolares Indifferenzprinzip verstanden, wie es für GOETHE doch in der Natur waltet!

[70] So in einem Brief an KNEBEL vom 8. April 1812 bei der Stellungnahme zum Streit zwischen SCHELLING und JACOBI über den Gottesbegriff.

[71] West-östl. Diwan, Buch des Sängers, in: Selige Sehnsucht; Artemis 3, 299. – Für GOETHE ergeben sich auf menschlichem Gebiet gerade „die innigsten Verbindungen" und Anziehungen bie polaren Strukturen zweier Charaktere, also „nur aus dem Entgegengesetzten". In diesem Sinne interpretiert er etwa seine Verbundenheit mit SPINOZA: Auf dessen Seite herrscht die „alles ausgleichende Ruhe" der in sich ruhenden, mathematisch durchwirkten Welt; sie bewirkt deshalb auch bei ihm (bei GOETHE) „eine Beruhigung seiner

Es ist wohl der Gedanke an dieses Einssein mit der Gott-Natur und ihren ewigen Gesetzen, der jenen abgeklärten Blick auf das Weltgeschehen erlaubt, von dem GOETHE einmal zu seinem Freund ZELTER spricht: „Unbedingtes Ergeben in den unergründlichen Willen Gottes, heiterer Überblick des beweglichen, immer kreis- und spiralartig wiederkehrenden Erdetreibens. Liebe, Neigung zwischen zwei Welten schwebend, alles Reale geläutert, sich symbolisch auflösend. Was will der Großpapa weiter?"[72]

Obwohl GOETHE dieses Wort mit der Bemerkung einleitet, die mohammedanische Religion (die er ja im „Diwan" umkreist) gebe „Raum einer Poesie, wie sie meinen Jahren ziemt", schwingen in dem genannten Zitat doch deutlich die Töne seines Panentheismus mit. Das tertium comparationis gegenüber dem Islam dürfte sich hier auf das unserem Willen entzogene, gewissermaßen fatalistische Gefügtsein durch ein höheres Gesetz (hier: durch den Willen Allahs) beschränken. Der Theismus des Islam ist an dieser Stelle gleichsam „panentheisiert"!

Die damit gegebene Ablehnung eines „persönlichen" Gottes

Diese panentheistische Position impliziert selbstverständlich eine elementare Krise in GOETHES Verhältnis zum Christentum: Sie drängt auf die Absage an einen persönlichen Gott, zu dem ein Verhältnis hörender und betender Zwiesprache bestehen könnte. Hier wird so der eigentliche Kern christlichen Glaubens in Frage gestellt. In aller Deutlichkeit tritt das bei seiner Stellungnahme in der theologischen Kontroverse zwischen SCHELLING und JACOBI an den Tag: JACOBI hatte in seiner Schrift „Von den göttlichen Dingen" seinen Glauben an den welttranszendenten, persönlichen Gott vertreten und von dieser Position aus SCHELLING eines atheistischen Pantheismus geziehen, worauf SCHELLING in einer nicht minder polemischen Gegenschrift antwortete. In diesem Streit bekennt sich GOETHE klar zur Position SCHELLINGS[73].

Was ihn später am Gedanken des persönlichen Gottes besonders störte, war die Herabsetzung, die diesem Gott von seiten seiner Gläubigen widerfahre: Aus einem Wesen, das die Natur allseitig durchwirke, machten sie eine Figur ihresgleichen und beschränkten ihn auf die klägliche Partnerschaft in einem gott-menschlichen Ich-Du-Verhältnis. So äußerte er Silvester 1823 gegenüber Frederik Soret, dem Genfer Mineralogen:

„Die Leute traktieren ihn, als wäre das unbegreifliche, gar nicht auszuden-

---

Leidenschaften". Konstitutionell dagegen herrsche in ihm ein „alles aufregendes Streben" (Lehrjahre, 3. Teil, 14. Kap.; Cotta 8, 731). In den „Wahlverwandtschaften" werden Anziehung und Abstoßung im menschlichen Bereich in Analogie zu den entsprechenden Verhältnissen bei den Natur-Elementen gesetzt.

[72] An ZELTER, 11. Mai 1820.

[73] So in einem Brief an KNEBEL vom 25. März 1812: „...Wir andern, die wir uns zur Schellingschen Seite bekennen, müssen finden, daß Jacobi übel wegkommt."

kende höchste Wesen nicht viel mehr als ihresgleichen. Sie würden sonst nicht sagen: der Herr Gott, der liebe Gott, der gute Gott. Er wird ihnen, besonders den Geistlichen, die ihn täglich im Munde führen, zu einer Phrase, zu einem bloßen Namen, wobei sie sich auch gar nichts denken. Wären sie aber durchdrungen von seiner Größe, sie würden verstummen und ihn vor Verehrung nicht nennen mögen."

Dementsprechend redet Prometheus von einem persönlichen Gott, der in seinem Herzen fühle wie er selbst und sich ihm helfend zuwende, wie von einer kindlichen Illusion, die er längst überwunden habe. Nunmehr schafft *er*, Prometheus, Menschen nach *seinem* Bilde, statt sich seinerseits als Geschöpf zu verstehen und der göttlichen Verfügung über sein Leben gewärtig zu sein:

> Da ich ein Kind war,
> Nicht wußte, wo aus noch ein,
> Kehrt' ich mein verirrtes Auge
> Zur Sonne, als wenn drüber wär'
> Ein Ohr, zu hören meine Klage,
> Ein Herz, wie meins,
> Sich des Bedrängten zu erbarmen.

In diesem Falle kritisiert GOETHE den Glauben an den persönlichen Gott einmal *nicht* von seinem Panentheismus, sondern vom Polytheismus des Künstlers aus: Prometheus, der Titan, ist ja das Urbild des *Künstlers*, der „zu schaffen und zu bilden vermag". Insofern sind „die Titanen... die Folie des Polytheismus, so wie man als Folie des Monotheismus den Teufel betrachten kann"[74].

Am kürzesten und unverblümtesten kommt die Absage des „Pantheisten" an den persönlichen Gott in den „Zahmen Xenien" zum Ausdruck[75]:

> Was soll mir euer Hohn
> Über das All und Eine?
> Der Professor ist eine Person,
> Gott ist keine.[76]

Wenn GOETHE wiederholt bekannt hat, daß SPINOZA für ihn *der* Denker gewesen sei, „der so entschieden auf mich wirkte und der auf meine ganze Denkweise so großen Einfluß haben sollte" wie kaum jemand sonst[77], dann gilt das nicht nur insofern, als er ihm seine panentheistische Konzeption verdankte, sondern auch deshalb, weil ihn SPINOZAS Distanzierung von jedem gottmenschlichen Ich-Du-Verhältnis tief berührte. Was ihn an dem amor Dei intellectualis bei SPINOZA besonders mitriß, war das, was er als „Uneigennützig-

---

[74] Dichtung u. Wahrh., 3. Teil, 15. Buch; Cotta 8, 747.
[75] Artemis 2, 379.
[76] Z.B. in Dichtung u. Wahrh., 3. Teil, 14. Buch: Cotta 8, 730.
[77] AaO.; Cotta 8, 731.

keit" und Selbstlosigkeit dieser Art Liebe empfand: Jenes „wunderliche Wort ‚Wer Gott recht liebt, muß nicht verlangen, daß Gott ihn wieder liebe‘, ...erfüllte mein ganzes Nachdenken"[78].

Da Gott eine unpersönliche, dem Sein zugrundeliegende Substanz bedeutet, ist auch die Gottesliebe eine Haltung distanzierter, unpersönlicher Verehrung, die keine individuelle Zuwendung, keine entsprechende Reaktion dieser Gott-Substanz erwarten kann. GOETHE fühlt sich von dieser spinozistischen Sicht vor allem deshalb berührt, weil er in ihr keine bloß metaphysische Spekulation erblicken kann, sondern weil sie seinen eigenen, ganz *menschlichen* Motiven so nahekommt: Es sei stets seine „höchste Lust" gewesen, „uneigennützig zu sein in allem, am uneigennützigsten in Liebe und Freundschaft", und nicht auf Gegenliebe zu spekulieren. So sei ihm das Philine in den Mund gelegte Wort: „Wenn ich dich liebe, was geht's dich an?" recht aus dem Herzen gesprochen[79].

Mag man die panentheistische Konsequenz auch verstehen können, daß die liebende Zuwendung eines persönlichen Gottes mit der Gott-Natur unvereinbar sei, so meint das Evangelium mit „Liebe Gottes" jedenfalls etwas fundamental anderes, als was SPINOZA sowohl wie GOETHE ihm unterstellen: GOETHE denkt hier durchaus anthropozentrisch und stellt die Liebe des *Menschen* zu Gott in den Mittelpunkt, so daß sie den Rang eines Initialaktes gewinnt[80]. Dann aber könnte es in der Tat eigennützig erscheinen, wenn sie auf die Reaktion der göttlichen Gegenliebe dabei spekuliert. Der Dichter übersieht dabei, daß das Evangelium das Verhältnis der gottmenschlichen Liebe genau *umgekehrt* darstellt: Denn in ihm bildet die Botschaft, daß *Gottes* Liebe zum Menschen der eigentliche Initialakt sei, geradezu die Pointe der Frohen Nachricht: „Lasset uns ihn lieben, denn er hat uns *zuerst* geliebt" (1. Joh. 4,19).

Ich bin mir nicht sicher, halte es aber für möglich, daß selbst während GOETHES *pietistischer* Jugendphase einige Tendenzen auszumachen sind, die – zunächst noch in sehr sublimer Form – in die Richtung dieser späteren „Überwindung" des personalen Gottesverständnisses weisen. Man vermutet das zunächst kaum, wenn man nach seiner Rückkehr aus Leipzig massive Bekehrungszeugnisse von ihm liest:

So schrieb er als 20-Jähriger am 17. Januar 1769 an seinen Jugendfreund E. TH. LANGER: „Mich hat der Heiland endlich erhascht, ich lief ihm so lang und zu geschwind, da kriegte er mich bei den Haaren." – „Ich halte den Glauben an die göttliche Liebe, die unter dem Namen Jesus Christus eine kleine Zeit als Mensch herumzog, für den einzigen Grund meiner Seligkeit."[81]

Noch in diese pietistische Phase fällt der 1773 erschienene Brief des Pastors

---

[78] Lehrjahre, 4. Buch, 9. Kap.; Cotta 8, 272.

[79] Damit bleibt er freilich auch nicht genau auf der spinozistischen Linie!

[80] Die christologische Pointe – wenn man sich so ausdrücken darf – besteht hier in Jesu Wandel und Lehre, in seiner Menschlichkeit also. Und da Gott so Mensch geworden sei, müsse man „sich vor nichts mehr hüten, als ihn wieder zu Gott zu machen". Jesu Leben ist ihm wesentlicher als sein Tod (Artemis 4, 1012f., auch 129).

[81] Artemis 4, 126ff.

zu***an den neuen Pastor zu***"[82], den die GOETHE-Forschung oftmals als peinlich empfunden, als bloße Etüde oder ironischen Erguß gedeutet hat. Gerade hier aber zeigen sich bei genauerem Zusehen unter der Decke pietistischer Empfindungen und Termini erste panentheistische Tendenzen. Paradoxerweise ist es gerade die Botschaft von der *Liebe* Gottes, die als Medium von Gedanken dient, die den personalen Gottesgedanken zu unterwandern beginnen und auf eine Lehre von der Allversöhnung (der Apostástasis pánton) drängen:

Für die Leute seiner Gemeinde, so klagt der Pastor, wäre es nämlich „keine Freude..., ein Christ zu seyn, wenn nicht alle Heiden ewig gebraten würden". Demgegenüber vertritt er seinem Amtsbruder gegenüber die Meinung, daß die Liebe Gottes auch gegenüber den Anders- und Nichtgläubigen zur *Toleranz* nötige, da sie jedoch *alle* von dieser Liebe umschlossen seien. Ja, er bekennt sich zu dem in seinem Leben gewachsenen Glaubenssatz, „daß Gott und Liebe Synonymen sind". Wer dieser „Liebe Gottes Grenzen bestimmen wollte, würde sich... verrechnen". Deshalb überlasse ich „alle Ungläubigen der ewigen wiederbringenden Liebe... Welche Wonne ist es zu denken, daß der Türke, der mich für einen Hund, und der Jude, der mich für ein Schwein hält, sich einst freuen werden, meine Brüder zu seyn". Wenn hier jeder postmortale Dualismus (Himmel und Hölle) zugunsten des All-Einen universeller Seligkeit zurückgedrängt wird und die Liebe Gottes überpolar alles Für- und Wider-Gott umgreift, dann führt der synonyme Charakter von Gott und Liebe zweifellos in die Nähe des später von GOETHE konfessorisch vertretenen Hen-kai-pan. *Noch* schreckt der junge GOETHE vor dieser offenbar geahnten Konsequenz zurück, wenn er den Pastor zweimal versichern läßt, daß er die so begründete Toleranz nicht mit Indifferenz verwechselt sehen möchte. Und doch kann kein Zweifel bestehen, daß hier ein erster Schritt auf einem Wege getan wird, der aus der liebenden Zuwendung des persönlichen Gottes ein überpolares Indifferenzprinzip werden läßt und damit die panentheistische Konsequenz vorbereitet.

Die Erschütterung der christlichen Glaubensbindung als Folge

a) Kritik an der Absolutheit Christi

Mit der Distanzierung vom Glauben an einen persönlichen Gott (vom Monotheismus also) muß die schleichende Infragestellung des Christentums auf ein offenes Eingeständnis drängen. Der Kern des Evangeliums ist ja die Selbsterschließung Gottes im menschgewordenen Logos und damit als persönliches Du, das mich anspricht und hört, zu dem ich auch meinerseits spreche. Diese Distanzierung war, wie wir schon andeuteten und noch weiter sehen werden, in den verschiedenen Lebensphasen GOETHEs verschieden stark. Ihre unterschiedlichen Grade entsprechen negativ kontrastierend der jeweiligen Entschieden-

---

[82] Cotta 1, 1221ff.; 1225.

heit des Bekenntnisses zum Panentheismus, wie es sich besonders im ersten Weimarer Jahrzehnt herausbildete. Die stärkste Entfremdung gegenüber dem christlichen Glauben kam wohl in Zusammenhang mit seiner Italienreise zustande. Hier konnte sie bis zum „julianischen Haß" eskalieren. Später, besonders in höherem Alter – auch da durch gelegentliche antichristliche Aufwallungen unterbrochen – kam es zu einer abgeklärteren und wohlwollenderen Stellung zum Christentum. Die Gestalt Jesu selbst (nicht aber im gleichen Sinne das Kreuz!) wurde zeitlebens von ihm respektiert.

Als Beispiel für gelegentlich auch noch in höherem Alter aufbrechende antichristliche Affekte sei die etwas peinliche Verbindung von Blasphemie und (vorübergehendem) Impotenz-Ärger genannt, wie sie sich in dem weniger bekannten Gedicht „Das Tagebuch" (April 1810) findet. Nachdem der Bettschatz bei dem alternden Freier gewisse physiologische Funktionen nicht auszulösen vermochte, regten sich diese während der späteren kirchlichen Trauung: „Und als ich endlich sie zur Kirche führte,/Gesteh ichs nur, vor Priester und Altare,/Vor deinem Jammerkreuz, blutrünstiger Christe,/Verzeih mirs Gott, es regte sich der Iste."[83] Satirische Farcen ähnlicher Art bringt auch „Der ewige Jude"[84]. Der Respekt vor Christus selbst kann aber nicht bedeuten, daß GOETHE im Sinne LAVATERS, JACOBIS und der Orthodoxen überhaupt der Gestalt Jesu eine absolute Sonderstellung zuerkannte, wie sie in den christologischen Dogmen enthalten ist. Die Gründe für eine derartige Bestreitung wechseln. Einen seiner Einwände nannten wir schon: Der junge GOETHE lehnt es ab, daß die in Christus geschehene Menschwerdung Gottes dazu führe, den uns so nahe kommenden *Menschen* Jesus durch gottheitliche Prädikate wieder zu erhöhen und uns damit aufs neue zu entziehen. Das nicht sehr viel später (1781) auftauchende Argument wider jene Erhöhung entstammt nun sehr deutlich dem *eigensten* Motivbereich GOETHES, weil es sich als Folgerung aus seinem Panentheismus ergibt:

Danach entfaltet sich Gott in einer unendlichen Fülle endlicher Gestalten, deren jede von ihm durchlichtet ist und deren keine vor der anderen benachteiligt oder ihr gegenüber bevorzugt sein kann. Dann aber ist es unmöglich, so etwas wie einen allgemeinen Schatten über der Schöpfung anzunehmen, in dem nur Christus als das einzige Licht hervorsticht, so daß er als einziges Exemplar die ganze Fülle des Göttlichen in sich birgt und konzentriert. So schreibt er denn an LAVATER[85] über dessen Absolutheits-Christologie: er könne es nicht anders als „ungerecht und einen Raub nennen, der sich für deine gute Sache nicht ziemt, daß du alle köstlichen Federn der tausendfachen Geflügel unter dem Himmel ihnen, als wären sie usurpiert, ausrauffst, um deinen Paradiesvogel (= Christus) ausschließlich damit zu schmücken. Dieses ist es, was uns notwendig verdrießen und unleidlich scheinen muß, die wir uns einer jeden durch Menschen und dem Menschen offenbarten Weisheit zu Schülern hinge-

---

[83] Artemis 4, 233 ff.
[84] Weimar, 22. Juni 1781.
[85] Das Leben Jesu, kritisch bearbeitet, [4]1840, II, § 151.

ben und als Söhne Gottes ihn in uns selbst und allen seinen Kindern anbeten."
Das will doch besagen:

Überall, wo göttliche Weisheit auftaucht – und sie taucht in uns selbst und
allenthalben in der Menschheit auf –, da ist Sohnschaft Gottes und da beten
wir an. Jede Beschränkung des göttlichen Pleroma auf ein einziges Exemplar
(auf den „Paradiesvogel") bedeutet die Beraubung aller anderen und entgött-
licht deshalb die Welt.

Wir assoziieren hier eine links-hegelianische Formulierung, die DAVID
FRIEDRICH STRAUSS einmal gebrauchte: „Das ist ja gar nicht die Art, wie die
Idee sich realisiert, in *ein* Exemplar ihre ganze Fülle auszuschütten und gegen
alle anderen zu geizen."[86]

Wie so häufig fragt GOETHE auch hier nach der anthropologischen *Wurzel*
eines solchen Verabsolutierungsmotivs und er findet sie – sicher ironisch zugespitzt und den würdigen LAVATER ein bißchen provozierend – in der Lust an
der Selbstbespiegelung: „Bei dem Wunsch und der Begierde, in einem Indivi-
duo alles zu genießen, und bei der Unmöglichkeit, daß dir ein Individuum
genugtun kann, ist es herrlich, daß aus alten Zeiten uns ein Bild übrigblieb, in
das du dein Alles überträgst und in ihm dich bespiegelnd dich selbst anbeten
kannst." So erscheint der („christliche") Ausbruch aus der panentheistischen
All-Göttlichkeit geradezu als eine Art Sündenfall und hybrider Anmaßung:
„esse sicut Deus".

b) Kritik am Wunderglauben

Entsprechende Einwände liegen selbstverständlich auch gegenüber dem Wunderglauben nahe: Wenn durch transzendente Interventionen ein Stück Wirklichkeit aus dem Normalbereich herausgehoben und diesem Stück eine besondere Transparenz für das Göttliche zugeschrieben wird, so muß auch hier der
Kosmos in gotthaltige und gottferne Regionen aufgespalten werden. In diesem
Sinne verstandene Wunder sind „des Glaubens liebstes Kind"; sie sind Projektionen des (Aber-)Glaubens, in keiner Weise aber zeugerische Triebfedern, die
ein angemessenes Verhältnis zum Göttlichen herzustellen vermögen.

Gleichwohl tritt *diese* Seite der Polemik wider die biblischen Wunder bei
GOETHE merkwürdig zurück. Er kann ihnen sogar eine Interpretation zuteil
werden lassen, die ihnen zubilligt, mit den Gleichnissen zusammen „eine neue
Welt aufgetan" zu haben[87]. Wunder und Gleichnisse verhalten sich in kontra-
punktischer Entsprechung: „Jene machen das Gemeine außerordentlich, diese
das Außerordentliche gemein." Für die Wunder bedeutet dies, daß GOETHE in
ihnen nichts ontologisch Besonderes sieht, sondern daß sie für ihn ein noetisches – in unserer Sehweise, unserer Perspektive sich abspielendes – Ereignis

---

[86] Siehe zu diesem und dem folgenden die Darlegung des „Ältesten" in: Wanderjahre,
2. Buch, 2. Kap.; Cotta 6, 889 f.

[87] Dieser Subjektivierung des Wunders begegnen wir auch bei SCHLEIERMACHER.

werden[88]. Er verdeutlicht das an der Geschichte von der wunderbaren Speisung (Matt. 14,13ff. par): „Es ist nichts gemeiner und gewöhnlicher als Essen und Trinken; außerordentlich dagegen, einen Trank zu veredeln, eine Speise zu vervielfältigen, daß sie für eine Unzahl hinreiche..., und eben daher entsteht das Wunderbare des Wunders, daß das Gewöhnliche und Außerordentliche, das Mögliche und das Unmögliche *eins* werden."[89] Von „Wunder" sprechen wir also dann, wenn wir im Gewöhnlichen das Ungewöhnliche, d.h. wenn wir *symbolisch* zu sehen lernen. Das ist zweifellos als eine panentheistische Interpretation und deshalb sicher als Umdeutung zu verstehen: Das symbolische Sehen ermöglicht es, die gesamte „gemeine" Wirklichkeit transparent werden zu lassen für das alles durchwaltende Göttliche.

In derber und reichlich massiver Weise hat GOETHE die beiden antithetischen Wunderbegriffe – das ontologisch und das noetisch zu verstehende Wunder – einander gegenübergestellt in den Diwan-Versen „Wunderglaube"[90]: Einmal zerbricht eine schöne Schale in traurige Scherben. „Das jammerte Gott, er schuf es gleich/So ganz als wie es gewesen." – Dann wieder besingt GOETHE eine Pfauenfeder, die er im Korn findet, als „der Erdgebilde höchsten Schatz": „An dir, wie an des Himmels Sternen,/Ist Gottes Größe im kleinen zu lernen...". Wir „sehen" im Alltäglichen das Außerordentliche, im Irdischen das Göttliche.

Mehr aber als in Pfauenfedern und anderen symbolkräftigen Gebilden der Endlichkeit kann sich der „ewig Ungenannte" in der Geliebten vergegenwärtigen und enträtseln lassen. Gerade als endliche Gestalt wird die Geliebte, wie die Marienbader Elegie es bekundet, zu einem Mysterium, das „Fromm-sein" bewirkt und jenes Streben auslöst, „Sich einem Höhern, Reinern, Unbekannten / Aus Dankbarkeit freiwillig hinzugeben". Auch hier gibt es so in der Begegnung mit einem Irdischen – mit dem geliebten Du – jene Läuterung des Realen und jene symbolische Auflösung, von der GOETHE an seinen Freund ZELTER schrieb.

c) Kritik am orthodoxen Verständnis der Bibel

Was von GOETHES kritischer Zurückhaltung gegenüber der Verabsolutierung Christi und gegenüber herausragenden Wundern gilt, wird sich auch in seinem Verständnis der *Bibel* geltend machen. Sie gerät gleichfalls in ein Zwielicht zwischen Infragestellung und möglicher (oft bewundernder) Anerkennung, wenn er sie seinem eigenen Vorstellungskreis einfügt.

Die in Frage stellende Kritik, die GOETHE übt, bezieht sich nicht eigentlich auf die Bibel selbst – Zeugnisse ihrer lebenslänglichen Verehrung haben wir schon zur Kenntnis genommen –, sondern auf ein bestimmtes *Verhältnis* zu ihr. Dieses fragwürdige Verhältnis ergibt sich dann, wenn man sie auf eine einzige

---

[88] AaO.; Cotta 890.
[89] Artemis 3, 381f.
[90] Dichtung u. Wahrh., 2. Teil, 7. Buch; Cotta 8, 326.

Glaubensweise festzulegen sucht, ihren spannungsvollen Pluralismus aufhebt und sie dogmatisch vereinseitigt, so daß ihr Vielfarbencharakter in ein dürftiges Schwarz-Weiß verwandelt wird.

Die Infragestellung eines derart verzerrten Bildes der heiligen Schrift ist so gerade die Folge ihrer *Bewunderung*: der Ehrfurcht vor ihrer unendlichen inneren Vielfalt und vor einem Spannungsreichtum, in dem sich das pralle Leben selbst widerspiegelt. Die mancherlei Unausgeglichenheiten der biblischen Texte, die billige Spötter als Argument wider sie verwenden, sind für GOETHE gerade Zeichen ihrer Würde: nicht nur insofern, als sie den Beweis ihrer Lebensechtheit enthalten, sondern auch deshalb, weil sie manifest machen, daß „Gott ... sich nach der Denkweise und Fassungskraft der Menschen gerichtet habe", und so eben der Mensch in seinem Widerspruch durch jene Spannungen zum Ausdruck komme[91].

GOETHE erkennt also in der Bibel als einer complexio oppositorum die Vielfalt der menschlichen Adressaten und ihre religiösen Befindlichkeiten, damit *dann* aber auch – so dürfen wir sagen – den Dreiklang von Panentheismus, Poly- und Monotheismus wieder. Sein gebrochenes Verhältnis zum Christentum macht sich dabei insofern bemerkbar, als er sich gegen dessen Versuch auflehnt, die Bibel ausschließlich für *seine*, für die monotheistische Glaubensweise zu vereinnahmen: Das Christentum versteht die Bibel ja als Zeugnis transzendenter Offenbarung, als Selbstkundgabe eines persönlichen Gottes und drängt einen damit – so sieht er das – zur *Annahme* derart autorisierter Botschaften. GOETHE insistiert demgegenüber darauf, daß er nur ein *menschlich Überzeugendes*, ihm evident Werdendes akzeptieren könne, niemals aber orthodoxe Zwangsglaubenssätze über ein angebliches „Deus-dixit". „Daß du mich immer mit Zeugnissen packen willst!" schreibt er spöttisch abwehrend am 26. April 1774 an LAVATER; „wozu die? Brauch ich Zeugnis, daß ich bin? Zeugnis, daß ich fühle? – Nur so schätz', lieb', bet' ich die Zeugnisse an, die mir darlegen, wie tausende oder einer vor mir eben das gefühlt haben, das mich kräftiget und stärket. Und so ist das Wort der Menschen mir Wort Gottes, es mögen's Pfaffen oder Huren gesammelt und zum Kanon gerollt oder als Fragmente hingstreut haben. Und mit inniger Seele fall ich dem Bruder um den Hals, Moses! Prophet! Evangelist! Apostel, SPINOZA oder MACHIAVELL ..."

GOETHEs Wort über Christus abwandelnd könnte man ihn auch über die Bibel sagen lassen, daß das orthodoxe Christentum allen menschlichen Selbstkundgaben ihre Federn ausrisse, um nur dieses eine *biblische* Zeugnis dann mit ihnen auszustaffieren und es zum Paradiesvogel hochzustilisieren. Nein: wo ein Mensch, gleichgültig, wer er sein mag – ob ein Heiliger oder ein Freigeist –, die letzte Wirklichkeit erlebt und erfährt, da schwingen in ihm verwandte Saiten mit und da ist für ihn Wort Gottes.

Die Bibel ist also für GOETHE ein Spiegel der Menschlichkeit, ein *universaler*

---

[91] Dieser Feststellung und den folgenden Zitaten liegen GOETHEs Äußerungen im historischen Teil der „Farbenlehre" zugrunde (Artemis 16, 344 ff.).

Spiegel. Und indem sie das ist, bildet sie zugleich – gemäß der Dominante in GOETHES Religiosität – einen literarischen Mikrokosmos, der im Endlichen nach allen Seiten ausgreift und so das Unendliche gleichnishaft abbildet. Damit wird ihm die Bibel zumindest *auch* zu einem konfessionellen Buch des Panentheismus.

Beide Seiten der Bibel, die menschliche und die kosmische, werden immer wieder von ihm bezeugt:

(1 Zur *menschlichen* Seite: Diese wird vor allem in ihrem „inneren Wert" sichtbar[92]. Sie ist „Das Buch der Völker, weil sie die Schicksale *eines* Volkes zum Symbol aller übrigen aufstellt, die Geschichte desselben an die Entstehung der Welt anknüpft und... bis in die entferntesten Regionen der äußersten Ewigkeiten hinausführt". So hat sie „als allgemeine Bibliothek der Völker zu gelten"; sie ist ein Kompendium der Menschlichkeit, dargestellt am Paradigma *einer* Volksgeschichte.

Diese Menschlichkeit der Bibel kommt noch in anderer Hinsicht zum Ausdruck: Sie erschließt sich nur durch menschliche Auslegung, appelliert also auch insofern an Kategorien und Aufnahme-Kriterien, die im Humanum enthalten sind. Denn trotz – oder auch wegen – der „Selbständigkeit, wunderbaren Originalität, Vielseitigkeit, Totalität, ja Unermeßlichkeit ihres Inhaltes" brachte sie keinen Maßstab mit, wonach sie gemessen werden konnte[93]. Der mußte vielmehr „von außen gesucht und an sie angelegt werden". Dabei kommt es zu einem ganzen Komplex widerstreitender Kriterien, so daß das Verständnis der Bibel selbst wieder zu einer complexio oppositorum wird: Sie alle, „Juden und Christen, Heiden und Heilige, Kirchenväter und Ketzer, Konzilien und Päpste, Reformatoren und Widersacher" legen aus und erklären, „verknüpfen und supplieren, legen zurecht und wenden an", wie es ihren menschlichen Gegebenheiten und Voraussetzungen entspricht. Doch lassen sich alle diese Verschiedenheiten letztlich auf zwei Rubriken verteilen: Sie sind entweder platonisch oder aristotelisch orientiert[94]. Beide, Platon und Aristoteles, repräsentieren gerade in ihrer Gegensätzlichkeit die *ganze* Menschheit[95]. Daher müssen alle Ausleger der Schrift sich auf eine der beiden Seiten schlagen.

So erweist sich die Menschlichkeit der Bibel sowohl nach der objektiven wie nach der subjektiven Seite: Nach der objektiven insofern, als sie die Geschichte der Menschheit vom Schöpfungsbeginn bis in die „äußersten Ewigkeiten" bringt; nach der subjektiven insofern, als die ganze Menschheit sich von ihr betroffen weiß und in ihren Auslegungskriterien angesprochen sieht.

(2) Zur *kosmischen* Seite: Wegen dieser universalen Menschlichkeit hat derjenige, der die Bibel hat, im Grunde alles, was er braucht. Man könne, meint GOETHE, einen „trefflichen Menschen tüchtig heraufbilden, ohne dabei ein

---

[92] AaO. 347.

[93] AaO. 346–48. GOETHE porträtiert und charakterisiert hier auch beide Denkergestalten.

[94] „...ein paar solcher Männer, die sich gewissermaßen in die Menschheit teilten...".

[95] AaO. 345.

anderes Buch zu brauchen als etwa THSCHUDIS schweizerische oder AVENTINS bayrische Chronik. Wieviel mehr muß also die Bibel zu diesem Zwecke genügen, da sie das Musterbuch zu jenen erstgenannten gewesen"[96]! Wie aber das Sein unendlich ist, wenn wir im Endlichen nach allen Seiten gehen, wie es damit als Ganzes unserem Verstehen entzogen bleibt, so ist auch die Bibel als Abbild dieses Seins unserem Verstehen immer vorweg und nicht von ihm einholbar. Sie kann nie als etwas, das man schwarz auf weiß besitzt, ad acta gelegt werden, sondern sie bleibt in ihrer Gänze ein Wirksames, dessen wir uns nie bemächtigen können. „Deshalb ist die Bibel ein ewig wirksames Buch, weil, solange die Erde steht, niemand auftreten und sagen wird: ich begreife es im Ganzen und verstehe es im Einzelnen. Wir aber sagen bescheiden: im Ganzen ist es ehrwürdig und im Einzelnen anwendbar."[97]

Wenn es nun gerade inmitten solcher Versuche, die Bibel zu rühmen, bei GOETHE zu antichristlich scheinenden Ausbrüchen kommen kann, so richten sich diese Affekte, wie schon angedeutet, nie gegen die Bibel selbst, sondern stets gegen die Verabsolutierung eines einzigen Aspektes, auf den man ihre Auslegung reduzieren will. Er sieht darin eine Beeinträchtigung der biblischen Fülle. So begehrt sein Ressentiment auf, wenn er bei christlichen Repräsentanten wie LAVATER und JACOBI immer wieder jene Tendenz zur Verabsolutierung und Vereinseitigung bemerkt. Bei solchen und ähnlichen Gelegenheiten kann es dann zu verachtenden Äußerungen über die Kirchengeschichte kommen, in der die Pfaffen das Regiment führten, während die „Gemeinen" – wohl weil ihre Naivität empfänglicher bleibt für ungegliederte und dogmatisch nicht zensierte Vielfältigkeiten – kaum eine Rolle spielen:

> Mit Kirchengeschichte was hab' ich zu schaffen?
> Ich sehe weiter nichts als Pfaffen;
> Wie's um die Christen steht, die Gemeinen,
> Davon will mir gar nichts erscheinen[98].

Die so in allen Farben schillernde Bibel entspricht ebenso wie der von ihr verkündete Gott jener menschlichen Seite an GOETHE, die den erwähnten Klageruf seiner Freunde hervorrufen konnte, er lasse sich nicht festlegen. Der im GOETHEschen Sinne „einseitige" Gott des Monotheismus wäre dagegen eine verbindliche, den Menschen zur Eindeutigkeit nötigende, ihm „in den Weg tretende" Größe. Bei GOETHE aber kann und muß es nun heißen: „Warum uns Gott so wohl gefällt?/Weil er sich uns nie in den Weg stellt."[99] Der Gott der Christenheit *stellt* sich offenbar in den Weg – schon dadurch, daß er sich in den

---

[96] Maximen u. Refl. 335; Artemis 9, 534.
[97] Zahme Xenien IX; Cotta 1, 1122.
[98] Sprichwörtlich; Cotta 1, 443.
[99] Siehe den zit. Brief an LAVATER vom 4. Oktober 1782.

Vielfarbendruck nicht integrieren läßt. Und seine Heilsbotschaft weigert sich, „in unsers Vaters Apotheke" nur eines unter vielen Rezepten zu sein.[100]

Biographische Stadien auf diesem Wege

a) Christliche Phasen und Übergangsperioden

Die polare Spannung und die Verbindung des Gegensätzlichen bildet so die Pointe von GOETHES religiöser Weltansicht. Sie ist der Ertrag seiner gewachsenen Lebensweisheit. Es wäre trivial und zudem abwegig, dieses Werden aus Einflüssen ableiten zu wollen, denen er in den einzelnen Stadien seines Lebens ausgesetzt war. Überzeugungen genetisch erklären zu wollen, führt stets in die Irre, weil damit apriori jede Überzeugung relativiert und dem menschlichen Selbst jeder unbedingte Charakter abgesprochen wird. Das müßte gerade in diesem Falle zu einem Attentat wider GOETHES Grundüberzeugung werden: wider sein Bekenntnis zur Unwandelbarkeit der menschlichen Entelechie, die nach den orphischen Urworten alles sie von außen Bedrängende und vielleicht verformen Wollende sich so einstückt, daß es gerade ihrer Selbstwerdung dienen muß.

Gleichwohl fällt die Entelechie natürlich nicht fertig vom Himmel, sondern sie ist im Werden, im *Kommen* zu sich selbst. Und wenn GOETHES Universum ebenso wie der ihm entsprechende Mikrokosmos der Entelechie eine complexio oppositorum sind, werden wir vermuten dürfen, daß er diese opposita auch *biographisch* durchlaufen hat und in seinen Lebensstadien je dem einen oder dem andern ihrer Elemente ferner oder auch näher gewesen ist. Das, was wir den „Vielfarbendruck" bei ihm nannten, hat in seinem Zustandekommen auch eine *zeitliche* Dimension: die einzelnen „Drucke" fanden sich aus ihrer Isolierung während einzelner Lebensstadien allmählich zusammen. Dieses Zusammenfinden war aber als das geheime Telos in seiner Entelechie angelegt, war gleichsam der Gegenstand und das Ziel seines faustischen Drängens.

Wenn wir in *diesem* Sinne nach seinem religiösen Werden fragen, verfallen wir also nicht dem sterilen Versuch, seine Stellung zu den letzten Fragen genetisch „ableiten" zu wollen, sondern sehen nur zu, welche Vorstadien dem Telos seiner Weltsicht vorangegangen sind, und versuchen, ihr Drängen auf dieses Telos hin zu erfassen. Es kann dabei nur um eine Skizze gehen, die durch Weglassen das Wesentliche zu erfassen versucht. Zu diesem Wesentlichen gehören sicher auch die schon erwähnten christlichen Vor- und Übergangsstadien.

Wie viele seiner Zeitgenossen erlebte auch der Knabe GOETHE eine erste Erschütterung seines an den Katechismus gebundenen naiven Kinderglaubens durch das Erdbeben von Lissabon 1755: „Gott, der Schöpfer und Erhalter Himmels und der Erden, den ihm die Erklärung des ersten Glaubensartikels so

---

[100] Dichtung u. Wahrh., 1. Teil, 1. Buch; Cotta, 8, 38 f.

weise und gnädig vorstellte, hatte sich, indem er die Gerechten mit den Ungerechten gleichem Verderben preisgab, keineswegs väterlich bewiesen."[101]

Doch ist diese erste Glaubenskrise bald wieder vergessen. Das Kind nähert
sich erneut dem Gotte des ersten Artikels, „dem großen Gotte der Natur", dem
„eigentlichen Gotte", der die Sterne auf ihrer Bahn erhält, die Jahreszeiten
einander folgen läßt und ebenso für Pflanzen und Tiere sorgt, wie er zu dem
Menschen in „ein genaueres Verhältnis tritt". Diesem Gotte der Natur baut der
Knabe einen Altar[102]. Auf diesen ersten Glaubensartikel kann er noch dreißig
Jahre später in einer Rede bei der Eröffnung des neuen Bergbaus zu Ilmenau
zu sprechen kommen[103], wenn er seine Hörer auffordert, vor der Besichtigung
„in dem Hause des Herrn ein(zu)kehren, des Gottes, der die Berge gegründet,
die Schätze in ihre Tiefe verborgen und dem Menschen den Verstand gegeben
hat, sie an das Licht des Tages hervorzubringen".

Während seiner Leipziger Studentenzeit, wo er leidend war, und noch nach-
her kam es darüber hinaus zu einer intensiven Begegnung mit dem zweiten
Glaubensartikel, der von Christus und seinem Erlösungswerk handelt. Das
geschah vor allem unter dem Einfluß des preußischen Husarenoffiziers ERNST
THEODOR LANGER und ebenso durch die nachhaltige Ausstrahlung der wiederholt schon erwähnten frommen Stiftsdame SUSANNE KATHERINA VON KLET-
TENBERG. „Einem Duldenden, zart, ja schwächlich Fühlenden war ... das
Evangelium willkommen", berichtet er über diese Lebenphase, fügt aber sofort
hinzu, daß Langer „bei seinem Glauben zugleich ein sehr verständiger Mann
war und fest darauf hielt, daß man die Empfindung nicht solle vorherrschen,
sich nicht zur Schwärmerei solle verleiten lassen"[104]. Bibelfest, wie er damals
gewesen sei, habe ihm alles daran gelegen, die heilige Schrift, die er „mensch-
licherweise zeither geschätzt", zum Inhalt des *Glaubens* werden zu lassen und
sie „für göttlich zu erklären"[105]. Vier Monate nach seiner Heimkehr aus Leipzig kann er an LANGER ganz massiv, wie schon erwähnt, über ein Bekehrungs-
erlebnis berichten: „Mich hat der Heiland endlich erhascht, ich lief ihm so lang
und zu geschwind, da kriegte er mich bei den Haaren."[106]

In diesem Stadium seiner Entwicklung kündigt sich noch nicht die Spannung zwischen dieser christozentrisch-monotheistischen Bindung und dem
späteren Panentheismus an. Doch ist auch dieser Zeitraum nicht *ohne* Spannung; nur entzündet diese sich zunächst an anderen Polen: Damals ging es um
die innertheologische Kontroverse zwischen einer aufklärerisch-deistisch verstandenen Vernunftorientierung und einer romantisch gefärbten Gefühlsreli-
gion. Auch wenn GOETHE die Warnung LANGERS vor ungezügelter Gefühls-
schwärmerei durchaus ernst nehmen möchte, so hat er doch nicht recht ge-

---

[101] AaO.; Cotta 8, 54f.
[102] 24. Februar 1784; Cotta 8, 1477ff.
[103] Dichtung u. Wahrh., 2. Teil, 8. Buch; Cotta 8, 396.
[104] AaO. 396.
[105] Am 17. Januar 1769; Artemis 4, 1012.
[106] Dichtung u. Wahrh., aaO. 396.

wußt, sich „*ohne* Gefühl und Enthusiasmus mit dem Neuen Testament zu beschäftigen"[107]. Es ergibt sich ihm geradezu die Frage, „wie viel Anteil die Vernunft, wie viel die Empfindung an solchen Überzeugungen" haben könne und dürfe. Beim Nachdenken über diese Frage – so sieht es im Rückblick der alte GOETHE – fällt ihm auf, daß die christliche Religion schwanke zwischen einem Historisch-Positiven und einem reinen Deismus, der, auf Sittlichkeit gegründet, wiederum die Moral begründen solle.

Innerhalb dieser Alternative lehnt er jedenfalls die deistische Vernunftreligion ab. Selbst ihre „lebhaftesten und geistreichsten" Vertreter kommen ihm vor wie „Schmetterlinge, welche ganz uneingedenk ihres Raupenstandes die Puppenhülle wegwerfen, in der sie zu ihrer organischen Vollkommenheit gediehen sind"[108]. Der Larvenzustand ist hier offenbar als die Bindung an die historisch-positive Hülle verstanden, die davor bewahrt, einem emanzipierten Vernunftglauben oder einem freischwebend-schwärmerischen Gefühl zu verfallen. Gerade in dieser Hinsicht ist LANGER ihm Vorbild, weil er die Bibel als jenes Historisch-Positive vor anderen überlieferten Schriften besonders wertschätzt.

Die hier kundwerdende christliche Bindung war so sehr durch den zweiten Glaubensartikel, d.h. so sehr durch die Vorstellung geprägt, die „er von Christo lebendig in sich trug", daß es ihm geradezu „unbegreiflich schien, wie ein Mensch leben und atmen könne, ohne zugleich ein Christ zu sein". Diese Vorstellung war ihm lebendig in „Sinn und Gemüt" verwurzelt[109].

Eine erste Krise dieser ihn selbstverständlich dünkenden Verbindung von Mensch-sein und Christ-sein scheint sich durch die (früher schon festgestellte) „heftige Zudringlichkeit eines so geist- als herzvollen Mannes" wie LAVATER begeben zu haben, und zwar dadurch, daß dieser ihn mit Alternativen eindeckte wie etwa der: man müsse „entweder Christ oder Atheist" sein. Bekehrungsversuche mit Hilfe solcher Alternativen machten ihn verstockt. Und er antwortet ihm denn auch: Wenn LAVATER ihm „sein" Christentum nicht lassen und zubilligen wolle, könne er sich denn wohl „zum Atheismus entschließen", zumal er sähe, „daß niemand recht wisse, was beides eigentlich heißen solle"[110]. Ganz abgesehen davon, daß GOETHE alternativisches Denken von jeher fremd ist, kommt hier noch erschwerend hinzu, daß die Alternative „Christ oder Atheist" in sich selbst für ihn unklar ist.

Im übrigen vollziehen sich nicht einmal die Übergänge in GOETHES Entwicklungsstadien in alternativischen Umbrüchen. Es kommt dabei eher zu gewissen „Zwischenräumen", die zu *keiner* der durchwanderten Regionen gehörten und ihm gelegentlich nahelegen, den Gedanken von diesem ihn erschreckenden „Zwischen" überhaupt abzuwenden. Das so Dazwischenbefindliche kann er

---

[107] AaO. 395.
[108] AaO., 3. Teil, 14. Buch; Cotta 8, 709.
[109] AaO. 709.
[110] Dichtung u. Wahrh., 4. Teil, 20. Buch; Cotta 8, 897ff.

zum Bereich des Dämonischen zählen[111]. Wir kommen darauf noch zu sprechen. An dieser Stelle genügt der Hinweis, daß die Übergänge der einzelnen Lebensphasen sich zwar nicht in antithetischen Um- und Abbrüchen, aber auch nicht in harmonischer Abstimmung aufeinander vollzogen, sondern daß ein „Ungeheures, Unfaßliches" dazwischen sein konnte. Außer bei seiner pietistischen Jugendphase haben jene Übergänge jedenfalls nicht den Charakter einer *Bekehrung*, sondern eher den des Übergangs in neue *Dimensionen*, die sich ihm nachträglich als weiterführend und bereichernd erwiesen.

b) Ein Weg in die Zuschauerperspektive? – Die Möglichkeit der Toleranz

Was auch immer sich so in der Evolution seiner Überzeugungen begeben mochte: Es war jedenfalls kein radikaler Wandel in seinem Seinsverständnis, sondern es war die bloße Veränderung der *Perspektive*, unter der er dieses Sein erblickte. Dieser perspektivische Wandel war der Grund für die komplementäre Struktur seiner religiösen Positionen. Perspektiven können ja niemals Exklusivität begründen.

Das Perspektiven-Problem, das uns schon beim Verhältnis von Mono-, Poly- und Pantheismus auffiel und das die genannte Zusammenschau, die Nebeneinander-Geltung ermöglicht, kann sich auch in GOETHES Stellungnahme zu innerchristlichen Richtungen manifestieren. Hier zeigt sich dann besonders markant, daß die Perspektive den *Beobachter* zur zentralen Figur macht, daß sie alles auf *ihn* und seinen Standpunkt bezieht[112]. Insofern läßt sie religiöse Überzeugungen nicht in ihrem transsubjektiven Gehalt ernst nehmen, sondern sieht alles durch die Situation und Befindlichkeit des Beobachters bedingt. Durch den Perspektivismus wird die Religion zu einer bloßen Spielart der Humanität. Das Humanum – als Gegenstand des perspektivischen Bezuges – ist das bleibend Identische in aller Religion. Diese so heraustretende Identität stellt deshalb den *eigentlichen* Grund dafür dar, daß sich religiöse Phänomene bei GOETHE niemals in Alternativen darstellen, sondern vielmehr gleichberechtigte Möglichkeiten bilden, die koordinierbar sind.

Damit aber drängen sie auf *Toleranz*. Es mache geradezu – meint GOETHE – den Unterschied von Glauben und Wissen aus, daß das Wissen sich auf einen Gegenstand, auf ein Objectivum richte, über das dann in der Tat gestritten werden müsse. Beim Glauben dagegen komme es überhaupt nicht auf einen Gegenstand, sondern allein auf den subjektiven Zustand der Gläubigkeit an. Der Glaube erscheint so als „heiliges Gefäß, in welches ein jeder sein Gefühl, seinen Verstand, seine Einbildungskraft, so gut als er vermöge, zu opfern bereit stehe"[113]. GOETHE versäumt dabei nicht, darauf hinzuweisen, daß dieser legi-

---

[111] Vgl. dazu den Abschnitt über die Erfinder der Perspektive (APOLLODOROS von Athen und AGATHARCHOS von Samos) in: Theol. Ethik III, § 3258 ff.

[112] Dichtung u. Wahrh., 3. Teil, 14. Buch; Cotta 8, 717.

[113] So am 30. August 1792 in der „Kampagne in Frankreich"; Cotta 10, 289.

time, vom Wissen ausgelöste Streit sich gelegentlich dadurch selbst kompro-
mittiere, daß eine gewisse Gelehrten-Eitelkeit in jenem Streit immer nur Selbstbestätigung erstrebt, so daß sich „an die Stelle des Gegenstandes... ein Wort-
Credo" setzt und es so zur Verwechslung von Glauben und Wissen kommt[114].

Für diese perspektivische Subjektivierung des Glaubens und das ihr entstammende Toleranzpostulat steht eine klassische Szene als Illustration zur
Verfügung: das Dreiergespräch zwischen Fräulein VON KLETTENBERG, LAVA-
TER und GOETHE selbst. Obwohl es hier um eine „inner"-christliche Kontroverse geht, macht sich selbst in diesem beengten Rahmen die subjektive Bedingtheit der Glaubensstandpunkte präzise geltend: Es sei nämlich an seinen
beiden Gesprächspartnern (zwei „entschiedenen Christen") ganz deutlich zu
erkennen, „wie sich eben dasselbe Bekenntnis nach den Gesinnungen verschiedener Personen umbildet". Jeder Mensch, so habe man in „toleranten Zeiten"
immer wiederholt, „habe seine eigene Religion, seine eigene Art der Gottesver-
ehrung". Man habe gerade in diesem Falle beobachten können, daß sogar
„Männer und Frauen einen verschiedenen Heiland bedürfen", eben *weil* der
Glaube mit der subjektiven Konstitution zu tun habe: So verhalte sich Fräulein VON KLETTENBERG zu ihrem Heilande „wie zu einem Geliebten, dem man
sich unbedingt hingibt... und ihm ohne Zweifel und Bedenken das Schicksal
des Lebens anvertraut". LAVATER dagegen behandele seinen Heiland eher „als
einen Freund, dem man neidlos und liebevoll nacheifert... und eben deswegen
ihm ähnlich, ja gleich zu werden bemüht ist". So wirken sich hier „die geistigen
Bedürfnisse der zwei Geschlechter" in ihrer Verschiedenheit aus.

Deshalb versteht man, daß GOETHE so weit gehen kann zu sagen, „beim
Glauben... komme alles darauf an, *daß* man glaube; *was* man glaube, sei
völlig gleichgültig. Der Glaube sei ein großes Gefühl von Sicherheit für die
Gegenwart und Zukunft, und diese Sicherheit entspringe aus dem Zutrauen
auf ein übergroßes, übermächtiges und unerforschliches Wesen."[115]

GOETHES Respekt vor einer Überzeugung scheint auch sonst für ihn weniger
in deren Inhalt begründet zu sein als in der Überzeugungskraft und Glaubwürdigkeit ihres Trägers, also in der glaubenden Person *selbst*. Wenn irgendwo,
wird das in seinem Verhältnis zu dem pietistisch frommen Freunde JUNG-
STILLING deutlich. Daß er dessen Glaubensbekenntnis inhaltlich nicht teilt, ist
nach allem Gesagten klar. Und doch gibt es kaum eine andere Gestalt in
seinem Leben, zu der er sich so vorbehaltlos, manchmal hingerissen und geradezu hymnisch, bekannt hätte. Nach einer liebevollen Beschreibung seiner
ersten Straßburger Begegnung mit ihm bekennt er: „Das Element seiner Energie war ein unverwüstlicher Glaube an Gott und an eine unmittelbar von daher
fließende Hülfe, die sich in einer ununterbrochenen Vorsorge und in einer

---

[114] Dichtung u. Wahrh., 3. Teil, 14. Buch; Cotta 8, 716f.
[115] AaO., 2. Teil, 9. Buch; Cotta 8, 436f.

unfehlbaren Rettung aus aller Not, von jedem Übel augenscheinlich bestätige." Trotz seiner Freundlichkeit habe sein Glaube keinen Spott geduldet. Und wenn seine etwas rauhbeinigen Tischgenossen sich doch gelegentlich über ihn lustig machten, stellte sich der junge GOETHE schützend vor ihn.[116] Von seiner späteren Zeit, als er ein berühmter Augenarzt war, sagt GOETHE über ihn, er habe „mit gutem Mut und frommer Dreistigkeit"(!) viele Staroperationen vollbracht und sich damit einen ausgebreiteten Ruf erworben.[117] JUNG selbst nennt seine Lebensgeschichte „die Geschichte der Vorsehung in seiner Führung"[118]. Und ausgerechnet GOETHE war es, der diesen konfessorischen Lebensbericht hat drucken lassen und ihm dafür in seiner finanziellen Bedrängnis „hundert und fünfzehn Reichsthaler in Golde" übersandte[119].

Die gleiche Anerkennung der Sympathie kann GOETHE der ihm so glaubwürdigen Erscheinung des wunderlichen Heiligen Philippus Neri in Neapel, des „Sokrates in der Soutane"[120] zuwenden.[121] – Endlich gilt sein Respekt – um ein letztes Beispiel aus einer beliebig fortzusetzenden Reihe anzuführen – dem niederländischen Volk, das um seinen Glauben kämpft, und Egmont, der dieses Volk führt. Womit sich GOETHE hierbei identifiziert, ist wiederum nicht so sehr die religiöse Überzeugung selbst, sondern abermals das Humanum, das im Kampf um diese Überzeugung seine Probe besteht. Dies Humanum ist hier ein Träger ausgesprochen *mündiger* Überzeugung. Insofern ist die Gefolgschaft des niederländischen Volkes anders als der Kadavergehorsam einer Schafherde oder eines abgerichteten Stiers. Die im Humanum gründende und es erfüllende Überzeugung stellt sich nur *eigenverantwortlich* zur Verfügung und wehrt sich gegen jeden aufoktroyierten *héteros nómos*. So bekennt Egmont: „Leicht kann der Hirt eine ganze Herde Schafe vor sich hintreiben, der Stier zieht seinen Pflug ohne Widerstand; aber dem edlen Pferde, das du reiten willst, mußt du seine Gedanken ablernen, du mußt nichts Unkluges, nichts unklug von ihm verlangen."[122] Was sich hier vornehmlich auf den politischen Freiheitswillen bezieht, schließt auch die religiöse Überzeugung ein.

So nimmt GOETHE in seiner Stellung zur christlichen Religion und ihren Vertretern immer wieder die Position eines wohlwollenden und einfühlsamen Beobachters ein. Die Distanz des Außenseiters bleibt dabei unverkennbar, hindert ihn aber nicht, die Bedeutung der Religionen, speziell des Christentums, als Wurzel oder auch als Frucht der Humanität anzuerkennen. Die „sittlichen Züge der Religionen" zum Beispiel, „welche auf den tiefen Grund

---

[116] AaO., 4. Teil, 16. Buch; Cotta 793. – Siehe auch das liebevolle Porträt STILLINGS auf den darauf folgenden Seiten.

[117] J.H. JUNG-STILLING, Lebensgeschichte ed. G.A. BENRATH, 1976, 437.

[118] AaO. 344.

[119] So der Untertitel des Buches von W. NIGG, Philip-Neri, der Spaßvogel Gottes, Herderbücherei 576, 1976.

[120] Italienische Reise, 26. Mai 1787; Cotta 9, 562ff.

[121] Egmont, 4. Akt; Cotta 3, 722.

[122] Allgemeine fromme Betrachtungen; Cotta 8, 1381.

eines frommen Menschenbedürfnisses hinweisen, sind immer höchst erfreulich, indem Aussichten aller Art sich öfters daher zu entwickeln pflegen"[123].

Selbst dann, wenn er sich aus der Distanz des Beobachters durchaus nicht mit dem Gehörten oder Gesehenen identifiziert, kann er – noch über den bloß humanen Kontakt hinaus – die *Weisheit* religiöser Sachgehalte bewundern und ihnen Anerkennung zollen. So ist etwa der Respekt unverkennbar, den er den Darlegungen des Schweizer Kapuziner-Paters zollt, als er sich von diesem die monolithische Geschlossenheit katholischer Verkündigung erklären läßt. Es scheint GOETHE als Menschenkenntnis von Rang einzuleuchten, wenn der Pater ihm deutlich macht, daß seine Kirche die Bibel zwar als „Fundament des Glaubens" betrachte, sie aber dennoch „dem gemeinen Manne nicht in die Hände geben" könne, weil sie ohne das Auslegungsmonopol der Kirche nur Verwirrung stiften müsse. Die Art nun, *wie* die Kirche Schrift und Tradition zu verbinden und in Übereinstimmung zu halten verstehe, bringe es mit sich, daß ein katholischer Christ an allen Enden der Welt stets „Eine Sprache" und „immer dasselbige" zu hören bekomme. Eben dies aber sei es, was „die Gewißheit unsers Glaubens macht"[124].

So kann GOETHE unter Umständen am Christentum gerade das bewundern, was ihm „existentiell" eher fremd ist: So ferne ihm etwa die kirchliche Christologie und die Versöhnungsbotschaft von Kreuz und Auferstehung stehen mögen, so sehr beeindruckt ihn doch die Menschwerdung – oder sollte man hier besser sagen: die „Menschlichkeit"? – Gottes, wie sie sich in seinem Sohne Christus (zusammen mit seiner Mutter Maria und dem „Greis" Joseph) darstellt. Dieses „göttlich-menschliche Wesen" erklärt für ihn jene besondere „Anziehungskraft", die der christlichen Religion das Heer ihrer Anhänger und Blutzeugen zuwachsen ließ. Die „geschichtliche" Struktur dieser Religion – sie ist ja eine Variante ihrer Menschlichkeit! – brachte es auch mit sich, daß sich in ihr „ein so vielfacher, ja unendlicher Same als in keiner andern" barg und daß wir ihr z.B. „die Erhaltung der Kunst ... schuldig" sind[125].

Daß der Zuschauer-Standpunkt GOETHES so durchaus keine unberührte Distanz zu bedeuten braucht, daß er vielmehr mit höchst sensibler Einfühlung verbunden sein kann und fast – aber eben nur „fast" – an die Grenze einer eigenen Confessio führen kann, wird an den „Bekenntnissen einer schönen Seele" deutlich, in denen GOETHE die geistliche Selbstdarstellung seiner Seelenfreundin VON KLETTENBERG wiedergibt[126]. Hier gibt es, vor allem im Anschluß an ZINZENDORF, Äußerungen von einer spirituellen Tiefe und Eindringlich-

---

[123] Briefe aus der Schweiz, 1779, 12. November; Cotta 10, 63ff. – Interessant ist hierbei auch die Sympathie, die GOETHE der katholischen Einbeziehung der Tiere in die Segenshandlungen entgegenbringt: Ital. Reise, 18. Januar 1787; Cotta 9, 369.
[124] HEIDELBERG, in: Am Rhein u. Neckar; Cotta 10, 692.
[125] Lehrjahre, 6. Buch; Cotta 6, 415ff.
[126] Vor allem 456ff.

keit[127], die es schwer machen, sich zu vergegenwärtigen, daß GOETHE hier nicht aus Eigenem schöpft, sondern als Außenseiter spricht – immerhin aber als ein Außenseiter, der jene geistlichen Regionen einmal selbst durchmessen hat. Dennoch erscheint dieses gewaltige Kapitel wie eine Art Fragezeichen, das am Rande seines Panentheismus wohl bleibend auftaucht.

Noch einmal stellt sich hier die Frage, wie es begründet sei, daß die auf GOETHES Betrachter-Standpunkt beruhende Toleranz des Verschiedenen bei ihm niemals zur gleichgültigen Indifferenz absinkt, sondern dem Engagement nahe bleibt und dadurch das besprochene hochsensible „Hineinkriechen" und Sich-Hineinversetzen ermöglicht. Was speziell GOETHES Stellung zum Christentum betrifft, so mag jenes Engagement dadurch zu erklären sein, daß die christliche Religion – neben ihrer erleuchtenden Kraft für die Humanität – nach seiner Sicht ein *geschichtliches* Phänomen ist. Dadurch behielt er einen Sinn dafür, daß die Selbsterschließung Gottes in der Heiligen Schrift sich an verschiedene Menschen in verschiedenen Situationen richtet. Auch *sein* Menschsein und *seine* Situation konnte er so angesprochen fühlen. Darum bejahte er gerade die von den „Profanskribenten" kritisierten Ungleichheiten und Widersprüche dieses Buches und wehrte sich entschieden gegen alle Formen seiner gewaltsamen Vereinerleiung: sei es nun das Harmonisierungsbestreben der zeitgenössischen Orthodoxie, das die Bibel zu einem corpus homogeneum umstilisierte, oder sei es der aufklärerische Deismus, der eine „natürliche Religion" aus diesem Buche herausdestillierte und dem Christentum so nur die „gleichen Rechte" beimaß wie allen andern positiven Religionen auch. Gerade der geschichtliche, sich sehr verschiedenen Adressen zuwendende Charakter der christlichen Religion war es deshalb wohl, der GOETHES eigenes Engagement wesentlich mitbestimmte und der ihn diese Religion sich bleibend angehen ließ[128] (wenn auch der Vielfarbendruck religiöser Wahrheit für ihn ein spezielles Bekenntnis verhinderte und, wie gesagt, bei seinen christlichen Freunden – aber auch bei SCHILLER! – den Eindruck erweckte, daß er sich jeder Eindeutigkeit einer Confessio entziehe).

In welche Tiefe hierbei seine so begründete *eigene* Betroffenheit durch die Bibel reichen konnte, bringt er gelegentlich bei der erwähnten Auseinandersetzung mit Orthodoxie und Deismus in „Dichtung und Wahrheit" zum Ausdruck[129]:

„Ich für meine Person halte sie (= die Bibel) lieb und wert; denn fast ihr allein war ich meine sittliche Bildung schuldig, und die Begebenheiten, die

---

[127] Dichtung u. Wahrh., 2. Teil, 7. Buch; Cotta 8, 325f.

[128] AaO. 326.

[129] Daß GOETHES Verständnis der Toleranz das eigene Engagement nicht ausschließt und sich so von jedem Indifferenzprinzip unterscheiden soll, kommt zu ausführlicherer Erörterung in dem schon erwähnten „Brief des Pastors zu*** an den neuen Pastor zu***", 1773; Artemis 4, 126ff.

Lehren, die Symbole, die Gleichnisse, alles hatte sich tief bei mir eingedrückt und war auf eine oder die andere Weise wirksam gewesen. Mir mißfielen daher die ungerechten, spöttlichen und verdrehenden Angriffe; doch war man damals schon so weit, daß man teils einen Hauptverteidigungsgrund vieler Stellen sehr willig annahm: Gott habe sich nach der Denkweise und Fassungskraft der Menschen gerichtet, ja die vom Geiste Getriebenen hätten doch deswegen nicht ihren Charakter, ihre Individualität verleugnen können, und Amos als Kuhhirt führe nicht die Sprache Jesaias, welcher ein Prinz solle gewesen sein." – Hier ist es deutlicher als irgendwo, daß es der geschichtliche Charakter der Bibel-Botschaft ist, der so verschiedene Individualitäten erreicht wie die des Amos, des Jesaias – und GOETHES selbst – und der diese Individualitäten zugleich unversehrt läßt und insofern das Humanum respektiert[130].

Auch der eschatologische Faust-Schluß, der von manchen Interpreten nur als opernhafter, das eigentliche Faust-Thema eher verdunkelnder Anhang verstanden wird, läßt die Frage stellen, ob GOETHE dort gewachsene christliche Traditionen nicht nur aufgreife – in diesem Falle geht es um eher vulgär-katholische Traditionen[131] –, sondern sich auch selber verbindlich aneigne. Dafür spricht nicht nur der Umstand, daß hier die Entelechie als Repräsentantin des Humanum unversehrt bewahrt bleibt und nur durch Gnade gestützt (nicht aber verwandelt!) wird, sondern auch GOETHES eigene Kommentierung gegenüber ECKERMANN vom 6. Juni 1831. In diesem Gespräch geht es um die Verse:

> Gerettet ist das edle Glied
> Der Geisterwelt vom Bösen:
> Wer immer strebend sich bemüht,
> Den können wir erlösen,
> Und hat an ihm die Liebe gar
> Von oben teilgenommen,
> Begegnet ihm die sel'ge Schar
> Mit herzlichem Willkommen.

Dazu bemerkt GOETHE: „In diesen Versen ist der Schlüssel zu Fausts Rettung enthalten: in Faust selber eine immer höhere und reinere Tätigkeit bis ans Ende und von oben die ihm zu Hilfe kommende ewige Liebe. Es steht dieses mit unserer(!) religiösen Vorstellung durchaus in Harmonie, nach welcher wir

---

[130] Vulgär deshalb, weil bsonders die nachtridentinische kathol. Theologie die einfache Addition von eigenem Streben und hinzukommender Gnade (= „Liebe von oben") zugunsten einer ungleich differenzierten Betrachtung längst aufgegeben hat.

[131] Wir bemerkten eine ähnliche katholisierende Beschreibung von Natur und Gnade schon einmal in den „Wanderjahren" (2. Buch; Cotta 6, 883).

nicht bloß durch eigene Kraft selig werden, sondern durch die hinzukommende göttliche Gnade."[132]

III. Das Dämonische: Aufgipfelung und Krise des Entelechie-Gedankens

Entelechie und Ektelechie

Wir stießen in GOETHES Äußerungen zur Religion und zu „den" Religionen auf eine Fülle von Aussagen, die von seinen Zeitgenossen und Freunden, aber auch vom heutigen Leser oft als verwirrend-widersprüchlich empfunden wurden und werden. Vieles davon mochte sich, wie ich zu zeigen suchte, als bloß *perspektivische* Differenzierung herausstellen und insofern keinen Wechsel in der Sachaussage, sondern nur in der Sichtweise bedeuten. Das damit eröffnete Verhältnis der Komplementarität – nicht der Konkurrenz! –, in das die verschiedenen religiösen Richtungen so gerückt wurden, veranlaßte uns ja überhaupt, das Bild vom „Vielfarbendruck" zu verwenden: Erst das In- und Miteinander *aller* religiösen Aspekte läßt die Ganzheit religiöser Erfahrungen zustandekommen.

Ein konstantes Element inmitten der Vielfalt jener Abwandlungen durch die Sichtweise bildet das *Humanum*, das gleichsam den perspektivischen Mittelpunkt darstellt. Aber nicht nur dies: Es stellt auch die Orientierungsgröße und das Kriterium dar für die Art, wie GOETHE sich inmitten der mancherlei religiösen Ansprüche und Angebote, inmitten der positiven Religionen und der zeitgenössischen Spielarten des Christentums (Orthodoxie und Deismus) zurechtfindet. Alles hängt für ihn davon ab, ob und inwieweit das Humanum sich selbst in den religiösen Phänomenen wiederzuerkennen vermag, sie sich aneignen, sich in seiner Integrität bewahren und durch sie gefördert sehen kann.

So stießen wir inmitten aller Vielfalt und Widersprüchlichkeit immer wieder auf das entelechische Ich als die res constantissima: als jenes unverrückbare, gleichsam substantielle Fundament des Humanum, wie die orphischen Urworte es beschreiben.

Dennoch erhebt sich am Ende die Frage, ob die Entelechie *wirklich* eine solche res constantissima sei, die allen Widersprüchen entrückt ist und in Eindeutigkeit feststeht.

Diese Bedeutung der Entelechie wird durch GOETHES Begriff des *Dämonischen* in Frage gestellt. Wenn das erste der orphischen Urworte die Entelechie als „Daimon" bezeichnet, deutet diese Etikette bereits an, daß auch das entelechische Ich keineswegs *nur* in sich geschlossen, sondern zugleich unter dem Drucke eines von außen Andrängenden, einer seine Bahn schicksalhaft ablenkenden und ihm unverfügbaren Macht steht. GOETHE sieht sich hier vor ein

---

[132] Dichtung u. Wahrh., 4. Teil, 20. Buch; Cotta 8, 897f.

letztes, geradezu mystisches Rätsel des Menschseins gestellt, das sich jeder rationalen Aufhellung widersetzt. Der Begriff des Dämonischen wird ihm, so scheint es, ein Ventil, durch das der Überdruck einer in Widersprüche und Unvereinbarkeiten stürzenden Daseinsmacht herausgelassen wird, jedenfalls gedanklich und verbal, sicher nicht de facto und existentiell.

In diesem Sinne sprengt das Dämonische alle denkbaren Religions- und Begriffsschemata, es gehört zum Bereich von „Zwischenräumen", zu einem herrenlosen Niemandslande. Nirgendwo läßt es sich subsumieren. Es stellt ein „Ungeheures, Unfaßliches" dar, und es empfiehlt sich, den Gedanken daran von sich „abzuwenden"[133]. Das Dämonische summiert geradezu in sich alle Widersprüche, alles, was sich der begrifflichen Fixierung als ein Sperrig-Überstehendes widersetzt und so ungreifbar bleibt:

Das Dämonische war für GOETHE „nicht göttlich, denn es schien unvernünftig; nicht menschlich, denn es hatte keinen Verstand; nicht teuflisch, denn es war wohltätig, nicht englisch, denn es ließ oft Schadenfreude merken. Es glich dem Zufall, denn es bewies keine Folge; es ähnelte der Vorsehung, denn es deutete auf Zusammenhang. Alles, was uns begrenzt, schien für dasselbe durchdringbar; es schien mit den notwendigen Elementen unseres Daseins willkürlich zu schalten; es zog die Zeit zusammen und dehnte den Raum aus... Dieses Wesen... nannte ich dämonisch... Ich suchte mich vor diesem furchtbaren Wesen zu retten, indem ich mich nach meiner Gewohnheit hinter ein Bild flüchtete."[134]

Das hier gemeinte Bild war in diesem Falle die Gestalt Egmonts. Es kann auch Napoleon sein, dessen erlebtes Bild ihn fortan als Tremendum und Fascinosum begleitete und in vielen seiner Äußerungen Gestalt gewann[135]. „Am furchtbarsten" erscheint es überhaupt in Persönlichkeiten, wenn es deren beherrschende Signatur wird:

„Es sind nicht immer die vorzüglichsten Menschen, weder an Geist noch an Talenten, selten durch Herzensgüte sich empfehlend; aber eine ungeheure Kraft geht von ihnen aus, und sie üben eine unglaubliche Gewalt über alle Geschöpfe, ja sogar über die Elemente, und wer kann sagen, wie weit sich eine solche Wirkung erstrecken wird? Alle vereinten sittlichen Kräfte vermögen nichts gegen sie..., die Masse wird von ihnen angezogen – ...sie sind durch nichts zu überwinden als durch das Universum selbst, mit dem sie den Kampf begonnen."[136]

So liegen die dämonischen Menschen gleichsam quer zur Weltordnung, auch zur moralischen, angesichts derer sie als eine „wo nicht entgegengesetzte, doch sie durchkreuzende Macht" wirken[137]. Gerade sie sind es, die GOETHE an jenen

---

[133] AaO. 898.

[134] HANKAMMER, Spiel der Mächte, 1943, 314ff.

[135] Dichtung u. Wahrh., 4. Teil, 20. Buch; Cotta 8, 900.

[136] AaO. 900.

[137] Siehe das Kapitel über die „weltgeschichtlichen Individuen" in HEGELS „Die Vernunft in der Geschichte" (Philos. Bibl., Bd. 171a, 74ff.).

„sonderbaren, aber ungeheuren Spruch" erinnern: „Nemo contra deum nisi deus ipse": In ihnen manifestiert sich, hegelsch gesprochen, der Weltgeist und macht sie zu Instrumenten seiner Ziele, auch wenn sie nur ihren eigenen Machttrieb zu befriedigen und ihre eigenen partikulären Zwecke zu verfolgen meinen[138]. Zugleich aber brechen sie aus der Weltordnung aus, die der gleiche Weltgeist konzipiert, und geraten so in Konflikt mit dem Universum, durch das sie endlich überwunden werden: Denn „was dem Abgrund kühn entstiegen,/ Mag durch ein ehernes Geschick/Den halben Erdkreis übersiegen,/Zum Abgrund muß es doch zurück"[139].

Das Dämonische fällt *so* radikal aus der sittlichen Weltordnung heraus, daß nicht einmal die Begriffe gut und böse auf es anwendbar sind. Insofern ist es auch nicht einfach als *böse* zu charakterisieren, überhaupt nicht als bloß *negativ*. Deshalb kann GOETHE z. B. Mephistopheles wegen seiner negativen, im Grunde sterilen Art als notorisch nicht-dämonisch bezeichnen, weil das Dämonische eine tätige und schöpferische Seite hat[140]. Diese Art Teufel ist deshalb auch für eine dämonische Natur wie Napoleon durchaus unzuständig: Als der Teufel den Herrn des Jüngsten Gerichtes bittet, sich Napoleon holen zu dürfen, so heißt es in den „Zahmen Xenien", erwidert dieser nicht ohne Ironie: „Getraust du dich, ihn anzugreifen,/So magst du ihn nach der Hölle schleifen"[141].

Viel eher ist das Dämonische als dunkle, auf seine Herkunft nicht zu befragende Übermacht zu bezeichnen, hierin der griechischen Moira (= Schicksal, Verhängnis) verwandt, die ja ebenfalls zwischen verschiedenen Bedeutungsgehalten oszilliert: In der Moira geht es sowohl um ein Spiel, das die Götter mit Menschen besonderen Ranges treiben, wie um eine Schicksalsmacht, der sie selber unterworfen sind. Es ist wohl gerade das Unberechenbare, sich über die kosmische Ordnung Hinwegsetzende, das der goetheschen Schicksalsidee mit tragischen zugleich dämonische Züge verleiht.

Wir wiesen in diesem Sinne schon auf den „Egmont" hin. Erwähnt kann hier auch der Brief GOETHES an Frau von Stein vom 16. August 1808 werden: „Es ist manchmal, als wenn das, was wir Schicksal nennen, gerade an guten und verständigen Menschen seine Tücken ausübte, da es so viel Narren und Bösewichte ganz bequem hinschlendern läßt. Fromme Leute mögen das auslegen wie sie wollen und dadrinn eine prüfende Weisheit finden, uns andern kann es nur verdrüßlich und ärgerlich sein."

Vielleicht deutet man am ehesten die Richtung, in der das Dämonische zu suchen ist, dadurch an, daß seine *Ambivalenz* herausgestellt wird: Es ist im

---

[138] Epimenides' Erwachen; Artemis IV, 468. – Vgl. auch die Bemerkung gegenüber ECKERMANN vom 10. Februar 1830.

[139] HANKAMMER, aaO. 314.

[140] Artemis 2, 407f.

[141] „Das Daimonion", so heißt es bei HEGEL (Vorles. üb. die Geschichte der Philosophie, Jub.-Ausg. 18, 99), steht demnach in der Mitte zwischen dem Äußerlichen der Orakel und dem rein Innerlichen des Geistes; „es ist etwas Innerliches, aber so, daß es als ein eigner Genius, als vom menschlichen Willen unterschieden, vorgestellt wird, – nicht als seine Klugheit, Willkür."

Sinne GOETHES (und auch HEGELS!) nicht nur eine „Eigenschaft" gewisser Menschen, sondern sozusagen auch eine „Außenschaft"[142]. Es west im Zwischenraum von Innen und Außen, Identität und Nicht-Identität. Schon in den orphischen Urworten deutet sich das wenigstens an, wenn das Wollen der Entelechie zugleich ein Müssen, jedenfalls keine beliebige Freiheit ist: „Ich habe mich selbst nicht gemacht."[143] Hier wirkt ein die Entelechie Transzendierendes, sie gewissermaßen Entführendes herein. Es mag etwas gewagt klingen, aber ich möchte die These vertreten, daß das Dämonische GOETHES Entelechie-Gedanken eingrenzt und relativiert, so daß eine Größe auftaucht, die ich als „Ektelechie" zu bezeichnen mich erdreisten möchte. Diese von außerhalb verfügende oder auch entführende Macht kann sowohl positiv wie zerstörerisch wirken. Meist ist beides gemischt.

Auf einen Schicksalseingriff dieser Art führt GOETHE z. B. seine Freundschaft mit SCHILLER zurück. Gegenüber ECKERMANN spricht er gelegentlich sogar davon, daß in seiner Freundschaft zu SCHILLER „durchaus etwas Dämonisches" gewaltet habe:

„Wir konnten früher, wir konnten später zusammengeführt werden, aber daß wir es gerade in der Epoche wurden, wo ich die italienische Reise hinter mir hatte, und SCHILLER der philosophischen Spekulationen müde zu werden anfing, war von Bedeutung und für beide von größtem Erfolg"[144].

Zum Dämonischen gehört es so, daß es den uns selbst unverfügbaren *Kairos* für lebensbestimmende Begegnungen wahrnimmt. In ähnlichem Sinne waltet das Dämonische über GOETHES Begegnung mit Minna (Minchen) Herzlieb: Daß es zu dieser Liebesbegegnung des Alternden, zu dieser „großen Überraschung" noch kommen konnte, erscheint GOETHE unerklärlich. Es ist für ihn die „Bewirkung einer schicksalbringenden Macht", sie ist auch in seiner Entelechie nicht vorgesehen, sondern von einem Außerhalb ihrer über ihn verhängt. In den Eröffnungsversen der Sonette mit dem Titel „Mächtiges Überraschen" – sie gehören gewiß zu dem Formvollendetsten, was er geschrieben hat, und beziehen sich vermutlich auf die Begegnung mit Minna Herzlieb – taucht wohl zum ersten Male und alle späteren Aussagen präfigurierend der Begriff „dämonisch" auf. Hier erscheinen nahezu alle Momente, die für GOETHE das Dämonische bestimmen: Es staut den Stromverlauf der sich entfaltenden Entelechie, legt sich sozusagen quer und wird zum unvorhersehbaren Berg, der den Strom von der Richtung seines natürlichen Gefälles ablenkt. Eben diese dämonische Dazwischenkunft ist das „mächtige Überraschen": „Gehemmt ist nun zum Vater hin das Streben."

---

[142] E. SPRANGER, aaO. 346.

[143] ECKERMANN, 24. März 1829.

[144] Mächtiges Überraschen (1807/08); Artemis 1, 269. – *Ein* Schicksalszug des Dämonischen bleibt freilich hier unerwähnt: Seine Fügungen und Dazwischenkünfte führen durchaus nicht immer in ein eindeutiges happy end. Am Ende kann auch undurchdringliches Dunkel stehen: Für Minchen – im Unterschied zu GOETHE – hielt das Geschick nicht den klaren, die Sterne spiegelnden See parat; sie endete in der Nacht des Wahnsinns.

Doch das Dämonische ist hier nicht *nur*, wie es zunächst doch scheinen mag, die Intervention eines Störenden und Ablenkenden. Der so gestaute Fluß wird zum See; die gebremste Welle beruhigt sich zum stillen, ruhenden Gewässer, in dem sich die Sterne des Kosmos spiegeln. So läßt die dämonische Störung schließlich eine neue Gestalt des Seins, „ein neues Leben" zustandekommen; sie wird schöpferisch:

> Sie (die Welle) schwankt und ruht, zum See zurückgedeichet;
> Gestirne, spiegelnd sich, beschaun das Blinken
> Des Wellenschlags am Fels, ein neues Leben[145].

Daß mit dem Dämonischen ein Widerfahrendes gemeint ist, findet seinen tiefsten Ausdruck vielleicht in der „Iphigenie", weil dort sein Ursprung in der höheren Macht der Götter, in deren unberechenbarem Willen oder in ihrer Laune, gesehen wird. Orests „Wahnsinn" besteht ja in der erlebten Grundwahrheit seines Schicksals: „Die Götter haben es auf mich gerichtet." Diese Bedrohung durch den Wahnsinn gründet in derselben Erfahrung, der auch Iphigenie ausgesetzt ist, die ja unter dem gleichen Erbfluch steht. Doch *sie* besiegt den Phobos dessen an allen Stellen, wo er sie anspringt (neun Mal!) stets durch Gebete, die im Grunde alle den *einen* Inhalt haben: „Rettet mich und rettet euer Bild in meiner Seele!" Dadurch, *nur* dadurch bleibt sie selbst „gesund" und erhält die Fähigkeit, auch ihren Bruder zu heilen, d. h. auch in *seiner* Seele das Bild der gnädigen Gottheit wiederherzustellen: eine erstaunliche Analogie zu dem – wir sprechen gleich darüber –, was der Ottilie der „Wahlverwandtschaften" in der Nähe des Heiligen widerfährt.[146]

Obwohl das dämonische Schicksal so „ektelechische" Züge besitzt, obwohl es nicht aus dem inneren Seelenkreis abzuleiten ist, vielmehr von jenseits des eigenen Wollens und Wesens kommt, hat es doch eine im einzelnen nicht eruierbare Verbindung zum entelechischen Ich. Es wird von GOETHE ausdrücklich *nicht* als bloß schicksalhafte „Überwältigung" verstanden. Dann wäre es ja eine Macht der Ver- und Ent-Führung, der gegenüber das Ich hilflos wäre und zu der es keine sittliche Relation haben könnte. GOETHE aber spürt deutlich die *Verantwortung* gegenüber der Frage, ob er sich entführen lassen darf. Ihn bedrückt z. B. die Last, daß er Minna Herzlieb „mehr als es erlaubt ist" geliebt habe, daß er sich zu weit habe entführen lassen, und er entschließt sich zur Entsagung. Wenn er ECKERMANN gegenüber vermerkt: „Je höher ein Mensch, desto mehr steht er unter dem Einfluß der Dämonen", so fügt er betont hinzu: eben dieser höhere Mensch müsse „nur immer aufpassen, daß sein leitender Wille nicht auf Abwege gerate"[147].

---

[145] Dankbar gedenke ich hier meines Deutsch-Lehrers WALTER HOLTHÖFER, dessen einzigartiger Unterricht am Barmer Humanistischen Gymnasium uns diese Zusammenhänge schon als sehr jungen Menschen erschloß.

[146] Zu ECKERMANN, 24. März 1829.

[147] Cotta 8, 900.

So ist der Mensch nicht einfach dem Dämonischen als passives Opfer ausgeliefert, sondern steht in verantwortlicher Auseinandersetzung mit ihm und muß auf der Hut sein, daß es nicht zu jener „furchtbarsten" Manifestation gelangt, bei der es „in irgendeinem Menschen überwiegend hervortritt"[148]. Der Zwischenraum von Entelechie und Ektelechie, in dem das Dämonische west, bezieht beide Räume aufeinander und läßt es im Dunkeln, wo die Zuständigkeit des einen und des andern beginnt oder endet.

In dieser seiner Zwiespältigkeit wird das Dämonische zum eigentlichen Thema von GOETHES nicht auszuschöpfenden *„Wahlverwandtschaften"*. Die Pointe dieses Schicksals- und Entelechie-Romans (beides!) liegt in der rätselhaften, aller subjektiven Entscheidung entzogenen Anziehungskraft verschiedener Menschennaturen. Nicht als ob die, deren dieses magnetische Feld sich bemächtigt – hier: Eduard und Ottilie –, nur festzustellen hätten: „Es" zieht mich, so daß ich widerstandslos dieser Adhäsion verfalle! Nein – sie müßten vielmehr bekennen: „Ich" weiß mich angezogen oder gar: „Ich" *lasse* mich anziehen! Wenn Ottilie sich am Ende schuldig weiß und zur Büßerin wird, ist sie sich klar darüber, daß sie im Banne jenes dämonischen Zwielichtes steht, das *einmal* unser Geschick einem unwiderstehlich Ziehenden zu überantworten scheint, *zugleich* aber sichtbar werden läßt, daß wir *selbst* es sind, die sich dieser Übermacht hingeben, die auf sie eingehen und so für das Hineingeraten in den Schicksalssog verantwortlich sind. Man könnte es im Sinne von FICHTES Lehre vom Genius so ausdrücken: Die Magnetnadel unserer Entelechie *muß* nicht nur nach Norden zeigen, sondern sie *will* es auch.

Daß so eine ektelechische Macht uns in den Trend zu ihren Zielen reißt – also etwas, das unserm eigenen Willen und Wesen entzogen ist–, wird gleich zu Anfang des Romans im Gespräch über die rätselhafte Verwandtschaft, die Anziehungs- und Abstoßungskraft der chemischen Elemente offenkundig (Kap. 4). Diese außermenschlichen Affinitäten und Magnetismen ragen in den Bereich des Humanum herein und unterwerfen uns denselben Gesetzen, so daß es auch hier zu einer „unbeschreiblichen, fast magischen(!) Anziehungskraft gegeneinander" kommt[149]. Eben das wird als „dämonische Widerkraft" erfahren, die schicksalhaft allem entgegenwirkt, worauf Vernunft und sittliche Entscheidung von sich aus drängen, – und die doch wiederum nicht *so* von beidem ablösbar ist, daß ich aufhören könnte, „ich" zu meiner im Schicksalsstrom schwimmenden und von ihm mitgerissenen Entelechie zu sagen.

So bekennt Ottilie ihren Freunden[150]: „Ich bin aus meiner Bahn geschritten, und ich soll nicht wieder hinein. Ein feindseliger Dämon, der Macht über mich gewonnen, scheint mich von außen zu hindern, hätte ich mich auch mit mir selbst wieder zur Einigkeit gefunden." Ottilie *wollte* Eduarden entsagen und sich von ihm entfernt halten. Doch „es ist anders geworden, er stand selbst gegen seinen eigenen Willen vor mir".

---

[148] 2. Teil, 17. Kap.; Cotta 5, 579.
[149] 17. Kap.; Cotta 5, 578.
[150] AaO. 579; Hervorhebungen vom Verf.

Innen und außen, Schicksal und Wille lassen sich nicht auseinanderdividieren, so daß es einmal von Eduard heißen kann: „So blieb er, wie er *wollte*, wie er *mußte*."[151]

Weil diese Verbindung von Entelechie und Ektelechie bei GOETHE nun keineswegs dazu führt, daß der Subjekt-Rang des Menschen aufgelöst, daß dieser also zum bloß passiven Schicksalsopfer würde, müssen Schuld und Schicksal – allem Unvermögen zum Trotz! – streng voneinander geschieden werden. Mit anderen Worten: Im Verhalten zur dämonischen Schicksalsmacht gibt es ein Sich-schuldig-Wissen – und hier hört die Analogie zwischen menschlicher Existenz und der Anziehungs- und Abstoßungskraft chemischer Elemente denn auch *auf*. So muß Ottilie, die durch jenen kosmischen Magnetismus an Eduard, den Gatten einer andern, gebunden ist und sich gewaltsam von ihm losreißt, erschüttert bekennen: „Auf eine schreckliche Weise hat Gott(!) mir die Augen geöffnet, in welchem Verbrechen ich befangen bin. Ich will es büßen . . ."[152].

Das dämonisch Ungeheure ist freilich nicht durch die Mobilisierung von Willenskräften und eigenen Entschlüssen fern- und niederzuhalten. Ihm ist nur so beizukommen, daß Ottilie sich einer *andern* Macht verschreibt, die dann den Zirkel der Bewahrung um sie schlägt: der Macht des Heiligen. Damit wird sie zur „geweihten Person", wird gleichsam tabuisiert und in neuer Geborgenheit sowohl für Eduard wie für die dämonische Verstrickung unzugänglich:

„Er (Eduard) wird in mir eine geweihte Person erblicken, die nur dadurch ein ungeheures Übel für sich und andre vielleicht aufzuwiegen vermag, wenn sie sich den Heiligen widmet, das, uns unsichtbar umgebend, allein gegen die ungeheuren zudringenden Mächte beschirmen kann."[153]

So werden zwei Gestalten des „Extra" auf den Plan gerufen: neben dem *Dämonischen* das *Heilige*; bei dem einen wird Behütung wider das andere gesucht. In dieser Begegnung mit dem Heiligen scheint es mehrere Stufen zu geben:

Die Einsamkeit, in der es gesucht wird und die Ottilie als „schätzenswerte Freistatt" erlebt, ist zunächst keine klösterlich-meditativ distanzierte Stille für sie, sondern sinnvolle und hingebende „Tätigkeit" – ein Einklang sozusagen mit dem, was das Universum von uns will. (In diesem Sinne interpretierten wir ja GOETHEs Begriff der Tätigkeit.) Sie möchte Arbeit leisten, unermüdlich ihrer Pflicht nachgehen, erzieherischen Dienst an andern tun. Menschen, die sich „wegen großer sittlicher Unfälle" in die Passivität der Wüsten zurückzogen, fanden dort ja nicht die erhoffte Bergung. Vielmehr wurden sie „zurückgerufen in die Welt, um die Verirrten auf den rechten Weg zu führen; und wer konnte es besser als die in den Irrgängen des Lebens schon Eingeweihten!"[154] Der Dienst hingebender *Liebe* erscheint ihr als der rechte Weg, dessen sie in der Anwesenheit des Heiligen gewiß wird.

---

[151] 2. Teil, 15. Kap.; Cotta 5, 562.
[152] AaO. 568f.
[153] AaO. 566.
[154] AaO. 592.

Doch dann geht sie – das ist das zweite Stadium – geheimnisvoll in die Vollendung durch den Tod, nachdem sie zuvor schon in eine Zone des Schweigens eingetreten war. Sie tut diesen Schritt nach der Erfahrung, daß „alle Büßungen, alle Entbehrungen... keineswegs geeignet (sind), uns einem ahnungsvollen Geschick zu entziehen, wenn es uns zu verfolgen entschieden hat". So mag im Tode *das* für sie versöhnt sein, was sich der Lebenden als unversöhnlicher Gegensatz bot: das Anziehungsgesetz der Wahlverwandtschaft *und* das sittliche Gesetz, dem ihre Liebe – die *menschliche* Spielart der Anziehung – zuwider war.

Erst in dieser Vollendung ist sie *ganz* auf der Seite des Heiligen und wird nun zum Gegenbilde jenes dämonischen Menschen, der sich widerstandslos der abgründigen Macht überantwortet. Sie ist nun selbst eine Heilige, und der Verfasser spricht von ihr als dem „himmlischen Kind". Als sie in den Tod gegangen war, erscheint sie ihrer Dienerin Nanny als „überirdisch, wie auf Wolken oder Wogen getragen". Sie ist jetzt nicht nur eine Gestalt, der in der Bergungszone des Heiligen Vergebung widerfuhr, sondern die auch ihrerseits im Namen Gottes der schuldig gewordenen Dienerin Nanny Vergebung zu spenden vermag. (Jedenfalls erlebt Nanny sie so: „Was mir kein Mensch, was ich mir selbst nicht vergeben konnte, vergibt mir Gott durch ihren Blick, ihre Gebärde, ihren Mund.") Ottilie erreicht wohl den äußersten Gegenpol zum Dämonischen, wenn von ihr selbst jenes Heilende ausgeht, dessen magischer Hintergrund (dann aber in einem *schreckensvollen* Sinn!) sonst nur der dämonischen Macht zugesprochen wird: „Die vor aller Augen zerschmetterte (weil herabgestürzte) Nanny war durch Berührung des frommen Körpers wieder gesund geworden."[155]

Vielleicht ist es doch nicht zu gewagt, wenn ich interpretierend vermute: Das bei GOETHE dominierende panentheistische Weltbild kennt zwar nicht die wunderhafte Ausnahme, die als Kundgabe des Außerordentlichen das Gefüge des Universums sprengt. Sobald aber der Schritt von der Natur und ihrer Gesetzlichkeit in die *Geschichte* und damit in die *menschliche* Sphäre getan wird, sieht sich GOETHE mit dem Dämonischen und der ihm korrespondierenden Gegenwelt des Heiligen konfrontiert. In beidem aber liegt ein Tremendum und ein Fascinosum vor, das sich als Außerordentliches allem entzieht, was sonst dem Begreifen von Zusammenhängen und Gesetzen zugänglich ist.

Das Verständnis des Dämonischen bei Goethe und in der Bibel

Hier berührt GOETHE hauchnahe die biblische, speziell neutestamentliche Sicht der dämonischen Macht – und bleibt ihr dennoch merkwürdig verschlossen, oder anders gesagt: *sie* bleibt ihm verschlossen. HANKAMER spricht wohl mit

---

[155] ECKERMANN, 28. Februar 1831.

Recht von einem „seltsamsten Verkennen", das GOETHES Genius hier beschränke:

In seinem Referat über GOETHES Meinungen zum Verhältnis zwischen dem Dämonischen und der Gottheit[156] läßt ECKERMANN seinen Meister die These vertreten, daß in den Evangelien die Lebensmacht des Dämonischen außer Betracht bleibe (obwohl die Dämonengeschichten des Neuen Testaments ihn angesichts dieser Defizit-Annahme wohl hätten bedenklich stimmen können!). Christus habe, so sieht GOETHE es nach diesem Bericht, die Wirklichkeit des Dämonischen schlechthin übersehen, was wohl darin begründet sei, daß der bei ihm waltende Monotheismus die Fülle der Lebenswirklichkeit (in Natur und Geschichte) nicht zu umgreifen vermochte. Für Christus sei vielmehr das Göttliche ganz auf das eigene Wesen beschränkt. (Wir mögen uns dabei an das früher zitierte Wort erinnern, in dem GOETHE vorwurfsvoll gegenüber LAVATER bemerkt, er rupfe allem Gevögel der Welt die Federn aus, um nur seinen Paradiesvogel [Christus] damit zu schmücken. Nach dem ECKERMANN-Bericht scheint GOETHE diese Konzentration des Göttlichen in einer einzigen menschlichen Gestalt auch durch die neutestamentlichen Autoren vertreten zu sehen.) So sei Gott nirgendwo göttlicher erschienen als in dieser *einen* Gestalt Christi selbst. Darüber seien aber andere Dimensionen des göttlich durchwirkten Universums außer Betracht und außer Erfahrung geblieben, zum Beispiel das Schicksalsrätsel, das uns durch Zufälligkeit und Willkür verwirrt, auch unserm reinen Streben entgegenwirkt, das andererseits aber wieder den Rang einer besonderen Fügung innehat und uns so zugleich bestätigen und beglücken kann. Wir sehen, daß GOETHE hier auf das anspielt, was er sonst das „Dämonische" nennt.

Nun mag GOETHE hier insofern etwas Zutreffendes bemerkt haben, als sein Verständnis des Dämonischen mit der biblischen Sicht der Dämonen und der hinter ihr stehenden Satanologie sicher nicht einfach identisch ist[157]. Gleichwohl gibt es hier nicht zu übersehende Berührungspunkte:

Zunächst kann kaum die Rede davon sein, daß in den Evangelien keine Elemente sichtbar würden, die dem eigenen willentlichen und „reinem Streben" entgegenwirkten. Es gibt in ihnen ja vielerlei Berichte über die *Besessenheit* von Dämonen, die weder durch Vernunft zu begreifen noch durch Argumente oder Willensaufwendung zu überwinden sind, sondern des Exorzismus und damit jener Konfrontation mit dem Heiligen bedürfen, die auch am Schluß der „Wahlverwandtschaften" eine Rolle spielt. Es ist ferner wiederholt von einer *Verstockung* die Rede, kraft derer die Menschen mit hörenden Ohren nicht verstehen und mit sehenden Augen nichts erblicken[158]. Das Geschick dieser Verschlossenheit manifestiert sich gerade dort, wo Jesus in Gleichnissen

---

[156] Siehe dazu die Dogmatik des Verf.s: Der evang. Glaube III, § 35, 598ff.
[157] Z.B. Matth. 13,13-15 par; Act. 28, 26; vgl. Jes. 6,9f.
[158] Vgl. auch Röm. 1,18ff.; 2,1.

spricht und die Welt des Reiches Gottes nicht nur durch Gedanken, sondern durch Bilder aufschließt (die doch didaktisch ein Äußerstes an Begreiflich-Machen leisten!). Gerade angesichts dieser besonders erhellenden Verkündigung wird die Verdunkelung der Herzen offenbar, in die das Licht nicht dringen kann.

Das tertium comparationis gegenüber GOETHES Begriff des Dämonischen ist dabei jene (von ihm vermißte) dazwischentretende Macht, die eigenes Streben, Vermögen und Einsehen blockiert. Und auch hier kann der so verfinsterte Mensch nicht entschuldigend[159] auf eine fremde, ihn entführende Übermacht verweisen, die ihn zum schuldlos-passiven Opfer degradiere. Selbst die Verstockten können durchaus nicht von einem „Es" sprechen, in dessen unverfügbare Gewalt sie geraten seien, sondern sie müssen „ich" zu ihrem verfinsterten Zustand sagen und sich mit ihm identifizieren. Sie stehen im Gericht. Hier brechen letzte Rätsel der Prädestination auf[160]. In-der-Wahrheit- oder In-der-Unwahrheit-sein, wie das Johannes-Evangelium es ausdrückt, im Lichte oder in der Finsternis stehen, bleibt unverfügbar. Dem irdischen Blick wird das Rätsel nicht enthüllt, warum und wie über den einzelnen so oder so beschlossen wird. (Für LUTHER bleibt hier nur die Flucht des Glaubens vor dem „verborgenen" zum „offenbaren", sich in Christus erschließenden Gott, vom Deus absconditus zum Deus revelatus[161].)

Endlich darf auf die Radikalisierung des mosaischen Nomos in der *Bergpredigt* hingewiesen werden: Mose, so könnte man es im Rahmen von GOETHES Denkweise ausdrücken, rechnet damit, daß der Mensch gegenüber dem göttlichen Gebot über sich selbst verfüge und einen Freiraum für seine Entscheidung habe. Jesus aber weist darauf hin, daß der geforderte Gehorsam sich nicht nur auf die Dimension frei verfügenden Agierens beziehe, sondern daß auch das hinter allen Aktionen stehende Ich in seiner *Ganzheit* – auch mit seiner Trieb- und Motiv-Sphäre – gefordert sei. In den „Ich-aber-sage-euch"-Logien der Bergpredigt heißt es deshalb, daß nicht nur *der* töte, der den anderen physisch umbringt, und nicht nur der die Ehe breche, der die Eheverletzung de facto physisch vollzieht, sondern daß Mord und Ehebruch schon bei

---

[159] Der evang. Glaube I, 229f.; 558f.

[160] In De servo arbitrio umkreist LUTHER immer wieder dieses Rätsel und sucht die Verbindung zwischen Vorherbestimmung und gleichwohl bestehender Verantwortung zu erhalten. Das geschieht vor allem durch seine These, daß die Vorherbestimmung den Menschen nicht als von außen kommender Zwang (coactio) entführe, sondern sich als innere Notwendigkeit (necessitas), als Konsequenz seines So-seins vollziehe. Dadurch müsse sich der Mensch auch den Zustand seines Verworfenseins zurechnen (imputare), sich wiederum mit ihm identifizieren (WA 18, 634 = Clemen III, 125; zur Interpretation: Theol. Ethik I, § 1438). Das bedeutet selbstverständlich keine „Lösung" des Rätsels, sondern nur seine interpretierende Umschreibung.

[161] Lehrjahre, 6. Buch; Cotta 6, 454.

der entsprechenden Begierde begännen (Matth. 5,21ff.). Die Sünde erhebt ihr Haupt bereits in der hintergründigen *Potentialität* unserer Existenz, bei den „Gedanken des Herzens". Was dann und daraufhin im Tatbereich geschieht, hat nur den Rang einer Spätfolge und eines Symptoms.

Obwohl es hier, wiederum goethesch gesprochen, um den Hintergrund unserer Entelechie geht, stehen wir dennoch vor einer Macht des Unverfügbaren, die uns selbst im Licht und im Wege stehen läßt, ohne daß wir uns hinwegzuräumen vermöchten. Ich muß mich ja mit diesem an das Abgründige hingegebenen Ich wiederum identifizieren (Matt. 5,22.28f.). Hier ist ein Ektelechisches mitten in unserer Entelechie anwesend. In GOETHES Sinne wäre wohl von einer Art universaler Macht zu reden, die wir mit der Triebhaftigkeit der Tiere teilen. Insofern würde sie mit seinem Verständnis des Dämonischen zumindest verwandt sein: Sie taucht als ein Fremdes und Entführendes mitten im Bereich des Humanum auf.

Jene Ambivalenz der „Gedanken des Herzens", die wir als ein Eigenes und zugleich Fremdes erleben, macht es möglich, selbst das Tatmotiv großer Verbrecher in sich selbst zu entdecken und pharisäische Überlegenheitsgefühle damit abzuweisen. Es ist sicher nicht nur die christlich-schöne Seele, in die GOETHE sich hineinversetzt, sondern er ist es selbst, der bekennt, „daß, wenn mich nicht eine unsichtbare Hand umschränkt hätte, ich ein Girard, ein Cartouche, ein Damiens und welche Ungeheuer man nennen will, hätte werden können: die Anlage dazu fühlte ich deutlich in meinem Herzen. Gott, welche Entdeckung!"[162]

ADALBERT STIFTER – ausgerechnet der Dichter jener heilen Welt, deren Häuser keine Keller zu haben scheinen, in denen „wilde Wölfe" bellten! – spricht in seiner Novelle „Zuversicht" davon, daß wir alle eine „tigerartige Anlage" hätten, so wie wir „eine himmlische haben, und wenn die tigerartige nicht geweckt wird, so meinen wir, sie sei nicht da … Wir alle können nicht wissen, welche unbekannten Tiere durch die schreckliche Gewalt der Tatsachen in uns emporgerufen werden können, so wenig wir wissen, was wir im Falle eines Nervenfiebers reden oder tun würden." STIFTER fühlt sich dadurch an das zitierte Bekenntnis GOETHES erinnert. – Ähnliches findet sich bei DOSTOJEWSKI in den „Brüdern Karamasow", wo es um den potentiellen, nur in Gedanken vollbrachten Vatermord Dimitris geht.

Die Begriffe immanent-transzendent reichen hier nicht mehr zu, um die Verbindung von eigener Schuld und entführendem Geschick auszudrücken. Sie reichen ebenso wenig zu wie die Aufteilung in Entelechie und Ektelechie. In

---

[162] Die Unentwirrbarkeit dieser ineinander übergreifenden Dimensionen (Schuld, Unschuld, Schicksal; Innen und Außen) führt bei GOETHE, wie das Egmont-Drama es in besonderer Prägnanz zeigt, zu seinem Verständnis des *Tragischen*. Die Idee des Tragischen liegt dem biblischen Begriff einer Person coram Deo durchaus fern. Hier kommt es zu einer radikalen Identifizierung des Menschen mit seiner Geschichte und einer entsprechend radikalen Sicht der Vergebung.

diesem Negativum jedenfalls ist GOETHE dem biblischen Begriff des Dämonischen doch wohl näher, als er sich selbst dessen bewußt ist[163].

Summa

Daß es vermessen wäre, die Pointe dessen, was GOETHE gedacht und geschrieben hat, in einer einzigen Formel zu verdichten, ja daß es von mangelnder
Sensibilität gegenüber seinem Werk zeugen würde, überhaupt nur *eine* solche
Pointe anzunehmen: das ist wohl in unserem analytischen Versuch genügend
deutlich geworden. Wir sprachen deshalb immer wieder von „Vielfarbendruk-
ken", zu denen sich seine religiösen Überzeugungen – aber nicht nur *sie*! –
zusammenfügen, und erwähnten auch wiederholt die Klage seiner Freunde,
daß es ihnen nicht gelinge, ihn auf eine einzige Überzeugung festzulegen.
Einige Male taucht bei ihm selbst das Wort vom Camäleon auf.

Wir versuchten, uns vom Ganzen seiner Natur und seines Denkens her einen
Reim auf diese Überzeugungs-Vielfalt zu machen, und bemühten uns vor
allem, sein Verhältnis zum *Christentum* innerhalb dieses Ganzen zu erkennen
und dessen Stellenwert auszumachen. Wir taten das, ohne uns von der etwas
denunziatorischen Frage leiten zu lassen – sie setzt ja ein ungoethesches Alter-
nativ-Denken voraus! –, „ob GOETHE ein Christ gewesen" sei.

Vieles scheinbar Widersprüchliche stellte sich dabei als bloße Verschiedenheit der *Perspektive* heraus. Unter diesem Gesichtspunkt betrachtet, traten
seine pan-, poly- und monotheistischen Aussagen in ein Verhältnis der Komplementarität: Die eine Position rief zu ihrer Ergänzung nach der andern, um
erst so die Gänze einer Einsicht zustandekommen zu lassen. Erst die Frage, ob
der christliche Glaube es nach seinem Selbstverständnis dulden könne, sich als
nur komplementäres Element innerhalb einer religiösen Gesamtstruktur interpretieren zu lassen, konnte uns zum Ausgangspunkt für die Überlegung werden, worin die *Gebrochenheit* von GOETHES Verhältnis zum Christentum letztlich begründet sei.

Unter der Fülle der Perspektiven erkannten wir die *panentheistische* als die
eigentliche Dominante, wie sich denn GOETHE selbst wohl wesentlich als Naturforscher verstanden hat, für den die Omnipräsenz des Göttlichen in der Fülle
endlicher Gestalten der angemessene Glaubensinhalt sei.

Auch wenn es etwas delikat ist, sich den Slogan der unvergessenen Münch-
ner Kabarettisten, der „Vier Nachrichter", zueigen zu machen: „Hier irrt GOE-

---

[163] In der Art, wie FRIEDRICH GUNDOLF (Goethe, [13]1930) von GOETHE als „Heiden", ja
sogar von seinem „angeborenen Heidentum" spricht (z. B. 40ff.), vermisse ich das, was ich
mit dem Stichwort „Frage" andeuten wollte. Einseitigkeiten dieser Art werden ebenso
wenig wie der gegenteilige Versuch christlicher Vereinnahmung den Spannungen jener
complexio oppositorum gerecht, mit denen GOETHE sich zeitlebens auseinanderzusetzen
hatte. GUNDOLFS (manchmal penetrante) Neigung, sich selbst in GOETHE hineinzuprojizie-
ren, mag die Tendenz zu jener Einseitigkeit verstärkt haben.

THE", so mag doch die Frage riskiert werden, ob er sich in *diesem* Zusammenhang selbst wirklich verstanden habe. (Dennoch könnte es einen Hauch von Größenwahnsinn haben, GOETHE besser verstehen zu wollen, als er sich selbst verstanden hat!) Wir würden diese Frage wohl auch kaum zu stellen wagen, wenn wir sie nicht mit GOETHE selbst beantworten könnten. Das wäre etwa so zu versuchen, daß wir ihn an einem andern seiner perspektivischen Standorte aufsuchen:

Das leitende Thema des *Dichters* GOETHE – im Drama sowohl wie im Roman und in der Lyrik – ist doch der *Mensch* in der Vielfalt seiner Daseins-Dimensionen. Seine religiösen Fragen, abgesehen von den Naturbetrachtungen, kreisen ebenfalls immer wieder um das Humanum. Eine Religion wird für ihn relevant *nur* durch eben diesen Bezug, so daß seine Gedanken hierzu von ständigen Akten des Prüfens und von der Frage durchdrungen sind: Inwieweit hat eine Religion ihren Ort in diesem humanen Bereich, inwieweit *dient* sie dem Humanum, so daß nicht nur ihr Ursprung in ihm erkennbar ist, sondern wir auch die Gewißheit hegen dürfen, daß sie dieses Humanum fördere und zur Vollendung bringe? Nur von diesem Kriterium hängt es ab, ob GOETHE eine religiöse Position sich anzueignen und sich einzustücken vermag oder ob er sich gegen sie als fremdes Oktroi wehrt. (Wir denken dabei an die Auseinandersetzung mit JACOBI und LAVATER).

Daß ihn das Christentum – freilich kein unmodifiziert der Tradition entnommenes Christentum! – sein Leben hindurch begleitet hat, daß die Bibel sein Denken ständig anregte und es über weite Strecken sogar mitbestimmt hat, vor allem auch seine Sprache durchblutete: das hat seinen Grund gewiß darin, daß der biblische Gott sich in seiner Anrede an den *Menschen* wendet, daß er in Christus an seine Seite tritt und sein Schicksal teilt und daß die Mahnmale menschlicher Existenz (Endlichkeit und Schuld, Geschöpflichkeit und Ausbruch) in ihr zur Sprache kommen.

Gerade diese menschliche *Thematik aber ist im panentheistischen Schema nicht unterzubringen.* Hier taucht der Mensch – von Prometheus bis Egmont und Faust, von Gretchen bis Ottilie – als die große Ausnahme, als das „Herausstehende" auf.

So hat GOETHE zeitlebens darum gerungen, an diesem Zwiespalt nicht zu zerbrechen und die Ganzheit seiner Lebensschau dadurch nicht zunichte werden zu lassen.

Ein letzter Rettungsanker auf der Flucht vor dieser Gefährdung ist für ihn die Idee jenes Dämonischen, in dem der zur Entscheidung gerufene Mensch *und* das göttlich durchwaltete Universum, in dem Entelechie *und* Ektelechie in einen letzten und hintergründigen Zusammenhang gebracht werden. Doch dieser Zusammenhang ist selbst wieder ein Rätsel, das unaufgehellt und „das dunkle Zeichen einer fernen Macht" bleiben muß: Hier erscheint der Mensch als Wanderer zwischen der abgründigen Macht des Entführenden und dem Heiligen, das ihn bergend aufnehmen kann oder – im Sinne des Faust-Schlusses – mit seiner Liebe „von oben an ihm teilnimmt".

GOETHES Suchen mündet so ein in eine *Frage*. Denn das Dämonische sowohl wie das Heilige tauchen am Horizont auf: an einem äußersten Rand, hinter dem das Rätsel oder auch das Mysterium wohnt. Die Antwort auf diese letzte Frage bleibt dunkel. Hier ist mehr Verstummen als Wort. Die Frage selbst aber läßt die Spuren ihrer Herkunft erkennen: Sie erhebt sich, wenn nicht alles trügt, aus der Begegnung mit dem Gotte der Bibel und mit seinen Zeugen.

7. Kapitel

Johann Salomo Semler: Die Frage nach der Bedingtheit der Offenbarung durch die Geschichte

Zur Literatur: SEMLERs Historische Einleitung in die dogmatische Gottesgelehrsamkeit. Einführung in die 3 Bände der Evangelischen Glaubenslehre seines Lehrers SIGMUND JAKOB BAUMGARTEN, Bd.I, 1759 (zit.: Baumgarten). – Hauptwerk: Abhandlung von freier Untersuchung des Kanon, 4 Bde., 1771–75 (zit.: Kanon). – Versuch einer freieren theologischen Lehrart, 1777 (zit.: Lehrart). – Über historische, gesellschaftliche u. moralische Religion der Christen, 1786 (zit.: Religion). – JOH. SAL. SEMLERs Lebensbeschreibung, von ihm selbst abgefaßt, 2 Teile, 1781/82 (zit.: Leben). – Beantwortung der Fragmente eines Ungenannten, 1779 (zit.: Fragmente). – Letztes Glaubensbekenntnis über natürliche u. christl. Religion, ed. C. G. Schütz, 1792 (zit.: Glaubensbekenntnis).

Sekundär-Literatur: K. ANER, Die Theologie der Lessingzeit, 1929. – E. HIRSCH, Geschichte der neueren evang. Theologie IV, 1952, Kap. 37. – G. HORNIG, Die Anfänge der hist.-krit. Theol.; J. S. Semlers Schriftverständnis u. seine Stellung zu Luther, 1961. – H. J. KRAUS, Geschichte der histor.-krit. Erforschung des AT, 1956, 93–102. – W. G. KÜMMEL, Das NT; Geschichte der Erforschung seiner Probleme, 1958, 73–81. – C. MIRBT, Art. Semler, in: RE 3. A., Bd. 18, 203–209. – A. SCHWEITZER, Geschichte der Leben-Jesu-Forschung, 1913, 13ff. – L. ZSCHARNACK, Lessing u. Semler, 1905.

Zur Biographie: Geb. 1725, gest. 1791, also ein Zeitgenosse LESSINGS. Er fiel schon in seiner Jugend durch die Leidenschaft zu gelehrten Studien und ein außerordentliches Gedächtnis auf. Obwohl sein Vater, früher holländischer Feldprediger, später Archidiakonos in Saalfeld und theologisch lebendig interessiert, dem zeitgenössischen Pietismus distanziert gegenüberstand, zwang er sich selbst und seinen Sohn aus opportunistischen Gründen zu einem gewissen Mitmachen. Die treiberische, wissenschaftlich nicht reflektierende Richtung des Pietismus, wie sie dem jungen SEMLER in Saalfeld – vor allem bei den „Erbauungsstunden" – begegneten, hat in ihm eine starke, sein Leben lang anhaltende und das eigene wissenschaftliche Interesse nur stimulierende Abneigung erzeugt. Er berichtet darüber ausführlich in seiner Selbstbiographie. Als er 1743 die Universität Halle bezog, bedeutete es für ihn eine Befreiung, seinem großen Lehrer SIGM. JAK. BAUMGARTEN zu begegnen, dem er sich anschloß, und dessen Glaubenslehre er später nicht nur herausgab, sondern auch mit einer ausführlichen, seine eigene Position darstellenden Einleitung versah. Freilich konnte er auch hier nicht immer der Schüler bleiben. Solange BAUMGARTEN lebte – auf dessen Vorschlag wurde er 1752 zum Professor in Halle berufen und wirkte nun an seiner Seite –, blieb das Verhältnis verehrender Pietät gegenüber dem großen Lehrer ungebrochen. Dann aber löste er sich mehr und mehr von den theologischen Traditionen, die auch er vertreten hatte. Vor allem kam er zu einer historischen, entdogmatisierenden Kanon-Kritik, der sein Hauptwerk galt. Dieser Durchbruch erfolgte aber keineswegs mit einem revolutionären Elan, vielmehr schüchtern und zagend: „Ich habe mir manche ängstliche Stunde dadurch gemacht, daß ich meine eigene, doch erst anfangende Erkenntnis so vielen theologischen Büchern entgegenstellen könnte."[1] Seine theologischen Interessen erstreckten sich über nahezu alle Disziplinen seiner Fakultät. Auch wenn das Schwergewicht seiner Arbeit in der Erforschung von AT und NT lag, so las er doch auch Kirchengeschichte, Dogmatik und Ethik. Sein Schriftenverzeichnis, das J. G. EICHHORN kurz nach seinem Tode erstellte[2], umfaßt 173 selbständige Publikationen.

I. SEMLERs *Durchbruch zu neuen Fragestellungen*

Die Kriterien des Verstehens. Der Vater der Hermeneutik

Alle wesentlichen Fragen, die wir bei LESSING fanden, tauchen auch bei SEMLER auf. Sie werden hier aus diffizilen historischen Untersuchungen des Bibeltextes entwickelt und in ihren systematischen Konsequenzen entfaltet. Die Verbindung von historischer Bestandsaufnahme, den sie bedingenden oder aus ihr gefolgerten hermeneutischen Fragen, sowie der Kraft systematischer Reflexion, die die so auftauchenden Probleme auf die Höhe prinzipieller Überlegungen erhebt – vor allem im Blick auf die biblische Offenbarungsfrage und die hier nötigen Verstehenskriterien –: das alles könnte zu der etwas verwegenen Bezeichnung locken, SEMLER sei der BULTMANN des 18. Jahrhunderts gewesen. Tatsächlich lassen sich die entscheidenden Fragestellungen und Thesen des einen beim andern wiederfinden. Die Analogie ist erstaunlich, und man kann sich nur wundern, daß diese Parallelität, soweit ich sehe, bisher kaum bemerkt worden ist (nicht einmal von BULTMANN selbst)[3]. Der Begriff „systematische Reflexion" darf übrigens nicht so verstanden werden, daß SEMLER auch formal ein System erstellt habe. Gerade dazu dürfte er kaum imstande gewesen sein. Er bringt es eigentlich nur zu einer Akkumulation von Einzelbemerkungen, zu polemischen Sätzen, die jeweils vom Gegner ausgelöst werden. Nur gelegentlich kommt es selbst in seinem Hauptwerk zu einer kontinuierlich fortschreitenden Gedankenfolge; der größere Teil ist auch hier mit Polemik angefüllt. Seine Sprache ist ebenfalls nicht von systematischer Klarheit gekennzeichnet, sondern oft dunkel und zu mehrfacher Lektüre nötigend[4]. Gleichwohl besteht seine trotzdem vorliegende systematische Bedeutung darin, daß er aus seinen historischen Bibel-Untersuchungen grundsätzliche Konsequenzen zog und diese so als Material für eine Lehre von der geschichtlichen Bedingtheit der Offenbarung benutzte – eine Lehre, die gegenüber Orthodoxie, Pietismus und aufklärerischer Vernunftreligion einen radikalen

---

[1] Leben II, 314.

[2] Allgemeine Bibliothek der bibl. Lit., Bd. V, 1793, 184ff.

[3] Das gilt selbst von dem Buch CHR. HARTLICHS u. W. SACHS', Der Ursprung des Mythosbegriffs in der modernen Bibelwissenschaft (1952), in dem SEMLER sonst durchaus zur Sprache kommt. In dem gründlichen Buch von W. SCHMITHALS, Die Theologie R. Bultmanns (1966) taucht SEMLER, soweit ich sehe, überhaupt nicht auf.

[4] E. HIRSCH läßt sich sogar zu dem Tadel hinreißen, SEMLER habe wohl „das schlechteste Deutsch (verwandt), das je ein Deutscher von geistigem Range geschrieben habe" (aaO. 50).

Durchbruch bedeutete. SEMLER wurde damit geradezu der Vater der modernen historisch-kritischen Schriftforschung, wenn nicht der Hermeneutik überhaupt.

Für SEMLER ist ein *geschichtliches* Verständnis des biblischen Kanons die Grundbedingung dafür, daß man ihn *überhaupt* versteht. Das ist gegenüber der Orthodoxie seiner Zeit eine revolutionäre These. Denn schon von diesem Ansatz her wird deutlich, daß er das Senkrecht-von-oben einer Verbalinspiriertheit der biblischen Schriften ablehnt und an ihre Stelle – ohne den Inspirationsgedanken a limine zu leugnen – die Antithese setzt, daß Gott als auctor revelationis in der *horizontalen* Dimension geschichtlicher Entwicklung wirke. Dann aber kann der biblische Kanon nicht mehr als ein „totum homogeneum" verstanden werden, dessen Geschlossenheit in der gleichmäßigen Inspiriertheit aller seiner Teile und damit zugleich in der Darbietung eines widerspruchslosen dogmatischen Systems besteht. Vielmehr ist er als das Ergebnis eines Prozesses aufzufassen, an dem viele in der Geschichte wirksame Faktoren beteiligt sind: zeitgeschichtlich bedingte Anschauungs- und Ausdrucksformen – etwa mythische –, gesellschaftliche Verabredungen und vieles andere, was sich als Schale um den eigentlichen Offenbarungskern herum gebildet hat.

Damit aber stellt sich sofort die Aufgabe, Kern und Schale zu unterscheiden, um nicht sekundär sich Anbildendes irrigerweise zum Glaubensgegenstand werden zu lassen. Es geht vielmehr darum, das *eigentlich* Verbindliche, eben den Kern, herauszufinden. Diese grundlegende Differenz zu finden, kann aber nicht dem Instinkt und Geschmack der um die Bibel Bemühten überlassen werden. Dafür bedarf es vielmehr hermeneutischer Kriterien von allgemeingültigem Range, so daß sie von allen angewendet werden können.

Diese Kriterien findet man nur unter *einer* Bedingung: wenn man davon ausgeht, daß die biblischen Schriftsteller „den Menschen allemal als vernünftige Leser und Zuhörer der Heiligen Schrift angesehen und vorausgesetzt" haben. Dies sei in der Tat unbezweifelbar. Denn andernfalls würde ihnen doch die „Möglichkeit ... benommen sein, ... eine wirkliche göttliche Offenbarung gewiß zu unterscheiden von den bloß dafür ausgegebenen", sie würden also blindlings und hilflos zwischen Echtem und Unechtem umhertappen und alles pauschal für bare Münze nehmen, was ihnen im Namen eines angeblichen Deus-dixit vorgesetzt wird. Aber nicht nur das: Wenn die biblische Offenbarung nicht die Vernunft und damit die Anwendung vernünftiger Kriterien bei ihren Empfängern voraussetzen würde, nähme man diesen zugleich die Möglichkeit, „in ein moralisches Verhältnis" zu ihr zu treten, was soviel heißt, wie sich in mündiger Verantwortung zu ihr zu bekennen. Dann aber müßte man mit der Möglichkeit rechnen, „daß noch gar viel mehr Völker als die Christen auf eine wahre und echte Offenbarung Gottes bei ihnen ... Anspruch machen", ohne daß wir diesem Anspruch ein Argument entgegenzusetzen hätten. Wir würden dann „in Gefahr stehen, ... unsere Bibel mit einem andern Buch vertauschen zu lassen". Diese conditio sine qua non – daß die Offenbarung mit vernünftigen Leuten rechne – setzt aber zugleich voraus, daß die Selbsterschließung Gottes in der Heiligen Schrift „der Erkenntnis, welche die Menschen mit Anwendung ihrer *natürlichen* Erkenntniskraft und Vernunft als Menschen bekommen konnten, niemalen widersprechen" könne[5].

Wenn SEMLER so den vernünftigen Menschen mit seinen Kriterien als das Verstehens-Subjekt der biblischen Kundgebungen betrachtet, so mag man darin das rationalistische Element der *Aufklärung* wiedererkennen und insofern eine zeitgeschichtliche Bedingtheit sehen. Das ist auch sicher richtig. Sehr viel wesentlicher aber erscheint es mir, daß ein anderes Motiv hier hervortritt, das inmitten der aufklärerischen Reflexionsmedien weit über einen engen Rationalismus hinausweist und in ethisch-humane Horizonte reicht: Wenn nämlich mit der Offenbarung die Forderung verbunden sein sollte, „die sonstigen Grundsätze aller menschlichen Erkenntnis" vom üblichen „Gebrauch der Sinne bis zu allgemeiner Erkenntnis" zu *dispensieren,* so hieße das nichts geringeres, als daß der Mensch aufhören müsse, „das eigentliche Subjekt seiner entstehenden Vorstellungen zu sein[6].

Hier liegt der eigentliche Nerv der Argumentation bloß: Denn hier meldet sich der *ethische* Anspruch des Menschenbildes. Der Mensch soll imstande bleiben, sich die Wahrheit von Texten als verantwortliches Subjekt anzueignen und dabei ein Eigener, ein Autónomos, zu bleiben. Eben deshalb muß er ja nach verwendbaren Kriterien fragen, die ihm ein verantwortliches Urteil über die in einem Text beschlossene Wahrheit ermöglichen und sie von zeitbedingten, insofern nur relativen Aussagemedien unterscheiden lassen. Die Alternative dazu könnte ja nur sein, im Sinne des Wortes „Vogel friß oder stirb!" *alle* Bibelworte pauschal als Wort Gottes zu akzeptieren und sich so zum bloßen Objekt eines kanonischen Anspruchs degradieren zu lassen, d.h. die Subjektwürde als Vernunftwesen aufzugeben.

Das aber müßte zu einer tiefgreifenden Beschädigung des Humanum führen: Dieses würde dann aufgespalten in einen rationalen Ich-Teil, der hier gewaltsam auszuschalten wäre, und in einen anderen Ich-Teil, der sich irrational und kritiklos zu sklavischem Gehorsam, zum bloßen Funktionieren zwingen ließe.

Wir haben früher bereits gesehen – nicht zuletzt bei LESSING –, mit welchem Pathos die Aufklärung gerade an dieser Stelle die Unverletzlichkeit des Humanum vertritt. Dann aber muß man bereit sein, den rational-aufklärerischen Charakter des Vernunftkriteriums zu relativieren. Es ist nur die zeitbedingte Chiffre für ein viel tieferes Problem, das alle folgenden Zeiten einschließlich unserer eigenen bestimmt: nämlich für die *Unterscheidung zwischen Bibel und Wort Gottes,* zwischen dem Ewigen und dem Zeitbedingten, zwischen Inhalt und Form oder, wenn man so will – zwischen Kerygma und mythischer Einkleidung.

Die so angestrebte Differenzierung bleibt aber auch dann als Aufgabe gestellt, wenn man für sie ganz andere Kriterien als die der aufklärerisch verstandenen Ratio verwendet, wenn z.B. der Begriff „Existenz" an die Stelle dieser Ratio tritt wie etwa bei BULTMANN. Das Entscheidende und auch in Zukunft entscheidend

---

[5] Baumgarten I, 39f.
[6] Baumgarten I, 36f.

Bleibende ist also für SEMLER, daß *der Zusammenhang zwischen Humanitas und Christianitas nicht unterbrochen wird* und daß es beim Gewinn des Glaubens nicht zu einer Existenz- und Bewußtseinsspaltung kommt. Denn „die Bibel soll als nähere Offenbarung (d.h. als revelatio specialis) Christen machen, nicht Menschen. Der Christ bleibt der Mensch ..., der er sonst ist; ob er gleich jetzt (also im Stadium des Glaubens) auf eine vollständige Weise solche Verhältnisse (nämlich sein Humanum) ausfüllen kann. Der Christ ist so wenig gehindert, ein Philosoph, ein Jurist, ein Gelehrter, ein Künstler zu sein, als wenig er als Christ aufhört, zu essen und zu trinken, Bedürfnisse des Leibes zu haben, folglich Rechte und Obliegenheiten gegen andere Menschen ..., mit denen er verbunden ist."[7]

SEMLER liegt nun sehr viel daran – ein erster Hinweis darauf, wie er sich etwa vom Deismus des REIMARUS unterscheidet! –, daß seine Akzentuierung der Humanitas und ihrer Vernunftkriterien keinesfalls bedeuten könne, „die Schrift der Vernunft zu unterwerfen". Wir machen ja auch die Physik nicht zum Herrn Gottes, „wenn wir, um zu leben ..., uns nach den Gesetzen des Körpers allezeit halten und nicht eine Ausnahme von Gott täglich erwarten, weil er uns ja erhalten wolle". Entsprechend gelte es auch, daß wir in der „Physik, Astronomie, weltlicher Historie, Geographie ... und Psychologie" unsere Vernunft in Anspruch nehmen, ohne damit Gott zu nahe zu treten. Hier gehe es nicht darum, Gott der Vernunft zu subordinieren, vielmehr unsere Aufgabe zu erkennen, „das, was wir nicht einsehen (können) ... oder wovon wir erst durch die Offenbarung einige Nachricht haben, gehörig (zu) unterscheiden und es nicht in jenem (zu) rechnen, was wir eigentlich wissen"[8].

Damit haben wir das theologische und humane Interesse SEMLERs an den hermeneutischen Kriterien herausgestellt: Theologisch sind diese Kriterien dadurch geboten, daß Bibel und Wort Gottes zu unterscheiden sind, und zwar um der Würde des Wortes Gottes willen. Auf der humanen Ebene sind sie nötig, um die Subjektwürde des Humanum vor ihrer Zerstörung zu bewahren. Man wird ergänzend hinzufügen dürfen, daß diese Subjektwürde ebenfalls als ein von Gott verliehenes Pfand zu betrachten sei.

II. Ausblick auf SEMLERs Wirkungsgeschichte

Mit seiner Frage nach den Auslegungskriterien und der damit gegebenen Unterscheidung zwischen Verbindlichem und Unverbindlichem am Text wird SEMLER

---

[7] Baumgarten 52f. Im Weitergang des Zitates erklärt SEMLER, daß die Christen deshalb unmöglich an der Bibel genug haben könnten. Die Humanitas, auf die das Christsein aufbaue, erfordere vielmehr, daß sie sich auch auf das Naturrecht bezögen sowie auf die Weltweisheit. Es sei deshalb „unvernünftig", ja „phantastisch", in pietistischer Manier die Akademien für „unnütze Einrichtungen", für „menschliche Erfindung und menschlichen Tand" zu halten.

[8] Baumgarten, 49.

zum Vater der modernen Hermeneutik. Seine Wirkungsgeschichte ist aber noch durch eine weitere Einsicht in den Verstehensprozeß bestimmt:

Nach SEMLER gehört es nämlich zum Wesen der Hermeneutik, den Verstehens-akt nicht nur durch subjektive Normen wie das Vernunftkriterium bedingt zu sehen, sondern ihn auch von Bedingungen des *Objekts,* sprich: des Textes, ab-hängig zu erkennen. Die hermeneutische Überlegung hat also zuerst festzustel-len: Was soll begriffen werden? Um welche Thematik geht es? Denn von diesem Vorverständnis des Was ist die Art der verstehenden Annäherung weithin ab-hängig. Es ist schließlich ein gewichtiger Unterschied, ob es um das Verstehen eines religiösen Kerygma, um das Verstehen eines historischen Berichtes über Napoleon oder um das Begreifen eines naturwissenschaftlichen Datums geht. Die jeweils intendierte Sache ist es, die den Einsatz jeweils *verschiedener* herme-neutischer Kategorien fordert.

Dieses Grundfaktum der Hermeneutik müssen wir verstanden haben, um die einschlägige Bedeutung SEMLERs zu ermessen. Gerade wenn wir an die zeitge-schichtliche Situation denken, innerhalb deren er zu seiner Einsicht durchbrach, kann uns seine hermeneutische Tat beeindrucken:

Das hermeneutische Problem bleibt nämlich in zwei Fällen außer Sichtweite, und beide Fälle machten das geistige Milieu aus, in dem SEMLER aufwuchs und lebte:

Der *erste* Fall ist dann gegeben, wenn das *Subjekt* – etwa als Vernunftträger – verabsolutiert wird. Dann höre ich aus einem kerygmatischen Text nur *das* als ein möglicherweise Anzueignendes heraus, was mich bestätigt, was ich eigentlich immer schon gewußt habe und was mir als Objektivierung meiner schon gegebe-nen Vernunft-Gewißheiten entgegentritt. Was sich dieser Selbstbestätigung ent-zieht, wird als inakzeptabel abgelehnt. Um das eine vom anderen zu unterschei-den, bedarf es keiner hermeneutischer Prinzipien. Denn die Selbstbestätigung der Vernunft oder der Schock durch das Kontrarationale erfolgen spontan. Beides ist kraft der Selbstsicherheit der verabsolutierten Vernunft unmittelbar evident.

Wie selbstverständlich und gleichsam automatisch diese rationalistische Be-gegnung mit dem Text abläuft, haben wir bei REIMARUS beobachten können: Hier war von vornherein alles klar. Wie in einer Zentrifuge wurde sofort der Rahm des Vernünftigen von der Magermilch der Superstition geschieden. Nir-gendwo zeigt sich die Mühe verstehenden Eindringens, nirgendwo auch die Frage, wie Aussage-Intention und Aussage-Mittel von einander zu unterschei-den seien. Schon das primitive und banale Ergebnis der REIMARUSschen Text-„Interpretation" zeigt, daß die Absolutsetzung des vernünftigen Subjekts jede hermeneutische Reflexion im Keime ersticken würde, falls sie überhaupt auf-tauchte.

Dieser Einwand gegen die Verabsolutierung des Subjekts braucht sich übri-gens keineswegs nur auf die Rationalisten zu beziehen. Er gilt auch für manche pietistische Richtungen (natürlich nicht entfernt für alle, sicher aber für *die* Richtungen, die gerade beim jungen SEMLER jene heftige Aversion auslösten). Auch hier hört die fromme Subjektivität nur das aus den Texten heraus, was sie in ihrer Selbstbestätigung bestärkt; sie hört nicht über die Zeiten hinweg auch das ihr Fremde, sondern sie überspringt die Zeiten und stellt nicht die Frage, was der biblische Schriftsteller zu *seiner* Zeit gemeint und welche Adressaten er gehabt habe, die die Form seiner Verkündigung mitbestimmt haben.

Der *zweite* Fall, bei dem das hermeneutische Problem ausfällt, ist dann gegeben, wenn das *Objekt,* d.h. der zu verstehende Text verabsolutiert wird. Dafür ist die orthodoxe Verbalinspirationslehre das klassische Paradigma. Hier wird der gesamte Text pauschal als verbum Dei entgegengenommen. So kann es nicht mehr (oder noch nicht) zu hermeneutischen Überlegungen kommen, die die Frage auslösen: Was will der Text mir sagen und wo ist er nichtssagend? Was hat er zu seiner Zeit *seinen* Adressaten sagen wollen und welche Reflexionen sind zu tätigen, um herauszubekommen, was aus der Masse des Zeitbedingten heraus bis in meine Gegenwart ragt?

Die Frage der Hermeneutik stellt sich erst dann, wenn Subjekt und Objekt, wenn der Verstehende und das zu Verstehende nicht mehr je für sich verabsolutiert, sondern zu einander in *Beziehung* gesetzt und damit in ihrer Spannung durchmessen werden. Das geschieht dann, wenn man davon ausgeht, daß beide Situationen verschieden von einander und dennoch durch ein tertium comparationis verbunden sind. Um das an einem Beispiel zu verdeutlichen: Die beiden Schöpfungsberichte der Genesis sind von modernen Lesern dadurch distanziert und enthalten insofern ein Moment der Fremdheit, als sie kerygmatische Aussagen mit einem antiken Weltbild verbinden. Die Erde ist eine Feste, die zwischen den Wassern der Tiefe und der Höhe schwebt (Gen 1,6). Das nachkopernikanische Weltbild unterscheidet sich grundlegend von diesem kosmologischen Aussagemedium. Noch heute berufen sich Halbgebildete triumphierend auf das „Veraltete" dieses Berichtes im Namen der „Wissenschaft, die ‚das alles' widerlegt habe". Hier zeigt sich die Aktualität der Aufgabe, zwischen der Aussage-*Intention* und dem zeitbedingten Aussage-*Modus* der Schöpfungsberichte zu unterscheiden. Ohne die Erledigung dieser Aufgabe müßte es dahin kommen, daß wir entweder – etwas brutal ausgedrückt – das antike Weltbild des Schöpfungs-Kerygma „mit" zu glauben und es gegen unser besseres Wissen zu schlucken *oder* die gesamte biblische Schöpfungsbotschaft im Namen unseres fortgeschrittenen weltbildlichen Wissens abzulehnen hätten.

In beiden Fällen ist eine Aneignung unmöglich: Im ersten Falle würde es ja unmöglich, daß wir das „eigentliche Subjekt unserer (Glaubens-)Vorstellungen" würden. Wir verhielten uns vielmehr zu ihnen als Objekte eines Oktroi. Wir müßten, um sie anzunehmen, unser Eigen-sein aufgeben und blockierten damit die Möglichkeit einer An-Eignung. Im zweiten Falle fiele die Aneignung schon deshalb aus, weil wir im vermeintlichen Namen der Wissenschaft den Schöpfungsbericht insgesamt von uns wiesen.

So stellt gerade dieses Faktum der Situationsverschiedenheit von biblischer

Verkündigung auf der *einen* und Empfänger der Verkündigung auf der *anderen* Seite die *hermeneutische* Aufgabe. Diese hat *erstens* diese Situationsverschiedenheit ernst zu nehmen und aus dem Motiv dieses Ernstnehmens zunächst die antike Situation selbst zu erforschen: Wer spricht hier und zu wem wird gesprochen? Welche Aussagemittel stehen zur Verfügung? – Sie hat *zweitens* in dem erwähnten Sinne zwischen der Aussage-Intention und den Aussage-Mitteln zu unterscheiden. Die Leitfrage dabei lautet: Was geht mich inmitten des zeitgeschichtlichen Rahmens unmittelbar an? Was betrifft mich?

Diese Frage setzt voraus, daß ich als der heutige Leser ebenfalls zum Thema meiner Nachfrage werde. Sie impliziert doch, daß ich mir darüber klar werde, was mein „Eigenes" ist, *das* hier betroffen sein soll.

So bringt die hermeneutische Frage nicht nur die damalige, sondern auch *meine* Situation, *mein* Menschenbild, ins Spiel. An dieser Stelle muß SEMLER deshalb den zeitgeschichtlichen Rahmen bedenken, in dem er selber denkt; es ist der rationalistische und ethische Rahmen der Aufklärung – selbstverständlich.

Um deshalb SEMLER richtig zu interpretieren, muß auch bei *ihm* wieder zwischen der Aussage-Intention und dem Aussage-Modus unterschieden werden. Es wäre unangemessen, beides als gleichgewichtig zu werten und ihn dann einfach als „Aufklärer" abzutun. Auch bei ihm könnte es deshalb zu dem gleichen Ergebnis kommen wie bei dem Interpretationsgegenstand „Bibel": daß er inmitten seiner Zeitgebundenheit eine Hermeneutik von überzeitlichem Range böte und Fragestellungen aufwürfe, die uns auch heute unmittelbar angehen. Er hätte sich ebenso wie die biblischen Schriftsteller, die er interpretiert, *seinen* Zeitgenossen akkomodiert. Um ihn selber von heute aus zu interpretieren, müßte deshalb der Versuch gemacht werden, ihn *uns* zu akkomodieren.

Die hermeneutische Problematik läßt hier also nach drei Richtungen fragen: Sie fragt zunächst nach der Situation der biblischen Schriftsteller; sie fragt ferner nach der Situation des Interpreten (hier nach der Situation SEMLERs; es könnte aber auch LUTHER oder THOMAS VON AQUIN oder jeder andere Bibelinterpret der Vergangenheit sein); sie fragt drittens nach unserer eigenen Situation, nach unserem „Eigenen" überhaupt, wenn wir die Bibel und ihre Interpreten, die Quellen der Offenbarung und die sie auslegenden Väter verstehen wollen.

Damit stoßen wir auf die Frage, der wir nunmehr nachgehen, und vor die uns gerade SEMLER stellt:

III. Die Akkomodation an den Adressaten der Verkündigung

Wenn so immer wieder von der historischen Bedingtheit der biblischen Schriftsteller die Rede ist, müssen wir uns hüten, darin so etwas wie einen Relativismus zu erblicken, der die biblischen Aussagen durch den horizontalen Geschichtsverlauf bestimmt und womöglich gar in dieser Horizontale aufgehen sieht. Ein kerygmatischer Gehalt von unbedingtem Rang wird ja keineswegs dadurch angetastet, daß man seine Aussageform als zeitbedingt versteht und damit wiederum Kern und Schale von einander unterscheidet. Die Zeitbedingtheit ergibt sich für SEMLER dadurch, daß die biblischen Autoren sich an die Vorstellungen ihrer Zeitgenossen „akkomodieren" mußten, um sich ihnen verständlich zu machen. Auch GOETHE verweist – offensichtlich zustimmend – darauf, man vertrete schon seit geraumer Zeit den Standpunkt, „Gott habe sich nach der Denkweise und Fassungskraft der Menschen gerichtet, ja die vom Geiste Getriebenen hätten doch deswegen nicht ihren Charakter, ihre Individualität verleugnen können, und Amos als Kuhhirte führe nicht die Sprache Jesaias, welcher ein Prinz solle gewesen sein"[9].

Um die jeweilige Aussage-*Intention,* die natürlich hermeneutisch entscheidend ist, klar ausmachen zu können, muß deshalb der *Adressat* des Schriftstellers einkalkuliert werden. So könne man – nach SEMLER – das AT nur verstehen, wenn man bedenke, daß es für Juden geschrieben ist. Bei Matthäus sei zu berücksichtigen, daß er sich an die Juden außerhalb Palästinas, bei Johannes, daß er sich an griechisch gebildete Christen wandte. Sie wendeten sich damit an Menschen „unterschiedlicher Religionsstufen" und Vorstellungen. Weil Paulus sich von diesem „Judengeiste", dem sonst reichlich gefrönt werde, am ehesten losgerissen habe, konnte er das Christentum zur Weltreligion machen. Beispiele eines besonders krassen „Judenzens" im alttestamentlichen Bereich, wo man sich auch mythischer Vorstellungen bediene, seien die Geschichten von Esther und Simson[10].

Diese Unterscheidung zwischen dem verbindlichen *Inhalt* und dem zu relativierenden Aussage-*Gefäß* spitzt sich nun dadurch dramatisch zu, daß SEMLER in der Situation des heutigen Lesers und Hörers auf die gleiche Notwendigkeit der Differenzierung stößt. Das hat er sich schon in frühen Jahren an der Unterscheidung von Religion und Theologie klar gemacht[11]. So müsse man zwischen „öffentlicher" und „privater" Religion unterscheiden. Mit „öffentlicher" Religion meint SEMLER den Komplex alles dessen, was als kirchliche Dogmatik in den Bekenntnisschriften festgeschrieben ist und in der zeitgenössischen Theologie reflektiert wird. Auch dieser Komplex zwingt dazu, Aussageintention und Aussagegehalt zu unterscheiden. Der Einzelne kann das nicht in globo übernehmen, d.h. er kann sich in seiner „privaten" Religion dadurch wohl anregen lassen, muß sich aber in freier Verantwortung das daraus erwählen, was ihm selber als verbindlich erscheint, was ihm also dabei zum Worte Gottes werden kann.

Das Kerygma selbst taucht somit nirgendwo – weder in der Bibel, noch in kirchlichen Lehräußerungen, noch in meinen privaten religiösen Überzeugungen – nackt und unmittelbar auf. Es ist vielmehr immer bekleidet, und zwar mit den ständig wechselnden Garderoben, wie sie dem Fundus des jeweiligen Zeitgeschmacks sowie der jeweils gegebenen Vorstellungsweise und Begrifflichkeit ent-

---

[9] Dichtung u. Wahrheit, 2. Teil, 7. Buch.
[10] Kanon II, 182ff.
[11] Vgl. dazu Leben I, 96ff.

nommen werden. Deshalb kann es keine kerygmatische und auch keine Lehraussage geben, die so, wie sie dasteht, für jeden Christen in jeder Zeit und an jedem Ort verbindlich zu sein vermöchte. Was wahrhaftig gilt, ist immer ein „X", das sich hinter der „lokalen und temporellen Akkomodation" *jeder* Aussage – einschließlich meiner eigenen in meiner „privaten Religion" – verbirgt. Im gleichen Augenblick, da ich nach diesem X frage und es für mich ausspreche, habe ich es schon wieder in mein spezielles Koordinatensystem eingefügt, das nur für mich und keinen anderen gilt.

So behalten alle religiösen Aussagen etwas Schwebendes, aus dem sie niemand befreien kann, um sie zu fixieren und in den Zustand eines statischen Ein-für-allemal zu verwandeln. Eine theologia perennis kann es deshalb niemals geben.

Das Resultat dieser Überlegungen läßt sich deshalb so formulieren:

Nicht nur die biblischen Texte sind in sich selbst geschichtlich; geschichtlich ist auch das *Verhältnis* zu ihnen. Aus diesem Geschichtsbezuge können wir nie heraustreten. Das ist der Grund dafür, daß es niemals eine objektive, für alle geltende Lehrnorm geben kann, sondern daß die religiöse Aussage durch ihre temporelle und lokale Akkomodation hindurch allererst *gesucht* werden muß. Was bei diesem Suchen dann gefunden und ausgesprochen wird, gilt selbst wieder nur für einen Augenblick, weil es im Moment seiner Aneignung schon wieder einer neuen Akkomodation verfällt. Es kann folglich „kein christlicher Lehrsatz (sein), daß alle Christen aus allen Büchern des alten und neuen Testaments ihre Religion herleiten und zur Überzeugung davon aus allen Büchern so oder soviel zusammentragen müßten"[12].

Damit aber stellt sich die Frage nach den hermeneutischen Kriterien, die unsere Frage nach jenem verbindlichen kerygmatischen „X" zu leiten habe. Die Antworten darauf sind durch das ganze Werk SEMLERs verstreut und kehren in ähnlicher Form immer wieder. Ich wähle zur Verdeutlichung nur einige beliebig herausgegriffene Sentenzen.

Wenn SEMLER im Anschluß an LUTHER die Forderung erheben kann – das wäre ein erstes hermeneutisches Kriterium! –, es sei zu prüfen, ob und wo in einem biblischen Text der „Geist Christi" zu spüren sei, ist freilich sofort weiter zu fragen, was er unter diesem Geiste Christi verstehen möge. Dann aber erfährt man, daß er damit auf keinen Fall christologische Daten meint wie etwa die Opferkult-Analogien des Hebräerbriefs oder dessen Gedanken vom Hohenpriester Christus; ebenso wenig kommen seine Würdeprädikate (z. B. Sohn Gottes) oder bestimmte von ihm geäußerte Reich-Gottes-Vorstellungen in Betracht. Das alles interpretiert SEMLER als Entlehnung aus dem Judentum, deren die Evangelisten und Apostel sich befleißigt hätten, um die neue Religion verständlich zu machen. Der „Geist Christi", wie SEMLER ihn versteht – und darin zeigt sich die Akkomodation dieses Geistes an „sein" aufklärerisches Zeitalter! –, kann nur etwas sein, was für die Christen der *Gegenwart* brauchbar ist und sich als evidente sittliche Norm für sie ausweist. Diese Norm aber kann nur in etwas be-

---

[12] Leben II, 139.

stehen, was „zu unserer moralischen Ausbesserung dient". SEMLER kann hier so
weit gehen zu sagen, das Proprium des Christentums bestehe „in einem neuen
Bunde, d.i. in neuen besseren Grundsätzen von innerer Verehrung Gottes".
Doch möchte er das nur als eine generelle Rahmenformel verstanden wissen, die
im Hinblick auf „die immer größere Vielheit und Ungleichheit der Menschen,
die nun Christen werden" eine große Variationsbreite möglicher „Vorstellungen
und Urteile" umgreifen kann.

Sieht man so genauer hin, wird einem klar, daß SEMLER seine hermeneutischen
Kriterien nicht nur dazu benutzt, Inhalt und zeitbedingte Form, Ewiges und
Zeitliches zu unterscheiden, sondern daß er sich zugleich ein Urteil darüber an-
maßt, was überhaupt ein solcher Inhalt *sein* könne. Seine Kriterien überschreiten
also ihre Funktion, bloße Interpretationshilfen zu sein, und werden zu normativen Instanzen, die darüber befinden, *was* jeweils als inspiriert und *was* als Kerygma gelten könne. Und dieses Sacrum der Scriptura sacra kann eben nur das
sein, worin die aufklärerische Moralität sich bestätigt fühlt. Hier sprechen
Menschen Gottes von einst zu Menschen von heute; sie bringen zwar je ihre eigenen religiösen Erfahrungen zum Ausdruck, rühren damit aber auch *unser* Eigenes an: Das, was „die Mittelspersonen der schriftlichen Offenbarung" aussprechen, ist zwar nicht ohne Gottes Genehmigung, aber in der Tat je *ihr eigen* gewesen". Sie haben als „vernünftige Schriftsteller" gesprochen[13]. Gerade *darum*
rühren sie auch etwas Menschliches in *uns* an, denn „die Bibel soll, als nähere
Offenbarung, Christen machen, nicht Menschen"; „der Christ (bleibt aber dabei) der Mensch nach allen ihm möglichen Verhältnissen" und ist deshalb nicht
gehindert, ein Philosoph, ein Jurist, ein Gelehrter, ein Künstler zu sein, so wenig
er aufhört zu essen und zu trinken"[14]. Hier sprechen also trotz aller lokalen und
temporellen Differenz Menschen zu Menschen. Darum verstehen die Heutigen
die Einstigen nur, wenn sie auf jenes normativ Letzte rekurrieren, das sie über
alle Zeiten hinweg verbindet – und das ist eben, meint der in seine Zeit gebundene SEMLER, das, „was zu unserer moralischen Ausbesserung dient".

Wenn unserer Vernunft so in der Bibel eine gleichsam partnerschaftliche Vernunft begegnet („vernünftige Schriftsteller"!), wenn unsere Moralität von etwas
getroffen wird, das unserer „moralischen Ausbesserung" dient, so ist es verständlich, wenn SEMLER dessen gewiß ist, daß „die schriftliche Offenbarung demjenigen nicht widersprechen kann, was die menschliche Vernunft erkennt". Das
könnte allerdings nicht bedeuten, „die Schrift der Vernunft (zu) *unterwerfen*".
Es ist damit nur gesagt, daß es in der schriftlichen Offenbarung eine „völlig gleiche Bewandtnis mit dem (habe), was wir als vernünftig denkende Menschen in
dem Reiche der Moral, der natürlichen Theologie und der Psychologie jederzeit
wirklich einsehen und erkennen". Wenn so Offenbarung und Vernunft derart ein
Continuum bilden, innerhalb dessen es nicht zu Widersprüchen kommen kann,
so enthält doch die Offenbarung gegenüber der Vernunft ein überschießendes

---

[13] BAUMGARTEN I, 40f.
[14] AaO. 52f.

Moment, etwas also, das den Kompetenzbereich der Vernunft transzendiert. Schon deshalb kann die Offenbarung der Vernunft nicht unterworfen werden. Man muß vielmehr „das, was wir nicht einsehen, was wir gar nicht wissen, oder wovon wir erst durch die Offenbarung einige Nachricht haben, gehörig unterscheiden und es nicht zu jenem rechnen, was wir eigentlich (durch unsere Vernunft) wissen"[15].

Dieses Plädoyer für den *Primat der Offenbarung gegenüber der Vernunft* verdeutlicht bereits, daß SEMLER nicht für einen Deisten im Sinne des REIMARUS und seiner Fragmente gehalten zu werden wünscht – *trotz* seiner aufklärerischen Tugendlehre und *trotz* seiner hermeneutischen Kriterien, die der gleichen Provenienz zuzuordnen sind. Daß er mit der natürlichen Theologie des REIMARUS nicht identifiziert werden will, hat SEMLER auch ausdrücklich hervorgehoben. Schon Ende der fünfziger Jahre macht er darauf aufmerksam, daß es ihm um das Specificum der „christlichen Seligkeit" gehe, und daß diese ohne „christliche Erkenntnis" nicht stattfinden könne. Obwohl nun in dieses Ziel christlicher Seligkeit unsere moralische Aufbesserung eingeschlossen sei, so könne das gleichwohl nicht bedeuten, „daß alle moralische Besserung wegfalle, wenn die christliche nicht stattfindet"[16]. Der autonomen („natürlichen") Moralität wird also ein gewisses Eigengewicht zugestanden, das auch ohne christliche Motivation bestehen kann. (Es ist sehr fair, daß SEMLER den Verfasser der Fragmente und seine sonstigen deistischen Kollegen also nicht moralisch diskreditieren will). Gleichwohl gilt der christliche Glaubensgrund für SEMLER als ein Motor, der für das ethische Niveau seine besondere Bedeutung hat.

Doch kommen wir nicht über die Feststellung hinweg, daß Glaube und Moral bei SEMLER eben keine qualitative Andersheit bedeuten, daß sie also keineswegs auf verschiedenen Ebenen angesiedelt sind. Er sieht vielmehr zwischen der natürlichen Moral und einer aus Glauben entstandenen Heiligung höchstens einen quantitativen Unterschied im Sinne eines „Mehr" und „Höher". Wir gewinnen oft sogar den Eindruck, daß SEMLER es nur mit Mühe schaffe, Momente in der Bibel zu entdecken, die das System der natürlichen Religion wenigstens *gelegentlich*, nur hie und da – also quantitativ selten! – einmal sprengen und überbieten. „Der größere Teil (!) der Bibel", so heißt es in seiner Einleitung zu BAUMGARTEN, „wiederholt nur die natürliche Religion". Bloß der kleinere Teil, die sehr wenigen Sätze, in denen die heilige Schrift sich von der natürlichen Theologie *unterscheidet,* bringen etwas über das christliche Proprium, nämlich „über die Möglichkeiten der besten Vereinigung mit Gott" sowie die „Übereinstimmung mit allen seinen über uns gehabten Endzwecken"[17].

---

[15] BAUMGARTEN I, 49.
[16] Lehrart, 260.
[17] Baumgarten I, 51 ff.

IV. Spezielle Folgerungen für die Kanonfrage

Aus allen diesen Überlegungen geht hervor, daß SEMLER nicht gewillt sein kann, dem biblischen Kanon eine kanonisch-normative Bedeutung zuzuerkennen. Dieser Kanon stellt vielmehr nur ein überaus komplexes, ja heterogen zusammengesetztes Angebot dar, in dem wir das für uns Verbindliche erst mit Hilfe hermeneutischer Operationen *finden* müssen. Wir können die Gründe, aus denen der biblische Kanon für uns keine *unmittelbare* Offenbarung, kein *unmittelbares* „Wort Gottes" sein kann, aufgrund der bisherigen Feststellungen *so* zusammenfassen (und reichern sie noch durch einige bezeichnende Zitate an):

Erstens verhindert das hermeneutische Kriterium für das, was „uns unbedingt angeht" (TILLICH) und also religiös verbindlich sein kann, daß wir die kanonischen Texte *in globo* als Wort Gottes übernehmen. Denn dieses Kriterium ist, wie wir schon sahen, „die moralische Aufbesserung". Da wir aber nun, stellt SEMLER fest[18], „durch alle 24 Bücher des Alten Testaments *nicht* moralisch gebessert werden, so können wir uns auch von ihrer Göttlichkeit nicht überzeugen". Und warum werden wir durch diese Schriften, von einigen Einsprengseln abgesehen, nicht gebessert? Weil der Kanon des Alten Testaments weithin „aus einer Sammlung grober jüdischer Vorurteile (besteht), welche dem Christentum gerade entgegen sind, und nur ein kleiner Teil dieses Kanons enthält für die Juden göttliche und eingegebene Schriften, worin auch nützliche und brauchbare Wahrheiten für die Christen angetroffen werden"[19]. Aus diesem Grunde kommt alles darauf an, „heilige Schrift und Wort Gottes ... gar sehr zu unterscheiden"[20].

Zweitens bedeutet die temporelle und lokale Akkomodation, daß auch ganz abgesehen von solch extremen Formen des „Judenzens" bereits die literarische *Form* der biblischen Aussagen – nämlich ihr Adressiert-sein an die jeweiligen Zeitgenossen in ihrem stets wechselnden Verstehens-Horizont – es mit sich bringt, daß nicht alle biblischen Aussagen für uns Heutige bestimmt sein können.

Drittens. Wer als Erstes in der Schrift *Erbauung* sucht und ihre Aussagen so unmittelbar auf dieses Ziel bezieht, der drängt sich selbst der Schrift auf und *hört* nicht mehr wirklich auf sie. Ein Ausleger sollte aber, sagt SEMLER, „nichts in die Schrift, so er auslegen will, von seinen Gedanken *hineintragen;* sondern alles aus derselben zu seinen nunmehrigen Gedanken erst machen, und sich aus ihr allein von ihrem Inhalt und Verstand hinlänglich versichern". Es hängt wohl wieder mit dem Akkomodationsgedanken zusammen, wenn SEMLER in diesem Zusammenhang weiter sagt, „es sei nicht ein und derselbe Grad der Erbauung für *alle* Menschen (erg.: sonst bedürfte es ja jenes akkomodierenden Eingehens auf ver-

---

[18] Kanon III,26.
[19] AaO. 26. – Im Kanon finden sich ja z. B. Ruth, Esther, Hoheslied etc., aber zum „Worte Gottes, das alle Menschen in allen Zeiten weise macht zur Seligkeit, gehören diese heilig genannten Bücher nicht alle" (Kanon I,75).
[20] Kanon I,75; vgl. auch aaO. 25f.

schiedene Standorte gar nicht!), so wenig als einerlei Erkenntnis möglich" wäre. Eben darum sei es falsch, „daß die heilige Schrift *stets* und *zunächst* die Erbauung des Menschen bewerkstellige und dazu auch gebraucht werden müsse unmittelbar; es muß durchaus erstlich die richtige *historische* Erkenntnis entstehen, und *nachher* erst die heilsame abgewartet werden"[21]. Die Erbauung muß sich also, wenn mit ihr kein selbstgewählter Gottesdienst betrieben und nichts Eigenes in den Text hineingetragen werden soll, *vorher* der Anstrengung hermeneutischen Bemühens um den Text unterziehen. Erst dann bietet sie unserer „freien christlichen Privatreligion, die auf der eigenen noch so unterschiedenen Erkenntnis immer beruhet"[22], etwas je Besonderes; wir könnten dieses Besondere, auf uns speziell Zugeschnittene, niemals finden, wenn wir nicht vorher jenes Besondere ausgemacht hätten, das im Text *selbst* enthalten ist.

Viertens. Der biblische Kanon kann auch deshalb kein vom Himmel gefallenes Wort Gottes sein, weil nicht nur der hl. Geist selbst den Weg in Akkomodation und Zeitbedingtheit wählte, sondern weil auch Menschliches-Allzumenschliches den Kanon noch *zusätzlich* relativieren half: Bischöfe und andere klerikale Macher hätten sie kanonischen Texte manipuliert, d. h. sie hätten einiges, was ihren Interessen und Doktrinen entsprach, kanonisiert, anderes dagegen, was ihnen nicht paßte, ausgeschieden. Im 4. Jahrhundert hätten die Bischöfe so den Kanon zu einem Herrschaftsinstrument gemacht. Diese „Verbrüderung der Bischöfe" diene also einer nur „äußerlichen Absicht, garnicht zur vorzüglichen christlichen Religionsform in Absicht aller Christen oder zu ihrer Privatreligion". Es sei ihnen nur um eine „Herrschaft der kirchlichen Obern über die bisher äußerlich noch freien Christen" gegangen[23].

In seinem Letzten Glaubensbekenntnis kommt es geradezu zu einem Crescendo an harten Formulierungen dieser Art: Die Klerisei habe sich nicht „als Lehrer, sondern als Gebieter und Befehlshaber geltend" gemacht. „Alle Lehrartikel" seien nur Sachen von „Religionsparteien" und hätten insofern nur einen „äußerlichen Endzweck". Deshalb müsse man geradezu fragen, wo „die wahre christliche Religion" dann überhaupt zu finden sei. Man könne sie nur „in den Gemütern aller wahren Christen unter allen Parteien" finden"[24].

Wenn wir die so in Bibel und Kirchengeschichte zusammengefaßten, äußerst heterogenen Elemente des Christentums abschließend rubrizieren, so lassen sich drei Gegensatzpaare bei SEMLER erkennen:

1. Die innere wahre und eigentliche Religion, die aus den vielfach eingekleideten Texten der Bibel allererst herausgewickelt werden muß. Ihr steht antithetisch gegenüber „die äußerliche Religionsordnung", die teilweise durch die Akkomodationsabsicht, teilweise durch eine (pragmatisch ausgerichtete) „gesellschaftliche Verabredung" bedingt ist[25].

---

[21] Kanon; zit. in einem ausführlichen Exzerpt von KÜMMEL, aaO. 78.
[22] Glaubensbekenntnis, 36.
[23] Glaubensbekenntnis, 34ff.
[24] AaO. 48ff., 61f.
[25] Letzteres aaO. 64ff.

2. Die „moralische Religion", deren „Liebhaber ... die alten historischen Redensarten [einschließlich der Wunderberichte und der Hoffnung auf eine Teilnahme am irdischen Reiche Christi] nur als Hülle und Gemälde angesehen (haben), worunter die moralischen Christen lauter allgemeine Wahrheiten selbst fanden und zu ihrer jetzigen inneren Wohlfahrt immer mehr anwendeten". – Ihnen stehen gegenüber die Naiven, die pauschal *alle* für heilig gehaltenen Texte als bare Münze nehmen und zu ihrem Glaubensinhalt machen.

Diese „beiden Klassen der Christen" – also die Anbeter der „Gemälde" selbst und die eigentlich Aufgeklärten, die das Bild von der gemeinten Sache zu unterscheiden wissen – „sind von jeher beieinander"[26]. Sie entsprechen genau den verschiedenen Entwicklungsstufen, die LESSING in seiner „Erziehung des Menschengeschlechts" charakterisiert. Hüben und drüben besteht ein erheblicher, oft zu schmerzlichen Auseinandersetzungen treibender Gegensatz zwischen denen, die bloße Ausdrucksformen wie Bilder und Mythen als vermeintlich inspiriertes Wort Gottes nehmen, und den „fortgeschritteneren" Individuen, die bereits an den letzten Seiten des Elementarbuches „stampfen und glühen".

3. sieht SEMLER noch in Spannung zueinander stehen die Offenbarungswahrheit selbst *und* den „Vortrag der Mittelspersonen der schriftlichen Offenbarung", die „zwar nicht ohne Gottes Genehmigung, aber in der Tat jedesmal ihr eigen gewesen" ist[27].

SEMLERS Hermeneutik ist insofern ein geistes- und theologiegeschichtlicher Durchbruch, als sie nicht mehr in deistischer Manier und Vordergründigkeit die Bibel durch ihre immanenten Widersprüche oder durch die Spannung zwischen Schriftoffenbarung und Vernunftreligion kompromittiert sieht, sondern als sie beides *geschichtlich* interpretiert, es damit als sinnvoll versteht und Aufgaben des Verstehens darin erblickt. Damit greift SEMLER zugleich die *humanistische* Intention der Aufklärung auf, wendet sie aber anders auf die Bibel an: Während der konsequente Deismus – etwa der des REIMARUS – meinte, Würde und Mündigkeit des Menschen nur durch eine *Emanzipation* der Vernunft von der „Schriftoffenbarung" wahren zu können, nimmt SEMLER *keine* derartige Trennung vor. Er leitet vielmehr den mündigen Christen dazu an, seine „innere moralische Religion" *in* den biblischen Texten zu erkennen (und sie ihnen dann auch zu entnehmen). Bei diesem Auslegungsvorgang erhält er seine Mündigkeit, weil er keinem Oktroi durch die Schriftoffenbarung mehr unterliegt, sondern ihr als ein *Subjekt* gegenübertritt, das sie mit seinen existenziellen Kriterien befragt und so das Ewige vom Zeitbedingten, das nur *einstmals* Geltende von dem zu unterscheiden weiß, was den *gegenwärtigen* Christen angeht.

---

[26] SEMLER, Religion, 1786, 142ff.
[27] BAUMGARTEN, 39ff.

V. Ergebnis

Es wäre abwegig, SEMLERs theologische Position von da aus als die eines religionsgeschichtlichen Relativismus zu beschreiben, wie er etwa in der Ringparabel LESSINGs tatsächlich zum Ausdruck kommt. Im „Nathan" kommt das Verständnis der Religion in die Nähe von FEUERBACHs Projektionsgedanken: Die Realität des Ringes – als eines Symbols für die Realität des Offenbarungsgeschehens – bleibt zweifelhaft. Doch wenn er auch nur imaginär ist, so vermag er dennoch jene Aktivität zu entbinden, kraft der wir uns vor Gott und Menschen „angenehm" machen. Diese *Aktivität* ist das eigentlich Reale; Offenbarung und Religion gewinnen von da her eher eine abgeleitete Qualität. Sie sind so etwas wie ein „Überbau" oder gar bloße Projektion.

Für SEMLER dagegen liegt wirklich ein objektives, reales Kerygma vor. Doch ist dieses Kerygma ein transzendentes X, „ein Ding an sich" gewissermaßen, das uns immer nur in der Brechung und Verwandlung durch unsere geistigen Aufnahmegeräte verfügbar ist. (Es ist nicht von ungefähr, daß wir uns hier im Stil von KANTs Kategorienlehre ausdrücken müssen). „Objektivische Wahrheit *gibt* es freilich", kann SEMLER sagen und meint damit die objektivische Realität des Kerygma, das kein von unserer Vernunft erzeugter Bewußtseinsinhalt ist; nein: es ist geschichtlich real im Offenbarungsgeschehen gegeben und *affiziert* so unser Bewußtsein. „Aber", so fährt er fort, „ob man sich derselben (d.h. der objektivischen Wahrheit) genähert oder davon entfernt habe, *ist und bleibt stets etwas Verschiedenes,* muß immer verschieden sein, weil es eben ein *moralisches* Urteil ist."[28] – In diesem Zitat, das ich F. A. G. THOLUCK verdanke, kommt die Position SEMLERs in besonderer Prägnanz zum Ausdruck, und zwar in doppelter Hinsicht:

Einmal wird darin gesagt, daß das verstehende Subjekt im Spiele ist und daß es bei keiner kerygmatischen Aussage ausgeschaltet werden kann. Hier meldet sich gewissermaßen die Präsenz des cartesianischen Ich. Da es aber nur „im Spiele" ist, ohne schöpferisch hervorbringend zu sein, kommt es nicht zu einem relativen Charakter der Religion *selbst,* sondern nur zu einem relativen Charakter ihrer Aussage- und Verstehensweisen.

Ferner: Eine objektive Aussage über die Reichweite dieser vom Subjekt eingeführten Brechungen und Abwandlungen ist nicht möglich. Wäre uns eine solche Aussage doch verfügbar, müßte es möglich sein, jene Brechungen und Abwandlungen einfach zu subtrahieren und so den kerygmatischen Gehalt gewissermaßen „pur" darzustellen und dann als eine zeit- und geschichtslose theologia perennis zu formulieren. Das ist aber schon deshalb unmöglich, weil ich ja selbst, wenn ich diese Unterscheidung von Kern und Schale vorzunehmen suche, meinerseits wieder das Opfer von Schalen bin, mit denen mich meine eigene Zeit versorgt; und zu *diesen Schalen* Distanz zu gewinnen, ist mir erst recht unmöglich. Denn das Subjekt ist, modern ausgedrückt, ungegenständlich. Insofern kann ich

---

[28] Vorbereitung auf die königl. großbritische Aufgabe von der Gottheit Christi, 1787,59.

über meinen Standort nicht hinwegspringen und mich mit solchen, die das Kerygma von anderen Standorten aus sehen, einigen. Ich kann es jedenfalls nicht im Namen einer „objektiven" Einsicht, ich kann es allenfalls im Namen jenes „moralischen Urteils", von dem SEMLER spricht; ich kann es nur – wieder modern ausgedrückt – in Form eines wagenden existenziellen Urteils, das allein solche Einigungen zu stiften vermag.

Daß SEMLER, der so allen „objektivischen" Urteilen entsagt, nun auch seinerseits in seiner theologischen Position „objektivisch" schwer zu fassen ist, liegt auf der Hand. So ist er denn schon seinen Zeitgenossen in vielem rätselhaft geblieben: Orthodoxe, Pietisten und Deisten haben ihn immer wieder einmal für einen der ihren gehalten, um ihn im nächsten Augenblick wieder aus dieser Verbundenheit zu entlassen und einer an Charakterlosigkeit grenzenden Biegsamkeit zu zeihen. Es ist uns aber wohl klar geworden, daß manche Momente dieses scheinbar schwankenden Charakterbildes aus seiner theologischen *Sache* zu erklären sind, vor allem aus dem Akkomodationsgedanken. Auch LESSING hat deshalb unter dem gleichen Vorwurf seiner Zeitgenossen zu leiden gehabt.

Doch zeigt SEMLER darüber hinaus auch als *Mensch* große Unausgeglichenheiten: Er lebte in der Vernunfthelle seines Zeitalters, hatte gleichsam die mittelalterlichen Winkel und Dunkelheiten verschlungener Gassen aufgegeben und sich in einer Stadt mit modernen Straßenzügen angesiedelt. Gleichwohl behielt er einen Hang zur Mystik und zum Halbdunkel und blieb auch darin wieder an seine Zeit gebunden: Die Aufklärung bewahrte ja eine gewisse mystische Komponente. Indem die Aufklärung immer wieder die geschichtlichen, psychologischen und erkenntnistheoretischen Bedingungen des Subjekts erforscht, stößt sie auf die Geheimnisse des ungegenständlichen Ich. Die Seelenbeobachtung wird zur Kunst und schlägt sich nieder in psychologischen Romanen wie etwa denen der Mme. J. M. DE GUYON, in einer bei aller Vernunftklarheit auch wieder mystisch gefärbten Pädagogik wie der PESTALOZZIS oder in der ebenfalls mystisch bestimmten Popularphilosophie des katholischen Theologen F. FÉNELON. Die vor allem in der Freimaurerei nachwirkenden „Rosenkreuzer" deuten auf denselben Bund von Rationalismus und Mystik. Das rational bewältigte Leben steht sozusagen an allen Ecken und Enden über und sprengt den Rahmen, in den es eingefügt werden sollte[29].

Aber nicht nur das Leben steht so über und transzendiert die Rationalität; das gleiche gilt auch von SEMLERs eigener christlicher Existenz. Ich habe früher gelegentlich darauf hingewiesen, daß wir bei den hier zu besprechenden Theologen gerade auf jenes Überschießende achten wollten, das innerhalb ihrer Argumentation in der Regel als Inkonsequenz, als nicht bewältigter, sich dem System verweigernder Rest aufzutauchen pflegt. So sahen wir, wie dieser nicht bewältigte Rest bei DESCARTES der Glaube an die göttliche Güte und bei REIMARUS das Ver-

---

[29] Hier zeigt sich ein Phänomen, das O. SPENGLER als „sekundäre Religiosität" bezeichnet.

trauen darauf war, daß der partielle Eindruck von Gottes theologischer Schöpfung nicht trügen könne, wenn man auf die Symphonie des Ganzen schlösse.

So mag denn am Schluß auch bei SEMLER wenigstens angedeutet sein, wie er gegen Ende seines Lebens Worte gefunden hat, die offenbar „über" der Ebene seiner Argumente liegen und damit auch über der Problematik, die sich auf dieser Ebene ergeben muß. Es sind die schlichten Worte einer confessio, die seine Theologie kaum noch einfangen konnte. Wer sie hört, mag die Frage in sich bewegen, wer nun der *eigentliche* SEMLER, wer auch *wir* schließlich und endlich als „eigentliche" sind: Sind wir vor dem Jüngsten Gericht die Denkenden und also auch *fehlerhaft* Denkenden – oder sind wir die Existierenden, die im Licht von Karfreitag und Ostern Existierenden, die in trüben Spiegeln dieses Licht reflektieren und sich dessen getrösten können, daß der Spiegel zerbrochen wird und an seine Stelle die Unmittelbarkeit des Schauens tritt? Wer sind wir „eigentlich"?

Der berühmte Hallenser Pietist THOLUCK (der Lehrer MARTIN KÄHLERS übrigens), der SEMLER sehr geachtet und vielleicht sogar geliebt hat, zitiert ein solches Wort: das auf jenen denkerisch nicht eingefangenen „Rest" deutet[30]: „Nicht selten entstieg mir ein heißer Seufzer um die letzte Gnade Gottes, mir nun auszuhelfen in das unsichtbare Reich des ewigen Lichtes, das Jesus, der Christus Gottes, so zuverlässig offenbart und der Geist Gottes in allen wahren Christen angefangen hat. Mein Herz ist noch allen diesen Empfindungen offen. Niemand kann es wissen, was ich fühle, wenn ich Gottes Barmherzigkeit überdenke und das Gewicht meiner Unwürdigkeit mich niederzieht." Und seinen Theologiestudenten kann er im Anschluß an LUTHERs Sentenz „oratio, meditatio, tentatio faciunt theologum" mahnend zurufen: „Probieren Sie es, nach und nach eine solche Morgenandacht ihres Amtes und Standes wegen insbesondere nachzuahmen; in weniger Zeit werden Sie eine innerliche Kraft fühlen, welche unserer christlichen Erkenntnis von Gott eigentümlich ist; lassen Sie immer jene hohen Geister dahin fahren, die unsere Religion spotten und nur den Maßstab ihrer selbstgemachten Religion gelten lassen."[31].

Nochmals: Wer war JOHANN SALOMO SEMLER „eigentlich" –?

---

[30] RE 2. A., XIV,116.
[31] Nähere Anleitung zu nützlichem Fleiß in der Gottesgelehrsamkeit, 1757, §41.

3. Teil

Die großen Systeme des 18. und 19. Jahrhunderts
und ihre Nachwirkungen

8. Kapitel

Friedrich D. E. Schleiermacher
Die Korrelation von Religion, Christentum und Bewußtsein

Literatur: Im Mittelpunkt jeder näheren Beschäftigung mit SCHLEIERMACHERS Theologie haben vor allem drei Werke zu stehen:

1. *Über die Religion.* Reden an die Gebildeten unter ihren Verächtern, 1799 (zit. „Reden"). Die „Reden" sind in zahlreichen Ausgaben zu haben. Bes. empfehlenswert ist die der Philos. Bibliothek, Bd. 255, ed. H. J. Rothert, 1958.

2. *Der christliche Glaube.* Neu herausgegeben unter Zugrundelegung der 2. Auflage. Empfohlen wird, soweit noch greifbar, die Berliner Ausgabe des Otto Hendel Verlags, nach der hier zitiert wird, ebenso die Neuausgabe, die 1960 durch MARTIN REDEKER besorgt wurde (zit. „Glaubenslehre"). Für unsere Leitfrage nach dem Verhältnis von Religion und Bewußtsein ist die Einleitung (§§ 1–31) besonders wichtig.

3. SCHLEIERMACHERS *Sendschreiben* über seine Glaubenslehre *an* LÜCKE, ed. HERMANN MULERT, 1908 (in: Studien zur Geschichte des neueren Protestantismus, 2. Quellenheft) (zit. „Lücke"). In diesem Sendschreiben setzt sich SCHLEIERMACHER mit den Mißverständnissen auseinander, die vor allem seine in der Einleitung vorgetragene Verhältnisbestimmung von Religion und Bewußtsein hervorgerufen hat. Zugleich präzisiert er die Beziehung seiner Theologie zu geistesgeschichtlichen (auch von ihm vorausgeahnten) Entwicklungen.

Von den weiteren Werken SCHLEIERMACHERS erwähne ich hier nur solche, die im folgenden direkt oder indirekt zur Sprache kommen:

1. *Monologen,* 1800; Neudruck in: Kleine Schriften und Predigten 1800–1820, ed. H. GERDES und E. HIRSCH, 1970, 19ff. – Es geht um das ethische Gegenstück zu den religiösen Reden (zit.: „Monologen").

2. *Weihnachtsfeier,* ed. GEORG WEHRUNG, 1953. Hier tritt der Gedanke der „Perspektive" bei den verschiedenen Teilnehmern eines christologischen Gesprächs besonders hervor (zit. „Weihnachtsfeier"). Neudruck auch in: H. GERDES und E. HIRSCH, F. Schleiermacher: Kleine Schriften u. Predigten I, 1970, 223ff.

3. *Dialektik.* Aus dem handschriftlichen Nachlaß herausgegeben von L. JONAS, neu herausgegeben von R. ODEBRECHT, 1942. Dabei geht es um das Verhältnis von Philosophie und Dogmatik, von Idealem und Realem und deren Koinzidenz in einem nicht mehr objektivierbaren Absoluten. Es ist das Problem, dem in unserem Jahrhundert PAUL TILLICH am nächsten gekommen ist, wenn er die Analogie von ontischer und noetischer Vernunft analysiert.

4. *Grundriß der philosophischen Ethik,* ed. A. TWESTEN (aus dem Nachlaß), 1841 (zit. „Ethik")[1]. Der Begriff „philosophische Ethik" ist insofern mißverständlich, als SCHLEIERMACHER weit über den konventionellen Themenkreis der Ethik hinausgeht und ein System der Wissenschaften konzipiert, innerhalb dessen die Moralphilosophie nur eines – wenn

---

[1] Bereits 1835 hatte ALEXANDER SCHWEIZER eine ausführlichere Fassung unter dem Titel „Entwurf des Systems der Sittenlehre" veröffentlicht.

auch das entscheidende – unter vier Kapiteln ist. Tatsächlich geht es um eine umfassende Kulturphilosophie, die das System möglicher Erkenntnisse in folgende Abteilungen gliedert: 1. die empirische Naturwissenschaft (= Natur-„Beschreibung"); 2. die spekulative Naturwissenschaft (= Physik); 3. die empirische Vernunftwissenschaft (= Erhellung der Geschichte); 4. die spekulative Vernunftwissenschaft (= Ethik). Die Ethik ist dabei insofern die Achsenwissenschaft – deshalb auch der Titel –, als sie das gesamte Handeln der Vernunft gegenüber der Natur (einschließlich des „erkennenden" Handelns) begrifflich entfaltet. Der Mensch als Subjekt dieses ethischen Prozesses, als Erkennender und Handelnder, bildet dabei stets den Ausgangs- und Zielpunkt, weil er den ursprünglichen Zusammenhang von Natur und Vernunft in sich selbst repräsentiert. Er ist der Koinzidenzpunkt von beidem. Das gilt freilich so primär nicht vom Individuum, sondern von der Menschheit als Gattung.

5. *Die christliche Sitte.* Aus hinterlassenen Vorlesungen herausgegeben von L. JONAS, 1843 (zit. „Sitte"). SCHLEIERMACHER will hier die Selbständigkeit christlicher Sittenlehre gegenüber der philosophischen Ethik dartun und beschreibt sie als diejenige Handlungsweise, welche – in der Gemeinschaft mit Christus – „aus der Herrschaft des christlich bestimmten religiösen Selbstbewußtseins entsteht" (Einleitung).

6. *Kurze Darstellung des theologischen Studiums,* ed. H. SCHOLZ, 3. A. 1910, Nachdruck 1961 (zit. „Darstellung"). Diese Schrift, die aus dem Wiederbeginn von SCHLEIERMACHERS akademischer Tätigkeit im Jahre 1810 stammt (eine 2. erweiterte Auflage stellte er 1830 fertig), behandelt Sinn und Zweck des theologischen Studiums und bespricht die einzelnen Disziplinen der Theologie: die philosophische Theologie, die wir heute als „systematische" bezeichnen würden, die exegetisch-historische und endlich die praktische Theologie. Theologie erscheint dabei als eine „positive Wissenschaft", deren einzelne Bereiche durch „eine bestimmte Gestaltung des Gottesbewußtseins ..., also durch die Beziehung auf das Christentum" verbunden sind. „Positiv" heißt diese Wissenschaft deshalb, weil sie nicht durch eine Idee von Wissenschaft überhaupt geprägt ist, sondern weil sie einer praktisch-konkreten Aufgabe dient, nämlich der „Kirchenleitung" im weitesten Sinne (§ 1 und 3). Insofern ist „die christliche Theologie ... der Inbegriff derjenigen wissenschaftlichen Kenntnisse und Kunstregeln, ohne deren Besitz und Gebrauch eine zusammenstimmende Leitung der christlichen Kirche, d.h. ein christliches Kirchenregiment, nicht möglich ist" (§ 5). Ohne diesen die Theologie konstituierenden Bezug auf das Kirchenregiment würden die einzelnen Disziplinen ihren theologischen Charakter aufgeben und den ihnen entsprechenden Wissenschaften zugewiesen werden müssen (z. B. der Historie, der Sittenlehre und der Religionsphilosophie).

7. *Predigten,* in: Sämtl. Werke, ed. L. JONAS, A. SCHWEIZER, F. LÜCKE 1836–1864, 2. Abt. Bd. 1–10.

Einige Beispiele von SCHLEIERMACHER-Texten, auch von Predigten, sind in der Siebensternausgabe „Schleiermacher-Auswahl", Nachwort v. K. BARTH, 1968, zusammengestellt.

Eine überaus lebendige Einführung in SCHLEIERMACHERS Persönlichkeit und Leben kann die Lektüre seiner Briefe bedeuten: L. JONAS u. W. DILTHEY (ed.), Aus Schleiermachers Leben in Briefen, 4 Bde. 1858 ff. (zit. „Briefe"). Eine Auswahl seiner Briefe hat ferner H. MULERT besorgt (1923).

Einige Hinweise zur *Sekundärliteratur:*
Zuerst und vor allem nenne ich den ersten Band von W. DILTHEYS einzigartigem Werk „Leben Schleiermachers", 1870 (2. Aufl. 1922, besorgt von H. MULERT; zit. „Dilthey"). DILTHEY ist ein sozusage kongenialer Biograph mit einem unerhörten Charisma des Sich-Einfühlens. Dazu ist dieses Werk noch ausgezeichnet durch eine breit ausgreifende Gelehrsamkeit, die auch alle jene Gestalten und geistigen Bewegungen mit umgreift, die SCHLEIERMACHER geformt haben, oder denen er verbunden war. Da er ein Virtuose der Freundschaft und des geistigen Verkehrs oder besser: der geistigen Kommunikation war, voll des glühenden und sich verströmenden Eros, so wächst sich diese Biographie zu einer historischen Darstellung der ganzen Epoche aus. Die Kapitel über KANT, SHAFTESBURRY,

FRIEDRICH SCHLEGEL und die Romantik sind wahre Kabinettstücke der Geistesge-
schichtsschreibung, ebenso aber plastischer Porträtierungskunst. Da die Persönlichkeit
SCHLEIERMACHERs in besonderer Weise der Schlüssel zu seinem Werk ist, sei nachdrücklich
auf dieses Werk hingewiesen.

Die dialektische Theologie hatte ein sehr gespanntes Verhältnis zu SCHLEIERMACHER.
Um so erstaunlicher ist die geradezu liebevolle Versenkung in Persönlichkeit und Werk,
wie K. BARTH sie in seiner theologiegeschichtlichen Porträtreihe „Die protestantische
Theologie im 19. Jahrhundert" (3. A. 1960, S. 379–424) bringt. Dagegen hat sich die rabies
theolgorum, wie sie vor allem in der Frühzeit der dialektischen Theologie wütete, nach-
teilig auf das SCHLEIERMACHER-Werk des jungen EMIL BRUNNER ausgewirkt und seinen
Gegenstand in höchst einseitiger Weise als bloßen Subjektivisten und Immanenz-Theolo-
gen erscheinen lassen. Ich meine das 1924 erschienene (2. A. 1928) Werk: Die Mystik und
das Wort.

Ferner seien die großen Lexikon-Artikel über SCHLEIERMACHER genannt: O. KIRN in RE
3. A., Bd. 17, 587–617, und RUDOLF HERMANN in RGG 3. A., Bd. V, Sp. 1422–1435. – Ein
materialreiches Lesebuch zur Entwicklung von SCHLEIERMACHERs Christologie ist ERWIN
H. U. QUAPP, Christus im Leben Schleiermachers. Vom Herrenhuter zum Spinozisten,
1972. – Last not least weise ich auf die wichtige SCHLEIERMACHER-Interpretation G. EBE-
LINGs hin: Wort u. Glaube III, 1975, 60–136.

Während SCHLEIERMACHER aufgrund seiner theoretischen Arbeiten, vor allem der „Dialektik", nicht selten als Identitätsphilosoph interpretiert worden ist (wie mir scheint: zu
Unrecht), zeigen seine Predigten traditionelle Bindungen (etwa in ihren eschatologischen
Aussagen), die von seiner theologischen *Lehre* nicht immer gedeckt zu sein scheinen und
bereits unter seinen Zeitgenossen Verwirrung auslösten. Diese Verwirrung äußerte sich
etwa in der Frage, wo denn der *eigentliche* SCHLEIERMACHER zu suchen sei: auf der Kanzel
oder auf dem Katheder. Deshalb nenne ich noch zwei wichtige Monographien über die
„Dialektik" und über die Predigten: GEORG WEHRUNG, Die Dialektik Schleiermachers,
1920. – WOLFGANG TRILLHAAS, Schleiermachers Predigt und das homiletische Problem,
1933. – Zum Verständnis der „Dialektik" ist ferner wichtig die gegenüber WEHRUNG kritische Arbeit von H. J. ROTHERT, Die Dialektik F. SCHLEIERMACHERs. Überlegungen zu
einem immer noch wartenden Buch, in: ZThK 2/1970, 183–214.

Für den ganzen weiteren Zeitraum bis zur Gegenwart: F. MILDENBERGER, Geschichte
der deutschen evang. Theol. im 19. u. 20. Jahrh., 1981.

I. Persönlichkeit und geistige Physiognomie

a) SCHLEIERMACHERs Ort in der Geistes- und Theologiegeschichte

Wenn wir bei den bisher besprochenen Gestalten der Theologiegeschichte mit
einigem Erstaunen feststellen mußten, in welchem Maße spätere theologische
Entwicklungen – vor allem was Verhältnisbestimmung von Geschichte und
Offenbarung sowie das sich entfaltende hermeneutische Problem angeht –, bei
ihnen bereits präformiert oder zumindest vorausgeahnt sind, so müssen wir angesichts der Gestalt SCHLEIERMACHERs bekennen: In ihm ist der ganze Baum des
19., in etwa auch des 20. Jahrhunderts (soweit es um die Verbindung von Theolo-
gie- und Geistesgeschichte geht), keimhaft beschlossen. Man hat ihn nicht ohne
Recht, respektvoll oder ironisch, als den „Kirchenvater des 19. Jahrhunderts"
bezeichnet. Diese Eloge trifft jedenfalls insoweit zu, als alle späteren Theologen
ihr Für und Wider zu ihm erklären müssen, nicht selten aber auch genötigt sind,

beides zugleich zu sagen. Er umfaßt mit der gigantisch ausgreifenden Weite seiner Thematik noch einmal die gesamtabendländische Tradition des Geistes: Die Achse seiner Existenz bildet sein Beruf als christlicher Theologe; ferner ist er Philosoph mit universal gestellten Fragestellungen. Nicht zuletzt ist er Übersetzer der platonischen Dialoge. Kein Wunder, daß er zu den führenden Gründergestalten der Berliner Universität gehörte: Er war ein die Fakultäten übergreifender Geist[2]. Die beiden Hauptströme abendländischer Geistigkeit, Griechentum und Christentum, flossen in ihm zusammen.

Doch das Ereignis dieses Denkens – es bedeutet tatsächlich ein Ereignis! – ist schon überschattet von der dunklen Ahnung, daß jene abendländische Tradition mit ihrer Polarität von christlicher Divinität und griechischer Humanität nicht mehr, *auch* nicht mehr durch SCHLEIERMACHERs himmelstürmende Systematik, zu einer letzten Synthese zusammenzuschmelzen sei. In diesem verbindenden und verbindlichen Geiste zeichnete sich die Unmöglichkeit ab, das divinum und das humanum einfach im Verhältnis der Analogie zu sehen, so sehr er nach seiner geistigen Konstitution dazu neigen mochte und so sehr er sich auch um solche Synthesen bemühte[3]. Der Schmerz dieser Hilflosigkeit mag einen an F. HÖLDERLINs Hymne „Der Einzige" erinnern, in der er sich vergeblich darum bemüht, Christus und den Olymp zusammenzudenken[4].

Gleichwohl ist es ein abwegiger, von Seiten der dialektischen Theologie immer wieder erhobener Vorwurf, er „sei" ein solcher Synthetiker und Analogist, der die transzendenten Offenbarungsfacta mit dem modernen Bewußtsein habe in Einklang bringen wollen und damit das christliche Dogma verhängnisvoll säkularisiert und dem Zeitgeist assimiliert habe. Das ist ohne Zweifel eine plumpe und insofern entstellende Abbreviatur, die nur die *eine* Seite der schleiermacherschen Bemühung ausdrückt. Er ist sich zugleich darüber klar, daß die Zeit jener Analogien vorbei sei, und daß alles, was mit dem Anspruch einer transzendenten Offenbarung auftritt, wie ein Fremdkörper, wie ein erratischer Block inmitten der modernen Lebenslandschaft liege. Eine wesentliche Anstrengung des Denkers SCHLEIERMACHER, jedenfalls in seiner Reifezeit, zielt deshalb auf den Nachweis, daß die christliche Offenbarung tatsächlich dieses Fremde, positiv Geschichtliche und nicht von unserm Bewußtsein Erzeugte sei; sie geht weiter der Frage nach, wie sie nun, ohne daß die intellektuelle Redlichkeit verletzt würde, als dieses Fremde zu achten und anzuerkennen sei.

So bildet sich in ihm die Tragödie des modernen Geistes ab, dem seine einstige

---

[2] In dieser Hinsicht erinnert später A. v. HARNACK an ihn, wenn man daran denkt, daß er neben seiner monumentalen Dogmengeschichte auch die wahrhaft „überfakultative" Geschichte der preußischen Akademie der Wissenschaften (1900) schrieb, daß er Generaldirektor der Preußischen Staatsbibliotheken und wesentlicher Mitbegründer der Kaiser-Wilhelm-Gesellschaft zur Förderung der Wissenschaften (1911) war. Ich weise auf die bedeutende Biographie von AGNES V. ZAHN-HARNACK über ihren Vater hin (1951).

[3] Diese Bemühung zieht sich fast durch sein ganzes Werk, von den „Reden" bis zur „Dialektik".

[4] Siehe EvGl III, 458 f.

Heimat – der christliche Glaube – zur Fremde geworden ist, und der sie nun aufs neue als seine Heimat erkämpfen muß. Ich meine tatsächlich, daß sich in diesem Satze von der Fremde und von der Heimat das Geheimnis von SCHLEIER-MACHERS theologischer Denkbemühung angemessen äußere: Einmal spricht sich darin das *diastatische* Moment seines Denkens aus. Er sieht sich genötigt, den Raum christlicher Offenbarung als das Fremde, das Nicht-Selbstverständliche zu verstehen, als jenes alienum sozusagen, das auch für die christliche Tradition des Abendlandes in einem noch erhöhten Maße nicht mehr selbstverständlich ist. Zugleich äußert sich hier das *synthetische* Moment in SCHLEIERMACHERS Denken: Es besteht in der Bemühung, seine Mitwelt davon zu überzeugen, daß nur die Rückverbindung, die „religio" zu dieser fremden und nicht selbstverständlichen Welt dem Menschen die Erfüllung seiner Existenz ermöglicht und ihn damit in seine Heimat, zu einem ihn erfüllenden Dasein zurückkehren läßt.

Es liegt deshalb nahe zu vermuten, daß dieser Denker, der wiederum in der *Polarität von Zweifel und Aneignung* lebt, alle wesentlichen Einzelfragen des modernen theologischen Denkens ergriffen und vorweggenommen hat. Ich versuche im vorhinein einige dieser Problemkreise zu skizzieren. Wir werden bei der Besprechung der wesentlichen Werke immer wieder auf sie stoßen:

1. Im Mittelpunkt seiner theologischen Prinzipienlehre steht und hält sich durch alle Abwandlungen durch die These von der *Autonomie* der Religion. Das will sagen: Die Religion – einschließlich ihrer Reflexionsgestalt als Theologie – ist kein Beisasse anderer Lebensgebiete wie etwa der Philosophie oder der Moral, sondern sie ist eigenständig. Damit ist der Grund für spätere Versuche gelegt, diese Eigenständigkeit dadurch abzusichern, daß man ein eigenes religiöses *Apriori* entwarf[5].

2. Ebenso umkreist SCHLEIERMACHER fortgesetzt das Problem des *Verstehens*. (Über seine Idee des „Divinatorischen" und des „Komparativen" beim Verstehensakt sprachen wir bereits). Die hermeneutische Frage ergibt sich für ihn immer wieder aus dem Problem: Wie begegne ich dem autoritativen Anspruch einer überlieferten Religion? Genauer: Wie begegne ich diesem Anspruch so, daß ich dabei nicht einer mich verbiegenden Heteronomie unterliege, sondern daß ich mein eigenes religiöses Selbst – wir würden heute sagen: meine Identität – dabei gewinne? Eine Antwort darauf kann es nur geben, wenn ich zu zeigen vermag, daß jenes mich von außen, aus der Geschichte Treffende in meinem Bewußtsein einen Brückenkopf besitzt, und daß ich so keinem Oktroi unterliege. Dann aber wird alles darauf ankommen, dieses Bewußtsein zu analysieren und Kategorien in ihm zu entdecken, die jenem mich Treffenden von mir aus entgegenkommen. Diese Aufgabe nimmt die Einleitung zur „Glaubenslehre" in Angriff. – Damit ist schon der dritte Problemkreis angedeutet:

---

[5] So zuerst bei E. TROELTSCH, Zur Frage des religiösen Apriori, 1909, Ges. Schr. II, 754 ff. – Später bei R. OTTO, Das Heilige, zuerst 1917, Kap. 16 u. 19. – Ferner bei ANDERS NYGREN, Die Gültigkeit der relig. Erfahrung, 1922.

3. Er stellt die uns von LESSING her bereits vertraute Frage: Wie mache ich die christliche Wahrheit zum eigenen Vollzug? Kann ich etwa den Propheten einfach auf ihre prophetische Autorität oder auf ihre kanonische Stellung hin glauben? Würde ich das bejahen, käme sofort wieder die heteronome Bedrohung ins Spiel. Wenn ich aber davon ausgehe, daß der Wahrheit der Propheten (wie jeder religiösen Wahrheit) bestimmte Gehalte meines Bewußtseins entgegenkommen, dann werde ich mich nicht als bloßer „Konsument" zu ihr verhalten, sondern ihre Verkündigung nur als Anregung, als Appell verstehen dürfen, so daß sie das in meinem Bewußtsein enthaltene Eigene zur Entfaltung bringt. Damit werden Motive angerührt, die später – wenn auch in ganz anderer Weise – bei KIERKEGAARD und der Existenzphilosophie[6] aufgegriffen werden.

4. SCHLEIERMACHER ist auch der erste moderne *Apologet* großen Stils, und zwar nach zwei Richtungen hin:

Einmal in der Weise, daß er die Religion auf einem eigenen unanfechtbaren und „sturmfreien" Territorium anzusiedeln sucht[7]. (Die bei ihm präformierte Idee des religiösen Apriori machte uns schon darauf aufmerksam.) Sein spezielles apologetisches Ziel ist dabei, der Bedrohung der christlichen Religion durch einen totalen Historismus und eine von den Naturwissenschaften heraufgeführte in sich ruhende Immanenz prophylaktisch zu begegnen. Vor allem in den Sendschreiben an LÜCKE bringt er dieses sein Motiv und die Vision solcher kommenden Bedrohungen zur Sprache.

Ferner löst auch sein anthropologischer Ansatz so etwas wie ein apologetisches Motiv aus: Da er den Menschen mit all seinen geistigen Provinzen als eine Einheit versteht, muß er folglich auch das System der Wissenschaften, das dieser Mensch als intelligibles Wesen hervorbringt, als eine Einheit begreifen. Selbst wenn die Religion eine Größe sui generis ist, wenn sie z. B. nicht metaphysisch oder moralisch ableitbar ist, so muß der Mensch doch in dem Augenblick, wo er über Religion theologisch zu reflektieren beginnt, in irgendeiner Weise dem System der Wissenschaften nahetreten, er muß dann auch seine Theologie in ein Verhältnis zu ihm setzen. In welch vorsichtiger Weise SCHLEIERMACHER das tut und wie er sich vor jeder „Integration" christlicher Theologie in jenes System hütet, werden wir noch sehen. Würde er über jede In-Beziehung-Setzung einfach hinweggehen, dann müßte er ein so fragwürdiges Axiom wie das der doppelten Wahrheit vertreten und damit die Einheit des Menschen zerreißen.

5. SCHLEIERMACHER geht im Sinn der Moderne wieder vom *subjektiven Bewußtsein* aus. Er überwindet allerdings mit seinem Verständnis der Subjektivität das aufklärerische Analogon zu ihr insofern, als er die menschliche Subjektivität nicht mehr als bloße Vernünftigkeit begreift. Er charakterisiert sie vielmehr in den Reden als „Anschauung" und „Gefühl" und in seiner Glaubenslehre mit dem weiteren Begriff des „Selbstbewußtseins", der einen vielgliedrigen Komplex

---

[6] Hier vor allem bei K. JASPERS.
[7] Die Dogmen seien so zu fassen, daß sie „uns unverwickelt" lassen mit der Wissenschaft (LÜCKE II, S. 40).

von vernünftigen, moralischen, ästhetischen und religiösen Gehalten umgreift. Diesen Kernbegriff des Selbstbewußtseins werden wir deshalb noch ausführlicher analysieren müssen.

Das eigentlich erregende Moment bei SCHLEIERMACHERS Verständnis der Subjektivität – soviel sei schon hier angemerkt – entsteht nun dadurch, daß ihr objektive (besser: transsubjektive) historische Tatsachen korrespondieren sollen. Die christliche Religion ist nämlich für ihn keineswegs so etwas wie eine Äußerung oder gar „Projektion" der Subjektivität. Ihr zentraler Inhalt ist vielmehr Jesus Christus – und dieser ist eben eine das subjektive Ich *transzendierende,* ihm aus der Geschichte *entgegentretende* Größe. Wie SCHLEIERMACHER die Subjektivität des religiösen Selbstbewußtseins mit der transsubjektiven Größe Christus kombiniere: das ist das große Problem jeder theologischen SCHLEIERMACHER-Interpretation. Die hier sich ergebende hermeneutische Frage gewinnt innerhalb der Christologie ihre äußerste Zuspitzung und muß lauten: Läßt sich das Bewußtsein wirklich mit Bewußtseinstranszendentem kombinieren? Oder führt dieser Versuch zu einem Taschenspielertrick, bei dem entweder Christus dem Vorverständnis des Bewußtseins akkomodiert und insofern entgeschichtlicht wird, oder aber umgekehrt der religiöse Ansatz im Selbstbewußtsein wieder aufgehoben werden muß?

6. SCHLEIERMACHER beschäftigt sich, soweit ich sehe, zum ersten Male mit einem bis heute nicht zur Ruhe gekommenen Problem: mit der Frage nämlich, was überhaupt unter einer *christlichen Theologie* zu verstehen sei. Er ist wohl der erste neuzeitliche Theologe, der – jedenfalls im Prinzip – die Theologie zu dem jeweils verfügbaren Wissenschaftsbegriff in Beziehung setzen will, um die Einheit des Bewußtseins zu erhalten. Was ich hier vorsichtig „Beziehung" nenne, ist später immer wieder zu einer handfesten „Bindung" geworden, wie sie sich vor allem in der Prävalenz der je zeitgenössischen Philosophie zu erkennen gibt. Die von SCHLEIERMACHER herausgestellte Eigenständigkeit der Theologie ist also sehr bald schon wieder preisgegeben worden. Man braucht sich nur daran zu erinnern, wie unter der Herrschaft der Philosophie HEGELs die christliche Theologie zu einem Sonderfall philosophischen Denkens überhaupt wurde[8].

---

[8] In diesem Sinne ist etwa die Theologie A. E. BIEDERMANNS entworfen: Die Dogmatik hat wie jede Wissenschaft, deren Gegenstand „dem Lebensgebiete des Geistes selbst angehört", die Aufgabe, „denselben (= den Geist) der bloßen Objektivität, d.h. der Äußerlichkeit und scheinbaren Zufälligkeit, die er von der empirischen Kenntnisnahme her zuerst noch … hat, durch logische Verarbeitung dieses empirischen Stoffes zu entkleiden, ihn dadurch auf den inneren Zusammenhang und … den einheitlichen Grund seiner empirischen Erscheinung im *Wesen des Geistes* zurückzuführen und aus diesem, als seinem nunmehr erkannten Wesensgrund oder Realprinzip spekulativ (!) zu deduzieren und damit auch in seiner empirischen Erscheinung zu begreifen." (Christliche Dogmatik, Zürich 1869, § 2.) – Merkwürdig ist auch bei BIEDERMANN der (schon einmal bei SEMLER beobachtete) Abstand zwischen seinem theologischen Denken, das hochabstrakt und gewissermaßen HEGELsch-impersonal ist, und seiner kindlichen Frömmigkeit, von der CHR. JOH. RIGGENBACH einmal gesagt hat, daß „sein Herz augenscheinlich durch sein System hindurchgebrochen" sei.

A. RITSCHLS und W. HERRMANNS Theologie war wesentlich durch KANT bestimmt. Entsprechende theologisch-philosophische Affinitäten sind heute zu beobachten[9]. In alledem zeigt sich, daß die Theologie keineswegs, wie die dialektische Theologie meinte, von SCHLEIERMACHER nur „verführt" worden ist, sondern daß sie – gerade was ihre Unabhängigkeit betrifft – oft genug und zu ihrem Schaden immer wieder hinter ihn zurückgefallen ist.

SCHLEIERMACHER lehnt es entschieden ab[10], daß die Theologie eine Wissenschaft wie jede andere sei und daß sie überhaupt den Ehrgeiz haben dürfe, den Titel einer „Wissenschaft" zu erringen. Das gilt jedenfalls dann, wenn im Sinne SCHELLINGS, dem SCHLEIERMACHER hier folgt, Wissenschaft im Vollsinne nur dann vorliegt, wenn sie aus der Idee des Absoluten entwickelt wird. Die Theologie ist betont *nicht* zu deduzieren. Sie ist alles andere als eine spekulative Metaphysik, die ihre Sätze auf ein übergeordnetes „Prinzip" zurückführt. Insofern ist SCHLEIERMACHER ausgesprochen „hegelfest"[11]. Sein Standpunkt läßt sich dahin formulieren, daß der Gegenstand der Theologie keine Idee sei, sondern daß sie ihren Gegenstand immer schon vorfinde, sich also auf ganz bestimmte geschichtliche Gegebenheiten gründe. Sie fußt nämlich auf der Gegebenheit der Tatsache, daß es eine christlich fromme Gemeinschaft, die Kirche gibt, daß diese Kirche einfach geschichtlich da ist und daß sie nun über sich selbst und den Grund ihres Daseins reflektiert[12]. Bei dieser Reflexion über sich selbst als ein positiv Vorliegendes stößt sie auf zwei Tatsachen, von denen sie sich ableitet: einmal auf das Urchristentum und die Tatsache Christus; desgleichen auf die Tatsache, daß dieser objektiven Gegebenheit die „christlich frommen Gemütszustände" auf der *subjektiven* Seite entsprechen. Diese religiöse Struktur des Subjekts ermöglicht es allererst, jenes von außen Kommende kategorial zu erfassen und ihm ein „divinatorisches" Verstehen entgegenzubringen.

Die Kirche ist also einmal durch eine geschichtliche Objektivität und ferner durch die religiöse Konstitution ihrer Glieder bestimmt. Diese verschiedenen Faktoren, die hier ins Spiel geraten, vor allem die Korrespondenz zwischen transsubjektiv (= geschichtlich) Gegebenem und die Aufnahmeapparatur des Subjekts, außerdem das Verhältnis des religiösen Individuums zur Gemeinschaft, bilden den dramatischen Knoten innerhalb der schleiermacherschen Denkbewegungen.

Auf die Art, wie sich dieses Zusammenspiel im einzelnen vollzieht, kommt es uns im Augenblick noch nicht an. Wesentlich bei dieser ersten Generalüberschau

---

[9] Ich denke etwa an den Einfluß, den der HEIDEGGER von „Sein und Zeit" auf BULTMANN, oder den HEGEL auf den theologischen Entwurf und die Wissenschaftstheorie von W. PANNENBERG hat.

[10] Bes. präzise und entschieden in der „Darstellung". Ich beziehe mich im folgenden u.a. auf die angegebene Ausgabe von H. SCHOLZ.

[11] HEGEL u. SCHLEIERMACHER haben sich überhaupt nicht leiden können. So weist HEGEL dessen vermeintlichen Irrationalismus als „hündische Gefühligkeit" ab (WW, Jubiläumsausg. XX, 4. A. 1968, 19. 27). Dazu ROTHERT, aaO. 200.

[12] Darstellung § 43; Glaubenslehre § 6 Zusatz.

ist vielmehr, daß SCHLEIERMACHER die Theologie auf die Existenz der christlichen Gemeinschaft begründet und als deren Selbstbesinnung versteht. Wenn er in diesem Zusammenhang überhaupt von theologischer „Wissenschaft" spricht, dann nur so, daß er die Theologie als eine „positive" Wissenschaft, d.h. als eine wissenschaftliche Unternehmung versteht, die auf positive Gegebenheiten gegründet ist: Schon weil sie an die geschichtliche Größe der christlichen Gemeinschaft gebunden ist, kann sie nicht im luftleeren Raum bloßer Abstraktionen betrieben werden.

Im zweiten Sendschreiben an LÜCKE wehrt sich SCHLEIERMACHER leidenschaftlich gegen den Vorwurf, die Einleitung seiner Glaubenslehre sei auf philosophischen Prinzipien aufgebaut, die überdies noch – nach dem Urteil mißverstehender Interpreten – pantheistische Schlußfolgerungen zulassen sollten[13]. Daß seine Glaubenslehre eine „spekulative Tendenz habe", erscheint SCHLEIERMACHER als das „schlimmste und grellste Mißverständnis"[14]. Was in der Einleitung so scheinen *könnte,* seien nur philosophische Vorsaal-Formeln und „unausgefüllte Rahmen", die ihren Inhalt erst später durch den Rückbezug auf das bekämen, was er sonst als „positive" Grundlagen bezeichnet[15]. Um solche Mißverständnisse zu vermeiden, habe er „lange mit Liebe"[16] den Gedanken erwogen, seine Glaubenslehre sofort mit den eigentlichen christlichen Stoffen einsetzen und die Einleitungs-Überlegungen erst folgen zu lassen[17].

Was die nicht-spekulative, also „positive" Begründung der Theologie betrifft, so müßte eigentlich *noch* genauer differenziert werden: Die Theologie ist nicht nur auf „die" Kirche bezogen, sondern sie kann sogar nur innerhalb der einzelnen Konfessionen und Denominationen getrieben werden, weil die christliche Gemeinschaft eben nur in diesen positiven Ausformungen gegeben ist.

In dieser Bindung der Theologie an die Kirche geht SCHLEIERMACHER so weit, daß er zu ihrer positiv-geschichtlichen und ihrer kommunikativen Bindung noch eine pragmatische Ausrichtung hinzufügt und als Zweck der Theologie die „Kirchenleitung" angibt[18]. Er meint das nun freilich nicht so, daß Theologie sich darin erschöpfe, eine Kunst- und Betriebsanleitung für Konsistorialräte zu sein! Ich könnte mir denken, daß schon SCHLEIERMACHER vor dem Gedanken zurückgezuckt ist, ausgerechnet in den Vertretern *dieser* Berufsrichtung die Gralshüter der Theologie erblicken zu sollen. Gemeint ist vielmehr, daß eine „zusammenstimmende Leitung der christlichen Kirche, d.h. ein christliches Kirchenregiment, nicht möglich ist, wenn dieses auf die „wissenschaftlichen Kenntnisse und Kunstregeln" der Theologie verzichten würde[19]. Diese obligatorische Bedeutung der Theologie für das Kirchenregiment ist darin begründet, daß sie einmal, wie schon gesagt, den Rückbezug vornimmt auf die ursprünglich-exemplarische Ge-

---

[13] Darstellung, 32.
[14] AaO. 34.
[15] AaO. 32.
[16] AaO. 34.
[17] AaO. 33.
[18] Darstellung, §§ 5,81 u. 84.
[19] AaO. § 5.

stalt des Christentums (Christus und Urchristentum), auf die „Idee" des Christentums sozusagen[20], sodann aber dafür zu sorgen hat, das „eigentümliche Wesen" des christlichen Lebens von der Vergangenheit über die Gegenwart so in die Zukunft zu überführen, daß sich „das eigentümliche Wesen desselben in jedem künftigen Augenblick reiner" darstellt[21].

Wenn der Theologie also bzgl. des Kirchenregimentes ein gewisser instrumentaler Sinn innewohnen mag, dann sicher nicht so, daß die kirchenregimentliche Institution sie – modern gesprochen – als ihre ideologische Stütze in Anspruch nähme, sondern so, daß die Theologie sich in einer Art Selbstverpflichtung dem Kirchenregiment helfend zur Verfügung stellt und es dazu drängt, bei seiner Sache zu bleiben. Davor, daß die Theologie sich in eine bloße Zweckbestimmtheit auflösen könnte, ist sie im übrigen schon dadurch bewahrt, daß sie „in Zusammenhang mit den übrigen Tätigkeiten des menschlichen Geistes zu verstehen ist", so gewiß die „frommen Gemeinschaften", innerhalb deren sie betrieben wird, „als ein für die Entwicklung des menschlichen Geistes notwendiges Element nachgewiesen werden können"[22].

Durch diese Definition der Theologie als einer positiven Wissenschaft und durch ihren Bezug zur Kirche hat SCHLEIERMACHER in souveräner Weise das Gängelband durchschnitten, das die Theologie an eine spekulative Metaphysik fesselte und durch das sie zu einer gemeindefremden, bloß „akademischen" Disziplin zu werden drohte und droht. Zugleich bewahrt SCHLEIERMACHERS Bemühung, der Religion und damit auch der sie reflektierenden Theologie den Zusammenhang mit den übrigen Tätigkeiten des menschlichen Geistes zu sichern, beide sowohl vor der Gefahr des Gettos wie andererseits vor der Möglichkeit, zur bloßen Ideologie der kirchlichen Institution zu werden.

Es ist unverkennbar, daß die Theologie damit in einem Zerrgürtel der verschiedensten auf sie einwirkenden Kräfte – und Versuchungen! – gesehen wird: Die Sorge vor einem sie bedrohenden Ghetto, vor einer möglichen Weltlosigkeit und Kulturentnommenheit der Theologie, könnte sie anfällig machen gegenüber der Lockung, sich als Provinz in einer allgemeinen Kulturphilosophie zu etablieren. Und andererseits: Die Sorge, nur Beisassin auf einem andern geistigen Territorium zu werden, könnte ihr Emanzipationsbedürfnis übersteigern und ihr so etwas wie ein Monopol auf der Erlebnisskala der menschlichen Psyche zu verschaffen suchen.

Jedenfalls wird eine so programmierte Theologie auf einem schmalen Grat zwischen mancherlei Formen der Skylla und mancherlei Formen der Charybdis balanzieren müssen. Der Knoten zu einer überaus dramatischen Entwicklung des Denkens ist jedenfalls geschürzt. Traditionslangeweile ist sicher das einzige, was *nicht* zu befürchten ist. Paulus und PLATO, Urchristentum und Moderne werden an diesem Kräftespiel beteiligt sein, und es ist vorauszusehen, daß ein

---

[20] AaO. § 27.
[21] AaO. § 84; vgl. auch 81.
[22] AaO. §§ 21 und 22.

so vielschichtiger, facettenreicher Denker wie SCHLEIERMACHER von der Parteien Haß und Gunst umschwirrt sein wird, daß der eine Interpret ihn von dieser, der andere ihn von jener Komponente seines Systems aus zu entschlüsseln sucht, und daß demzufolge sein Charakterbild in der Geschichte schwanken muß. Entsprechend vielfältig und spannungsreich wird sich die Wirkungsgeschichte dieses Mannes gestalten. Wo Könige auftreten, bekommen die Kärrner zu tun.

b) Biographische Skizze

DILTHEY hat sicher recht, wenn er die Biographie SCHLEIERMACHERS mit der Feststellung einleitet, KANTs Philosophie könne man ohne jeden Rekurs auf das Leben des Autors verstehen[23], bei SCHLEIERMACHER aber leiste die Einblicknahme in seine Biographie eine notwendige interpretatorische Hilfe. Wir müssen das in der folgenden biographischen Skizze berücksichtigen und bedauern, daß sie knapp ausfallen muß[24].

SCHLEIERMACHER wurde am 21. November 1768 als Sohn eines schlesischen Militärpfarrers geboren. Schon in seiner frühesten Schuljugend wird – ähnlich wie bei der Musikalität des Knaben MOZART – manches von seiner geistigen Entelechie erkennbar, was sich erst im Werke des Gereiften in seiner Entfaltung darstellt. Seine Mutter schreibt über ihren Buben: „Er ist der kleinste in der ganzen Schule und kommt aus allen Klassen als einer der obersten heraus."[25] So kam er schon früh in den Ruf einer gleichsam überdimensionalen Primusnatur, während er im Gegensatz zu diesem Glanz an einem geheimen Inferioritätsgefühl litt. Gerade der *Grund* für dieses Empfinden des Ungenüges ist für den Knaben und Mann gleichermaßen charakteristisch: Schon bevor er sein zehntes Lebensjahr vollendet hatte (!), quälte es ihn, daß er die Summe von Einzelkenntnissen, die ihm die Schule vermittelte, nicht in ihrem Gesamtzusammenhange, in ihrer Systematik sozusagen, verstand. Bereits als Kind hatte er so eine Vorahnung davon, daß eine Akkumulation von Einzelwissen eben noch keinen geistigen Besitz darstellt, daß dieser geistige Besitz vielmehr erst durch *Verstehen* zustandekommt. Verstehen aber heißt bereits für das Kind SCHLEIERMACHER, etwas in seinem Zusammenhang zu begreifen und es erst in seiner systematischen Durchdringung sich aneignen zu können. So ist hier buchstäblich schon seine spätere hermeneutische Theorie vorgebildet. Diese wird dann nur *das* in programmatischen Sätzen ausformulieren, was vorausahnend bereits das Kind

---

[23] Obwohl das gewiß so stimmt, so macht doch auch KANT keine Ausnahme von der Regel, daß selbst eine Kenntnisnahme von diesem schlichten Leben manchem seiner Werke – ich denke besonders an die „Kritik der praktischen Vernunft" – Farbe und Relief zu verleihen vermag. Das zeigen etwa die Mitteilungen seiner drei Assistenten: I. KANT. Sein Leben in Darstellungen von Zeitgenossen, Berlin 1912.

[24] Deshalb sei nachdrücklich auf die früher genannte DILTHEY-Biographie verwiesen, auch wenn sie nicht vollendet wurde.

[25] DILTHEY, 11.

dunkel spürte. Es war ihm geradezu unheimlich und bedrückte ihn als Einsamkeitsgefühl, daß er seine kleinen Mitschüler nicht von der gleichen Unruhe belastet sah, und er meinte in seiner Naivität, daß diese eben im Unterschied zu ihm sehr wohl das Band erfaßt hätten, das die Welt im Innersten zusammenhält. Er lebte in ständiger Angst, daß seine Lehrer einmal dahinter kommen könnten, wie sehr ihm der Blick für die Zusammenhänge mangele.

Derselbe Gedanke taucht später noch einmal auf, als er in Halle studierte und in unbändigem Bemächtigungswillen fast zugleich SEMLER-, WOLF-, KANT- und JACOBI-Studien betrieb und sich zugleich noch mit Mathematik und neueren Sprachen abgab. Es mag diese Überschwemmung mit Neuartigem und Vielfältigem sein, was ihn zu dem Bekenntnis trieb:

> „Ich glaube nicht, daß ich es jemals zu einem völlig ausgebildeten System bringen werde, so daß ich alle Fragen, die man aufwerfen kann, entscheidend und im Zusammenhange mit aller meiner übrigen Erkenntnis würde beantworten können: aber ich habe von jeher geglaubt, daß das Prüfen und Untersuchen, das geduldige Abhören aller Zeugen und aller Parteien das einzige Mittel sei, endlich zu einem hinlänglichen Gebiet von Gewißheit und vor allen Dingen zu einer festen Grenze zwischen dem zu gelangen, worüber man notwendig Partie (sic) nehmen muß –, und zwischen dem, was man ohne Nachteil seiner Ruhe und Glückseligkeit unentschieden lassen kann."[26]

In diesem Wort des jungen Theologiestudenten zeigt sich nicht nur die Bedeutung des *Systems* für das Verstehen, sondern es kündigt sich darin auch schon die besondere Art der systematischen Prinzipien an, die in SCHLEIERMACHERS Denken wirksam sind. Wenn ich das, was SCHLEIERMACHER hier meint, richtig verstehe, unterscheidet er doch zwei Gegenstandsbereiche: einmal die systematisierbaren und ferner die nicht-systematisierbaren, unserm ordnenden Verstand also entzogenen Bereiche, die man wohl als die Zone des Irrationalen bezeichnen darf. Diese Unterscheidung könnte von einem spekulativen Philosophen wie etwa HEGEL nie vollzogen werden. Denn da ist alles unter oberste Prinzipien – etwa die Selbstentfaltung des Geistes – subsumierbar. Hier gibt es keine Irrationalität. Vielmehr sind alle Seinsgestalten geisthaft und vernünftig, insofern aus einem einzigen Prinzip ableitbar. Jene Unterscheidung zwischen dem Systematisierbaren und dem Nicht-systematisierbar-Irrationalen ist nur dann möglich, wenn man nicht deduktiv, sondern induktiv verfährt, das heißt hier: wenn man sich der Fülle der Erfahrungswelt – auch der religiösen – aussetzt, also „positiven" Gegebenheiten zugewandt ist, sie „prüft", „untersucht" und „geduldig abhört". Nur dann stößt man auf die Tatsache, daß das Leben reicher ist als unsere Systeme, und daß das „Ganze" niemals lückenlos in eine systematische Ordnung zu zwingen ist, sondern an allen Ecken und Enden übersteht. Für SCHLEIERMACHER sind gerade, wie wir noch sehen werden, die Predigten der Ort, an dem dieses Überstehende zum Ausdruck kommt, und in dem manche theologische Aussage gewagt wird, die in das systematische Gefüge seiner Glaubenslehre kaum integrierbar ist.

---

[26] Briefe I, 82f.

Es ist jedenfalls eindrucksvoll zu beobachten, wie sich die Entelechie des schleiermacherschen Geistes allmählich entfaltet und sich dabei unerhört treu bleibt, wie also keimhaft das Ganze schon in seinem jungen Geiste erkennbar angelegt ist. Ich begnüge mich auch im Folgenden mit der Mitteilung solcher biographischer Daten, in denen sich diese geprägte Form verrät, die sich dann in seinem großen Schrifttum lebend entwickelt.

Hierfür ist vor allem bedeutsam, daß SCHLEIERMACHER im Kraftfeld der *Herrenhuter* aufwuchs. Man mag sich hierbei daran erinnern, in wie unerhört prägender Weise sich die Herrenhuter Brüdergemeinde auf führende Geister des Jahrhunderts auswirkte – allein schon dadurch, daß sie entschiedenen (wenn auch vornehmlich provozierenden, gerade dadurch aber Eigenes entbindenden) Einfluß auf LESSING, SCHLEIERMACHER und indirekt sogar auf GOETHE auszuüben vermochte.

Die bewegte Frömmigkeit des herrenhutischen Pietismus hat den jungen SCHLEIERMACHER zunächst ganz in sich hineingenommen; in gewissem Sinne hat sie ihn sogar zeitlebens begleitet. Auch in seinen reifen Jahren konnte er sich noch als einen „Herrenhuter höherer Ordnung" bezeichnen. Das, was wir als subjektiv an der pietistischen Frömmigkeit empfinden, ist ja – unter ganz anderem Vorzeichen allerdings – ein Element seines Denkens geworden. Und genauso, wie die herrenhutische Christlichkeit keineswegs mit dem simplen Verdikt „Subjektivismus" abgetan ist, wie sich in ihr vielmehr ein lebendiger Bezug auf das Extra-me der biblischen Offenbarung zeigt, so ist auch bei SCHLEIERMACHER die Korrelation zwischen dem Subjektiven und dem Transsubjektiven niemals aufgelöst worden.

Als Beispiel für seine pietistische Jugendfrömmigkeit nenne ich nur ein bezeichnendes Wort des Sechzehnjährigen an seine Schwester Charlotte: „Ich bin etwas mehr als zwei Jahre ein Knabe in der Gemeinde gewesen, ich habe in der Zeit viel erfahren, viel Schlechtes von meiner Seite und viel Gnade von seiten des Heilandes. Wenn ich bedenke, was man von einem Bruder fordert, so müßte ich freilich verzagen, wenn ich es im Vertrauen auf meine Kräfte wagen sollte; darum denke fleißig meiner vor dem Heiland."[27].

Gegen Ende seiner Herrenhuter Zeit erlebt er nun eine entscheidende religiöse Krisis, die wiederum so charakteristisch für ihn ist, daß ihre Wesensmerkmale als Prägekräfte sein gesamtes späteres Leben begleiten. Die Hauptquelle dafür sind seine Briefe an den Vater, die sicher zum Erschütterndsten – im menschlichen wie im theologischen Sinne – gehören, was uns in der deutschen Briefliteratur begegnet. Der Bruch in seinem unbewußten Konformismus mit der pietistischen Tradition, deren Luft er atmet, bahnt sich bei diesem wachen, nach allen Seiten aufgeschlossenen Geist an, als er bemerkt, daß die Herrenhuter Lehrer nichts von den exegetischen und dogmatischen Auseinandersetzungen der Zeit in ihre wohlgehütete, wider alle Anfechtungen abgeschirmte Lehrstätte dringen lassen. Das erregt bei ihm und manchen seiner Mitschüler, wie er in einem Brief von 1786 erwähnt, den Verdacht, „als müßten viele Einwände der Neueren wohl

---

[27] DILTHEY, 21. Hier auch (S. 31 ff.) die folgenden Briefzitate.

sehr acceptabel und schwer zu widerlegen sein, weil man sich fürchtet, sie uns vorzulegen". Die so sich regenden Zweifel an dem bisher für selbstverständlich Gehaltenen kommen aus zwei Richtungen auf den jungen Schüler und Studenten SCHLEIERMACHER zu.

Einmal ist es der Zweifel an der orthodox-pietistischen Versöhnungslehre und implizit am dogmatischen Supranaturalismus überhaupt:

„Ich kann nicht glauben", so schreibt er seinem Vater, „daß *der* ewiger, wahrer Gott war, der sich selbst nur den Menschensohn nannte; ich kann nicht glauben, daß sein Tod eine stellvertretende Versöhnung war, weil er es selbst nie ausdrücklich gesagt hat, und weil ich nicht glauben kann, daß sie nötig gewesen; denn Gott kann die Menschen, die er offenbar nicht zur Vollkommenheit, sondern nur zum Streben nach derselben geschaffen hat, unmöglich darum ewig strafen wollen, weil sie nicht vollkommen geworden sind. Ach bester Vater, der tiefe, durchdringende Schmerz, den ich beim Schreiben dieses Briefes empfinde, hindert mich, Ihnen die Geschichte meiner Seele ... umständlich zu erzählen, aber ich bitte Sie inständig, halten Sie sie nicht für vorübergehende, nicht tief gewurzelte Gedanken; fast ein Jahr lang haften sie bei mir, und ein langes, angestrengtes Nachdenken hat mich dazu bestimmt. Ich bitte Sie, enthalten Sie mir ihre stärksten Gründe zur Widerlegung derselben nicht vor, aber, aufrichtig zu gestehen, glaube ich nicht, daß Sie mich jetzt überzeugen werden, denn ich stehe fest darauf ... – So ist sie denn heraus, diese Nachricht, die Sie so sehr erschrecken muß ... Sie sind nun geschrieben mit zitternder Hand und mit Tränen." – In einem zweiten Brief, der diesem Geständnis folgt, berichtet er davon, wie ihn die Herrnhuter Brüder quälen und bedrohen, nachdem sie ihn als Abtrünnigen ausgemacht haben. Sie kündigen ihm an, daß sein Vater ihn fallen lassen werde und daß dann auch seines Bleibens in der Gemeinde nicht mehr sein könne. Sein Blut habe gekocht, gesteht er dem Vater, „da ich hörte, daß man Sie so verkannte, so lieblos urteilte ..."

Die Antwort des Vaters ist für den Sohn deprimierend und erschütternd. Sie enthält nahezu keines der erbetenen, wenn auch fast hoffnungslos erwarteten Gegenargumente, sondern verströmt nur den Schmerz des Vaters über den Verlorenen, der sich in die Fremde aufgemacht hat:

„O, Du unverständiger Sohn! wer hat Dich bezaubert, daß Du der Wahrheit nicht gehorchest? welchem Jesus Christus vor die Augen gemalt war und nun von Dir gekreuzigt wird. (vgl. die Anspielung auf Gal 3,1). – Ach, mein Sohn, mein Sohn! wie tief beugst Du mich! welche Seufzer pressest Du aus meiner Seele! und wenn Abgeschiedene einige Notiz von uns nehmen, o welch grausamer Störer der Ruh Deiner seligen Mutter bist Du dann jetzt, da selbst Deine Dir fremde Stiefmutter mit mir Dich beweint. So gehe denn in die Welt, deren Ehre Du suchst." Er lehnt die Einwendungen des Sohnes ab, die er zu Unrecht „stark" nenne: „Ja stark und mächtig ist der Eigendünkel und der Stolz Deines Herzens, aber nicht Deine Einwürfe, welche sogar ein Kind umzustoßen vermag ..." Und schließlich: „... mein Sohn, den ich mit Tränen an mein beklommenes Herz drücke, ach! mit herzschneidender Wehmut entlaß ich Dich, und entlassen muß ich Dich, da Du den Gott Deines Vaters nicht mehr anbetest, nicht mehr vor einem Altar mit ihm niederkniest. Ist es aber möglich ..., so gib der Bitte Deines Dich flehenden Vaters Gehör: kehre wieder! mein Sohn, kehre wieder!"

In einer Zeit, deren pädagogische Einsicht dahin geht, daß die Vätergeneration die Heranwachsenden „loslassen" müsse und daß es weder ein Dienst an den jungen Seelen noch dem christlichen Glauben gemäß sei, einen ungebrochenen, nicht angefochtenen Kinderglauben zu kultivieren, ist diese Reaktion des Vaters kaum faßlich. Sie zeigt, unter welch außerordentlichem innerem und äußerem Druck in der Zeit der Aufklärung und nachher sich religiöse Neuorientierungen vollziehen mußten, und daß das schmerzliche Ringen, das wir schon bei LESSING beobachteten, sich immer neu vollzieht. Das Messer an die eigenen Wurzeln zu legen, wie NIETZSCHE es den Aufgaben der „kritischen Historie" zuweist, muß tiefe Wunden schlagen.

Es ist deshalb bewegend, in ADOLF VON HARNACKS innerer Lebensgeschichte einen ganz analogen Konflikt mit seinem lutherisch-orthodoxen Vater THEODOSIUS zu beobachten, auch wenn es hier erst im reiferen Studenten- und Kandidatenalter zu ihm kam. Es hatte sich sehr bald in seiner Heimatstadt Dorpat herumgesprochen, daß der junge Adolf „liberal" sei und daß sich, wie er in seinem sehr viel späteren Briefe bemerkt, sein „Unterricht in der christlichen Religion … gegenüber der herrschenden Unterweisung wie eine Subtraktion" ausnahm[28]. Vor allem korrespondierte er mit seinem von ihm verehrten Dorpater Lehrer MORITZ VON ENGELHARDT über sein Ringen mit und seiner Distanzierung von der dogmatischen Tradition der „positiven" Theologie. Charakteristisch ist auch für ihn, daß die beginnende Skepsis ebenso wie beim jungen SCHLEIERMACHER bei der Christologie einsetzt, in diesem Falle bei der historischen Infragestellung des Christus-Dogmas, vor allem der Trinität und der Zweinaturenlehre[29]. Daß er dabei ihm liebgewordene und von Kindheit auf vertraute Glaubensvorstellungen preisgeben mußte, war ihm schmerzlich. In dem schon genannten Briefe an MARIE VON OETTINGEN bekennt er diesen Abschiedsschmerz:

„Ich kann sagen, ich habe diese Frage (nach der Person Jesu) im Herzen mehr als im Kopfe bewegt und hätte sie gern losgelassen, wenn sie mich nur gelassen hätte, denn jeder Punkt, den ich fahren lasse, jede Position, die ich aufgeben muß, *erfüllt mich mit einem innerlichen Reueschmerz,* als hätte ich damit einen Frevel begangen, und doch ist das nur, wie der Kopf sagt, ein Losreißen von alten, gewohnten Anschauungen und Überlieferungen … *Woher kommt es, daß das, was ich als wahr erkannte, mir so wenig Freude macht? und Andere erzählen doch, daß die Wahrheit finden erfreulich sein soll!"*[30] – Der Schmerz seines Vaters THEODOSIUS VON HARNACK über die theologische Entwicklung des Sohnes äußert sich ähnlich emotional und ebenso wenig argumentativ wie beim Vater des jungen SCHLEIERMACHER: „Wäre ich treuer gewesen, so stündest Du auch noch positiver, als Du stehst. Ich bitte Dich um Alles willen, was Dir wert und lieb ist, mein sehr lieber Adolf, laß Dir weder imponieren noch Deine Eitelkeit reizen (!) durch die moderne Theologie mit ihrer negativen Kritik, bei der es ganz gleich ist, ob sie ein Blatt aus der Bibel reißt, oder alles verwirft. Folge nicht dem Bewußtsein der Zeit, sondern dem der Kirche, denn nur zwischen beiden haben wir Wahl."[31]

Wir halten fest: Bei dem jungen SCHLEIERMACHER kündigt sich wiederum schon in frühesten Jahren sein theologisches Lebensproblem an, wenn sein Zweifel bei der Christologie einsetzt und er die traditionelle Versöhnungslehre infrage stellt. Noch in seiner Glaubenslehre bleibt dies das kritische Moment, weil hier der subjektive Ansatz seiner Theologie – der Ausgangspunkt nämlich beim „Gefühl schlechthinniger Abhängigkeit", früher bei „Anschauung und Gefühl des Universums" – am härtesten auf die geschichtliche Faktizität einer Person trifft. Das, worüber ihn schon die erste Begegnung mit dem Problem nicht hinwegkommen läßt, ist die Einsicht, daß die Versöhnungslehre weder rational einsichtig sei noch einen Anhalt an Jesu eigenen Äußerungen besitze. Dennoch gibt sich diese Lehre als dogmatische Wahrheit. Eine Wahrheit jedoch, die nicht einsichtig ist, obwohl sie sich auf der Ebene des Rationalen bewegt (wie etwa ANSELMS

---

[28] Brief an eine ihm nahestehende, von ihm mit großem Vertrauen bedachte Verwandte, MARIE VON OETTINGEN, in: AGNES VON ZAHN-HARNACK, Adolf von Harnack, 2. A. 1951, 73. Aus dieser Biographie von HARNACKS Tochter auch die folgenden Zitate.

[29] AaO. 65; 72.

[30] AaO. 75; Hervorhebg. vom Verf.

[31] AaO. 75.

Versöhnungslehre), und überdies der erkennbaren historischen Faktizität widerstreitet, ist ein nicht assimilierbares Dogma, dem sich die intellektuelle Redlichkeit versagen muß.

Ferner ergibt sich die theologische Krise des jungen SCHLEIERMACHER aus der Beobachtung, daß der damalige Herrenhuter Pietismus auf einer Insel lebt und sich der Weite des Geistes verschließt. Das Herrenhutertum widersetzt sich also – so hat es der Schüler erlebt – jedem Versuch, die Welt zu verstehen und sich selber von ihr verstehen zu lassen. Hier gab es keine religiöse Relevanz der Weltbezüge: Weder die Naturwissenschaft noch die Kultur im weitesten Sinne wurden in eine Beziehung zu religiösen Fragestellungen gesetzt; der Glaube lebte in einem isolierten Abseits.

Die Hausordnung sah einen täglichen Gottesdienst vor und schloß die Schüler im übrigen hermetisch von der Umwelt ab. Es gab eine strenge Zensur, die selbst die Lektüre eines KANT, ja sogar die LAVATERS mit dem Stigma des Verbotenen belastete. Die großen Dichter waren vielfach nicht einmal in kastrierten Ausgaben verfügbar, wenn man so etwas wie weltlichen Sinn witterte. Über allem waltete ein ausgedehntes und höchst peinliches Spionagesystem.

Wenn so die Verbindung zu Wissenschaft, Kunst und allen Gütern der Kultur abgeschnitten ist, droht die Weite des Lebens zu einer sinnentleerten Wüste zu werden, in der als umgrenzte, einsame Oase nur die Religion einen Hauch von Leben spüren läßt. So wird dieses Christentum der Konventikel zu einem auf ein Minimum reduzierten Bestande dessen, was menschlicher Existenz schöpfungsmäßig eingestiftet ist.

Die Sinnentleerung weltlicher Existenz drängt nun auf eine Konsequenz, auf die ERNST TROELTSCH und MAX WEBER in ihren religionssoziologischen Analysen aufmerksam gemacht haben[32]. Der einzige dünne Faden, der das Weltleben noch an die Religion bindet, ist der Auftrag an den Menschen, sich die Erde untertan zu machen und Gott durch Handeln in der Welt – nicht durch ausruhende Kontemplation – zu ehren. Wenn sich aber dieser Auftrag mit einer Weltsicht verbindet, in der aller ideale Gehalt, alle Freude an Wissenschaft, Kunst und geselliger Kultur ausgeblendet ist, dann kommt es dazu, daß sich „Betriebsamkeit, lebhafter Kaufmannsgeist, ja Habsucht sich zu einer strengen Christlichkeit gesellen"[33]. Wo nur noch die letzte Wirklichkeit allein maßgebend, das Vorletzte aber von ihrer Normierung und Durchdringung ausgeschlossen ist, wird dieses Vorletzte den Trieben, dem unkontrollierten Aktivismus und also auch – der Säkularisation überlassen. Wenn dieses beides – Intensität des religiösen Lebens und nackte Erwerbslust – so dicht nebeneinander existiert, ist das nicht einfach, wie es von außen her scheinen mag, „Heuchelei", sondern es entspricht einer theologischen Konzeption, die der Religion und

---

[32] E. TROELTSCH, Die Soziallehren der christl. Kirchen u. Gruppen, 3. A. 1923, 955ff. – MAX WEBER, Die protestantische Ethik, ed. Joh. Winckelmann 1965, 165ff. – Gesammelte Aufsätze zur Religionssoziologie I, 4. A. 1956, 192ff.

[33] DILTHEY, aaO. 24.

damit der praxis pietatis ein ausschließliches Monopol einräumt und damit das Diesseits nicht oder kaum noch sub specie aeternitatis sieht, sondern es sich selber überläßt.

Diese Mitteilungen über das damalige Herrenhut – zugleich als exemplarische Situation verstanden – mögen genügen. Soviel aber mußten wir auch feststellen, um uns klar zu machen, wie die Entelechie SCHLEIERMACHERs sich gleichsam im negativen Widerspiel zu dieser Lebensform bildete und wie gerade diese Provokation es war, die zur Entbindung seiner wesentlichen Denkvorgänge beitrug. Denn die Persönlichkeitsspaltung, die diese Art pietistischer Frömmigkeit mit sich brachte, war seinem Bedürfnis nach einer Einheitsschau, nach einer Interdependenz aller weltlichen und religiösen Wahrheiten, total zuwider. (Wir sahen, wie schon das Kind nach jenem zusammenhaltenden Band suchte.)

Es wäre deshalb sicherlich falsch, wenn man den Widerspruch des jungen SCHLEIERMACHER gegen Herrenhut *nur* mit einer gewissen Bildungsleidenschaft erklären wollte, die sich die idealen Güter der Menschheit vorenthalten sah und gegen diese Beraubung aufbegehrte. Das mag bei einem so reich instrumentierten Geiste wie dem SCHLEIERMACHERs sehr wohl mitgespielt haben. Der eigentlich tragende Impuls seines Widerspruchs aber ist zweifellos die Auflehnung dagegen, *daß der Glaube hier jeden systematischen Zusammenhang mit allen sonstigen Lebenserscheinungen vermissen ließ und daß darum der Glaube ebenso wie die Kultur entwertet und denaturiert werden mußten:* der *Glaube* insofern, als er zur bloß religiösen Gemütspflege herabsank, als er so auf einen begrenzten Sektor der humanitas reduziert wurde und auch in seiner theologischen Reflexionsgestalt jeder Korrelation mit den Fragen seiner Zeit und Umwelt entbehren mußte. Andererseits wurde so auch die *Kultur* zur Verkümmerung verurteilt, weil ihr das spirituelle Salz entzogen war. Als Ausdruck einer sich selbst überlassenen Welt wurde sie teils zum Entfaltungsraum eines ungesteuerten Erwerbstriebes, teils trat sie nur noch als Inbegriff der Anfechtung und des Verführerischen ins Blickfeld des Glaubens. Endlich mußte auch die *humanitas selbst* degenerieren, weil der Mensch mit alledem in das Kraftfeld einer völlig unechten Polarität tritt und so aufhören muß, der einheitliche Beziehungspunkt seiner Lebensfunktionen zu sein.

So bildete die herrenhutische Zeit für SCHLEIERMACHER jedenfalls eine kreative Reibungsfläche, an der seine eigene denkerische Bestimmung sich entzündete und zu einem ersten Leuchten kam. Wie in GOETHES orphischen Urworten erhielt sein „Daimon" hier Gelegenheit, sich durch ein Bedrohendes affizieren zu lassen, sich wider es durchzusetzen und damit zur eigenen Identität durchzufinden.

Nach dieser für ihn wesentlichen und prägenden Innengeschichte brauche ich die übrigen Stationen seiner Biographie nur zu erwähnen. (Genaueres ist in der RE oder in seinen Briefen zu finden.) Ich nenne seine Studienzeit in Halle, wo er SEMLER hört, CHR. WOLFF, KANT und JACOBI studiert, aber auch Mathematik und neue Philologie treibt; ferner seine menschlich bewegte Hauslehrerzeit bei dem Grafen DOHNA-SCHLOBITTEN, die einen besonders lebendigen Niederschlag in seinen Briefen findet. Nach einigen weiteren Zwischenstationen wird er 1796 Prediger an der Berliner Charité. Hier tritt er in Beziehung zu Kreisen der Romantik und wird vor allem durch die enge Freundschaft mit FR. SCHLEGEL und durch geselligen Verkehr in den Berliner Salons, vornehmlich in dem der HENRIETTE HERZ, angeregt. In dieser Zeit beginnt auch seine PLATO-Übersetzung zu entstehen, die er zuerst mit SCHLEGEL gemeinsam plante, dann aber – nach der Krise dieser Freundschaft – allein weiterführt. Nach einem Zwischenspiel als Hofprediger in Stolpe (1802 bis 1804) wird er als Extraordinarius und Universitätsprediger nach Halle berufen (1804 bis 1806), wo er Dogmatik, Ethik und Neues Testament in einem kaum vorstellbar reichen Stundenplan liest. Die Auflösung der Universität durch NAPOLEON läßt ihn dann abermals und diesmal endgültig in Berlin seine Wirkungsstätte finden (1807). In enger Verbindung mit W. VON HUMBOLDT bereitet er durch programmatische Schriften und auch organisatorisch die Berliner Universitätsgründung vor und verbindet ab 1809/10 sein Pfarramt an der Dreifaltigkeitskirche mit einer Professur an der Universität und von 1811 an mit der Mitgliedschaft in der Akademie der Wissenschaften. Als Professor liest er über Themen aus den meisten theologischen Disziplinen (das Alte Testament bleibt dabei ausgenommen), ebenso über die verschiedensten systematischen und historischen Stoffe der Philosophie. Auch für die Akademie liefert er viele Beiträge, die seine universale Bildung bezeugen. Zugleich betätigt er sich kämpferisch in der Kirchenpolitik, indem er für die Union eintritt, sich gleichzeitig aber gegen die königliche Agendenverordnung wendet: sowohl in der grundsätzlichen Absicht, zugunsten einer Selbstbestimmung der Gemeinden kein staatliches Oktroi zuzulassen, wie aus Bedenken gegenüber liturgischen Einzelbestimmungen, die ihm wegen seiner reformierten Provenienz unerträglich erscheinen. – Denkt man schließlich noch an seinen geselligen Lebensstil, an seine Predigttätigkeit, an die zeitraubende Hingabe an den Umgang mit seinen Studenten und an seine reiche literarische Entfaltung, so drängt sich der Eindruck einer fast unermeßlichen Lebensleistung auf. Auch in dieser Hinsicht fühlt man sich an ADOLF VON HARNACK erinnert.

Wichtiger als die tabellarische Übersicht zu seinem Lebenslauf ist es, bei dieser biographischen Skizze noch einmal an das anzuknüpfen, worin sich beim jungen SCHLEIERMACHER seine Entelechie bereits verriet, und wenigstens einen Blick auf die entfaltete Menschlichkeit des reifen SCHLEIERMACHER zu werfen:

Er war ein Genie der *Geselligkeit.* Um sein Eigentliches zur Sprache zu bringen, bedurfte er der Entbindung durch ein Du. Der Dialog war sein geistiges Metier – und nicht zuletzt deshalb mögen ihn die platonischen Dialoge angezogen haben. Eine seiner schönsten Schriften – die „Weihnachtsfeier" – hat sich denn auch dieses Stiles der Äußerung bedient.

Das damalige Berlin mit seinen kultivierten noch nicht zu Cocktailparties verflachten Gesellschaften gab dieser Natur reiche Möglichkeiten der Entfaltung. Er war eine dominierende Gestalt in den Salons der Berliner Romantik, wie sie vor allem von hofhaltenden hochgebildeten Damen unterhalten wurden. Hier war für SCHLEIERMACHER Gelegenheit, sich in Gesprächen zu verströmen. Der fast tägliche Besuch solcher Stätten des Dialogs war alles andere als die Bemühung, lästige gesellschaftliche Verpflichtungen zu absolvieren – auch hier: welcher Abstand der Zeiten! –; der Zeitaufwand lohnte sich, weil es erfüllte, entspannende und schöpferisch anregende Zeit war.

Einer der führenden Salons war der von HENRIETTE HERZ, in dem sich alles in Berlin einfand, was Rang und Namen hatte, und auch das Ehepaar HUMBOLDT verkehrte. Die HERZ verfügte über eine reiche Bildung, konnte sich in acht Sprachen äußern und lernte später noch Türkisch und Sanskrit. Dennoch waren diese großen Damen der Romantik keine professionellen Gelehrten. Man kann sich nicht vorstellen, daß HUMBOLDT oder SCHLEIERMACHER „Frau Kollegin" zu ihnen gesagt oder sie nur in diesem Sinne empfunden hätten. Man achtete in ihnen eine andere geistige Struktur, als sie bei Universitätsgelehrten vorausgesetzt wurde. Bezeichnenderweise spricht SCHLEIERMACHER von der „passiven Wissenschaftlichkeit" der HENRIETTE HERZ[34] und will damit wohl sagen, daß ihre Bildung nur ein Instrument ihres Charismas sei: des Charismas nämlich, den männlichen Geist zu stimulieren und ihn in allen seinen Möglichkeiten zu entbinden. Es ging also nicht um das feministische Ideal, es den Männern „gleichzutun" und die Gleichrangigkeit und Gleichartigkeit der mann-weiblichen Intelligenz herauszustellen. Vielmehr sah man hier eine durchaus polare Rollenverteilung der beiden Geschlechter, deren Kreativität den Rang des weiblichen Elements so hoch einstufte, daß jener feministische Ehrgeiz außer Betracht bleiben mußte[35].

Tragische Schatten warf über SCHLEIERMACHERS Leben die Freundschaft und Liebe zu einer andern bedeutenden Frau, zu ELEONORE GRUNOW, der kinderlosen und in ihrer Ehe unbefriedigten Gattin eines Berliner Geistlichen. Glück, Unglück und Ende dieser großen Liebe bringt SCHLEIERMACHER in seinen Briefen an die ihm vertraute Schwester Charlotte erschütternd zum Ausdruck.

FRIEDRICH SCHLEGEL, mit dem er lange zusammen hauste und anregende Freundschaft pflog, war es vor allem, der ihn mit den Kreisen der Romantik in Verbindung brachte. Durch seinen Einfluß kam es wohl auch, daß für manche Phasen von SCHLEIERMACHERS Lebensweg ein gewisses spielerisches Literatentum charakteristisch wurde, ein Feuilletonismus sozusagen, der ihm zur Auflockerung seines literarischen Stiles dienen mochte. Dazu gehörten zum Beispiel die „vertrauten Briefe über Schlegels Lucinde" (1800) (Kleine Schriften u. Predigten, ed. H. GERDES, I, 1970, 83 ff.) – ein seriöser und gleichwohl viele schockierender Kommentar zu einem damals als etwas pornographisch empfundenen Buche seines Freundes. (Man stelle sich vor, K. BARTH oder selbst P. TILLICH hätten etwa VLADIMIR NABOKOVS „Lolita" kommentiert!). – In diese Periode gehört auch seine „Idee zu einem Katechismus der Vernunft für edle Frauen"[36], der Hintergründiges in spielerischer Form und mit der Lust an verblüffender Pointierung bringt.

Aus der Auslegung der zehn Gebote nur eine kleine Kostprobe: „1. Du sollst keinen Geliebten haben neben ihm: Aber Du sollst Freundin sein können, ohne in das Kolorit der Liebe zu spielen und zu kokettieren oder anzubeten. – 2. Du sollst Dir kein Ideal machen, weder eines Engels im Himmel noch eines Helden aus einem Gedicht oder Roman ...; sondern Du sollst einen Mann lieben, wie er ist. Denn sie, die Natur, Deine Herrin, ist eine

---

[34] DILTHEY, 236.

[35] Natürlich kann die Lösung des Geschlechterrangs in diesen Salons einer geistigen Elite nicht zum Maßstab für die allgemeine und „normale" Regelung des Verhältnisses der Geschlechter dienen. Das wäre ein sehr ungerechter Mißbrauch dieses Salon-Modells. Für eine generelle Sicht des Problems kämen vielerlei soziologische Aspekte in Betracht.

[36] Athenaeum, 1798, I S. 109.

strenge Gottheit, welche die Schwärmerei der Mädchen heimsucht bis ins dritte und vierte Zeitalter ihrer Gefühle. – ... 6. Du sollst nicht absichtlich lebendig machen. – ... 10. Laß Dich gelüsten nach der Männer Bildung, Kunst, Weisheit und Ehre."

Daß SCHLEIERMACHER ein bedeutender *Prediger* war, ist noch aus dem gedruckten Nachlaß erkennbar. Vielleicht darf man sagen – Beispiele dafür sollen noch zur Sprache kommen –, daß sein Christ-sein sich auf der Kanzel am unmittelbarsten äußerte, daß er hier sogar eine gewisse Einengung durch sein theologisches System durchbrach, sich gewissermaßen ungesichert äußerte und manchen christologischen und eschatologischen Gedanken entfaltete, der durch seine Glaubenslehre kaum gedeckt war, der aber in seiner persönlichen Frömmigkeit gleichwohl eine Rolle spielte. In ihrer gedruckten Gestalt wirken seine Predigten wie weitausgreifende Abhandlungen, denen man gleichwohl Wärme und Beteiligung des Herzens abspürt. Ihr Gedankenreichtum und die Dichte ihrer Aussage müssen die Aufmerksamkeit der Hörer aufs äußerste angespannt haben und setzen ein erhebliches Reflexionsniveau voraus. Er war ein „akademischer" Prediger. Bezeichnend für sein homiletisches Prinzip ist es, daß er keine fertigen dogmatischen Thesen vortrug, überhaupt nichts „Proklamatorisches" an die Gemeinde richtete, sondern daß er seine Hörer mit in seine Gedankenentwicklung hineinnahm. Er strebte nach Überzeugen, und als das beste Mittel dazu erschien ihm, spürbar werden zu lassen, welcher gedankliche Weg ihn selbst zur Annahme der verkündigten Wahrheit gebracht hatte. Er bestätigte so die konventionelle Gemeinde nicht einfach in dem, was sie an Voraussetzungen mitbrachte, sondern dachte wohl auch auf der Kanzel an die Gebildeten unter den Verächtern des Glaubens oder an die Suchenden. So vermied er die bloß „bekennende" Konfrontation, die gerade diesen nicht hätte helfen können, sondern er nahm sie mit in einen Prozeß des Nachdenkens, dem sie sich willig und mit gewecktem Interesse hingeben konnten – ob sie nun am Ende in sein Bekenntnis einstimmten oder nicht. Dieses Bekenntnis ersparte er ihnen freilich nicht. Es war beherrscht von der Gestalt Christi. Vielleicht war dies der Grund dafür, daß alttestamentliche Predigttexte – ausgenommen bei patriotischen Gedenktagen, wo der Text mehr die Rolle eines Mottos oder auch Refrains spielte – in seiner Verkündigung zurücktraten.

SCHLEIERMACHER las bei seinen Predigten keine Manuskripte vor, sonden sprach frei nach ausgiebiger Meditation. Nur einen kleinen Zettel mit Stichworten nahm er mit. Den schrieb er nicht selten während einer Samstagnachmittag-Gesellschaft, wobei angenommen werden darf, daß er das vorher schon meditativ Bedachte nur noch durch eine Disposition abrundete. Es war bekannt, daß er sich bei solchen Gelegenheiten für einige Zeit absentierte und in einer stillen Ecke seinen Zettel beschrieb.

Der dialogische Charakter der Geistigkeit SCHLEIERMACHERS äußerte sich vor allem auf dem Katheder des Professors. Er „las" nicht, sondern sprach seine Hörer wiederum in freier Rede an, der eine sorgfältige Vorbereitung vorangegangen war. Dann aber erlaubte ihm sein eminentes Gedächtnis, auch Detail-Fakten ohne die Eselsbrücke eines Manuskripts vorzutragen. Gerade bei diesem

Vortrag und im Kontakt mit seinem Auditorium flogen ihm viele Ideen allererst zu. *Danach* brachte er sie dann erst häufig aufs Papier und ließ so die Gunst der Stunde schriftstellerisch fruchtbar werden.

Es mag erstaunen, daß er Freunden gegenüber über seinen Mangel an Kenntnis theologischer Literatur klagen und sich gelegentlich zu der Äußerung versteigen konnte: „Wenn Sie ihn (diesen Belesenheitsmangel) in seinem ganzen Umfang kennten, würden Sie erschrecken."[37] Daß ihm die rechte Lust zu theologischer Lektüre fehlte, lag nach seinem eigenen Eingeständnis daran, daß „die theologischen Wissenschaften größtenteils von solchen betrieben (werden), die keinen religiösen Sinn haben". Heute würden wir vielleicht sagen: SCHLEIERMACHER vermisse bei den üblichen Theologen das Engagement der eigenen Existenz, den eigenen elementaren Bezug zu der Wirklichkeit, die sie mit ihren Reflexionen umkreisen. Es scheint so, daß auch hier der Dialog nach außen – etwa zur Dichtung oder zur Philosophie hin – für ihn mehr an schöpferischer Anregung vermittelt habe als das Verweilen im internen theologischen Metier. Gerade die Verbindung der Kirche mit dem Staate, so kann er vermuten, könne zu dieser etablierten Distanz der Theologen beitragen.

Im Umgang mit seinen Studenten, von dem der spätere Arzt ADOLF MÜLLER geradezu schwärmerisch berichtet[38], wirkte sich SCHLEIERMACHERS gesellige und dialogische Natur besonders eindrucksvoll aus. Er, MÜLLER, habe sich geradezu in ihn verliebt, und nur seine Ehrfurcht habe ihn abgehalten, ihn gewaltsam zu sich herabzuziehen. SCHLEIERMACHER versammelte jeden Freitag eine Anzahl Studenten, mit denen er besonders verbunden war, zum Tee. Man konnte so lange bleiben, wie man wollte, da er sich erst gegen 2 Uhr in sein Schlafgemach zurückzog. Die jungen Gäste waren beglückt über die Art, mit welcher Lebendigkeit der Lehrer sich ihnen aufschloß und „in der unterredenden Mitteilung auf jeden einging". Niemals suchte er so die Distanz des „Stars", er blieb allen gleich nahe, ob es nun die Spitzen der Gesellschaft, seine Studenten oder auch seine Konfirmanden waren. So war denn auch das, was er in abgeschlossener Konzentration niederschrieb, immer wieder die Frucht dessen, was ihm in lebendiger Kommunikation zugeströmt war. In allem zeichnet sich sein Charisma für Freundschaft ab, für die zusammen mit der Liebe in seinem „Gemüte" stets ein „freier Raum ist". „Jedes eigne Wesen möcht ich mit Liebe umfassen, von der unbefangenen Jugend an, in der die Freiheit keimet, bis zur reifsten Vollendung der Menschheit; jedes, das ich so erblicke, begrüß ich in mir mit der Liebe Gruß … Sein (des in Liebe und Freundschaft verbundenen Menschen) eigentümlich Sein und das Verhältnis desselben zur Menschheit ist es, was ich suche", nicht seinen äußerer Rang in der Welt; „so viel ich jenes finde und dieses verstehe, so viel Liebe hab ich für ihn; allein so viel er mich versteht, kann ich ihm freilich nur beweisen"[39]. – Kommunikation und Freundschaft bestimmen sein Leben so tief, daß er sich daran sogar das Verhältnis von Leben und Tod klar macht; Tod ist das Aufhören aller mitmenschlichen Verbundenheit:

---

[37] DILTHEY, 751 f.
[38] DILTHEY, 758 f.
[39] Monologen II, 41 f. (Gerdes-Hirsch-Ausg.)

„Es ist das Leben der Freundschaft eine schöne Folge von Akkorden, der, wenn der Freund die Welt verläßt, der gemeinschaftliche Grundton abstirbt ... Mein Wirken in ihm hat aufgehört, es ist ein Teil des Lebens verloren. Durch Sterben tötet jedes liebende Geschöpf, und wem der Freunde viele gestorben sind, der stirbt zuletzt den Tod von ihrer Hand, wenn ausgestoßen von aller Wirkung auf die, welche sein Leben gewesen, und in sich selbst zurückgedrängt, der Geist sich selbst verzehrt" – so heißt es in der hochromantischen Sprache der „Monologen"[40].

Damit hat SCHLEIERMACHER ein Herzstück seiner Menschlichkeit zur Sprache gebracht.

II. *Zu* SCHLEIERMACHERS *theologischen Hauptwerken*

Um das SCHLEIERMACHER-Kapitel nicht zu einem eigenen Buch werden zu lassen, muß ich von der Kunst des Weglassens ausgiebigen Gebrauch machen. Es geht mir nur um seine maßgeblichen *theologischen* Intentionen, wie sie vor allem in den „Reden" und in der Glaubenslehre vorgetragen werden. Selbst der Reichtum *dieser* Bücher läßt außer summarischen Überblicken keine Gesamt-Referate zu, sondern zwingt zur Beschränkung auf die Achsenkapitel. Von seinem weiträumigen literarischen Schrifttum über Philosophie, Hermeneutik und Bibelauslegung konnte ich in der biographischen Skizze nur einen ungefähren Eindruck vermitteln. Das eine oder andere davon versuche ich – mehr assoziativ – bei den theologischen Analysen heranzuziehen. Es kann schon deshalb nicht völlig außer acht gelassen werden, weil SCHLEIERMACHERS Theologie ihre wesentlichen Impulse von außerhalb der Theologie empfängt und weil sie ohne die Korrelation zu allem, was menschlich ist, also zu den *nicht* primär religiösen Dimensionen des Menschseins, kaum gedacht werden kann. Es ist gerade das Novum, was mit ihm in der Theologiegeschichte auftaucht, daß er aus dem Getto von Orthodoxie und Pietismus, aus dem innerkirchlichen und innertheologischen Bereich überhaupt, ausbricht und universale Horizonte ins Auge faßt. Selbst die Morallehre und die philosophische Metaphysik gehören nach SCHLEIERMACHERS Verständnis noch zu jenen Ghetto-Wällen, die er übersteigt.

Aber die Dinge liegen noch komplizierter: Auch das streng gestaltete System mit seiner kunstvollen Architektur und seinen schönen Symmetrien, in dem sein facettenreiches Denken sich den angemessenen Raum zu schaffen sucht, selbst dieses System kann nun auf andere Weise seinerseits wieder zu einem Gefängnis werden, das nicht sein ganzes geistiges Leben aufzunehmen vermag. Der Christ SCHLEIERMACHER wird immer *mehr* sein als seine Theologie, er wird an allen Ecken und Enden „überstehen". Deshalb ist der größte theologische Systematiker des 19. Jahrhunderts nicht zu verstehen ohne seine Predigten, in denen er sich unmittelbar, rückhaltlos – d.h. ohne den Rückhalt an seinem System – und ungesichert ausspricht. Kanzel *und* Katheder sind die beiden Brennpunkte in der

---

[40] IV, aaO. 65.

Ellipse seiner geistigen Entelechie. – In diesem Sinne versuchen wir, die Ventile sichtbar zu machen, aus denen der Überdruck des jeweiligen Systems entweichen kann, und die es ermöglichen, daß das hier ungesagt Gebliebene sich an anderer Stelle ausspricht.

a) Die Reden über die Religion „an die Gebildeten unter ihren Verächtern"

1. Überblick

Den Erscheinungstermin muß man sich merken. Er liegt unmittelbar vor der Schwelle des neuen Jahrhunderts: 1799. Wenn man es ganz genau sagen will, wäre noch hinzuzufügen, daß das Manuskript am 15. April vormittags halb zehn fertig wurde.

Am Morgen dieses Tages schreibt SCHLEIERMACHER an HENRIETTE HERZ: „Wie es mir gestern abend gegangen ist, ich alter Narr! Voll der ‚Religion' habe ich mich schlafen gelegt und mich anderthalb Stunden im Bett herumgetrieben ohne Schlaf. Es war nicht Erhitzung vom Arbeiten, denn das war sehr langsam, ruhig und leicht gegangen; es war eine Anwandlung von Vaterfreuden und Furcht vor dem Tode. Sehn Sie, zum ersten Male ist es mir mit einer gewissen Lebhaftigkeit aufgefallen, daß es doch schade wäre, wenn ich diese Nacht stürbe."[41]

Einige Tage vorher bemerkt er gegenüber der gleichen Adressatin: Sein Christentum, bis zu dem er in seinen „Reden" noch gar nicht gekommen sei, werde seinem Freunde SACK wohl zu originell vorkommen, obwohl es eigentlich sehr alt wäre[42].

Mit diesem Worte „originell" umschreibt SCHLEIERMACHER die entscheidende Problematik seines Buches. Denn „originell" bedeutet in seinem Sprachgebrauch, eine ursprüngliche Anschauung der Dinge haben. Das Gegenteil dazu – die bloße „Kopie" sozusagen – wäre, jene Anschauung aus der Tradition, aus den Anschauungen *anderer* abzuleiten. Eben diesen Sekundär-Effekt will er vermeiden. Es geht ihm also nicht um den Rekurs auf eine dogmatische Lehrüberlieferung, sondern auf das individuell erlebte Gefühl und auf die eigene Anschauung, auf die lebendige Quelle des Religiösen in ihm selbst. Gleichwohl bezeichnet er das, was ihm bei diesem Anmarschweg auf das (noch nicht erreichte) Christentum klar wird, zugleich als „sehr alt" und will damit sagen: Auch die Glaubenssätze der christlichen Tradition sind einmal als eine Art Rationalisierung des religiösen Gefühls zustandegekommen, das in Unmittelbarkeit erlebt wurde, als eine Objektivierung von Vertrauen, Liebe und Furcht. Erst nachher, nachdem so aus ihnen „Lehr"-Sätze geworden waren, ist ihnen die Seele dieses produzierenden Gefühls ausgeblasen worden, so daß aus ihnen Wort-Leichname wurden. Denn die erstarrten Begriffe halten sich länger als das glühende, feuerflüssige

---

[41] Briefe I,147.
[42] AaO. 145.

Leben, das in ihnen zur Formel gerann. Indem ich euch also, meint SCHLEIER-
MACHER, zu einer neuen Anschauung der Religion und der religiösen Produktivität vorwärtsführe, gleichsam einen theologischen Neubeginn setze, führe ich
euch paradoxerweise zugleich zu den urtümlichen *Quellen* aller religiösen
Schriftsteller und kirchlichen Theologen zurück. Wir müssen nämlich die Religion dort aufsuchen, wo sie noch Enthusiasmus, glühende Lava und nicht schon
erkalteter Stein ist.

Nur wenn wir uns das klar machen, wird das außerordentliche, Vergangenheit
und Zukunft umgreifende Pathos verständlich, das diesen Reden innewohnt.
SCHLEIERMACHER weiß sich hier nicht nur auf der Jahrhundertgrenze, sondern
auf der Grenze der Zeiten überhaupt. Er hat sich nicht darin getäuscht, daß er
damit eine neue Epoche theologischen Denkens einleitete, so sehr er diesen Beginn in seiner eigenen Arbeit späterhin überbot. Zum ersten Male taucht hier
sehr betont das auf, was bei SEMLER allererst angedeutet war: daß nämlich alle
theologischen Kundgaben einen *Adressaten* haben, und daß dieser Adressat
Form und Inhalt der Aussage mitbestimmt. Dieser Adressat ist der Zeitgenosse,
wie SCHLEIERMACHER ihn vor allem in seinen romantischen Freunden sah[43].

Mit dem „Zeitgenossen" wird damit auch ein Akzent auf das *Besondere der
eigenen Zeit* gesetzt, wie es sich nur aus dem Bewußtsein eines Zeiten-*Wandels,*
eines Kontrastes zwischen dem Vorher und dem Nachher, ergibt.

Das tritt noch deutlicher in den wenig später erschienenen „Monologen" hervor, wo SCHLEIERMACHER betont von der geistigen Situation der „Gegenwart",
von der Denkart des „jetzigen Geschlechts" spricht, der gegenüber er sich als
„Fremdling", als „prophetischer Bürger einer späteren Welt" fühle[44]. Ich hege
die Vermutung (ohne mir freilich ganz sicher zu sein), daß hier zum ersten Male
diese Reflexion auf „unsere Zeit" und deren Bedeutung für die Verkündigungs-
aussage aufklingt. Der Theologe, der Systematiker sowohl wie der Prediger, ist
seiner Zeit verpflichtet, er kann nur aus der Korrelation mit den Fragen *seiner*
Zeit und darum nur aus der Solidarität mit seinen Zeitgenossen reden.

Implizit ist damit gesagt, daß Theologie ein geschichtliches Phänomen ist, daß
ihre Aussageformen, ihre Intentionen und Adressierungen sich ständig ändern,
daß es also eine *Geschichte der Theologie und auch der Predigt* gibt, daß darum
mit keinen „ein-für-allemal" gültigen Lehrformeln und keiner theologia perennis
zu rechnen ist. Auch wenn der Begriff „modern" sporadisch bereits im 17. Jahrhundert auftaucht[45], so *beginnt doch erst mit* SCHLEIERMACHER *die Modernität
der Theologie als Programm.*

---

[43] Tatsächlich haben diese denn auch erheblich aufgehorcht, z.B. NOVALIS und TIECK,
später nach anfänglicher Reserve auch SCHELLING. GOETHE und SCHILLER konnten sich mit
diesem glühenden romantischen Enthusiasmus weniger befreunden. Erst später hat SCHIL-
LER einen gewissen Zugang zu SCHLEIERMACHER gefunden (Brief an ZELTER vom 16.7.
1804).

[44] AaO. III u. IV, Gerdes-Hirsch-Ausg. 51 u. 60.

[45] Vgl. dazu EvGl I, 12ff. Dort auch systematische Überlegungen zum Wandel der
Theologien.

Ich skizziere nun zunächst – als ersten Überblick – den Aufbau der „Reden", um dann ihr Kernstück, die beiden ersten Reden, etwas genauer zu analysieren. Ich möchte in diesen Texten die erste Stufe einer Entwicklung erkennen lassen, die später in der Glaubenslehre ihren Reifegrad erreicht.

Zum Aufbau der „Reden"

1. Die erste, mit „Apologie" überschriebene Rede schlägt gleich das für SCHLEIERMACHER so wesentliche Thema des *Adressaten* an. Er wendet sich an die „Gebildeten" und hier wieder vornehmlich an die Skeptiker, denen das bisherige Erscheinungsbild des Christentums – in Orthodoxie und Rationalismus gleichermaßen – den Zugang zur Religion blockiert, sie ihnen gleichsam „vermiest" hat. Diesen Gebildeten kommt er in dieser ersten Rede mit einem Überraschungsmanöver, das alle ihre Erwartungen gegenüber einem religiösen Traktat jäh über den Haufen wirft. Während die opinio communis bisher dahin ging, daß Bildung und Kultur die mythische Kindheitsstufe des religiösen Zeitalters ablöse, und daß so gewisse Abwehrreaktionen bei den derart zurückgestuften Religionsvertretern – das heißt bei Kirchenleitungen und Pfarrern – ausgelöst werden müßten, spricht der Theologe SCHLEIERMACHER hier gerade im *Namen* der Bildung. Die Gebildeten sollen nur ja recht gebildet sein! Er fordert also von seinen Adressaten nicht, daß sie, um mit der Religion in Kontakt zu kommen, ihre bisherigen Voraussetzungen aufgeben, sozusagen der Weltweisheit entsagen müßten. Er verspricht ihnen vielmehr, daß sie sich selbst treu bleiben und, wie wir heute sagen würden, ihre Identität als kritische Intellektuelle festhalten dürften. Er werde sie genau an diesem ihrem Standort abholen und läßt durchblicken, daß er ja selbst einer dieser „Intellektuellen" sei und sich trotzdem oder gerade deshalb als homo religiosus bekennen könne.

2. Die zweite Rede behandelt nun das so angekündigte Wesen der Religion nach der inhaltlichen Seite, um so deutlich zu machen, daß Religion keine Fremdgröße ist, deren Annahme zugemutet werden müßte, sondern daß die Gebildeten – bisher freilich ahnungslos! – auf ihrem eigenen Gelände fortgesetzt mit ihr zu tun hätten. Da wir diese Rede genauer unter die Lupe nehmen wollen, begnüge ich mich hier mit dieser bloßen Zielansprache.

3. Die nächste Rede beschäftigt sich mit der „*Bildung* zur Religion", mit dem also, was man als religiöse Erziehung und als Unterricht in der Religion bezeichnen könnte. Hier geht SCHLEIERMACHER von der Grundsatzfrage aus, ob Religion *überhaupt* lehrbar sei, ob sie also „mitgeteilt" und entsprechend tradiert werden könne. Wenn seine These stimmt, daß Religion nur aus einem originalen Erleben kommen kann, dann ist die Übernahme religiöser Sätze von einem andern in der Tat höchst problematisch. SCHLEIERMACHER stellt so im Rahmen säkularisierter, psychologischer (eben den „Erlebnis"-Gedanken betonender) Kategorien dasselbe Problem, das in jedem homiletischen und katechetischen Lehrbuch auch heute noch auftaucht: Wenn vom Wirken des heiligen Geistes das Ubi-et-quando-visum gilt, wenn also Glaube nicht gemacht werden kann, sondern geschenkt wird: kann dann das Ziel meines Unterrichts überhaupt sein,

„Christen zu schaffen" oder (in Schleiermachers Terminologie) Religion zu lehren? Kurz formuliert lautet Schleiermachers Lösung: Wenn ein Mensch sein Eigenstes mitteilt und damit sich selbst gibt, fliegt ein Funke über und entbindet in mir selbst eine Flamme, die von den Stoffen genährt wird, die ich als religiöses Subjekt selber in mir trage. Es begibt sich so eine Art sokratischer Entbindung dessen, was *mein* Eigenstes ist. Ganz unmöglich aber ist es, die Religion von diesem persönlichen und am Persönlichen sich entzündenden Charakter zu lösen und sie etwa mit dem Hinweis zu propagieren, daß sie überpersönlichen und allgemeingültigen Normen entspreche.

Unter solchen Normen versteht Schleiermacher Verständigkeits- und Nützlichkeitsregeln. Verständigkeitsregeln enthalten stets den Anspruch auf Einsehbarkeit. Demjenigen gegenüber, der sich ihnen versagt, kann man sich deshalb nur intolerant verhalten. Er schließt sich ja von der Gemeinschaft der Verständigen aus. Da Regeln dieser Art der Religion aber wesensfremd sind, können sie ihr auch nicht dazu dienen, sie lehrbar zu machen und mit der Qualität der Einsichtigkeit auszustatten. Daß auch Nützlichkeitsregeln, also pragmatische Empfehlungen, der Religion ebenfalls nicht gerecht werden, ihr im Gegenteil die dubiose Rolle eines Mittels zu außerreligiösen Zwecken zuschreiben, leuchtet erst recht ein.

Demgegenüber sieht Schleiermacher drei *legitime* Wege zur Religion, die uns in ähnlicher Form bei der Besprechung der Religionsrede begegnen werden (deshalb brauchen sie hier nur stichwortartig angedeutet zu werden): Selbstbetrachtung (= Anthropologie), Weltbetrachtung (= Kosmologie) und Kunstsinn (= Symbolik). In allen dreien werden wir auf das Universum bezogen und insofern einem religiösen Erlebnis ausgesetzt.

4. Die vierte Rede handelt „über das Gesellige in der Religion, oder über Kirche und Priestertum", bringt also eine dem schleiermacherschen Religionsbegriff (dieses Lebensstadiums!) entsprechende *Ekklesiologie*. Kirche wird hier bestimmt als die Gesellschaft religiöser Menschen, die sich auf deren „Mitteilungsbedürfnis" gründet. „Weß das Herz voll ist, deß geht der Mund über" – und das Herz ist ja voll der Religion. Darum hat sie eine kommunikationsstiftende Seite. So erscheint die Kirche als institutionelle Form dieses Dranges zur Geselligkeit.

Die verbindende Klammer besteht in dieser Kirche der homines religiosi folglich nicht in einem Dogma oder in einem Bekenntnis, aufgrund dessen man zum Leibe Christi zusammengeschlossen wäre. Erst recht besteht jene Klammer nicht in dem Worte der Offenbarung, in einem Kerygma also, das die Kirche begründete, das sich seine Hörer schüfe und in dessen Namen die Glieder der Kirche sich dann sammelten und versammelten. *Vielmehr besteht die verbindende Klammer in der subjektiven Religiosität.* Dieser religiöse „Sinn" ist das Gemeinsame. *Ungleich* dagegen ist die Intensität und die Begabung in diesem Erlebnisbereich, außerdem auch die Fähigkeit und das Bedürfnis, jene Erlebnisgehalte darzustellen und im Worte zu objektivieren.

Die Ungleichheiten sind somit durchaus sekundär. Es geht bei ihnen nicht um Gegensätze, die im Namen der Wahrheit – also im Namen eines „objektiven" Faktums, von dem nichts abzumarkten wäre – ausgetragen werden müßten. *Ein status confessionis dieser Art und Eindeutigkeit kann sich im Felde subjektiver Religiosität nicht ergeben.* Vielmehr verträgt diese Religiosität sich durchaus mit den verschiedensten Spielarten und Modifikationen. Darum wird die Kirche der homines religiosi auch tolerant sein. Im übrigen drängt ihre Tendenz der Geselligkeit, ihr „Mitteilungsbedürfnis" also, darauf, sich tätig zu organisieren, Neugeborene aufzunehmen, Kinder zu unterrichten und gemeinschaftliche Veranstaltungen zu vollziehen. Sie wird sozusagen eine Volkskirche mit lebendigen Ausstrahlungszentren.

Leidenschaftlich aber – und hier nun doch mit einem gehörigen Schuß Intoleranz! – wendet SCHLEIERMACHER sich gegen jede *Bevormundung der Kirche durch den Staat* (was er später in dem erwähnten Agendenstreit auch energisch praktiziert hat). Der ärgste Feind aller Religion ist immer das von außen Kommende: sei es in Gestalt eines dogmatischen Oktroi, sei es im Sinne einer institutionellen Fremdsteuerung, wie sie sich bei einer angemaßten Kirchenhoheit des Staates begeben würde. Die Religion wächst stets in der Richtung von innen nach außen, nicht umgekehrt. Von außen kann höchstens ein Stimulanz kommen, das das eigene Innere anregt und es entbinden hilft.

5. Die letzte Rede handelt von den *Religionen,* der Religionsgeschichte und der Stellung des Christentums in ihr. Sie ist schon deshalb besonders interessant, weil sie eine Apologie der positiven Religionen und zugleich einer gewissen *Sonderstellung des Christentums* bringt. Nach SCHLEIERMACHERs Verständnis der Religion, die wir freilich noch genauer erkunden müssen, ist das keineswegs selbstverständlich; man könnte vielmehr durchaus zu der Vermutung geneigt sein, daß er sich mit einer allgemeinen Religiosität begnügte und es nicht für unbedingt erforderlich hielte, einer *bestimmten* Religion und damit einer geschichtlichen Verfestigung des Religiösen anzugehören. Da SCHLEIERMACHER so auf den speziellen Fall der *christlichen* Religion stößt, müssen wir hier trotz der Überblick-Skizze etwas ausführlicher verweilen.

Daß „die" Religion sich individualisieren und in viele „positive" Religionen zerlegen muß, liegt daran, „daß niemand die Religion ganz haben kann; denn der Mensch ist endlich und die Religion ist unendlich"[46]. Darum kann „niemand die Religion ganz haben". Die notwendige Individualisierung der Religion macht aber bei den positiven Religionen noch keineswegs Halt. Denn der Mensch, der innerhalb einer von ihnen angesiedelt ist, spezialisiert sie noch einmal auf sich selbst hin und gibt ihr so eine persönliche Ausformung. Auch hier könnten wir den Satz formulieren, mit dem zugleich GOETHEs Religiosität zu beschreiben ist: daß sich das religiöse Mysterium in einer unendlichen Reihe end-

---

[46] Dieses Zitat stammt ebenso wie die folgenden nicht spezieller angegebenen aus der 5. Rede.

licher Gestalten, auch *religiöser* Gestalten, kundtue. In der Tat: „Unzählige Gestalten der Religion sind möglich."

Diese Zerlegung in positive Religionen *kann* nun zu einer Perversion führen, von der SCHLEIERMACHER meint, daß gerade die Gebildeten sensibel und ablehnend auf sie reagierten. Diese fürchten nämlich – und SCHLEIERMACHER teilt diese Furcht! –, daß solche Ausprägungen der Religion ihre Anhänger zwängen, auf diese *eine* Gestalt der Religion fixiert zu sein, damit in „unnatürliche Schranken" eingesperrt zu werden und so einer Absolutsetzung (samt damit verbundener Intoleranz) zu erliegen. Sie wären damit in „ein System abstrakter Begriffe und Theorien" eingebunden. Wo so etwas geschieht – und das *ist* dann die Perversion – wird das Unendliche verendlicht, und ist das, was an Religion übrig geblieben ist, nur die „tote Schlacke" von einstigen „Ergießungen des inneren Feuers …, das in aller Religion enthalten ist".

Andererseits aber, so warnt SCHLEIERMACHER seine Hörer und Leser, werde man den positiven Religionen nicht gerecht, wenn man in ihnen *nur* dieses Gefälle auf ihre Entstellung sieht. Im Prinzip nämlich seien die individualisierten positiven Religionen keineswegs bloß fragmentarische Partikel „der" einen und ganzen Religion. Vielmehr komme ein solches „Individuum der Religion" nur so zustande, „daß irgendeine einzelne Anschauung des Universums … zum Zentralpunkt der ganzen Religion gemacht und alles darin auf sie bezogen wird". Insofern hat sich „mitten unter dem Endlichen und Einzelnen das Bewußtsein des Unendlichen und des Ganzen" in dieser individualisierten Religion entwickelt. Deshalb darf man in der individualisierten Ausprägung der Religion fragmentarische und herausgebrochene Brocken der einen und ganzen Religion sehen, die durchaus nicht zu jener schrecklichen Fixierung auf das bloße Stückwerk *zwängen*; denn jene einzelnen Religionen sind gleichsam nur Mikrokosmen, in denen sich der Makrokosmos „der" Religion spiegelt. Wir haben also in ihnen sehr wohl das Ganze. Das einzelne Endliche hat symbolische Bedeutung. Und nur wer das erfaßt, ist gegen die Perversion geschützt, das Einzelne zu verabsolutieren und damit das Unendliche zu verendlichen.

Hier setzt SCHLEIERMACHER mit seiner Apologie der positiven Religionen ein. Wenn diese einzelnen Religionen nämlich ein Zeichen dafür sind, daß die Religion „sich nach allen Seiten aufs mannigfaltigste auszubilden" strebt, und daß wir nur über diese ihre Entfaltungsformen Zugang zu ihr haben, dann hat auch nur jemand, der sich in einer solchen Religion „niederläßt, eigentlich einen festen Wohnsitz und, daß ich so sage, ein aktives Bürgerrecht in der religiösen Welt"[47].
„Eine" Anschauung muß in jemandes Religion also in der Tat „die herrschende sein, sonst ist sie so gut als nichts". Wer sich gegen dies „Positive und Willkürliche" sträubt, sträubt sich zugleich „gegen alles Bestimmte und Wirkliche". Er hat dann nur noch die Alternative einer von den Gebildeten so gern „gerühmten natürlichen Religion".

---

[47] SCHLEIERMACHER bedient sich in diesem Zusammenhang wiederholt der Worte „Wohnsitz" und „wohnen".

Deren Allgemeinheit aber ist im schleiermacherschen Sinne gerade unwirklich und verblasen. Der Mangel an „persönlicher Ausbildung und Individualisierung" manifestiert sich etwa darin, daß man unter den Vertretern dieser natürlichen Religion vergeblich eine reiche „Mannigfaltigkeit stark gezeichneter Charaktere" suchen würde. Er selbst habe solche jedenfalls noch nie gefunden. Versteht jemand unter religiöser Freiheit – wie das die Bekenner der natürlichen Religion offenbar tun – bloß „die Freiheit von jeder Nötigung, nur überhaupt irgend etwas Bestimmtes zu sein, zu sehen und zu empfinden", dann ist er auch selbst nichts Bestimmtes mehr, dann kann es, wie wir es heute ausdrücken würden, in diesem Umkreis keine „Originale" mehr geben. Entsprechend spiele auch die Religion im Gemüte solcher Lemuren eine gar zu dürftige Rolle.

Anhand dieses Ungefähren, Verblasenen der natürlichen Religion (also der nicht-positiven, der nicht sich geschichtlich individualisierenden Religion) zeichnet SCHLEIERMACHER ein großartiges und präzises Porträt dieser Rationalisten und macht deutlich, daß diese Geheimreligion der Gebildeten nicht der gewähnte Gipfel der Religionsgeschichte, sondern nur Dekadence und Entartung ist: „Es ist, als ob sie (die natürliche Religion) gar keinen eigenen Puls, kein eigenes System von Gefäßen, keine eigene Zirkulation und also auch keine eigene Temperatur und keine assimilierende Kraft für sich hätte, und keinen Charakter; sie ist überall mit ihrer Sittlichkeit und ihrer natürlichen Empfindsamkeit vermischt; in Verbindung mit denen ... bewegt sie sich träge und sparsam und wird nur tropfenweise abgeschieden (= ausgeschieden) von jenen zum Zeichen ihres Daseins." So fischen deren Anhänger im Trüben, verschreien „alles Eigentümliche als toten Buchstaben ..., um aufs Unbestimmte loszugehen". Was so im Dunstkreis zwischen „steifen Systematikern" (die sich nur mit den geronnenen Formeln abgeben) und „seichten Indifferentisten" (die allem Bestimmten und geschichtliche Gestalt Gewordenen ausweichen) zu finden ist, das zeigt keine Spur mehr vom „Geiste einer Religion".

Daß die Apologie der positiven Religionen nun keineswegs bedeuten kann, jede beliebige von ihnen vorbehaltlos anzunehmen, zeigt SCHLEIERMACHER durch seine Darstellung und Kritik der *jüdischen Religion.* Hier verrät sich zugleich seine Reserve gegenüber dem Alten Testament:

Im „Judaismus"[48] schimmert die Idee des Universums nur in höchst eingeschränkter Weise durch: Sie ist auf die Idee „von einer allgemeinen unmittelbaren Vergeltung, von einer eigenen Reaktion des Unendlichen gegen jedes einzelne Endliche" reduziert. Daher rührt dann „die Heiligkeit der Tradition", in der die Realisationen dieses Vergeltungsgeschehens festgeschrieben sind. Der „eingeschränkte Gesichtspunkt", der den Judaismus so charakterisiert, „gewährte dieser Religion als Religion (nur) eine kurze Dauer. Sie starb, als ihre heiligen Bücher geschlossen wurden, da wurde das Gespräch des Jehova mit seinem Volk als beendigt angesehen." Gewisse politische Elemente dieser Religion

---

[48] Gemeint ist hier das, was wir heute unter dem ganzen Komplex der israelitisch-jüdischen Religionsgeschichte verstehen.

schleppten sich zwar noch länger in einem „siechen Dasein" fort. Doch war das nichts mehr als „die unangenehme Erscheinung einer mechanischen Bewegung, nachdem Leben und Geist längst entwichen" war.

Mit nicht geringer Spannung sehen wir nun dem Versuch entgegen, wie SCHLEIERMACHER das *Christentum* in dieser seiner Konzeption von der individualisierten Religion einstuft. Ist es nur eine unter vielen dieser Individualisierungen und darum vielleicht austauschbar? Oder ist es durch hervorhebende Privilegien gekennzeichnet, vielleicht gar durch *Absolutheit*? Formal erinnert uns SCHLEIERMACHERS Lösung an das, was uns später in HEGELS Religionsphilosophie begegnen wird. Ich wage es einmal so auszudrücken: *Im Christentum hat die Idee der Religion ihre am meisten adäquate geschichtliche Gestalt gefunden; hier ist es gleichsam zur Kongruenz von Idee und Gestalt gekommen.* In einer fast hymnischen Form beginnt SCHLEIERMACHER diesen Abschnitt.

Daß im Christentum das zentrale Thema der Religion präsent ist, liegt daran, daß es von zwei Polen bestimmt ist: von der *Entfremdung* des Menschen gegenüber der letzten Wirklichkeit, die SCHLEIERMACHER das Universum nennt, und von der *Überwindung* dieses Zustandes: „Das Verderben und die Erlösung, die Feindschaft und die Vermittlung, das sind die beiden unzertrennlich miteinander verbundenen Seiten dieser (christlichen) Anschauung." Da nun das Christentum „am meisten und liebsten das Universum in der *Religion und ihrer Geschichte* anschaut – so gewiß es ja, wie wir wohl sagen dürfen, auf eine Heilsgeschichte zurückgreift –, so verarbeitet „es die Religion selbst als Stoff für die Religion" und wird auf diese Weise „gleichsam eine höhere Potenz" dieser geschichtlichen Individualisierung der Religion. Mit diesem Begriff der „höheren Potenz" meint SCHLEIERMACHER das Besondere und Einzigartige des Christentums, eben das, was ich mit der Kongruenz von Idee und Gestalt umschrieb, und was anderwärts nur in abgeschwächter, *nicht* so potenzierter Form zu finden ist.

Diese gleichsam adäquate Präsenz der Religion im Christentum äußert sich noch deutlicher in dem, was SCHLEIERMACHER als *Ziel* des Christentums anspricht, nämlich „eine unendliche Heiligkeit". Darunter versteht er aber nicht ein Ideal der Vollkommenheit – das würde ja sofort wieder den Fremdstoff der Moralität ins Religiöse mischen! –, sondern das Bewußtsein, daß der Mensch nie ganz aus seiner Entfremdung gegenüber der Religion herauskommt, daß er also im *Ringen* um sie bleibt: „Nie zufrieden mit dem Erlangten, sucht es (= das Christentum) auch in seinen reinsten Anschauungen, auch in seinen heiligsten Gefühlen noch die Spuren des Irreligiösen und der dem Universum entgegengesetzten ... Tendenz alles Endlichen." Darin sieht er den wahren und schlechthin gültigen Zustand des Menschen in seinem Verhältnis zur Religion umschrieben, und es scheint fast so zu sein, als ob LUTHERS These, daß der Mensch „gerecht und Sünder zugleich" sei, hier unter einer ganz anderen Terminologie hervorschimmerte. So sind im Christentum wesentliche Sicherungen dagegen eingebaut – auch wenn sie manchmal durchbrennen! –, daß es sich zu einer festen, stagnierenden Gestalt verendlicht; vielmehr bleibt es einer fortwährenden Selbstkritik und Selbstreinigung, einer „beständigen Sichtung" unterworfen. Deshalb ist für den Christen „der herrschende Ton aller seiner religiösen Gefühle" so etwas wie eine „heilige Wehmut". Auch hier gebe es, räumt SCHLEIERMACHER ein, im historischen Prozeß „Entstellungen" und „mannigfaltiges Verderben", die er nicht zu beschönigen wünsche, denen gegenüber aber an der *Idee* des Christentums festzuhalten sei.

Nun muß natürlich die Frage zur Sprache kommen, welche Bedeutung *Christus* für diese Idee habe. Wir werden später noch sehen, vor allem in der „Weihnachtsfeier" und dann auch in der Glaubenslehre, daß die Christologie wie ein schwerer Brocken in seinem System auftaucht, an dem er gewaltig stemmt und arbeitet, weil er sich kaum einfügen will. Diese Schwierigkeiten hängen damit zusammen, daß Christus eine geschichtliche Gestalt ist, ein gewisses „objectivum" sozusagen, ein brutum factum, das sich aller ideenmäßigen Glättung widersetzt. Darum ist es wichtig zu sehen, wie diese seine Auseinandersetzung in den „Reden" beginnt.

Sie setzt hier noch relativ harmlos ein, weil der geschichtliche Hintergrund der Christologie noch ausgeblendet bleibt. Christus erscheint in der fünften Rede selber als eine bloße Idee: als die Idee des „Mittlers". So fügt er sich in diesem Stadium noch lückenlos in das Schema Entfremdung–Erlösung ein:

SCHLEIERMACHERS Ausgangsthese ist, daß „alles Endliche der Vermittlung eines Höheren bedarf, um sich nicht immer weiter vom Universum zu entfernen und ins Leere und Nichtige hinausgestreut zu werden". Wenn es nun Christus ist, der diese Vermittlungsfunktion ausübt, so kann er unmöglich selbst wieder der Vermittlung bedürftig und also endlich sein. Um seine Funktion zu erfüllen, muß er vielmehr *beiden* zu vermittelnden Bereichen angehören: Er muß der göttlichen und der menschlichen Natur gleichermaßen teilhaftig sein.

Was SCHLEIERMACHER hier in Anspielung auf das Chalcedonense „Natur" nennt, erfährt unter der Hand eine Umdeutung, die prototypische Bedeutung für seine spätere Christologie hat. Wenn er sich nämlich auf Mt 11,27 beruft, daß niemand den Vater kenne als nur der Sohn, so führt ihn die Assoziation mit dem Begriff „kennen" dazu, das Besondere Christi in der Besonderheit seines *Bewußtseins* zu sehen. Damit fällt das Wort, das in Zukunft mehr und mehr zum Schlüsselbegriff nicht nur seiner Christologie, sondern seiner Theologie überhaupt werden wird: „Denn dieses ‚Bewußtsein' von der Einzigkeit seiner Religiosität, von der Ursprünglichkeit seiner ‚Ansicht' und von der Kraft derselben, sich mitzuteilen und Religion aufzuregen, war zugleich das ‚Bewußtsein' seines Mittleramtes und seiner Gottheit."[49] Der seinshaft-ontologische Begriff der Natur wird hier zum Terminus des „Bewußt"-Seins abgewandelt. Damit deutet sich bereits eine spätere These an, daß es eben diese „Kräftigkeit seines Gottesbewußtseins" sei, die Christus sowohl Erfüllung, gleichsam Modell-Tatsache des Menschen und seines nur fragmentarischen Zustandes sein lasse, wie ihn ande-

---

[49] Die hervorhebenden Anführungszeichen im Zitat vom Verf.

rerseits auch über den Menschen hinaushebe und ihm gottheitliche Prädikate zueigne.

Noch ein weiteres Characteristicum seines späteren Schrifttums klingt hier zum ersten Male an: daß nämlich SCHLEIERMACHERs Ringen mit der Frage, ob Christus die letzte und endgültige Gottesoffenbarung sei, oder ob wir noch „eines andern warten" sollen, ob er also noch überboten werden könne – daß dieses Ringen zeit seines Lebens nicht an sein Ende kommt[50]. Nie habe Christus behauptet, so heißt es gegen Ende der fünften Rede, „das einzige Objekt der Anwendung seiner Idee, der einzige Mittler zu sein ... Nie hat er die Anschauungen und Gefühle, die er selbst mitteilen konnte, für den ganzen Umfang der Religion ausgegeben." Wie sollte er auch! Die Möglichkeiten des Gottes-„Bewußtseins" bleiben stets an ein Mehr oder Weniger gebunden und schließen also prinzipiell die Möglichkeit einer Steigerung ein. Das impliziert dann eine Relativierung Christi, die die Erwartung eines Andern und noch Höheren nicht mehr ausschließt.

Aber es ist, als ob sich SCHLEIERMACHER bei dieser Konsequenz auf die Lippen bisse, als ob ihn davor schaudere, daß sein Denkansatz beim Bewußtsein verhindern könnte, *das* zu bekennen, was auch zur Zeit der „Reden" offenbar als Gewißheit in ihm lebte: daß Christus der Letzte und Endgültige sei, und er keines Andern mehr zu warten brauche.

Diesem Zwielicht der christologischen Aussage, in das er hier entführt zu sein scheint, sucht er in der fünften Rede noch mit einer letzten Anstrengung der Reflexion zu entgehen. (Eben das ist die Vorankündigung seines späteren, nie aufhörenden Ringens.)

Wie sollte denn das Christentum schließlich untergehen können? so fragt er. (Und es *müßte* doch untergehen, wenn sein Stifter nicht der Letzte, sondern nur eine vorübergehende Gestalt der Geschichte wäre!) Gerade *die* Erscheinungen in der Geschichte des Christentums aber, die als Symptome der Ermattung, der Versteinerung und Entartung so etwas wie Vorankündigungen dieses Untergangs zu sein scheinen, zeigen zugleich, daß die Pforten der Hölle und keine irdische Macht es überwältigen können. Denn der ihm innewohnende „lebendige Geist ... schlummert oft und lange und zieht sich in einem Zustande der Erstarrung in die tote Hülle des Buchstabens zurück: aber er erwacht immer wieder, sooft die wechselnde Witterung in der geistigen Welt seiner Auflebung günstig ist und seine Säfte in Bewegung setzt; und das wird sie noch oft sein."

Gerade das also, was in „jeder positiven Religion in sich ... ewig ist" und was im Christentum, das „über sie alle erhaben" ist, seinen adäquaten Ausdruck fin-

---

[50] Wir werden später noch sehen, wie die Antwort auf diese Frage in einem gewissen Zwielicht bleibt: Der theologische Ansatz im Bewußtsein muß prinzipiell die Überbietung durch ein noch höheres Bewußtsein ins Auge fassen. In den Predigten dagegen kann SCHLEIERMACHER seine dezidierte Überzeugung äußern, daß Christus der Letzte sei und wir keines andern mehr warten können. So z. B. in der noch zu besprechenden Adventspredigt über Mt 21,9 (Neue Ausgabe v. 1843, II, 5ff.).

det, läßt ihm immer neu eine Auferstehung aus allen Verschüttungen zuteil werden. Im Christentum selbst ist ja, wie wir sahen, diese kritische und gleichwohl am letzten Ziel festhaltende Reflexion über sich selbst vorgesehen.

Gleichwohl: Ist damit nicht *doch* die Möglichkeit angesprochen – und SCHLEIERMACHER weist ausdrücklich darauf hin –, daß wenigstens die *historische* Gestalt der Religionen und dann auch die des Christentums selbst sehr *wohl* der Vergänglichkeit anheimgegeben ist, daß sie alle einmal „als Denkmäler der Vorwelt ... im Magazin der Geschichte" niederzulegen sind, daß sie also irreversibel vorbei sind? Und wiederum: Ist das Wissen um diese Art der Vergänglichkeit nicht gerade im Christentum selbst enthalten, eben weil es „historischer und demütiger in seiner Herrlichkeit" ist als alle andern Religionen? Was aber müßte dieses Wissen um sein Ende bedeuten? Hieße das nicht doch wieder, daß Christus selbst in dieses Vergänglichkeitsgeschick mit hineingerissen wäre, da er doch die maßgebende Größe jener geschichtlichen Gestalt des Christentums ist?

Wieder spitzt sich so das christologische Problem zu, weil in ihm beide Momente koinzidieren: die sich kundtuende göttliche, ewige, also zeitenthobene Wirklichkeit *und* die geschichtliche, also zeitgebundene Gestalt. Im Mittler treffen sich ja *beide* Dimensionen!

Wie kann SCHLEIERMACHER diesen Engpaß seines Denkens, in den er sich nun eingezwängt sieht, überwinden? Ist er nicht ausweglos? Müßte er die göttliche Natur Christi, von der er doch gesprochen hatte, nicht *mit* widerrufen, wenn er seine menschliche Natur als Glied der Geschichte an die Vergänglichkeit überantwortet sieht?

Ich habe den Konflikt, in dem sich SCHLEIERMACHER hier befindet, deutlicher entfaltet, als er selbst das tut. Ich habe das, was im Text der fünften Rede nur implizit auftaucht, sozusagen expliziert. Und ich meinte dies tun zu sollen, weil ich diesen Konflikt im Lichte seines späteren Ringens um die Christologie sehe. Wer dieses Ringen im Auge hat, sieht alle diese Gedanken-Kontrahenten schon hier im Spiel.

SCHLEIERMACHER sucht nun die Fesseln, in denen er sich verfangen hat, durch zwei Überlegungen zu lösen (wir sind wahrhaft Zeugen eines Gedankendramas):

Einmal spricht er nicht von einem Ende Christi selbst, das uns dann doch eines andern warten ließe, sondern vom Ende seiner *Mittlerfunktion*. Es werde die Zeit kommen, so sei es von ihm selbst angekündigt worden[51], „wo von keinem Mittler mehr die Rede sein wird, sondern der Vater alles in allem" ist.

Ferner stellt sich noch einmal das Problem der Zeit: Wenn nämlich in der übersehbaren geschichtlichen Zukunft diese Mittler-Funktion an ihr Ende käme, ständen wir wiederum vor einer möglichen Überbietung des Christentums und damit ebenso vor der Möglichkeit, daß diese überbietende Gestalt der Religion einen neuen Repräsentanten fände, auf den wir *dann* zu warten hätten. Das aber würde SCHLEIERMACHERs christologische Konzeption wieder infragestellen.

---

[51] SCHLEIERMACHER spielt auf Joh 4,21.23 an.

An diesem äußersten Punkte, wo sich die Problematik „Geschichte und Ewigkeit", „positive Religion und Religion-an-sich" noch einmal zuspitzt, greift SCHLEIERMACHER *zur eschatologischen Ausflucht:* Diese Zeit, wo Christi Mittler-Funktion aufhört, wird nie kommen; sie liegt – SCHLEIERMACHER „fürchtet" es! – „außer aller Zeit", jenseits der irdischen Geschichte. So bleibt uns das Problem der Überbietung Christi erspart. Etwas leichtsinnig, aber wohl doch verdeutlichend, könnten wir sagen: Im Reiche Gottes freit man nicht und wird auch nicht gefreit – da wird auch nicht mehr vermittelt.

Solange aber die Zeit läuft, wird es „immer Christen geben" (wie auch ihr Mittler tätig bleiben wird). Kann das nun bedeuten, daß die christliche Religion, weil über alle andern erhaben, „als die einzige Gestalt der Religion in der Menschheit allein herrschend sein" soll? Soll es alle andern Religionen – sozusagen als die *absolute* Religion – verdrängen? Diese Konsequenz wünscht SCHLEIERMACHER entschieden zu vermeiden. Und bei dieser Vermeidung sind die Argumente, die er *nicht* gebraucht, fast wichtiger als die von ihm verwendeten. Er spricht nämlich nicht davon – was doch nahe läge! –, daß Christi Mittler-Funktion für andere Religions-Landschaften nicht in Betracht käme oder daß diese Religionen möglicherweise eigene Mittler hätten. Alle diese Fragen, die noch ein allerletztes Mal das christologische Problem aufwürfen und sich querlegen könnten (Joh 14,6!), bleiben hier außer Betracht. SCHLEIERMACHER begnügt sich mit dem Argument, daß das Christentum (nicht Christus selbst) im Wissen um „seine eigene Verderblichkeit" und „seine eigene traurige Geschichte" sich selbst die Kompetenz abspräche, andere Religionen zu verdrängen. Dieses Wissen um seine eigene Relativität ist für SCHLEIERMACHER paradoxerweise gerade „der beste Beweis seiner Ewigkeit". Im Namen dieses Paradoxes kann es der These huldigen: „Unzählige Gestalten der Religion sind möglich."

Damit haben wir einen ersten Eindruck davon empfangen, wie kompliziert das Geflecht ist, in dem bei SCHLEIERMACHER die platonische Idee der Religion mit ihren irdisch-geschichtlichen Abschattungen und das Monopol des Christentums (wenn man es so ausdrücken darf) mit seiner geschichtlichen Relativität verbunden ist.

2. Die Achse: Das Verständnis der Religion in der ersten und zweiten Rede

Ehe in SCHILLERS „Wallenstein" die Hauptfigur auftritt, ist in der Exposition auf mannigfache Weise schon *indirekt* von ihr die Rede, so daß man nicht ohne Spannung dem Augenblick entgegensieht, wo der Held selbst erscheint. Ähnlich habe ich es mit der Religion gemacht, die in den „Reden" die Hauptrolle spielt. Wir haben in unserem vorausschauenden Überblick ihren „farbigen Abglanz" schon in mannigfachen Variationen verfolgt und wenden uns ihr nun unmittelbar zu. Sie beginnt ihre Hauptrolle schon in der „Apologie" (= 1. Rede) zu spielen. In ihr geht es vor allem um eine Verständigung darüber, vor *wem* sie spielt und *wen* sie angeht: also um die Zuschauer und Zuhörer[52].

Zur ersten Rede

Diese Verständigung vollzieht sich unter vier tragenden Gesichtspunkten. Es geht *erstens* um die Adressierung der Reden und damit um die Weckung der Hörbereitschaft; *zweitens* um das Bekenntnis der eigenen Solidarität mit den Adressaten und damit den Erweis der Glaubwürdigkeit des Redners; *drittens* um den Appell an das existenzielle Interesse durch Herausstellung des menschlichen Bezuges der Religion; endlich *viertens* um die Aufräumarbeit gegenüber entstellenden Begriffen und Vorstellungen im Bereich der Religion.

Zu Punkt eins: Die Apologie setzt damit ein, daß sie den Adressaten – eben die Gebildeten unter den Verächtern der Religion, also die „Säkularisierten" – genauer ins Auge faßt und damit ein Anliegen wahrnimmt, das in der Orthodoxie völlig außer Betracht blieb. Jetzt aber soll sich die kritische Bildungswelt nicht mehr übergangen fühlen:

„Ich weiß", so kündigt SCHLEIERMACHER sein Verständnis für die geistige Situation der Intellektuellen an, „daß ihr ebenso wenig in heiliger Stille die Gottheit verehrt (d. h. euch an ihrem kirchlichen Kultus beteiligt), als ihr die verlassenen Tempel besucht, daß es in euren geschmackvollen Wohnungen keine andern Hausgötter gibt als die Sprüche der Weisen und die Gesänge der Dichter."

Die Sinnerfüllung und Verfeinerung des diesseitigen Lebens hat somit die Transzendenz absorbiert; die Kultur hat den Kult überflüssig gemacht. „Nachdem ihr euch selbst ein Universum geschaffen habt", sagt SCHLEIERMACHER etwas später, „seid ihr überhoben an dasjenige zu denken, welches euch schuf." Es sei gelungen, das diesseitige Leben so reich und vielseitig zu machen, „daß ihr der Ewigkeit nicht mehr bedürfet". Modern ausgedrückt heißt das: Ihr seid Leute der Weltfrömmigkeit. Das Vergängliche selbst ist euch gleichnisträchtig geworden. Darum mag euch das Unvergängliche – als Bezirk supranaturaler Transzendenz, als „Drüben" verstanden – Dichter- oder Pfaffen-Erschleichnis sein. (So ähnlich hat es NIETZSCHE später gesagt; SCHLEIERMACHER drückt sich sublimer aus, deutet aber in eine ähnliche Richtung.)

Man muß bei diesen Feststellungen beachten, daß SCHLEIERMACHER sie nicht in einem abfälligen Sinne trifft. Er spricht nicht etwa vom „Fluch" der Säkularisation, der Verdiesseitigung und womöglich der Verkehrung von Schöpfer und Geschöpf, sondern wertet das alles positiv: Der Schwerpunkt des Daseins und sogar der Religion ist von der Transzendenz in das Weltinnere hinein gerückt. Hier berührt sich SCHLEIERMACHERS Botschaft mit der panentheistischen Tendenz des goetheschen Prooemion, nach dem es Gott ziemt, „die Welt im Innern zu bewegen / Sich in Natur, Natur in sich zu regen", also nicht nur von außen her auf sie zu stoßen. Tatsächlich liegen hier panentheistische Einflüsse einer gei-

---

[52] Die folgenden Zitate, soweit nicht anders angegeben, finden sich in der „Apologie".

stigen Tradition vor, die durch die Namen GIORDANO BRUNO, SHAFTESBURY und SPINOZA bezeichnet ist[53].

Dieser Panentheismus, in dem Gott gleichsam in die Welt hineingeschluckt ist und ihr beseelendes Prinzip wird, ist die klassische Umschreibung der Geheimreligion jener Gebildeten, an die SCHLEIERMACHER sich wendet. Er sieht dabei eine ganz *bestimmte* Weise der Verdiesseitigung wirksam und versteht unter ihr keineswegs das, was etwa TILLICH in seiner Säkularismus-Kritik als „in sich ruhende Endlichkeit" bezeichnet[54]. Mit dieser ist ja ein Seinsverständnis gemeint, das die Welt als in sich geschlossenen Kräftehaushalt der Natur begreift, als ein System von Funktionen, die der Mensch ohne Beziehung auf den Sinngrund des Seins zu steuern versucht. Die von SCHLEIERMACHER gemeinte Endlichkeit ruht demgegenüber gerade in einem Sacrum, ganz gleich, ob man es als Gott, als Universum oder als Sinngrund bezeichnet, besser: Dieses Sacrum ruht in ihr. Das Diesseits steht folglich nicht autark auf sich selbst, sondern es verdiesseitigt das Ewige und nimmt es in sich auf. Insofern ist es dann strenggenommen nicht mehr endlich, es gewinnt vielmehr die numinose Bedeutung von „Universum".

Der so bestimmte Gebildeten-Panentheismus ist SCHLEIERMACHER zeitlebens vorgeworfen worden. Das erste markante Auftreten eines Autors pflegt in der Regel auch die Etiketten zu erzeugen, die dann bleibend an ihm hängen bleiben. So sicher nun diese Geheimreligion der Intellektuellen seiner Zeit die „Reden" tatsächlich beherrscht, so leidenschaftlich hat SCHLEIERMACHER sie später – trotz verbleibender Spurenelemente! – zu überwinden gestrebt und sich heftig gegen alle gewandt, die in der Einleitung seiner Glaubenslehre noch pantheistische oder allgemeinphilosophische Ansätze wahrzunehmen glaubten[55].

Die Gebildeten, die SCHLEIERMACHER so als seine Adressaten bestimmt, verstehen sich selbst als mündige und autonome Menschen, und der Autor verspricht, diese ihre Würde zu achten und ihnen keine orthodoxen Zwangsglaubenssätze zuzumuten. Er will nur in sokratischer Manier gewisse religiöse Potenzen in ihnen entbilden, die sie längst – wenn auch noch unentdeckt – in ihrem Innern tragen:

„Nur euch ... kann ich zu mir rufen, die ihr fähig seid, euch über den gemeinen Standpunkt der Menschen zu erheben, die ihr den beschwerlichen Weg in das Innere des menschlichen Wesens nicht scheuet, um den Grund seines Denkens und Tuns zu finden."

Zu Punkt zwei: Das Bekenntnis der eigenen Solidarität mit den Gebildeten.

SCHLEIERMACHER sucht die Hörbereitschaft seiner Adressaten dadurch zu gewinnen, daß er nicht in irgend einer Amtsvollmacht von außen her auf sie einredet, sondern versichert, einer von ihnen zu sein und von ihrem eigenen Boden

---

[53] Vgl. dazu auch die Hinweise bei DILTHEY, aaO. 180f.

[54] Dieser Begriff taucht bei TILLICH immer wieder auf, zuerst wohl in der Schrift „Die religiöse Lage der Gegenwart", 1926, z. B. S. 104.

[55] Vgl. die später noch zu besprechenden „Sendschreiben an Lücke".

aus zu argumentieren. Er habe nichts zu schaffen „mit den altgläubigen und barbarischen Wehklagen, wodurch sie die eingestürzten Mauern ihres jüdischen Zions und seiner gotischen Pfeiler wieder emporschreien möchten". Er rede vielmehr nur als „Mensch" zu ihnen von „den heiligen Mysterien der Menschheit". Auch führe er nicht irgendeine Absicht im Schilde, wenn er sich an sie wende; vielmehr sei es „die innere unwiderstehliche Notwendigkeit" seiner Natur, aus der er zu ihnen reden müsse. Sie dürften also versichert sein, daß hier ein Mensch zu Menschen spricht, und daß das gemeinsame Humanum sie verbindet. Der Autor hat mit den gleichen Traditionen gebrochen, die als versteinerte Wälle den Zugang zur Religion blockieren. Man braucht also keine ausgetretenen Pfade zu fürchten und mag sich ihm deshalb getrost anvertrauen.

Zu Punkt drei: Bei dem Appell an das *existenzielle* Interesse seiner Hörer kommt es SCHLEIERMACHER zunächst darauf an, zu zeigen, daß jeder Mensch einen religiösen Bezug, d.h. einen Bezug auf das Universum in sich enthält. Wenn das gezeigt werden kann, verliert man die Angst vor der supranaturalen Fremdheit der Offenbarungsträger. Dann stellen diese Offenbarungsträger vielmehr nur eine Steigerung oder letzte Aufgipfelung dessen dar, was jeder von uns genauso in sich hat. Wir sind dann von einem Verwandten, uns Analogen in ihnen angerührt. Wir alle sind gewissermaßen religiöse Talente, die Propheten und Gottgesandten aber sind religiöse Genies. Wir alle sind von Natur homines religiosi, jene andern aber sind, zugespitzt ausgedrückt, homines religiosissimi.

Welchen Weg schlägt SCHLEIERMACHER nun ein, um diese Allgemeinmenschlichkeit und damit die existenzielle Relevanz des religiösen Bezuges zu verdeutlichen? Er analysiert das Verhältnis des Menschen zum *Universum* und sucht zu zeigen, daß es im natürlichen Menschen[56] einseitig und gebrochen ist, während dieser fragmentarische Charakter bei den Propheten und Gottgesandten, den homines religiosissimi also, überwunden wird.

Das Leben zerlegt sich, so SCHLEIERMACHER, in die Polarität von Aneignen und Abstoßen[57]. Die eine dieser beiden Kräfte ist das Bestreben, alles Umgebende „an sich zu ziehen … und womöglich in ihr innerstes Wesen ganz einzusagen". Sie ist so auf den Genuß gerichtet. Die andere hat die polar umgekehrte Tendenz: Sie ist die Sehnsucht, das „eigene innere Selbst von innen heraus immer weiter auszudehnen, alles damit zu durchdringen, allen davon mitzuteilen …" Dieser Trieb ist auf „Tätigkeit" gerichtet, gestaltet Welt und Kultur und „wirkt überall Freiheit und Zusammenhang, Macht und Gesetz, Recht und Schicklichkeit".

Keine dieser beiden polar entgegengesetzten Kräfte kann die Idee des Menschen völlig repräsentieren. Zur Selbstverwirklichung, zur Identität mit sich selbst, kommt der Mensch vielmehr nur, wenn er am Indifferenzpunkt zwischen beiden Polen steht, dort also, „wo ein fast vollkommenes Gleichgewicht beide vereinigt". Dieses Urgesetz des kosmischen Ausgleichs inkarniert sich nun in

---

[56] Diesen Ausdruck gebraucht SCHLEIERMACHER selbst nicht.

[57] Das Folgende erinnert sehr an die beiden ersten Verse der Orphischen Urworte und GOETHES dazu gelieferten Kommentar.

vollkommener Gestalt in einigen homines religiosissimi, in Propheten z.B. (zu denen in den Reden wohl auch Christus selbst gezählt wird):

> „Darum sendet die Gottheit zu allen Zeiten hie und da Einige, in denen beides auf eine fruchtbarere Weise verbunden ist, rüstet sie aus mit wunderbaren Gaben … und setzt sie ein zu Dolmetschern ihres Willens und ihrer Werke und zu Mittlern desjenigen, was sonst ewig geschieden geblieben wäre." Einerseits „bemächtigen" sie sich der umgebenden Dinge, so daß ihr Wesen sie ausdrückt; andererseits sind sie erfüllt von „dem geistigen Durchdringungstriebe", der Welt „das Gepräge ihres Geistes" aufzudrücken und so als „Helden, Gesetzgeber, Erfinder, Bezwinger der Natur, gute Dämonen" wirksam zu werden.

SCHLEIERMACHER vertritt hier also eine Art Synthese zwischen religiösen und anderen (weltlichen) Genies. Beide haben eine sozusagen geordnete Intim-Beziehung zum Kosmos, indem sie dessen beide Grundkräfte in harmonischer Ausgeglichenheit in sich tragen.

Wichtig ist dabei, daß die Religion auf diese Weise den andern geistigen Vermögen des Menschen an die Seite gestellt wird. Auch das wird die Gebildeten zum Aufhorchen bringen, weil sie ja bisher meinten, die Religion habe es mit irgendeinem – in keinem Zusammenhang mit ihrer sonstigen Menschlichkeit stehenden – Bezug zum Supranaturalen zu tun. Nein: Religion ist gewissermaßen die natürlichste Sache von der Welt. Auch die Gesandten Gottes sind keine Jenseits-Figuren, die uns fremd anmuten, sondern sie stellen nur das in seiner Fülle und Ausgeglichenheit dar, was *wir* bloß fragmentarisch und einseitig verzerrt sind.

Insofern sind die homines religiosissimi nicht nur Mittler zwischen Gott und Mensch, sondern auch zwischen dem eingegrenzten Menschen und der Menschheit. Sie sind die Sachwalter des Humanum. Hier kündigt sich an einer Stelle, von der man es zunächst gar nicht vermuten möchte, die spätere Christologie SCHLEIERMACHERS an. Denn bei Christus liegt ebenso wie bei diesen Vorläufern (wie man sie durchaus nennen könnte) dieselbe Eigentümlichkeit vor: daß sie in dem Maße, wie sie gottgemäß sind, auch menschengemäß werden und damit ihre eigentliche menschliche Bestimmung erfüllen. Denn Mensch-sein heißt im Sinne der späteren Glaubenslehre, zugleich gottesgemäß sein – oder in SCHLEIERMACHERS späterer Terminologie: das Gottesbewußtsein in sich tragen[58], wie es bei Christus in urbildlicher Vollkommenheit der Fall ist.

Das Mensch-sein des Menschen wird adäquat durch die *Menschheit* repräsentiert, zu der die großen Vermittler denn auch, wie wir sahen, geleiten. Da dieser Begriff „Menschheit" bei SCHLEIERMACHER immer wieder auftaucht – besonders auch in den Monologen –, müssen wir einen Augenblick dabei verweilen:

Gleichnishaft kann man sich das, was SCHLEIERMACHER hier unter Menschheit versteht, am Gesetz der großen Zahl verdeutlichen: In jedem einzelnen Menschen kommen die beiden universalen Strebekräfte (Aneignen und Abstoßen) in verschiedener Dosierung vor, so daß er nur ein gebrochenes Abbild des Universums sein kann. Die Menschheit als Inbegriff unendlich vieler Individuen aber wird gemäß den Gesetzen der Statistik[59] in ihrer Ge-

---

[58] In den „Reden" tritt das Gottesbewußtsein noch hinter den Termini „Anschauung und Gefühl des Universums" zurück.

[59] Das ist jedenfalls eine Überlegung, die uns Heutigen naheliegt.

samtzahl beide Strebekräfte in je gleicher Verteilung besitzen und also *das* in Form des Gleichgewichts zur Verfügung haben, was bei ihren einzelnen Exemplaren nur in einem gleichgewichtsgestörten Mißverhältnis vorliegt. Insofern ist die ganze Menschheit die Repräsentantin des vollkommenen, des eigentlichen Menschen[60]. Darum trägt die Menschheit insgesamt eine so hohe Würde.

Die homines religiosissimi und ihre weltlichen Kollegen (die Helden, Gesetzgeber usw.) sind – weil in ihnen als einzelnen Exemplaren ausnahmsweise ebenfalls jene Ausgewogenheit vorkommt, die sonst nur der Gesamtmenschheit eignet – Repräsentanten eben dieser Gesamtmenschheit. Sie sind diese Menschheit in mikrokosmischer Gestalt, sind Gleichnisse und Spiegel.

Erst jetzt verstehen wir, warum SCHLEIERMACHER ihnen Mittler-Rang zubilligt: Sie sind sowohl Abbilder Gottes und seiner Schöpfungsziele wie auch Urbilder des Menschen, insofern sie die Menschheit repräsentieren. Anders ausgedrückt: Dort, wo die Idee des Göttlichen (bzw. des Universums) vollendet gespiegelt wird, ist auch die Idee des Menschen in Vollendung da.

Am Indifferenzpunkt der beiden universal-polaren Strebekräfte, an diesem, wenn man so sagen darf, „punctum religiosissimum", werden nun die letzten Mysterien des Universums kund. Dort ist „die Quelle aller Gesichte und Weissagungen, aller heiligen Kunstwerke und begeisterten Reden". Religiöse Offenbarung vollzieht sich also nicht durch kontingente Mitteilungen Gottes in Form supranaturaler Akte. Wie sollte der „moderne Mensch", zu dem SCHLEIERMACHER spricht, für dieses Deus-dixit noch einen Sinn und ein Empfangsgerät besitzen? Vielmehr werden jene Offenbarungen überall dort Ereignis, wo es zur Gleichnisgestalt des Menschen kommt, wo er in Harmonie mit dem Universum ist und wo die das Universum durchwaltenden polaren Strebekräfte zum Ausgleich gekommen sind. Begibt sich das – und es geschieht ja in den Genien und Mittler-Naturen –, da kommt es nicht zu Dogmen, die wir als Fremdkörper unwillkürlich abstoßen, sondern da redet unsere eigene Menschheit, nur in ihrer vollkommenen Selbstdarstellung, und da wird durch dieses Reden unsere eigene Menschheit angesprochen und geweckt. Darum besteht „die Mitteilung heiliger Gedanken und Gefühle ... nur in dem leichten Spiele, die verschiedenen Strahlen des Lichts jetzt zu vereinigen, dann wieder zu brechen ... Das leiseste Wort würde verstanden ..." Es geht ja nicht mehr um die Donnerstimme prophetischer Heroldsrufe, sondern darum, daß nur mit hauchzartem Säuseln das angerührt zu werden braucht, was in uns schon jenem Angeweht-werden entgegenharrt.

Wo SCHLEIERMACHER auf dieses Herzstück seiner Mysterienreligion zu sprechen kommt, flammt seine Sprache zu geradezu eschatologischer Glut auf: Einmal muß der Tag kommen, an dem diese Offenbarung Allgemeingut sein wird, weil auch bei den einzelnen Menschen sich die feindlich-polaren Strebekräfte immer mehr ins Gleichgewicht hinein spielen. Die Bilder des biblisch gesehenen Eschaton werden im Sinne dieser Idee der Harmonie interpretiert:

„Möchte die Zeit kommen", so heißt es in offensichtlichem Anschluß an Jeremia 31,33f. und Hesekiel 11,19f., in der „keiner bedürfen wird, daß man ihn lehre, weil alle von Gott

---

[60] Im ähnlichen Sinne dieser Repräsentation spricht auch KANT von der Menschheit.

gelehrt sind! Wenn das heilige Feuer überall brennte, so bedürfte es nicht der feurigen Gebete, um es vom Himmel herabzuflehen, sondern nur der sanften Stille heiliger Jungfrauen, um es zu unterhalten …" – „Diese himmlischen Funken müßt ihr aufsuchen, welche entstehen, wenn eine heilige Seele vom Universum berührt wird."

Kein einziger unter den Großen der Religion – von den ältesten Propheten bis zu modernen Mystikern – ist nach diesen elementaren Berührungen auf die Idee gekommen, sich mit der „sisyphischen Arbeit zu befassen", theologische Systeme zu errichten und damit das kalte gegossene Metall an die Stelle der göttlichen Funken zu setzen. Und wenn SCHLEIERMACHER selbst später zum größten Sisyphus theologischer Systematik in seinem Jahrhundert wurde, so bleibt auch am Rande dieses *seines* Systems ein Zeichen der hier geäußerten Infragestellung bestehen. Dieses Zeichen besteht, wie schon erwähnt, in seinen Predigten, in denen der Zeuge gewisse Erfahrungen zur Sprache bringt, die sein System nicht mehr zu fassen vermochte.

Zu Punkt vier: Mit all diesen Darlegungen der Apologie hat SCHLEIERMACHER zugleich eine Aufräumearbeit betrieben, um die Köpfe der Gebildeten von falschen und entarteten Begriffen von „Religion" zu befreien: Er denkt hier vor allem an die dogmatischen und systematischen Verfestigungen von etwas, das in seinem Urzustand feuerflüssig war.

Am Schluß dieser ersten Rede wendet er sich noch gegen die *pragmatische* Verfälschung der Religion. Diese Art des Mißbrauchs besteht darin, daß man die Religion für unentbehrlich hält, um „Recht und Ordnung in der Welt zu erhalten, und mit dem Andenken an ein allsehendes Auge und eine unendliche Macht der Kurzsichtigkeit menschlicher Aufsicht und den engen Schranken menschlicher Gewalt zu Hilfe zu kommen"[61]. Kein Zweifel, daß und warum der

---

[61] In seiner „Lehre vom Staat" (WW 1834ff., 3. Abt. Bd. 8), auf deren Darstellung wir verzichten müssen, hat SCHLEIERMACHER von seinem theologisch geprägten Menschenbilde her Auskunft über Recht und Ordnung, Staat und Gesellschaft, Autorität und Freiheit gegeben, auch über Demokratie. Da er meint, daß sich das positivistische und autoritäre Deus-dixit der Orthodoxie in einer analogen staatlichen Struktur – nämlich im Absolutismus – reflektiere, so spielt auch in diese Thematik seine lebenslängliche Grundauseinandersetzung hinein. Er meint etwa, der absolutistischen Herrschaft entspreche eine strenge Trennung des Übernatürlichen und Natürlichen, die es Gott erlaube, mit willkürlichen Handlungen in die Geschichte einzugreifen. SCHLEIERMACHER wehrt sich aber nicht nur gegen den absolutistischen, sondern auch gegen den extrem liberalen Staat, der auf jede Autorität verzichtet. Nur muß diese Autorität einen Rückhalt im Willen der Gesamtheit haben. Ohne diesen Rückhalt wäre sie bloße „aristokratische Willkür". Auch mit der extremen Liberalität, nach der sich der Staat in die Gesellschaft hinein auflöst, verbindet SCHLEIERMACHER gewisse theologische Assoziationen: Ihr entspricht nämlich ein Kirchenbegriff, der von einer individualistischen Konzeption ausgeht. Christus ist in dieser nicht mehr der Schöpfer eines höheren Gemeinbewußtseins, sondern ein Vorbild eines individuellen Verhaltens, das bei der Wahrnehmung der eigenen Interessen denen der anderen nicht allzu nahetritt. – Vgl. zum Thema der schleiermacherschen Staatsethik die eindringende Untersuchung von Y. SPIEGEL, Theologie der bürgerlichen Gesellschaft. Sozialphilosophie und Glaubenslehre bei Schleiermacher, 1968, vor allem S. 199ff.

Erhabenheit der Religion Eintrag getan wird, wenn man sie zum Herrschaftsmittel degradiert und Zwecken unterwirft, die außerhalb ihrer selbst liegen. – Da die zweite Rede die Beseitigung dieses Begriffs-Mülls fortsetzt, mag dieser erste Hinweis genügen.

Zur zweiten Rede

Diese Hauptrede, von der einige Themen schon in der „Apologie" angeklungen sind, zerfällt in einen negativen und in einen positiven Teil. Der erste (negative) Teil setzt vor allem das fort, was wir vorhin als „Aufräumearbeit" gegenüber verbreiteten Mißverständnissen der Religion bezeichneten. Hier geht es SCHLEIERMACHER vornehmlich um die Abgrenzung der Religion von Metaphysik und Moral. Da vor allem der *Moralismus* jenes bleibende Mißverständnis des Glaubens zu sein scheint, das bis heute in den Köpfen geistert (und z. B. den Begriff „Sünde" verzerrt), da wir an dieser nachkantischen Hypothek auf unserer Verkündigung erheblich zu tragen haben, werden wir hier besonders aufhorchen. – Der zweite (positive) Teil entfaltet dann das *Wesen* der Religion und bestimmt es als „Anschauung und Gefühl des Universums".

Ich gehe zunächst der *Abgrenzung der Religion,* also der begrifflichen Aufräumearbeit nach. Hier zeigt sich SCHLEIERMACHER in mancher Hinsicht als ein Vorläufer dessen, was man seit KIERKEGAARD als „existenzielles" Denken bezeichnet.

Er geht aus von der Feststellung, daß die Religion mit der Metaphysik sowohl wie mit der Moral durchaus einen gemeinsamen *Gegenstand* habe: nämlich „das Universum und das Verhältnis des Menschen zu ihm". In der Begrifflichkeit moderner Ontologie könnte man wohl sagen, es gehe bei allen drei um das Sein selbst, in dem der Mensch west. Es gibt nun nach der 2. Rede drei Möglichkeiten, in denen der Mensch sich zum Universum verhalten kann: Entweder er *denkt* die Ganzheit des Seins; dann verhält er sich im Sinne der Metaphysik. Oder er greift *handelnd* in sie ein; dann verhält er sich moralisch. Oder er *fühlt* das Universum; dann verhält er sich religiös.

Die Verschiedenheit dieser drei Geistesbereiche liegt so nicht an ihrem je anderen Gegenstande – der bleibt vielmehr identisch –, sondern sie gründet in der Art des *Verhältnisses* zu diesem Gegenstande. (Gerade damit bereitet sich jener Gesichtspunkt vor, unter dem bei KIERKEGAARD der „existierende Denker" erscheint, dem alles an seinem *Bezug* zum Gegenstande liegt.) Man könnte statt von Verhältnis auch von den verschiedenen „Aspekten" sprechen, unter denen mir der Gegenstand Universum jeweils erscheint. Dabei ist es nun wichtig, daß unter der Einwirkung des verschiedenen Verhältnisses sich der Gegenstand selbst für mich verändert.

Um diese Wandlung des Gegenstandes unter dem Einfluß eines je anderen Verhältnisses zu ihm an einigen uns näher liegenden Modellen zu veranschaulichen: Ich kann eine historische Gestalt kraft meines Verhältnisses zu ihr völlig anders sehen und werten. Ich kann sie z. B. 1. als Zeitgenosse sehen, der für oder wider sie ist; ich kann sie 2. als indifferenter historischer Buchhalter sehen; ich kann sie 3. unter dem Einfluß weltanschaulich-ideologischer Betrachtungsweisen sehen: Je nach dem, ob ich die Geschichte als einen Prozeß der Rassen- oder Klassenkämpfe, ob ich sie idealistisch oder materialistisch interpretiere, wird jene historische Gestalt und ihre Rolle mir jeweils anders erscheinen.

Nur wenn alle drei Verhaltensweisen richtig aufeinander eingespielt sind und sozusagen gemeinsam wirken, entsteht diejenige Subjektivität, die das Universum angemessen in sich spiegeln und zu einer adäquaten Partnerschaft befähigt sein kann. Auch hier geht es um ein Ergänzungsverhältnis, das gleichsam (ich greife das früher gebrauchte Bild noch einmal auf) zu seiner Wiedergabe eines Mehrfarbendrucks bedarf.

Anders ausgedrückt: Wir begegnen dem Universum als der Ganzheit des Seins nur dann angemessen, wenn wir ihr mit der Ganzheit unseres Menschentums und nicht nur mit einem bestimmten Sektor des Geistes oder der Praxis begegnen. Formulieren wir das Postulat SCHLEIERMACHERS so, wird deutlich, in welchem Maße der *Humanitätsgedanke* seine Konzeption mitbestimmt. Zugleich werden hier Gesichtspunkte erkennbar, die für SCHLEIERMACHERS *Hermeneutik* wesentlich sind: Ich meine die Angemessenheit der Subjektivität gegenüber dem Gegenstande, mit dem sie erkennend, wollend oder fühlend zu tun hat. Es geht also wieder um das erwähnte „Verhältnis"-Problem:

Es ist im Sinne SCHLEIERMACHERS unmöglich, in blindwütigem Erkenntnisdrang einfach unkritisch auf seinen Gegenstand loszufahren. Tut man das doch, so kann es passieren, daß man den Gegenstand selbst gar nicht trifft, daß man ihn vielmehr – ahnungslos! – aus sich selbst produziert, um dann das so selbst Produzierte nur für den Gegenstand, in diesem Fall für das Universum, zu *halten.* So macht SCHLEIERMACHER dem Idealismus den Vorwurf, er vernichte das Universum, indem er es zu bilden scheine. Das „Universum zu bilden": dabei mag er an HEGEL gedacht haben mit seiner Idee der Selbstentfaltung des Weltgeistes, dem der endliche Geist in die Karten blickt und vielleicht selber dabei die Karten legt. Möglicherweise hat ihm auch das FICHTEsche Ich vorgeschwebt, das das Nicht-Ich und damit das Universum „setzt". Der idealistische System-Konstrukteur wird jedenfalls, so SCHLEIERMACHER, das Universum herabwürdigen zu einer bloßen Allegorie, zu einem „nichtigen Schattenbild unserer eigenen Beschränktheit"[62].

Wer demnach das Universum erkennen will, darf nicht unkritisch darauf losspekulieren, er muß vielmehr schon einen der Reflexion vorgegebenen Eindruck vom Universum gewonnen haben und muß *dann* erst das, was er vorreflexiv im unmittelbaren Erlebnis von ihm weiß – gerade als *religiöser* Mensch weiß –, ins Bewußtsein erheben, so wie SCHLEIERMACHER das in der zweiten Rede unternimmt. Erst in diesem Stadium der Entwicklung kann er Auskunft darüber geben, welches Subjektverhalten diesem Universum angemessen ist.

Die Wahrheit ist so nur im Rahmen einer Subjektivität zu haben, die ihrerseits durch das Erkenntnis-*Material,* also durch ihren Gegenstand, bereits bestimmt

---

[62] In diesem Abschnitt beziehen sich Zitate ohne nähere Angabe ebenfalls auf die gerade zu besprechende – hier auf die zweite – Rede.

ist. So muß es auch hier ein „Sein in der Wahrheit" (Joh 18,37), ein Bestimmtsein durch die Wahrheit geben, damit die Wahrheit aufleuchten kann. Es geht hier um die Analogie von Gegenstand und Subjektivität, um eine Analogie, bei der der Gegenstand die eigentlich dominierende Rolle spielt[63]. Das Universum ist es ja, das zum Menschen spricht und sich ihm entbirgt. Das vermeintliche „Objekt" in der Partnerschaft Universum/Mensch ist in Wirklichkeit das agierende Subjekt. Darum erschließt es sich nur einer ganz bestimmten, ihm aufgeschlossenen Subjektivität und spielt insofern tatsächlich die beherrschende Rolle. Das Universum braucht eine ihm adäquate Subjekthaltung. Es kann nur in dem Maße angeschaut werden, in dem der Anschauende dem Angeschauten (hier: dem Universum) „Einfluß" auf sich einräumt und sich von ihm bestimmen läßt.

So ist es verständlich, daß SCHLEIERMACHER ebenso wie später KIERKEGAARD seine Thesen am Gegensatz zu HEGEL entwickelt, den er – wiederum nicht unähnlich wie KIERKEGAARD, doch im Unterschied zu ihm ohne Namennennung – des unangemessenen Subjektverhaltens zeiht:

KIERKEGAARD wendet gegen HEGEL ein, daß er den „existierenden", den innerlich beteiligten Denker verleugne, daß er das Weltphänomen – als Gebilde der Selbstentfaltung des Geistes – nur von *außerhalb* sehe, aus der entscheidungsfreien Zuschauerperspektive.

SCHLEIERMACHER nun wendet gegen HEGEL *nicht* etwa ein, daß dieser Gott als den absoluten Geist *im* Universum statt *außerhalb* seiner, daß er ihn in den Stufen seiner Selbstentfaltung wirksam sieht. Wie sollte er auch! Auf dieser Linie denkt er ja selbst. Nein, was er ihm vorwirft, ist etwas anderes: HEGEL gehe nicht von einer eigenen numinosen Mächtigkeit des Universums aus, in das der Mensch nur als winziges Partikel eingefügt ist, sondern er konstruiere dieses Universum aus seinem beschränkten endlichen Geist. Und er wage das zu tun, weil dieser endliche Geist sich in seiner Identität mit dem absoluten Geiste, also mit dem bildenden Prinzip des Universums, zu erkennen meint. Diese Überlegungen stehen jedenfalls unausgesprochen im Hintergrunde von SCHLEIERMACHERs Vorwurf, hier werde das Universum nicht mehr ernst genommen; der Mensch in seiner Beschränktheit habe sich vielmehr des Universums bemächtigt und es zu dem erwähnten „nichtigen Schattenbilde unserer eigenen Beschränktheit" gemacht.

Damit hat SCHLEIERMACHER bereits seinen entscheidenden Einwand gegen die Verwechslung von Religion und Metaphysik formuliert: Die Metaphysik verhält sich rationalisierend und distanziert gegenüber dem Universum. Zudem sieht sich der Metaphysiker nicht mehr demütig in das Universum verwoben, sondern räumt seinem beschränkten Geist die hybride Rolle ein, es begrifflich „in den Griff" zu kriegen und sich damit zu seinem Herrn aufzuwerfen. Dadurch aber „vernichte" er es, „indem er es zu bilden scheint".

---

[63] In seiner Hermeneutik hat SCHLEIERMACHER in Zusammenhang mit dem divinatorischen Prinzip über jene Analogie gehandelt.

Bei genauerem Hinsehen bemerkt man, daß SCHLEIERMACHER zwei verschiedene Varianten dieser „Metaphysik" im Auge hat: nicht nur die Philosophie HEGELS, sondern auch die KANTS (obwohl er keinen der beiden Namen nennt; sein jeweiliger Steckbrief ist aber eindeutig genug!). HEGEL ist zweifellos gemeint, wenn vom Metaphysiker gesagt wird: er „klassifiziert das Universum", „deduziert die Notwendigkeit des Wirklichen" und „entspinnet aus sich selbst die Realität der Welt und ihrer Gesetze". Entsprechend meint man KANTS Transzendentalphilosophie zu vernehmen, wenn von der „Metaphysik" gesagt wird, sie gehe von „der endlichen Natur des Menschen", sprich: vom begrenzten Aktionsradius seines Erkenntnisvermögens aus und wolle „aus dem Umfang ihrer (= jener Natur) Kräfte und ihrer Empfänglichkeit mit Bewußtsein bestimmen, was das Universum für ihn sein kann und wie er es notwendig erblicken muß". Hier hört also der Mensch auf, sich dem übermächtig hereinwirkenden Universum vorbehaltlos zu stellen. Der „metaphysisch"[64] verdorbene Mensch dagegen macht seine Vorbehalte und sagt, die strukturellen Bedingungen seines Erkenntnisvermögens (Kategorien und Anschauungsformen) befänden darüber, wie und in welchem Umfang er das Universum erblicken, wie dieses ihm also erscheinen könne.

Genauso nun, wie die Metaphysik, so hat auch die *Moral* jede unmittelbare Empfänglichkeit für das Universum aufgegeben und ist deshalb streng von einem *religiösen* Verhältnis zum Universum zu scheiden. Die Argumente, mit denen SCHLEIERMACHER diese Trennung begründet, entfalten denselben Grundgedanken: daß nämlich der Moralist im Unterschiede zum homo religiosus nicht mehr *im* Universum lebe und webe, sondern sich von ihm distanziere. Er mißbrauche das Universum (jedenfalls wenn er die Religion dafür als Gewährsgröße in Anspruch nimmt), indem er aus ihm „Pflichten abzuleiten" sucht und damit die Religion zu einem „Kodex von Gesetzen" macht.

Dieses Mißverständnis von Religion besteht darin, daß die Moral vom Bewußtsein der Freiheit ausgeht und „ihr alles unterwürfig machen" möchte, während die Religion dort „atmet …, wo die Freiheit selbst schon wieder Natur geworden ist; jenseits des Spiels seiner besonderen Kräfte und seiner Personalität (!) faßt sie den Menschen und sieht ihn aus dem Gesichtspunkte, wo er das sein muß, was er ist, er wolle oder wolle nicht". Wie beim goetheschen Daimon, der sich als Mikrokosmos des Universums versteht[65], ist es auch bei SCHLEIERMACHERS homo religiosus: Als Teil des Universums sieht er Wollen, Sollen und Müssen in eine unscheidbare Identität zusammenfallen, die in der Moral wieder auseinandergenommen wird. Daß das, was in der Religion so als Einheit erscheint, im Bereich der Moral wieder zerfällt, ist letztlich darin begründet, daß ihr – ihr Moralisten! – den Menschen „dem Universum entgegensetzt und ihn nicht (mehr) als einen Teil desselben und als etwas Heiliges aus der Hand der Religion empfangt".

---

[64] Ich setze die Begriffe „metaphysisch" und „Metaphysiker" hier jeweils in Anführungsstriche, weil KANT selbst seine Philosophie ja nie so bezeichnen würde, vielmehr die (dogmatische) Metaphysik durch seinen Transzendentalismus gerade bekämpft.

[65] Vgl. die Strophe „Anangke" in den Urworten, orphisch: Da ist's denn wieder, wie die Sterne wollten: / Bedingung und Gesetz und aller Wille / Ist nur ein Wollen, weil wir eben sollten …

Natürlich muß es Moral und muß es auch Ethik geben. SCHLEIERMACHER hat sich selbst ja ausgiebig damit befaßt[66]. Beides ist durchaus ein Teil jenes Mehrfarbendruckes, dessen es bedarf, um die Fülle des Seins und unseres Verhältnisses zum Sein auszudrücken.

Verhängnisvoll aber wirkt die Moral unter zwei Bedingungen: *einmal,* wenn sie den religiösen Aspekt des Universums nicht ergänzt, sondern an seine Stelle tritt oder sich mit der Religion vermengt; *ferner,* wenn sie die einzige Weise repräsentiert, in der wir uns zum Universum verhalten; dann wird sie zur Magna Charta einer „Entgegensetzung" von Mensch und Universum. Darum kommt für SCHLEIERMACHER alles darauf an, die originalen Konturen dessen zu bestimmen, was Religion ist und was sie unverwechselbar inmitten aller sonstigen geistigen Bereiche erscheinen läßt. Er ist also leidenschaftlich der Frage nach dem zugewandt, was man später (bei TROELTSCH z. B.) das „religiöse Apriori" genannt hat, um der Religion einen autonomen und eigenständigen Rang im menschlichen Bewußtsein zu sichern.

Mit all diesen Abgrenzungen ist nun der Boden vorbereitet, um die Religion *inhaltlich* zu entfalten – jene Religion also, in der wir zugleich unser eigentliches Selbst gewinnen, weil wir uns des wahren Innestehens im Universum bewußt werden.

Die Erschlossenheit für die Religion sieht SCHLEIERMACHER im „Sinn und Geschmack fürs Unendliche". Ihren Inhalt selbst bezeichnet er als „Anschauung und Gefühl des Universums". Diese beiden Begriffe gilt es zunächst zu analysieren.

Was ist „Anschauung"?
Wir sahen bereits, daß es bei der Erschließung des Universums nicht um so etwas wie die Aktivierung unseres Sehaktes geht, so daß der Mensch es wäre,

---

[66] Z.B. auch in den „Monologen". Dort reflektiert sich die in den „Reden" dargestellte Verbindung von Freiheit und Notwendigkeit auf der *ethischen* Ebene. Dabei zeigt sich, daß auf dieser Ebene die Ineinssetzung von beidem in der Tat nicht so gelingt, wie sie in der religiösen Dimension als Urerlebnis in Erscheinung tritt. Im ethischen Bereich proklamiert die Freiheit vielmehr ihren eindeutigen Primat: „Mich kann ich nur als Freiheit anschaun ... So bist du ‚Freiheit' mir in allem das ursprüngliche, das erste und innerste." (Monologen / Gerdes-Hirsch, I/, 26f.) Was dieser Freiheit als Notwendigkeit entgegengesetzt wird, ist nun nicht wie bei KANT die Naturkausalität und damit eine geistfremde Zwangsläufigkeit. Vielmehr tritt mir die Notwendigkeit aus dem „unendlichen All der Geister" entgegen. Nur hier wird dem „Endlichen und Einzelnen" eine Grenze gesetzt, weil er an den Freiheitsraum anderer Einzelner und Endlicher stößt. So „stößt die Freiheit an der Freiheit sich", eben an der Freiheit des andern. Aber diese Art Notwendigkeit ist ja kein reiner Gegensatz zur Freiheit, sondern ist nur der Widerschein einer Welt, „die in der heiligen Gemeinschaft mit Allen ich erschaffen habe". Es ist eben jenes „unendliche All der Geister", dessen Glied und Mitschöpfer ich mit meiner Freiheit bin. Insofern ist es wieder die *Freiheit,* die den Bereich des Notwendigen und damit die Begrenzung ihrer selbst erschafft. „Ja, du bist überall das erste, heilge Freiheit!" (aaO. 26). Nur im Namen dieses Primates der Freiheit – also ganz anders als im Bereich der Religion – kann dann auch im ethischen Bereich von der Einheit zwischen Freiheit und Notwendigkeit gesprochen werden.

der denkend, fühlend und wollend in das Universum eindränge. Die Aktivität
– wenn man es einmal so ausdrücken darf – liegt vielmehr auf der Seite des Universums, das sich selber eröffnet. Denn „alles Anschauen gehet aus von einem
Einfluß des Angeschauten auf den Anschauenden".

Ich füge hier zwei Beispiele ein, in denen die gleiche Aktivität des Angeschauten oder
des in der Erkenntnis Gesuchten auftaucht, die uns aber zeitlich näher stehen und deshalb
vielleicht leichter zugänglich sind als jene Schleiermachersche These:
So heißt es bei R. R. Rilke vom Anblick des Torso eines archaischen Apoll:
Denn da ist keine Stelle, die dich nicht sieht –
Du mußt dein Leben ändern.
Auch hier bin ich aus einem Betrachter ein selber Angeschauter geworden.
Das zweite Beispiel betrifft Heidegger [67], für den Wahrheit (aletheia) Selbstentbergung
des Seins ist. Auch vom Sein kann er sagen, daß es sich dem Seienden entberge. Dem
Menschen „geht etwas auf", es „lichtet sich ihm etwas". Solche Lichtung geschieht nicht
aus ihm selber, sondern aus dem „,Gegenüber' seines Denkens, welches Sein heißt". Dieses
Denken „antwortet" dem Anspruch des Seins. Das anfängliche (= ursprüngliche) Denken
ist der Widerhall der „Gunst des Seins".

Was entbirgt sich nun dem so vom Universum Angeschauten?

Wieder kann Schleiermacher nicht anders, als das erlebte Universum von
einem gedachten System zu unterscheiden, bei dem das Eine aus dem Anderen
abzuleiten ist. Ein „System" von Anschauungen ist für ihn geradezu eine Spottgeburt unseres Denkens. Denn für dieses Denken bilden die uns affizierenden
Anschauungen gewissermaßen ein „Chaos", in dem ein einigendes Band zu
finden unseren Intellekt überfordert. Dieses scheinbare Defizit gewinnt in der religiösen Perspektive nun gerade Sinn:

Daß nämlich im Universum für den systematisierenden Verstand nichts aus
dem anderen abgeleitet werden kann, hat seinen Grund darin, daß jedes Einzelne
in sich „wahr und notwendig" ist und daß „jeder Punkt eine Welt vorstellt". Wir
erfassen dieses Einzelne, auf das es allein ankommt, gerade nicht, wenn wir es
einem höheren Zusammenhang einbeschlossen sehen, sondern wenn wir es als
ein mikrokosmisches Spiegelbild des Ganzen sehen, so daß es gerade als diese
Einzelheit einen unbedingten Akzent erhält. Ein ähnlich symbolisches Verständnis jedes kleinsten Weltstücks ist auch bei Goethe festzustellen. Leibnizens
Monadologie ist wohl die klassische Ausprägung dieser Sicht: die Monaden sind
qualitative Besonderheiten, die „keine Fenster" haben, aus denen man Kommunikation mit anderen Monaden erkennen oder herstellen könnte; auch hier gibt
es keinen „systematischen" Zusammenhang untereinander, sondern sie stimmen
in pästabilierter Harmonie, nicht durch eine intellektuell deduzierbare Abhängigkeit von einander, zusammen. In alledem klingt etwas von dem Urwissen des
mythischen Menschen an, dem die einzelnen Naturvorgänge (der Rhythmus der
Jahreszeiten z.B. oder die Ereignisse von Zeugung, Geburt und Tod) zu Gleichnissen eines Universalen werden.

---

[67] Vornehmlich die Schrift „Was ist Metaphysik?", Nachwort S. 43; doch findet sich
Entsprechendes auch in „Sein und Zeit" sowie in der Humanismus-Schrift.

So gewiß Religion wesentlich in dieser symbolhaften Anschauung besteht, kann sie sich nur aktualisieren in einem originalen *Akt* dieser Anschauung. Diese Anschauung kann nicht objektiv gelehrt und mitgeteilt, sie kann nur existenziell vollzogen werden. Man kann jemanden allenfalls, wie SCHLEIERMACHER es ja in dieser Rede versucht, an den Punkt führen, wo sich in ihm die eigene Anschauung entbindet; man kann mäeutisch die schlummernde Disposition für sie erwecken. Man kann aber keine religiöse Reportage liefern. Es geht deshalb weder um Information noch um intellektuelle Reflexion über das Wesen von Religion. Das wäre immer nur Import von außen und würde nie über Anempfundenheiten und bloße Bildungserlebnisse hinausführen. Der so Belehrte müßte genauso hilflos vor verschlossenen Toren hocken bleiben wie der Philosophenschüler im „Faust".

Darum ist strenggenommen diese 2. Rede auch keine „Abhandlung" über Religion, sondern eher ein Exerzitium, eine Einübung, durch die SCHLEIERMACHER seine Leser zum eigenen Vollzuge befähigen möchte. Das mag uns in manchem an LESSING, den Exerzitienmeister der Aufklärung, erinnern, wenn er auf seine Weise ebenfalls klar machen möchte, daß der Mensch nicht auf Autorität hin glauben und sich durch einen anderen vertreten lassen solle, sondern daß er selber „dabei" sein muß und seine eigene Humanität in den religiösen Akt zu investieren hat.

So gehört dem bloß Nachgeschwätzten und nicht selbst Erlebten SCHLEIERMACHERS Verachtung, und in dieser Hinsicht kann er den Gebildeten die Hölle heiß machen: „Erzeugt habt ihr die Anschauungen nicht, wozu ihr die Formeln wißt; ... eure Gefühle sind mimisch nachgebildet, wie fremde Physiognomien, und ebendeswegen Karikatur."

Wegen dieser symbolischen Selbständigkeit alles Einzelnen ist „das Gebiet der Anschauung so unendlich". Wo immer ihr in der Körperwelt euren Standpunkt wählen mögt, „ihr werdet von dort aus nicht nur dieselben Gegenstände in einer andern Ordnung sehen, ... sondern in neuen Regionen noch ganz neue Gegenstände entdecken". Die Anschauung ist also *deshalb* unendlich und der Prozeß der Anschauung kommt *deshalb* nie an ein Ende, weil es unzählige Perspektiven gibt, unter denen ich das Universum anschauen kann. Das impliziert einen neuen Hinweis darauf, daß Religion niemals in Logos, in Philosophie, verwandelt werden kann, weil hier die Unendlichkeit der Aspekte zur Ruhelage zeitloser Bezüge verendlicht wird. Darum ist Religion überhaupt und grundsätzlich in kein anderes Idiom zu transponieren, auch nicht in das der Moral. In dieses erst recht nicht, weil moralische und religiöse Haltung wohl am meisten konträr sind: Religion ist ja Ergriffenheit, geradezu Ekstasis. Deshalb können moralische Antriebe nicht „durch die heftigen und erschütternden Gefühle der Religion" ausgelöst werden. Die lähmen vielmehr „ihrer Natur nach die Tatkraft des Menschen und laden ihn ein zum stillen, hingegebenen Genuß". Darum kann die Religion nur „wie eine heilige Musik alles Tun des Menschen begleiten; er soll alles *mit* Religion tun, nichts *aus* Religion".

Daß dieser religiöse Aspekt weder ein Reflexions- noch ein Aktions-Motiv sein kann, macht SCHLEIERMACHER daran deutlich, daß ich – vom Universum angeschaut – gleichsam geblendet, also in eine Lage versetzt werde, die sozusagen das Gegenteil objektiven Sehens und Abwägens ist. Auch wenn ich diese Blendung wieder von mir abstreife, wird mich der Eindruck einer solchen Überwältigung auch bei allem weiteren Sehen noch begleiten: „Wenn die ewige Welt auf die Organe unseres Geistes so wirkt wie die Sonne auf unser Auge, wenn sie uns so blendet", dann verschwindet in diesem Augenblick nicht nur alles Übrige, „sondern auch noch lange nachher (sind) alle Gegenstände, die wir betrachten, mit dem Bilde derselben bezeichnet und von ihrem Glanz übergossen ..." *So* also begleitet die Religion unser ferneres Denken und Handeln: Es kommt zu dem, was RUD. OTTO als „Divination" bezeichnet.

Was ist nun im Unterschied zur Anschauung das Gefühl? Wir gehen am besten so vor, daß wir das religiöse Erlebnis bis in die erste Phase seiner Entstehung zurückverfolgen, und ich will versuchen, dem Verständnis des Lesers mit allerhand Bildern und Assoziationen zu Hilfe zu kommen.

SCHLEIERMACHER spricht in diesem Zusammenhang von „jenem ersten geheimnisvollen Augenblick, der bei jeder sinnlichen Wahrnehmung vorkommt, ehe noch Anschauung und Gefühl sich trennen, wo der Sinn und sein Gegenstand gleichsam ineinander geflossen und eins geworden sind, ehe noch beide an ihren ursprünglichen Platz zurückkehren". Dieser erste Vorgang liegt noch an der Grenze des Bewußtseins, jedenfalls lange vor aller Reflexion.

Ich versuche diesen Augenblick an einem Vorgang zu verdeutlichen, den jeder von uns erfahren hat: Ich sitze in einer Versammlung, in der mich ein Zuhörer mehr interessiert als der abrollende Vortrag. Ich schaue diesen Mensch von hinten oder von der Seite unwillkürlich an, ohne mir selbst darüber klar zu sein. Das ist dann das, was SCHLEIERMACHER als sinnliche Wahrnehmung bezeichnen würde. Sie wird noch keineswegs bewußt vollzogen. Ich habe ja nicht die Absicht, den andern zu hypnotisieren, sondern weiß gar nicht, daß mein Blick auf ihn gerichtet ist. Ich und mein Gegenstand sind noch gar nicht von einander geschieden. Der unbewußt Angeblickte ist sozusagen in meiner Seele anwesend. Plötzlich geschieht dann das, was sich in solchen Fällen oft begibt: daß der andere wie von den Wellen eines geheimen Senders berührt sich nach mir umdreht. In diesem Augenblick beginnt die Distanzierung. Ich weiß plötzlich, *daß* und *wen* ich fixiert habe. Einen Augenblick steht mir das Bild des andern vor der Seele. Es ergibt sich dann das, was SCHLEIERMACHER die Anschauung nennt, denn der andere hat ja auf mich gewirkt. Nun erst, so hat SCHLEIERMACHER in ähnlichem Zusammenhange gesagt, „arbeitet sich das Gefühl aus dem Innern hervor und verbreitet sich wie die Röte der Scham und der Lust auf seiner Wange".

Es geht also in jenem ersten Augenblick etwas in mir vor. Es wirkt nicht nur etwas *auf* mich, sondern es wird auch etwas *in* mir bewirkt. Und dies in mir Bewirkte nennt SCHLEIERMACHER das *Gefühl*. Beides, Anschauung und Gefühl, treten also in einem zweiten Stadium auseinander, während sie einen Augenblick lang – einen „geheimnisvollen" Augenblick – ineinander lagen. Die *Anschauung* ist deshalb, wenn wir so etwas wie eine Definition wagen dürfen, das auf mich Wirkende, das, wodurch mich das Universum affiziert. Das *Gefühl* ist im Unterschied dazu das in mir Bewirkte. Im ersten Moment fällt beides zusammen. Er ist der mystische Augenblick. Er ist „die höchste Blüte der Religion. Könnt' ich ihn euch schaffen, so wäre ich ein Gott." Einfach *deshalb* ist er der Gipfel der Religion, weil ich in ihm noch mit dem Universum verschmolzen bin, und weil so das in Vollendung präsent ist, was durch meine späteren Exerzitien im Nacherleben noch einmal beschworen werden soll. Eine berühmte Stelle der zweiten

Rede bringt so etwas wie eine Vision dieses höchsten Augenblicks. Erstaunlich Ähnliches findet sich auch in GOETHES „Werther"[68]. Ich bringe die Kernstellen beider Texte, weil sie sich gegenseitig interpretieren können:

SCHLEIERMACHER: „Ich liege am Busen der unendlichen Welt: ich bin in diesem Augenblick ihre Seele, denn ich fühle alle ihre Kräfte und ihr unendliches Leben, wie mein eigenes, sie ist in diesem Augenblick mein Leib, denn ich durchdringe ihre Muskeln und Glieder wie meine eigenen ... Die geringste Erschütterung, und es verweht die heilige Umarmung, und nun erst steht die Anschauung vor mir als eine abgesonderte Gestalt, ich messe sie, und sie spiegelt sich in der offenen Seele wie das Bild der sich entwindenden Geliebten in dem aufgeschlagenen Auge des Jünglings, und nun erst arbeitet sich das Gefühl aus dem Innern empor ..."

Werther, der Maler, erlebt den gleichen Augenblick als einen Moment des äußersten, kaum noch zu ertragenden Glückes, das ihn zu sehr ausfüllt, als daß seine Kunst nicht darunter leiden müßte:

„Wenn das liebe Tal um mich dampft und die hohe Sonne an der Oberfläche der undurchdringlichen Finsternis meines Waldes ruht ... und ich dann im hohen Grase am fallenden Bache liege und näher an der Erde tausend mannigfaltige Gräschen mir merkwürdig werden, wenn ich das Wimmeln der kleinen Welt zwischen Halmen, die unzähligen, unergründlichen Gestalten der Würmchen, der Mückchen näher an meinem Herzen fühle und fühle die Gegenwart des Allmächtigen, der uns alle nach seinem Bilde schuf, das Wehen des Alliebenden ..., mein Freund, wenns denn um meine Augen dämmert und die Welt um mich her und der Himmel ganz in meiner Seele ruht wie die Gestalt einer Geliebten, dann sehne ich mich oft und denke: ›Ach könntest du das wieder ausdrücken, könntest du dem Papier das einhauchen, was so voll, so warm in dir lebt, daß es würde der Spiegel deiner Seele, wie deine Seele ist der Spiegel des unendlichen Gottes.‹" Doch um bildnerisch zu gestalten müßte sich, schleiermachersch gesprochen, diese Einheit mit dem Universum wieder lösen, jener höchste Augenblick müßte verwehen, Anschauung und Gefühl müßten sich wieder scheiden. „Ich könnte jetzo nicht zeichnen, nicht einen Strich", sagt Werther, und bin doch „niemalen ein größerer Maler gewesen als in diesen Augenblicken".

Auch HÖLDERLIN spricht von dem selbstvergessenen Einssein mit der ewigen Welt, das durch die geringste Erschütterung aufgehoben wird und dann in die Fremde der Reflexion verstößt: „Eins zu sein mit allem, was lebt! Mit diesem Wort legt die Tugend den zürnenden Harnisch, der Geist des Menschen den Szepter weg und alle Gedanken schwinden vor dem Bilde der ewigeinen Welt ... Auf dieser Höhe steh ich oft, mein Bellarmin! Aber *ein* Moment des Besinnens wirft mich herab ... die ewigeine Welt (meines Herzens Asyl) ist hin; die Natur verschließt die Arme, und ich stehe, wie ein Fremdling, vor ihr und verstehe sie nicht ... O ein Gott ist der Mensch, wenn er träumt, ein Bettler, wenn er nachdenkt, und wenn die Begeisterung hin ist, steht er da, wie ein mißratener Sohn, den der Vater aus dem Hause stieß, und betrachtet die ärmlichen Pfennige, die ihm das Mitleid auf den Weg gab."[69]

Hat man diesen Augenblick – wohl verstanden: nicht eine bestimmte Wahrheit, sondern einen bestimmten „Augenblick"[70]! – recht erfaßt, so sieht man damit die Religion in eine Zone versetzt, die jenseits aller rationalen und histo-

---

[68] Cotta-Ausg. Bd. V; 1. Fassung S. 11; 2. Fassung S. 135. – Vom Einssein mit dem All und dem späteren Erwachen zur Reflexion kann auch HÖLDERLIN im „Hyperion" sprechen: S.W. 3, Stuttgart 1957, S. 9.

[69] Hyperion, Sämtliche Werke (1957) III,9.

[70] Man mag hierbei daran denken, welche Bedeutung der Begriff des „Augenblicks" bei KIERKEGAARD und seither gewonnen hat.

rischen Anfechtbarkeit liegt. – Indem ich so von einem Jenseits-der-Anfechtungszone spreche, bringe ich damit die *Pointe* von SCHLEIERMACHERs Reden-Projekt, ja die Pointe seiner Theologie überhaupt zum Ausdruck, so sehr die gedanklichen Mittel, mit denen er diesen springenden Punkt in seinem späteren Leben umkreist, auch wechseln mögen. Die „Reden" sind nicht zuletzt deshalb ein Schlüsselwerk, weil jene Pointe hier zum ersten Male und darum vielleicht am unverhülltesten und massivsten auftaucht.

In einem einzigen Satze könnte man sie dahin zusammenfassen, daß SCHLEIERMACHER die Religion in einer *sturmfreien Zone* anzusiedeln wünscht. (Deshalb hat er ihr auch, wie wir schon sahen, ein eigenes Apriori zugedacht.) Daran mußte ihm nicht nur seiner gebildeten Leser wegen liegen, die die aufklärerische Infragestellung der Religion – jedenfalls der positiven Religion „Christentum" – hinter sich hatten, sondern auch um seiner selbst willen:

Er sah ja wie kaum ein anderer Zeitgenosse die gegenwärtigen und kommenden Anfechtungen der Religion von Seiten der Naturwissenschaften und der Historie voraus; er ahnte den kommenden Relativismus[71]. Wenn man um deswillen SCHLEIERMACHER schon als „Apologeten" bezeichnen will, wie das vor allem die Dialektische Theologie getan hat, dann aber bitte nicht so, daß man ihn als einen nach außen gewandten Verteidiger und Propagandisten bezeichnet (wozu die Bindung an seine gebildeten Adressaten allerdings verführen könnte!), sondern so, daß man ihn auch gegen seine eigenen Zweifel antreten und um intellektuelle Redlichkeit ringen sieht. Es geht, biblisch gesprochen, um die Rechenschaftsablage gegenüber jedermann, „der Grund fordert der Hoffnung, die in euch ist" (1. Petr. 3,15), und insofern um das Gespräch des geistlichen mit dem natürlichen Menschen in uns. Dieses Gespräch verfolgt das Ziel, daß der *ganze* Mensch Subjekt seines Glaubens sein könne und es nicht zu einer Spaltung seines Bewußtseins komme. Nur unter diesen Vorbehalten könnte ich die Bezeichnung „Apologet" für SCHLEIERMACHER zulassen. BARTH sowohl wie noch mehr E. BRUNNER scheinen hier aber einen blinden Fleck im Auge zu haben und können so SCHLEIERMACHER wohl nur bedingt gerecht werden.

3. Der Ertrag: Die sich ankündigenden theologischen Intentionen SCHLEIERMACHERS

Es gibt vor allem zwei Grundanfechtungen, wider die SCHLEIERMACHER die Religion so zu sichern sich bemüht:

Einmal gegen die rationale und sodann gegen die historische Anfechtung.

Zur rationalen Anfechtung:

Bei dieser Stoßrichtung seines Denkens geht SCHLEIERMACHER von der Warnung aus, die Religion doch ja nicht auf das Erlebnis der Natur, ihrer Majestät und Gesetzlichkeit zu gründen. Was er mit Anschauung und Gefühl des Univer-

---

[71] Wir kommen darauf anläßlich der Sendschreiben an LÜCKE später zurück.

sums meine, sei etwas völlig anderes als natürliche Religion oder natürliche Theologie. Hier gehe es allenfalls um den „äußersten Vorhof" des Heiligtums der Religion. Denn „alle Ahnungen des Unsichtbaren, die den Menschen auf *diesem* Wege gekommen waren, waren nicht religiös, sondern philosophisch". Warum? – wird man sich beim ersten Lesen erstaunt fragen. Nun: von Religion kann auch bei überwältigenden Naturerlebnissen schon deshalb keine Rede sein, weil sie uns nicht zu Gliedern des Universums werden lassen, sondern unseren Geist sofort zur Auseinandersetzung mit sich, zur *Reaktion* auf das Universum stimulieren:

Einmal insofern, als das zunächst unbegreiflich und numinos Erscheinende unsere Frage nach „Ursache und erster Kraft" auslöst – und schon sind wir in eine distanzierende (philosophische!) Reflexion versetzt. – Zum anderen reagieren wir auf die Naturgewalten so, daß wir sie nicht einfach als blinde Übergewalten hinnehmen, sondern uns gegen sie wehren und sichern: „Jupiters Blitze schrecken nicht mehr, seit Vulkan uns einen Schild dagegen verfertigt hat." Für die Wunden, die Mars schlägt, hat Äskulap uns heilende Gegenmittel besorgt. Die Götter, die hinter jenen Kräften der Natur zu stehen scheinen und sie als religiöse Kulisse auf uns wirken lassen, widerlegen sich schon dadurch, daß sie untereinander in Konflikt geraten, ja noch mehr: daß der prometheische Mensch sie widereinander aufhetzen kann und „als Sieger über ihrem allgemeinen Kriege erscheint".

Der wirkliche homo religiosus ist sich deshalb über die Fragwürdigkeit des Eindrucks klar, den jede quantitative Unermeßlichkeit des Raums – des gestirnten Himmels im Sinne KANTS z. B. – oder der Kraft in uns auslöst. Nicht nur daß sie die rationale, „unreligiöse" Reaktion in uns provoziert; der *eigentliche* Grund dieser Fragwürdigkeit besteht für SCHLEIERMACHER vielmehr darin, daß für den religiösen Aspekt selbst „der begrenzteste Körper ... ebenso unendlich als alle jene Welten" ist. Das Ewige, das als Geist der Welt innewohnt, offenbart sich „im Kleinsten ebenso vollkommen und sichtbar ... als im Größten". Das tremendum der Natur, ihrer Größe und Gewalt, ist deshalb kein religiöses tremendum. Es hat allenfalls für die „roheren Söhne der Erde" eine erste vorbereitende Bedeutung zur Religion hin gehabt; die Gebildeten und Aufgeklärten aber, zu denen SCHLEIERMACHER spricht, sind diesem naiven Stadium der noch schlummernden ratio längst entrückt.

Hier ist eine allererste und noch andeutende Vorausdarstellung dessen erkennbar, was in SCHLEIERMACHERS Glaubenslehre später als das „Gefühl schlechthinniger Abhängigkeit" auftaucht: Alle relativen Abhängigkeiten, auf die wir abwehrend reagieren können (wie auf die Abhängigkeit von Naturgewalten) haben keine religiöse Qualität. Nur das, von dem wir „schlechthin" abhängig sind (*einschließlich* unseres Reaktionsvermögens), verdient das Prädikat des Gottheitlichen. Nur die Gewißheit, in der unsere Subjektivität *diese* Gestalt der Abhängigkeit aufgeht, ist deshalb ein „religiöses" Gefühl. In den Reden ist SCHLEIERMACHER noch nicht so weit; hier geht es nur um die negative Präambel dessen, was später in der Glaubenslehre ausgesagt wird: um die Abwehr des Mißverständnisses, daß noch so eindrucksvolle relative Abhängigkeiten im Naturbereich „religiöse" Gefühle auslösen könnten.

Da die Religion nun gerade im *Kleinsten* den Mikrokosmos des *Ganzen* sehen lehrt und sich deshalb in eine unendliche Fülle von Aspekten des Universums zerlegt, ist die Menschheit als Ganzes recht eigentlich das Subjekt der Religion. Ihre individuellen Exemplare sind, wie wir heute vielleicht sagen würden, bloß komplementäre Größen, die erst zusammengenommen jene Subjektivität ausmachen, die der Fülle des Universums entspricht. Das Pathos der Individualität aber besteht für SCHLEIERMACHER darin, daß jeder einzelne immerhin „ein Kompendium der Menschheit" ist. „Eure Persönlichkeit umfaßt ... die ganze menschliche Natur". Die Menschheit als ganzes, als Darstellung dieser menschlichen Natur, ist „nichts als euer eigenes vervielfältigtes, deutlicher ausgezeichnetes und in allen seinen Veränderungen verewigtes Ich".

Zur historischen Anfechtung:

Um sie zu verstehen, bedarf es einer kurzen methodischen Vorüberlegung zur SCHLEIERMACHER-Interpretation überhaupt.

Das, was man als christliche Dogmen zu bezeichnen pflegt, besteht sicher nicht in einer Summe zeitloser Lehrsätze. Dogmen sind vielmehr Abstraktionen von Fakten, die ihren Anhalt an der Geschichte, genauer an einem Heilsgeschehen haben, wie es in der Bibel berichtet wird. Damit aktualisiert sich die historische Frage in doppelter Hinsicht: einmal insofern, als die Dogmen sich vor dem Forum der heiligen Schrift und ihren Aussagen legitimieren müssen; ferner insofern, als die Bibel selbst nach der Verläßlichkeit ihrer Geschehens-Aussagen gefragt werden muß.

Dort, wo gerade *diese* Frage gestellt wird, sind die historischen Kriterien einer grundsätzlichen Problematik ausgesetzt, da das Heilsgeschehen nicht in ihr Schema paßt. Wir haben früher schon einmal (im Anschluß an TROELTSCH) darauf hingewiesen, daß diese Kriterien an die Bedingung der Kausalität, der Analogie und der Immanenz gebunden sind. Darum greifen diese Kriterien nicht, sobald ein der Transzendenz entstammendes Geschehen in unsere Geschichte hereinragt (wir brauchen nur an die Osterberichte zu denken). Dieser Lage der Dinge gegenüber kommen nur zwei Möglichkeiten der Reaktion in Betracht: *Entweder* die historischen Kriterien erklären sich solchen Gegenständen gegenüber für unzuständig; sie stellen sich also selber in Frage, was offensichtlich nur einem Historiker möglich ist, der einen eigenen Zugang des *Glaubens* zu jenen Gegenständen hat. *Oder* aber man erklärt im Namen der historischen Kriterien die Glaubensgegenstände für historisch irreal und kommt dann etwa zu den Konsequenzen, die wir bei REIMARUS beobachteten.

Da SCHLEIERMACHER die säkularen Gebildeten zu seinen Gesprächspartnern erwählt hat, wird ihm gerade diese letztere Gestalt der Infragestellung vor Augen stehen. Er wird deshalb eine auch gegenüber der Historie und ihren Kriterien sturmfreie und wohl abgesicherte Zone suchen.

Dabei kann ich mich freilich nicht auf Aussagen in den „Reden" berufen, in denen SCHLEIERMACHER dieses sein Motiv explizit zur Sprache gebracht hätte. Ich sehe hier vielmehr den jungen SCHLEIERMACHER vom späteren her: etwa von

seiner gegenüber LÜCKE geäußerten Besorgnis, daß die säkularen Wissenschaften, vor allem Historie und Naturwissenschaft, den christlichen Glauben zunehmend bedrängen würden, und daß man deshalb rechtzeitig auf Argumente dringen solle, die der christlichen Religion eine unangreifbare (gerade von Seiten des
Saeculum unangreifbare) Basis verschafften. Wer diese durchgängige Grundlinie
seines Denkens verfolgt, wird deren sozusagen punktierte Ansätze bereits in den
Reden bemerken. SCHLEIERMACHER hat hier zweifellos die historische Anfechtung des Gebildeten seiner Zeit im Auge, wenn er sich bemüht, für die christlichen Dogmen einen Geltungssinn nachzuweisen, der gegenüber historischen
Zweifeln und Einwänden resistent ist, ja von ihnen unberührt bleibt. – Ich mußte
diese Vorbemerkung machen, um meine Interpretation zu rechtfertigen.

Einige Beispiele müssen genügen, um diese Absicherung gegenüber der
Historie zu verdeutlichen:
Wunderberichte sind aus den genannten Gründen gegenüber historischen
Kriterien besonders delikat. Sie scheinen überdies einem Primitiv-Stadium der
Menschheit zugeordnet und pflegen deshalb den Gebildeten und Aufgeklärten
in hohem Maße zu reizen. – Was ist nun ein Wunder im Sinne SCHLEIER-
MACHERS?
„Wunder ist nur der religiöse Name für Begebenheit." Es kommt lediglich
darauf an, ob irgendein – auch das „allernatürlichste und gewöhnlichste" – Begebnis sich „dazu eignet, daß die religiöse Ansicht von ihr die herrschende sein
kann". Hier sehen wir deutlich die sturmfreie Zone, die SCHLEIERMACHER anstrebt:
Das Wunder ist für ihn keine transzendente Intervention, die in den geschlossenen Raum unserer Endlichkeit einbräche. Eine solche Intervention könnte als
historisches Faktum ja füglich bestritten werden. Statt dessen verlegt SCHLEIER-
MACHER das Wunder in die Subjektivität. Es ist nur eine „Ansicht", ein Aspekt,
unter dem ich die natürlichen Begebenheiten sehe; es ist die symbolische Sicht
der Dinge, die auch im Kleinsten die Darstellung des Universums erblicken
kann. Wenn Wunder aber nur eine Betrachtungsweise ist – etwa die sub specie
aeternitatis resp. universi –, dann stößt die auf der Lauer liegende historische
Kritik ins Leere, weil sie keinen Gegenstand mehr hat. Diese Art der Wunder-
Interpretation steht geradezu repräsentativ für *alle* Deutungen entsprechender
christlicher Begriffe in den Reden:
„Offenbarung" ist in diesem Sinne z.B. „jede ursprüngliche und neue Anschauung des Universums, eine originale Empfänglichkeit also, der ein je eigenes
(und nicht ein fremdes, bloß durch andere vermitteltes) Erlebnis des Universums
zuteil wird. Offenbarung ist gleichbedeutend mit „Eingebung", Inspiration. Sie
ist geradezu „der religiöse Name für Freiheit", sofern sie zu einem unmittelbaren, spontanen Ausdruck eines religiösen Gefühls führt, das „sich wirklich
mitteilt, so daß auch auf Andere die Anschauung des Universums übergeht".
Die Weise dieser freien, unmittelbaren Empfänglichkeit wird streng abgehoben von dem, was man gemeinhin „Glauben" nennt. Vielleicht ist es doch eine

gewisse opportunistische Angleichung an die Gebildeten, denen das Wort Glaube durch die Aufklärung vermiest worden ist, wenn SCHLEIERMACHER darauf verzichtet, dieses zeitbedingte Mißverständnis des Glaubens durch einen Rekurs auf Paulus oder die Reformation zu korrigieren, und statt dessen seine Leser in ihren dubiosen Vorurteilen gerade bestärkt. Er läßt es dabei bewenden, daß der von ihm zitierte Vulgärglaube nur annimmt, „was ein Anderer getan hat", und nur nachdenken und fühlen will, „was ein Anderer gedacht und gefühlt hat". Die zweifellos beabsichtigte Reaktion der Leser ist also die: Religion hat mit Glauben nichts zu tun; wir sind folglich von ihm dispensiert.

SCHLEIERMACHERS Entgegenkommen geht sogar noch weiter. Er fragt:

Was enthalten die „heiligen Schriften" denn anderes als Berichte darüber, was tatsächlich nur *andere* gedacht und gefühlt haben? Sie sind versteinerte Formen einer einst glühenden Lava. Für den unmittelbar vom Universum Ergriffenen wird jene Lava aber wieder feuerflüssig, so daß er jener Schriften nicht mehr bedarf, sich höchstens von ihnen anregen läßt und vielleicht sogar selbst eine solch heilige Schrift zu produzieren vermag:

„Jede heilige Schrift ist nur ein Mausoleum der Religion, ein Denkmal, daß ein großer Geist da war, der nicht mehr da ist; denn wenn er noch lebte und wirkte, wie würde er einen so großen Wert auf den toten Buchstaben legen ...? Nicht der hat Religion, der an eine heilige Schrift glaubt, sondern der, welcher keiner bedarf und wohl selbst eine machen könnte."

Hier zeigt sich unverkennbar die Krise des *Wortes* in der Theologie des jungen SCHLEIERMACHER. Es hört auf, das eigentliche Medium der Offenbarung, sprich: der Selbsterschließung Gottes zu sein. Auch der Mensch kann in seinem Kern nicht mehr als der Hörende und Empfangende dieses Wortes verstanden werden. Der neue Sokrates, der hier mit seinen gebildeten Schülern spricht, will ja nur die im Innern schlummernden religiösen Potenzen entbinden. Er will nicht dazu anleiten, auf ein extra-me zu hören, sondern ein intra-me zu entdecken. Für den Sokratiker der Religion ist das Wort – ein erster zurückgeworfener Schatten von FEUERBACH! – nur die verbale Projektion, die zurückgebliebene Hülse der entbundenen religiösen Potenz, es ist ein museales Relikt, der „Schnee von gestern".

Wenn ich vorher auf gewisse Parallelen zwischen SCHLEIERMACHER und KIERKEGAARD hinwies, so wäre jetzt zu bemerken, daß gegenüber *dieser* Weise des sokratischen Ansatzes zugleich die Distanz zwischen beiden offenkundig wird. KIERKEGAARD kann zwar von sich sagen, daß er durchaus „etwas Sokratisches an sich" habe[72], doch ist SOKRATES, dieser „edle Schalk des Heidentums"[73] für ihn der Gipfel diesseitiger Humanität und steht darum in Gegensatz zu Christus, dem es stets um Gott und seine überweltlichen Heilsgedanken und Gnadengaben ging, die nicht vom Menschen selbst produzierbar waren, sondern empfangen werden mußten. In der Mäeutik des SOKRATES geht es dagegen um „die Hervorbringung (die Geburt) dessen, was schon zuhanden war". Der Lernende ist „selbst die Wahrheit" und verfügt deshalb über die „Bedingung, den Lehrer von sich abstoßen" zu

---

[72] Tagebücher IV (Hirsch), 39.
[73] Darüber: W. REHM, Kierkegaard und der Verführer, 1949, 447ff.

können und auf eigenen Füßen zu stehen. Deshalb hat SOKRATES als Lehrer zugleich das Ziel, sich überflüssig zu machen[74]. Der Lehrer ist ja nur „Veranlassung" jenes Vorgangs, in dem das Eigene entdeckt wird. Es wird im Sinne des platonischen SOKRATES durch Wiedererinnerung (Anamnesis) nur aktualisiert, weil es tief im Status der Menschlichkeit verborgen war[75]. KIERKEGAARD sieht das eigentlich Christliche, von ihm als „Religiosität" Bezeichnete und es vom Sokratischen Unterscheidende gerade darin, daß „das Erbauliche ein Etwas außerhalb des Individuums" ist; das „Individuum findet die Erbauung nicht dadurch, daß es das Gottesverhältnis in sich findet, sondern verhält sich zu etwas außerhalb seinerselbst, um Erbauung zu finden"[76].

Das tertium comparationis zwischen SCHLEIERMACHER und KIERKEGAARD deutet also, abgesehen von einer gewissen Anwendbarkeit des Begriffs „existenziell" auch bei SCHLEIERMACHER, mehr auf den Gegensatz beider hin. Dieser Gegensatz dürfte letztlich dadurch bestimmt sein, daß SCHLEIERMACHER im Unterschied zu KIERKEGAARD kein radikales Verständnis der Sünde kennt: Indem nämlich – so KIERKEGAARD – die Existenz im Fall über den Menschen Macht gewinnt, „ist er verhindert, durch Erinnerung sich selbst in die Ewigkeit zurückzunehmen"[77]. Denn Sünde, speziell in ihrer Gestalt als Erbsünde, besagt ja, „daß die Subjektivität die Unwahrheit ist".

Was also mäeutisch zu entbinden ist, kann nur der abgetrennte, der entfremdete Mensch sein. Dieses Phänomen eines ontischen Entfremdet-seins kann es in SCHLEIERMACHERS Konzeption nicht geben, weil zur Beschreibung der Emanzipation von Gott personale Kategorien nötig wären.

Sucht man beim SCHLEIERMACHER der „Reden" nach einem Begriff, der dem kierkegaardschen Verständnis von Sünde entspräche, müßte man wohl den Begriff „Mißverständnis" wählen: die Gebildeten unter den Verächtern der Religion sind in Wahrheit homines religiosi, die im Universum ruhen, nur wissen sie es nicht. Eben dies Wissen will SCHLEIERMACHER ja mäeutisch in ihnen entbinden. Er kann sich also auf jener Ebene bewegen und auf ihr bleiben, die KIERKEGAARD die „sokratische", die „heidnische" nennt.

Die Selbstentbergung des Universums gegenüber seinen Teilen – das heißt gegenüber denen, die Bewußtsein haben – ist jedenfalls nicht der Dialog zwischen dem sich offenbarenden Gott und den empfangenden Menschen. *Hier,* im biblisch-christlichen Bereich, ist der Mensch wesentlich der durch das Wort Angesprochene, der bei seinem Namen Gerufene, ja: der zur Wortfähigkeit Erschaffene. Dieses Wort aber trifft ihn von einem extra-se her. *Dort* dagegen, bei SCHLEIERMACHER, geht es um die in sich hineinhorchende Entdeckung des eigenen Innern als der mikrokosmischen Spiegelung des Universums.

Deshalb ist damit die Emanzipation von allem gegeben, was Wortgestalt hat: Das Wort ist nicht mehr das Urgestein des Schöpfungsgeschehens, in dem menschliche Existenz gründet. Es erscheint vielmehr jetzt als Relikt von nur sekundären Vorgängen, die sich woanders und in anderen Individuen als *deren* Reaktionen auf religiöse Grunderlebnisse abgespielt haben. Selbst wenn das aufgezeichnete Wort einmal als Wort *Gottes* aufgefaßt wurde, kann das an seiner Relativierung nichts ändern, da es durchaus offen bleiben muß, ob „Gott" hier-

---

[74] Philosophische Brocken (Hirsch), 10. Abt. 29 f., 59 ff.
[75] Unwissenschaftliche Nachschrift I (aaO. 16. Abt.) 241 ff.
[76] Unwissenschaftl. Nachschr. II, 272.
[77] AaO. I, 199.

bei die Chiffre für das Universum gewesen ist oder nur die fetischistische Vergötzung eines partikulär Seienden[78].

Deshalb muß es bei der Besprechung des *Gottesgedankens* zu einer äußerst kritischen Zuspitzung von SCHLEIERMACHERS „sokratischem" Ansatz kommen: „In der Religion … steht die Idee von Gott nicht so hoch, als ihr meinet", heißt es gegen Ende der 2. Rede. Wir ahnen schon, warum SCHLEIERMACHER diese Idee herunterspielen muß. Da für ihn „die Gottheit nichts Andres sein kann als eine einzelne religiöse Anschauungsart", da sich „die Idee von Gott … zu jeder Anschauung des Universums bequemt" und sich jenachdem als Monotheismus, Polytheismus oder auch Fetischismus äußern kann, so ist nicht einzusehen, warum nicht auch „eine Religion ohne Gott besser sein kann, als eine mit Gott". Sollte z.B. nicht jemand, der das Universum „anschaut als Eins und Alles, auch ohne die Idee eines Gottes mehr Religion haben, als der gebildetste Polytheist", da die Vielzahl der Götter doch eine Anschauungsart verrät, die im Universum nicht mehr die allumfassende Einheit, sondern „ein unbestimmtes Mannigfaltiges heterogener Elemente und Kräfte" erblickt? SCHLEIERMACHER zeigt mannigfache Varianten auf, in denen sich aus den verschiedenen Anschauungsarten auch verschiedene oder gar keine Gottesbilder ergeben, und bittet es nicht für eine Lästerung zu halten, „daß Glaube an Gott abhängt von der Richtung der Phantasie", denn Phantasie ist „das Höchste und Ursprünglichste … im Menschen, und außer ihr (ist) alles nur Reflexion über sie"[79].

Der Gottesgedanke als Funktion von Anschauung und Phantasie, die ihren religiösen Charakter auch dann beibehalten, wenn sie auf diese Chiffre verzichten und sich anders ausdrücken –: hier zeigt sich der äußerste Gegenpol zu dem Gott der Bibel, der schon insofern den Primat gegenüber dem Menschen innehat, als er ihn auf sich hin entwirft und, wenn man so will, allererst zu einem homo religiosus *macht*[80]. In den „Reden" dagegen stößt man (oder stößt auch nicht!) auf Gott von der jeweiligen Befindlichkeit unserer Subjektivität aus. Er hat also ausgesprochenen Sekundär-Rang, nicht unähnlich wie bei KANT, wo Gott zum Postulat der praktischen Vernunft oder zur Chiffre für die Unbedingtheit sittlicher Gebote wird.

---

[78] Bei HÖLDERLIN, mit dem den jungen SCHLEIERMACHER wohl nicht weniges verbindet, sind die Götter Emanationen des Vaters Äther, dessen Weltfülle zu mächtig ist, als daß wir sie ungeteilt ertragen könnten. Der Äther dürfte in etwa das bedeuten, was bei SCHLEIERMACHER Universum heißt.

[79] Wir mögen uns hier erinnert fühlen an die Art, wie GOETHE Mono-, Poly- und Pantheismus verschiedenen Anschauungsarten zuordnete und diese als komplementär verstand.

[80] Nur eine sogleich wieder übergangene Erinnerung daran scheint sich bei SCHLEIERMACHER zu zeigen, wenn er darauf hinweist, daß „die Menschheit nicht mein Alles ist", daß seine Religion vielmehr nach dem Universum strebe, von dem die Menschheit „nur ein unendlich kleiner Teil" sei. Deshalb achtet er einen Gottesgedanken hoch, gemäß dem Gott eine qualitativ vom Menschlichen abgehobene, ein „von der Menschheit gänzlich unterschiedenes Individuum" ist. Doch ändert auch das nichts an der Grundkonzeption, daß selbst der so verstandene Gott nur eine Funktion der Anschauung ist.

Noch einmal zeigt sich hier, wie die feuerbachsche Projektionstheorie SCHLEIERMACHERS förmlich auf der Zunge zu liegen scheint, allerdings noch durch *eine* Hürde von ihr geschieden ist, die dann von FEUERBACH noch zur Seite geschleudert wird: Für SCHLEIERMACHER gibt es noch das Universum als hervorbringende Seinsmacht; in ihm gründet der homo religiosus, der das Gottesbild hervorbringt, in dem er jenes Universum sich spiegeln läßt (sofern er nicht auf *diese* Art der Spiegelung verzichtet). – Für FEUERBACH dagegen ist der Mensch endgültig die eigene und letzte Wirklichkeit, während alles andere – das Universum sowohl wie alle Gottesbilder – ausschließlich Projektion ist. Diese Theorie kann nur noch MAX STIRNER mit einem letzten grotesken Schliff versehen ...

Die Gebildeten werden bei SCHLEIERMACHERS Proklamation, daß alles in der Religion in ihrer Subjektivität beschlossen sei, aufatmen. Sie fühlen sich aus allen Bindungen – außer der an das Universum, die aber beliebig variabel ist – entlassen. Daß SCHLEIERMACHERS Stoßrichtung sich ursprünglich gegen ein spezielles Bindungs-Oktroi, gegen das der Orthodoxie, richtete und von heteronomer Überfremdung zu eigenem Vollzuge aufrief, mag darüber leicht vergessen werden. Die Subjektivität kann zu einem Raum der Entpflichtung, fast der Indifferenz werden. Alle Kontroversen über die Wahrheit drohen dann als bloßer Streit in der Sphäre des „Wortes" relativiert zu werden. Die Subjektivität wird zu einer Fluchtburg, in der man vor der Härte dessen, was sich draußen stößt, verschont bleibt. Die Religion spielt sich so in der Tat fern allem Handeln, Denken und Sich-Entscheiden ab. Die Subjektivität ist eine Stätte, wo die Windstille der Kontemplation alles ist.

Bei allen theologischen Themen, die bisher anklangen, zeigt sich so, daß SCHLEIERMACHER sie in seine subjektive Erlebnisreligion aufnehmen konnte, auch wenn sie dabei einen tiefen Sinnwandel erfuhren. Das aber ändert sich nun, sobald er auf *eschatologische Themen wie die Unsterblichkeit* zu sprechen kommt. Hier kommt die Flucht in die Subjektivität sozusagen an ihren kritischsten Punkt, an dem sie so etwas wie einen dogmatischen Offenbarungseid leisten muß:

Schon daß er von Unsterblichkeit spricht und sie als Surrogat für den in diesem Umkreis gänzlich deplazierten und deshalb gar nicht auftauchenden Auferstehungsbegriff verwendet, ist bezeichnend. Aber selbst dieses mehr griechisch als christlich getönte Wort[81], das nun die Eschatologie repräsentieren muß, bleibt für den SCHLEIERMACHER der „Reden" ein nicht assimilierbarer Fremdkörper. Denn Unsterblichkeit hat es ja mit dem Interesse am Fortbestand der individuellen Person zu tun. Dieses Interesse aber widerstreitet der religiösen Grundintention, „so viel als möglich eins (zu) werden" mit dem Universum und sich in ihm aufzulösen. Das Hèn-kaì-pân hat keinen Ort für die Individualität, wenn sie sich als sperriges Gebilde im Gegenüber zu ihm verhält. SCHLEIERMACHER scheut sich hier nicht vor der, wie ich finde, geschmacklosen Verdrehung

---

[81] Vgl. Dazu EvGl III, 513ff.

des Jesus-Wortes von Mt 10,39 („wer sein Leben verliert um meinetwillen, der wird es erhalten, und wer es erhalten will, der wird es verlieren"), indem er es nun dem Universum in den Mund legt und es als die Aufforderung interpretiert, die Menschen möchten sich von jenem „erbärmlichen" Motiv abkehren, in dem es ihnen nur „um die Ewigkeit ihrer Person zu tun ist". Statt dessen verlangt SCHLEIERMACHER von seinen Adressaten: „Versucht doch aus Liebe zum Universum euer Leben aufzugeben. Strebt danach, schon hier eure Individualität zu vernichten und im Einen und Allen zu leben ..." Unsterblichkeit in der Religion kann also nur heißen, „mitten in der Endlichkeit eins werden mit dem Unendlichen und ewig sein in einem Augenblick".

Hier tritt in der Tat der äußerste Gegensatz zu dem hervor, was jemals unter christlicher Eschatologie verstanden worden ist. Dafür, daß sich SCHLEIERMACHER in diese antithetische Distanz entführen läßt, gibt es zwei theologische Gründe:

Einmal tritt hier besonders markant zutage, was es bedeutet, wenn an die Stelle des personhaften Gegenüber von Gott und Mensch die nichtpersonhafte Einung mit dem Universum tritt. Bei jenem personhaften Gegenüber werde ich „bei meinem Namen gerufen" und als eine Person angeredet, die in eine ewige Gemeinschaft aufgenommen wird und darin ihren bleibenden, „unsterblichen" Bestand erhält[82]. Personhafte Gemeinschaft bewahrt die Person. Der „Name" ist geradezu das hebräische Synonym für Person. Der einmal angerufene Name kann „in Ewigkeit" nicht mehr aus der Geschichte verschwinden, die Gott mit uns eingegangen ist. Deshalb meint das zitierte Wort Jesu gerade nicht (wie SCHLEIERMACHER es doch interpretiert!) die individuelle Besonderung des Glaubenden – im Gegenteil. Aber SCHLEIERMACHER *muß* nun in dieser Richtung denken: Das unpersönliche Universum kann, wie das jede Art von Monismus sehen muß, personhafte Individualität nur als eine uneigentliche und darum zu überwindende Seinsweise verstehen lassen.

Ferner: Die Flucht in die Subjektivität führt schon *deshalb* in ein eschatologisches Defizit[83], weil es hier nur so lange zu einer theologischen Aussage kommen kann, wie es um etwas geht, das man fühlen, anschauen und erleben kann. Im postmortalen Bereich aber – im Eschaton überhaupt – sind wir keine Subjekte des Fühlens, Anschauens und Erlebens mehr, so daß sich diese Dimension jeder Möglichkeit von Aussage entzieht und das letztverfügbare Wort allein die negatio, der Hinweis auf das Verschwinden von Subjekthaftigkeit und Individualität sein kann. Hier wird, jedenfalls unter theologischem Aspekt, die Sackgasse

---

[82] LUTHER dazu im Genesis-Kommentar, WA 53, 481, 32: „Wo aber und mit wem Gott redet ..., derselbe ist gewiß unsterblich. Die Person Gottes, der da redet, und das Wort Gottes zeigen, daß wir solche Kreaturen sind, mit denen Gott bis in die Ewigkeit und unsterblicher Weise reden will." Zur Interpretation vgl. THIELICKE, Leben mit dem Tod, 1980, 270ff. sowie EvGl III, 537ff.

[83] E. BRUNNER spricht in seiner Jugendarbeit über SCHLEIERMACHER, die ihm im ganzen *nicht* gerecht werden dürfte, hier aber wohl sehr zutreffend von dem „eschatologischen Loch".

offenkundig, in der ein Weg endet, der in der Absicht eingeschlagen wurde, dem heteros nomos orthodoxer Zwangsglaubenssätze zu entrinnen und die Zeitgenossen an einen Punkt zu führen, der ein *eigenes,* ein engagiertes Bekenntnis erlaubt und ihre ganze humanitas an diesem Bekenntnis beteiligt sein läßt. O quae mutatio rerum! – Doch ist es wirklich eine mutatio? Der Protest (hier gegen Orthodoxie und philosophische Metaphysik) sowie die Versuchung, in den Bannkreis seiner Adressaten zu geraten, können die vertretene „Sache" in eine nicht kalkulierbare Richtung entführen. Es könnte sein, daß der Autor dann selbst nicht mehr in seinem Eigenen west. Wir werden noch sehen, daß hier tatsächlich nicht der ganze SCHLEIERMACHER spricht, sondern daß seine eigene Autorschaft sich erst dort vollendet, wo er sich aus dem doppelten Bannkreis seiner Reden gelöst hat und „er selbst" geworden ist. Dieser eigentliche SCHLEIERMACHER wird uns in seiner Glaubenslehre und in seinen Predigten begegnen.

4. Nachwort: Zu den „Monologen"

Wie schon erwähnt, sind die kurze Zeit später (1800) erschienenen „Monologen" das ethische Gegenstück zu den religiösen Reden. Sie sind ungleich weniger bedeutend als diese, auch in ihrer Wirkungsgeschichte. Wegen ihrer maniriert rhetorischen, weithin ins Rhythmische gesteigerten Sprache sind sie heute schwer lesbar. Sie verhalten sich zu den „Reden" ähnlich wie „Die christliche Sitte" (1843 von L. Jonas herausgegeben) zu der Glaubenslehre. In beiden Fällen wirkt die ethische Thematik gegenüber der religiösen eher als nachträgliches Derivat.

Obwohl SCHLEIERMACHER, wie wir sahen, die Religion scharf gegenüber der moralischen Sphäre abgrenzt, bleibt doch die Tatsache bestehen, daß auch der religiöse Mensch in der Welt handeln muß. Damit ergibt sich die Frage, ob die Religion für seine Weltorientierung und seine Weltaktivität irgendetwas bedeute, selbst wenn keine kasuistischen Imperative aus ihr herauszuholen sind. Man wird vermuten dürfen, daß es eine Verknüpfung von Religion und Ethos nur in der letzten Motivschicht, nicht aber in konkreten Handlungs-Programmen geben kann. So ist es auch: Religion und Ethos berühren sich ausschließlich im Fundamentalbereich der Anthropologie, dort, wo es um das Selbstverständnis des religiösen Menschen geht.

SCHLEIERMACHER setzt denn auch mit Defizit-Symptomen der Anthropologie ein, wie er sie unter den Gebildeten seiner Zeit beobachtet, und sieht sie in einem religiösen Minus begründet. Die religiöse Leerheit und Oberflächlichkeit, wider die er sich in den Reden wendet, wirkt sich nämlich im Lebensstil aus: Statt zur Freiheit hindurchzudringen, verfällt man knechtisch an den Geist der Zeit, an den natürlichen Egoismus und die Vereinzelung. Dementgegen ruft SCHLEIERMACHER dazu auf, sich der Tiefe des eigenen Menschseins zuzuwenden, dorthin, wo das zeitlich-endliche Dasein in den Grund des Ewigen hinabreicht und der Mensch sich als Glied der Menschheit bewußt wird. Dies ist die „sittliche Virtuosität", so in sich die Menschheit zu finden und dabei zu entdecken, daß der Einzelne sie mikrokosmisch in sich darstellt. Dadurch wird die schlechte Emanzipation, wird der Absturz in die Vereinzelung aufgehoben und die wahre Freiheit gewonnen.

Diese Rückkehr in den Grund der Existenz ist aber zugleich das, was die Religion will, so daß hier das Band in Erscheinung tritt, das Religion und Ethos miteinander verbindet. Der Schluß der Schrift macht dann in hymnisch gesteigerter Gestalt sichtbar, welch glückhafte Lebenserfüllung – jenseits aller Traurigkeit eines mürrisch-asketischen Du-sollst – mit dieser Rückkehr in den Ursprung gegeben ist: „Denn dem Bewußtsein der innern Freiheit und ihres Handelns entsprießt ewige Jugend und Freude. Dies hab ich ergriffen und laße es nimmer, und so seh ich lächelnd schwinden der Augen Licht, und keimen das weiße Haar zwischen den blonden Loken (sic). Nichts, was geschehen kann, mag mir das Herz beklemmen; frisch bleibt der Puls des innern Lebens bis an den Tod."[84]

Was auch in dieser Schrift auffällt, ist die Ungebrochenheit, mit der ich diese Quellen des Ursprungs in der Religion sowohl wie im Ethos finden kann. Es bedarf keiner Umkehr, keiner metanoia, keines Bruches mit dem Bisherigen, keiner Buße. Es ist keine Spur davon sichtbar, daß der Mensch in eine Auseinandersetzung mit sich selbst gerate, daß in jedem ethischen Imperativ – gleich ob wir an die zehn Gebote oder an den kategorischen Imperativ KANTS denken – ein Protest gegen das eigene Selbst spürbar sei. Diese Ungebrochenheit gründet darin, daß in diesem ganzen Umkreis kein Wort über Sünde und Sündenfall fällt. Hier zeigt sich ein Defizit an christlichem Wissen, das SCHLEIERMACHER auch später nie ganz auszugleichen vermochte. Seine Lehre von der Sünde wird immer fragmentarisch bleiben. Zuckte er davor zurück, den „Gebildeten unter den Verächtern" damit zu kommen und die Lichthelle ihrer Aufklärung durch diese Wolke zu verdunkeln?

b) Die Glaubenslehre

1. Ihre Fundamentaltheologie („Einleitung")
Die theologische Intention

Eine Darstellung von SCHLEIERMACHERS Theologie läßt sich um das Problem des *Wortes* gruppieren. Auf einige Spuren dieser Bedeutung des Wortes sind wir bereits gestoßen:

In den *„Reden"* ist das Wort eine durchaus nachgeordnete, sekundäre Größe, in gewisser Weise sogar eine störende Verbalisierung des religiösen Erlebnisses – störend im Sinne des SCHILLER-Wortes: „Spricht die Seele, so spricht, ach, schon die Seele nicht mehr."

In der *Glaubenslehre* dagegen ist es anders. Da sie christusbezogen, Christus aber eine geschichtliche Erscheinung ist, die uns im Medium des Wortes nahekommt, muß sich hier der Stellenwert des Wortes ändern. Die Christologie wird so zu einem Stachel, der den Autor dazu treibt, in Gestalt des Wortes ein vom *Extra*-me her mich Treffendes in den Begriff einer christlichen Religion aufzunehmen.

Was trotzdem beide Werke miteinander verbindet, ist dies: Die Subjektivität – sei es als Anschauung und Gefühl, sei es als Selbstbewußtsein – bleibt der zentrale Gegenstand der Beachtung. Das kann selbst bei einem angenommenen Primat des Wortes durchgehalten werden, da das Wort ja nicht nur ein ergehendes, sondern auch ein ankommendes Wort ist, und damit die Befindlichkeit seines Adressaten *mit* thematisiert wird. Das gilt für die Glaubenslehre um so mehr, als hier nicht mehr die kritisch-widerspenstigen Intellektuellen der Adressat sind – diese können leicht zu opportunistischen Abstrichen an dem führen, was man ihnen zuzumuten wagt! –, sondern der Mensch „an sich", ein Wesen also, das Bewußtsein hat. Das Thema der Glaubenslehre wird deshalb in der Aufgabe bestehen, jenes extra-me, wie es durch die Christologie repräsentiert wird, mit den

---

[84] Monologen, 75.

Bedingungen des menschlichen Bewußtseins in Einklang zu bringen. Wir werden deshalb darauf achten müssen, ob dieser Einklang ohne Einbußen auf der einen oder anderen Seite zu erreichen ist.

Zunächst fragen wir, warum SCHLEIERMACHERS Hauptwerk nicht als Dogmatik, sondern als Glaubenslehre[85] bezeichnet wird. Man mag darin schon einen Hinweis darauf sehen, daß sein theologischer Forschungsgegenstand nicht der systematisch aufweisbare Zusammenhang christlicher Lehrinhalte ist, also etwa die Entsprechung von Urstand und Eschaton, von Sündenfall und Erlösung. Es geht ihm sehr betont nicht um die Blickweise des Apostolicums, das die christlichen Glaubensgegenstände unter trinitarischem Aspekt systematisch zusammenordnet. Es kann weder um die systematische noch die historische Verbindung solcher Heilstatsachen gehen. Vielmehr beschreibt SCHLEIERMACHER auch hier die Subjektivität, in diesem Falle allerdings die *gläubige* Subjektivität und das *christliche* Bewußtsein. Damit vollzieht er einen wesentlichen Positionswechsel gegenüber den Reden. Das wird sofort klar, wenn wir uns überlegen, inwiefern überhaupt der *Glaube* zum Gegenstand einer Lehre („Glaubenslehre") gemacht werden kann[86]: Man kann unter Glaube *einmal* einen „psychischen Vorgang" verstehen, dessen Wesen man in seinem „Wie", d.h. darin sieht, wie er sich abspielt. Als solcher ist er etwa Gegenstand der Religionspsychologie[87]. Denn diese beobachtet die im Glauben wirksamen Affekte: z.B. die Gefühle des Ergriffenseins, der Abhängigkeit, des Geborgenheitsbedürfnisses, der Schuldangst u.a. Indessen kann es nun nie bei dieser isolierten psychischen Subjektivität bleiben. Denn auch der Psychologe kann nicht von der Tatsache absehen (oder sollte es jedenfalls nicht!), daß sich diese Vorgänge in der Subjektivität des *Menschen* abspielen, und daß also der Psychologe sofort verraten muß, wie er diesen Menschen versteht. Sieht er in ihm etwa ein bloßes Nervenbündel oder den Träger mechanistischer Abläufe – wie das eine bestimmte materialistische Psychologie tut[88] – so kann er in den genannten Glaubens-Emotionen nur „Expressionen" der Psyche sehen[89]. Sieht er dagegen im Menschen ein Wesen, das auf eine Wirklichkeit außerhalb seiner bezogen ist und sich selber transzendiert, so wird er in den genannten psychischen Vorgängen nur den Reflex jener den Menschen von außen in sich einbeziehenden Relation erblicken.

---

[85] Genauer: „Der christliche Glaube ..."

[86] Der Titel „Glaubenslehre" ist seit SCHLEIERMACHER im 19., z.T. auch im 20. Jahrhundert recht verbreitet. Es seien als Beispiele nur die Glaubenslehren von ALEX. SCHWEIZER, I.A. DORNER, D.F. STRAUSS, A. PHILIPPI, E. TROELTSCH, H. STEPHAN u.a. erinnert. Vgl. dazu EvGl I, 26ff.

[87] Zur einschlägigen Lit.: W.H. CLARK, The Psychology of Religion, New York 1958. – W. HELLPACH, Grundriß der R., 1951. – R. OTTO, Das Heilige, zuerst 1917. – E. SPRANGER, Die Magie der Seele, 2.A. 1949. – W. TRILLHAAS, Grundzüge der R. 1946. – G. WOBBERMIN, Die Methoden der rel.-psychol. Arbeit, 1921.

[88] Dazu: THIELICKE, Mensch sein – Mensch werden, 3.A. 1981, 433ff.

[89] Siehe dazu etwa S. FREUD, aaO.

Daß die in der Psyche sich vollziehenden religiösen Prozesse in diesem Sinne der Reflex eines mich von außen Affizierenden seien, ist geradezu die Hauptthese der beiden größten „Religionspsychologen" SCHLEIERMACHER und RUD. OTTO:

Bei SCHLEIERMACHER ist der Mensch, wie wir sahen, auf das Universum bezogen, das ihn anspricht und sich ihm entbirgt. Auch für OTTO ist es charakteristisch, daß er zwar die subjektiven Vorgänge „im" religiösen Menschen erforscht, diese aber nicht als psychische Projektionen, sondern eher umgekehrt als Impressionen beschreibt. Denn er analysiert ja „das" Heilige als eine den Menschen ergreifende Macht und nicht „den" Heiligen als anthropologischen Typus. Natürlich gehören die Gefühle des Schreckens und gleichzeitig der zauberischen Bannung, die OTTO als die religiösen Grunderlebnisse bezeichnet, zur subjektiven Erlebnisdimension. Doch geht es dabei nur um den Reflex des numen, das eben als solches – gleichsam transsubjektiv – ein numen tremendum et fascinosum ist. So hat die Betrachtung der subjektiven Seite, auch der des Glaubens, ihre Grenze.

Dann aber legt sich die Frage nahe, ob man den Glauben nicht von vorneherein *anders* beschreiben, ob man nicht von seinem Gegenstande, von seinem „Woran" ausgehen müsse[90]. Die zentrale Bedeutung, die SCHLEIERMACHER in der Glaubenslehre der Christologie beimißt, zeigt durchaus, daß er dieses Woran im Auge hat. Welches Interesse mag er *dann* aber noch daran haben, statt von Dogmatik und damit von der objektiven Darlegung jenes Woran eben doch von einer „*Glaubens*"-Lehre zu sprechen?

Nach allem bisher Gesagten kann die Antwort darauf nicht mehr schwer sein: SCHLEIERMACHER sieht die christlichen Lehrgehalte vom Stadium ihrer *Aneignung* aus. Und dieses Stadium ist eben der Akt des Glaubens, der Augenblick des Ergreifens, der Übergang vom Draußen ins Drinnen.

Hier besteht eine gewisse Berührung mit der Reformation, wenn man an das MELANCH-THON-Wort aus den Loci denkt: Hoc est Christum cognoscere, beneficia ejus cognoscere. Das besagt doch: Wir können keine Christologie treiben, indem wir das Christus-Wesen „an sich" erforschen, z. B. das Wie der Zwei-Naturen-Konstellation, sondern nur so, daß wir von seiner *Geschichte mit uns,* seiner Wirkung *an* (und dann auch *in*) uns sprechen. Nur lag dabei der Ton, wie das reformatorische sola-fide zeigt, auf der Frage, wie ich in die Heilswirklichkeit Christi hineingezogen werde, besser: wie ich mich von *Christus* aneignen lasse, während für den modernen Zweifler SCHLEIERMACHER der Akzent auf der gegenläufigen Frage liegt: Wie kann Christus in den Apparat meines Bewußtseins eingestückt werden? Wie kann *ich* ihn unter den Bedingungen meines Bewußtseins aneignen und das Bekenntnis zu ihm so aussprechen, daß es *mein* Bekenntnis ist?

Was will also der SCHLEIERMACHER der Glaubenslehre? Er will zeigen, wie wir die geschichtliche Tatsache Christus in unser Bewußtsein aufnehmen können, und was sich an diesem Bewußtsein vollziehen muß, *damit* wir es können.

---

[90] Ich wies schon darauf hin, mit welcher Entschiedenheit LUTHER das tut, wenn er das Subjekt des Glaubens und damit auch die Subjektivität des Glaubenserlebnisses völlig hinter diesem Woran zurücktreten läßt und das Subjekt des Glaubens als bloßes punctum mathematicum, als unausgedehnten Punkt, beschreibt.

Wer sich diese Fragen *nicht* vorlegt, so würde er argumentieren, der läuft Gefahr, nur den Glauben anderer nachzuschwätzen und bloßer Mitläufer der christlichen Tradition zu sein, ohne zum eigenen Vollzuge zu kommen und selbst das wahre Subjekt seines Glaubens zu sein. SCHLEIERMACHER geht es nicht nur um Rechtgläubigkeit in dem Sinne, daß das Geglaubte selbst recht und richtig ist, sondern auch in dem Sinne, daß ich den Glaubens-*Akt* auf rechte Weise, d.h. daß ich ihn *selbst* vollziehe.

Mit dieser seiner Intention bedrängt er unser aller theologisches Gewissen. Denn er attackiert uns mit der Frage, ob und inwieweit wir als Christen vielleicht nur der Kollektiv-Suggestion christlicher Überlieferung verfallen sind, ob unser Bekenntnis nur ein nachgesprochenes Klischee sein könnte, und wir so nicht bloße Anempfundenheiten, bloße Bildungserlebnisse an die Stelle originaler Begegnungen setzen. Bei aller inhaltlichen Kritik, die wir zu üben haben, dürfen wir uns an der bleibenden Gültigkeit dieser Anfrage nicht irre machen lassen. Viele der großen Theologien wirken mehr durch ihre Fragestellungen als durch ihre Antworten nach. Zu ihnen gehört auch die Theologie SCHLEIERMACHERS.

Zugleich ist damit ein Punkt gefunden, von dem aus wir die Anlage der Glaubenslehre geradezu ableiten können:

Zunächst ist festzustellen, daß zwei Faktoren miteinander ins Spiel kommen: *Einmal* eine geschichtliche Tatsache; wir nennen sie abgekürzt: die Tatsache Christus. *Ferner* das System von Kategorien, mit deren Hilfe diese Tatsache wahrgenommen, verstanden, aktualisiert und existenziell angeeignet werden kann. – SCHLEIERMACHER beginnt nun – das ist der Inhalt seiner „Einleitung" in die Glaubenslehre (§ 1 bis 31) – mit dieser religiösen Kategorienlehre. Wir werden später sehen, zu welchen Mißverständnissen dieser Einsatz geführt hat und mit welchen Argumenten er ihn verteidigt[91].

Wenn er so mit der Lehre vom christlich frommen Selbstbewußtsein einsetzt, dann will er nicht so etwas wie eine „Bewußtseinstheologie" begründen, sondern nur Vorbereitungen treffen, um die geschichtliche Person Christus in diesem Bewußtsein „einzufangen". Ebensowenig wünscht er, das Bewußtsein als *Norm* zu etablieren, so wie etwa REIMARUS die Vernunft als Norm für die Verbindlichkeit oder Unverbindlichkeit biblischer Aussagen benutzen wollte. Vielmehr möchte er nur zusehen, wie jene Fakten in dieses mein Bewußtsein eingehen. Er versteht das Bewußtsein nicht als Norm, sondern als *Ort* der Aneignung. (Ob es gelingt, beides auseinanderzuhalten, ist eine andere Frage, die uns beschäftigen wird.)

Daß es SCHLEIERMACHER so um den „Ort" des Christentums und seiner Aneignung geht, zeigt sich in der Art, wie er es als „eine der teleologischen Richtung der Frömmigkeit angehörige monotheistische Glaubensweise" innerhalb der Religionsgeschichte lokalisiert und es von andern Religionen dieser Gruppe dadurch unterschieden sieht, daß „in ihm (dem Christentum) alles bezogen wird auf die durch Jesum von Nazareth vollbrachte Erlösung"

---

[91] TILLICHS Korrelationsprinzip berührt sich mit diesem Ansatz der Glaubenslehre. (Vgl. die Laudatio des Verf.s zur Verleihung des Hansischen Goethe-Preises für P. TILLICH am Schluß dieses Buches.)

(§ 11). – „Teleologische Richtung der Frömmigkeit" bedeutet, daß die Herausstellung der sittlichen Aufgabe den Grundtypus der frommen Gemütszustände bildet".

Indem Schleiermacher so den „Ort" des Christentums in der Religionsgeschichte bestimmt, baut er es in eine gewisse Typologie der Religionen ein: Es ist eine Spielart des Monotheismus, die an eine Stifterpersönlichkeit gebunden ist. Die eigentlich entscheidende Aussage kann bei dieser Ortsanweisung aber noch gar nicht gemacht werden: welchen religiösen Rang nämlich diese Stifterpersönlichkeit besitzt, d.h. genauer: ob sie in dieser Bestimmung, dem Typus „Stifter" anzugehören, aufgeht, oder ob hier mehr ist als Mose und Mohamed. Die Typologie wird vielmehr durchaus formal gehalten und enthält noch keine Wesensaussagen.

Man könnte am besten folgende Doppelaussage machen:

Erstens. Indem das Christentum meine Überzeugung, meine „Glaubensweise" werden will, muß es in mein Bewußtsein eingehen. – *Zweitens.* Insofern es in der Geschichte, nämlich gebunden an eine historische Erlösergestalt, auftaucht, muß es zugleich in die Analogien der Religionsgeschichte eingefügt werden. Sowohl das Bewußtsein wie die Religionsgeschichte haben also die Bedeutung eines „Ortes", nicht einer „Norm", zumindest der Intention nach. Man muß sich das unter allen Umständen klar machen, weil man sonst für den Irrtum anfällig ist, als habe man nur eine Neuauflage der „Reden" – allenfalls mit stärkerer christlicher Tönung – vor sich.

Wichtig ist es nun, den formalen Charakter dieser Ortsanweisung auch durch einige Begriffsdefinitionen bestätigt zu sehen. Zunächst geht es um das, was Schleiermacher unter „Bewußtsein" bzw. „Selbstbewußtsein" zu verstehen wünscht:

„Die Frömmigkeit, welche die Basis aller kirchlichen Gemeinschaften ausmacht, ist rein für sich betrachtet, weder ein Wissen noch ein Tun, sondern eine Bestimmtheit des Gefühls oder des unmittelbaren Selbstbewußtseins" (§ 3).

Die Abgrenzung gegen Wissen und Tun greift die Argumente auf, mit denen schon in den Reden die Religion gegenüber der Metaphysik und der Moral abgegrenzt wurde. Auch der Rekurs auf das Gefühl erinnert an Analogien aus den Reden. Doch fällt schon hier ein Schritt auf, der über die Reden hinausführt. Schleiermacher will die Verschwommenheit des Wortes Gefühl dadurch beseitigen, daß er an seine Stelle das Wort „Selbstbewußtsein" setzt. Er tut das, um so bewußtlose Zustände auszuschalten. Diese sind sozusagen irreal. Man mag sich das an Ohnmachten oder Träumen verdeutlichen, in denen durchaus etwas gefühlt wird, jedoch ohne Beziehung auf die konkrete Existenz.

Das Wort „Bewußtsein" wird zugleich durch das Adjektiv „unmittelbar" präzisiert: Ein vermitteltes Bewußtsein wäre durch konkrete Objekte, durch Orientierung innerhalb der gegenständlichen Welt, charakterisiert. Hier aber soll es um eine unterhalb der Subjekt-Objekt-Korrelation liegende Bewußtseinslage gehen. Wir können zur Verdeutlichung dabei an die seit Kierkegaard üblich gewordene Unterscheidung zwischen Angst und Furcht denken. Furcht ergibt sich aus dem Bewußtsein gegenständlich fixierbarer Gefahren. Angst dagegen ist ein ungegenständliches, konkret noch gar nicht fixierbares Bedrohtheitsgefühl.

Entscheidend ist nun aber, wie SCHLEIERMACHER dieses unmittelbare Selbstbewußtsein *inhaltlich* füllt. Das tut er in dem Achsenparagraphen der Einleitung
zur Glaubenslehre (§ 4), auf den wir deshalb etwas genauer eingehen müssen.

Das Gefühl „schlechthinniger Abhängigkeit"
Um diesen Begriff verständlich zu machen, vollzieht SCHLEIERMACHER eine
noch weiter eindringende Analyse des Wortes „Selbstbewußtsein". Sie setzt mit
der Frage ein, was denn eigentlich jenes Selbst sei, dessen ich mir bewußt werde.

Dieses Selbst ist auf der einen Seite eine konstante, mit sich identisch bleibende Größe. Es besteht ja, so können wir uns das verdeutlichen, tatsächlich eine
gewisse Identität zwischen dem, was wir als kleine Kinder waren, und dem, was
wir als erwachsene Leute sind und als Greise sein werden. Es ist die Identität dessen, was GOETHE Entelechie nennt.

Andererseits ist dieses Selbst aber auch eine variable Größe, denn neben seiner
Konstanz hat es zugleich eine „wechselnde Bestimmtheit". Diese aber kann das
Selbst nicht von sich aus produziert haben, weil sonst das Konstante gar nicht
von dem Variablen zu unterscheiden wäre. Diese Unterscheidung aber kann und
muß man sogar beim goetheschen Entelechiegedanken treffen. Denn sowohl
Tyche wie Eros affizieren die Entelechie, d.h. das konstante, aus sich selbst
lebende und nach eigenen Gesetzen sich verwirklichende Ich. Auch wenn dieses
Affizieren das entelechische Ich schließlich nicht umformen und verbiegen kann,
sondern es im Gegenteil gerade aus sich *heraus*formt, so kommt auf diese Weise
eben doch ein variables Moment herein, das nicht festzustellen wäre, wenn die
Entelechie sich nur solipsistisch aus sich selbst entwickelte. Die bloße „Entwicklung"[92], die Explikation zeigt deshalb immer nur die Konstanz dessen, was sich
entwickelt; der Mensch aber *entwickelt* sich eben nicht nur, sondern hat eine *Geschichte*: Er ist Schicksalen ausgesetzt und begegnet anderen Menschen.
Dadurch erhält sein Selbst trotz aller Identität „eine wechselnde Bestimmtheit".

Deshalb sind in jedem Selbstbewußtsein, sagt SCHLEIERMACHER, zwei Elemente enthalten: „ein ... Sichselbstsetzen und ein Sichselbstsonichtgesetzthaben,
oder ein Sein und ein Irgendwiegewordensein"[93]. Indem ich das Letztere in
meinem Selbstbewußtsein vorfinde, spreche ich „außer dem Ich noch etwas anderes an, nämlich „woher die Bestimmtheit desselben ist und ohne welches das
Selbstbewußtsein nicht gerade dieses sein würde".

Wenn ich das Ich nun im Hinblick auf das ansehe,was es an sich, in seinem
identischen Kern ist, dann habe ich seine „Selbsttätigkeit" vor Augen; sehe ich
es aber im Hinblick auf sein Zusammensein mit andern und damit auf seine
wechselnde Bestimmtheit an, so denke ich an seine „Empfänglichkeit".

Im Zusammenhang mit diesen Definitionen entwickelt SCHLEIERMACHER noch
zwei weitere für alles Kommende wichtige Begriffe, nämlich die der *Freiheit* und
die der *Abhängigkeit*. (Ich entfalte das alles nicht nur wegen seiner sachlichen
Wichtigkeit etwas ausführlicher, sondern auch, um dem Leser einen Eindruck

---

[92] § 4, 2, S. 14.
[93] § 4, 1.

von der argumentativen Präzisionsarbeit zu vermitteln, die sich bis in den Stil hinein radikal von der Aussageweise der Reden unterscheidet.)

Das *Gefühl der Abhängigkeit* wird „durch das Gemeinsame aller derjenigen Bestimmtheiten des Selbstbewußtseins (herbeigeführt), welche überwiegend ein Irgendwohergetroffensein der Empfänglichkeit aussagen". Wir reagieren ja dauernd auf etwas, auf Kälte und Wärme, Freundlichkeit und Ablehnung und signalisieren damit die Gegebenheit eines solchen Getroffenseins. Umgekehrt besteht das *Freiheitsgefühl* gegenüber allen denjenigen Bestimmtheiten des Selbstbewußtseins, die sich auf die „überwiegend regsame Selbsttätigkeit", auf unser Agieren beziehen.

Wichtig ist nun die Feststellung, daß beide Gefühle in concreto nur partiell und bedingt – SCHLEIERMACHER sagt: „uneigentlich" – zur Erscheinung gelangen: Unser Selbstbewußtsein „als Bewußtsein unseres Seins in der Welt" äußert sich nur als eine Reihe von *geteiltem* Freiheitsgefühl und Abhängigkeitsgefühl". Die freie Selbsttätigkeit gibt es de facto immer nur gebrochen. Wir wissen, daß sie schon an der Freiheit des anderen ihre Grenze findet. Desgleichen gibt es nirgendwo *nur* Abhängigkeit, weder im sozialen noch im astronomischen Bereich. Selbst die auf uns einwirkenden „Weltkörper" lösen in uns ein noch so kleines Quantum Gegenwirkung aus.

Nun aber, so sagt uns der vierte und Hauptparagraph der Glaubenslehre, finden wir in uns ein Grundgefühl vor, in dem wir uns als „*schlechtin* abhängig", also bedingungslos und ungeteilt abhängig wissen. Dies Grundgefühl sei das „Gemeinsame aller noch so verschiedenen Äußerungen der Frömmigkeit", und zugleich sei es das, was die Frömmigkeit, also ein religiöses Phänomen, von allen anderen Gefühlen unterscheidet.

In der Tat steht dieses Gefühl einzigartig und allein inmitten aller sonstigen Gefühle – schon deshalb, weil diese immer nur ein *bedingtes,* mit dem Bewußtsein der Freiheit gemischtes Abhängigkeitsgefühl kennen. Deshalb kann die Frage, woher dieses Gefühl komme und auf was es sich beziehe, niemals mit einem innerweltlichen Objekt, auch nicht mit „der Gesamtheit des zeitlichen Seins" beantwortet werden, weil all diesem gegenüber eben nur jene bedingte Abhängigkeit besteht, und weil wir da nicht ohne ein Minimum an Vermögen der Gegenreaktion, also der Freiheit sind. Der Begriff einer *schlechthinnigen* Abhängigkeit impliziert demgegenüber das Bewußtsein, daß wir selbst *mitsamt* diesem unserem Freiheitsvermögen wieder abhängig sind: Wir haben die Freiheit ihrerseits ja *nicht* wieder in Freiheit gewonnen, sondern wir finden uns in ihr vor, wir sind mit ihr *begabt* und insofern gerade als Freie letztlich wieder abhängig.

Deshalb deutet das Gefühl schlechthinniger Abhängigkeit auf eine Größe hin, die die Gesamtheit des räumlichen und zeitlichen Seins transzendiert, so gewiß sie in diesem Sein ja kein Äquivalent zu finden vermag. Diese Größe nennen wir deshalb *Gott* und meinen damit eine von allem sonstigen Sein abgehobene Größe.

Man beachte also genau, *wie* SCHLEIERMACHER hier auf die Gottesfrage stößt. Er tut das ausdrücklich nicht so, daß „dieses Abhängigkeitsgefühl ... durch irgendein vorheriges Wissen um Gott bedingt sei"[94]. Er will in diesem Vorbau betont nicht von den Glaubenssätzen einer positiven Religion und darum von einem Deus-dixit ausgehen. Warum er das nicht will, macht er in den Sendschreiben an LÜCKE deutlich. Er fürchtet, daß aus dem Saeculum, vor allem von Seiten der Natur- und Geschichtswissenschaft, radikale Infragestellungen auf die christliche Religion zukommen werden, denen sie wehrlos gegenüberstehen könnte, weil hier ein bloß bekennendes Dennoch oder eine windige Apologetik als Widerstandspotenz nicht ausreichen können. Darum möchte er einen rocher de bronze der Religion im Rahmen unseres allgemeinen – auch des noch so säkularen – Bewußtseins ausmachen, auf das er sich jederzeit berufen kann. Insoweit trifft sich hier die Grundintention der Reden tatsächlich mit der der Glaubenslehre, nur daß sie jetzt auf einer ungleich höheren Reflexionsebene auftaucht und an die Stelle romantischen Schwärmens eine subtile Argumentationskette tritt.

Das ist der Grund dafür, daß SCHLEIERMACHER hier das Wort „Gott" nur als einen Korrespondenzbegriff – man könnte auch sagen als Chiffre – für das in den Tiefen unseres Bewußtseins auftauchende Gefühl schlechthinniger Abhängigkeit auftauchen läßt. Gott ist zunächst, ohne jede inhaltliche Füllung, nur der Name für einen existenziellen Bezug. Wenn man will, kann man auch hier von seinem Interesse an einem religiösen Apriori sprechen, das der Theologie einen neben den anderen Wissenschaften gleichberechtigten erkenntnistheoretischen Grund besorgt.

Hier mag aus den jahrzehntelangen Erfahrungen eines theologischen Examinators eine kleine illustrierende Anekdote beigesteuert werden: Wenn ich die Prüfungsfrage stellte, was in SCHLEIERMACHERS Glaubenslehre das religiöse Grundgefühl sei, und der Kandidat dann antwortete: „Die schlechthinnige Abhängigkeit von Gott", dann war er an diesem Punkte jedenfalls klar durchgefallen. Er hatte ja die Pointe peinlich versiebt und ein vorheriges Wissen um Gott vorausgesetzt, das SCHLEIERMACHER ausdrücklich bestritten.

Der Begriff „Gott" ist demnach die unmittelbarste Reflexion auf das Gefühl der schlechthinnigen Abhängigkeit, sozusagen seine Interpretation. Er bedeutet „zunächst" (!), was „in diesem Gefühl das mitbestimmende ist, und worauf wir dieses unser Sosein zurückschieben". Das aber hat dann zur Folge, daß auch „jeder anderweitige Inhalt dieser (Gottes-)Vorstellung ... erst aus dem angegebenen Grundgehalt entwickelt werden muß"[95].

Was ist mit dieser „Folge" gemeint? Es bedeutet, daß keine theologische Aussage über Gott möglich ist, die nur sein Wesen „an sich" beschriebe, daß sie vielmehr nur in ihrer Verbindung mit dem schlechthinnigen Abhängigkeitsgefühl gemacht werden könne und also in ihrem anthropologischen Bezuge zu verdeutlichen sei. – Das tritt bei SCHLEIERMACHER besonders markant in der Beschreibung der *Eigenschaften* Gottes hervor: seiner Ewigkeit (§ 52), seiner Unveränderlichkeit (§ 52, Zusatz), seiner Allgegenwart (§ 53), Unermeßlichkeit (§ 53 Zus.), Allmacht (§ 54), Unabhängigkeit (§ 54 Zus.), Allwissenheit (§ 55) und seiner anderen Eigenschaften (§ 56)[96].

---

[94] § 4,4; S. 17.
[95] § 4,4, S. 18.
[96] Vgl. auch G. EBELING, Schleiermachers Lehre von den göttl. Eigenschaften, in: Wort u. Glaube II, 1969, 305 ff.

Die Korrelation, in der Gott mit unserem Selbstbewußtsein verbunden ist, bringt es mit sich, daß nicht isolierte Eigenschaften, sondern eben nur dieser korrelative *Bezug* beschrieben werden kann. Deshalb ist es uns freigestellt, von welcher perspektivischen Seite wir bei der Formulierung von Glaubssätzen ausgehen: ob wir bei den „Beschreibungen menschlicher Lebenszustände" oder bei den „Begriffen von göttlichen Eigenschaften und Handlungsweisen" einsetzen (§ 30). Auf keinen Fall jedenfalls können die Eigenschaften, „welche wir Gott beilegen, ... etwas besonderes in Gott bezeichnen, sondern nur etwas besonderes in der Art, das schlechthinnige Abhängigkeitsgefühl auf ihn zu beziehen" (§ 50). Jeder Versuch, derartige Eigenschaften aus dem göttlichen Wesen selbst abzuleiten, würde ja „das letzte als bekannt voraussetzen und wäre (deshalb) ein rein spekulatives Verfahren" (§ 50,3, S. 224); es bliebe eine Behauptung, die keinen Anhalt an unserem Selbstbewußtsein hätte und deshalb auch nicht von ihm rezipiert werden könnte.

Als Beispiel für die Art, wie SCHLEIERMACHER so die Eigenschaften Gottes behandelt, mag seine Lehre von der „Ewigkeit" Gottes dienen (§ 52): Würde man nämlich, so heißt es im 2. Abschnitt, die Ewigkeit nur eine ins Unendliche verlängerte Zeit verstehen, dann würde man der Tatsache nicht gerecht, daß das schlechthinnige Abhängigkeitsgefühl ein Verständnis Gottes anzeigt, gemäß dem er nicht als Gegenstand in der innerweltlichen Raum-Zeit-Struktur auftaucht. Denn bei dieser Art Ewigkeitsverständnis würden ja „in der zeitlichen Dauer nur die Endpunkte geleugnet werden", im übrigen aber wäre Gott doch dem Zeitschema unterworfen und insofern den innerweltlichen Gegenständen eingereiht. Deshalb können wir über Gott nur solche Aussagen machen, die nicht allein „die Schranken der Zeit", sondern „die Zeit selbst für Gott aufheben" und ihn der Zeitlichkeit radikal entrücken[97].

Ich schließe die Erwägungen zum Gefühl der schlechthinnigen Abhängigkeit mit einem letzten Gedanken ab, in dem der ganze Problemknoten der Glaubenslehre geschürzt vorliegt:

Wenn es nämlich stimmt, daß jenes Gefühl sich niemals auf innerweltliche Gegenstände und Werte beziehen kann, dann ist Gott radikal „ungegenständlich" zu verstehen. Modern ausgedrückt und im Sinne BULTMANNs verstanden, könnte man sagen, Gott sei also nicht im „Mythos" zu haben, wenn man darunter den Versuch versteht, Gott in die „Vorfindlichkeit", in die gegenständlich fixierbare Geschichte hineinzuziehen:

„Die Übertragung jener Vorstellung (nämlich des gegenständlichen Gegebenseins Gottes) auf irgendeinen wahrnehmbaren Gegenstand, wenn man sich derselben nicht als einer rein willkürlichen Symbolisierung bewußt wird ..., ist immer eine Corruption, sei es nun eine vorübergehende Übertragung, also Theophanie, oder eine constitutive, in welcher Gott als ein wahrnehmbares beharrliches Einzelwesen vorgestellt wird" (§ 4 Schluß).

Hier kündigen sich alle Probleme an, vor die eine aus dem Bewußtsein entfaltete Theologie durch eine in der Geschichte gegründete – also dem Bewußtsein von außen her dargehaltene – Christologie gestellt wird. Es geht um einen überaus hintergründigen Satz:

Die Übertragung der Gottesvorstellung auf bestimmte Geschichtsphänomene wird hier nur unter einer einzigen Bedingung für möglich gehalten: daß man solche Phänomene für *symbolische* Größen hält. Dionysos und Apoll, um das

---

[97] Es ist verwunderlich, daß SCHLEIERMACHER, der in diesen Zusammenhängen immer wieder AUGUSTIN zitiert, nicht auf das 11. Buch der Konfessionen zu sprechen kommt.

beispielhaft zu verdeutlichen, symbolisieren verschiedene Daseins-Dimensionen[98]. Hera und Aphrodite symbolisieren in HOMERS Ilias den Eros und die Heiligkeit der Ehe, die durch Helena in Konflikt geraten. Und Christus? Er symbolisiert letztlich die Menschheit, für die er urbildlichen Rang hat. Sofern diese Symbolisierung hinter der angenommenen unmittelbaren *Präsenz* des Numen zurücktritt, kommt es zur „Corruption", eben zum Hineinziehen Gottes in die Vorfindlichkeit oder gar zu seiner Degradierung als Fetisch, auf jeden Fall zu einer ungemäßen Anthropozentrik.

Das führt uns zu der entscheidenden Frage an SCHLEIERMACHER:

Kann er, wenn das religiöse Selbstbewußtsein Gott als prinzipiell ungegenständlich bestimmt, *noch verhindern, daß jedes wirkliche Eingehen Gottes in die Geschichte, daß also das Geschehen der Inkarnation bestritten werden muß?* Kann er verhindern, daß er in die letzte Konsequenz der Theologie ZWINGLIS – und noch weiter! – entführt wird, wo schließlich nichts mehr „ist", sondern alles nur etwas „bedeutet"?

Man könnte auch an die von ABAELARD ausgehende Linie denken, wo Gott ein überpolares Indifferenzprinzip ist, deshalb auch nicht aktiv in die geschichtliche Auseinandersetzung mit dem Bösen eingreifen kann, und so die Leidensgeschichte Jesu zu einer dramatisch-symbolischen Schaustellung wird, in der die gut und böse überwölbende Offenheit Gottes gegenüber dem Sünder demonstriert wird.

Wie will SCHLEIERMACHER vor der Folgerung Halt machen, daß nur noch die *interpretierte* Geschichte, d. h. die auf ihren Bedeutungsgehalt, auf ihren symbolischen Charakter interpretierte Geschichte, verbindliche religiöse Aussage sei, nicht aber das Heilsgeschehen selbst?

Wenn wir wirklich sollten feststellen müssen, daß er solchen Konsequenzen nicht entgehen kann, werden wir das nur in der Empfindung tun können, Zeugen einer ausgesprochenen „Tragödie" des Denkens zu werden. Denn der Einsatz seines Denkens beim Begriff Selbstbewußtsein erfolgte ja, um die Theologie zu *schützen* (gegenüber Philosophie, Wissenschaft und auch Politik). War das nicht aber ein menschlicher-allzumenschlicher Schutz, war es nicht schließlich Preisgabe und ein Ferment der Auflösung (natürlich wider Willen)? Können denn unter der Hand theologische Gedanken eigengesetzlich werden und uns dahin entführen, wohin wir *nicht* wollen? Die Theologie *muß* doch interpretieren und verstehen und bedarf deshalb hermeneutischer Mittel, als welche bei SCHLEIERMACHER das Selbstbewußtsein schlechthinniger Abhängigkeit fungiert. Kann nun das, was nur als Mittel gemeint ist, den *Aufstand* der Mittel proben, kann es sich latent zur *Norm* aufschwingen? Gibt es so etwas wie eine Schuld des Denkens, die gerade dort entsteht, wo dieses Denkens eine andere Schuld – bei SCHLEIERMACHER etwa die der orthodoxen Erstarrung – bekämpfen möchte?

Es ist, als ob SCHLEIERMACHER gelegentlich etwas von dieser Möglichkeit und dieser Infragestellung seiner selbst ahnte, wenn er bekennt: „Eine Zeit trägt die

---

[98] W. F. OTTO, Die Götter Griechenlands, 2. A. 1934.

Schuld der andern, weiß sie aber selten anders zu lösen als durch neue Schuld."[99]
Hier wird es wichtig, daß SCHLEIERMACHER in seinen Predigten zugleich einen
Standort außerhalb solcher systematischen Zwänge einnimmt und in Unmittelbarkeit verkündet, was ihm die Mittelbarkeit seiner systematischen Konstruktion nicht zu sagen erlaubt.

2. Zur Sündenlehre und Christologie
Das Verständnis der Sünde:[100]

Wenn wir im Sinn der reformatorischen Theologie von der Sünde sprechen wollen, müssen wir als ersten Kardinalsatz feststellen, daß die Sünde ein Vergehen,
besser: ein Sich-entziehen gegenüber Gott bedeutet und sich im Selbst-sein-
Wollen, vor allem in der Lieblosigkeit äußert[101].

Darin sind drei Aussagen enthalten:

1. daß die Sünde ein reales Geschehen zwischen zwei „Personen", insofern ein
geschichtliches Begebnis ist; sie ist die Aufhebung des Friedens;

2. daß man, um zu wissen, was Sünde ist, zuvor wissen muß, wer Gott ist,
gegen den ich so gesündigt habe (Ps 51,6). Negativ heißt das: Sündenbewußtsein
kann sich nicht aus bloßer Autoanalyse ergeben, da Sünde ein Beziehungsbegriff
ist. Ichanalyse allein läßt nur das moralisch Böse in Erscheinung treten;

3. ist daraus zu folgern, daß die Sünde ebenso Gegenstand des *Glaubens* ist,
wie der es ist, wider den ich gesündigt habe. Und genauso, wie ich Gott nicht
im Wissen zur Verfügung habe, wie ich dieses Wissen verdrängen kann (Röm
1,18ff.), so ist es auch möglich, von der Sünde nichts zu wissen oder dieses Wissen zu verdrängen. Sünde ist mit Verfinsterung, mit „Verblendung" verbunden;
deshalb kann sie sich selbst nicht sehen. (Ähnlich ist es – cum grano salis darf
das gesagt werden – mit der Dummheit: Sie ist sich selbst – in diesem Falle
gnädig! – verhüllt.)

Wir können uns nun an den fünf Fingern abzählen, daß diese drei konstituti-
ven Momente des Sündenverständnisses bei SCHLEIERMACHER kaum ins Spiel
kommen können. Da der Gottesbegriff erst sekundär eingeführt wird, nämlich
vom Bewußtsein aus, kann die Sünde nicht als eine das Ich transzendierende Geschichte mit Gott verstanden, sie muß vielmehr ebenfalls vom Bewußtsein aus
entfaltet werden. Das besagt aber: Eine Sünde, die nicht mit Sünden*bewußtsein*
verbunden wäre, ist undenkbar. Sünde *ist* geradezu Sündenbewußtsein. Von
Sünde kann nur gesprochen werden, „sofern auch ein Bewußtsein derselben
ist"[102].

---

[99] Briefe (1858) II,343.

[100] Vgl. hierzu die geistvolle Analyse von G. BADER, Sünde u. Bewußtsein der Sünde. Zu
Schl.s Lehre von der Sünde, ZThK 1/1982, 60ff.

[101] Für Sünde in diesem Sinne steht der ältere Bruder des Verlorenen Sohnes repräsentativ: Luk 15,25ff.

[102] § 68,2; S. 315.

In diesem Bewußtsein nun begreifen wir „die Sünde als einen positiven Widerstreit des Fleisches gegen den Geist"[103], genauer gegen *jenen* Geist, in dem das Abhängigkeitsgefühl und insofern auch das Gottesbewußtsein manifest wird. Sünde ist das, was die freie Entwicklung des Gottesbewußtseins hemmt[104]. Das im Fleisch als dem Widersacher des Geistes sich bildende sinnliche Bewußtsein ist vom Gottesbewußtsein nicht in jedem seiner Momente durchdrungen (aaO. 309). Selbst wenn wir einmal annehmen, daß das Gottesbewußtsein einen Moment unseres Lebens *ganz* bestimmt, so brauchen wir uns nur vorzustellen, daß „die sinnlichen Elemente von außen verstärkt" worden seien, um zu wissen, daß das Gottesbewußtsein sofort abgebaut worden wäre.

Hier zeigt sich ein Phänomen, das in jeder vornehmlich das Bewußtsein herausstellenden Theologie auftaucht. Zu diesen Theologien gehört auch der *Pietismus,* dessen Jugendeinflüsse bei SCHLEIERMACHER vornehmlich nachwirken und ihn in mancher Hinsicht einen Pietisten „höherer Ordnung" bleiben lassen. Die dem Bewußtsein eingeräumte Rolle läßt nämlich auf die Tatsache stoßen, daß das Bewußtsein nur eine bestimmte Kapazität hat, und daß also, wenn *ein* Inhalt überwiegt, entsprechende andere Inhalte nicht mehr mit ins Bewußtsein aufgenommen werden können. Im Pietismus ZINZENDORFS, teilweise auch bei SPENER, zeigt sich das in grotesker Weise beim Verständnis der geschlechtlichen libido: Die Kapazität unseres Bewußtseins gestattet es nicht, daß die Liebe zum Herrn neben der sexuellen Lust in unserem Gefühlspotential besteht. Darum muß um des Heilandes willen selbst im sexuellen Verkehr die libido ausgeschaltet und muß die Schar der neuen Gotteskinder lustlos gezeugt werden. Der Ausgangspunkt beim frommen Bewußtsein nötigt folglich zu einer strengen Kontrolle dessen, was ins Herz aufgenommen werden darf, weil dessen Kapazität beschränkt ist[105]. Die Gläubigen werden angehalten, sich um ein „exercitium apathias" auch in der Ehe zu bemühen.

Was die *Entstehung* des Sündenbewußtseins betrifft, so sieht SCHLEIERMACHER es „aus einer ungleichmäßigen Entwicklung der Einsicht und der Willenskraft" hervorgehen (§ 68): Wir gewinnen – aus der uns verbliebenen „ursprünglichen Vollkommenheit des Menschen" – zwar die Einsicht „von der ausschließlichen Vorzüglichkeit derjenigen Zustände, welche sich mit dem Gottesbewußtsein einigen ohne es zu hemmen". Dadurch wird auch unser Selbstbewußtsein „aufgeregt", doch hinkt die entsprechende Mobilisierung unserer „Willenserregungen" bedenklich nach. Anders ausgedrückt: Die Einflußnahme des in unserem Geiste sich bildenden Gottesbewußtseins auf die fleischlich bestimmten Bewußtseinsinhalte hält nicht Schritt mit dem sich ausbreitenden Gottesbewußtsein selbst. Sie ist gewissermaßen nicht mit ihm synchronisiert. In den dadurch entstehenden Bewußtseinslücken siedelt sich das Wissen um unser Ungenügen – eben die Sünde – an.

Schon diese wenigen Grundlinien von SCHLEIERMACHERs Sündenverständnis machen deutlich, wie sehr er sich hier vom Neuen Testament abhebt. Man braucht nur an die ausgesprochen platonische Form seiner Begriffe Fleisch und Geist zu denken, die kaum etwas mit den neutestamentlichen Worten sarx und

---

[103] § 66.
[104] § 66,1; S. 308.
[105] Vgl. dazu F. TANNER, Die Ehe im Pietismus, Zürich 1952, z. B. S. 123 f., 127, 182.

pneuma zu tun haben[106]. Hier zeigen sich Reste seines Monismus, die sich vor allem dahin auswirken, daß die Sünde nur als *Negation,* nämlich als ein das Gottesbewußtsein Hinderndes, gedacht werden kann, nicht aber als aktive Auflehnung. Wir ahnen an dieser Stelle schon, was das für die Christologie bedeuten wird: Entfremdete Menschlichkeit und unsündliche Vollkommenheit lassen sich dann unschwer zusammendenken, so daß das Ringen der verschiedenen Zweinaturenlehren samt den jeweils erzwungenen Paradox-Aussagen gegenstandslos wird. Das Geheimnis der Christusgestalt wird nun nicht mehr in dem schlechthinnigen „Wunder" gesehen, kraft dessen der Erlöser das Schema des gefallenen Menschen annimmt und zwischen Gott und Satan an seiner Seite steht, gleichwohl aber der Überwinder dieses Gegensatzes ist. Nein: Christus ist jetzt nur in einem quantitativen Sinne *Ausnahme.* Er bildet den Endpunkt einer Strecke, auf der die verschiedenen Spielarten des Verhältnisses von Fleisch und Geist graphisch zu orten sind.

Man darf gespannt sein, wie SCHLEIERMACHER, der ja fast alle Gebiete der traditionellen Kirchenlehre in sein Denkschema zu integrieren sucht, mit jenem überpersönlichen, die Grenzen des individuellen Bewußtseins sprengenden Charakter der Sünde fertig wird, der herkömmlicherweise als *Erbsünde,* als peccatum originale, bezeichnet wird. Hier wechselt er von psychologischen in soziologische Kategorien über: Er sieht ein überindividuelles Reich der Sünde (so hat es RITSCHL später genannt), einen allgemeinen Zusammenhang von entsprechenden Einflüssen, in den der Einzelne von vorneherein eingefügt ist. Gleichwohl ist dieser daran nicht ohne Mitschuld. Deshalb muß er sich jene Kollektivschuld mit zurechnen, zumal „vermöge dieses Zusammenhanges ... auch jeder Einzelne ... der Repräsentant des ganzen Geschlechtes" ist und jenen Zusammenhang insofern mit konstituiert. Diese Umdeutung des Erbsündenverständnisses hat im 19. Jahrhundert Schule gemacht.

Zur Christologie

Das entscheidende Problem, auf das es bei SCHLEIERMACHERS Christologie ankommt, ist uns bereits begegnet: Wie kann SCHLEIERMACHER, dessen Denkansatz im Selbstbewußtsein liegt und der dieses Selbstbewußtsein zugleich das Koordinatensystem sein läßt, in dem alle theologischen Aussagen zu orten sind, wie kann er, fragten wir, die in der Geschichte auftauchende, im Selbstbewußtsein nicht so (wie die Idee „Gott"!) mitgegebene Gestalt Christi systematisch „bewältigen"? Muß sie nicht ein fremder, das System sprengender Gast bleiben oder aber künstlich manipuliert, assimiliert und also umgeformt werden?

Von früh an hat SCHLEIERMACHER dieses Problem schon umkreist, zuerst wohl in seiner Schrift „Die Weihnachtsfeier" (1806). Die dialogische Form, vielleicht durch den Umgang mit PLATO angeregt, gibt Gelegenheit, die möglichen Positionen durch vier verschiedene Gesprächspartner vertreten und einander gegenüberstellen zu lassen[107]:
Der *erste,* Leonhardt, ist der Jüngste in der weihnachtlich versammelten Runde und eröffnet das Gespräch. Obwohl er sich – indirekt – als kritischer Rationalist gibt, hat er positiv kaum etwas zu bieten. Er sieht in der Geburt des Kindes ein Symbol, das die Mitte des Festes ausmacht und die Tradition des Christentums durch seine Gemütswerte bestimmt, viel *mehr* jedenfalls als der Unterricht in biblischer Unterweisung. Für das so tradierte Christentum läßt er durchaus „eine starke und kräftige Gegenwart gelten", betont

---

[106] Vgl. EvGl III, 34ff.; 66ff.
[107] Abgedruckt in: Kleine Schriften u. Predigten 1800/1820, ed. H. Gerdes, 1980, 223ff.

aber, daß sich das so erhaltene christliche Bewußtsein längst von der geschichtlichen Christusgestalt gelöst habe, „daß also die Geburt und das wirkliche Vorhandensein Christi in der Geschichte gar wenig mit dem Christentum selbst zusammenhängt". Dennoch möchte er das Weihnachtsfest mit seinen symbolischen Bezügen auf Geburt, Nacht und Licht nicht missen und bittet, darauf sein Glas zu erheben.

Der *zweite,* Ernst, bricht demgegenüber eine Lanze für die Geschichtlichkeit Jesu und seine unmittelbare Bedeutung für das Jetzt. Wer ein Gedächtnis feiert, muß auch wissen, *wessen* er gedenkt. Dennoch geht es ihm nicht um ein nur historisches Gedenken, sondern um die Idee der Erlösung. Es gibt „kein anderes Prinzip der Freude ... als die Erlösung". Diese Idee der Erlösung ist aber in der geschichtlichen Gestalt Christi ins Leben getreten. Die uns so widerfahrende Erlösung besteht darin, daß sie uns in unsere „ursprüngliche Natur" zurückversetzt, wo die jetzt waltenden Gegensätze „zwischen der Erscheinung und dem Wesen, der Zeit und der Ewigkeit" noch nicht bestanden, während sie nunmehr aufs neue „zur Übereinstimmung" (eben durch die Erlösung) gebracht werden.

Hatte schon Ernst versucht, die geschichtlich-menschliche Natur des Erlösers herauszustellen, zugleich aber in ihm eine äußerste Möglichkeit der menschlichen Natur – die Herstellung ihrer zwiespaltlosen Ursprünglichkeit – zu sehen, so sucht der *dritte* Redner, Eduard, diesen Gedanken noch zu vertiefen, indem er an den Prolog des Johannesevangeliums anknüpft: Die Fleischwerdung des Wortes, die Inkarnation, deutet er als Hervortreten eines göttlichen Prinzips in der menschlichen Natur. Damit dieses Prinzip und damit der tiefste Grund der menschlichen Natur durch alle Entfremdungen hindurch sichtbar dargestellt werde, mußte es in *einem* exemplarischen Fall des Menschen erscheinen, in einer Gestalt, die keiner Wiedergeburt bedurfte, sondern ursprünglich aus Gott geboren war. „In Christo sehen wir den Erdgeist zum Selbstbewußtsein in dem Einzelnen sich ursprünglich gestalten".

Der *letzte* Gesprächsteilnehmer, Joseph, will den bisherigen Deutungen des Weihnachtsfestes keine weitere hinzufügen. Er beklagt sich vielmehr über all das dialektische Reflektieren, mit dem man die Weihnachtsfreude belastet habe und bedauert die anwesenden Frauen, in deren Gefühl diese Freude sich soviel lebendiger spiegele. „Der sprachlose Gegenstand ... erzeugt auch mir eine sprachlose Freude", die sich dann doch romantisch-überschwänglich verbalisiert und ihn zum Weihnachtsliedersingen auffordern läßt.

In allen vier Reden ist je *ein* Moment enthalten, das wir auch in der ausgereiften Christologie SCHLEIERMACHERS wiederfinden. Es ist, wie wenn er die Stimmen in seiner Brust zu einem Akkord zusammen stimmen lassen wollte. Und doch scheinen Ernst und Eduard dem, worum es ihm vor *allem* geht, am nächsten zu kommen: Hier kommt es schon zu einer Andeutung dessen, wie das Selbstbewußtsein mit der Geschichtlichkeit der Christusgestalt in Einklang zu bringen sei: Sie ist der Träger einer Idee, die in ihr adäquate Realisation gewinnt, so daß Idee und Gestalt zur Kongruenz kommen. Es ist die Idee der nicht entfremdeten Menschheit, die uns – den depravierten Exemplaren der Menschheit – zugleich nahe kommt und gleichwohl von ihnen distanziert bleibt.

SCHLEIERMACHERS Lehre von der Person Christi[108] geht aus von der Überzeugung, daß der Erlöser zwar als geschichtliche Gestalt auftaucht, jedoch nicht aus ihr abzuleiten sei und überdies ein grundsätzlich Neues in die Geschichte eingebracht habe. Der in ihm anbrechende neue Äon ist wirklich neu – genauso wie die von ihm bewirkte neue Kreatur. Anders wäre das, was das Christentum unter Erlösung versteht, überhaupt nicht in seiner Einzigartigkeit zu begreifen. Es ginge dann nur um *ein* in die Geschichte eingebettetes Erlösungsprogramm, wie es auch von anderen Religionen, z. B. dem Judentum, in Angriff genommen wird.

---

[108] § 92 bis 105.

Wäre Christus nämlich ganz und gar in die Schranken der Geschichte eingezwängt, so müßte er auch aus „dem, was ihm geschichtlich gegeben war, begriffen", d.h. abgeleitet werden können. Dann hätte man das Christentum als eine Fortentwicklung des Judentums zu verstehen. Das Christentum wäre so „nur eine neue Evolution ... des Judentums ..., und Jesus nur ein mehr oder weniger origineller und revolutionärer jüdischer Gesetzesverbesserer" (§ 93,2; II S. 28).

Wenn SCHLEIERMACHER so an der Nichtableitbarkeit Christi festhält, wenn er ihn die Geschichte gewissermaßen transzendieren sieht, dann äußert sich darin sein Interesse an der „Übernatürlichkeit" Christi, an dem also, was die alte Zweinaturenlehre auf *ihre* Weise zum Ausdruck brachte – auch wenn er aus Gründen, die gleich zu besprechen sind, nur von einer „relativen Übernatürlichkeit" spricht[109].

Doch wie kann diese Übernatürlichkeit nun mit seinem Denkschema verbunden werden? – SCHLEIERMACHER versucht diese Verbindung mit Hilfe des „Urbild"-Gedankens zu erreichen, d.h. mit der Bemühung, Christus als das *Original-Modell des Humanum* zu interpretieren:

Wenn in Christus dieses Urbild des Menschen „geschichtlich und wirklich geworden" ist, „um ein neues Gesamtleben (den neuen Äon!) zu stiften", so muß er zwar in diesen alten Äon „der Sündhaftigkeit hereingetreten sein, aber er darf nicht aus demselben her sein", kann also nicht aus ihm, wie wir sahen, abgeleitet werden, sondern taucht „in demselben als eine wunderbare Erscheinung" auf. Er ist so zwar *in* der Geschichte, fällt aber als exklusiver Sonderfall gleichwohl aus ihr *heraus*. Diese seine geschichtliche Unableitbarkeit macht ihn nur erklärbar „aus der allgemeinen Quelle des geistigen Lebens durch einen schöpferischen göttlichen Akt[110], in welchem sich als einem absolut Größten der Begriff des Menschen als Subjekt des Gottesbewußtseins vollendet"[111]. Negativ heißt das: Er ist als geschichtliche Gestalt gleichwohl der Geschichte entrückt, „so daß er von vorneherein von allem Sündeverbreitenden und das innere Gottesbewußtsein störenden Einfluß früherer Geschlechter frei sein mußte, und daß er nur als eine ursprüngliche Tat der menschlichen Natur, d.h. ... als nicht von der Sünde affizierter zu begreifen ist"[112]. Nur so ist es zu verstehen, daß bei ihm eine „Sättigung der Natur mit Gottesbewußtsein" vorliegt (aaO.) und er so das originale Bild des Menschen vollkommen repräsentiert.

Als erstes Ergebnis können wir damit dreierlei feststellen:

Erstens: Urbildlichkeit Christi (im Unterschied zu seiner Bedeutung als moralisches Vor-Bild!) besagt, daß er aus der von der Sünde durchwirkten Geschichte des alten Äons nicht ableitbar ist.

Zweitens: Urbild ist die Erfüllung der Idee des Menschen als des vollkommensten Subjekts des Gottesbewußtseins. Christus ist mit Gottesbewußtsein „gesät-

---

[109] § 94,3; II S. 37.
[110] Die Jungfrauengeburt ist hierbei kein obligatorischer Glaubensgegenstand: § 17,2; S. 54 bis 58.
[111] § 93,3; S. 29.
[112] § 94,3; S. 38.

tigt", d.h. es hat nichts Widerstreitendes mehr in ihm Raum. Er ist der originale Mensch ante lapsum.

Drittens: Dieses Urbild ist in einmalig-exklusiver Weise durch ihn zu geschichtlicher Erscheinung gekommen.

Diese Ausnahmestellung Christi scheint aber nun gefährdet zu sein durch den bei der Sündenlehre auftauchenden Gedanken, daß zum Wesen des Menschen doch der Widerstreit zwischen Fleisch und Geist und die zeitliche Entwicklung dieses Widerstreits gehören. Ist Christus, wenn man ihn als vollendeten Träger des Gottesbewußtseins bezeichnet, nicht damit ebenfalls diesem menschlichen, allzumenschlichen Werden und dem entsprechenden Zwiespalt ausgesetzt, *dann aber doch in seiner urbildlichen Würde wieder infragegestellt?* Müßte nicht auch der Erlöser erlöst werden, um zu jener Sättigung mit Gottesbewußtsein allererst zu *gelangen?*

SCHLEIERMACHER meint aber, „daß die Möglichkeit einer ursündlichen (jenseits des Zwiespaltes sich vollziehenden) Entwicklung mit dem Begriff der menschlichen Natur ... nicht unverträglich ist", da die Sünde doch eine Verfremdung dieser Natur sei, also nicht wesensmäßig zu ihr gehöre[113]. In diesem Sinne bezeichnet er das Werden der Persönlichkeit Jesu „von der ersten Kindheit an bis zur Vollständigkeit seines männlichen Alters ... als einen stetigen Übergang aus dem Zustand der reinsten Unschuld in den einer rein geistigen Vollkräftigkeit" (§92,4) – *jenseits* aller Aufstände des Fleisches, die seinen mit Gottesbewußtsein gesättigten Geist bedrohen könnten.

Von hier aus kommt SCHLEIERMACHER zu einer verblüffenden *Abwandlung der traditionellen Zweinaturenlehre,* die dieser alles Dialektische und Paradoxe nimmt. „In Jesu Christo", so heißt es unter ausdrücklicher Zitierung verschiedener protestantischer Bekenntnisschriften in §96, „waren die göttliche und die menschliche Natur zu Einer Person verknüpft". *Wie* aber sieht SCHLEIERMACHER diese Verknüpfung, da er doch unmöglich die alten ontologischen Begriffe von „Natur" zu übernehmen vermag? Er sieht Gottheit und Menschheit in Christus wiederum durch das Gottesbewußtsein vereinigt: „Der Erlöser ist ... allen Menschen gleich vermöge der Selbigkeit der menschlichen Natur, von Allen aber unterschieden durch die stetige Kräftigkeit seines Gottesbewußtseins, *welche ein eigentliches Sein Gottes in ihm war."*[114] An die Stelle des ontischen Seins Gottes in Christus tritt hier seine spirituelle Gegenwart als Bewußt-„Sein" in Christus.

Obwohl SCHLEIERMACHERS Konzeption sich hier radikal von der Ontologie der Zweinaturenlehre unterscheidet und deshalb auch nicht einmal in die Nähe der von dieser ausgelösten innertrinitarischen Spekulationen gerät[115], so trägt er

---

[113] §94,1; S.34.

[114] §94; Hervorhbg. v. Verf.

[115] Es ist deshalb nicht von ungefähr, daß SCHLEIERMACHER der Trinitätslehre nur mit gewundenen Argumenten und sie ebenfalls umdeutend erst am Ende seines Werkes eine notdürftige Unterkunft verschafft (§170ff). Vgl. auch seinen Essay „Über den Gegensatz zwischen der sabellianischen und der athanasianischen Vorstellung von der Trinität, 1822; WW Abt. I, Bd. II, bes. S. 564.

dem Glaubensinteresse dieser Lehre doch dadurch Rechnung, daß er in der menschlichen Natur die brüderliche Solidarität Christi mit uns Menschen, durch die alles Menschliche überragende Kräftigkeit seines Gottesbewußtseins aber sein gottheitliches Prädikat und damit seine Erlösungsvollmacht herausstellt.

In der Betonung des Letzteren zeigt SCHLEIERMACHER zugleich, wie sehr Christus den Menschen dieses Äons trotz aller Solidarität entrückt und durch „seine wesentliche Unsündlichkeit und schlechthinige Vollkommenheit" von ihnen geschieden ist (§ 98). Was diese Neu- und Uminterpretation der Zweinaturenlehre betrifft und zugleich eine radikale Distanz zu ihr erzeugt, ist der Wegfall des „unendlichen qualitativen Unterschiedes" von Gottheit und Menschheit. Die Differenz zwischen beiden wird auf eine nur *quantitative Unterschiedenheit* reduziert: Graphisch ausgedrückt werden beide zu Endpunkten ein und derselben Linie, in welcher sich die Humanität darstellt. Gott ist relevant nur insofern, als das von ihm ausgestrahlte Gottesbewußtsein den Menschen zum Menschen macht. Das Maß, in dem der Mensch das Soll seiner Menschlichkeit erreicht, ist verschieden je nach dem Grade, in dem sich das Gottesbewußtsein bei ihm durchsetzt. Den äußersten Grad dessen erreicht Christus, bei dem es zur „Sättigung" mit Gottesbewußtsein kommt. *Insofern besteht das Göttliche in Christus gerade darin, daß er der vollkommene Mensch ist.* Durch die Möglichkeit, mit Hilfe des Gottesbewußtseins den unendlichen qualitativen Unterschied von Gott und Mensch zu quantifizieren und das In-sein des Göttlichen als eine höchste Stufe des Humanum zu verstehen, entfallen die in Paradoxien sich verratenden Denkschwierigkeiten der alten Christologie, wenn sie die Synthese zwischen *qualitativ* verschiedenen Elementen gedanklich zu fassen suchte[116]. Vielleicht ist es nicht zu gewagt, wenn wir hier noch einmal die Religion der „Reden" in Spurenelementen gegenwärtig sehen: Das Humanum ist auch in der Glaubenslehre so etwas wie ein Mikrokosmos, in dem das Göttliche des Universums „anwest" – freilich nur in dem einzigen und wahren Menschen, der deshalb der Göttliche ist.

3. Blick von der Glaubenslehre auf die Predigten SCHLEIERMACHERS (anläßlich der Problematik eschatologischer Aussagen)

Schon bei den Reden wies ich darauf hin, daß eine auf das religiöse Bewußtsein gegründete Theologie – gleichgültig, ob dieses Bewußtsein als „Anschauung und Gefühl des Universums", oder als das „Gefühl schlechthinniger Abhängigkeit" beschrieben wird – auf besondere Schwierigkeiten stößt, wenn sie *eschatologische Aussagen* machen soll. SCHLEIERMACHER bezeichnet denn auch die hier erreichbaren Möglichkeiten des Sagens nicht mehr als „Lehren, denen der gleiche Wert

---

[116] In unserer Zeit erinnert E. HIRSCHs Christologie sehr an diesen schleiermacherschen Ansatz; vgl. HIRSCH, Jesus Christus, der Herr, 2. A. 1929.

wie den bisher behandelten Lehren ... beigelegt werden" könnte[117]. Er möchte im Rahmen der Eschatologie nicht einmal von „Glaubenssätzen" reden, da ja „ihr Inhalt als unser Fassungsvermögen übersteigend keine Beschreibung unseres wirklichen Selbstbewußtseins (mehr) ist"[118]. Das ist in der Tat der eigentliche Grund dafür, daß der Autor der Glaubenslehre zu keiner rechten Eschatologie kommen kann: *Der Mensch als Subjekt des Selbst- und Gottesbewußtseins kann nichts mehr über Zustände aussagen, zu denen es dieses (dieses!) Subjekt nicht mehr gibt*[119].

Deshalb können wir auf eine Einzelinterpretation der inhaltlichen Thesen SCHLEIERMACHERS wie etwa das Jüngste Gericht (§ 161), die Wiederkunft Christi (§ 160) u.a. verzichten. Nur *eine* Stelle ist im Hinblick auf das, was gleich über die Predigten zu sagen sein wird, besonders interessant und aus dem Rahmen fallend. Wenn es um den *„Glauben an die Fortdauer der Persönlichkeit"* geht (§ 158), kommt er gewissermaßen ins Schwimmen. Die Dominante seiner Systematik, das Selbstbewußtsein, ist sozusagen kein geometrischer Ort, auf dem jene Fortdauer angezeigt wäre: Mit einer „Entsagung auf die Fortdauer der Persönlichkeit würde sich eine Herrschaft des Gottesbewußtseins vollkommen vertragen" (§ 158,1; S. 395). Im Lehrstück über die Wiederkunft Christi aber spricht er von der bleibenden Vereinigung des „göttlichen Wesens mit der menschlichen" Natur. Dann aber „kann diese Natur nicht an Einem Weltkörper so schollenfest sein, daß sie in seinen ... Untergang mit verwickelt sein müßte; sondern alles, was sie betrifft, muß in Zusammenhang mit dieser Vereinigung gedacht und zugleich als eine Tat derselben angesehen werden können" (§ 160,2 Schl.; S. 406). Das aber bedeutet dann, daß auch der menschlichen Natur, die ja „dieselbe" ist wie die Christi, „persönliche Unsterblichkeit" zukommen muß (§ 158,2; S. 398).

Diese Unsterblichkeit wird also nicht mehr aus dem Selbstbewußtsein, sondern aus der Christologie abgeleitet, genauer: aus der Zweinaturenlehre in der von SCHLEIERMACHER modifizierten Gestalt. Dies Argument für die Fortdauer der Persönlichkeit ist aber nicht nur indirekt, sondern in etwa auch inkonsequent: Wenn nämlich das Gottesbewußtsein die Gewißheit jener Fortdauer *nicht* impliziert, sondern ohne sie auskommen kann, dann müßte das Gleiche doch auch von Christi Gottesbewußtsein gelten, dessen „Kräftigkeit" seine göttliche Natur ausmacht.

So ist hier *die* Stelle in SCHLEIERMACHERS Eschatologie, wo ein Satz (nämlich die Unsterblichkeitsthese) auftaucht, der wie ein erratischer Block inmitten seines Systems daliegt und trotz aller Bemühung nicht mehr integrierbar ist. Es ist, wie wenn hier plötzlich die Stimme des Predigers auftaucht und einen Augenblick die des Systematikers übertönt. Denn der Prediger hat noch andere Quellen für seine Aussagen, deren Gewässer nicht aus den Kanälen des Systems bezogen zu werden brauchen.

Zu SCHLEIERMACHERS Eschatologie mag in unserem Zusammenhang so die summierende Feststellung genügen, daß der Ausfall oder die Umdeutung der einschlägig traditionellen Aussagen durch das vom Selbstbewußtsein her bestimmte System vorprogrammiert ist.

Eben deshalb bedeuten SCHLEIERMACHERS Predigten ein so wesentliches Korrektiv für dieses eschatologische Defizit. Auf der Kanzel entringt er sich nicht selten (keineswegs immer!) den Fesseln seines Systems und spricht in wagender

---

[117] § 159.
[118] § 157,2; S. 393.
[119] § 158,1 Schl.: S. 396.

Verkündigung aus, wessen er im Glauben gewiß ist. Der Christ SCHLEIERMACHER ist weiter, man könnte auch sagen: für die christliche Lehrtradition offener, als der Theologe SCHLEIERMACHER. Ich führe dafür nur zwei exemplarische Fälle an, in denen sich eschatologische Gewißheiten äußern, die in der Glaubenslehre ausgespart werden müssen.

Erstes Beispiel: die Grabrede für seinen Sohn Nathanael[120], die der Vater selbst hielt. Darin gibt er seinem Schmerz über das Sterben dieses liebenswerten Knaben bewegenden Ausdruck und verwirft die üblichen, aber nicht stichhaltigen Tröstungen, die an Kindergräbern gesprochen zu werden pflegen. Alle menschlichen Tröstungen – wie etwa die, daß dem Kinde vieles erspart geblieben sei – verfangen nicht. Einem „Manne, der zu sehr an die Strenge und Schärfe des Gedankens gewöhnt ist“, läßt alles dies „tausend unbeantwortete Fragen zurück“. Dann aber spricht er von dem, was ihm wahren Trost gewährt, und schlägt damit einen Ton an und eröffnet Perspektiven, die anders und weiter sind als das, was sein System aufzunehmen oder herzugeben vermochte:

> „So stehe ich denn hier mit meinem Trost und meiner Hoffnung allein auf dem bescheidenen, aber doch so reichen Worte der Schrift: Es ist noch nicht erschienen, was wir sein werden; wenn es aber erscheinen wird, werden wir Ihn sehen, wie Er ist! und auf dem kräftigen Gebete des Herrn: Vater, ich will, daß wo ich bin, auch die seien, die du mir gegeben hast. Auf diesen starken Glauben gestützt und von kindlicher Ergebung getragen, spreche ich denn von Herzen: Der Herr hatte ihn gegeben, der Name des Herrn sei gelobt dafür, daß er ihn mir gegeben, daß er diesem Kinde ein wenn auch kurzes doch helles und heiteres und von dem Liebeshauche seiner Gnade erwärmtes Leben verliehen ... hat.“

Zweites Beispiel: die Adventspredigt über Mt 21,9 (vor 1826)[121]. Auch sie, die so etwas wie die Einzigkeit, ja die Absolutheit Christi verkündigt, überschreitet die Kompetenz dessen, was die Glaubenslehre zu sagen erlaubt. Denn die „stete Kräftigkeit des Gottesbewußtseins“, die hier seine Einzigartigkeit ausmacht, schließt nicht prinzipiell die Möglichkeit aus, daß noch ein anderer kommen werde, in dem sich die gleiche „Sättigung“ findet und der mit einem neuen Auftrag einer anderen Zeit zugedacht sein könnte. Insofern sind hier Möglichkeiten impliziert (wenn auch nicht entfaltet), die in den „Reden“ offen ausgesprochen werden und für kommende Überbietungen offen sind. Hier aber, in dieser Adventspredigt, wird unter Berufung auf die Schrift – und nicht mehr auf das Selbst- und Gottesbewußtsein! – die Endgültigkeit der Erscheinung Christi bezeugt:

> „Wenn wir zu ihm sagen, Gelobt sei, der da kommt in dem Namen des Herrn; so geschehe es nicht nur mit dem Bewußtsein, daß mit ihm keiner verglichen werden kann von allen, die vor ihm gekommen sind in dem Namen des Herrn, sondern auch mit dem, daß Er der letzte ist, der gekommen ist in dem Namen des Herrn. Nachdem Christus erschienen und noch da ist, dürfen wir keines andern warten. Keiner wird jemals kommen, der mit

---

[120] Predigten N.A. IV, 1844, 880ff. – Wiederabdruck in Gerdes/Hirsch, Kleine Schriften u. Predigten III, 1969, 337ff.

[121] N.A. von 1843, II, S. 5ff. – Wiederabdruck in Siebenstern-Taschenbuch 113/114, 1968, 181ff.; Zitat 193f.

solcher begeisternden Kraft die menschlichen Herzen rühre und sie wiederum empfänglich mache, das ewige Leben in sich aufzunehmen; denn die an ihn glauben, sind schon aus dem Tode ins Leben durchgedrungen. Keiner wird kommen, der uns ein vollkommeneres Wort Gottes brächte ...; denn die Stimme hat ein für allemal gerufen, welche den Armen das Evangelium verkündigt und die Toten aus den Gräbern hervorgehen läßt ... Keine neue Offenbarung von oben dürfen wir mehr erwarten; denn das Werk der göttlichen Gnade und Barmherzigkeit ist vollbracht, und alle Gottesverheißungen sind Ja und Amen in demjenigen, in welchem, wer ihn sieht, auch den Vater sieht ... In ihm allein können wir unsern Brüdern Heil bringen, auf ihn allein müssen wir zurückweisen; und alle, die noch in künftigen Geschlechtern der Herr sich ausersehen wird zu seinem Dienst ..., – sie werden kommen in dem Namen Jesu von Nazareth, mit uns ihre Knie beugen vor ihm, mit uns bekennen, daß von ihm allein das Heil der Menschen ausgegangen ist und immer ausgehen wird ... Wer von ihm nicht annehmen wollte die seligmachende Himmelslehre ..., o der würde vergeblich eines Anderen warten ...“

Die Gewißheit dieser Endgültigkeit Christi, die das Schema der Glaubenslehre transzendiert, bezeugen auch die Worte des sterbenden SCHLEIERMACHER bei seiner letzten Abendmahlsfeier, wie sie von seiner Frau berichtet werden [122]. Nach den Einsetzungsworten sprach er: „Auf diesen Worten der Schrift beharre ich; sie sind das Fundament meines Glaubens.“ Er sprach selbst noch den Segen und fügte hinzu: „In dieser Liebe und Gemeinschaft sind und bleiben wir eins.“ Nach wenigen Minuten starb er (12. 2. 1834).

c) SCHLEIERMACHERs *Selbstinterpretation in den Sendschreiben an* F. LÜCKE

Bei den Reaktionen seiner theologischen Zeitgenossen auf die Glaubenslehre war SCHLEIERMACHER am meisten betroffen von dem wiederholt auftauchenden Vorwurf des Pantheismus, der sich auf die allgemein religionsphilosophische „Einleitung“ berief. SCHLEIERMACHER protestiert entschieden gegen die – sogar von seinem Freunde K. I. NITZSCH vorgebrachte – Unterstellung, daß er „das besondere christliche in ein allgemeines religiöses Wissen aufzunehmen suche“ [123]. Tatsächlich habe er aber selbst bei der Entfaltung des allgemeinen religiösen Selbstbewußtseins stets das „in der christlichen Kirche entwickelte Gottesbewußtsein“ im Auge gehabt (28 f.) und keine fremden Anleihen gemacht, weder bei der Philosophie (28. 31. 38) noch bei „vorchristlichen“ Gotteslehren wie denen des Alten Testamentes (29. 42 f.).

Warum aber hat er dann seiner *eigentlichen* Glaubensdarstellung diesen weiträumigen „Vorsaal“ vorgeschaltet und sie in den formalen, zunächst noch „unausgefüllten Rahmen“ dieser „gefährlichen Einleitung“ (32 f.) eingebaut? Warum beginnt er nicht unmittelbar mit den *inhaltlichen* Aussagen der Dogmatik, zumal er diesen Weg durchaus für gangbar hält und sich bei seinen Vorüberlegungen sogar einen „wärmeren Farbenton“ seiner Glaubensaussagen davon

---

[122] Briefe II, 510ff.
[123] LÜCKE 28; auch die folgenden Stellenangaben beziehen sich darauf.

versprochen hatte? Er gesteht ausdrücklich, „lange mit Liebe an dieser Anordnung gehangen" zu haben! (33f.)[124]

Der entscheidende Grund für seinen so umstrittenen Einsatz beim allgemeinen Selbstbewußtsein und für seine Bemühung, das christliche Gottesbewußtsein *hier* zu orten (54), beruht auf einer geisteswissenschaftlichen Überlegung, besser: auf einer entsprechenden *Sorge:* Wer sich einfach und nur auf positive Schriftaussagen – z.B. über Wunder – und auf ein schlichtes Deus-dixit zurückziehen wollte, würde bei seinen Glaubensaussagen auf die Unterscheidung von Unaufgebbarem und weniger Wesentlichem verzichten und sich so hinter „Außenwerken verschanzen" (etwa hinter kritiklos übernommenen biblischen Wunderberichten). Damit aber ließe er sich „von der Wissenschaft blockieren" (37). Diese „Blockade", diese „gänzliche Aushungerung von aller Wissenschaft" werde zur tödlichen Gefahr für diejenigen, die ihr christliches Bekenntnis einfach nur thetisch behaupten, aber nicht mehr über seinen Zusammenhang mit dem nachdenken, was Natur- und Geschichtswissenschaft sagen; aber auch nicht mehr über die Frage, wo jenes christliche Bekenntnis in der Landschaft des menschlichen Geistes zu lokalisieren sei. Dieses Minus an Reflexion hätte verhängnisvolle Folgen:

Die Wissenschaft könnte dann in der Theologie nur eine Summierung ihr unzugänglicher, ja abstruser Behauptungen sehen, müßte sich entsprechend von ihr abgestoßen fühlen und würde so genötigt, „die Fahne des Unglaubens auf(zu)stecken", so daß SCHLEIERMACHER gleichsam stöhnend die Frage stellt: „Soll der Knoten der Geschichte so auseinandergehen: das Christentum mit der Barbarei, und die Wissenschaft mit dem Unglauben?" (37)

Deshalb ist seine feste Überzeugung und dementsprechend das Ziel seiner Argumentation, den christlichen Glauben so darzustellen, „daß jedes Dogma, welches wirklich ein Element unseres Selbstbewußtseins repräsentiert (also nicht als frei schwebende Aussage in der Luft hängt! Verf.), auch so gefaßt werden kann, daß es uns unverwickelt läßt mit der Wissenschaft" (40). Erst der Aufweis des *Zusammenhangs* von Glaube und Bewußtsein, erst die Affinität des Glaubens zum menschlichen Geiste sorgt dafür, „daß die Wissenschaft uns nicht den

---

[124] Was SCHLEIERMACHER so unterließ, hat sein Schüler August D. CHR. TWESTEN (1789–1876) später in seinen (unvollendet gebliebenen) Vorlesungen über die Dogmatik der ev.-luth. Kirche (2 Bände, 1826 u. 1837) versucht, und zwar in der Absicht, den kirchlich gebundenen Charakter der Dogmatik deutlicher werden zu lassen. Umgekehrt wie sein Lehrer geht er von dem gegebenen Stoff der kirchlichen Lehre aus und sucht gewisse Schranken der Subjektivität zu überwinden, unter denen nach seinem Urteil SCHLEIERMACHERS Aussagen über die Inhalte des Glaubens – besonders bei seiner Gotteslehre – leiden. Dessen ungeachtet spielt auch bei ihm die Bestimmung der Religion aus dem Gefühl eine Rolle, doch wird diese subjektive Seite für das Christentum als das Erlebnis der *Wiedergeburt* bestimmt. Da diese nach Christi Worten die Bedingung für die Teilnahme an seinem Reiche und zudem das Werk des heiligen Geistes sei, soll sich von hier aus ein unmittelbarerer Zugang zu den christlichen Gehalten ergeben als durch das „allgemeine" Gefühl schlechthinniger Abhängigkeit.

Krieg zu erklären braucht". Dabei tun wir dem „Wunder aller Wunder", nämlich „der Erscheinung des Erlösers", keiner Abbruch (40).

Man wird kaum umhin können, an dieser Stelle einen wesentlichen Fortschritt über die „Reden" hinaus festzustellen: In diesen war die Religion etwas, das als Anschauung und Gefühl zwar alle Lebensvorgänge begleiten sollte, im übrigen aber von den sonstigen Geistes-Regionen – speziell Metaphysik, Moral und Wissenschaft überhaupt – streng geschieden blieb. Sie war in einer besonderen „religiösen Provinz" angesiedelt, die sozusagen über eine gewisse territoriale Souveränität verfügte. In der Glaubenslehre dagegen ist gerade dieses provinzielle Moment aufgehoben. Nun liegt SCHLEIERMACHER alles daran, den *Zusammenhang* der Religion mit den andern Dimensionen des Geistes herauszustellen. Er fürchtet sich in den Schreiben an LÜCKE vor einer Art Schizophrenie, einer Bewußtseinsspaltung, die sonst über uns Herr werden könnte: Wir würden jeweils gewaltsam umschalten müssen, wenn wir als historisch, naturwissenschaftlich (oder technisch) denkende Menschen den religiösen Sektor betreten, der durch eine Blockade von allem andern getrennt wäre. – Was SCHLEIERMACHER hier befürchtet, kann man etwa im amerikanischen (doch nicht *nur* im amerikanischen!) Fundamentalismus beobachten, wo etwa kritische und geistig höchst wache Ingenieure zugleich völlig kritiklos einer extremen Verbalinspirationslehre anhangen, und beide Bereiche unverbunden – verhängnisvoll unverbunden! – nebeneinander stehen.

Der christliche Glaube soll jedenfalls durchaus nicht, wie man SCHLEIERMACHER vorgeworfen hat und vorwirft, aus dem allgemeinen Selbstbewußtsein abgeleitet werden, vielmehr will SCHLEIERMACHER ihm nur eine allgemeine und formale „Ortsbestimmung" zuteil werden lassen (55), um der christlichen Religion so die Gefahr zu ersparen, den Kontakt mit dem menschlichen Geiste zu verlieren und diesen Geist damit ins Heidentum zurückzustoßen.

Ob SCHLEIERMACHER es indessen bei diesem *formalen* Bezug zwischen Selbstbewußtsein und Glaube wirklich belassen kann, ist eine andere Frage. Wir haben gesehen, wie dieser Bezug unter der Hand und entgegen seiner eigentlichen Intention *normativen* Rang gewinnen und geradezu ein Selektionsprinzip für mögliche Glaubensaussagen werden kann. In welchem Maße das der Fall ist, wurde uns an Predigtbeispielen deutlich, bei denen SCHLEIERMACHER vom Druck dieser einengenden Formalien wie befreit erscheint und die Spontaneität seiner persönlichen Glaubensgewißheit frei ausschwingen läßt.

Ist es nicht, so möchte ich am Ende fragen, das Gesetz jeder Systematik, ist es also nicht *mehr* als nur individuelles Denk-Geschick, wenn SCHLEIERMACHER so in die babylonische Gefangenschaft seines (Bewußtseins-)Ansatzes gerät? Eine Theologie ist nur gerechtfertigt durch das, worauf sie blickt. Ihr methodischer Weg, das Erblickte denkerisch zu bewältigen, bleibt im Bannkreis der Gefallenheit des Menschen. Dieser Weg bleibt das Vergebungsbedürftige – das peccatum in re! – in *jeder* Theologie.

9. Kapitel

Zur Wirkungsgeschichte Schleiermachers

I. Die Ausstrahlung SCHLEIERMACHERS *ins Luthertum:* J. K. CHR. V. HOFMANN

Bei den folgenden Überlegungen wird uns die Frage leiten, inwieweit es möglich sei oder auch unmöglich werde, den Schleiermacherschen Ansatz im Selbstbewußtsein durchzuhalten, sobald das theologische Denken wesentlich durch die lutherische Tradition und überdies noch – wie bei HOFMANN – durch einen heilsgeschichtlichen, besser: einen heils„*geschichtlichen*" Akzent bestimmt ist. Wie kann es möglich werden (oder wird es überhaupt möglich?), eine ausgesprochen auf das Extra-me, auf Tatbestände des biblischen Offenbarungsgeschehens gerichtete Aufmerksamkeit mit diesem subjektiven Ansatz zu verbinden? Welche Krisen mögen sich dabei ergeben? Das Interesse an dieser Legierung einander fremdartiger Denkansätze könnte sich noch erhöhen, wenn ich bereits hier verrate, daß bei dem von SCHLEIERMACHER beeinflußten HOFMANN gerade der Begriff „*Tatbestand*" zu seinen tragenden Grundbegriffen gehört – und im Umkreis von SCHLEIERMACHER wirkt dieses Wort doch eher wie ein meteorisch fremdes Metall!

Um eine erste, später noch erheblich zu differenzierende Verbindung zwischen beiden Theologien deutlich zu machen, möchte ich folgende Denk-Intentionen herausstellen[1]:

Einmal: HOFMANN gründet seinen Begriff von Wissenschaft, jedenfalls soweit es um geisteswissenschaftliche und theologische Bereiche geht, nicht auf methodologische Überlegungen, sondern auf ihre Systemfähigkeit. Das System ist für ihn dadurch charakterisiert, daß der Stoff um einen selbständigen, beherrschenden Gedanken geordnet wird und damit eine geschlossene, einheitliche Konzeption zustandekommen läßt. In SCHLEIERMACHERS Theologie war dem Gefühl schlechthinniger Abhängigkeit diese Funktion des beherrschenden Gedankens zugedacht. Bei HOFMANN tritt an dessen Stelle … nun wir werden sehen. Jedenfalls besteht in diesem Willen zum System eine unverkennbare Analogie.

Ferner: Theologische Wissenschaft kann es für beide nicht so geben, daß ein extra hominem liegender Stoff – etwa biblisch oder kirchlich mitgeteilte Lehrgehalte – geordnet oder aus einem obersten Prinzip abgeleitet würden[2], sondern

---

[1] Enzyklopädie (s. u.) S. 18–21.
[2] Schriftbeweis I,11.

nur so, daß jener Stoff in Verbindung mit einem Zustand des Inner-Ich (Selbstbewußtsein, Gefühl, Erlebnis) in Verbindung gebracht und auf diese Weise, wie
man es heute gern ausdrückt, „internalisiert", d. h. angeeignet wird. Bei beiden
ist deshalb das Wesen theologischer Wissenschaft nicht zu beschreiben, ohne daß
die Rolle der Subjektivität einkalkuliert wird. Denn nur sie ist ja der Ort, wo es
zur *Gewißheit* von Glaubenswahrheiten, eben zu *angeeigneten* Wahrheiten kommen kann. Von hier aus wird deutlich, daß beide Theologen im Umkreis des Ge-
neralthemas denken, das wir für unseren Zeitraum ausmachten: des Themas
„Zweifel und Aneignung". Wie verschieden indessen die Art ist, in der die Subjektivität bestimmt wird, werden wir noch sehen. *Zunächst halten wir nur fest,*
daß die Subjektivität ein tertium comparationis für SCHLEIERMACHER *und* HOF-
MANN *bildet.*

Biographische Notizen: JOHANN CHRISTIAN KONRAD VON HOFMANN (1810–1877) ist
unter den großen Erlangern wohl der einflußreichste gewesen. Vor allem seine zusammenhängenden Auslegungen des Neuen Testamentes werden auch heute noch benutzt. Nicht
nur durch sein Elternhaus, das stark von der schwäbisch-pietistischen Erweckungsbewe-
gung sowie durch BENGELs Biblizismus geprägt war, sondern vor allem auch durch CHRI-
STIAN KRAFFT, den enorm einflußreichen Prediger der Erlanger reformierten Kirche, wurde
HOFMANNS Denken in die Richtung einer Schrift- und Erfahrungstheologie bewegt. Als
Berliner Student sah er sich vor allem von RANKE angesprochen, so daß er zeitweise mit
dem Gedanken umging, Historiker zu werden. SCHLEIERMACHER hat eigentlich erst post
festum, d. h. nach seinem Studium und mehr auf literarischem Wege, auf ihn Eindruck gemacht. HEGEL dagegen hat ihn geradezu abgestoßen: „Seine Philosophie der Geschichte
verdarb mir allen Geschmack an seiner Philosophie."[3] Hier sah er sich mit dem ihm ge-
schichtswidrig erscheinenden Versuch konfrontiert – RANKES Empirismus hatte ihn dagegen immunisiert! –, die Fülle geschichtlicher Erscheinungen aus einem obersten Prinzip abzuleiten.
   Gleichwohl zeigt sich, daß HOFMANNS systematische Theologie erhebliche formal-struk-
turelle Analogien zu HEGEL aufweist, so daß man ihn immer wieder sogar seines Hegelianismus geziehen hat. In der Tat zeigen sich gewisse formale Analogien, vor allem insofern, als HEGEL sowohl wie HOFMANN von einem Gesamtaspekt der Geschichte ausgehen.
Was für RANKE in Gestalt einer Universalgeschichte nur *Ziel* sein konnte, das ist für beide
– wenn auch aus ganz verschiedenen Gründen – der *Ausgangspunkt* des Denkens: Bei
HEGEL ist es das Wissen darum, daß die Pointe der ganzen Geschichte die Notwendigkeit,
die „Vernunft" ist, in der sich der Weltgeist geschichtlich entfaltet und manifest wird. Bei
HOFMANN geht es um die Erleuchtung durch das Pneuma, die uns das Gesamt-Panorama
der Heilsgeschichte – und in sie eingesprengt: der Weltgeschichte – sehen läßt.
   So liegt hier der eigenartige, aber gar nicht so seltene Fall vor, daß eine in ihrer Gesamt-
tendenz theologisch abgelehnte Philosophie gleichwohl ein theologisches System formal
durchdringt. Diese Beobachtung mag uns vor einer Überschätzung derartiger Formalis-
men bewahren[4]. Es muß offen bleiben, ob die Aversion HOFMANNS gegenüber der Philoso-

---

[3] P. WAPLER, Das Leben J. v. Hofmanns, 1914, 25.
[4] Ein eindrucksvolles Beispiel dafür, wohin man mit der Feststellung derartiger (Schein-)
Verwandtschaften geraten kann, ist die von F. GOGARTEN gegen K. BARTH gerichtete
Streitschrift „Gericht oder Skepsis" (1937), in der er den Vorwurf einer handfesten, die
theologische Intention immer wieder verbiegenden Identitätsspekulation hegelscher Provenienz gegen BARTH erhebt. Vgl. THIELICKE, Die Krisis der Theologie. Zur Auseinandersetzung zwischen Barth u. Gogarten …, in: Theologie der Anfechtung, 1949, 59ff.

phie überhaupt, ob seine diesbezügliche „Unmusikalität" Ursache oder Wirkung jener abstoßenden Begegnung mit HEGEL gewesen ist.

Neben seiner theologischen Arbeit übernahm HOFMANN zugleich zahlreiche Ehrenämter der Inneren und Äußeren Mission. Er war Mitglied der Bayrischen Generalsynode. Selbst politisch betätigte er sich einige Jahre lebhaft und war als Vertreter der Fortschrittspartei, die sich für die Einigung Deutschlands einsetzte, Mitglied des Landtages. So vielseitig sich auch seine Aktivitäten gestalteten: die Achse seiner Arbeit bildete seine Lehrtätigkeit und die Arbeit an seinen theologischen Werken. Er führte eine Blütezeit der Erlanger Fakultät herauf, deren theologisches Haupt er war.

Werke: Weissagung und Erfüllung, 2 Bände (1841 u. 44). – Der Schriftbeweis, 2 Bde. 2. A. 1857 u. 60. – Enzyklopädie der Theologie, ed. H. Bestmann, 1879. – Bibl. Hermeneutik, ed. W. Volck, 1880. – Die hl. Schrift des NTs, zusammenhängend untersucht, 11 Bde. 1862–86. – Theol. Ethik (posthum), 1878.

Sekundäre Literatur: K. BARTH, aaO. 553. – A. HAUCK, Art. Hofmann, in: RE, 3. A. 8, 234ff. – M. KÄHLER, Gesch. d. protest. Dogmatik im 19. Jahrh., Theol. Bücherei Nr. 16, 1962, 212ff. – K. G. STECK, Die Idee der Heilsgeschichte. Theol. Studien Nr. 56, Zollikon 1959. – J. WACH, Das Verstehen; Bd.II: Die theol. Hermeneutik von Schleiermacher bis Hofmann 1929. – P. WAPLER, J. v. Hofmann, 1914. – E. W. WENDEBOURG ‚Die heilsgeschichtl. Theol. Hofmanns in ihrem Verhältn. z. romantischen Weltanschauung, ZThK 1/1955, 64ff.

a) Die theologische Grundintention

Die Nähe HOFMANNs zu SCHLEIERMACHER wird sofort offensichtlich, wenn wir nach der theologischen Methode fragen, die HOFMANN einsetzt, um zur Gewißheit des Heilsgutes und danach (!) zu dessen Darstellung zu kommen. Schon daß wir so fragen müssen, zeigt, daß er kein Lutheraner im konventionell orthodoxen Sinne mehr ist, der sich damit begnügen könnte, Schrift und Bekenntnis zu rekapitulieren und zu systematisieren. Er ist insofern ein nachaufklärerischer und zugleich ein nach-schleiermacherscher Theologe, als er nicht mehr primär fragt, *was* an „objektiven" Heilstatsachen und -wahrheiten vorliege, sondern vielmehr *wie* dieses zu Lehrende denn erkannt, angeeignet und zur Gewißheit werden könne. Seit der Aufklärung, so könnte man zugespitzt formulieren, liegen die Schlüsselfragen der Theologie im Methodischen, nicht im Sachlichen.

Wie stellt sich nun für HOFMANN das methodische Problem?

Er setzt sich für zwei ganz verschiedene Wege ein, auf denen die theologische Wissenschaft – man könnte sagen: als Wissenschaft der Aneignung! – voranzuschreiten hätte. Der *erste* Weg ist der systematische und erkundet die Möglichkeit, wie und wo uns das Lehrganze zugänglich und gewiß werde. Der *zweite* Weg führt dann auf eine historische Erkundungsfahrt und sucht de facto die Tatbestände des biblischen und kirchlichen Heilsgeschehens aufzuspüren, deren Gewißheit mir nun feststeht. Die Reihenfolge der Fragestellungen – zuerst die systematische, erst danach die historische – ist überaus charakteristisch, weil sie das Problem von Gewißheit und Vergewisserung und damit mein *Verhältnis* zu den Heilstatsachen erledigt haben will, ehe die Heilstatsachen selbst zum Thema werden dürfen.

Deshalb geht HOFMANN von dem aus, was er für das schlechthin Gewisse und Unbezweifelbare hält: von einem „Tatbestande" – ein Lieblingswort HOFMANNs! –, der so etwas wie axiomatischen Rang hat. Was ist dieser Tatbestand? – Es gebe nichts, so antwortet er, was ihm näher liege und darum einen gesicherteren Ausgangspunkt bildete, „als daß ich ein Christ bin. Das liegt mir näher, als daß ich ein Mensch bin"[5]. In diesem „gegenwärtigen Tatbestand" muß ich das Christentum aufsuchen, so gewiß dieses „die in Jesu Christo vermittelte persönliche Gemeinschaft Gottes und der Menschheit" ist[6]. Wenn der Theologe bei diesem seinem Christ-sein mit der Reflexion einsetzt, so bedeutet das nicht, daß er bei seiner individuellen Subjektivität beginnt (wie es wohl bei SCHLEIERMACHERs Gefühl der schlechthinnigen Abhängigkeit der Fall ist). Denn die „persönliche Gemeinschaft Gottes und der Menschheit", die mein Christ-sein bestimmt, erfahre ich ja nur im Rahmen der *Gemeinde*. Darum ist das Christ-sein des Theologen a limine mit der Gewißheit verbunden, daß er persönlich in der Gemeinde Gottes durch Christo (erg. mit Gott) geeinigt ist"[7].

Theologische Reflexion ist deshalb keine individualistische Unternehmung, sondern sie vollzieht sich innerhalb der Gemeinde. Diese Gliedschaft in der Gemeinde, kraft deren mir die Gewißheit jener Gemeinschaft mit Gott und damit meines Heils zuteil wird, gründet ihrerseits in der „Tatsache unserer *Taufe*", also wiederum in einem „Tatbestand", nicht bloß in einer inneren Vergewisserung durch das testimonium Spiritus Sancti. Das Geistzeugnis *bestätigt* vielmehr nur diesen Tatbestand, indem es dazu „sein tröstliches Ja zu geben hat"[8]. In der Absicht, die bei DESCARTES einsetzende Linie der Ich-Gewißheit auch auf HOFMANN hin auszuziehen, könnte man in dessen Sinn (etwas gewagt!) wohl so formulieren: Baptizatus sum, ergo cogito theologice. Damit wäre jedenfalls zum Ausdruck gebracht, daß christliche Gewißheit sich bei HOFMANN aus dem Tatbestande *gegenwärtigen* Christentums, nämlich aus meinem durch die Taufe verbürgten Christ-sein innerhalb der Gemeinde, ergibt.

Der andere große Vertreter der Erlanger Theologie, FR. H. R. v. FRANK, hat bei aller Kritik und Modifikation des HOFMANNschen Ansatzes[9] in seinem zweibändigen Werk „System der christl. Gewißheit", 1870/1873, gleichwohl wesentliche Ansätze seines Gewißheitsgedankens aufgegriffen und weiterentwickelt: Es geht um eine „organische Selbstentfaltung der Gewißheit aus dem Keime (erg. der Wiedergeburt), in welchem bereits das Ganze des Organismus enthalten und präformiert war, ohne daß etwa um deswillen die Einwirkung auf jenen Keim von außen zu verneinen und dessen Entwicklung lediglich durch sich selbst zu behaupten wäre. Nur daß alles Leben, welches von außen her in Beziehung zu ihm tritt, sein eigenes Leben werde, sich ihm assimiliere, von ihm aufgenommen als eignes sich entfalte, wie dies die Natur des Organismus mit sich bringt" (I,119). Man sieht, wie der Organismusgedanke auch hier das christliche Ich zum entscheidenden Punkt der Gewißheitsfrage werden läßt.

---

[5] Ethik 16.
[6] Schriftbeweis (= Schr.) I,8.
[7] AaO. 8.
[8] Weissagung u. Erfüllung (= WuE) I,51.
[9] Vgl. dazu: Geschichte u. Kritik der neueren Theologie ..., 2. A. 1895, 255ff.

HOFMANN geht also von einer theologischen Analyse des *Menschen* aus, genauer: nicht des Menschen im allgemeinen, sondern des *christlichen* Menschen. Insofern setzt er nicht bei einem vergangenen, biblisch berichteten Heilsgeschehen ein, sondern beim Tatbestand *gegenwärtigen* Christentums: „Freie, nämlich in Gott freie Wissenschaft ist die Theologie nur dann, wenn eben das, was den Christen zum Christen macht, sein in ihm selbständiges Verhältnis zu Gott, in wissenschaftlicher Selbsterkenntnis und Selbstaussage den Theologen zum Theologen macht, *wenn ich der Christ mir dem Theologen eigenster Stoff meiner Wissenschaft bin*" [10]. Das nun, was mich zum Christen macht – darauf wies das zitierte Wort über die Taufe bereits hin –, ist die *Wiedergeburt* [11]. Wenn ich also das, was ich als Wiedergeburt an mir erfahren habe und als Wirklichkeit erkenne, analysiere, stoße ich auf den Tatbestand der *in* mir wirksamen Heilsgeschichte, die ich folglich in meiner persönlichen Heilswirklichkeit mikrokosmisch abgebildet sehe.

Erst von diesem Allergewissesten einer persönlich als gegenwärtig erfahrenen Wirklichkeit frage ich dann zurück nach dem Gesamt einer Heilsgeschichte, in die ich mich so – als ihr vorerst letzter Punkt sozusagen – eingegliedert weiß. „Das Ewige als Voraussetzung des Geschichtlichen ist sonach das erste, worauf die geschichtliche Gegenwart führt: mit ihr (d.h. mit dieser Gegenwart) beginnt das System." [12]. So also ist die Fragerichtung.

Dabei ist zu bedenken, daß dieses Ewige bei HOFMANN nicht abstrakt als platonische Zeitlosigkeit oder Überzeitlichkeit zu verstehen ist, sondern daß es uns als „geschichtlicher Vollzug eines ewigen Verhältnisses", ja als „die Mitte der Vollzugsgeschichte" dieses Verhältnisses begegnet [13]. Das will sagen: *Christus* als Mitte der Geschichte und als eschatologisch Gegenwärtiger, als nicht der Zeit Verhafteter, ist der Repräsentant jenes Ewigen. Wenn ich also vom Jetzt meines Christ-seins ausgehe, dann heißt dies, daß ich von dem gegenwärtig wirksamen, *jetzt* sein Heilswerk vollbringenden Christus ausgehe. Da das Wissen um diesen aber seinen Anhalt an dem biblisch bezeugten Jesus von Nazareth hat, so beginne ich nun von dieser seiner Gegenwart nach dem einstigen historischen Jesus zurückzufragen. *Das* also ist der Grund dafür, daß HOFMANN es ablehnt, die „Basis des Christentums" – und das heißt immer: der *gegenwärtigen* Christuswirklichkeit! – in der „Geschichte Christi und seiner Apostel", d.h. in einem geschichtlichen Einst zu sehen. Nein: „Das Christentum ruht zunächst auf dem gegenwärtigen Christus, der dann sich selbst, den historischen Christus, zu seiner Voraussetzung hat, auf diese historische Voraussetzung seiner Gegenwart zurückweist." [14] Wir *beginnen* folglich nicht mit dieser Voraussetzung, sondern wir beginnen mit ihren gegenwärtig erfahrenen Folgen, wenn wir unsere theologischen Reflexionen einleiten.

---

[10] Schr. I,10.
[11] Schr. I,23.
[12] Schr. I,13.
[13] AaO.
[14] Enzykl. 28.

Das ist der Grund dafür, daß HOFMANN in seinem „Schriftbeweis" die zunächst seltsam anmutende Methode einschlägt, auf wenigen Seiten sein Christsein, vornehmlich als Erfahrung der Wiedergeburt, zu analysieren, um dann auf über anderthalbtausend Seiten die *Implikationen* dieser Erfahrung, nämlich das biblisch bezeugte Heilsgeschehen, zu entfalten.

b) Der Zusammenhang von Gegenwart und Vergangenheit in der Heilsgeschichte

Damit ergibt sich eine recht komplizierte Korrelation von gegenwärtiger Heilserfahrung und „einstiger" Heilsgeschichte: Die gegenwärtige Erfahrung meines in der Wiedergeburt entstehenden Christ-seins liefert mir, kantisch gesprochen, die Anschauungsformen und Kategorien, die mich die Heilsgeschichte der Bibel verstehen lassen. Und diese wiederum bestätigt als ein meiner Subjektivität entrückter Tatbestandskomplex die *Gültigkeit* meiner Erfahrungen.

Man bemerkt hier allenthalben die Angst HOFMANNs, seine Gewißheit könne dadurch infragegestellt werden, daß sie nur einäugig sähe: daß sie entweder zum bloß subjektiven Erlebnis werden könnte und damit im Nebulösen des schleiermacherschen Abhängigkeitsgefühls versänke *oder* daß sie sich mit der Fragwürdigkeit historischer Feststellungen begnügen müsse, die nie das Ganze eines Heilsplans zur Erscheinung bringen könne[15]. Deshalb geht HOFMANN zwar von der subjektiven Erfahrung des Christ-seins aus, ist aber sogleich darauf bedacht, diese Subjektivität nicht als isolierte Innerlichkeit erscheinen zu lassen, sondern die theologische Arbeit sofort auf Tatbestände zu beziehen, die ein „von der wissenschaftlichen Tätigkeit des Theologen unabhängiges Dasein" besitzen, also transsubjektiv sind. Er findet diese Tatbestände in der unmittelbar gewissen Gegebenheit „der Wiedergeburt des Christen, in der Geschichte und dem Bestande der Kirche und der heiligen Schrift"[16].

So bewegen sich HOFMANNs Reflexionen auf zwei einander überschneidenden Linien: einer Linie der Ich-Analyse, besser: einer Analyse des christlichen Ich, und einer historischen Linie. Der Schnittpunkt von beiden ist der geometrische Ort der Gewißheit. In einem andern Bilde ausgedrückt könnte man auch sagen: Der Ausgangspunkt des theologischen Denkens ist die Erfahrung gegenwärtigen Heilsgeschehens. Die Befragung der Geschichte ist dann so etwas wie ein Kommentar dieser Erfahrung, der gleichzeitig ihre Bestätigung liefert. Gegenwart und Vergangenheit, subjektives Erlebnis und transsubjektive Tatbestände durchdringen sich gegenseitig in dialektischer Weise:

„Wie uns die Gewißheit unseres Heils nicht auf dem Zeugnisse des Geistes von unserer Kindschaft, sondern auf der Tatsache unserer *Taufe* beruht, zu welcher der Geist nur

---

[15] Dies letztere Defizit hatte HOFMANN bei RANKE festgestellt, so daß er sich gezwungen sah, einen andern Weg als sein großer Lehrer zu gehen. Vgl. WENDEBOURG, aaO. 66ff.
[16] Schr., 23.

immer sein tröstliches Ja zu geben hat: so beruht auch die Gewißheit, welche der *Gemeinde* innewohnt …, nicht auf dem Zeugnisse von ihrer Lebensgemeinschaft mit Christo, sondern auf der *Schrift* …, zu welcher der heilige Geist sich nur in jedem Falle der Anfechtung zu bekennen hat. Und fragt man uns dann, was uns versichert, daß diese Zustimmung in uns zum Inhalte des Wortes vom heiligen Geiste herrühre, so antworten wir, durch zweier oder dreier Mund bestehe die Wahrheit. Der Einklang zwischen unseren Heilsbedürfnissen und den berichteten Heilstatsachen[17] einerseits und zwischen diesen und dem Ja der Bekräftigung derselben, das wir in uns vernehmen, gewährt eine Gewißheit, welche durch keine Beweisführung gewirkt werden könnte."[18]

So geht es bei der systematischen Reflexion, die dem gegenwärtigen Christentum, d. h. der Erfahrung des christlichen Ich *und* den historischen Erhebungen der Heilsgeschichte zugewandt ist, um ein gegenseitiges Durchdringungs- und Bestätigungsverhältnis: „Es fragt sich, ob das Resultat der historischen Untersuchung im Einklang steht mit dem auf systematischem Wege gewonnenen."[19] Erst bei der Feststellung dieses Einklangs entsteht der Augenblick der Gewißheit.

Man hat weidlich kritisiert und sich gelegentlich auch darüber lustig gemacht, daß HOFMANN sich hier eines Fakirtricks bediene, wenn er gleichsam aus dem Zylinder der persönlichen Wiedergeburtserfahrung eine riesige Menge heilsgeschichtlicher Kaninchen hervorzaubere (um es einmal burschikos zu sagen). Natürlich müsse er diese vorher hineinmanipuliert haben. Deshalb leide „sein Schriftbeweis … darunter, daß er nur erweiterter Erfahrungsbeweis ist, und sein Erfahrungsbeweis darunter, daß er selber schon Schriftbeweis ist". Insofern komme es hier zu der Abstrusität einer doppelten petitio principii[20].

Ich gestehe, daß mir dieser Einwand nicht ganz verständlich ist, weil das, was so als petitio principii erscheint, bei genauerem Hinsehen doch nichts anderes ist als der berühmte hermeneutische Zirkel: Ich muß jeweils ein Vorverständnis des zu verstehenden Textes haben, das ich dann in ihm wiederfinde – indessen nicht nur so, daß ich es bloß bestätigt fände, sondern auch so, daß das Vorverständnis vom verstandenen Text her überholt und korrigiert wird. (Deshalb ist es auch eine unglückliche Redeweise, von einem hermeneutischen „Prinzip" zu sprechen, weil es den Eindruck unüberholbarer Konstanz erweckt). Das, was HOFMANN als die Erfahrung des Christ-seins (sprich: der Wiedergeburt) bezeichnet, beinhaltet jenes *Vorverständnis* des biblisch-heilsgeschichtlichen Textes, der auf ersten und noch relativ unreflektierten Begegnungen mit ihm beruht, vor allem auf dem Weg über die Verkündigung der Gemeinde, innerhalb deren sich der Christ be-

---

[17] Von diesem Einklange „Bedürfen" und „Empfangen" als Bestätigung dafür, daß es in der Wiedergeburt nicht um ein „Octroyirtes", sondern um ein mir zuteil gewordenes proprium und deshalb Gewisses gehe, spricht auch FRANK, aaO. S. 108ff. u. 114.

[18] WuE. I,51.

[19] Enzykl. 26.

[20] So BARTH, aaO. 560.

findet. Dieses im Vorverständnis sich kundgebende Angerührt-sein von jenem Text bewirkt ein Verhältnis der Analogie und der Zuordnung zu ihm, das – wie wir früher sahen – divinatorisches Verstehen ermöglicht. Dieses Verstehen nimmt dann der theologisch reflektierende Christ in Anspruch.

Sieht man die Dinge so, dann verliert auch das quantitative „Mißverhältnis" zwischen der schmalen systematischen Eröffnung und dem breit ausgeführten historischen Teil den Charakter des Grotesken: Die systematische Präambel hat nur die Analogie zwischen der christlichen Existenz und der sie bestimmenden Heilsgeschichte festzustellen und damit die Kategorien des Verstehens sichtbar zu machen. Sie ortet gleichsam das kleine Loch in der Hecke, durch das man einen riesigen Geländeabschnitt übersehen kann.

Was mich gleichwohl an dieser Verstehens-Konstruktion HOFMANNs stört, ist ein ganz anderer Punkt: Es bleibt ein berechtigtes sachliches Unbehagen, wenn HOFMANN die Gesamtheit der Heilsgeschichte in der christlichen Erfahrung des einzelnen Theologen impliziert sieht. Und vermutlich ist es gerade das, was die Kritiker an diesen unmäßigen Implikationen stört. Es sähe ganz anders aus, wenn HOFMANN die Christenheit als Gesamtgemeinde oder besser „die" Kirche als das Subjekt jener geistlichen Erfahrung bezeichnet und sich zu der Formulierung verstanden hätte, daß „die" Theologie (nicht der einzelne Theologe) die Glaubenserfahrung „der" Christenheit zum Gegenstand ihrer Wissenschaft mache.

c) Die entscheidenden Fragen

Von hier aus ergeben sich folgende Fragen, deren Beantwortung das Gesagte noch einmal aufgreift und in einem zweiten Durchgang weiterführt:

1. Warum wählt HOFMANN im Anschluß an SCHLEIERMACHER den theologischen Weg vom Subjekt aus?

2. Welche Ziele hofft er mit dieser Methode zu erreichen?

3. Was kommt dabei heraus, speziell was das Verständnis der Heilsgeschichte anbelangt?

ad 1: *Warum geht HOFMANN diesen und keinen andern Weg?*

Man könnte zusammenfassend darauf antworten: weil alle andern Wege nicht zur Gewißheit führen. Dafür, daß der Versuch, mit Hilfe der *Philosophie* zur Gewißheit zu kommen, ungangbar ist, hat HOFMANN andere Gründe, als SCHLEIERMACHER sie hat, wenn er die Metaphysik als Begründung der Religion ablehnt. Das, was ihn an der hegelschen Philosophie als Spekulation abstieß, mag psychologisch mit hinter seinem Argument stehen, daß philosophisch begründete Wahrheiten für den *Christen* jedenfalls nicht verbindlich bleiben und ihn somit im Ungewissen lassen. Warum andererseits die Gewißheit auch nicht aufgrund *historischer* Untersuchungen entstehen kann, haben wir bereits gesehen: Der Historiker konstatiert zunächst nur außerhalb seiner befindlichen

Tatbestände[21]. Überdies sind mir geschichtliche Tatbestände wie die biblische Heilsgeschichte nur auf dem Umweg über die Kirche, also indirekt bekannt geworden. Deshalb könne sich, so in der Enzyklopädie, die Gefahr ergeben, daß ich mich kritiklos dem kirchlichen Bekenntnis anschließe, in dem mir ein Konzentrat dessen begegnet. Das würde mich dann im römischen Sinne der kirchlichen Hierarchie, genauer: der Vermittlung durch eine Hierarchie, verfallen lassen, könne mir aber keine unmittelbare Gewißheit geben.

Das ist der Grund, warum HOFMANN den Weg zu einer Aneignung der Heils-Tatbestände bei dem Punkte beginnen läßt, wo unmittelbare Gewißheit bereits im *Ansatz* gegeben ist: bei der Erfahrung der Wiedergeburt und beim Tatbestandszeichen der Taufe.

ad 2: *Welche Ziele hofft* HOFMANN *mit dieser Methode zu erreichen?*

Einmal möchte er so einen Bezug zur Geschichte gewinnen, den wir heute als „existenziell" bezeichnen würden. Indem er von der Wiedergeburtserfahrung, vom christlichen Ich ausgeht und von dort nach der Heilsgeschichte zurückfragt, in die er sich so einbezogen sieht, fragt er nach der Bedeutsamen, der für *ihn* relevanten Geschichte. Bedeutsamkeit meint dabei nicht eine nur geltende Wahrheit, wie sie der Philosophie vorschwebt, sondern die Wahrheit geschichtlicher Tatbestände, die etwas bewirken und mich selbst zur Wirkung machen. Zugleich ergeben sich aus dieser Rückfrage vom Ich her verschiedene Bedeutsamkeits*grade* der biblisch berichteten Tatbestände, es gibt ein Näher- oder Ferner-sein von ihnen und damit so etwas wie perspektivische Plastik.

„Der erste und nächste Weg, auf welchem die Theologie sich ihres Inhalts wieder versichern kann, geht von dem allgemeinsten der *persönlichen* Heilserfahrung aus, welches den Christen zum Christen macht, und führt von der *unmittelbar gewissen* Tatsache, welche den Inhalt derselben bildet, auf die *Voraussetzungen* dieser Tatsache, welche also selbst wieder Tatsachen sein müssen. Wie der Geschichtsforscher aus dem Rechtszustande einer Zeit alle die vorausgegangenen Tatsachen wesentlich erkennt, welche jenen herbeigeführt haben; wie der Naturforscher aus dem Erzeugnisse einer Reihe von Weltveränderungen diese selbst, die Ursachen aus der Wirkung, inne wird, so findet der Theologe die ganze heilige Geschichte ihren wesentlichen Ergebnissen nach zusammengeschlossen, und kann Anfang und Fortschritt derselben aus jenem vorläufigen Abschluß derselben herstellen. Oder *hat nicht das Verhalten Gottes in Christo zu uns, dessen wir durch persönliche Erfahrung gewiß sind, alles das zur Voraussetzung, und ist Ergebnis von allem dem, was den wesentlichen Inhalt der Heilsgeschichte ausmacht?*[22]

---

[21] Hier klingt bei HOFMANN ein Gedanke an, den M. KÄHLER später in seinem Buche „Der sog. historische Jesus und der geschichtliche biblische Christus" breiter entfaltet hat: daß die Historie nur relative Gewißheit vermitteln könne, und daß deshalb eine unbedingte Wahrheit, wie sie im Glauben gegeben sei, nicht auf das Relative gegründet werden könne.

[22] Selbstanzeige von WuE. im mecklenburgischen Kirchenblatt 1844/45, zit. v. HAUCK, aaO. 239; Hervorhebungen v. Verf. – Daß der Begriff Heils-„Tatsachen", wie er auch hier gebraucht wird, späterhin eine so bedeutsame kontroverse Rolle gespielt hat, geht wohl auf das zeitgenössische Luthertum zurück, nicht nur auf HOFMANN, sondern auch auf A. VILMAR, dessen Haupttitel bezeichnenderweise lautet: „Die Theologie der Tatsachen wider die Theologie der Rhetorik, 1856. Gesamtdarstellung VILMARs bei W. HOPF, A. Vilmar, 1912/13.

Ferner will Hofmann durch die getrennt erfolgenden Erhebungen aus der christlichen Selbsterfahrung *und* der Geschichte den Nachweis gewinnen, daß beide Bilder kongruent sind, insofern sie sich gegenseitig bestätigen und damit den äußersten Grad der Gewißheit besorgen. (Wir sprachen darüber.) Kähler macht wohl mit Recht darauf aufmerksam, daß der von Hofmann in der Enzyklopädie zitierte R. Rothe eine formal analoge Methode verwendet: Was der Theologe spekulativ an Bauzeichnungen der Welt entwirft (Hofmann würde dieses Spekulative als „systematisch" bezeichnen), muß mit der Wirklichkeit (Hofmann: mit der Heilsgeschichte) verglichen werden. Kommt es nicht zur Deckung beider Bilder, muß die Spekulation korrigiert werden[23].

ad 3: *Was springt für den Begriff der Heilsgeschichte dabei heraus?*

Die Antwort auf diese Frage ist zugleich die Pointe des andern großen Werkes Hofmanns „Weissagung und Erfüllung": Er gründet die Heilsgewißheit, wie wir sahen, auf die Verkettung verschiedener Tatsachen oder Tatbestände: Die Wiedergeburt als persönlich erfahrene Heilstatsache läßt nach ihren Voraussetzungen zurückfragen, „welche selbst wieder Tatsachen sein müssen". Insofern ist die Geschichte als Prozeß von aufeinander folgenden Tatsachen in sich selbst *Weissagung.* Jede ihrer Entwicklungsstufen weist über sich hinaus und trägt den Keim von Zukunft in sich, bis sie schließlich mich, den Christen, selbst in ihre Wirkungsgeschichte einbezieht und mich eine Erfüllung ihrer Weissagungen sein läßt.

„Weissagung" ist hier nicht einfach ein bloß *gesprochenes* prophetisches Wort. Vielmehr ist die Geschichte *selbst* Weissagung. Der Prophet läßt in seinen Sprüchen die geschichtlichen Tatbestände nur zur Sprache kommen. Wenn er seine Verheißungen ausspricht, so kommentiert er nur das, was im Heilsgeschehen schon als Verheißung vorliegt und gegeben ist. In seinem Aufsatz „Heilsgeschichte und Lichtungsgeschichte"[24] sagt J. M. Robinson deshalb in ausgesprochenem Anschluß an Hofmann, daß bibl. Heilsgeschichte „das Sprachereignis (sei), in dem sich die Geschichte Israels zur Sprache bringt, um so geschichtlich zu werden". Ähnlich sei auch die Lichtungsgeschichte bei Heidegger nicht einfach eine Geschichte des Denkens über das Problem des Seins, sondern eine Art Selbsterschließung dieses Seins auf dem Weg über die Geschichte.

Das Heilsgeschichtliche liegt also nicht in der prophetischen Interpretation der Geschichte, sondern in der Geschichte selbst, die diese Interpretation provoziert.

Es ist erstaunlich, in welchem Maße der Satz Hofmanns, daß die Geschichte selbst weissagende Bedeutung habe, bei O. Cullmann wieder aufgenommen wird, vor allem in seinem Buch „Heil als Geschichte" (1965): „Wir haben es bei der Entstehung der biblischen Heilsgeschichte mit einer Art *Kette* heilsgeschichtlicher Erkenntnis und Darstellungen zu tun, bei denen jedesmal ein neues Ereignis und eine neue Offenbarung darüber in die vorhergehende Offenbarung eingereiht werden und diese zugleich in eine neue Perspektive rücken (73).

---

[23] Gesch. der protest. Dogmatik, 216.
[24] EvTh 1962, S. 137

So sind nach CULLMANN zu unterscheiden: „1. das nackte Ereignis, dessen Augenzeuge der Prophet sein muß und das auch von Nichtgläubigen erlebt wird, die keine Offenbarung darin zu sehen vermögen." Diese Festellung berührt HOFMANNs Interesse, bei der Selbst-erfahrung des glaubenden Ich zu beginnen, weil nur damit der Zugang zu jenen „nackten Ereignissen" eröffnet wird. Davon ist zu unterscheiden „2. die Offenbarung eines *in* und mit diesem Ereignis dem Propheten sich erschließenden göttlichen Plans, in den er sich selbst im Glauben einreiht; 3. die Herstellung eines Zusammenhangs mit früheren ... Offenbarungen und deren Neuinterpretation" (72).

Wenn für HOFMANN so die Geschichte *selbst* Weissagungsgeschichte ist, in deren Erfüllungszusammenhang er sich selbst als Wiedergeborener eingeschlossen weiß, so ist damit ein Verständnis des Gesamtzusammenhangs der Geschichte vorausgesetzt, der von ihrem Schöpfungsbeginn bis zu dem endgültigen, ewig bleibenden Verhältnis zwischen Gott und dem Menschen reicht. Ich kann den Wert des Einzelereignisses – sei es als Weissagung, sei es als Erfüllung – nur insoweit einschätzen, als ich zu der Festellung imstande bin, „in welchem Verhältnis eine einzelne Tatsache zum Endergebnisse steht"[25].

HOFMANN setzt folglich voraus, daß er als Christ einen *Zugang zum Gesamtverlauf der Geschichte,* zur „Universalgeschichte" habe, ja daß dieser Zugang am *Anfang* – nicht etwa, wie bei RANKE, am Ende – seines Erkenntnisweges stehe[26].

Mit welchem Recht und mit welchen Argumenten nimmt HOFMANN nun diesen Zugang zur Gesamtheit des Geschichtsprozesses für sich in Anspruch?

In etwas pauschaler Weise könnte man darauf antworten: Die Wiedergeburts-Erfahrung ist eine Art mikrokosmischer Konzentration der gesamten Heilsgeschichte, ihr „Wiedererkennen" – eine Anamnesis sozusagen – in einem Gegenwärtigen[27]. Diese Erfahrung verweist mich auf Christus als die Mitte der Geschichte[28] und von dieser Mitte aus auf das, worin sich vorher seine weissagende „Vorausdarstellung" manifestiert[29], sowie auf das, was nachher – *nach* diesem „vorläufigen Abschluß" – als Weg zur endgültigen Erfüllung erscheint. So zerfällt das Gesamt der Geschichte in ein Weissagungsgeschehen auf Christus hin, das in ihm zu vorläufiger Erfüllung kommt, während er selbst wiederum eine Weissagung auf das endgültige Ende ist.

Dies wird uns im *Zeugnis des heiligen Geistes* erschlossen: Was ist Zeugnis des heiligen Geistes denn anders als eine Gottesoffenbarung, welche das Endergebnis aller Geschichte in einem vorläufigen Abschlusse derselben kundtut? ..."[30]

---

[25] WuE. I,32.

[26] RANKE und die historische Schule überhaupt gehen von der empirischen Detailforschung aus, suchen erst von da aus größere Zusammenhänge zu überblicken, die schließlich bis zu universalhistorischen Perspektiven vordringen. Charakteristisch dafür ist etwa RANKES Satz, daß jede Epoche unmittelbar zu Gott sei. HOFMANN geht den genau umgekehrten Weg. Vgl. dazu WENDEBOURG, aaO. 71ff.

[27] Schr. I,8.

[28] Schr. I,13.

[29] WuE. I,40; Herm. 36ff.

[30] WuE. I,33.

So ist Christus als Mitte der Geschichte zugleich eine Konstante, die sie als ganzes durchwirkt, ihren Verlauf bestimmt und es so ermöglicht, ihren Gesamtverlauf in allen ihren Phasen zu übersehen.

Dieser Gesamtaspekt der Geschichte ergibt sich im Unterschied zu RANKE somit nicht durch Addition der Einzelaspekte und damit als letztes Fazit historischer Forschung, sondern er ist bei der durch die Wiedergeburtserfahrung ausgelösten Rückfrage nach der Heilsgeschichte bereits gegeben und läßt so – im Sinne HOFMANNS – *Geschichte allererst „verstehen", d.h. die einzelnen Tatsachen in ihrem Verhältnis zum Gesamtgefüge der Geschichte übersehen und in dies Gefüge integrieren.*

HOFMANN hat seinem Lehrer RANKE wohl die Freude am historischen Detail und seiner Erforschung verdankt, ist aber in der Methode seiner Erforschung sowie in der Beurteilung seiner Verstehbarkeit grundsätzlich andere Wege gegangen – Wege, die in formaler Hinsicht eine gewisse Affinität zu dem von seiner Haßliebe betroffenen HEGEL erkennen lassen:

Da für HEGEL die Geschichte die Selbstverwirklichung des absoluten Geistes ist und so von seiner Vernunft bestimmt wird, nimmt er ebenfalls einen Standort ein, von dem aus er ihren Gesamtverlauf zu überblicken vermag: „Wer die Welt vernünftig ansieht, den sieht sie auch vernünftig an; beides ist in Wechselbestimmung."[31]. Bei HEGEL ist der Überblick zudem dadurch ermöglicht, daß er sich selbst gewissermaßen am Ende jener geschichtlichen Selbstentfaltung stehen sieht und seine Philosophie als das Resultat aller früheren Philosophien begreift, die in ihr erhalten sind[32]. Von dieser „letzten", summierenden Philosophie her vermag er alle einzelnen Summanden zu überblicken.

Die *inhaltliche* Differenz gegenüber HOFMANN ist trotz aller formalen Analogien dabei nicht zu übersehen:

Bei HEGEL kommt es kraft seiner spekulativen Identitätsphilosophie dazu, jenen geschichtsüberlegenen Standort einzunehmen, der ihm die Möglichkeit zu verschaffen scheint, das Gesamtpanorama zu übersehen. Bei HOFMANN dagegen eröffnet die eschatologische Gabe des *Pneuma* jenen Ausblick, so gewiß dieses testimonium Spiritus Sancti bereits in seiner Wiedergeburtserfahrung wirksam ist und ihm von da aus den Geschichtsverlauf als „Äußerung des in der Welt und vornehmlich im Menschen lebenden gegenwärtigen Gottes", als „Wirkung des Geistes auf die Seele" erscheinen läßt[33]. Er sieht zwar die Weltgeschichte von jenem Ende her, das sich in ihrem „vorläufigen Abschluß" (= Christus) bereits kund tut. Doch steht er selbst (im Unterschied zu HEGEL) noch nicht an diesem Ende, sondern verharrt noch in der Haltung des Wartenden.

Die Gesamtheit des Weltpanoramas, von dem HOFMANN *so* (in *dieser* Weise!) ausgeht, umgreift nicht nur die biblische Heilsgeschichte im engeren Sinne, sondern zugleich das universale Weltregiment Gottes, insofern auch die *vor-* und

---

[31] HEGEL, Die Vernunft in der Geschichte (Philos. Bibliothek), 7.
[32] WENDEBOURG, aaO. 79.
[33] WuE. I,16.

*außer*christlichen Bereiche. Selbst hier sind die Vorschattungen der eigentlichen Heilsgeschichte wahrnehmbar und ist das Schema Weissagung und Erfüllung bereits in Kraft, auch wenn die Heiden es noch nicht erkennen: Wenn es nämlich stimmt, „daß alle Dinge, groß und klein, dazu dienen, die Einigung der Welt unter ihr Haupt, Christus, herbeizuführen: so gibt es gar nichts in der Weltgeschichte, dem nicht etwas Göttliches innewohnt, *nichts also, das der Weissagung notwendig fremd bleiben muß*"[34].

Da Christus „ewiger Gott" ist, so ist er schon in „Vorausdarstellungen", in weissagenden Formen des Geschehens gegenwärtig, die sich bereits lange vor seiner Erscheinung im Fleisch begeben. Unwissend haben ihn die Heiden bereits „in der Schöpfung empfunden, aber von ihr nicht unterschieden, und darum mit ihr um ihres Todes willen betrauert: Cadmilus (?) und Dionysos und Adonis nennen sie ihn, und weinen zu frühe um ihn, lange bevor er am Kreuze starb." Auch von Gottessöhnen wissen die Heiden „viel zu frühe, lange bevor Jesus der Sohn Gottes erhöht und zu einem Herrn über alles gemacht wurde"[35].

Auch der römischen Geschichte entnimmt HOFMANN Beispiele dafür, daß sich „ein künftiger Vorgang in einem früheren abbilden und im voraus darstellen" kann, so daß selbst in diesen Räumen das Schema Weissagung/Erfüllung zum Zuge kommt: „Jeder Triumphzug, welcher durch die Straßem Roms ging, war eine Weissagung auf den Caesar Augustus ..., den Gott im Menschen, den Jupiter im römischen Bürger. Darin, daß Rom seinen Siegern gerade diese Ehrenbezeigung zuerkannte, gab sich seine Zukunft zu erkennen, daß es die Welt durch den göttlich verehrten Imperator beherrschen werde ... Die Bedeutung des Triumphes ist in den vielen sich wiederholenden Triumphzügen, die Bedeutung des Passas in den alljährlichen Passamahlzeiten nicht erfüllt, sondern der wesentliche Inhalt des einen und des andern ... soll sich erst künftig herausstellen, und somit die darin enthaltene Weissagung sich erst noch bestätigen."[36].

Ob römischer Triumphzug oder Passahfest, ob heidnische Kulte oder Zeremonien des biblischen Heilsgeschehens: der ewige Christus umgreift alle Geschichtsräume ante und post Christum natum. In allem ist er prototypisch vorgebildet, und er selbst ist Vorausdarstellung des endgültigen Endes der Geschichte, das in ihm als ihrem vorläufigen Abschluß bereits gegenwärtig ist.

Mir fällt in dieser Sicht der israelitischen und der Gesamtgeschichte eine gewisse Entsprechung zu JOH. GEORG HAMANN auf, ohne daß mir Indizien bekannt wären, die auf eine direkte Beeinflussung HOFMANNs durch HAMANN schließen ließen. Ich denke dabei nicht nur an seine Frage: „Kann man das Vergangene kennen, wenn man das Gegenwärtige nicht einmal versteht?"[37], sondern auch daran, daß er – über die Offenbarungsgeschichte Israels hinausgehend – in „allen übrigen Nationen" etwas wirksam sieht, das an die Weissagungen in Israel erinnert und „das Analogon einer ähnlichen dunkeln Ahndung und Vorempfindung" darstellt[38]. Allerdings bildet jene Offenbarungsgeschichte Israels (was wohl auch HOFMANN sagen könnte!) ebenso wie die hebräische Poesie eine Art Grundmuster „*aller* wahren Geschichte unseres göttlichen Geschlechts und seiner heiligen Bestimmung zur Herrlichkeit"[39]. Deshalb kommt ihm „das Feld der (Welt-)Geschichte immer wieder vor „wie jenes weite Feld ..., das voller Beine lag, – und siehe, sie waren

---

[34] WuE. I,7; Hervorhbg. v. Verf.

[35] AaO. 39.

[36] AaO. 15f.

[37] Kleeblatt hellenistischer Briefe, 2.Brief; Schriften, ed. K. Widmaier, 1921, 366.

[38] Golgatha u. Scheblimini, aaO. 286.

[39] An HERDER, 6.8.1784; aaO. 356.

sehr verdorret! ... Noch ist kein Odem in ihnen – bis der Prophet zum Winde weissagt, und des Herrn Wort zum Winde (= zum Geiste prophetischer Vollmacht) spricht."[40].

Die Weissagungsanalogien in der allgemeinen Weltgeschichte können so nur durch das göttliche *Wort* aufgeschlossen werden: „Natur und Geschichte sind daher die zwei großen Commentarii des göttlichen Worts, und dieses hingegen der einzige Schlüssel, uns eine Erkenntnis in beiden zu eröffnen."[41]. – „Das Buch der Natur und der Geschichte sind nichts als Chiffern, verborgene Zeichen, die eben den Schlüssel nötig haben, der die Heilige Schrift auslegt und die Absicht ihrer Eingebung ist."[42]

d) Abschließende kritische Würdigung

BULTMANN stellt gegenüber HOFMANN die rhetorische Frage, welche theologische Relevanz seine Verbindung von Systematik und Historie denn haben könne, um dann sofort seinen Einwand hinzuzufügen, „einen Beweis für die Geltung Christi" könne sie natürlich nicht erbringen[43], „da Christus ja schon als Ziel der Geschichte erkannt sein muß, ehe die Deutung der Geschichte Israels sub specie Christi möglich wird". Da hier HOFMANN die Absicht eines „Beweises" unterstellt wird – sehr zu Unrecht, da es ihm doch nur um „Verstehen" geht! –, kann es nicht ausbleiben, daß in sublimer Andeutung auch hier der Vorwurf einer petitio principii erhoben wird. Wir haben dies Gegenargument bereits früher zurückgewiesen und deutlich gemacht, daß es sich hier um einen hermeneutischen Zirkel und nichts anderes handelt.

Sehr viel ernsthafter ist der andere, auch von KÄHLER erhobene Vorwurf[44], daß es doch eine Täuschung sei, wenn HOFMANN meine, „aus dem Tatbestand meines inneren Lebens", also aus meiner Wiedergeburtserfahrung, die lange Geschichte Israels, die Messiaserwartung und vieles andere erheben zu können. Demgegenüber wäre die Frage zu stellen, ob es denn HOFMANN überhaupt um diese Erhebung-aus ..., boshaft ausgedrückt: um dieses Herausspinnen-aus ... *gehe*. Besteht seine eigentliche Intention nicht darin, zu verdeutlichen, daß nur jemand, der sich selbst in das Heilsgeschehen aufgenommen sieht, die Heilsgeschichte zu verstehen vermag, weil nur er im Verhältnis einer das Verstehen ermöglichenden Analogie zu ihr steht? daß HOFMANN also vor allem die Kategorien herausarbeiten möchte, die uns einen Gegenstand – eben den Gegenstand der Heilsgeschichte – sehen und verstehen lassen? Und ist es nicht von jeher ein wesentlicher Zug christlicher Tradition gewesen, daß man Theologie in Verbindung mit einem ganz bestimmten *Status der Existenz* brachte und sie darum in der Neuzeit bewußt von einer neutralen, nicht engagierten „Religionswissenschaft" unterschied[45]? Sollte HOFMANN im Entscheidenden tatsächlich etwas

---

[40] Kleeblatt, 2; aaO. 365f.
[41] Brocken, aaO. 179; E. H. GILDEMEISTER, Leben u. Werke I,138.
[42] Brocken, aaO. 188.
[43] Glauben u. Verstehen II (1952), 170.
[44] AaO. 221.
[45] Nur im Gefolge der religionswissenschaftlichen Schule und ihrer Filialen bei Religionspsychologie oder Religionssoziologie konnte das weithin anders werden.

anderes vorgeschwebt haben als eben diese Verwurzelung der theologischen Arbeit in der christlichen Existenz, als die Tatsache also, daß nur – um ein GOETHE-Wort abzuwandeln – das für die Sonne eingerichtete Auge die Sonne zu sehen vermöge? Dies jedenfalls dürfte die Pointe seiner Konzeption sein, und insoweit wäre sie theologisch schwerlich in Frage zu stellen[46].

Das Problematische ergibt sich, wie ich es sehe, lediglich beim Modus der *Durchführung* dieses Konzepts: Daß die geschichtsphilosophischen, hegelsch eingefärbten Denkschemata ein fragwürdiges Gerüst sind; daß die formalistische Handhabung des Schemas Weissagung/Erfüllung zu oft gewaltsamen Geschichtskonstruktionen führt; daß hier Fortschrittsformen und organische Evolutionsstrukturen eine Rolle spielen, die dem biblischen Geschichtsverständnis fremd sind: das alles steht außer Frage. Kommende Generationen pflegen den Bannkreis zeitgenössischer Philosophien und opiniones communes leichter zu durchschauen (weil sie meist im Banne *anderer* Philosophien und Zeitgeister stehen!). Doch was soll's? Geht es hier wirklich um mehr als bloß um einige kritische Marginalien zur Durchführung, die den Kern der intendierten Aussage gar nicht treffen? Bleibt eine Doxologie nicht auch dann Lobpreis – ein Lobpreis des allumgreifenden Herrn der Geschichte, der mich in diese seine Geschichte aufnimmt –, wenn sie gegenüber biblischen Melodien gelegentlich atonale Phasen oder gar falsche Töne aufweist? Ist die Dominante dieser Geschichtskonstruktion, nämlich die Korrelation zwischen dem wiedergeborenen Ich und den heilsgeschichtlichen Voraussetzungen dieser Wiedergeburt, nicht der entscheidende Hinweis auf das, was HOFMANN für theologisch relevant hält? Es ist der Hinweis, daß der wiedergeborene Christ selbst in jene Heilsgeschichte hineingehört und daß er kraft der eschatologischen Qualität des Pneuma schon jetzt ihres Endes und des endgültigen Gottessieges gewiß ist. Diese Ich-Erfahrung dürfte alles andere sein als eine nur „apologetische Maske, in der sich der moderne Biblizist vor dem Zeitgeist rechtfertigt"[47].

II. Die Ausstrahlung SCHLEIERMACHERs ins Reformierertum: ALEXANDER SCHWEIZER

Zur Biographie: A. SCHWEIZER, einem Zürcher Pfarrergeschlecht entstammend, lebte von 1808 bis 1888. Nach seinem theologischen Examen verwandte sich ein Gönner, der seine Begabung erkannt hatte, für ein Stipendium, das ihm den Besuch deutscher Universitäten ermöglichen sollte. So brachte er seine Kandidatenzeit wesentlich in Berlin zu, wo ihn vornehmlich SCHLEIERMACHER anzog, zu dem er auch in nähere Verbindung trat. Eine Frucht seiner intensiven Schülerschaft war die 1835 von ihm besorgte Herausgabe von SCHLEIER-

---

[46] Was wir hinsichtlich dieses Einsatzes beim Ich an HOFMANN auszusetzen hatten, war lediglich, daß er die individuelle Heilserfahrung überfrachte, und daß es deshalb angemessener sei, das Ich der Kirche an die Stelle des Einzel-Ich zu setzen.

[47] So BARTH, aaO. 558.

MACHERS Vorlesungen über philosophische Ethik unter dem Titel: „Entwurf eines Systems der Sittenlehre". Mit HOFMANN teilte er die Ablehnung HEGELS, aber auch den unverkennbaren Einfluß seines Denkens in einigen Partien des eigenen Systems.

Zur Literatur: Sein erstes großes Werk war die „Glaubenslehre der evang.-reformierten Kirche, dargestellt und aus den Quellen belegt", 2 Bände 1844 und 47. Obwohl er als Systematiker einen gegenüber der Tradition neuen, von seinem großen Lehrer wesentlich bestimmten theologischen Ansatz erstrebte, meinte er doch, daß der Zusammenhang mit der alten reformierten Dogmatik nicht aus dem Auge verloren werden dürfe, zumal ihn der starke Einfluß des Luthertums ärgerte und er demgegenüber das theologische Profil des Calvinismus verdeutlichen wollte. Durch all seine ausgebreitete und detaillierte Gelehrsamkeit hindurch bleibt immer diese emotionserfüllte Absicht spürbar.

Das zweite Werk ist seine vornehmlich dogmengeschichtliche Schrift „Die protestantischen Zentraldogmen in ihrer Entwicklung innerhalb der reformierten Kirche" (vom 16. bis 18. Jahrhundert), 2 Bände, 1854 und 56. Hier wird zum ersten Male sichtbar, daß SCHWEIZER die Prädestinationslehre in ihrer schroffsten Form für das dominierende Zentraldogma seiner Kirche hält. Im übrigen begründet er theologiegeschichtlich, was dann in seiner Glaubenslehre systematisch aufgegriffen wird. Auch dabei macht sich sein antilutherischer Affekt insofern bemerkbar, als er heftig gegen die vor allem melanchthonische Erweichung der Erwählungslehre polemisiert. Speziell nimmt er die Konkordienformel aufs Korn und hier wieder vornehmlich die These, daß allein die Gnade Gottes der (prädestinatianische) Grund unseres Heils sei, daß aber die, welche verloren gehen, selber – als Menschen – daran schuld seien[48].

Sein systematisches Hauptwerk ist „Die christliche Glaubenslehre nach protestantischen Grundsätzen", 2 Bände, 1. A. 1863 u. 69. Sie vor allem ist hier in aller Kürze zu besprechen.

a) Der Schleiermachersche Ansatz bei A. SCHWEIZER

Es gibt eine ganze Reihe von Momenten, in denen sich A. SCHWEIZER als Schüler SCHLEIERMACHERS zu erkennen gibt:

Erstens geht es dabei um ein Motiv, das durch die Etikette „apologetisch" doch wohl zu billig bezeichnet und deshalb deklassiert würde. Es handelt sich um die Absicht SCHWEIZERS (die auch für SCHLEIERMACHER maßgebend war!), nicht bei der von ihm mit soviel Akribie dargestellten Dogmatik der Väter stehen zu bleiben und die Tradition nur einfach fortzuspinnen. Was die Väter für Glaubenswahrheit gehalten haben, ist damit nicht einfach *unsere* Wahrheit. Die Konstellationen des Verstehens haben sich vielmehr geändert, darum müssen wir stets neue Zugänge zur Glaubenswahrheit suchen, wenn wir den Glauben „glaubbar" bezeugen und in die theologische Reflexion erheben wollen:

Gleich am Anfang seiner Glaubenslehre schreibt SCHWEIZER deshalb die bezeichnenden Sätze: „Einst haben die Väter ihren eigenen Glauben bekannt, jetzt hingegen müht man sich ab, ihre Bekenntnisse zu glauben. Den wirklich *glaubbaren Glauben* zu lehren, ist daher ein dringendes Bedürfnis geworden" (Hervorhbg. v. Verf.).

---

[48] Vgl. Sol. Decl. XI, 7f. (LBK 1066); XI, 41f. (LBK 1076).

Zweitens setzt SCHWEIZER wie sein Lehrer beim Selbstbewußtsein ein und verfolgt dann das Ziel, von ihm aus das Ganze der reformierten Lehre zu entfalten – wenigstens insoweit, als die dogmatischen Sätze der Überlieferung aktualisierbar, d.h. in das „heutige" Selbstbewußtsein aufzunehmen sind. In diesem Sieb bleiben aber für SCHWEIZER nicht wenige Lehrsätze hängen, die früher den Rang von Grunddogmen hatten (z.B. die Lehren von der Dreieinigkeit, der Gottheit Christi, Satisfaktion und Stellvertretung, Schrift-Inspiration). Es geht ihm übrigens nicht (wie HOFMANN) um ein Selbstbewußtsein, das durch die Wiedergeburtserfahrung bestimmt und damit selbst schon eine spezifisch christliche Heilstatsache ist. Es handelt sich eher um ein allgemeins theistisches Grundgefühl: ein Gefühl schlechthinniger Abhängigkeit von Gott. Hierbei bildet der Zusatz „von Gott" oder auch „vom Unendlichen" oder „Absoluten"[49] eine charakteristische Abwandlung des entsprechenden schleiermacherschen Terminus. (Wir kommen darauf noch zurück.) Immerhin geht es im Unterschied zu HOFMANN hier weniger um ein christliches, als ein allgemein-religiöses Selbstbewußtsein. Insofern steht SCHWEIZER SCHLEIERMACHER näher. Dieser Eindruck bestätigt sich noch durch vier weitere Beobachtungen:

1. Auch SCHWEIZER subsumiert im ersten Teil seiner Glaubenslehre das Christentum unter den Oberbegriff der Religion und sieht alle andern Religionen – wie die natürliche Religion der Heiden und die Gesetzesreligion Israels – als untergeordnete Vorstufen der christlichen Religion, in der sie „früher oder später", beim Fortgang des geschichtlichen Prozesses, aufgehen müßten. SCHWEIZER konstruiert dabei eine etwas gewaltsame Einteilung der Religionsgeschichte in Epochen der natürlichen, der Gesetzes- und der Erlösungsreligion, und es ist charakteristisch für die Energie seines Systematisierens, daß er dabei den Vorbau einer „natürlichen" Urreligion postuliert, obwohl er selbst sagen kann, daß diese geschichtlich nirgendwo nachweisbar sei[50].

2. Wenn es SCHWEIZER nicht um irgendein allgemeines, sondern um das Selbst- und Glaubensbewußtsein der jeweils *gegenwärtigen* Gemeinde geht, so bedeutet dies, daß darin auch die Verbindung christlicher Glaubenssätze mit den zeitbedingten Elementen wissenschaftlicher Überzeugungen, Bildungsgüter und philosophischer Meinungen zustandekommt. Diese Verbindung müsse es geben, wenn das christliche Glaubensgut nicht nur ein gesetzlich zu verstehendes credendum sein, sondern von lebendig in ihrer Zeit stehenden Menschen *angeeignet* werden solle. Der Einsatz beim Selbstbewußtsein soll also dafür sorgen, daß jene Bewußtseinsspaltung – die Scheidung von Glauben und modernem Wissen – nicht eintritt, die SCHLEIERMACHER in seinen Sendschreiben an LÜCKE für eine ungebrochen sich immer nur fortzeugende Orthodoxie befürchtete.

3. Damit führt der Einsatz beim Selbstbewußtsein zu einer weiteren Konsequenz: zu einer *Selektion* der traditionell überkommenen Glaubenswahrheiten. Das lebendige religiöse Selbstbewußtsein repräsentiert die jeweils gegenwärtige

---

[49] Z.B. Glaubenslehre der evgl.-reform. Kirche I,135.
[50] Glaubenslehre, 1. A. Bd. I,257.

Entwicklungsstufe des christlichen Glaubens und wird damit allergisch gegenüber Zumutungen, die an frühere Entwicklungsstufen gebunden, also nur zeitbedingt sind und für das gegenwärtige Bewußtsein nichts mehr bedeuten. Deshalb werden solche bloß „positiven" Elemente der christlichen Wahrheitstradition ausgeschieden. (Wir nannten bereits einige von ihnen.) Indem so alles nur lokal und temporell Bedingte eliminiert werden soll, drängt SCHWEIZER auf eine schließlich von der Geschichte gelöste *Idee* der vollendeten Religion, die nur so wahrhaft universal werde und für die ganze Menschheit in Betracht kommen könne. Es wird deshalb kaum verwundern, daß diese vom Selbstbewußtsein aus konstruierte Theorie zu Folgerungen führt, die sie dem Religionsschema der Rationalisten annähern. Es gibt Augenblicke, wo man die Stimme LESSINGS in seiner „Erziehung des Menschengeschlechts" zu hören meint: Auch er entwickelte die Geschichte der christlichen Wahrheit ja vom Selbstbewußtsein des Vernunftwesens Mensch aus und sah für das Ende so etwas wie eine frei schwebende, von aller geschichtlichen Bedingtheit gelöste Idee jener Wahrheit voraus.

4. Auf dieser Basis versucht SCHWEIZER eine gewisse, durch die genannte Selektion allerdings stark reduzierte Synthese zwischen dem gegenwärtigen Selbstbewußtsein und der dogmatischen Tradition des Reformiertentums. Grundsätzlich ist es aber die gleiche Intention, die wir auch bei SCHLEIERMACHER fanden, nur daß – wenn ich recht sehe – bei SCHWEIZER die Korrektive der exegetischen und homiletischen Arbeit fehlen, die SCHLEIERMACHER stärker davor bewahrten, von seiner systematischen Leidenschaft entführt zu werden.

b) Prädestination und schlechthinnige Abhängigkeit

Den Angelpunkt der so angestrebten Synthese bildet die Bemühung SCHWEIZERS, das Gefühl schlechthinniger Abhängigkeit als eine Art Vorgefühl dessen zu interpretieren, was er als das Zentral- und Hauptdogma des Calvinismus interpretiert: der Prädestinationslehre[51]. Deren Characteristicum ist die These von der absoluten *Ursächlichkeit* Gottes. Sie ist „die Grundlage der reformierten Confession" und besagt hier für das *Selbstbewußtsein* „die Bestimmtheit oder das Gefühl gänzlicher Abhängigkeit alles Daseienden und Geschehenden"; für das *gegenständliche* Bewußtsein „die Weltansicht, nach welcher alles, was da ist und geschieht, eine Selbstoffenbarung des Absoluten ist, welches als Grund[52] alles Daseins alles bestimmt und durchdringt"[53].

---

[51] Wir sahen schon, daß SCHWEIZER im Unterschied zu seinem Lehrer diese Abhängigkeit in ihrem Woher bestimmt (von Gott oder vom Unendlichen), während es für SCHLEIERMACHER um ein in seinem Woher zunächst unbestimmtes Grundgefühl geht, dessen Grund er erst nachträglich in der Transzendenz aufsucht, weil es in der gegenständlichen Welt nur ein „geteiltes", d.h. bedingtes Abhängigkeitsgefühl gibt.

[52] „Grund" dürfte hier ein Synonym für „Ursache" sein.

[53] Gl.-L. der ev.-reform. Kirche I,135.

Daß die Prädestinationslehre – zudem noch in dieser radikalen Gestalt, die Gott zur causa omnium macht – tatsächlich die reformierte Lehre derart beherrsche, ist immer wieder mit Recht bestritten worden, schon zu Lebzeiten SCHWEIZERS. (So J. H. A. EBRARD in seiner 1851 erschienenen Christl. Dogmatik.) PETER BARTH hat darauf hingewiesen (vgl. seinen Aufsatz „Die Erwählungslehre in Calvins Institutio von 1536", in: Theol. Aufsätze, K. BARTH zum 50. Geb., 1936, 432ff.), daß die Prädestination zu Unrecht als das Zentraldogma der Theologie CALVINS bezeichnet werde, da sie in der Institutio von 1536 innerhalb der Kirchenlehre und nicht als isoliertes, selbständiges Lehrstück auftauche (Op.sel. [Chr. Kaiser, München] I,86ff.). Obwohl KARL BARTH die Prädestinationslehre CALVINS in christologischer Richtung grundlegend modifiziert hat (KD II,2; gründlichste Darstellung u. Kritik bei G. GLOEGE, Heilsgeschehen u. Welt. Theol. Traktate I [1965], 77ff.), sind doch Abhängigkeiten von der spätcalvinistischen Urdekretenlehre zu erkennen, die partiell nicht ohne Analogie zu SCHWEIZER sind[54].

Dadurch, daß in den spätreformierten Urdekreten „vor Grundlegung der Welt" alles Kommende in der Heilsgeschichte vorherbestimmt wird, kann sich nichts unbedingt Neues mehr begeben. Auch das Christusgeschehen ist kein Novum, keine unvorhersehbare Wundertat Gottes und Äonenwende, welche die Notwendigkeit des vorherbestimmten Geschichtsprozesses unterbräche. Vielmehr ist alles nur die Explikation des im Vorhinein Festgelegten. Die Abstraktheit dieses Ursachen-Schemas löst alle Kontingenz der „Geschichte" auf. Das zeigt sich bei SCHWEIZER, wie wir hier nur andeuten können, vor allem an zwei dogmatischen Knotenpunkten: in der Sündenlehre und in der Christologie:

Der *Sündenfall* ist nicht darin begründet, daß Gott sich den Menschen in freier Partnerschaft gegenüberstellt und damit – zugunsten dieses Risikos! – sich selbst als den total Bestimmenden zurücknimmt; vielmehr ist für SCHWEIZER auch der Sündenfall Durchgangspunkt und Glied eines notwendigen, „supralapsarisch" gesehenen Prozesses. (Wie könnte es in dieser Prädestinationslehre auch anders sein!) Das Gute *bedarf* innerhalb dieses Prozesses geradezu der polaren Entgegensetzung des Bösen. Das Böse ist folglich nicht schuldhaft durch die mißbrauchte menschliche Freiheit hervorgerufen und entsprechend zu verantworten, sondern es *muß* sein. Das ist eine Konsequenz, die sich in allen monistischen (auch mit einer monokausalen Prädestinationslehre arbeitenden) Systemen wiederfindet. Und es ist nicht ganz ohne Pikanterie festzustellen, daß SCHWEIZER hier – wie sein lutherisches Pendant HOFMANN in anderer Hinsicht – in die Fußstapfen des von beiden verabscheuten HEGEL tritt. Was bei HEGEL notwendiges Moment in der Selbstentfaltung des Geistes ist, das ist bei SCHWEIZER notwendige Folge der totalen Prädestination: Das Böse wird zum bloßen Durchgang eines determinierten Prozesses[55].

Diese Notwendigkeit gilt auch für das Zustandekommen der Erlösungsreligion und damit für alle christologischen Aussagen. Die Erlösungsreligion ergibt sich – hegelisch gesprochen – als dialektische Antithese aus der vorausgehenden Gesetzesreligion (was hier nur angedeutet zu werden braucht). Jedenfalls geht es nicht um eine Intervention Gottes, dessen wunderbarer Ratschluß jene Wende

---

[54] Vgl. dazu die ausführlicheren Hinweise in ThE I, S. 203ff.; II,2, S. 706ff.
[55] Glaubenslehre I,273.

bewirkt, die das Weihnachtslied mit den Worten besingt: „Welt war verloren, / Christ ward geboren". Weil die Erlösung so ebenfalls bloße Phase in einem notwendigen Prozeß ist, der schließlich zur Selbstverwirklichung der *Idee* der Religion führt, darum ist das Erlösungsgeschehen auch nicht an die geschichtliche Menschwerdung Christi, also an das Ereignis „Jesus von Nazareth" gebunden oder dadurch bewirkt. Vielmehr setzt sich die Evolution des prädestinatianischen Urdekrets, die schon die Phasen der Natur- und der Gesetzesreligion bestimmte, auch in der „notwendigen" Heraufkunft der Erlösungsreligion durch. Daß es zu ihr kommt, ist „notwendig in der Natur der Sache" (sprich: in der All-Ursächlichkeit Gottes) begründet"[56].

Es ist wiederum hegelsch gedacht und von A. E. BIEDERMANN wohl am konsequentesten auf die theologische Ebene transponiert worden, wenn so bei SCHWEIZER das Prinzip (!) der Erlösung nicht mehr mit der historischen Person Jesu zusammenfällt, potentiell vielmehr immer vorhanden war, von Christus also nicht erzeugt, sondern nur zu vollendetem geschichtlichen *Ausdruck* gebracht wird[57]. Christus verwirklicht „die gottmenschliche Idee ... in demselben vollen Maße in sich, in welchem er die Religion vollendet in sich trägt"[58]. Er ist also die realisierte Idee, die Gestalt, die in größter geschichtlicher Adäquatheit die zeitlose Idee der Erlösung darstellt. Insofern ist er, schleiermachersch gesprochen, „Urbild" für alle Christen, die jene Adäquatheit, wenn auch fragmentarisch, ebenfalls nachvollziehen können.

So endet SCHWEIZERS Theologie in Ideen und Prinzipien, die alle heilsgeschichtlichen Veranstaltungen Gottes zugunsten zeitloser Geltungen hinter sich lassen. Ist Gott selbst nicht bei ihm eine Idee der Prädestination, ja die geradezu determinierende prima causa omnium?

c) Die theologische Sackgasse

Es ist so, als ob die Nachwirkung von SCHLEIERMACHERS Theologie in A. SCHWEIZER einen gewissen Erschöpfungszustand erreicht hätte. In ihm ist ein Ende der Möglichkeiten sichtbar, in denen SCHLEIERMACHERS Denkansatz sich entfalten läßt. Das Vermittlungstheologische, was in dessen Denken enthalten war, wird gewissermaßen auf die Spitze getrieben und dann wieder zugunsten einer Vereinseitigung aufgegeben. Er ist vermittelnd und wieder nicht vermittelnd:

---

[56] AaO. I,324.

[57] So kann auch BIEDERMANN sagen, daß „das christliche Prinzip" (der Erlösung) zwar „als solches erst in der religiösen Persönlichkeit Jesu ... in die Menschheitsgeschichte eingetreten, an sich aber ewig im Wesen Gottes und des Menschen als ihr wahres religiöses Verhältnis enthalten ist". Das stünde „im Gegensatz zur Form der Kirchenlehre, die es (=das christliche Erlösungsprinzip) personifiziert ..." (BIEDERMANN, Christl. Dogmatik, 1. A. 1868, 583).

[58] SCHWEIZER aaO. II,105.

Zunächst präsentiert sich SCHWEIZER tatsächlich als Vermittlungstheologe. Er sucht, seinem Lehrer in dieser Hinsicht ähnlich, gegensätzliche Strömungen und Positionen zur Synthese zu zwingen und darin zu bewahren: den Einsatz beim subjektiven Selbstbewußtsein des heutigen Christen *und* die traditionelle Kirchenlehre, deren religiösen Gehalt er bei aller Kritik an ihren temporellen und lokalen Zeitgebundenheiten in jenem Bewußtsein unterzubringen sucht. Dafür steht sein Versuch repräsentativ, das Gefühl schlechthinniger Abhängigkeit als eine Art Abschattung radikal verstandener Prädestination zu deuten. Ebenso vermittelt er zwischen Rationalismus und Romantik, zwischen aufklärerischem Vernunftglauben und „Gefühl". Dabei sucht er eine Polarität zu überwinden, die SCHLEIERMACHER entschieden festgehalten hatte. So zeigt sich bei ihm immer wieder eine vermittelnde Schwebelage, die, wenn sie geradezu Selbstzweck wird (was sie bei SCHLEIERMACHER sicher *nicht* war!), trotz aller Kunst der Darstellung und der Systemarchitektur fade wirkt[59]. Man ahnt jeweils schon im voraus, wie der „goldene Mittelweg" verlaufen wird, auf den er immer wieder zusteuert. Dieser Vermittlungstrend ist es wohl auch, der ihn allergisch auf theologische Extreme und Radikalitäten reagieren läßt. So war er wesentlich daran beteiligt, daß die Berufung von DAVID FRIEDRICH STRAUSS an die Zürcher theologische Fakultät vereitelt wurde.

Andererseits war er gerade *kein* Vermittler, sondern begab sich in späteren Lebensstadien auf die schmalspurige Bahn einer rationalistisch gefärbten Ideen- und Prinzipienreligion. Freilich mochte er selbst auch dies wohl als eine Vermittlung auffassen: Selbst gegensätzliche Lehrmeinungen schienen oft unter einen Hut gebracht werden zu können, wenn man sie von ihrer zeitbedingten Beschränktheit befreite und in ihnen eine über der Geschichte schwebende Idee entdeckte. Eine zu Ideen destillierte Theologiegeschichte läßt sich leichter systematisieren als sperrige historische Bedingtheiten. Das Ideen-System wird aber dann leicht zum Prokrustesbett, in das die lebendigen Überlieferungen bis zur Verstümmelung hineingepreßt oder der überstehenden Gliedmaßen beraubt werden.

Diesem Schauspiel kann der Leser und Zuschauer immer wieder nur mit Unbehagen folgen. Denn einmal *wechselt* das, was man für die Idee einer christlichen Wahrheit und damit für ihr Kriterium hält, mit der Individualität des theologischen Autors, zumindesten aber mit der jeweiligen Generation und dem Zeitgeist. So gibt es durch SCHWEIZERs dominierendes Interesse am Gegenwartsbezug kaum noch ein verläßliches Kerygma, an das man sich halten könnte. Zum andern ist von dieser gegebenen oder jedenfalls angenommenen Idee aus jede Wahrheitsaussage im vorhinein berechenbar und deshalb eigentlich keine „Mitteilung" mehr, eher ein Akt immer neu erfolgender Selbstbestätigung jener angenommenen Ideenlinie.

Unter diesem Aspekt ist HOFMANN jedenfalls ungleich reicher instrumentiert. Für ihn war die an RANKE geschulte Aufgeschlossenheit gegenüber dem histo-

---

[59] BARTH hat wohl ähnliches im Auge, wenn er – vielleicht allzu boshaft – von dem „Gähnen"-Erregenden bei SCHWEIZER spricht: aaO. 522.

rischen Detail sowie seine ausgedehnte exegetische Arbeit ein Therapeuticum gegenüber der Versuchung, dem Formalismus des Systematisch-Konstruktiven und der Auflösung des Geschichtlichen in Ideen und Prinzipien zu verfallen.

So endet SCHWEIZERS Theologie in einer Sackgasse. Er selbst hat denn auch keinen Schüler gehabt, der als Enkel die SCHLEIERMACHER-Tradition noch weiter fortgeführt hätte – trotz seiner hohen systematischen Kunst. Im Gegenteil: Nach ihm ist in der Theologie so etwas wie eine System-Müdigkeit zu beobachten; historische Fragestellungen drängen nunmehr in den Vordergrund.

SCHWEIZERS Theologie wird wohl nicht deshalb aus dem Verkehr gezogen (in unserer Generation können wir Analoges wohl bei der Wirkungsgeschichte BULTMANNS beobachten), weil sie widerlegt und überwunden worden wäre, sondern weil man der Monotonie ihrer Fragestellungen und Antwort-Konstruktionen überdrüssig wurde. Sie sind „abgedroschen". Man sollte einmal darauf achten, welche Bedeutung dieses Sentiment in der Theologiegeschichte hat, und wieviele Theologien an ihm gestorben sind. Ich erinnere mich an ein Kamingespräch, bei dem ein Teilnehmer sagte: „Die einflußreiche Schule RITSCHLS ging nicht daran zugrunde, daß einer ihr einen argumentativen Todesstoß versetzt hätte, sondern weil die RITSCHL-Schüler ausstarben und sich niemand mehr für die Thesen dieser Richtung interessierte."

Das ist jedenfalls ein sehr menschlicher Zug der Theologiegeschichte.

10. Kapitel

Zwischenspiel:
Der Neuhumanismus oder die Emanzipation des Menschen

I. Verständigung über die Begriffe Humanität und Humanismus

Eine Beobachtung hat uns bei den Porträts der Aufklärungszeit und auch bei der Darstellung SCHLEIERMACHERS begleitet: Das durchgehende, alles überwölbende Thema „Zweifel und Aneignung" macht den Menschen selbst – den *mündigen* Menschen – zum eigenen theologischen Thema. Das kann etwa so geschehen, daß er sich als Vernunftwesen ins Spiel bringt und nur etwas anzueignen vermag, was seinen vernünftigen Kriterien entspricht. Er hütet sich vor einer Selbstpreisgabe, die sich ergeben müßte, wenn er sich einer nicht von ihm kontrollierten, fremden Autorität ausliefern würde – selbst und gerade auch dann, wenn diese mit dem Anspruch auftritt, Offenbarung zu sein oder göttliche Gebote zu verkünden. Er wünscht vielmehr, durch die Religion seine Würde als Vernunftwesen gerade *bestätigt,* ja gefördert zu sehen. Religion ist nur – wenn überhaupt! – als Dienst am Humanum akzeptierbar.

Der Mensch kann auch in *der* Weise zum eigenständigen theologischen Thema werden, das sahen wir bei SCHLEIERMACHER, daß seine religiöse Subjektivität, sein frommes Selbstbewußtsein, als *primäre* Gegebenheit menschlicher Existenz verstanden wird, und daß dann von Offenbarung, ja von Gott selbst, nur insoweit die Rede sein kann, als sich dies alles in das Umfeld jener religiösen Subjektivität einbeziehen läßt.

Der Schritt in dieses neue Selbstbewußtsein des Menschen, der sich als autonomen Träger von Gewißheit entdeckt, kann nicht mehr rückgängig gemacht werden. Unsere Überlegungen haben aber gezeigt, daß damit keineswegs die Selbsterhöhung des Menschen zu einem Surrogat- und Nachfolge-Gott verbunden sein muß, sondern daß die Öffnung auf Transzendenz hin von da aus grundsätzlich, wenn auch nur unter bestimmten Bedingungen, geöffnet *bleibt* oder bleiben *soll.* Allerdings gibt es auch, wie vor allem Entwicklungen im 19. Jahrhundert deutlich machen, die Möglichkeit, daß der Mensch sich auf diesem Wege schließlich zum finis ultimus alles Seienden erklärt. Das braucht nicht in der prometheischen Weise NIETZSCHES oder (daran gemessen!) im Kleinformat FEUERBACHS zu geschehen. Es kann sich sehr viel zurückhaltender äußern, etwa so: Wenn sich der Mensch als Endzweck alles Seienden begreift, müssen Sinn und Bestimmung seines Daseins sich darin erschöpfen, daß er sich selbst optimal realisiert und seine Entelechie zur vollsten Entfaltung bringt.

Diese Position bezeichnen wir als *Neuhumanismus*. Als seinen exemplarischen Fall möchte ich nicht, wie es vielfach geschieht, HERDER heranziehen, obwohl der Begriff „Humanität" wohl durch ihn geprägt wurde (wenigstens in der Weise, wie er durch unsere Bildungswelt adaptiert worden ist).

Bei HERDER finden sich zwar viele Züge des klassischen Humanismus; gleichwohl bildet er nicht dessen reinen Typus (sofern es erlaubt ist, überhaupt diesen reichlich summarischen Begriff zu verwenden). Er hält ja auch schon durch seine theologische Existenz als weimarischer Generalsuperintendent und als Prediger des Evangeliums den transzendenten Bezug – sozusagen berufsmäßig – offen. Trotzdem kann man beobachten, wie dieser transzendente Bezug von dem zur Emanzipation drängenden Humanum ständig aufgesogen und in ihn eingestückt zu werden droht.

In dieser Hinsicht ist es köstlich, aber auch ein wenig bedrückend zu sehen, wie das bei HERDERS Konfirmandenunterricht der weimarischen Fürstenkinder zum Ausdruck kommt: Für deren Einsegnung hatte HERDER jeweils einen Spezialkatechismus mit vielen Fragen und Antworten geschaffen. Die kleinen Prinzen und Prinzessinnen hatten das als öffentliches Glaubensbekenntnis aufzusagen. So wird in einem Konfirmationsformular von „Ihro Hochfürstl. Durchlaucht Caroline Luise, Prinzessin von Sachsen-Weimar und Eisenach"[1] die Religion Jesu als ein Mittel dargestellt, um die menschliche Natur, die identisch ist mit dem Göttlichen im Menschen, zu voller Entfaltung zu bringen[2]. Der Mensch ist sozusagen nicht auf sein ewiges Heil hin entworfen, sondern es ist eher umgekehrt: Dieses Heil dient ihm, ihn menschlich sein zu lassen. Darum wird uns die Religion Jesu auch nicht deshalb gewiß, weil er Wunder getan hat – gegen die HERDER übrigens hier wie auch sonst keineswegs polemisiert –, oder weil bestimmte Weissagungen in ihm erfüllt sind; vielmehr ist „ihr einziger und wahrer Erweis ... ihre höchste Menschlichkeit"[3]. Entsprechend läßt HERDER auf die Frage: „Ist die Taufe an Kindern nicht gewalttätig?"[4] (also heteronom und dem Ideal der Selbstentfaltung entgegenwirkend), antworten: Nein, denn „man bringt sie dadurch in eine Gemeinde von Menschen, in der ihnen eine gute Erziehung versprochen wird": eine Erziehung also, die für den Neuhumanisten nur Hilfe zur Selbstentfaltung bedeuten kann.

Obwohl so eine deutliche Tendenz besteht, daß das Transzendente vom Humanum gleichsam resorbiert wird, bleibt bei HERDER doch eine gewisse Offenheit. Wo die Bibel aufgeschlagen bleibt, behält sie trotz aller Häresien oder Säkularismen ihre Geschichte mit dem Menschen. Wo die Gestalt Christi dem Be-

---

[1] Ausg. von 1806, 4. Tl. S. 255 ff.
[2] AaO. 262.
[3] AaO. 265; 281.
[4] AaO. 283.

wußtsein gegenwärtig bleibt – sei es auch nur so, daß sie dabei als exemplarischer Träger edler humaner Gesinnungen verstanden ist –, wird diese Gestalt immer wieder die Mauern ihres ideologischen Gefängnisses sprengen und aus dem Begriffsgrab des Humanismus oder anderer einsperrender Systeme auferstehen.

Darum ist HERDER trotz allem eben *nicht* der klassische Repräsentant eines der reinen Immanenz zugewandten Neuhumanismus. So sehr er sich von allem orthodoxen Dogmatismus abwendet, so reserviert steht er andererseits auch dem Gegenextrem, dem deistischen oder neologischen Immanentismus gegenüber. HERDER schlägt hier einen gewissen Weg der Mitte, man könnte auch sagen: des Kompromisses ein.

Die Gestalt, die man statt dessen wirklich als die Modellfigur des Neuhumanismus bezeichnen könnte, ist WILHELM VON HUMBOLDT[5]. Ich möchte kein Gesamtbild dieser facettenreichen und höchst differenzierten Persönlichkeit entwerfen, sondern nur *eine* Seite an ihr herauskehren, die in besonderer Weise die Pointe des neuhumanistischen Menschenbildes zu repräsentieren scheint. Dafür liefern speziell seine Briefe fruchtbares Material.

Vorher aber müssen wir uns noch um eine saubere Begriffsklärung bemühen und feststellen, was überhaupt unter „Humanismus" und „Humanität" zu verstehen sei. Das ist schon deshalb erforderlich, weil beide Begriffe eine ganz bestimmte Anthropologie implizieren. Wirklich nur eine ganz bestimmte? Vielleicht sind die Begriffe Humanismus und Humanität doch zu vielschichtig und schillernd, als daß wir in ihnen eine klar profilierte Sinnrichtung feststellen könnten. Obwohl es partiell einen gemeinsamen Nenner geben mag, der in den verschiedenen Spielarten wiederkehrt, unterscheidet sich das, was unsere humanistischen Gymnasien unter Humanismus verstehen, sicherlich von dem, was ERASMUS von Rotterdam mit ihm meinte. Und dies wieder ist deutlich abgehoben vom Neuhumanismus W. v. HUMBOLDTs und erst recht von den Intentionen der „Humanistischen Union" im späten 20. Jahrhundert.

„Humanität" bezeichnet eine sittliche Haltung, die sich an Werten orientiert, die Anspruch darauf erheben können, von allen die Würde des Humanum respektierenden Menschen anerkannt zu werden. Diese Werte sind etwa durch Begriffe wie Menschlichkeit, Menschenpflicht, Menschenrecht, Menschenliebe und Menschenwürde umschrieben. Alle diese Wertbestimmungen enthalten eine polemische Spitze gegen das, was den Menschen vom Niveau seiner Bestimmung abzieht und ins Animalische zurückstoßen könnte, vor allem gegen Egoismus und nackten Selbsterhaltungstrieb, gegen alles nur Eudämonistische und Instinkthörige; schließlich auch dagegen – das könnte eine marxistische Variante des Humanitätsgedankens sein! –, daß der Mensch zum Spielball geschichtlicher Prozesse, etwa der Klassenkämpfe, gemacht und so „entfremdet" wird.

---

[5] Der Einfachheit halber zitiere ich möglichst (wenn auch nicht nur) nach der von H. WEINSTOCK herausgegebenen Werk-Auswahl, Fischer-Bücherei 1957.

Mit der Idee der Humanität wird damit die Forderung proklamiert, daß der Mensch sich gegenüber dem Sog des nur Natürlichen oder Prozeßhaften behaupten müsse. Damit wieder hängt es zusammen, daß man oft leichter sagen kann, was „in"-human ist, als den *positiven* Sinngehalt von „human" zu verdeutlichen[6].

Da diese Norm des „Mehr-als-Natur-Sein" nicht nur die grundlegende, sondern auch die allgemeinste Bestimmung des Menschlichen enthält, ist damit ein *Maßstab* des Humanum angesprochen, der über alle Besonderungen hinausreicht, der also die Grenzen der Rassen, Völker, Religionen, Stände und Klassen sprengt. In der Art aber, *wie* man dieses Moment des überindividuell Menschlichen definiert, kann es viele Differenzierungen geben: Es kann z. B. 1. kosmopolitisch bestimmt sein wie in der Stoa. – Oder es kann 2. als ein geschichtlich sich Ergebendes verstanden werden wie bei LESSING: Hier wird eine Entwicklung angenommen, die in ihren Anfängen noch stark begrenzte und in sich abgeschlossene Besonderungen (Israel!) zeigt, jedoch immer mehr über sie hinausführt und schließlich – im eschatologischen Stadium der Geschichte – die reine allgemeine Humanität einer unterschiedslosen Gemeinschaft von Vernunftwesen erzeugt (nicht völlig unähnlich der klassenlosen Gesellschaft von KARL MARX). – Oder man kann die Humanität 3. so sehen, wie HERDER es tut: daß sie nämlich grundsätzlich *nur* in individuellen Besonderungen, im Reichtum einer unendlichen Gestalten- und Modifikationenfülle auftaucht. Zur Schöpfung gehört es hiernach also, daß jedes „in seiner Art" geschaffen ist. Doch auch dann und gerade dann besteht die Aufgabe darin, inmitten dieser reichen Gestaltenfülle das Gemeinsame und Verbindende, eben „die" Humanität zu erkennen:

„Das Göttliche in unserm Geschlecht ist also Bildung zur Humanität; alle großen und guten Menschen, Gesetzgeber, Erfinder, Philosophen, Dichter, Künstler, jeder edle Mensch in seinem Stande, bei der Erziehung seiner Kinder, bei der Beobachtung seiner Pflichten, durch Beispiel, Werk, Institut und Lehre hat dazu mitgeholfen. Humanität ist der Schatz und die Ausbeute aller menschlichen Bemühungen, gleichsam die Kunst unseres Geschlechtes. Die Bildung zu ihr ist ein Werk, das unablässig fortgesetzt werden muß, oder wir sinken, höhere und niedere Stände, zur rohen Tierheit, zur Bestialität zurück."[7]

Trotz reichster und differenziertester Ausprägung – das meint doch HERDER! – sind die einzelnen Varianten der Humanität eben doch um dasselbe Thema gruppiert. So will die Humanität durch den Rückgriff auf das allen Menschen Gemeinsame und durch Zurückdrängung des Trennenden ein allgemeines ethisches Ideal verwirklichen, für das die Voraussetzungen in *jedem* Menschen liegen. Unterhalb der Ebene der Differenzierungen wird so immer noch eine Schicht des Gemeinsamen vorausgesetzt.

---

[6] Das gilt in besonders krasser Weise von den anthropologischen Aussagen HERBERT MARCUSES. Siehe dazu das Buch des Verf.s: Kulturkritik der studentischen Rebellion, 1969, 44ff.

[7] HERDER, Werke 17,138 (Suphan).

Bis zu diesem Punkt wird man cum grano salis durchaus sagen können, daß auch das *christliche* Menschenbild unter den so verstandenen allgemeinsten Begriff der Humanität subsumiert werden könne. Gewiß ergeben sich bei diesem Versuch sofort Schwierigkeiten, wenn man nun den *positiven* Begriff der Humanität – also die vorhin aufgezählten allgemeinen Werte – zugrundelegt. Mit ihnen ist das christliche Menschenbild sicher *nicht* einfach zu füllen. Denn es geht ja hier nicht um eine sogenannte „allgemeine Menschenliebe". Vielmehr hat die christliche Agape ihre Pointe doch in einer ganz bestimmten Sinngebung, ohne deren Einbeziehung die christliche Liebe bis zur Unkenntlichkeit verfremdet würde, z. B. als moralisches „Werk" verstanden werden könnte. Diese Pointe der Agape besteht in einem Doppelten, und unterscheidet sich dadurch von einer allgemeinen Humanitätsidee:

Einmal gründet die Agape in einem Liebes-„Gefälle", das in Gott seinen Anfang nimmt: Ich weiß, daß Gott mich „grundlos" liebt – grundlos, weil ich dieser Liebe unwürdig bin –, und daß ich diese Liebe in gleicher Weise meinem Nächsten zuwenden soll, also auch dann, wenn meine Zuwendung nicht von ihm ausgelöst wird, wenn er etwa nicht liebens-„würdig" oder gar mein Schuldner ist (vgl. Jesu Gleichnis vom Schalksknecht, Mt 18,23 ff.).

Ferner: Diese Art liebender Zuwendung ist nur möglich, wenn sie nicht durch den immanenten Wert oder die immanente Würde des andern provoziert wird – wir nehmen ja einmal an, daß da nichts zu „holen" wäre –, sondern wenn sie sich auf das bezieht, was für LUTHER die „fremde Würde" ist. Mit diesem Begriff möchte er sagen, der unendliche Wert des Menschen gründe darin, daß Gott eine *Geschichte* mit ihm eingegangen ist, daß er so unter dem Patronat einer ewigen Güte steht, daß er „teuer erkauft" (1. Kor 6,20; 7,23) ist, und daß Christus für ihn starb. Das, was A. v. HARNACK den „unendlichen Wert der Menschenseele" nennt, besteht also nicht darin, daß der Nächste einen bestimmten Funktions- oder Interessenwert für mich hätte, sondern besteht in einem extra-se, nicht in einer „Eigenschaft", sondern (gewissermaßen) in einer „Außenschaft", in einem Bezuge.

Wenn die christliche Agape sich so von der allgemeinen Menschenliebe des Humanitätsideals unterscheidet, so bestehen im Negativen gleichwohl gewisse formale Analogien. (Deshalb kann es zwischen Vertretern beider mancherlei Formen des Zusammenwirkens geben, etwa bei sozialen Diensten.) Das tertium comparationes könnte man z. B. darin sehen, daß es in beiden Gestalten der Humanität, der allgemeinen und der christlichen, um die Abkehr von möglichen Selbstentfremdungen des Menschen geht: Selbstentfremdung im Sinne der allgemeinen Humanität wären etwa krasser Egoismus oder auch Rückfall ins Tierische; Selbstentfremdung im Sinne christlicher Humanität bestünde im Weg des Verlorenen Sohnes in die Fremde, in der Abkehr vom Vater oder auch im Sein-wollen-wie-Gott. Es ist ein Axiom jeder christlichen Anthropologie, daß, wer Gott verliert, auch sich selbst verliert. Weil aber die Verbundenheit mit Gott unverfügbar ist und nur durch Gnade zuteil wird, so kann auch die *Befreiung* aus der Selbstentfremdung nicht durch menschlichen Entschluß, durch die Initiative einer Gesinnung erreicht werden, sondern nur mit Hilfe einer Heimholung, also durch Zuwendung aus Gnade.

Man mag so wirklich cum grano salis von „christlicher Humanität" sprechen, muß sich aber dann darüber klar sein, daß die Analogien zur allgemeinen Humanität nur im rein Formalen und selbst da wesentlich in negativer Richtung bestehen. Hier aber liegen sie dann auch vor. Das festzustellen erscheint schon deshalb wichtig, weil wir als Christen so immerhin in einen Kontakt mit der „natürlichen" Humanität geraten: Auch *wir* können sagen, daß es uns um den Menschen gehe. Indessen müßte dabei ein unausgesprochener Satz mitgedacht werden und als Voraussetzung fungieren: daß es *Gott* um den Menschen gehe. Damit wäre so etwas wie die Humanität Gottes gemeint.

Wie wir gesehen haben, verfolgen die in der Geistesgeschichte auftauchenden Humanitätsideen – unbeschadet ihrer mannigfachen Varianten – das gemeinsame Ziel einer vollkommenen Selbstverwirklichung des Menschen. Welcher *Weg* aber führt nun zu diesem Ziel?

Die Antwort auf diese Frage nach dem *Wie* der Verwirklichung von Humanität will nun der *Humanismus* geben. Die Begriffe Humanität und Humanismus verhalten sich demnach so zueinander, daß Humanität das Ziel, der Humanismus aber die Lehre von dem *Weg* ist, auf dem man dieses Ziel erreicht. Diesen Weg sieht der klassische Humanismus in dem way of life vorgezeichnet, den das griechisch-römische Altertum vorgezeichnet hat. Der Humanismus ist so das anthropologische Gerüst, das die humanitäre Intention sich als ihre Reflexionsgestalt anbildet, um sich mit deren Hilfe zu verwirklichen.

Dabei geht man aus von der Überzeugung, daß ein vollkommenes, durchgeformtes Menschentum nicht nur ein abstrakt konstruiertes Ideal sei, sondern daß es in der Antike, vor allem bei den Griechen, schon einmal geschichtliche Gestalt angenommen hat. Deshalb erschien das Studium der klassischen Antike und die Hingabe an sie als die beste Methode, um eine Verwirklichung des Humanum zu erreichen.

Wenn wir uns nun die einschlägigen Begriffe wie Humanität, Humanismus, Klassik, Kultur anschauen, stellen wir nicht ohne Erstaunen fest, daß es lauter lateinische und nicht griechische Termini sind. Erstaunlich ist das deshalb, weil das *Griechentum* es doch vornehmlich war und ist, das für uns das Bild des Humanum in der klassischen Antike repräsentiert.

Tatsächlich hat man denn auch darauf hingewiesen, daß es weder für „Humanität" noch für „Humanismus" ein griechisches Äquivalent gibt. Das gilt auch für den Begriff „Philanthropia", der nicht einen Inbegriff des Humanum verkörpert, sondern nur so etwas wie freundliche Zuwendung zum andern meint („seid nett zueinander!"). Daß solche Allgemeinbegriffe wie Menschheit, Menschlichkeit u. a. im Griechischen fehlen, hat seinen Grund wohl darin, daß der Grieche zwar ein erfülltes Mensch-sein kannte, doch dabei stets den Griechen, zumindest den griechisch Sprechenden und von griechischer Kultur Durchdrungenen im Auge hatte. (Das dürfte so auch von der Ethik des ARISTOTELES gelten.) Selbst bei dem so allgemeinmenschlich klingenden Imperativ: „génoi hoîos essí mathón" („werde, was du bist, indem du lernst") ist sicher nicht an Menschen außerhalb der griechischen Kultur gedacht. Als dann die griechische Kultur weit über die nationalen Grenzen hinausdrang, bedeutete das für griechisches Bewußtsein nicht, daß sie sich zur Weltkultur erweiterte, sondern man empfand das umgekehrt so, daß die Nichtgriechen gleichsam zu Griechen wurden, daß sie deren Paideia-Ideal übernahmen und sich so in den griechischen Kulturkreis integrierten.

In der Tat waren es erst die Römer, die den Begriff des Humanum gewissermaßen „internationalisierten" und ihn als ein *allen* Menschen Gemeinsames verstanden. So wurde die nationale Enge des griechischen Paideia-Verständnisses aufgesprengt. Die Römer entdeckten sozusagen die Übertragbarkeit von Bildung und Kultur. Ihr Weltreich mag als politische Basis dazu beigetragen haben, daß dieses allgemein-menschliche Verständnis des Humanum sich herausbilden konnte. Das geschah dann keineswegs so, daß römische Dichtung und Kunst sich von ihrem griechischen Ursprung emanzipiert hätten. Nein: die zumeist aus dem Griechentum übernommenen Sinngehalte und Darstellungsformen wurden nur sozusagen generalisiert und auf das allgemeine Humanum ausgerichtet. Die griechische Paideia wurde durch die Römer zur educatio auf „den" Menschen hin.

So hat der Humanismus seine Wurzeln in der griechischen *und* römischen Antike. Dabei gilt es als selbstverständlich, daß Formen und Gehalte der antiken Überlieferung nur durch das Medium der beiden klassischen Sprachen erfahrbar sind.

Wir können unsere begriffliche Klärung dahin zusammenfassen, daß mit „Humanität" der Inbegriff des Menschlichen und – damit verbunden – mitmenschliche Aufgeschlossenheit gemeint sei. „Humanismus" bezeichnet demgegenüber den Weg zur Verwirklichung dieser Menschlichkeit, und zwar in Anlehnung an die großen Paradigmen des Humanum, wie sie uns bildnerisch, dichterisch und philosophisch durch die Überlieferungen der griechischrömischen Antike überkommen sind.

Dieser Humanismus liegt in einer breiten Skala von Spielarten vor, die sich im Lauf seiner Geschichte entfalten. Wir können darauf hier nicht eingehen und müssen den faszinierenden Spannungsbogen zwischen (sagen wir einmal:) PETRARCA und BLUMENBERG beiseite lassen[8]. Statt dessen wenden wir uns der in der deutschen *Klassik* sich verwirklichenden Gestalt des Humanismus, dem sogenannten „Neuhumanismus" zu und suchen dessen Grundgedanken an seiner repräsentativen Gestalt, an WILHELM VON HUMBOLDT, zu verdeutlichen.

Auch wenn ich dem Leser das Nachdenken über gewisse Konsequenzen überlassen muß, möchte ich ihn doch darauf aufmerksam machen, daß manche Probleme des seit Ende der sechziger Jahre tobenden Kampfes um die Universitätsreform verständlicher werden, wenn man sie als antithetische Reaktion auf HUMBOLDTs Neuhumanismus sieht. Der Ruf nach dieser Reform rührt – von rein technischen und organisatorischen Fragen einmal abgesehen – nicht zuletzt da her, daß unser Universitätsbetrieb auf das Bildungsideal HUMBOLDTs gegründet war und nun offensichtlich in einen Konflikt mit der Industrie und Massengesellschaft geraten ist. So mußte sich die Frage ergeben, ob das Ideal des sich selbst vollendenden Individuums der neuen Situation noch gerecht werde.

II. *Modell-Gestalt des Neuhumanismus:* WILHELM VON HUMBOLDT

Zur Literatur: (Außer der schon genannten Werk-Auswahl von H. Weinstock (Fischer-Bücherei; zit. „Fischer") nenne ich die größeren Briefsammlungen: ANNA VON SYDOW (ed.), Wilhelm u. Caroline von Humboldt in ihren Briefen, 17 Bände, 1906ff. – A. LEITZMANN, W. v. Humboldts Briefe an eine Freundin (Charlotte Diede), 1909. – Biographie: R. HAYM,

---

[8] H. BLUMENBERG, Die Legitimität der Neuzeit, 1966. Eine seiner Thesen zum Säkularisationsverständnis (das sich sehr von dem GOGARTENs unterscheidet!) ist die, daß es zur erdrückenden Übermacht des nominalistischen „Maximal-Gottes" (so NIETZSCHE) nur die Alternative einer „gegengöttlichen Selbstvergöttlichung", also eines humanistischen Atheismus und Anthropotheismus gebe. Siehe dazu auch: CHR. GESTRICH, Neuzeitl. Denken u. die Spaltung der Dialektischen Theologie, 1977, 130ff. – W. PANNENBERG, Die christl. Legitimität der Neuzeit. Gedanken zu einem Buch von H. BLUMENBERG, in: Gottesgedanke u. menschl. Freiheit, 1970, 114ff.

W. v. H.s Lebensbild u. Charakteristik. 1856. – Sekundäre Lit.: TH. LITT, Das Bildungsideal der deutschen Klassik u. die mod. Arbeitswelt, 1955. – E. SPRANGER, W. v. H. u. die Humanitätsidee, 1909. – DERS., W. v. H. u. die Reform des Bildungswesens, 1910. – H. WEINSTOCK, Die Tragödie des Humanismus, 1953. – Verzeichnis der Hauptwerke aus HUMBOLDTs Gesammelten Schriften (1903–35) bei Weinstock, 182.

Im Folgenden geht es mir nicht um ein Gesamtporträt HUMBOLDTs, sondern nur um die Skizze einiger Schwerpunkte seiner Anthropologie, wie sie durch die soeben entwickelte Fragestellung relevant werden.

HUMBOLDT ist nicht nur in dem, was er lehrt, sondern auch in seinem Lebensstil der vollendete Typus des in seinen Konsequenzen entfalteten Neuhumanismus. Für ihn ist der Mensch Selbstzweck, oder genauer (da man das sonst kantisch mißverstehen könnte): seine Individualität, seine Entelechie ist es. In ihrem Selbstgenuß erfährt die Persönlichkeit das höchste Glück der Erdenkinder. Doch ist der doppelte Anklang an GOETHE hier durchaus trügerisch[9], oder besser: er stimmt nur an *dieser* Stelle. Sonst liegen bei GOETHE ganz andere Tendenzen als Selbstgenuß, Selbstanalyse und Nabelbeschau vor. Die Persönlichkeit läßt sich im Gegenteil nur so erkennen und verwirklichen, daß sie im Tätig-sein nach außen tritt. Ich erinnere an die Sprüche in Prosa: „Wie kann man sich selbst kennenlernen? Durch Betrachten niemals, wohl aber durch Handeln. Versuche, deine Pflicht zu tun, und du weißt gleich, was an dir ist"; man könnte auch hinzufügen: „Du weißt, wie du zu dir selbst kommst."

Ist dagegen – wie bei HUMBOLDT – die eigene Entelechie das *unmittelbar* angesteuerte Ziel der Selbstverwirklichung, dann kann dieser Zweck nur so erreicht werden, daß er seine Individualität völlig ausschöpft, daß er alle in ihr angelegten Keime zur Entfaltung bringt und den ganzen Horizont seines Daseins ausmißt. Nur so findet er seine Identität. Darum muß jedes Vermögen intellektueller, sittlicher und ästhetischer Art ausgebildet werden. Die Tugend sei das Gleichgewicht aller Seelenfähigkeiten, so kann er, den platonischen Dikaiosýne-Begriff aufnehmend, an Caroline schreiben. Deshalb komme es nicht eigentlich darauf an, glücklich zu leben, sondern sein Schicksal zu vollenden und alles Menschliche auf seine Weise zu erschöpfen (so von Rom am 24. März 1804).

---

[9] Das geht freilich noch nicht aus dem Wort Suleikas über die Persönlichkeit als höchstes Glück der Erdenkinder hervor (West-östlicher Divan; Artemis III,353). Hatem antwortet zwar, daß die Vollendung der Persönlichkeit sich in der *Liebe* begebe. Doch ist hier nicht an die Liebe als wechselseitige Hingabe gedacht, sondern an die Liebe, mit der Suleika sich an ihn, an Hatem verschwendet:

Wie sie sich an mich verschwendet,
Bin ich mir ein wertes Ich;
Hätte sie sich weggewendet,
Augenblicks verlör ich mich.

Die Persönlichkeit kommt also zur Identität dadurch, daß ein anderer Mensch in ihr aufgeht, nicht so, daß sie sich selbst liebend aufgibt. Hier erreicht GOETHE eher seine größte Nähe zu HUMBOLDT. Ich halte die Deutungen WEINSTOCKS (aaO, 223) und SPRANGERS (Goethe. Seine geistige Welt, 1967, 150ff.) für falsch, weil sie die Vollendung der Persönlichkeit in der Liebe so sehen, daß diese sich selber hingäbe.

Bei dieser Zielansprache für die Selbstverwirklichung ist zweifellos *nicht* an die Herausbildung *nützlicher* Funktionen gedacht, nicht an „Aus"-Bildung also, sondern an die „Bildung" des Mensch-*Seins*. Diese Art Bildung aber kann sich nur dann ergeben, wenn jedem Vermögen der Persönlichkeit das Seinige zukommt. Der homo humanissimus ist also der Mensch der platonischen Gerechtigkeit, der dieses Suum-cuique im Aufbau seines inneren und äußeren Menschen verwirklicht.

Einige Zitate aus HUMBOLDTs Briefen, vor allem an seine Frau CAROLINE geb. VON DACHERÖDEN, mögen das verdeutlichen[10]. (Dabei mag man die Zeiten rühmen, die menschliche Kommunikation nicht in verwehenden Telephon-Gesprächen sich erschöpfen ließen, sondern zur schriftlichen Verbalisierung nötigten.) Ähnlich wie bei SCHLEIERMACHER sind auch HUMBOLDTs bevorzugte Gesprächs- und Briefpartner bedeutende Frauen – einschließlich seiner eigenen! –, jene Anregerinnen, deren rezeptive Bildung sozusagen ganz darauf abgestellt war, die männlichen Geistesheroen kreativ und entbindend zu stimulieren. „Ich mache keine Ansprüche auf die meisten andern Vorzüge", kann es da etwa heißen, „auf Talente, Wissen, Gelehrsamkeit, aber gerne möchte ich den Anspruch machen auf den Vorzug, Mensch und gebildeter Mensch zu sein." Es geht ihm so nicht um die Ausübung partieller Funktionen für „etwas", sondern um die Entfaltung seiner selbst. Denn der „wahre Zweck des Menschen ist die höchste und proportionierlichste Bildung seiner Kräfte zum Ganzen", ja: „die Bildung der Individualität ist der letzte Zweck des Weltalls".

Wenn wir uns daran erinnern, daß der Mensch sich kraft seiner Humanität über den Egoismus und den inferioren tierischen Selbsterhaltungstrieb erheben möchte, so können wir hier feststellen – das ist schon fast eine theologische Kritik! –, daß in HUMBOLDTs Willen zur Selbstverwirklichung, in dieser programmatischen „incurvitas in se ipsum", doch so etwas wie ein veredelter und sublimierter Egoismus zum Ausdruck kommt. Ein sich so verstehendes Leben ist ja nicht zu einem *Dienst* bestimmt, es ist nicht für den Andern da, um sich gerade dadurch dann auch *selbst* zu empfangen und eigene Existenz zu gewinnen, sie sich gleichsam „nebenbei zufallen" zu lassen (Lk 12,31). Vielmehr ist es genau umgekehrt: Der Neuhumanist HUMBOLDT ist für sich selbst, für den Endzweck seiner Individualität da und lebt nun der Hoffnung, daß damit nebenbei auch etwas für die *Welt* herausspränge. Die Summe seiner Lebensweisheit, in der das Verhältnis von Ich und Außenwelt, Sein und Funktion, Selbstentfaltung und Dienst zum Ausdruck gebracht wird, läßt sich so formulieren:

So sehr er sich für öffentliche Dienste bereit halten möchte, so ausgesprochen entspricht doch das Privatleben seiner eigentlichen und wahren „Neigung", ja seinem inneren „Geschick". Er sei überhaupt „nicht gemacht, etwas Äußeres zu gründen und zu stiften". Seine persönliche „innere Bestimmung" ziele vielmehr darauf, „tiefer und mannigfaltiger als andere alles Menschliche zu kennen und

---

[10] Ich halte mich auch hier, soweit möglich, an die leicht erreichbare Fischer-Ausgabe; die nächstfolgenden, nicht lokalisierten Zitate dort S. 8 ff.

zu empfinden und mit dieser inneren Einheit und Selbständigkeit mich vielem und verschiedenartigem Wirken anzubilden". Wenn er nun derart auf die Verwirklichung seiner persönlichen Bestimmung, seines inneren Geschicks bedacht sei, so schließe das doch keineswegs aus, daß nicht auch „äußerer Nutzen auf vielfache Weise daraus hervorgehen sollte"[11]. Lebt man also für sich selbst und für seine eigene Entelechie, so springt als Nebenprodukt auch etwas für die Andern heraus. Etwas paradox formuliert bedeutet dies: Wer in diesem höheren Sinn egoistisch ist, handelt damit ganz von selbst und nebenbei auch altruistisch. Wenn ihn seine Dienstgeschäfte heftig beanspruchen oder er auch einmal ganz für seine Familie da ist, so schreibt er[12], dann fühle er sich zwar nicht unglücklich, doch „das Allereigentümlichste in mir spricht sich (so) nicht aus, oder nicht ganz, nicht rein. Ich bin nicht, wie ich sein würde ganz nach meinem Willen und meiner Lust, sondern wie ich für *sie* sein will." Obwohl er das durchaus ungezwungen und mit innerer Freudigkeit tue, so bleibe eben doch „vieles unendlich Sonderbare" in ihm „unbeantwortet stehen", ja es werde nicht einmal angesprochen.

Kommunikation entbindet also das Eigentliche des persönlichen Selbst nicht. Dieses muß vielmehr unmittelbar angegangen werden und kann sich höchstens in der allervertrautesten Liebe einmal aussprechen. Nur „bürgerlich und gemein genommen" stimme der Satz, daß der, der liebend andere glücklich mache, darin auch selber glücklich sei. Für eine höhere Entelechie aber treffe das nicht zu; sie könne nicht in der Hingabe an andere aufgehen, weil darin wesentliches von ihr stumm und unentfaltet bleibe. Dieses Eigentliche des Selbst muß sozusagen *unmittelbar* gewollt werden und kann nur in einer Art Selbstkultur zur Entfaltung kommen. Aber wie gesagt: Wenn man sich so selbst will, haben auch die Andern etwas davon.

Das ist jener sublime Egoismus, der die Umkehrung der christlichen Agape ist:

Im Sinne der Evangelien steht es ja außer Zweifel, daß ich nur insoweit, wie ich für andere – für Gott und meinen Nächsten – da bin, auch für mich selbst da bin, daß ich nur so meine eigene Identität finde. Der verlorene Sohn, der in die Fremde geht und nur noch für sich selbst da sein will, um sich auf der freien Wildbahn der Fremde ungehemmt zu entfalten, verliert sich gerade, und verfällt der Selbst*entfremdung*. Wer sein Leben gewinnen will, wer es als Selbstzweck intendiert, wird dieses Leben und sich selbst gerade verlieren (Mt 10,39; 16,25; Joh 12,25). Er findet sich selbst nur so wieder, daß er den Vater wiederfindet (Lk 15,24).

Theologisch ausgedrückt würde die bewußte Kultivierung des eigenen Ich zur theologia gloriae gehören, bei der der Mensch letzten Endes der Geprellte ist. – Dieser Haltung wird die theologia crucis gegenübergestellt, in der ich mich dienend, im Da-Sein für andere verzehre und gerade dadurch alles gewinne. Man mag sich dazu an die Perikope erinnern, in der Petrus davon spricht, daß er um der Nachfolge willen alles verlassen habe und sich nun selber verlassen vorkomme. Ihm wird die Antwort zuteil: „Es ist niemand, der Haus oder Brüder oder Schwestern oder Mutter oder Vater oder Kinder oder Äcker verläßt um

---

[11] An Caroline, 28. 6. 1810; Fischer 153f.
[12] An JOHANNA MOTHERBY, 7. 3. 1810; Fischer 161f.

meinetwillen und um des Evangeliums willen, der nicht hundertfältig empfange jetzt in dieser Zeit Häuser und Brüder und Schwestern und Mütter und Kinder und Äcker mitten unter Verfolgungen, und in der zukünftigen Welt das ewige Leben" (Mk 10,19ff.). Mitten in der Selbstpreisgabe erfüllt sich also gerade die eigentliche Bestimmung und – so dürfen wir gewiß auch sagen – die verklärte Individualität. Das Weizenkorn muß in die Erde, muß sich selbst sterben, um aufzugehen und seine Bestimmung zu erfüllen (Joh 12,24).

Von hier aus wird verständlich, daß HUMBOLDT sich in Leugnung *dieser* Sicht der Dinge in vielerlei Variationen als „echten Heiden" bezeichnen kann, daß er davon spricht, das geschichtliche Christentum sei ihm stets fremd geblieben, er sei nie religiös gewesen und er sei entblößt „von aller Anlage zu großartigen altertümlichen Religionsanschauungen". Der Abgrund, der ihn von allem christlichen Verständnis der Agape schied, war ihm bewußt.

Es ist wichtig, HUMBOLDTs Thesen zur Selbstverwirklichung einmal vor diesem Hintergrunde der Evangelien zu sehen. Erst dann tritt in ganzer Schärfe hervor, daß diese selbstzwecklich und unmittelbar angegangene Kultivierung der eigenen Entelechie wohl ein Egoismus „im höheren Chor" ist. Hier geht es ja nicht um eine Selbstverwirklichung, die sich als Nebenprodukt des Dienstes oder – goethesch gesprochen – des Handelns und der Tätigkeit mittelbar „ergibt", sondern die auf unmittelbare Ich-Kultur fixiert ist. Man muß sich in einer Auseinandersetzung mit HUMBOLDT prinzipiell darüber klar werden, daß es Dinge gibt, die man unmittelbar, und solche, die man nur mittelbar wollen kann. Häuser, Brüder, Schwestern und Äcker (um das soeben gebrauchte Beispiel noch einmal aufzugreifen) sind, obwohl hohe Güter, nicht als Selbstzweck zu wollen, sondern können nur „nebenbei zufallen". Auch die sogenannten „guten Werke" sind für die Gedankenwelt der Evangelien und ebenso des Paulus nicht unmittelbar zu wollen, sondern sie können sich nur im Status der neuen und verwandelten Kreatur „ergeben"[13].

Daß HUMBOLDTs Wille zu *unmittelbarer* Selbstverwirklichung auf einem – z.T. nicht einmal sublimierten, sondern drastisch hervorgekehrten – Egozentrismus beruht, verrät sich in ungezählten Äußerungen. So schreibt er an K. G. VON BRINKMANN:[14]

Selbst wenn er hochbetagt stürbe, würde er nie ein Werk hinterlassen, das sein Andenken dauernd erhielte. „Denn ich tue nie etwas um des Werkes willen, das unmittelbar und außer mir, immer nur um der Energie willen, die mittelbar und in mir bleibt." HUMBOLDT kennt also keine verzehrende Leidenschaft, die ihn kulturpolitisch etwas gestalten läßt. Nein: das, was ihn letztlich allein fesselt und interessiert, ist das energetische Ich, das sich dabei entfaltet, ist also das Werk als Mittel zum Zweck eigener Selbstwerdung.

Oder er kann sagen[15]: „So lebe ich nun unendlich nach meinem Sinn ... Ich habe mir nun einmal jetzt vorgenommen, allein mir zu leben, wie impertinent die Leute das auch

---

[13] Als philosophisches Beispiel für den gleichen Tatbestand mag KANTs Verständnis der Glückseligkeit als das summum bonum dienen: Ich kann sie nicht unmittelbar wollen, weil sie mich sonst zum Eudämonismus und damit zu einer anti-ethischen Haltung verführen würde. Sie kann mir vielmehr nur eschatologisch zufallen und zugesprochen werden, wenn ich sie gerade *nicht* unmittelbar intendiere.

[14] 3. Sept. 1792; Fischer 170.

[15] Wiederum an BRINKMANN, 23. Okt. 1792.

finden mögen. Allein ich bin überzeugt, alles Unglück und Ungemach der Welt kommt davon her, daß die Leute ... sich weniger um sich als andre bekümmern. *Möchten sie nur einmal anfangen, alle bloß sich selbst leben zu wollen!"* (Hervorhbg. v. Verf.). – „Ich lebe in mir und für mich und mit jedem Tage nimmt diese Einsamkeit zu, die GENTZ fürchterlich nennt."[16]

Man mag es als typisch für diese seine Position empfinden, daß er von MATTHIAS CLAUDIUS (diesem absoluten Gegenbild eines narzißhaft der eigenen Selbstverwirklichung hingegebenen „Humanisten", diesem Urbild eines sich dankbar vom Schöpfer Empfangenden!) nichts anderes zu sagen weiß, als daß er „eine völlige Null" sei. So berichtet jedenfalls SCHILLER am 23. Oktober 1796 – übrigens wohl zustimmend! – an GOETHE. Ob freilich jemand wie er, der JUNG-STILLING liebend verbunden war, sich diesem snobistischen Verwerfungsurteil angeschlossen habe, darf wohl mit Fug bezweifelt werden.

In dem schon zitierten Brief an JOHANNA MOTHERBY kann HUMBOLDT zwar sagen, daß diese Konzentration auf die eigene Selbstheit der liebenden Vertrautheit mit einem anderen Menschen bedarf, um aus sich „herauszugehen", sich auszusprechen. Offenbar gehört diese Art Selbstkundgabe mit zur Selbstverwirklichung. Das Selbst will sich auch im Worte verströmen und durch dieses Medium gleichfalls zu sich hinfinden.

Was kann das nun für eine Art Liebe sein, die diese Chance bietet? Sie kann ja unmöglich eine Spielart wirklicher Hingabe, einer Von-sich-Weggabe sein, weil das eigene Ich doch das Ziel *bleiben* muß! In der Tat: die von HUMBOLDT gemeinte Liebe läßt den Andern nicht Gegenstand der Hingabe sein, ja er läßt ihn nicht einmal als einen „Andern" bestehen, sondern ordnet sich ihn instrumental zu, stückt ihn sich gewissermaßen ein und macht ihn zum Bestandteil seiner selbst.

Dafür scheint ihm die weibliche Natur in ihrer vermeintlichen Un-Selbständigkeit besonders disponiert. Man höre und staune: Diese von HUMBOLDT gemeinte Liebe „besteht darin, daß das Weib ganz aufgehe in den Mann und gar keine Selbständigkeit mehr habe als seinen Willen, keinen Gedanken, als den er verlangt, keine Empfindung, als die sich ihm unterwirft; und daß er vollkommen frei und selbstkräftig bleibt und sie ansehe als einen Teil von sich, als bestimmt für ihn und in ihm zu leben"[17]. Wie sich HUMBOLDT damit wohl in einem Zeitalter der Frauenemanzipation, gar der „Emanzen", zurechtgefunden hätte?

Der Neuhumanismus scheint in HUMBOLDT bis zu einem Punkt vorzustoßen, wo die introvertierte Fixierung auf die eigene Selbstverwirklichung den letzten Wall überwindet, der vor der Selbstvergötterung bewahren könnte: die Anerkennung eines Andern, der von der gleichen selbstzwecklichen Würde des Humanum gezeichnet ist und darum nicht Mittel zum Zweck – auch nicht zum Zweck der eigenen Selbstverwirklichung – werden darf. Hier aber wird die Frau zum bloßen Humus, in dem das maskuline Selbst seiner Bestimmung entgegenwachsen soll. MAX STIRNERS „Einziger und sein Eigentum" ist nicht mehr fern. Es könnte wie Zynismus aussehen, ist aber in einem makabren Sinne ernst ge-

---

[16] An v. BRINKMANN, 27. Dez. 1792.
[17] An JOHANNA MOTHERBY, 24. April 1813.

meint, wenn HUMBOLDT hinzufügt, daß gerade „das Weib, das sich so scheinbar
erniedrigte, wie etwas Göttliches" von dem also bedienten Manne verehrt werden würde – offenbar nicht nur deshalb, weil es ihm zu seiner Bestimmung verhilft, sondern auch, weil es so seine eigene Bestimmung realisiert.

Kann man deutlicher sagen, daß diese Liebe nur Schein-Liebe ist? Daß sie
Herrschaft über den Andern ist und ihn zur eigenen Kreatur erniedrigt, zum bloßen Echo des eigenen Wesens, dessen man sich zu seiner Selbstbestätigung und
seinem Selbstgenuß „bedient"? Da her mag es kommen, daß HUMBOLDT gerade
Frauen, besser: einen bestimmten femininen Typus zu Gesprächspartnern wählt,
etwas ichschwache Wesen, wahrscheinlich wie eben JOHANNA MOTHERBY, an der
HUMBOLDT rühmt: „daß sie nie Bedürfnis habe(n), gekannt zu sein". Sie erschöpfen sich darin, geistreich zu respondieren und der männlichen Selbstbespiegelung zu dienen. Männer sind dafür vielleicht weniger geeignet, wenngleich es
auch unter ihnen solche Satelliten-Typen gibt.

Diese Liebe, die den Andern zum bloßen Bestandteil des eigenen Wesens
macht, ist sicher nicht das Gegenteil von Egoismus; sie läßt jedenfalls alle Spurenelemente einer Agape vermissen. Überdies ist sie unfair, denn sie verweigert dem
Nächsten – auch wenn er eine schwärmende Dame ist – jenen ureigensten Anspruch auf Individualität und Selbstheit, den man für sich selber geradezu konfessorisch vertritt. Die Persönlichkeit ist für HUMBOLDT nur dann höchstes
Glück der Erdenkinder, wenn es die eigene ist. Fremde Persönlichkeiten sind
lästig und funken störend in die Kultivierung des eigenen höheren Selbst hinein.

Zweifellos ist GOETHES Humanismus in dieser Hinsicht sehr viel „humaner"
und differenzierter: Faust gebraucht Gretchen zwar auch zur Vollendung der
eigenen Entelechie; sie ist für ihn nur ein Durchgang auf diesem Wege, wie es
etwa die Fakultäten sind, die er im Suchen nach sich selbst und nach dem Bande,
das „die Welt im Innersten zusammenhält", durchstürmt. Doch erfährt er eben,
daß Gretchen ein lebendiges Ich ist, das niemals bloßes Mittel auch zu den
höchsten Zwecken sein darf; er erfährt an dem ihr zugefügten Geschick, was
Schuld ist. GOETHE steht jenseits der neuhumanistischen Koketterie mit ihrer
absolut gesetzten Selbstheit der eigenen Person. Das Ich Fausts sieht sich sogar
angewiesen auf die teilnehmende und tragende Liebe „von oben".

Der Glaube an diese unbedingte Selbstheit der Person führt HUMBOLDT schließlich zu
seinem *Unsterblichkeits*postulat. So notiert er noch in späten Jahren (März 1832): „Der
Geist, der Gewalt gehabt hat, sich vom Ganzen loszureißen und sich allein zu denken, der
bleibt ewig und hört nicht mehr auf, selbständig zu sein."[18] Er nimmt also nicht in summa-
rischer Weise für „die" Seele des Menschen Unsterblichkeit an. Sie muß vielmehr verdient
sein, so daß nicht jeder zu ihr gelangt. Es kann auch eine Rückkehr ins allgemeine „natürliche" Leben geben, in der die kaum oder nicht erwachte Personalität wieder erlischt: „Es
gibt eine geistige Individualität, zu der aber nicht jeder gelangt, und diese eigentümliche
Geisteshaltung ist einzig und unvergänglich. Was sich nicht so zu gestalten vermag, das
mag wohl in das allgemeine natürliche Leben zurückkehren."[19] – „Der Mensch läßt, wenn

---

[18] Zit. b. WEINSTOCK, 223.
[19] 1830 an CAROLINE VON WOLZOGEN.

er von der Erde geht, alles zurück, was nicht ganz ausschließlich und unabhängig von aller Erdenbeziehung seiner Seele angehört."[20] Dieser platonische Satz läßt noch einmal anklingen, daß Unsterblichkeit an die Bedingung geknüpft ist, das der Seele, sprich: der Entelechie Zugehörige ausgebildet und von aller Erdgebundenheit befreit zu haben.

Wenn nun HUMBOLDT auch mit einem fast ausschließlichen Interesse seiner Selbstentfaltung, ja einem Selbstgenuß zugewandt ist, so kann es doch nicht außer Betracht bleiben, daß er immerhin in öffentlichen Ämtern gewirkt und in hohen Staatsstellungen der werdenden deutschen Universität das Gepräge seines Geistes aufgedrückt hat. Wie ist dieses schöpferische Wirken nach außen mit seiner introvertierten Selbstverwirklichungsabsicht zu vereinen?

Die Antwort auf diese Frage haben wir schon angedeutet, als wir aus einem Briefe an K. G. VON BRINKMANN zitierten, daß er, HUMBOLDT, nie etwas um des „Werkes" willen getan habe, sondern „immer nur um der Energie willen, die mittelbar und in mir bleibt". Im gleichen Brief ist davon die Rede, das „ganze Streben seiner Existenz" gehe dahin, „jeden Gegenstand, den mir das Leben beut, aufzunehmen, wie er ist, zu bewahren, bis ich ihn in mein Innres verwandelt habe". Zu diesen Gegenständen zählen auch die kultur- und universitätspolitischen Gestaltungsaufgaben. All dies ist nicht wegen der gestalterischen Zwecke wichtig, die außerhalb seines Ich liegen, sondern wegen der „Ausbildung" eben dieses Ich, die sich „modifiziert nach der Natur dieses Gegenstandes". Das bedeutet doch: Jeder Dienstanspruch, der ihn von außen her erreicht (z. B. Programmierung und Gestaltung der Universität) provoziert und erweckt irgendeine potentiell in ihm schlummernde Fähigkeit. Sie wäre ohne diese Provokation eben im Inkubationszustande geblieben, wäre nicht virulent geworden. So ist es nicht eigentlich die Hingabe an eine öffentliche Aufgabe, die HUMBOLDT beflügelt, sondern es ist der Gedanke daran, daß diese Aufgabe (wie wir heute sagen würden) „internalisiert" werden und mein Selbst so zu einer vorher nicht vorauszusehenden Entfaltung bringen kann. Ehe er einen öffentlichen Dienst übernimmt, stellt er sich also die Frage, welche Anlässe in ihm enthalten sein könnten, um bestimmte potentielle Energien in ihm zu mobilisieren.

Zusammenfassend können wir sagen: Ich gewinne mich nicht so, daß ich für den Andern da bin (wie der christliche Agape-Gedanke das impliziert), sondern es ist umgekehrt: Indem ich mich selbst gewinne, bin ich für den Andern da und springt auch etwas für ihn heraus.

Der kritische Unterton, der allenthalben in dieser HUMBOLDT-Skizze hörbar sein mag, darf nun nicht verhindern, auszusprechen, daß eine so fragwürdige neuhumanistische Anthropologie kultur- und universitätspolitisch äußerst effektiv gewesen ist und als das humboldtsche Bildungsideal einer allseitigen Persönlichkeitsentfaltung bis heute wirksam – zumindest als *Diskussions*gegenstand wirksam – geblieben ist. Selbst die Hypertrophie einer so introvertierten Ich-Kultur kann als Antitoxin eine durchaus positive Bedeutung gewinnen, wenn sie die Alternative zu nur noch pragmatischen Ausbildungsprogrammen ist. Pro-

---

[20] 1833 an CHARLOTTE DIEDE.

gramme dieser Art verfolgen ja das Ziel, zweckhafte Berufsausbildung zu betreiben, statt gebildete Menschen zu erzeugen, und nur noch Funktionen auszubilden, statt an das *Subjekt* dieser Funktionen, an den Menschen selbst zu denken. Zweifellos steckt in dieser technisch-funktionalen Zielsetzung die Gefahr einer Verkrüppelung des Menschen: seiner Herabwürdigung zum Homunculus mit nur noch partiellen Funktionen. Wir haben diesen Homunculus in der Gestalt jenes Nur-Spezialisten vor Augen, den man mit dem Epitheton improbans „Fachidiot" bezeichnet hat. Charakteristisch dafür ist die unter uns grassierende Redewendung: „Von meinem ‚Sektor' (!) aus sehe ich die Dinge so …" Unsere Gesellschaft droht eine Akkumulation von Interessenverbänden und Interessenten zu werden und verliert damit das „Große-Ganze" ebenso aus dem Blick wie die Frage nach einem zusammenschließenden Sinn. Statt eines Blickes, der jenes Ganze sucht, bedienen wir uns bloßer Standpunkt-Prothesen, die nur für begrenzte Ausschnitte des Zuhandenen programmiert sind. Dem entspricht der Typus des Funktionärs, der größere oder gar umfassende Zusammenhänge aus dem Auge verloren hat und deshalb gegenüber Indoktrinationen kritik- und wehrlos sein muß. Er wird so zum Wachs in den Händen ideologischer Diktatoren.

Angesichts solch gefährlicher Verengungen kann HUMBOLDT in der Tat wirksame Gegenkräfte auslösen, wenn er die Pflege des Menschen in seiner Gesamtheit vertritt. Er tut das gewiß einseitig, nicht selten *krankhaft* einseitig, geradezu so, daß er den Widerspruch zu dem drohnenhaften Selbstgenuß der so umschmeichelten Persönlichkeit auslösen muß. Doch als Korrektiv zu den überhandnehmenden modernen Pragmatismen hat seine Idee der Universität als einer Ausbildungsstätte des *ganzen* Menschen zweifellos geschichtliche Bedeutung[21].

III. Die Folgen: Der Neuhumanismus inmitten der technisch-modernen Welt

Trotz seiner Korrektiv-Bedeutung macht die Epoche des technischen und des Industriezeitalters die *Krise* des neuhumanistischen Menschenbildes flagrant deutlich. Die Art, wie THEODOR LITT in seiner berühmten Arbeit „Das Bildungsideal der deutschen Klassik und die moderne Arbeitswelt" diese Krise gesucht und aufgedeckt hat, ist auch theologisch von Bedeutung.

TH. LITT sieht die Bildungskrise unserer Zeit – ja sogar die Hintergründe dafür, daß der Nationalsozialismus unter uns möglich wurde – in dem, was die neuhumanistische Anthropologie vorbereitet hat. Genauer gesagt ergibt sich jene Krise aus der *Diskrepanz* zwischen einer um totale Neugestaltung ringenden

---

[21] Welche Bedeutung dieser Gesichtspunkt schon bei der Gründung der Berliner Universität hatte, geht aus HUMBOLDTS „Antrag auf Errichtung der Universität Berlin vom 24. 7. 1809 …" an König FRIEDRICH WILHELM III. sowie aus dessen Kabinettsorder vom 16. 8. 1809 hervor, in: W. WEISCHEDEL (ed.), Idee u. Wirklichkeit einer Universität. Dokumente zur Geschichte der Friedrich-Wilhelms-Universität zu Berlin I, 1966, 210ff.

modernen „Arbeitswelt" und einem in der Zeit WINCKELMANNS, GOETHES und HUMBOLDTs entstandenen Bildungsideal.

Worin besteht diese Diskrepanz?

Zunächst ergibt sie sich dadurch, daß die „Eigengesetzlichkeit" vieler Prozesse der modernen Arbeitswelt sich immer mehr vom menschlichen Subjekt löst, daß sie immer unabhängiger wird von persönlichen Gesinnungen und Motiven, also auch vom Bildungs-Zustand des Menschen. Die Einheit des Geschehens, das sich z.B. im Arbeitsprozeß vollzieht, braucht nur noch in der Theorie vorhanden zu sein, d.h. sie besteht im Gesamtprogramm. Derjenige aber, der auf Seiten der Praxis steht, bedarf zur Erfüllung seiner Funktionen *nicht* mehr jener Einsicht in die Einheit des Geschehens. Sie ist ihm sogar unverfügbar. Er braucht nur noch auszuführen, wozu ihn der Regisseur – also der Theoretiker – anweist. Es ist nach MARX das Grundübel der „Arbeitsteilung", das in der industriellen Gesellschaft diese Reduktion der Tätigkeit und ihre Sinnentleerung bewirkt[22]. So beschränkt sich die Tätigkeit des Abhängigen auf eine bloße Teilfunktion im Rahmen von Prozessen, deren Gesamtstruktur seiner Einsicht entzogen bleibt.

Gewisse ideologische Herrschaftssysteme machen aus der Not dieses Defizits an Einsicht geradezu eine Tugend, d.h. sie machen dieses Defizit zu einem gewollten Herrschaftsmittel. Nur die esoterische Clique der Herrschenden weiß über die Gesamtprozesse und ihre Ziele Bescheid, den andern wird die Blindheit bloßer Ausführungsorgane auferlegt. Entsprechend sinkt das Ethos vom Niveau einer eigenen Entscheidungsverantwortung zum Niveau bloßer Ausführungsverantwortung ab. (Das führte, nebenbei gesagt, in den Kriegsverbrecherprozessen nach dem Zweiten Weltkrieg dazu, daß die Betroffenen sich mit dem Hinweis herauszureden pflegten, sie hätten nur „auf Befehl" gehandelt, sie seien also bloße Ausführer innerhalb von Zusammenhängen gewesen, deren Ziele ihnen unbekannt waren.)

Hier drängt sich in der Tat ein Eindruck von der Diskrepanz auf, die zwischen dem Ideal der Selbstentfaltung des Menschen im Neuhumanismus und dieser Reduktion des Humanum auf bloße Teilfunktionen besteht. Doch ist das nicht einmal das eigentliche Problem. Dieses Problem zeigt sich vielmehr erst, wenn wir erkennen, daß der Neuhumanismus selbst aktiv (wenn auch absichtslos) dazu beigetragen hat, diese neue Form reduzierter Menschlichkeit – um nicht

---

[22] Ein gewisser utopischer Schlenker in MARX's Vision einer kommunistisch strukturierten Industriegesellschaft – der von heute aus gesehen allerdings etwas grotesk Irreales an sich hat! – zeigt eine merkwürdige Parallele zu der neuhumanistischen Idee eines allseitig harmonisch sich entfaltenden Menschentums: Als Gegengewicht zu dem durch die industrielle Arbeitsteilung zerrissenen Menschentum schwebt MARX gelegentlich ein kommunistischer Lebensstil vor, der es möglich macht, in freiem Belieben (und damit den Zwang jener Teilung überwindend) „heute dies, morgen jenes zu tun, morgens zu jagen, nachmittags zu fischen, abends Viehzucht zu treiben, ... ohne je Jäger, Fischer oder Hirt oder Kritiker (erg.: im Sinne festlegender Arbeitsteilung) zu werden, wie ich gerade Lust habe". (Deutsche Ideologie, in: K. MARX, Die Frühschriften, ed. S. Landshut, 1953, 361. – Vgl. dazu auch R. FRIEDENTHAL, Karl Marx. Sein Leben u. seine Zeit, 1981, 205ff.).

von Unmenschlichkeit zu reden! – mit hervorzurufen. So paradox das zunächst klingen mag, so eindeutig sind doch die Symptome, auf die auch TH. LITT hinweist:

1. Die einzige Bestimmung des Menschen, sich zum Menschen zu bilden, führt dazu, daß alle äußeren Werte und prozeßhaften Vorgänge im Namen einer kultivierten Innerlichkeit abgewertet, ja verachtet werden. Das aber drängt geradezu auf Inhumanität, zu einer anthropozentrischen Perversion alles dessen, was Leben und Geschichte an Forderungen, Werten und Erfahrungen an den Menschen herantragen. Auf diese Weise wird die Wirklichkeit – wir wiesen bereits darauf hin – ein bloßer Nährstoff, ein Bildungsstoff, mit dessen Hilfe die Welt in das Eigentum des Menschen verwandelt wird. Ohne daß die Arbeit an der Welt für ihn den Rang eines eigenständigen Schöpfungsauftrags hätte, soll sie ihm nur dazu dienen, sich zu einem „harmonischen Kunstwerk menschlicher Totalität" emporzuläutern.

2. Dadurch ergeben sich nun, wie wir feststellen können, zwei weitere Konsequenzen:

Einmal wird so der Mensch zu einem irrealen Gespenst, das ohne Beziehung ist zu dem, was sein Leben de facto doch aufs äußerste bestimmt: Indem er von seiner Subjekt- und Selbstzweckrolle träumt, übersieht und verdrängt er, in welchem Maße er zugleich Objekt von äußeren Gegebenheiten ist[23]: wie ihn z. B. die gesellschaftliche Situation, ökonomische und überhaupt strukturelle Zwänge bestimmen. Wenn er es aber bemerkt, wehrt er sich gegen diese „Fixierung"[24] und steigert sich in eine Protesthaltung hinein, um seine „Existenz" zu behaupten. Obwohl dieser Begriff der „Existenz" auf einer anderen Reflexionsebene als der des Humboldtschen Bildungsideals liegt, so ist ihnen doch Eines gemeinsam: jene Selbstbehauptung des Ich, das alle äußeren Gegebenheiten eben als „äußerlich", verfremdend und feindlich versteht und mit anderen Vorzeichen so *doch* wieder jene neuhumanistische Kultivierung des eigenen Selbst betreibt.

Ferner: Das derart mit sich selbst beschäftigte Ich läßt die Prozesse des feindlichen Außen unkontrolliert und ungesteuert ablaufen. Es nimmt sich dieser Prozesse nicht verantwortlich an – weder reflektierend noch handelnd –, sondern es verachtet sie und sucht sich ihnen durch eine Art innerer Emigration zu entziehen, sei es, daß diese Emigration nun die Humboldtsche oder daß sie die existenzialistische Variante der Ich-Einsamkeit darstellt. Die Frage der eigengesetzlichen Mächte des Wirtschaftsprozesses, der gesellschaftlichen Entwicklung überhaupt, ist sozusagen kein philosophisches Thema. Die Würde eines solchen Themas besitzt einzig und allein die Frage, wie ich mein Selbst vor der Fixierung

---

[23] Ich habe in weiten Partien der Theol. Ethik die theol. Bedeutung dieser dem Menschen drohenden Objektrolle behandelt, und zwar durch die Analyse eigengesetzlicher Prozesse. Siehe Gesamtregister unter dem Stichwort „Eigengesetzlichkeit", ThE III, S. 941.

[24] Beispielhaft dafür seien nur die Namen J. P. SARTRE oder auch – als Vertreter der „Frankfurter Schule" – HORKHEIMER und TH. W. ADORNO genannt.

durch diese Prozesse bewahre, wie ich meine Rolle als bloßer Funktionär, als derart Fixierter durchbreche und transzendiere. Dadurch aber wird der Raum jener geschichtlichen Prozesse auch der Verantwortung entzogen und ins bloße Draußen verwiesen[25]. Er bleibt unkontrolliert und wird damit gerade seiner Eigengesetzlichkeit *überlassen.* So wird die Welt der Arbeit, der Konflikte, der Konkurrenzen sowie der Macht- und Interessenauseinandersetzungen in die Zone des anonym Dunklen, eben des Sich-selbst-zu-Überlassenden verwiesen. Das alles wird zur finsteren Folie für das Licht des humanistisch oder existenzialistisch verstandenen Selbst-seins. In diesem Sinne kann O. F. Bollnow von Heideggers Existenzverständnis sagen: „Vor dem unbedingten Glanz eigentlicher Existenz versinkt alle Welt zum sinnentleerten Hintergrund."[26]

Gerade dieses Desinteresse des Neuhumanismus an der Welt (soweit sie nicht als Material der Selbstverwirklichung dient) macht diese Welt unmenschlich. Dadurch konnte sich z. B. die Sozialkatastrophe des vierten Standes entwickeln, den man sich selbst überließ, weil er „humanistisch" uninteressant war. Denn hier vegetierte eine Menschenklasse, die man dazu verdammt sah, nur Träger mechanischer Ausführungsfunktionen zu sein, und für die eine Aufforderung, sich selbst zum harmonischen Kunstwerk der Humanität auszubilden, nur eine makabre Farce hätte bedeuten können.

So provoziert diese Gestalt der Humanität geradezu eine inhumane Welt. Sie provoziert auch die *marxistische* Reaktion. In den Frühschriften von K. Marx geht es ja darum, den Menschen unter anderm auch aus seiner humanistisch-solipsistischen Isolierung herauszureißen und ihn in Zusammenhang mit seinen materialen Geschehensbasen zu sehen.

Obwohl Marx mit Feuerbach die These vom imaginären Charakter der Religion teilt, wendet er doch gegen ihn ein (hier also nicht gegen einen Neuhumanisten, sondern einen Linkshegelianer, aber doch so, daß genau derselbe Einwand auch Humboldts Richtung treffen müßte), daß er den Menschen als gleichsam solipsistisches Wesen isoliere. Er sehe nicht, „daß das ‚religiöse Gemüt' selbst ein gesellschaftliches Produkt und daß das abstrakte Individuum, das er analysiert, einer bestimmten Gesellschaftsform angehört"[27].

Von dorther kommt es dann zu seinem Kampfruf, nunmehr die Welt zu *verändern,* nachdem die Philosophen sie nur verschieden *interpretiert* hätten[28]. Nur dieser *Eingriff* in die gesellschaftlichen Strukturen (nicht deren neuhumanistische Ausklammerung) könne das entfremdete Bild des Menschen wieder zurecht-

---

[25] Beispielhaft dafür kann Albert Camus stehen, für den die Welt, in der wir leben, unbegreiflich, absurd und chaotisch geworden ist. „Heute lebt der Mensch in einem Universum, das plötzlich der Illusionen beraubt ist. In ihm fühlt der Mensch sich fremd." Camus' Freund, der Molekularbiologe Jacques Monod, hat dieses Weltverständnis in seinem Buche „Zufall und Notwendigkeit", 1970, aufgenommen.

[26] Bollnow, Existenzphilosophie, in: Nicolai Hartmann (ed.). Systematische Philosophie, 1942, 356.

[27] 7. These über Feuerbach, in: S. Landshut (ed.), Karl Marx. Die Frühschriften, 1953, 341.

[28] AaO. 11. These.

rücken. Wenn man von einem marxistischen Humanismus sprechen will – und beim jungen MARX besteht sicher ein Recht dazu! –, dann setzt dieser also damit ein, daß er die Welt menschlicher machen möchte, um so den Menschen selbst zu seinem Eigentlichen kommen zu lassen. Das aber enthält die (unausgesprochene) Aufforderung an den Neuhumanismus, er möge aufhören, eine kleine, der Selbstverwirklichung hingegebene Elite auf Kosten der andern zu bilden; er möge vielmehr die tragenden Impulse und Mächte des überpersönlichen Geschichtsraumes erkennen, um aufgrund dieser Erkenntnis in sie eingreifen zu können und sie unter Kontrolle zu bringen. Weil nach der marxistischen – hier mit HEGEL übereinstimmenden – Theorie Freiheit gerade „Einsicht in die geschichtliche Notwendigkeit ist"[29], wären die Neuhumanisten trotz ihrer Humanitäts- und Freiheitsproklamationen gerade unfrei: Während sie sich in Illusionen über humane Selbstverwirklichung wiegen, merken sie nicht, in welchem Maße nicht-humane Kräfte an der Formung dieses Humanum beteiligt sind und es zu ihrem Objekt machen[30].

So hat der Neuhumanismus zu einer verhängnisvollen incurvatio in se ipsum des von ihm geprägten Menschentums geführt. Er hat damit die Person von ihren geschichtlichen Strukturen getrennt und so einen destruktiven Individualismus erzeugt, dessen Folgen ungefähr dem Gegenteil dessen entsprachen, was er wollte. Mit dem Begriff der incurvitas ist zugleich die implizite theologische Kritik angedeutet, die dieses Kapitel durchzog: Es geht um die Fixierung auf das Geschöpf Mensch, das sich gleichwohl nicht in seiner Geschöpflichkeit erkennt und darum absolut setzt. Der Kult der Humanitas wird so zum Selbstgenuß der Persönlichkeit. Diese stellt dabei ein „abstraktes Individuum" dar: abstrakt nicht nur in der Isolierung von ihrem konkreten In-der-Welt-Sein, sondern auch vom Du, so gewiß Kommunikation und Liebe den Andern nicht in seiner Eigenständigkeit suchen, sondern ihn nur in seiner Funktion als Geburtshelfer gebrauchen möchten: als Helfer zur Entbindung der eigenen Entelechie. So tastet diese Art Neuhumanismus, wie wir sie bei HUMBOLDT fanden, den Grundbestand geschöpflichen Daseins an. – Das ist der theologische Hintergrund der von uns skizzierten Kritik.

---

[29] F. ENGELS, Anti-Dühring, 1948, 138.
[30] Ein verblüffendes Beispiel dafür gibt W. LEONHARD, Die Revolution entläßt ihre Kinder, 1955, 331.

11. Kapitel

Immanuel Kant

Zur Literatur: KANTs *Werke,* vor allem zitiert nach den Ausgaben der Philosophischen Bibliothek (PhB) und der von W. Weischedel im Suhrkamp-Verlag besorgten Ausgabe (zit. Weischedel).

Theol. Interpretationen KANTs: K. BARTH, Die protest. Theol. im 19. Jahrh., 1947, 237. – A. SCHLATTER, Die philosophische Arbeit seit Descartes. Ihr ethischer u. rel. Ertrag, 4. A. 1959, 107. – CHR. GESTRICH, Neuzeitliches Denken u. die Spaltung der Dialektischen Theol. Zur Frage der natürlichen Theologie, 1977. – Ferner ThE I u. EvGl I.

Über Persönlichkeit und Werk: E. CASSIRER, Kants Leben u. Lehre (Bd. XI der Werke), 1921. – H. ST. CHAMBERLAIN, I. Kant. Die Persönlichkeit als Einführung in das Werk, 2. A. 1909. – KUNO FISCHER, I. Kant u. seine Lehre, 2 Bde., 4. A. 1898/99 (Bde. 4 u. 5 der Geschichte der neueren Philosophie). – ARSENY GULYGA, I. Kant, 1981. – K. VORLÄNDER, I. Kants Leben, 1911. – Die lebendigste Vergegenwärtigung von KANTs Persönlichkeit liegt vor in den Berichten von dreien seiner Schüler und Assistenten, in den Biographien von L. E. BOROWSKI, R. B. JACHMANN und A. CH. WASIANSKI, die unter dem Titel: I. Kant. Sein Leben in Darstellungen von Zeitgenossen (Berlin 1912) erschienen sind (zit.: Zeitgenossen).

Zum Biographischen:
KANT wurde geboren (1724), lebte und starb (1804) in Königsberg, das er kaum je verließ. Über Ostpreußen ist er nie hinausgelangt. Fünfzehn Jahre nach seiner Habilitation (1755) – und nachdem er eine ihm angetragene Professur für Dichtkunst (!) ausgeschlagen hatte – wurde er Professor für Logik und Metaphysik und verwaltete sein Lehramt bis zu seinem gesundheitlich bedingten Eintritt in den Ruhestand im Jahre 1796.

Die Daten dieses äußerlich ereignisarmen Lebens deuten bereits an, daß es – sehr im Unterschied etwa zu SCHLEIERMACHER – kaum einer eindringenderen biographischen Persönlichkeitsanalyse bedarf, um KANTs Werke zu verstehen. Gewiß: auch er stand in bestimmten geistesgeschichtlichen Zusammenhängen, und dieser Hintergrund ist sehr wohl bedeutsam für sein Denken. Sein Charakter und seine persönliche Lebensgeschichte dagegen sind gleichsam in sein Werk integriert, scheinen in ihm aufzugehen; jedenfalls zeigen sie kaum Momente, die etwas „Überschießendes" an sich hätten (wiederum im Gegensatz zu SCHLEIERMACHER, bei dem der Mensch und Christ betont *nicht* in seinem theologischen System erschöpfend zum Ausdruck kam). Bei KANT führt sozusagen kein Weg von der Persönlichkeit zum Werk, sondern es ist eher umgekehrt: Was zu seiner Persönlichkeit, seinem Lebensstil, zu seinen Freundschaften und Geselligkeiten zu bemerken wäre, wird interessant vor allem dadurch, daß es uns als Reflex all jener Überzeugungen und Prinzipien erscheint, die in seinem Werke niedergelegt sind.

In diesem Sinne sind vor allem die zeitgenössischen Schilderungen seiner treuen Adepten wichtig[1]. Sie sind eine ungewöhnlich fesselnde, amüsante und auch tiefere Regungen in uns auslösende Lektüre.

---

[1] Siehe „Zeitgenossen", vor allem den letzten Beitrag von E. A. CH. WASIANSKI.

KANTS Lehrbetrieb spielte sich – eine in der heutigen Massen-Universität kaum nach-vollziehbare Vorstellung! – vor allem in seinem Hause ab. Entsprechend waren seine eng-sten Mitarbeiter, die man heute als Assistenten bezeichnen würde, in sein Privat-, ja in sein Intimleben aufs engste verwoben. Ihre Tätigkeit war noch nicht arbeitsrechtlich auf ein be-stimmtes Maß von „Zuarbeit" beschränkt, sondern sie pflegten ihn auch, als er krank, alt und hinfällig war; sie verrichteten an ihm die niedrigsten Dienste in nie nachlassender Liebe zu dem verehrten Meister. Während seiner gesunden Jahre erscheint KANT in jenen Berichten als charmanter, dem lockeren Tischgespräch zugetaner Gastgeber, elegant ge-kleidet und eine gepflegte Tafel liebend.

Wesentlicher aber ist, wie gesagt, in seinen Lebensformen den Reflex seiner Lehre und seiner Überzeugungen zu erkennen. Dieser Reflex äußert sich vor allem darin, daß schlechthin alles in KANTS alltäglichem Verhalten von bestimmten, eisern durchgehaltenen Regeln und Maximen durchdrungen war. Das beginnt bei seinem täglich frühzeitigen Auf-stehen, für das sein Diener Lampe – auch gegen seinen etwaigen schlaftrunkenen Wider-spruch! – zu sorgen hatte, bis zu seinem nachmittäglichen Spaziergang, nach dem die Nachbarn ihre Uhr zu stellen pflegten. So wimmelte es von allerlei Grundsätzen: etwa nur Wein und Wasser zu trinken, weil das Bier wegen seiner Nahrhaftigkeit mehr ein Essen als ein Trinken sei. Auch was Liebe und Ehe betrifft, hatte er bei seinen Ratschlägen be-stimmte Prinzipien: Wenn jemand „bei der Wahl seiner Gattin außer den guten Qualitäten der Hausfrau und Mutter noch auf ein sinnliches Motiv sehen wolle, man lieber auf Geld Rücksicht nehmen möchte, weil dieses (erg.: in einer Zeit, die noch keine Inflationen kannte!) länger als alle Schönheit und aller Reiz vorhalte, zum soliden Lebensglück sehr viel beitrage und selbst das Band der Ehe fester knüpfe, weil der Wohlstand, in welchen sich der Mann dadurch versetzt sieht, ihn wenigstens mit liebenswürdiger Dankbarkeit gegen seine Gattin erfülle". Gleichwohl war KANT für weibliche Schönheit und Anmut durchaus empfänglich: Die besonders charmante Miß A … ließ er nach seinem siebzigsten Jahr bei Tische stets auf der Seite seines gesunden Auges neben sich sitzen!

Selbst wenn er sich mit Rezepten gegen alle möglichen – vor allem hygienischen – Widrigkeiten des Lebens abgab, hatten seine Kundgebungen darüber etwas Kategorisches, das an die Unbedingtheit ethischer Regeln erinnern mochte: So hatte er eine bestimmte Theorie über die Verhinderung von Wanzen und ebenso über die Struktur eines kompli-zierten Strumpfbandes, das Krampfadern verhinderte. Er hatte sich selbst ein solches kon-struiert. Die ihn betrübende Regelwidrigkeit, daß es sich immer wieder vertuckte, mußte dann durch den auch *dafür* bereitstehenden Adjunkten jeweils wieder beseitigt werden. KANTS „Metaphysik der Sitten" und ganz besonders seine „Anthropologie" sind voll von solchen Regeln.

Die Art, wie KANT die Welt betrachtete, ist für seine Kategorienlehre erhellend. Das mag eine kleine Anekdote belegen, die R. B. JACHMANN berichtet[2]: In einer Gesellschaft, bei der sich auch ein geborener Londoner befand, schilderte KANT einmal „die Westmin-sterbrücke nach ihrer Gestalt und Einrichtung, nach Länge, Breite und Höhe und den Maßbestimmungen aller Teile so genau, daß der Engländer ihn fragte, wieviel Jahre er in London gelebt, und ob er sich besonders der Architektur gewidmet habe". (Das ist nur ein Beispiel von vielen ähnlichen.) KANT gab in solchen Fällen nicht den sinnlichen Ein-druck wieder, den er von einem Gegenstande wie der Westminsterbrücke empfangen hätte, vielmehr hatte er die konstruktiven „Prinzipien" der Brücke durchschaut und baute sie beim Gespräch gleichsam in Gedanken nach. H. ST. CHAMBERLAIN hat an dieses Begebnis eine eindrückliche Betrachtung über den Unterschied zwischen KANTS und GOETHES Auge geknüpft[3].

Am Ende seines Lebens verfiel KANT in eine geistige Schwäche, die ihn sein eigenes Werk nicht mehr verstehen ließ, ja sogar der alltäglichsten Vokabeln (Suppe, Fleisch u.a.)

---

[2] AaO. 136.
[3] CHAMBERLAIN, Goethe, 38ff.

beraubte. Er umschrieb dann das jeweils Gemeinte durch abstrakte Analogien (etwa im Sinne fester und flüssiger Aggregatzustände). Während die Concreta ausfielen, blieben ihm die Abstracta bis zuletzt. Noch in der größten Schwäche konnte er die Keplerschen Analogien hersagen, seine nächsten Freunde aber erkannte er nicht mehr.

I. Die erkenntnistheoretische Situation

KANTs problemgeschichtlicher Ort[4]

Wir erinnern uns der Fragestellung, die alles Bisherige durchzog:

Das Thema der neueren Theologiegeschichte, soweit sie in lebendiger Auseinandersetzung mit den jeweiligen Zeitfragen stand, konzentrierte sich auf die beiden Begriffe Zweifel und Aneignung. Zum *Zweifel* kam es, sobald der Mensch das bisher als selbstverständlich Geltende „in Frage" zu stellen begann. Und er mußte es in Frage stellen, sobald er in sich selbst Kriterien für wahr und falsch entdeckte, die er nicht mehr zu übergehen vermochte. Diese Kriterien ergaben sich aus dem Mündigkeitsanspruch seines Selbstbewußtseins – seines neu *entdeckten* Selbstbewußtseins – und hier wieder vornehmlich aus seiner Vernunft.

So war der *Zweifel* mit dem Konflikt zweier Instanzen verbunden, die das Wahrheitsmonopol je für sich beanspruchten: mit dem Konflikt zwischen der als Autorität überlieferten, biblisch fundierten Offenbarung auf der *einen* und dem sich emanzipierenden Humanum, das sich vor allem durch die Vernunft repräsentiert sah, auf der *anderen* Seite[5].

Das Problem der *Aneignung* enthielt dann die Frage, ob und inwieweit der christliche Wahrheitsanspruch mit dem so neu auftauchenden Wahrheitskriterium in Einklang gebracht werden könne, ob und unter welchen Bedingungen, gegebenenfalls mit welchen Abstrichen, er weiterhin akzeptabel sei.

Welche Stellung nimmt nun KANT innerhalb dieses Prozesses der Zweifels- und Aneignungsfrage ein?

Er bringt eine revolutionäre *Wende* dieser ja vornehmlich durch die Aufklärung ausgelösten Fragestellungen: Während man nämlich bisher die „große Infragestellung" im Namen einer ungebrochen selbstverständlichen Vernunftautorität vollzog, machte KANT die Vernunft *selbst* zur Frage und zum Gegenstand der Kritik – einer *Selbst*kritik.

---

[4] Da der Verfasser der Meinung ist, daß das KANT-Studium eine der Grunderfordernisse für den werdenden Theologen bildet (aber auch für das Philosophicum der anderen Fachbereiche wesentlich ist), bittet er den einschlägig schon geschulteren Leser um Nachsicht, wenn er im einführenden Teil dieses Kapitels besonders die Anfänger didaktisch etwas vorsichtig bei der Hand nimmt und sich auch nicht scheut, etwas elementar zu werden. So möge man gegebenenfalls den Anfangsteil überschlagen und mit der kritischen Auseinandersetzung: „III. Erster Ausblick auf die theol. Wirkungsgeschichte von KANTs Erkenntnistheorie" beginnen.

[5] Ich sage bewußt: „vor allem", weil ja bei SCHLEIERMACHER und seiner Schule weniger die Vernunft als das Selbstbewußtsein des – wiederum emanzipiert gedachten – homo religiosus die kritische Instanz bildete.

„Kritik" im Sinne KANTs bedeutet demnach nicht, daß die Vernunft als Organ der Erkenntnis „etwas" kritisiert, z. B. die vermeintlichen Erkenntnisse anderer, sondern daß dieses Organ sich selbst kritisiert – was freilich die Paradoxie erzeugt, daß die Vernunft Subjekt und Objekt der Kritik zugleich, daß sie Richter und Angeklagte in einer „Person" ist. Jedenfalls wird nicht eine bisherige Erkenntnis in Frage gestellt, sondern der Erkenntnisakt *selbst* macht sich zur Frage. Das ist der Anlauf zu der von KANT heraufgeführten „kopernikanischen Wende". Sein Ziel ist dabei, die Vernunft zu Verstande zu bringen.

Damit vollendete er nicht nur die Aufklärung, sondern er rüttelte zugleich an ihren Fundamenten, denn er entdeckte die *Grenzen* der bisher blindlings und gleichsam „grenzenlos" operierenden, argumentierenden und kritisierenden Vernunft.

„Aufklärung", so zitieren wir noch einmal KANTs Definition, „ist der Ausgang des Menschen aus seiner selbst verschuldeten Unmündigkeit. Unmündigkeit ist das Unvermögen, sich seines Verstandes ohne Leitung eines anderen zu bedienen."[6] Wie aber sieht nun der Verstand *aus,* dessen ich mich bedienen soll? Es könnte ja nicht nur an der Schüchternheit dieses Verstandes liegen, wenn er der Leitung eines anderen zu bedürfen meinte. Es könnte doch auch seine Hybris, es könnte das herrische Übersehen seiner Inkompetenz sein, was ihn der Leitung eines anderen geradezu bedürftig *macht.* Und dieser andere hätte ihm zunächst einmal seine Kompetenz-Grenze zu zeigen und ihn, den Verstand, also zu sich selbst zu bringen.

Ein solch anderer, der den Verstand anleitet, zu sich selbst zu kommen und damit allererst mündig zu *werden,* möchte KANT sein. Es ist wichtig, diesen Einsatz seines Denkens zu erkennen.

Er nimmt also die Leistungsfähigkeit des menschlichen Erkenntnisvermögens kritisch unter die Lupe. Dazu besteht aller Anlaß, sobald man die Philosophiegeschichte überblickt. Ich möchte versuchen, auch Anfängern dieses kantische Denkmotiv mit einigen Illustrationen zu verdeutlichen:

Die Vernunft scheint nämlich die Neigung zu haben, wie ein Pferd, das der Hafer gestochen hat, in naiver Wildheit loszurennen und gar nicht darauf zu achten, wie lang ihr Atem dabei reicht und wie groß ihr Aktionsradius ist. So schwärmt die Vernunft aus in Bereiche, die jenseits aller Erfahrung liegen. Sie bildet metaphysische Systeme, Gottes- und Unsterblichkeitslehren (aber auch Atheismen!), Weltanschauungen und Theosophien. Bei all diesen Herumtreibereien in den Sinn- und Hintergründen des Seins stellt sie sich offenbar kaum je die selbstkritische Frage, ob sie sich mit diesen Reflexions-Exzessen nicht übernehme, ob sie durch ihre Struktur nicht an ganz bestimmte *Grenzen* des Erkennens gebunden sei. Nein, sie entschwindet einfach in ihren metaphysischen Jagdgründen.

---

[6] Was ist Aufklärung? Weischedel XI,53. Von der ethischen Fortsetzung des Zitates (Selbstverschuldung der Unmündigkeit) haben wir früher gesprochen.

Hier hört nun freilich die Analogie zum wildgewordenen Pferd auf. Denn diesem Pferd, das einfach losstürmt, geht bald die Puste aus, so daß es stehen bleibt oder sogar einen Herzschlag kriegt. Die Vernunft aber, die in die Sphären jenseits der Milchstraße vordringt, die – wie SPINOZA – über die letzte Substanz spekuliert oder – wie LEIBNIZ – über die prästabilierte Harmonie oder – wie PLATON – über die Präexistenz der Ideen nachdenkt: dieser Vernunft geht *nicht* der Atem aus, sondern sie errichtet ohne Ermüdung himmelstürmende Systeme. Und während sie das tut, arbeitet ihre Logik exakt und ihre Konklusionen sind stringent. Nicht umsonst spricht SPINOZA von seinem modus geometricus: Seine Methode ist der der Mathematik als der exaktesten aller Wissenschaften entlehnt.

Die großen metaphysischen Denker sind ja keine Stümper! Man kann ihnen am Rande keine Argumentationslücken ankreiden. Die Exaktheit ihrer Schlußfolgerungen mindert sich auch dann nicht, wenn sie über Gott und Unsterblichkeit, über Endlichkeit und Unendlichkeit der Welt und über das Jenseits aller Himmel spekulieren.

Wenn aber alles so störungsfrei abläuft: wo könnte sich dann *überhaupt* so etwas wie eine Hemmung der Vernunft, wie ein Irrewerden an sich selbst ergeben? Die Antwort ist einfach: Beim *Vergleich* der verschiedenen philosophischen Systeme muß es zu einer solchen Krise kommen. Sie widersprechen sich nämlich, obwohl sie in sich widerspruchsfrei sind. Von den Vorsokratikern bis in die neueste Neuzeit hinein gibt es Materialismen und Idealismen, Positivismen und Metaphysiken. Und alle berufen sich auf die Vernunft und die Lückenlosigkeit ihrer conclusiones.

Der Anblick dieser Widersprüche muß deshalb die Frage nach ihrem Woher auslösen. Diese Frage ist der sachliche Einsatz für KANTs Vernunftkritik. Das Ergebnis seiner Diagnose lautet, kurzgefaßt:

Die Vernunft hat bei ihren himmelstürmenden Spekulationen zwar keinen logischen Fehler gemacht, so daß man dem modo geometrico abgespulten System des SPINOZA etwa einen Fehler oder eine Lücke nachweisen könnte. Nein: der Fehler sitzt nicht in der System-Immanenz, sondern er besteht darin, daß die Vernunft von Prämissen ausgegangen ist und zu Zielen strebt, die jenseits ihrer Zuständigkeit liegen, genauer: die jenseits des objektivierbaren Bereiches der Erfahrung liegen und insofern metaphysisch sind. Bewegt sich die Vernunft in dieser Zone, so geraten ihre conclusiones außer Kontrolle, auch wenn ihre logischen Einzelschritte in formaler Hinsicht noch so unanfechtbar sind. In diesen Regionen kommt die Vernunft gleichsam ins Schwimmen.

Für die Anfänger wiederum eine erläuternde Illustration: Man denke an einen Menschen, der ohne Sauerstoffgerät in die Stratosphäre aufsteigt. Er begibt sich damit in eine Zone, für die die biologische Konstitution des Menschen nicht eingerichtet ist. Indem er so an Sauerstoffmangel zu leiden beginnt, verwirren sich seine Gedanken und seine bildlichen Vorstellungen. Er verfällt euphorischen Phantasmagorien, hört Orgelklänge, sieht Regenbogen und bunte Kringel und hält das alles für real und gegenständlich, während er in Wahrheit nur vor den Projektionen seiner vagabundierenden Phantasie steht.

Eben dies, so beobachtet KANT, geschieht bei den Denkern, die die sauerstoffgesättigte Sphäre des menschlichen Erfahrungshorizontes verlassen und in der Transzendenz der *geistigen* Stratosphäre umherschweifen: Dann kommen sie wie der schutzlose Raumfahrer ins Träumen und Phantasieren.

Darum kommt alles darauf an, den Zuständigkeitsbereich menschlicher Erkenntnisfähigkeit abzugrenzen. Genau wie der Mensch bei der Raumfahrt seinen biologischen Aktionsradius ermitteln muß, so hat er im Erkenntnisbereich seinen mentalen Aktionsradius zu bestimmen. Nur wenn dieser Horizont, dieser Aktionsradius feststeht, und wenn man dann innerhalb seiner bleibt, darf man sich der Gewißheit hingeben, in einem gesicherten Bereich seiner kognitiven Kompetenz zu operieren. Alles andere wäre dann Erkenntnis-Hybris, die Verblendung nach sich zieht.

Wo verläuft nun diese Horizontlinie des Erkennens?

Mein Versuch, auch dem Anfänger den Einsatz von KANTs erkenntnistheoretischen Überlegungen möglichst anschaulich klar zu machen, ist mir wichtig. Und weil so viel darauf ankommt, diesen Einsatz zu erkennen, soll KANT auch mit seinen eigenen Worten noch auf ihn hinweisen.

Die Vernunft, so sagt er im Vorwort zur 1. Auflage der Kritik der reinen Vernunft (Kr.d.r.V.), „fängt von Grundsätzen an, deren Gebrauch im Laufe der Erfahrung unvermeidlich und durch diese hinreichend bewährt ist". Man mag bei diesen anfänglichen Grundsätzen etwa an die simple Gleichung 2 mal 2 = 4 denken oder auch an Erfahrungsregeln, wie sie in Sprichwörtern niedergelegt sind, z. B. in dem Satz: „Lügen haben kurze Beine." In diesem Bereich der normalen Lebenserfahrung, bei dem unser Erkennen einer ständigen Selbstkontrolle und Bewährung ausgesetzt ist, funktioniert unsere Vernunft reibungslos. *Aber,* so fährt KANT fort, von diesen Erfahrungsgrundsätzen steigt die Vernunft nun „(wie es auch ihre Natur mit sich bringt) immer höher, zu entfernteren Bedingungen" auf[7].

Was meint KANT mit diesen „entfernteren Bedingungen"? Ich bemühe mich wieder um eine beispielhafte Verdeutlichung:

Die Vernunft fragt z.B.: was sind die Bedingungen dafür, daß es zum Ausbruch des Zweiten Weltkrieges kam? Und sie könnte antworten: Eine der Bedingungen ist sicher das Versailler Diktat mit seinen verhängnisvollen Folgen, eine andere, vielleicht die Hauptbedingung, eine so abgründige Figur wie Hitler. Doch sind diese Bedingungen auch ihrerseits ja nicht aus Nichts entstanden, sondern haben wieder eigene Ursachen. So muß die Vernunft immer *weiter* zurückfragen. Und je weiter sie die Bedingungsfolge nach rückwärts verfolgt, um so verschwommener wird alles. Immerhin aber bleibt die Vernunft da noch in den Grenzen möglicher Erfahrung und kann ihre Sätze einigermaßen begründen und belegen.

Schließlich aber stößt sie bei diesem immer weiter zurückdringenden regressus auf das Faktum, daß Bosheit, Angst, sacro (oder unheiliger!) egoismo in der Welt sind, aus denen sich das Verdrängungsprinzip, der Selbstbehauptungswille, der Machttrieb, das Prestigebedürfnis, die Herrschaftsstrukturen und alles das ergeben, was wie ein dämonischer Impuls die Geschichte antreibt, so weit wir sie auch zurückverfolgen können.

---

[7] Dies u. das Folgende: Weischedel III,11.

Unsere Illustration des kantschen Gedankens kann noch weitergehen:

Wenn die Vernunft zu diesen „entfernteren Bedingungen" aufgestiegen ist, hebt sie zu den letzten Schritten auf die entferntesten Bedingungen an, und ihre vorletzte Frage lautet, wie dieses Böse wohl in die Welt gekommen sei. Bei dieser Frage scheiden sich bereits die Geister, so daß es zu antithetischen Antworten der Vernunft kommt, etwa zur Antwort von Hobbes, daß der Mensch prinzipiell eine wölfische Natur habe, oder zur Antwort Rousseaus, daß der erste, der einen Lebensraum für sich allein beansprucht und ihn gegen den anderen durch Zäune abgegrenzt habe, die von Haus aus gute Natur des Menschen vergiftet hätte. Zwischen diesen einander widersprechenden Antworten ist erfahrungsmäßig, d. h. innerhalb der Kompetenzgrenze der Vernunft, bereits nicht mehr zu entscheiden, sondern hier riskiert man Axiome der Anthropologie, die nicht objektivierbar sind. Hier stehen wir vor unkontrollierbaren Setzungen, vor metaphysischen Hypothesen.

Von hier aus mag es dann, um unsere Illustration abzurunden, zu einer *allerletzten* Frage kommen, zu der Frage etwa: Woher rührt das Böse selbst? Rührt es von Gott selbst als einer prima causa, die in sich selbst ein dualistisches Prinzip ist? Oder rührt es im Sinne Marcions von einer polar entgegengesetzten Kraft, einem dämonischen Prinzip? Diese allerletzte, an die Struktur des Seins rührende Frage ist erst recht nicht mehr innerhalb unseres Erfahrungshorizontes zu entscheiden.

Indem Kant an einen Rückfrage-Regressus der so von uns illustrierten Art denkt, steht er unter dem Eindruck, daß die Vernunft von Haus aus offenbar keine Hemmungsmechanismen in sich trage, die sie veranlassen könnten, bei diesem regressus ad infinitum einzuhalten. Er beobachtet vielmehr, daß bei dieser Rückfrage nach den Vorbedingungen „ihr Geschäft jederzeit unvollendet bleiben müsse, weil die Fragen niemals aufhören". *Warum* sie nicht aufhören, können wir uns leicht erklären:

Der Forscher sowohl wie der Philosoph *entschließen* sich ja nicht zu fragen, so daß sie es auch unterlassen oder sich verbieten könnten. Vielmehr ist es doch so, daß jede von ihnen gefundene Antwort zugleich neue Fragen enthält, vor deren Gegebenheit sie einfach stehen, ob es ihnen gefällt oder nicht. Das Fragenmüssen ist unverfügbar. So sieht sich denn die Vernunft genötigt, fährt das Zitat fort, „zu Grundsätzen ihre Zuflucht zu nehmen, die allen möglichen Erfahrungsgebrauch überschreiten und gleichwohl so unverdächtig erscheinen, daß auch die gemeine Menschenvernunft damit im Einverständnisse steht. (Ich erinnere dabei an die Fragen nach der Herkunft des Bösen, nach der Endlichkeit oder Unendlichkeit der Welt sowie nach Gott. Verf.) Dadurch aber stürzt sie sich in Dunkelheit und Widersprüche, aus welchen sie zwar abnehmen kann, daß irgendwo verborgene Irrtümer zum Grunde liegen müssen, die sie aber nicht entdecken kann, weil die Grundsätze, deren sie sich bedient, da sie über die Gränze aller Erfahrung hinausgehen, keinen Probierstein der Erfahrung mehr anerkennen. Der Kampfplatz dieser endlosen Streitigkeiten heißt nun *Metaphysik*."

Hier stößt man deshalb auf die schon erwähnten Antinomien [8] wie z. B. die einander entgegengesetzten Thesen, die Welt habe einen Anfang in der Zeit, sei auch dem Raume nach in Grenzen eingeschlossen *oder*: sie habe *nicht* die ent-

---

[8] Kant behandelt die Antinomienlehre im 2. Buch der „transzendentalen Dialektik" innerhalb der Kr.d.r.V.

sprechenden Grenzen und sei unendlich[9].Diese Antinomien machen darauf aufmerksam, daß die Vernunft außerhalb ihrer Kompetenzgrenze geraten ist und sich deshalb verwirrt. Aus dieser Beobachtung ergibt sich die Aufgabe, den Erfahrungshorizont zu fixieren. Wie finde ich den aber?

Natürlich nur so, daß ich frage: Was ist überhaupt erfahrbar? Um diese Frage zu beantworten, muß ich die Leistungsfähigkeit der Vernunft untersuchen. Diese kann ich nur so herausfinden, daß ich die Struktur der Vernunft unter die Lupe nehme.

Ich verweise dabei noch einmal auf das Beispiel des Alpinisten oder auch des Weltraumfahrers: Ich kann aufgrund der biologischen Verhältnisse des menschlichen Organismus feststellen, bis zu welcher Höhe der Mensch sich ohne Hilfsgeräte gefahrlos erheben kann. Um diese mögliche Höhe festzustellen, ist es durchaus nicht nötig, sich experimentell erst einmal in jene Grenzbereiche zu begeben. Es genügt, *vor* jener Erfahrung die biologische Konstitution des Menschen auf ihr Sauerstoffbedürfnis u.a. hin zu erforschen. Damit ist dann auch sein Höhen-Aktionsradius bestimmt. Entsprechend verfährt KANT mit der „Konstitution" der Vernunft.

Dabei stellt KANT fest, daß unsere Erkenntnis auf den Horizont unserer gegenständlichen Erfahrung, auf das Vorfindliche, beschränkt bleiben müsse. „Erfahrung" ist hierbei die Kombination von zwei Vorgängen: einmal eines schlichten Zur-Kenntnis-Nehmens von Eindrücken und sodann einer erkennenden Durchdringung dessen, was sich mir so an Eindrücken anbietet. Es geht also um eine Kombination, die sich zusammensetzt aus sinnlicher Wahrnehmung und einem noch zu bestimmenden Moment der Rationalität, nämlich der Verstandesfunktion. Nur im Bereich des Zusammenspiels dieser beiden Aktivitäten ergibt sich eine Zone transparenten und kontrollierbaren Erkennens.

Das, was wir erfahren – dieses Buch, das ich vor mir habe, diesen Schreibtisch, an dem ich sitze – zeigt uns nun nicht die Dinge, wie sie „an sich" sind. Vielmehr ist alles, was uns im Bereich des Gegenständlichen begegnet, schon durch unser Wahrnehmungs- und Erkenntnisvermögen *vorgeformt*.

Wir können ja auch im normalen Alltag den Einfluß unserer Erkenntnisorgane auf verschiedene Erfahrungsbilder feststellen: Für den Laien erscheint etwa ein chemisches Labor als ein Chaos von Retorten, Röhren, Schläuchen und unverständlichen Etiketten, während der gelernte Chemiker in ihm einen wohlgeordneten Kosmos sinnvoller Einrichtungen sieht. Ein Reh sieht in einer Verkehrsstraße, die sein Revier durchzieht, nur so etwas wie eine Waldlichtung. Es kann als vernunftlose Kreatur Wesen und Begriff von „Straße" nicht erfassen und bringt sich (jedenfalls als unerfahrenes Jungtier) beim Überqueren so in Gefahr.

Das heißt also: An den Erfahrungsbildern, die wir vor uns haben, ist unser Anschauungsvermögen und ist unser Verstand bereits prägend beteiligt.

Der Biologe JAKOB VON UEXKÜLL hat in seinem Buch „Niegeschaute Welten" (1957) in mehr erzählend-autobiographischer Form sehr lebendig und ohne direkten Bezug auf

---

[9] Erste Antinomie, aaO.

KANT gezeigt, wie verschieden jeder – je nach seiner Konstitution – seine Umwelt sieht. – In seinem geistvollen Werk „Die Rückseite des Spiegels. Versuch einer Naturgeschichte menschlichen Erkennens" (1973) kommt KONRAD LORENZ ebenfalls auf dieses Problem, wie die Struktur unseres „perceiving apparatus" die Sicht unserer Umwelt mitpräge, zu sprechen. Dabei ergänzt und kritisiert er zugleich KANT: Er ergänzt ihn, indem er das Zustandekommen jenes perceiving apparatus genetisch aus der Korrespondenz seines Trägers mit der Umwelt erklärt. Er kritisiert zugleich KANT, weil er die ontische Analogie zwischen Erkennendem und Erkanntem nicht sehe und mit seiner Idee des „Dings an sich" die Wirklichkeit letztlich aus jener Analogie herausnehme (aaO. 19f.; 26f.).

Die Prägung der Erscheinungsbilder durch das Erkenntnis-Subjekt erweist sich z. B. darin, daß alle Dinge, die wir erfahren, in Raum und Zeit auftauchen. Raum und Zeit aber sind nicht etwas „draußen" Befindliches. Wo hätte ich je schon „den" Raum oder „die" Zeit zu Gesicht bekommen können[10]? Sie sind vielmehr Anschauungsformen, die wir an dieses Draußen heranbringen, mit deren Hilfe wir es formen, und die also von uns, d. h. vom Erkenntnis-Subjekt, beigesteuert werden.

Ebenso tauchen die Erfahrungsinhalte etwa im Rahmen der Kausalität, im Rahmen von Verstandesformen (Kategorien) auf. Wir können nichts denken, was nicht verursacht, was nicht bewirkt, d. h. Wirkung eines vorangehenden Zustandes wäre. darum können wir gar nicht anders, als immerfort nach diesen Ursachen zu fragen. So fragen und unter diesem Aspekt erfahren zu *müssen,* liegt demnach an der Struktur unseres Verstandes, wenn man so will: an unserem Denkgeschick. Wir selbst *sind* dieses Denkgeschick, denn es ist ja unsere geistige Konstitution, die uns so sehen und erfahren *läßt.* Wir bringen uns selbst mit unserem erkenntnistheoretisch bedingten Sosein immer mit, wir „spielen mit", wenn wir erkennen.

Aus diesem Grunde sind wir keine tabula rasa, die nur von außen her durch allerhand Impressionen beschriftet würde[11]. Vielmehr ist diese tabula gleichsam selber virulent und wirkt beim Zustandekommen des Schriftbildes mit.

Beispielhafte Verdeutlichung: Die Schildbürger haben sich bekanntlich bemüht, das Sonnenlicht in einem Sack aufzufangen. Leider ist der Sack aber kein passendes Aufnahmegerät dafür. Er kommt diesem Licht gewissermaßen nicht „entgegen". Anders ist es mit einem Farb- oder Schwarz-weiß-Film, der eine lichtempfindliche Schicht hat, die selber aktiv und virulent wird. Sie kann den Bildeindruck, der sie durch das Objektiv erreicht, verarbeiten und ist so am Zustandekommen des photographischen Bildes beteiligt.

Von hier aus wird es verständlich, daß unser im Kausalitätsprinzip begründetes Erkennen die Tendenz nach rückwärts, zu einem regressus ad infinitum, besitzt. Damit muß sich am Ende die Frage stellen, was zuerst gewesen sei. So kommt es zu mythischen Kosmogonien, ja zu Theogonien oder zum Problem der Aseität[12].

---

[10] Schon in AUGUSTINS „Konfessionen" (11. Buch) wird dieses Problem angerührt.
[11] So bei den englischen Empiristen, etwa LOCKE.
[12] Aseität = das von anderm unabhängige, nur durch sich selbst (a se) verursachte Sein, wie es Gott zugesprochen wird.

Wenn wir mit diesen „letzten" Fragen den Erfahrungskreis überschreiten, so zeigt sich gerade in diesem Trieb zum Transzendieren die Überdehnung einer Kategorie, die der Funktionsweise unseres Verstandes konstitutiv innewohnt. Unser Verstand gerät hier in Verstrickungen und Verlegenheiten, die gerade *auf* diese seine Struktur deuten.

Die entscheidende Folgerung, die KANT von hier aus ziehen muß, besteht nun darin, daß wir nie die Dinge selbst und „an sich", sondern immer nur unsere *Begegnung* mit den Dingen erkennen können. Anders ausgedrückt: Unsere Erkenntnis bewegt sich innerhalb des Subjekt-Objekt-Schemas, wobei beide Seiten je durcheinander konstituiert werden: Wir sind Subjekte, insofern wir durch ein X außer uns, das KANT „Ding an sich" nennt, „affiziert" werden, so daß unsere Anschauungs- und Verstandesapparatur zu arbeiten beginnt und, bildlich ausgedrückt, unser Radargerät anspringt. Die kategoriale Formungsarbeit setzt sich in Gang[13]. Die Objekte, die uns auf diese Weise entgegentreten, sind immer schon verarbeitetes Urmaterial, tragen also die Spuren des formenden Subjektes an sich. Alle unsere wissenschaftlichen Aussagen und sonstigen Urteile – ganz gleich, ob es sich um mathematische oder physikalische Sätze oder nur um die einfache Feststellung handelt: Dieser Baum ist grün – alle diese Aussagen verraten also nichts über das eigentlich Seiende, sondern nur über das mir Erscheinende, und zwar das innerhalb der Subjekt-Objekt-Relation Erscheinende.

Beispiel: Der Radarschirm zeigt mir nicht die Dinge selbst (Schiffe, Berge), sondern nur die von ihm verarbeiteten, elektronisch transformierten Dinge: *Erstens* projiziert er die Gegenstände auf die zweidimensionale Fläche des Schirms; *zweitens* zeigt dieser sie maßstäblich verkleinert; *drittens* läßt er sie nicht nur in ihrer optischen Erscheinung auftauchen, sondern bringt sie je nach der Festigkeit ihrer Substanz, ihrem Aggregat-Zustand: Regen, Hagel, Eisen, Holz und Steine erzeugen je einen Spezialeffekt auf dem Bildschirm. – Will man also das Radarbild interpretieren, muß man die Eigenart des Geräts selber kennen und einkalkulieren. Denn diese Eigenart wirkt sich auf die Art und Weise aus, wie das Radarbild zustandekommt. Die Erscheinungen auf dem Schirm sind so eine Kombination aus dem, was wirklich draußen „ist", *und* dem Prägenden des Apparates selbst. Das Gerät wird, etwas anthropomorph formuliert, als Subjekt von den Eindrücken draußen affiziert, nimmt sie in seine apparathaften Kategorien auf und gibt sie dann in der Prägung durch diese Kategorien wieder.

Genauso kann ich selbst, indem ich das draußen Seiende in mich aufnehme, nie über meinen eigenen Schatten springen. Das Ego mit seiner Aufnahmeapparatur ist immer dabei. Das Erscheinende, das ich erfahre und über das ich Aussagen machen kann, ist immer das *mir* Erscheinende oder auch das von mir zur Erscheinung *Gebrachte*. Das Ego des Erfahrungs-Subjektes spielt immer mit.

Ich rücke also in der Sicht KANTS dem Wesen der Dinge sozusagen ferner, weil ich sie selbst nie zu Gesicht kriege, sondern immer nur mein *Verhältnis* zu den Dingen. Alles ist relativ auf mich. Ich schaue nicht hinter die Schleier des Seienden. Das zu versuchen, wäre gerade träumerische und vagabundierende Meta-

---

[13] Eine ontologische Weiterführung und Vertiefung dieses Ansatzes bringt EUGEN HERRIGEL in seinen Büchern „Urstoff u. Urform" (1926) u. „Die metaphysische Form" (1929).

physik. Sondern ich sehe, zugespitzt ausgedrückt, immer nur mich selbst, wie ich auf die Schleier blicke. Ich schaue nicht vom perspektivischen Mittelpunkt der Welt auf die Horizonte, sondern ich sehe mich selbst und den Horizont immer zugleich.

Wir brauchen diesen Satz nur wenig zu variieren und zu sagen: Das Bild, das ich habe, verändert sich und wechselt je nach dem Standort des Beobachters – und wir haben durch diese kleine Variante die Ausgangsposition der modernen Mikrophysik, die das Verhältnis von Beobachter und Gegenstand ganz neu thematisiert hat. Im Mikro-Bereich verändert die Beobachtungs-Sonde das Beobachtungsfeld der Elementarteilchen, so daß wir nicht von den physikalischen Prozessen, d. h. von den Unternehmungen des Beobachtungs-Subjektes, absehen und die An-sich-Konstellation jener Teilchen feststellen können. Insofern handeln wir in der Quantentheorie nicht mehr von den Elementarteilchen *an sich*, sondern von unserer *Kenntnis* der Elementarteilchen. Ein Symptom für diese Bindung des Beobachtungsfeldes an den Beobachter ist es, daß dieser niemals Welle und Korpuskel *zugleich* sehen kann, sondern je nach der von ihm eingesetzten Beobachtungs-Sonde entweder das eine oder andere sieht. WERNER HEISENBERG hat diese Relation philosophisch sehr zugespitzt ausgedrückt, wenn er sagt, zum erstenmal im Lauf der Geschichte stehe der Mensch auf dieser Erde nur noch sich selbst gegenüber. Der von KANT entdeckte Ich-Partner in der Subjekt-Objekt-Relation dränge sich also im Mikro-Bereich immer mehr vor[14].

Zugleich können wir einige Jahrtausende in die griechische Antike zurückgehen, um die bildnerische Vorwegahnung der erkenntnistheoretischen Position KANTS wahrzunehmen, nämlich die Erfindung der *Perspektive*. Die altägyptische Kunst, die die Perspektive nicht kennt, will die Gegenstände zeigen, wie sie sozusagen „an sich" sind: einen Krieger, einen Fisch, einen Vogel. Die Erfinder der Perspektiven aber (APOLLODOROS von Athen und AGATHARCHOS von Samos) haben die Relation zwischen Beobachter und Gegenstand entdeckt[15].

Die Dinge sind folglich nur in *Relation* zu mir zu haben. Das ist das verbindende Moment zwischen KANT, den Erfindern der Perspektive und der Quantentheorie. Dann aber ist auch mein eigenes Selbst – KIERKEGAARD drückt es in der „Krankheit zum Tode" so aus – nicht mehr das cartesianische Ich, nicht mehr ein letzter isolierbarer Punkt, sondern dieses mein Selbst ist auch seinerseits wieder ein Verhältnis, eine Relation: zu Gott, der es gesetzt hat, zum Mitmenschen und zur Außenwelt überhaupt[16]. Wenn ich definieren will, was der Mensch sei, muß ich antworten: Er ist ein Verhältnis. Das ist sozusagen die existenziale Variante der Kantschen Erkenntnistheorie. Jedenfalls ist damit eine

---

[14] W. HEISENBERG, Das Naturbild der heutigen Physik, in: Die Künste im technischen Zeitalter, herausgeg. von der Bayrischen Akademie der schönen Künste, 1954, S. 45 ff., bes. S. 60 u. 62. – Vgl. ferner die Äußerungen HEISENBERGS dazu in „Physik u. Philosophie", 1959, S. 61 ff. sowie in dem Kapitel „Quantenmechanik u. Kantsche Philosophie", in: „Der Teil u. das Ganze", 1969, S. 163 ff.

[15] Zum Problem der Perspektive: ThE III § 3261 ff.

[16] Vgl. Anthropol. 151 f.

grundsätzlich neue Position der Erkenntnis philosophisch ausgebildet, die mit Recht als eine von KANT heraufgeführte „kopernikanische Wende" bezeichnet wird.

II. Zum Verhältnis von Denken und Sein

Die grundlegende Bedeutung dessen, was sich hier begibt, können wir uns durch folgende Überlegung klar machen:

Das Fundamentalproblem der Philosophie ist von jeher das Verhältnis von Denken und Sein gewesen. An einer dieser beiden Stellen muß ich mit dem Erkenntnisprozeß einsetzen.

Man kann *entweder* 1. vom Sein ausgehen. Man kann etwa (wie die Atomistiker der griechischen Antike LEUKIPPOS und DEMOKRITOS) nach den kleinsten und elementarsten Urbestandteilen des Seienden fragen. Man kann auch (wie PLATO) denkend auf das Wesen des Seins selbst zugehen und sich danach erkundigen, wie es sich dem Erkennenden entbirgt (alétheia). Man kann wie SPINOZA nach der Substanz oder wie HEGEL nach dem Geist oder wie die Materialisten nach der Materie als dem das Sein Durchwirkenden fragen.

Schickt man sein Fragen in *diese* Richtung, so impliziert es zugleich ein bestimmtes, damit vorausgesetztes Verhältnis von Denken und Sein: Der Denkende ist dann selbst nur ein Glied des so erfragten Seins, ein Glied dieses „Einen", das sich in die Polarität von Subjekt und Objekt zerlegt. So denkt sich etwa bei HEGEL der absolute, das Sein durchwirkende Geist im endlichen Geist des Menschen selbst. Auch beim Materialisten steht das denkende Ich nicht der Weltmaterie „gegenüber", sondern es ist selbst nur ein Stück davon: Denken und Erkennen spielen sich als Funktion einer Gehirnsubstanz ab, die nichts anderes ist als ein Stück der Weltmaterie überhaupt. Der Erkennende und das Erkannte sind jeweils Eines. Es geht nur um eine Funktionsverschiedenheit innerhalb des mit sich identischen Seins. So ist es also, wenn ich mit meinem Erkennen-wollen bei der Objekt-Seite, beim Seienden, einsetze.

Oder aber – das ist die andere (2.) Möglichkeit –: der Philosoph setzt beim Ich ein, so wie das DESCARTES (und später etwa FICHTE) tut. Dann versuche ich, aus eben dieser res cogitans die Gesamtheit des in meinem Denkakt präsenten Seins abzuleiten.

Man könnte also in Abbreviatur sagen, daß ich je nach dem Ausgangspunkt des Erkenntnisprozesses entweder dort ankomme, wo ich sagen muß: „Das Ich steckt im Sein"; *oder* aber dort, wo es heißt: „Das Sein steckt im Ich." Es handelt sich folglich, sehr vergröbert gesprochen, um einen Monismus mit jeweils anderem Vorzeichen. Diese Alternative war in der Philosophiegeschichte *vor* KANT in allen bis dahin denkbaren casus durchdekliniert worden. Sie war reflexiv sozusagen erschöpft. (Dies gilt freilich nur bedingt, weil es auch *nach* KANT Konzeptionen dieser Art gibt.)

KANT aber *trennt* nun Denken und Sein von einander und begründet einen unauflöslichen Dualismus. Beide – denkendes Subjekt und objektivierbares Seiendes – stehen sich gegenüber. Keines ist aus dem anderen abzuleiten. Es geht nicht um ein Kausal-, sondern um ein Subjekt-Objekt-Verhältnis[17]. Beide aber sind auch aneinander gekettet: Wenn ich „Welt" sage, dann heißt dies, daß es um „meine" Welt geht; denn eine von meinem Erfahrungsakt abgelöste Welt gibt es nicht, jedenfalls taucht sie nicht im Horizont möglicher Erfahrung auf. Und wenn ich „Ich" sage, dann meine ich damit keine in sich geschlossene Monade à la LEIBNIZ, sondern stets ein Ich, in dem sich die Welt spiegelt. Bildlich ausgedrückt: Der bestirnte Himmel und das Ich als Träger des moralischen Gesetzes stehen in Korrelation zueinander[18].

Ehe ich mich nun der Besprechung einiger Hauptwerke KANTs zuwende, versuche ich zunächst, einige Linien von diesem Denkansatz her auszuziehen, vor allem mit der speziellen Frage, welche *theologischen* Impulse in ihm stecken.

III. *Erster Ausblick auf die theologische Wirkungsgeschichte von* KANTs *Erkenntnistheorie*

Zunächst scheint durch KANTs kritisches Unternehmen der Glaubensbegriff geläutert zu werden:

Die konfessionelle Orthodoxie hatte den Glauben vornehmlich als ein Fürwahr-halten der biblisch überlieferten Gehalte an Geschichten und Sprüchen verstanden (Prinzip der fides quae creditur). Die Heilsgehalte der Bibel rückten zusammen mit ihren weltbildlichen Aussagen auf *eine* Ebene. So wurde der Schöpfungsbericht zugleich im Sinne naturwissenschaftlicher Kosmogonie verstanden. Die Verbalinspirationslehre muß notwendig zu einer totalen Nivellierung biblischer Aussagen führen[19]. Berichte über transzendente Eingriffe Gottes – etwa in Gestalt von Wundern wie Jos 10,12f. – werden behandelt wie innerweltliche Vorgänge, über die man objektiv-historisch berichten kann, obwohl sie in unserem Erfahrungshorizont als ursachloses Geschehen auftauchen. Erkenntnismäßig wurde das Vorfindliche mit dem Transzendenten ineins gesetzt.

---

[17] Übrigens hat A. SCHOPENHAUER diesen Gedanken schon in seiner Dr.-Dissertation konsequent ausgebaut: „Über die vierfache Wurzel des Satzes vom zureichenden Grunde" (Sämtl. Werke, ed. J. Frauenstädt, Bd. I, 1877).

[18] Beschluß der Kr.d.pr.V., PhB 186. – Diesen wechselseitigen Bezug zwischen der Mannigfaltigkeit des Gegenständlichen und der Einheit unseres Bewußtseins bezeichnet KANT als „transzendentale Apperzeption" (Kr.d.r.V., Weischedel III, 167f).

[19] Bis heute haben sich vereinzelt groteske Restbestände dessen erhalten. So hat etwa TH. FLÜGGE, der Alttestamentler einer gespenstischen, nichtsdestoweniger viel Pressestaub aufwirbelnden „Freien Universität" in Hamburg, in seinem Buche „Affenmensch, Weltall, Bibel" (1958) mitgeteilt, daß Adam im Jahre 4134 vor Christus erschaffen worden sei, und sucht auch die astronomische Möglichkeit von Jos 10,12f. und Jes 38,8 (S. 6, 20, 64) zu erweisen. Zu wunderlichen Erscheinungen dieser Art gehört auch das Buch von H. ECHTERNACH, „Es stehet geschrieben" (1937), in dem er LUTHERs Bibelübersetzung als den „für Kirche und Theologie verbindlichen und darum wörtlich irrtumslosen Bibeltext" bezeichnet (S. 9). Vgl .dazu auch die Kritik von EBELING: „Die Bedeutung der historisch-kritischen Methode ...", in: Wort u. Glaube I (1960), S. 4; ferner meine Auseinandersetzung mit der Verbalinspirationslehre: EvGl III, § 12, 253ff.

Kein Wunder, daß man so nach der Legitimation derartiger Aussagen gefragt wurde! Jedenfalls mußte das Dogma mehr und mehr als ein Zwangsglaubenssatz erscheinen, der einfach zu akzeptieren sei und nach dessen Grund nicht gefragt werden dürfe. Zugleich war damit ein exklusiv-ablehnendes Verhalten gegenüber naturwissenschaftlichen Theorien (wie etwa der Evolutionstheorie) sowie historisch-kritischer Arbeit verbunden.

Jetzt dagegen, bei KANT, wird die Transzendenz aus der Erkenntniszone ausgegliedert. Es kann keinen Gottesbeweis geben, der Gott so behandelt wie der pythagoreische Lehrsatz das rechtwinklige Dreieck behandelt. Entsprechend kann es auch keine allgemeingültigen Urteile über christliche Grundwahrheiten geben, weil sie alle in diese unserem Erfahrungshorizont entrückte Transzendenz hineinragen. Die Gottessohnschaft Christi etwa ist in diesem Sinne nicht „nachzuweisen", ebenso wenig das Wunder. Denn Gott „gibt es nicht" (nach einem von M. MEZGER aufgegriffenen Wort EMIL BRUNNERs), wie es den Bodensee oder den Himalaya oder sonst irgendein Vorfindliches gibt.

Hat damit der Glaube nicht gerade seine rechte, legitime, ihm zustehende Sphäre zugewiesen bekommen? Kommt es hier nicht zu einer einleuchtenden, ja befreienden Scheidung der Seins-Dimensionen? Der *innerweltliche* Erfahrungsbereich wird in den Aktionsradius der Vernunft einbezogen; er enthält die legitimen Gegenstände unserer Vernunfterkenntnis. Alles *Transzendente* hingegen (sagen wir vereinfacht einmal: alles „Religiöse") wird zum Inhalt des Glaubens. Ist das nicht plausibel und ist damit nicht ein klares Verhältnis von Glauben und Denken begründet?

Tatsächlich haben denn auch viele Theologen – von SCHLEIERMACHER bis in unser Jahrhundert hinein– so empfunden. SCHLEIERMACHER und TROELTSCH zogen aus dem Kantschen Ansatz etwa die Folgerung: Wenn Gott (oder im Sinne R. OTTOS hier besser: das Numinose) nicht im Bereich gegenständlicher Erkenntnis auftaucht, muß man die religiösen Gehalte mit Hilfe *anderer* Vergewisserungsformen suchen, z.B. im Gefühl, im Erlebnis, in der „inneren" Erfahrung. Man kann sie deshalb auch nicht *argumentierend* andemonstrieren. Wer von uns aber merkt und weiß noch, daß KANTs kopernikanische Wende hinter dem allem steht?

1. *Vorformen* dessen, was KANT mit der unsere Erfahrung bestimmenden Subjekt-Objekt-Korrelation meinte, finden sich übrigens schon bei LUTHER, so daß nicht wenige Theologen eine durchgängige geistesgeschichtliche Linie von LUTHER bis hin zu KANT und SCHLEIERMACHER gezogen haben[20]. Die Linie ist

---

[20] Das gilt etwa für G. WOBBERMIN, bei dem diese Linie allenthalben auftaucht, besonders markant in einigen seiner Aufsätze, z.B. in: Die Frage nach Gott in Luthers Gr. Katechism. Festgabe für J. Kaftan, 1920, 418–435; Luther, Kant, Schleiermacher u. die Aufgabe der heutigen Theol., in: ZThK 1924, 104–120. Vgl. auch den charakteristischen Titel seiner Festschr. z. 70. Geb.: Luther, Kant, Schleiermacher, 1939. – Für die gleiche Sicht der LUTHER-KANT-Linie ist TH. SIEGFRIED, Das protest. Prinzip in Kirche u. Welt, 1939, zu nennen.

indessen nicht entfernt so durchgängig und geradlinig, wie die Vertreter dieser These offenbar meinen. Es mögen sich hier wohl gewisse Assoziationen einstellen – nicht viel mehr! –, auf die zu achten es allerdings lohnt:

Was diese Assoziationen auslöst, ist ein gewisser Transzendentalismus LUTHERS. Es ist nämlich für ihn charakteristisch, daß er nicht nach dem Gott „an sich" fragt, sondern nach dem Gott „für mich" (Deus quoad me), nach dem Immanuel, also nach dem Gott, der in irgendeiner Beziehung zu meiner Subjektivität steht. Der Gott „an sich" ist für LUTHER gerade der verborgene Gott, der Herr der Prädestination zum Beispiel (Deus absconditus). Zu dem habe ich keinen Zugang. Vor dem muß ich vielmehr zum Deus revelatus, dem in Christus sich *mir* erschließenden Gott, fliehen.

Charakteristisch für diesen Bezug quoad me ist die im Gr. Katechismus zur Auslegung des Ersten Gebotes gestellte Frage, was es heiße, einen Gott zu haben oder was Gott sei[21]. Beide Fragestellungen sind charakteristischerweise identisch! „Antwort: Ein Gott heißet das, dazu man sich versehen soll alles Guten und Zuflucht haben in allen Nöten. Also daß ein Gott haben nichts anders ist, denn ihm von Herzen trauen und gläuben, wie ich oft gesagt habe, daß alleine das Trauen und Gläuben des Herzens machet beide Gott und Abegott. Ist der Glaube und Vertrauen recht, so ist auch Dein Gott recht ... Denn die zwei gehören zuhaufe, Glaube und Gott. Worauf Du nu ... Dein Herz hängest und verlässest, das ist eigentlich Dein Gott."

Bezeichnend ist im gleichen Sinne auch LUTHERS Auslegung des 51. Psalms[22]: Theologiae proprium subjectum est homo peccati reus *et* (!) Deus justificans et salvator hominis peccatoris. Quidquid *extra* hoc subjectum in theologia quaeritur aut discutatur, est error et venenum (Hervorhebg. v. Verf.).

Beide Zitate weisen in dieselbe Richtung: Daß Glaube und Gott „zuhauf" gehören, bringt zum Ausdruck, daß ich über Gott nie abgesehen von der Tatsache sprechen kann, daß er mir den Glauben abgewonnen hat. Gegenstand der Theologie ist also in der Tat nicht der Gott „an sich", sondern das *Verhältnis* Gottes zu mir, seine Relevanz für mich. Deshalb schließt LUTHER (51. Ps.) auch den Sünder und den gnädigen Gott als das gemeinsame subjectum (hypokeîmenon) der Theologie zusammen. Theologisch habe ich es so stets mit einem Verhältnis, einer Relation zu tun. Das bedeutet dann: Ebenso wenig, wie ich vom Gott „an sich" reden kann, habe ich es auch mit dem Menschen „an sich" zu tun. Auch *er* ist nur als ein *Verhältnis* zu begreifen.

Diese von LUTHER festgestellte *Relationalität zwischen Gott und Mensch* nötigt nun zu einer prinzipiellen Entscheidungsfrage, die uns sofort auf eine radikale Distanz zwischen LUTHER und KANT führt und also die behauptete Durchgängigkeit der Linie zwischen beiden in Frage stellt. Diese Frage lautet: Hat der Mensch hier Gott an sich selbst angeglichen, hat er ihn also in ein Verhältnis integriert, dessen Fixpunkt er selber ist? Anders ausgedrückt: Ist Gott zu einem bloßen Prädikat der Anthropologie geworden, zu einer bloßen Funktion des

---

[21] LBK, S. 560.
[22] WA 40 II,328.

Glaubens, zu einem von ihm konstituierten Objekt, zu einem „Woran", das sich der Mensch zu seiner Gläubigkeit[23] hinzudenkt?

Oder aber ist es umgekehrt: Hat Gott sich dem Menschen akkomodiert, hat er sich durch die Inkarnation in die Solidarität mit ihm begeben, sich ihm also aus dem Motiv der Liebe zugeneigt?

Nur diese zweitgenannte Sicht könnte sich auf die Bibel berufen: Gott akkomodiert sich dem Menschen, geht auf seine Fragen ein und spricht seine Sprache. In jeder Gegenwart will er neu, aktuell und mit den eigenen Worten der jeweiligen Zeit verkündet werden. Er will nie der zeitenthobene, außerrelationale Gott „an sich" sein. Genau das hat MELANCHTHON mit seinem berühmten, schon früher zitierten Wort gemeint: Christus zu erkennen, heiße, seine Wohltaten – also das, was er an uns *tut* – zu erkennen.

2. Sehr viel deutlicher macht sich KANTs These von der Subjekt-Objekt-Relation unserer Erfahrung bei SCHLEIERMACHER geltend (obwohl auch hier, wie wir es ja getan haben, die genannte prinzipielle Entscheidungsfrage zu stellen wäre!): Bei ihm wird Gott ausdrücklich und nur in seiner Relation auf das Selbstbewußtsein, auf das Gefühl schlechthinniger Abhängigkeit gesehen. Alle christlichen Grundaussagen über Schöpfung, Sünde und Erlösung lassen sich als Befindlichkeiten dieses Selbstbewußtseins ausdrücken und können als eine anthropologische Aussage formuliert werden.

3. Auch in BULTMANNs existenzialer Interpretation spielt der Bezug aller theologischer Aussagen auf das Erfahrungs-Subjekt eine wesentliche Rolle, wobei BULTMANN – wiederum in Nähe zu KANT, wenn auch kaum je sich auf ihn beziehend – jedes Hineinziehen Gottes in die „Vorfindlichkeit", also in den *immanenten* Erfahrungshorizont strikte als mythologisch ablehnt. Das tertium comparationis, das wir für seine Affinität zu KANT feststellen können, besteht vor allem darin, daß ihn bei biblischen Texten nicht das historische „An-sich" ihrer Berichte interessiert, sondern deren „Bedeutsamkeit". Bedeutsam in dem von ihm gemeinten Sinne ist aber nur die Beziehung der Texte auf meine existenziellen Probleme, z. B. auf meine Sorge, meine Angst, mein Schuldbewußtsein und das Wissen um meine Endlichkeit. Diese Thematik wird nicht etwa durch jene Texte – also durch Offenbarung – *entbunden,* sondern sie liegt *vorher* fest. Sie wird in ihren Formulierungen aus der Philosophie, speziell aus HEIDEGGERs früher Ontologie, übernommen. Die so sich ergebende, auf diese Thematik unserer Existenz-Befindlichkeit ausgerichtete Bibelinterpretation wird deshalb als „existenzial" bezeichnet. Sie ist nur innerhalb des Horizontes des Erfahrungs-Subjekts möglich. Dabei geht es um eine spezielle Form nicht-gegenständlicher (Glaubens-)Erfahrung. Innerhalb dieser Grenze steht BULTMANN also sehr wohl in der Tradition von KANT und SCHLEIERMACHER.

---

[23] Hier wäre dieser dubiose Begriff tatsächlich einmal legitim.

IV. Zur theologischen Interpretation der kritischen Hauptwerke

a) Vorbemerkung über deren Zusammenhang

Nach allem Gesagten ist klar: KANTs Werk kann keine metaphysische Ontologie in dem Sinne bringen, daß sie das Band aufzeigte, das „die Welt im Innersten zusammenhält". Denn dieses Band könnte ja nie Gegenstand unserer Erfahrung sein. Man könnte es nie konkret aufweisen, indem man etwa sagte: Hier ist es, überzeugt euch und vollzieht mein Experiment nach (wie man das in der Physik doch kann). Gerade weil dieses Band jenseits meiner objektivierbaren Erfahrung liegt, kann es nicht Gegenstand einer strengen, sich auf das objektiv Aussagbare beschränkenden Philosophie sein, so sehr der Philosoph persönlich von der Existenz jenes Bandes überzeugt sein mag.

Wie verhält sich KANT nun, wenn er einerseits nicht leugnen will, daß wir denkend auf so etwas wie die Totalität des Seins, wie den Seins-Zusammenhang zustreben, andererseits aber diesen Zusammenhang nicht objektivieren und uns damit keinen metaphysischen Spekulationen hingeben können?

Nun: er hilft sich so, daß er die einzelnen Dimensionen des Seins unseren jeweils zuständigen Aufnahmeorganen zuweist. Wenn ich dabei das Potential meines Geistes nach allen Richtungen ins Spiel bringe, habe ich damit auch alle Dimensionen der Wirklichkeit in dem mir verfügbaren Ausmaß zum Thema gemacht. Anders gesagt: er macht die Totalität des Seins nur insoweit zum philosophischen Thema, als es auf meine verschiedenen Urteilsbildungs-Funktionen bezogen ist. Insofern stellt KANT auch hier die Beziehung zum erkennenden, handelnden und auch fühlenden (hier: dem ästhetisch rezeptiven) Subjekt her und bleibt so seiner kopernikanischen Wende treu [24].

So bezieht sich der *Verstand* als jenes theoretische Organ, das die unsere Erfahrungen konstituierenden Prinzipien a-priori enthält, auf den Bereich des gegenständlich Erfahrbaren. – Die *Urteilskraft* (von ihr brauche ich hier beispielhaft nur die ästhetische Urteilskraft zu nennen) bezieht sich auf teleologisch bestimmte Ordnungsgefüge, z. B. auf Kunstwerke, und reguliert unsere Geschmacksurteile. Das sind solche Urteile, die nicht durch pragmatische Erwägungen und tendenziöse Appelle – wie etwa bei Plakaten – zustandekommen, sondern durch ein allgemeines „reines uninteressiertes Wohlgefallen" [25]. Das alleine kann, weil alle individuellen Zufälligkeiten und Spezialinteressen ausgeschaltet sind, so etwas wie „subjektive Allgemeingültigkeit" beanspruchen [26]. – Die *praktische* Vernunft endlich bestimmt unser Handeln in dem Sinne, daß sie jenseits aller individuellen Lust und Liebhaberei Maximen vermittelt, die für *alle* gültig sind und zum Prinzip einer allgemeinen Gesetzgebung erhoben werden können.

---

[24] Hierzu und zu dem Folgenden vgl. Kr.d.U., vor allem Einleitung, Abschnitt IX; PhB 33ff.

[25] Kr.d.U. §2; PhB 41.

[26] AaO. §8; S. 51ff.; §31, S. 129f.

Ich fasse zusammen:

Da KANT der Überzeugung ist, daß jede erfahrbare Wirklichkeit auf unser Bewußtsein und dessen Struktur bezogen ist, braucht er nur die einzelnen Dimensionen dieses unseres Bewußtseins zu analysieren, um damit zugleich die uns zugängliche Wirklichkeit, also das erfahrbare Seiende im Gesamten zu analysieren.

Indem er seine drei Kritiken schreibt, hat er zugleich so etwas wie die „Biographie" der Welt im Rahmen ihrer noetischen Verfügbarkeit geschrieben: Er hat in der „Kritik der reinen Vernunft" das erkennbar Seiende bestimmt. Er hat in der „Kritik der Urteilskraft" das, was uns im Gefühl zugänglich wird – nämlich die teleologische Bestimmtheit der Welt und die Werke der Kunst – von aller Zufälligkeit gereinigt und die Welt als Ordnungsgefüge erscheinen lassen. Endlich hat er in der „Kritik der praktischen Vernunft" den Ursprung der sittlichen Pflicht in Beziehung gesetzt zum „Ganzen aller Zwecke", zu einem finis ultimus, der die „Ordnung der Dinge" konstituiert[27]. Er sieht die Welt, wie es später FICHTE ausgedrückt hat, als das „Material unserer Pflichterfüllung" an[28].

So geht KANT ständig auf die Totalität der Welt zu und behält ihre Dimensionen im Auge, bleibt aber dabei streng konsequent innerhalb der Subjekt-Objekt-Relation.

Wenn ich mich nunmehr der Besprechung der kritischen Hauptwerke zuwende, so beschränke ich das Material unter dem Gesichtspunkt seiner theologischen Relevanz und seiner entsprechenden Nachwirkung.

b) Zur „Kritik der reinen Vernunft"

Das Gebiet, in dem sich die Funktion der reinen, d. h. der theoretischen Vernunft am prägnantesten beobachten läßt, ist die Mathematik. Denn der Mathematiker kann auf die Erkenntnisquelle der bloß registrierenden Beobachtung weitgehend verzichten. Um den pythagoreischen Lehrsatz aufzustellen, braucht er das Hypothenusenquadrat des rechtwinkligen Dreiecks nicht durch ständiges Nachmessen mit den beiden Kathetenquadraten zu vergleichen. Er kann vielmehr deren Verhältnis „ein für allemal" berechnen. Darum besteht die Erkenntnis- und Aussageform, deren sich die Mathematik bedient, in „synthetischen Urteilen a priori". Was heißt das?

Wiederum versuche ich im Kleingedruckten für die weniger Eingeweihten vorweg eine Art „Schulfunk": KANT unterscheidet analytische und synthetische Urteile, und innerhalb der synthetischen wieder solche „a priori" und solche „a posteriori".

„Analytisch heißt ein Urteil, wenn das darin angesprochene Prädikat im Begriffe des Satz-Subjektes selbst schon enthalten ist. So ist es etwa bei den Sätzen: „Der Kreis ist rund" oder a = a. Es geht also um Identitätsurteile, die man in der Logik als Tautologien bezeichnet.

---

[27] Kr.d.pr.V., Erster Tl., I. Buch, 3. Hauptstück; PhB S. 101.
[28] Zum Zusammenhang der beiden zuletzt genannten Kritiken vgl. das Buch des Verf.s: Das Verhältnis zwischen dem Ethischen u. dem Ästhetischen, 1932.

Bei „synthetischen" Urteilen dagegen ist das Prädikat *nicht* im Satz-Subjekt enthalten. Deshalb kommt durch die Hinzufügung des Prädikats eine *neue* Erkenntnisaussage zustande; es geht also um ein Erweiterungsurteil. Wenn ich z. B. sage: „Die Sonne geht jeden Morgen auf", dann ist das Aufgehen noch nicht im Begriff der Sonne enthalten. Vielmehr geht es dabei um ein Urteil, in dem eine Aussage über die Relation der Sonne zu einem anderen Planeten, nämlich zu unserer Erde, gemacht wird. Die Aussage darüber geht aber über das im Begriff „Sonne" Enthaltene hinaus.

Diese synthetischen Erweiterungsurteile können nun „a posteriori" oder „a priori" gefällt werden. Man übersetzt diese beiden Begriffe am besten so: a posteriori = „nachträglich" im Verhältnis zu unserer Erfahrung; a priori = „vorweg" zu unserer Erfahrung, also nicht aus unserer Erfahrung *folgend*, sondern sie *begründend*, sie ermöglichend und insofern ihr vorauslaufend.

Was damit gemeint ist, verdeutliche ich wiederum an dem schon genannten Satz: „Die Sonne geht jeden Morgen auf." Dieser Satz kann sowohl im Sinne eines synthetischen Urteils a posteriori wie eines Urteils a priori ausgesagt werden: Aposteriorisch kommt dieser Satz zustande, wenn ich jeden Morgen neu nachschaue und den Aufgang der Sonne als ausnahmslos geltende Regel aufgrund meiner Erfahrung feststelle.

Ich kann aber auch auf ganz andere, eben apriorische Weise zu jenem Satz kommen: dann nämlich, wenn ich mit Hilfe der astronomischen Mathematik die Planetenbahnen berechne. Dann vollzieht sich die mathematische Schlußfolge nicht auf *Grund* von Erfahrung, sie *begründet* vielmehr Erfahrung. Sie liefert nämlich a priori den Beweis dafür, daß und warum ich jeden Morgen neu die Erfahrung des Sonnenaufgangs machen werde und machen muß.

KANT nennt das, was sich auf die Möglichkeit apriorischer Grundlegung der objektiven Erfahrung durch reine Begriffe und Grundsätze bezieht, als „transzendentale" Bedingung unserer Vernunfterkenntnis. „Transzendental" ist die Erkenntnis, wie solche apriorischen Elemente, die von der Erfahrung unabhängig sind, sich doch auf Gegenstände der Erfahrung beziehen und von dieser ihre Bestätigung erhalten können[29].

Apriorität ist nun bei KANT – darauf sind vor allem die Anfänger hinzuweisen – kein psychologisches, sondern ein rein erkenntnistheoretisches Merkmal: Es bedeutet nicht ein *zeitliches* Vorhergehen vor der Erfahrung, sondern eine *sachlich* über alle Erfahrung hinausgehende, durch keine Erfahrung begründbare (wohl aber selber Erfahrung begründende und möglich machende) Geltung von Vernunftprinzipien.

Diese synthetischen Urteile a priori sind *allgemeingültig*. Die Allgemeingültigkeit ergibt sich für KANT daraus, daß der Inhalt solcher Urteile aus der Vernunft selbst stammt. Da nun jedermann Vernunftträger ist, sind alle durch die aus Vernunftprinzipien stammenden Urteile miteinander verbunden, d. h. niemand kann sich ihnen entziehen. – Bei den bloßen Erfahrungsurteilen (a posteriori) dagegen ist das anders: Hier kann die eine Erfahrung der anderen widersprechen. Die einen können etwa sagen, der Mensch sei gut, während der Pessimismus anderer ihn als böse denunziert – je nach ihrer eigenen Konstitution oder auch nach den Erfahrungen, die sie mit ihren Artgenossen gemacht haben. Beim Pythagoreischen Lehrsatz aber, der aus der Apriorität, also aus der Anwendung reiner und von der Erfahrung unabhängiger Vernunftprinzipien stammt, gibt es tatsächlich jene objektive Allgemeingültigkeit; da kann es keine perspektivischen Unterschiede, keine verschiedenen Erfahrungen oder gar Parteibildungen geben.

Ich muß aber nochmals darauf hinweisen – sonst wird nämlich alles falsch –, daß diese Anwendung von Vernunftprinzipien nicht blindlings und beliebig möglich ist. So kann ich z. B. mit ihrer Hilfe keine Urteile über die Existenz Gottes (Gottesbeweise) oder über die Unsterblichkeit oder die Unendlichkeit der Welt fällen. Versuche ich das doch – und KANT hat solche Urteilsbildungen experimentell durchgespielt –, so komme ich zu den schon erwähnten *Antinomien*, die auf eine gleichsam gesetzlos gewordene Vernunft, auf einen noûs

---

[29] Die Begriffe transzendent und transzendental dürfen also nicht verwechselt werden!

ánomos deuten. Obwohl nämlich die Vernunfturteile nicht aus der Erfahrung stammen, sondern aller Erfahrung vorweg sind, können sie sich doch nur auf Gegenstandsbereiche beziehen, die grundsätzlich Inhalte von Erfahrung werden und darum auch selber Erfahrung begründen können.

Bleibt aber die Vernunft ordnungsmäßig *innerhalb* der ihr angewiesenen Subjekt-Objekt-Relation, so erfaßt sie nicht die Dinge an sich, nicht ihr „Hypokeimenon", sondern nur ihre Erscheinung, also die durch unsere Anschauungsformen und Kategorien schon vorgeformten, die schon sehbar und vernünftig *gemachten* Dinge. Die Vernunft bezieht sich nur auf gegenständlich Seiendes; vom Sein selbst sind ihre Urteile ausgeschlossen. Man könnte etwas zugespitzt sagen: Die Vernunft bildet nur Urteile über Dinge, die sie sich selber zeigt. Unser gesamtes Erkennen ist, theologisch ausgedrückt, anthropomorph.

Nach diesem Kurzreferat über Grundgedanken der kantschen Vernunftkritik halten wir einen Augenblick inne und überlegen wieder die Nachwirkungen[30]:

Die *Naturwissenschaften* haben von KANTs kopernikanischer Wendung kaum Notiz genommen, weil sie der erkenntniskritischen Überlegung, ob die Gegenstände ihrer Erfahrung die Dinge an sich oder nur das Erscheinende sind, grundsätzlich indifferent gegenüberstehen oder jedenfalls standen. Erst die Mikrophysik ist von einer ganz anderen Ecke her – ich zeigte das an einigen HEISENBERG-Zitaten – auf die Bedeutung der Subjekt-Objekt-Relation gestoßen. Für sie wird darum auch KANT auf eine ganz neue Weise interessant. Die Naturwissenschaft pflegt, abgesehen von diesen Ausnahme-Reflexionen – das, was KANT die Erscheinung nennt, eben als die erscheinende *Natur* zu behandeln.

Auch die *Historiker* bleiben unberührt durch KANTs Erkenntnistheorie. In der Geschichtswissenschaft tauchen zwar ebenfalls Grundsatzüberlegungen auf, die durch KANTs Ansatz möglicherweise mitbestimmt sind. Ich denke vor allem an die in der Hermeneutik auftauchende, speziell von W. DILTHEY vertretene Überlegung, daß wir von geschichtlichen Phänomenen nur das zu verstehen vermögen, was bereits „in der auffassenden Lebendigkeit" enthalten sei, also in der geistigen Disposition des Subjekts so etwas wie einen Brückenkopf habe. Für den praktischen Vollzug der Geschichtsforschung ist das aber kaum relevant. Denn der hermeneutische Vorbehalt beim geschichtlichen Erkennen läßt das geschichtlich Erscheinende, quellenmäßig Belegbare konkret eben *doch* nicht als bloße „Erscheinung", sondern als geschichtliche Wirklichkeit verstehen. In concreto geht der Historiker ja so vor, daß er durch jenen Vorbehalt Dinge und Ereignisse nicht relativiert, eben zur bloßen „Erscheinung" macht, sondern daß er durch diesen Vorbehalt nur sagen will: Ich habe keine Affinität zu diesen und jenen Ereignissen[31]. In „meinen" Horizont, in „meine" Subjekt-Objekt-Relation gehen eben nur *bestimmte* Ereignisse ein – aber eben doch Ereignisse, Dinge, Fakten. Sie sind mir zwar nicht alle zugänglich, weil das Fassungsvermögen mei-

---

[30] Vgl. dazu auch SCHLATTER, aaO. 122f.

[31] Als beispielhafter Fall dafür könnte das Verhältnis zur Johannes-Apokalypse dienen, die im relativ ruhigen 19. Jahrhundert weithin ein irrelevantes Fremdgebilde blieb, in apokalyptischen Zeitläuften hingegen – wie etwa im Dritten Reich und im 2. Weltkrieg – eine eigentümliche Aktualität gewann.

ner geistigen Konstitution beschränkt ist; *was* ich aber erkenne, gilt als ein real mir Begegnendes, das sind Menschen wie ich und Schicksale wie meines.

In diesem Sinne werden wir immer wieder dem Eindruck ausgesetzt, daß uns in der Historie nur ein dünner Film zugänglich ist, während weitere und tiefere Dimensionen der Geschichte uns kognitiv entzogen bleiben. Als Beispiel möchte ich etwa an PLATONS Ideenlehre denken. Jeder Examenskandidat kann sich den Kompendiumstoff darüber abfragen lassen. Doch was weiß er wirklich von diesen Ideen? Für PLATON war es eine sehr hohe Meditationsstufe, auf der es zur theoría der Ideen kommen konnte. Wer aber, der heute von platonischen Ideen spricht, hat diese Anlaufstrecke zurückgelegt, so daß er wirklich um jene Ideen „wüßte"? Wer ist an jenen Punkt gelangt, an dem ihm die Kategorien und Anschauungsformen für eine mögliche theoría zuteil wurden? Weil wir eben *nicht* an den platonischen Punkt der Wahrnehmung gelangen, kann es etwa im Neukantianismus dazu kommen, daß die platonischen Ideen zu abstrakt-leeren Allgemeinbegriffen verkümmern. Das meinte ich mit dem „dünnen Film" der Historie, der uns zugänglich sei.

Für den Bereich der *Religion* dagegen ist es mit der Anwendbarkeit der kantschen Prinzipien ganz anders. Religiös-theologische Aussagen gehören für KANT in die Zone der dogmatischen Metaphysik, weil sie in seinem Sinne erfahrungstranszendent und darum ein Tummelplatz für die vagabundierende Vernunft und die dann sich ergebenden Antinomien sind. Was hier in die Kompetenz philosophischer Aussagen fällt, sind höchstens Postulate, „Heischesätze"[32], andeutende Indizien sozusagen – nicht mehr.

Sicherlich ist es dem Einfluß KANTS entscheidend mitzuverdanken, daß die Religion damit im allgemeinen geistigen Bewußtsein einen völlig anderen Ort gegenüber früheren Epochen erhalten hat:

Für LUTHER etwa, ja bis zum Ende des Mittelalters und zur Aufklärung, stand die *Wahrheitsfrage* als Kriterium obenan. Eine Illustration dafür kann die LUTHER-ECK-Disputation sein[33]: Beide standen sich mit der aufgeschlagenen Bibel gegenüber und suchten nachzuweisen, wer die biblische Wahrheit auf seiner Seite hatte. Das nachkantische, an diese Wahrheit nicht mehr selbstverständlich gebundene Bewußtsein kann sich schwer denken, daß eine normative Instanz wie die Wahrheit maßgebend sein könne in einem Bereiche, für den das Organ der Wahrheit, eben die *Vernunft,* gar nicht zuständig ist.

„Theologische" Einwände des heutigen Durchschnittsmenschen sehen doch so aus (wenn man sie in rhetorische Fragen einkleidet): Woher „weiß" man denn das, was die ersten und letzten Blätter der Bibel enthalten (also Schöpfungsbericht und eschatologische Aussagen)? Rühren die nicht aufzulösenden Widersprüche von Religionen, Konfessionen und theologischen Schulen nicht da her, daß wir uns hier in Regionen bewegen, die der gegenständlichen Erfahrung (und erst recht synthetischen Urteilen a priori!) unzugänglich sind, daß es also um prinzipiell nicht verifizierbare Urteile geht? Nochmals: Wie kann die Wahrheitsfrage in der Religion den Rang eines Kriteriums haben wollen, wo doch das *Organ* für die Wahrheit, die Vernunft, unzuständig ist?

Man nimmt der Religion ihr vorgegebenes Interesse an der Wahrheitsfrage nicht mehr ab. Man hält ihr das Argument entgegen: Wie kannst du nur behaup-

---

[32] So verdeutscht JUNG-STILLING den Begriff „Postulat".
[33] Leipziger Disputation, 27. 6. bis 19. 7. 1519.

ten, daß es dir um die Wahrheit gehe, wo du doch die Vernunftkompetenz leugnest (z. B. einen Gottes-„Beweis" für unmöglich hältst) und dich statt dessen auf den Glauben berufst? Was man „wünscht", das glaubt man gern, nicht aber, was „wahr" ist. Diese Spruchweisheit könnte hier eine enthüllende Bedeutung haben. Sie leitet uns sogar noch weiter: Denn an dem, was man sich wünscht, hat man ja ein *Interesse*. Darum vermutet man hinter religiösen Sätzen, die den nicht verifizierbaren, weil vernunfttranszendenten Anspruch auf Wahrheit erheben, eben nicht eine wirkliche Intention auf Wahrheit hin, sondern nur ein *Interesse*. Entsprechend sieht FEUERBACH in der Religion eine Projektion dessen, was man hofft oder auch befürchtet. Und der Marxismus spricht von der Religion als dem „Opium des Volkes", mit dem es in seiner Misere auf ein besseres Jenseits vertröstet und in seinem revolutionären Selbsthilfe-Aufbegehren beschwichtigt werden soll. Es gibt eben Leute, die ein Interesse an diesem Ideologie-Effekt haben und deshalb die Pfaffen zu ihren Handlangern machen. Das Mißtrauen, das sich in alledem kundtut, vermutet stets in vorgeblichen Motiven ein verstecktes Anderes, so daß dieses Vorgebliche – um einen verräterischen Mode-Terminus zu gebrauchen – „hinterfragt" und das latent waltende *Interesse* entlarvt werden muß.

Alle diese Thesen sind zwar durch KANT nicht unmittelbar provoziert worden. Sie sind aber auch kaum *ohne* ihn denkbar. Man sollte das Ideologieproblem im Marxismus und seinen atheistischen Begleiterscheinungen nicht *nur* mit dem Linkshegelianismus in Verbindung bringen, sondern eben *auch* – was bisher kaum geschehen ist – mit KANT[34].

c) Zur „Kritik der praktischen Vernunft"[35]

Es ist eigenartig zu beobachten, daß KANTs Ethik eine ähnlich beherrschende Rolle des Subjekts zeigt wie seine Analyse der Erkenntnisvorgänge. Auch in der Philosophie der praktischen Vernunft werden die ethischen Objekte gewissermaßen zu „Erscheinungen", die das sittliche Subjekt sich erzeugt. Das ist so gewiß sehr pointiert gesagt, um eine wesentliche Analogie seiner beiden großen „Kriterien" deutlicher hervortreten zu lassen. Ich möchte kurz zeigen, was diese Formulierung besagen soll:

Dazu erinnern wir uns an gewisse allgemeine Grundzüge der vorkantschen Ethik, klammern allerdings zunächst die reformatorische Ethik dabei aus.

---

[34] Der soeben angedeutete Pragmatismus, der die These der immanenten Empirie zur Voraussetzung hat, hat vor allem in der anglo-amerikanischen Philosophie extreme Ausprägungen erzeugt, wie etwa bei JOHN DEWEY (Ethics, 1908) und WILLIAM JAMES (Der Pragmatismus, dtsch. 1928). Auch im späteren 19. u. frühen 20. Jahrh. zeigt die deutsche Philosophie ähnliche Richtungen (z. B. NIETZSCHE, H. BERGSON, G. SIMMEL, E. MACH, H. VAIHINGER).

[35] Zur Interpretation nenne ich noch das eindringende, auch theologische Gesichtspunkte bedenkende Werk von HEINRICH BARTH, Philosophie der prakt. Vernunft, 1927, bes. 335 ff.

Diese Ausklammerung erfolgt deshalb, weil etwa bei LUTHER – Ähnliches würde auch für Paulus gelten – der formale Gegensatz zu KANT nicht so pointiert hervortritt wie etwa in der scholastischen Moraltheologie. Denn bei LUTHER sind die sittlichen Gegenstände – besser: die Gegenstände des konkreten Glaubensgehorsams – ebenfalls an das Subjekt, an das *glaubende* Subjekt, gebunden. So wird etwa der paulinische Satz, daß „alles, was nicht aus dem Glauben geht, Sünde" sei (Röm 14,23), mannigfach variiert[36]. Natürlich gilt entsprechend auch das Umgekehrte: Alles, was im Glauben getan wird, kann keine Sünde sein. Die Thesen von 1520, „ob die Werke zur Gnade beitragen", bringen das in sehr zugespitzten Formulierungen zum Ausdruck[37]: „So ein Ehebruch im Glauben geschehen könnte, wäre er keine Sünde. So du im Unglauben Gott anbeten willst, wirst du einen Akt des Götzendienstes vollbringen" (Th. 11f.). Entsprechend gilt: ... opus non facit personam, sed persona facit opus[38]. Das Handeln wird also ganz und gar vom Subjekt, von der „persona" qualifiziert. Anklänge daran finden sich auch im Evangelium: so, wenn Jesus davon spricht, daß nichts von *außen* Kommendes den Menschen verunreinige, sondern nur das dem Innern des Herzens Entstammende (Mk 7,14–23).

Von da her mag es verständlich werden, daß gerade die protestantische Theologie um dieser Bindung sittlicher Wertigkeit an das Subjekt in KANT immer wieder einen Bundesgenossen zu finden meinte. WILHELM HERRMANN, der Lehrer BARTHs und BULTMANNs, glaubte sogar die philosophische Basis KANTs nur noch mit einem christlichen Überbau versehen zu müssen (und zu können!), um eine reformatorisch-theologische Ethik zustande kommen zu lassen.

Wie also stand es *vor* KANT – sagen wir: im Mittelalter, auch noch in der Aufklärung – mit dem Verständnis der Ethik?

Hier gab es feste sittliche Werte, die in der Scholastik vor allem durch das Naturrecht[39], in der Aufklärung durch die Menschenrechte begründet waren. Man konnte eindeutig sagen, was im Sinne jener Werte „gut" ist, und drückte dieses Wissen in Tugendlehren und Tugendkatalogen aus. „Tugend" klingt zwar für unsere heutigen Ohren etwas subjektiv. Doch muß man beachten, daß hier der sittliche Wert als eine objektive Größe gilt und nicht etwa durch die tugendhafte Gesinnung des Subjekts konstituiert wird. Es ist vielmehr umgekehrt: Tugendhaft ist, wer das und das tut, also diesen und jenen Wert intendiert, wer z.B. Gerechtigkeit, Liebe und andere Werte realisiert[40]. Diese Werte könnte man im Sinne KANTs nun (etwas gewagt, ich gebe es zu!) als ethische „Werte an sich" bezeichnen, die ebenso wenig wie das Kantsche „Ding an sich" unmittelbar in Erscheinung treten. Damit ein ethischer Prozeß zustandekommt, müssen diese Werte allererst vom Subjekt verarbeitet und angeeignet werden; sie müssen gewissermaßen durch sein ethisches Kategoriensystem hindurch. Das ethische Produkt, das dabei herauskommt, ist die „Gesinnung".

Wie geht das zu?

---

[36] Bes. in den Schriften wider die Antinomer. Vgl. dazu ThE I, § 599ff.

[37] WA 7, 231f.

[38] WA 39 I, 283,9.

[39] Dazu ThE I, 610–719.

[40] Eine moderne Ethik dieser Art hat MAX SCHELER geschrieben: Der Formalismus in der Ethik u. die materiale Wertethik, 1927. Vgl. dazu die Auseinandersetzung des Verf.s mit SCHELER in seinem Buch: Das Verhältnis zwischen dem Ethischen u. dem Ästhetischen, 1932, 46–65; ferner ThE I, § 1932ff.

KANT sagt, ethisch könne nur das sein, was ich ausschließlich aus ethischer Motivation tue. Die Gesinnung, der subjektive ethische *habitus* der Person, ist also das, was die *opera* qualifiziert.

Wann sind nun diese „nur" ethischen Beweggründe gegeben?

Darauf antworten wir am besten zunächst negativ: Sie sind nur und ausschließlich dann gegeben, wenn ich nicht aus Eigennutz handle, man könnte auch sagen: wenn Trieb und Triebbefriedigung mein Handeln in keiner Weise motivieren. Eine solch eigennützig-egoistische Motivation bezeichnet KANT als „Eudämonismus" oder auch – im Gegensatz zum Pflichthandeln – als ein Tun aus Neigung. Mit fast kriminalistischem Scharfsinn sucht er nun alle Motive auf, die eine Schlagseite zum Eudämonismus hin haben können:

Dieser Eudämonismus liegt z. B. immer dann vor, wenn ich mich von irgendwelchen Objekten bewegen lasse, wenn ich also – wie wir heute psychologisierend sagen würden – der Außensteuerung verfalle. Um welche Objekte geht es dabei? (Die im Folgenden gebrachten beispielhaften Erläuterungen stammen zumeist vom Verfasser, halten sich aber streng an die von KANT gezeichnete theoretische Linie).

Es kann sich etwa um direkte Triebgegenstände handeln, die den Ehrgeiz, den Machttrieb oder auch die sexuelle Libido auslösen. Ein so motiviertes Handeln würde sich betont unterhalb der ethischen Ebene vollziehen. Denn jedes ethische Tun ist konstitutiv an verantwortliche *Entscheidung* gebunden. Hier aber handle ich ja gerade entscheidungs*los,* eben bloß triebbewegt. Ich verhalte mich also ebenso wie das Tier im Rahmen einer Libido-Kausalität.

Andererseits ist es auch möglich, daß ich zwar nicht einfach triebbestimmt handle, sondern mich durchaus nach den genannten sittlichen Werten strecke. Doch braucht das noch keineswegs zu heißen, daß ich damit aus dem Kausal- und Triebzusammenhang wirklich heausträte. Selbst dann nämlich, wenn ich ethische Werte intendiere, kann ich unterschwellig von zwei fragwürdigen Antrieben bestimmt sein:

Entweder kann es sittliche „Neigung" sein, die mich bewegt, z. B. eine gewisse natürliche Gutmütigkeit, die mich zu aktiver Nächstenliebe treibt, aber eben „treibt" und insofern ebenfalls triebbestimmt ist. So könnte auch hier ein sublimer Egoismus wirksam sein.

SCHILLER hat dieses Mißtrauen KANTs gegenüber der ethischen Qualität der Neigung gelegentlich ironisiert, weil damit auch der Freundschaft jeder sittliche Rang abgesprochen werde: „Gerne lieb' ich die Freunde, doch tu' ich es leider aus Neigung! Mich wurmt's, daß ich nicht tugendhaft bin." – Bei aller Verehrung für KANT[41] ist doch SCHILLERS Schrift „Über Anmut und Würde" implizit voller Polemik gegen den „verehrungswürdigen Mann". Für ihn ist die „schöne Seele", in der Pflicht und Neigung zusammenfallen, die eigentliche ethische Gipfelerscheinung. So definiert er ganz im Gegensatz zu KANT die Tugend als „eine Neigung zur Pflicht"[42]. Erst dann, wenn die Pflicht „ihm zur Natur geworden ist, ist seine sittliche Denkart geborgen, denn solange der sittliche Geist noch *Gewalt* anwendet, so muß der Naturtrieb ihm noch *Macht* entgegenzusetzen haben".

---

[41] Siehe dazu SCHILLERS letzten Brief an KANT vom 13. 6. 1794, PhB Bd. 103,47.

[42] AaO. 130.

Könnte nicht auch – das wäre durchaus im Sinne KANTs gefragt! – *Tapferkeit* als ethische Tugend gelegentlich dadurch in Frage gestellt werden, daß sie der Sehnsucht nach Orden und damit dem Trieb des Ehrgeizes entstammte [43]?

Oder – eine andere dubiose Möglichkeit –: ich handle zwar gegen meine Neigung, ohne aber damit meine ethische Chance zu erhöhen. Denn es wäre ja möglich, daß ich etwas aus Angst vor Strafe tue, etwa aus Angst vor dem Richtergott. Auch dann wäre so etwas wie Selbsterhaltungstrieb mein Motiv, also wieder eine Spielart des Egoismus. KANT würde sagen, daß ich mich auch hier von der Naturkausalität treiben ließe, statt sie als sittliches Subjekt gerade in Freiheit zu durchbrechen. Theologisch wird diese Weise der Motivation als timor servilis bezeichnet.

Mit anderen Worten: Wirkliche sittliche Werte kann ich überhaupt nicht „draußen", außerhalb meines Ichs, finden. Denn ich kann diese Werte, Nächstenliebe etwa oder Gehorsam gegenüber Gott, ja mit Hilfe von Motiven anstreben, die sie einer ethischen Qualität gerade berauben. Ich kann ein Waisenhaus stiften, um es nach meinem Namen zu benennen und so meinem Prestigetrieb zu frönen.

Darum werde ich genau wie in der *theoretischen* Philosophie von KANT darauf verwiesen, letzte Orientierungspunkte der Vernunft selbst, in diesem Falle also in Prinzipien des *praktischen* Logos, zu finden.

So kommt es im ethischen Bereich zu einer neuen Gestalt des Apriori: Auch hier dürfen motivierende „Gegenstände" nicht draußen in der Erfahrungswelt aufgesucht und durch Erfahrung begründet werden. Die Erfahrung führt ja gerade zur Außensteuerung und damit zur Zufälligkeit: zur Zufälligkeit deshalb, weil sich jeder so „gefühlsmäßig" an seine Lieblingswerte hängen kann, so daß sein Handeln dann von der jeweiligen Konstitution oder gar Laune, zudem von seiner Situation abhängt. Darum kann ein so motiviertes Handeln niemals den Charakter der Unbedingtheit gewinnen, es wird vielmehr bedingt und damit – *zufällig* sein. Die Vernunftprinzipien des praktischen Logos dagegen führen zur Innensteuerung, die KANT „Autonomie" nennt. Sie sind der Zufälligkeit entrückt und tragen das Signum der Allgemeingültigkeit. Ethische Imperative dieser unbedingten Art kann KANT auch als „apodiktisch" bezeichnen.

Das Gegenteil dazu wäre ein „konditionales" Handeln, das sich von bestimmten – wiederum äußeren – Bedingungen abhängig macht .Es gründet ausschließlich in sachlich begründeten Klugheitsregeln und ist durch pragmatische Ermessensentscheidungen bestimmt. So gehen die strategischen und taktischen Planspiele eines Generalstabes etwa von der Überlegung aus, was in diesem oder jenem Falle zu tun sei. Insofern sind sie die Funktion von Bedingungen. Dieses konditionale Handeln widerspricht sozusagen am massivsten dem ethischen Apriori, weil die Bedingungen, unter denen ich handle, ja durch Erfahrung, durch konkrete geschichtliche Situationen und ähnliche Zufälle bestimmt sind.

---

[43] In diesem Sinne hat ein Spötter einmal gesagt: Orden hätte man sich entweder „erdient oder erdienert oder erdiniert".

Deshalb können so zustandekommende Entscheidungen niemals den Rang von Allgemeingültigkeit erreichen.

Im Normenbereich der Ethik muß es dagegen um Maximen und Grundsätze des Handelns gehen, die *immer* und *überall* gelten, ganz gleich, wie die konkreten Bedingungen sind. Nur *deren* Anwendung schützt vor Opportunismus, taktischen Kompromissen und ähnlichen Bedingtheiten; sie allein machen apodiktische Unbedingtheit möglich.

MAX WEBER hat in seiner berühmten, während des Revolutionswinters 1919 gehaltenen Rede „Politik als Beruf" in seiner Eigenschaft als (wie wir heute sagen würden) „Politologe" die Struktur bedingten und unbedingten Handelns auf seine Weise angesprochen[44]. Er unterscheidet hier zwischen einer „Gesinnungsethik", die KANTs Unbedingtheitspostulat nahekommt, und die er den Heiligen zuweist, und einer „Verantwortungsethik", die – wie beim Politiker – die möglichen Folgen einkalkulieren muß und insofern an Bedingungen gebunden bleibt.

Die wesentliche, sich nun ergebende Frage lautet: Wie werde ich dieser ethischen Motivation teilhaftig, wie bemerke ich sie überhaupt?

Erstens komme ich so zu ihr, daß ich den „kategorischen Imperativ" vernehme, den mir der praktische Logos meines Gewissens vermittelt. (Darüber gleich!) Ich erkenne ihn daran, daß er im Unterschied zu allen sonstigen Antrieben radikal allgemeinverbindlich ist. Um dieser Allgemeinverbindlichkeit willen kann er nur rein *formal* sein, denn alles Inhaltliche, alle kasuistischen Füllungen werden mir ja durch die Außenwelt, also durch Erfahrung und damit so zuteil, daß das Erfahrene und als wünschbar oder gesollt Empfundene bei jedem wieder anders ist. Indem es auf diese letztere Weise nur zu Ermessensurteilen und Klugheitsregeln kommen kann, *entbehren* die hier angesiedelten Imperative gerade jeder Allgemeingültigkeit. So kommt es zur Formulierung des kategorischen Imperativs: „Handle so, daß die Maxime deines Willens jederzeit zugleich als Prinzip einer allgemeinen Gesetzgebung gelten könne."[45] An ihm sind alle Kennzeichen wahrnehmbar, die wir soeben herausgearbeitet haben:

Die Allgemeingültigkeit etwa, die daran erkennbar ist, daß es um ein Vernunftprinzip geht, das eine „allgemeine" Gesetzgebung durchwirkt. Es gilt insofern für alle. Ein solches Prinzip könnte etwa die Respektierung der Menschenwürde sein, die in KANTs Sinne bedeutet, daß uns die „Menschheit" im einzelnen Menschen „heilig" werden soll. Und dies wieder heißt: Wir können zwar alles, worüber wir verfügen, als Mittel für unsere Zwecke verwenden; „nur der Mensch, und mit ihm jedes vernünftige Geschöpf, ist *Zweck an sich selbst*. Er ist nämlich das Subjekt des moralischen Gesetzes, welches heilig ist, vermöge der Autonomie seiner Freiheit"[46]. So wäre die Selbstzwecklichkeit des Menschen und damit das Nein gegenüber seiner nur instrumentalen Verwendung ein solch allgemeines Prinzip, das würdig ist, die für *alle* geltenden Gesetze zu bestimmen.

---

[44] Ges. Aufsätze zur Religionssoziologie, 1921/22, 536ff.;vgl. dazu ThE II, 2, § 3601ff.
[45] Kr.d.pr.V. § 7; PhB 36.
[46] PhB 102.

Ferner tritt am kategorischen Imperativ der *formale* Charakter der ethischen Forderung hervor: Es geht nicht um inhaltliche Programmpunkte, die ich erfüllen soll; diese würden ja stets an die zufällige Konstellation von Umständen gebunden sein. Vielmehr geht es um die Bildung von „Maximen", die für KANT „subjektive Grundsätze"[47] oder auch „Willensmeinungen des Individuums" sind[48]. Es handelt sich also um unbedingte Prinzipien meiner Gesinnung, die mich bewegen sollen. Denken wir als Beispiel wieder an die Selbstzwecklichkeit des Menschen als ein derartiges Prinzip. In diesem Sinne wäre eine solche Maxime etwa Jesu Feststellung, daß der Sabbat um des *Menschen* willen verordnet sei (und nicht umgekehrt!), daß also – kantisch ausgedrückt – Institutionen wie der Sabbat dem Menschen als Mittel zu dienen haben und folglich der Mensch seinerseits *niemals* instrumentale Bedeutung für die Institutionen haben könne.

Maximen dieser Art sind unabhängig von allen geschichtlichen Gegebenheiten und Situationen. Erst *nachdem* ich diese Maxime – diese *unbedingte* Maxime! – gefaßt habe, wende ich mich *nun* der Erfahrungswelt zu und suche mir Objekte, an denen ich diese Maxime angemessen verwirklichen kann.

So frage ich mich z.B., um ein heutiges Problem im Sinne KANTs zu bewältigen: Was bedeutet die Selbstzwecklichkeit des Menschen für die Frage des Schwangerschaftsabbruchs? Ist der Foetus nur Teil des mütterlichen Organismus, so daß ich im Sinne des vulgären Slogans: „Mein Bauch gehört mir" über seine Entfernung oder Erhaltung beliebig verfügen kann? Oder aber steht er unter dem Tabu eigenständiger Menschlichkeit, so daß er selbstzwecklichen Rang genießt?

So also, in *dieser* Reihenfolge, kommt für KANT die ethische Motivation zustande. Die meiner Erfahrung zugängliche Situation kann demnach auf keinen Fall das Material für mein *Primär*motiv sein, sondern sie bildet nur das Material (man könnte auch sagen: das Objekt), das ich *nach* meinem ethischen Urentschluß in Augenschein nehme, um meine Maxime mit seiner Hilfe zu verwirklichen. Dann aber unterliegt der konkrete Modus dieser Verwirklichung *Ermessensurteilen,* durch die ich jenes Material (Situationen, Objekte usw.) interpretiere, die also nur bedingt sein und bei jedem Einzelnen ganz verschieden ausfallen können.

Man könnte es so ausdrücken: Die *ethische Motivation* ist bei allen, die den kategorischen Imperativ respektieren, gleich; sie ist, weil aus Vernunftprinzipien hervorgehend, allgemeingültig und unbedingt. Die *konkreten Konsequenzen* aber, die man aus dieser Motivation zieht, können dann bei allen verschieden sein. Denn beim Übergang der Maxime in die Konkretion muß ich ja die Wirklichkeit interpretieren. Bei dieser Interpretation aber sorgen mein Standort und meine Kriterien für vielerlei individuelle Abweichungen und lassen sie „bedingt" sein: Sie hängt z.B. von meiner gesellschaftlichen Stellung, von meiner Bürgerlichkeit oder meinem Proletarisch-sein, von meinen kapitalistischen oder sozialistischen und vielen anderen Prämissen ab. Der Pluralismus der Meinungen und

---

[47] AaO. 22.
[48] AaO. 78.

Entscheidungen, zu denen es dann in diesem *zweiten* Akt des ethischen Prozesses kommt, tut aber der Allgemeingültigkeit der ethischen Motivation selbst *keinen* Abbruch. Sie bleibt trotz aller variablen Konsequenzen bestehen.

Formal kommt es so bei KANT zu ähnlichen Problemkonstellationen wie in der theologischen Ethik. Man kann das z.B. beobachten, wenn kirchliche Synoden den Versuch unternehmen, eine gemeinsame Stellungnahme zu anstehenden Tagesfragen zu erreichen, etwa zu den Bedingungen, unter denen ein Schwangerschaftsabbruch ethisch akzeptabel sei (nur medizinische oder auch soziale Indikation? Fristenlösung? u.a.), oder zu Problemen der Atombewaffnung. Obwohl bei einer Synode in den theologischen Grundsätzen ein Konsens besteht[49], wird die Verschiedenheit der Lagebeurteilung für völlig differente Stellungnahmen mit Sondervoten noch und noch führen. So zeigt sich auch hier die Verbindung von unbedingten (Glaubens-)Prinzipien mit bedingten Ermessensurteilen, ein Konsens in der Motivation und ein Pluralismus in der Konsequenz.

Wir kommen noch einmal auf die eingangs gestellte Frage zurück, wie ich der ethischen Motivation inne würde, und wir antworteten unter „erstens" darauf: Ich werde ihrer inne, indem ich in meinem Gewissen den kategorischen Imperativ in seiner formalen, inhaltslosen Allgemeingültigkeit vernehme.

Zweitens nun wird mir jenes ethische Motiv dadurch gewiß, daß ich mir meiner *Freiheit* bewußt werde. Wie aber sollte das möglich sein? Jedenfalls nicht so, daß die Vernunft innerhalb des Gegenstandsbereichs der Erfahrung sozusagen ein Loch in der Kausalität entdeckte. Das ist schon deshalb unmöglich, weil die Kausalität ja zu den Kategorien der theoretischen Vernunft gehört und diese folglich die Kausalität in ihren Gegenstandsbereich „hineinsieht". Sie würde sich demnach selbst aufgeben, wenn sie sich dem Versuch hingäbe, jenes Freiheitsloch zu entdecken[50]. Nein: Ich erfahre meine Freiheit aus der *praktischen Vernunft,* und zwar insofern, als mir mein Gewissen mit der Aufforderung des „Sollens" zugleich die Gewißheit des „Könnens" vermittelt[51]. Freiheit und unbedingtes praktisches Gesetz weisen also wechselweise aufeinander zurück."[52]

Von außen gesehen ist die Inanspruchnahme von Freiheit durch das sittliche Subjekt nicht wahrzunehmen; von außen gesehen wird alles zum Gesetz. Gleichwohl ist selbst in extremen Fällen – etwa bei einem Kleptomanen – der so determiniert erscheinende Mensch für KANT frei, verantwortlich und auf beides anzusprechen:

---

[49] Das wäre eine gewisse formale Analogie zu KANTs allgemeingültiger Maxime.

[50] Trotzdem weiß die theoretische Vernunft ebenfalls etwas von der Freiheit, auch wenn sie diese nicht in ihrem Gegenstandsbereich, sondern sozusagen „ungegenständlich" als „Möglichkeit absoluter Spontaneität" und insofern als einen „analytischen Grundsatz", der dem Erkenntnisvorgang innewohnt, erfährt. Sie muß nämlich, um Wahrheit zu entdecken, „zu aller Reihe der Bedingungen notwendig etwas Unbedingtes" voraussetzen. (Kr.d.pr.V., Von der Deduktion der Grundsätze, PhB S. 57.) Vgl. dazu in der Vorrede zur 2. Aufl. der Kr.d.r.V. (Weischedel) I, S. 31 f.

[51] Kr.d.pr.V., PhB S. 35; 182.

[52] AaO. 34.

Es ist einzuräumen, „daß, wenn es für uns möglich wäre, in eines Menschen Denkungsart … so tiefe Einsicht zu haben, daß jede, auch mindeste Triebfeder dazu uns bekannt würde, imgleichen alle auf diese wirkenden äußeren Veranlassungen, man eines Menschen Verhalten auf die Zukunft mit Gewißheit sowie eine Mond- oder Sonnenfinsternis, ausrechnen könnte, und dennoch dabei behaupten, daß der Mensch frei sei"[53]. Aus der erkenntnistheoretischen Schwierigkeit, Freiheit mit Hilfe der theoretischen Vernunft nicht objektivieren zu können, ihre Gegebenheit aber gleichwohl in einem unbedingten Sinne anzunehmen, sucht Kant sich mit Hilfe einer spekulativen Hilfskonstruktion herauszuwinden: Kausalität, so meint er, gebe es nur in der Welt der „Erscheinungen", dort also, wo die Kategorien der Vernunft ins Spiel kommen. Das „Ding an sich" dagegen, das vor aller Erfahrung liegt, d. h. von Anschauungsformen und Kategorien noch nicht zum Erfahrungsgegenstand geformt ist, unterliegt keineswegs der kausalen Determination. Daraus folgert Kant, daß dem Wesen des sittlichen Subjekts, insofern es Freiheit erfahre, die Rolle eines „Dinges an sich" eigne[54].

Aus dem „Sollen", das der praktische Logos dem Menschen kundwerden läßt, und dem „Können" (= Freiheit), dessen er ihn gleichzeitig damit versichert, ergibt sich die *Autonomie* des sittlichen Subjekts. Sie enthält den Imperativ, es „keiner Absicht zu unterwerfen, die nicht nach einem Gesetze, welches aus dem Willen des leidenden Subjekts selbst entspringen könnte, möglich ist …"[55].

Die hier an Kant zu richtende theologische Frage könnte wohl nur lauten: Wo könnte in diesem System *Gott* seinen Ort haben? Fest steht auf jeden Fall, daß er nicht als auctor legis am Anfang, sozusagen als „Vorgabe" des ethischen Systems, stehen könnte. Denn: würde der sittliche Imperativ von vorneherein auf sein Gebot zurückgeführt, so schiene das die Autonomie und damit den Angelpunkt des Systems aufzuheben! Gottes Gebot könne doch in Kants Sinne nur als héteros nómos vorgestellt werden – oder? (Wir kommen auf die Spannung zwischen Theonomie und Autonomie am Ende des Kant-Kapitels noch einmal zurück.) Auf jeden Fall darf der Gottesgedanke bei Kant, da das System nicht auf ihn *gegründet* sein kann, nur am *Ende* – als Appendix sozusagen – auftauchen. Das ist auch so: Er kann nicht auf der Linie synthetischer Urteile geortet werden, sondern er kann nur auf einer gleichsam punktierten Fortsetzung von Erwägungen liegen, die mit der Analyse des sittlichen Subjekts befaßt waren. Für Kant heißt dies, daß der Gottesgedanke allenfalls den Charakter eines „Postulats", einer Art Hilfskonstruktion haben kann, die aus einer tiefen existenziellen Frustration heraushelfen soll, der sich Kant durch die Idee des praktischen Logos ausgesetzt sah. Worin besteht diese Frustration?

Ethische Person bin ich nach Kant, das sahen wir, nur unter der negativen Bedingung, daß ich nicht eudämonistisch handle, daß also das Glücksstreben aus meinem ethischen Motivbereich ausgeschlossen ist. Anderseits aber – und das ist seine Verlegenheit! – gehört Glück als menschliche Selbsterfüllung doch *auch* zu den Elementen der Humanität! Das hat Kant durchaus gesehen, wenn

---

[53] AaO. 115.
[54] AaO. 111.
[55] AaO. 102.

er definiert: „Glückseligkeit ist der Zustand eines vernünftigen Wesens ..., dem es im Ganzen seiner Existenz alles nach Wunsch und Willen geht, und beruht also auf der Übereinstimmung der Natur zu seinem ganzen Zwecke, imgleichen zum wesentlichen Bestimmungsgrunde seines Willens."[56]. Beides zusammen – man könnte sagen: die Erfüllung von Pflicht *und* Neigung – ist für KANT das summum bonum, das „höchste Gut". Glückseligkeit als Kongruenz von Natur und Zweck bedeutet demnach nichts geringeres, als daß das menschliche Wesen zu seiner Bestimmung durchfindet, daß es, modern ausgedrückt, seine Identität erreicht: „In jedem lebt ein Bild / deß, das er werden soll. / Solang' er das nicht wird, / ist nicht sein Friede voll." Glückseligkeit ist deshalb ein integrierender Bestand menschlichen Daseins und seiner Bestimmung.

Fatal ist dabei nur, daß das Streben nach dieser Glückseligkeit nicht zum ethischen Motiv werden darf, weil es als eudämonistischer Antrieb die Reinheit des unbedingten und kategorischen Sollens verderben würde. Damit entsteht eine paradoxe Situation: Das summum bonum als Synthese von Pflicht und Neigung kann nicht unmittelbar gewollt werden und hat gleichwohl als die *Bestimmung* der menschlichen Person zu gelten.

In dieser Verlegenheit greift KANT zum Gottespostulat. Er fordert, etwas pointiert ausgedrückt, einen deus ex machina, der seinerseits zusammenfügt, was für die ethische Motivation geschieden bleiben muß. KANT meint nun merkwürdigerweise, daß er damit zugleich das „christliche Prinzip der Moral" getroffen habe, denn auch diese vertrete nicht die theologische Heteronomie eines „Deus dixit", sondern „Autonomie der reinen praktischen Vernunft", und zwar deshalb, „weil sie die Erkenntnis Gottes und seines Willens nicht zum *Grunde* dieser Gesetze, sondern nur der Gelangung zum höchsten Gute unter der Bedingung der Befolgung derselben macht und selbst die eigentliche *Triebfeder* zur Befolgung der ersteren nicht in den gewünschten *Folgen* derselben, sondern in der Vorstellung der Pflicht *allein* setzt, als in deren treuer Beobachtung die Würdigkeit des Erwerbs der letzteren allein besteht"[57].

Die Gottesfrage steht jedenfalls nicht am Anfang der Ethik[58] – KANT meint sogar: nicht einmal am Anfang der *christlichen* Ethik! –, sondern sie ergibt sich für ihn erst im Rahmen einer abschließenden Reflexion, dann nämlich, wenn sich im Zuge der Unbedingtheit ethischen Handelns die Frage stellt: Und wo bleibt das Glück, wo bleibt die Selbsterfüllung, die als Constitutivum menschlichen Daseins doch nicht ausgeklammert werden darf?

Obwohl KANT mit seiner Lösung zugleich die Grundintention christlicher Ethik getroffen zu haben meint, kann es nicht ausbleiben, daß von diesem Denkansatz aus das Christentum – auf jeden Fall aber einige seiner Richtungen – unter Eudämonismus-Verdacht stehen muß. Das ist jedenfalls dann so, wenn Gott in seinem Rahmen als auctor legis an den Anfang rückt. (Und wer wollte

---

[56] AaO. 143.

[57] AaO. 148; Hervorhebg. v. Verf.

[58] So auch noch einmal gegen Ende der Kr.d.r.V., Weischedel IV, S. 693.

wohl behaupten, daß diese nur eine theologische Ausnahme sei?!) Drängt damit
nicht der Gesetzesgehorsam auf das Ziel, sich bei Gott beliebt zu machen, oder
auch auf einen timor servilis, der die Angst vor der Strafe Gottes zum (pseudo-)
sittlichen Motiv macht?

Diese Frage hat sich auch der Theologe LUTHER in selbstkritischer Absicht
gestellt und sie durch ein originelles Gedankenexperiment, durch die Idee einer
„resignatio ad infernum", durchgespielt: Selbst wenn Gott mich trotz meines
gerechtmachenden Glaubens in die Hölle verdammen würde, dürfte ich nicht an
ihm irre werden. Sonst wäre dies ein Zeichen dafür, daß der Glaube für mich
nur ein Trick meines Heilsegoismus gewesen wäre, mit dessen Hilfe ich in ebenso
berechnender Weise hätte Effekte erzielen wollen, wie derjenige es tut, der sich
auf seine Gesetzesgerechtigkeit gründet. Es wäre mir also in Wahrheit nicht
darum gegangen, im Glauben die conformitas mit Gott zu finden, vielmehr wäre
der Glaube mir – kantisch gesprochen – nur Mittel zum Zweck gewesen: zu dem
Zwecke nämlich, in egoistisch-eudämonistischer Absicht mir die Geneigtheit
Gottes zu erkaufen. Was der Glaube *wirklich* für mich bedeutet hat, ob er egoistisch berechnend oder selbstlose Hingabe gewesen ist, das würde gerade bei
dieser Höllenverstoßung offenbar werden: Wenn ich selbst im Inferno Gott noch
lobe, dann zeigte ich damit, daß es mir beim Glauben nicht um mich *selbst,*
sondern um *Gott* und sein Verfügungsrecht über mich gegangen ist. Dann aber
könnte Gott mich nicht in der Hölle lassen, sondern müßte mich zu sich ziehen.
Denn mit diesem Lob aus der Höllentiefe hätte ich gerade *die* conformitas erreicht, die er von mir haben will. Ich wäre ihm dann in der äußersten Tiefe gerecht geworden [59].

Man sieht also: Auch wenn – wie bei LUTHER – Gott als Herr des Ersten Gebotes [60] am *Anfang* des theologischen Denkens steht, bedeutet dies nicht, daß damit die Ethik „entethisiert" und zu einer Spielart des Eudämonismus verfälscht
würde. KANT hat die Gnadenzusage des Evangeliums und damit den Hintergrund des paulinisch-reformatorischen sola-fide wohl doch nicht begriffen.
Dann aber mußte er auch das „Gesetz" in seiner Zuordnung zum Evangelium
mißverstehen.

J. H. PESTALOZZI (1746–1827) berichtet in einem Brief an LAVATER eine merkwürdige
Parallele zu LUTHERS Resignatio-Überlegung, die wohl auf seine Begegnung mit dem
Mystiker JOHANNES MESMER VOM THAL zurückgeht: „Vierzehn Jahre hab ich, sagt er,
danach gerungen, Gott zu besitzen und die Vollkommenheit zu erlangen, und habe noch
nicht dazu gelangen können; aber auch in der Hölle, wenn ich jetzt stürbe – weil ich die
Gerechtigkeit, wonach ich trachte, nicht habe, würde ich verdammt – würde ich Gott
lieben und mich nach ihm sehnen und wissen, daß Gott in der Hölle mich lieben, mich
erretten und mir seine Gerechtigkeit schenken würde!"[61] – Auch der französische Theologe

---

[59] H. Ficker (ed.), Luthers Vorlesung über den Römerbrief 1515/16, 4. A. 1930, II, 217,
27 ff.

[60] EvG II,239; 251. – P. ALTHAUS, Gottes Gottheit als Sinn der Rechtfertigungslehre
Luthers, in: Theol. Aufsätze II, 1935, 1–30.

[61] F. DELEKAT, J. H. Pestalozzi, 1926, 64.

F. FÉNELON (1651–1715) hat einmal über die selbstlose (nicht-eudämonistische) Liebe gesagt, sie bedeute, „daß der Mensch Gott auch dann müsse lieben können, wenn er wisse, daß Gott ihn verdammen wolle"[62].

d) Exkurs: HEINEs ironische KANT-Kritik

Ausgerechnet HEINRICH HEINE hat an der *nachträglichen* Einführung Gottes, an der Schrumpfung seines Ranges zum bloßen Postulat, Anstoß genommen und geht in seinem Vorwurf so weit, KANT für den Initiator der Lehre vom Tode Gottes – lange vor NIETZSCHE – zu halten[63]. Er, KANT, sei für die „betrübende Todesnachricht" verantwortlich. Er sei es gewesen, der den Himmel gleichsam evakuiert habe, „er hat die ganze Besatzung über die Klinge springen lassen, der Oberherr der Welt schwimmt unbewiesen in seinem Blute, es gibt jetzt keine Allbarmherzigkeit mehr, keine Vatergüte …, die Unsterblichkeit der Seele liegt in den letzten Zügen – das röchelt, das stöhnt …"[64] Man könnte demgegenüber fragen, ob HEINE denn nicht bemerkt habe, daß KANT mit alledem keinerlei Gottesleugnung habe vollziehen wollen, daß er eher im Gegenteil die theologische Unzuständigkeitserklärung der Vernunft als eine Möglichkeit bezeichnet habe, dem Glauben so etwas wie einen anfechtungsfreien Raum zu verschaffen. Sicher ist das nicht unbemerkt geblieben, aber: „schon daß ich jemanden das Dasein Gottes (überhaupt) diskutieren sehe, erregt in mir eine so sonderbare Angst, eine so unheimliche Beklemmung, wie ich sie einst in London zu New Bedlam empfand, als ich, umgeben von lauter Wahnsinnigen, meinen Führer aus dem Auge verlor …; (denn) Zweifel an ihm ist Zweifel am Leben selbst, es ist der Tod"[65].

Einfach der Umstand also, daß Gott für KANT keine Grunderfahrung, kein „Axiom" mehr ist, daß er ihn vielmehr zu einer nachträglichen Marginalie macht, ihn zum bloßen Postulat verdünnt, daß er ihn als Randsiedler des Universums und als einen Emigranten ins Jenseits erscheinen läßt, der innerhalb des Weltzusammenhangs kaum Spuren hinterläßt: das alles löst bei HEINE so etwas wie den ontologischen Schrecken aus.

Ohne daß es allerdings zu diesem Phobos käme, kann A. SCHOPENHAUER in einem Brief vom 21. August 1852 KANT in einem ganz ähnlichen Sinne unterstellen, er habe Gott „ganz schön aufgehoben", und zwar „trotz seiner … kugelfest machenden Definition" mit Hilfe eines (als Postulat) „verkappten kosmologischen Gottesbeweises, auf dem der Judengott reitet". So habe er Gott von KANT „als toten Leichnam überkommen". Zieht mir aber „wie in Ihrem Brief der Gestank des Kadavers in die Nase, so werde ich unwillig"[66].

---

[62] AaO. 36.

[63] In: Zur Geschichte der Religion u. Philosophie in Deutschland; Werke u. Briefe, ed. H. Kaufmann, Bd. V, 1961. – Zur Gesch. der Tod-Gottes-Idee (JEAN PAUL, F. G. WETZEL, J. P. JACOBSEN, F. NIETZSCHE, H. HEINE): EvGl I, S. 14f.

[64] AaO. 269f.

[65] AaO. 267.

[66] An J. FRAUENSTÄDT, abgedruckt bei O. LINDNER, A. Schopenhauer, Von ihm und über ihn, 1863, 553.

HEINE geht so weit, KANT bei seiner Postulatversicherung der Unglaubwürdigkeit zu zeihen und ihm vorzuwerfen, er habe den vorher – in der Kr.d.r.V. – von ihm hinausgewiesenen Gott in seiner Ethik durch eine Hintertür wieder hereingelassen, und zwar aus pragmatisch-sentimentalen Gründen:

> KANT sieht, wieder HEINE, seinen alten Diener Lampe an, „die treue alte Seele", der er durch die Toterklärung Gottes den letzten Halt geraubt hat. „Angstschweiß und Tränen" rinnen ihm über sein altes Gesicht. „Da erbarmt sich Immanuel Kant (denn er ist ein guter Mensch und nicht nur ein großer Philosoph) und halb gutmütig, halb ironisch spricht er: ‚Der alte Lampe muß einen Gott haben, sonst kann der arme Mensch nicht glücklich sein – das sagt die praktische Vernunft – meinetwegen – so mag auch die praktische Vernunft die Existenz Gottes verbürgen.'" Und so „belebte er denn wieder den Leichnam des Deismus, den die theoretische Vernunft getötet"[67].

KANT bildet so für HEINE den Endpunkt einer theologiegeschichtlichen Linie, auf der Gott immer wesenloser, immer mehr seiner Substanz beraubt wird, bis KANT[68] dem alten Jehovah den entscheidenden Stoß versetzt. Ehe es aber dahin kommt, muß Gott noch um die Welt wandern: Zuerst vergeistigt er sich immer mehr (er wird ein bloßes Synonym für Vernunft oder den Weltgeist bis hin zu seiner Rolle als bloßes Postulat). Man sieht, wie diese peripher und einflußlos gewordene Gestalt, die nicht mehr in konkreten Weltzusammenhängen vorkommt, „sanftselig wimmerte, wie er ein liebevoller Vater wurde, ein allgemeiner Menschenfreund, ein Weltbeglücker, ein Philanthrop – es konnte ihm alles nichts mehr helfen" – genauso wenig, wie er in WOLFGANG BORCHERTS „Draußen vor der Tür" als vertrottelter Greis noch seinen Menschen helfen, wie er nur noch die Tränen eines senil Hilflosen weinen kann. „Hört ihr das Glöckchen klingeln? Kniet nieder – Man bringt die Sakramente einem sterbenden Gotte."

Wir werden in der abschließenden Würdigung von KANTs theologischen Aussagen noch die Frage stellen müssen, ob die Bedeutung Gottes sich für KANT wirklich in dem erschöpfe, was die praktische Vernunft an Aussagen über ihn aus sich herausgibt. Könnte es nicht so sein – das wäre die entscheidende Frage –, daß KANT theologische Glaubensgehalte durchaus unangetastet ließe, daß er *andere* Vergewisserungsformen als die über die theoretische und praktische Vernunft für durchaus möglich hielte[69], und daß es ihm ausschließlich um das Problem gehe, welche Aussagen im Rahmen seines vernunftkritischen Transzendentalismus über Gott möglich sind? Könnte es nicht ähnlich sein – um ein freilich vergröberndes Beispiel zu gebrauchen – wie bei einem Naturforscher, der von sich bekennt: „In meinem Fache (sagen wir: in der Biologie) finde ich nur verwischte Spuren, denen sich kaum Auskünfte über Gott entnehmen lassen, und die man auch anders interpretieren könnte[70], denen man aber auf keinen Fall

---

[67] AaO. 270.

[68] AaO. Ende des 2. Buches.

[69] Ich denke etwa an das, was SCHLEIERMACHER vom Weg über „Anschauung und Gefühl" oder was TROELTSCH vom Weg über das „Erlebnis" gelehrt hat.

[70] Man denke an THEILHARD DE CHARDIN und J. MONOD, bei denen eine solch gegensätzliche Interpretation vorliegt.

anzusehen vermag, *wer* vorübergegangen ist. Mein Glaube als Christ (nehmen wir einmal an, daß dieser Naturforscher Christ ist) gründet sich nicht auf diese Spuren; er hat sogar kaum etwas mit ihnen zu tun; er gründet vielmehr in Erfahrungen einer qualitativ anderen Dimension."

Die Frage, die sich so im Anschluß an HEINES Kritik des ethischen Gottesgedankens bei KANT ergeben mag, ist indessen verwickelter, als es nach diesem etwas grobschlächtigen Beispiel scheinen könnte. Vertiefen wir sie, so müssen wir fragen: Ist nicht die emanzipierte Vernunft, die sich ganz auf sich selbst gestellt sieht, die kein „Vernehmen" mehr ist und sich nicht mehr aus einem Grundverhältnis zu Gott versteht, bereits eine solche implizite Absage, wie HEINE sie vermutet? Wie sähe etwa eine *theologische* Kritik der Vernunft aus, die es ja *auch* gibt, geben *müßte*[71]? Bei der späteren Gegenüberstellung von theonomer und autonomer Ethik kommen wir auf diese Fragen zurück.

SAMUEL COLLENBUSCH, der Arzt und Führer des Wuppertaler Pietismus (1724–1802) – in allem anderen wahrhaftig ein Gegentypus zu HEINE –, hat doch in dem *einen* Punkte von KANTS Gottesverständnis wohl ähnlich empfunden wie HEINE, wenn er in einem respektvollen Brief nach Königsberg[72] andeutet, daß dieser Postulat-Gott ihm nicht mehr als einer erscheine, auf den man seine Hoffnung setzen und auf den man sich bei der Auferstehung der Toten freuen könne: „Es tut mir leid, daß I. Kant nichts Gutes von Gott hofft, weder in dieser noch in der zukünftigen Welt, ich hoffe viel Gutes von Gott ..."

e) Zur Religionsphilosophie

Die Religion „innerhalb der Grenzen der bloßen Vernunft"

Was KANT hier bietet, ist eine philosophische Religionslehre, die es nach einem üblich gewordenen, auf BLAISE PASCAL zurückgehenden Etikett mit dem „Gott der Philosophen" zu tun hat.

Es handelt sich dabei um PASCALS „Mémorial", das sich nach seinem Tode im Rockfutter eingenäht fand und das Datum des 23. Nov. 1654 trug. Der entscheidende Satz lautet: „Gott Abrahams, Gott Isaaks, Gott Jakobs – nicht der Philosophen und Gelehrten"[73].
Von neueren Religionsphilosophien der hier gemeinten Art seien im Sinne von pars pro toto genannt: K. JASPERS, Der philosophische Glaube, 1948. Hier ist besonders wichtig die Gegenüberstellung von GALILEI und GIORDANO BRUNO, S. 11 ff. – Vgl. dazu die Auseinandersetzung mit JASPERS in: EvGl II, 377 ff. – W. WEISCHEDEL, Der Gott der Philosophen, 2 Bde., 1971/72. – H. GOLLWITZER/W. WEISCHEDEL, Denken und Glauben. Ein Streitgespräch, 1965. – Das Problem greift auch auf: D. RÖSSLER, Die Vernunft der Religion, 1976.

---

[71] Vgl. dazu ThE II, § 1321 ff., vor allem aber das tiefgründige Buch von S. SCHARRER, Theol. Kritik der Vernunft, 1977.

[72] Barmen-Gemarke, 23. Januar 1795, in: H. CREMER, Aus dem Nachlaß eines Gottesgelehrten, 1902. – COLLENBUSCH war beeinflußt durch die Theodizee von LEIBNIZ u. durch den schwäbischen Theosophen OETINGER. J. H. JUNG-STILLING erwähnt ihn in seiner „Lebensgeschichte" (neu her. 1976) immer wieder.

[73] PASCAL, Die kleinen Schriften, ed. W. Rüttenauer, Sammlung Dieterich Bd. 16, 126 f.

Bei seiner philosophischen Religionslehre kommt es KANT nicht in erster Linie darauf an, christliche Offenbarungsgehalte im einzelnen anzusprechen (obwohl manches davon vorkommt wie etwa: Wesen Gottes, Sohn Gottes, Rechtfertigung, Sünde, Schriftauslegung u.a.). Sein entscheidendes Ziel ist vielmehr, im Rahmen seiner Erkenntnistheorie das herauszufinden, was in puncto Religion von der Vernunft aussagbar ist, und sich dabei immer wieder die Frage zu stellen, in welchem Maße christliche Offenbarungsgehalte mit dem so vernunftimmanenten Wissen in Einklang zu bringen sind oder nicht.

Der Schlüsselsatz dieser Religionslehre „innerhalb der Grenzen der bloßen Vernunft" greift noch einmal die von KANT aufgewiesenen *ethischen* Wurzeln des Religiösen auf. Er lautet: „Religion ist (subjektiv betrachtet) die Erkenntnis aller unserer Pflichten *als* göttlicher Gebote."[74] Hier kommt am prägnantesten KANTs These zum Ausdruck, daß Gott nicht als primäre normative Instanz am *Anfang* aller ethischen Reflexionen steht, sondern daß es umgekehrt ist: Zuerst haben wir die Gewißheit unserer Pflichten; sie geht auf die Prinzipien des praktischen Logos zurück. Scharf formuliert könnte man sagen, daß die Religion ein Mittel zu dem Zweck sei, uns die „Unbedingtheit" sittlicher Verpflichtung dadurch zu verdeutlichen, daß sie diesen Pflichten einen göttlichen auctor legis zugrundelegt, besser: ihn hinzudenkt. Das „als" in jenem Definitionssatz („Erkenntnis unserer Pflichten ,als' göttlicher Gebote") hat ja fast den Klang des VAIHINGERschen „Als-ob", also einer hypothetischen Annahme. Jedoch nur „fast": Es gibt für KANT zwar keinen Beweis für die *Existenz* Gottes; auf die *Idee* von Gott aber muß „alle moralische ernstliche (und darum gläubige) Bearbeitung zum Guten unvermeidlich geraten"[75]. Insofern ist der auctor legis für KANT doch wieder keine aus pragmatischen Gründen erfundene Fiktion wie bei VAIHINGER, sondern immerhin eine Idee, auf die das ethische Bewußtsein „unvermeidlich" stößt und die es als eine – ontologisch wie immer zu bewertende – Gegebenheit respektieren muß.

Natürlich ist diese Vernunftreligion grundsätzlich von der Offenbarungsreligion zu unterscheiden. Aber sind beide deshalb auch von einander geschieden, d.h. unvereinbar? Das Kennzeichen der „geoffenbarten Religion" ist für KANT, daß „ich *vorher* wissen muß, daß etwas ein göttliches Gebot sei, um es als meine Pflicht anzuerkennen", während es bei der Vernunftreligion (von KANT auch „natürliche Religion" genannt) sich umgekehrt verhält: Hier muß ich *zuvor* wissen, „daß etwas Pflicht sei, ehe ich es für ein göttliches Gebot halten kann"[76].

Was so zunächst als ausschließender Gegensatz erscheinen mag, ist es für KANT gleichwohl nicht, weil „selbst die geoffenbarte Religion doch auch gewisse Prinzipien der natürlichen enthalten" muß. Denn der Begriff „Offenbarung" kann von der Vernunft nur deshalb zu dem der Religion „hinzugedacht" (!) werden, weil der Begriff Religion selbst, „als von einer Verbindlichkeit unter dem

---

[74] PhB 179.
[75] AaO. 179, Fußnote.
[76] AaO. 180.

Willen eines *moralischen* Gesetzgebers abgeleitet, ein reiner Vernunftbegriff ist"[77]. Offenbarungsreligion ist hier also als ein Zusatz, man könnte sagen: als ein „Überbau" der Vernunftreligion gedacht. Diese Konstruktion kann selbstverständlich nur darauf hinauslaufen, daß der „Unterbau" der Vernunftreligion normative Bedeutung bekommt und insofern ein Kriterium wird für das, was die Vernunft aus dem Offenbarungs-„Überbau" zu akzeptieren vermag. Die philosophische Ethik trägt ihrer Herrin, der Offenbarungstheologie, wahrlich nicht nur die Schleppe *nach,* sondern sie leuchtet ihr *voran.* Bleibt sie wirklich nur die Magd?

Damit spiele ich auf einige berühmte Sätze KANTS aus seiner Schrift „Der Streit der philosophischen Fakultät mit der theologischen" an[78]. Die betreffenden Sätze lauten: „Auch kann man allenfalls der theologischen Fakultät den stolzen Anspruch, daß die philosophische ihre Magd sei, einräumen (wobei doch noch immer die Frage bleibt: ob diese ihrer gnädigen Frau die Fackel vorträgt oder die Schleppe nachträgt); wenn man sie nur nicht verjagt oder ihr den Mund zubindet."[79] Der ironische Unterton KANTS ist ja unverkennbar. In diesem Vexierbild bleibt es offen, wer eigentliche Herrin und wer eigentlich Magd ist.

Wie sich die Funktion der Vernunftreligion als Kriterium der geoffenbarten auswirkt, mag an einem unter vielen möglichen Beispielen verdeutlicht werden: am Verständnis der christlichen *Erbsünden-Lehre:*

Läßt sich die Erbsünde, besser: das peccatum originale – KANT spricht vom „radikalen Bösen" oder auch vom „Hange zum Bösen in der menschlichen Natur" – überhaupt mit seinen ethischen Voraussetzungen in Einklang bringen? Selbstverständlich ist das jedenfalls nicht! Wie soll man das ethische Subjekt, das als autonomes Selbst sich seine eigenen Gesetze gibt und sein eigener Richter ist, als „böse" vorstellen können (etwa im Sinne von Gen 6,5)? Der Autonomiegedanke ist doch auf das *ethische Selbstvertrauen* des Menschen aufgebaut: darauf, daß er sich als Repräsentant der Menschheit weiß[80], als Träger des praktischen Logos und insofern mit dem Range der Selbstzwecklichkeit ausgestattet! Das ethische Ich kennt also keine infragestellende, richterliche Instanz *über* sich, weil Gott als auctor legis ja nur ein „Hinzugedachtes", eine bloße Chiffre für die Unbedingtheit der sittlichen Gebote ist. Dieses Ich ist selber letzte Instanz!

Noch eine zweite Überlegung läßt es als nahezu unmöglich erscheinen, daß der Gedanke des peccatum originale in KANTS ethisches System integrierbar sei: Er hatte doch das Axiom aufgestellt: „Du kannst, denn du sollst", sah also das Bewußtsein der Freiheit in das Hören auf den praktischen Logos eingeschlossen. Lebt aber nicht jede Erbsündenlehre vom Wissen um das servum arbitrium und von dem in Röm 7,15ff. anklingenden Satz: „Ich soll, aber ich kann *nicht*" –[81].

---

[77] AaO. 182.
[78] Weischedel XI, 279ff.
[79] 290f.
[80] „Der Mensch ist zwar unheilig genug, aber die *Menschheit* in seiner Person muß ihm heilig sein"; Kr.d.pr.V. 102.
[81] Zur Kontroverse über Röm 7: EvGl II, 245ff.

Tatsächlich hat KANT seine Ethik doch *ohne* Bezug auf die Sündenlehre aufgebaut! Wie will er dann aber von seinen Prämissen her eine Brücke zur christlichen Sündenlehre schlagen, also Offenbarungs- und Vernunftreligion miteinander verbinden?

Die Möglichkeit dieses Brückenschlages scheint so unmöglich zu sein, daß gewisse pessimistische Aussagen in KANTs Anthropologie auf den Leser der Kr.d.pr.V. fast wie eingesprengte Fremdkörper wirken. So kann es in dem Abschnitt „Vom Egoism" heißen: „Von dem Tage an, wo der Mensch anfängt durch Ich (sic) zu sprechen, bringt er sein geliebtes Selbst, wo er nur darf, zum Vorschein, und der Egoism schreitet unaufhaltsam fort ..." [82] Im Kapitel „Der Charakter der Gattung" sagt KANT, daß beileibe nicht jedes *Individuum,* sondern nur die *„Spezies"* die Absicht der Natur, nämlich die ihr gesetzte Bestimmung erreiche, nämlich durch ... eigene Tätigkeit die Entwickelung des Guten aus dem Bösen dereinst zu Stande zu bringen" [83].

Nun weist KANT allerdings darauf hin, daß er nie gesagt habe – trotz des Pathos seiner Anatomielehre! –, der Mensch sei gut; dann allerdings wäre eine Lehre vom radikal Bösen in der Tat schwer unterzubringen! Nein: von Haus aus ist er weder gut noch böse, er ist nur „zum" Guten erschaffen:

„Wenn es heißt: er ist gut erschaffen, so kann das nichts mehr bedeuten als: er ist zum Guten erschaffen, und die ursprüngliche *Anlage* im Menschen ist gut; der Mensch ist es selber dadurch noch nicht, sondern, nach dem er die Triebfedern, die diese Anlage enthält, in seine Maxime aufnimmt oder nicht ..., macht er, daß er gut oder böse wird." [84]

Daß der Mensch so mit guten „Anlagen" ausgestattet sei, kann demnach nur bedeuten, daß er eine *Chance* zum Guten habe, daß er allenfalls „potentiell" gut sei, keineswegs aber de facto.

Damit scheint sich nun in der Tat eine Möglichkeit zu eröffnen, daß nicht nur ein Böses, sondern sogar ein „radikal" Böses denkmöglich wird. KANT akzeptiert sogar – eine bestimmte Interpretation vorausgesetzt – den Satz: „Der Mensch ist böse", ja sogar den der Erbsündenlehre entlehnten Satz: „Der Mensch ist *von Natur* böse." [85] Was kann aber in seinem Sinne damit gesagt sein?

Daß der Mensch böse sei, kann in KANTs Sinne nur bedeuten, daß er sich zwar „des moralischen Gesetzes bewußt" sei, gleichwohl aber „die gelegentliche Abweichung von demselben in seine Maxime aufgenommen" habe. Er ist also nur halbherzig zum Guten bereit und nimmt sich die Freiheit zu Ausnahmen. Daß er sogar „von *Natur* böse" sei, besagt dann, daß jene Halbherzigkeit sich nicht nur auf gewisse individuelle Fälle beziehe, sondern daß sie eine Hypothek der ganzen *Gattung* sei. Es ist sozusagen „menschlich", sich nicht ganz und gar dem kategorischen Imperativ zu verschreiben: peccare humanum est. So sieht sich KANT von dem Ausspruch eines englischen Parlamentariers beeindruckt, daß ein jeder Mensch seinen Preis habe, für den er sich weggibt [86], und knüpft daran die

---

[82] Weischedel XII, 408.
[83] AaO. 684.
[84] Rel. innerh., PhB 47. – Zum Begriff der „Anlagen" bei KANT: ThE I, § 1610–1614.
[85] AaO. 32f.
[86] AaO. 40.

Überlegung: Wenn es wirklich keine Tugend gebe, „für die nicht ein Grad der Versuchung gefunden werden kann, der vermögend ist, sie zu stürzen ...", so möchte wohl vom Menschen allgemein wahr sein, was der Apostel sagt: „Es ist hier kein Unterschied, sie sind allzumal Sünder, – es ist keiner, der Gutes tue (nach dem Geiste des Gesetzes), auch nicht einer" (Röm 3,23).

Doch baut hier KANT sofort einige Sicherungen gegen mögliche Mißverständnisse ein. Auf keinen Fall kann das Von-Natur-böse-Sein des Menschen so verstanden werden, als ob „solche Qualität aus seinem Gattungsbegriffe könne gefolgert werden". Täte man das nämlich, so unterläge er dem Gesetze (kausaldeterminierter) Notwendigkeit. Dann aber könnte es nicht mehr als Schuld zugerechnet werden und wäre unserer Verantwortung entzogen. KANT führt statt dessen den Begriff einer „*subjektiven* Notwendigkeit" ein, die man in „jedem, auch dem besten Menschen voraussetzen" kann, und die er als „natürlichen *Hang* zum Bösen bezeichnet. Da dieser Hang „doch immer selbstverschuldet sein muß", können wir ihn selbst „ein *radikales,* angeborenes (nichtsdestoweniger aber uns von uns selbst zugezogenes) *Böse* in der menschlichen Natur nennen"[87].

Abschließend zum Verständnis des Bösen ist noch etwas festzustellen, was KANT so nicht unmittelbar ausspricht, als Interpretation jenes Verständnisses aber sehr nahelegt: Daß der Mensch ein sittliches Subjekt ist, beruht für ihn auf einer Gewißheit ersten Grades: Es folgt nämlich aus dem apriori gewissen Faktum, daß in meinem Gewissen der praktische Logos laut wird. Daß der Mensch *böse* ist, beruht dagegen nur auf einer Gewißheit zweiten Grades: Diese beruht nämlich auf der aposteriorischen, also „erfahrungsmäßig" zustandekommenden Beobachtung, daß der Mensch im Kampf zwischen Pflicht und Neigung, Wille und Trieb geneigt ist, seine Pflichtbindung zu lockern und zumindest „gelegentlich" dem Triebe stattzugeben.

Die Sünde kann so bei KANT keine Urgewißheit sein, wie sie mir coram Deo deutlich wird (und dann über den Begriff eines „moralisch" Bösen zugleich prinzipiell hinausgeht). Theologisch wäre doch zu sagen, daß mein Sündig-Sein mir angesichts der Heiligkeit Gottes zu einer unmittelbaren Gewißheit wird und mich von ihm trennt. („Herr, gehe von mir hinaus! Ich bin ein sündiger Mensch. Denn es war ihn ein Schrecken angekommen ..."; Lk 5,8). Sünde im christlichen – nicht im moralischen! – Sinne wird damit im gleichen Sinne zum Gegenstand des *Glaubens,* wie wir an *Gott* glauben. Die konkrete „Erfahrung" des Sündig-

---

[87] Rel. innerh. 33. Im übrigen bezeichnet KANT die „Anerbung" des Bösen, die Erbsünde also, als die „unschicklichste" Vorstellung von der Verbreitung des Bösen. Nicht ohne Ironie verfolgt er das Verständnis dieser Idee durch die medizinische, die juristische und die theologische Fakultät. Was ihn daran stört, ist offenbar der Umstand, daß ich so als das Objekt der Schuld *anderer,* aber nicht als Subjekt *eigener* Schuld erscheine (aaO. 42f.). Gerade dies ist ein Bedenken, das sich bis heute geltend gemacht hat. So bemerkt ERNST JÜNGER einmal: „Erbsünde? Das hieße, die Schuld von dem, der die Sache verkorkst hat, auf den schieben, der verkorkst worden ist" (Siebzig verweht II, 1981, 430).

Seins hat hierbei höchstens die Bedeutung bestätigender Indizien. Selbst diese aber bleiben dann durchaus nicht auf das bloß „moralisch Böse" im Sinne KANTs beschränkt.

Diese Weise der Sünden-Erfahrung kann es in seinem System schon deshalb nicht geben, weil der Gottesbegriff nur nachträglich – eben als Postulat – eingeführt wird und alle entscheidenden Aussagen der Anthropologie bereits *ohne* ihn gebildet wurden. Von Sünde könnte nur als *abgeleiteter* Gewißheit die Rede sein, die erst nachträglich in das System eingezeichnet wird. Dann aber muß aus der Sünde das „moralisch" Böse werden und damit eine metábasis eis állo génos erfolgen. Soweit ich sehe, hat KANT nur ein einzigesmal von Sünde in Verbindung mit dem Glauben gesprochen. Aber selbst da geht es nur in übertragenem Sinn um den Glauben: nämlich um den Glauben an das Sittengesetz „der Denkungsart nach" im Unterschied zu bloßer Buchstaben-Gebundenheit[88]. Hier ist also, um in KANTs eigenem Bilde zu bleiben, die Philosophie nicht die Magd, die ihrer Herrin die Schleppe nachträgt, sondern ihr voranleuchtet und den Weg weist.

V. Die theologische Auswirkung von KANTs Philosophie insgesamt

Auch wenn wir die theologische Wirkungsgeschichte KANTs an einigen exemplarischen Gestalten (z.B. A. RITSCHL und W. HERRMANN) verfolgen werden, so möchte ich doch am Ende des KANT-Kapitels die wichtigsten Fragen formulieren, die von KANT an die Theologie und von dieser wieder an KANT zu stellen sind:

Erstens: KANT kann in der „Kritik der reinen Vernunft", wie schon erwähnt, darauf hinweisen[89], er habe das Wissen aufheben, d.h. die Reichweite dieses Wissens eingrenzen müssen, um Platz für den Glauben zu schaffen, er habe also – wieder in Form eines Magddienstes! – der Theologie einen Dienst getan, indem er die philosophische Basis für die Möglichkeit des Glaubens schuf. *Wie* KANT das gemeint hat, haben wir uns klar gemacht: Er hat es unmöglich gemacht, daß von Seiten der Philosophie so etwas wie dogmatische Metaphysik betrieben und damit ein Konkurrenzunternehmen zur Religion aufgebaut wird. Dadurch hat er für die Theologie und das Christentum, so können wir in seinem Sinne sagen, zweierlei erreicht:

Er hat *erstens* Platz für den Glauben insofern geschaffen, als er das Wissen – gemeint sind die synthetischen Urteile der theoretischen Vernunft – aus dem Bereiche der Transzendenz ausgeschlossen hat. So kann das Wissen dem Glauben keine Konkurrenz mehr machen.

Zweitens hat KANT es ebenfalls unmöglich gemacht, daß etwa eine atheistische „Metaphysik" mit Mitteln des Denkens Gewißheiten des Glaubens *zerstört*.

---

[88] Rel. innerh. S. 31.
[89] Weischedel III,33.

Denn genauso, wie man im transzendenten Bereiche nichts beweisen kann, vermag man in ihm auch nichts zu bestreiten. Da „eine jede Theologie so sehr nötig hat", über „gereinigte Begriffe" von Ewigkeit, Allmacht, Allgegenwart, kurz: von allem „Dasein außer der Welt" zu verfügen, ist es für sie schlechthin obligatorisch, sich mit der transzendentalen Apperzeption, d. h. mit der auf den Erfahrungsraum begrenzten Funktion der theoretischen Vernunft zu beschäftigen[90]. Erst diese Beschäftigung kann ihr ein sicheres Urteil darüber vermitteln, wo ihre Kompetenz-Zone beginnt.

In der Tat wurde KANTs Philosophie von zahlreichen Theologen (selbst von solchen, die nur unwissend in seinem Kielwasser fuhren) als eine dankbar in Anspruch genommene Schützenhilfe empfunden: Was wollt ihr Freidenker, ihr Monisten, Materialisten oder auch Metaphysiker eigentlich? Schon im Vorfelde des Glaubens, schon im kritischen Umgang mit dem Vermögen der Vernunft ist es doch längst klar geworden, daß in unserer Domäne nichts zu beweisen und zu bestreiten ist!

Frage: Darf man KANTs Denken so simpel in seinen apologetischen Manövern verwenden? Ist es wirklich nur (in diesem Punkte!) theologische Schützenhilfe?

Dieser Illusion kann nur der aufsitzen, der die Gegenstände des Glaubens für bloß „jenseitige" Größen hält. Die Fleischwerdung des Wortes, die Inkarnation ist aber ein unübersehbares Zeichen dafür, daß christliche Theologie es auf Schritt und Tritt mit dem „Diesseits", mit der Zuwendung Gottes zu unserem konkreten Leben zu tun hat.

Selbst dort, wo die Evangelien von transzendenten Regionen wie Himmel und Hölle handeln, geht es nie um eine „Topographie des Jenseits", vielmehr wird die Bedeutsamkeit jener Regionen für unser diesseitiges Hier und Jetzt herausgestellt. Ein klassisches Beispiel dafür ist Jesu Gleichnis vom Reichen Mann und armen Lazarus[91]. Dessen Scopus besteht nicht in der Situation des „Drüben", sondern im Schicksal der fünf Brüder des reichen Mannes im „Hüben".

Gerade in seiner Bemühung, die Philosophie aus der Transzendenz zu „evakuieren" und diese der Theologie als Reservat zur Verfügung zu stellen, hat KANT insofern verhängnisvoll gewirkt, als er das Vorurteil hat zeitigen helfen, es gebe eine solche klare Scheidung von Diesseits und Jenseits. Dieses Vorurteil hat sich, von Ausnahmen abgesehen, wohl weniger bei den Theologen selbst als in mancherlei politischen Ideologien eingenistet. Hier fühlen sich entsprechende Manager dazu legitimiert, die Gestaltung des Diesseits als *ihr* ausschließliches Privileg zu betrachten, während man der Kirche und ihrer Verkündigung das Jenseits als ihr Getto zuweist.

---

[90] Am Ende des Abschnitts „Kritik aller Theologie aus spekulativen Prinzipien der Vernunft", Kr. d. r. V., 2. Buch, 3. Hauptst., Abs. 7; Weischedel 563.

[91] Lk 16,19–31. Vgl. die Auslegung dessen im Buch des Verf.s „Das Bilderbuch Gottes", letzte Aufl. 1982.

Wer KANT freilich genauer liest, wird es schwer haben, diese seine Nachwirkung mit den originalen Texten zu begründen. Denn *so* eindeutig und durchgängig ist jene Scheidung bei ihm selbst wiederum *nicht*!

Daß zumindest hier gewisse Unschärfen bei ihm bestehen, wird wenigstens im
Umkreis der praktischen Vernunft deutlich: Sind etwa die Zehn Gebote, die für
die Bibel doch Inhalt einer Offenbarung sind, nach KANT wirklich nur dem Jenseits zuzuordnen, d.h. besteht ihr Sinn ausschließlich in einem radikalen, autoritären Deus-dixit –? Wäre es so, dann könnte KANT die Gebote doch kritiklos
den Theologen überlassen; er könnte ihnen sagen: Hier habe ich als Philosoph
nichts zu suchen, denn ihr geht ja von der nicht beweis-, aber auch nicht bestreit-
baren Voraussetzung aus, daß *Gott* der Autor der Gebote sei; hier muß und darf
eben nur *geglaubt* werden; diesen Raum habe ich euch doch gerade freige-
kämpft!

Das aber sagt er eben *nicht.*

Vielmehr versteht er den kategorischen Imperativ als *Kriterium* für die Frage,
ob die Gebote Gottes (sind sie nicht möglicherweise nur „angebliche“ Gebote
Gottes?) mit meiner Autonomie in Einklang stehen, ob sie also den Rang haben,
als mögliche Maximen meines Willens zum „Prinzip einer allgemeinen Gesetzgebung“ werden zu können. Trotz ihrer Deus-dixit-Präambel reicht ihr imperati-
vischer *Inhalt* ja immerhin in das Diesseits unseres konkreten Handelns hinein!
Die Philosophie ist so noch etwas ganz anderes als Magd oder auch Söldner, der
Schützenhilfe leistet. Sie ist auch ein Zensor, vor dem man bestehen muß, jedenfalls soweit gewisse Imperative eine Affinität zu meiner „diesseitigen“ Autonomie haben. Da Offenbarungs- und Vernunftreligion, wie wir sahen, nicht in
Widerspruch zueinander stehen können und die Vernunftreligion den Primat für
KANT hat, könnte es also wirklich dahin kommen – jedenfalls theoretisch! –, daß
die Deus-dixit-Präambel durch die Kriterien der praktischen Vernunft *bestritten*
werden müßte.

Dieser Seitenblick auf KANT mit der Frage, ob man wohl vor ihm, dem Sachwalter der Autonomie und dem Zensor der Redlichkeit, bestehen könne, ist
wahrscheinlich bei den theologischen Kantianern noch beherrschender gewesen
als die Freude über die vermeintliche Hilfestellung. (Das dürfte sicher etwa von
WILHELM HERRMANN gelten.) An dieser Stelle wird jedenfalls bei KANT selbst die
verhängnisvolle Scheidung von Diesseits und Jenseits zumindest unscharf.

Drittens: In der bloßen Zensor-Rolle kann KANTs philosophische Religion
den Theologen gewisse vernunfttranszendente Aussagen in erstaunlicher Freizü-
gigkeit überlassen – wenigstens vorübergehend. Die mit der „reinen moralischen
Gesinnung unzertrennlich verbundene Idee des höchsten Gutes“ kann ihn –
KANT – sogar vor den „Abgrund eines Geheimnisses“ führen, vor die Frage
nämlich, „was Gott hierbei tue“. Denn da der Mensch die Verbindung von
Pflichterfüllung und Glückseligkeit – eben das höchste Gut – „nicht selbst realisieren kann ..., so findet er sich zum Glauben an die Mitwirkung oder Veranstal-

tung eines moralischen Weltherrschers hingezogen"[92]. Dann aber muß es offen bleiben, kann jedenfalls nicht verneint werden, „ob nicht über alles, was *wir* tun können, noch in den Geheimnissen der höchsten Weisheit etwas sein möge, was nur *Gott* tun kann, um uns zu einem wohlgefälligen Menschen zu machen"[93].

So rührt KANT hier, von der Idee des höchsten Gutes angeregt, an einen theologischen Begriff der Gnade, der in der traditionellen Terminologie wohl als gratia cooperans zu bezeichnen wäre.

Doch kaum hat er das ausgesprochen, beißt er sich gleichsam auf die Zunge, und zwar gleich zweimal:

Einmal fügt er sofort hinzu, man könne diese Sicht der Dinge, wie sie auf die „Offenbarung", auf die „heilige Geschichte" zurückgehe, nicht ärger mißbrauchen, ja sie zu einem „gefährlichen Religionswahn" machen, als wenn man den Glauben an und das Bekenntnis zu dieser Wirksamkeit Gottes als ein Mittel betrachte, „dadurch wir uns Gott wohlgefällig machen". Denn dadurch werde die *Furcht* unser hintergründiges Motiv; und damit stünden wir wieder, so können wir in seinem Sinne fortfahren, vor dem Abgleiten in einen alles Ethische desavuierenden Opportunismus[94].

Ferner zuckt KANT – und jetzt *noch* entschiedener und radikaler! – vor jeder Vertiefung in theologische Gnaden-Überlegungen aufgrund einer anderen Überlegung zurück: Wir werden zwar, meint er, die „allgemeine Voraussetzung, daß, was die Natur in uns nicht vermag, die Gnade bewirken werde", gerade noch festhalten, jedoch „von dieser Idee weiter gar keinen Gebrauch machen können".

Warum nicht? Zunächst deshalb nicht, weil wir „von einem übernatürlichen Beistande ... nicht das Mindeste erkennen können", uns also sozusagen auf einem schlüpfrigen, durch die Vernunft nicht befestigten Boden bewegen. – Außerdem aber – und darauf liegt hier der eigentliche Akzent – ist diese Idee „gänzlich überschwänglich", so daß es geraten erscheint, „sich von ihr, als einem Heiligtum in ehrerbietiger Entfernung zu halten". Die numinose Scheu, die KANT hier vorschützt, ist aber nicht der eigentliche Grund seiner Reserve. Mit seinem wahren Grund platzt er vielmehr noch im selben Satze heraus: Wenn wir allzusehr mit dem übernatürlichen Gnadenbeistand rechnen, könnten wir dem „Wahne" verfallen, „selbst Wunder zu tun oder Wunder in uns wahrzunehmen" und würden uns so „für allen Vernunftgebrauch untauglich machen"[95]. – Kaum also, daß KANT die transzendente Sphäre des Gnaden-Problems berührt hat, berühren *mußte,* wendet er sich sogleich wieder ab, weil das „Überschwengliche" dieser Aussicht den nüchternen Umgang mit der Autonomie und der durch sie vermittelten Pflicht zu stören vermöchte. Die Religion bleibt so letzten Endes ein Spiegelreflex, von dem wir uns möglichst schnell wieder abwenden sollten, um

---

[92] Rel. innerh., Von den „Geheimnissen", 161.
[93] AaO. 199.
[94] AaO. 200.
[95] AaO. (Anmerkung über die „Gnadenmittel"), 224.

beim Nächstliegenden unserer Pflicht zu bleiben. Hier und nur hier ist der Puls-schlag von KANTS Herzen zu vernehmen.

Viertens: Dadurch, daß KANT den Gottesgedanken von der praktischen Ver-nunft aus entwickelt und die Religion als nur mit ethischen Kategorien erfaßbar bezeichnet, hat er wesentlich zu einem *moralistischen Verständnis des Christen-tums* beigetragen. Auch im heutigen Bewußtsein, jedenfalls an den säkularisier-ten Rändern des volkskirchlichen Betriebs, lebt das Christentum als eine Größe, die in mythischer Form etwas zum Ausdruck bringt, was wir in der unmittel-baren Selbstgewißheit unserer praktischen Vernunft – eben im *Gewissen* – als das Wissen um Gut und Böse bereits in uns tragen. (Es gibt nicht wenige Eltern, die bei der Anmeldung ihres Kinde zum Kindergottesdienst oder Konfirmanden-unterricht als Grundangabe den Satz variieren: „Das Kind muß doch wissen, was gut und böse ist.") Später kann die mythisch-religiöse Hülle dann wieder abgestreift werden. Im Stadium der Erwachsen-seins weiß man sozusagen „auto-nom", was man als Kind nur durch theonome Illustrationen zur Kenntnis neh-men konnte: daß das A und O im Leben ist, „recht zu tun und niemanden zu scheuen". Das Religiöse gilt als eine nur interimistisch verwendete *Form* dieser Aussage. Der Gottesgedanke hilft dem Unmündigen, im Sinne von KANTS Reli-gionsbegriff einen Eindruck von der „Unbedingtheit" seiner Pflichten zu ge-winnen. Denn Gott ist absolut (das versteht auch ein Kind); darum sind auch unsere Pflichten, die uns durch seine Gebote auferlegt werden, absolut.

Fünftens: Zum Schluß sei die wichtigste Anfrage, die KANTS Philosophie an uns alle stellt, formuliert. Er bestreitet ja die Möglichkeit einer im strengen Sinne theonomen Ethik, jedenfalls für das mündige Bewußtsein. Theonomie ist in seinem Sinne Heteronomie.

Dieser Frage muß sich jeder Theologe stellen, ebenso aber auch jeder philoso-phische Denker, der versucht, das Christentum in seine systematische Konzep-tion einzubeziehen und eine begründete Stellung zu ihm zu gewinnen. Wer diese Frage nicht bewältigt, ist mit einem Grundlagenproblem der Theologie nicht fer-tig geworden. Seit KANT geistert diese Frage durch die Theologiegeschichte (und nicht nur durch *sie,* sondern auch durch das allgemeine Bewußtsein). Um für solche Begegnungen gerüstet zu sein, wollen wir nunmehr systematisch das Pro-blem Theonomie/Autonomie prüfen und untersuchen, ob es hier überhaupt um eine Alternative geht.

VI. Systematische Besinnung: Das Verhältnis von Theonomie und Autonomie

Ist nach allem, was wir nun festgestellt haben, eine *„theologische Ethik" nicht ein Widerspruch in sich selbst?* Ethik kann es, jedenfalls für ein nachkantisches Denken, doch nur dann geben, wenn sie Entscheidungen zum Gegenstande hat, die im Rahmen eines autonomen sittlichen Bewußtseins gefällt werden. Eine von außen her dem Menschen gebietende Autorität, wie sie angebliche Gebote Gottes für sich in Anspruch nehmen, heteronomisiert aber jenes sittliche Bewußtsein. Theonomie wäre danach tatsächlich eine Spielart von Heteronomie. Damit müßte Theologie grundsätzlich außerstande sein, so etwas wie eine ethische Disziplin auf ihrem Territorium zu bilden oder auch nur gedeihen zu lassen. Wenn sie dennoch den Anspruch erhebt, das zu können, dreht sie das Rad der Zeit zurück und sucht krampfhaft ein mittelalterlich-vorkantisches Bewußtsein zu konservieren.

Nun ist eines bei diesem Einwand sofort zuzugeben: Die seit der Aufklärung, insbesondere seit KANT, einmal aufgebrochene Frage, wie sich der Nomos Gottes zu unserer Autonomie verhalte, wie das Gebot Gottes mit unserem Gewissen in Einklang zu bringen sei, kann nicht mehr rückgängig gemacht werden. Denn während das Gewissen im Mittelalter, auch bei LUTHER, ein auf die Autorität der Kirche bzw. auf das Wort Gottes *gegründetes* Gewissen, während es also ein gefülltes, ein normiertes Gewissen war und als solches unreflektiert feststand, steht das neuzeitliche Menschentum vor der Tatsache, daß das Gewissen sich auch *dann* als existent erweist und funktioniert, wenn es von allen Autoritäten entbunden und von allen Füllungen entleert ist. „Die … Bewegung in der Richtung auf die menschliche Autonomie … ist in unserer Zeit zu einer gewissen Vollständigkeit gekommen. Der Mensch hat gelernt, in allen wichtigen Fragen mit sich selbst fertig zu werden ohne Zuhilfenahme der ‚Arbeitshypothese: Gott‘ … Es zeigt sich, daß alles auch ohne ‚Gott‘ geht, und zwar ebenso gut wie vorher“[96].

Diese Erfahrung, daß ich ein Gewissen, sagen wir ganz allgemein: ein funktionierendes sittliches Kriterium in mir habe, das auch im Zustande einer äußersten Autarkie der Welt tätig ist und tätig bleibt, kann nicht ungeschehen gemacht oder außer Geltung gesetzt werden. KANTS Forderung, daß ich auch den Gehorsam gegen die Gebote Gottes verantworten muß, daß ich sie also nicht einfach als Kommando heteronom übernehmen darf – diese Forderung ist unrevidierbar.

Wenn diese Unrevidierbarkeit nun zu Recht besteht, d. h. wenn wir nicht mehr hinter die einmal entdeckte Autonomie zurück können, wenn aber andererseits eine christliche Ethik ihr Axiom einer Theonomie nicht preisgeben kann, scheinen wir der Nötigung ausgesetzt zu sein, etwas zur Synthese bringen zu müssen, was grundsätzlich unvereinbar ist. Uns wird offenbar zugemutet, die Vorstellung eines hölzernen Eisens und eines viereckigen Kreises in uns zu bilden. Ist der Gedanke einer theonomen Autonomie etwa weniger paradox?

Um mit diesem sehr elementaren Einwand fertig zu werden, tun wir gut daran, den Begriff Autonomie noch genauer zu untersuchen, und zwar in der Weise, daß wir zunächst weniger auf die Worthälfte „nómos" (= Gesetz) als auf den Bedeutungsgehalt von „autós" (= selbst) achten.

Was ist mit diesem „Selbst" gemeint?

---

[96] DIETRICH BONHOEFFER, Widerstand u. Ergebung, 1951, 215f.

Für KANT ist dieses Selbst die mit sich einsame Person, die am mundus intelligibilis dadurch teilhat, daß sie in sich den praktischen Logos vernimmt. Der Mensch als sittliche Person ist dadurch grundsätzlich autark. Ja: der Blick nach außen, der nach Bestimmungsgründen des Handelns in der Welt des Außer-Ich Ausschau hält, *zerstört* nur die sittliche Struktur des Ich. Darum ist das sittliche Selbst das mit sich einsame, gleichsam in sich hineinhorchende und nach außen abgeschirmte Ich. Der Weg nach außen ergibt sich erst – wie wir sahen – in der *zweiten* Phase der sittlichen Prozesse: dann nämlich, wenn das Ich nun mit der Bereitschaft zum Handeln Objekte in der Außenwelt sucht, in denen es die im Inner-Ich gebildete Gesinnung sich auswirken lassen kann.

Das ist wieder an der Nächstenliebe zu veranschaulichen: Für KANT ist es nämlich nicht so – auch das klang bereits an –, daß der Eindruck des mir begegnenden *Nächsten* meine Hilfsbereitschaft und meine Liebe – also meine Gesinnung – provozierte; sondern es ist umgekehrt: Erst bilde ich in mir die Gesinnung der nicht-eudämonistischen Hilfsbereitschaft, deren ethischer Charakter durch das Kriterium geprüft wird, ob sie „zum Prinzip einer allgemeinen Gesetzgebung" erhoben werden könne; und erst dann suche ich mir die Gestalt des Nächsten, an dem ich diese Gesinnung praktizieren kann. Darum hatten wir Grund zu sagen: Für KANT ist das Selbst das mit sich einsame, autarke sittliche Ich. Dem von da aus gebildeten Begriff der Autonomie liegt also eine anthropologische Vorentscheidung zugrunde.

Damit stoßen wir auf einen überaus wichtigen Gedanken: daß es nämlich bei dem Gegenüber von Autonomie und Theonomie nicht so sehr auf die Frage ankommt, was hier jeweils unter dem Nomos zu verstehen sei und woher man ihn beziehe, sondern daß der Akzent auf die Frage gelegt werden muß, wie jene anthropologische Vorentscheidung aussehe, d. h. *was man unter dem „Autós" zu verstehen habe.*

Dieser Autós wird von der christlichen Theologie anders interpretiert als von KANT. Für christliches Denken ist das Selbst des Menschen nur aus seiner Relation zu Gott zu verstehen: Es ist das von Gott geschaffene, das von ihm abgewichene, das heimgesuchte und das zur Erlösung berufene Ich. Es gibt keine theologische Aussage über Gott, die nicht diese Relation impliziert.

Würde man dennoch eine solche Aussage extra relationem wagen, begäbe man sich in die unerforschbaren, unzulänglichen Bereiche eines „Gottes an sich" und damit des Deus absconditus. Gegenstand einer Erkenntnis Gottes kann immer nur der „Immanuel", der in einer Geschichte mit mir sich erschließende Gott sein. Gott erkennen, heißt geradezu seine Geschichte mit uns, heißt Gott in seinem „für mich" (pro me) erkennen – so könnte man das berühmte Wort MELANCHTHONS abwandeln.

Aber auch das Andere gilt: Es gibt keine theologische Aussage über den *Menschen*, die nicht seine Relation zu Gott implizierte. Wagte man dennoch eine solche Aussage extra relationem, würde man entweder nur physische oder psychische Funktionen samt ihren Organträgern entdecken, oder man würde zu metaphysischen Setzungen und Sinnkonstruktionen schreiten müssen. Jedenfalls würde man die Pointe menschlicher Existenz verfehlen, wenn man den Menschen aus jener Relation löste.

Damit hängt es auch zusammen, daß ich an den Menschen nur *glauben* kann, da Gott als der sein Wesen Bestimmende ja ebenfalls Gegenstand des Glaubens für mich ist. Der unendliche Wert des Menschen und damit seine Unantastbarkeit ist empirisch nicht festzustellen. Der Empirie bietet sich nur der Gesichtspunkt der Verwertbarkeit in seinen brutalen oder sublimen Spielarten an. Darum ist es auch möglich, daß ich wie NIETZSCHE zu der Feststellung komme, der Mensch sei ein Ungeziefer in der Erdrinde. Natürlich kann ich auch zu etwas pathetischeren Diagnosen kommen. Das Eigentliche des Menschen würde ihnen aber dennoch unerschwinglich sein.

Nimmt man nun jene ausschließliche Definierbarkeit des Menschen durch Gott ernst, so gewinnt auch das in der Autonomie gemeinte Selbst eine bestimmte Qualität: Der Mensch kommt zu sich „selbst" nur, indem er zu Gott kommt. Abgesehen davon verfehlt er sein Selbst.

Das wird im Gleichnis vom verlorenen Sohn deutlich (Lk 15,11ff.). Sein Weg in die Fremde ist geradezu der Versuch, sich *ohne* den Vater (sprich: ohne Gott) zu verstehen. Er ist aber nicht – wie er wohl wähnte – eine in sich ruhende Entelechie, sondern sein Selbst ist die Existenz des Kindes. Diese Existenz wird nicht dadurch frei, daß sie sich aus der Kindschaft löst (denn die Alternative zur Kindschaft ist die Knechtschaft), sondern dadurch, daß sie zu einer *mündigen* Kindschaft führt (vgl. Gal 4,1–7). Darum ist die Versicherung der Freiheit, die uns mit dem Worte zuteil wird: „Alles ist euer!" gekoppelt mit der anderen Feststellung: „Ihr aber seid Christi" (1.Kor 3, 21 und 23).

Damit wird deutlich, daß Theonomie und Autonomie auf dieser Ebene keine Gegensätze sind, und zwar deshalb nicht, weil Gott für den Menschen kein héteros nómos ist. Denn indem der Mensch bei Gott ist, *ist* er ja gerade auch bei sich selbst; indem er *nicht* bei ihm ist, verfehlt er sein Selbst.

Freilich muß das noch differenzierter gesagt werden. Es gibt nämlich durchaus die Möglichkeit, daß Gott ein héteros nómos für den Menschen ist. Auf diese Situation macht die Lehre vom *Gesetz* aufmerksam, in deren Rahmen LUTHER gesagt hat, daß ich auf den nur im Gesetz mir entgegentretenden Gott mit Widerwillen, mit knechtischem Gehorsam oder auch mit Gotteshaß reagieren müsse. Ich stehe dann gleichsam nicht auf der Seite des göttlichen Gesetzes, sondern ich stehe ihm als Opponent – auf jeden Fall als Opponent in einer bestimmten Ich-Schicht (Röm 7,22f.) gegenüber. – Insofern ist mir das Gesetz Gottes, wenn es die ausschließliche Signatur meiner Beziehung zu Gott bildet, ein héteros nómos. Denn dem Gesetz korrespondiert auf menschlicher Seite der Knecht, und zwar in allen nur denkbaren Spielarten: vom widerwillig und aus Angst Gehorsamen über den konsequenten Saboteur bis hin zu dem Flüchtigen, der das Bild des gefährlichen Gottes verdrängt und durch mythische oder ideenförmige Wunschbilder ersetzt.

Man wird also sagen dürfen, daß mir Gott von Haus aus, genauer von *meinem* Haus aus (nämlich in meiner Eigenschaft als natürlicher Mensch) tatsächlich heteronom ist. Insofern hat der Einwand, von dem wir ausgingen, auf eine andere Weise recht, als er sich selbst wohl interpretieren konnte.

Die Erlösung aber besteht gerade darin, daß ich nicht nur mein Selbst neu *verstehen* lerne, sondern daß ich vor allem ein neues Selbst *erhalte*: daß nämlich mein „alter Mensch" aufhört und ich eine „neue Kreatur" werde[97].

Diesem neuen Ich entspricht dann notwendig eine ihm zugeordnete Autonomie. Denn indem ich zur Existenz in der Wahrheit berufen werde, *will* ich sie. Ich will, was ich nun bin. Gottes Anruf ist dann nicht mehr der Anruf eines mir Fremden, dem gegenüber ich mich in meiner Autonomie zu verteidigen hätte; sondern es ist umgekehrt: Gott ruft mich als Vater, bei dem ich meine Eigentlichkeit als Kind finde und bei dem ich darum erst zu meiner Autonomie komme. Was mir vorher als Autonomie erschien, wird mir nun als eine sehr sublime Form der Selbstentfremdung sichtbar – als eine Weise, in der ich mich der letzten Infragestellung entzog[98].

Erst von hier aus wird deutlich, warum die *Liebe* von Paulus als „die Erfüllung des Gesetzes" bezeichnet wird (Röm 13,10). Gott lieben heißt ja, dasselbe wollen, was Gott will, also mit seinem Willen geeinigt sein. Denn dieser Wille hat mich als der Wille dessen berührt, der mich liebt und der sich mir zum Vater-Kind-Verhältnis erschließt. Die Forderung: „Du sollst Gott, deinen Herrn, lieben von ganzem Herzen, von ganzer Seele und von ganzem Gemüte" berührt mich nun nicht mehr als ein Fremdgesetz. Denn ihr fehlt das charakteristische Erkennungszeichen des Fremdgesetzes: daß es Opposition bewirkt und das Ich scheidet. Jene Forderung ist für den, dem sich Gott als der Liebende erschlossen hat, gar nichts anderes als die Auslösung einer neuen Spontaneität seines ganzen Ich. Im Akt seiner Gegenliebe ist er ganz „dabei". Auch sein Wille ist – eben weil Liebe eine Gesamtbewegung ist – in diese Spontaneität hineingenommen. Wer wirklich liebt, auch von Mensch zu Mensch, hat die Liebe ja nicht unter mehreren Möglichkeiten gewählt, um sie dann als diese eine Möglichkeit zu wollen und die anderen auf mich zudrängenden Möglichkeiten willentlich niederzuhalten. Sondern die Liebe ist ihm „wahllos" zuteil geworden, und sein Wille findet sich innerhalb ihrer vor.

Wirkliche Liebe ist deshalb konfliktlos (in *dieser* Hinsicht sogar beim Eros). Sie bedarf keines Entschlusses, keiner Entscheidung. Ich habe sie keiner Opposition in meinem inneren Parlamente abzuringen.

Das ist – nebenbei gesagt – in einer kranken, nur körperlichen Sexualität so qualvoll: daß der Mensch nicht ganz *dabei* ist, daß eben nur seine körperliche Libido vorübergehend gelöscht wird, während Herz und Gedanken nicht mit erfaßt sind und deshalb ungestillt aus der Sache hervorgehen. Darum bleibt Sexualität ohne Liebe ihrer Erfüllung beraubt – einfach deshalb, weil eine sich emanzipierende Sexualität nie total sein kann[99]. Darum

---

[97] Die „neue Kreatur" und damit auch die Möglichkeit der Liebe erscheint im NT als Werk des heiligen Geistes. Dazu ausführlich: EvGl III, § 1 f.

[98] ThE I, § 1613 ff.

[99] Vgl. dazu ThE III, S. 520 ff.

dürfte es kaum je so viele Sexualprobleme gegeben haben wie heutzutage im Zeichen durchgängiger Emanzipationsbestrebungen und endloser Fernkurse in den Künsten des Liebeslagers.

Die Liebe engagiert demgegenüber die *ganze* Person. Sie vollzieht sich nicht durch den Entscheidungszwiespalt hindurch, sondern investiert sich ganz und ungeteilt. Im Bereich der Liebe hört der Wille auf, sich gegen Widerstrebendes zu behaupten (wie in KANTs Pflichtenlehre). Er „will" vielmehr das, wozu die Liebe „treibt". Der Wille ist also selber ein Element oder besser: ein Träger der Liebe geworden [100].

Darum kann Jesus auch den sehr merkwürdigen Ausdruck wählen, daß das Gebot der Nächstenliebe dem der Gottesliebe „gleich" sei (Mt 22,39). Das kann nur so gemeint sein, daß Gott und der Nächste im Hinblick auf die Liebe keine verschiedenen Wirklichkeiten bedeuten. Gott macht ja den Nächsten zu dem, was er mir bedeutet, weil er ihn „teuer erkauft" hat und ihn in die gleiche Geschichte seiner Liebe hineingenommen hat wie mich.

Darum ist der Akt des Liebens nicht teilbar: Er ist weder hinsichtlich seines *Gegenstandes* zwischen Gott und dem Nächsten aufzuteilen (Jak 2,14ff.; 1.Joh 4,19–21), noch ist er hinsichtlich seines *Vollzuges* in dem Sinne teilbar, daß ihm die eine Ich-Hälfte innewohnte, während die andere außerhalb seiner stünde. Diese doppelte Unteilbarkeit wird nur denkmöglich, wenn Gott mir die Liebe „abgewinnt" und wenn er dadurch, daß er mich in seine Gemeinschaft beruft, als ein neues Selbst, eine neue Kreatur setzt.

Indem das an mir geschieht, kann ich im strengen Sinne nicht sagen, daß ich ein „Anderer" geworden sei, sondern ich muß bekennen, daß ich nun erst zu mir „selbst", zu meinem *eigentlichen* Selbst durchgefunden hätte und in den Augen Gottes mit meinem „Entwurf" kongruent geworden sei. Indem ich also theonom werde (nicht als ein Widerstreitender unter dem Gesetz, sondern als ein mit Gott konform Gewordener unter dem Evangelium), gewinne ich Autonomie im *eigentlichen* Sinne.

Damit löst sich der ursprünglich angenommene Widerspruch zwischen dem ethischen Gedanken der Autonomie und dem Gedanken einer theologischen Heteronomie auf. Es bleibt freilich bestehen, was wir am Anfange dieses Abschnittes sagten: daß wir hinter die einmal entdeckte Autonomie des sittlichen Bewußtseins nicht zurück können. Es ist und es bleibt uns unmöglich, einen knechtischen Gehorsam gegenüber den göttlichen Geboten als eine „ethische" Ich-Haltung zu bezeichnen. Ja, wir können sogar noch weiter gehen und mit KANT sagen, daß der Anspruch von angeblichen Geboten, selbst wenn sie ihre ehrwürdige Herkunft von Sinai behaupten, nur dann um der Würde der sittlichen Person willen akzeptiert werden dürften, wenn sie die Zensur des ethischen Bewußtseins durchlaufen und hier Zustimmung erreicht hätten, wenn sie also dem ethischen Bewußtsein nur als Objektivierung des in ihm selber tönenden Imperativs deutlich geworden seien. Der einzige, allerdings fundamentale Unterschied gegenüber KANT ist lediglich der, daß es für den Christen um

---

[100] Rein formal ergibt sich hier eine gewisse Analogie zu SCHILLERs Begriff der „schönen Seele".

das ethische Bewußtsein eines *neuen* Ich, nämlich um das Ich der mündigen Kindschaft geht. Auf dieser veränderten Ebene bleiben dann alle formalen Strukturmerkmale der Autonomie genau dieselben. Ja: die Entdeckung dieser Strukturmerkmale durch KANT und ihre vielfach variierte Fixierung seit KANT (z. B. in der Existenzphilosophie) kann für den theologischen Ethiker überaus hilfreich sein. Denn sie trägt dazu bei, den Unterschied zwischen knechtischem Gehorsam (oboedientia servilis) und kindschaftlicher Liebe (dilectio filialis) von philosophischer Seite aus zu erhellen.

VII. Anhang: Zu KANTs Lehre von der Gesellschaft

Das Verhältnis von Moralität und Legalität

Nach der Besprechung von KANTs Ethik könnte es so scheinen, als ob er über den individualethischen Aspekt nicht hinauskäme. Sein Interesse ist scheinbar beschränkt auf Personhaftigkeit und individuelle Autonomie. Zwar spricht der kategorische Imperativ vom Prinzip einer „allgemeinen" Gesetzgebung und geht damit über die individuelle Sphäre hinaus. Doch die Art, *wie* der Einzelne sich auf das Allgemeine einläßt, bleibt wiederum seinem eigenen und individuellen Ermessen überlassen. Über die Frage, *ob* seine Maxime dem Prinzip einer allgemeinen Gesetzgebung genüge, und *wie* er diese Maxime in Gestalt konkreten Handelns realisieren solle, um sich so mit dem Allgemeinen zu koordinieren, bleibt der individuellen Vernunft überlassen. Was uns *heute* demgegenüber beschäftigt und zu Einwänden gegen diese ethische Konzeption anregt, ist die Beobachtung, daß der Mensch offenbar *nicht* in dieser Weise erst bei sich selbst und seinem Gewissen beginnt – als ob er „erstes Subjekt" sei –, sondern daß er sich in einem Gefüge von Vorgegebenem findet, in das er geworfen ist: Ich finde mich ja in einer bestimmten Zeit und in einer bestimmten gesellschaftlichen Situation vor, die mich mitbestimmen und mitprägen. Zu diesem mich Bestimmenden gehört auch ein gewisser common sense, der mich umgibt: gewisse Wertvorstellungen, Verhaltens-Stile sowie ein kollektives Bewußtsein, das mir sagt, wie über dies und jenes zu denken sei, was man zu tun oder auch nicht zu tun habe.

Impliziert diese vom Überpersönlichen ausgehende Suggestion nicht eine Begrenzung meiner Autonomie, genauer: der mir *erreichbaren* Autonomie? Oder noch schärfer: Sind meine Maximen wirklich *meine* Maximen? Oder bilde ich mir das nur ein, während ich in Wirklichkeit nur Exponent und Sprachrohr eines Gemeingeistes bin, so daß es mir allererst *aufgegeben,* aber keineswegs im vorhinein *gegeben* wäre, davon frei und insofern ein Eigener (ein „Autós) zu sein? – Ich habe damit eine kritische Anfrage an KANT formuliert, die Problemstellungen entstammt, von denen wir *heute* umgetrieben sind. Wir bleiben so unserem Programm treu, einen Dialog mit den Denkern der Vergangenheit zu führen.

KANT steht allerdings nicht schweigend und hilflos diesen unseren Anfragen gegenüber. Er hat über das Verhältnis zu dem gesellschaftlich Vorgegebenen durchaus nachgedacht. Für ihn geht es dabei vor allem um den Raum der „Legalität", d. h. der öffentlich-staatlichen Zwangsgesetze. Dieser Raum ist streng von der Dimension individueller „Moralität" zu unterscheiden, wenn auch nicht im Sinne völliger Beziehungslosigkeit zu *scheiden*.

Die wichtigsten Quellenstücke dazu finden sich bei KANT in der „Metaphysik der Sitten" (vor allem in den „Metaphysischen Anfangsgründen der Rechtlehre" und hier wieder vornehmlich in der Einleitung und der „Ethischen Elementarlehre"), PhB Bd. 42, S. 33–48; 261–337; außerdem, am meisten von mir herangezogen, in der Schrift „Über den Gemeinspruch: Das mag in der Theorie richtig sein, taugt aber nicht für die Praxis", Weischedel XI, 125–172. Die letztere Schrift ist in einer leicht zugänglichen, deshalb von mir zitierten Ausgabe in Rowohlts Deutscher Enzyklopädie auszugsweise abgedruckt: FRIEDRICH JONAS, Geschichte der Soziologie, 4 Bde. 1968, I, 212ff. (zit. „Gemeinspruch"). – Ohne daß ich im Folgenden explizit darauf zu sprechen komme, möchte ich den Leser gerne anregen, auf gewisse formale Analogien zu achten, die zwischen KANTS Verhältnisbestimmung von Moralität und Legalität sowie LUTHERS Zwei-Reiche-Lehre bestehen.

Das Problem stellt sich für KANT folgendermaßen:

Der Mensch ist Selbstzweck, so gewiß er Träger von Personhaftigkeit und Freiheit ist. Deshalb darf und kann es keine gesellschaftliche Struktur geben, die ihn des Privilegs beraubte, „Eigner seiner selbst zu sein", und ihn in „die Klasse des Hausviehs" einstufte, „das man zu allen Diensten braucht, wie man will, und es darin auch ohne seine Einwilligung erhält"[101]. Genügt nun das moralische Bewußtsein, um diese Degradierung des Menschen zum „Hausvieh" zu verhindern? Eben das erscheint KANT problematisch. Warum?

Nun: Man könne zwar damit rechnen, daß „die Menschen die Idee von ihnen zustehenden Rechten im Kopf haben". Der kategorische Imperativ ist ihnen also sehr wohl gegenwärtig, folglich auch ein Bewußtsein davon, daß sie – dem „Prinzip einer allgemeinen Gesetzgebung" gemäß – ihre Freiheit dem Gesamt der Rechtsgemeinschaft einzufügen haben. Doch steht dem ein großes Aber entgegen: Um ihrer „Herzenshärtigkeit" willen könnte es nämlich sein, daß sie „unfähig und unwürdig wären, darnach zu werden" und entsprechend zu handeln[102]. KANT läßt hier, offenbar ganz bewußt, einen Begriff anklingen[103], den Jesus benutzt, um den mosaischen Ehescheidungsbrief zu rechtfertigen: Die Ehescheidung sei zwar nicht im Schöpfungsentwurf vorgesehen (sie gelte nicht ap'archês, Mt 19,8 b), Gott nehme mit dieser Konzession vielmehr Rücksicht auf die Situation des Menschen nach dem Sündenfall, eben auf seine Herzenshärtigkeit[104].

Kein Zweifel, daß KANT hier auf gewisse anthropologische Erfahrungssätze anspielt, von denen wir bei der Analyse des „radikalen Bösen" sprachen. Um

---

[101] Gemeinspruch, Vom Verhältnis der Theorie zur Praxis im Staatsrecht, aaO. 215.
[102] AaO. 218.
[103] sklerokardía, Härtigkeit des Herzens, Mt 19,8.
[104] Genaueres zum Begriff: ThE III, § 2140–42.

dieser Unzuverlässigkeit des depravierten Menschen willen liege es dann in der Tat nahe, daß „eine oberste, bloß nach Klugheitsregeln verfahrende Gewalt sie in Ordnung halten dürfe und müsse". Könne aber wirklich bloße Gewalt mit dieser *inordinatio* des Menschen fertig werden? KANT nennt diese Zuflucht zur Gewalt einen „Verzweiflungssprung", einen „salto mortale"[105].

Mag also der Mensch um seiner moralischen Schwäche willen die Zwangsgesetze, die Sanktion der Rechtsgemeinschaft unumgänglich machen, so erhebt sich doch sofort die Frage: Ist das aber dann nicht Tyrannis und Heteronomie, also anti-personhaft und anti-ethisch? Was KANT zu dieser selbstkritischen Gegenfrage bestimmt, ist hierbei nicht *nur* die grundsätzliche Inschutznahme der so gefährdeten Autonomie, sondern ebenso ein geschichtliches Erfahrungsurteil über das, was bei solcher staatlichen Zwangsgewalt herauskommen müsse: Er sieht eine negative und eine positive Folge. Die negative: Wo der Staat *nur* mit einer rechtlich nicht gesteuerten Gewalt auf die herzenshärtigen, moralisch labilen Untertanen reagiert, macht er alles nur noch schlimmer. Er hält sie nämlich so gerade nicht in Schach, sondern stiftet das Volk nur zu der gleichen Gegenreaktion an: nämlich seinerseits ebenfalls Gewalt zu gebrauchen und so „alle gesetzliche Verfassung unsicher (zu) machen". – Die positive Folge: „Wenn nicht etwas ist, was durch Vernunft unmittelbar Achtung abnötigt (wie das Menschenrecht"), wenn also die praktische Vernunft in staatlichen Zwangsgesetzen nichts entdeckt, was ihrer eigenen normativen Forderung entspricht, „sind alle Einflüsse auf die Willkür der Menschen unvermögend, die Freiheit derselben zu bändigen". Gerade darin aber steckt nun der positive Fingerzeig: Wenn in den Gesetzen „das Recht laut spricht" – d. h. wenn sie nicht *nur* Gewalt sind, sondern im Einklang mit unserem Menschenrechts-Bewußtsein stehen –, dann ist trotz des radikalen Bösen „die menschliche Natur nicht so verunartet", daß sie die Stimme jenes Rechts „nicht mit Ehrerbietung" anhören würde. In dieser Analogie zwischen Legalität und Moralität kann es dann Ordnung geben.

Es muß folglich eine gewisse, vom moralischen Bewußtsein geregelte *Übereinstimmung zwischen dem Gebietenden und den Untertanen geben.* Man wird sagen dürfen, daß KANT – obwohl er den Begriff hier nicht erwähnt – mit diesem Konsens das Wesen der *Autorität* umschrieben habe[106].

Trotzdem erhebt sich hier eine Frage an KANT, die er in der Brutalität und Radikalität, wie sie sich uns heute stellt, in *seiner* historischen Situation so unmöglich erkennen konnte. Ich meine die Perversion in der Art, wie man durch Psycho-Tricks eine *illusionäre* Übereinstimmung im Wertbewußtsein zu erzeugen vermag. Man kann etwa eine solche Übereinstimmung mit Hilfe einer ideologischen Bewußtseinsänderung (durch Propaganda oder Gehirnwäsche) bewirken. Man kann also die Bildung von Maximen der autonomen Verfügung entreißen und einen *héteros nómos* als Autonomie erscheinen lassen[107]. Überhaupt ist hier an die Künste in der Manipulation des Unbewußten zu denken. Ihre Unmen-

---

[105] Gemeinspruch, 218.
[106] Vgl. Rel. innerh. (Weischedel) VIII, 753; 827. – ThE II,2, § 1154ff.
[107] ThE II,2, § 154ff.

schlichkeit liegt darin, daß sie das personale Entscheidungszentrum umgehen und damit die Anwendung sachlicher und ethischer Kriterien unmöglich machen. Vgl. z.B. VANCE PACKARD, Die geheimen Verführer, 1958.

Feststeht jedenfalls bei KANT, daß das individuelle Gewissen mit seinem kategorischen Imperativ nicht genügt, um einen gesellschaftlichen modus convivendi zu ermöglichen. Wegen der genannten „Herzenshärtigkeit" bedarf es einer mit der Möglichkeit der Sanktion ausgerüsteten Großordnung. Diese Großordnung unterliegt Gesetzen, die sich von der individuellen Moralität schon dadurch unterscheiden (wenn auch nicht ohne Affinität zu ihr sind), daß ihnen eine Ausstattung mit Zwang eignet. Das aufregende Denkproblem, vor dem KANT hier steht, lautet also: Wie ist es anzustellen, daß eine überpersönliche Zwangsordnung (in Gestalt des Rechtsstaates) zugleich auf das Endziel freier Personalität ausgerichtet ist, wie also können Legalität und Moralität nicht nur in einem gewissen Konsens miteinander stehen, sondern wie kann es dahin kommen, daß die Legalität die Moralität zu ihrem *Ziele* hat, daß der Staat folglich um des Menschen willen da ist und nicht umgekehrt? Denn *so* müßte es doch sein, wenn die Selbstzwecklichkeit des moralischen Wesens „Mensch" in Ehren gehalten, wenn also der Kernpunkt von KANTS Ethik respektiert werden soll. KANT sieht die Lösung dieses Problems so:

Er stellt sich den gesellschaftlichen Zusammenschluß als einen *Vertrag* vor, der sich freilich von allen sonstigen Verträgen unterscheidet. Verträge im üblichen Sinne regeln nur Zusammenschlüsse auf einen bestimmten Zweck hin (etwa als Kauf- oder Mietverträge). Der Zusammenschluß in einer Gesellschaft aber, die „im bürgerlichen Zustande" ist, d.h. sich als „gemeines Wesen" von mündigen Individuen versteht, ist sich selber Zweck. Dieser Zweck nun, der „an sich selbst ,Pflicht' und selbst die oberste formale Bedingung aller übrigen äußeren Pflicht ist, ist das *Recht* der Menschen unter öffentlichen Zwangsgesetzen, durch welche jedem das Seine bestimmt und gegen jedes Andern Eingriff gesichert werden kann"[108]. Das „Seine", das jedem unversehrt zusteht, ist hier zweifellos primär das Recht des Menschen, „Eigner seiner selbst" zu sein, ist sein Recht auf freie Personalität. (Es geht also, modern gesprochen, nicht um Kollektive, in denen das Eigene des Menschen gerade aufzulösen ist.)

Das Rätsel, wie Legalität und Moralität miteinander in Einklang gebracht werden können, löst sich also durch die Paradoxie, daß Freiheit durch Zwang – wenn auch einen moralisch fundierten Zwang! – gesichert werden soll. Der Zwang hat demnach keine andere Aufgabe als die, dafür zu sorgen, daß die Freiheit des einen und die Freiheit des andern nicht auf Kollisionskurs geraten und sich wechselseitig vernichten. Es soll dafür gesorgt werden, daß die Freiheit des einen an der des andern ihre Grenze findet und sie respektiert. Im Grunde handelt es sich so nur um das Problem: Was bedeutet der Umstand, daß der zur Freiheit berufene Mensch nicht als einziger, sich widerstandslos Entfaltender in

---

[108] Gemeinspruch, 212.

der Welt lebt, daß er vielmehr strukturell mit anderen Individuen von gleichem Freiheitsanspruch verwoben ist, mit ihnen kommunizieren muß und sich – mit einem heutigen Terminus – zur Sozialisation aufgerufen sieht?

Deshalb stellt KANT für einen rechtlich normierten modus convivendi der Bürger drei Prinzipien auf: „1. die Freiheit jedes Gliedes der Sozietät, als Menschen. 2. Die Gleichheit desselben mit jedem Andern, als Untertan. 3. Die Selbständigkeit jedes Gliedes eines gemeinsamen Wesens, als Bürger."[109] Wir können uns hier mit der Besprechung des ersten Punktes, des Freiheitsprinzips, begnügen, weil es das Problem Legalität/Moralität unmittelbar betrifft. Die den „Untertan" und den „Bürger" betreffenden Prinzipien sind besonders zeitgeschichtlich interessant.

Wenn die Freiheit durch Zwangsgesetze gesichert werden soll, schließt das (außer der Übereinstimmung mit dem Sittengesetz, vor allem den Menschenrechten) vor allem *eine* entscheidende Forderung ein: Der vom Recht ausgeübte Zwang darf nur rein *formal,* er muß gewissermaßen inhaltlos sein. Eine solch rein formale Rechtsforderung wäre es, wenn „die Einschränkung der Freiheit eines jeden auf die Bedingung ihrer Zusammenstimmung mit der Freiheit von jedermann" verlangt wird[110]. Wesentlich ist dabei, daß der rechtliche Zwang nur *äußeren* Charakter haben darf, andersherum gesagt: Er kann keine inneren, keine Gesinnungsforderungen stellen, weil diese dem praktischen Logos des Einzelgewissens vorbehalten sind.

Hier besteht wieder eine gewisse Analogie zu LUTHERs Zwei-Reiche-Lehre, nach welcher der Staat als Repräsentant des Weltreiches nur die *äußere* Regulierung des Zusammenlebens zu vollziehen hat, die ihm anvertrauten Menschen aber keiner „Botschaft", keiner *inhaltlichen* Gewissensnorm, unterwerfen darf (wie das etwa in ideologischen Herrschaftsstrukturen der Fall ist)[111]. Da es nur um die Regelung des Äußeren geht, ist die Regulierungs-Vollmacht des Staates auf ein Minimum beschränkt – im Gegensatz zum Maximum der Einflußnahme in totalitären Staaten. Negativ ausgedrückt heißt das: Das Zwangsgesetz des Rechtsstaates darf „auf keinen empirischen Zweck" gehen[112]. Damit meint KANT jene abzulehnende inhaltliche Füllung und nennt als Beispiel dafür das etwaige Verlangen des Staates, seine Glieder zu einer von ihm programmierten Glückseligkeit zu führen, ihnen also eine entsprechende „Botschaft" aufzuzwingen.

Wir denken dabei unwillkürlich an das, was KANT in seiner Religionsphilosophie als Wesen der Glückseligkeit bestimmt: die Kongruenz des Menschen mit seiner Bestimmung. Sie ist ein Bestandteil des „höchsten Gutes", das hier und jetzt von uns nicht unmittelbar angestrebt werden kann. Erst recht aber kann es dann nicht „verordnet" werden, nicht einmal als jenes vorläufige und dies-

---

[109] AaO. 213.

[110] AaO. 212f.

[111] Vgl. dazu den Aufsatz des Verf.s „Absolutheitsanspruch u. Toleranz", in: Religionsfreiheit, ed. H. Helbling, 1977, 27ff.

[112] AaO. 212; dort auch das Folgende.

seitige Glück des „Wohlseins", dem wir sehr wohl nachjagen dürfen. Denn „niemand kann mich zwingen, auf *seine* Art (wie *er* sich das Wohlsein anderer Menschen denkt) glücklich zu sein, sondern ein jeder darf seine Glückseligkeit auf dem Wege suchen, welcher ihn *selbst* gut dünkt, wenn er nur der Freiheit Anderer ... nicht Abbruch tut". Das Innestehen in einer wohlgefügten, bewährten Ordnung mag zwar das Gefühl glücklicher Zufriedenheit mit dem bisherigen Zustande aufkommen und ihn als „Volkswohlergehen" empfinden lassen, doch wird dieser allgemeine Zustand nur die Basis sein können, auf der jeder dann das Recht haben muß, seines *speziellen* Glückes Schmied zu sein. Eine Staatsführung, die Glück verordnet und die allein zu wissen glaubt, worin es besteht und was den Untertanen frommt, zwingt diese zu unmündiger Passivität und ist insofern „der größte denkbare Despotismus". In KANTS Sinne würden sicher ideologisch-totalitäre Staaten unseres Jahrhunderts – aber auch theokratische früherer Epochen! – unter dieses Verdikt des Despotismus fallen, weil sie die öffentliche Ordnung nicht eine bloße „Basis" sein lassen, auf der jeder im Sinne ethischer Autonomie ein „Eigener" sein und auch über die Formen seiner Selbsterfüllung (im Sinne freier Glückswahl) entscheiden kann. Sie machen vielmehr das Glück zum Gegenstand einer toalen Manipulation, die auch das Gewissen, ja alle persönlichen Bereiche mit umgreift.

Als Ergebnis können wir festhalten, daß KANT durchaus nicht nur individualistisch denkt, sondern die Vorgegebenheit einer den Menschen umgreifenden gesellschaftlichen Struktur sehr wohl ins Auge faßt. Wenn er das Verhältnis von beidem – von individueller Selbstbestimmung und überpersönlicher Ordnung, von Moralität und Legalität – definiert, ist seine entscheidende These, daß die Ordnung des Zusammenlebens niemals Selbstzweck sein darf, sondern durch die Selbstzwecklichkeit die Personalität normiert sein muß. „Der Sabbat (als Symbol für Institutionen überhaupt!) ist um des Menschen willen gemacht, und nicht der Mensch um des Sabbats willen" (Mk 2,27). Dieser Primat des Menschen und seiner ethisch gebundenen Freiheit müßte auch den Ansatz jeder *christlichen* Gesellschafts- und Staatslehre bilden. Wir haben zwar immer wieder Gründe aufgezeigt, warum gewissen naiven theologischen Meinungen zu widerstehen sei, daß KANT die christliche Ethik schlechthin repräsentiere. Hier aber zeigt sich einer der Punkte in KANTS Denken, an denen seine Fackel auch den Weg einer theologischen Ethik zu erhellen vermag.

12. Kapitel

Die theologischen Kantianer

I. ALBRECHT RITSCHL

a) Porträtskizze des Menschen und Theologen

Zugleich Hinweis auf seine theologiegeschichtliche Stellung

RITSCHL ist nach SCHLEIERMACHER zweifellos der einflußreichste Theologe des 19. Jahrhunderts gewesen. In sachlicher Hinsicht macht sich dieser Einfluß vor allem darin geltend, daß er – vor allem im Anschluß an KANT und LOTZE – der Wegbereiter des Moralismus in der protestantischen Theologie und ihrem Ausstrahlungsbereich geworden ist. Zu seiner weitreichenden und langwährenden Ausstrahlung trug wesentlich bei, daß er eine geschlossene, über Jahrzehnte hin dominierende theologische Schule begründete. Wie es im 20. Jahrhundert „Barthianer" gab und gibt, so sprach man im 19. von „Ritschlianern". Der hervorragendste Ritschlianer, WILHELM HERRMANN, wurde später der Lehrer von K. BARTH und R. BULTMANN. Man versteht diese beiden in *unserem* Jahrhundert dominierenden Schulen nur, wenn man sie vom Hintergrunde des Ritschlschen Denkens her – zugleich als protestierende Reaktion *auf* diesen Hintergrund – versteht.

Auch einige theologische Autoren, die noch für die ersten Generationen des 20. Jahrhunderts prägende Bedeutung hatten, sind durch RITSCHLs Schule geformt. Ich nenne nur den größten unter ihnen, A. VON HARNACK, dessen Werke und kulturpolitisches Wirken weit über die Bereiche von Kirche und Theologie ausstrahlten. Sein Schüler MARTIN RADE (1857–1940) verhalf durch seine bedeutsame, vor allem der Diskussion aufgeschlossene Zeitschrift „Christliche Welt" der Theologie RITSCHLs durch viele Jahrzehnte hin (1888 bis 1941) zu einem publizistischen Nachhall. Die heutigen Leser von KARL HOLLS mit Recht berühmten Luther-Aufsätzen stoßen in seiner Interpretation von LUTHERs Rechtfertigungslehre nach wie vor auf gewisse moralisierende Tendenzen RITSCHLs: Gottes Rechtfertigungsurteil spricht den Menschen schon jetzt frei, weil er – antizipierend – bereits den im Auge hat, den er einmal zu einem ontisch Gerechten gemacht haben wird[1].

Es ist also nicht nur die Bemühung um Theologie-„Historie", die uns die Beschäftigung mit RITSCHL nahelegt, vielmehr ist er aufgrund eigener Nachwir-

---

[1] So in: Die Rechtfertigungslehre in Luthers Vorlesung über den Römerbrief (Ges. Aufsätze zur Kirchengeschichte I, 2. A., 1923, 111 ff.); Die Rechtfertigungslehre im Licht der Geschichte des Protestantismus (aaO. III, 1928, 525 ff.).

kung, mehr aber noch auf dem Weg über seine großen Schüler mit der heutigen theologischen Situation verbunden.

Soweit in der gegenwärtigen Generation sein Name überhaupt genannt wird, steht er in dem fatalen Ruf, unvorstellbar trocken, blaß, vordergründig, moralisch monoton und dogmatisch versimpelt zu sein. K. BARTH hat sicher nicht wenig zu dieser Abwertung beigetragen. Obwohl er zu seinen theologischen Kollegen wenigstens dann sehr nett ist, wenn sie schon lange genug tot sind, und ihr menschliches Porträt gelegentlich sogar liebevoll nachzeichnen kann, bemerkt man bei seiner RITSCHL-Darstellung nichts davon. Daß er ihn am Schluß seiner Theologiegeschichte kurz und unwirsch wie eine lästige Pflichtübung abtut, hängt sicher nicht nur damit zusammen, daß seine Vorlesung am Semesterende unter Zeitdruck stand …

Wie sehr er ihn mit Verachtung straft, kommt drastisch in einem Rundbrief an seine Freunde vom 26. 3. 1922 zum Ausdruck, als noch keinerlei Altersmilde seine Polemik bremste: „Um ein richtiger Theologieprofessor zu sein, müßte man ein solch handfester, lederner, abgebrühter, nichts aber auch gar nichts merkender Knollen sein wie der selige Ritschl, … in dessen Biographie ich am Nachmittag schaudernd einige Kapitel las. Oder werde ich wohl mit der Zeit auch ein solches Roß werden? Entweder eines Tages explodieren oder eben ein Roß werden?"[2]

Wie sollte es aber möglich sein, möchte ich demgegenüber fragen, daß eine angeblich so unterkühlte, an kerygmatischer Anämie erkrankte Theologie im relativ sanften 19. Jahrhundert eine derart militante und auch kirchenpolitisch rauflustige Theologengesellschaft hervorgebracht und stimuliert hat, wie die RITSCHL-Schule es immerhin fertig brachte? Die liberale Theologie und der Kulturprotestantismus der Jahrhundertwende, die ebenfalls weithin auf RITSCHL zurückgehen, waren in ihrer Art doch *auch* imponierende Erscheinungen und wurden von der dialektischen Theologie immerhin für würdig befunden, als Feind Nr. 1 attackiert zu werden! Einer saft- und kraftlosen Theologie, die nur aus Haut und Knochen besteht, pflegen solche Ehren kaum zu widerfahren. Je mehr ich mich mit der Theologie RITSCHLs beschäftigte, um so mehr wurde mir klar, daß er für seine Zeit ein lösendes Wort gefunden hat, und daß seine Theologie geradezu spannend wird, wenn man sie in diesem Dialoge mit ihrem geschichtlichen Augenblick belauscht. In seiner Lehre von der sittlichen Person zeigt sich so etwas wie ein erster Versuch, sich theologisch mit dem mechanistischen Sog des Maschinenzeitalters und der entpersönlichenden Tendenz des weltanschaulich ausgeweiteten Evolutionismus auseinanderzusetzen. Es wäre töricht, in dieser Respektsbezeugung einen Appell zu erblicken, diese theologische Konzeption in unsere heutige Stunde hereinzurufen. Eine Theologie ist nur *ihrer* Zeit das Letzte schuldig.

ALBRECHT RITSCHL wurde 1822 in Berlin als Sohn des späteren Generalsuperintendenden und Bischofs von Pommern KARL RITSCHL geboren. Seine Studienjahre verbrachte er in Bonn, Halle und Heidelberg. Die Anfänge seiner akade-

---

[2] K. BARTH/E. THURNEYSEN, Ein Briefwechsel aus der Frühzeit der dialekt. Theol., Siebenstern 1966, 80.

mischen Wirksamkeit lagen in Bonn. Die Hauptzeit seines Professorenlebens hat er in Göttingen zugebracht. Der Lebensstil eines Professors in jener Zeit unterschied sich sehr von dem eines heutigen: Wenn ich recht orientiert bin, hat RITSCHL außerhalb seines Hörsaales oder kirchlicher Gremien (Synoden usw.) nur zweimal einen Vortrag gehalten, beide Male im Göttinger Frauenverein.

Sein Leben floß also in einem ziemlichen Gleichmaß dahin, meist wohl an seinem Schreibtisch, wo er seine umfänglichen opera schrieb. Dennoch verlief es nicht entfernt so ruhig wie das KANTS: RITSCHL hatte immerhin eine Fülle von theologischen und kirchenpolitischen Kämpfen zu bestehen. Auch *er* hatte wie LESSING seinen Hauptpastor GOEZE, sogar vervielfacht in Gestalt der orthodoxen, damals als „positiv" bezeichneten Theologie, die in unzähligen Traktaten, Kampfschriften, auf Pfarrkonferenzen und Synoden gegen ihn Sturm lief. Außerdem war er Mitglied des preußischen Oberkirchenrats und des Landeskonsistoriums in Hannover und freute sich – unter viel obligatem Klagen –, daß er als Professor auf diese Weise auch einmal Gelegenheit zum Handeln und zum Verwalten bekam. Zweimal war er Prorektor der Universität Göttingen. Dabei entfaltete er auch einigen gesellschaftlichen Glanz und hielt vor allem anläßlich der 150-Jahrfeier der Universität eine viel beachtete Festrede. Sie zeigt, daß er seine Streitbarkeit nicht nur im innerkirchlichen Bereich, sondern auch auf der politischen Ebene bewahrte:

Er suchte in dieser Jubiläumsrede zu zeigen, daß die ultramontanen Geschichtskritiker im Unrecht seien, wenn sie gegen die Reformation den Vorwurf erhöben, sie sei die Mutter aller späteren Revolutionen und Auflösungserscheinungen. Demgegenüber vertrat er die These, alle ultramontan-konservativen Kräfte hätten ebenso wie der sog. Liberalismus und die Sozialdemokratie ihre gemeinsame Wurzel in der mittelalterlichen Weltanschauung mit ihren totalitären Tendenzen (wie wir heute wohl das nennen würden, was RITSCHL meinte). Gerade diese Weltanschauung aber sei durch die Reformation überwunden worden – und natürlich erst recht durch sein eigenes reformatorisches Verständnis (was er so nicht aussprach, aber doch wohl im Auge hatte). So wies er den Vorwurf, die Reformation sei für alle möglichen Fehlentwicklungen der Neuzeit verantwortlich zu machen, zurück und schob den „Papisten" den schwarzen Peter zu.

Jedenfalls sehen wir – nicht zuletzt an der heftigen Resonanz, die diese Rede auslöste –, in welchem Maße RITSCHL auch zur Öffentlichkeit zu reden wußte, daß er viele zum Aufhorchen und ihr Blut in Wallung brachte. Obwohl er sich keiner emotionalen Rhetorik befleißigte, sondern bei der Kühle akademischer Argumentation verharrte, wußte er doch genau, welche Nervenenden besonders empfindlich reagierten: Eine politisch sich aktualisierende Theologie konnte mit der Sensibilität ihrer Zeitgenossen rechnen. So gestand er denn seinem Schüler H. SCHOLZ: „Wenn ich nicht ganz farblos reden wollte, so konnte ich nur politisch reden ..."[3] So beinern und blutlos, wie er der dialektischen Theologie erschien, war er also sicherlich nicht.

---

[3] Am 22. 8. 1887; bei O. RITSCHL II, 495.

Er war es schon deshalb nicht, weil er in Fronten dachte. So hatte er selbst in seinem theologischen Denken etwas von einem homo politicus an sich:

Die *eine* Front (1.) war für ihn die aufkommende Massengesellschaft des Industriezeitalters, die er mit einer Deutlichkeit bemerkte wie kaum ein anderer Theologe neben ihm[4], und der gegenüber er mit christlichen Mitteln die bedrohte Personhaftigkeit des Menschen zu stärken suchte. RITSCHL hat das heraufziehende Klima des Kollektivismus gespürt, auch wenn er diesen Begriff, soweit ich sehe, noch nicht gekannt hat.

Zwei *andere* Fronten (2.) waren der Katholizismus und der Pietismus:

Der *Pietismus* war ihm fremd wegen seiner Enge und Weltlosigkeit.

Den *Katholizismus* mochte er nicht (siehe die Jubiläumsrede) wegen seiner vermeintlichen Mittelalterlichkeit und seines ontologischen Denkschemas. Er schien ihm veraltet zu sein. RITSCHL fühlte sich ihm gegenüber als nachkantischer, moderner Mensch.

Man kann sich jedenfalls vorstellen, mit welcher Wonne er auf einen Katholiken wie IGNAZ VON DÖLLINGER reagierte, der über jene sublime konfessionelle Selbstironie verfügte, wie man sie nicht selten bei liberal angehauchten römischen Klerikern findet. DÖLLINGER verschaffte RITSCHL Wasser auf seine das Mittelalter und allen Dogmatismus so gerne zermahlenden Mühlen. Ich kann es mir nicht versagen, das durch eine kleine Anekdote zu illustrieren, die nicht nur jene Selbstironie DÖLLINGERS charakterisiert, sondern deren begeisterte Aufnahme durch RITSCHL auch dessen so oft bestrittenen Sinn für Humor bezeugt[5]:

In einem Nonnenkloster zu Bologna, dessen Äbtissin die Schwester BENEDIKTS XIV. war, hielt der päpstliche Bruder ein Hochamt. Die Nonnen sangen dazu in feierlich endloser Wiederholung das „genitum, non factum". Schließlich war es dem Papst zuviel. Er drehte sich am Altare um und unterbrach das Gesinge mit: Sive genitum, sive factum, pax vobiscum! – Für diese Art des Humors hatte RITSCHL offenbar Sinn.

Ganz entsprechend war auch sein Sinn für die Heiterkeiten geselligen Lebens und auch gewisser beruflicher Erfahrungen: So lud er das junge Volk wiederholt zu Tanzereien in seinem Hause ein und amüsierte sich über das tänzerische Temperament eines Pietistensohnes, der in RITSCHLS Haus seinen Nachholbedarf bei dem befriedigte, was ihm im Elternhause verboten war[6]. Auch die Examens-Hereinfälle von allerhand Faulenzern, Stumpfbolden, „Ruppsäcken" und „Rackern" – solche Worte in diesem strengen Munde! – konnten anekdotische Erzähllust in ihm auslösen[7].

---

[4] Ausgenommen wohl ALEXANDER VON OETTINGEN, der andere Lehrer A. v. HARNACKS. Die Offenheit seines Blicks für gesellschaftliche Umschichtungen geht aus seinem Werk hervor: Die Moralstatistik in ihrer Bedeutung für die Sozialethik, 3. A. 1882. Vgl. dazu: H. KRIMMER, Empirie und Normativität. Die Moralstatistik A. v. Oettingens, Diss. Hamburg 1973. – Natürlich könnte man auch den jüngeren Zeitgenossen RITSCHLS, nämlich AD. STOECKER, nennen, weil auch er die Heraufkunft des Vierten Standes intensiv zur Kenntnis genommen hat. Doch liegt seine Begegnung mit der neuen Lage auf einer anderen Ebene als bei RITSCHL und v. OETTINGEN.

[5] Sie findet sich in einem Brief RITSCHLS an HARNACK vom 29. 8. 1881; bei O. RITSCHL, aaO. II, 375.

[6] AaO. 368.

[7] AaO. 449.

Was ich an diesem andeutenden Porträt des Menschen RITSCHL erwähnt habe, hatte – anders als sonst – tatsächlich die Bedeutung einer captatio benevolentiae beim Leser, weil ich gewissen Vorurteilen entgegen wirken wollte.

Nachdem ich mich dieser Aufgabe entledigt habe, bedarf es zum Biographischen noch einiger Hinweise auf seine theologische Entwicklung, die nicht ohne Einfluß auf sein späteres System war:

In seiner Jugend war RITSCHL vornehmlich historisch interessiert, weil er durch die dogmengeschichtliche Schule des Hegelianers CHR. FERD. BAUR gegangen und demzufolge selbst ein Hegelianer geworden war. Doch merkte er sehr bald das gewaltsam Konstruktive in der dialektischen Geschichtsbetrachtung HEGELS. Es kam ihm so vor, als ob hier Geschichte aus dem Gedanken heraus im voraus entworfen werde. Das konnte dann natürlich nur auf Kosten der kontingenten, sperrigen und der Systematisierbarkeit sich entziehenden *Tatsachen* geschehen. In seinem ersten großen historischen Werk „Die Entstehung der altkatholischen Kirche" (2. A. 1857), einer Geschichte des Urchristentums, brach er entschieden diesen hegelschen Bann, unter dem er bisher gestanden hatte. Gerade im Widerspruch zu dem, was er als Intellektualismus HEGELs empfand – zu seiner ausschließlichen Orientierung an der abstrakten Idee –, kam er dazu, den *Willen* und die vom Willen bestimmte *Persönlichkeit* in den Mittelpunkt seines Denkens zu stellen. Daraus ergab sich dann der Übergang von HEGEL zu KANT und von hier aus wieder die ethisierende Tendenz seiner Theologie.

Die damit gegebene Anlehnung an KANT macht noch zwei andere Seiten seiner theologischen Position verständlich:

Einmal sorgte sein überwundenes HEGEL-Trauma dafür, daß er vehement wider jede Einführung von Metaphysik in die Theologie war. Gerade hier empfand er KANT als seinen Bundesgenossen auf philosophischer Seite. Mit dieser Ablehnung war zugleich eine entsprechend unbefangene Hinwendung zu den geschichtlichen Tatsachen, speziell im Umkreis der Bibel, verbunden. Was ihn hierbei für seine Zeitgenossen besonders durchschlagskräftig machte und seine Theologie als ein befreiendes Wort erscheinen ließ, war dies:

Die Theologen seiner Zeit waren nicht nur philosophiemüde und durch die Epigonen der Großen (die Neokantianer, Neohegelianer usw.) erschöpft. Es kam noch etwas hinzu, dem ausgerechnet M. KÄHLER, wahrhaft *kein* Ritschlianer, bewegenden Ausdruck verlieh[8]: Die sog. *positiven Theologen,* den biblischen Heilstatsachen zugewandt, waren tief erschüttert über den Einbruch der historisch-kritischen Schriftforschung und erschöpften sich in wenig glaubhaften apologetischen Abwehr-Scharmützeln oder verdrängten die neue Bedrohung durch Einigelung. RITSCHL nun schien einen *neuen* Weg zu den biblischen Heilstatsachen einzuschlagen, insbesondere zu den zentralen Ereignissen von Rechtfertigung und Versöhnung: einen Weg, der ihre Verbindlichkeit unter neuen Gesichtspunkten kritisch überprüfte, aber *über* diese Kritik *zu* ihnen zu gelangen suchte und darum das Feuer der historisch-kritischen Schriftforschung

---

[8] KÄHLER, Gesch. der protest. Dogmatik, 246.

durchschritt, statt sich nur schaudernd von ihm abzuwenden. Hier klang für viele theologisch wache Zeitgenossen ein neuer Ton auf. RITSCHL machte Schule.

Ferner wird von seinem Kantianismus her – aber nicht *nur* von ihm, sondern wohl auch von seiner geistigen Konstitution! – sein *antipietistischer Affekt* verständlich. Der beherrschende ethische Akzent seiner Theologie ließ die geistige Beherrschung der Welt, die Durchdringung der Welt mit christlichem Geiste geradezu ein Motto seines Denkens werden. Eben deshalb mußte ihm der damalige Pietismus wegen seiner „Kulturfeindlichkeit" und seines esoterischen Konventikelwesens als Degeneration des Christentums erscheinen. Ähnliche Gründe waren es übrigens, die den in seiner Frömmigkeit durchaus pietistischen J. H. WICHERN gegen den Pietismus wettern ließen, weil er seinen Welt- und damit auch seinen missionarischen Auftrag vergessen habe. Den großen, führenden und mit außerordentlichem Lehrerfolg begabten Pietisten, den Hallenser AUGUST THOLUCK[9], verließen seine einstigen Schüler in Scharen, wandten sich der konfessionellen Theologie zu und schworen dem Pietismus ab. Am Ende kehrte er mehrere Semester hindurch aus einem leeren Hörsaal nach Hause zurück.

Zugleich mochte RITSCHL in seinem nüchtern sachlichen Äußerungsstil alles abgestoßen haben, was nach „pietistischen Herztönen" und frommem Subjektivismus klang. Es entsprach nicht nur seiner Natur, sondern auch der damaligen Schriftstellerei, derartiges für sich zu behalten. „Bekenntnisse" liebte er nicht. PAUL GERHARDTS nach einem lateinischen Hymnus gedichteten Choral „O Haupt voll Blut und Wunden" wies er gelegentlich als ein ihm fremdes, sogar „mittelalterliches" Zeugnis zurück. Dennoch hinderte ihn das nicht, sich auf dem Sterbebette den Vers „Wenn ich einmal soll scheiden" vorsprechen zu lassen. Wir haben immer wieder, besonders bei SCHLEIERMACHER, auf die Momente des persönlichen geistlichen Lebens geachtet, die in der theologischen Reflexion nicht unterzubringen waren, auf Äußerungen also, in denen der Christ nicht im Theologen aufging. Hier könnte bei RITSCHL ein solches Moment zutage treten.

b) Das System: eine elliptische Theologie

Zur Literatur: 1. Hauptwerke RITSCHLS: Die christl. Lehre von der Rechtfertigung u. Versöhnung, 1870ff. (zit. als „Rechtf." nach 2. Aufl. 1883, 3 Bde.) – Eine Kurzfassung seiner Theologie findet sich im „Unterricht in der christl. Religion", 3. A. 1886. Daß RITSCHLs Absicht, dieses Buch möge „dem Religionsunterricht in der Gymnasialprima … dienen", sich nicht erfüllt hat, ist nach heutigen didaktischen Ansichten mehr als verständlich. Es ist allenfalls ein Kompendium für Theologiestudenten. – Geschichte des Pietismus, 3 Bde., 1880ff. – Theologie u. Metaphysik, 2. A. 1887. – Eine sehr interessante kontroverstheol.

---

[9] Sein berühmtestes Buch, zugleich ein exemplarischer Fall pietistischer Erweckungstheologie, hatte den Titel: „Die Lehre von der Sünde und vom Versöhner / oder die wahre Weihe des Zweiflers", 1823.

Auseinandersetzung ist das erst kurz nach seinem Tode herausgegebene Fragment Fides implicita. Eine Untersuchung über Köhlerglauben, Wissen u. Glauben, Glauben u. Kirche, 1890.

2. *Sekundäre Literatur:* G. ECKE, Die theol Schule A. Ritschl u. die Kirche der Gegenwart, 1897. – H. R. FRANK, Zur Theol. A. Ritschls, 3. A. 1891 (eine Streitschrift!). – G. HÖK, Die elliptische Theologie A. Ritschls, Uppsala 1942. – M. KÄHLER, Geschichte der protest. Theologie im 19. Jahrh., neu 1962 in: Theol. Bücherei, Bd. 16, 240ff. – F. KATTENBUSCH, Von Schleiermacher zu Ritschl, 1892. – O. RITSCHL, A. Ritschls Leben, 2 Bde. 1892/96 (zit. „Biogr."). – H.-O. WÖLBER, Dogma u. Ethos. Christentum u. Humanismus von Ritschl bis Troeltsch, 1950. – P. WRZECIONKO, Die philosophischen Wurzeln der Theologie A. Ritschls, 1964 (hierin vor allem die Bezüge zu KANT u. H. LOTZE). – Als Interpretationshilfe zu RITSCHLS Verständnis der Versöhnung sei noch genannt: M. KÄHLERS Lehre von der Versöhnung, in: Dogmatische Zeitfragen II, 1898, bes. das Kapitel: Das Wort Versöhnung im Sprachgebrauch der kirchl. Lehre, 1–38.

GOETHE hat einmal gesagt, auch bei den größten Geistern ließe sich in ganz wenigen Worten aussprechen, was sie eigentlich gewollt hätten. Dem Sinne nach will er damit sagen, daß jeder eigentlich nur *ein* Sprüchlein aufzusagen habe und dieses Sprüchlein nur vielfältig variiere. Dieses „Sprüchlein" möchte ich bei RITSCHL vorweg zu fassen suchen.

Es besteht wohl darin, daß das menschliche Person-sein nur dann zu sichern und gegenüber dem Sog des entpersönlichenden Materialismus zu bewahren sei, wenn der Mensch sich im Gefolge der Reformation auf die Unbedingtheit seines Gewissens gründe, durch die Verbindung mit Christus dieses Person-sein ermöglichen lasse, es durch die Gliedschaft in der Gemeinde sichere und von dorther Impulse entfalte, um am Ende zu einer durch Tugendgesetze bestimmten menschheitlichen Ordnung zu kommen[10].

Man hört schon aus diesem Versuch, die Grundintention RITSCHLS zu formulieren, sofort heraus, daß er eine zwischen LUTHER und KANT bestehende – ihm jedenfalls zu bestehen *scheinende* – Linie weiter auszuziehen versucht:

„Die Strenge, in welcher Kant die Verbindlichkeit des Gesetzes behauptete, und die Deutlichkeit, in welcher er den sittlichen aus Freiheit entspringenden Charakter desselben zeigte, bezeichnen … nicht bloß die Überwindung der Grundsätze der Aufklärung, sondern zugleich die Erneuerung der sittlichen Weltanschauung der Reformation."[11] – Damit kann aber nicht gesagt sein, daß RITSCHL eine rein rezeptive und unkritische Haltung KANT gegenüber einnähme. Er kann vielmehr durchaus bedauern, daß sich bei KANT ein „zielloses Ringen zwischen den Eindrücken der religiösen Ideen des Christentums und dem Anspruche an unbedingte Selbständigkeit der Moralität" fände, auch wenn das nicht „aus einem ‚Unglauben' seinerseits" stamme, sondern an „der voreiligen Dogmatisierung der kritischen Prinzipien seiner Sittenlehre" liege[12]. RITSCHL deutet damit an, daß er eben diese unaufgelöste Spannung in KANTs Denken überwinden wolle, und zwar mit den Mitteln *theologischer* Reflexion.

---

[10] Damit verfolgt RITSCHL Tendenzen, die – in freilich modifizierter Form – im 19. Jahrh. auch von AD. STOECKER und in Holland von ABR. KUYPER anvisiert wurden. (Zum letzteren vgl. ThE II,2, § 4234ff.)

[11] Rechtf. I,431.

[12] Rechtf. I,459.

Schon die hier verwendete Terminologie („sittliche ‚Weltanschauung' der Reformation") dürfte verraten, wie sehr sich die von RITSCHL gemeinte Moderne von der Reformation abhebt. Doch darf uns das nicht daran hindern, den springenden Punkt zu fixieren, in dem sich die Linie LUTHERS und die Linie KANTS zu schneiden scheinen: LUTHER ist nach dieser Sicht der Dinge dadurch charakterisiert, daß er die Stellvertretung des Gewissens durch die anstaltliche Autorität der Kirche aufhob, daß er den Menschen aufgrund des Prinzips sola-fide in seiner Unmittelbarkeit zu Gott sah und ihm damit Mündigkeit verlieh. Er hat also, so meint RITSCHL, auf seine Weise den Menschen bereits zur Autonomie befreit – jedenfalls insoweit, als er ihn der Heteronomie kirchlicher Autorität entnahm.

In diesem Sinne kommt RITSCHLS Schule dazu, in beiden – LUTHER *und* KANT – die Vertreter der Neuzeit zu sehen und sich selbst entsprechend als theologische Repräsentantin des modernen, die christliche Tradition gleichwohl in sich aufnehmenden Geistes zu verstehen. Das alles ist sicher nicht als taktisch beabsichtigte Assimilation, als captatio benevolentiae gegenüber den Zeitgenossen, zu sehen. Vielmehr nimmt RITSCHL die nachreformatorische und nachkantische Ebene ernst, auf der existierend und denkend er sich selbst vorfindet und von der aus er eine Wiederverbindung mit der christlichen Tradition – mit der kritisch *geläuterten* Tradition! – anstrebt.

Wir können die unerhörten Impulse, die im 19. Jahrhundert von RITSCHL ausgegangen sind, nur begreifen, wenn uns die pathetische, ja geradezu triumphale Grundstimmung nahekommt: Wir haben die rettende Idee, um eine christliche Kapelle neuen Stils in der Landschaft der total gewandelten Moderne zu errichten. Wir sind nicht restaurativ und weisen auch nicht einfach zurück auf das, was die Väter einmal geglaubt *haben,* sondern wir zeigen euch Elemente des christlichen Glaubens, die auch in das Koordinatensystem eurer *gewandelten* Werte einzubauen sind,die auch in eure kritische, vom Materialismus bedrohte Nüchternheit passen. So mögen wir euch Freigeister und Liberalisten, euch Monisten und Salon-Intellektuelle dadurch schockieren, daß wir auf weite Strecken *mit* euch auf das finstere Mittelalter, auf die Versteinerungen der Dogmengeschichte und auf den metaphysischen Aberglauben der Kirche schelten. – RITSCHL teilt dieses Pathos, ganz modern, ganz „Zeitgenosse" zu sein und gerade deshalb dieser seiner Zeit einen Zugang zur christlichen Tradition eröffnen zu können, zweifellos mit SCHLEIERMACHER.

Zunächst achten wir darauf, wie sich das Interesse RITSCHLS an der Akzentuierung des selbstverantwortlichen, autonomen Einzelnen theologisch auswirkt und darstellt. Dafür sind vor allem zwei Überlegungen wichtig:

Einmal stellt RITSCHL fest, daß die Religion dem sittlichen Wesen „Mensch" insofern zu Hilfe kommt, als sie ihm hilft, gegenüber den Dimensionen der Natur und der Gesellschaft seine innere Selbständigkeit zu gewinnen und nicht in beiden aufzugehen:

„Alle Religion ist Deutung des in welchem Umfang immer erkannten Wettlaufs, in dem Sinne, daß die erhabenen geistigen Mächte (oder die geistige Macht), welche in oder über demselben walten, dem persönlichen Geiste seine Ansprüche oder seine Selbständigkeit gegen die Hemmungen durch die *Natur* oder die Naturwirkungen (!) der menschlichen *Gesellschaft* erhalten oder bestätigen."[13] Deshalb ist „die Erkenntnis Gottes ... nur dann als religiöse Erkenntnis nachweisbar, wenn Gott in der Beziehung gedacht wird, daß er dem Gläubigen die Stellung in der Welt verbürgt, welche die Hemmungen durch dieselbe überwiegt", so daß er also nicht mehr von ihr resorbiert werden kann[14].

Damit wird der Gottesgedanke in radikal anderer Weise lokalisiert, als das etwa die Metaphysik – auch die scholastische – mit ihren Gottesbeweisen tut. Denn durch diese wird Gott nur zu einem Synonym für den „religiös neutralen Begriff von der Welteinheit", so daß die Persönlichkeit (sowohl die Gottes als die des Menschen) jener Einheit zugeschlagen wird, statt von ihr abgehoben zu sein[15]. Das, was mir als „Welt" meine Selbständigkeit dabei zu nehmen droht, ist also sowohl die Natur wie die Gesellschaft, der RITSCHL hier offenbar eine ähnlich verschlingende Bedeutung zumißt wie der Naturkausalität. Vermutlich hat er dabei das im Auge, was wir heute als „Eigengesetzlichkeit" zu bezeichnen pflegen.

Ferner: Die sittliche Selbständigkeit des Menschen wird noch unter einem zweiten Gesichtspunkt beleuchtet: Er, der Mensch, ist nicht genetisch aus dem Weltzusammenhang abzuleiten:

Von Christentum kann auf keinen Fall dort die Rede sein, „wo immer das Gebiet des geistigen Lebens und des gemeinschaftlichen Handelns der Menschen *nicht* gegen die Erklärung der Welt überhaupt abgestuft, sondern aus den allgemeinen Gründen der Welterklärung begriffen werden soll. Die Einschließung des Ethos in den Begriff des Kosmos ist immer das Merkmal *heidnischer* Weltanschauung ..." Das sittliche Privileg der menschlichen Person hängt deshalb von ihrer „Teilnahme am Reiche Gottes" ab (das ebenfalls nicht aus einer genetischen Welterklärung abgeleitet werden kann) und besteht in der dadurch gegebenen „Herrschaft über die Welt"[16].

Das, was RITSCHL als „heidnische Weltanschauung" bezeichnet (nämlich die Ableitung des Menschen aus der genetischen Welterklärung), pflegen wir seit BULTMANN als die Signatur des Mythischen zu bezeichnen. Auf dieser Ebene stellt F. GOGARTEN dem mythischen Denken das christliche Verständnis der „Geschichtlichkeit" des Menschen gegenüber, wobei Geschichtlichkeit recht genau das meint, was RITSCHL als das selbständige Gegenüber von sittlicher Person und Welt bezeichnet: „Die mythische Welt ... das ist die Welt, wie sie und ihre sie als Welt erhaltenden Mächte göttlich verehrt werden und wie der Mensch aus ihr seine Existenz nimmt und sie sichert, indem er sich fromm in ihre ... vorgegebene Ordnung einfügt." Wenn Paulus (Gal 4,1–7) demgegenüber den Menschen als „Sohn und Erben" bezeichne, sehe er ihn dieser mythischen Integration in die Welt entnommen und zu eigenständig-„geschichtlicher" Existenz berufen[17].

---

[13] Rechtf. III, 17; Hervorhbg. v. Verf.

[14] AaO. 198.

[15] AaO. 17.

[16] AaO. 24f.; Hervorhebg. v. Verf.

[17] F. GOGARTEN, Theologie u. Geschichte, in: ZThK 3/1953, 348f.

Damit klingt bei RITSCHL eine völlig neue Problemstellung an. Übersieht man sie (wie das leider bei BARTH und der Dialektischen Theologie überhaupt der Fall ist), so kann man ihm nicht gerecht werden.

Worin besteht dieses Neue?

Die Auseinandersetzung mit dem modernen Säkularismus hatte sich bisher im Wesenllichen auf dem Gebiet der *Geschichte* abgespielt. Wir brauchen nur an das Gewißheitsproblem bei LESSING zu denken, wor allem an seine Klage, daß die „zufälligen Geschichtswahrheiten" der biblischen Überlieferung nie den Gewißheitsgrad von „notwendigen Vernunftwahrheiten" erreichen könnten. Bei RITSCHL dagegen geht es primär um die Bedrohung personaler Existenz und hier wieder um eine Bedrohung von Seiten der *Natur* und der *Gesellschaft*.

Die Natur hatte zwar in der Aufklärung ebenfalls eine Rolle gespielt, jedoch fast nur in der *einen* Hinsicht, daß sie als erforschbarer, logisch stringente Aussagen ermöglichender Gegenstandsbereich der Windigkeit aller „supra"-naturalen Spekulationen entgegengestellt wurde. RITSCHL aber wirft ein ganz anderes Problem der Natur auf. Er reflektiert über die Natur, insoweit sich der Mensch *selbst* aus ihr zu verstehen sucht, insoweit er sich also aus der Genesis der Welt und seiner selbst begreifen möchte. Man bedenke, welche kreativen Impulse für eine Auseinandersetzung mit der zeitüblichen, von DARWIN sich herleitenden Anthropologie in diesem Denkansatz RITSCHLS steckten. Ohne daß er, soweit ich sehe, diese Konsequenzen selbst schon ausgezogen hätte, wird man sagen dürfen, daß seine Verneinung jeder genetischen Ableitung des Menschen jedenfalls das entscheidende Argument für jene Auseinandersetzung zur Verfügung stellt. Es wies implizit die kläglich-dilettantischen Versuche zurück, sich der darwinistischen Bedrohung dadurch zu entziehen, daß man die Evolutionstheorie *selbst* zu zersetzen suchte und sich über jeden Knochen freute, der beim Übergang vom Tier zum Menschen noch zu fehlen schien[18].

Mit RITSCHLS Protest gegen jede genetische Ableitung des Menschen ist nun zugleich die entsprechende Negation einer Ableitung aus der *gesellschaftlichen* Situation, überhaupt einer Reduktion des Menschen im Sinne eines bloß gesellschaftlichen Wesens, verbunden. Mit einer solchen Ableitung würde man in RITSCHLS Sinne die Gesellschaft eben als Natur und „Naturwirkungen auslösend" mißverstehen. Man bedenke wiederum, welche Implikationen in dieser Abwehr stecken: Hier klingt das ernsthafteste Argument gegen eine marxistische Anthropologie an, selbst wenn RITSCHL es in dieser speziellen Richtung nicht auswertet. Im Göttingen seiner Zeit war diese Problematik wohl noch kaum aktuell! Gleichwohl sollten wir es würdigen, daß hier prophylaktische Gedanken

---

[18] Drastische und mit entsprechender Ironie verzeichnete Beispiele dieses apologetischen Leerlaufs bringt W. ELERT in seinem leider fast vergessenen Buch: Der Kampf um das Christentum. Geschichte der Beziehungen zwischen dem evangelischen Christentum ... u. dem allgemeinen Denken seit Schleiermacher u. Hegel, 1921, 231 ff. Obwohl er ausführlich über RITSCHL handelt, entdecke ich auch bei ihm keinen Hinweis auf RITSCHLS Überwindung dieser Apologetik.

gedacht werden – sie könnten selbst auf gewisse *heutige* Milieutheorien angewendet werden! –, die zum Schaden der Kirche bald wieder vergessen wurden, und deren Nichtbeachtung mit dazu beitrug, daß es kaum zu einer *theologischen* Auseinandersetzung mit der damals noch materialistisch gebundenen Sozialdemokratie kam. RITSCHL hat jedenfalls potentiell ein solches Gespräch angeregt und die Richtung gewiesen, in der es geführt werden könnte.

Der Grundriß von RITSCHLs theologischem System ist sehr einfach, vielleicht *zu* einfach. Er stellt es sich graphisch nicht – wie es im Sinne der Reformation sei – als einen Kreis mit dem Mittelpunkt der Rechtfertigung vor, sondern als eine Ellipse mit zwei Brennpunkten: mit Rechtfertigung und Versöhnung (= Gotteskindschaft) auf der *einen* und dem Gottesreich auf der *anderen* Seite:

„Ich habe mich überzeugt, daß ... die Gotteskindschaft, die Freiheit von und über der Welt, ebenso einen leitenden Gesichtspunkt für die Dogmatik bilden muß, wie die Idee des Gottesreiches. Das sind die Hauptziele des Christentums in praktisch-religiöser und sittlicher Beziehung." Die Zusammenordnung von beidem fehle aber leider in der überlieferten Dogmatik ebenso wie in den reformatorischen Bekenntnissen. Die Idee des Gottesreiches allein, die er ergänzend zur protestantischen Tradition einbringe, genüge freilich *auch* nicht, denn sie drücke nur aus, „daß das Christentum Sittenlehre ist". Daß es darüber hinaus „Religion ist, läßt sich nur durch die andere Idee (erg. die der Gotteskindschaft) aufrecht erhalten". Das sei das Wesentliche, was er, RITSCHL, zu bieten habe, und er fragt besorgt, ob man es wohl hören und „zu Herzen nehmen" werde[19].

Wir wenden uns nun diesen beiden Brennpunkten zu. Zunächst also:

1. Das Reich Gottes

Daß das Reich Gottes für RITSCHL kein eschatologisch-transzendenter, sondern ein moralischer Begriff ist, ergibt sich schon daraus, daß er an KANTs entsprechenden Begriff anknüpft und ihn sozusagen christlich überhöht. Diese Anknüpfung erfolgt durchaus nicht kritiklos. RITSCHL wirft KANT vielmehr vor, daß die Art, wie er die Religion innerhalb der praktischen Vernunft mit einer bloßen Appendix- und Postulat-Qualität versehe, „von vorn herein verfehlt" gewesen sei[20]. Ihm schwebe eine ganz andere Rolle der Religion bei ihrer Verbindung mit dem Ethos vor. Gleichwohl nimmt er seinen Ausgang bei KANTs Reich-Gottes-Begriff und zitiert seine Formulierung, daß dieses Reich „eine Verbindung der Menschen durch Tugendgesetze" sei[21]. Das, was ich soeben als christliche Überhöhung dieser kantschen Definition bezeichnete, besteht nun in einem Doppelten:

Erstens: RITSCHL konzentriert die Tugendgesetze, die KANT im Plural gebraucht, auf das *eine* Tugendgesetz der *Liebe.* Jesus selbst habe unter dem Reiche Gottes „die Organisation der Menschheit durch das Handeln aus dem Motiv der Liebe" verstanden[22].

---

[19] Brief an seinen Freund L. DIESTEL v. 20. 3. 73; Biogr. 148.
[20] Rechtf. I,445.
[21] AaO. I,444; III,11.
[22] AaO. III,12.

Zweitens: Dementsprechend versteht RITSCHL das Christentum als eine Art Kraftzentrum und Kraftreservoir, das kräftige Impulse dieses Tugendgesetzes in die Gesellschaft hinein ausstrahlt:

> So kommt es zu der Definition: „Das Christentum ist ... die monotheistische vollendete geistige und sittliche Religion, welche auf Grund des erlösenden und das Gottesreich gründenden Lebens ihres Stifters in der Freiheit der Gotteskindschaft besteht, den Antrieb zum Handeln aus Liebe in sich schließt, das auf die sittliche Organisation der Menschheit gerichtet ist, und in der Gottesgemeinschaft wie in dem Reiche Gottes die Seligkeit begründet.“[23].

Hier sieht man, wie RITSCHL *mit* KANT die engste Verklammerung von Religion und Ethos vollzieht, *gegen* Kant aber die Religion von der bei KANT vorliegenden Nachträglichkeit, von ihrem bloßen Anhangscharakter befreit und sie an die erste Stelle rückt. Denn seine Definition beginnt mit der von Christus begründeten, alles andere erst nach sich ziehenden Freiheit der Gotteskindschaft“. Dieser folgt dann der „Antrieb zum Handeln aus Liebe“, und der wieder ist auf die sittliche Organisation der Menschheit gerichtet. In dem Zusammenklang zwischen dem auslösenden Beginn (der Gottesgemeinschaft und Gotteskindschaft) und dem sich daraus ergebenden Endziel, dem Reiche Gottes, gründet die „Seligkeit“. Mir selbst kommt es so vor, als ob RITSCHL hier eine Art Verchristlichung von KANTS Idee des „höchsten Gutes“ vorschwebe.

Und dennoch und dennoch! Wir kommen um die Frage nicht herum, ob RITSCHL damit das geistliche (in seinem Sinne das „religiöse“) Ereignis der Gotteskindschaft *wirklich* an die erste Stelle gerückt habe. Könnte diese Initialzündung der Gotteskindschaft nicht möglicherweise so verstanden werden, daß die Menschheitsorganisation „Reich Gottes“ der eigentliche Zweck, der finis ultimus einer Entwicklung sei, innerhalb deren die Gotteskindschaft nur die nötige Voraussetzung ist? Wäre also der sittliche Endzweck das Ziel, die Religion aber lediglich das Mittel, ja die conditio sine qua non, um dieses Ziel zu erreichen? Falls es so sein sollte: Was hätte dann die Versetzung der Religion an den Anfang noch für einen Sinn? Könnte sie dann wirklich noch ein Zeichen für ihren Primat sein und damit KANTS Verhältnisbestimmung umkehren? Wir halten diese Frage bei den weiteren Überlegungen im Sinn.

Noch eine weitere Frage – die aber noch ausgesprochener eine *rhetorische* Frage ist! – stellt sich hier: Hat RITSCHLs Reich-Gottes-Gedanke wirklich noch etwas mit der Eschatologie des Neuen Testamentes zu tun? Transzendiert das Reich Gottes bei ihm überhaupt die Geschichte, ist es noch ein „Kommendes“, das von der anderen Seite aus zu uns aufbricht, oder ist es nicht vielmehr eine letzte Aufgipfelung der Geschichte – eine Aufgipfelung, die zwar durch die Heilsveranstaltung Gottes initiiert, durch den Menschen aber mit der ihm geschenkten Freiheit vollbracht würde? Ob hier nicht Ähnliches geschieht, was im Säkularismus – etwa in der marxistischen Eschatologie mit ihrer klassenlosen Gesellschaft – immer wieder zu beobachten ist: daß das geschichtliche Futurum oder

---

[23] AaO. III,13f.

besser: das „Plusquamfuturum" zum Transzendenzersatz wird? Dann wäre
RITSCHLs Theologie mit dem schweren Bedenken belastet, daß sie dem Saeculum
auf der gleichen Ebene gegenüberträte und diese Ebene eben *nicht* mehr trans-
zendierte. Dann ginge es nicht mehr bloß um Akkomodation an die Fragestellungen der seinerzeitigen Gegenwart, sondern es wäre unter der Hand eben doch
zu einer Assimilation christlicher Theologie an die Gestalt der Welt[24] gekommen,
und damit ein Grundelement neutestamentlicher Eschatologie preisgegeben.

Wenn bei RITSCHL so das Eschaton die Geschichte nicht transzendiert, sondern als ihr immanentes Telos verstanden ist, wird man annehmen dürfen, daß
er auch kaum Verständnis für die symmetrische Entsprechung des Eschaton, für
das Prôton, haben dürfte. In seinem Denkschema ist das Verhältnis von Schöpfung und Sündenfall nicht zu denken. Von seiner Idee moralischer Personhaftigkeit meint er den Begriff „Erbsünde" schon deshalb verwerfen zu müssen, weil
deren theologische Pointe – die Herrschaft des Menschen über die Welt, seine
Nichtableitbarkeit aus ihrem Zusammenhang – in der traditionellen Erbsündenlehre veruntreut werde. So wirft er etwa AUGUSTIN vor, daß er die „angeerbte
Sünde von dem Naturzusammenhang zwischen den Kindern und den sündigen
Eltern" ableite[25]. Diese Integration des Menschen in einen Naturzusammenhang
wäre aber genau das, was den kantischen Geist in RITSCHL aufs äußerste schok-
kieren muß (wie diese Idee ja auch KANT selbst schon, wie wir sahen, schockiert
hatte). Deshalb könne denn auch AUGUSTIN seiner Erbsündenlehre nur noch ein
Argument für die *Schwäche* des Menschen, nicht aber für seine *Schuld* entnehmen[26].

Daß das Böse freilich nicht *ganz* in der selbstverantwortlichen Tat des Einzelnen aufgehe, sondern daß es auch eine überpersönliche Seite habe, sieht RITSCHL
sehr wohl, und er möchte *diese* Seite, die in der Erbsündenlehre wenigstens mit-
schwingt, durchaus in seinen Denkzusammenhang aufnehmen. Aber wie?

Er interpretiert dieses Überpersönliche des Bösen und der Sünde mit Hilfe
eines Begriffs, der dem des Gottesreichs nach der negativen Seite genau korrespondiert. Er spricht von einem „Reich der Sünde"[27]. Das Reich der Sünde ist
„ein Ersatz für die Annahme der Erbsünde, welcher alles dasjenige zu deutlicher
Geltung bringt, was in dem Begriff der Erbsünde mit Recht beabsichtigt worden
ist", hier aber durch Mischung mit entfremdenden Elementen verhängnisvoll
pervertiert wird[28]. Dieses „mit Recht Beabsichtigte" ist die *überpersonale*
Dimension des Bösen.

RITSCHL sieht nun dieses Überpersönliche – hier wieder in deutlicher Anlehnung an KANT! – in einem *gesellschaftlichen* Phänomen, dem sich der Mensch
überantwortet sieht: Er geht aus von KANTs Begriff des bösen „Hanges", den

---

[24] „Fügt euch nicht dem ‚Schema' dieses Äons ein!" (Röm 12,2.)
[25] Rechtf. III,316.
[26] AaO. 316.
[27] Rechtf. III, 5.Kap. Die Lehre von der Sünde, 304ff. Das Reich der Sünde, 326ff.
[28] AaO. 320.

man mit einem scholastischen Terminus wohl am besten mit einer Habitualisierung des Bösen umschriebe. Dieser Hang selbst ist durchaus der sittlichen Person zu „imputieren", er ist ihre Tat. Die Einwurzelung der Person im gesellschaftlichen Gefüge führt nun dazu, daß das so in den Einzelnen vorhandene Böse sich akkumuliert, ja sich wechselseitig an einander entzündet und so zu „einem gesetzlichen Wirken (führt), welches ihr (der Sünde) an und für sich nicht zukommt"[29]. Es kommt ihr schon deshalb nicht zu, weil dieser kollektiv werdende und den Menschen wie eine Atmosphäre umgebende Hang weder in der göttlichen Weltregierung noch in der Freiheitsanlage des Menschen einen nötigenden Grund findet. Das überpersönlich Böse in diesem Reich der Sünde hat also weder einen original theologischen noch einen original ethischen Grund. Vielmehr entsteht es, wie wir heute sagen würden, durch ein soziologisches Gesetz von außen her: nämlich „durch die unermeßbare Wechselwirkung des sündigen Handelns", die nun alle Menschen „mit einander zusammenfaßt"[30]. So kommt es zu einem wechselseitigen Sich-Emporsteigern des Bösen, zu einem Crescendo gleichsam. Ganz gleich aber, ob wir an die individuelle Sünde denken, bei der die verantwortliche Entscheidung am deutlichsten zu Tage tritt, oder aber an die kollektive gesellschaftliche Infektion, die ja auf die Summierung individueller Entscheidungen zurückgeht und darum ebenfalls in die Verantwortung des Menschen fällt: immer und in jeder Gestalt ist die Sünde das „Gegenteil des Guten und das, was dem erkennbaren sittlichen Endzweck der Welt zuwiderläuft"[31].

Wir werden kaum umhin können, in dieser Deutung der Erbsünde eine umstürzende Modifikation des Sinngehaltes des peccatum originale zu sehen, obwohl RITSCHL diesen Gehalt gerade herauszustellen und von seinen sinnentstellenden Schlacken zu befreien sucht. Das peccatum originale der christlichen Tradition geht aber keinesfalls auf das soziologische Gesetz der Akkumulation zurück wie in RITSCHLS Reich der Sünde. Vielmehr bedeutet diese Lehre, daß die Absage an Gott niemals auf uns als „erste" Empörer verweist, sondern daß wir immer schon von dieser Empörung herkommen, daß wir den Sündenfall so immer schon im Rücken haben. Die Geschichte des Abfalls ist schon längst gelaufen, wenn wir in diese Geschichte eintreten. RITSCHL fürchtet nun – und infolge dieser Furcht hat er wohl einen blinden Fleck im Auge –, daß *diese* Sicht des peccatum originale den Menschen aus einem genetischen Naturzusammenhang, einem *verdorbenen* Naturzusammenhang, ableite, daß sie also „Schuld" in „Schicksal" verwandle, den Menschen insofern von seiner Verantwortung für das Sündengeschick entlaste und die Erbsünde darum nicht mehr zurechenbar (imputierbar) mache. Es ist sogar sein Haupteinwand gegen die traditionelle Erbsündenlehre, daß die so verstandene Überpersönlichkeit die persönliche Verantwortung aufheben müsse.

Demgegenüber wäre etwa auf die großen Anstrengungen LUTHERs in De servo arbitrio hinzuweisen, bei denen es ihm darum geht, zu verdeutlichen, daß auch *geknechteter* Wille (und keineswegs nur ein sich autonom verstehendes liberum arbitrium!) sich seine Rebellion verantwortlich zurechnen muß. LUTHER verwendet dabei die sehr bezeichnende Unterscheidung von coactio und necessitas: Würde ich durch eine von außen mich überkom-

---

[29] AaO. 325.

[30] AaO. 357.

[31] AaO. 353.

mende Zwangsläufigkeit (coactio), also etwa durch die Naturkausalität des Erbgangs, zur Sünde gezwungen, dann könnte sie mir in der Tat nicht imputiert werden. Ich wäre dann bloßer effectus jenes Erbgangs und folglich nicht verantwortlich. Statt dessen spricht LUTHER von einer *necessitas*, einer inneren Notwendigkeit meiner menschlichen Natur, zu der ich sehr wohl „Ich" sagen muß und der gegenüber ich nicht von einem mich überkommenden „Es" reden darf[32]. Dazu, daß ich mich selbst als Subjekt jener necessitas bezeichnen muß, bemerkt LUTHER in De servo arbitrio bezeichnenderweise: Hinc fit, quod ... velit, cupiat, faciat taliter, qualis ipse est[33].

Wenn auch die Lehre vom Reich der Sünde sicher keine legitime Ablösung der Lehre vom peccatum originale sein kann, so hat RITSCHLs Hinweis auf die Möglichkeit einer gesellschaftlichen Akkumulation des Bösen gleichwohl ihren Sinn. Ein eindrückliches Beispiel dafür ist etwa die Gesprächsbemerkung im „Tagebuch eines Landpfarrers" von GEORG BERNANOS (1927, S. 195): „Der Same des Bösen wie des Guten fliegt überall hin ... Unsere verborgenen Fehltritte vergiften die Luft, die die andern atmen, und ein Verbrechen, dessen Keim ein Elender ahnungslos in sich trug, würde seine Frucht niemals zur Reife bringen ohne diesen zersetzenden Einfluß."

In der soziologischen Umdeutung der Erbsündenlehre zeigt sich die auch sonst bei RITSCHL wahrnehmbare Tendenz, alle theologischen Begriffe auf die Ebene der *Anthropologie* zu verpflanzen, so daß KANTS Gottesgedanke (nämlich dessen Bedeutung als einer bloßen Marginalie zur Ethik) entgegen seiner eigentlichen Absicht auch bei *ihm* seine Spuren hinterläßt. Ein exemplarischer Fall dafür ist RITSCHLS Lehre vom *Zorne* Gottes:

Für die christliche Tradition bedeutet ira Dei die distanzierende Reaktion Gottes auf die Sünde. Derart affektive Momente in Gott, die außerhalb der Zone des Menschlichen liegen, sind für RITSCHL undenkbar. Er versteht Gott ja als den Inbegriff der Liebe, den „lieben Gott". Ähnlich wie bei ABÄLARD ist diese Liebe Gottes ein überpolares Indifferenzprinzip, das selbst noch den Widerspruch umgreift[34]. Deshalb „hat die Vorstellung vom Zornaffekt Gottes für Christen keinen Wert, sondern ist ein ebenso heimatloses wie gestaltloses Theologumenon"[35]. Auch hier aber wie auch sonst *eliminiert* RITSCHL dieses traditionelle Theologumenon nicht einfach, sondern sucht eine bestimmte Seite seines Sinngehaltes festzuhalten, indem er es auf die Ebene der Anthropologie verpflanzt: Dann erscheint die ira Dei als ein mythisierender, auf Gott projizierter Ausdruck für das Distanzgefühl des *Menschen* gegenüber Gott, für den Schrecken jener Distanz, die die Sünde in ihm ausgelöst hat[36]. Nicht *Gott* verhüllt und versagt sich dem Menschen; bildlich gesprochen ist es vielmehr so: Aus der irdischen Atmosphäre lassen die Nachwirkungen der Sünde Wolken vor die

---

[32] De servo arbitrio, CL III, 125, 23 ff.; dazu ThE I, § 1438.

[33] WA 18,709 = Cl III,204, 30. – Die beiden Begriffe coactio u. necessitas können gelegentlich auch in der katholischen Verdienstlehre auftauchen: Denz. 2003.

[34] Man stößt immer wieder einmal bei RITSCHL auf die anerkennende Hervorhebung von ABÄLARD, z.B. Rechtf. III,345. Gerade *die* nach-schleiermacherschen Theologen, die den ABÄLARDschen Typus der Theologie vertreten, z.B. ALEXANDER SCHWEIZER, erhalten von RITSCHL eine bes. gute Note: Rechtf. I,554; 559. – Zur Rezeption ABÄLARDS durch RITSCHL selbst siehe KÄHLER, Dogm. Zeitfragen II,32; 35.

[35] Rechtf. II,154.

[36] AaO. II, § 21, 148 ff.

Sonne ziehen und verhüllen sie damit. Der der Sünde verfallene Mensch kann die Sonne göttlicher Liebe nicht mehr sehen, weil er von Mißtrauen erfüllt ist. So meint er, *Gott* habe sich zornig verhüllt. In Wahrheit hat er, der Mensch *selbst,* ihn sich verhüllt.

Nach diesen Feststellungen über das Negativum „Sünde" ergibt sich nun die Frage nach der *Überwindung* der Sünde, d. h. nach Rechtfertigung und Versöhnung. Damit stehen wir bei dem zweiten Brennpunkt der Ellipse:

2. Die Gotteskindschaft (Rechtfertigung und Versöhnung)

Obwohl sich hier im Anschluß an KANT die Anthropologisierung der Theologie fortsetzt, geht es doch um *mehr* als eine bloße Fortsetzung KANTs mit theologischen Mitteln. In seiner Einleitung zum 3. Bande von „Rechtfertigung und Versöhnung" handelt RITSCHL, ohne freilich auf KANT ausdrücklich Bezug zu nehmen, vor allem von zwei Gesichtspunkten, an denen er über seinen philosophischen Meister hinausgeht:

Einmal unterscheidet er sich von KANT dadurch, daß nicht das individuelle sittliche Ich im Mittelpunkt steht, sondern die christliche *Gemeinde*[37]. Sie rückt *deshalb* ins Zentrum, weil RITSCHLs Theologie christozentrisch sein will und weil die Gemeinde es ist, durch die ich von ihrem „Besitz der Sündenvergebung als Wirkung Christi" und damit von Christus selbst erfahre. Über Christus werde ich ja nur durch die Verkündigung, also durch die Gemeinde informiert:

„Die authentische und erschöpfende Erkenntnis der religiösen Bedeutung Jesu ... ist daran gebunden, daß man sich in die von ihm gestiftete Gemeinde gerade insofern einrechnet, als dieselbe überzeugt ist, die Sündenvergebung als seine eigentümliche Wirkung empfangen zu haben."

Ferner: Christus ist etwas grundsätzlich anderes als eine nur „ethische" Größe, als der bloße „Urheber neuer Sittengesetzgebung oder ... der Fortbildner des Menschheitsideals". Er erschöpft sich also nicht darin, „Vorbild" zu sein, das uns zur Nachahmung empfohlen wäre. Vielmehr „entzieht" er sich der Nachahmung (der imitatio Christi) doch dadurch, daß er als „Urheber der Sündenvergebung sich seinen Jüngern *gegenüberstellt*", nicht also als Leitbild *voran*stellt. Zunächst muß die von ihm dargebotene „Sündenvergebung angeeignet" werden, damit überhaupt „eine Nachbildung seiner Religiosität und seiner sittlichen Leistung unternommen werden könne".

Das sind – trotz der auch hier erkennbaren ethischen Tendenz – gegenüber KANT in der Tat *neue* Töne. In ihnen wird jedenfalls ein entfernter Nachklang der lutherischen Lehre von Gesetz und Evangelium hörbar.

Zusammenfassend läßt sich so sagen, daß Gott nur in Christus erkennbar wird, und daß wir von Christus nur erfahren, wenn wir uns innerhalb der Gemeinde die von ihm nachvollzogene Sündenvergebung zusprechen lassen:

---

[37] Dies und das Folgende auf den ersten Seiten von Bd. III, vor allem S. 2.

„Kann man ... Gott nur richtig erkennen, indem man ihn durch Christus erkennt, so kann man ihn auch nur erkennen, indem man sich in die Gemeinde der Gläubigen einschließt." In solchen Zusammenhängen kann es dann sogar einmal zu zentral reformatorischen Aussagen über die Sünde kommen, die ihr sonst bei RITSCHL vorhandenes moralisches Verständnis überbieten. Auch die Sünde, kann es da etwa heißen, „ist nur zu verstehen von der Sündenvergebung aus, welche Christi spezifische Gabe ist (!)"[38].

Was versteht RITSCHL nun unter Sündenvergebung?

Im Sinne LUTHERs könnte Vergebung nur als ein Wandel in Gott beschrieben werden: daß der Gott des Evangeliums den auctor legis überwindet, so daß es bei ihm zu einem „Dennoch" der Hinwendung zum gefallenen Menschen kommt. Er ist bei ihm ja nicht einfach der „liebe Gott", der sich zum Menschen in der zeitlosen Ruhelage eines benevolentia-Bezuges verhielte. Vergebung erscheint bei LUTHER vielmehr als eine Tat Gottes oder, etwas anthropomorph ausgedrückt: als Selbstüberwindung Gottes, als Sieg der Gnade über seine Heiligkeit.

Diese transzendente Geschichte in Gott muß aber für RITSCHL indiskutabel sein, weil sie der Reduktion der Theologie in den Horizont menschlicher Exitenz widerspräche. Bei der Vergebung geschieht deshalb kein Wandel in Gott, sondern ein Wandel im *Menschen*. (Auch da meldet sich wieder ABÄLARD!) Die vergebende Zuwendung Gottes sorgt nämlich dafür, daß im Herzen des Menschen das *Mißtrauen* verschwindet, das „als Affektion des Schuldbewußtseins den Beleidiger vom Beleidigten naturgemäß trennt". So öffnet Gott die zerbrochene Gemeinschaft neu auf sich hin und hält so beharrlich an seinem heilsgeschichtlichen Ziele fest, das er „aus höheren Gründen beabsichtigt"[39].

Die Anthropologisierung des Vergebungsgeschehens zeigt sich dabei darin, daß nicht Gott es ist, der unter dem Zerbruch der Gemeinschaft mit dem Menschen leidet, sondern daß es ausschließlich um die Heilung des Schuld-„Gefühls" auf Seiten des Menschen geht. Vergebung heißt, daß dem Menschen die Möglichkeit eröffnet wird, aus dem Mißtrauen und seinen Anti-Gefühlen gegenüber Gott „in die Gemeinschaft des Vertrauens und des Friedens" zurückzukehren[40].

Hier stoßen wir aber auf eine eigentümliche Spannung in RITSCHLs Denken, die es gleichwohl nicht zu einer *völligen* Anthropologisierung kommen und seine Theologie offen bleiben läßt. (Seine Kritiker, die diese Offenheit übersehen, machen sich einer unfairen Vereinfachung schuldig.) Obwohl nämlich RITSCHL keine Geschichte mit Gott, keinen Entschluß, keine Affektion Gottes denken kann und (im Sinne ABÄLARDs) alle Geschichte auf die Ebene des Humanum verlegt, so denkt er eben *doch* an eine „Tat" Gottes insofern, als *Gott* es ist, der das Mißtrauen im Menschen beseitigt. Ebenso ist es eine Tat und ein schöpferischer Willensakt, wenn Gott den Menschen rechtfertigt und ihn in die Gemein-

---

[38] Rechtf. III. 7.
[39] AaO. 60.
[40] Rechtf. III,495.

schaft mit sich aufnimmt[41]. Schöpferisch ist das in der Rechtfertigung ausgesprochene Urteil deshalb, weil Gott ja nicht den ontisch schon gerecht gewordenen Menschen annimmt und gerecht spricht[42], sondern den *Sünder.* Insofern ist sein Rechtfertigungsurteil nicht „analytisch" (= ein bloßes Identitätsurteil), sondern „synthetisch" (ein Erweiterungsurteil)[43]. KANTS Terminologie dringt hier sogar in die Intimitäten von RITSCHLS Rechtfertigungslehre ein!

Gerade in dieser schöpferischen Seite des Rechtfertigungsurteils macht sich geltend und wirkt sich aus, daß RITSCHL es abgelehnt hat, Gott als „Idee" verstehen zu lassen, daß er vielmehr unter der Signatur personhaften Willens von ihm spricht. So bleibt Gott in seinem Denken ein *wirkender* Gott. Und genau das dürfte der Grund dafür sein, daß es bei RITSCHL nicht zu einem immanenten geschlossenen System kommt. Sein System bleibt vielmehr geöffnet, auch wenn es sich nur um einen Notausgang handeln sollte, von dem man im vorhinein schlecht sagen kann, wohin der dort anhebende Fluchtweg führt: ob zu einer Regeneration des transzendenten Gottesverständnisses und einer Überwindung der Anthropologisierung *oder* eben – zu FEUERBACH, der in einem wollenden und wirkenden, einem personhaft vorgestellten Gott nur den projizierten Doppelgänger des wollenden und wirkenden Menschen sehen kann.

Die anthropologisierende Tendenz wird nun noch deutlicher bei dem zweiten Begriff, der RITSCHLs christliche Lehre thematisiert: bei dem Begriff *„Versöhnung".* Dieser hat „einen größeren Umfang und größere Bestimmtheit als der der Rechtfertigung" und auch der Vergebung. Rechtfertigung bedeutet gewissermaßen nur die Kundgabe Gottes, daß er dem Sünder zugeneigt und gewogen sei. Sie eröffnet ihm allererst die Chance, darauf einzugehen. Der Begriff Versöhnung meint demgegenüber, „daß derjenige, welchem verziehen wird, auf das herzustellende Verhältnis eingeht", daß der Mensch aus seiner Passivität hervortritt, sich „in die zustimmende Richtung auf Gott" begibt, auf seine Absicht eingeht und Gott „Erwiderung" bei sich finden läßt[44].

Was wir hier als anthropologisierendes Moment empfinden, besteht darin, daß es also wieder der *Mensch* ist, der sich mit Gott versöhnen läßt, daß er nämlich sein Mißtrauen und seine Vorbehalte ihm gegenüber aufgibt. Selbstverständlich hat es von jeher als ein „Moment" im Versöhnungsgeschehen gegolten, daß es auf der menschlichen Ebene zu dieser Reaktion des Eingehens kommt. Für die paulinische Sicht der Dinge ist es aber bezeichnend, daß dieses Eingehen des Menschen nur der zweite Akt in einem Prozeß ist, in dem Gott sich selbst versöhnen läßt, so daß die ira Dei sich in einen favor Dei verwandelt (2. Kor 5,18f.). Hier erscheint Versöhnung so als das nicht postulierbare Wunder: wiederum als eine Tat Gottes, bei der das Evangelium das Schema des Gesetzes

---

[41] III § 20; 22, bes. S. 103 u. 112.

[42] Gott so zu sehen wirft er vielmehr den Thomisten und Pietisten gleicherweise vor: III 102.

[43] AaO. 76; 102.

[44] AaO. 74f.

durchbricht. Gerade für diese Wende in der Geschichte mit Gott gibt es aber – wir sahen das – keinen theologischen Ort bei RITSCHL, weil Gott sich nicht zur Liebe überwindet (so daß das Verzeihen ihn etwas kostete und er uns „teuer erkaufte", daß er etwas für uns aufwendete), sondern weil er die personifizierte Zuständlichkeit eines überpolaren Liebesprinzips ist. Seine Tat ist es gewissermaßen nur, daß er sich uns als dieser „liebe Gott" kundgibt, daß er also eine noetische Änderung im Menschen, nicht aber eine ontische Änderung in sich selbst bewirkt. Der Imperativ: „Lasset euch versöhnen mit Gott", der bei Paulus die Konsequenz der neuen Zuwendung Gottes bedeutet, stellt bei RITSCHL das Ganze der Versöhnung dar. Es geht eben nicht um eine aktuelle Zuwendung Gottes, sondern um seine permanente Zugewandt*heit,* auf die wir unsererseits erkennend und unser Vertrauen aktivierend einzugehen haben. Wir stellen gleichsam die gottmenschliche Symmetrie dadurch wieder her, daß wir – glauben.

Das bleibt selbstverständlich nicht ohne Auswirkungen auf RITSCHLs *Christologie.* Auch Christus kann nicht so etwas wie eine Äonenwende, wie eine Tat Gottes sein, in der die Liebe Ereignis würde, sondern er kann nur jemand sein, der uns die immerwährende Liebe offenbart, uns auf sie aufmerksam macht und über sie belehrt[45]. Gleichwohl sieht RITSCHL in ihm etwas qualitativ anderes als das, was die Aufklärung meinte, wenn sie in ihm den Lehrer oder auch den Gesetzgeber sah. Der Lehrer kann sich ja selbst überflüssig machen, wenn der Schüler sich in eigenem Begreifen angeeignet hat, was der Lehrer ihm beizubringen suchte. Christus aber ist für RITSCHL der *bleibende* Mittelpunkt der christlichen Religion, darin grundsätzlich verschieden von anderen Stifterpersönlichkeiten wie etwa Zoroaster oder Mose[46].

Wie ist dieses Bleibende und Endgültige begründet? *Warum* bedeutet er für seine Jünger mehr „als die nur vorübergehende Veranlassung ihrer Religion und den Gesetzgeber für ihr Handeln"[47]? Die einfache Antwort lautet: „Jesus hat ohne Zweifel ein bis dahin nicht dagewesenes religiöses Verhältnis zu Gott erlebt und seinen Jüngern bezeugt"[48]. Man könnte also sagen, Christus sei *deshalb* der „vollendete" Offenbarer Gottes, weil er zu Gott in einer Beziehung der Unmittelbarkeit und des von Angesicht zu Angesicht steht wie außer ihm kein Menschenwesen.

Diese Seite der Bedeutung Christi ist demjenigen Brennpunkt der Ellipse zugeordnet, der als „Gotteskindschaft" bezeichnet wurde. Christus sagt uns aus seiner eigenen Unmittelbarkeit heraus, daß Gott unser Vater und wir seine Kinder sind und macht uns so aus mißtrauischen, von ihrem schlechten Gewissen geplagten Kindern zu versöhnten und vertrauenden Kindern. Das ist seine Funktion als Offenbarer.

---

[45] AaO. 358ff.
[46] AaO. 358f.
[47] AaO. 359.
[48] AaO. 359.

Ferner – das gehört nun zum anderen Brennpunkt – ist in Christus „die geistige Herrschaft über die Welt ... vorgebildet", so daß sie „von den Mitgliedern seiner Gemeinde nacherlebt werden" kann[49]. Sowohl in seiner Unmittelbarkeit zu Gott wie in seiner Herrschaft über die Welt ist Christus so das Urbild und das Leitbild seiner Gemeinde. Er ist eine Modell-Tatsache.

Beide Eigenschaften Christi – die des „vollendeten Offenbarers" und die „des offenen Urbildes der geistigen Beherrschung der Welt" – sind für RITSCHL „in dem Prädikate seiner *Gottheit* zusammengefaßt". In beiden Brennpunkten der Ellipse zeigt sich sein unüberbietbares, endgültiges und insofern einzigartig privilegiertes Verhältnis zu Gott[50].

Man versteht, daß RITSCHL nun große Schwierigkeiten haben muß, die Leidensgeschichte Christi und das Golgathageschehen in diesem seinem Denkschema unterzubringen. Daß er jede Interpretation im Sinne ANSELMS dabei ablehnt, geht schon aus seiner Nähe zu ABÄLARD hervor. Der Gedanke eines Versöhnungsopfers oder auch nur einer Selbsthingabe des Gekreuzigten, die den Abgrund zwischen Gott und Mensch überbrückte, kann schon deshalb nicht in Frage kommen, weil dieser Abgrund von Seiten Gottes ja gar nicht besteht, vielmehr nur der Mensch – infolge seines Mißtrauens – unter dem *Schein* eines Abgrundes leidet und (sehr pointiert ausgedrückt) von dieser Phantasmagorie geheilt werden muß, indem er durch den Offenbarer von der unveränderlichen Geneigtheit Gottes erfährt. Christus „schafft" also nichts durch sein Leiden (es gibt in diesem Sinne gar nichts zu schaffen), sondern in echt ABÄLARDschem Sinne „demonstriert" er nur etwas durch sein Leiden.

Worin besteht diese Demonstration? Sie besteht *einmal* im Erweis einer immer gleichbleibenden Liebe, die sich nicht einmal dadurch irre machen läßt, daß sie von denen, die er erretten wollte, „zurückgestoßen" wird. Sie bewährt sich gerade darin als Liebe, weil sie „über alle mögliche Erwiderung hinausgreift", deshalb niemals bloßes Echo auf ein Selber-geliebt-Werden ist und sich „gegen alle Art von Abweisung unverändert behauptet"[51]. – *Ferner* ist sein „bereitwillig und geduldig ertragenes Todesleiden" die allen Widerständen zum Trotz sich durchhaltende Bewährung seiner „Berufstreue" im Dienst an der „sittlichen Gottesherrschaft und Verwirklichung des Gottesreiches"[52].

Auch sein Leiden hat so den gleichen exemplarischen Hinweischarakter wie die Gestalt des Offenbarers insgesamt. Wohin wir auch bei ihm blicken: Allenthalben ist in seinem Sein, seinem Reden und Sich-verhalten ein Gottesverhältnis „vorgebildet" und prototypisch dargestellt, das bei den Seinen „eine fortwirkende Kraft zu aller Nachbildung" ausüben soll[53].

---

[49] AaO. 360.
[50] AaO. 361.
[51] AaO. 420.
[52] AaO. 447; 420.
[53] AaO. 360.

c) Abschließende Würdigung

So scheiden wir von RITSCHL mit dem Eindruck einer gewissen Zwielichtigkeit:

Auf der *einen* Seite weist er in die Zukunft und ist in seiner geschichtlichen Stunde tatsächlich „modern": Er vertritt angesichts des heraufziehenden Industriezeitalters und der ihm korrespondierenden Massengesellschaft, auch angesichts der immer deutlicher sich profilierenden ökonomischen und sozialen Eigengesetzlichkeiten die Selbständigkeit und Weltdistanz der *sittlichen Person.* Die Art, wie die christliche Religion dieses Person-sein stärkt – so fragwürdig das immer begründet sein mag –, macht jedenfalls als thematische Aufgabe der Theologie deutlich, daß sie sich den durch die neue Welt-Konstellation aufgeworfenen Problemen zu stellen habe.

Auf der *anderen* Seite ist RITSCHLs System ein grandioser Versuch, die Offenbarung in ein vorgegebenes Denkschema einzuzeichnen – eben in KANTs Anthropologie –, und wir haben gesehen, daß es dabei nicht ohne Gewaltsamkeiten, ohne Umdeutungen und Reduktionen abgeht. Kann z. B. – *trotz* der hervorgehobenen Bedeutung des Personbegriffs – wirklich bei RITSCHL von einem „persönlichen Gott" die Rede sein[54]? Ist er nicht eher zu einer zeitlosen Idee der Liebe geworden? Wenn Gottes Selbstzweck – eben Liebe zu sein – identisch ist damit, daß er für die Selbstzwecklichkeit des Menschengeschlechts sorgt: heißt das dann nicht, daß Gott selbst eben doch so etwas wie Mittel zum Zweck, eben zu jener Selbstzwecklichkeit des Menschen wird[55]? Sollte die Religion damit zu einer Art Kräftigungsmittel für die Moral werden? Konnte RITSCHL das Reich Gottes („Organisation der Menschheit durch das Handeln aus dem Motiv der Liebe") nicht definieren, ohne Gott zu erwähnen (obwohl er dann doch wieder – aber eben nachträglich – eine gewisse Bedeutung dafür gewinnt, so gewiß er das *Paradigma* der Liebe ist)?

Und dennoch! Die Fragezeichen beschließen hier keine bloß rhetorischen Fragen. Sie werden unter der Hand wieder zu echten, zu *offenen* Fragen:

Wäre etwa Christus nur ein Instrument zu moralischer Hilfe, dann müßte er sich selbst überflüssig machen, nachdem er seine sokratische Hilfe zur Entbindung der Personhaftigkeit und der Herrschaft über die Welt geleistet hätte. Gerade diese bloß interimistische Bedeutung Christi lehnt RITSCHL aber entschieden ab. Es gibt für ihn keinen Augenblick, in dem wir Christus ad acta legen könnten oder eines andern warten sollten. Er ist für ihn endgültig und „ein für allemal". Wir können höchstens fragen, ob seine theologischen Konstruktionen ausreichen, um dieses „Ein-für-allemal" festzumachen. Wonach aber sollen wir eine Theologie letzten Endes beurteilen: nach dem, wohin sie blickt und auf was sie hinausmöchte, *oder* nach den Mitteln ihres Denkens, mit dessen Hilfe sie den Weg dorthin zu finden sucht? Gilt nicht auch von der Theologie als einem

---

[54] RITSCHL legt seinerseits entscheidenden Wert auf die „Persönlichkeit Gottes": Rechtf. III, § 30.

[55] Vgl. KÄHLER, Gesch. der protest. Dogm., 259.

menschlichen, aus vielerlei „hörigen" Denkakten zusammengesetzten Werk, daß sie gerechtfertigt wird allein durch das, worauf sie blickt („Da will ich nach dir blicken ...")[56]?

So könnte Christus für RITSCHL *mehr* gewesen sein, als sein Denkschema aus sich herauszugeben vermochte. (Ich wies schon darauf hin, daß er sich jene Verse des Passionsliedes auf dem Sterbebett vorlesen ließ.) Wir dürfen hier wie auch bei den anderen theologischen Denkern nicht vergessen, daß es jeweils überschießende Elemente gibt, die ein Synonym dafür sind, daß das Christ-sein nicht in einer bestimmten Theologie aufgeht. Das wird bei RITSCHL nicht nur an der Inkongruenz von reflektierter Christologie und unreflektiertem Christusglauben deutlich, sondern vor allem auch an der Rolle, die die *Gemeinde* in seinem Denken spielt. Weil er als Theologe in der communio sanctorum denkt, lebt er in der Kommunikation mit der Christenheit und ihrer Tradition – nicht als Monade! –, so daß sein Denken ständig der Korrektive teilhaftig wird, die ihm von da her zufließen. Ein Theologe solcher Art bleibt ein hörender und im Prinzip zur Revision bereiter Mensch. Das gilt für RITSCHL auch deshalb, weil er alle philosophischen Vorgegebenheiten seines Denkens dadurch in Frage und einer möglichen Umschmelzung zur Verfügung stellt, daß er die Erkennbarkeit der Wahrheit nur dann gegeben sieht, wenn der Erkennende in der Wahrheit *ist,* wenn also die Verbundenheit der Christen mit Christus – und nicht bloß ein allgemeines Humanitätsbewußtsein! – die Voraussetzung des theologischen Denkens bildet.

Von diesem Überschießenden lebt eine Theologie. Dadurch ist sie lebendig, so gewiß sie ständig über sich hinausweist und in sich selbst bereits die Impulse enthält, durch die sie einmal überholt werden wird. Dieses Überschießende wird immer *mit* tradiert. Dadurch bleiben auch die Autoren fragwürdiger Theologien (und welche Theologie wäre *nicht* fragwürdig?) in der Communio sanctorum; sie bleiben Väter des Glaubens, bleiben Gesprächspartner auch für die Nachfahrenden.

Anders ausgedrückt: Dadurch kommt es, daß es nahezu keine *nur* vergangene Theologie gibt, die späteren Geschlechtern schlechthin nichts mehr weiterzusagen hätte. Was überhaupt den Namen „Theologie" verdient, ist niemals *nur* von den sie umgebenden Zeitgeistern eingefangen, sondern lebt von dem Herrn, der seinerseits die Zeitgeister gefangen geführt hat (Kol 2,15) und unmittelbar zu allen Zeiten ist. Und diesem Herrn ist die Theologie gerade durch das verbunden, was in kein Schema geht, was eben überschießt und von der Immanenz des Systems aus vielleicht als inkonsequent erscheint. Das Inkonsequente ist nicht selten das eigentlich Kerygmatische (wie bei RITSCHL etwa die Endgültigkeit Christi, die reflexiv kaum ausreichend fundiert ist). Würde sonst Christus nicht immer wieder aus den Begriffsgräbern der Systeme auferstehen, statt ihre Vergänglichkeit zu teilen?

---

[56] „O Haupt voll Blut und Wunden ...", Kirchengesangbuch 63, V. 10.

II. WILHELM HERRMANN

Zur Literatur: Aus HERRMANNs eigenem Schrifttum: Die Religion im Verhältnis zum Welterkennen und zur Sittlichkeit, 1879. – Der Verkehr des Christen mit Gott, 1886, 7. A. 1921. (meist zit. nach 4. A.) – Ethik, 2. A. 1901, 6. A. 1921. – Ges. Aufsätze, ed. F. W. Schmidt, 1923. – Dogmatik, ed. M. Rade, 1925.

Senkundäre Literatur: H. B. ASSEBURG, Das Gebet in der neuren anthropol. orientierten Theol., Diss. Hamburg 1971; bes. 85ff. – K. BARTH, Die dogm. Prinzipienlehre bei W. Herrmann, in: Die Theol. u. die Kirche, Ges. Vorträge II, 1928, 240–280. – M. BEINT-KER, Die Gottesfrage in der Theol. W. Herrmanns, Berlin (Ost), 1976; hierin: W. H. als Lehrer Barths u. Bultmanns, 120ff. – R. BULTMANN, Zur Frage der Christologie, in: Glauben u. Verstehen I, 1933, 85dd., bes. 101ff. – P. FISCHER-APPELT, Metaphysik im Horizont der Theol. W. H. s. Forschungen zur Gesch. u. Lehre des Protestantismus (10/XXXII), 1965, 215ff. – DERS., Zum Verständnis des Glaubens in der liberalen u. dialektischen Theologie, in: Freispruch u. Freiheit, ed. H. G. Geyer, 1973, 68ff. – E. FUCHS, Hermeneutik, 1954, 27ff. – F. GOGARTEN, Theologie u. Geschichte, in: ZThK 1953, 339ff. – H. GRASS, Ostergeschehen u. Osterberichte, 1956, 268ff. – GERH. KOCH, Die Auferstehung Jesu Christi, 1959, 90ff. – TH. MAHLMANN, Das Axiom des Erlebnisses bei W. H., Diss. Münster 1962. – H. J. ROTHERT, Gewißheit u. Vergewisserung, 1963.

Zur Biographie: Geb. 1846, gest. 1922. Zunächst pietistisch durch den Hallenser THO-LUCK beeinflußt, später zur RITSCHL-Schule gehörig. Vor allem in seiner Ethik wesentlich durch KANT bestimmt; sehr viel entschiedener als RITSCHL in Auseinandersetzung mit der historisch-kritischen Schriftforschung stehend und hier – bes. in der Christologie – um eine neue Möglichkeit unbedingter Gewißheit ringend. Ab 1879 Prof. in Marburg. Hier sammelte er einen großen und einflußreichen Schülerkreis, der durch seine eindringende Reflexion, seine leidenschaftliche Gewißheitssuche und seine warmherzige Frömmigkeit beeindruckt war. Aus dem Kreis seiner kritischen, aber dankbar bleibenden Schüler ragen BARTH und BULTMANN hervor. BARTH selbst über seine Schülerschaft in: Klärung u. Wirkung. Zur Vorgeschichte der KD u. zum Kirchenkampf, ed. W. Feurich, 1966, 240ff.

a) Der Ansatz seiner Dogmatik:

Die Unterscheidung von Glaubens-Grund und Glaubens-Gedanken

Als den roten Faden, der sich durch die neuzeitliche Theologiegeschichte hindurchzieht, bezeichneten wir eine immer wiederkehrende Doppel-Thematik: *einmal* die Infragestellung bisher selbstverständlich geltender Gehalte der Tradition, und zwar vornehmlich aufgrund der neu entdeckten Autonomie des religiösen und sittlichen Subjekts; *ferner* die Frage, ob und inwieweit jene Gehalte auch im Rahmen der so sich hervordrängenden Kriterien aufs neue angeeignet werden könnten. Diese durchgängigen Fragestellungen finden wir auch bei W. HERR-MANN wieder:

Seine wesentliche Lebensfrage ist es, wie wir zur Gewißheit des Glaubens durchfinden können, nachdem das neuzeitliche Welt- und Selbstverständnis des Menschen verschiedene Zugänge zu einer solchen Gewißheit blockiert hat, und wir so außerstande gesetzt sind, traditionelle christliche Aussagen einfach zu übernehmen.

Um welche Blockaden geht es dabei?

1. Als bewußt nachkantischer Theologe weiß HERRMANN, daß eine über den

Horizont unserer Erfahrung hinausgehende Metaphysik der „religiösen Weltanschauung" keinen Beistand zu leisten vermag. Beide bewegen sich auf radikal verschiedenen Ebenen. Dabei geht es HERRMANN nicht nur um die von KANT aufgewiesene Windigkeit jeder Art von Metaphysik. Ihm schwebt vielmehr noch ein anderer Einwand gegen ihre Untauglichkeit vor[57]: Religiöse Wirklichkeit kann überhaupt nicht auf der Ebene objektiver Wirklichkeitsfindung, die den Gesamtzusammenhang von Sein und Geschehen widerspruchsfrei aufweisen möchte, erreicht werden. Denn dieses auf Objektivation drängende Fragen läßt das Engagement unseres *Willens* ja völlig unberührt. Gerade ihn aber nimmt die religiöse Wirklichkeit in Anspruch, weil sie ihn letzten Zielen zuwendet. Das also, was das objektivierende Denken über den Weltzusammenhang an scheinbaren Infragestellungen der religiösen Weltanschauung enthält – daß nämlich, kurz gesagt, Gott nicht in diesem Zusammenhang auftauche! –, trifft das Eigentliche dieser Weltanschauung überhaupt nicht. Diese hat es vielmehr mit dem Willen und der nicht-objektivierbaren Person zu tun. An dieser Stelle vernimmt man die Stimme RITSCHLS.

2. Eine weitere Herausforderung christlichen Wahrheitsverständnisses ergibt sich aus der Würde der sittlichen Person, wie sie von KANT herausgestellt wurde. Diese Würde müßte, wie schon der aufklärerische Humanismus das gesehen hatte, tödlich bedroht werden, wenn der Glaube „die Einheit im geistigen Leben des Christen" antastete[58], wenn es etwa dazu käme – um LESSINGS Dictum noch einmal aufzugreifen –, daß ein Mensch in seinem Kopf Heide, im Herzen aber glaubender Christ wäre. Das müßte ja, modern ausgedrückt, nichts geringeres als die Preisgabe der eigenen Identität und insofern ein Attentat wider die Person bedeuten. Würde man nach der Welteinheit und der darin eingeschlossenen Einheit der Person *so* fragen, daß man diese Einheit in ihrem objektiv aufweisbaren Zusammenhang meint, so wäre in der Tat die religiöse Weltanschauung darein nicht einzubeziehen. Denn das in ihr Gemeinte ist ja nicht als ein Vorfindliches greifbar, so daß es in der Tat zu der verhängnisvollen Bewußtseinsspaltung kommen müßte.

Es ist aber ganz anders, wenn wir den „Quell dieser Einheit" statt dessen im *subjektiven* Bereich suchen, in dem „durch die Anschauung eines höchsten Gutes bestimmten Leben der konkreten Person". In diesem finis ultimus schließt sich das Sein zur Einheit zusammen. Nur dieser Rahmen bildet die Voraussetzung dafür, daß die Frage nach der Welteinheit überhaupt Sinn hat. Da der finis ultimus sich für die konkrete Person nun in dem unbedingten, „absoluten sittlichen Ideal" darstellt, das „an jeder Person seine Allgemeingültigkeit erweist", und da andererseits die christliche Offenbarung in innerem Zusammenhang mit diesem Ideal steht, kann es den gefürchteten Zwiespalt zwischen christlicher Religion und Weltverständnis nicht mehr geben – quod erat demonstrandum[59]!

---

[57] Die Metaphysik in der Theol., 1876, 8.
[58] Die Religion im Verhältnis …, 246.
[59] AaO. 246.

3. Die für HERRMANN am meisten einschneidende Bedrohung christlicher Gewißheit geht von der *Geschichte* aus. Innerhalb ihrer, d.h. in der Bibel und in
der kirchlichen Überlieferung, begegnet uns ja jenes Heilsgeschehen, auf das sich
der christliche Glaube gründet. Wie aber kann die nur bedingte historische Ver-
gewisserungsmöglichkeit unbedingte Glaubensgewißheit begründen, wie kann
das Absolute auf relativen Fundamenten ruhen? Auch HERRMANN sieht sich
durch die Anfechtung LESSINGs bedroht, die ihm aus den schwankenden „zufälligen Geschichtswahrheiten" erwuchs; auch er sieht den „garstigen breiten Graben" zwischen dem Einst und dem Jetzt.

Für HERRMANN verschärft sich die Fragestellung noch durch die moderne
historisch-kritische Schriftforschung, die in dauernden „Subtraktionsexempeln"
(KÄHLER) begriffen ist und die Christus als zentrale Gestalt unseres Glaubens zu
einem fast nicht mehr greifbaren „historischen Jesus" macht. Wo wäre aber
dann noch eine sturmfreie Zone zu finden, in der es resistente, durch keine historische Infragestellung zersetzbare Gewißheiten des Glaubens gibt? Diese Frage
verbindet HERRMANN, der inmitten dieses Zersetzunsprozesses steht, mit
SCHLEIERMACHER, der ihn vorausahnte[60].

Es ist aber nicht nur die drohende Auflösung der heilsgeschichtlichen Faktizität, die den großen Marburger beunruhigt. Eine ebenso starke Unterspülung unserer Gewißheitsfundamente vollzieht sich durch die *Tradition*. In ihr akkumuliert sich ja die Reflexionslast der Jahrhunderte. Sollte Glauben dann heißen dürfen, alle Glaubens-„Gedanken" *mit* zu glauben? Doch wie sollte man hier zu
einer Scheidung zwischen Glaubensgrund und Glaubensgedanken kommen?
Wohin gehört etwa die Auferstehungsbotschaft? Ist sie mit Paulus (1. Kor 15)
Glaubens*grund*? Oder gehört sie zu den Glaubens-*Gedanken,* in denen sich der
Eindruck von der Todüberlegenheit Jesu reflektierte und einen mythologischen
Ausdruck fand? (Wir sehen bei BULTMANN, in welchem Maße diese Fragestel-
lungen HERRMANNs nachwirken[61].)

Die grundsätzliche Richtung, in der HERRMANN eine Befreiung von diesen Ge-
wißheits-Friktionen sucht, ist unter drei Gesichtspunkten zu markieren:

Erstens unter dem negativen Gesichtspunkt, daß nur historische Recherchen
uns keine Möglichkeit eröffnen, in Christus den Grund unseres Glaubens und
damit Glaubensgewißheit zu finden: „Wenn uns Christen die Person Jesu so
sicher ist, daß wir in ihr den Grund unseres Glaubens, die uns gegenwärtige
Offenbarung Gottes sehen, so wird diese Überzeugung durch ein historisches
Urteil *nicht* begründet."[62]

Zweitens: Das, was „den immer währenden Grund der religiösen Erlebnisse
eines Christen bildet, ist nicht die irgendwie erreichte Summe der Glaubensgedanken, sondern der Mensch Jesus", also eine konkrete Gestalt, die wir „in

---

[60] Ich erinnere an sein 2. Sendschreiben an LÜCKE.
[61] Zu BULTMANNs Auferstehungsverständnis vgl. den Aufsatz des Verf.s „Die Frage der
Entmythologisierung des NT", in: Kerygma u. Mythos I, 1951 (ed. H. W. Bartsch), 159ff.
[62] Verkehr des Christen ..., 59.

dem geschichtlichen Bereiche, dem wir selbst angehören, ... als etwas zweifellos Wirkliches antreffen"[63].

Drittens: Die entscheidende Frage ist nun die: Wenn der Mensch Jesus den Grund meines Glaubens bildet, wenn dieser Mensch in der ihn und mich gemeinsam umspannenden Geschichte auftaucht, gleichwohl aber über das Medium der für die Geschichte zuständigen Vergewisserungsmethoden – nämlich die historische Recherche – *nicht* als Glaubensgrund zu entdecken ist – welchen Zugang zu ihm sollte es denn *dann* noch geben können? Hier bringt HERRMANN eine Erfahrungskategorie ins Spiel, die wir heute als „existenzial" bezeichnen würden, und die für ihn in einem Erlebniseindruck unseres ganzen Personlebens besteht:

Natürlich, so meint er, gehen wir von der Überlieferung aus; wir nehmen historische Fakten zur Kenntnis. Die Tatsache jedoch, um die es dabei letztlich geht, wird uns nicht über eine nur historisch interessierte Fragestellung zugänglich, sondern nur dann, „wenn wir an der Bereicherung unseres eigenen inneren Lebens der Berührung mit dem Lebendigen inne geworden sind"[64]. Hier springt also, um noch einmal ein Bild LESSINGS heranzuziehen, ein elektrischer Funke auf mich über, der mich einen Zuwachs an innerem Leben erfahren läßt und mir damit die Wirklichkeit des so Erfahrenen gewiß macht. Es geht offensichtlich um eine Erfahrung, die der heutige Leser analog in den Versen R. M. RILKES über den Archaischen Torso Apollos ausgesprochen finden mag: „... denn da ist keine Stelle, / die dich nicht sieht. Du mußt dein Leben ändern"[65].

Welche „Stelle" ist es, die mich innerhalb der Christologie so anblickt und mein Leben ändert? Was ist dieses nicht Historisierbare, das mich gleichwohl in meinem Person-sein derart anrührt und von seiner Wirklichkeit überzeugt?

Um das zu finden, „worauf schließlich alles ankommt", müssen alle sekundären Traditionsgehalte durchstoßen werden, als da sind: „Berichte und Lehren der Apostel", aber auch „die Gedanken, die ihrem Glauben gegeben waren", kurz: alles, „was uns nicht als zweifellose Tatsache erscheint"[66]. Wiederum könnte HERRMANN mit LESSING sagen, daß Berichte von Wundern, die andere wollen erlebt haben, nicht selbsterlebte Wunder seien. HERRMANN aber kommt eben alles auf „Selbsterlebtes" und damit auf unmittelbare Gewißheit an.

Erst nach diesem Beiseite-lassen alles Zweitrangigen und Abgeleiteten kann mir das „in seiner Kraft und Bedeutung klar werden, was ... kein Zweifel hinwegschaffen kann. Das ist das Bild des inneren Lebens Jesu". Gerade hier wäre dann – paradoxerweise – von dem „geschichtlichen Christus" zu sprechen, obwohl nicht „die historische Forschung" ihn findet, sondern nur „der in der Geschichte nach dem ewigen Leben ringende Mensch"[67]. Das Paradoxe – ich gebrauche diesen Begriff hier durchaus im Sinne HERRMANNS – liegt darin, daß

---

[63] AaO. 39–50 passim.
[64] AaO. 61.
[65] Werke, Insel-Ausg. 1980, II, 313.
[66] Der geschichtl. Christus der Grund unseres Glaubens, in: Ges. Aufsätze, 320f.
[67] AaO. 321.

ausgerechnet dieses nicht historisierbare Bild des inneren Lebens Jesu den „nach Gott verlangenden Menschen … davon überzeugt, daß in ihm etwas geschichtlich Wirkliches wiedergegeben sei, obgleich es aller sonstigen Erfahrung widerspricht, also im strengsten Sinne wunderbar ist"[68]. Persönliches entzündet sich nur am Persönlichen. Deshalb wird auch „der Glaube, der die höchste Erscheinung persönlichen Lebens ist", immer nur „durch die geistige Macht von Personen erzeugt". Es ist der Zeuge, der uns durch sein Zeugnis ansteckt. Doch weist er dabei noch über sich selbst hinaus und drängt uns auf seines Glaubens „*letzten* Grund hin …, auf das persönliche Leben Jesu. … Durch seine Macht niedergeworfen zu werden, das ist Grund und Ziel für alles, was wir zum Leben oder zur Entstehung des Glaubens rechnen sollen."[69]

Das, was HERRMANN so als das innere Leben Jesu bezeichnet, enthält anthropologische und theologische Implikationen: *anthropologische* (1.) insofern, als „in dem Gott, dessen Wirken auf uns in keinem andern Erlebnis so deutlich wird, wie in der Macht der Person Jesu über uns, die sittlichen Gedanken, die uns im Innersten bewegen, persönliches Leben zu gewinnen"[70]. Christus ist so Repräsentant und Erfüller letzter sittlicher Normen, man könnte sagen: die Inkarnation des praktischen Logos wird uns dadurch per analogiam evident. – Die *theologische* Implikation (2.) besteht darin, daß uns in Jesu liebender Zuwendung zu den Menschen, in der durch ihn repräsentierten Sündenvergebung deutlich wird, Gott selbst begegne uns „in seiner menschlichen Erscheinung", ziehe „uns zu sich heran" und trete in ihm „mit uns in Verkehr"[71].

Man würde sich den Zugang zu dem, was HERRMANN das „innere Leben Jesu" nennt, verbauen, wenn man vor der psychologisch klingenden Formulierung zurückschreckte. Denn selbstverständlich ist für einen Theologen unserer Generation, dem der sog. historische Jesus eine weithin unerkennbare und schon als Gegenstand der Frage problematische Gestalt ist, das *innere* Leben dieser Gestalt in noch dichteres Dunkel gehüllt. Das wird schon allein durch die Kontroversen über das messianische Selbstbewußtsein Jesu deutlich[72]. Doch HERRMANN meint sein Wort vom „inneren Leben" gar nicht psychologisch, sondern ontologisch. Er versteht darunter die Identität der Person Jesu mit ihrem Auftrag, mit ihrer „Sache". Er denkt an seine bedingungslose Berufstreue, an sein Aufgehen in der Gemeinschaft mit dem Vater und sein Da-Sein für den Menschen, in dem sich zeichenhaft die Zuwendung Gottes selbst manifestiert.

Auch SCHLEIERMACHER hatte ja das, was er auf seine Weise ebenfalls vom inneren Leben Jesu sagte (ohne freilich den Ausdruck zu gebrauchen), nicht eigentlich „psychologisch" verstanden. Wenn er davon spricht, daß Jesus von einer stetigen „Kräftigkeit des Gottesbewußtseins" erfüllt sei, dann verstand auch er das mehr ontologisch als „das einheitliche Sein Gottes in ihm". Das „innere Leben" Jesu ist also für HERRMANN eine Chiffre für die ungebrochene Gemeinschaft mit Gott.

Dieser Zentralbegriff des inneren Lebens Jesu bringt uns Christus einerseits *nahe* und rückt ihn für uns in die Analogie der Verstehbarkeit. Denn in ihm

---

[68] AaO. 318f.
[69] AaO. 325.
[70] Verkehr 85.
[71] AaO. 117f.
[72] Darüber: BULTMANN, Theologie des NT, 1953, §4. Dort Lit.

haben ja „die sittlichen Gedanken, die uns im Innersten bezwingen", persönliches Leben gewonnen. Andererseits rückt er uns *fern,* weil die Identität von Person und Auftrag außerhalb der Skala des uns Menschen Verfügbaren liegt. Gerade diese Kombination aber gibt ihm „Macht" über uns, die uns seiner unbedingt gewiß macht und in unser Leben verändernd eingreift. Deshalb macht HERRMANN den Begriff des inneren Lebens Jesu zum Schlüsselwort für alle Sätze seiner Christologie. Ich nenne dafür nur einige beispielhafte Momente:

1. Wir erkennen in seiner menschlichen Erscheinung Gott selbst, der sich uns erschließt und zu sich zieht. „So entsteht in dem, was Christus an uns wirkt, die Vorstellung von einer Person, die nur in dem Bekenntnis zu seiner *Gottheit* richtig ausgedrückt werden kann."[73] Statt „Vorstellung von ..." können wir im Sinne HERRMANNs nun genau so gut sagen, daß der Glaubens-„Gedanke" von Christi gottheitlichem Range gebildet werden müsse. Deshalb drückt sich in dem Worte Gottheit das sozusagen nachträgliche Fazit einer Begegnung mit seiner Person aus.

Diese Reihenfolge: erst Begegnung und dann und daraufhin Prädizierung als Gottheit ist für HERRMANN geradezu die Pointe dessen, was er seinen Zeitgenossen als befreiendes Wort vermitteln möchte. Denn von dieser Reihenfolge aus wird deutlich, wie sinnlos ein theologischer und homiletischer Dogmatismus ist, der den heilsverlangenden Menschen mit der conditio sine qua non belasten würde: „Wenn ihr durch Christus erlöst werden wollt, müßt ihr an seine Gottheit glauben!" Statt dessen muß es heißen: „Wenn ihr durch Christus erlöst werden wollt, müßt ihr an der Tatsache seiner Person erfahren, daß Gott mit euch verkehrt"; dann aber werdet ihr sozusagen ganz von selbst auch von seiner Gottheit sprechen[74].

Der Begriff ist also hier – genau wie schon bei RITSCHL – jedem Zwei-Naturen-Schema, jeder Physis-Ontologie entnommen und zu einem Rangprädikat *ethischer* Art geworden. Nach KANT ist „menschlich" – im Sinne von nicht-göttlich – der Zwiespalt zwischen göttlichem und menschlichem Willen, zwischen Sein und Sollen überhaupt. Bei Christus aber ist Identität von Sein und Sollen, Person und Bestimmung und insofern – „Gottheit". Diese ist folglich kein Ausdruck für einen unendlichen qualitativen Abstand vom Menschen, sondern für die *Erfüllung* des Menschlichen, für das Menschliche in seinem Pleroma und in der Fülle seiner Bestimmung. Die Gottheit Christi ist hier zugleich eine Chiffre dafür, daß Christus nicht der Mensch im Widerspruch, sondern – ähnlich wie bei SCHLEIERMACHER – der einzige und wahre Mensch ist.

Zugleich wird deutlich, daß HERRMANN hier alte dogmengeschichtliche Linien aufgreift: Er sieht sich nicht auf der Seite der alexandrinischen Christologie (etwa des CYRILL von Alexandria), die im Sinne der Zweinaturenlehre eine substantiale Einheit von Gott und Mensch annimmt (hénosis physiké, kat' ousían). Vielmehr spinnt er die antiochenische Linie THEODORETs von Kyros fort, der eine Verbundenheit des Göttlichen und Menschlichen im Sinne ethischer Gesinnung und Haltung annimmt (hénosis schetiké).

---

[73] Verkehr, 117f.
[74] Verkehr, 103.

2. Auch die Art, wie HERRMANN den Zugang zum christlichen *Osterglauben* eröffnet, bleibt diesem Einsatz beim inneren Leben Jesu treu. Ebenso wenig, wie er den Glauben an die Gottheit Christi als eine conditio sine qua non dafür verstehen kann, daß wir in den „Verkehr" Gottes mit uns einbezogen werden, vermag er den Glauben an das Auferstehungsfaktum als eine solche Vorbedingung anzuerkennen. Beide Aussagen – die über die Gottheit Christi und die über seine Auferweckung am dritten Tag – sind nicht das Eingangsbekenntnis, wenn ich den Tempel des christlichen Glaubens betrete, sondern beide Aussagen drängen sich mir auf, wenn ich diesen Tempel durchschritten *habe,* d.h. wenn ich dem inneren Leben Jesu begegnet bin. In dem so allererst *gewachsenen* „Vertrauen zu seiner Person und seiner Sache ist (dann) der Gedanke einer Macht über die Dinge enthalten, die dafür sorgen muß, daß der Jesus, der in der Welt untergegangen ist, den Sieg über die Welt behält"[75].

Die Osterberichte des Neuen Testaments können deshalb meinen Glauben *nicht* begründen, ganz abgesehen davon, daß sich aus jenen Berichten das, was wirklich geschehen ist, nicht mehr rekonstruieren läßt[76]. Selbst für die Jünger aber gelte, daß die Erscheinungen des Auferstandenen nicht den *Grund* ihres Glaubens gebildet haben. Vielmehr sei ihnen bereits im Umgang mit Jesus selbst – sprich: durch die Erfahrung seines inneren Lebens – die Gewißheit zuteil geworden, daß er ihr Erlöser sei. Die Erscheinungen seien dann nur eine Art göttlicher Nachhilfe gewesen, durch die die erlösende Bedeutung seines Sterbens in ihnen befestigt worden ist. Deshalb hätten sich die Jünger hernach sagen müssen, daß ihnen auch *ohne* die Erscheinungen die Gewißheit habe zuteil werden müssen, Jesu Tod könne nicht sein Bankerott und die Widerlegung seines Gehorsams gewesen sein, sondern habe den Sinn seiner Vollendung gehabt. Dies Entscheidende an ihm, diese seine todüberlegene Macht war ihnen ja an der Begegnung mit seiner Person bereits aufgegangen. Die „zusätzlichen" Erscheinungen haben damit einen bloß bestätigenden Sinn. Ihnen ist von Gott die Funktion zugewiesen, nach dem Kreuzesgeschehen den von Anfechtung bedrohten Glauben der Jünger zu stärken. Die nur relative Bedeutung der Ostererscheinungen weist erst recht uns Spätgeborene darauf hin, daß dies geschichtlich nur mittelbar Bezeugte unseren Glauben nicht begründen kann. Unser fundamentum fidei ist ausschließlich die eigene unmittelbare Erfahrung der Person Jesu und ihres inneren Lebens. In ihr schlummert auch für uns die Gewißheit, daß er nicht im Tode geblieben sein kann.

HERRMANNs Interesse bei Aussagen dieser Art ist stets das gleiche: Er holt die Wahrheiten des Glaubens von der nivellierenden Ebene zeitlos dogmatischer Gleichrangigkeit herunter, baut sie in geschichtliche Lebensbegegnungen der Glaubenden ein und stuft sie in ihrem Bedeutungsrang je nach der Rolle ein, die sie bei solchen Lebensbegegnungen spielen. Die Hauptdifferenzierung, die sich so ergibt, ist die zwischen Glaubensgrund und Glaubensgedanken. Wirklicher

---

[75] Verkehr, 80.
[76] Dazu und zum Folgenden: Dogmatik § 18.

originaler Glaube hat ein *unmittelbares* Verhältnis zu seinem Grunde; er setzt deshalb ein mit dem Erlebnis der Person Christi. Das ist sozusagen das christliche Urerlebnis. Setzt der Glauben-Wollende dagegen bei den späteren reflexiven *Entfaltungen* des Glaubensgrundes, bei den Glaubens-„Gedanken", ein (Gottheit Christi, Erscheinungen am dritten Tag, Jungfrauengeburt usw.), so kommt es *nicht* zu jenem Urerlebnis, sondern zu höchstens anempfundenen Bildungserlebnissen.

So kann sich HERRMANN etwa gegen „die pietistische Praxis eines Phantasieverkehrs mit dem erhöhten Herrn" wenden[77]. Hier droht die Primär-Begegnung mit der geschichtlichen Person Jesu hinter eigenen Einfällen und unkontrolliert Fortgesponnenem zurückzutreten. Gleichwohl hat HERRMANN damit die Gegenwart des erhöhten Herrn nicht bestreiten wollen – schon deshalb nicht, weil der Glaube ja seine todüberwindende Macht erfahren hat[78]. Doch kann das Bekenntnis zur Gegenwart des erhöhten Herrn erst im Glauben wachsen und muß sich stets auf das initium fidei, auf das Erlebnis des geschichtlichen Jesus, zurückbeziehen. In ihm allein wendet sich Gott uns „verständlich und faßbar" zu, so daß nur er, nicht aber der erhöhte Christus, den Rang des „Offenbarers" einnimmt[79].

Was HERRMANN so mit seiner dogmatischen Bemühung will, ist klar: *Es geht ihm um ein Exerzitium originalen Innewerdens der Glaubenswahrheiten, um einen Abbruch toter und unpersönlich übernommener Traditionen und um den Vorstoß zum eigentlichen Kern christlicher Wahrheit.* Man könnte seine Frage auch so formulieren: Wie kann die Person Jesu als die Inkarnation offenbarter Wahrheit über allen zeitlichen Abstand hinweg mir „unmittelbar" werden? Oder auch umgekehrt: Wie kann *ich* unmittelbar zur Person Jesu werden?

Indem HERRMANN dieser seiner Absicht, christliche Wahrheit zu vergegenwärtigen, nachgeht, beobachten wir ein theologisches Denkgeschick, auf das wir nun wiederholt schon und in mancherlei Variationen gestoßen sind: Es ging dabei jeweils um den Weg vom Zweifel zu erneuter Aneignung von christlicher Wahrheit. Der Zweifel ergab sich aus dem Bedenken, daß diese christliche Wahrheit unseren neuzeitlichen Denkvoraussetzungen nicht mehr entsprechen könne, vor allem nicht den Autonomie-Ansprüchen des ethisch und religiös mündigen Subjekts. Die Überwindung dieses Bedenkens und damit die Eröffnung neuer Aneignungsmöglichkeiten für den Glauben vollzog sich so, daß innerhalb der Kategorien unserer geistigen Aufnahmeapparatur sehr wohl Orte aufzufinden waren, an denen jene christliche Wahrheit von uns auf- und angenommen werden konnte: sei es nun, daß dieser Ort im Vernunftbereich (wie bei KANT) oder im Erlebnisbereich (wie bei SCHLEIERMACHER, RITSCHL und HERRMANN) gefunden wurde.

Das eigentümliche und sich stets wiederholende Denkgeschick besteht nun darin, daß das, was so eine neue Affinität zur christlichen Wahrheit zu eröffnen scheint – nämlich jene Aufnahme in unser geistiges System – die Wahrheit des

---

[77] Verkehr, 1. A. 200.
[78] AaO. 7. A., 233 f.
[79] Die Gewißheit des Glaubens u. die Freiheit der Theol., 1887, 46.

Glaubens zugleich versehrt, beengt und verändert. Um das an HERRMANN zu verdeutlichen:

Christus kann ja nur insoweit Gegenstand einer Glaubensaussage für mich sein, als er in die Beziehung zu mir – und zwar in eine durch das Gewissen erfahrbare, in sittlichen Kategorien darzustellende Beziehung zu mir – einzuzeichnen ist. Daß Christus die Beziehung zu mir *transzendiert*, anders gesagt: daß er *mehr* ist als mein Glaube an ihn, daß seine Person *mehr* ist als sein Werk – auch als das in mir bewirkte Werk des Glaubens! –, daß Gott „größer ist als unser Herz: und unsere Erfahrung von ihm (1. Joh 3,20): dies alles bleibt *außerhalb* unseres kategorialen Aufnahmevermögens.

Diese Kategorien und damit die anthropologischen Voraussetzungen, die sich als offen für den Empfang christlicher Wahrheit erweisen, und die ich dieser Wahrheit zur Verfügung stellen wollte, gewinnen unter der Hand *normativen* Rang. Sie sind sozusagen nicht nur *selbstlos* offen, sondern sie *verfügen* zugleich über die aufzunehmende Wahrheit. Auch wenn das Ausgangsmotiv zweifellos war, sie ein bloßes Mittel zum *Verstehen* jener Wahrheit sein zu lassen, so kommt es sehr bald zu einem *Aufstand* der Mittel: Ich kann ja von jenen anthropologischen Voraussetzungen stets schon im vorhinein sagen, was überhaupt eine kompetente christologische Aussage sein *kann*: nur das nämlich, worin Christus sich als eine Inkarnation derjenigen Normen erweist, um die ich stets schon von meinem Gewissen her weiß. Dieses vorgegebene Normensystem, in dessen Rahmen ich Christus allein erleben kann – auch sein „inneres Leben"! –, wird so zum Prokrustesbett, das bestimmte verändernde Manipulationen nötig macht, um ihn darin unterzubringen.

Die Verengung und Verkürzung der christologische Aussagen, auf die ich damit anspiele, zeigen sich bei allen theologischen Konzeptionen, die mit der Präzisierung von Auf- und Annahmebedingungen einsetzen. Und gerade hier hat HERRMANN im wörtlichen Sinne „Schule gemacht". Man braucht dabei nur an BULTMANN zu denken, bei dem dieser HERRMANNsche Ansatz erkennbar nachwirkt. Ich erinnere an sein früher schon einmal zitiertes Wort: „Das Verstehen von Berichten über Ereignisse als Handeln Gottes setzt ein Vorverständnis dessen voraus, was überhaupt Handeln Gottes heißen *kann*"[80]. Hier ist nicht vorgesehen, daß Gottes Handeln die Bastionen meines Vorverständnisses und meiner Aufnahmebedingungen sprengt, daß er sie also transzendieren könnte, sondern sie gewinnen normativen Rang und damit die Ermächtigung zur Manipulation. Es sind gewiß Palmenzweige und Kleider, die dem in Jerusalem einziehenden König auf seinem Wege unterbreitet werden. Sie sollen seinen Weg bereiten helfen und ein Dienst an ihm sein. Doch könnten sie damit auch seinen Weg bestimmen wollen. Und ob dieser Weg dann – nach Jerusalem führt?

Dies also ist das Denkgeschick, das sich uns bei HERRMANN besonders markant präsentiert. Ein Pharisäismus derer, die aus späteren Erfahrungen wissen, welche Folgen dieses Denkgeschick nach sich zieht – eine Anthropologisierung

---

[80] Glauben u. Verstehen II, 1952, 231.

der Theologie –, ist denkbar unangebracht. Welche Theologie wäre jenem Geschick so oder so *nicht* unterworfen? (Deren Vertreter möge dann den ersten Stein werfen!)

Auch unsere Theologie ist ein vergebungsbedürftiges Werk. Es gibt keine unbefleckte Empfängnis irgendeiner Theologie. Was außer dem Eingeständnis dieser ihrer Vergebungsbedürftigkeit allein von ihr zu verlangen ist, dürfte dies sein: daß sie sich jeweils nur als *ein* Moment, als ein kurzes *Interim* des Prozesses christlicher Wahrheitsfindung begreift, und daß sie so die Bereitschaft zu ihrer Überholung aufbringt. Die Füße derer, die sie hinaustragen, sind jeweils schon vor der Tür. Und hat der respektgebietende und charaktervolle Theologe WILHELM HERRMANN nicht davon sehr wohl etwas gewußt? Seine Relativierung der Glaubens-„Gedanken" scheint dieses Wissen zu bezeugen. Aber hat er selbst schon gewußt, *konnte* er es wissen, daß auch manches von dem, was er als Glaubens-*Grund* aussprach, selbst schon die Zone der Glaubens-*Gedanken* hineinragte und von der Blässe dieser Gedanken angekränkelt war? Ich frage nur[81].

b) MARTIN KÄHLERs Christologie im Gegenüber zu der W. HERRMANNs

Der große Bibeltheologe MARTIN KÄHLER hat sicher einen ganz anderen theologischen Stammbaum als sein Zeitgenosse HERRMANN. Sie stehen wie zwei ragende Fichten *nebeneinander*. Wenn sie aber von den Winden der Zeit geschüttelt sind, kann es sein, daß ihre Wipfel sich gelegentlich zueinander hin neigen und für Augenblicke berühren. Man kann angesichts der sonst üblichen rabies theologorum nicht ohne Neid beobachten, wie diese großen Zeitgenossen aufeinander zutreten und sich dann wieder zurückziehen können, in beidem aber einen verhaltenen (keineswegs höflich explizierten!) sachlichen und persönlichen Respekt vor einander spüren lassen: Herren alter Schule, wenn man so will.

Was sie beide – trotz aller Verschiedenheit – an verwandten Motiven bei dem anderen bemerken, ist die Bemühung, ein *unmittelbares* Verhältnis zur Person Jesu zu gewinnen und den zeitlichen Abstand zwischen ihr und uns zu überwinden, also die Geschichte nicht zum Trennungswall werden zu lassen. Beiden geht es um die Möglichkeit persönlicher Erfahrung, um „ein Überwältigt werden von Christo in seinem an uns herantretenden Bilde"[82].

Es könnte fast wie ein Wort HERRMANNs klingen, wenn KÄHLER sagt, wir könnten unseren Glauben an Christus nicht von zukünftigen Ergebnissen historischer Forschung noch vom Streit der Jesus-Biographen abhängig machen; es gehe vielmehr um eine Überliefe-

---

[81] Die Problematik dessen, was wir hier als „Denkgeschick" bezeichnet haben, bildet den thematischen Mittelpunkt von EvGl I, insbes. der §§ 1–4.

[82] So HERRMANN, ein Wort KÄHLERs aufgreifend, Ges. Aufs., 310. Seine Auseinandersetzung mit diesem vor allem S. 310–321 (zit.: „Aufs."). – Die von uns herangezogene Schrift KÄHLERs ist vor allem sein Buch: Der sog. historische Jesus u. der geschichtliche biblische Christus, 2. A. 1928 (zit.: „Der sog. …").

rung, „welche die Macht in sich hat, von ihrer göttlichen Verbürgtheit zu überführen. Das Datum muß eben ‚unmittelbar erreichbar' sein."[83]. Das, was uns nach KÄHLER diese Unmittelbarkeit der Überzeugung – auch bzgl. der Bibel – zuteil werden läßt, ist unsere „Erfahrung" und die gespürte „Belebung und Bereicherung"[84].

Den Evangelien geht es nach KÄHLER nicht um die Absicht, „Urkunden für die Gründungsgeschichte der Kirche" oder biographische Protokolle über das Leben Jesu zur Verfügung zu stellen. Sie sind vielmehr Glaubenszeugnisse über Jesus, den Christus. Dem stimmt HERRMANN zu[85]. Daß es zu diesen Zeugnissen kommt, ist für KÄHLER aber nicht so etwas wie eine übermalende Gemeindetheologie, also eine nachträglich-sekundäre Zutat, sondern es geht um die Wirkung der Person Christi *selbst*. Denn die „reife, die *geschichts*reif gewordene Persönlichkeit" ist nicht ein privates Individuum *hinter* seinem Werk, sondern sie lebt *in* ihrem Werk[86]. „Was aber ist die Wirkung, die durchschlagende, welche dieser Jesus hinterlassen hat? Laut Bibel und Kirchengeschichte keine andere als der Glaube seiner Jünger."[87] Entsprechend sind die neutestamentlichen Texte Zeugnisse des so erweckten Glaubens, d. h. Urkunden „für den Vollzug der kirchengründenden Predigt"[88]. Insofern ist der geschichtliche und „wirkliche Christus ... der *gepredigte* Christus"[89]. Mit dieser Einsicht macht sich der Glaube unabhängig von dem schwankenden Bilde des sogenannten „historischen Jesus", das den Subtraktionsexempeln der historisch-kritischen Bibelforschung unterworfen ist und das als ein so bedingtes und den wissenschaftlichen Moden unterworfenes Bild niemals den Grund *unbedingter* Glaubensgewißheit bilden kann[90].

So sehr nun HERRMANN auch einige der von KÄHLER vorgebrachten Gesichtspunkte begrüßt – wie etwa die geforderte „Unmittelbarkeit" zur Person Jesu, wie den Hinweis auf persönliche Erfahrung und auf den kerygmatischen Sinn der evangelischen Berichte –, so ausgesprochen bleibt doch seine Reserve, wenn er einige seiner ihm wichtigsten Motive *nicht* berücksichtigt sieht: Er gibt KÄHLER zwar zu, daß „ein hinter der neutestamentlichen Überlieferung hervorgeholter Christus (also der sog. ‚historische' Jesus) ... den Glauben nicht begründen" kann. Andererseits kann aber der „Christus, den diese Überlieferung selbst dar-

---

[83] Der sog., 19.
[84] Die Wissenschaft der christl. Lehre, Neudruck 1966, § 49.
[85] Aufs., 311.
[86] Der sog., 63.
[87] AaO. 63.
[88] AaO. 22.
[89] AaO. 66.
[90] Die *heutigen* Rückfragen nach dem historischen Jesus haben alle diese Erfahrungen durchgemacht und haben im Zuge dessen einen ganz anderen Sinn bekommen. Sie verfolgen nicht mehr das Ziel, einen historischen Grund für den Glauben zu ermitteln, sondern wollen ein Korrektiv sein gegenüber einer reinen Kerygma-Theologie, die – wie BULTMANN – die urchristliche Gemeindetheologie als letzten Punkt der Nachfrage behandelt und deshalb einem Mythologumenon verhaftet zu bleiben droht. Das gilt etwa von den entsprechenden Arbeiten E. KÄSEMANNS, Exegetische Versuche u. Besinnungen, 3. A. 1964, Bd. I, 187 ff.; Bd. II, 31 ff. – Siehe auch G. EBELING, Wort u. Glaube I, 1960, 300 ff.

bietet (also KÄHLERS ‚geschichtlicher biblischer Christus‘), ... doch nun *auch* nicht den Grund des Glaubens abgeben"[91].

Warum ist das für HERRMANN unmöglich?

Er wirft KÄHLER vor, daß er nicht scharf genug zwischen „Grund" und „Inhalt" des Glaubens differenziere[92]. Gewiß stamme die neutestamentliche Botschaft aus der Erfahrung des auferstandenen und erhöhten Herrn und sei eben deshalb kein Protokoll, sondern Glaubenszeugnis. Doch sei dieser volle Inhalt des Christusglaubens eben allmählich gewachsen und könne deshalb nicht Grund und Anlaß für den sein, der allererst zu glauben *beginne*. Zudem drohe sich so der Irrtum einzuschleichen, „der Mensch könne sich dadurch helfen, daß er sich mit einem Opfer seines Urteils den Versicherungen der Gläubigen unterwirft", die jenes Wachstum schon an sich erlebt haben[93].

HERRMANN spricht also die früher von uns notierte Befürchtung ALEXANDER SCHWEIZERS aus, daß wir bei bloßer Übernahme jener neutestamentlichen Glaubenszeugnisse nur an den Glauben *anderer* glaubten, also gerade *nicht* die auch von KÄHLER gewünschte Unmittelbarkeit zur Gestalt Jesu gewännen. Aus diesem Grunde kann der Christus, „wie ihn der Glaube in seiner Fülle schaut, der auferstandene und erhöhte", gerade *nicht* „der letzte Halt und Grund unseres Glaubens" sein. „Diesen Dienst kann ihm Christus in dem Glanze der Herrlichkeit, die der durch ihn erlöste Mensch sehen lernt, *nicht* leisten. ... Das ist ‚Inhalt‘ des Glaubens, aber nicht sein letzter ‚Grund‘." Wenn wir aber so auf das verzichten, was unserer „eigenen persönlichen Überzeugung den sicheren Halt und die Selbständigkeit gibt", dann sind wir nicht davor geschützt, „daß wir in katholisches Wesen geraten", daß wir auf die Vermittlung durch andere – durch die Kirche – angewiesen bleiben und so nicht zur Unmittelbarkeit *eigener* Erfahrung gelangen. „Ein Glaube, der dieses Apparates (der katholischen Kirche) soll entraten können, darf es sich nicht so leicht machen, wenn er nach seinem letzten Grunde fragt."[94].

Hier liegt der Nerv dessen bloß, um was es HERRMANN geht, und für das KÄHLER nach seiner Meinung keinen Sinn zu haben scheint. Für HERRMANN konzentriert sich alles auf zwei Fragen: *Einmal* auf die Frage, welche Gewißheit so übermächtig zu werden vermag, daß sie aus einem Nicht-Christen einen Jünger macht; *ferner* auf die Frage, wie es möglich ist, daß diese gleiche Gewißheit den einmal gefundenen Grund des Glaubens durch alle „Schwankungen unseres inneren Lebens"[95], „nicht nur in den Momenten religiöser Erhebung, sondern auch in tiefster Ermattung der Seele"[96] festzuhalten vermag.

HERRMANN geht stets vom Zweifel und von der Anfechtung aus und fragt, was hier – in der äußersten Zerreißprobe – hält. Alles andere, was der Glaube in sei-

---

[91] Aufs., 315.
[92] AaO. 311.
[93] AaO. 312.
[94] AaO. 313.
[95] AaO. 315.
[96] AaO. 316.

ner Geschichte mit Christus dann weiter erfährt: den Auferstandenen und Erhöhten „im Glanz seiner Herrlichkeit", ferner alles das, was die Glaubensgeschichte der Kirche an reflexiver Fülle durchmessen hat, das wird zwar nicht von ihm geleugnet; in der Anerkennung dessen mag er weithin mit KÄHLER sogar einig sein. Doch kann das alles zur Not auch fallen, ohne daß die Verbindung mit der Person Jesu deshalb zu entschwinden brauchte. Das alles ist (nun aber wirklich äußerst pointiert und HERRMANN übertreibend ausgedrückt) ein theologischer Komfort, den die Reflexion des Glaubens sich anbildet .Doch kann man auch ohne ihn leben. Das sind vorgeschobene Posten, aber nicht die innerste Widerstandslinie, auf die HERRMANN eben alles ankommt. Es geht ihm um den stählernen Kern christlicher Gewißheit; und um *den* zu finden, kann er wie im Experiment einmal alle Umhüllungen, alle bloßen Glaubens-„Gedanken" – da ist der Begriff wieder! – abstreifen.

Eben hier nun sieht HERRMANN sich von KÄHLER verlassen und meint ihm vorwerfen zu müssen, er könne nicht zwischen Grund und Inhalt des Glaubens unterscheiden. So blende er denn, bildlich ausgedrückt, den nach Gewißheit suchenden, nach Erlösung sich sehnenden Menschen mit einer Tausend-Watt-Lampe, überfalle ihn mit der übermächtigen Lichtfülle des „geschichtlichen Christus", mit dem entfalteten Pleroma der kirchlichen Christologie. Das aber könne dem Suchenden nicht helfen. Demgegenüber zünde *er,* um noch weiter im Bilde zu bleiben, nur eine kleine Kerze an, die das winzige Stück des wahrhaft Wesentlichen erhelle: eben jenes Stück, wo uns die Person Jesu glaubwürdig wird. Wie aber *wird* Jesus uns glaubwürdig? Nur so, meint HERRMANN, daß wir von ihm „zugleich die Richtung auf das empfangen, was seiner eigenen persönlichen Überzeugung den sicheren Halt und die Selbständigkeit gibt"[97]. Das aber ist die Verbindung mit dem Vater und damit seine Verwurzelung in der letzten normativen Instanz, ist die in ihm personifizierte Einheit von Sein und Sollen, kurz: hier liegt das im Stadium der Erfüllung vor, was auch in uns – wenigstens als Gegenstand des *Suchens!* – lebt.

Damit wären wir wieder beim Ausgangspunkt angelangt: dort also, wo die Analogie zwischen dem, was wir in der Person Jesu vorfinden, und dem, was in uns selbst als sittlichen Wesen lebt, den Funken überspringen läßt und Unmittelbarkeit, ja Überwältigung erzeugt.

Der Unterschied zwischen HERRMANN und KÄHLER liegt nicht nur darin, daß HERRMANN so etwas wie der Seelsorger der Glaubensanfänger und der Angefochtenen wäre, während KÄHLER in der Explikation des Glaubens lebte und dächte – das alles läßt sich nur bedingt so sagen! –; sondern die entscheidende Differenz zwischen beiden dürfte darin liegen, daß HERRMANN das die Gewißheit Stiftende in der Analogie zwischen unseren anthropologischen Voraussetzungen und dem uns in der Person Jesu Begegnenden sieht, während KÄHLER das die Gewißheit Stiftende in der Gabe des Pneuma sieht, durch die Christus unsere

---

[97] AaO. 313.

Verschlossenheit überwindet und sich uns gegenwärtig *macht*. Die Entscheidung zwischen beiden fällt an der Pneumatologie[98].

Bei der so vorgenommenen Differenzierung zwischen HERRMANN und KÄHLER klingt die Problematik an, die der Verf. in seiner Unterscheidung zwischen cartesianischer und nicht-cartesianischer Theologie behandelt hat. HERRMANN würde dabei auf die cartesianische Seite, d.h. zu einer anthropologisch bestimmten Theologie gehören[99].

c) HERRMANNs *ethische Konzeption*

Da, wie wir sahen, die Dogmatik bereits einen ethischen Grundriß hatte und gerade dadurch die Tendenz zur Anthropologisierung empfing, bedarf es für die Darstellung der HERRMANNschen Ethik selbst nur einiger Hinweise. Es ist klar, daß das Verständnis der sittlichen Person und ihrer Selbständigkeit bei HERRMANN seinen Rückhalt an KANTS Autonomiebegriff findet. Unter ausdrücklicher Berufung auf KANT definiert er das sittliche Verhalten als „die Vollkommenheit des Wollens". Unter dieser Willensrichtung versteht er die Unabhängigkeit von unserer Umgebung, deren Einflüssen und Heteronomisierungen, d.h. eben: unsere Selbstbestimmung. Ein Wahrzeichen dieser Unabhängigkeit ist es, daß unser Wollen konstant, daß der vom praktischen Logos bestimmte Wille eine „unveränderliche Richtung" gewinnt, die nicht von außen her modifiziert werden kann:

„Unsere innere Selbständigkeit haben wir ohne Zweifel darin allein, daß wir uns das vergegenwärtigen, wovon wir uns sagen können, daß wir es immer wollen werden. Alle Auffassungen des Sittlichen treffen daher schließlich in dem Gedanken zusammen, daß sittlich oder gut die innere Sammlung in einer Gesinnung ist, die wir als die unveränderliche Art unseres Wollens denken können und denken müssen."[100]

Eine theologische Ethik gründet demnach für HERRMANN zunächst einmal in den allgemeingültigen sittlichen Phänomenen und in der zuzubilligenden „Selbständigkeit der sittlichen Erkenntnis". Eben deshalb kann er KANT seinen Gewährsmann für die Analyse des Ethischen sein lassen.

Nur kraft solcher im Sittlichen gegründeten Personen kann es so etwas wie menschliche Gemeinschaft geben. Eine solche Gemeinschaft lebt davon, daß sie von *Vertrauen* getragen ist. Vertrauen aber kann es nur unter zwei Bedingungen für HERRMANN geben:

Erstens dann, wenn wir von einem Menschen wissen, daß er nicht aus Eudämonismus, also im Rahmen von sich wandelnden Interessenkonstellationen, handelt, sondern daß er „einem unbedingten Willen gehorcht". Dann ist er für

---

[98] Zu KÄHLER: Das schriftgemäße Bekenntnis zum Geiste Christi, in: Dogmatische Zeitfragen I, 1898, 137ff. – Daß im übrigen nicht nur HERRMANN, sondern auch KÄHLER Seelsorge an den Glaubensanfängern und Angefochtenen treibt, wird gerade an manchen Kapiteln aus dem ersten Teil der „Dogmatischen Zeitfragen" deutlich, bes. etwa 110ff.

[99] EvGl I, 1.Tl.

[100] Ethik, 2.A., § 6, 14f.

uns nicht mehr unberechenbar. Wir kennen sozusagen den inneren Fahrplan, an den er gebunden ist. Wir vertrauen also der „inneren Selbständigkeit eines Menschen". Dann aber „gründet sich unser Vertrauen auf das, was seinem Begriffe nach unbeweisbar" ist. Der Grund unseres Vertrauens läßt sich nicht objektivieren, weil die sittliche Person als solche ja schon nicht objektivierbar ist. Wie aber können wir dann *trotzdem* das Wagnis des Vertrauens eingehen? Das wird nur möglich aufgrund der zweiten Bedingung, die bei Zustandekommen von Vertrauen erfüllt sein muß:

Zweitens nämlich kann Vertrauen zu einem anderen nur dann bei mir entstehen, wenn ich mich aufgefordert weiß, „dieselbe Haltung einzunehmen, die uns Vertrauen einflößt". Nur wer aufrichtig genug ist, „von sich selbst dasselbe zu fordern, was er in dem Andern als vertrauenswürdig ansehen kann", bringt den Mut zum Vertrauen auf. Wer dagegen „selbst innerlich haltlos bleibt, kann auch Andern einen inneren Halt nicht zutrauen"[101]. Von Vertrauen getragene menschliche Gemeinschaft – im Unterschiede etwa von Kollektiven oder Interessengemeinschaften (wie wir heute sagen würden!) – kann es also nur im wechselseitigen Bezug von Personen mit sittlicher Selbständigkeit geben. Dieser Grundgedanke durchwirkt alles, was HERRMANN später in seinen Skizzen über Kultur- und Staatsethik sagt[102]. Nur die gemeinsame Bindung an letztinstanzliche Normen verbindet die Menschen auch untereinander.

Wie aber wirkt sich nun dieser von KANT übernommene ethische Ansatz *theologisch* aus? *Kann* er überhaupt theologische Relevanz gewinnen, da jener Ansatz doch in sich selbständig ist, da er sich allein auf das allgemeinmenschliche Gewissen gründet und ein Deus-dixit – etwa in Gestalt der Gebote – in keiner Weise an seinem Zustandekommen beteiligt ist? Der Glaube kann für HERRMANN doch nur bei einem Menschen aktuell werden, der als sittliches Wesen sozusagen schon komplett ist. Was könnte er dieser bereits gegebenen Selbständigkeit noch hinzufügen? Was gäbe es da noch christlich abzurunden?

HERRMANN hat einen seiner Ethik-Paragraphen (§ 21) mit der Überschrift versehen: „Der christliche Glaube als Kraft, das Gute zu tun". Die Bestimmung des sittlich Guten selbst fällt zwar in das selbständige, theologisch nicht dominierte *ethische* Ressort. Der Glaube aber gibt uns nun die Kraft, dieses unabhängig von ihm festgestellte Gute zu *tun*.

Wie kann das gemeint sein?

Hier rührt HERRMANN – aber immer nur wie im Vorübergehen und gleichsam von ferne, kaum tiefer eindringend – an gewisse Abgründe, in die wir bei der Auseinandersetzung des Paulus mit dem Gesetz blicken: Wenn das Sittliche uns als Imperativ des „Du-sollst", also als Gesetz, anrührt, dann gilt eben, daß das Gesetz uns nicht gerecht machen (Röm 8,3; Gal 3,11) und nicht dazu führen kann, die uns von Gott gesetzte Bestimmung zu erfüllen. Nicht als ob HERR-

---

[101] AaO. § 10, bes. 27f.
[102] AaO. § 26 u. 27.

MANN sich ausdrücklich auf diese paulinischen Einsichten bezöge. Man kommt aber kaum um den Eindruck herum, daß sie bei ihm im Hintergrunde stehen, wenn er davon spricht, daß „der Mensch, mit seiner sittlichen Erkenntnis allein gelassen (!)", sein Bestimmungsziel nicht erreichen könne [103]. Das klingt plötzlich sehr wenig kantianisch!

Warum ist er – allein auf den sittlichen Imperativ angewiesen und also „mit seiner sittlichen Erkenntnis allein" – verraten und verkauft? Warum wird er sich selbst und der ihm zugedachten Herrschaft über die Welt mit den Mitteln des bloß ethischen Gesetzes nicht gerecht? Antwort: weil er so „nicht die Kraft hat, das sittlich Gebotene zu wollen". Wieso denn nicht? Was wäre denn dieses sittliche Gebotene, an dem sein Wille zerbricht?

Nun: der kantische kategorische Imperativ kann mir zwar meine innere Selbständigkeit vermitteln und mir zur Würde einer sittlichen Subjekthaftigkeit verhelfen, die sich von aller außengelenkten pragmatischen und aller triebhaft eudämonistischen Motivation befreit. Das ist für HERRMANN sogar die Grundvoraussetzung sittlicher Existenz (und hier verdankt er KANT das Entscheidende). Doch darin *erschöpft* sich nicht der Auftrag unseres Person-seins. Denn solange dieses sich nur selbst konstituiert und sich in seiner Selbständigkeit behauptet, sorgt es gewissermaßen nur „für sich selbst" und bleibt, modern ausgedrückt, nur in seiner individualethischen Selbstverwirklichung stecken. Zur Bestimmung des Menschen gehört es aber doch, daß er „in seinem Wollen über dem Zwang, für sich selbst zu sorgen [104], *hinaus* sein und frei für Andere leben" soll. Solange er sich *nur* auf seine sittliche Erkenntnis angewiesen sehe, komme er nie über den unbewältigten Zwiespalt zwischen ethischer Selbstverwirklichung und „Selbstverleugnung" [105], d.h. selbstloser Hingabe an den Nächsten hinaus. HERRMANN läßt hier die Möglichkeit zumindest anklingen, daß ethische Selbstverwirklichung, für sich genommen, noch so etwas wie ein letzter sublimierter Egoismus sein könne.

Wie kommt es zu diesem Zwiespalt und damit zur Nicht-Erreichbarkeit unseres eigentlichen Zieles (wenigstens solange wir mit unserer sittlichen Erkenntnis allein gelassen bleiben) –? Das liegt für HERRMANN an unserem unbewältigten Verhältnis zur Welt. Hier sind wir mit einer „sittlichen Schranke" konfrontiert, die sich zwischen uns und unser Bestimmungsziel schiebt. Wir sind nämlich „dadurch, daß wir in der Welt aufwachsen ...", in zweierlei Weise sittlich gehemmt":

> „Wir hangen an der Welt, weil sie uns nährt, und wir fürchten uns vor ihr, weil sie uns vernichtet. Wenn wir so durch die Lust an den Dingen und durch die Angst vor ihrer Übermacht gebunden sind, sind wir den Menschen gegenüber verschlossen. Wir sind dann zu sehr mit uns selbst beschäftigt, als daß wir für andere leben könnten." [106]

---

[103] Ethik, §21, 113.
[104] Das ist hier nicht als materielle Existenz-Besorgung, sondern als sittliche Selbstverwirklichung gemäß KANT zu verstehen: aaO. 113.
[105] AaO.
[106] AaO. 111.

An dieser Stelle scheint sich in HERRMANNs Ethik nichts geringeres zu begeben als eine letzte Infragestellung des kantischen Ansatzes, auf den er doch seine Lehre vom sittlichen Bewußtsein und seiner Selbständigkeit gegründet hat. Denn wo träte bei KANT diese Hemmung durch eine „sittliche Schranke", mit der die Welt unseren Weg zu ethischer Selbstverwirklichung blockiert, je in Erscheinung? (Selbst das, was er über das radikale Böse sagt, hat mit *dieser* Schranke doch nichts zu tun!) HERRMANN ist also schlicht der Überzeugung, daß es mit der angeblichen Selbständigkeit des sittlichen Subjekts gegenüber der Welt, mit seiner angeblichen Weltüberlegenheit, nicht weit her ist. Wir bleiben, mit unserer sittlichen Erkenntnis allein gelassen, in der Verknechtung an Lust und Angst, Hoffnung und Furcht. Diese Verknechtung löst bei uns eine Egozentrik aus, die als unüberwindbare Schranke unseren Weg zum eigentlichen ethischen finis ultimus, nämlich der selbstverleugnenden Hingabe an „Andere", versperrt.

Gerade aus dieser Analyse unseres In-der-Welt-Seins und seiner sittlichen Hypotheken ergibt sich nun für HERRMANN die Bedeutung des christlichen Glaubens für die Ethik: Er kann uns zu dem verhelfen, was das ethische Bewußtsein allein eben *nicht* zu leisten vermag: zu der Kraft, die genannte Schranke zu überwinden, den hemmenden Zwiespalt zwischen sittlicher Selbstverwirklichung und liebender Selbstverleugnung zu überwinden. Diese Vollendung unseres sittlichen Auftrages läßt uns der Glaube in zweifacher Hinsicht zuteil werden:

Einmal dadurch, daß uns „der Gedanke des allmächtigen Gottes zur Wahrheit wird". Wenn Gott es ist, der die Welt durchwirkt, können wir uns weder „in der Freude an der Welt" noch in „Trauer und Angst verlieren"[107]. Selbst „die grenzenlose Unsicherheit unserer Existenz", selbst „der Tod, der vor uns steht", braucht dann nicht mehr von uns verdrängt zu werden. Das alles wird uns vielmehr „zu einem Zeichen der geheimnisvollen Tiefe, die der allmächtige Gott unserm Dasein gegeben hat":

„Das Erlebnis, daß die Berührung mit dem sittlich vollendeten Geist uns nicht in dem Gefühl unserer Kraftlosigkeit versinken läßt, sondern uns innerlich aufrichtet, dieses Wunder der Gnade verwandelt uns die Welt."[108]

In der so verwandelten Welt ist dann die Schranke hinweggeräumt, die uns durch Lust und Angst zum egozentrischen Kreisen um uns selbst nötigte und die Hingabebereitschaft an die Andern nicht aufkommen ließ.

Ferner: Daß Gott nicht nur als Allmächtiger die Welt durchwirkt, sondern daß er uns in Jesus zugleich als der *Liebende* und als *persönliches Leben* erscheint, bildet das zweite Moment, das uns von uns selbst befreit und uns mit der Möglichkeit der Hingabe beschenkt. Hier wird das bedeutsam, was HERRMANN in seiner Theologie über das innere Leben Jesu gesagt hatte: daß es ein Sein für Andere sei und daß sich an dieser persongewordenen Hingabe unser eigenes persönliches Leben entsprechend entzünde:

---

[107] AaO. 111f.
[108] AaO. 112.

„Sobald uns die sittliche Kraft Jesu ... und sein Opfer für die ohne seine Treue Verlorenen, also die Erscheinung seines persönlichen Lebens als ein Liebesbeweis des allmächtigen Gottes berührt, werden wir so reich, daß wir uns auch Anderer annehmen und für die Gemeinschaft leben können. *In dem Moment der religiösen Erhebung fühlen wir uns frei für das, was wir in seiner sittlichen Notwendigkeit verstehen.*"[109]

Das also ist es: Mit dem sittlichen Bewußtsein allein gelassen, wissen wir zwar um die Notwendigkeit des Unbedingten, des Guten. Aber wir entbehren der Freiheit es zu tun, ja es nur *wollen* zu können. KANTS Freiheitspostulat, das an die Zusicherung des praktischen Logos gebunden war: „Du kannst, denn du sollst" – diese Freiheitsgewißheit läßt HERRMANN hier hinter sich. Die Ermächtigung zur Freiheit wird für ihn aus anderen Quellen geschöpft: aus dem „Wunder der Gnade, das uns die Welt verwandelt" und dem Menschen die Kraft schenkt, „die Sorge für sich selbst zu überwinden"[110].

Ohne daß HERRMANN die traditionelle Terminologie heranzieht, greift er hier auf die reformatorische Unterscheidung von Indikativ und Imperativ zurück: Der Imperativ der Gebote gründet in der uns unverfügbaren indikativischen Setzung, daß uns Gottes Zuwendung zuteil wird und uns damit allererst zum Wollen und Tun ermächtigt. HERRMANNS Verständnis dieser Zuwendung bleibt zwar, gerade wenn wir an seine Christologie denken, formal dem Denkschema KANTS verhaftet. Gleichwohl sehen wir, wie der Rückgriff auf die indikativische Heilsbotschaft dieses Schema an allen Ecken und Enden transzendiert. Wir hätten ihn ganz gewiß nicht verstanden, wenn uns der instrumentale Rang dieses Schemas entginge. Wir übersehen dabei allerdings nicht, wie die instrumentalen Mittel – auch in der Theologie! – immer wieder den Aufstand proben und wie sich jenes Phänomen auswirken kann, das wir als „Denkgeschick" bezeichneten[111].

---

[109] AaO. 115; Hervorhbg. v. Verf.
[110] AaO. 112.
[111] Zur Indikativ-Imperativ-Problematik: ThE I, § 315ff.

13. Kapitel

Georg Wilhelm Friedrich Hegel

Zur Literatur: Werkausgaben: G. W. F. HEGELs Werke, 18 Bände, 1832–45 (zit.: „W.").
– Aufgrund dieser Ausgabe neu ediert ist die Theorie-Werkausgabe des Suhrkamp-Verlages, 20 Bände, 1970/71 (zit.: „Suhrk."). – Nach Ausgaben der Philos. Bibl. (ed. G. Lasson) werden in der Regel zitiert: Die Vernunft in der Geschichte, PhB 171a; sowie Encyclopädie der Philos. Wissenschaften, PhB 33. – Auswahltexte aus HEGELs Werk: F. Heer (ed.) Hegel, Fischer-Bücherei 1955. – E. Hirsch (ed.), Die Umformung des christl. Denkens in der Neuzeit, 1938, 260–302.

Aus der unübersehbaren *Sekundär-Literatur* zu HEGEL nenne ich außer dem zweibändigen Werk von KUNO FISCHER aus seiner Geschichte der neueren Philosophie (1901) und W. DILTHEYS' großer Hegeldarstellung, vor allem seiner Jugendgeschichte (Ges. Schriften IV 1959, 5–258), nur einige theologische Interpretationen HEGELs:
K. BARTH, Die protest. Theol. im 19. Jahrh., 1947, 343ff. – P. CORNEHL, Die Zukunft der Versöhnung. Eschatologie u. Emanzipation in der Aufklärung, bei Hegel und in der Hegelschen Schule, 1971. – W. ELERT, Der Kampf um das Christentum, 1921, § 3–5. – CHR. FREYD, Gott als die universale Wahrheit von Mensch u. Welt. Die Versöhnungslehre K. Barths im Lichte der Religionsphilosophie Hegels, Hamb. Diss. 1982. – W. KRÖTKE, Sünde u. Nichtiges bei K. Barth, (Ost-)Berlin 1972, bes. 33ff. – A. SCHLATTER, Die philos. Arbeit seit Descartes. Ihr ethischer u. Religiöser Ertrag, 4. A. 1959. – HANS P. SCHMIDT, Verheißung u. Schrecken der Freiheit. Von der Krise des antik-abendländischen Weltverständnisses, dargestellt im Blick auf Hegels Erfahrung der Geschichte, 1964. – H. THIELICKE, über HEGEL/BARTH in: ThE 1, S. 203ff.; über HEGELs Lehre vom Tode Gottes in: EvGl I, 372ff.; über HEGEL/TILLICH/PANNENBERG in: EvGl III, 450ff.; über HEGELs Todesverständnis, in: Leben mit dem Tod, 1980, 145ff.

Biographische Notiz: HEGEL lebte von 1770 bis 1831, wo er in Berlin an der Cholera starb. Als Schwabe war er während seines Theologie- und Philosophiestudiums Tübinger Stiftler. Die hier gepflegte Freundschaft mit HÖLDERLIN und SCHELLING hat ihn wohl stärker geprägt als das Studium selbst. SCHLATTER, der persönlich unter dem Tübinger Stift und seinen Bewohnern nicht wenig gelitten hat, bemerkt über HEGELs Tübinger Stiftserziehung ziemlich bissig, sie habe sich zweifellos auf seine dialektischen und das Leben vergewaltigenden Konstruktionskünste ebenso ausgewirkt wie auf sein philosophisches Selbstbewußtsein, gemäß dem seine Philosophie das Ende sei, zu dem der Weltgeist bis hierher gekommen wäre, die Zusammenfassung von 2500 Jahren seiner (des Weltgeistes) „ernsthaftester Arbeit"[1]. Wer das Tübinger Stift, das HEGEL seine Bildung gab, kennt – so schreibt SCHLATTER[2] –, der habe oft kleine und allerkleinste Beispiele für das vor sich, was er als lebensfremden Konstruktivismus und hochentwickeltes Selbstbewußtsein der Stiftler (und ihres Commilitonen HEGEL!) empfindet, und was sich auch bei den ebenfalls im Stift ausgebildeten Hegelianern wie D. F. STRAUSS und F. CHR. BAUR zeige: „Sie (die Stiftler)

---

[1] Glockners Jubiläumsausg. Bd. 19, 685.
[2] AaO. 173.

gleichen dem Unternehmen Hegels darin, daß sie vollständige Unkenntnis der Welt und eine Unfähigkeit, das Wirkliche wahrzunehmen, die kindlich und kindisch träumend durch die Welt stolpert, mit einem Selbstbewußtsein verbinden, das kein Zagen, keinen Bruch, keine Schranken kennt, sondern sich mit Wonne an den Leistungen des eigenen Denkens labt und ihm tapfer die höchsten Ziele steckt."[3].

Der distanzierende Ruhm HEGELS mag es nicht unerlaubt erscheinen lassen, diese gallige Marginalie gleich bei seinen Jugendjahren auftauchen zu lassen, zumal die hier gezeichnete Karikatur dem Bilde HEGELS entspricht, das sich immer wieder bei seinen Gegnern – z. B. bei KIERKEGAARD – herausgebildet hat.

1801 habilitiert er sich in Jena und hält Vorlesungen, die sich über alle Disziplinen der Philosophie erstrecken, später auch die Mathematik einbeziehen. Hier entsteht seine „Phänomenologie des Geistes". In Jena sah er auch den von ihm bewunderten und als „weltgeschichtliches Individuum" empfundenen Napoleon. Er schreibt 1806 an seinen Freund FRIEDRICH NIETHAMMER: „Den Kaiser, diese Weltseele, sah ich durch die Stadt zum Rekognoszieren hinausreiten. Es ist in der Tat eine wunderbare Empfindung, ein solches Individuum zu sehen, das hier auf einen Punkt konzentriert, auf einem Pferde sitzend, über die Welt übergreift und sie beherrscht." Der Weltgeist zu Pferde[4]! Finanzielle Schwierigkeiten zwingen HEGEL zum Verlassen Jenas und zu einer vorübergehenden Stellung als Redakteur in Bamberg, bis er 1808 einen Ruf als Rektor des Aegidien-Gymnasiums in Nürnberg erhält. Obwohl er sich hier, von äußeren Problemen belastet[5] und vergeblich eine Professur in Erlangen erhoffend, wenig wohl fühlte, schrieb er hier 1812–16 seine zweiteilige „Wissenschaft der Logik".

1816 erreichte ihn endlich ein Ruf nach Heidelberg. In diesem kurzen zweijährigen Interim entstand seine das ganze System zusammenfassende „Encyclopädie der philosophischen Wissenschaften".

1818 erfährt seine mühevolle Laufbahn ihre akademische Krönung durch den Ruf auf den ersten philosophischen Lehrstuhl Deutschlands in Berlin, und zwar als Nachfolger FICHTES. In seiner berühmt gewordenen Antrittsvorlesung am 22. Oktober 1818[6] pries er den früher von ihm kritisierten preußischen Staat, „der mich nun in sich aufgenommen hat", als den Ort, an dem die „beinahe verstummte Wissenschaft ihre Stimme wieder erheben mag" und das „freie Reich des Gedankens" aufs neue emporblühe. Er spricht von der nun hinter uns liegenden „Verzweiflung an der Vernunft", die vornehmlich durch die „Plattheit und Seichtigkeit des Wissens, welche sich Aufklärung nannte", zustandegekommen sei. Er ruft den „Geist der Jugend" an, den „Mut der Wahrheit" und den „Glauben an die Macht des Geistes", die zur „ersten Bedingung des philosophischen Studiums" gehörten.

Man hat HEGEL wegen seines Bekenntnisses zu Preußen nicht selten als „preußischen Staatsphilosophen" bezeichnet und dabei den Vorwurf eines gewissen opportunistischen Konformismus durchblicken lassen, zumal dieses Preußen doch wahrlich kein Hort der von ihm gepriesenen Freiheit gewesen sei. In einem späten Brief (Dezember 1830) an den seiner Philosophie nahestehenden Juristen KARL GÖSCHEL zeigt HEGEL, daß dieser Vorwurf eine entstellende Simplifikation ist. Er macht hier auch auf die Gefahren einer Freiheit aufmerksam, die sich doktrinär gebärdet und neue Formen der Intoleranz erzeugt. Gegenüber diesen Gefahren bietet der preußische Staat einen Wall.

---

[3] Das von SCHLATTER gemeinte Selbstbewußtsein drückt sich in dem (freilich selbstironisch gemeinten) Stiftler-Lied aus: „Der Uhland und der Hegel, / Der Schelling und der Hauff, / Das ist bei uns die Regel, / Das fällt nicht weiter auf."

[4] Briefe von und an Hegel, ed. Joh. Hoffmeister, PhB Bd. 235–37.

[5] Das Gymnasium hat nicht einmal einen „Abtritt ... Diese Geschichte ist garzu schmählich und sozusagen scheußlich ..."

[6] Abgedruckt bei Heer, aaO. 65 ff.

Trotzdem ist es verständlich, wenn HEGELS Philosophie unter Opportunismusverdacht steht – nicht wegen charakterlicher Eigenschaften ihres Autors, aber aus sachlichen Gründen: Wenn die *Vernunftstruktur* der Geschichte um der Prämissen dieser Philosophie willen um jeden Preis aufgezeigt werden muß, führt sie selbstverständlich zu einer Rechtfertigung des Gegebenen, und zwar gerade dann, wenn der Erfolg dieses Gegebene zu bestätigen scheint.

Es war kein Wunder, wenn HITLERS dithyrambische Erfolgsmeldungsrede in der Reichstagssitzung vom 30. Januar 1939 (nach der Eingliederung Österreichs) als eine Art popularisierter Hegelscher Philosophie aufgefaßt wurde: War die „Vorsehung", die den Erfolg seiner Taten zu bestätigen schien, etwas anderes als eine vulgäre Abschattung des Weltgeistes? Gerade im Zusammenhang damit konnte EDUARD SPRANGER deshalb in der berühmten Berliner Mittwochsgesellschaft am 1. März 1939 sagen: HEGELS Geschichtsphilosophie, ihres frommen Rahmens entkleidet, wurde „eine nackte Fortschrittstheorie und eine nackte Erfolgstheorie"[7].

Unter dem Berliner Katheder des durch seine großen Werke schon zu Ruhm Gelangten sammeln sich zu seiner Freude „Majors, Obristen und Geheime Räte". Wichtiger aber war die große Zahl von später zu hoher Bedeutung gelangten Hörern, deren Prägung durch ihn sich auch dann noch verriet, wenn sie später Gegner seiner Lehre wurden oder sie wesentlich modifizierten. Zu denen, die so unter seinem Katheder versammelt waren, gehörten u. a. der spätere Linkshegelianer DAVID FRIEDRICH STRAUSS, der russische Revolutionär MICHAIL BAKUNIN sowie der große amerikanische Historiker, Politiker und Diplomat GEORGE BANCROFT. KARL MARX besuchte die Berliner Universität erst sechs Jahre nach HEGELS Tod, war aber eifriger Hörer des HEGEL-Schülers EDUARD GANS und studierte in seiner Berliner Zeit intensiv das Werk HEGELS[8].

HEGELS *Wirkungsgeschichte* ist im Für und Wider, in geistesgeschichtlicher wie in politischer Hinsicht, nach Umfang und Bedeutung geradezu unbeschreiblich, vor allem auf dem Weg über die Links-Hegelianer und hier wieder vornehmlich über die Marxisten. Unter diesem Aspekt sucht HEGEL in der Philosophiegeschichte seinesgleichen. Auch die Dialektische Theologie und ihre Epigonen gehen zwar nicht in seinem gedanklichen Erbe auf, doch zehren sie von ihm. Die Wirkung, die er über den linken Flügel seiner Schule ausübte, sei nur durch einige Namen angedeutet: FEUERBACH, BRUNO BAUER, MAX STIRNER. Seine politisch-ideologische Ausstrahlung wird durch Namen wie K. MARX, F. ENGELS, LASSALLE und später LENIN repräsentiert. Aber auch „Revisionisten" wie ROGER GARAUDY, bestimmte Kulturkritiker und -Programmatiker – so die Vertreter der Frankfurter Schule und ihrer kritischen Theorie (ADORNO, HORKHEIMER, MARCUSE und HABERMAS) – sind in ihrem Ansatz ebenso durch die Auseinandersetzung mit HEGEL bestimmt wie etwa ERNST BLOCH. Die Namenreihe im philosophischen, theologischen und historischen Bereich wäre noch lange fortzusetzen und würde bis in unsere Tage reichen.

Nach dem unvermeidlichen Pathos, auf das selbst eine noch so bescheidene Skizze von HEGELS Bedeutung und Nachwirkung gestimmt sein muß, mag ein Satyrspiel diese biographischen Notizen beenden, wie SCHLATTERS Blick durch das umgedrehte Opernglas sie eingeleitet hatte. Ich meine die Schilderung eines seiner Hörer, KARL GRÜN. Er hatte seine Studienzeit bei HEGEL mit ähnlich zwiespältigen Gefühlen beendet wie LUDWIG FEUERBACH, dessen Briefwechsel er später herausgab[9]: „Gravitätisch steif, das wandelnde Gedankenskelett mit der Negation des Fleisches und Blutes, aber unfehlbar in der Struktur bis auf das kleinste Knöchlein, bis auf das os intermaxillare, fest bewußt, apodiktisch über-

---

[7] KLAUS SCHOLDER, Die Mittwochsgesellschaft. Protokolle aus dem geistigen Deutschland 1932 bis 1944, 1982,32.

[8] R. FRIEDENTHAL, Karl Marx, 1981, 79, 82, 87.

[9] K. GRÜN, L. Feuerbach in seinem Briefwechsel und Nachlaß, 1874. Das folgende Zitat Bd. 1, S. 15.

zeugt, folglich überzeugend, die Welt aus dem Gedanken schaffend wie Jehova am 1. Tage, alle Dinge erklärend, mit Notwendigkeit setzend, nichts draußen lassend, jede Antinomie durch den dialektischen Stil zur Nomie, zur Gesetzmäßigkeit beugend und hereinschlingend; anwendbar auf jegliches Ding im Himmel und auf Erden und unter der Erde …, den Menschen mit sich selbst, mit der Welt – freilich immer und alles ‚in Gedanken‘ – versöhnend, ihn zuletzt einführend in den ‚absoluten Geist‘, dem aus dem Kelche des ganzen Wesensreiches jubelnd die Unendlichkeit entgegenschäumt.“[10]

I. Grundlagen des Systems

Man bezeichnet HEGELs System gerne als eine Philosophie des Selbstvertrauens der Vernunft. Schließlich gründet jede philosophische Systembildung, d. h. jeder Versuch, das Ganze der Wirklichkeit in einem geordneten Zusammenhang, unter einem bestimmten Blickwinkel und mit Hilfe konstitutiver Prinzipien darzustellen, in einem wie immer zu beschreibenden Vertrauen auf die Übereinstimmung von Denken und Sein, man könnte auch sagen: von noetischer und ontischer Vernunft. Denn das System geht ja von der Voraussetzung aus, die wohl zuerst von der Stoa ausgesprochen wurde, daß sich die Wirklichkeit überhaupt in Begriffe fassen läßt, und daß ihr deshalb etwas Vernünftiges, unserem Geiste Verwandtes innewohnen muß. Am naivsten kommt das, wie wir früher sahen, in der Vernunftreligion der *Aufklärung* zum Ausdruck. Denn hier wird die Möglichkeit der Erkenntnis darin gesehen, daß der (deistisch verstandene) Gott für zweierlei gesorgt hat: Er hat erstens die Welt gemacht und natürlich hat er das aufs beste besorgt. (Ein Nachklang von LEIBNIZens optimistischer Weltsicht bestärkte einen in dieser Gewißheit). Er hat unsere Welt überdies vernünftig angelegt und moralisch geordnet: Zuletzt siegt immer die Gerechtigkeit, die Lügen haben kurze Beine und die Sonne bringt es an den Tag. Andererseits hat Gott auch unsere Vernunft gemacht, mit der wir die Welt begreifen. Denken und Sein, Subjekt und Objekt, Innen und Außen gehen so auf denselben Schöpfer zurück. Was Wunder, wenn sich darum die Vernunft in der Welt *bestätigt* findet, wenn sie die ihr adäquate, ihr wesensähnliche, weil gleichstammige Wirklichkeit erkennen kann!

Die Antike und auch noch das Mittelalter hatten dem Sein selbst die Qualität „Wahrheit“ zuerkannt. Gerade diese Qualität bildete die Voraussetzung dafür, daß es erkannt werden kann. Denn das Sein ist wahr, weil der Schöpfer es „erdacht“ hat, weil bei ihm Denken und Schaffen eins sind. Sein ist insofern immer verstanden als ein „Gedacht“-Sein, hinter dem der absolute Geist, der Creator Spiritus steht. Man könnte sagen, das Sein sei gedankenförmig, sei vom Logos

---

[10] Von geradezu paroxystischem Haß sind die Injurien gekennzeichnet, die SCHOPENHAUER gegen HEGEL schleudert: er sei „ein platter, geistloser, ekelhaft-widerlicher Scharlatan, der mit beispielloser Frechheit Aberwitz und Unsinn zusammenschmierte“. Eine Zusammenstellung dieser HEGEL-Beschimpfungen bei R. SPAEMANN/R. LÖW, Die Frage Wozu? Geschichte u. Wiederentdeckung des teleologischen Denkens, 1981, 188.

durchwirkt. Unser Denken ist demzufolge nichts anderes als ein Nach-Denken dieser das Sein bestimmenden Gedanken Gottes. Zu diesem Nach-Denken sind wir befähigt, weil unsere Vernunft selbst ein Partikel dieses seinshaften Gedankengebildes ist.

In diesem Sinne kommt etwa für ANSELM Wahrheit keineswegs bloß einem logischen Urteil zu, sondern bereits dem Sein selbst, auf das sich das Urteil bezieht. Auch ein Seiendes, ein Ding kann wahr sein, wenn es das ist, was es dem Schöpfungsplan gemäß sein soll, wenn also sein So-sein und seine Bestimmung kongruent sind. Dann hat es die Qualität der rectitudo. Auf diese Weise ist bei ANSELM die dem Sein innewohnende Wahrheit steigerungsfähig (anders also als in der Logik bloßer Urteile!): Es gibt ein Mehr oder Weniger an Wahrheit, je nach der größeren oder geringeren Nähe eines Seienden zu seinem Bestimmungsziel: So ist etwa der Quarz wahrer als der Kiesel und der Kristall wahrer als der Quarz, weil jeweils die rectitudo, die Norm- und Bestimmungsgemäßheit größer ist[11].

Während so für das Mittelalter das Sein selbst als Werk Gottes ewiger Wahrheit teilhaftig ist (verum est ens), das menschliche Werk aber als zufällig und vergänglich gilt, hat GIAMBATTISTA VICO (1688–1744) dieser Sicht gegenüber eine radikale Wende – die Wende zur Neuzeit – eingeleitet[12]. An die Stelle dessen, was bei ANSELM eine dem Glauben an Gott entstammende Seinsgewißheit ist, tritt bei VICO ein „ungeheuer Ozean des Zweifels, innerhalb dessen es nur „ein einziges winziges Stück Erde" gibt, auf dem wir festen Fuß fassen können[13]. *Wo* gibt es diesen Fleck noch möglicher Wahrheitsgewißheit? Dafür hat VICO, abgekürzt formuliert, die Antwort: Da wirkliches Wissen immer das Wissen von Ursachen ist, können wir nur wahrhaft und gründlich über das Bescheid wissen, was wir auch selbst verursacht und gemacht haben. Den Kosmos haben wir aber nicht gemacht. Darum bleibt er uns in seinen letzten Ursachen und insofern *überhaupt* undurchsichtig und verborgen. Hier gibt es so keine Seinsgewißheit mehr. Dagegen eröffnet sich gerade in *den* Bereichen, die bisher unter dem Verdikt der Zufälligkeit standen, die Möglichkeit von Wahrheitsgewißheit: im Tun des Menschen, kurz: in der *Geschichte*. Der Mensch wendet sich als einzig Gewissem dem zu, was er verursacht hat. Das Faktum, die Faktizität gewinnt jetzt[14] die Bedeutung als Stätte jener Gewißheit, die vorher dem Sein selbst zugewiesen war. Das ist die Zäsur, jenseits deren der moderne Historismus beginnt.

Hier scheint sich so ein Gegensatz der Epochen aufzutun, der sich in vergröbernder Kürze so beschreiben ließe, daß sich hier ein theologisches und ein anthropozentrisches Zeitalter einander gegenübertreten. Im „theologischen" Zeitalter, das wir uns an ANSELM verdeutlichen, weiß nur der Creator Spiritus selbst um sein Werk, dessen schöpferische Ursache er ist. Seinen Geschöpfen gibt er die Möglichkeit zum Nach-Denken dieses Werkes dadurch, daß er sie an seinen Gedanken partizipieren läßt, daß er ihren Geist für seinen Geist erschließt. Das „an-

[11] R. ALLERS, Anselm von Canterbury. Leben, Lehre, Werke, 1936, 88 ff.

[12] Dazu: K. LÖWITH, Weltgeschichte u. Heilsgeschehen. Die theol. Voraussetzungen der Geschichtsphilosophie, 1953, 109 ff.

[13] So in seiner „Neuen Wissenschaft", § 40; zit. aaO. 113.

[14] Neben der Mathematik, von der hier nicht gesprochen zu werden braucht.

thropozentrische", von VICO eröffnete Zeitalter hat sich aus diesem Seinsgefüge gelöst, weil es Gewißheit nur dort meint finden zu können, wo der Mensch selbst als Ursache in Funktion tritt und das so von *ihm* Bewirkte dann durchschauen kann.

Der so entstehende Gegensatz der Zeitalter mag hier den Anlaß bilden, um uns einen ersten Eindruck davon zu verschaffen, in welchem Maße HEGEL die Ganzheit des Seins zu umgreifen sucht und in seinem System einfängt. Was nämlich hier als Gegensatz erscheint, wird bei ihm zur Synthese gezwungen, weil es den Gegensatz zwischen dem Weltgeist – dem also, was für ANSELM der Creator Spiritus war – und dem Geist des sich emanzipierenden Menschen nicht geben kann. Denn der Mensch selbst ist ja nur ein Moment in jenem absoluten Geist, besser: in dessen Entfaltung, und existiert so in einer letzten Identität mit ihm. Dann aber entfällt auch der exklusive Gegensatz zwischen einer theologischen und einer anthropozentrischen Epoche, zwischen sakralen und säkularisierten Zeiten, weil beide nur Stufen und Phasen in jener Selbstentfaltung sind. Es geht dabei *einmal* um die Phase eines An-sich-Seins des absoluten Geistes, einer Phase der Unmittelbarkeit und Transparenz; *sodann* um die Phase eines Für-sich-Seins des endlichen Geistes, in dem dieser sich emanzipiert und der Weltgeist eine entfremdete Gestalt gewinnt; *endlich* wird der Gegensatz (die Antithese) wieder aufgehoben durch die Rückkehr in die Synthese des An-und-für-sich-Seins des Geistes.

Was ist hier anders geworden gegenüber KANT?

Für KANT wäre der systematische Einsatz bei dem allumgreifenden Monon des absoluten Geistes eine ,,Metaphysik", deren Basis außerhalb des unserem Erkennen verfügbaren Erfahrungshorizontes liegt. Diesen Erfahrungshorizont und damit die Kompetenzgrenze unseres Erkennens gewinnt KANT dadurch, daß er unser Verhältnis zum Sein durch die Subjekt-Objekt-Korrelation bestimmt, um dann festzustellen, was dem Subjekt aufgrund der Struktur seines Erkenntnisorgans zum Gegenstand objektiver Erkenntnis werden kann. Auch wenn es bei KANT nun keine *Identität* zwischen endlichem und absolutem Geist gibt – deren Behauptung wäre ja gerade Metaphysik! –, entsprechend dann auch keine Identität zwischen Drinnen und Draußen, Subjekt und Objekt, so gibt es doch auch bei KANT eine *Verbindung* von Denken und Sein. Nur ist diese eben nicht als Identität zu denken, sondern als Analogie: Die Gegenstände unserer Erfahrung sind Geist von unserem Geist – schon deshalb, weil sie durch unsere Anschauungsformen und Kategorien geprägt sind.

Doch auch die Welt *jenseits* des Erfahrungshorizontes, das Reich des ,,Dinges an sich" steht in dieser Urkorrelation zu uns und ist nicht ohne einen Schimmer von Vernunft, der uns gerade eben noch sichtbar wird. Denn wenn auch unsere Erfahrungswelt eine kategorial durch unsere Vernunft bereits verarbeitete und geprägte Welt ist, so ist sie doch nicht durch unsere Vernunft *erschaffen*. Die Erfahrungswelt ist vielmehr ein Gegenstandsbereich, der dadurch zustandekommt, daß das ,,Ding an sich" unsere Aufnahmeorgane (Sinne und Verstand) ,,affiziert". Insofern ist unsere Vernunft trotz ihres kategorialen Beitrags zur Erfahrung letzten Endes nicht schöpferisch, sondern empfangend. Die Fülle differenter Erscheinungen, die wir wahrnehmen und erkennen, sind Äußerungen eines Seins-

Hintergrundes, der selber von großer Vielfalt sein muß und uns deshalb in einem reichen Spektrum affiziert. Die Vielfalt der Erscheinungen liegt deshalb nicht an dem Erfindungsreichtum der Vernunft (die Vernunft ist bei KANT gar nicht „reich", sondern ihre Funktionen lassen sich in ziemlich einförmigen und eintönigen Kategorientafeln zusammenstellen); vielmehr beruht diese Vielfalt der Erscheinungswelt auf der Fülle und Vielfalt des uns Affizierenden. Dieses aber ist der Reichtum eines Seienden, das wir nur nicht in seiner Unmittelbarkeit, eben in seinem An-sich wahrnehmen können, sondern das uns nur innerhalb des Horizontes unserer Noesis begegnet und also von dieser geprägt erscheint[15].

Auch bei KANT gibt es deshalb so etwas wie ein Selbstvertrauen der Vernunft: Das Seiende ist für die Vernunft resorbierbar, weil es selber letzten Endes vernünftig ist. Das ist nur eine von vielen möglichen Bestätigungen für unsere These, daß *jedes philosophische System auf einem Selbstvertrauen der Vernunft beruhe*. Ein System kann nur errichtet werden, wenn sein Autor dessen gewiß ist, daß die Wirklichkeit sich in vernünftige Begriffe einfangen läßt, daß die Vernunft folglich nicht auf verlorenem Posten steht, sondern damit rechnen kann, in der Wirklichkeit ein ihr Ähnliches zu finden.

Um die Gegenprobe darauf zu machen: Der *Existenzialismus* ist gerade deshalb ein Feind des „Systems", weil er dieses Selbstvertrauen der Vernunft verloren hat und im Grunde über nichts anderes reflektiert, als über das Selbstverständnis und die Selbstwerdung eines Menschen, der in eine fremde, ihn durch ihre Endlichkeit mit Nichtigkeit bedrohende Welt geworfen ist. Daß die Existenzphilosophie also keine Systembildung zustandebringt, ja sie gar nicht zustandebringen *will* und die diesbezüglichen Intentionen mit Hohn und Spott übergießt – man braucht nur an die Attacken KIERKEGAARDS gegen HEGEL zu denken! –, das liegt nicht an der mangelnden systematischen Kraft ihrer Hervorbringer, sondern beruht auf dem Verlust einer Voraussetzung, die für jede Systembildung eben unerläßlich ist: nämlich des Vertrauens darauf, daß Denken und Sein sich in einer prästabilierten Harmonie zueinander befinden und sich über ihre Analogie entgegenkommen.

O. F. BOLLNOW verdeutlicht dieses verlorene Seinsvertrauen an HEIDEGGER: Bei ihm „schrumpft die Welt auf die beiden Seinsweisen des Zuhandenen und Vorhandenen zusammen, auf den Bereich des technisch Nutzbaren und der von da aus als defizienter Modus begriffenen Welt der nackten, sinnentleerten Wirklichkeit. Es fehlen alle Bereiche einer von eigenem Sinn erfüllten Wirklichkeit, vom organischen Leben des Tieres und der Pflanze bis zum Bereich menschlicher Kultur im wertvollen Sinne. Und in entsprechender Weise wird für JASPERS die Weltorientierung der äußeren Daseinsfürsorge zugeordnet. *Vor dem unbedingten Glanz eigentlicher Existenz versinkt alle Welt zum sinnentleerten Hintergrund.*"[16]

Wo ein „System" vorliegt, darf man als dessen Prämisse das annehmen, was wir früher als das divinatorische Prinzip der Hermeneutik behandelt haben: die Annahme nämlich, daß jedes Verstehen auf der Übereinstimmung (der Analogie) zwischen dem Verstehenden und dem zu Verstehenden beruhe. Das ist bei *Texten,* auf deren Verständnis sich die Hermeneutik ja bezieht, auch leicht und einleuchtend zu behaupten. Denn der zu verstehende Autor (PLATO oder GIORDANO BRUNO oder LEIBNIZ) ist ja ein Vernunftwesen wie wir. Jede philosophische

---

[15] Dazu: EUGEN HERRIGEL, Urstoff u. Urform, 1926.
[16] BOLLNOW, Existenzphilosophie, in: Nicolai Hartmann (ed.), Systematische Philosophie, 1942, 313–430; Zitat S. 356. Hervorhbg. v. Verf.

Systembildung aber geht in ihren hermeneutischen Prämissen noch weit darüber hinaus: Sie beruht stets auf der *vertrauenden Annahme, daß die Welt selbst sich zu uns wie der literarische Text eines Vernunftwesens zu seinem Leser verhält.* Sie ist Geist von unserem Geist.

Diese Prämisse jeder Systembildung treibt HEGEL nun in die äußersten Konsequenzen vor: Er spricht, wie schon angedeutet, nicht nur von der Korrespondenz und der Analogie zwischen dem Erkennenden und dem Erkannten, sondern von der Identität beider. „Der Weltprozeß ist ein Denkprozeß, das Menschenleben ein Denkvorgang, nichts als dies, dies aber auch an dem, was wir für Natur oder Realität erklären."[17] Alle Weltvorgänge – bei HEGEL ist hierbei vornehmlich an die Geschichte zu denken, bei der Natur ist ihm die Explikation dieser These ungleich weniger gelungen – sind gleichsam materialisierte Denkvorgänge des Weltgeistes. Vereinfachend könnte man sagen: Alles, was ist und geschieht, besteht in Gedanken Gottes, die zur Wirklichkeit geronnen sind.

Bis zu diesem Punkt des Denkens könnte man noch meinen, hier sei eine Variante des aufklärerischen Deismus, der einen vernünftigen Schöpfer und eine entsprechend vernünftig von ihm konstruierte Welt annahm. Das völlig *Neue* aber besteht nun in der Rolle, die HEGEL dem vernünftigen, dem erkennenden Geiste des Menschen zuschrieb. Für die Aufklärung und auch für KANT stand der erkennende Geist des Menschen der verstehbaren Welt *gegenüber,* bestand also das besprochene Subjekt-Objekt-Verhältnis. Dieses Verhältnis kam dadurch zustande – so jedenfalls bei KANT –, daß die Vernunft sich gleichsam selbst begegnete, wenn sie die durch Anschauungsformen und Kategorien geprägte Wirklichkeit erkannte. Doch war es immerhin noch ein „Gegenüber". Bei HEGEL dagegen herrscht Identität. Was heißt das?

HEGEL sieht im endlichen menschlichen Geiste einen Durchgangspunkt bei der Selbstentfaltung des Weltgeistes. Zunächst ist freilich der endliche menschliche Geist ein Seiendes wie jede andere Wirklichkeitsgestalt auch, wie ein Baum oder ein Stein. Doch ist der Mensch wiederum von allem anderen Seienden durch *ein* entscheidendes Characteristicum unterschieden: dadurch, daß er Bewußtsein hat und um sich selber weiß[18].

Was aber *ist* dieses Bewußtsein des Menschen, was weiß es?

Darauf würde man vorerst am besten negativ antworten: Es ist nicht so, daß dieses endliche Bewußtsein von sich aus und in eigener Initiative die Wirklichkeit als Selbstentfaltung des Geistes erkennen könnte, so daß es dieser Wirklichkeit dabei (wiederum!) gegenüberstünde. Vielmehr ist es der Weltgeist selbst, der hier um sich weiß. Er benutzt dabei das endliche Bewußtsein nur als sein Instrument, als ein „Mittel" seines Selbstbewußtseins. Dazu schafft er sich für dieses endliche Bewußtsein zunächst die physiologische Voraussetzung: das Gehirn. Cum grano salis könnte man deshalb so sagen: Wenn ich „reflektiere", dann reflektiert sich

---

[17] SCHLATTER, aaO. 175.

[18] In diesem Sinne ist menschliches Dasein vom sonstigen Seienden auch bei HEIDEGGER unterschieden: Sein u. Zeit, 1931, § 31 ff.

in mir der Weltgeist. In Steinen und Blumen und Naturphänomenen überhaupt „manifestiert" er sich dagegen nur. In alledem stellt er sich in verschiedenen Graden von Deutlichkeit „dar". (Man könnte dafür als Beispiel wiederum das von ANSELM herangezogene Entwicklungs-Crescendo Kiesel-Quarz-Kristall anführen.) In *mir* aber als dem endlichen Geiste erwacht er zugleich zum Bewußtsein seiner selbst.

Wenn ich also eine Geschichtsphilosophie schreibe, wie HEGEL das ja getan hat, dann ist das sozusagen nicht eine Biographie der Welt, die aus der Distanz des Gegenübers konzipiert wäre, sondern dann ist das eine Autobiographie des Weltgeistes, der sich durch das Medium meines Bewußtseins selber anschaut.

Die unerhörten, erdbebenähnlichen Nachwirkungen dieser (jedenfalls in ihrem Ansatz) einfachen Denkfigur sind kaum zu verstehen, wenn wir uns nicht das in ihr schlummernde Daseinsgefühl verdeutlichen. Es ist jenes außerordentliche Vertrauen des Denkenden zu sich selbst und zu seinem Denken, von dem wir in diesem Kapitel ausgingen. Natürlich: Wenn ich nur das Medium bin, durch das hindurch der Weltgeist denkt, kann ich mir den äußersten Grad von Selbstgewißheit denken. Sie ist vergleichbar der apodiktischen Gewißheit eines Propheten, der nicht auf seine eigene labile Wahrheitserkenntnis angewiesen ist, sondern der im Namen seines Gottes spricht und nur der Mund seines Wortes ist. Das tertium comparationis zwischen dem prophetisch Redenden und dem im Sinne HEGELs Philosophierenden ist der nur instrumentale Rang menschlicher Äußerung: Das endliche Bewußtsein ist lediglich in Dienst genommen: Ein Anderes oder ein Anderer spricht durch es hindurch.

Das dieser Konzeption zugrundeliegende Selbstvertrauen ist so radikal, daß HEGEL allen Ernstes die Überzeugung äußern konnte (auch sie kam schon zur Sprache), daß mit ihm die Philosophiegeschichte abgeschlossen sei und zusammengefaßt werde. Er konnte alles, was bisher gedacht worden war, auf die Formel bringen, es handle sich hier um die Geschichte des sich selbst denkenden und zu immer größerer Klarheit seiner selbst dringenden Weltgeistes.

Die bisherigen Stufen der Philosophie- und Theologie-Geschichte versteht HEGEL dabei als Stufen in der Bewußtseinsgeschichte des Geistes. Bei den ersten haftet der Geist noch an der Mittelbarkeit sinnlicher Vorstellungen, an Mythologemen, aus denen er sich bis zur Unmittelbarkeit des Begriffs emporbildet[19].

Darum lag die Folgerung allerdings sehr nahe, daß seine – HEGELs – Philosophie nicht eine bloß *fortzeugende* Systembildung sei, sondern daß alle bisherigen Philosophien von den Vorsokratikern bis KANT als Elemente in seinem System geborgen, „aufgehoben" würden und als Stufen im Selbstbewußtsein des Geistes erkennbar seien. Sie alle hätten unbewußt dem Selbstbewußtsein des Geistes zur Reflexion verholfen. Sie waren gleichsam Vorläufer wie Johannes der Täufer, während HEGEL dann als Christus der Erkenntnis, als eine Art philosophischer Heiland erscheint. Diese Vorstufen der Erkenntnis verhalten sich zu HEGEL ähn-

---

[19] Enc. 20f.; 486.

lich wie bei den altkirchlichen Apologeten (JUSTINUS MARTYR) die Wahrheits-
keime der antiken Philosophen (die logoi spermatikoí) zur christlichen Offenbarung des (Welt-)Logos. Denn er – HEGEL – habe den geheimen Sinn ihrer
Denkvorgänge erkannt und sie als Gestalten in der Morphologie des Weltgeistes
durchschaut. Deshalb geht es auch nicht um eine „Überwindung" des Vorange-
gangenen, sondern um seine „Aufhebung" (wobei Aufhebung bei HEGEL stets
den ambivalenten Bedeutungsgehalt von Bei-Seite-Setzen *und* Bergen, Verwahren hat).

Wenn wir eine Formel zu finden suchen, in der sich dieses Selbstvertrauen
HEGELS am besten einfangen läßt, können wir so sagen: Für ihn gründen das
Denken und das Gedachte, das Erkennen und das Erkannte in einer letzten
Identität. Wir können uns diese Formel mit Hilfe dreier Fragen verdeutlichen:

Erstens: Was ist das Gedachte? – Das Gedachte ist die Welt in der Fülle ihrer
in Raum und Zeit auftauchenden Gestalten. Aber dieses Gedachte ist ja nicht
von „mir" als einem x-beliebigen Vernunftindividuum gedacht, sondern es geht
um die Realisationen und Gestaltwerdungen der Gedanken des Weltgeistes.

Zweitens: Wer ist der Denkende? – Eben dieser Weltgeist ist das Subjekt des
Denkens, dessen Denken sich in geisthaften Weltgestalten niederschlägt und sich
objektiviert.

Drittens: Wie denkt der Weltgeist? Er denkt sich selbst, er reflektiert auf sich
selbst vermittels einer der von ihm emanierenden Gestalten. Denn *eine* von diesen Gestalten ist bewußtseinsbegabt, ist Träger eben jenes Charisma, durch das
der Weltgeist sich selber denken kann. Und dies eben bin ich, der endliche Geist.

Das Selbstvertrauen des Denkens beruht folglich darauf, daß ein Anderes (ein
Anderer) sich durch mich hindurch denkt. Ich reproduziere gleichsam nur die
Musik, die der Weltgeist macht. Wenn man so will, könnte man sagen: Mein
eigener Wille ist dabei ausgeschaltet (wie denn der Wille bei HEGEL überhaupt
– erstaunlicher- oder auch nicht erstaunlicherweise – unbetont bleibt). Es ist
nicht von ungefähr, daß im Blickpunkt HEGELS die *„Notwendigkeit"* in der
Selbstentfaltung des Geistes steht und daß *Freiheit* entsprechend nicht als Inanspruchnahme des *Willens,* sondern als *Einsicht* in diese Notwendigkeit verstanden wird[20] – ein Satz übrigens, der innerhalb der marxistischen Doktrin die
wesentliche Antithese zur individualistischen Freiheitslehre der „westlichen"
Tradition begründet[21].

Daraus ergeben sich drei Konsequenzen:

1. gewinnt dadurch der Gedanke im Sinne HEGELS jenen Grad von Unbedingtheit, den wir mit der prophetischen Gewißheit verglichen: Der Weltgeist ist
der Garant dafür, daß ich die von ihm produzierte Wirklichkeit nicht verfehle;

2. gewinne ich von hier aus einen Totalaspekt des Seins. Ich sehe Gott sozusagen in die Karten. Denn es gibt nichts, was nicht durchgeistet wäre, sei es nun,

---

[20] Vernunft i.d. Gesch. 40.
[21] ENGELS, Anti-Dühring, Berlin 1948, 138.

daß sich der Geist nur in einer Gestalt manifestiert oder sei es, daß er sich in einem Vernunftwesen reflektiert. Deshalb habe ich als Geist von eben diesem Geiste Zugang zur Gesamtheit des Wirklichen. Alles Wirkliche ist vernünftig, das ist eines der Axiome des HEGELschen Systems; und *ich* bin eben der Reflektor dieser Weltvernunft. Insofern ist mir alles Wirkliche zugänglich.

3. Dadurch stehe ich zu allem Wirklichen in einem Verhältnis der Unmittelbarkeit. Kein Gedanke mehr an ein „Ding an sich", das mir entzogen wäre und das ich nur in jenem Widerschein zu Gesicht bekäme, den es innerhalb meines Erfahrungshorizontes erhält (wie bei KANT). Vielmehr bin ich – etwas sentimental ausgedrückt – dem Herzen aller Dinge nahe. Ich sehe das Weltgeheimnis von Angesicht zu Angesicht, weil ich *selbst* ja die Züge jener Macht trage, die als Geist alle Weltgestalten durchwirkt.

Auch wenn MARX die HEGELsche Geistlehre „vom Kopf auf die Füße gestellt" hat, so ist doch auch bei *ihm* etwas von der Selbstgewißheit geblieben, wie sie durch jene Lehre vermittelt wird. Denn die Vehemenz und Durchschlagskraft der marxistischen Konzeption rührt daher, daß das revolutionäre Proletariat überzeugt ist (bzw. überzeugt werden soll), sein programmatischer Wille richte sich auf das, was die Geschichte will. Die Freiheit, aus der heraus es die Welt verändert, ist identisch mit der Notwendigkeit, in der sich der dialektisch verlaufende Prozeß der Geschichte abspielt. Dieser Gedanke des Weltgesetzes, mit dem in Übereinstimmung zu stehen die Selbstgewißheit des revolutionären Willens ausmacht, ist ein letztes Rudiment der HEGELschen Lehre vom Weltgeist – selbst noch in ihrer Umkehrung.

Aus alledem ergibt sich nun für uns eine entscheidende Frage:

Zunächst könnte es doch so scheinen, als ob die so gesehene Welt in statischer Versteinerung, sozusagen als Denkmal, den sie produzierenden Geist abbildete. Aber ich sehe doch, daß diese Welt in Bewegung ist, in ihr laufen Naturprozesse ab, sie hat vor allem eine „Geschichte" und ist erfüllt von dramatischem Geschehen.

Wie kommt diese Bewegung in sie hinein? Das ist eine Frage, deren Beantwortung nach unseren bisherigen Überlegungen gar nicht so selbstverständlich zu sein scheint.

Die Frage, wo und wie in diesem System Bewegung zu orten sei, ist deshalb eine so bedrängende Frage, weil in dieser von HEGEL gesehenen Welt ja kein Wille und auch keine sonstige motorische Kraft vorgesehen ist, die so etwas wie dynamisch antreibende Momente bilden könnten. Der Geist ist doch kein wollendes und personhaftes, sondern ein denkendes Wesen. Demzufolge sind die Prinzipien des Geschehens, in dem der Geist sich entfaltet, dieselben Prinzipien, wie sie der Vernunft innewohnen. Entsprechend sind die Formen des Denkens, die HEGEL unter dem Begriff „Kategorien" zusammenstellt[22], zugleich die Struktur des Geschehens selbst. Doch gerade dann wird die Frage dringlich, wie sie ein *Geschehen* involvieren können. Wenn der Weltgeist nur ein denkender Geist ist, und wenn wir Menschen nur insofern ein Medium für ihn bilden, als er durch

---

[22] Encycl. § 20; 43 ff.

unseren endlichen Geist hindurch denkt: woher kommt dann die Motorik und Dynamik des Geschehens?

Diese Frage mag sich noch durch die Überlegung intensivieren, daß das Denken eigentlich ein kontemplativer Akt ist, daß es – um in der Drastik marxistischer, durchaus auf HEGEL gemünzter Terminologie zu sprechen –, das Weltgeschehen nur „interpretiert", aber es nicht durch aktives Eingreifen „verändert". (Für MARX rührt der revolutionäre Impuls des Proletariats doch gerade da her, daß es keine Gemeinschaft von Interpretierenden, sondern von Wollenden ist!) Muß folglich HEGELS Denken nicht zu statischer Ungeschichtlichkeit neigen? Und doch ist gerade seine *Geschichts*philosophie, also seine Lehre von bewegten Prozessen, sein wohl wirkungsmächtigstes Werk gewesen. Wie sollen wir uns das erklären?

Die verblüffende und – durch ihre Nachwirkung im Marxismus – selber Geschichte setzende Lösung, die HEGEL für dieses Problem der Bewegung, der geschichtlichen Dynamik vorsieht, besteht darin, daß er davon ausgeht: Denken *ist* ja gar nicht nur kontemplativ, wie es sich auch nicht bloß rezeptiv-interpretierend verhält; vielmehr ist es selber ein durchaus dynamisches Geschehen. Deshalb braucht und kann zum Denken keine akthaft dynamische Größe wie der Wille „hinzu" kommen. Da es selber akthaft ist, nehmen auch die durchgeisteten Geschehensprozesse an dieser seiner Dynamik teil.

Aber *worin* liegt nun dieses Bewegungs-Element des Gedankens? Es besteht darin, daß die Begriffe in ihr Gegenteil umschlagen und auf dem Weg über den Dreitakt von Thesis, Antithesis und Synthesis in eine Bewegung hineindrängen. Dieser Prozeß ist in eine unabsehbare Zukunft geöffnet, weil sich jener Dreitakt ständig erneuert: Die Synthesis ist zugleich die initiierende Thesis eines neuen Dreitakt-Ablaufs.

Dieses dialektische Prinzip charakterisiert zunächst nur die logische Bewegung des *Gedankens*. Es charakterisiert aber auch, da das Geschehen geisthaft ist, die realen Abläufe selbst.

Zur Illustration: Wir sagen etwa bei geschichtlichen Vorgängen (vornehmlich bei besonders nahen zeitgeschichtlichen Vorgängen): Das Pendel schwingt nach der anderen Seite aus. Kollektivistische Zeittendenzen lösen z. B. die Gegenreaktion eines neuen Individualismus aus – und umgekehrt. Die dann entstehende Synthese, zu der sich die Gegensätze zurecht-„schaukeln", setzt eine neue Verneinung ihrer selbst aus sich heraus. So geht die Bewegung ohne Stillstand weiter. In der marxistischen Lehre von der Revolution und den „Knotenpunkten" der Geschichte ist dieses dialektische Prinzip aufgenommen. Es könnte reizvoll sein, eine solche Dialektik auch an der deutschen Universitätsgeschichte seit den späten sechziger Jahren aufzuweisen! Doch mag es bei dieser Anregung der eigenen Phantasie des Lesers bleiben.

Am schwierigsten wurde es für HEGEL, das dialektische Prinzip auf die *Natur*, ihre Gesetze und Metamorphosen anzuwenden. Er hat zwar versucht, auch den Naturprozeß als Denkprozeß zu interpretieren[23]. Doch drängt sich hier der Ein-

---

[23] So im 2. Tl. der Encycl., § 245 ff.

druck auf (ohne daß wir darauf eingehen könnten), daß diese Bemühung ge-
scheitert sei, ja als ob es hier eher zu einer Infragestellung des Systems komme.

In der *Geschichte* hingegen ist das dialektische Prinzip ungleich deutlicher zu
fassen: nicht nur im Gedanken an den in der Tat sich aufdrängenden (schon *phä-
nomenologisch* sich verdeutlichenden) Dreitakt, sondern vor allem deshalb, weil
Geschichte ja der Existenzraum von *Menschen,* also von exemplarischen Trägern
des „endlichen Bewußtseins" ist, in denen der absolute Geist um sich selber weiß
und sich damit am unmittelbarsten darstellt.

Ein Paradigma dafür ist HEGELs Lehre vom *Individuum,* die bezeichnenderweise mit Reflexionen über die „weltgeschichtlichen Individuen" beginnt[24]. Dieser Einsatz erfolgt tatsächlich nicht von ungefähr. Denn in diesen hervorgehobenen geschichtlichen Gestalten, für die ALEXANDER der Große bei HEGEL repräsentativ steht, bildet sich ein Verhältnis des endlichen zum absoluten Geiste ab,
das gleichsam dessen Idealfall darstellt, während es bei den normalen Individuen
nur in fragmentarischer Form vorliegt.

Zu einem wesentlichen Characteristicum der weltgeschichtlichen Individuen
gehört es, daß sie von großen *Leidenschaften* erfüllt sind. „Die Leidenschaft ist
… die Energie ihres Ich gewesen". Es sei eine Art von „Trieb, fast tierisch, daß
der Mensch seine Energie so in eine Sache legt", daß er Macht gewinnen, sein
Ich erweitern will und Welteroberungspläne hegt. Daß der Mensch Leidenschaften hat und sie befriedigen will, sei die Bedingung, „daß aus dem Menschen
etwas Tüchtiges hervorkommt"; also könne sie „nichts Unmoralisches" sein[25].
Der moralische Vorwurf dieser Art stamme von Schulmeistern und Psychologen,
die in alledem *nur* das Motiv der Ruhm- und Eroberungssucht erblicken und sich
den Großen überlegen dünken, weil sie selber solche Leidenschaften nicht haben.
Darum hängen sie sich auch vornehmlich „an die Betrachtung von den Partiku-
laritäten, welche den großen, historischen Figuren als Privatpersonen zukommen", und deuten im Sinne „psychologischer Kleinmeisterei" das Große und
über sich Hinausweisende ihrer Leidenschaften vom Banal-Alltäglichen her[26].

Es stimmt zwar, räumt HEGEL ein, daß die weltgeschichtlichen Individuen gewollt haben, „um sich, nicht um die wohlgemeinten Absichten der andern zu befriedigen"[27]. Sie lassen *ihren* Leidenschaften die Zügel schießen. *Aber:* ohne daß
sie selbst eine Ahnung davon haben, wird die Befriedigung der Leidenschaften
vom Weltgeist instrumental in Dienst genommen. Er setzt sie in seine übergreifenden Pläne ein. Sie stehen auf seinem Konzept. „Man kann es die *List der Vernunft* (gemeint ist die Welt-Vernunft) nennen, daß sie die Leidenschaften für sich
wirken läßt." Sie selbst, eben jene Welt-Vernunft, hält sich gleichsam aus Gegensatz und Kampf heraus, „sie hält sich unangegriffen und unbeschädigt im Hin-

---

[24] Die Vernunft in der Geschichte, 74ff.
[25] AaO. 79f.
[26] AaO. 80f.
[27] AaO. 82.

tergrund, während die, welche ihren Auftrag erfüllen, Einbuße, Schaden und Untergang erleiden"[28].

„Glücklich" sind die welthistorischen Individuen bei diesem ihrem Schicksal nicht geworden. Zwar sind sie von dem Glück begünstigt, „die Geschäftsführer eines Zweckes zu sein, der eine Stufe in dem Fortschreitungsgange des allgemeinen Geistes bildet". Doch abgesehen von dieser „Substanz" ihres Wesens sind sie auch davon unterschiedene „Subjekte", sich selbst wollende Individuen gewesen. Der damit angedeutete Zwiespalt zwischen dem Sich-selbst-Wollen und dem höheren Zwecke, dessen ahnungsloses Instrument sie sind, läßt so etwas wie „Glück" nicht aufkommen[29]. (Hier scheint HEGEL den früher besprochenen Glückseligkeitsbegriff KANTs im Auge zu haben.)

Es mag eine weitere Erinnerung an KANT sein, die HEGEL in diesem Zusammenhang zu der Frage veranlaßt, ob diese List der Vernunft das Individuum nicht zu einem bloßen „Mittel" des Weltgeistes herabsetze und damit seinem personalen Range als „Selbstzweck" widerspreche. Dieser Folgerung sucht HEGEL mit dem Argument zu entgehen, es gebe in den Individuen eine Seite, die „ein schlechthin nicht Untergeordnetes (= bloß Instrumentales), sondern in ihnen ein an ihm selbst Ewiges, Göttliches sei". Durch diese Teilnahme am Göttlichen, Ewigen haben die Individuen zugleich „Teil an jenem Vernunftzwecke selbst und sind eben dadurch *Selbstzwecke*". Weil sie selber am Ewigen und Göttlichen partizipieren, dieses also nicht von ihnen als ein anderes geschieden ist, erfüllen sie sich selbst und ihren eigenen Zweck, indem sie den Zwecken des Weltgeistes dienen. Sie sind der „Kategorie eines Mittels entnommen", weil sie als Träger von „Moralität, Sittlichkeit, Religiosität" auf diesen ihren Endzweck bezogen sind und sich auch bewußt beziehen können[30].

In diesem Zusammenhange kommt es nicht von ungefähr zu der Frage, inwiefern das Individuum *schuldig* werden könne. In der Möglichkeit, Schuld auf sich zu nehmen, kommt ja gerade das zum Ausdruck, was im Unterschied zum „unschuldigen Tier" seine Personwürde ausmacht[31]. Schuld entsteht für HEGEL dort, wo das Individuum in seinem vom Allgemeinen emanzipierten Für-sich-Sein verharrt und in „Reichtum, äußerer Ehre u. dergl." aufgeht, wo es sich also dem Anruf der „guten, sittlichen und rechtlichen Zwecke" versagt, die „unter ihm und in ihm ihre Ausführung und Sicherung suchen"[32]. Das Böse, so deutet es sich hier schon an, ist für HEGEL nicht im christlichen Sinne ein bewußter, programmatischer Widerspruch zu Gott, nicht der Zerfall einer personalen Gemeinschaft, sondern eher ein läßliches und lässiges Sich-Gehen-Lassen in dem Sinne, daß das Individuum seinen eigenen emanzipierten Zwecken hingegeben ist. Bereits an dieser Stelle mag so die Frage sich stellen – der wir später noch nach-

---

[28] AaO. 83.
[29] AaO. 78.
[30] AaO. 84f.
[31] AaO. 85.
[32] AaO. 86.

gehen müssen –, ob nicht dieses Stadium der Emanzipation als ein bloßer Durchgang im dialektischen Prozeß und insofern als *notwendiges* Stadium zu verstehen sei. Dieses teleologische Verständnis des Bösen würde dann einen verschärften Abstand zum unbedingten, radikalen Begriff der biblisch verstandenen Sünde bedeuten.

Als Ergebnis dieser theologisch besonders relevanten Überlegungen HEGELs zur personalen Individualität können wir feststellen, daß er in seinem System keinen rechten Ort für die Individualität hat. Das Individuum wird in seiner Besonderheit gleichsam ständig aufgehoben und zurückgenommen, um es in einem Allgemeinen, Überindividuellen aufgehen zu lassen, in dessen Dienst es steht. (Nicht zuletzt diese Beobachtung mag es gewesen sein, der KIERKEGAARD in seinem heftigen Widerspruch zu HEGEL den „Einzelnen" in den Mittelpunkt rücken ließ.)

Wir werden später bei der Behandlung der marxistischen Anthropologie noch beobachten können, wie diese Sperrigkeit der Individualität gegenüber dem Allgemeinen bei MARX nachwirkt und ihm Argumentationshilfe bei seinen kollektivistischen Tendenzen leistet. MARX geht es um die Ausbildung von „gesellschaftlichen Organen" im Menschen, die seine Individualität zurücktreten und ihn zum Organ des gesellschaftlich-Allgemeinen werden lassen[33]. „Erst wenn der wirkliche individuelle Mensch ... *Gattungswesen* ist ...", „erst dann ist die menschliche Emanzipation vollbracht"[34].

Sehr viel näher als das Individuum stehen für HEGEL die überindividuellen Strukturen wie Staat und Recht dem absoluten Geist. Während die Individuen nur „Mittel" und Durchgangspunkt seiner Selbstverwirklichung sind, sind diese Strukturen sein eigentliches „Material" und der Ort seiner Verwirklichung in Gestalt des „objektiven Geistes"[35]. Der Einzelne hat bei HEGEL jedenfalls alles andere als den Rang jener „fremden Würde", der ihm etwa in LUTHERs Theologie zugesprochen wird und ihn mit dem Akzent der Unbedingtheit versieht.

II. Zur Religionsphilosophie speziell[36]

Wir wenden uns nun der Frage zu, welche Implikationen für das Verständnis der Religion und schließlich auch des Christentums in dieser systematischen Konzeption enthalten sind. Dabei muß ich natürlich darauf verzichten, sozusagen in Form eines Baedekers durch alle Abteilungen dieses vielschichtigen Werkes hindurchzuführen. Die Geschichte und Typologie der Religionen, wie sie mit Hilfe der hegelschen Dialektik entfaltet werden, müssen wir übergehen und uns auf

---

[33] Nationalökonomie u. Philosophie, in: K. MARX, Die Frühschriften (ed. S. Landshut, 1953), 237; 241.

[34] Zur Judenfrage, aaO. 199.

[35] AaO. 89ff.

[36] Grundlage für das Folgende bilden die Vorlesungen über die Philosophie der Religion, Werke XI u. XII, 1832. Gelegentlich wird auch Bd. XVI der Jubiläumsausg. 2. A. 1840 zitiert.

einige theologisch besonders relevante Gesichtspunkte beschränken. In analoger Weise, wie HEGELS Philosophie die Zusammenfassung, Entschlüsselung und „Aufhebung" der bisherigen Philosophiegeschichte ist, so wird auch das gegenwärtige Christentum als die Zusammenfassung, Entschlüsselung und „Aufhebung" der bisherigen Geschichte der Religionen verstanden. Wir werfen nur einen kurzen Blick auf den religionsgeschichtlichen Prozeß, der diesem Telos entgegenführt:

a) Die Religion überhaupt

Auch in der Religion handelt es sich um ein Selbstbewußtsein des absoluten Geistes, der im religiösen Subjekt um sich selber weiß:

> „Die Religion ist Beziehung des Geistes auf den absoluten Geist. Nur so ist der Geist als der wissende (zugleich) das Gewußte ... So ist die Religion ... das Selbstbewußtsein des absoluten Geistes."[37] Das besagt, daß der absolute Geist im endlichen Wissen um sich selber weiß, und umgekehrt: daß der endliche Geist sein Wissen als das des absoluten Geistes weiß[38].

Daraus folgt notwendig der Satz, in dem zugleich mystisches Gedankengut virulent wird: „Ohne Welt ist Gott nicht Gott."[39] Warum bedarf es, um im gottheitlichen Sinne der absolute Geist zu sein, der Welt?

Die Antwort darauf muß in zwei Schritten erfolgen:

Einmal: Ohne den Wirklichkeitsraum „Welt" bliebe Gott unentfaltet, gestaltlos. Er wäre, nur für sich genommen, im aristotelischen Sinne das reine eîdos, das ohne Gestalt bliebe; er bliebe „der reine Begriff ... oder die (schlechte) Unendlichkeit, als der Abgrund des Nichts, worin alles Sein versinkt ..."[40] – Zum Wesen Gottes gehört so seine Wirklichkeit, die im Hegelschen Sinne nur als Selbstverwirklichung gedacht werden kann. Ein Geist jedoch, der nicht in realen Gestalten west, der ohne Objektivierung seiner selbst ist und sich sozusagen auf reine Transzendenz beschränkt, ist – ich suche nach einem physikalischen Bild dafür – allenfalls potentielle Energie, nicht aber kinetische, sich auswirkende Energie. Der Weltgeist, der sich noch in diesem Stadium befindet, ist so kein realer Gott, höchstens ein Gott-Anwärter, eine auf ihre Verwirklichung allererst *wartende* Möglichkeit.

Ferner: Er ist ohne Welt auch deshalb kein Gott, weil er ohne das Medium des endlichen Geistes nicht zum Bewußtsein seiner selbst gekommen ist und also, in HEIDEGGERS Terminologie gesagt, noch kein „Da-Sein" hat[41]. Ein Gott aber

---

[37] AaO. Bd.XI, Der Begriff der Religion, 128.

[38] AaO. 122.

[39] AaO. 122.

[40] Am Schluß der Abhandlung über „Glauben und Wissen", siehe EvGl I, 374.

[41] Er kann nur Gott sein, „sofern er sich selber weiß; sein Sich-wissen (aber) ... ist sein Selbstbewußtsein im Menschen, und das Wissen des Menschen vor Gott, das fortgeht zum Sich-wissen des Menschen *in* Gott"; Encycl. §416f.; 566; vgl .EvGl.I, 378.

ohne Selbstbewußtsein – und dann natürlich auch ohne das Attribut der „Allwissenheit" – ist selbstverständlich kein Gott. Hier könnte es wirklich mit ANGELUS SILESIUS heißen, daß Gott ohne mich nicht einen Nu könnt' leben.

Wir sehen: HEGELS Identitätsspekulation endet notwendig an demselben Punkt, an dem die mystische Lehre vom In-sein Gottes in mir und von meinem In-sein in Gott, an dem etwa die Lehre Meister ECKEHARTS vom Seelengrund und Seelenfunken endet. Es wird sicher keine theologische Anmaßung sein, wenn wir mit KIERKEGAARD sagen, daß das Selbstvertrauen des Denkens hier in Hybris umschlüge[42]. Denn in dieser Spekulation ist Gott nicht der Herr, der in Form einer creatio ex nihilo eine im Abstand zu ihm bleibende Welt erschafft und selbst im Schweigen der Urzeit noch der Dreieinige Gott ist[43], sondern er ist an die Existenz der Welt und des Menschen gebunden. Eritis sicut Deus: Der Mensch ist nicht nur „wie" Gott, sondern er ist nichts Geringeres als die Ermöglichung Gottes, er ist eine seiner Modifikationen.

b) Die bestimmte, positive Religion und die Absolutheit des Christentums

Man kann sich denken, wie HEGEL nun die einzelnen in der Geschichte auftauchenden Religionen einschätzen muß. Sie sind lediglich die Arten innerhalb der Gattung „Religion" überhaupt, und zwar stufenförmig nach Entwicklungsgraden geordnet[44]. Sie zeigen, von primitiven Formen der Naturreligion an, über vielerlei Zwischenstufen zur Religion der geistigen Individualität aufsteigend (gemeint sind damit die alttestamentliche, die griechische und die römische Religion), eine immer deutlichere Durchklärung im Selbstbewußtsein des absoluten Geistes, bis dieses Selbstbewußtsein in der *absoluten Religion des Christentums* seine vollendete Adäquatheit erreicht.

Was verstehen wir – diese Vorfrage ist nützlich – im allgemeinen Bewußtsein unter der sogenannten „Absolutheit" des Christentums[45]? Wir meinen damit die *Exklusivität* seiner Wahrheit. In der Theologiegeschichte kommt dieses Verständnis immer wieder in Gestalt der These zum Ausdruck, daß das Christentum die „vollkommenste" Religion oder gar der „Inbegriff" aller Religion sei.

Für HARNACK stellt sich die Einzigartigkeit des Evangeliums darin dar, daß es „überhaupt keine positive Religion ist wie die andern, daß es nichts Statuarisches und Partikularistisches hat". Das bedeute zwar nicht, daß das Evangelium als ein ganz anderes aus der Religionsgeschichte herausfalle, im Gegenteil: es könne nur heißen, daß es *die Religion*

---

[42] Ich spreche hier bewußt vom HEGELschen „Denk"-Akt und sehe deshalb die Frömmigkeits-Mystik nicht einfach von dem gleichen Verdikt getroffen.

[43] Zur creatio ex nihilo als Hinweis auf den Abstand von Gott u. Welt: ThE I, § 712–762; 1330–1353.

[44] Das Inhaltsverzeichnis der Vorlesungen über die Religion läßt diese Anordnung deutlich hervortreten.

[45] Vgl. zum Folgenden das Kapitel über die Theologie der Religionen: EvGl III, 403ff.

selbst ist[46]. Im Evangelium liegt so für HARNACK die Kongruenz der Idee der Religion mit ihrer geschichtlichen Erscheinung vor.

Sehr viel drastischer (und auch vulgärer!) kommt dieser Gedanke bei R. KITTEL in einem hymnischen Lobpreis des Alten Testaments zum Ausdruck: Er sieht in ihm „die Blüte aller alten Religionen" und zugleich das Werkzeug, mit dem der Meister dann „*die* Religion schlechtweg, die absolute Religion" heraufführen konnte. Das AT steht an der Spitze aller alten Religionen. „Wer sich gegenwärtig hält, in welcher Reinheit und Hoheit in Israel die Gottesidee zum Ausdruck kommt, nämlich als die Idee ... von Gott als *sittlichem Willen* ...; wer dazu bedenkt, wie daraus das Ideal der *Persönlichkeit* erwächst ...; wer endlich den gewaltigen sittlichen und sozialen *Universalismus* auf sich wirken läßt, vermöge dessen die Menschheit selbst zu ... einem großen Völkerbund von sittlichen, religiösen Persönlichkeiten oder einem *Reich Gottes*" wird, der müsse zugeben, daß das AT „der Religion als solcher" (sprich: der absoluten Religion) so nahegerückt ist, daß wir nicht anders können, als auch seinen „Wahrheitsgehalt selbst und ihren bleibenden Wert, bei allen Schwächen im einzelnen, zu behaupten"[47].

Bei HEGEL nun, dessen Nachklang in den HARNACK-KITTEL-Zitaten durchaus hörbar ist, bedeutet Absolutheit nicht nur eine äußerste quantitative Wertsteigerung, sondern sie deutet auf den Knotenpunkt, an dem Quantität in Qualität umschlägt: wo nämlich ein Seiendes – z.B. eine bestimmte geschichtliche Religion – mit seinem Begriff völlig kongruent geworden ist. Während die Naturreligionen das Selbstbewußtsein des Geistes nur in trüber und dumpfer Form, unter Beimengung von allerhand wesensfremden Elementen wie Aberglauben und Fetischismus, zeigen, ist dieses Selbstbewußtsein im Christentum unmittelbar und adäquat geworden. Hier wird der endliche Geist gleichsam zum schlackenfreien Spiegel des absoluten Geistes.

Der hier vorliegende Begriff der Absolutheit ist demnach durch zwei Momente charakterisiert:

Einmal drückt dieser Begriff die Endstation einer läuternden Entwicklung, also eines Werdeprozesses in der Selbstentfaltung der Weltvernunft, aus. Der Begriff Religion kommt hier zu sich selbst. – Das Evangelium tritt somit nicht, wie das im Anschluß an die Dialektische Theologie gerne gesagt wird, den Religionen „gegenüber", sondern es ist der Schlußpunkt in einer Reihe und ist ihnen damit, wie HEGEL selbst sagt, durch den Begriff der „Art" innerhalb der „Gattung" Religion *zugeordnet*.

Ferner: Das Christentum ist eine Form des Wissens, in der der absolute Geist um sich selber weiß, und zwar durch das Medium des endlichen Geistes, dessen er sich auch in der Philosophie und in jeder Art des Denkens bedient. Folglich gehört die christliche Religion (und damit auch der subjektive Akt des Glaubens) in den Systemzusammenhang des „Wissens" *überhaupt* hinein.

Das bedeutet *erstens*, daß das Christentum ein Phänomen des menschlichen *Bewußtseins* ist und damit in den Gesamtzusammenhang der Kultur hineingehört.

Einer so verstandenen Offenbarung, die als Stufe der Selbstentfaltung des Gei-

---

[46] Das Wesen des Christentums, 1900, Neuausgabe 1950, 38.
[47] R. KITTEL, Die Zukunft der a.t.lichen Wissenschaft, in: ZAW 1921, 84 ff., bes. 96–98.

stes zugleich Geist von unserem (endlichen) Geiste ist, kann man nicht *widerspre-chen.* Man kann sich nicht *gegen* sie entscheiden, sie kein Skandalon sein lassen. Luzifer etwa ist nicht dadurch interessant, daß er ein gefallener Engel, daß er Satan selbst ist und mit seinem Höllensturz im äußersten Gegensatz zur Himmel-fahrt steht. Vielmehr ist er dadurch interessant, daß die Engel in ihm ihresglei-chen erkennen. Denn auch ein Zustand der Gefallenheit kann ja nur ein Stadium in der einen dialektischen Selbstentfaltung des Geistes sein: nämlich die äußerste Entfremdung, der Antithesen-Takt sozusagen in der Dialektik des logischen Pro-zesses. Luzifer ist und bleibt ein Engel, nur im negativen Modus der Entfrem-dungsphase. Widerspruch und Nein kann es hier nirgendwo geben, weil sich Geist nicht gegen Geist entscheiden kann.

Die Einbeziehung des Christentums und der Religion überhaupt in das menschliche Bewußtsein wird es den Links-Hegelianern, besonders KARL MARX, sehr leicht machen, alles Religiöse als zeit- und situationsbedingtes Produkt des gesellschaftlich gebundenen Bewußtseins, als funktionalen „Überbau", zu inter-pretieren.

Zweitens bedeutet der Satz, daß das Christentum in den Systemzusammen-hang des Wissens überhaupt gehöre, daß es aufhört, eine im strengen Sinn „ge-schichtliche" Religion zu sein. Unter seiner Geschichtlichkeit wäre ja zu ver-stehen, daß es mir von „den großen Taten Gottes" berichtet, die Verwunderung in mir auslösen, und mir so kontingente Nachrichten übermittelt, deren Inhalt ich mir nicht selber sagen kann. Berichte etwa von widerfahrener Sündenver-gebung sind ja Berichte von einer nicht postulierbaren Zuwendung Gottes, von einer Durchbrechung des gesetzhaften Schuld-Sühne-Zusammenhanges. Die Er-scheinung Christi ist das nicht gedanklich konstruierbare Aufleuchten des Lichtes in der Finsternis, ist das „Wunder" der Äonenwende und insofern nicht die Selbstentfaltung Gottes im Geschichtsprozeß, sondern sein *Eingriff* in diesen Prozeß.

Derart kontingente Mitteilungen, wie sie dem Wunder zugeordnet sind, kön-nen bei HEGEL nicht mehr gedacht werden, weil sie der „Notwendigkeit" des Denk- und Geschehensprozesses widersprächen. Für ihn muß das Geschehen ja in die notwendige und als logisch faßbare Selbstentfaltung des Geistes einge-zeichnet sein. Das hat zur Folge, daß der „wahrhafte christliche Glaubensinhalt … zu rechtfertigen (ist) durch die Philosophie, nicht durch die Geschichte". Des-halb gehen wir bei der Betrachtung der Religion „nicht historisch zu Werke nach der Weise des Geistes, der vom Äußerlichen anfängt, sondern wir gehen vom *Be-griff* aus … Daß wir auf der anderen Seite vom Positiven (d. h. von narrativ er-fahrenen Geschichten) *anfingen,* ist in der Erziehung geschehen und notwendig". Die kindlich unbefangene Frömmigkeit nimmt noch „die Wahrheit als Auktori-tät auf", als Mitteilung eines Deus-dixit, und hat volles Genüge daran. In diesem anfänglichen Glauben „ist wohl schon der wahrhaftige Inhalt", aber es fehlt ihm noch die Form des Denkens. „Die Philosophie stellt sich nun über die Form des Glaubens", auch wenn der Inhalt durchaus derselbe bleibt (!). Der naive Glaube wird so aus von seiner autoritären Bindung an die Geschichte gelöst und zum reflektierenden Wissen, „insofern wir wissenschaftlich verfahren". In diesem Sinne sei es „der Zweck dieser Vorlesungen, die Vernunft zu versöhnen mit der Religion"[48].

Zusammenfassend läßt sich also sagen:

1. Die Philosophie wird – um das Bild KANTs noch einmal aufzugreifen – zur Herrin der Theologie, weil sie allein die Kriterien bietet, nach denen der Wahrheitsgehalt der christlichen Religion zu ermitteln ist, von der Autorität nur geschichtlicher Mitteilungen gelöst wird und als evidentes Element in den Kundgaben des Geistes ausgemacht werden kann. Das ist nur möglich, weil von den über die Geschichte zu uns kommenden Offenbarungen dasselbe gilt, was von der Geschichte überhaupt zu sagen ist: daß sie von der Vernunft durchwirkt sei, und daß so die Philosophie als ihr adäquater Interpret zu gelten habe. Sie hat das päpstliche Auslegungsmonopol.

2. Damit wird die *Entgeschichtlichung* der christlichen Wahrheit offenkundig: Die Pointe aller christlichen Glaubenssätze ist eine zwar in der Geschichte (als Selbstentfaltung des Geistes) kundwerdende, in ihrem Kern aber nicht an die Geschichte *gebundene, zeitlose, immer präsente Geltung.* Es ist die gleiche Tendenz, auf die jede Bewußtseins-Theologie – nicht nur die hegelsche – drängt.

Diese Folgerungen lassen sich exemplarisch an der Behandlung des einen oder andern christlichen Dogmas aufzeigen. Ich skizziere dafür nur HEGELs Verständnis der Versöhnung, der Trinität und später der Sünde:

1. Zum Begriff der Versöhnung

Da alle Gegensätze nur Antithesen in einem dialektisch sich vollziehenden Prozeß sind und deshalb nur Momente innerhalb der Identität des Geistes sein können, sind sie niemals *radikale* und *unbedingte* Gegensätze, sondern immer nur von interimistischer, bedingter Art. Darum bedarf es auch keiner Versöhnung, die die Intervention eines Dritten oder zumindest eine willentliche Dennoch-Entschlossenheit zur Versöhnung bei den beiden Repräsentanten des Gegensatzes erforderte. Was die Gegensätze versöhnt, ist vielmehr ein schlichter *Erkenntnisvorgang:* daß die Träger des Gegensatzes sich ineinander erkennen, d.h. den Kontrahenten oder die gegensätzliche Position als Durchgangsstufen des gleichen Prozesses, als Momente des gleichen, mit sich identisch bleibenden Geistes verstehen. – Es geht insofern nicht um einen tathaften *Akt* der Versöhnung, sondern um die Einsicht einer stets schon gegebenen Versöhnt*heit* der Gegensätze, um die Erkenntnis also, daß es innerhalb der complexio oppositorum ein zusammenhaltendes, ein jede Polarität überwölbendes Monon gibt. Die Meinung, es gebe unbedingte, radikale Gegensätze, ist deshalb nur ein vorphilosophisches Phantasma, wie es im Stadium einer noch naiv-geschichtsförmigen Darstellung des Heilsgeschehens, also im Stadium einer noch nicht *durchschauten* Geschichte, natürlich naheliegen muß.

---

[48] AaO. XII, 266ff.

So heißt es bei der 3. These zur Definition der absoluten Religion („Die absolute Religion ist ... die Religion der Wahrheit und Freiheit") im letzten Teil der Religionsphilosophie: Das Vorstadium der Versöhnung beginnt damit, „daß Unterschiedene gegeneinander sind: *Gott,* der eine ihm entfremdete Welt gegenüber hat, eine *Welt,* die ihrem Wesen entfremdet ist. Die Versöhnung ist die Negation dieser Trennung, dieser Scheidung: sich ineinander zu erkennen, und sein Wesen zu finden".

Mit anderen Worten: Daß eine akthafte Versöhnung völlig außer Betracht liegt, hat seinen Grund in der über alle Gegensätze erhabenen Einheit und Identität des Geistes. Das Geschehensförmige, „Geschichtliche" findet nur auf der Ebene der Selbstentfaltung jener Identität statt. Hier geht es durch den Gegensatz „hindurch". Und auch hier geht es wesentlich um geschichtliche Stadien in der Entfaltung des *Bewußtseins.* Insofern handelt es sich um ein *noetisches* Geschehen, durch das die Gegensätze sich ineinander erkennen, d.h. ihr Versöhnt-*sein* erkennen.

Eben dies ist die Synthesis dessen, was sich als gegensätzlich und entfremdet *erscheint.* Diese Synthesis ereignet sich nicht als schöpferische Tat, sondern sie besteht in immerwährender Präsenz, sie ist eine zeitlose Geltung. Nur das noetische Hindurchdringen zu ihr hat die Gestalt des geschichtlichen Prozesses: Der pythagoreische Lehrsatz selbst hat in seiner Geltung zeitlose Präsenz. PYTHAGORAS aber, der ihn fand, war eine geschichtliche Erscheinung und fand ihn in einem geschichtlichen Prozeß seines Nachdenkens. Was biblisch als Versöhnungs-*Geschehen* erscheint, ist deshalb – im Sinne ABÄLARDS! – nur die dramatische Demonstration einer zeitlosen Geltung. Entsprechend beruht die Vereinigung der göttlichen und der menschlichen Natur in Christus ebenso wenig auf dem tathaften Wunder der Inkarnation (Joh 1,1) wie unsere Wiedervereinigung mit Gott eine Erlösungs-„Tat" Christi wäre. Was sich vielmehr da vollzieht, ist nur die in christologischen Chiffren dargestellte Manifestation der zeitlos gegebenen Versöhnt*heit* von Gott und Mensch, anders gesagt: die Manifestation des Gegensatzes als eines nur dialektischen:

„Es muß den Menschen die an sich *seiende* Einheit der göttlichen und der menschlichen Natur in gegenständlicher Weise geoffenbart werden. – Dies ist durch die Menschwerdung Gottes geschehen. Die Möglichkeit der Versöhnung ist nur darin, daß *gewußt* wird die an sich seiende Einheit der göttlichen und der menschlichen Natur; so kann der Mensch sich aufgenommen wissen in Gott, insofern Gott ihm *nichts Fremdes* ist."[49]

Es wäre fast banal, demgegenüber den Gegensatz des neutestamentlichen Versöhnungsverständnisses – der Versöhnung als einer unpostulierbaren und insofern als „Wunder" sich begebenden Liebes-*Tat* Gottes – ausdrücklich zu betonen. (Vgl. etwa Joh 3,16; 2.Kor 5,19; Eph 2,16.) Unter der Decke der beibehaltenen Terminologie hat sich eine radikale Abkehr von der Pointe des biblischen Versöhnungsgedankens begeben.

---

[49] AaO. XII, 235; Hervorhbg. v. Verf.

2. Zum Begriff der Trinität

Die Trinitätslehre ist für christliche Theologie der Wächter über der *Geschichtlichkeit* der Offenbarung. Sie ist eine Kunstformel für den Zusammenhang des Heilsgeschehens in dem *einen* Gott, der sich als Schöpfer und Erlöser in seiner Gegenwärtigkeit und Zukünftigkeit erschließt. Im Sinne des trinitarisch aufgebauten Apostolicum läßt sich die Dreieinigkeit nur durch die heilsgeschichtlichen Ereignisse von Schöpfung, Inkarnation und pfingstlicher Geistausgießung bestimmen[50].

Man kann schon vermuten, daß gerade die in der Trinität waltende Dreizahl es für HEGEL nahelegen muß, die Dreigliederung seiner Dialektik hier bewährt zu sehen. So ist es in der Tat: Gott ist 1. als in seiner Manifestation bei sich selbst bleibender, ewiger Inhalt: *Gedanke* (Gott als Vater); 2. als Unterscheidung des ewigen Wesens von seiner Manifestation im endlichen Geist auch in der *Natur* (Gott, der Sohn); 3. als unendliche Rückkehr und Versöhnung der entäußerten Welt mit dem ewigen Wesen: *Synthesis* (Gott, der heilige Geist). – Auch die Trinität also ist aus der kontingenten „Historie" in die Notwendigkeit des dialektischen Gedankenprozesses hineingenommen. Ein theologisches, die Geschichte Gottes mit der Welt deutendes Bekenntnis wird philosophisch „durchschaut" und damit in eine Formel transponiert – eine metábasis eis állo génos! –, die nunmehr jene dialektische Notwendigkeit ausdrückt und insofern zu einer *philosophischen* Formel wird. HEGEL bestreitet damit nicht, daß die biblischen Geschichten mit historischen Ereignissen zu tun haben, doch sind sie als solche Ereignisse eben Emanationen der in der Geschichte waltenden Vernunft. Sie sind als solche gleichsam nur bilderbuchartige Anhänge (oder auch Fibeln!) zu einem Textbuch, das die Philosophie des Geistes enthält.

Mit diesem auf die Dialektik des Gedankens und der Entfaltung des Geistes gegründeten System sind im Grunde alle Gegensätze ausgeglichen. Was sich bewegt, bewegt sich im monistischen Sinne doch nur als Erkenntnisvorgang innerhalb eines statischen Systems und seiner Identität. (Darum ist auch die Stilverwandtschaft mit dem Denken des Origines unverkennbar.)

Man kann ermessen, welch gravierende Folgen diese Konzeption für die monistische *Umdeutung* des Christentums haben muß: für eine Umdeutung, die um so unheimlicher ist, als die Fassade der christlichen Nomenklatur (Sünde, Versöhnung, Trinität, Gottmenschheit Christi u.a.) unversehrt stehen bleibt, während hinter ihr ein substantieller Wandel ihres Sinngehaltes vollzogen wird. *Hier liegt nicht ein protestierendes Antichristentum, aber die gefährlichste Unterwanderung des Christentums in der Neuzeit vor: die Transformation des Glaubens in das*

---

[50] Daß die Trinitätslehre Ausdruck eines von Gott gewirkten, kontingenten Heils-„Geschehens" ist, habe ich in EvGl dadurch zum Ausdruck gebracht, daß die Trinitätslehre unter der Überschrift „Offenbarung als geschichtesetzendes Wort" erscheint (EvGl II, 149–218). – Eine Zusammenfassung der HEGELschen Trinitätslehre bringt K. FISCHER aaO. 8, 996 ff.

Denken, des Geschichtlichen in die bloße Geltung und der Theologie in Philosophie. Aus dem Bauch des harmlos aussehenden trojanischen Pferdes der hegelschen Philosophie, dieses Pferdes, das mit christlichen Emblemen geschmückt ist, steigen dann, sobald es in der Stadtmauer des kirchlichen Ilion angekommen ist (von theologischen Hegelianern hereingezogen!): FEUERBACH, DAVID FRIEDRICH STRAUSS, MARX und wie sie alle heißen. Sie rollen die christliche Front in einem Partisanenkampf auf, den HEGEL unter der Tarnung christlicher Begriffe eingeleitet hat. Deshalb ist es verständlich, „daß die Linkshegelianer und später Feuerbach und Marx bei ihm (= HEGEL) die methodischen Prinzipien einer Religionskritik vorfanden, die notwendig zum Atheismus führte" (ROGER GARAUDY)[51].

Damit löst HEGEL alle Dualismen der christlichen Theologie (Gott und Welt, Heiligkeit und Sünde, Gesetz und Evangelium u.a.) in ein umfangendes Monon auf, das die dialektischen Gegensätze als die beherrschende Synthese umfängt.

In einer tabellarischen Übersicht stellen wir die theologisch besonders bedeutsamen Auflösungen dieser Art – die schon besprochenen und weitere – zusammen:

c) Die dialektische Auflösung der Gegensätze

1. *Evangelium und Religionen:* Beide sind gemeinsam in die Entfaltungen des sich selbst wissenden Geistes einbezogen. Das Christentum wird als „Art" unter den Oberbegriff der „Gattung" Religion subsumiert. Diese wiederum ist, so könnte man zugespitzt formulieren, dem „Oberst"-Begriff des absoluten Geistes zugeordnet, der seine adäquate Reflexionsgestalt in der *Philosophie* hat. Darin unterscheidet sich HEGEL selbst von einem so „synthetischen" Theologen wie SCHLEIERMACHER, der immerhin der Religion eine besondere, eigenständige Provinz zugewiesen und die später aufkommende (von E. TROELTSCH und ANDERS NYGREN vertretene) Lehre eines speziellen religiösen Apriori vorbereitet hat. Dem Christentum wies er inmitten der Religionen – wenigstens in seiner Glaubenslehre – eine Sonderstellung zu, und zwar nicht dadurch, daß er in ihm die spekulative Einheit von Begriff und Gestalt gegeben sah und ihm damit eine hegelsch verstandene Absolutheit zusprach, sondern dadurch, daß er diese Sonderstellung auf den geschichtlichen Bezug zur Gestalt Christi gegründet sah.

Eine Spannung zwischen Evangelium und Religionen, auf die – wie immer sie verstanden wird – jeder Missionsgedanke gegründet ist, kann im System HEGELS nicht mehr maßgebend sein. Es kann nur noch das Gespräch des Verschiedenen miteinander geben mit dem Ziel, sich in einander zu erkennen und sich so in den friedlichen Monolog des Weltgeistes einzuschalten. Wer vorher munter die These von der Absolutheit des Christentums vertreten hatte, kommt leicht und

---

[51] GARAUDY, Gott ist tot. Eine Einführung in das System und die Methode Hegels, 1966, 430.

schnell bei dem zahmen Postulat eines bloßen „Dialoges" an (wie es heute unter manchen Missionswissenschaftlern gang und gäbe und zum Symptom eines tödlichen Salzverlustes geworden ist). Kaum jemand merkt, daß er hier in das Fernbeben des hegelschen Herdes geraten sein könnte.

2. *Gott und Mensch:* Der Gegensatz beider löst sich in einer letzten Identität auf: Der absolute Geist weiß sich im endlichen Geist, und der endliche Geist weiß sich als Gefäß und Durchgangsstadium des absoluten Geistes.

3. *Der Gegensatz von zufälligen Geschichts- und notwendigen Vernunftwahrheiten,* der LESSING gequält hatte und zum tragenden Motiv seiner theologischen Überlegungen wurde, ist hinfällig, weil Vernunft und Geschichte miteinander versöhnt sind. LESSING ist mit seiner Geschichtsnot dem Geschehen des Evangeliums gewiß ungleich näher als HEGEL, und es dürfte kaum ein Zweifel bestehen, auf wessen Seite sich der Hamburger Hauptpastor GOEZE notfalls gestellt haben würde, wenn er jene Alternative gekannt hätte. Wie anders wird sich HEGELS Synthese, die er an die Stelle der Scheidungen LESSINGS setzte, schon sehr bald bei den Linkshegelianern ausnehmen, wenn sie etwa für DAVID FRIEDRICH STRAUSS zum Anlaß seiner skeptischen These wird, daß eine allzu vernünftige Geschichte nicht als Geschichte, sondern als Allegorie oder Mythos zu verstehen sei[52]! Ein in dialektische Notwendigkeit verwandelter Geschichtsprozeß bedeutet die Aufhebung der Geschichte und damit auch einer geschichtlich sich äußernden Offenbarung.

4. Dialektisch aufgehoben wird endlich auch *die Polarität von Gut und Böse.* Damit ergibt sich die Destruktion des biblischen Verständnisses der Sünde als eines unbedingten Widerspruches zu Gott[53]. Der paradiesische Mensch vor dem Sündenfall hat die Unschuld des Tieres; er verharrt noch im „natürlichen" Bewußtsein. Dieser Zustand aber muß „aufgehoben werden, sobald das Bewußtsein des Geistes überhaupt eintritt". Solange er in dieser unbewußten kindlichen Unschuld existiert, ist er noch „keiner Zurechnung fähig".

HEGEL versteht es als Mangel der bildlichen Paradieses-Vorstellung, daß die Einheit mit dem Guten als „seiender Zustand" dargestellt wird, weil es sich hier noch nicht um das *eigentliche* Gute handeln kann. Dieses Eigentliche aktualisiert sich erst dann, wenn der Mensch aus dem Zustande der ursprünglichen Natürlichkeit *heraus*tritt, heraustreten *muß,* um seiner bewußt zu werden. Diese Bewußtwerdung ist aber der Eintritt in die Polarität von Gut und Böse. Insofern

---

[52] Siehe dazu das wichtige, inzwischen fast vergessene Buch von CHR. HARTLICH u. W. SACHS, Der Ursprung des Mythosbegriffs in der modernen Bibelwissenschaft, 1952. Die Verfasser zeigen (u.a.), daß die neue historisch-kritische Bibelwissenschaft mit der Erhebung des Mythosverdachts bei dem Hegelianer STRAUSS auch eine kritische Distanz von seinem Meister impliziert. (Vgl. S. 121 ff.)

[53] Die folgende Darstellung stützt sich auf Abschnitte aus den Vorlesungen über die Philosophie der Geschichte, die in der Reclam-Ausgabe von F. Brunstäd (S. 411 ff.), nicht aber in der sonst zit. Ausg. der PhB enthalten sind; ferner auf HEGELS Interpretation des Sündenfalls in der Religionsphilosophie, Jub.-Ausg. 16, 73 ff.

ist der Sündenfall „der ewige Mythos des Menschen, wodurch er eben Mensch wird".

So ist auch der Sündenfall „notwendig" und ist das Böse bloßer Durchgang im dialektischen Prozeß. Der Auszug in die Fremde – um das Gleichnis vom Verlorenen Sohn zur Illustration heranzuziehen – ist der notwendige dialektische Umweg, um „nach Hause", um über die Antithese zur Synthese zu kommen.

ANDRÉ GIDE hat in seiner novellistischen Darstellung (besser: in der Transformation jenes Gleichnisses) die Fremde als diesen produktiven Durchgang dargestellt: Der heim-kehrende Sohn schickt seinen jüngsten Bruder, den es im Gleichnis Jesu nicht gibt, seiner-seits wieder in die Fremde, damit auch er an ihr reife. – Man mag auch an SCHILLERS Ver-ständnis des Sündenfalls als der „glücklichsten Tag der Weltgeschichte" denken.

Hier wird noch einmal deutlich, warum es des Aufwandes von Golgatha als einer Rettungs-„Tat" nicht mehr bedarf, um den unbedingten Widerspruch der Sünde gegen Gott zu überwinden, warum Golgatha allenfalls „Demonstration" einer im dialektischen Prozeß selbst angelegten Versöhnung sein kann. Sünde ist nicht mehr heillose Rebellion; sie ist in sich selbst der notwendige Weg zum Heil. Wiederum im Bilde ausgedrückt: Der Verlorene Sohn sagt bei der Wiederbegeg-nung mit dem Vater nicht mehr: „Vater, ich habe gesündigt gegen den Himmel und vor dir; ich bin hinfort nicht mehr wert, daß ich dein Sohn heiße" (Lk 15,21), um dann wider Erwarten und entgegen allen dialektischen Postulaten die unbegreifliche Zuwendung des Vaters zu erfahren. Nein: der verlorene Sohn, wie ihn HEGEL zu sehen hätte, sagt bei der Heimkehr: „Vater, ich habe die Fremde durchschritten und bin gereift in ihr; ich habe mich so in meiner Identität gefun-den und trete nun vor dich als der, den du gewollt hast. Ich bin in der Fremde meinem Entwurf gerecht geworden." Beim Vater begibt sich so nicht mehr das „Wunder" der Zuwendung; der Vater zieht nur das Fazit aus dem, was die pro-duktive Wanderung in der Fremde bewirkt hat.

Das so verstandene Böse ist nicht die Sünde der Bibel. Das Böse im Sinne HEGELS wäre gerade das „Stehenbleiben in der Natürlichkeit", im Gleichnis: das Verbleiben im Vaterhaus, im „Paradies". Der ältere daheim gebliebene Bruder des Verlorenen Sohnes würde zum Träger des Bösen. (Er ist zwar auch im Gleichnis Jesu eine negative Figur; jedoch nicht, weil er zu Hause geblieben ist, sondern weil er die Freude des Vaters über die Heimkehr des Verlorenen nicht teilt und sich sein Verharren im Vaterhaus als Verdienst anrechnet.) Der Mensch aber, der seine Bestimmung erfüllen will, muß über die produktive Lebensstrecke der Fremde; er „muß heraustreten mit Freiheit, mit seinem Willen". Das aber heißt: *er muß in die Teleologie des Bösen eintreten, die ihn zum Telos der Heimkehr bringt*. Bei HEGELS Interpretation der Sündenfallgeschichte klingt deshalb auch ein Unterton der Kritik mit, wenn er darauf zu sprechen kommt, daß dem Menschen verboten worden sei, vom Baum des Wissens um Gut und Böse zu essen, sich also dem Eintritt in die Polarität und deren Teleologie zu versagen.

ALEXANDER SOLSCHENYZIN spielt gelegentlich darauf an, daß die teleologische Umdeu-tung des Bösen dieses *gerade* zum Bösen mache. So stellt er angesichts der Gestalten des Bösen bei SHAKESPEARE, DICKENS und SCHILLER die Frage, ob diese alle nicht Menschen seien, die *bewußt* Böses tun, also wirkliche Bösewichter seien. Doch er verneint das: „Das gibt es nicht! Nicht so! Um Böses zu tun, muß der Mensch es allererst als Gutes begreifen oder als bewußte gesetzmäßige Tat" (Archipel Gulag, 1973, 172). Genauso sei es in der Ideologie: Sie stelle dem Menschen das Böse als etwas dar, das dem Guten diene … Ob Solschenyzin hier auf dem Umweg über gewisse Praktiken im Marxismus-Stalinismus nicht einem Nachzittern der von Hegel initiierten dialektischen Entschärfung des Bösen auf der Spur ist? – Auch N. Berdjajew ringt in seinem Buche „Macht und Wirklichkeit des Bösen" (1958, bes. 27ff.) mit der monistischen Auflösung des Bösen.

Wird so das Böse nicht mehr als unbedingter, teleologisch *nicht* auszugleichender Gegensatz zum Guten gesehen, so wird die *Möglichkeit der Entscheidung aufgehoben*. Denn wie ich auch handle – ganz gleich wie ich mich innerhalb der Polarität von Gut und Böse verhalte –: ich gebe mich immer an den teleologischen Prozeß und damit den Trend auf das happy end der Synthese hin …

Th. W. Adorno hat in seinem Essay „Kritik"[54] darauf hingewiesen, daß Hegels Konzeption nicht nur zur Entscheidungs-, sondern zur *Kritiklosigkeit* führe: Der Mensch, der seiner kümmerlichen endlichen Vernunft wider das Höhere des Bestehenden (!) vertraut, wird als „Raisonneur" abgetan. Man brauche nicht Soziologe zu sein, „um aus dem Spott gegen den Raisonneur und Weltverbesserer die salbungsvolle Predigt herauszuhören, die den Untertan zur Ruhe verhält". Dieser Untertan werde als jemand verstanden, der aus Dummheit die über ihn ergehenden Ratschlüsse der Obrigkeit mißbilligt und „unfähig ist zu erkennen, daß alles schließlich zu seinem Besten ist und geschieht", daß also der Weltgeist in der staatlichen Obrigkeit sich in seiner Gestalt als objektiver Geist in seiner *Überlegenheit* gegenüber dem individuellen Verstand erweise. Adorno will hier den Punkt in Hegels Philosophie fixieren, an dem es zur Etablierung unbedingter Staatsautorität gegenüber dem Untertan kommen muß: Der Untertan kann sich im Sinne eines laisser-faire kritiklos den Bewegungen des Weltgeistes überlassen und seinen überlegenen Manifestationen – z. B. in der Staatsautorität – vertrauen.

Die Aufhebung aller Gegensätze in einem teleologischen Prozeß löst jene Einwände gegen Hegel aus, die Kierkegaard und Marx je auf ihre Weise, in sich wieder polar gegensätzlich, geäußert haben. Der Widerspruch war jeweils so grundlegend und radikal, daß er zum Zustandekommen der eigenen Konzeption wesentlich beitrug: Die hegelsche Philosophie könne keine Ethik bilden, weil sie aus der Zuschauerperspektive – so Kierkegaard – gestaltet sei. Sie läßt mich im Grunde nicht *in* der Geschichte existieren; ich stehe vielmehr *außerhalb* ihrer als Beobachter, der vom Standpunkt des Weltgeistes auch ihr gesamtes Panorama überblickt. Wir stellten früher schon die Implikationen fest, die mit diesem „Standpunkt" gegeben sind: daß Hegel die Geschichte – einschließlich des Heilsgeschehens – nicht ernstnehmen könne, weil er alle kontingenten geschichtlichen Fakten in logische Prozesse auflöse. Das gilt nun auch für ihn selber als einen in der Geschichte Handelnden, weil er sich zur Entscheidungslosigkeit verurteilt sehen und dem Trägheitsgesetz des laisser-faire zuneigen muß (was dann zur Untertanen-Mentalität führt). Wir brauchen uns nur einmal vorzustellen, Gott würde in menschlicher Verkleidung, also nicht im Sinne der wirklichen In-

---

[54] Die Zeit 26/1969, S. 22.

karnation, unter uns treten. Dann könnte er ebenfalls nicht handeln und sich entscheiden. Er sähe ja immer schon das Ende voraus. Er sähe, daß alles einmal nach einem noch so abenteuerlich-dialektischen Hin und Her an seinem Throne ankommen muß. Darum wäre ihm die Möglichkeit echter, wagender und verantwortlicher Entscheidung versagt. Ist nicht auch HEGEL in dieser Lage, wenn er dem Weltgeist in die Karten schaut?

Zur Geschichte und zu geschichtlichem Handeln gehört offenbar ein endliches Bewußtsein, das seine Endlichkeit *nicht* wieder dadurch überhöht, daß es sich in seiner Identität mit dem absoluten Geist sieht. Der Handelnde ist im Sinne GOETHES tatsächlich „blind". Er *muß* es sein. Wäre es anders, hörte jedes Gespräch und jede Auseinandersetzung auf, weil ich gleichsam in den Monolog des Weltgeistes mit sich selbst eingeschaltet wäre.

Die Einsicht in diese Aporie HEGELs ist wohl als Hintergedanke in MARXens These wirksam, daß es nicht darum gehe, die Geschichte zu „interpretieren", sondern sie zu „verändern". Er hat die Entscheidungs-Impotenz bei HEGEL sehr wohl bemerkt. Andererseits zeigt sich im marxistischen Verständnis der Freiheit als der „Einsicht in die Notwendigkeit" ein Rudiment der hegelschen Geschichtsdialektik. Doch da ihr die Voraussetzung entzogen ist – der Satz nämlich von der Identität des endlichen und des absoluten Geistes, ja die Geist-Spekulation überhaupt –, wird diese Einsicht selbst zu einer Tat, die sich aus dem Zustand der äußersten Entfremdung einer gesellschaftlichen Situation emporreißen muß zu der Gewißheit, daß das Proletariat bei seinem Aufstand den Willen der Geschichte auf seiner Seite habe, so daß diese Einsicht den eigenen Tatwillen beflügelt. Die Kulissen der hegelschen Philosophie sind zwar noch erkennbar, aber sie sind umgeräumt: auf der veränderten Bühne steht nun der Mensch in Aktion, der alle spekulative Versponnenheit abgelegt hat und den Consens des eigenen Willens zur Veränderung mit dem Trend der Geschichte als ideologisches Stimulanz entdeckt hat.

So also steht HEGEL in der Geschichte oder vielmehr *über* der Geschichte. Er vernimmt das Raunen des Weltgeistes; und der Weltgeist sagt nicht zu ihm: „Du gleichst dem Geist, den du begreifst – nicht mir!" Doch: er begreift ihn, weil er ein Stück von ihm ist. Und eben um dieses Begreifens willen geht die Geschichte nicht mehr weiter. Sie steht in einem noch ganz anderen Sinne still, als HEGEL es selbst ausgesprochen hat, wenn er die Überzeugung äußerte, daß in ihm alle Philosophiegeschichte zusammengefaßt sei und zum Abschluß gebracht werde. Der endliche Geist, so sagten wir, kann nur handeln, wenn er geblendet und wenn er eben *nur* endlich ist, wenn er keine *Ausflucht* aus seiner Endlichkeit kennt. (Die Überwindung der Endlichkeit im christlichen Auferstehungsglauben steht auf einem ganz andern Blatt). Darum steht die Geschichte im gleichen Augenblick still, wo der endliche Geist sich im hegelschen Sinne transzendiert. Nur die Begriffe gleiten lautlos fort, während der Mensch aufgehört hat, sich selber zu begreifen – gerade weil er *meint,* sich begriffen zu haben. Wir stehen vor dem Selbstgericht einer Hybris.

III. Abschließende Fragen

Wir haben damit den ungeheuren Komplex des hegelschen Gedankengebäudes mit einem kurzen Blick gestreift und in seinem architektonischen Schema zu erfassen versucht. Ich schließe diese Bemühung ab, indem ich die Fragen zu formulieren suche, die bei HEGEL offen bleiben müssen und in den folgenden Jahrzehnten bis auf den heutigen Tag zu einer Lösung drängen.

Schon damit, daß wir überhaupt solche offenen Fragen entdecken, vertreten wir die These, daß HEGEL eben *kein* Abschluß ist – wie er es selbst doch meinte –, sondern daß er selber als die vermeintliche Zusammenfassung alles bisherigen Denkens allenfalls eine Synthese bildet, die als These neue Antithesen aus sich erzeugen muß und damit das dialektische Spiel abermals initiiert. Die Geschichte geht weiter – und sie empfängt wesentliche Antriebe durch die bei HEGEL offen gebliebenen Fragen.

Um welche Fragen geht es?

Ich greife zwei von ihnen heraus, von denen ich glaube, daß sie repräsentative Bedeutung haben. Die eine ist eine theologische, die andere eine allgemein geistesgeschichtliche Frage.

a) Die theologische Frage

Wenn HEGEL die Geschichte als „Geschichte" so letztlich aufhebt, weil ihr gesetzlich determinierter Ablauf keinen Raum für das Kontingente frei läßt (auch daß er keinen Sinn für das Individuelle hat, dürfte hierin begründet sein!), wird eine von da her bestimmte Theologie die Gestalt Jesu Christi als eine Aporie und Störung empfinden. KIERKEGAARD hat diese Aporie, deutlich gegen HEGEL polemisierend, auf die Formel gebracht: dies sei das Ärgerliche, das *philosophisch* Ärgerliche an der Gestalt Christi, daß hier nicht die überpersönliche Menschheit, sondern „ein einzelner Mensch – ein Individuum – Gott ist"[55], obwohl doch das Individuum eine gleichsam äußerste Ferne in der Selbstentfaltung des Geistes darstellt. Angesichts dieses Ärgernisses steht man vor der Wahl zweier christologischer Alternativen:

Entweder gehen wir von der geschichtlichen Grundtatsache „Jesus Christus" in unserem theologischen Denken aus. Dann wird unser Grundverhalten in der von ihm ausgelösten und sich an uns auswirkenden Geschichte die *Entscheidung,* nicht aber die *Einsicht.* Wie könnte ich auf dem Wege der Einsicht auch Zugang zur Gestalt Christi gewinnen, wo sie doch unter keinen Oberbegriff, unter keinen Typus subsumierbar ist und es insofern keinen objektiven Zugang zu ihr gibt? Gerade die objektive Ungewißheit, in die wir so versetzt werden, löst aber – so KIERKEGAARD – die „unendliche Leidenschaft der Innerlichkeit" aus, die es in

---

[55] Einübung im Christentum, Ges. Werke, ed. E. Hirsch, 26. Abt., S. 23; 122 ff.

HEGELS Einsichts-Philosophie so niemals geben kann[56]. So wird diese Philosophie des Nicht-Engagements für KIERKEGAARD der eigentliche Feind.

Oder aber ich gehe im Sinne HEGELS von dem Axiom aus, daß Geschichte die Selbstentfaltung des Geistes sei. Dann muß ich die Person Jesu Christi umdeuten, damit sie in dieses Schema paßt, vor allem muß ich sie entpersönlichen und entindividualisieren. Diese Konsequenz für die hegelsche Christologie hat DAVID FRIEDRICH STRAUSS – durchaus zustimmend übrigens und sie zur Destruktion des traditionellen Bildes vom geschichtlichen Christus benutzend – auf eine berühmte Formel gebracht, wenn er sagt: Es sei doch durchaus nicht die Art, „wie die Idee sich realisiert, in *ein* Exemplar (d.h. in ein Individuum) ihre ganze Fülle auszuschütten und gegen alle andern zu geizen, in jenem Einen sich vollständig, in allen übrigen aber nur unvollständig abzudrucken"[57]. Sie entfalte sich vielmehr in einer unendlichen Reihe endlicher Gestalten, die sich gegenseitig ergänzen, im Wechsel sich setzen und wieder aufheben. Hier tritt an die Stelle der geschichtlichen Person die *symbolische* Bedeutung Christi, der für ein Überpersönliches, für ein „Geist-Näheres" repräsentativ steht. Kein Zweifel, daß als dieses Überpersönliche hier der uns von KANT und SCHLEIERMACHER her vertraute Gedanke der *Menschheit* verstanden ist. Das Denk-Ärgernis, von dem KIERKEGAARD sprach – daß Gott eben in einem „Einzelnen" erschienen sei – kann hier nicht aufkommen.

b) Die allgemein geistesgeschichtliche Frage

Für HEGEL ist, wie wir sahen, alles Wirkliche vernünftig. Die Korrelation von Wirklichkeit und Vernunft wurde von ihm sozusagen am Vernunft-Ende angefaßt. Darum beschrieb er sie als Selbstentfaltung des Geistes.

Aber – das ist nun die offene Frage –: kann man diese Korrelation nicht auch vom anderen Ende her entwickeln? Kann man also möglicherweise nicht sagen: Im Bereich der Wirklichkeit, ja des Materiellen, sind aufgrund von Beobachtungen bestimmte dialektische Gesetze erkennbar, nach denen die Prozesse der Entwicklung abrollen? Im Zuge solcher Evolutionen setzt die Materie dann *ein* Element aus sich heraus, das durch die Entstehung des menschlichen Gehirns Bewußtsein hat[58]. Dieses von der Materie produzierte Bewußtsein bildet dann seinerseits wieder Ideen, die ihre Herkunft auf der Stirne tragen: Sie spiegeln materielle Zustände wider und werden in diesem Sinne als Widerspiegelungen („Ideologien") verstanden.

---

[56] KIERKEGAARD, Abschließende unwissenschaftl. Nachschrift zu den Philos. Brocken, (WW ed. Hirsch, 16. Abt.) I,194.

[57] In: Das Leben Jesu, 4. A. 1840, II,711.

[58] Diese Art von Materialismus, der noch über das hinausgeht, was man üblicherweise als „materialistische Geschichtsauffassung" bezeichnet, wird im marxistischen Bereich von F. ENGELS vertreten: Dialektik der Natur. Notizen u. Fragmente, 554.

In diesem Falle wäre also alles umgekehrt wie bei HEGEL; das Vorzeichen wäre vertauscht. So kommt es in der Tat zu einem Umschlag des Hegelianismus in den Materialismus, insbesondere in die materialistisch-dialektische Geschichtsauffassung, kurz: in alles das, was dann bei den Linkshegelianern tatsächlich Ereignis wurde.

HEGEL muß dieser Entwicklung gegenüber wehrlos sein. Er kurbelt sie sogar selber an, so daß er in mancher Hinsicht eine Bestätigung durch sie erfährt. Dafür sind zwei Gründe maßgebend:

Erstens: Genau jener Umschlag ist ja die Antithese, für die HEGELS Philosophie die These repräsentiert. Das, was sich im Linkshegelianismus begibt, ist also *einmal* eine sehr paradoxe Widerlegung seines Systems, und es ist *zugleich* eine Bestätigung seines dialektischen Schemas. So sehr man sich von ihm emanzipiert und seine Philosophie „vom Kopf auf die Füße stellt", bleibt er doch der heimliche Vater im Hintergrunde.

Zweitens ist HEGEL gegenüber dieser Entwicklung deshalb wehrlos, weil es in seinem Denken keinen Raum für Entscheidungen gibt. *Wo* die Korrelation von Vernunft und Geschichte anzufassen wäre – an ihrem Geist- oder ihrem Materie-Ende –, das läßt sich, von HEGEL aus gesehen, so nicht in Form einer Entscheidung ausmachen. Denn die Gegensätze müssen sich ja ineinander erkennen und in ihrem gemeinsamen Identitätsgrunde verstehen. Daß sie das auch tatsächlich tun, dürfte der eigentliche Grund dafür sein, daß man sich selbst *nach* dem linkshegelianischen Umschlag genealogisch noch von diesem Urvater her versteht.

14. Kapitel

Von Hegel beeinflußte Theologien

I. ALOYS EMANUEL BIEDERMANN

a) Die Frage nach der Wahrheit des Dogmas

Literatur: BIEDERMANN: Die freie Theologie oder Philosophie u. das Christentum in Streit u. Frieden, 1844. – Unsere junghegelsche Weltanschauung oder der sog. neueste Pantheismus, 1849. – Sein Hauptwerk: Christliche Dogmatik, 1. A. 1869 (nach dieser in der Regel zitiert); 2. A. (2 Bde.) 1884f.
Sekundär: W. ELERT, Der Kampf um das Christentum, 1921, 113ff. – FR. H. R. VON FRANK, Gesch. u. Kritik der neueren Theologie, 1895, 181ff. – O. PFLEIDERER, Die Entwicklung der Prot. Theol. in Deutschland seit Kant u. Großbrit. seit 1825, 1891, 139ff. – R. STÄHELIN, Art. Biedermann, RE 3. A. 203ff.
Biographische Notiz: Geb. 1819 am Zürcher See. Studium in Basel, wo ihn die Lektüre von D. FR. STRAUSS nach eigenem Bekenntnis stärker prägte als die Begegnung mit irgendeinem seiner Lehrer. Erst sehr viel später, als dessen Werk „Der alte und der neue Glaube" (1872) erschien, distanzierte er sich kummervoll von diesem „ominösen Buch". Den zweiten Teil seines Studiums verbrachte BIEDERMANN in Berlin, wo ihn HEGELS Philosophie wesentlich bestimmte. – 1843 Pfarrer in Baselland. Dort schrieb er seine Erstlingsschrift „Die freie Theologie oder Philosophie …" (ersch. 1844): eine erste Äußerung seines Hegelianismus, die ihn in der Nähe FEUERBACHS erscheinen ließ: „In der Vorstellung Gottes objektiviert sich das menschliche Bewußtsein, was ihm sein allgemeines, ewiges, absolutes wahres Wesen ist."[1] Das Buch übte im Für und Wider eine starke Wirkung in der Schweiz aus und trug (nach STÄHELINs Bericht) wesentlich dazu bei, daß in den schweizerischen Landeskirchen jede rechtlich verbindliche Bekenntnisgrundlage beseitigt wurde. Während dieser Zeit schrieb BIEDERMANN sein Hauptwerk, die „Christliche Dogmatik" (1. A. 1869). Neben praktisch-kirchenpolitischer Arbeit widmete er sich in den letzten Jahren seines Lebens vor allem der Neubearbeitung seiner Dogmatik für die 2. Auflage. Diese zeigt in keiner Weise einen theologischen Positionswechsel, sondern nimmt vor allem das Gespräch mit seinen Gesinnungsgenossen und die Auseinandersetzung mit seinen Gegnern auf. Anfang 1885 ist er gestorben.

Man könnte unter den theologischen Schülern HEGELS zwischen verschiedenen Namen schwanken, wenn man einen von ihnen herausgreifen möchte, um an ihm zu zeigen, wie HEGELS Geistphilosophie sich innerhalb der „professionellen" Theologie auswirkt. Wir stehen vor einer ganzen Fülle von Gestalten, bei denen sich die Rezeption seiner Identitäts-Dialektik in sehr verschiedenen Strahlenbrechungen darstellt. Ich brauche hier nur die prominentesten unter ihnen zu

---

[1] AaO. 83; zit. b. STÄHELIN, aaO. 204.

nennen: K. DAUB etwa (1765–1836) oder PH. K. MARHEINEKE (1780–1846)[2] oder O. PFLEIDERER (1839–1908), ganz abgesehen einmal von dem genialen Kirchen- und Dogmenhistoriker FERDINAND CHRISTIAN BAUR (1792–1860)[3]. – Ich wähle BIEDERMANN für meine Skizze deshalb, weil sich an ihm zeigen läßt, wie ein in der kirchlichen Gemeinschaft verwurzelter Theologe, der zwar eine „freie", doch keineswegs von der Tradition emanzipierte Kirche anstrebt, die Prägung durch HEGELS Philosophie verarbeitet hat.

Doch geht es dabei keineswegs bloß um HEGEL selbst, obwohl BIEDERMANN im Vorwort zu seiner Dogmatik nicht ohne Ironie bekennt, daß seine Gegner nicht Unrecht hätten, wenn sie ihn „als schweizerischen Nachzügler einer in der Metropole und andern offiziellen Wohnsitzen der deutschen Wissenschaft schon längst ... antiquierten Verirrung" belächelten. Tatsächlich verdanke er einen „großen Teil der Nahrung" seines philosophischen Denkens der hegelschen Philosophie. Die stärksten Prägekräfte HEGELS wirkten sich aber indirekt, über einen Hegelianer, auf ihn aus: DAVID FRIEDRICH STRAUSS ist es vor allem, durch den sich BIEDERMANN in die Zwangslage versetzt sah, die christliche Glaubens- lehre auf einer stark *reduzierten* Basis neu einzurichten. Diese Reduktion besteht vor allem in der – nach BIEDERMANNS Meinung – von STRAUSS überzeugend vorgebrachten Kritik am „persönlichen" Charakter Gottes, ebenso an einer in- dividualistischen Unsterblichkeitslehre sowie an jeder Absolutsetzung einer indi- viduellen Gestalt wie etwa der Jesu. Alles dies lasse sich nicht in Einklang brin- gen mit der Letztidentität des endlichen und des absoluten Geistes.

Welche Konsequenzen BIEDERMANN aus diesen Negativa zog und welche posi- tiven Ziele ihm bei seiner theologischen Arbeit vorschwebten, erfahren wir aus der Christlichen Dogmatik, die sein einziges größeres Werk war und durch Knappheit und Prägnanz der Begrifflichkeit, durch Scharfsinn und dogmenge- schichtliche Gelehrsamkeit, nicht zuletzt aber durch den Mut zur wahrhaftigen Konsequenz und zur Kompromißlosigkeit ausgezeichnet ist, gleichwohl aber ab- gewogen bleibt und niemals „blindwütig" wird[4].

Obwohl BIEDERMANN die Kritik von STRAUSS anerkennt, bleibt er im Unter- schied zu ihm stets auf der Suche nach dem religiösen Wahrheitsgehalt der christlichen Dogmen. Diesen Gehalt herauszudestillieren, bedient er sich der Wissenschaft, denn sie leitet dazu an, die widerspruchsvollen und zeitbedingten „Vorstellungen" des kirchlichen Dogmas aufzulösen und sie auf den „Begriff" zu bringen. Der religiöse Gehalt der Dogmen ist ihre so auf den *Begriff* ge- brachte Wahrheit. Seine Intention ist damit letztlich auf ein Positivum gerichtet:

---

[2] BARTH, aaO. 442ff.

[3] Wir verzichten aus Raumgründen notgedrungen auf die Darstellung dieses größten unter den genannten Namen und beschränken uns auf die ausgesprochenen Systematiker. Über BAUR: W. DILTHEY, Ges. Schriften IV (1959), 403–432. – BARTH, aaO. 450ff. – HIRSCH, Gesch. d. neueren ev. Theol V (1949), 518ff.

[4] Ich zitiere in der Regel nach der 1. Aufl. (1869). Zitate nach der 2. Aufl. (1884f.) sind bes. vermerkt.

Er möchte „einen Baustein beitragen zum Ausbau der freien protestantischen christlichen Kirche"[5].

Bei der Auffindung dieses Wahrheitsgehaltes stößt BIEDERMANN auf das Grundproblem, das alle theologischen Systeme des von uns besprochenen Zeitraums durchzieht: auf den *Zweifel* an der konkreten Gestalt christlicher Tradition (vor allem an der Mischung von geistigem Gehalt und bloßer Vorstellung) *und* auf das Problem, wie es zu erneuter *Aneignung* kommen, wie die objektiven Gegebenheiten mit dem subjektiven Aufnahmevermögen in Einklang gebracht werden könnten. Nur wenn dieser Einklang gewonnen wird, kann die Kirche und können die in ihr vereinigten Gläubigen in dem von BIEDERMANN erstrebten Sinne *frei* sein.

Die damit gestellte Frage nach dem objektiven Wahrheitsgehalt des Dogmas und der Möglichkeit subjektiver Zustimmung beantwortet BIEDERMANN mit der Forderung, daß es zu einer „Identifikation von göttlicher und menschlicher Autorität" kommen müsse[6]. In der hier deutlich hereinspielenden hegelschen Terminologie heißt das, daß der endliche Geist sich in seiner Identität mit dem absoluten Geist zu verstehen habe. Die Art nun, wie BIEDERMANN hier den endlichen Geist als das glaubende Subjekt beschreibt und die Rolle des Einzelnen bei der Aneignung absoluter Wahrheit akzentuiert – stellenweise geradezu an KIERKEGAARD erinnernd! – macht zugleich deutlich, wie damit die Akzente gegenüber HEGEL verschoben sind: Im Mittelpunkt des Blickfeldes steht das freie Individuum inmitten einer (nur auf diesem Wege auch) freien Kirche:

„Die Religion ist das Gemeinsamste und zugleich auch Individuellste, das Bindendste und zugleich das Befreiendste im menschlichen Geistesleben. Ihrem *Inhalt* nach ist sie die Beziehung auf das gemeinsam über Allen Stehende …; zugleich aber ist sie ihrer *Form* nach die Beziehung des innersten Ich auf dies Allgemeine, ist unmittelbare individuelle Herzens- und Gewissenssache." Deshalb sei die „ethische Gestaltung der objektiven Religionsgemeinschaft (sprich: Kirche) das höchste, aber auch schwerste gesellschaftliche Problem der Menschheit". Denn hier gehe es in besonderer Weise um die Zusammenstimmung der beiden Grundelemente: des den Organismus der Gemeinschaft bildenden *Gemeinsamen* und des persönlichen Lebens des *Einzelnen*. Das Ideal sei deshalb „die kräftigste ausgesprochenste individuelle Freiheit, getragen von der kräftigsten bewußtesten Gemeinschaft". Nur so ergebe sich die Ablösung aller menschlichen Autorität, die den Glauben des Einzelnen vergewaltige, und komme es zur „Identifikation von göttlicher und menschlicher Autorität", die dem Einzelnen Freiheit gewähre und so die „freie Kirche" ermögliche[7].

Den Wahrheitsgehalt der Dogmen zu entdecken und damit die Möglichkeit neuer Aneignung zu eröffnen, heißt also im Sinne BIEDERMANNs jenen Punkt zu erreichen, wo die Identität von endlichem und absolutem Geist offenkundig wird, wo menschliche und göttliche Autorität nicht mehr auseinanderfallen. Trotz dieses hegelschen Schemas bleibt es unverkennbar, daß die hervorgehobene Rolle des Einzelnen und seiner „individuellen Herzens- und Gewissenssache" nicht diesem Schema entnommen ist, sondern dem Evangelium entstammt und deshalb zum Störfaktor in der hegelschen Dialektik wird.

---

[5] § 82 Schl.
[6] § 79 (S. 107f.); § 82 (S. 109).
[7] S. 109.

Entsprechend dem Ziel BIEDERMANNS, den anzueignenden Wahrheitsgehalt des Dogmas herauszuarbeiten – nur dann kann das Gewissen des Einzelnen ja frei bleiben! – und das in den Vorstellungen Gemeinte auf den Begriff zu bringen, ist nun seine Dogmatik aufgebaut:

Nach einem einleitenden Teil über die theologische Prinzipienlehre (Wesen der Religion, Religion und Wissenschaft, Prinzip der christlichen Dogmatik) geht es in dem umfangreichen historischen Teil um die empirisch-statistische Erhebung der biblisch bezeugten Tatbestände und Aussagen im Alten und Neuen Bunde, z. B. um eine sorgfältig differenzierende synoptische, paulinische und johanneische Christologie. Die Tatbestandsaufnahme wird dann, nach dogmatischen Themen gegliedert (Christologie, Theologie, Anthropologie, Soteriologie und Eschatologie), in Gestalt einer kirchlichen Dogmengeschichte fortgesetzt.

Das Kernstück von BIEDERMANNS Dogmatik, dem der empirisch darstellende Teil nur als Materialsammlung dient (immerhin 496 Seiten und 561 Paragraphen!), ist dann der „kritisch-spekulative Teil". In ihm geht es um die „wirkliche wissenschaftliche Dogmatik", nämlich um „die Durchführung der vollständigen *Verstandeskritik* an der *Form* des kirchlichen Dogmas, und zwar nach keinem anderen Maßstab als nach dem des autonomen Denkens"[8]. Was er mit dieser „Form" des Dogmas meint, ist eben die „psychologische Form der Vorstellung", die ihm anhaftet und die als „abstrakt sinnliche Anschauung einer geistigen Idee (!) einen *Verstandeswiderspruch* in sich schließt". Um das Dogma in intellektueller Redlichkeit aneignen zu können – und das ist ja das Ziel BIEDERMANNS –, müssen die Vorstellungen transparent gemacht werden für den ideenmäßigen Kern des Dogmas, bei dessen Auffindung jene Verstandeswidersprüche sich auflösen[9].

Es muß uns genügen, die spekulative Methode BIEDERMANNS, wie sie schon durch diese architektonische Struktur seines Werkes angezeigt wird, anhand einiger exemplarischer Lehrfälle zu verdeutlichen. Ich wähle dafür die charakteristische – weil für HEGEL besonders anfällige – Stellungnahme zur Persönlichkeit Gottes und zum Sündenfall. Von diesen Mustern aus kann es zu berechtigten Vermutungen kommen, wie BIEDERMANN mit den sonstigen dogmatischen Loci (z. B. der Christologie) verfährt.

b) Die Frage der Persönlichkeit Gottes

Schon bei der biblischen Bestandaufnahme weist BIEDERMANN darauf hin, wie anstößig es sei, wenn *unsere* Vorstellung von Persönlichkeit auf Gott „nach der Analogie des menschlichen Ich" angewendet wird. Denn das „menschliche Ich subsistiert in einem von ihm als Geist unterschiedenen sinnlichen Ich". Dies werde zwar für Gott von der Bibel entschieden verneint. Gleichwohl komme es

---

[8] §563, S. 497.
[9] §564, S. 497f.

selbst bei einer zurückhaltend auf Gott bezogenen Persönlichkeitsidee zum Zwielicht zwischen einer „rein geistigen" und einer „übersinnlich-sinnlichen" Vorstellung von Gott[10]. Damit habe der spekulative Teil aufzuräumen.

Bei dieser Aufräumung stellt sich dann heraus, daß „der Begriff der Persönlichkeit nicht mit dem des Geistes (erg.: wie er Gott zukäme), sondern nur mit dem des endlichen Geistes zusammenfällt, also streng denkend von Gott zu verneinen ist"[11]. Persönlichkeit und endlicher Geist sind zwar „sich deckende Begriffe". Aber gerade deshalb ist die analoge Anwendung des Person-Begriffs auf Gott unmöglich, denn das „konkrete persönliche Subjekt" ist als endlicher Geist *nicht* reiner Geist (wie Gott), sondern als „unteilbare Einheit" zugleich mit „nicht-geistigen, sinnlichen Naturvoraussetzungen an ihm selbst" verknüpft. Darum führt uns die analoge Übertragung des Persönlichkeitsbegriffs auf Gott in ausweglose Widersprüche, da wir sie „in jedem Moment als doch nicht absolut geltend wieder zurücknehmen" müssen. Aus diesem Grunde beruht auch der Versuch, HEGELs Unterscheidung zwischen endlichem und absolutem Geist auf den Versuch einer Differenzierung zwischen „endlicher und absoluter Persönlichkeit" zu übertragen, „auf einer Täuschung"[12].

„Persönlichkeit" ist somit als Begriff für Gott inadäquat, so gewiß er mit dem allein adäquaten Begriff, nämlich dem des absoluten Geistes, unvereinbar ist:

„Persönlichkeit ist (nur) die adäquate *Vorstellungs*form für den *theistischen* Gottesbegriff, d.h. für den, welcher alle essentiellen Momente der Gottesidee in den Begriff des absoluten Geistes zusammenfaßt. Aber eben deswegen ist die ‚Persönlichkeit Gottes' in der *Wissenschaft* das Schibboleth des bloß *vorstellungsmäßigen* Theismus, der sich auch wissenschaftlich nicht über das Vorstellen ... zu reinem Denken zu erheben vermag."[13]

Man sieht, wie in dieser spekulativen Durchdringung der dogmatischen Vorstellungen, in dieser Erhebung „zu reinem Denken", der hegelsche Hintergrund des Denkens sich markant bemerkbar macht. Und dennoch: Kaum ist das alles so spekulativ gesagt und Gott für das wissenschaftliche Denken zum entpersönlichten, reinen Geist „erhoben", legt sich das dem christlichen Gemeindebewußtsein verbundene Denken BIEDERMANNs gleichsam quer und meldet sich inmitten dieses spekulativen Schemas als Störung. Denn obwohl „nur der Mensch als endlicher Geist Persönlichkeit (ist), Gott aber als absoluter Geist nicht", erfolgt plötzlich eine verblüffende Einschränkung: „*Allein der Wechselverkehr der Religion ist immer ein persönlicher,* und zwar nicht bloß in der subjektiven Vorstellung (!), sondern in objektiver Wahrheit, weil er zwischen dem unendlichen und dem endlichen Geist *innerhalb* des endlichen Geisteslebens, also durchweg in der Form des letzteren sich vollziehn muß."[14]

---

[10] § 170, S. 171 f.
[11] § 716,7 Schl., S. 645.
[12] § 716,6; S. 643 f.
[13] AaO. 646.
[14] § 717; S. 647.

Ein in der Tat erstaunlicher Satz! Vorher hatte BIEDERMANN den *andern* vorgeworfen, daß sie die Anwendung der Kategorie des Persönlichen auf Gott immer wieder „zurücknehmen" müßten[15]. Hier tut er es selber! Er tut es abrupt, thetisch und emphatisch – am Schluß. Wie kommt er dazu?

Die Wendung von HEGEL weg – inmitten eines Plädoyers *für* HEGEL! – erfolgt in dem Augenblick, wo er an die konkrete Situation der *Gemeinde* denkt: wo diese Gemeinde das Wort Gottes hört und wo sie betet, wo sie also mit dem absoluten Geist in „Wechselverkehr" tritt. Dieser konkrete Dialog Gott/Mensch und Mensch/Gott ist in dem ewigen Monolog des Geistes mit sich selbst, wie HEGEL ihn belauscht, nicht unterzubringen. Hier bekommt der endliche Geist, wie ihn doch die Gemeinde repräsentiert, auf einmal einen anderen Stellenwert: Er ist nicht mehr bloßer Durchgang in der Selbstentfaltung des absoluten Geistes, sondern er wird zum dialogischen *Gegenüber*. Und BIEDERMANN behauptet (*entgegen* seinen vorher entfalteten Prämissen!), daß dieses eben nicht mehr „Vorstellung", sondern „objektive Wahrheit", daß es das „substantiell Wahre" an allem sei, „was für das Postulat eines persönlichen Gottes vorgebracht wird"[16]. Was wir so manchesmal bei anderen Gelegenheiten festgestellt haben, meldet sich auch hier: Der Christ BIEDERMANN transzendiert sein theologisches Denk-Schema.

c) Die Frage der Sünde

Der hegelsche Hintergrund muß sich selbstverständlich auch beim Verständnis der *Sünde* und des *Bösen* melden. Hier genügt ein kurzer Hinweis.

In sorgfältigen Auseinandersetzungen (schon innerhalb der biblisch-dogmengeschichtlichen Bestandaufnahmen) mit supralapsarischen Theorien und CALVINs prädestinatianischem decretum absolutum[17] meldet sich BIEDERMANNs entscheidendes Interesse: Ihm liegt daran, daß Sünde nicht einfach in einen überpersönlichen Prozeß aufgelöst wird – sei es in eine von der Willkür Gottes gesetzte Determination, sei es in eine gut und böse überpolar umgreifende, teleologische Evolution –, sondern daß ihr die Qualität einer persönlich zu verantwortenden und zurechenbaren Schuld erhalten bleibt. Dieses sein Interesse muß selbstverständlich in Spannung geraten zu HEGELs Verständnis des Bösen als eines bloßen „Durchgangs" in der Selbstentfaltung des Geistes.

Auch wenn BIEDERMANN diese Idee des Durchgangs übernimmt – wie sollte er auch ausgerechnet an diesem locus classicus der Hegelei plötzlich *kein* Hegelianer mehr sein! –, so bringt er doch eine sehr wesentliche Nuance an, die aus seinem an der Tradition geschulten theologischen Denken und gerade *nicht* von

---

[15] S. 644.
[16] § 717; S. 647.
[17] S. 423, 601, 608 u. a.

HEGEL stammt: Der Mensch müsse zwar im „Prozeß seines Geist-werdens mit absoluter Notwendigkeit … durch die *Alternative zwischen Sünde und Gehorsam,* oder durch die *innere Versuchung* der Sünde hindurch, nicht aber durch die *Sünde selbst*"[18]. Die „absolute Notwendigkeit" des Durchgangs bezieht sich also allein auf *„die Erfahrung dieses Zwiespaltes mit seiner Bestimmung als Geist"*[19]. Das ist gleichsam die Disposition seiner Existenz – mehr nicht. Was er dann daraus macht im Guten oder Bösen, das fällt „in das Moment der Selbstbestimmung; was aber *vor* diese fällt, das ist noch nicht Sünde"[20]. Darin gibt sich der Theologe zu erkennen, der von Schuld, Vergebung und Rechtfertigung weiß und sich offensichtlich darüber im klaren ist, daß der Akt der Rechtfertigung überfällig würde, wenn die Sünde als bloßer Durchgang im Prozeß ihr spezifisches Gewicht einbüßte.

Hier legt sich die Annahme nahe, daß das persönliche Christentum BIEDER-MANNS das hegelsche Denkschema immer wieder von innen durchbricht. Der eigene, in Gemeinde und Tradition verwurzelte Glaube ist sozusagen wie ein Partisan in das von HEGEL bestimmte System mit eingesickert und übt nun mitten im theoretischen Gefüge seine Störmanöver aus. Wie wenig auch bei BIEDER-MANN die eigene christliche Existenz als ganze in sein System integrierbar ist, vielmehr an allen Ecken und Enden übersteht, ließe sich noch an seiner Christologie zeigen. Statt die Spuren dessen in seiner Dogmatik zu verfolgen, wähle ich einen in seiner Direktheit besonders eindrücklichen Brief, den er im Jahr vor seinem Tode am 18. November 1884 an seinen theologisch sehr anders orientierten Erlanger Kollegen FR. H. R. VON FRANK schrieb[21]:

„Die Liebe Gottes, subjektiv und objektiv (!), ist ja wohl dem Gläubigen die höchste Tatsache: auch mir ist sie es im Vollsinn – wie abstrakt logisch ich auch ihr Wesen ausdrücke. Und so stehts für mich mit der realen religiösen Tatsache (!) des ewigen Lebens[22], von der aus ich ruhig und selbstbewußt alle Verlegung in ein zukünftiges Jenseits als bloße Vorstellungsprojektion einer inneren Realität auffassen kann und meinen erkenntnistheoretischen Voraussetzungen nach auch muß – ohne eine Einbuße am Inhalt wirklich religiösen Glaubens …" – Im gleichen Brief erörtert BIEDERMANN auch das Verhältnis seines persönlichen Glaubens zur *theoretischen* Konzeption seiner Christologie:
Das „Innere Jesu ist mir das Höchste in der Menschheit, dessen inkommensurable Größe dem religiösen Leben aller anderen Menschenkinder gegenüber mir gerade mit durch die historische Tatsache in's Licht gestellt wird, daß sie einen solchen Glauben an ihn erzeugt, wie er als der apostolische im Neuen Testament authentisch vor uns liegt, einen Glauben, der das evangelische Bild von ihm erzeugt hat … Ich denke gerade von dem Innern Jesu so hoch, weil ich daraus allein die mythologisierende Vorstellung von ihm, von den Auferstehungsvisionen an, historisch rationell, kommensurabel begreifen kann."

---

[18] § 772; S. 672.
[19] AaO. S. 673.
[20] AaO. 672.
[21] v. FRANK, aaO. 187f.
[22] In der Dogmatik bestreitet er mit durchaus hegelschen Argumenten die individuelle postmortale Fortexistenz: § 962 ff.

Die Sprengkraft, die der eigene Glaube so gegen die Umzingelung durch das theologische System ausübt und mit deren Hilfe er sich immer wieder seiner Gefangenschaft entringt, wird hier wie kaum irgendwo sonst manifest:

Die Verwandlung der bloßen Vorstellung in die von ihr umschlossene abstrakte Idee wird als ein notwendiger, uns aufgegebener Denkprozeß zwar nicht abgebrochen oder gar geleugnet. Doch gibt es einen Vorgang, der diesen Denkprozeß an Bedeutung noch wesentlich übertrifft – jedenfalls dann, wenn man an seine Relevanz für das eigene geistliche Ich denkt. Dieses Größere ist für BIEDERMANN der objektive Prozeß, den er von „mythologisierenden" Vorstellungen im Bereich der Christologie (etwa den Auferstehungsvisionen) bis auf ihren Ursprung im „Innern" der Person Jesu zurück verfolgt. *Sie* war es ja, die in ihrer Größe jene Vorstellungen auslöste und schuf. Sie sind nicht eine Projektion der Gemeindephantasie, sondern sie sind eine Folgeerscheinung der Person Jesu, die sich – so dürfen wir vielleicht sagen – im Medium dieser Phantasie *auswirkte*. Sie ließ sich gleichsam durch diese Phantasie re-produzieren; wir haben es aber nicht mit einem *eigenen* Produktiv-sein der Phantasie zu tun.

Was mir hieran bedeutsam scheint, ist ein Doppeltes:

Einmal ist das Ziel, auf das der Glaube (im Unterschied zur theoretisch-systematischen Konzeption) aus ist, nicht die abstrahierte, entpersönlichte Idee, die für den Hegelianer BIEDERMANN den Wahrheitsgehalt der Dogmen ausmacht; sondern dieses Ziel ist eine in der Geschichte auftauchende *Person,* die im Gegensatz zu den von ihr erzeugten Vorstellungen selber offensichtlich *nicht* in einen abstrahierten Ideengehalt, in den bloßen „Begriff" transformiert werden kann.

Zum *andern:* Das eigentliche Glaubensproblem für den „Christen" BIEDERMANN ist letzten Endes nicht mehr die Umwandlung zeitbedingter Vorstellungen in den ideenförmigen Wahrheitsgehalt des Dogmas, durch den es dann einen kommensurabel-adäquaten Charakter gewänne. Nein: Sobald der Christ die inkommensurable Höhe des „Innern Jesu" begriffen hat, werden ihm gerade die mythologisierend-vorstellungsmäßigen Ausdrucksformen dieses Innern Jesu verständlich: Denn jenes Innere Jesu – und nicht irgendein dialektisches oder rationales Prinzip – ist nun der hermeneutische Schlüssel für das Verstehen dessen, was das Neue Testament an christologischen Aussagen enthält. Nur vom Innern Jesu her, sagte BIEDERMANN ja in dem zitierten Brief, könne er „die mythologisierende Vorstellung von ihm … historisch rationell, kommensurabel begreifen".

Auf dieser Linie liegt es dann wohl, daß auch er sich an seinem Sterbelager PAUL-GERHARDT-Lieder vorlesen ließ. CHR. JOH. RIGGENBACH, der über seine letzten Stunden berichtet, sagt abschließend darüber: „Sein Herz brach augenscheinlich durch sein System hindurch" (!)[23].

Kapitelschlüsse dieser Art, wie sie nun wiederholt in diesem Buche vorgekommen sind, haben nicht den Sinn, theologisch diffizile Reflexionen mit der Würze der Erbaulichkeit anzureichern. Ich bin vielmehr der Überzeugung, daß ernst-

---

[23] FRANK, aaO. 189.

hafte Dialoge mit theologischen Denkern der Vergangenheit nur möglich sind, wenn wir diese ihr System transzendierenden Momente im Auge behalten. Nur dann sprechen wir ja in der uns gemeinsam umfangenden Communio sanctorum mit ihnen. Davon abgesehen würden sie zum bloßen Gegenstand der Historiographie[24].

II. KARL BARTH

a) Freiheit und Notwendigkeit im Gottesverständnis BARTHs

Wesentlich wichtiger als die HEGEL-Epigonen des 19. Jahrhunderts sind die ausrollenden Wellen des hegelschen Erdbebens im 20. Jahrhundert. Sie drängen sich vor allem bei dem großen KARL BARTH auf, obwohl man gewisse Hemmungen überwinden muß, wenn man ihn unter der Rubrik der von HEGEL Beeinflußten oder gar der „Hegelianer" erscheinen läßt. In der Tat ist diese Bezeichnung unzureichend: Nicht weil es unwichtig wäre, die theologische Relevanz seiner von HEGEL tatsächlich bestimmten Denkstruktur festzustellen, sondern deshalb, weil BARTH ein in der Bibelexegese gegründeter Theologe ist und ihm so Korrektive zur Verfügung stehen, durch die er sich immerfort zur Ordnung rufen läßt, durch die er vor aller Systemhörigkeit auf der Hut bleibt und jedenfalls zu glücklichen Inkonsequenzen bereit ist (die als solche freilich wohl weniger ihm selbst als seinen Lesern auffallen)[25].

Ich übergehe die nur formalen Elemente eines gewissen Hegelianismus, die sich bei BARTH finden. Sie mögen schon in der Bezeichnung dieser Theologie als einer „dialektischen" angesprochen sein oder sich in der Neigung zum Paradox äußern („unmögliche Möglichkeit"). Auch darin verbergen sich offenbar Spurenelemente der Hegelschen Dialektik, so daß gerade Theologen, die in einem Freund- oder Feind-Verhältnis zu HEGEL stehen, um einer gewissen analogen Denkstruktur willen auf den Gebrauch des Paradoxes angewiesen sind. Bei aller Antithetik, in der sich BARTH *inhaltlich* zu HEGEL verhält, ist sein Denk- und Aussagestil in der Tat mit dem seinen verwandt. Er tut auch nach eigenem Eingeständnis gern „hegeln", bekennt überhaupt seine Schwäche für ihn[26]. Und was

---

[24] Daß es hierbei, formal gesehen, nicht um ein bloßes Theologenpfündlein geht, mag daraus erhellen, daß etwa ein Philosophiehistoriker wie W. Windelband auf *seiner* Ebene gleichfalls in einem Dialog mit den Philosophen der Vergangenheit interessiert ist. Darum bedarf er einer gemeinsamen Basis mit ihnen, eines tertium comparationis, das die Situation des Darstellenden mit der der Dargestellten verbindet. In diesem Sinne sieht er das das Einst und das Jetzt Umfangende in der „europäischen Menschheit", die ihre „Weltauffassung und Lebensbeurteilung in wissenschaftlichen Begriffen niedergelegt hat". (WINDELBAND, Lehrb. der Gesch. der Philos., 12. A. 1928, § 2.) Auf diese Weise distanziert auch er sich von bloßer Historiographie.

[25] Als eines unter vielen möglichen Beispielen nenne ich dafür nur die Art, wie er der an sich bei ihm sich aufdrängenden Lehre von der Apokatástasis pánton (Allversöhnungslehre) auszuweichen trachtet. Vgl. ThE I, S. 208.

[26] E. BUSCH, K. B.s Lebenslauf, 1975, 402.

das HEGEL-Kapitel in seiner Theologiegeschichte betrifft, so möchten manche
von BARTHS theologischen Kollegen aus dem 19. Jahrhundert wohl diesen großen philosophischen Stiefbruder beneiden ob der vielen ihm zuteil werdenden
Ehrfurchts-, Liebes- und Hoffnungsbezeugungen. Wie kommt es zu den mancherlei Denkstruktur-Analogien inmitten eines sonst sachlich durchaus gebrochenen Verhältnisses[27]?

Ich stelle zur Beantwortung dieser Frage eine Reihe von Gesichtspunkten zusammen:

Erstens: Einige Grundsätze von BARTHS Gotteslehre lösen Assoziationen zu
HEGELS Begriff des absoluten Geistes aus. So kann es von der Freiheit Gottes,
gemäß der er „ja auch und zuerst sich selber will!", heißen:

> „Gott ist von nichts, was nicht er selber, von nichts, was außer ihm ist, abhängig, durch
> nichts außer ihm bedingt, er steht unter keiner von ihm selbst verschiedenen Notwendig-
> keit."[28]

Daß Gott unter „keiner von ihm selbst verschiedenen Notwendigkeit" steht,
ist hier als ein Argument gemeint, das seine Freiheit und Unabhängigkeit begründen soll. Immerhin ist aber diese seine Freiheit der Notwendigkeit (!) unterstellt, er selbst zu sein[29]. Dieses Er-selbst-in-seiner-Freiheit-Sein läßt ihn sich vor
Grundlegung der Welt als den Gnädigen und als den Stifter des Gnadenbundes
bestimmen. Das, was dieser Gnadenbund impliziert, grenzt nun – trotz aller Distanzierung von HEGELS Begriff der Notwendigkeit – erstaunlich eng an dessen
Selbstentfaltungsidee. Bezeichnend dafür sind schon die Fragestellungen, *warum*
die Schöpfung sein, ja sogar *warum* es „Störung und Verneinung der Schöpfung
durch Sünde, Tod und Teufel" geben muß. Die Antwort lautet jedesmal (genauere Differenzierungen übergreifend): „weil es durch den freien Willen Gottes
so sein muß"[30]. Reflexionen dieser Art klingen so, als ob das Prinzip Gnade, zu
dem Gott sich vor Anbeginn entschließt, sich nunmehr in Notwendigkeit entfaltet, und zwar über das ihm Gleichende und Nahestehende wie die Schöpfung,
aber auch über das ihm Fremde wie Sünde, Tod und Nicht-Sein hinweg. Die als
theologisch gravierend gemeinte, doch mir eher winzig erscheinende Nuance gegenüber HEGEL bestünde dann nur darin, daß die Notwendigkeit der Selbstentfaltung nicht (wie bei HEGEL) aus dem Wesen des Geistes selbst, sondern aus
einem Wesen Gottes abgeleitet wird, zu dem sich Gott in Freiheit entschlossen
hat: nämlich der Gnädige zu sein. Durch diesen zwischen-eingekommenen freiheitlichen Gnadenentschluß rollt aber nun, unter diesem *veränderten* Vorzeichen, das Heilsgeschehen wiederum „in Notwendigkeit" ab. Auch die Christus-

---

[27] Diese Frage könnte auch an jüngere Theologen, die von BARTH *und* HEGEL beeinflußt
sind, gerichtet werden, wie z.B. an PANNENBERG. Zu diesem vgl. EvGl III, 5f.; 455ff. Zum
Problem von BARTHS Hegelianismus überhaupt vgl. C. GESTRICH, Neuzeitliches Denken u.
die Spaltung der dial. Theol., 1977, 236ff.

[28] KD II, 1,631.

[29] AaO. 630.

[30] AaO. 631.

Geschichte verliert dabei ihre geschichtliche Kontingenz und wird zur bloßen Ausführung des urzeitlichen Entschlusses.

Das Ringen BARTHS gegen die Automatik eines solchen Abrollens ist unverkennbar. Es kommt vor allem darin zum Ausdruck, daß er unterscheidet zwischen einer voluntas efficiens und einer voluntas permittens in Gott, also zwischen einem positiv-schöpferischen Willen und einer bloßen Zulassung. Aber auch dann, wenn Gott die Schöpfungsstörung durch die Sünde „zuläßt", soll das keineswegs ausschließen, daß er zwar „nicht als Schöpferwille, wohl aber als Herrenwille (!) auch den Abfall der Kreatur ..., auch das Reich des Bösen und des Übels *in seine Vorherbestimmung und also in seinen Willen aufnimmt, ja von Ewigkeit her schon aufgenommen hat.*" Ist das nicht dialektische Begriffsspalterei und kann diese Argumentation wirklich der sich aufdrängenden Tendenz entgegenwirken, daß hier die positive und die negative Geschichte mit Gott gleichermaßen (nur durch Schöpferwille und Herrenwille unterschieden!) in der urzeitlichen Selbstbestimmung Gottes als des „gnädigen" gründet? Wirkt nicht das Auftauchen der Negativa, der Entfremdungen der Schöpfung, der Sünde, ganz im Sinne HEGELS als eine dialektische Entgegensetzung, deren Gott bedarf, um seine es überwindende Güte zu demonstrieren? So heißt es auf derselben Seite[31]:

„Wie wollen wir anders (erg.: auf die Frage nach der Zulassung jener Negativa) antworten als so: daß darin eben Gottes höchste und wahre Güte gegen seine Kreatur ... erst recht aufleuchtet, daß ihr Gehorsam und ihre Seligkeit nicht einfach Natur, ... nicht zwangsläufiger Ablauf sein sollen, sondern Rettung vom Rande eines Abgrundes ..." Auch der Abgrund muß so im Gelände eingeplant sein.

Die so im Gnadenbund sich vollziehende Zuwendung gründet darin, daß Gott sich selbst als den Dreieinigen, d. h. daß er sich zu sich selbst in Beziehung setzt. Nur weil er schon in sich selbst (innertrinitarisch) ein Gott im Bezug ist, kann es dann den Bezug nach außen, als heilsgeschichtliche Zuwendung geben (wahrlich eine Spekulation, die eine äußerste Nähe zu HEGEL verrät):

„Wie könnte sie (die Gnade) in dieser uns bekannten Gestalt göttliche Wirklichkeit haben und sein, wenn sie sie nicht in jener unerforschlichen Gestalt in Gott selber hätte und wäre (erg.: wenn sie nicht da schon innertrinitarisch waltete)? Von dorther, wo sie noch nicht besondere Zuwendung, noch nicht Herablassung, noch nicht Überwindung eines Gegensatzes, von dorther, wo sie die reine Neigung, Huld und Gunst ist, die den Vater mit dem Sohne, den Sohn mit dem Vater verbindet durch den Heiligen Geist: von dorther und von dorther allein, kann sie das werden, was sie in der uns bekannten Gestalt ist: Zuwendung, Herablassung, Überwindung. Und eben von dorther wird sie das werden, sofern sie in der uns bekannten Gestalt *göttliche* Wirklichkeit hat und ist."[32]

Damit ist das konkrete Heilsgeschehen selbst – sowohl das Christusereignis wie „meine" Einbeziehung in das Erlösungsgeschehen – in ähnlichem Sinne entgeschichtlicht, wie wir das bei HEGEL feststellten: Es ist nur Entfaltung und Aus-

---

[31] II,1 671.
[32] AaO. II,1, 402. – FREYD zeigt gerade an der Trinitätlehre die Nähe von HEGEL und BARTH, die beide nur als in Nuancen verschieden erscheinen läßt (Diss. 122ff.).

führung dessen, wozu Gott sich selbst vorzeitlich bestimmt hat. Es ist kein *Novum* – auch kein Novum Testamentum! – mehr, sondern nur die Aktualisierung eines „habitus" Gottes (wenn man es einmal so ausdrücken darf), den Gott in der Freiheit eines Urentschlusses für sich selbst gewählt hat[33].

Zweitens: Damit ist die Lehre von den *Urdekreten* berührt, wie sie sich in der reformierten Tradition findet und bei BARTH nun eine Brücke zur hegelschen Philosophie bilden hilft[34]. Die Versöhnung in Jesus Christus sei – damit spielt BARTH auf jene Urdekrete an –, „zuerst der große Akt der *Treue* Gottes gegen sich selbst und gerade damit gegen uns: seiner Treue in Ausführung (!) des *Vorsatzes* und *Planes,* der bei ihm ... von Anfang an feststand und den er unter allen Umständen zu seinem Ziele führen wollte"[35]. H. U. v. BALTHASAR stellt mit Recht die rhetorische Frage, ob der so konstruierte „Zusammenschluß von Proton und Eschaton, die in dieser Identität zum eigentlichen Agens des ganzen dazwischenliegenden Prozesses werden ... nicht schließlich Geist vom Geiste Hegels" sei[36].

Da in den Urdekreten – bei BARTH müßte man besser sagen: in *dem* Urdekret – Schöpfung, Sündenfall, Versöhnung und Erlösung vorgesehen sind, gewinnt all dieses Spätere den Charakter einer notwendigen Entfaltung jener Ursetzung. Dadurch wird noch einmal bestätigt, daß es kein geschichtlich-kontingentes *Novum* mehr geben kann. Die Versöhnung ist ja nicht eine Reaktion Gottes auf die Sünde des Menschen, sondern – so nahmen wir ein Bild BARTHS auf – der Abgrund der sündigen Rebellion ist im Urdekret der Versöhnung selbst vorgesehen.

Trotz allem aber: *ein* Novum gibt es bei BARTH doch, und dieses eine Novum macht die Nuance gegenüber HEGEL aus, die das formale Netz der Gemeinsamkeit durchbricht. Während nämlich bei HEGEL der endliche Geist sich in seiner Identität mit dem absoluten Geist erkennen und darum von sich aus in die Selbstentfaltung des Geistes erkennend einsteigen kann, lehnt BARTH diese Einsicht in das Urdekret der Versöhnung und seine geschichtsförmige Emanation als „natürliche Theologie" ab. Denn, „daß der Gnadenbund das Erste (sei), was von Gott und Mensch in ihrem Verhältnis zueinander zu erkennen und zu sagen ist, (kann) nur einsichtig werden, indem er sich selbst aufweist, indem er sich – und das ist es, was in Jesus Christus geschehen ist – erfüllt und damit als wirklich

---

[33] Zur Interpretation von BARTHS Trinitätslehre: PANNENBERG, Die Subjektivität Gottes u. die Trinitätslehre. Ein Beitrag zur Beziehung zwischen K. Barth u. der Philosophie Hegels, in: KuD 23, 1977, 25.

[34] Zum theologiegeschichtl. Hintergrund der Lehre von den Urdekreten: ThE II,2, § 4039–4067. Ferner: O. RITSCHL, Dogmengesch. des Protestantismus III, 1926, 291 ff. passim. – F. FLÜCKIGER, Vorsehung u. Erwählung i.d. reform u. d. luther. Theologie, in: Antwort. Festschr. f. K. Barth., 1956, 509 ff.

[35] IV,1, 50; Hervorhbg. im Original.

[36] H. U. v. B., Karl Barth. Darstellung u. Deutung seiner Theologie, 1951, 218.

und wahr erfüllt"[37]. Das Christus-Geschehen ist also nicht als geschichtliches *Ereignis* ein Novum – als Ereignis ist es vielmehr nur „Ausführung" der urzeitlichen Selbstsetzung Gottes als des Gnädigen –, wohl aber *eröffnet* dieses Ereignis dem Menschen ein Novum, das er sich *nicht* selber sagen, dessen er sich auch *nicht* (wie bei HEGEL) spekulativ versichern kann: das Erkenntnis-Novum eben jenes Urdekrets. *Das Novum des Neuen Testaments ist kein ontisch, sondern ein noetisch Neues.* Was BARTH hier als „Offenbarung" versteht, ist eine noetische Kundgabe, eine Information und Demonstration. Auch bei ihm grüßt ABÄLARD herüber[38].

Im Weg vom Alten zum Neuen Testament stellt sich so nicht eigentlich ein geschichtlicher Progressus dar. Man könnte deshalb geneigt sein, für das Verhältnis beider zueinander ein Bild zu gebrauchen, das BARTH gerne in der politischen Ethik, beim Verhältnis von Christengemeinde und Bürgergemeinde, verwendet: ich meine das Bild zweier konzentrischer Kreise. Die Einsicht in das Thema des Versöhnungsdekrets ist im *ganzen* Umkreis der Offenbarung da, also auch im Alten Testament als dem sozusagen weiteren Kreis. Aber es kommt zu einer zunehmenden Konzentration auf die Mitte, auf die eigentliche „Pointe" des Versöhnungsthemas, bis dieser Prozeß in Christus zu einem vorläufigen Ende kommt. Das Bild von den konzentrischen Kreisen würde so in graphischer Manier zeigen, daß es nicht um einen geschichtlichen Progressus von Ereignissen, sondern um einen Progressus von Kundgaben, von (noetischen) Selbsterschließungen Gottes geht[39].

Drittens: Die Bedeutung des Heils- (und Unheils-)Geschehens als einer bloßen Ausführung des Urdekrets gewinnt, wie man vermuten kann, besonders scharfe Konturen in BARTHs Prädestinationslehre. Es mag hier genügen, auf die ausführliche Darstellung dessen in der Theol. Ethik hinzuweisen[40].

Viertens: Wir haben soeben schon darauf hingewiesen, daß das *Böse,* daß die *Sünde* in Gottes urzeitlichem Dekret eingeplant ist (nicht als „Schöpfer"-, aber als „Herren"-Wille) und deshalb nach dem Gesetz monistischer Gedankenbildung in eine bedenkliche Nähe zu HEGELs Verständnis des Bösen als eines bloßen „Durchgangs" geraten muß.

Diese Nähe erreicht ihren äußersten Punkt in der Art und Weise, wie BARTH

---

[37] IV,1, 47.

[38] Ebenso wird es von hier aus verständlich, daß es bei einigen extremen Vertretern der BARTH-Schule zu einer eigentümlichen Gleichzeitigkeit, besser: zu einer unzeitlichen Identität der alt- und neutestamentlichen Heilsgeschichte kommt: Christus ist im AT wie im NT gleichermaßen präsent; das letztere ist nur die noetische Explikation des ersteren. Ich nenne dafür die Bücher von W. VISCHER, Das Christuszeugnis des AT, 1934; H. HELLBARDT, Abrahams Lüge, ThEx Nr. 42; DERS., Die Auslegung des AT als theol. Disziplin, in: Theol. Bl. 1937, Sp. 129ff. – Zur Auseinandersetzung mit diesen Autoren vgl. ThE I, § 571ff.

[39] Zu der „Geschichtslosigkeit bei BARTH vgl. auch FREYD, aaO. 125f.

[40] ThE I, S. 205ff.

die Sünde von seiner Idee der Prädestination aus interpretiert[41]. Der Alternativ-Begriff zur Prädestination, die Verwerfung (reprobatio), bezieht sich bei BARTH nicht wie in der calvinistischen Tradition auf ein bestimmtes Menschheitskontingent und also auf eine massa, *aus* der Gott auserwählt. Vielmehr verwirft sich Gott durch die Menschwerdung seines Sohnes selbst. Er nimmt die Verwerfung in sich hinein. Erwählung und Verwerfung sind so strenggenommen kein Drama mehr zwischen Gott und Mensch, sondern ein innertrinitarisches Geschehen, ein Drama *in* Gott (was formal wiederum an die Entfaltung aus dem Geist-Monon bei HEGEL erinnert). In Jesus Christus erwählt und verwirft sich Gott selbst[42]. Indem Gott so die Verworfenheit des Menschen sich selber zuschreibt und ihm – dem Menschen – damit sein vorzeitliches Ja zuwendet, ist es gleichzeitig unmöglich geworden, das Böse, das Rebellische und die Tendenz zu menschlicher Selbstmächtigkeit noch als Spannungselemente der Geschichte mit Gott zu verstehen. Damit wird aber diese Geschichte selber gefährdet. Sie droht – wenn wir es sehr zugespitzt ausdrücken – zu einer panentheistischen Bewegung zu werden, die wieder den Charakter eines Monologes Gottes hat.

In der Tat ist das Böse – eine merkwürdige Abwandlung des augustinisch-scholastischen Gedankens! – nur privativ darzustellen: „Es wird nur die Existenzmöglichkeit des *Unmöglichen,* nur die Existenzwirklichkeit des *Unwirklichen,* es wird nur die … Macht der *Ohnmacht* haben können.“[43] Darum ist das Böse das „Nichtige“, das ebensowenig wie das Chaos vor der Schöpfung eine eigene Potenz besitzt, sondern das in der theologischen Aussage über die Schöpfung nur als eine Möglichkeit auftaucht, an der Gott „mit Verachtung vorübergeht“, die er verwirft und die also notorisch vergangen ist[44]. Vom Bösen läßt sich somit nicht als einem Eigenen, sondern es läßt sich nur im negativen, im „defizienten“ Modus von ihm reden: es ist das, „was Gott *nicht* will. Nur davon lebt es, daß es das ist, was Gott *nicht* will. Aber davon lebt es: weil und indem nicht nur Gottes Wollen, sondern auch Gottes Nicht-Wollen *kräftig* ist und also nicht ohne reale Entsprechung sein kann. Die reale Entsprechung des göttlichen Nichtwollens ist das Nichtige.“[45]

BARTH spricht also dem Bösen „eine reale Dimension“[46] nicht ab; gleichwohl ist das Böse als ontisch Unselbständiges für sich selber nicht faßbar; es tritt sozusagen nur als *Reflex* einer Realität in Erscheinung: es ist da, nur insofern Gott an ihm vorübergeht und es nicht will. Allein durch den merkwürdig gewundenen, gekünstelten Gedanken, daß auch das Nicht-Wollen Gottes „kräftig“ sei,

---

[41] Vgl. dazu auch die sorgfältigen Essays von G. GLOEGE über die Prädestinations- und Versöhnungslehre BARTHs, in: Heilsgeschehen u. Welt. Theol. Traktate I, 1965, 77ff. bzw. 133ff. Ferner: U. v. BALTHASAR, aaO. 169ff.; W. KRÖTKE, Sünde u. Nichtiges bei K. Barth, 1971. – Ein Teil des Folgenden lehnt sich an meine Darstellung in der ThE I, S. 207ff. an.

[42] KD II,2, 1–563.

[43] II,2, 185.

[44] III,1, 119f.

[45] III,3, 405f.

[46] AaO. 406.

wird das Nichtige nicht einfach ins Nichts entlassen, sondern zu einer Seinsform im negativen Modus. Und genauso wie das Böse nur in der negativen Relation zum göttlichen Nicht-Wollen in die „reale Dimension" erhoben und gleichsam über dem reinen Nichts gehalten wird, so wird es nun – wieder nicht durch sich selber, sondern – durch den menschlichen Irrglauben und also lügenhafterweise zu einer Scheinexistenz erhoben[47]. Im Blick auf Jesus Christus aber „wird man vom Nichtigen in keinem Sinn sagen können, daß es noch objektive Existenz, daß es noch anders als für unsere jetzt noch verhüllten Augen Bestand hat, daß es noch wirklich zu fürchten sei, daß es noch immer als ponderabler Faktor in Frage komme, noch immer eine Zukunft habe, noch immer Gefahr bedeute und Unheil anrichten könne"[48].

b) Die drohende Entleerung des Geschichtlichen

Der Verlust der Geschichte mit Gott, an deren Stelle ein urzeitliches Perfektum getreten ist, drückt sich nicht nur in der Beseitigung des Ereignischarakters der Inkarnation, sondern gerade in diesem Zusammenhang vor allem im *Schwund der eschatologischen Erwartung* aus. Denn da hier nur in perfektivischen Aussageformen zu sprechen ist, da die Welt dem Bösen nicht mehr verfallen ist und auch der Christ es als ein Vergangenes, als eine „Wespe ohne Stachel" nicht mehr respektieren darf, so ist es nicht erlaubt, „vom Nichtigen so zu denken, als ob die reale Befreiung und Lösung von ihm erst die Sache irgendeiner Zukunft, eines erst bevorstehenden Ereignisses wäre"[49]. Es ist nichts mehr zu erwarten, weil alles geschehen *ist*. Und es kann nichts mehr vollendet werden, weil wir der Vollendung schon teilhaftig sind.

GERHARD GLOEGE hat demgegenüber ein reiches neutestamentliches Material ausgebreitet, um sowohl bei den Synoptikern wie bei Paulus und im Johannesevangelium sichtbar zu machen, in welchem Maße die Gemeinde hier in der *bleibenden* Anfechtung steht, vor den Mächten der Verführung gewarnt wird und aus der Vorläufigkeit des angefochtenen Glaubens auf eine Vollendung wartet, in der die endgültige Überwindung des Bösen erst *kommt* und die Vorläufigkeit des Glaubens durch das endgültige Schauen überwunden wird[50]. Die Gemeinde wartet in einer *weitergehenden* Geschichte, sie steht im Imperfektum, und sie ist angefochten durch die *Realität* des Bösen. Das sie geleitende Wissen ist nicht die Überzeugung, daß das Böse zum Nichtigen gewesen sei und daß sie also in einem Perfektum der Überwindung lebe, sondern die Gewißheit, daß ihr die Verheißung gilt, das Böse dürfe über sie keine Macht mehr gewinnen und sie werde die Anfechtung überwinden[51].

---

[47] AaO. 404f.
[48] AaO. 419.
[49] AaO. 420.
[50] AaO. 247ff.
[51] Über das Aufhören der Geschichte angesichts des „perfectum" vgl. auch REGIN PRENTER, Glauben und Erkennen bei K. Barth in: Kerygma u. Dogma 1956, 3, S. 176ff., bes. S. 190f.

Die damit gegebene Ungeschichtlichkeit drängt nun darauf, vollends in eine zyklische Bewegung des Heilsgeschehens überzugehen, die als Gegenbild zur Linie, zur gerichteten progressiven Zeitstrecke, ein Symbol des Ungeschichtlichen ist. Der zyklische Charakter des Geschehens würde darin bestehen, daß BARTH die Lehre von der *Allversöhnung* aufgreifen müßte. Sie wäre der angemessene Ausdruck für das universale, vorzeitliche Ja Gottes zur Menschheit.

c) Die Nähe der Allversöhnungslehre

In der Tat bewegt sich Barth immer wieder an der Grenze dieser Lehre. Auf der einen Seite erklärt er: „Wir werden es uns ... verboten sein lassen, aus der *offenen* Vielzahl der in Jesus Christus Erwählten nach Anweisung der klassischen Prädestinationslehre eine *geschlossene* zu machen, der dann alle übrigen Menschen als die Verworfenen gegenüberstehen würden."[52] Diese These würde sich *gegen* den doppelten Ausgang der Geschichte wenden und auf ein universales Monon des Heiles drängen. Doch sucht sich BARTH dieser Konsequenz durch die Feststellung zu entziehen, daß es wiederum nicht angehe, „aus der offenen Vielzahl der in Jesus Christus Erwählten die *Gesamtheit* aller Menschen zu machen". Das sei deshalb unmöglich, „weil wir es gerade in Jesus Christus mit dem persönlichen, lebendigen und also freien Willen Gottes der Welt und jedem Menschen gegenüber zu tun haben". Denn „daß die Welt (als solche) erwählt sei, das sagt das Neue Testament eben nirgends, und das können wir ohne Gewaltsamkeit auch nicht sagen, sondern nur dies: daß die Erwählung Jesu Christi für die Welt, d.h. damit durch ihn jenes Geschehen in der Welt und an ihr stattfinde, geschehen ist"[53].

Diese Begründung ist deshalb sehr merkwürdig, weil sie eine systematisch notwendige Konsequenz in positivistischer Weise durch die Feststellung abschneidet, daß das Neue Testament diese Konsequenz nicht vertrete. Mich dünkt, BARTH habe sich hier die Frage vorlegen müssen, *warum* das Neue Testament in der Tat diese Lehre nicht hat, und ob also die andern eschatologischen Konsequenzen, die das Neue Testament zieht, nicht auf Prämissen beruhen könnten, die eben anders als die der BARTHschen Theologie, vor allem anders als die Prämisse des präexistenten Gottmenschen sind. Auch von seinen theologischen *Konsequenzen* her kann ein theologischer Einsatz gerichtet werden – vielleicht aber noch mehr von denjenigen Konsequenzen her, die mit Hilfe des Deus ex machina einer biblischen Fehlanzeige unterdrückt werden.

Das andere Argument, das BARTH gegen die Konsequenz der Allversöhnung einsetzt, liegt ebensowenig im Zuge seiner Systematik wie die schriftpositivistische Bremse. Es ist nämlich der Hinweis auf die fragwürdige *theologische Gesellschaft* (ORIGINES, SCHLEIERMACHER!), in die man mit der Vertretung einer sol-

---

[52] II,2, S. 466f.
[53] AaO. S. 467ff.

chen Lehre geriete. Beide Argumente wird man als sekundär und heteronom bezeichnen müssen. Es wird jedenfalls nicht klar, wie BARTH dann, wenn man nur dem Duktus seiner Gedanken folgt, der hegelnahen Lehre von der Allversöhnung entrinnen will. Andererseits ist es begreiflich, daß BARTH alles tut, um sich gegen diese Konsequenz zu verwahren, selbst wenn diese Verwahrung weniger ein argumentierendes als ein voluntaristisches „Noli me tangere" ist. Denn die etwaige These der Allversöhnung wäre das offene Bekenntnis des geschichtslosen Zyklus. Sie wäre das Eingeständnis, daß die Heilsgeschichte nicht aus Ereignissen und Wenden und Entschlüssen Gottes besteht, sondern daß sie nur noetisch bedeutsame Demonstrationen von Urfakten bringt und daß sie ein innertrinitarischer Zirkel ist. De facto *ist* es zwar bei BARTH so. Ob er es aber in dieser Direktheit eingestehen möchte?

So ist das, was bei BARTH „geschieht", nicht ein ontisches Geschehen im strengen Sinne, sondern nur ein Geschehen von Demonstrationen und damit von Hinweis- und Erkenntnisvorgängen: eine merkwürdige Parallele – jedenfalls an *dieser* Stelle! – zu BULTMANNs Verständnis der Heilsgeschichte, gemäß dem sich wiederum nicht „etwas", sondern gemäß dem sich „Selbstbewußtsein ereignet"[54].

d) Die von BARTH ausgelöste Grundsatzfrage theologischen Denkens

Fazit: Wir haben gesehen, daß gewisse HEGEL-Analogien in der Denkstruktur BARTHs – seine eingestandene Neigung zur „Hegelei"! – nicht ohne eigengesetzlichen Einfluß auf die theologische Konzeption selbst bleiben. Die Differenz gegenüber HEGEL schrumpft manchmal zu bloßen Nuancen und Akzentverschiebungen zusammen. Gleichwohl dürften wir nicht übersehen, daß ein einziger, allerdings gravierender Unterschied von BARTH festgehalten wird, ein Unterschied, der zumindest ein von HEGEL abweichendes Denk-*Motiv* erkennen läßt: Für ihn soll Gott kein Prinzip sein, das sich als absoluter Geist in dialektisch notwendigen Prozessen entfaltet, findet und realisiert. Am Beginn des Gnadenbundes Gottes steht vielmehr die *Freiheit* seines Entschlusses. Der Gnadenbund als Urdekret ist die „freie Tat der Treue Gottes"[55].

Zu diesem Freiheitsverständnis vgl. § 28 (Gottes Sein als der Liebende in Freiheit) und seinen Lehrsatz: II,1, 288; 334ff. Zu BARTHs Bemühung, vom Freiheitsgedanken aus einen Abstand von HEGELs Verständnis der Notwendigkeit zu gewinnen: II,1, 351; 354;, IV,1, 212ff. – Auch in anderen Zusammenhängen versucht BARTH immer wieder Hemmungsmechanismen gegenüber dem dialektischen Gefälle seines Ansatzes wirksam werden zu lassen, z.B. bei der Besprechung der „Persönlichkeit" Gottes (I,1, 143). Hier kann er es den Hegelianern BIEDERMANN und D.F. STRAUSS vorwerfen, daß sie den Begriff der Persönlichkeit ganz streichen oder ihn als inadäquate, inferiore Vorstellung abtun, so daß Gott ihnen zur Idee wird (I,1, 378).

---

[54] Vgl. meinen Aufsatz: Erwägungen zu BULTMANNs Hermeneutik, in: ThLZ 1955, 705ff.
[55] These zu § 57 in IV,1 S. 1.

Die trotzdem an BARTH zu stellende Frage kann nur lauten, ob dieser Hinweis auf die Freiheit Gottes genüge, um der Fesseln hegelscher Dialektik entledigt zu werden. Kann es wirklich eine durchgreifende Hilfe in diesem Sinne sein, wenn die so proklamierte Freiheit Gottes im Wesentlichen dazu dient, sich selbst zu wollen und als den gnädigen zu bestimmen[56], im übrigen aber das so Gewollte dann als Entfaltung des Urdekretes prozeßhaft abrollt, dabei – in beklemmender Analogie zu HEGELS Dialektik – Positiva und Negativa überpolar umfängt und dem geschichtlich-Kontingenten keinen Raum mehr läßt –[57]?

Trotzdem kann diese kritische Frage an BARTH nicht das letzte Wort sein. Wir stoßen vielmehr, durch diese HEGEL-Kontroverse angeregt, auf eine *letzte theologische Grundsatzfrage.*

Keine theologische Äußerung kann sich ja „eigener" Begriffe bedienen, die der Besonderheit ihres Gegenstandes adäquat wären, sondern sie bedient sich stets gegebener Begriffe der allgemeinen Sprache und – auf höheren Ebenen der Reflexion – vor allem *philosophischer* Terminologien. Wir haben schon früher davon gesprochen, daß es dabei nicht selten (oder sogar immer?) zu einem Aufstand der so bestimmten sprachlichen Mittel kommt, daß die Theologie also immer wieder mit den benutzten Begriffen die Partisanen fremder Ideologien in ihren Tempel hineinläßt. Von da kamen wir zu dem Satz, daß die Theologie nicht in dem gerechtfertigt sei, was sie konkret sagt (denn eben dieses ist stets ein mixtum compositum aus ihrer eigenen Wahrheit und dem ihr beigemischten Fremden), sondern daß sie gerechtfertigt sei durch das, worauf sie blickt. Die Theologie geht in einer Knechtsgestalt einher, die nichts geringeres ist als ein sehr menschlicher Nachvollzug der Menschwerdung Christi. Das inkarnierte Wort – an Gebärden (und an Begriffen!) – als ein Mensch erfunden – ist Offenbarung und Verhüllung ineins. Die Verhüllung der Menschwerdung Christi, die Heimlichkeit seines Königtums besteht darin, daß sie *„verwechselt"* werden kann: Die Gestalt Christi kann mit einem Thora-Lehrer, die Ereignisse der Jahre 1 bis 30 können mit einem Stück Religionsgeschichte „verwechselt" werden.

Die gleiche Erscheinung, die sich hier auf der Ebene des Geschichtlichen zeigt, wiederholt sich nun im Bereich der Verkündigung und auf der Ebene theologischer Begrifflichkeit. Das gesprochene und geschriebene Wort, die Bekenntnisse der Kirche und die Begriffe der Dogmatiken können verwechselt werden mit den Worten, die die „Welt" im Munde führt. Der Prophete rechts, der Prophete links und das Weltkind in der Mitten bilden ein gut ausgerichtetes Glied – von außen gesehen. Und tragen sie nicht auch die gleiche Gewandung – von außen gesehen? Die Verhüllung der Offenbarung Gottes in Jesus Christus und in der Theologie seiner Kirche ist die Verwechselbarkeit: die geschichtliche *und* die begriffliche.

---

[56] II,1, 630f.

[57] Es ist wohl nicht von ungefähr, daß BARTH in solchen Zusammenhängen das Wort entschlüpfen kann, wir seien in einen „Kreislauf gestellt, in welchem es keinen Unterbruch gibt ..." (II,1, 40).

Das ist das Geheimnis der Offenbarung: daß nur der *Knecht* den König erkennt (nicht aber der Zaungast, der nur von außen hereinsieht), und daß seine Stimme nur von dem gehört wird, der aus der Wahrheit *ist* (Joh 18,37): der also sieht, wie alle von ihm in Dienst genommene Geschichte (alle Heilsgeschichte) und alle von ihm in Dienst genommenen Begriffe (alle Theologie und Lehre) zu ihm *hin*blicken, und daß dieser Blick sie rechtfertigt, auch wenn sie vielleicht in fragwürdigen Philosophenmänteln und nicht in einem angemessenen hochzeitlichen Kleide einhergehen. Natürlich wäre es fatal, aus der damit angedeuteten Not der Theologie – sagen wir: aus ihrem Eingebunden-sein in philosophische Weltweisheit – eine Tugend zu machen und sie mit der Knechtsgestalt ihres Herrn zu identifizieren. Der Knecht wird sich vielmehr durch all seine Zeit hin erinnern und sich sagen lassen, daß seine so inadäquaten, verwechselbaren Begriffe wieder Buße tun, sich hassen und töten müssen. Und diese Buße wird ihn davor behüten, nun selbst wieder das Geistlich-arm-Sein, das Zöllner- und Sünder-Sein seiner Begriffe zum Anlaß eines Rühmens und eines naiv klugen pecca-fortiter zu machen.

Nur mit *diesen* Hinweisen kann ich das BARTH-Kapitel schließen. BARTH ist mehr und anders als ein Hegelianer, wenn wir bedenken, wohin er blickt. Das schließt nicht aus, daß wir den „Aufstand" seiner philosophischen, von HEGEL bezogenen „Mittel" im Auge behalten, aber es schließt auch ein, daß wir seinen Kampf wider diesen Aufstand nicht übersehen. Und es schließt vor allem die Einsicht ein, daß wir Theologen alle das gleiche Spital bevölkern. Nur haben wir die fatale Neigung, den Patienten-Status immer beim *Andern* zu erkennen, während wir uns selbst gegenüber einen blinden Fleck im Auge haben. Aber auch uns werden die scharfäugigen Diagnostiker schon erwachsen …

Weil F. GOGARTEN in seinem einstigen Freund und späteren Gegner BARTH *nur* den Vertreter einer (Hegelschen) Identitätsspekulation gesehen hat, die lediglich theologisch „kostümiert" sei, habe ich seine Interpretation mit Argumenten abgewehrt, die soeben andeutungsweise zur Sprache kamen. Ich spiele damit an auf GOGARTENs einst berühmtes, heute fast vergessenes Buch „Gericht oder Skepsis. Eine Streitschrift gegen Karl Barth", 1937. Es ist ein klassisches Dokument dafür, wie selbst scharfsinnige Reflexionen eines Theologen jenes Phänomen übersehen können, das ich oben durch das Stichwort „Verwechselbarkeit" charakterisiert habe. Der *gegen* GOGARTEN gerichtete Essay des Verf.s ist unter dem Titel „Die Krisis der Theologie. Zur Auseinandersetzung zwischen Barth. u. Gogarten über ‚Gericht u. Skepsis'" in der Aufsatzsammlung „Theologie der Anfechtung" (1949) veröffentlicht.

III. *Der spekulative Außenseiter* RICHARD ROTHE

Literatur: Werke ROTHEs: Die Anfänge der christl. Kirche u. ihrer Verfassung, 1837. – Theol. Ethik, 1. A. 3 Bde., 1845ff.; 2. A. (die im folgenden benutzt ist) 5 Bde. 1869ff. – Vorwort zu C. A. AUBERLEN, Über die Philosophie Oetingers, 2. A. 1859. – Zur Dogmatik, 1863, 2. A. 1869. – Stille Stunden, 1872 (posthum ersch. Aphorismen-Sammlung).
Sekundäre Literatur: BARTH, Prot. Theol., 544ff. – A. HAUSRATH, R. Rothe u. seine Freunde, 2 Bde., 1902/06. – TH. HECKEL, Exegese u. Metaphysik bei R. Rothe, 1928. – E. HIRSCH, Gesch. der … Theol. V, 166ff.; 365ff. – E. JUNDT, Auflösung der Kirche im

totalen Staat? R. Rothes Gegenwartsbedeutung, 1940 (!); vgl. dazu auch A. DEUTELMOSER, Luther, Staat u. Glaube, 1937. – M. KÄHLER, Gesch. der … Dogmatik, 103 ff. – F. NIP-POLD, R. Rothe. Ein christl. Lebensbild, 2 Bde. 1873/74. – E. SCHOTT, R. Rothes These vom Aufgehn der Kirche im Staat, in: Theologia viatorum, 1959, 257 ff.

Zur Biographie: Geb. 1799, gest. 1867. Seine Entwicklung durchmaß eine ganze Reihe verschiedener geistiger Stationen, die sich in seinem von Spannungen erfüllten theosophischen System widerspiegeln. Nach der Zeit in seinem Elternhaus, in dem ein milder Rationalismus die Atmosphäre bestimmte, begegnete er in der Gestalt von NOVALIS der Romantik. In seinen Heidelberger Studiensemestern begannen HEGEL und DAUB ihren bleibenden Einfluß auf ihn auszuüben. Das Predigerseminar in Wittenberg prägte ihn durch seinen Pietismus, der ihn vor allem in den eindrucksvollen Gestalten seines Leiters und THOLUCKS beeindruckte. Von 1824 an war er etwa vier Jahre Gesandtschaftspfarrer in Rom. Dieser Aufenthalt öffnete und weitete seinen Blick für die Welt, vor allem – aber durchaus nicht nur – für die Schätze der Kultur, und befreite seinen Pietismus von der Konventikelenge, die ihn in Wittenberg alle Weltoffenheit, sogar Tanzvergnügen und Erholung, mit dem Makel der Sünde behaftet sehen ließ.

So „geläutert" folgte er 1828 einem Ruf als Leiter des Wittenberger Seminars und verfaßte dort zunächst sein bedeutendes Werk über „Die Anfänge der christlichen Kirche und ihrer Verfassung" (1837), das trotz seines historischen Charakters schon vorausdeutende Umrisse seiner späteren Lehre vom Aufgehen der Kirche im Staate bringt. Während seiner Heidelberger Professur, in die er 1837 berufen wurde – zugleich als Leiter des neu gegründeten praktisch-theologischen Seminars – begann sein Hauptwerk, die „Theologische Ethik" zu erscheinen, in der sein gesamtes spekulatives System (nach seiner dogmatischen und philosophischen Seite) enthalten ist. Nach einem fünfjährigen Zwischenspiel in Bonn kehrte er als Professor für Kirchengeschichte, Exegese, systematische und zwischendurch auch praktische Theologie nach Heidelberg zurück, um dort einen großen Kreis von Schülern um sich zu sammeln und zu begeistern. Er muß ein Lehrer von großer geistlicher und faszinierender menschlicher Ausstrahlung gewesen sein. Eine Frucht seiner Heidelberger Jahre war seine Dogmatik, die gegenüber seinem ethischen Hauptwerk wichtige theologische Ergänzungen brachte. In seinen letzten Lebensstadien, vor allem nach dem Tod seiner geisteskranken Frau – dieses Geschick hatte sein Leben viele Jahre hindurch umdüstert –, stürzte er sich noch lebhaft in die badische Kirchenpolitik. 1867 ist er, von vielen betrauert, gestorben.

Nachdem wir den theologischen Einfluß HEGELs bis in unsere Tage – bis zu KARL BARTH – in einigen andeutenden Linien verfolgt haben, blenden wir noch einmal um ein Jahrhundert zurück und versuchen eine Momentaufnahme des hegelschen Außenseiters RICHARD ROTHE.

Es ist nicht einfach, eine solche „complexio oppositorum in persona" wie ROTHE mit wenigen Strichen zu charakterisieren. Schon seine theologiegeschichtliche Einordnung hat ihre Tücken, weil er ein Sonderlicher und in vielem auch ein Sonderling war, für den es keine fraglos überzeugende Rubrik gibt. Daß er üblicherweise in die Reihe der Vermittlungstheologen eingeordnet wird, hat allenfalls insoweit Bedeutung, als er sehr heterogene Elemente wie Hegelianismus und Pietismus, theosophische Spekulation und Weltzugewandtheit – um nur einige zu nennen! – in sich vereinigte. Gleichwohl ist seine Bezeichnung als Vermittlungstheologe ein ziemlich triviales Etikett, das für seine Person und sein Werk ebensowenig charakteristisch ist, wie es etwa eine Gestalt wie CARL V. CLAUSEWITZ träfe, wenn sie mit dem Stichwort „Militär" bedacht würde. (Das *war* CLAUSEWITZ zwar, aber er war *mehr*.) Am ehesten sollte er wohl doch unter

den von HEGEL beeinflußten Theologen auftauchen, weil sein spekulativ-dedu-
zierendes System nicht nur an ihn erinnert, sondern über weite Gedanken-
strecken hin auch von ihm angeregt war[58]. Doch auch bei dieser Rubrizierung
steht sein Denken an allen Ecken und Enden über. Kaum hat man ihn einer
Richtung zugeordnet, *muß man zugleich ein „Aber" hinzufügen: Er war ein
Pietist, der in innigem Umgange mit seinem Heiland lebte; „aber" er war ganz
ohne übliche Konventikel-Enge. Er war Hegelianer; „aber" zugleich Supranaturalist. Er war Supranaturalist; „aber" zugleich jemand, der in seiner Ethik
Astronomie und Physik theologisch durchleuchtete. Er war ein Theosoph, „aber"
zugleich den kulturellen und gesellschaftlichen Strömungen der modernen Welt
aufgetan; er nannte das: „an freier Luft fromm sein".*

Kein Wunder, daß er zu seiner Zeit die verschiedensten Geister anzog, wenn
er das heterogen Erscheinende wie fromme Innerlichkeit und abstrakte Spekulation miteinander verband. Gerade in dieser Hinsicht könnte man ihn den KARL
HEIM des 19. Jahrhunderts nennen (mit dem ihn neben dem zierlichen Wuchs
auch sein gepflegtes Erscheinungsbild verband). Doch selbst einem von HEIM so
verschiedenen Geist wie ERNST TROELTSCH war er ans Herz gewachsen: Er bewunderte in ROTHE einen der ganz wenigen Spiritualisten, die Kontakt mit der
in der Moderne sich rapide verändernden kulturellen, sozialen und technischen
Lebenslandschaft suchten und gewannen. WALTHER KÖHLER nennt ihn sogar
TROELTSCHS „alten Liebling"[59].

a) Säkularisation als sinnvolles Aufgehen der Kirche im Staat

Neben der attraktiven Verbindung von Pietismus und Weltoffenheit war es vor
allem ROTHES positives Verständnis dessen, was wir heute als *Säkularisation* bezeichnen, was nicht nur seine Zeitgenossen aufmerken ließ, sondern ein Thema
problematisierte, das bis heute kontrovers geblieben ist. Die Gedanken ROTHES
dazu kehren in vielfach variierter Gestalt wieder – ganz gleich, ob man sich seiner dabei erinnert oder ob es nur zu einer Zusammenstimmung verwandter
Ideen kommt. (Ich komme darauf noch zurück.)

Wir werfen zunächst einen kurzen Blick auf diese am stärksten nachwirkende
Idee ROTHES, um dann den spekulativen Rahmen zu markieren, innerhalb dessen
sie auftaucht.

Der Säkularisationsgedanke kündigt sich bereits in seinem kirchenhistorischen Erstlingswerk über die „Anfänge der christlichen Kirche ..." an: Die
christliche Religion soll sich nach Christi Worten als Gottesreich auf Erden vollenden. Die Kirche, zum Dienst an religiösen Zwecken berufen, ist ihre Vorge-

---

[58] HEGELS Einfluß bestimmte ihn nicht nur unmittelbar, sondern auch über seinen Heidelberger Lehrer, den Hegel-Schüler KARL DAUB.
[59] KÖHLER, Ernst Troeltsch, 1941, 202. ROTHE hat in TROELTSCHS Oeuvre mancherlei
Spuren hinterlassen. Siehe vor allem die Gedächtnisrede über ROTHE, 1899. Ferner: Ges.
Schr. I, 3. A. 1923, 935f.; 941; IV, 1925, 498f. u.a.

stalt, drängt aber notwendig über sich hinaus zu einer *umfassenderen* Verwirklichung des christlichen Geistes, in der sich der in und mit der Religion gegebene sittliche Auftrag erfüllen kann. Die institutionelle Form, in der sich jene Verwirklichung des christlichen Geistes, d.h. das Reich Gottes auf Erden, vollzieht, ist nun für ROTHE der *Staat*. Er ist die vollendete kollektive Gestaltwerdung des Geistes im Sinnlichen. Er ist die Realisierung alles sittlichen Lebens. Indem die Kirche auf diese Vollendungsgestalt ihrer Sendung zudrängt, macht sie sich selbst überflüssig und geht im also verchristlichten Staate auf: „Der vollendete Staat schließt die Kirche schlechthin aus."[60] Selbst der Kultus – hier vor allem in Gestalt der Kultur (!) – wird vom Staate übernommen. So hat die Kirche nur eine interimistische Bedeutung, die aber für die Gegenwart „noch" wichtig ist. Diese im ersten Teil der Untersuchung ausgesprochenen Gedanken sind in Untersuchungen eingebaut, die sich vor allem mit der *Entstehung* der Kirche befassen.

Daß ROTHE so im Staat die religiös beseelte Organisation der sittlichen Vernunft sieht und ihn deshalb als Verwirklichungsform des Reiches Gottes auf Erden verstehen kann – als eine Verwirklichung, die zugleich die Kirche in sich integriert und in ihrem eigenständigen Status überflüssig macht –, zeigt deutlich die Spuren von HEGELs *Staatsbegriff*. Denn bei ihm ist der Staat „die *selbstbewußte* sittliche Substanz, ... welche ... die wissende Subjektivität zum Inhalte und absoluten Zwecke hat, d.i. für sich dies Vernünftige will"[61]. Sofern der Staat also um dieser wie vom Geist vermittelte Bestimmung weiß und ihr gerecht wird, ist er „absoluter unbewegter Selbstzweck, in welchem die Freiheit zu ihrem höchsten Recht kommt, sowie dieser Endzweck das höchste Recht gegen den Einzelnen hat". In der so verstandenen und sich verstehenden Staatsmacht finden deshalb Religion und Philosophie ihre Identität, so daß – wie man daraus folgern darf – Religion und Kirche keinen vom Staate emanzipierten Sonderstatus mehr haben: „Nur in dem Prinzip des sein Wesen wissenden ... Geistes ist die absolute Möglichkeit vorhanden, daß Staatsmacht, Religion und die Prinzipien der Philosophie in eins zusammenfallen, die Versöhnung der Wirklichkeit überhaupt mit dem Geiste, des Staates mit dem religiösen Gewissen ingleichen dem philosophischen Wissen sich vollbringt ... Die Sittlichkeit des Staates und die religiöse Geistigkeit des Staates sind sich so die gegenseitigen festen Garantien"[62].

Dieser Übergang der an die Kirche gebundenen Religion an den vollendeten Staat als ihren neuen und endgültigen Träger wird nun in der Ethik systematisch entfaltet. Zwar setzt die von Christus als ihrer Mitte ausgehende Erlösungsgeschichte mit der Gründung einer Kirche *ein*. Sie steht zunächst als Fremdkörper und Anti-Macht der sittlich aus den Fugen gegangenen Welt entgegen. Die Kirche ist so der Beginn der durch Christus in die Welt gebrachten geistlichen Lebensmacht, jedoch nicht ihr letztes Ziel. Denn gerade die von ihr ausgehende, gleichermaßen religiöse *und* sittliche Durchgeistigung der Welt macht sie in dem Augenblick überflüssig, wo die von ihr erzeugte verchristlichende Wirkung über die kirchliche „Ursache" hinauswächst. Der erfüllte Zweck entläßt sozusagen das Mittel, das seine Funktion erfüllt hat. Trotzdem hat die Kirche als initiierende Anstoß-Größe für diese Entwicklung ihre Bedeutung, und wir selbst leben

---

[60] AaO. 81.
[61] Enc. § 535, PhB 442.
[62] Enc. § 552, bes. S. 472f.

noch in dieser Anstoß-Phase, so daß wir ihrer weiterhin bedürfen. Wiewohl also die christliche Gemeinschaft (als kirchliche Vorläufergestalt des Reiches Gottes auf Erden) „nicht als Staat *anheben* kann, sondern nur als Kirche, so ist doch das notwendige *Resultat* ihrer eigenen Lebensentwicklung die allmähliche Wiederaufhebung ihrer kirchlichen Form durch die Umbildung derselben in die staatliche (politische)"[63].

Der hier wirksame hegelsche Entwicklungsgedanke einer fortschreitenden, im Staate sich institutionalisierenden Durchgeistigung wird indessen sofort wieder mit dem erwähnten „Aber" versehen: „Aber" die Vollendung des Reiches der Erlösung vollzieht sich nicht mehr in einem weltimmanenten Aufstieg, sondern sie gehört „der unsichtbaren, übersinnlichen Welt an". Zwar ist die Vollendung nicht *ohne* die im geschichtlichen Prozeß begonnene Entwicklung auf jene Vergeistigung und Verchristlichung denkbar[64], doch ist der Mensch als Träger jener Entwicklung nicht imstande, ihr Ziel zu erreichen und das Reich Gottes auf Erden Gestalt werden zu lassen. Dazu bedarf es vielmehr – drücken wir es einmal so aus! – eines supranatural erlösenden Eingriffs, wie er in der Parusie des Herrn, in der „sinnliche(n) Wiedererscheinung des Erlösers in seiner Herrlichkeit" verheißen ist[65].

Warum die Entwicklung, die ROTHE in hegelscher Manier so spekulativ-glatt durchkonstruiert hatte, mit ihrem empirisch erkennbaren Verlauf nicht einfach übereinstimmt und gerade deshalb nach ihrem erlösenden Abschluß durch die Parusie des Herrn ruft: das erklärt sich aus dem störenden Zwischenfall der *Sünde*. Wir werden zwar noch sehen, daß ROTHES Verständnis der Sünde selbst wieder hegelsche Züge trägt. Doch ist zunächst einmal entscheidend, daß ROTHE in der Sünde eine Macht sieht, die „die sittliche Entwicklung des natürlichen menschlichen Geschlechts" daran hindert, *„normal"* (!) zu verlaufen[66]. Am Beginn des 3. Ethik-Bandes kann er sogar ausdrücklich auf die Diskrepanz zwischen dem theoretisch erhobenen Gang der Entwicklung und dem de-facto-Verlauf hinweisen: „Der bisher konstruierte normale Verlauf des sittlichen Prozesses ist nicht der faktische, dieser ist vielmehr ein entschieden abnormer."

So sehen wir bereits hier, wie ROTHE nirgendwo zu orten und zu rubrizieren ist. In seiner Säkularisationsidee koinzidieren hegelsches Immanenzdenken und die im Transzendenten gründende, „supranaturale" Erlösungsbotschaft des Neuen Testaments. – Was die Zeitgenossen an dieser Konzeption ROTHES und ihrer These von der Hineinverwandlung der Kirche in eine verchristlichte Welt besonders anrühren mochte und sie zugleich weiterwirken ließ, dürfte in mehreren Momenten bestehen:

Erstens mochte es ein (verblüffender!) Trostgedanke sein, die allseits beobachtete und die Frommen mit Kummer erfüllende Entkirchlichung der Massen, spe-

---

[63] Ethik, § 578, S. 181; Hervorhbg. v. Verf.
[64] AaO. § 583, S. 187.
[65] AaO. § 586, S. 189.
[66] AaO. § 480, S. 41.

ziell aber auch der Gebildeten, nicht mehr bloß negativ als „Abfall" interpretieren zu müssen, sondern die Säkularisation als einen vom Christentum selbst ausgelösten Effekt verstehen zu können. Das Christentum existiert eben nicht nur als bewußtes, im Gottesdienst praktiziertes Christentum, sondern es west auch dort, wo es dem Menschen durch seine kulturelle Ausstrahlung zur „zweiten Natur" geworden ist[67]. *So war es letztlich das Werk Christi selbst, das auf dem Weg über die Entkirchlichung den Prozeß zur Verchristlichung der Kultur vorantrieb und diesen Weg als eine via triumphalis Christi erscheinen lassen konnte.*

War das aber nicht eine Illusion? Konnte die „Sünde", die Rothe als einen Hemmungsmechanismus dieser Entwicklung beschrieb, nicht statt zur Verchristlichung der Welt zu einem tatsächlichen Abfall führen? Konnte der Staat, statt zum Träger objektivierten christlichen Geistes zu werden, nicht zum ideologisierten, atheistischen oder auch totalen Staat führen[68]?

Gogarten, dessen Säkularisationsgedanken R. Rothe gewissermaßen präfiguriert hat, teilt zwar – wenn auch in anderer Begründung – mit ihm die Überzeugung, daß die Säkularisation ein Kind des Christentums sei. Doch identifiziert er das so zustandekommende Produkt nicht einfach mit einem Christentum in weltlicher Gestalt. Geschichtliche Erfahrungen, die Rothe in diesem Ausmaß noch nicht haben konnte, mögen dazu beigetragen haben, daß Gogarten von einer sozusagen legitimen Säkularisation einen „Säkularismus" unterscheidet, der eine in sich ruhende, radikal gottentbundene Weltlichkeit vertritt[69].

Zweitens: Noch in anderer Hinsicht erscheint Rothe als ein „Vortrekker" theologischer Ideen, die gerade in unserer Zeit diskutiert werden: Im Zusammenhang mit den entfernteren Ausstrahlungszonen des Christentums, wo man nicht unmittelbar und bewußt auf die christlichen Wahrheiten bezogen ist (wie in der Kirche), sondern sie sich als „zweite Natur" eingestückt hat, kommt es notwendig zu einer Erscheinung, die Rothe das „unbewußte Christentum" nennt. Dieser Begriff spielt in den letzten Jahrzehnten, seit K. Rahner ihn unter dem Stichwort des „anonymen" Christseins eingeführt (oder jedenfalls aktualisiert) hat, speziell in der Missionstheologie, keineswegs nur der katholischen, eine wichtige Rolle[70]. Diese These vom unbewußten Christsein hat ihre Proble-

---

[67] Das erinnert formal an die These von Marx, der davon spricht, daß dem Menschen sein gesellschaftliches Sein zur zweiten Natur werden könne, daß ihm nämlich „gesellschaftliche Organe" zuwachsen: Frühschriften, ed. S. Landshut 1953, 199; 237; 241.

[68] Siehe die Bücher von Deutelmoser und Jundt.

[69] So vor allem in dem 1953 erschienenen Buch „Verhängnis u. Hoffnung der Neuzeit". Vgl. dazu die geistvolle Besprechung von W. Joest in KuD 1/1955, 70ff. – Wichtig dazu ist auch Gogartens Aufsatz „Theologie u. Gesch.", in: ZThK 3/1953, 339ff., bes. 349.

[70] Rahner, Die anonymen Christen, in: Schriften zur Theol. VI, 1965, 545ff. – Kritische Stimmen dazu, die in entsprechender Nuancierung auch für Rothe gelten können (Auswahl): B. Stoeckle, in: Mysterium salutis II (1967), 1057–61. – J. Ratzinger, Das neue Volk Gottes, 1969, 339ff. Eine markante Anwendung dieses Gedankens auf die Missionstheologie bringt Raymondo Panikkar mit seiner Überzeugung, daß „das implizierte Glaubensbekenntnis jedes guten Gläubigen jeglicher Religion ... wirklich auf die Eine, Heilige, Katholische u. Apostolische Religion gerichtet ist". So in: Religionen u. die Religion, 1965, 168. – In dem Dekret „Ad Gentes" cap. 23 des 2. Vat. kommt dieses Problem wenigstens implizit zur Sprache.

matik sicher darin, daß es zwischen Christentum und außerchristlicher Religion (oder auch dem Bekenntnis zu ganz säkularer Diesseitigkeit) keine eigentliche Entscheidung mehr gibt, sondern daß beide Dimensionen synthetisch zusammengesehen werden und daß sie sich *entweder* im Sinne des thomistischen natura-gratia Aufbaus analog zueinander verhalten oder – ähnlich wie bei den altkirchlichen Apologeten – im Sinne von Verschwommenheit und Deutlichkeit, von logos spermatikós und *ganzer* Logos-Wahrheit zueinander stehen. Im Zuge dieser Verhältnisbestimmung liegt dann auch die Tendenz, daß die christliche Botschaft sich an solche vor- oder nachchristlichen Positionen *anzugleichen* bereit ist, weil christliche Verkündigung ja nur eine Alteration innerhalb des corpus homogoneum der Wahrheit bringt[71].

Es ist wohl nicht abwegig, wenn ich vermute, daß der Gedanke vom unbewußten Christentum für ROTHE mitbestimmend war, als er sich zu den Gründungsvätern des *Deutschen Protestantenvereins* gesellte und damit den religiösen Liberalismus initiierte. Sein von ihm selbst ausgesprochenes Motiv dafür war, „die der Kirche Entfremdeten ... wieder zu ihr zurückführen (zu) helfen", und zwar dadurch, daß der neu gegründete Verein (1863) „mithilft, die Kirche ihnen entgegenzuführen und sie mit diesen Kindern, die sie selbst nicht minder verkennt, als sie von ihnen verkannt wird", auszusöhnen[72].

Man wird nicht die suchende missionarische Liebe verkennen, die aus diesem Motiv spricht, auch nicht die Sinnhaftigkeit des Bemühens, die Entfremdeten an ihrem Standort abzuholen. Offen bleibt gleichwohl die theologische Frage, ob der Gedanke des säkularisierten und „unbewußt" gewordenen Christentums nicht den Trend auslöst, sich der Mentalität der also Gesuchten zu assimilieren, ihnen unter Preisgabe des christlichen Proprium „entgegenzukommen" und alles, was sie an christlicher Wahrheit stört, was ihnen zur Blockade werden könnte, unter den Tisch fallen zu lassen. Die vom Protestentenverein proklamierte nahezu grenzenlose Lehrfreiheit, die Entbindung von Dogmen und Bekenntnisschriften läßt vermuten, daß ROTHE diesen Weg der Assimilation und damit unbegrenzten Toleranz für möglich hielt. Was ihn hierbei vor dem Vorwurf opportunistischer Taktik und williger Preisgabe alles dessen, was seiner Frömmigkeit teuer war, schützen muß, ist seine Säkularisationsidee. Innerhalb des von dieser bestimmten Verhältnisses Kirche/Welt mußte diese Weise des Entgegenkommens als theologisch legitim erscheinen.

Außer bei GOGARTEN ließen sich noch andere Nachwirkungen des Rotheschen Transgressus von der Kirche zur Welt nachweisen. Besser und vorsichtiger spräche man wohl von konzeptionellen „Analogien", da man kaum von einer unmittelbaren Wirkungsgeschichte ROTHES ausgehen kann. Vergeblich sucht man in der theologischen Literatur, die Assoziationen zu ihm auslöst, die Zitierung seines Namens. Beispielhaft für solche Nähe

---

[71] Vgl. dazu das Kapitel „Zur Frage des ‚anonymen Christentums'" in EvGl III, §28, S. 487ff. Hier auch Materialbeispiele.
[72] H. HOHLWEIN, RGG (3. A V,645).

(trotz aller abweichender Nuancen!) ist etwa das Buch „Die christliche Kirche und das Alte Testament" des holländischen Calvinisten A. A. VAN RULER[73]:

v. RULER sieht die theokratischen Bestimmungen des AT nicht auf Israel begrenzt, sondern an die ganze Welt gerichtet. In der Heilsgeschichte findet „nicht nur eine Konzentration statt – von den Völkern auf das Volk (Israel), vom Volk auf den Rest, vom Rest auf den Einen –, sondern zugleich geht die Konzentration in Expansion über: vom Messias auf das Pneuma, vom Pneuma auf das Gewissen, vom Gewissen auf den Staat (!), vom Staat auf das All"[74]. Entsprechend ist Christus, der in die Mitte dieser gegenläufigen Bewegungen zu stehen kommt[75], nicht als *Ziel* der alttestamentlichen Heilsgeschichte zu verstehen. Er ist vielmehr nur ein Zwischenspiel, ein „zwischenhineingekommenes" Mittel, um die erstrebte Gottesherrschaft über die Erde zu bewirken[76]. Das Ziel der Schöpfung ist demnach nicht die Gnade, der Bund und das (religiöse) Heil, sondern *in* diesem Heil geht es Gott um die geschaffene Wirklichkeit, damit sie im Ganzen, als „All" vor seinen Augen bestehen kann[77].

So ist Christus als bloßes Interim, analog der vorübergehenden Funktion der christlichen Kirche bei ROTHE[78]. Auch dem Staate wird dabei eine Funktion zugewiesen, die – nur von aller Hegelei befreit – an ROTHE erinnert: Er ist in repräsentativem Sinne die Ordnung einer Welt, auf deren Heiligung die Heilsgeschichte angelegt ist, und die Gott schon bei seinem Schöpfungsdekret im Auge hatte. Er ist eine „irdische oder besser messianische Formgebung der Gotteskindschaft".

Gewiß geht es bei VAN RULER nicht um die Säkularisationsidee ROTHES, sondern um die aus dem Alten Testament geschöpfte „Heiligung der Erde", für die VAN RULER wesentliche Anregungen von der jüdischen Exegese des Alten Testaments, vor allem von M. BUBER, empfangen hat. Dennoch ist die Affinität zu vielen Gedanken ROTHES nicht zu übersehen: ein Grund mehr, um nicht bloß gegenwärtige Theologie zu diskutieren, sondern das bei den Vätern Vorgedachte (gleichwohl meist nicht Bedachte) in den Dialog einzubeziehen.

b) Der metaphysische Hintergrund

ROTHES Lehre vom Aufgehen der Kirche im Staat ist einem umfassenden spekulativen System eingefügt, das außer an HEGEL auch – ohne ausdrücklichen Bezug – an DESCARTES anknüpft. Wir erinnern uns, wie DESCARTES aus dem Begriff Gottes als einer Größe, „über die hinaus Größeres nicht gedacht werden kann", nicht nur *deren* Existenz, sondern auch die der *Welt* in allen ihren Dimensionen ableitete. Entsprechend werden auch bei ROTHE aus der Urgröße Gott als dem absoluten Geist das Welt-Sein, die Welt- und die Heils-Geschichte spekulativ deduziert.

---

[73] Ersch. 1955. – G. VON RAD erzählte dem Verf. einmal, daß bei ihm kaum ein Semester vergehe, ohne daß er seine Studenten zur Auseinandersetzung mit VAN RULER stimuliere, weil er – ähnlich wie ROTHE zu *seiner* Zeit! – aus allen „normalen", zeittypischen Fragestellungen unserer Theologie herausfalle u. deshalb bes. belebend u. anregend sei. Der Verf. hat ihn aus den gleichen Gründen in sein Seminar eingeladen. Vgl. dazu auch das Kapitel über v. RULER in ThE II,2, S. 744ff.

[74] AaO. 65.

[75] Das ist formal ähnlich gesehen wie bei O. CULLMANN, Christus u. die Zeit, 1946, 99ff.

[76] v. RULER, Religie en Politiek, 1945, 172.

[77] Christl. Kirche, 64.

[78] Christus ist eine zwischeneingekommene „Notmaßnahme": aaO. 65.

Dabei sind sogleich zwei grundlegende Unterschiede gegenüber der Identitätsphilosophie HEGELS festzustellen:

Erstens: Während HEGEL gar nicht auf die Idee kam, seine Deduktionen aus
dem Selbstentfaltungsprozeß des Geistes an der konkreten Wirklichkeit nachzu-
prüfen, vielmehr eine solche Übereinstimmung als selbstverständlich voraus-
setzte, will sich ROTHE ausdrücklich dieser Realitätskontrolle stellen. Im §4 der
Ethik räumt er ein, „das auf spekulativem Wege gewonnene Begriffssystem"
müsse sich daran bewähren, daß es nicht im Widerspruch mit der empirischen
Wirklichkeit stehe, sondern sie im Gegenteil sogar aufschließe. „Die Notwendigkeit einer Kontrolle der Spekulation durch die Erfahrung erkennen wir unbedingt an."[79] Die bei dieser Kontrolle dann tatsächlich festzustellende Divergenz
zwischen dem „normalen" Ablauf des Prozesses, wie die Spekulation ihn pro-
gnostizierte, und seinem empirischen Verlauf führt ROTHE auf die Anormalität
des Zwischenfalls der Sünde zurück (wir sprachen darüber).

Zweitens: ROTHE setzt – wiederum im Unterschied zu HEGEL – nicht gleich mit
der Selbstentfaltung des absoluten Geistes an, sondern beginnt mit dem sonst
gar nicht von ihm geliebten SCHLEIERMACHER: mit der Subjektivität, de facto mit
dem, was SCHLEIERMACHER das Gefühl „schlechthinniger Abhängigkeit" nennt.
Doch auch SCHLEIERMACHER kann für ihn keine Rubrik sein, der er sich vorbe-
haltlos-glatt einfügte. Es geht hier ebenfalls nicht ohne das besprochene „Aber".
Er meint nämlich kein Abhängigkeitsgefühl im Sinne eines allgemein-mensch-
lichen Existentials (wie im §4 von SCHLEIERMACHERS Glaubenslehre); der Aufstieg der Spekulation von einem *allgemeinen* „Ichbewußtsein" aus gehört für ihn
vielmehr zur *Philosophie.* ROTHE aber geht es um *Theosophie,* die bei dem schon
gesetzten Gottesbewußtsein des christlich Frommen einsetzt[80]. Dieses Gottesbewußtsein ist nur in seinem Urzustande Empfindung und religiöses Gefühl. Sofern es „lebenskräftig" ist, drängt es aus der Zone des bloß Emotionalen sehr
bald hinaus in die Sphäre der Reflexion: zuerst noch zur „Vorstellung", d.h. zu
einem im engeren Sinne „religiösen Denken", dann aber zu einer umfassend
spekulativen Theologie, die die ganze Seinsfülle durchdringt und sie in Gott begründet sieht[81].

Von diesem Bewußtsein aus erscheint Gott als „das Absolute", d.h. sein Sein
ist „absoluter Lebens- und Selbsterzeugungsprozeß"[82]. Da Gott als der absolute
Geist sich als mit Selbstbewußtsein und freier Selbsttätigkeit ausgestattet bestimmt, – beides wiederum in absolutem Sinne –, „bestimmt er sich eben damit
unmittelbar als Ich oder *Persönlichkeit …*"[83].

Indem Gott sich so als „Ich" setzt, erfordert es die dialektische Logik, daß er
sich – ganz im Sinne FICHTES – von allem, was Nicht-Ich ist, unterscheidet, d.h.

---

[79] AaO. 20.
[80] AaO. S. 34 u. 52.
[81] AaO. §6.
[82] §28; S. 104.
[83] AaO. §31.

aber, daß er dieses Nicht-Ich zugleich selber setzt. Wenn Gott sich dergestalt als absolutes Wesen bestimmt und damit „den Gedanken seiner selbst" vollzieht, vollzieht er so, „einer unverbrüchlichen logischen Notwendigkeit zufolge, unmittelbar und zugleich auch den Gedanken des Andern von sich, den Gedanken seines kontrakdiktorischen Gegensatzes, also eines Seins, welches alles das, was er ist, nicht ist"[84].

So führt die Selbstentfaltung Gottes in der dialektischen Manier HEGELS zur Schöpfungsgründung, die einen Prozeß zunehmender Vergeistigung initiiert: Sie beginnt bei einem radikalen antithetischen Anderssein gegenüber Gott, bei der Materie, und führt über eine Fülle von kreatürlichen Zwischenstufen, die hier außer Betracht bleiben können, schließlich zu der mit Selbstbewußtsein und Selbsttätigkeit ausgestatteten „Persönlichkeit" des Menschen. Die moralische Entwicklung des Menschen setzt sich in weitergehender Vergeistigung fort, wobei Gott sich mehr und mehr in ihn „einwohnt" und sein geschöpfliches Sein sich zur „Gottebenbildlichkeit" läutert[85].

In dieser Phase des Prozesses kommt es nun *zu einem entscheidenden Umschwung,* der sich analog zu jener Wende verhält, die wir bei der Ablösung der Kirche durch den Staat beobachten: Indem Gott sich im Menschen ein derartiges personales Gegenüber schafft, übergibt er ihm die Welt mit dem Ziel, die Natur zu beherrschen und sie sich zu seinem Eigentum zu machen. Das will sagen: Von dieser Zäsur an gründet der Weitergang des Prozesses nicht mehr ausschließlich in der schöpferischen Initiative Gottes, sondern er wird in die Verantwortung der menschlichen Persönlichkeit gelegt, gewissermaßen an sie delegiert. „Die Schöpfung der Natur schlägt an dieser Stelle in die moralische Schöpfung um, in die Geschichte."[86] Die ist der Raum, in dem der Mensch als Bevollmächtigter des Schöpfers nun seine eigene Initiative entfaltet. Wie die Kirche in den Staat als die repräsentative Institution des Welthandelns übergeht, so wird jetzt die Religion durch die Sittlichkeit – nun: nicht eigentlich „abgelöst", aber – nach dieser ihrer sittlichen Seite hin in besonderer Weise virulent. (Auf das auch hier sich wieder einstellende „Aber" werden wir sogleich stoßen!)

Würde man ROTHES Ethik nur bis zu diesem Punkte verfolgen, so könnte man geneigt sein, in ihm einen Vorläufer der *Tod-Gottes-Theologie* zu sehen, wie sie vor allem durch die amerikanischen God-is-dead-boys (and the german girl among them!) während der sechziger und siebziger Jahre unseres Jahrhunderts zu einer penetranten Mode gemacht und als theologisches Ziel der Säkularisation verstanden wurde[87]. Die religiöse Vorschule ist gewissermaßen beendet. Der ins Stadium der Mündigkeit eingetretene läßt den „thei-

---

[84] § 40; S. 154.
[85] AaO. § 117.
[86] AaO. § 82; S. 393.
[87] Die amerikanischen Vertreter sind vor allem: J. J. ALTIZER, WILLIAM HAMILTON u. PAUL VAN BUREN. Die Tod-Gottes-Idee hat eine lange Vorgeschichte, innerhalb deren vor allem die Namen JEAN PAUL u. NIETZSCHE wesentlich sind. Zur Geschichte dieser Idee vgl. EvGl I, § 14 (S. 325–379).

stischen" Gott fahren und übernimmt seinen Auftrag in die eigene Verfügung. „Was dieser Schauspieler Gottes (= Christus) tat – Gott spielen unter den Bedingungen der Ohnmacht –, steht damit nun uns offen … auch wir können nun Gott füreinander spielen."[88]

An dieser Zäsur nun meldet sich die „Anormalität" des vom Menschen übernommenen Geschichtsprozesses – jene Anormalität, die dem spekulativ deduzierten Weitergang des Weltverlaufs nicht mehr entspricht. Es stellt sich nämlich heraus, daß schon die ersten, zur Persönlichkeit erwachten Menschen in eine „Abhängigkeit von ihrer materiellen Natur" geraten sind, die sie sinnlich bindet und in ihrer sittlichen Aufgabe behindert[89]. Es ist das große „Aber" des Sündenfalls, besser: einer widergöttlichen Bindung von Anbeginn, aus der sich der Mensch selbst nicht zu befreien vermag, weil er sich nicht in der durch seine Selbstbestimmung gegebenen Polarität zwischen Gut und Böse aufgeben kann. So sieht sich ROTHE gezwungen, den „natürlichen" Prozeß, wie er der Selbstentfaltung Gottes als des absoluten Geistes entsprochen hätte, aufzugeben und eine „übernatürliche" Korrektiv-Intervention Gottes zu postulieren, die in uns die Assoziation an den Deus ex machina auslösen mag:

An die Stelle der ohnmächtigen menschlichen Tat tritt *Gottes* erlösendes Handeln, durch das er schöpferisch schon „in der alten natürlichen Menschheit einen neuen Anfänger des menschlichen Geschlechts setzt, einen *zweiten Adam*"[90]. Der „vermag dann die alte natürliche Menschheit aus der Materie in den Geist umzugebären"[91]. Das geschieht so, daß der zweite Adam, Christus also, *einmal* als *religiöse* Aufgabe „seine eigene Gemeinschaft mit Gott zu absoluter Einheit" werden läßt, und *ferner* so, daß er in seinem *sittlichen* Auftrag „sich mit der Menschheit durch ein Band absoluter Gemeinschaft" vereinigt, und zwar aus Liebe[92]. Von nun an ist „die Gemeinschaft der Erlösung … das die Entwicklung bestimmende Prinzip"[93].

Die Zickzack-Linie des Prozesses, die sich bei ROTHE durch die übernatürliche Intervention eines erlösenden Eingriffs gebildet hat und an die Stelle der dialektischen Geradlinigkeit bei HEGEL getreten ist, setzt sich in dieser Weise fort: Denn nach der erlösenden Zurechtbringung scheint die Initiative des Progressus wieder an den dergestalt regenerierten Menschen zurückzufallen:

Von der durch Christus gegründeten religiösen Gemeinschaft der Kirche, von der Vorgestalt des Reiches Gottes also, kommt es zu der besprochenen Ausstrahlung des christlichen Geistes in die Welt, so daß die kirchliche Form durch

---

[88] D. SÖLLE, Stellvertretung, 1965, 192.
[89] AaO. § 480.
[90] Ich bin mir klar darüber, daß durch diese anfängliche Setzung durch Gott auch das Stichwort vom Deus ex machina (wie alle an ROTHE herangetragenen Begriffe) nicht *ganz* stimmt. Auch dieser übernatürliche Eingriff ist ja vorgesehen. Immerhin fällt er aus der Apriori-Deduktion des absoluten Geistes heraus, in der ja ein Supranaturale dieser Art nicht vorgesehen sein kann.
[91] AaO. § 519; S. 119.
[92] § 541.
[93] § 565.

die staatlich-politische abgelöst werden kann. Immerhin vermag – auch das sahen wir bereits – das Reich Gottes nicht durch den Menschen allein vollendet zu werden. Diese Vollendung gehört vielmehr wiederum „der unsichtbaren übersinnlichen Welt" an: Sie geschieht durch die „sinnliche Wiedererscheinung des Erlösers in seiner Herrlichkeit".

So oszilliert der gesamte Menschheitsprozeß zwischen logischen Abläufen und transzendenten Interventionen, zwischen dem Normalen, dem Abnormalen und dessen Korrektur, bis der am Anfang stehende, sich zur Selbstentfaltung bestimmende absolute Geist wieder bei sich ankommt. Im Unterschied zu HEGEL vollzieht sich dieses Ankommen aber so, daß es sich nicht innerhalb eines alles umgreifenden Monon abspielt, sondern so, daß am Ende noch einmal eine letzte, das Monon transzendierende Erlösungstat in Gestalt der Parusie stattfindet.

Soweit R. ROTHE sich auf seiner monistischen Linie, d.h. innerhalb der Ableitung aus dem einen Urprinzip des absoluten Geistes bewegt, sorgt die Eigengesetzlichkeit eines solchen Systems dafür, daß es in Analogie zu andern monistischen Philosophien tritt. Das gilt in auffallender Weise von seiner Nähe zu einem Denker *unseres* Jahrhunderts, zu dem Jesuitenpater und Paläontologen TEILHARD DE CHARDIN[94]. Hier führt der Natur und Geschichte umfassende Weltprozeß von Gott (dem Punkte Alpha) zu Gott (dem Endpunkt Omega), und zwar dadurch, daß den Trägern dieses Prozesses – von der anorganischen Natur an – ein spirituelles Moment eingestiftet ist, das sich von einer Stufe zur andern stärker durchsetzt bis zur völligen Vergeistigung:

Die *erste* Stufe wird von der anorganischen Natur gebildet, also von dem, was ROTHE die „Materie" nennt. – Die *zweite* Stufe ist die Vitalisation. Sie ist charakterisiert durch die vorher nicht vorhandene Selbstvermehrung der Organismen. – Die *dritte* Stufe bringt weitere Differenzierungen der so belebten Materie: Sie reichen vom Einzeller bis zu den Primaten. TEILHARD sieht diese Entwicklung unter dem Bilde einer mehrstufigen Rakete. Sie trägt in sich den „Pfeil des Humanen". In diesem Gleichnis ist die Zielgerichtetheit dieser spirituell gesteuerten Entwicklung angedeutet. – Die *vierte* Stufe ist die Cérébration (die Gehirnwerdung). Sie überschreitet die Grenze von der Biosphäre zur Noosphäre. In dieser kommt es zum Selbstbewußtsein und damit auch zum Bewußtsein der Evolution. Der Mensch ist geradezu „die zum Bewußtsein ihrer selbst gelangte Evolution". Es handelt sich dabei um eine ähnliche Zäsur, wie ROTHE sie durch die Schöpfungsstufe der ihrer bewußten und verantwortlich handelnden menschlichen Persönlichkeit markiert. Und ebenso wie ROTHE spricht auch TEILHARD davon, daß von dieser Zäsur an die Evolution nicht mehr einfach aus sich selbst abrolle, sondern daß der Mensch an der Verantwortung für ihren weiteren Verlauf teilnehme, daß er die Chance habe, sie nun zu *wollen* und sie von sich aus *voranzutreiben*. – Die *fünfte* und letzte Stufe ist der Endpunkt der Entwicklung, an dem Materie vollends transparent wird für die sie durchleuchtende und beseelende Kraft. An diesem Punkt Omega endet die Evolution und führt zu einer mystischen Vereinigung mit Gott. Im Punkte Omega „läuft alles zusammen, findet seine Erklärung, fühlt sich geborgen, besitzt sich selbst".

Zur monistischen Struktur des Denkens gehört *auch* – bei ROTHE sowohl wie bei TEILHARD DE CHARDIN – das Verständnis der Sünde als einer *notwendig* zu

---

[94] Vgl. dazu das darstellende u. kritische Kapitel über TEILHARD in der Anthropologie des Verf.s: Mensch sein – Mensch werden, 3. A. 1981, 473 ff.

durchschreitenden Stufe, als eines Durchgangs im hegelschen Sinne[95]. Bei ROTHE freilich „hakt" auch diese Lehre wieder: Sie läßt zwar die Sünde theoretisch als notwendig erscheinen und baut sie in die allgemeine Teleologie ein; andererseits aber stört sie doch den spekulativ errechneten Ablauf des Weltprozesses und macht die Entwicklung „anormal" (wie wir sahen). Das aber *dürfte* sie doch nach HEGEL nicht!

Hier beginnt wieder einmal das vorgewußte christliche Wissen ROTHES – in diesem Falle das Wissen um die Sünde – inmitten der spekulativen Glätte des Prozesses als Störfeuer wirksam zu werden und eine der vielen Inkonsequenzen ROTHES zu erzeugen.

c) Abschließende Würdigung

Auch bei R. ROTHE spielt die durchgängige Thematik der religiösen Literatur unseres Zeitabschnitts ihre Rolle: der Kampf mit dem Zweifel an der überlieferten christlichen Wahrheit und die Bemühung um erneute Aneignung. Das geht vor allem aus seiner Biographie hervor. Gerade seine Begegnung mit der Bildungs- und der politischen Welt, wie sie ihm zuerst während seiner römischen Zeit zuteil wurde, macht ihm die Esoterik des pietistischen Konventikelwesens klar, von dem er ja herkam. Die Diesseitshörigkeit der verweltlichten Massen, vor allem aber „der Gebildeten unter den Verächtern" der christlichen Religion ließ sich weder mit diesem insider-Gedankengut noch mit seiner Sprache Kanaans und vor allem nicht mit der Weltentsagungsmiene des pietistischen Häufleins erreichen. Gerade der Missionseifer, zu dem ihn seine Heilandliebe drängte, ließ ROTHE die Zweifelsfrage an seine christliche Vergangenheit stellen, ob dies denn wohl der Sinn der Heilsgeschichte Gottes sein könne, daß nur diese kleine Schar der Frommen gerettet werden solle, während die ganze sonstige Welt dem Verderben überantwortet bleibe. Die Disproportionalität zwischen dem „heiligen Rest" und der riesigen Schar der Übrigen war allzu beklemmend, als daß sie den Glauben an die göttliche Weltregie nicht hätte bedrohen müssen. Der also in Frage gestellte Glaube konnte nur gerettet, konnte nur ernsthaft angeeignet werden, wenn jenem Mißverhältnis ein theologischer Sinn abzugewinnen war. Und eine solche Sinnfindung schien sich dadurch zu eröffnen, daß der Heilsweg Gottes schließlich über die Kirche hinaus in eine Weltwerdung der christlichen Botschaft führte, daß die Kirche nur der Ausgangspunkt für eine Vergeistigung und Verchristlichung im kosmischen Sinne war. Dann konnte selbst die Säkularisation als Werk seines Heilandes gedeutet werden und verlor so den Schrecken der Vorstellung, daß ihm die Welt aus der Hand geglitten sei.

ROTHES Mitarbeit bei der Gründung des Protestantenvereins war ein Zeichen dessen, daß er das *Ja* zur Säkularisation suchte, daß sie ihm sogar zum Zeichen der Hoffnung wurde. Die gedanklichen Mittel, um diese Weltwerdung des Chri-

---

[95] Zu TEILHARDS Sündenlehre: Anthropol. 495 ff.

stentums, diesen den ganzen Kosmos umspannenden Heilsplan Gottes zu begreifen, suchte er dem Thesaurus der hegelschen Dialektik zu entleihen. Die Sorge, daß die Weltwerdung des Christentums *nicht* einfach eine Durchdringung von Staat und Welt mit christlichem Geiste bringen könne, daß die empirische Beobachtung vielmehr auch den Weg in nackte, radikal gottentbundene Diesseitigkeit anzuzeigen schien: diese Sorge hat ihn dabei wohl nie ganz verlassen. Gegenüber solch spekulativer Unprogrammäßigkeit half er sich dann mit dem Gedanken an den Störungsfaktor „Sünde". Doch für deren Überwindung war ja – das wußte er als Christ – im göttlichen Heilsplan ebenfalls gesorgt. Und er machte sogar einige etwas gewaltsame Versuche, um sie als ein von Gott vorgesehenes Durchgangsstadium zu interpretieren und so dem Gedankenschema HEGELS möglichst nahe zu bleiben. Die Existenz des Christen ROTHE mit seiner Heilands- und Menschen-Liebe, mit seinen Anfechtungen und seinem Ringen um den Durchbruch zu neuer Hoffnung und deren gedanklicher Begründung – diese seine christliche Existenz bleibt hinter seinem spekulativen System deutlich erkennbar.

Eben deshalb wird man nicht sagen können, daß ROTHES System ein geschlossener, stringent durchgeführter Entwurf sei. Wir beobachteten an vielerlei Zerrungen, Inkonsequenzen und transzendenten Interventionen, daß sein Denken *nicht* das ist, als was es sich ausgibt, wenn er von ihm sagt, es erzeuge „sich selbst aus sich selbst – dem Denken –" und sei so „Selbstdenken im strengsten Sinne des Wortes"[96].

So sehr dieser sein ganzes System durchziehende Zerrgürtel die Architektur des Denkgebäudes nun auch stören und durch fremder Stilelemente „verunzieren" mag, so drängt sich doch die Frage auf, ob es nicht gerade diese systemsprengenden Inkonsequenzen seien, die ROTHE als christlichen Theologen legitimieren. De facto hat er eben *nicht* – wie er doch wollte! – die ganze Welt und das ganze Heilsgeschehen aus der Idee des Unbedingt-Vollkommnen herausgesponnen, sondern er hat um das alles durch seine Welt- und Glaubenserfahrung bereits gewußt. Und eben dies Vorgewußte behält gegenüber allen abstrakten Spekulationen den Primat. Seine mit Hilfe HEGELS (aber auch SCHELLINGS und FICHTES) erstellte Konzeption von Gott, Welt und Geschichte hat im Grunde nicht die Funktion, das christliche Wissen zu *erzeugen,* sondern es allenfalls zu *ordnen* und ihm die Geschlossenheit einer wohl konstruierten Reflexionsgestalt zu geben.

So mag es sich bei ROTHE umgekehrt verhalten, wie es zunächst scheint: Das Wesentliche ist nicht das hegelsche Denkgerüst, in das die theologischen Lehren von Gott, der Weltschöpfung, dem Sündenfall und der Erlösung wie in ein Prokrustesbett hineingezwungen werden. Sondern das Wesentliche besteht in jenen vorgewußten theologischen Gehalten; das Wesentliche ist die christliche Existenz *hinter* diesem theologischen Denken. Und *um* dieses Wesentliche ranke sich der Gedankenschmuck idealistischer Dialektik, der für die Gebildeten unter den Kirchenflüchtigen seiner Zeit eine Empfehlung bedeuten mochte und zudem

---

[96] AaO. §2; S.6.

einen gedanklichen Zusammenhalt der christlichen Glaubenssätze zu bieten schien.

Doch so glatt, wie sich diese Formulierung liest, ist es bei ROTHE natürlich nicht! Das bei ihm beobachtete vielfache „Aber" droht auch diese Formel wieder zu durchlöchern: Das christlich Vorgewußte stört zwar – wir sahen das – die spekulativen Ableitungen und läßt den christlichen Zeugen immer wieder in seiner *Hauptrolle* sichtbar werden. Es relativiert die gedanklichen Konstruktionen und läßt sie zu bloßen Marginalien werden. Dennoch aber kommt es auch hier wiederholt zum Aufstand der denkerischen Mittel und läßt sie die christlichen Gehalte verbiegen. (Wir brauchen nur an das hegel-„verseuchte" Verständnis der Sünde zu denken.)

ROTHE ist so von der Problematik *aller* Theologie gezeichnet, wie sie uns bei vielen früher besprochenen Gelegenheiten klar wurde. Auch *seine* Theologie ist nicht durch das gerechtfertigt, was sie denkend ausspricht, sondern durch das, worauf sie blickt.

Selbstverständlich kann damit keiner pauschalen Amnestie *aller* theologischen Fragwürdigkeit das Wort geredet sein. Soweit es um menschliche Kritik geht, wird es stets auf das Maß ankommen, in dem eine Theologie sich durch ihre gedanklichen Mittel, insbesondere durch die in Anspruch genommenen Philosophien, überfremden läßt. Und da mag es gegenüber ROTHE – bei allem Respekt vor dem frommen Christen und der Reinheit seines Menschentums – doch hin und wieder zu einem Kopfschütteln kommen, das hoffentlich nicht pharisäisch ist!

15. Kapitel

Linkshegelianer

I. DAVID FRIEDRICH STRAUSS

Literatur: Ges. Schriften, ed. Ed. Zeller, 1876/78 (ohne einige Hauptschriften). – Das Leben Jesu, 1. A. 1835, 2. u. weitere Aufl.n ab 1837. – Streitschriften zur Verteidigung meiner Schrift über das Leben Jesu u. zur Charakteristik der gegenwärtigen Theol., 1837 (vor allem das 3.Heft, das wesentliche Stellungnahmen zu HEGEL bringt). – Die christl. Glaubenslehre in ihrer geschichtl. Entwicklung u. im Kampf mit der mod. Wissenschaft dargestellt, 1840. – Das Leben Jesu für das deutsche Volk bearbeitet, 1864. – Der alte u. der neue Glaube, 1. A. 1872 (mehrere Aufl.n) – Biographien u.a. über U. v. Hutten (1858); Voltaire (1872). – Autobiographisches: Litterarische Denkwürdigkeiten, in: Ges. Schr. I,1–80; Ausgewählte Briefe, ed. Ed. Zeller, 1895.

Sekundäre Literatur: G. BACKHAUS, Kerygma u. Mythos bei D. F. Strauß u. R. Bultmann, 1956. – K. BARTH, aaO., § 19, S. 490ff. – CHR. HARTLICH/W. SACHS, Der Ursprung des Mythosbegriffs in der mod. Bibelwissenschaft, 1952, 121ff.[1]. – E. HIRSCH, aaO., V, 492ff. – GOTTHOLD MÜLLER, Identität u. Immanenz. Zur Genese der Theol. von D. F. STR., 1968 (mit reicher Dokumentation, bes. zur Dissertation über die Apokatastasis-Frage). – F. NIETZSCHE, D. F. Strauß, der Bekenner u. der Schriftsteller (1873), in: Unzeitgemäße Betrachtungen, WW (Kröner-Ausg. 1922) II, 25ff. – A. SCHWEITZER, Gesch. der Leben-Jesu-Forschung, 6. A. 1951, 69ff. – J. WACH, Das Verstehen II, 1929, 271ff. – TH. ZIEGLER, D. F. STR., 2 Bde., 1908. – DERS., Art. RE (3. A, 19,76ff.

Zur Biographie: Geb. 1808 in Ludwigsburg. Normalstudiengang schwäbischer Theologen im Niederen theol. Seminar Blaubeuren u. im Tübinger Stift. An beiden Stätten ging für ihn der stärkste Lehrer-Eindruck von FERDINAND CHRISTIAN BAUR aus, dessen Mythenlehre ihn beeinflußte. Unter den fünf Kandidaten, die ihr Tübinger Studium mit der Traumnote „Ia" beendeten, war STRAUSS als der erste „loziert". Seither wurde im Stift von der „Geniepromotion" gesprochen. (Der Verf. hat während seiner neunjährigen Lehrtätigkeit in Tübingen nur einen Fall erlebt, in dem die Note „Ia" vergeben wurde!) – Nach dem Tübinger Doktorat ging er zur Abrundung seines Studiums nach Berlin, um vor allem HEGEL zu hören. Dieser starb jedoch zu dieser Zeit an der Cholera, so daß er kaum noch einen persönlichen Eindruck gewinnen konnte. So hielt sich STRAUSS vor allem an seine Schüler und an das Studium von HEGELs Werken, unter deren Eindruck er zunächst zum Hegelianer wurde. SCHLEIERMACHER blieb ihm fremd.

Nach Berlin wurde er in Tübingen „Repetent" und nahm das damit verbundene jus docendi reichlich in Anspruch, vor allem durch philosophische Vorlesungen, die er als begeisterter und begeisternder Hegelianer hielt. Dabei kam es zu einem der ersten Kräche, an denen sein Leben so reich war: Die Philosophieprofessoren neideten ihm seinen enormen Lehrerfolg, so daß er den Rückzug antreten mußte. In dieser unfreiwilligen Freizeit verfaßte er dann sein erstes Werk über das Leben Jesu, das in der zeitgenössischen Theologie

---

[1] Eine Preis-Schrift der Studiengemeinschaft der Ev. Akademien, zu der der Verf. das Thema gestellt hatte.

und weit darüber hinaus wie ein Erdbeben die Gemüter erschütterte und schicksalhafte Bedeutung für sein ferneres Leben gewann. Er hatte sich de facto damit für jeden kirchlichen oder akademischen Dienst „disqualifiziert". Die württembergische Kirche entließ ihn aus seinem Repetentenamt und versetzte ihn an eine Mädchenschule in Ludwigsburg, in der er es nicht lange aushielt, zumal ihn der Wirbel um sein Leben-Jesu-Werk zu erhöhter literarischer Tätigkeit, vor allem zu Stellungnahmen und heftiger Gegenpolemik, zwang.

Während er an den schnell aufeinanderfolgenden Neuauflagen seines Werkes arbeitete, eröffnete sich ihm die Aussicht auf eine Zürcher Professur, die ihn – kaum aus opportunistischen Gründen, eher wohl im Gedanken an das kirchliche Amt, für das er Studenten auszubilden hätte – veranlaßte, einige Thesen seines Lebens-Jesu abzumildern, jedenfalls in Frage zu stellen. Obwohl er auf die Zürcher Professur schon berufen war, nahm die Kantonsregierung die Berufung wieder zurück, weil der öffentliche, vornehmlich durch die Pfarrerschaft ausgelöste Protest sie beeindruckte. Die Vermutung, daß dieses erneute, von STRAUSS als ungerecht und theologisch vergewaltigend empfundene Scheitern ihn mit einem permanenten Ressentiment gegenüber den zeitgenössisch offiziellen Theologien erfüllt habe: diese Vermutung ist sicher nicht von der Hand zu weisen. Natürlich ist es unmöglich, das Maß auszumachen, in dem dieses Ressentiment an der Rabiatheit seiner Destruktionen und Polemiken beteiligt war.

Als freier Schriftsteller, der er von nun an war, gab er die für Zürich geplanten Vorlesungen unter dem Titel „Die christliche Glaubenslehre …" in zwei Bänden 1840/41 heraus. Es ist ein gelehrtes, in seiner Architektur von systematischer Virtuosität zeugendes Werk. Als Mittel der Kritik dient ihm darin die Dogmengeschichte, an der er seine These bewähren will: „Die wahre Kritik des Dogmas ist seine Geschichte."[2] Die Dogmengeschichte führe über Verfestigungen und zugleich rationalistische Auflösungen schließlich zum bloß „Bedeutungsvollen", wie es im philosophischen Wissen erfaßt wird. Doch zerbricht er hier, wie wir noch sehen werden, die Hegelsche *Synthese* von Glauben und Wissen, Vorstellung und Begriff und sieht beides eher im Verhältnis des kontradiktorischen Gegensatzes. Verschiedene christliche Lehren, z. B. die Eschatologie, seien in keine Form des Wissens mehr zu integrieren.

Nach diesem Werk hüllte sich STRAUSS zwei Jahrzehnte lang in Schweigen. In diese Zeit fiel seine unglückliche Ehe mit der Opernsängerin Agnes Schebest, die ohne Sinn für sein theologisches Lebenswerk war und offenbar weder kochen noch wirtschaften konnte, so daß die Kühle der Verlassenheit sich nun auch im Allerprivatesten verbreitete. Die Ehe endete nach einigen Jahren mit der Trennung, wirkte aber in STRAUSS noch lange schmerzvoll nach.

Als Abgeordneter von Ludwigsburg im Landtag versuchte er sich politisch zu betätigen. Politisch war er alles andere als revolutionär. Vor allem, was mit Volk oder gar Masse zu tun hatte – darum auch vor den Sozialdemokraten – zuckte er zurück. Dabei mochte (vielleicht) das Trauma der Zürcher Volksaufwiegelung gegen ihn nachwirken. NIETZSCHE macht mit Häme auf seine spätere patriotische Begeisterung im siebziger Krieg aufmerksam[3]. Er führt es auf die Furcht vor dem Plebs – sprich: vor den Sozialdemokraten – zurück, wenn STRAUSS seiner Verehrung für BISMARCK und MOLTKE Ausdruck verleiht, und zitiert seine Hoffnung, jene Vertreter der Masse und des Revolutionären vermöchten solche „erhabenen Gestalten wenigstens bis zum Knie in Sicht … bekommen"[4].

1864 erschien endlich wieder ein großes theologisches Werk, ein zweites, ganz neu konzipiertes „Leben Jesu", diesmal „für das deutsche Volk bearbeitet". Diese Adressierung war freilich verfehlt, weil das Buch zu wissenschaftlich war, als daß es die erstrebte Popularität hätte erreichen können. Es schlug auch nicht mehr entfernt so ein wie das erste „Leben Jesu". Trotz des veränderten methodischen Ansatzes brachte es keine prinzipiell neuen

---

[2] AaO. 71.

[3] AaO. 49f.

[4] So in „Der alte u. der neue Glaube, 280; NIETZSCHE, aaO. 74.

Thesen. Auch hier geht es ihm darum, allen – besonders den eschatologischen – Supranaturalismus, der sich um die Person Jesu gerankt habe, „mythisch verdampfen zu lassen". Im Unterschied zu seinem ersten Buch, in dem der „mutmaßlich *historische Kern* der Geschichte Jesu … nicht als Einheit zur Darstellung kam", will er diesmal von diesem Kern ausgehen[5]. Trotzdem ist das Fazit dieser Bemühung auch hier im wesentlichen eine Fehlanzeige: „Über wenige große Männer der Geschichte sind wir so ungenügend unterrichtet wie über Jesus."[6] Wir stehen vor Erdichtetem[7]. So bleibt alles Biographische nur ein Gewebe von Vermutungen, die allerdings *eines* deutlich genug zeigen: daß die hier feststellbaren Lebenskonturen mit dem kirchlichen Christus weniger als nichts zu tun haben[8].

Freilich gewinnt der Leser nun den Eindruck, daß STRAUSS die mageren biographischen Befunde jetzt zu *eigenen* dichterischen Stilisierungen benutzt, die bei ihm gewissermaßen an die Stelle der mythischen Überhöhungen treten: Er entwirft ein liberales Christusbild, das Bild einer „schönen Seele", in dem die Menschheit sich ihrer selbst bewußt geworden ist[9]. Unter den „Fortbildern des Menschheitsideals" steht in jedem Falle Jesus in erster Linie. Er hat Züge in dasselbe eingeführt, die ihm vorher fehlten, oder doch unentwickelt geblieben waren."[10] Ganz klar ist STRAUSS hier nicht. Denn während sich dieses Jesusbild unter seinen Händen formt, kann er fast in gleichem Atem auch wieder sagen, man müsse den „historischen Christus von dem idealen" *unterscheiden*. Dabei versteht er unter dem idealen das „in der menschlichen Vernunft liegende Urbild des Menschen, wie er sein soll". Diese „Fortbildung der Christusreligion zur Humanitätsreligion" sei jedenfalls das „unabweisliche Ergebnis der neueren Geistesentwicklung". Jesus – gemeint ist hier zweifellos der „historische" Jesus – ist dafür der wesentliche Motor. Es mag an den schwachen, von den Quellen her gegebenen Umrissen seiner Gestalt liegen, daß das in sie hineingesehene Telos der Entwicklung auf das „Menschheitsideal" hin die biographischen Erhebungen selbst färbt, um sie im nächsten Augenblick wieder verblassen zu lassen. Denn daß das historisch an Jesus Erkennbare nicht den Stempel der Endgültigkeit auf dem Wege zu jenem Ideal haben kann, ist für STRAUSS klar: „Stünde Einer auf, in welchem der religiöse Genius der neueren Zeit ebenso von vornherein Fleisch geworden wäre, wie in Jesu der der seinigen, so würde ein solcher an Jesus sich nicht anzulehnen brauchen, sondern dessen Werk in selbständigem Geiste weiterführen."

Auf das letzte Werk von STRAUSS „Der alte und der neue Glaube" (1872), dessen feuilletonistischer Stil im Unterschied zum zweiten „Leben Jesu" tatsächlich die Öffentlichkeit erreichte, kommen wir später zurück. Ihm wurde die Ehre der schon erwähnten – freilich verachtungsvollen – Aufmerksamkeit NIETZSCHES zuteil. Dessen Essay kam STRAUSS noch kurz vor seinem Tode unter die Augen. Als er 1874 starb und ohne kirchliche Feier bestattet worden war, wurde ein Jugendfreund, der menschliche Worte des Abschieds für ihn gesprochen hatte, von den schwäbischen „Stillen im Lande" lautstark verfolgt. Selbst sein Grab war noch vom Für und Wider umtost.

a) Die geistige Physiognomie

Ein System wie die Identitätsphilosophie HEGELs mußte früher oder später die Frage aufkommen lassen, ob sein allumspannender Weltgeist wirklich imstande sein sollte, die Gesamtheit noch so heterogener Erscheinungen als Monon zu

---

[5] AaO. 161.
[6] AaO. 621.
[7] AaO. 157.
[8] AaO. 5f.
[9] AaO. XVIII.
[10] AaO. 625ff.

umfangen. Führte diese Synthese – so fragten wir schon im HEGEL-Kapitel – nicht zum Stillstand, zur Befestigung des status quo? (wie denn HEGEL auch von sich selber ja meinte, daß die Philosophiegeschichte in ihm zu Ende und Stillstand gekommen sei). Konnten in der Geschichte nicht *neue* Faktoren auftauchen, die zur Revision dieser synthetischen Sicht zwangen, zumindest aber zu ihrer Abwandlung?

Wir werden noch sehen, daß es für STRAUSS die Heraufkunft der historisch-kritischen Schriftforschung und der Eindruck FERDINAND CHRISTIAN BAURS als ihres Repräsentanten waren, die ein neues, in das Hegelsche Schema nicht einfach integrierbares Element zu Tage förderten. Dann aber mußte es dazu kommen, daß die HEGEL-Schule sich in eine „rechte" und eine „linke" Richtung zerteilte. (Es gibt auch andere Gründe dafür, von denen später die Rede sein wird.) Die rechte beharrte auf der einmal gewonnenen Synthese und verlor so nach STRAUSS' eigenen Worten „den Zusammenhang mit … der geistigen Fortbewegung der Zeit", während die linke zunehmend die Überzeugung gewann, „der von HEGEL zwischen Philosophie und Christentum eingeleitete Friede sei in seinem Prinzip verfehlt gewesen"[11]. Dieser faule Synthesen-Friede führe gerade in der Theologie dazu, daß „nicht unberühmte Dogmatiken einer Wurstmasse" gleichen, „in der etwa die orthodoxe Kirchenlehre das Fleisch, Schleiermachers Theologie den Speck und Hegelsche Philosopheme das Gewürz vorstellen"[12]. Darum rechnet sich STRAUSS zur Hegelschen Linken, die das widernatürlich Verbundene auseinanderzudividieren und den gegebenen Realitäten Rechnung zu tragen wünscht[13].

Angewidert von den kompromittierenden Kompromissen, die er allenthalben im theologischen Gelände entdeckt, macht er seine Theologie zu einem Scheidewasser, ja zu einer ätzenden Säure, die trennen soll. Gegenüber allem synthetischen Sowohl-als-auch ist er ein rabiater Vertreter des Entweder-Oder. So wird er durch die Zeitumstände, aber wohl auch von seiner Konstitution her zum Polemiker und Destrukteur. Was er außer dieser vorwiegend negativen Tendenz gegen Ende seines Lebens in seinem letzten Werk als Umrisse einer positiven Konstruktion sichtbar werden läßt, ist so schwach und wenig überzeugend, daß NIETZSCHE ihn als „Bildungsphilister" verhöhnte. *Die Pointe seines Werkes ist und bleibt eben doch die Aggression.*

Deren Motive sind ganz gewiß sehr komplex. Es dürfte aber keineswegs eine bloße Aggression um ihrer selbst willen sein, sondern zugleich eine Leidenschaft für die Wahrheit, die er allenthalben verzerrt, überschminkt und verunstaltet sah, und zu der durchzudringen Hiebe nach rechts und links nötig machte.

---

[11] Glaubenslehre, 4.

[12] AaO. 70.

[13] Aus analogen Gründen können wir auch sonst derartige Rechts-Links-Aufspaltungen beobachten: etwa bei der HEIDEGGER-Schule, in der J. P. SARTRE den „linken" Flügel repräsentiert. Sogar bei den Anhängern DIETRICH BONHOEFFERS läßt sich Ähnliches feststellen, wenn wir an seine „linke" Rezeption denken, wie sie sich in dem Buch von HANFRIED MÜLLER, Von der Kirche zur Welt (1961) niedergeschlagen hat.

> Daß hier ich in der Fremde bin, ist sicher:
> Wo meine Heimat sei, das weiß ich nicht.
> Ich mein', ich hatt' einmal zwei liebe Kinder:
> Ob dies nicht bloß ein Traum war, weiß ich nicht.
> Ein Weib verstieß ich: ob zu Haß die Liebe,
> Ob Haß zu Liebe wurde, weiß ich nicht.
> Ungläubig, hör' ich, nennen mich die Leute:
> Ob ich nicht eher fromm sei, weiß ich nicht.
> Nie hab' ich vor dem Tode mich gefürchtet:
> Ob ich nicht längst gestorben, weiß ich nicht[16].

So breitet sich immer wieder Zwielicht über diesem Leben aus: Geradlinigkeit seiner entelechischen Entfaltung verbindet sich mit hilflos fragender Orientierungslosigkeit, Frömmigkeit mit Unglaube, revolutionäres Aufbegehren mit konservativer Bürgerlichkeit (bis zu jenem Grade, den NIETZSCHE als philiströs empfand).

Dieses Zwielicht herrscht auch in seiner Theologie, insbesondere seiner Christologie: Er kam lebenslang von der Gestalt Christi nicht los, obwohl er sie doch für geschichtlich nahezu unerkennbar hielt, und obwohl ihre mythische Übermalung ihn teilweise schreckte und abstieß, dann aber wieder auf ihren überpersönlichen Sinngehalt dringen ließ. Er, dem doch das Entweder-Oder Lebensmaxime war, fand aus der Hilflosigkeit nicht heraus, in die ihn die Jesus-Historie der Evangelisten stürzte: Einerseits erweckte sie in ihm die Ahnung, daß Jesus ein Paradigma der Menschheit und der Menschlichkeit sei, andererseits reichten die Quellen nicht aus, um diese Ahnung mit festen Konturen zu versehen. So blieb die Alternative Hinkehr oder Abkehr unentschieden. Schließlich, gegen Ende seines Lebens, setzte er an die Stelle jener mythischen Stilisierung, mit der die Gemeindetheologie die historische Gestalt Jesu überdeckt hatte, die erwähnte *eigene* dichterische Überhöhung: Christus als „schöne Seele" im SCHILLERschen Sinn, als Personifizierung „unterschiedsloser Güte", als homo humanissimus. Keinen Augenblick hörte er auf, seine Gedanken um das arme historische Fragment kreisen zu lassen; nie raffte er sich auf, das ihm ungreifbar Erscheinende beiseitezulassen und zu eigenen metaphysischen Konzeptionen seiner Lebenssicht aufzubrechen.

Die STRAUSS-Interpreten haben ihm deshalb immer wieder die Qualifikation zum Historiker, dann wieder die eigene systematische Kraft abgesprochen. (Auch BARTH macht da kaum eine Ausnahme.) Ich empfinde es eher als bewegend, ja als tragischen Phobos, daß die Unerbittlichkeit seiner kritischen Sonde nicht nur das Mythische der kirchlichen Christologie „verdampfen" ließ, sondern selbst den verbleibenden historischen Rest fast bis zum Nullpunkt reduzierte, daß ihn dann aber dieses letzte und arme Relikt so in Bann schlug, daß er es nicht fertig brachte, sich von ihm abzuwenden und „nur" noch Philosoph zu sein. Mit einem kleinen Finger berührt er immer noch die Hörner des Altars ...

---

[16] WW 12,64.

Gewiß mochte sein rabiates Schwabentum auch konstitutionell auf solche Auseinandersetzung hin angelegt sein; doch liegt die Vermutung nahe, daß ebenso ein sehr menschliches Ressentiment, daß die vielen vom Neid, von der Sturheit und der Kleingeisterei seiner Gegner empfangenen Traumata im Hintergrund seiner destruktiven Leidenschaften mitwirkten. Hätte man ihn zu Amt und Würden kommen lassen und ihm die aufgezwungene Märtyrerrolle erspart, so meint sein Biograph A. HAUSRATH[14], dann wäre sein theologischer Weg wohl weniger unter der Herrschaft der Negation verlaufen. Während er auf die Zürcher Professur hoffte, zeigten sich Andeutungen dieser *andern* Möglichkeit[15].

Manchmal mochte es so scheinen, als ob er sich nur *zwischen* allen Stühlen wohl fühle, weil dieser Raum allein die Legitimation einer Wahrheitsverschworenheit zu gewähren schien, die weder mit Rechts noch mit Links kokettierte. Daß er sich von der positiven, alles Supranaturale in Kauf nehmenden und biblische Widersprüche glättenden Theologie distanzierte, ist klar. Doch auch die Liberalen und hier wieder gerade der Protestantenverein waren ihm wegen ihrer Halbheit zuwider, weil sie nicht zur Eindeutigkeit der Absage an den alten Glauben durchfänden, sondern sich mit „Flickereien und Stümpereien" am Hergebrachten begnügten und so zu gesteigerten Absurditäten kämen.

STRAUSS suchte so in unbedingter Weise *seinen* Weg – und blieb dabei doch in einer eigentümlichen Zwischenlage von Extra- und Introvertiertheit: Obwohl seine Motive und seine Denkanstöße immer wieder reaktiver Art und dann auch stark emotional geladen waren, wirkt doch die Gesamtlinie seines denkerischen Lebens in ihrer Geradheit so, daß seine Identität konstant bleibt, daß er sich selbst verwirklicht. Was immer ihn auch von außen affiziert, dient ihm in mäeutischer Weise zu dieser Selbstentfaltung.

Für diese Deutung sind einige seiner Biographien aufschlußreich, vornehmlich die über HUTTEN und VOLTAIRE: Hier löst er die Entelechie seines Helden weitgehend aus ihrer geschichtlichen Umwelt; er fügt sie nicht ein in ein allgemeines Zeitgemälde, sondern ist ausschließlich an den Gesetzen ihrer inneren Selbstentfaltung interessiert. Trotz des permanenten theologischen Reizklimas, in dem er sich bewegte, blieb auch STRAUSS selbst im wesentlichen ein Einzelgänger, unfähig und auch nicht willens, sich irgendwo anzuschließen oder einzufügen. Selbst die immensen Anregungen, die von ihm ausgingen, haben nicht zu irgendeiner Form von Schul-Bildung geführt.

Es war ganz sicher nicht ein *bewußter* Drang zur Selbstverwirklichung, der ihn trieb; er war eher selbstvergessen. Gerade deshalb konnte er hilflos sein, wenn er einmal bewußt nach sich selber fragte und Überlegungen anstellte, wohin „es" mit ihm ging. Nicht von ungefähr entstanden während seines jahrzehntelangen Schweigens die bewegenden Verse:

---

[14] D. Fr. Strauß u. die Theologie seiner Zeit, 2 Bde. 1976ff.
[15] So in der Vorrede zu „Zwei friedliche Blätter" (1838), wo er seinen früheren Zweifel an der Echtheit des Johannes-Evangeliums zwar nicht zurücknimmt, aber (vorübergehend!) doch seinerseits wieder anzweifelt.

b) Mythos und Geschichte

Das gebrochene Verhältnis zu HEGEL im ersten „Leben Jesu"[17]

Obwohl STRAUSS in seiner Tübinger Repetentenzeit engagierter Hegelianer war, bedeutete es für ihn eine markante Zäsur, als ihn der gewaltsame Abbruch seiner philosophischen Vorlesungen in die eigentlich *theologische* Arbeit zurückkehren ließ. Denn hier fuhr er nicht einfach hegelisch, d.h. spekulativ fort, sondern setzte unter dem Einfluß von F. CHR. BAUR bei der historisch-kritischen Schriftforschung und damit bei der historischen quaestio facti ein[18]. Dabei begleitete ihn durchaus zunächst die Absicht, im Sinne seines Meisters die aufgefundenen historischen „Vorstellungen" auf den „Begriff" zu bringen[19].

Genau da aber ließ ihn der Hegelsche Gedanke von der Vernunft in der Geschichte und von ihrem „notwendigen" Verlauf im Stich. Dieser Gedanke mochte allenfalls praktizierbar sein, wenn historisch aufweisbare Geschichtszusammenhänge *gegeben* waren. Dann konnte der philosophische Interpret in der Tat den Versuch machen, den dialektischen Dreitakt in ihnen aufzuweisen und so der geschichtsimmanenten Logik des Weltgeistes nachzuspüren.

In *einem* Falle aber mußte diese Konstruktion versagen: dann nämlich, wenn der de-facto-Geschichtsverlauf im Dunkel lag, wie es bei der Vita Jesu für STRAUSS der Fall war. Wohl schien es ihm möglich, einen historisch eruierbaren Prozeß in HEGELS Sinn zu *interpretieren.* Ganz unmöglich aber war es, einen historisch *nicht* eruierbaren Geschichtsverlauf im Sinne HEGELS zu *rekonstruieren,* d.h. aus der Idee der Vernunftnotwendigkeit einen geschichtlichen Prozeß zu deduzieren, die fehlende historische Verifizierbarkeit also – wenn ich es so ausdrücken darf – durch eine Art rückwärts gewandter philosophischer Prophetie „weissagend" zu ersetzen.

Für diese Thesen, die er vor allem im 3. Heft der „Streitschriften" zur Sprache brachte, sah STRAUSS in den christologischen Aussagen der Evangelien einen Paradefall. Denn das Prinzip der „Voraussetzungslosigkeit", dessen Respektierung er in seinem Jesus-Buch von allen historischen Interpreten der Evangelien forderte, mußte zu einer radikalen Kritik an deren Geschehensangaben führen und die Frage, was wirklich in den Jahren 1 bis 30 geschehen sei, im Nebulosen verschwinden lassen.

---

[17] Neben dem „Leben Jesu" von 1835 bzw. (2. Aufl.) 1837 ziehen wir im Folgenden STRAUSS' Selbstinterpretation in seinem Essay „Das Verhältnis der Hegelschen Philosophie zur theol. Kritik" heran, in: Streitschriften (1837), 3. Heft. Wesentliche Anregungen verdankt der Verf. dazu dem zit. Buch von HARTLICH-SACHS.

[18] Auch BAUR kann in seiner Kirchengeschichte des 19. Jahrh.s (1862, S. 359; zit. b. HARTLICH-SACHS, aaO. 124) darauf hinweisen, daß der kritische Geist in STRAUSS' Werk nicht aus der hegelschen Schule stamme. HEGEL u. seine Schüler hätten im Gegenteil kein historisch-kritisches Element dieser Art entwickelt, so daß es bei STRAUSS um einen Neuansatz ginge.

[19] Streitschriften, aaO. 57.

Zu den Kriterien der Verifizierbarkeit von historischen Abläufen rechnet STRAUSS Prinzipien, die in ähnlicher Form später bei TROELTSCH wieder auftauchen. Diese Kriterien sind an das Axiom gebunden, daß „in Natur und Geschichte ein festes Gewebe endlicher Ursachen und Wirkungen" besteht, daß also Kausalität, Sukzession alles Geschehens, psychologische Gesetze und Analogie das Geschehen bestimmen und als solche erkennbar sein müssen[20]. Dieses Axiom bildet gleichsam die Voraussetzung dafür, daß man dem Postulat der Voraussetzungslosig*keit* gerecht werden kann. Gerade dann aber, wenn man dieses Axiom respektiert, können „die biblischen Erzählungen, in welchen dieses Gewebe auf unzähligen Punkten durch Eingreifen der göttlichen Ursächlichkeit durchlöchert ist, unmöglich als *Geschichte* erscheinen"[21]. Was aber bleibt dann noch unter dem Strich, wenn diese transzendenten Interventionen in Abzug gebracht werden?

Das so uns entgegengähnende geschichtliche Vakuum ist spekulativ nicht aufzufüllen. Spekulativ steht für HEGEL zwar fest, daß die Idee der gottmenschlichen Einheit in Christus die Pointe des Christentums sei, ja daß seine Absolutheit in ihr gründe. Doch läßt sich aus dieser Idee *nicht* deduzieren, daß diese Synthesis nun gerade in diesem *einen* Individuum Jesus Gestalt geworden sei und sich geschichtlich dargestellt habe. Im 3. Heft der Streitschriften gibt STRAUSS ein eindrucksvolles Beispiel für diesen unmöglichen Transgressus von der allgemeinen Idee zum speziellen historischen Fall: „Die Idee der Schönheit, der Tugend, muß Realität haben: Kann ich aber jemals hieraus allein ableiten, daß folglich der oder jener bestimmte Mensch schön, tugendhaft sein müsse?"[22] Es mag zwar im Wesen der Idee liegen – wir sahen das bei unseren Überlegungen zu den „weltgeschichtlichen Individuen" –, daß sie auch in Individuen erscheint, ja daß sie einzelne von ihnen „zu Trägern ihres absoluten Inhalts macht". Das gilt so als „allgemeine" Aussage. Nicht aber liegt es im Wesen der Idee, daß nun „irgend *ein einzelnes* Individuum ausschließlich die volle Verwirklichung der Idee sein müsse"[23].

Deshalb hilft uns die respektable und auch von STRAUSS anerkannte Idee HEGELS von der gottmenschlichen Einheit keinen Deut, wenn es um die Frage geht, ob sie in dem Individuum Jesus sich realisiert habe. Diese Frage kann vielmehr nur und allein durch *historisch-kritische Analyse* dieser individuellen Geschichte entschieden werden. Jeder Versuch dieser Analyse führt aber praktisch zu einer Fehlanzeige. Denn das, wodurch Jesus in den evangelischen Berichten zu der Konformität mit dieser Idee der gottmenschlichen Synthesis erhoben wird – nun: das ist gerade in den *Löchern* des geschichtlichen Netzes angesiedelt, also dort, wo Nicht-Geschichte festgestellt werden muß, wo an die Stelle kausaldurchwirkter Immanenz angebliche transzendente Eingriffe treten.

So kann also – zu diesem Ergebnis kommt STRAUSS – von HEGELS Philosophie her „nicht entschieden werden, ob dasjenige, was die Evangelien berichten, wirklich geschehen sei oder nicht. Damit aber bleibt die Wahrheitsfrage, wenn sie mit der quaestio facti verbunden wird und nicht mit der Feststellung eines allgemein

---

[20] L.J. 100ff.
[21] AaO. 81.
[22] AaO. 69; vgl. H.-S. 127.
[23] AaO. 125.

Geltenden erledigt sein kann, bei HEGEL *offen*[24]. So läßt der Einsatz bei der historisch-kritischen Analyse des Lebens Jesu bei STRAUSS das Gefühl aufkommen, an einem wesentlichen Punkt seiner Wahrheitssuche von HEGEL im Stich gelassen zu werden.

Die induktiv-empirisch angelegte Fragestellung bei STRAUSS – man mag sie sein linkshegelianisches Motiv nennen! – demonstriert so eine Leerstelle im Hegelschen System und begründet damit eine *neue* Relation von Wirklichkeit und Wahrheit, von der dieses System in einer Weise infrage gestellt wird, deren Ausmaß STRAUSS in *seiner* geschichtlichen Stunde kaum zu übersehen vermochte. Er versuchte vielmehr, wie wir sehen werden, trotz dieser Aporie *neue* Zugänge zu diesem System zu gewinnen.

Die empirisch-kritischen Untersuchungen des Lebens Jesu führen STRAUSS also zu einem Problem, das sich für HEGEL nicht einmal stellte[25]: nämlich das empirisch Erhebbare von der supranaturalen Überhöhung zu unterscheiden, m. a. W.: *Geschichte und Mythos zu unterscheiden.* Das geschieht zunächst – wir sahen das bereits – mit Hilfe eines negativen Ausschließungsprinzips: Alles, was aus der Analogie- und Kausalitätsstruktur der Geschichte herausfällt, was diese Struktur also durch supranaturale Eingriffe „durchlöchert", ist nicht „als Abdruck einer Tatsache, sondern als Niederschlag einer Idee seiner frühesten Anhänger" zu betrachten[26]. Diese Idee hat für STRAUSS den Charakter des *Mythos.* Erst nachdem diese Differenzierung vollzogen ist – und sie *läßt* sich nur vollziehen, wenn der von HEGEL unterlassene historisch-kritische Forschungsakt erledigt wird! –, darf es wieder grünes Licht für spekulative Überlegungen geben: in diesem Falle für die Frage, *welche Ideen sich in der mythischen Überhöhung der Geschichte zum Ausdruck bringen.* Erst *dann* also kann es so etwas wie ein Zurückschwenken in das Hegelsche System geben.

Der genauen Fixierung dessen, was zum „voraussetzungslos" erhobenen Geschichtsprozeß auf der horizontalen Ebene gehört, entspricht nun eine ebenso genaue Fixierung dessen, was unter *Mythos* zu verstehen ist.

Was versteht also STRAUSS *unter dem Mythischen?*

Da der Mythos aus den aufgewiesenen Gründen selbst kein Bericht über de facto Geschehenes sein kann, kann er nur als Ausstrahlung der *subjektiven Phantasie* derer verstanden werden, die sich hier äußern. Dabei geht es nicht um eine bewußt tendenziöse Darstellung, wie etwa REIMARUS sie verstand und als Betrugsmanöver denunzierte, sondern um unbewußt dichtende Poesie, die ein selbst nicht mehr erkennbares Geschehen ins Bedeutungsvolle hochstilisiert. Der hier wirksame poetische Impuls bringt es mit sich, daß das so Gemeinte in Form von Geschichten – „als ob" es also geschehen wäre – dargestellt wird. Unter

---

[24] Streitschriften, aaO. 68.

[25] Es stellte sich deshalb nicht für ihn, weil Geschichte und Mythos für HEGEL gleichermaßen den Bereich der „Vorstellung" bildeten, die auf den ihr innewohnenden „Begriff" zu bringen waren. Dazu H. S., 131.

[26] Leben Jesu I (2. A.) 98; 103 f.

einem „evangelischen Mythos" versteht STRAUSS demgemäß eine „auf Jesus unmittelbar oder mittelbar sich beziehende Erzählung", die selbst nicht in Tatsachen, sondern in Ideen seiner ersten Anhänger gründet. Dabei geht es nicht um Ideen, die von diesen Anhängern einfach *produziert* worden wären, sondern es handelt sich um eine *re*produzierende Phantasie, in welcher „der eigentümliche Eindruck, welchen Jesus vermöge seiner Persönlichkeit, seines Wirkens und Schicksals hinterläßt", verarbeitet wird. Dieser Eindruck sorgt dafür, daß er in die vorhandene Messiaserwartung des jüdischen Volkes eingefügt wird. Daß der so entstehende geschichtsüberhöhende Mythos gleichwohl um einen historischen *Kern* herum gebildet ist, wird nicht nur daran ersichtlich, daß der Eindruck von Jesu Persönlichkeit unverkennbar bleibt, sondern auch daran, daß die alttestamentliche Erwartung in einer durch ihn „modifizierten" Form auftaucht[27]. In diesem Sinne sieht STRAUSS in neutestamentlichen Mythen „geschichtsartige Einkleidungen urchristlicher Ideen, gebildet in der absichtslos dichtenden Sage"[28].

HEGELS Mythosverständnis steht hier zweifellos im Hintergrunde. Nach ihm bedient sich die Mythe sinnlicher Bilder, „die für die Vorstellung zugerichtet sind, nicht für den Gedanken". Sie gehöre insofern „zur Pädagogie des Menschengeschlechts". Sobald dieses in das Stadium des Begriffs eingetreten sei, bedürfe es der Mythen nicht mehr[29]. Trotzdem ist auch die *Modifikation* des Mythosverständnisses bei STRAUSS nicht zu übersehen: HEGEL sieht hier *nur* die sinnliche Einkleidung von Ideen, während STRAUSS mit der Frage ringt, welchen Anhalt diese Ideen an einem historischen Kern haben oder wie sie sich mehr oder weniger von ihm lösen. So bleibt die „Hinterfragung" des Mythos nicht nur auf seinen Bedeutungsgehalt (seinen „Begriff"), sondern auch auf seinen historischen background immer offen. Das wird im zweiten „Leben Jesu" noch deutlicher als im ersten[30].

Obwohl der Mythos bei STRAUSS so nicht ohne Anhalt an einen historischen Bestand ist, so ist dieser feststellbare geschichtliche Kern doch so minimal, daß er einer Fehlanzeige nahekommt. Gerade weil die historisch-kritische Untersuchung zu dieser Fast-Fehlanzeige führt, ergibt sich nun – im Unterschied zu HEGEL aber wirklich erst *nun!* – für STRAUSS die Möglichkeit, die Bedeutungsgehalte der Texte *gelöst* von jedem historischen Anspruch herauszustellen und die „ewigen Wahrheiten", den „inneren Kern des christlichen Glaubens" so herauszustellen, daß ihnen der Ausfall des historischen Arguments nichts mehr ausmacht[31]. Das aber heißt nichts anderes, als daß er nun mit gutem (d.h. historisch nicht mehr beunruhigtem) Gewissen an die Aufgabe herangehen kann, die geschichtsförmige Vorstellungswelt des Mythos auf den *Begriff,* eben auf jene „ewige Wahrheit" zu bringen. Von jetzt an hat er den Rücken frei, um in geläuterter Form wieder Hegelianer zu sein.

So geht es darum, die Gottmenschheit Christi, die keine geschichtlich verifi-

---

[27] AaO. 98ff.
[28] AaO. 74f.
[29] WW (1832) 14,287.
[30] HARTLICH-SACHS haben übrigens nachgewiesen, daß STRAUSS' Mythosbegriff wesentlich mit dem von W. M. L. DE WETTE (1780–1749) übereinstimmt (Kap. IV, S. 91 ff., bes. 103ff.: „Der Mythos als Ausdruckskategorie der Ahndung").
[31] Leben Jesu, Einleitg. VI.

zierbare Aussage ist, sondern in den mythischen Überhöhungsbereich gehört, zu *interpretieren*. Dabei sieht STRAUSS seine historische Fehlanzeige spekulativ insofern bestätigt, als es ja gar nicht die Art sei, „wie die Idee sich realisiert, in *ein* Exemplar ihre ganze Fülle auszuschütten und gegen alle anderen zu geizen, in jenem *Einen* sich vollständig, in allen übrigen aber nur unvollständig abzudrucken[32]; sondern in einer Mannigfaltigkeit von Exemplaren, die sich gegenseitig ergänzen, im Wechsel sich setzender und wiederaufhebender Individuen liebt sie ihren Reichtum auszubreiten"[33]. Im Blick auf HEGELS Lehre von der Idee wird so nachträglich klar, warum die historische Analyse des Lebens Jesu zu einer Fehlanzeige führen *mußte*. Die Erwartung, auf der empirisch-horizontalen Ebene in einem individuellen Leben die Einheit von Gott und Mensch nachweisen zu können, wäre von vornherein gegen den Realisations-Stil der Idee gegangen, denn sie verwirklicht sich nur in einer unendlichen Fülle endlicher Gestalten.

Das heißt: *die neutestamentliche Christologie läßt sich nur mythisch interpretieren*. Bringt man diesen Mythos demzufolge auf den „Begriff", so bedeutet dies vor allem, daß das Individuum Jesus als „Individuum" nur *symbolische* Bedeutung haben kann, daß es für eine überindividuelle Idee repräsentativ steht. Damit meint er aber – worauf er ausdrücklich hinweist – nicht eine Idee im Sinne KANTS; die habe als bloßes Postulat keinen Realitätsrang, während es ihm, STRAUSS, gleichsam um ein ens realissimum gehe. Diese reale Größe, die sich hinter dem Individuum Jesus verbirgt, ist die Summe *aller* Individuen, die *Menschheit*. Sie also ist das „Subjekt der Prädikate, welche die Kirche Christo beilegt". Dann aber klingt auch das nicht mehr widersprüchlich, was bei der Anwendung auf ein Individuum als Summe sich ausschließender Widersprüche erscheinen muß (z.B. die Gottmenschheit):

„Die *Menschheit* ist die Vereinigung der beiden Naturen, der menschgewordene Gott, der zur Endlichkeit entäußerte unendliche, und der seiner Unendlichkeit sich erinnernde endliche Geist; sie ist das Kind der sichtbaren Mutter und des unsichtbaren Vaters, des Geistes und der Natur; sie ist der *Wundertäter,* sofern im Verlauf der Menschengeschichte der Geist sich immer vollständiger der Natur ... bemächtigt, diese ihm gegenüber zu machtlosem Material seiner Tätigkeit heruntergesetzt wird; sie ist der *Unsündliche,* sofern ... die Verunreinigung immer nur am Individuum klebt, in der Gattung aber und ihrer Geschichte aufgehoben ist; sie ist der *Sterbende, Auferstehende und gen Himmel Fahrende,* sofern sie aus der Negation ihrer Natürlichkeit immer höheres geistiges Leben, aus der Aufhebung ihrer Endlichkeit als persönlichen, nationalen und weltlichen Geistes ihre Einigkeit mit dem unendlichen Geiste des Himmels hervorgeht. *Durch den Glauben an diesen Christus, namentlich seinen Tod und seine Auferstehung, wird den Menschen Gott gewiß, d.h. durch die Belebung der Idee der Menschheit in sich ... wird auch der Einzelne des gottmenschlichen Lebens der Gattung teilhaftig"* (Hervorhbgn. teilweise vom Verf.).

---

[32] Diese These erinnert lebhaft an die Art, wie GOETHE gegenüber LAVATER (Brief v. 22. 6. 1781) die Verabsolutierung des Individuums Jesus bestreitet, wenn er ihm vorwirft, „daß du alle köstlichen Federn der tausendfachen Geflügel unter dem Himmel ihnen, als wären sie usurpiert, ausrauffst, um deinen Paradiesvogel ausschließlich damit zu schmücken".

[33] L.J., § 151; dies u. die folgenden Zitate II, 709ff.

Eine Frage bleibt indessen bei alledem offen[34]:

Ist Strauss wirklich primär durch die historisch-kritische Schriftforschung bestimmt, die ihn dann – an *diesem* Punkt! – zu einer Distanzierung von Hegel führte, um ihn erst *nach* ihrem negativen Resultat wieder zum hegelschen Schema zurückkehren zu lassen? – Oder könnte es nicht auch *umgekehrt* sein: Stand Hegels Spekulation über das Verhältnis von Idee und Individualität nicht von Anfang an im Vordergrunde, wollte er also stets auf die Idee der Menschheit als des Subjekts aller christologischen Prädikate hinaus – und hat ihm die Destruktion der historischen Substanz des Evangeliums nur den Rücken frei kämpfen sollen, um seine mythischen Gehalte ungeniert herausstellen zu können? Ich frage nur. Über ein gewisses Zwielicht, in das die Gestalt und das Werk von Strauss getaucht sind, kommen wir wohl nicht hinaus.

c) Das abschließende Fazit: „Der alte und der neue Glaube"

Das letzte Werk von Strauss, „Der alte und der neue Glaube" (1872), war auf Popularität hin angelegt, entbehrt der schweren wissenschaftlichen Rüstung und will so etwas wie ein abschließendes Glaubensbekenntnis sein.

Es gliedert sich in vier Fragen:

Erstens: „Sind wir noch Christen?" Die Antwort lautet ohne Hörner und Zähne: „Nein"[35]. Diese Antwort ist deshalb bemerkenswert, weil Strauss sie sicher so nach dem ersten „Leben Jesu" nicht gegeben hätte. Hier war die auf die Menschheit zielende Christus-Idee sicher als Bekenntnisgrundlage eines neu verstandenen Christseins verstanden. Jetzt aber blendet er diese mythische Um-Interpretation aus und macht das Christusbild des neutestamentlichen Textes zum Kriterium für die Frage: Christ-sein oder nicht? Dann aber sieht er sich zu der Konsequenz genötigt, daß ein apokalyptischer „Schwärmer" wie Jesus und daß der „welthistorische Humbug" seiner angeblichen Auferstehung – ein Schmähwort, das selbst Nietzsche ärgerte! – unmöglich unser Leben bestimmen und leiten könnten.

Von Interesse ist in diesem Zusammenhang sicher der Hinweis, wie Albert Schweitzer, der sich vor eine ähnliche Frage gestellt sah und eine geheime Liebe zu Strauss hegte, mit diesem Problem fertig geworden ist.

Auch er sah in Jesus so etwas wie einen apokalyptischen Schwärmer, dem bei seinem letzten Schrei am Kreuz „die ganze eschatologisch-übersinnliche Welt in sich selbst zusammengestürzt" war. Aber: Dieser „sein letzter Ruf, mit dem verzweifelten Aufgeben der eschatologischen Zukunft, ist seine Weltbejahung. Der ‚Menschensohn' ward begraben in den Trümmern der zusammenstürzenden eschatologischen Welt; lebendig blieb nur Jesus ‚der Mensch'."[36]

---

[34] Ich möchte sie auch gegenüber Hartlich-Sachs aufwerfen; vgl. aaO. 147.
[35] AaO. 94.
[36] So nur in der 1. Aufl. der Gesch. der Leben-Jesu-Forschung („Von Reimarus zu Wrede", 1906, 282.).

Auch hier liegt die STRAUSS-Frage nahe, ob eine Gestalt, die diesen Bankrott erlitt, sich zum Lebensführer eigne. Im Unterschied zu STRAUSS bejaht A. SCHWEITZER diese Frage, wenn auch so, daß wir in eigener Kraft und Initiative unser Leben bewältigen, dafür aber der gleichen Vehemenz des Glaubens – wenn auch eines anders ausgerichteten! – bedürfen, wie Jesus ihn gegenüber dem eschatologischen Ausbruch der Gottesherrschaft hegte: „Daß er eine übernatürlich sich realisierende Endvollendung erwartet, während wir sie nur als Resultat der sittlichen Arbeit begreifen können, ist mit dem Wandel in dem Vorstellungsmaterial gegeben." Man dürfe auf keinen Fall unsere veränderte Weltanschauung in die biblischen Texte hineinlesen, sondern müsse sich des totalen Umbruchs bewußt bleiben. Nur darauf komme es an, „daß wir den Gedanken des durch sittliche Arbeit zu schaffenden Reiches mit derselben Vehemenz denken, mit der er den von göttlicher Intervention zu erwartenden in sich bewegte, und miteinander wissen, daß wir imstande sein müssen, alles dafür dahinzugeben"[37]. Indirekt bleibt für SCHWEITZER damit auch die Endhoffnung Christi erhalten, ohne die es mit unserer sittlichen Weltbewältigung nichts wäre: „Was nottut, ist, daß wir alle an dem Entstehen eines Christentums arbeiten, das denen, die ihr Leben durch Christum bestimmt sein lassen, nicht erlaubt, für die Zukunft der Welt kleingläubig zu sein, wie es uns die Verhältnisse eingeben, sondern sie zwingt, das Christsein als Ergriffensein von einem sich der Wirklichkeit entgegenwerfenden Hoffen auf das Reich Gottes und Wollen desselben zu bestätigen."[38]

Zweitens fragt STRAUSS: *Haben wir noch Religion?* Die Antwort darauf lautet im Sinne einer heute üblich gewordenen Abkürzung: „Jein". Wir haben *keine* Religion mehr, soweit damit das gemeint sein soll, was in der Frage nach unserem Christsein bereits verneint wurde, und darüber hinaus: soweit wir dabei an einen persönlichen Gott oder die individuelle Unsterblichkeit denken. In höchst aggressiver Weise, durch ein „Stechen und Schlagen", von dem sogar NIETZSCHE sich angewidert fühlt, spricht er von dieser Art Religion als einem indianischen Getto, das von den bleichgesichtigen Trägern der aufstrebenden Kultur immer mehr bedrängt und zerniert wird. – Einen Rest von Ja dagegen läßt er für die Religion insoweit übrig, als man sie im Sinne des (freilich banalisierten) Verständnisses von SCHLEIERMACHER begreift: als Gefühl der unbedingten Abhängigkeit vom Universum. Banalisiert, ja sogar ihrer Pointe beraubt, ist diese Rezeption SCHLEIERMACHERs deshalb, weil das in dessen Glaubenslehre behandelte Gefühl „schlechthinniger Abhängigkeit" von STRAUSS in seine „Reden" und das *dort* meditierte Verhältnis des Menschen zum Universum transponiert wird. Für den SCHLEIERMACHER der „Reden" geht es aber gerade nicht (wir sprachen darüber) um Abhängigkeit vom Universum, sondern um ein Hinein-verwoben-sein, um Eins-werden mit ihm. Damit wird alles schief. Es kommt zu einem etwas absurden, hegelianisierten SCHLEIERMACHER: Während bei diesem das Universum eine mystische Chiffre für das All ist, wird es bei STRAUSS zu einer vom Logos durchwalteten Großstruktur, vor deren Gesetz und Ordnung wir ehrfürchtig – eben „religiös" angerührt – innehalten:

„Vergiß in keinem Augenblick, daß du und alles, was du in dir und um dich her wahrnimmst, kein zusammenhangloses Bruchstück, kein wildes Chaos von Atomen und Zufälligkeiten ist, sondern daß alles nach ewigen Gesetzen aus dem Einen Urquell alles Lebens,

---

[37] Gesch. d. Leben-Jesu-Forschung, 3. A. 639.
[38] SCHWEITZER, Die Mystik des Apostels Paulus, 1930, 373.

aller Vernunft und alles Guten hervorgeht – das ist der Inbegriff der Religion."[39] – Es ist unklar, ob NIETSCHE den so ganz andern, friedlich-meditativen Weg SCHLEIERMACHERS zum Wesen der Religion im Auge hatte, wenn er in seinem STRAUSS-Essay indigniert feststellt, „durch was für künstliche Prozeduren unser Autor erst zum Gefühl kommt, daß er überhaupt noch einen Glauben und eine Religion hat: durch Stechen und Schlagen, wie wir gesehen haben. Er zieht arm und schwächlich einher, dieser exstimulierte Glaube: uns fröstelt, ihn anzusehen."[40]

Drittens: Der Panlogismus HEGELS, der sich hier deutlicher bemerkbar macht als der Geist SCHLEIERMACHERS, drängt nun auch in der weiteren von STRAUSS gestellten Frage hervor: *Wie begreifen wir die Welt?* Nur geht er *jetzt* einen Bund ein mit gewissen rational-materialistischen Elementen, zu denen er durch die KANT-LAPLACEsche Theorie, ferner durch die vorkritische (und sehr bewundernswerte) Schrift KANTs „Allgemeine Naturgeschichte und Theorie des Himmels" (1755) und nicht zuletzt durch DARWIN angeregt wurde.

KANTS „Allgemeine Naturgeschichte" erschien STRAUSS gerade deshalb wesentlich – er stellte sie der späteren Vernunftkritik mindestens gleich –, weil er hier noch „mit dem vollen Mute des geistigen Entdeckers und Eroberers" spreche. Dieses Neue sah er darin, daß KANT die Bewegungen der Gestirne und die Entwicklung des Universums aus den immanenten Eigenschaften der Materie entwickle. STRAUSS gehört mit seiner KANT-Interpretation dabei zu jenen „Freigeistern", die meinen, „daß, wenn man zur Ordnung des Weltbaues natürliche Gründe entdecken kann, die dieselbe aus den allgemeinsten und wesentlichsten Eigenschaften der Materie zu Stande bringen können, so sei es unnötig, sich auf eine oberste Regierung zu berufen"[41]. Auch hier will STRAUSS den Verfasser (ähnlich wie SCHLEIERMACHER!) sozusagen besser verstehen, als er sich selbst versteht. Denn KANT weist diese Schlußfolge der „Freigeister" ausdrücklich zurück und sieht in jenen Eigenschaften der Materie samt der von ihnen ausgelösten Kausalfrage geradezu so etwas wie einen Gottesbeweis[42].

STRAUSS ist jedenfalls fasziniert von der aufkommenden Naturwissenschaft und ihren Denkmodellen, die alle Phänomene – auch solche geistiger und seelischer Art – aus den Eigenschaften der *Materie* entwickeln. Aus dem Gesetz von der Erhaltung der Energie kann er folgern, daß sich nicht nur Bewegung in Wärme verwandeln kann, sondern auch in Empfindungen und Vorstellungen. Hier kommt STRAUSS nahe an FEUERBACHS Projektionstheorie heran. Dessen Satz: „Der Mensch ist, was er ißt" könnte fast von *ihm* in diesem Lebenstadium gesprochen sein[43].

Den wider ihn erhobenen Vorwurf eines „krassen Materialismus" (und damit der Links-Hegelei) weist STRAUSS mit dem Argument zurück, daß der Gegensatz von Idealismus und Materialismus ein bloßer „Wortstreit" sei; es gehe lediglich um zwei Betrachtungsweisen, deren eine von oben und deren andere von unten

---

[39] AaO. 239.

[40] NIETZSCHE, aaO. 88.

[41] So KANT aaO. (Theorie-Werkausgabe v. Weischedel) I, 229.

[42] Z.B. S. 235, 340, 345, 393, 396 u.a.

[43] Jener FEUERBACHsche Satz taucht in einer Besprechung von JAKOB MOLESCHOTTS „Lehre der Nahrungsmittel" auf (1850).

ausgehe[44]. Es dürfte aber kein Zweifel bestehen, daß sich hier STRAUSS an jene Operation macht, die HEGEL „vom Kopf auf die Füße" stellen möchte.

Viertens: Die letzte Frage von STRAUSS lautet: *Wie ordnen wir unser Leben?* Die Antwort darauf stellt die Surrogate zusammen, die STRAUSS an die Stelle dessen setzen möchte, was einst von der Religion als Lebenshilfe und Lebensinhalt zur Verfügung gestellt wurde. Und eben diese Surrogate sind es vornehmlich, die NIETSCHES Spott herausforderten und ihn den Autor als Vertreter eines „schamlosen Philister-Optimismus", als „klassischen Philister", „Bildungsphilister" und „Philisterhäuptling" beschimpfen ließen. Wie denkt sich der neue Gläubige, fragt NIETZSCHE, diesen seinen (Ersatz-)Himmel? und antwortet: „Der Straußsche Philister haust in den Werken unserer großen Dichter und Musiker wie ein Gewürm, welches lebt, indem es zerstört, bewundert, indem es frißt, anbetet, indem es verdaut."[45] Da gibt es in der Tat ein Tutti-frutti an reich assortierten Ratschlägen für ziemlich triviales Bürgerglück. Dichter und Musiker tauchen als Repräsentanten einer Kultur auf, die nun an die Stelle des Kultus tritt. Auch hier verspritzt STRAUSS einiges Gift in Richtung auf die Großen ab, und NIETZSCHE wird nicht müde, die entsprechenden Sottisen herauszuklauben, um damit die „ruchlose Vulgarität" in Geschmack und Gesinnung eines Philisters zu belegen: GOETHE ohne dramatisches Talent, SCHILLER aus KANT „wie aus einer Kaltwasseranstalt" herausgetreten, HAYDN eine „ehrliche Suppe", BEETHOVEN demgegenüber nur „Konfekt" und seine 9. Symphonie nur etwas für Leute, denen „das Formlose als das Erhabene gilt". Daß MOZART einer der wenigen ist, die in STRAUSS' Augen Gnade finden, wiegt für K. BARTH vieles von seinem „Kitsch" und seiner „infantil kritischen theologischen Betätigung" auf, während sich NIETZSCHE, der trotz seines WAGNER-Kultes ein Bewunderer MOZARTs war, sich durch die Laudatio MOZARTs gerade geärgert fühlt. Er meint, hier müsse „wahrhaftig gelten", „was Aristoteles von Plato sagt: ‚ihn auch nur zu loben, ist den Schlechten nicht erlaubt'".

Mit dem Glück, das STRAUSS so in der musischen Bereicherung des Lebens sieht, verbindet er zugleich patriotisches Glück: die „Aufrichtung des deutschen Staats in dem großen nationalen Krieg 70/71", die erhebende „Wendung der Geschicke unserer vielgeprüften Nation", Gestalten ferner wie BISMARCK und MOLTKE, deren aristokratische Natur dem plebejischen Haufen der Sozialdemokraten Paroli biete. Mit der Lektüre historischer Schriften über alles dies, mit Klassiker-Lektüre, mit der Erweiterung unserer Naturkenntnisse, mit Anregungen für „Geist und Gemüt, für Phantasie und Humor" verbringt der Neugläubige seinen Sonntag: „So leben wir, so wandeln wir beglückt."[46]

Dem revolutionären, zuletzt antichristlichen Impetus seiner kritischen Weltanschauung entspricht so auf der bürgerlichen Ebene die *Idylle.* (BARTH spricht

---

[44] Der alte … Glaube, 212f. Andeutungen dieser Unterscheidung finden sich bereits in der Christl. Glaubenslehre, S. 4.

[45] NIETZSCHE, aaO. 60f.

[46] STRAUSS, aaO. 294ff.

in schöner Ironie von „Gartenlaube" und „Daheim".) Noch merkwürdiger kontrastiert jenem Impetus seine konservative, ja reaktionäre Haltung auf *politischem* Gebiet: seine Aversion gegen die Sozialdemokraten, sein Entsetzen über die revolutionären Aufwallungen von 1848, die Befürwortung eines autoritären Staates. Als Mitglied der württembergischen Kammer hat er in diesem Sinne aktiv Stellung bezogen. Auch seine sonstigen Thesen, in denen er den Grundriß seiner Ethik entwickelt, sind auf die Hochhaltung bürgerlicher Traditionen gestimmt. Vergebens sucht man hier immer wieder nach der Entelechie des theologischen Aggressors STRAUSS – höchstens, daß man sie zwischendurch in allerhand galligen Kritiken und Zynismen, vielleicht auch in seiner Akzentuierung der Individualität wiedererkennen mag, zu der er sich durch die aufkommenden sozialistischen Tendenzen provoziert fühlen mochte, und die ich schon früher bei der Zeichnung seiner geistigen Physiognomie herausstellte.

Von der Barrikade in die Gartenlaube – sollte dies die Lebenskurve von DAVID FRIEDRICH STRAUSS sein? Und wenn sie es sein sollte: beruht sie dann auf der Sehnsucht des unermüdlich Streitenden, Angreifenden und sich Verteidigenden nach Ruhe und Geborgenheit, die an die Stelle des verlorenen „Friedens Gottes" treten mußte? Kein Mensch – auch nicht der engagierte Beobachter dieser geprägten Form, die sich so eigenartig und faszinierend entwickelt – wird es wagen dürfen, darauf eine letzte Antwort zu geben. Dennoch springt uns diese Frage an.

Blicken wir auf das Panorama dieses Lebens und Werkes zurück, so können wir die Summe ziehen: Es gibt kaum ein bisher vor uns auftauchendes Problem, soweit es sich auf das Verhältnis von Glauben und Denken bezog, kaum auch ein Problem der Folgezeit, soweit es mit der Frage nach dem historischen Jesus und der Vergewisserung des biblischen Heilsgeschehens befaßt ist, das nicht im Brennspiegel der STRAUSSschen Reflexionen konzentriert sichtbar würde. Seine kritischen Visionen waren vielleicht zu übermächtig und machten ihn in seiner Zeit zu einsam, als daß er sie mit der Gelassenheit des Gelehrten bewältigen konnte, zumal sie ihn in Kämpfe verwickelten, die zusätzlich seine Leidenschaft stimulierten. Er stellte die orthodox-unkritische Rezeption überlieferter Wahrheiten ebenso in Frage wie alle rationalistisch-liberalen Retuschen und schließlich auch die Synthese von beiden in der hegelschen Philosophie. Er kommt zwischen alle Stühle zu sitzen und durchbricht auch die bisher aufgewiesene Kette, die sich aus den wechselnden Gliedern von Zweifel und Wiederaneignung zusammensetzt: Er *verwirft* die Möglichkeit neuer Aneignung und läßt den Zweifel zur *endgültigen* Fehlanzeige werden. Er nimmt die späteren, bis in unsere Zeit sich fortsetzenden Kämpfe um den „historischen Jesus", um die Rolle der Gemeindetheologie und die „Mythologisierung" der Gestalt Jesu vorweg. Bei alledem zwingt er die theologischen Nachfahren, die Felder seiner Zweifel und Verwerfungen zu durchschreiten, und macht sich zum scharfen Befrager jeder kommenden Theologie. Und wenn spätere Reflexionen das theologische Grundproblem dann auch *neu* in Sicht nahmen (um nur zwei Namen des Übergangs zu nennen: KÄHLER und KIERKEGAARD!) und auf neuen Ebenen des Denkens andere Wege der Aneignung erkunden mochten: DAVID FRIEDRICH STRAUSS taucht wie ein Märtyrer der Negation und als *Wächter* auf allen diesen Wegen auf. Er macht es hinfort unmöglich, daß die Aneignung christlicher Wahrheit zur breiten Straße kritikloser Selbstverständlichkeit wurde, er baut Hemmungsschwellen in sie ein, die zu langsamer, behutsamer Fahrt nötigten, und manchmal legt er sich selbst auf ihr quer. Der Paroxysmus seiner Negation hat jedenfalls die Wucht eines unübersehbaren Signals.

Den Frommen seiner Zeit war er ein Ärgernis – und ich bin weit entfernt, nur eine Tugend zu sehen, wenn er ihre Sicherheit mit offenkundiger Lust erschütterte, wenn er das ohne Mitleiden tat, und der Hohn oftmals seinen Ton bestimmte. Doch hat er ihnen gleichwohl gedient, weil er es ihnen schwer machte, und weil sich auch in der Theologie die Frage nach der breiten Straße und dem schmalen, steilen Wege stellt.

Wie er sich im Jüngsten Gericht einmal ausnehmen wird, bleibt unserem auf das Endliche fixierten Blick verborgen. Seine Ärgernisse mußten wohl kommen; doch ist es keinem menschlichen Richter erlaubt, über *diesen* Ärgernden sein „Wehe" zu sprechen.

II. LUDWIG FEUERBACH

Literatur: Werke FEUERBACHS: Sämtl. Werke (WW), ed. W. Bolin u. F. Jodl, 11 Bde., 1903ff. – Gedanken eines Denkers über Tod u. Unsterblichkeit, 1830 (WW I). – Das Wesen des Christentums, 1841. – Grundsätze der Philosophie der Zukunft, 1843. – Das Wesen der Religion, 1845. – Als Herausgeber: Anselm Ritter von Feuerbachs (seines Vaters) Leben u. Wirken, aus seinen ungedruckten Briefen, Tagebüchern, Vorträgen u. Denkschriften, 2 Bde. 1852.
Sekundäre Literatur: O. BAYER, Gegen Gott für den Menschen. Zu F.s Lutherrezeption, in: ZThK 1972, 34ff. – P. L. BERGER, The Sacred Canopy. Elements of a Sociological Theory of Religion, New York 1967 (dtsch. Ausg.: Zur Dialektik von Religion u. Gesellschaft, 1973). – E. BLOCH, Das Prinzip Hoffnung III, 1969, 1515ff. – P. CORNEHL, F. u. die Naturphilosophie. Zur Genese der Anthropol. u. Rel.kritik des jungen F., in: NZSTh 1969, 37ff. – F. ENGELS, L. F. u. der Ausgang der dtsch. klassischen Philosophie, 1888. – H. GOLLWITZER, Die marxistische Rel.kritik u. der christl. Glaube, 1965. – A. KOHUT, L. F., Sein Leben u. seine Werke, 1909. – H. J. KRAUS, Theol. Rel.kritik, 1982, 160ff. – R. LORENZ, Zum Ursprung der Rel.theorie L. F.s, in: EvTh 1957, 171ff. – K. LÖWITH, Von Hegel zu Nietzsche, 3. A. 1953. – K. MARX, Die deutsche Ideologie: Thesen über Feuerbach, in: S. Landshut (ed.), Karl Marx, Die Frühschriften, 1953, 339ff. – G. NÜDLING, L.F.s Rel.philosophie, 1936. – E. SCHNEIDER, Die Theol. u. F.s Religionskritik, 1972. – J. WALLMANN, L. F. u. die theol. Tradition, in: ZThK 1970, 56ff.
Zur Biographie: FEUERBACH lebte von 1804 bis 1872. Eine biographische Notiz wäre ohne den Hinweis auf seinen berühmten Vater, den Kriminologen ANSELM RITTER VON FEUERBACH, allzu unvollständig, weil dessen starke Persönlichkeit eine prägende Bedeutung für ihn hatte. Viele von dessen Eigenschaften sind auch in dem Sohn erkennbar. GUSTAV RADBRUCH[47] spricht von der „flackernden, zerrissenen, gewitterhaften Genialität des Mannes". Und RICARDA HUCH schreibt von ihm: „Will man sich ausmalen, wie Feuer-

---

[47] RADBRUCH, P. J. A. Feuerbach. Ein Juristenleben, 1934,4.

bach aus der Werkstatt des menschenschaffenden Gottes hervorging, so sieht man etwa die Hände des Herrn in Lehm und Feuer wühlen, einen ungestalten feuchten Flammenkloß eilig mit dem Namen Anselm bezeichnen und auf die Erde werfen."[48]

Der junge FEUERBACH hatte Mühe, sich gegen diesen starken, auf Fürsorge und erzieherischer Leitung bestehenden Vater, durchzusetzen. Gleichwohl blieb er ihm in Pietät ergeben und gab später dessen Briefe, Tagebücher und Aufsätze heraus. In doppelter Hinsicht scheint der Vater für die Entwicklung von L. FEUERBACH Bedeutung gehabt zu haben:

Einmal meint man post SIGMUNDUM FREUD zu bemerken, daß die Lösung von dieser übermächtigen Vater-Imago nicht unbeteiligt an FEUERBACHS Emanzipation vom traditionellen Gottesbild sein könne. *Ferner* war der Vater ANSELM ein prominenter Vertreter des liberalen Kulturprotestantismus norddeutscher Prägung, in dem das Christentum de facto bereits zu einer ethisch betonten Anthropologie geschrumpft war, so daß ERIK WOLF sich zu der Meinung gedrungen fühlt, daß „erst in seinem Sohne ... die im Leben Anselms niemals in der ganzen Schwere aufgerollte Problematik dieser religiösen Haltung stürmisch ausbrechen" sollte[49]. Man möchte angesichts dessen die Frage stellen, ob L. FEUERBACH das Christentum je anders als in seinen extremen Entartungen – in seiner stur orthodoxen oder in seiner kulturprotestantisch reduzierten Variante –, ob er es also *überhaupt* in seiner lebendigen Fülle kennen gelernt habe. Von dem einzigen Theologen, den er in seiner Heidelberger Zeit gehört hat, dem berühmten Haupt des theologischen Rationalismus H. P. G. PAULUS, kann er nur höhnisch berichten, sein Kolleg sei weiter nichts als ein „Spinngewebe von Sophismen, die er mit dem Schleimauswurf eines mißratenen Scharfsinns zusammenleime". Kein Wunder, daß er sich lieber an den Hegelschüler KARL DAUB hielt und sich unter seinem Einfluß bereits darüber klar wurde, daß er für die Theologie verdorben sei und zur Philosophie hin strebe.

In der Tat wurden dann in Berlin die Vorlesungen HEGELs für ihn entscheidend und brachten den endgültigen Abschied von der Theologie, dem sein Vater nur zögernd zustimmte. Nach seiner Promotion in Erlangen habilitierte er sich dort 1828 für Philosophie. Er reüssierte aber nicht, einmal, weil er im Unterschied zu seiner schwungvollen schriftlichen Diktion als Redner nicht sonderlich geschickt war[50] und so nur einen mehr als bescheidenen Lehrerfolg erzielte. Vor allem aber schlug seine erste 1830 veröffentlichte Schrift „Gedanken ... über Tod und Unsterblichkeit" so negativ ein, daß die Hoffnung auf eine Professur bis auf den Nullpunkt zurückging. Sein Buch enthielt keimhaft bereits seine späteren Thesen. Obwohl er sich in seiner Ablehnung individueller Unsterblichkeit auf dem Boden HEGELs befand, ist der neue Ton doch schon deutlich vernehmbar: „Auf den Ruinen des gegenwärtigen Lebens ... erwacht in ihm (d. h. dem Individuum) ... das Gefühl und das Bewußtsein seines eigenen innerlichen Nichts, und in dem Gefühl dieses zweifachen Nichts entquillt ihm gleich einem Scipio auf den Trümmern von Karthago die barmherzige Tränenperle und Seifenblase der zukünftigen Welt; ... über die Poren und Lücken seiner Seele baut es die Eselsbrücke der Zukunft."[51] Er wird nun Privatgelehrter und lebt fast ein Vierteljahrhundert still in Bruckberg bei Ansbach, wo seine Frau Bertha geb. Löwe Anteile an einer Porzellanfabrik besaß, die einen finanziellen Rückhalt zur Verfügung stellten. 1860 kommt es zum Bankrott der Fabrik und damit zu permanenten Geld-

---

[48] R. HUCH, Alte u. neue Götter, 192; zit. b. ERIK WOLF, Große Rechtsdenker, 1939, 413.

[49] Große Rechtsdenker, 1939, 442.

[50] So berichtet GOTTFRIED KELLER, der in Heidelberg FEUERBACHS (außerhalb der Universität gehaltene) Vorlesungen hörte u. wesentlich durch sie geprägt wurde, von seinem „mühseligen, schlechten Vortrag", der ihn „eigentlich nicht zum Dozenten geschaffen" sein lasse: JACOB BÄCHTOLD, Gottfried Kellers Leben. Seine Briefe u. Tagebücher, 3 Bde. 1894ff., I S. 362.

[51] Gedanken, S. 9.

nöten. In Rechenberg bei Nürnberg, wo er dann seinen Wohnsitz nahm, wurde das nicht anders. Auch der Lärm um sein Haus quälte ihn.

Von seinen großen Zeitgenossen hatte er eigentlich nur mit DAVID FRIEDRICH STRAUSS schriftlichen und gelegentlich auch mündlichen Austausch.

Obwohl FEUERBACH allgemein als Theologenschreck galt (und gilt) und für viele Zeitgenossen der Antichrist persönlich war, erfreute er sich bei Nachbarn und Freunden wegen der Güte seines Wesens und seines Ethos großen Ansehens. Es gibt sogar schwärmerische, sicherlich vom Biedermeier gefärbte Beschreibungen seines persönlichen Eindrucks. Eine davon mag als Kostprobe hierher gesetzt werden[52]: „Ihn, den Geistesfürsten, zeichnete eine aristokratisch vornehme, an die Bedeutung seines hohen Geistes erinnernde Haltung aus, die mit einer gewissen männlichen Anmut und einer entgegenkommenden Liebenswürdigkeit gepaart war. Er war eine imponierende Erscheinung trotz seiner nur mittleren Größe ... Über die Einfachheit seiner Kleidung, die sein bescheidenes offenes Wesen bewies (!), blickte man in seine ebenmäßigen, ernstmilden, geistverkündenden Züge ..., blickte man in sein feurig erglänzendes Dichterauge, sah man auf die gedankendurchfurchte, hohe Stirn, auf die männliche leichtgebogene Nase, auf den zum Wohlwollen angelegten ernst geschlossenen Mund, bewunderte man seinen idealen fränkischen Charakterkopf, den ein ins Blonde – um nicht zu sagen ins Füchsische – schillernder, kräftiger Vollbart zierte ...“

Am 13. September 1872 starb FEUERBACH. Eine auf zwanzigtausend Menschen geschätzte Menge gab ihm das letzte Geleit. Ein freireligiöser Redner sprach an seinem Grab und verglich seine Verwandlung der Theologie in Anthropologie mit den Taten von KOPERNIKUS, KEPLER und GALILEI. Er pries ihn als „Wecker und Erlöser“[53].

a) Das Wesen von Christentum und Religion

1. Die „materialistische“ Abkehr von HEGEL

Die mit dieser Überschrift angedeuteten Bücher FEUERBACHs sind seine theologischen Hauptwerke. Das Wort „theologisch“ müßte allerdings in Anführungsstrichen stehen, weil es um eine an der Hegelschen Philosophie orientierte, ins Links-Hegelianische gewendete *Anti*-Theologie geht, die noch durch zahlreiche Streitschriften kommentiert und ergänzt wurde.

Was Links-Hegelianismus ist, sahen wir bereits bei einer seiner Varianten: bei DAVID FRIEDRICH STRAUSS. Nur bringt FEUERBACH einen weiteren Schritt auf dem Weg zu dem Ziel, die Hegelsche Philosophie vom Kopf auf die Füße zu stellen. FEUERBACH vertritt viel stärker die *materialistische* Richtung der neu heraufkommenden Naturwissenschaft; er ist eine Vorstufe zu jenem schon absurden Extrem, das sich uns in MAX STIRNER und seinem Buch „Der Einzige und sein Eigentum“ (1845) präsentiert. Die Lösung von HEGEL setzte bei FEUERBACH schon in seiner Erlanger Dozentenzeit ein. Die Präexistenz der „absoluten Idee“, der „logischen Kategorie“, und ihre abstrakte Wesenheit ante mundum conditum erschien ihm mehr und mehr als ein phantastischer Doketismus, als Aushöhlung der Realität. Eben diese aber suchte er. Auch der Denkakt, so spirituell

---

[52] So sein Freund und Gesinnungsgenosse KARL BEYER, Leben u. Geist L. F.s, 1873,4.
[53] Aus „Dem Andenken L. F.s“, 1872; zit. b. KOHUT, aaO. 344 ff.

er sich auch gab, war für ihn der Ausfluß eines Stückes Materie: des menschlichen Gehirns. In seine Erlanger Zeit fällt auch ein Distichon, das seine Emanzipation von HEGEL und den Umschlag seiner Geist-Philosophie satirisch karikiert:

An den Begriff
Wesen ist nur der Begriff, das heißt das Gerippe vom Menschen
Hat mehr Realität als der lebendige Mensch.
Fleisch und Geblüt ist nichts als überflüssiges Beiwerk,
Selber das Leben ist nur Zusatz zur Knochensubstanz.
Drum wird auch der Begriff nie Fleisch und Blut bei den Jüngern,
Wie der Knochen hinein, geht er auch wieder heraus.

Was FEUERBACH also sucht und will, ist der reale Mensch von Fleisch und
Blut. Er will weder nur den Begriffsknochen noch eine phantastische Überwelt
wie die der Religion, die das wirkliche Sein des Menschen auf andere Art verhüllt, nämlich durch Nebel. Jedenfalls ist es den Links-Hegelianern gemein, daß
sie zuerst dem von ihnen ausgemachten „Wirklichen" nachgehen, das nicht vorweg geisthaltig ist und also auch nicht gemäß dem ihm eingestifteten Logos
funktioniert, sondern das den Geist seinerseits hervorbringt. Die physische
Materie „Gehirn" schwitzt etwa den Geist aus; das wäre dann der biologische
Materialismus. Oder aber die materiell-ökonomische Basis der Gesellschaft
bringt die geistige Situation – in Gestalt von Religion, Sittlichkeit und Kunst –
als ihren „Überbau" hervor; das wäre dann der historische Materialismus.

Auch wenn FEUERBACH so im Gegensatz zu seinem einstigen Meister die materielle Basis menschlicher Existenz zunehmend schärfer ins Auge faßt, so behält
er doch eine letzte Grenze dieser anthropologischen Interpretation im Auge, die
es schwer fallen läßt, ihn einfach mit dem Etikett eines Materialisten zu behän-
gen. Im Blick auf diese Grenze sagt er einmal: „Der Materialismus ist für mich
die Grundlage des Gebäudes des menschlichen Wesens und Wissens; aber er ist
für mich nicht, was er für den Physiologen, den Naturforscher im engern Sinn,
z.B. Moleschott, ist, ... das Gebäude selbst. Rückwärts stimme ich den Materialisten vollkommen bei, aber nicht vorwärts."[54] Diese Unterscheidung von
Fundament und Gebäude soll offenbar besagen, daß FEUERBACH den im Rahmen seiner Anthropologie auftauchenden Werten wie Humanität, Liebe und
Mitmenschlichkeit einen *Eigenwert* sichern, sie zwar an die Materie gebunden
sehen, aber doch nicht in ihr aufgehen lassen möchte. Sein Grund für die Anleihen beim Materialismus steht wohl in Zusammenhang mit seiner Kritik an
dem ihm begegnenden Christentum, da es die Natur auf seine Weise ebenso verleugne wie HEGEL das tue, wenn es den Menschen zu einer „idealistischen
Schimäre" mache. In seinem „Wesen des Christentums", so hat er später gesagt,
habe er hier noch eine Lücke gelassen, die er in seiner Schrift über das Wesen
der Religion (1845) dann ausgefüllt habe. Deshalb habe er sich hier im besonderen auch der *Naturreligion* zugewandt:

---

[54] KOHUT, aaO. 63f.

„Im Wesen der Religion zeigte ich, daß der physische Gott oder Gott, wie er nur als die Ursache der Natur, der Sterne, Bäume, Steine, Tiere, Menschen … betrachtet wird, gar nichts anderes ausdrückt als das vergötterte, personifizierte Wesen der Natur, daß also das Geheimnis der Physiko-Theologie nur die Physik oder Physiologie ist – Physiologie hier … in ihrem alten, universellen Sinne verstanden, worin sie überhaupt die Naturwissenschaft bedeutete. Wenn ich daher meine Lehre zuvor in den Satz zusammenfaßte: ‚Die Theologie ist Anthropologie‘, so muß ich jetzt zur Ergänzung hinzufügen ‚und Physiologie‘.“ [55]

Der Zusatz „und Physiologie" könnte so klingen, als ob es FEUERBACH nur darum zu tun sei, die nunmehr verhaßte hegelsche Verballhornung der Anthropologie zurückzuweisen: das Mißverständnis nämlich, als sei der Mensch nur eine endliche Durchgangsstufe des Weltgeistes. Demgegenüber konnte der Hinweis auf die Physiologie als wirksames Antitoxin, als Beschwörung der materialen Basis wider alle nebulöse Metaphysik gelten.

Umschloß dieses „… und Physiologie" aber nicht doch noch mehr? Hat FEUERBACH die von ihm selbst gezogene Begrenzung des Materialismus auf das „Fundament" des Gedankengebäudes, auf den bloßen Ausgangspunkt, wirklich eingehalten? Gelegentlich kann man daran zweifeln, vor allem wenn wir seine Rezension der „Lehre der Nahrungsmittel" von JAKOB MOLESCHOTT (1850) zur Kenntnis nehmen:

„Damit muß man anfangen zu denken, womit man anfängt zu existieren. Das Principium essendi ist auch das Principium cognoscendi. Der Anfang der Existenz ist aber die Ernährung; die Nahrung also der Anfang der Weisheit. Die erste Bedingung, daß Du etwas in Dein Herz und Deinen Kopf bringst, ist: daß Du etwas in Deinen Magen bringst. ‚A Jove principium‘ hieß es sonst, aber jetzt heißt es: ‚a ventre principium‘. *Die alte Welt stellte den Leib auf den Kopf, die neue setzt den Kopf auf den Leib; die alte ließ die Materie aus dem Geiste, die neue läßt den Geist aus der Materie entspringen.* (Hier ist die Umkehrung HEGELS in einer fast marxistisch anmutenden Formulierung angedeutet. – Verf.) Die alte Weltordnung war eine phantastische und verkehrte, die neue ist eine natur- und eben deswegen vernunftmäßige. … Der Kopf ist das Vermögen zu schließen, und die Vordersätze, die Elemente zu diesem Schlüssel liegen in den Speisen und Getränken. … Plenus venter non studet libenter; richtig ist aber: so lange der Bauch voll ist, so lange hat der Kopf auch nichts vom Inhalt des Bauches. Hirn werden die Speisen erst, wenn sie Blut geworden sind … der Nahrungsstoff ist Gedankenstoff." – Zustimmend zitiert FEUERBACH den Satz MOLESCHOTTS: „Ohne Phosphor kein Gedanke" und scheint seine eigene Überzeugung zu bekennen, wenn er die rezensierte Schrift in dem fast zum Sprichwort gewordenen Satz zusammenfaßt: *„Der Mensch ist, was er ißt."* [56]

Ich meinte auf einen längeren Auszug dieser Stellungnahme nicht verzichten zu können, weil er einen Eindruck davon vermittelt, daß die von FEUERBACH markierte *Grenze* seines „Materialismus" offenbar durchlässig ist, daß jedenfalls sein Weg noch nicht endgültig an dieser Grenze Halt macht. Selbst wenn wir in Rechnung stellen, daß der Verfasser bewußt feuilletonistisch schreibt und seine

---

[55] WW IX, 221 f.; 331.
[56] Bei KOHUT abgedrucktes Exzerpt aus FEUERBACHS Rezension in den „Blättern für literarische Unterhaltung", ed. Ed. Brockhaus, Nr. 269, 1850, S. 1074 ff. Hervorhbgn. v. Verf.

Feder lustvoll laufen läßt, bleibt die Frage offen, ob die materialphysische Basis wirklich nur die *Bedingung* geistiger Entfaltung oder ob sie hier nicht bis zur *Ursache* gesteigert ist. Nur wenn wir dem Satz: „Der Mensch ist, was er ißt" die Bedeutung einer für FEUERBACH unwiderstehlichen Pointe beimessen, könnten wir ein Halten an der aufgewiesenen Grenze annehmen. Aber dürfen wir das? Sagt also unter Umständen seine These von der Verwandlung der Theologie in Anthropologie nicht sehr viel *mehr* aus, als sie im „Wesen des Christentums" auszusagen scheint? Diese Frage behalten wir im Kopf, wenn wir uns nunmehr dem „Anthropologen" FEUERBACH zuwenden.

2. Theologie als Anthropologie

Die Hauptquelle für die anthropologische Interpretation – besser: für die Anthropologisierung – von Religion und Christentum ist sein berühmtestes und zugleich die größte Verbreitung erreichendes Werk „Das Wesen des Christentums" [57]. Sein späteres „Wesen der Religion" bringt demgegenüber nur die schon angedeuteten Ergänzungen und Erweiterungen der grundlegenden Thesen.

Wichtig sind zunächst einige negative Bestimmungen dessen, was FEUERBACH *nicht* will und worin er sich von anderen Religionstheorien unterscheidet:

Gegenüber KANT, den die christlichen Glaubenssätze vornehmlich moralisch interessierten, gegenüber HEGEL, der in ihnen ein noch an „Vorstellungen" haftendes Vorspiel zu jenem absoluten Wissen sah, das erst die Philosophie in adäquater Gestalt bringen kann, aber auch gegenüber DAVID FRIEDRICH STRAUSS, der bei einer historischen Kritik der Leben-Jesu-Überlieferung einsetzte, richten sich die Intentionen FEUERBACHs auf etwas ganz anderes: Ihn interessieren die religiösen, speziell die christlichen Vorstellungen hinsichtlich ihrer *psychologischen* Genese: Welche Gemütsbedürfnisse des Menschen sind es, die sich in solchen Vorstellungen aussprechen? Was drückt sich an Furcht und Hoffnung, Angst und Wunsch in ihnen aus? Welches Selbstverständnis des Menschen wird in sie hineinprojiziert?

Die historische Frage nach dem Zustandekommen religiöser Vorstellungen und Glaubenssätze wird damit ebenso irrelevant wie die systematische Frage nach ihrem Zusammenhang und der darin möglicherweise kundwerdenden Wahrheit. Es gibt nur das *eine* – damit eminent vereinfachte, sozusagen monotone – Problem der psychischen, in etwa sogar der physiologischen Genese.

Was dabei herauskommt, ist die nach immer gleichem Muster praktizierte Interpretation von Mythen und Dogmen als verkappter Aussagen des Menschen über sich selbst:

„Das Bewußtsein Gottes ist das Selbstbewußtsein des Menschen, die Erkenntnis Gottes die Selbsterkenntnis des Menschen ... Gott ist das offenbare Innere, das ausgesprochene Selbst des Menschen." [58] – „Das Bewußtsein des unendlichen Wesens ist nichts anderes als

---

[57] WW VI/VII.
[58] WW. VI,15.

das Bewußtsein des Menschen von der Unendlichkeit seines eigenen Wesens, oder: in dem unendlichen Wesen, dem Gegenstand der Religion, ist dem Menschen nur sein eigenes unendliches Wesen Gegenstand."[59] Entsprechend ist der Glaube an das Jenseits ... der Glaube an die Freiheit der Subjektivität von den Schranken der Natur – folglich der Glaube des Menschen an sich selbst."[60]

Im 3. Kap. über das Christentum werden die Hintergründe der in der Religion sich objektivierenden und projizierenden Anthropologie ausgeleuchtet. Es zeigt sich nämlich, so FEUERBACH, daß der Mensch ein zwiegespaltenes Wesen hat, das sich in seinen Gottesvorstellungen offenbart: Er erkennt in sich die Differenz zwischen seinem Ist- und seinem Soll-Zustand. Sich selbst sieht er in seiner Begrenztheit, Unvollkommenheit und Entfremdung. Darum „setzt er sich Gott als ein ihm entgegengesetztes Wesen gegenüber ... Gott ist das unendliche, der Mensch das endliche Wesen; Gott ist vollkommen, der Mensch unvollkommen."

Natürlich liegt es nahe, die anthropologische Umkehrung der christlichen Religion mit besonderem Nachdruck auf die Inkarnation, auf den *mensch*gewordenen Gott anzuwenden und „die Anschauung Gottes als eines selbst *menschlichen Wesens*" als den Kern der Inkarnationsidee zu verstehen. „Die Inkarnation ist nichts anderes als die tatsächliche sinnliche Erscheinung von der *menschlichen* Natur Gottes." Die von FEUERBACH inszenierte Umkehrung gewinnt gerade hier – d.h. im 5. Kapitel – eine höchst bezeichnende Pointe: Die Menschlichkeit Gottes, wie sie sich in der Gestalt Christi abzeichnet, ist die Hypostasierung dessen, was wir in *unserer* Menschlichkeit als „Liebe" kennen und erleben. Die Pointe, die ich meinte, besteht nun in folgendem:

Wenn es im 1. Johannesbrief (4,8) heißt: „Gott ist Liebe", dann wird das Wesen der hier gemeinten Agape durch das vorher gezeichnete Wesen *Gottes* bestimmt und insofern von unserer menschlich-natürlichen Liebe unterschieden. Bei FEUERBACH aber wird Gott zu einer Personifizierung *unserer* Liebe, so daß jetzt die Idee „Gott" als Hypostasierung dieser unserer Liebe verstanden wird. Insofern muß es nunmehr heißen – darauf weist H. J. KRAUS mit Recht hin[61] –: „... die Liebe ist ‚Gott'." Wenn also die Gottesidee in der Idee der (menschlichen) Liebe aufgeht, dann ist FEUERBACH wieder einmal in diesem seinem 5. Kapitel bei seinen immer neu durchgehechelten Grundthesen angekommen: daß die Projektion dieser Liebe in Gestalt von Gott zugunsten der projizierenden Größe aufgegeben werden müsse: „Wie Gott sich selbst aufgegeben hat aus Liebe (natürlich ist das ironisch gemeint, weil Gott ja eine Imagination ist! Verf.), so sollen wir auch aus Liebe Gott aufgeben", d.h. wir sollen die hier gemeinte und durch die Inkarnation illustrierte Selbsthingabe nun *unmittelbar*, als eine gleichsam emanzipierte Tugend üben.

Entsprechend wird dann auch die Ethik bei FEUERBACH aus KANTS Verquickung mit der Religion gelöst. *Damit* freilich weist FEUERBACH ein Problem auf, dessen Relevanz immer neu in den entsprechenden Diskussionen – bis heute – hervortritt. Wenn HUGO GROTIUS einmal den berühmten Satz gesprochen hat,

---

[59] AaO. VII,372.
[60] AaO. 252.
[61] KRAUS, aaO. 161.

daß das jus naturale (und damit auch die natürliche Ethik mit ihren Normen) auch dann gelte, wenn es Gott nicht gäbe – etsi non daretur Deus –, so müßte es bei FEUERBACH heißen, daß uns die ethischen Werte erst dann gewiß werden, wenn wir sie von ihrer theonomen Begründung lösen, wenn wir also eingesehen haben, daß Gott nicht „ist".

Der ganze Abstand FEUERBACHS zu HUGO GROTIUS tritt erst dann hervor, wenn wir uns folgendes klar machen[62]: GROTIUS meint, Gott habe sich im jus naturae so sehr an seine eigene Ordnung gebunden, daß diese auch dann gelten würde, wenn man annähme – „was man jedoch ohne schweres Verbrechen nicht annehmen darf" –, daß kein Gott sei (non esse Deum). GROTIUS postuliert also keineswegs damit einen Atheismus, sondern meint: Was Gott gegeben hat, ist so gut, daß es auch ohne ihn seine Ordnung bewahren würde, und so unveränderlich, daß nicht einmal Gott selbst es ändern könnte[63].

Wir können einen ersten Ertrag formulieren:

Erstens: Gott ist ein Projektionsbild, das in vergrößertem Maßstab mein Ich abbildet: das Ich in seinen Hoffnungen und Befürchtungen, vor allem aber in seinem Selbstwiderspruch zwischen dem, was es ist und dem, was es sein soll. Psychoanalytisch ausgedrückt, könnte man von einem durch den Menschen gesetzten Über-Ich sprechen.

Zweitens: Schon in dem bescheidenen Florilegium von Zitaten, die den Nerv von FEUERBACHS Konzeption markieren sollten, fand sich mehrfach die Formulierung: Die Religion (oder das Jenseits oder was sonst immer aus diesem Bereich) „ist nichts anderes als …" Diese Aussageform ist ein charakteristisches Merkmal des Reduktionismus, der trotz aller Versicherung positiver Gesichtspunkte sich in Subtraktionsexempeln erschöpft. Es ist ein Stil, der sich vornehmlich im Milieu des Materialismus findet, dem FEUERBACH, wie wir sahen, ja auch immer mehr zusteuert. Der Reduktionismus bezeichnet eine geistige Situation, die den Menschen auf einen vorfindlichen, objektivierbaren und insofern eindimensionalen Wirklichkeitsbezug festlegt. Er verrät sich in der immer wiederkehrenden Chiffre: „Der Mensch ist nichts anderes als …"

Um ein paar Exempel dieser Art außerhalb FEUERBACHS zu statuieren: „Das Leben ist nichts anderes als ein Verbrennungsprozeß, ein Oxydationsvorgang"; oder (so in einer amerikanischen Fachzeitschrift für Psychotherapie): „Werte sind nichts anderes als Abwehrmechanismen und Reaktionsbildungen" (Nothing but defense mechanisms and reaction formations); oder: „Der Mensch ist nichts als ein biochemischer Mechanismus, gespeist durch ein System, welches Computern Energie zuführt."[64]

Drittens: ERNST BLOCH hat vermutlich FEUERBACH richtig verstanden, wenn er gerade im Zusammenhang mit der Selbstentzweiung des Menschen, mit seiner Aufspaltung in Sein und Sollen, in sein Noch-nicht und sein erhofftes Bestimmungsziel davon spricht, Gott erscheine bei ihm so „als hypostasiertes Ideal des in seiner Wirklichkeit noch ungewordenen Menschenwesens"; er erscheine „als

---

[62] Das ist wichtig, weil BONHOEFFER den Satz von GROTIUS „etsi non daretur Deus" mißverständlich zitiert: Widerstand und Ergebung, 1951, 241.
[63] Zu GROTIUS s.a. ERIK WOLF, Große Rechtsdenker, 1939, 199ff., bes. 209f.; 212; 217.
[64] Siehe Anthropol. 459.

utopische Entelechie der Seele, so wie das Paradies als utopische Entelechie der Gotteswelt imaginiert war". Insofern gehe es um eine „Deutungs-Projektion des homo absconditus und seiner Welt"[65].

Diese Interpretation würde zu der immer wieder von FEUERBACH geäußerten Versicherung stimmen, daß es bei seiner Religionskritik keineswegs nur, wie ihm vorgeworfen wurde, um Negativität und Destruktion gehe, sondern daß er damit ein *positives* Ziel anstrebe. Er liebe den Menschen und wolle ihm helfen. Über dieses sein Ziel spricht er gerade in der 3. Vorlesung über das „Wesen der Religion": Er wolle aus Theophilen Philanthropen, aus Kandidaten des Jenseits Studenten des Diesseits, aus Kammerdienern der himmlischen und irdischen Monarchie selbstbewußte und freie Bürger der Erde, kurz: er wolle aus Theologen Anthropologen machen. Es geht ihm also um einen Dienst an der Humanität und ihrer Entfaltung. Diese aber finde nur zu sich selbst, wenn sie sich in Freiheit als eigenständiges Thema ergreift und sich nicht durch ihre Verschlüsselung in religiösen Chiffren irreführen läßt.

Vor allem aber gilt der Gegensatz, der stets polemisch geäußert wird und deshalb nach außen stärker wirkt, so daß vornehmlich aus diesem Grunde FEUERBACH im Gedächtnis als „der Geist, der stets verneint", als bloßer Anwalt eines Anti weiterlebt. Doch möchte er selbst wohl so verstanden werden, daß dieses Anti nur die negative Kehrseite seines eigentlichen und „philanthropischen" Zieles ist: Wer die religiösen Krücken nämlich nicht fortwirft und sie im Gegenteil seinen Mitmenschen immer neu verpaßt, ist ein raffinierter Pfaff, den mit Hohn und Spott zu übergießen FEUERBACH in der Tat nicht müde wird. Ein exemplarischer Fall dieser Art sind seine Tiraden gegen den Dogmatiker JULIUS MÜLLER[66], der für ihn der Inbegriff des Pfaffentums war und den er in seinen „Aufzeichnungen" karikiert: „Sind die Pfaffen gescheit, so sind sie böse, unehrlich, Heuchler; sind sie ehrlich, gut, so sind sie dumm. ... Es gibt nichts Häßlicheres als einen Theologen: es ist ... die Ignoranz unter dem Schein geoffenbarter Weisheit, die Pöbelhaftigkeit unter dem Schein der Bildung. ... Ich bin ... aus moralischen Gründen kein Christ – deswegen keiner, weil man jetzt kein Christ mehr sein kann ohne Lüge und Selbstbetrug."[67]

b) Kritische Würdigung

Ende und Neubeginn theologischer Apologetik

Wir könnten noch lange fortfahren und zeigen, daß und in welcher Weise alle christlichen Dogmen in der Weise des Reduktionismus („sie sind nichts anderes als ...") interpretiert und damit natürlich grotesk banalisiert werden. Deshalb kann man sich, zur Lektüre seiner beiden religionskritischen Werke genötigt, vor allem die enorme Wirkung des „Wesens des Christentums" kaum erklären.

---

[65] BLOCH, Prinzip Hoffnung III, 1522f.

[66] 1801–1878. Er war seinerzeit berühmt durch sein großes, vielfach aufgelegtes Werk „Die christliche Lehre von der Sünde", 1838ff.

[67] Daß FEUERBACH als eigentliches Ziel positive, humanitäre Intentionen verfolgen wollte, empfand er als wesentlichen Differenzpunkt zwischen sich selbst und dem sonst von ihm geachteten, aber radikal verneinenden MAX STIRNER.

Denn trotz des Feuers seiner (schriftlichen!) Eloquenz und trotz des Pathos, das die Verballhornung jedes einzelnen christlichen Glaubenssatzes als schadenfrohe Entdeckung erscheinen lassen möchte, strahlt die Monotonie der *einen,* endlos immer wiederholten Pointe eine beträchtliche Langeweile aus.

Die publizistische Wirkung ist wohl nur unter zwei Gesichtspunkten verständlich: *einmal,* weil die Theologen – aber auch die Bildungschristen überhaupt – hier ihren eigenen geheimen Anfechtungsfragen begegneten, vor allem der Frage, ob das von ihnen Geglaubte letzten Endes nicht doch „Menschenwerk" sein könne. Das so direkt und mit immer wiederholtem Refrain ausgesprochen zu hören, mußte für erregte Aufmerksamkeit sorgen. – *Ferner:* Die Anhänger unter den zahlreichen Säkularisierten seiner Zeit mochten jede Seite dieser eintönigen Entlarvungen als eine immer neue Bestätigung der sie faszinierenden Ausgangsthese empfangen – wie es jedenfalls bei Fanatikern zu sein pflegt: Sie sind unersättlich in Wiederholungen. Verstärkend mochte hinzukommen, daß das Pathos der Befreiung, von dem diese beiden Bücher durchsetzt waren, ein neues Sendungsbewußtsein – und also sehr viel mehr als bloße Schadenfreude! – auszulösen vermochte.

Immerhin wäre es unangemessen, die vielfach zu beobachtende Trivialisierung des Christentums nur FEUERBACH selbst anzulasten. Er ist ja nicht von ungefähr zu seinen kritischen Thesen gekommen und ist ganz sicher nicht ein hybrider Prometheus. Er war vielmehr *einmal* ein Opfer der hegelschen Philosophie, die dem Realitätsgefühl des heraufziehenden Materialismus nicht mehr genügte. Zum *andern* war er – das klang schon an – ein Opfer des zeitgenössischen Christentums. Es gibt, besonders in seinen Briefen, Partien, die das ihn umgebende Christentum in ähnlicher polemischer Schärfe geißelten wie sein Zeitgenosse KIERKEGAARD es getan hat. Als sein Bruder Eduard ihm die Patenschaft über seinen kleinen Sohn anbot und ihn dabei bat, von seiner antichristlichen Richtung abzustehen, schrieb er ihm in einem ironischen Brief vom 18. August 1842 seine Weigerung und forderte ihn auf, nur weiterhin dem Zeitgeist zu frönen, der „ein widerspruchsvolles Gemisch von Christentum und Heidentum für Christentum ausgibt". So möge er seinem Sohn den antichristlichen Namen Ludwig und den christlichen Namen Anselm geben: „So bist Du aus aller Verlegenheit". Der Schmerz über die Hohlheit und das unwahrhaftige mixtum compositum des zeitgenössischen Christentums ist unverkennbar. Was er so in der Hohlheit seiner empirischen Erscheinung gesehen hat, bildete sicher die Initialzündung dafür, daß er nun auch dem hinter der fragwürdigen Erscheinung stehenden *Wesen* den Garaus machen wollte. Bei aller Kritik steht enttäuschte Liebe im Hintergrund.

Wenn wir nun nach dem Einsatz für eine *Antikritik* der Projektionstheorie FEUERBACHS fragen, so möchte ich die vielleicht schockierende These an den Anfang stellen, daß diese Theorie prinzipiell und argumentativ nicht zu widerlegen sei. Denn eine solche Widerlegung – d.h. der Nachweis, daß die Offenbarung *keine* Projektion des Menschen sei – würde ja die Möglichkeit eines Gottesbeweises implizieren.

Selbstverständlich könnte man an vielen Einzelpunkten einhaken. Doch was könnte ein derart apologetisches Flickwerk ausrichten! Wer sich nicht ausschließlich auf den zentralen Punkt der Anthropologisierung konzentriert, verfehlt das Thema und läßt FEUERBACHS Konzeption ungeschoren in Geltung bleiben.

Eine überaus instruktive Illustration für die Ineffektivität dieser Art Sekundär-Apologetik ist die in den dreißiger Jahren entbrannte Debatte um den berüchtigten „Mythus des 20. Jahrhunderts. Eine Wertung der seelisch-geistigen Gestaltenkämpfe unserer Zeit" von ALFRED ROSENBERG. Dieses mit riesigem Aufwand enorm verbreitete Werk löste bei den Kirchen eine Fülle apologetischer Reaktionen aus. Die wichtigste und auch umfangreichste war ein als Beilage dem kirchlichen Amtsblatt der Diözese Münster zugefügtes Buch anonymer Fachgelehrter mit dem Titel „Studien zum Mythus des 20. Jahrhunderts" (1934). Dieses Werk setzte sich zum Ziele, nahezu alle biblisch-exegetischen, kirchen- und dogmengeschichtlichen Angaben ROSENBERGS zu widerlegen und so seine totale Unwissenschaftlichkeit zu erweisen. Obwohl auch dieses Entlarvungsbuch eine sehr große Verbreitung fand, blieb seine Apologie erstaunlich wirkungslos. Die Mythus-Anhänger fühlten sich von ihm überhaupt nicht tangiert, da die Blut-und-Boden-Ideologie ROSENBERGS für sie eine Lebensbotschaft bedeutete. Die Gegner dagegen sahen sich schadenfroh bestätigt. Es gab keine Renegaten oder Konvertiten. Diesmal tatsächlich nicht ohne Recht stellte der nazistische Mythologe in seiner eigenen Entgegnung fest: „Das, was ich in meinem Mythus … behaupte …, würde durchaus bestehen bleiben, selbst wenn der ganze *historische* Beweis in allen Punkten zu widerlegen wäre."[68] – Auch FEUERBACHS Thesen blieben unangetastet, wenn seine biblischen und kirchengeschichtlichen Detailhinweise mit Fug und Recht bestritten werden könnten.

FEUERBACH hat so das Verdienst, unwissentlich die Fundamente der herkömmlichen Apologetik mit ihrer spekulativ-historisch gemixten Korrekturmethode radikal in Frage gestellt und damit den Theologen das Problem entgegengeschleudert zu haben, wie denn überhaupt ein das *Relevante* treffender Dialog mit den Bestreitern christlicher Wahrheit zu führen sei. FEUERBACH zwingt die Theologen, von allerhand Nebenkriegsschauplätzen, wo es nur zu Scharmützeln kommt, aber keine Entscheidungen fallen, in die Hauptkampflinie zurückzukehren. Man könnte es auch so sagen: Er zwingt die Theologie, ein bloß taktisches Detail-Denken aufzugeben und statt dessen *strategische* Überlegungen anzustellen.

Bei dem Versuch, diesen Denkanstoß FEUERBACHS fruchtbar zu machen, drängt sich als erstes die Feststellung auf, daß es prinzipiell keine Verteidigung des Christentums *von außen* geben kann. Von außen gesehen kann man es tatsächlich psychologisch oder religionsgeschichtlich relativierend interpretieren. (FREUD z. B. ist in puncto Religionskritik in vielem ein FEUERBACH-Jünger!) Die Überwältigung meiner Existenz durch das Kerygma des Evangeliums ist argumentativ-objektivierend ebenso wenig zu begründen, wie KANT etwa das Faktum der Freiheit auf diese Art andemonstrieren kann: Von außen gesehen, so stellt er fest, unterliegt alles der Notwendigkeit des Kausalitätszwanges, so daß ich bei Kenntnis aller psychischen Faktoren das Handeln eines Menschen mit

---

[68] A. ROSENBERG, An die Dunkelmänner unserer Zeit, 1935,6.

der gleichen Gewißheit voraussagen könnte, wie der Astronom eine Mondfinsternis ankündigen kann. Die Gewißheit von Freiheit vollzieht sich, so KANT, ausschließlich als „ungegenständlich" zustandekommende Gewißheit: dann nämlich, wenn ich dem praktischen Logos meines Gewissens begegne. Eine existenzielle Gewißheit, wie sie dem Glauben zukommt, ist gleichfalls durch einen Nachweis von außen her nicht zu erreichen. Auch sie vollzieht sich ungegenständlich. Entsprechend ist die Gewißheit von der Realität Gottes, die nicht zur Imagination eines bloß projizierten Bildes zergehen kann, keineswegs von *außen* her anzudemonstrieren.

Was so einen Augenblick wie Kapitulation vor der argumentativen Attacke FEUERBACHs aussehen könnte, ist aber gerade ein erster negativer Hinweis, wo die *eigentliche* Thematik dieser Auseinandersetzung zu suchen sei. Ich habe für das, was ich hier meine, gelegentlich ein Bild gebraucht, das vielleicht hilfreich ist: Von außen gesehen, sind die farbigen Kirchenfenster grau in grau; sie sagen mir nichts und können mit blinden Mattscheiben verwechselt werden. Erst wenn ich den Innenraum betrete, beginnen sie zu leuchten, zu erzählen und zu verkündigen. Etwas zugespitzt formuliert, möchte ich so sagen: Es gibt keine gemeinsame Ebene zwischen der christlichen Überzeugung von der Realität Gottes und der FEUERBACHschen Bestreitung dieser Realität. Der Ausfall dieser Ebene ist identisch mit dem Ausfall überführender Argumente im Rahmen der Prämisse „Objektivität". Die Gewißheit von der Realität Gottes und damit die „Widerlegung" FEUERBACHs könnte nur durch eine vollmächtige („exousía") *Verkündigung* zustandekommen, in der mir diese Realität aufgeht und die Projektionstheorie zum Spuk wird. Denn nur so wäre ich in jenen Innenraum versetzt, in dem die Bilder sprechen und meine bisherige Lebensbahn sich jäh (oder auch allmählich!) wendet.

Die entscheidende kritische Frage an FEUERBACH, die der Alternative zwischen Theologie und Anthropologie, Offenbarung und Projektion beizukommen sucht, scheint mir jedenfalls ganz anders zu lauten als die Antikritiken, die man in der Regel mit seinen theologischen Interpreten zu lesen bekommt (einschließlich K. BARTH und neuerdings H. J. KRAUS).

Wenn ich sagte, FEUERBACH sei prinzipiell mit Argumenten nicht zu widerlegen, so könnte man sogar KIERKEGAARDs Antikonzeption zu HEGEL unter Umständen als eine raffinierte Form von Projektion interpretieren (sofern man auf derartige Konstruktionen versessen ist!). KIERKEGAARD hat zwar am schärfsten wider den Versuch protestiert, das Christentum zu einer Objektivierung unserer Wünsche und Ideale zu machen. Er hat am drastischsten seinen Ärgernis-Charakter, seine schockierende Paradoxie betont. Aber auch hier ist kein theologisches Kraut dagegen gewachsen, sein Denken als einen ausgeklügelten intellektuellen Wunschtraum zu interpretieren und seinen Ärgernischarakter dann als taktischen Trick zu verstehen, um das Christentum dem Argument HEGELs (und FEUERBACHs!) zu entziehen.

Es geht mir darum, auf alle apologetischen Mätzchen einer Antikritik en detail, aber auch auf den BARTHschen Versuch zu verzichten, FEUERBACH nur als ein Donnerwetter zu verstehen, das sich gewisse anthropozentrische Theologien des 19. Jahrhunderts mit Recht auf den Hals gezogen hätten (obwohl natürlich auch da etwas „dran" ist). *Ich kann* FEUERBACH *nur ernst nehmen, wenn ich seine Grundfrage ernst nehme.* Sie ist tatsächlich ein Speer, der in uns eindringt und uns verwundet. Ich möchte also auf ihn nicht mit dem pharisäischen Gestus jener Selbstsicheren reagieren, die so tun, als ob sie unter ihrer Soutane oder ihrem Talar ein Kettenhemd trügen, an dem dieser Speer wirkungslos abpralle. (Dieser Vorwurf geht aber nicht auf BARTH oder KRAUS!).

Um das, was ich als „strategische" Überlegung – im Gegensatz zu bloßer Taktik – bezeichnete, in Angriff zu nehmen, schlage ich folgenden Weg für einen Dialog mit FEUERBACH vor:

Ich möchte in meinem Ernstnehmen FEUERBACHs einmal so weit gehen, daß ich einen Augenblick meine theologische Barrikade verlasse und mich vorübergehend, scheinbar zum Feinde überlaufend, auf den *Boden* der Projektionstheorie stelle. Gesetzt also, ich müßte sie akzeptieren und gäbe damit die transzendente Verwurzelung meines bisherigen Glaubens auf, um mich ausschließlich mit der horizontalen Ebene meiner Selbstverwirklichung und meiner Erschlossenheit für liebende Mitmenschlichkeit zu begnügen. Würde dann tatsächlich alles gesagt sein, was hier zu sagen wäre? Mehr *hat* FEUERBACH doch nicht zu sagen – oder? Mit seiner These der totalen Anthropologisierung der Religion ist das Problem der Transzendenz offenbar erledigt – punktum. Müßte aber hier statt des Punktes nicht möglicherweise gerade ein Doppelpunkt stehen, weil die entscheidende Frage sich *nun* allererst stellt?

Diese Haupt- und Kardinalfrage müßte lauten: *Wie kommt denn der Mensch eigentlich zu diesem Projektionszwang:* zu dieser merkwürdigen Weise der Selbstentzweiung, die ihn veranlaßt, unter der Chiffre „Gott" den Soll-Zustand seiner Bestimmung im Gegensatz zu seinem Ist-Zustand darzustellen? Genügt hier wirklich die etwas triviale Erklärung, die FEUERBACH selbst gibt: die Vorstellung Gottes oder auch der Götter sei eben die Objektivation einer bloßen Wunschvorstellung?

Graben wir bei dieser Frage nach dem Woher des Projektionszwangs tiefer, so verwandelt sich die Alternative „Theologie *oder* Ahthropologie" offenbar in eine ganz *neue* Entscheidungsfrage. Sie lautet: Ist jenes Woher des Projektionszwanges seinerseits wieder aus der horizontalen *oder* der vertikalen Dimension des menschlichen Daseins zu erklären? Nicht nur *wir* stellen diese Frage nach dem Woher, sondern auch KARL MARX stellt sie. Wir stoßen also am Ende noch einmal ganz neu auf FEUERBACHs Ausgangsfrage:

1. Für die *immanente* Lösung der Woher-Frage steht MARX repräsentativ, und zwar in seinen „Thesen über Feuerbach" am Beginn der „Deutschen Ideologie"[69]. Obwohl er FEUERBACH als Materialisten und Umkehrer HEGELs durchaus respektiert[70], wirft er ihm doch vor, den hier projizierenden Menschen nicht hinterfragt zu haben, um so den wahren Grund dafür zu entdecken, *daß* er sich

---

[69] 1845/46; bei den von Landshut herausgegebenen Frühschriften, 339ff.
[70] So in „Nationalökonomie u. Philosophie" (1844), aaO. 250.

in der Religion einen himmlischen Doppelgänger erdichtet und es zur „Verdoppelung der Welt in eine religiöse und eine weltliche" kommen läßt.

Die eigene Antwort von MARX auf die Frage nach dem Woher des Projektionszwanges und damit seine Korrektur FEUERBACHs besteht in der Feststellung, daß es „den" Menschen, den *abstrakten* Menschen im Sinne FEUERBACHS gar nicht gebe, sondern daß er durch die gesellschaftlichen Umstände geprägt sei. Diese seien es, die ihn entfremdeten und verbögen. Die Zerrissenheit und der Selbstwiderspruch des Menschen, die FEUERBACH feststellt und aus denen er jene himmlische Doppelgängerschaft hervorgehen sieht, seien also nur die Spiegelung der entfremdenden *Verhältnisse*. Sie seien es, wie MARX andernorts vielfach bezeugt, die den Menschen dazu brächten, sich ein tröstliches Jenseits-Surrogat für die Misere der hiesigen Verhältnisse zu erdichten. Eben deshalb kommt ihm alles darauf an, nicht nur die Welt (und den Menschen) zu „interpretieren", sondern sie zu „verändern"[71].

„Feuerbach löst das religiöse Wesen in das menschliche Wesen auf", so MARX. „Aber das menschliche Wesen ist kein dem einzelnen Individuum innewohnendes Abstraktum (als welches FEUERBACH es interpretiert. Verf.). In seiner Wirklichkeit ist es das Ensemble der gesellschaftlichen Verhältnisse." FEUERBACH gehe auf die Kritik dieses wirklichen Wesens nicht ein. Er sehe daher auch nicht, „daß das ‚religiöse Gemüt' selbst (wieder) ein gesellschaftliches Produkt ist und daß das abstrakte Individuum, das er analysiert, einer bestimmten Gesellschaftsform angehört. ... Mysterien, welche die Theorie zum Mystizismus veranlassen, finden ihre rationelle Lösung in der menschlichen Praxis und in dem Begreifen dieser Praxis."[72] Der Begriff „Praxis" bedeutet hier wie auch sonst bei MARX die gesellschaftliche Konkretion, mit der der Mensch zu tun hat.

MARX löst also die – von FEUERBACH nicht gestellte – Frage, woraus sich das Motiv zur religiösen Projektion letztlich ergebe, mit Hilfe einer Diagnose der gesellschaftlichen Verhältnisse, d.h. im Bereich der *horizontal-immanenten* Dimension.

2. Aber auch der *theologische* Dialogpartner FEUERBACHs muß diese Frage nach einem letzten Woher der Projektion aufwerfen und stößt dabei möglicherweise auf eine ganz *neu* sich meldende Transzendenz.

Kommt nicht alles auf das Bezugssystem an? Unter (freilich einseitigem) psychologischem und soziologisch-empirischem Aspekt können religiöse Inhalte in der Tat als Projektion erscheinen. Beide Wissenschaften, jedenfalls wesentliche Richtungen unter ihnen, insistieren ja darauf, „Metaphysisches" aus dem für sie objektivierbaren Seinsbestande abzuleiten. Von der „Innenwelt" des Glaubens her ist es geradezu umgekehrt: Hier erscheint der anthropologische Seinsbestand als Reflex göttlichen Schöpfertums. Im *einen* Falle erscheint das Vaterbild Gottes als Reflex irdischen Vatertums, und bei einer als düster erlebten Vatergestalt – siehe TILMANN MOSERS „Gottesvergiftung" – als schreckensvoll verzerrtes Gottesbild. Im *andern* Falle erscheint die Imago des irdischen Vaters als Reflex

---

[71] Thesen über FEUERBACH, Abschn. 11.
[72] Thesen Nr. 6 bis 8 mit Auslassungen.

des „Vaters im Himmel". Das *eine* Mal handelt es sich um eine *anthropomorphe* Darstellung der jenseitigen Welt – als die „Verdoppelung" unserer Menschenwelt, wie MARX gesagt hatte – und insofern gar um eine Projektion. Das *andere* Mal geht es um eine *theomorphe* Prägung unserer irdisch-menschlichen Wirklichkeit.

Wenn ich sagte, FEUERBACH sei prinzipiell und argumentativ nicht zu widerlegen, so wäre doch eine Gegen-*Frage* an ihn zu richten: Könnte das (vermeintlich) durch Projektion zustandekommende Gottesbild seinen Grund nicht in einer Affinität des Projizierenden zu dem also Projizierten haben? Könnte das so erscheinende (gerade einem einseitigen Empiriker so „erscheinende") Gottesbild nicht durch den Reflex ausgelöst werden, den Gott in unsere Psyche eingeprägt hat? Wie könnten wir auf die Idee eines himmlischen Doppelgängers kommen, wenn wir als imago Dei sein Bild nicht bereits in uns trügen und „zu ihm hin" geschaffen wären, wenn also eine Affinität zwischen Gott und Mensch zu unserer schöpfungsmäßigen Ausstattung gehörte?

Noch schärfer formuliert: Wenn FEUERBACH seinen ehemaligen Meister HEGEL vom Kopf auf die Füße gestellt und also umgedreht hat: könnte es nicht eine theologische Aufgabe sein, FEUERBACH nun seinerseits wieder umzuwenden? Nicht freilich so, daß wieder ein regenerierter HEGEL aus ihm würde, sondern so, daß der das Religiöse anthropologisierende Anti-Theologe vor die Frage gestellt wäre, ob die Projektion nicht der Reflex und die Reaktion auf „etwas" wäre, das ihn vorher bereits angesprochen, das die Affinitäten zwischen dem Göttlichen und dem Menschlichen begründet und – biblisch ausgedrückt – den Menschen eben zu Gottes Ebenbild gemacht hätte? Gott wäre Mensch, sein Wort wäre Fleisch geworden, er wäre „an Gebärden als ein Mensch erfunden" (Phil 2,7) – und dieser Mensch käme auf die abstruse Idee, die so verfügte Affinität von Gott und Mensch, die Analogie dieser Kondeszendenz zum Anlaß zu nehmen, in Gott einen durch Projektion entstandenen Doppelgänger seiner selbst zu sehen –!?

Sähe damit das Zustandekommen der „Verdoppelung" nicht ganz anders aus? Was ich so als Fragen formuliere (um nicht in den thetischen Stil der üblichen Apologetik zu geraten!), mag gerne im Sinne *rhetorischer* Fragen verstanden werden, die im Leser einen eigenen Denkprozeß auslösen möchten.

Ich habe soeben gesagt, daß es *mindestens* so unmöglich sei, diese theologische Gegenposition zu FEUERBACH zu widerlegen, wie es unmöglich sei, *seiner* Theorie argumentativ beizukommen. Dieses Wort „mindestens" muß ich noch begründen, weil mit ihm eben doch ein gewisser argumentativer Vorteil auf Seiten der Theologie angedeutet ist und damit eine Inkonsequenz gegenüber unserem bisherigen modus procedendi vermutet werden könnte. (Denn bisher verließen wir doch die Ebene der Argumente und suchten zu zeigen, daß FEUERBACHs These und die theologische Antithese als eine argumentativ nicht zu lösende Entscheidungsfrage stehen bleiben müßten.) Also plötzlich doch wieder der Einbruch eines als Frage notdürftig getarnten Arguments und damit Rückfall in den apologetischen Stil? So weit möchte ich nicht gehen; es bleibt schon bei einer Alternative, die reflexiv nicht nach der einen oder anderen Seite aufzulösen ist. Doch gibt es eine Überlegung, die die Glätte, die das selbstverständlich Evidente von FEUERBACHS Projektionsgedanken in Frage stellen könnte, und zwar von einer *nicht*-theologischen Ebene aus:

PETER L. BERGER macht mit Recht darauf aufmerksam, daß die Mathematik eine Wissenschaft sei, in der der Geist gewissermaßen „projizierend" tätig sei. „Ein Mathematiker kann ohne jeden Kontakt mit der Natur mathematische Universen konstruieren, die als reine Produktionen des Verstandes seinem Haupt entspringen." Das zeigt sich besonders in der astronomischen Mathematik, die durch Berechnung das Vorhandensein eines Planeten postuliert, den dann die empirische Beobachtung mit dem Teleskop später tatsächlich findet. Wie ist das möglich? Darauf kann es nur die Antwort geben, daß die Natur – hier das Universum – *selber* mathematisch konstruiert, daß es vom Logos durchwaltet ist. Nur weil es diese Analogie zwischen dem ontischen Logos „draußen" und dem noetischen Logos „in mir" gibt, sind die intellektuellen Projektionen der Mathematik kein Traumbild, sondern der Reflex einer bestehenden logischen Wirklichkeit. *Es geht also um eine Affinität unseres Denk-Logos zum Seins-Logos, wie ihn schon die Stoa konstatierte und als den erkenntnistheoretischen Ermöglichungsgrund für unser Begreifen interpretierte.* Danach wäre es so, daß die mathematisch-rationalen Relationen des Universums in meiner Vernunft gewissermaßen einen Brückenkopf hätten, auf den sie zugehen, in dem sie sich reflektieren könnten.

Dieselbe Frage stellt sich nun – als *Frage,* nicht einfach als Lösung des Entscheidungsproblems – bei der Religion. Sie lautet dann: Beruht die Möglichkeit, die Imagination eines himmlischen Doppelgängers zu produzieren, nicht vielleicht darauf, daß auch zwischen Gott und dem Menschen eine Analogie besteht – und zwar eine vom Schöpfer *gesetzte* Analogie? Und läge es dann nicht nahe *zu vermuten, daß die Imagination jenes Doppelgängers keine Produktion meiner Phantasie, sondern eben Re-Produktion wäre?*

Diese Frage ist so grundsätzlich und impliziert eine derart radikale Umkehrung von FEUERBACHS Konzeption (die Umkehrung einer Umkehrung!), daß sich jeder apologetische Versuch erübrigt, krampfhaft auf dem Gebiet der Religion nach Details zu suchen, die unmöglich auf bloßer Projektion beruhen könnten. Wir haben vielmehr jetzt eine Ebene gefunden, auf der es zu einer *prinzipiellen* Infragestellung FEUERBACHS kommen kann.

Damit befinde ich mich in Übereinstimmung mit wesentlichen Gedanken PETER L. BERGERS: „To say that religion is a human projection does not logically preclude the possibility that the projected meanings may have an ultimate status independent of man ... This would imply that man projects ultimate meanings into reality because that reality is, indeed, ultimately meaningful, and because his own being (the empirical ground of these projections) contains and intends these same ultimate meanings ... The most amazing fact about modern science is that these structures have turned out to correspond to something ‚out there'. ... Mathematicians, physical scientists, and philosophers of science are still trying hard to understand just how this is possible." (P. BERGER, The Social Reality of Religion, London 1967, 181.) – Dem wäre höchstens hinzuzufügen, daß dies Erstaunen nicht nur für die modern science gilt, sondern daß es von jeher – seit der Stoa – das Nachdenken über das Verhältnis von Denken und Sein bewegt hat.

Die so an FEUERBACH zu stellende Gegenfrage – besser: die an ihn zurückgegebene Infragestellung – können wir an theologischen Aussagen verdeutlichen, die, für sich genommen, sehr nahe an FEUERBACH heranzukommen und so etwas wie eine Anthropologisierung, wie eine Vorwegnahme FEUERBACHs zu vertreten scheinen. Ich greife zu dem Zweck noch einmal auf das früher schon zitierte LUTHER-Wort zurück: „Wie beschaffen nun jemand in sich selbst ist, so tritt ihm nun auch (sein) Gott gegenüber."[73] Man könnte noch LUTHERs Auslegung des 1.Gebots aus dem Gr. Katechismus hinzunehmen, „daß alleine das Trauen und Gläuben des Herzens machet beide Gott und Abgott"[74]. Das *könnte* so aussehen, als ob Gott für LUTHER nur eine Funktion der subjektiven Befindlichkeit des Menschen wäre und je nach diesem seinem Zustande als projiziertes Gott- oder Abgott-Bild in Erscheinung träte. Ein solches projektives Mißverständnis ist aber durch die entscheidende Prämisse dieser Aussagen blockiert: daß der Mensch ein von Gott Angesprochener sei und entweder im Glauben auf ihn eingehe oder aber sich ihm verschließe. Erst dadurch *entsteht* überhaupt jene subjektive Befindlichkeit, die LUTHER meint, und die *dann* bei dem Sich-erschließenden oder Sich-verweigernden das je andere Gottesbild erzielt.

Es geht folglich um einen höchst dialektischen Vorgang von Angesprochensein und Reaktion darauf. Insofern ist die Realität Gottes als des Ansprechenden jeweils *vorausgesetzt*. Der Mensch befindet sich somit immer in einer Relation zu Gott, auch wenn er diese Relation nur im negativen Modus hat und sich nun tatsächlich ein ihm passendes Gottesbild projiziert: ein Bild Gottes, das seinen Wünschen entspricht, das ihn bestätigt, das glatt anliegt und keine Druckstellen erzeugt. Wenn in *beiden* Fällen das Gottesbild anthropomorphe Züge trägt, dann beruht das alleine darauf, daß Gott sich dem Menschen erschließt und sich seiner Faßbarkeit akkomodiert, nicht aber darauf, daß er Spiegelung und Projektion der subjektiven Zuständlichkeit des Menschen wäre.

Gerade im Hinblick auf die im Alten Testament vorfindlichen, oft massiven Anthropomorphismen (Gott empfindet Abscheu und Ekel, er kann gekränkt sein, ihn kann etwas gereuen, er haßt, doch kann er auch jauchzen und frohlocken)[75] kann L. KÖHLER sagen: „Ihr Sinn ist nicht von ferne der, Gott auf eine dem Menschen ähnliche Stufe herabzuführen. Die Menschengestaltigkeit ist keine Vermenschlichung ... Vielmehr sollen sie Gott dem Menschen zugänglich machen ... Sie verwehren den Irrtum, als sei Gott eine ruhende unbeteiligte abstrakte Idee oder ein starres .. Prinzip ... Weil das AT in Anthropomorphismen von ihm redet, deshalb steht sein Gott als der persönliche und lebendige Gott vor den Menschen, der ihnen wollend und handelnd begegnet, auf die Menschen einwirkend, auf sie zukommend. Gott ist der lebendige Gott."[76]

---

[73] Qualis est unusquisque in se ipso, talis est ei Deus in objecto: Corollarium zu Röm 3,5; Ficker, Luthers Vorlesung über den Römerbrief 15/16, 1930, II 72.

[74] LBK II, 560,15.

[75] L. KÖHLER, Theol. des AT, 1936, 4.

[76] AaO. 6.

Die kritische und etwas ausführlich geratene Auseinandersetzung mit FEUER-BACH schien mir unvermeidlich, weil wir es hier mit der radikalsten Infragestellung christlicher Wahrheit zu tun haben, die im Rahmen der Geistesgeschichte aufgetaucht ist. Gerade wegen ihrer Radikalität ist sie wohl nicht die gefährlichste; bedrohlicher sind vielmehr theologische Halbwahrheiten, die FEUER-BACHS Projektionstheorie vorbereiten und sie auch lange nach ihm (bis heute!) immer wieder Urständ feiern lassen. Zu diesen Halbwahrheiten gehören opportunistische Assimilationen der christlichen Wahrheit an den jeweiligen Zeitgeist oder auch ihre Integration in gegebene Strukturen, in Hegelianismen, Existenzialismen und viele andere. FEUERBACH hat das große Verdienst, diese Halbwahrheiten auszuplaudern, indem er eine ganze Unwahrheit aus ihnen macht. Aber gerade deshalb, weil wir alle in solche Denk- und Entfremdungsprozesse verwoben sind, bringt FEUERBACH zugleich die Reflexionsgestalt unserer eigenen tiefsten Anfechtungen. Darum mußten wir bei ihm länger verharren, obwohl er eigentlich nur einen einzigen Gedanken hat.

c) FEUERBACH *und die Folgen*

Die Wirkungsgeschichte FEUERBACHS hat weitgestreute Spuren hinterlassen, die gleichermaßen in der Dichtung, der Philosophie, der Psychologie und selbst in der Theologie aufzuspüren sind. Unter den großen Namen, die vom Stempel seines Geistes geprägt sind, ist wohl der erste GOTTFRIED KELLER, der seine Vorlesungen über das Wesen der Religion hingerissen zustimmend als Student hörte und in einem Brief vom Frühjahr 1851 bekennt, daß ihm FEUERBACH für seine Entwicklung „weit wichtiger geworden sei als für alle übrigen Beziehungen, weil ich deutlich fühle, daß ich die Menschennatur nun tiefer zu durchdringen und zu erfassen befähigt bin". Er stimmt FEUERBACHS religionskritischer Anthropologisierungs-Idee vorbehaltlos zu[77].

In der Theologie geht etwa BARTH eine – zwar nur distanzierte und partielle – Koalition mit FEUERBACH ein, und zwar insofern, als er in „der" Religion einen letzten Aufstand des menschlichen Gemächtes sieht. Es macht sich darin zum Schöpfer Gottes und läßt ihn das „bloße Prädikat seines, des Menschen Wesens und Lebens" sein[78]. Auf einen letzten Auslauf der FEUERBACHschen Wellen am

---

[77] BÄCHTOLD, aaO. II, S. 168f.

[78] So KD I/2, 316; ähnlich an vielen Stellen der KD und schon im Römerbriefkommentar. – Vgl. dazu die ausführliche Darlegung von BARTHS u. BONHOEFFERS Religionskritik in EvGl III, 432ff.; 441ff.; 485ff. – Gegen diese BARTH-Interpretation hat H. J. KRAUS herben Widerspruch erhoben (Theol. Religionskritik, 109ff. u.a.). – Inwiefern nach KRAUS' Meinung die „Lichterlehre" (KD IV,3) ein ganz anderes, von der Christologie her ins Positive gewendetes Religionsverständnis bringen soll, ist mir trotz aller Bemühung nicht klar geworden. Vgl. dazu aaO. 50ff.; ferner: H. BERKHOF/H. J. KRAUS, K. Barths Lichterlehre, 1978 (Theol. Studien, Bd. 123).

theologischen Strande wies ich bereits hin: auf die absonderliche und im Rückblick fast kurios erscheinende Tod-Gottes-Theologie[79].

Um die Wirkungsgeschichte FEUERBACHS auch nur in ihren Umrissen darzustellen, bedürfte es einer weit ausgreifenden Monographie. Als Nachwort zu unserem FEUERBACH-Kapitel kann es sich nur um einige markante und besonders charakteristische Stichproben handeln.

1. Auch für SIGMUND FREUD[80] ist die Religion so etwas wie eine Projektion und ein Überbau der Anthropologie, insbesondere ihrer tiefenpsychologischen Dimension. Das gilt selbst für die Sinn-Frage: „Sinn" taucht bei FREUD nicht als eine den Menschen transzendierende und eigenständige Größe auf. Die Frage nach ihm ist vielmehr nur eine Spiegelung des Zustandes seiner Subjektivität, und zwar ein *pathologisches* Symptom. So steht in einem Brief an Marie Bonaparte der überaus entlarvende Satz: „Im Moment, da man nach Sinn und Wert des Lebens fragt, ist man krank." Entsprechend wird auch die Gottesvorstellung interpretiert: Sie hat lediglich eine funktionale Bedeutung für das Zustandekommen seelischer Gleichgewichtslagen. Sie sorgt für den „Ausgleich der Triebbilanz" des Menschen[81]. Unter dem Druck von Gefahr, Depression und Schuldgefühlen kann der Mensch in die Rolle eines hilflosen Kindes geraten, dem der Gottesgedanke bei seinem Schutzbedürfnis zu Hilfe kommt:

Die „Vorstellung" eines Gottes, der liebt und vergibt, mildert die Bedrängnis durch Schuldkomplexe. Und ein gewisser Machttrieb empfängt Befriedigung in der Gewißheit, die Unterstützung eines „allmächtigen Bundesgenossen" zu genießen. Der Gottesgedanke kann so ein Mittel sein, das „quälende Triebspannungen aller Art zu lindern" vermag.

Gott ist deshalb ebenso wenig eine eigenständige Realität wie der Geist. Er hat nur den Rang einer Projektion, deren der Triebhaushalt sich *bedient,* genau wie der Geist ein Instrument ist, das sich das animalische Leben im Falle des Menschen leistet, weil dieser der automatischen Selbstregulierung entbehrt, deren das instinktgesteuerte Tier teilhaftig ist. „Das Leben, wie es uns auferlegt ist, ist zu schwer für uns" kann FREUD sagen. Darum greife der Mensch, um sein unerträgliches Los zu erleichtern, nach Hilfskonstruktionen. Sie reichen von primitiver Intoxikation bis zum sublimeren „Narcoticum" Religion[82].

Es hängt wohl mit dem Fixiertsein FREUDs auf den Triebmechanismus der Psyche zusammen, daß ihm die Frage nicht in den Sinn kommt, die wir unsererseits an FEUERBACHs Projektionstheorie richteten und die VIKTOR FRANKL in sei-

[79] Zur Geschichte und Interpretation dieser merkwürdigen, zuerst bei JEAN PAUL und NIETZSCHE auftauchenden Idee: EvGl I, § 13–15.

[80] Vgl. zum Folgenden die ausführliche Auseinandersetzung des Verf.s mit FREUD in der Anthropol., S. 433ff. Dort auch bibliogr. Angaben u. Lit.

[81] Das Folgende bezieht sich auf die religionskritischen Hauptschriften FREUDs „Totem u. Tabu" (1912) und „Die Zukunft einer Illusion" (1927).

[82] E. STADLER, über die Religionskritik FREUDs, in: Wahrheit u. Verkündigung, Festschr. f. Michael Schmaus, Bd. I, 1967, S. 285ff.

nen logotherapeutischen Schriften gegenüber FREUD durchaus stellt[83]: Könnte nicht auch hier insofern eine Perversion vorliegen, als nicht *Gott* die ursprüngliche Vater-Imago für FREUD ist, sondern als der menschliche Vater das Urbild aller Göttlichkeit ist? Wo steckt die Wahrheit: in der Enthüllung der Anthropomorphie des Gottesbildes als einer Projektion des Vater-Modells *oder* im Bekenntnis zur Theomorphie der Wirklichkeit, in deren geschöpflichen Zügen sich die Imago des Schöpfers abzeichnet[84]?

2. ERNST BLOCH[85] führt FEUERBACHs Anthropologisierung der Religion auf der sozialistischen Ebene weiter. Als Ziel schwebt ihm „das Ende des konkreten Elends, der Beginn des konkreten Glücks" vor, d.h. zunächst praktisch: Ausbeutungsstop, Stillung des Hungers, des Durstes nach Gerechtigkeit, Aufrichtung der Beladenen und Freiheit den Aufrichtigen, die ihre Häupter erheben, ohne den Boden unter den Füßen zu verlieren. Bringen nun die Religionen angesichts dieser Ziele nicht irreführende Umleitungsschilder? Ein Jenseits, in dem die „gerechte Verteilung der überirdischen Güter" erfolgen soll, droht die ungerechte Verteilung der irdischen zu sanktionieren. Mit derartigen Projektionen kann man leicht über die unerfüllt bleibenden Unabhängigkeits- und anderen Wünsche hinweggehen, überläßt sie eben Gott und hört auf, in eigener Anstrengung für sie zu arbeiten. Der Mensch wird durch seinen Gott so „still gelegt".

Darum meint BLOCH, daß erst ohne den Glauben an einen (aus der Transzendenz intervenierenden) Gott die Liebe konkret und die Hoffnung wach werden könne. Da das praktische Christentum aber beides möchte und auch programmatisch in sich enthalte, kommt er zu der inzwischen berühmt gewordenen These, daß nur ein Atheist ein guter Christ und nur ein guter Christ Atheist sein könne. Jedenfalls stimmt BLOCH mit MARX insoweit überein, als er wünscht, daß der Mensch endlich die Ketten sprenge, die ihn an die Transzendenz fesseln, daß er sein eigenes Mysterium erkenne und mit FEUERBACH begreife, daß „der Glaube an das Jenseits ... der Glaube an die Freiheit der Subjektivität von den Schranken der Natur – folglich der Glaube des Menschen an sich selber" ist. Erst wenn diese atheistische Konsequenz gezogen ist, werden die religiös-christlichen

---

[83] FRANKLs Hauptschriften: Der unbedingte Mensch. Metaklinische Vorlesungen, 1949. – Ärztl. Seelsorge, 6. A. 1952. – Theorie u. Therapie der Neurosen, 1956.

[84] Hinsichtlich seiner eigenen Rückfragen an FREUD fühlt sich der Verf. der kritischen Konzeption von A. GÖRRES bes. nahe: Physik der Triebe – Physik des Geistes; Psychoanalyse u. klassische Anthropologie, in: Gott in der Welt, Festg. f. K. Rahner, Bd. II, 1964, 556ff. Ferner: Kennt die Psychologie den Menschen? Fragen zwischen Psychotherapie, Anthropologie u. Christentum, 1978. – Wichtig ist auch das von HEINZ ZAHRNT herausgegebene Symposion von Psychoanalytikern u. Theologen mit dem Titel: Jesus u. Freud, 1972.

[85] Ich beziehe mich vor allem auf sein Buch „Atheismus im Christentum. Zur Religion des Exodus u. des Reiches", 1968, aber auch auf die FEUERBACH-Passagen in seinem „Prinzip Hoffnung" (1959), 288ff. u. 1515ff. – Eine theol. Stellungnahme zu BLOCHs Atheismus-Buch bringt C. H. RATSCHOW, Atheismus im Christentum? Eine Auseinandersetzung mit E. Bloch, 1970.

Chiffren zum Klartext, zu einem Text – ich zitierte ihn früher schon –, der Gott als das hypostasierte Ideal des in seiner Wirklichkeit noch ungewordenen Menschenwesens, als „utopische Entelechie der Seele" erscheinen läßt. Der verborgene Gott intendiert nur den verborgenen Menschen, dessen äußerste eschatologische Möglichkeit in die imaginäre Gottheit projiziert wird. Vom Satz des ATHANASIUS: „Gott ist Mensch geworden, auf daß der Mensch Gott werde", braucht nur der erste Satzteil ausgelassen zu werden. „Transzendenter Schein wird koaguliert zur Wunschgärung unserer selbst." Damit kommt es zum Exodus aus göttlicher Fremdherrschaft und zum Aufbruch in das verheißene Land der Autonomie. Der „Christusimpuls", der auf Liebe und Hoffnung hin drängt, kann dabei sehr wohl erhalten bleiben, „auch wenn Gott tot ist".

Mit dieser Umdeutung der Religion ist sie zwar verändert, gleichwohl aber nicht einfach aufgegeben. Im Gott der Religionen konzentriert sich die Summe der unerfüllten Wünsche und Ziele. Das Vakuum des verabschiedeten Gottes wird nun gefüllt durch das utopische Fernziel, durch die Hoffnung auf Überwindung des Noch-nicht. Wenn aber die Wünsche als solches Noch-nicht interpretiert werden, dann werden sie *jetzt* – das ist die große Zäsur gegenüber religiösen Zeitaltern – nicht mehr an göttliche Erfüllungen gebunden, sondern sie werden zu menschlichen Arbeits- und Kampfprogrammen. Die Welt muß nun auf das utopische Ziel hin verändert werden. Dazu fehlte den Religionen die Initiative, weil sie alles von der Gottheit erwarten.

So kommt es bei BLOCH zwar zu einer tiefgreifenden Umwandlung der Religionen, nicht aber zu ihrer bloßen Negation. Denn sie manifestieren immerhin die Ontologie des Noch-nicht in theistischem Gewande. So bleibt ihre Identität gewissermaßen erhalten, auch wenn das theistische mit dem atheistischen Gewande vertauscht wird.

Die Frage, die wir an FEUERBACH stellten, noch einmal gegenüber BLOCH zu wiederholen, erübrigt sich. Wichtiger erscheint mir als Beschluß dieser Kurzdarstellung seiner FEUERBACH-Nachfolge eine von BLOCH selbst stammende Bemerkung, in der so etwas wie eine eigene Infragestellung, wie die Klage über den *Verlust* der Transzendenz aufklingt[86]:

„Wir leben nun in einer Zeit, in der das Obere erloschen ist und zweifellos sich Dunkelheit und Leere ausbreitet. Wir haben im Westen eine gönnerische pluralistische Langeweile, und wir haben im Osten eine befohlene, verordnete, gedrückte, monolithische Langeweile. Beides Ausdruck dafür, daß sozusagen die Hormonproduktion nicht stimmt. Es sieht aus wie bei einer partiellen Sonnenfinsternis. Alles ist so merkwürdig grau. Die Vögel singen nicht oder anders. Irgendetwas ist los. Das transzendierende Wesen ist schwach. ... Langeweile ist ein kleiner Vorbote des Nihilismus. Ein Nihilismus der Verzweiflung, dergestalt, daß die Welt völlig zu uns disparat ist, daß sie uns nicht einmal die kalte Schulter zeigt. Denn die kalte Schulter wäre auch etwas Anthropomorphes (!). Nein, es liegen überhaupt keine Beziehungen zu unserem zweckreinen Kosmos vor. Die Kosmologie liegt in diesem Sinn sehr im argen, mit der Soteriologie gibt es überhaupt keinen Zu-

---

[86] Sie stammt aus einer Rede BLOCHs „Materialismus als Enthüllung", die unter dem Titel „Herr u. Knecht in der Bibel" im Wiener Neuen Forum abgedruckt ist (Febr. 1967).

sammenhang. Das erscheint als blanker Aberglaube in der üblichen Wissenschaft. Es tritt ein, was Nietzsche für das 20. Jahrhundert prophezeit: Wir gehen einer Epoche namenlosen Elends entgegen. *Mit Unterproduktion an Transzendenz.*"[87]

Ein merkwürdiges Wort, dazu eigentümlich widerspruchsvoll! Denn „nach BLOCH ist doch die Transzendenzlosigkeit die Wahrheit. Hier aber erscheint sie als Ruin des Menschseins. Er übersieht offenbar, daß nicht der Mensch die Transzendenz, sondern daß diese den Menschen produziert – wenn dieser rohe ökonomische Ausdruck überhaupt gebraucht werden darf." (So GERHARD NEBEL in einem Brief an den Verfasser.)

Damit wäre die an FEUERBACH von uns gestellte Frage *doch* noch einmal angeklungen. Ist dieser Augenblick der Klage nur eine kurze pessimistische Anwandlung oder ist sie der Augenblick der *Wahrheit,* wie sie sich in der „Lichtung des Seins" erschließt?

3. Die vorläufig letzte Konsequenz aus dem Denkansatz FEUERBACHs zieht JEAN PAUL SARTRE (obwohl er, soweit ich sehe, sich kaum jemals auf FEUERBACH bezieht). Sein Begriff von Existenzialismus, der sich wesentlich von dessen anderen Varianten, etwa denen von GABRIEL MARCEL, aber auch von HEIDEGGER und JASPERS unterscheidet, enthält die radikalste Gestalt von FEUERBACHs Anthropologisierung[88].

In seiner Humanismus-Schrift finden sich die bezeichnenden Sätze:

Der Existenzialismus erklärt, „daß, wenn Gott nicht existiert, es mindestens *ein* Wesen gibt, bei dem die Existenz der Essenz vorangeht, ein Wesen, das existiert, bevor es durch irgendeinen Begriff definiert werden kann, und daß dieses Wesen der Mensch, oder wie Heidegger sagt, die menschliche Wirklichkeit ist. Was bedeutet hier, daß die Existenz der Essenz vorangeht? Es bedeutet, daß der Mensch zuerst existiert, sich begegnet, in der Welt auftaucht und erst danach werden kann."

Wir stehen hier vor einer Umkehrung der mittelalterlichen Scholastik, wenn man so will: vor ihrer konsequenten Säkularisierung. Denn das scholastische Denken sah im Anschluß an ARISTOTELES die essentia der existentia vorangehen: Die „reine Form" (eîdos), wie sie in den Gedanken Gottes vorgegeben ist, verbindet sich mit der Urmaterie (próte hýle) und bringt dadurch das geformte Seiend-Vorfindliche hervor. Der Ursprung jener Hervorbringung ist der göttliche Schöpfungsakt, der actus purus. Da die reine Form die „essentia" der Dinge ist und im Bewußtsein Gottes gleichsam Präexistenz besitzt, geht sie also der erst später zustandekommenden Existenz voran. Die geschaffenen Dinge (einschließlich des geschaffenen Menschen) haben so einen transzendenten Ursprung.

---

[87] Hervorhbg. v. Verf.

[88] Ich beziehe mich im Folgenden außer auf sein Hauptwerk „L'Être et le Néant" (1943; deutsch: Das Sein u. das Nichts. Versuch einer phänomenologischen Ontologie, 1952) vor allem auf seine Schrift „L'existentialisme est un humanisme" (1946; Deutsche Ausg. Zürich 1947) und den Aufsatz „Die cartesianische Freiheit", in: „Situationen. Essays", 1965, 157 ff.

In dem Augenblick nun, wo Gott geleugnet wird, kann man auch keine Vor-weg-Gegebenheit der essentia mehr annehmen, sondern muß sich nun an das on-tisch Vorfindliche, an die „Existenz" halten. Der sich so einfach als faktisch vor-handen erkennende Mensch ist eine tabula rasa, die erst mit einem Programm dessen, was er sein will und zu werden wünscht, zu beschriften ist, und zwar in eigener Regie des Menschen und aufgrund seiner autonomen Initiative. Theolo-gie und Metaphysik, die beide die Bestimmung des Menschen als vorgegeben be-trachten bzw. transzendent beschlossen sehen, werden hier nicht nur im Sinne FEUERBACHS auf die reine Anthropologie reduziert, sondern die Reduktion geht jetzt noch weiter:

Auch die Anthropologie ist kein vom Himmel gefallenes System, in dem sich der Mensch in eine Relation von Sein und Sollen einbezogen und auf Werte und Normen ausgerichtet sieht[89], sondern sie wird ihrerseits wieder auf den existie-renden Menschen zurückgeführt, der in Freiheit darüber verfügt, wie er sein und werden will, und sich deshalb allen vorgegebenen Normen verweigert. Insofern hat der Mensch die essentia seines Seins in Freiheit zu bestimmen, gleichsam in einer Imitation des als imaginär erwiesenen göttlichen actus purus.

So nimmt SARTRE gegenüber der Scholastik eine ähnliche Stellung ein wie FEUERBACH gegenüber der Religion und dem Christentum überhaupt: Er voll-zieht die vollendete Umkehrung. Der Mensch schafft sich geradezu selbst, indem er sein Wesen (essentia) bestimmt und sein Zielbild setzt. Es geht hier also nicht um ein Werden im Sinne des GOETHESchen Entelechiebegriffs: daß eine geprägte (eine vor-geprägte!) Form sich lebend entwickle. Ebenso wenig geht es um ein Werden im Sinne FRIEDRICH RÜCKERTS[90], wenn er von dem Bilde spricht, das in jedem lebe, d.h. gegeben, ja geradezu *vor*gegeben sei, und das er nun auch „sein" müsse, wenn sein „Friede voll" werden solle. Werden kann vielmehr nur heißen – die SARTREschen Dramen zeigen es –, sich mit der Umwelt auseinander-zusetzen, sich nicht zum Objekt dieser Umwelt degradieren zu lassen, sondern sich ihr gegenüber selbständig-autonom zu verhalten und sie ihrerseits zum Ge-genstand eigener Einwirkung zu machen. *Die* SARTREsche Freiheit ist der actus purus des Selbstschöpfers – nichts Geringeres.

Unendliche Freiheit ist aber zugleich Freiheit von der Verantwortung, weil sie keiner sie normierenden und Verantwortung heischenden Größe mehr gegen-übersteht. Freilich sucht SARTRE gerade *dieser* Konsequenz seines Freiheits-begriffs beharrlich, wenn auch keineswegs überzeugend zu entgehen. Ohne daß wir hier auf die ethischen Implikationen seines Freiheitsverständnisses eingehen könnten, läßt sich doch so viel sagen, daß diese Freiheit wesentlich dazu verwen-det wird, daß der sich so vorfindende, auf sich selbst gestellte Mensch vor allem

---

[89] Man denke nur an die Bestimmung zur Liebe und Mitmenschlichkeit, wie FEUERBACH sie in seiner Anthropologie entdeckt!

[90] Ich beziehe mich auf die Verse: „In jedem lebt ein Bild / Deß, das er werden soll. / Solang' er das nicht ist, / Ist nicht sein Friede voll." Ob der Vers auf RÜCKERT zurückgeht, ist umstritten.

auf die Erhaltung seiner Unabhängigkeit aus ist und kein Widerfahrnis anerkennt, das ihn zu bestimmen strebt. Es geht immer wieder um seine Behauptung
als Selbstschöpfer. So sagt sich Orestes in den „Fliegen" von Jupiter *und* von der
Vergangenheit (seiner eigenen *und* der fluchbeladenen des Hauses Argos und seiner Polis) los, weil diese alle und dies alles ihn determinieren möchten. Er sprengt
titanisch den über ihn verhängten und ihm vorgegebenen Kausalnexus von
Schuld und Sühne. Am Schluß geht er einfach hinweg, mitten durch die Erin-
nyen (die Fliegen als Symbol der Rachegötter) hindurch, er emigriert aus der
Seinsordnung und allen ihn bestimmen wollenden Bindungen. Wohin geht er?
Er geht in ein Land, in dem er ganz allein ist. Denn es gibt kein Territorium,
in dem man so, wie Orestes lebt und denkt, mit andern zusammen existieren
könnte. Er will sogar ein Mensch ohne Vergangenheit sein, weil das, was wir
„hinter uns haben", die eigengestaltete Zukunft ja mitbestimmt und den Aktionsradius unseres Selbstschöpfertums einengt. Wohin er also geht? Es wird
wohl das Land des „Einzigen und seines Eigentums", es wird das Land MAX
STIRNERS sein.

In seinem Drama „Bei verschlossenen Türen" geht SARTRE bis zu seiner bekannt gewordenen Formulierung: „Die Hölle – das sind die andern" (letzte
Szene). Der andere ist mein Feind, der mich meinem autonom zu ergreifenden
Selbstsein entreißt. Er setzt mich einer sehr sublimen Form der Versklavung aus,
und zwar insofern, als mich die andern anblicken, „fixieren" und dadurch Wert-
schätzungen und Wertbegriffen unterstellen, die nicht „die meinen" sind, in die
ich vielmehr gegen meinen Willen eingeordnet werde und innerhalb deren die anderen mich zum Objekt machen. Indem sie mich anblicken, legen sie mich fest,
sie „fixieren" mich und nehmen mir meine Freiheit, ich selbst zu sein. Ich kann
mich dagegen nur so wehren, daß ich in Gestalt eines Gegenstoßes nun die *andern* zu meinem Objekt mache[91] und damit meine Freiheit zurückgewinne.

Die verwickelte Dialektik, die bei diesem Gegenstoß ausgelöst wird und die
den anderen in einer merkwürdigen Doppelrolle als Subjekt und Objekt mir
gegenüber zeigt, kann ich hier nicht nachzeichnen. Es genügt an dieser Stelle festzustellen, daß der Mensch in seiner Eigentlichkeit, d.h. als „Freiheit", ohne ursprünglichen Bezug zum Du ist, daß er nur in „Verteidigung" und „Gegenstoß"
gegen ihn lebt und ihn vornehmlich verstehen muß als den, der die eigene Existenz bedroht.

Ganz entsprechend kann SARTRE auch jedes System einer Ordnung, dem ich
zusammen mit dem andern „einbeschlossen" bin, nur als die gleiche Macht existenzieller Destruktion verstehen, wider die ich mich zur Wehr setzen muß.
Schon das Wort „einbeschlossen" drückt die *entmächtigende* Wirkung eines solchen ordo aus: Ob mich die von ihm repräsentierten Werte und Normen nun
verklagen oder entschuldigen – immer bin ich als ihr Objekt verstanden; ich bin
„fixiert". *Freiheit ist identisch mit Solipsismus.* „Ich *bin* meine Freiheit" (nicht

---

[91] Sein u. Nichts, vor allem 283–320.

bloß ich *habe* Freiheit!), sagt Orestes in den „Fliegen" und legt eine Scheidewand zwischen sich selbst und allem um ihn her.

Der Versuch SARTRES, das Du der andern dann nachträglich *doch* noch als eine wenigstens teilweise sinnvolle – weil zur eigenen Existenzentbindung provozierende – Größe zu verstehen, wirkt überaus gesucht, wenig konsequent und etwas nachklappend. Der Nerv seiner Gedanken steckt in der Begründung einer *Distanz* vom andern und zugleich in einer Distanz von jenem Ordnungsgefüge, durch das ich auf ihn bezogen bin[92].

Die eigentümliche Wirrnis, in die SARTRE damit gerät – die Widersprüchlichkeit von tabula rasa und Verantwortung, von Selbstschöpfertum und Geworfenheit – kommt geballt in einem Zitat der Humanismus-Schrift zum Ausdruck:

> „Wenn Gott nicht existiert, so finden wir uns *keinen Werten, keinen Geboten* (als den Repräsentanten eines ordo, Verf.) *gegenüber,* die unser Betragen rechtfertigen. So haben wir weder hinter uns noch vor uns, im Lichtreich der Werte, Rechtfertigungen oder Entschuldigungen. *Wir sind allein* ... Das ist es, was ich durch die Worte ausdrücken will: Der Mensch ist verurteilt, frei zu sein. Verurteilt, weil er sich nicht selbst erschaffen hat, aber dennoch frei, da er, einmal in die Welt geworfen, für alles verantwortlich ist, was er tut." – Wirklich nur für das, was er „tut"? Nicht auch für sein „Wesen", für seine essentia? Mir scheint, daß der Aktionsradius von SARTRES Freiheit hier nicht in seiner ganzen Erstreckung zum Ausdruck kommt.

Damit drängt SARTRES Existenzialismus zur letzten Konsequenz seines Ansatzes, die er in seiner Humanismus-Schrift mit den Worten charakterisiert: „Der Existenzialismus ist nichts anderes als eine Bemühung, alle Folgerungen aus einer zusammenhängenden atheistischen Einstellung zu ziehen." Hier ist die ordo-lose Welt des absolut „Einzelnen"; und es ist sehr bezeichnend, daß SARTRE sich zu einer lebhaften Auseinandersetzung mit dem DOSTOJEWSKI-Wort gedrängt sieht, daß „ohne Gott alles erlaubt" sei. Er sieht die wölfischen Gewalten, die seine atheistische Lebenslandschaft unsicher machen müssen, wenigstens von ferne. MAX STIRNER hat sie deutlicher gesehen. Ich habe eigentlich immer auf den Augenblick gewartet – vergeblich –, in dem SARTRE an die Stelle des verloren gegangenen Ordo eine Vertragstheorie setzen würde, damit die verschiedenen Orestes-Gestalten miteinander kommunizieren können, ohne sich aufzureiben. Denn so ist es ja immer gewesen: *Wo der Ordo gewichen ist, entsteht die Vertragstheorie.* Die Welt kann nicht als bloße Akkumulation von Einzelnen, von „Solipsisten", bestehen.

SARTRE, so scheint mir, ist das vorläufige Ende jenes Reigens, den FEUERBACH mit seiner Proklamation der Transzendenzlosigkeit eröffnet hat.

---

[92] Ich frage mich, ob damit auch SARTRES eigenartige Liebe zu Aussteigern, Terroristen und allerhand Chaoten der sechziger u. siebziger Jahre zusammenhängen könnte.

III. KARL MARX *und der Marxismus*

Fragen an die Theologie und theologische Gegenfragen
im Rahmen der Anthropologie

Zur Literatur und Biographie: Genauere Notizen darüber erübrigen sich hier, weil die Literatur unermeßlich ist und auch eine Fülle leicht zugänglicher Lebensbeschreibungen vorliegt. Lediglich die neueste, sehr sorgfältig recherchierte Biographie mag hier genannt sein: RICHARD FRIEDENTHAL, Karl Marx. Sein Leben und seine Zeit, 1981.

Selbst von den zahlreichen theologischen MARX-Untersuchungen können nur einige wenige herausgegriffen werden: W. BIENERT, Über Marx hinaus ... Eine kritische Analyse der Marxschen Anthropologie in ihrer Begegnung mit dem christl. Menschenbild, 1979. – GIULIO GIRARDI, Marxismus u. Christentum, 1968. – HELMUTH ROLFES, Der Sinn des Lebens im marxistischen Denken, 1971. – SIEGFRIED SCHARRER, Der atheistische Ansatz in der Philosophie von K. Marx, in: Glaube u. Weltanschauung, Heft 2, 1978. – DERS., Christl. Glaube u. marxistische Religionskritik, aaO., 1978. – H.-J. SCHOEPS, Was ist der Mensch?, 1960, Kap. 1. – H. F. STEINER, Marxisten-Leninisten über den Sinn des Lebens, 1970.

Theol. Kriterien sind auch in der umfassenden Auseinandersetzung von LESZEK KOLAKOWSKI mit dem Gesamtkomplex des Marxismus erkennbar: Die Hauptströmungen des Marxismus. Entstehung – Entwicklung – Zerfall, 3 Bde., 1981/82.

Die Frühschriften von K. MARX werden im Folgenden zitiert nach der schon öfter genannten Ausgabe von S. Landshut, Kröners Taschenausgabe Bd. 209 (zit. „Kröner").

KARL MARX ist sicher ein großer Denker. Ihn aber in einer Reihe *theologischer* Denker auftauchen zu sehen, mag etwas paradox anmuten. Das Theologische an ihm ist ja eher ein *anti*theologischer Affekt, aber eben ein solcher, der Fragen an die Theologie enthält und deshalb theologische Gegenfragen auslöst. Überdies ist sein Einfluß auf die theologische Arbeit – nicht nur, aber *auch* im sozialethischen Bereich – enorm. Ohne daß wir uns des MARXschen Denkanstoßes in der Regel bewußt sind, hat sich unter diesem Einfluß z. B. der Bedeutungshorizont der Agape grundlegend gewandelt: Wir verstehen unter ihr schon längst nicht mehr eine christliche Liebe, die ausschließlich für den individualethischen Bereich gilt. Wir sehen sie vielmehr zugleich vor die überindividuelle Aufgabe gestellt, gesellschaftliche Strukturen zu ändern, die den Menschen „im Großen" schädigen und ihn entfremden. Hier ist ein ethisches Vakuum, das die christliche Tradition hinterlassen hat, von K. MARX zwar nicht einfach *aufgefüllt,* aber *aufgezeigt* und der Theologie unfreiwillig als Aufgabe zugewiesen worden. Diese Aufgabe wurde in der jüngsten Vergangenheit mit dem (freilich mißverständlichen, weil von der sogenannten „Theologie der Revolution" fragwürdig gebrauchten) Begriff „Love in structures" versehen[93].

Da in anthropologischen Zusammenhängen nahezu alle Fragen des Glaubens wie in einem Brennspiegel gesammelt sind, und da die Anthropologie auch für

---

[93] Vgl. dazu vor allem den Initiator der „Theol. der Revolution" RICHARD SHAULL (Princeton), in: H. Krüger (ed.), Appell an die Kirchen der Welt. Dokumente der Weltkonferenz für Kirche u. Gesellschaft, 1967, S. 88ff. – Zum Verhältnis von Agape u. Struktur vgl. den Aufsatz des Verf.s „Können sich Strukturen bekehren?", in ZThK 1/1969, 98ff.

MARX ein Schlüsselthema seines Systems bildet, wähle ich die Frage nach dem jeweiligen Verständnis des *Menschen* als Begegnungsebene.

a) Der eigentliche und uneigentliche Mensch

Der Marxismus ist in erster Linie eine Lehre von gesellschaftlichen Zusammenhängen. Diese Lehre soll dem Kampf des Proletariats um seine Befreiung als geistiges Rüstzeug dienen. Für den Marxismus hat diese Befreiung vor allem einen ökonomischen Sinn, denn es geht ihm um die wirtschaftliche Ausbeutung des Proletariats und das ihm damit zugefügte Schicksal der „Entfremdung". Das so gegebene ökonomische Grundthema mag es zunächst verwunderlich erscheinen lassen, überhaupt die Frage nach der marxistischen Anthropologie zu stellen. Es könnte damit die Befürchtung aufkommen, ob man so nicht eine wesensfremde Fragestellung von außen her in das System hineintrage. Gleichwohl aber gibt es eine gar nicht einmal verborgene, beim jungen MARX sogar programmatisch vorgetragene Lehre vom Menschen.

1. Der Ort der anthropologischen Frage

Zwei Möglichkeiten bieten sich an, um den Ort dieser anthropologischen Aussagen innerhalb des Gesamtsystems zu finden:

Der dialektische Materialismus sagt, daß das geschichtliche Geschehen auf ökonomischen Bewegungen und Gesetzmäßigkeiten beruhe, daß also die Geschichte recht eigentlich Wirtschaftsgeschichte sei. Das kann zunächst vermuten lassen, daß der Mensch das Produkt dieser Gesetzmäßigkeiten sei, wobei der Begriff „Produkt" bedeutet, daß der Mensch die Wirkung ökonomischer Zustände ist und sie also nicht seinerseits bewirkt hat. Das kann er schon deshalb nicht getan haben, weil diese Zustände sich gesetzmäßig, nämlich nach dem Gesetz der Dialektik, ergeben und sich damit dem Spielraum einer als Interventionsmöglichkeit verstandenen Freiheit weitgehend entziehen. Unter diesem Aspekt scheint der Mensch nur eine kümmerliche Nebenrolle zu spielen, so gewiß er mehr oder weniger das Anhängsel von Bewegungen ist, die sich an ihm als einem Objekt vollziehen.

Demgegenüber scheint nun aber auch eine ganz *andere* Möglichkeit zu bestehen, die marxistische Anthropologie systematisch einzuordnen. So kann etwa ein Deuter des Marxismus aus dem Lager katholischer Theologie, THEODOR STEINBÜCHEL, sagen: „Geht es dem Christentum um den Menschen, so geht es auch MARX um ihn." Damit meint STEINBÜCHEL: nur um des Menschen, also um ihres gemeinsamen Gegenstandes willen seien beide überhaupt derartig polemisch aneinander interessiert. Wäre der Marxismus nur Wirtschaftstheorie, so könnte man sich schwerlich denken, daß Christentum und Marxismus in eine so leidenschaftliche Kontroverse miteinander eingetreten seien. Das wäre schon deshalb schwer zu verstehen, weil das Christentum ja kein speziell christliches

Wirtschaftsprogramm vertritt und darum möglicherweise, wie manche religiösen Sozialisten ja auch wähnten, mit einer marxistischen Wirtschaftstheorie durchaus vereinbar sein könne.

Daß in der Tat das anthropologische Interesse im Zentrum des marxistischen Denkens steht, jedenfalls beim jungen MARX, ist ohne weiteres an expliziten Äußerungen erkennbar. SCHOEPS[94] sagt sehr richtig: Der junge MARX habe viel Verwandtes mit KIERKEGAARD. Denn wie diesem, so gehe es auch MARX um den uneigentlichen, entfremdeten und um den eigentlichen Menschen, auch wenn das Verhältnis von beiden jeweils anders bestimmt werde. In der Kritik der hegelschen Religionsphilosophie[95] sagt MARX: „Die Theorie ist fähig, die Massen zu ergreifen, sobald sie ad hominem demonstriert, und sie demonstriert ad hominem, sobald sie radikal wird. Radikal sein heißt die Sache an der Wurzel fassen. Die Wurzel für den Menschen ist aber der Mensch selbst."

2. Der Mensch als Hauptthema

Bedarf es eines weiteren Beweises, daß hier der Mensch tatsächlich das eigentliche Thema ist, und zwar nicht nur für die Theorie, sondern auch für die Programmatik des Kampfes? „Die einzig praktisch mögliche Befreiung Deutschlands ist die Befreiung auf dem Standpunkt *der* Theorie, welche den Menschen für das höchste Wesen des Menschen erklärt."[96] Theoretisch ausgedrückt, ist deshalb das Ziel dieses Kampfes (und das ist wieder eine *anthropologische These!*) „die wahre Auflösung des Streits zwischen Existenz und Wesen, zwischen Vergegenständlichung (das heißt Opfer- und Objektstellung) und Selbstbetätigung, zwischen Freiheit und Notwendigkeit, zwischen Individuum und Gattung. Er (der eigentliche, nicht mehr verfremdete und zu sich gekommene Mensch) ist das aufgelöste Rätsel der Geschichte und weiß sich als diese Lösung."[97] Von hier aus würde man also sagen müssen, daß der Mensch das eigentliche Thema des marxistischen Denkens sei, zwar nicht der Mensch an sich, aber der Mensch im Zusammenhang mit den materiellen Bedingungen seines Existierens, die darüber entscheiden, ob er in der Entfremdung gefesselt bleibt oder aber die soziale Chance für den Durchbruch zu seiner Eigentlichkeit gewinnt.

Es dürfte deshalb wichtig sein, den konkreten Anlaß zu bedenken, aus dem heraus der Marxismus entstand, nämlich die Lage der Arbeiterkreise in der Epoche des Frühkapitalismus. Das marxistische Ethos hat sich in der leidenschaftlichen Abwehrbewegung gegen zwei Krankheitssymptome der modernen Gesellschaft gebildet, die selbst wieder eng miteinander zusammenhängen: *einmal* gegenüber der modernen Form der Sklaverei, nämlich gegenüber der Herabwürdigung eines bestimmten Menschheitsteiles zu einer dinglichen Masse, die

---

[94] Was ist der Mensch? 1960, S. 33.
[95] Kröner, Band 209, S. 216.
[96] Kröner, S. 223.
[97] Kröner, S. 235. Zusätze des Verf.s in Klammern.

selber nur maschinellen Rang besitzt, und *ferner* gegenüber der Herabwürdigung des Menschen als Mittel zum Zweck, wobei dieser Zweck in dem Profit einer bestimmten, und zwar kleinen Parasitenklasse gesehen wird. Man wird deshalb die Initialzündung der marxistischen Bewegungen in dem Protest gegen die Entmenschlichung zu sehen haben. Insofern könnte man tatsächlich von einem humanitären Ansatz sprechen.

So berechtigt es nun auch ist, dem anthropologischen Ansatz im marxistischen System den gebührenden Stellenwert einzuräumen, so wird man doch sofort die Frage hinterherschicken müssen: *wie und in welchem Sinne kommt der Mensch bei* MARX *vor?* Der Beantwortung dieser Frage soll die folgende Überlegung gewidmet sein; soll so etwas wie eine theologische Befragung von MARX enthalten.

3. Homo oeconomicus

Der Mensch kommt bei MARX vor als Gegenstand eines „sozialen Erbarmens" und einer daraus gefolgerten gesellschaftlichen Therapie. Es geht um die Frage: Wie kann man den Menschen aus seiner Entfremdung und Depravierung angesichts einer verfahrenen sozialen Struktur befreien? Der Mensch ist aber – das wäre die negative Zusatzfeststellung – nicht Gegenstand eines eigenständigen Interesses, das nach dem Geheimnis seiner Existenz, nach seinem Wesen fragte, und zwar auch dort, wo dieses Wesen die ökonomische Affinität überragt. Da der Mensch nur in seiner Relation zum Ökonomisch-Gesellschaftlichen gesehen wird, und da man ihn selber nur so ändern und zu seiner Eigentlichkeit bringen kann, daß man diesen dominierenden Faktor ändert, bleibt es nicht aus, daß der Mensch schließlich nur als Exponent und Funktion dieses Realitätskomplexes gesehen wird.

Infolgedessen meint MARX tatsächlich alles Nötige über den Menschen gesagt zu haben, wenn er ihn als homo oeconomicus beschreibt. Das Ökonomische wird nicht nur als eine (wenn auch sehr wesentliche) Dimension seines Daseins verstanden, sondern sein Dasein wird als Ausfluß dieser einen und partikulären Größe verstanden. Das Partielle wird zum Ganzen gemacht. In theologischer Terminologie ausgedrückt, hat damit das marxistische Denken in formaler Hinsicht den Charakter einer Häresie. Denn diese ist ja bekanntlich dadurch bestimmt, daß sie ein einziges Lehrstück zum Ganzen macht und es gleichsam zur „Elefantiasis" kommen läßt. So wäre auch MARX insofern ein „Häretiker" im Umkreis der Anthropologie, als er das Ganze menschlicher Existenz auf einen Sektor des Daseins reduziert. Wir werden deshalb erwarten dürfen und wohl auch sehen, daß MARX trotz seines zentralen Interesses am Menschen das Wesen der humanitas gerade verfehlt und daß sein Denken ein Menschenbild von gespenstischer Ungreifbarkeit umkreist.

Doch gehen wir nun in medias res und fassen wir die Anthropologie einmal an ihrem negativen Ende an, dort nämlich, wo MARX von Entmenschlichung und Entfremdung spricht. Was ist das? Die Modelle dafür finden wir im Kapitalismus, so wie er ihn interpretiert.

4. Der Begriff der Entfremdung

Man kann den Verlust der humanitas, das heißt die Erniedrigung des Menschen zur dinglichen Arbeitskraft, genau an jenem Phänomen studieren, das der Marxismus als „Mehrwerttheorie" bezeichnet. Indem der Arbeiter nicht den seiner Arbeit angemessenen Tauschwert erhält, sondern nur soviel, wie er für sein Existenzminimum braucht, wird er nur als dynamischer, unpersönlicher Träger seiner Arbeitskraft und also nicht als Person gewertet, die doch mehr ist als die Produktivität, welche die Natur in sie investiert hat. Man könnte die im Kapitalismus liegende Pseudohumanität, so wie sie durch die Mehrwert-Theorie dargestellt wird, in dem Satz zusammenfassen: „Der Arbeiter wird nicht geliebt, aber man darf ihn nicht verhungern lassen, um seine Arbeitskraft zu erhalten."

Das aber wird als das Unmenschliche schlechthin empfunden, weil der Arbeiter damit nicht mehr als menschlicher Selbstzweck, sondern nur als Mittel zum Zweck gewertet wird: als Mittel zur Erzeugung einer bestimmten Arbeitsquote. IMMANUEL KANT hat es, wie wir sahen, als Inbegriff des Unsittlichen festgestellt, wenn der Mensch nicht als Selbstzweck, sondern als Mittel zum Zweck gewertet wird. Diese Verdinglichungstendenz kommt schon in der Bezeichnung „Arbeitskraft" zum Ausdruck, so gewiß der Arbeiter damit in Parallele zu den naturhaften Energien wie Dampf und Elektrizität gesetzt wird. Da er nun diese seine Arbeitskraft verkauft, andererseits aber mit seiner Arbeitskraft identisch ist, so bedeutet das also, daß er gezwungen ist, sich selbst zu verkaufen.

Die so entstandene Sklaverei führt zur Entfremdung des Menschen von sich selbst. Und zwar manifestiert sich diese Selbstentfremdung in zwei Formen:

Einmal in der gesellschaftlich-ökonomischen: Der Mensch verfällt einer Deformation seiner selbst insofern, als er durch seine Produkte beherrscht und kontrolliert wird. Er steht seinen Produkten und deren Produktion nämlich nicht als Subjekt, sondern als Opfer und Sklave gegenüber. Dadurch, daß ein Teil der Menschen, nämlich die Kapitalistenklasse, über die Arbeit der anderen verfügt und sie nur als Mittel zum Zweck des eigenen Profits benutzt, das heißt als Menschenmaterial verbraucht, wird die Menschheit aufgeteilt in Nutznießer und Opfer. Der Mensch als bloßes Objekt und bloßer Träger einer Funktion: das ist seine äußerste Selbstentfremdung.

Die gesellschaftlich-institutionelle Repräsentation dieser Selbstentfremdung sind die Klassen. Der Grund für die Selbstentfremdung ist also eine Arbeitsteilung, kraft deren die einen für die andern arbeiten müssen und den Arbeitenden selbst keine Verfügung über ihr Produkt zusteht. Damit wird der Arbeiter auf seine Funktion reduziert. „Dieser degradierenden Funktion entspricht eine depravierte Seele."[98]

Ferner vollzieht sich die Selbstentfremdung in der Religion und in der Ideologie. Die jeweils herrschende Klasse bildet Ideologien, durch die sie ihre Monopole rechtfertigt, sich selbst zu bestätigen versucht und damit den Ausgesaugten

---

[98] Das Elend der Philosophie, Kröner, S. 516.

Sand in die Augen streut, so daß diese ihre Selbstentfremdung als solche nicht erkennen und entsprechend auch nicht gegen sie aufbegehren sollen. Zu diesen Ideologien gehört nach MARX, wie gesagt, auch die Religion. Sie intensiviert und konserviert die Selbstentfremdung insofern, als sie eine Art von Surrogat-Tröstung ist, mit deren Hilfe der Mensch sich seine realen Verhältnisse verstellt, sich über sie tröstet (indem er auf ein besseres Jenseits hofft) und die Misere des Diesseits als vermeintlichen Willen Gottes akzeptiert. Dadurch wird er gehemmt, eine reale Wandlung seiner Lage zu wollen und herbeizuführen.

Hier sitzt wohl der eigentliche Impuls, der auf den marxistischen Atheismus drängt: Die Religion erlöst den Menschen nicht von seiner Selbstentfremdung, sondern sie hält ihn darin fest. (Vgl. die Studie des Verfassers zum Atheismusproblem in: Von der Freiheit, ein Mensch zu sein, 1981, 133ff.) Hier wird ganz deutlich, wie im ursprünglichen Marxismus offensichtlich Züge wahrnehmbar sind, die man nach MARXens Selbstverständnis als positiven Humanismus bezeichnen könnte. Es scheint MARX tatsächlich um den Menschen zu gehen, ja um seine „Persönlichkeit".

b) Der Bruch in der marxistischen Anthropologie

Vermag nun der Marxismus seinen „humanitären" Ansatz durchzuhalten? Die Frage ist deshalb so dringlich, weil wir immer wieder das Gegenteil zu beobachten glauben. Schon die Tatsache, daß der Marxismus sich in der staatlichen Form der Diktatur etabliert hat, belehrt uns, daß die Humanitas offenbar einem hochgradigen Personverlust gewichen ist, daß – jedenfalls in gewissen Formen seiner Auswirkung – die Würde und die Freiheit des Menschen nicht so respektiert werden, wie es im ursprünglichen Ansatz doch zu liegen schien, und daß wir einer Mechanisierung und Entseelung mit anderem Vorzeichen begegnen. (Daß wir dies im Westen nicht mit wegwerfendem Hochmut feststellen dürfen, liegt auf der Hand, weil wir in diesem Punkte – wenn auch wohl aus andern Gründen – selber im Glashaus sitzen.)

Wenn wir das Selbstverständnis des Marxismus-Leninismus als einer angeblich konsequenten Ausformung der Marx'schen Ideologie nicht billigen könnten, sondern einen tiefgreifenden Strukturwandel zu konstatieren hätten, so würde uns das nicht von der genannten kritischen Anfrage entbinden, sondern uns eher in ihr bestärken. Die Frage würde in diesem Falle nur schärfer zu stellen sein: Wie es nämlich komme, daß eben der Marxismus-Leninismus sich aus der ursprünglichen Lehre von MARX zu „ergeben" vermochte und sich offenbar mit einigem Recht auf sie berufen kann. So halten wir zunächst an unserem Kernproblem fest, wie es zu diesem Bruch innerhalb des Marxismus gekommen sei, zu jenem Bruch, der den „humanitären" Ansatz im Inhumanen droht auslaufen zu lassen. Liegt hier Inkonsequenz, Entgleisung und Abfall von seinem Ideal vor? Haben wir es hier mit dem Wesen selbst oder mit der Abirrung vom Wesen zu tun?

Diese Frage ist außerordentlich erregend. Denn von ihrer Beantwortung hängt es ab, ob die christliche Theologie nur ihr Nein zum Marxismus sprechen oder ob sie Korrektive in ihm angelegt finden kann, die zeigen, daß er auch einer wirklichen Humanitas gegenüber offen zu bleiben vermag, und daß die Verbindung mit einer atheistischen Anthropologie für den Marxismus nicht unbedingt konstitutiv ist, daß er vielmehr als wissenschaftliche Soziologie dem Christlichen gegenüber so offen- oder fernsteht wie etwa die Naturwissenschaft. Wir müssen uns hier als christliche Beobachter immer wieder zur Ordnung rufen, weil es ja so sein könnte, daß sich bei uns, jedenfalls für die Augen des Marxisten, Christliches und Bürgerliches vermischt hat und den Blick trübt. Jedenfalls müssen wir diese mögliche Fehlerquelle im Auge behalten.

1. Der idealistische Ursprung

Vielleicht kommen wir in der Beantwortung unserer Kardinalfrage weiter, wenn wir den zweiten Strang verfolgen, der auf die Entstehung des Marxismus zurückführt. (Der erste betrifft den äußeren Anlaß, nämlich die Mißstände der kapitalistischen Gesellschaftsordnung). Er soll uns die geistesgeschichtliche Entstehung zeigen, also die Art, wie die marxsche aus der hegelschen Philosophie hervorgegangen ist. Hierbei wird insbesondere die Frage im Auge zu behalten sein, inwieweit der Marxismus, wenn er sich betont „materialistisch" gebärdet, eine Art Ödipus-Komplex gegenüber seinem idealistischen Ursprung abreagiert.

HEGELs Grundgedanke war ja, wie wir sahen, daß das gesamte Weltgeschehen eine Selbstentfaltung des Geistes sei. Dieser Geist west nicht in einem abstrakten „An-sich" jenseits der Welt, sondern existiert in seiner Entfaltung. Dabei ringt sich der Weltgeist allmählich von der Stufe der unbewußten Natur empor zur Stufe des erwachenden Bewußtseins von sich selbst. Dieses Bewußtsein liegt vor im Denken des Menschen, und dieses Denken hat seinerseits wieder einen reichen Stufenbau von Entwicklungsmöglichkeiten, die von der Phase eines dumpfen Erwachens bis zum Stadium höchster reflexiver Bewußtheit reichen. Dieses letzte Stadium tritt ein, wenn der Mensch schließlich den ganzen Gehalt des göttlichen Geistes zum klaren philosophischen Wissen erhebt.

Das für die idealistisch-marxistische Kontroverse Wesentliche ist also dies: Der Geist ist bei HEGEL nicht etwas, das – grob gesagt – vom menschlichen Denken oder gar von seinem Gehirn „produziert" würde, so daß der Mensch am Anfang aller geistigen Bewegung stände. Die Sache ist vielmehr umgekehrt: Der denkende Mensch ist das Letzte. Das Erste aber ist der Weltgeist selbst, der jene verschiedenen Stadien seiner Entwicklung kennt: Zuerst prägt er sich im Kosmos der anorganischen und organischen Natur aus. Auch diese trägt ja schon deutlich Geistspuren, denn sie ist eben „Kosmos", also ein sinnvolles, geisthaltiges Gebilde mit kausaler und finaler Gesetzlichkeit.

Aber sie ist nur Objekt des sich entfaltenden Geistes (im Stadium von dessen „Für-sich-Sein", also in seiner Selbstentfremdung) und kann ihm noch nicht mit eigenem Bewußtsein antworten. Erst im menschlichen Geist – also auf einer sehr späten Stufe der Entwicklung – wird sich der absolute Geist seiner bewußt und kann auf sich selbst reflektieren. Wenn also der Mensch denkt, dann denkt strenggenommen nicht der Mensch, sondern durch ihn hindurch denkt sich der absolute Geist selbst. So kommt es etwa zu dem im Hegel-Kapitel zitierten Satz: „Der absolute Geist denkt sich im endlichen Geist, und der endliche Geist weiß sich als absoluten Geist."

2. Der Mensch als Durchgangspunkt geistiger Prozesse

Für die später von uns zu vollziehende Deutung des Marxismus ist es wichtig, zu bemerken, daß also in dem idealistischen System HEGELs der Mensch selbst eine verhältnismäßig sekundäre Rolle spielt und daß er gleichsam nur einen Durchgangspunkt höherer geistiger Prozesse darstellt, ähnlich der Art, wie er später bei MARX bloßer Durchgangspunkt ökonomischer Prozesse ist. Damit hängt es zusammen – auch das sahen wir – daß HEGEL keinen rechten Ort für das menschliche Individuum hat. Die menschliche Geschichte als Selbstverwirklichung des Geistes kennt das Individuum nur als uneigentlichen Träger, eben nur als Durchgangspunkt. Als das bloß Individuelle kommt das Individuum hinter der Gattung zu stehen, die ihrerseits das Allgemeine repräsentiert und insofern der Idee näher ist. Ja man kann geradezu sagen: Indem die Gattung als das Allgemeine sich hervorbringen möchte und dieses Hervorbringen im Fluß der Generationen geschehen ist, muß sie ständig das Individuum zur bloßen Übergangsgröße degradieren und insofern „töten", „verbrauchen".

Die Begattung der Individuen, kraft deren sie in die Gattung eingehen, kraft deren sie geschlechtlich handeln und insofern das Geschlecht als überindividuelle Größe bewahren, ist deshalb auch der erste Schritt zur Aufhebung der eigenen Individualität, das heißt zum Tode. HEGEL bringt diese eigentümliche Verbindung von Liebe und Tod so zum Ausdruck, daß er sagt: „Die Gattung erhält sich nur durch den Untergang der Individuen, die im Prozesse der Begattung ihre Bestimmung erfüllen, und, insofern sie keine höhere haben, damit dem Tode zugehen."[99] Man kann geradezu sagen: Die ursprüngliche Unangemessenheit des Individuums zum Allgemeinen „ist seine ursprüngliche Krankheit und der angeborene Keim des Todes"[100].

HEGEL ist für unseren Zusammenhang in doppeltem Sinne bedeutsam. Wir verstehen jetzt genauer, warum wir früher sagen mußten: Das Individuum „Mensch" sei gar nicht das eigentlich geistig Produzierende, sondern ein bloßer Durchgangspunkt des Geistes, der es benutzt, um dadurch seine Zwecke zu verwirklichen und sich seiner bewußt zu werden. Daß es tatsächlich so ist, wird etwa an der Rolle der Renommierexemplare der Menschheit, nämlich an der Funktion der „weltgeschichtlichen Individuen", bei HEGEL deutlich: Sie stehen nicht, wie wir als Zuschauer es ihnen zutrauen möchten, initiativ im Geschichtsprozeß,

---

[99] Encyclopädie § 370 S. 327, PhB.
[100] AaO. § 375, S. 331.

sondern werden von der „List der Vernunft" instrumental benutzt. So sehr sich also der Marxismus gegen seinen idealistischen Ahn empören mag, so unverkennbar ist eine bestimmte Erbmasse, die er jedenfalls mitbekommen hat: jener sekundäre Rang des in den Strom überindividueller Prozesse hineingenommenen Individuums.

3. Der Bruch mit HEGEL

Nunmehr sind wir genügend vorbereitet, um den Punkt ins Auge zu fassen, an dem der Marxismus geistesgeschichtlich entsteht, und das heißt hier, an dem er aus der hegelschen Tradition ausbricht. Es ist wohl genügend deutlich geworden, daß man entscheidende Tendenzen des Marxismus nicht verstehen würde, wenn man diese seine idealistische Genesis nicht bedächte und sie in ihrer Negation dann doch wirksam sähe. Gerade seine atheistischen und antichristlichen Ressentiments werden nur verständlich, wenn man sich klarmacht, in welchem Ausmaß der Marxismus sich hier mit seinem eigenen väterlichen Ursprung auseinandersetzt.

Die junge hegelsche Schule, die sogenannten Links-Hegelianer, aus deren Reihen MARX hervorgegangen ist, fühlen sich nun, wie wir schon bei STRAUSS und FEUERBACH feststellten, zu der erregenden und bei HEGEL selbst bereits angelegten Frage gedrängt, ob seine Art, das Verhältnis von Weltgeist und menschlichem Geist zu bestimmen, nicht umgekehrt werden müsse. Stimmt es wirklich, fragt jene Schule, daß es so etwas wie einen absoluten Geist gibt, der das menschliche Bewußtsein benutzt, um sich seiner bewußt zu werden? Oder ist das nicht eine Illusion in dem Sinne, daß jener absolute Geist gerade umgekehrt die Projektion des menschlichen Geistes darstellt? Dann wäre der absolute Geist nur der Doppelgänger unserer selbst, den wir infolge einer optischen Täuschung, nämlich infolge eines heimlichen Objektivationsaktes, auf uns zukommen sähen.

Damit haben wir bereits die entscheidende Reaktion auf HEGEL ausgesprochen. So sagt FEUERBACH im Sinne dieser Reaktion – indem er jene Umkehrung auf den Gottesgedanken anwendet –, das Prinzip seiner Philosophie bestehe nicht in Spinozas „Substanz", nicht in Kants „intelligiblem Ich", nicht in Hegels „absolutem Geist", überhaupt nicht in irgendeiner derartigen, von der realen Wirklichkeit abstrahierten Größe, sondern sein Prinzip sei das Allerrealste von allen realen Wesen, das wahrhafte ens realissimum: der Mensch. Dieser Mensch denkt den Geist, und nicht denkt sich der Geist im Menschen. Hierbei ist bei FEUERBACH dieses ens realissimum nicht der einzelne Mensch, sondern der Mensch als Gattungswesen, als Typus. Auch hier wirkt HEGELS Abneigung gegenüber dem Individuellen noch nach.

4. Die äußerste Gegenposition

Diese nuancenreiche Front der hegelschen Linken braucht hier nicht noch einmal charakterisiert zu werden. Doch bedarf ihr äußerster und für die Gegenreflexion gegenüber HEGEL charakteristischer Flügel noch einer näheren Betrachtung. Diese Gegenreflexion drängt nämlich zu einer äußersten Konsequenz, beinahe einer Groteske zu, wenn MAX STIRNER in seinem Buch „Der Einzige und sein Eigentum" (1845) den konkreten einzelnen Menschen zum Repräsentanten der letzten, ja der einzigen Wirklichkeit überhaupt erhebt. Er meint dabei den Menschen, der von allem, was nicht real feststellbar ist (also von der Bezogenheit auf metaphysische, logische, ethische und rechtliche Normen), befreit ist, der insofern nur als physisches, nach Größe und Gewicht meßbares Wesen vor uns steht und den Augenblick genießt. Es kann wirklich nur den „Augenblick", den diskontinuierlichen Moment, für ihn geben. Denn sowie er sich auf Zukunft bezöge und damit zeitliche Kontinuität implizieren würde, müßte er Normen, Werte und Ziele voraussetzen, auf die hin er sich entwürfe.

Mit anderen Worten: Das ens realissimum ist nicht nur der einzelne Mensch mit seiner geistigen Existenz, sondern der einzelne Mensch als animal naturale, gerade abgesehen von seiner geistigen Existenz. In der Tat muß bei dieser letzten Konsequenz der Mensch auf den physischen Teil seines Ichs reduziert werden, gleichsam zusammenschrumpfen. Denn sobald dieser Mensch zu denken beginnt, hat er schon wieder mit dem irrealen Wolkenkuckucksheim zu tun, wie es sich in seiner Philosophie, seiner Religion und seinem Ethos niederschlägt.

So drängt sich schließlich der Begriff des „Einzigen" als des einzig Realen auf. Denn mit den „idealen" Normen entfällt ja auch jede Kommunikationsmöglichkeit zum Nebenmenschen, da diese nur im Rahmen von Relationen möglich wäre, die selbst wieder die beiden Menschenexemplare transzendieren müßten und insofern ideell wären. Deshalb kann es auch den Begriff des Menschen als Gattungswesen nicht geben, weil dieser Begriff ja die Kommunikation der Einzelnen impliziert. So gibt es statt einer Gemeinschaft nur das beziehungslose Nebeneinander physischer Körper. Hier ist HEGELS Lehre vom absoluten Geist in eine nihilistisch anarchistische und atheistische Anthropologie verwandelt, die jegliche weitere Entwicklung, ja sogar den Begriff der Anthropologie selbst, ausschließt – einfach deshalb, weil der menschliche Gedanke hier das Reich des Irrationalen und Alogischen betritt, das Reich des Schweigens der Vernunft. Denn sobald diese zu reden begänne, strömte ja wieder die Illusion auf uns zu.

5. Umschlag in den Marxismus

Man muß den Umschlag des hegelschen Idealismus einmal bis an diesen äußersten Punkt verfolgen, an dem er sich in den völlig materialistisch bestimmten Solipsismus MAX STIRNERs verwandelt. Man muß sich einen Augenblick die ganze Trostlosigkeit dieser entgeisteten, entsittlichten Welt vergegenwärtigen, in der die Grabesstille des Nichts herrscht und wo der einzige, einsame Mensch in der Nachtverlassenheit einer Mondlandschaft mit sich selbst allein ist, um das schauerliche und absolute Ende des Idealismus zu erfassen und um andererseits den geistesgeschichtlichen Ort zu bestimmen, an dem nun der Umschlag in die marxistische Philosophie erfolgt und gleichsam „notwendig" wird.

MARX und ENGELS haben diese Stirnersche Konsequenz genau verfolgt. So schreibt Engels 1844 an MARX, indem er vom „edlen" STIRNER spricht („edel" wohl deshalb, weil es nie ohne imponierenden Eindruck bleiben kann, wenn jemand letzte Folgerungen zu ziehen den Mut besitzt): „... dieser Egoismus ist so auf die Spitze getrieben, so toll und zugleich so selbstbewußt, daß er sich in seiner Einseitigkeit nicht einen Augenblick halten kann, sondern gleichsam in Kommunismus umschlagen muß."[101]

Diese Briefstelle scheint deshalb besonders bedeutsam, weil sie die geistesgeschichtliche Ansatzstelle des Marxismus genau bestimmt. Zugleich ist es wichtig zu sehen, daß und in welcher Weise das Gesetz der hegelschen Geschichtsdialektik hier wirksam wird: Daß MAX STIRNER mit seinem materialistischen Individualismus die Antithesis zu HEGELS These vom Geist und von der Aufhebung des Individuums ist, haben wir gesehen. Daraus ergibt sich nun die Frage, wie sich die Antithetik weiterentfaltet. Es scheinen nämlich zwei Möglichkeiten für die Bildung einer neuen Antithesis zu bestehen, je nachdem, worauf der Ton bei dem Begriffspaar „materialistischer Individualismus" liegt, ob auf „materialistisch" oder auf „Individualismus".

Im *ersten* Falle läge der Umschlag in eine neue *idealistische* Variante nah. Auf diese Möglichkeit brauchen wir hier nicht einzugehen, obwohl in den verschiedenen revisionistischen Sozialismen diese Regenerationsformen des Idealismus akut werden.

Im *zweiten* Falle – wenn der Ton auf „Individualismus" liegt – ist die antithetische Entsprechung tatsächlich der Kommunismus. Diese Möglichkeit wird nun von MARX in Anspruch genommen. Zugleich ist hier noch ein weiteres Moment bedeutsam, das uns den hegelianischen Ursprung des Marxismus verständlich macht: daß in diesem Umschlag in den Kommunismus die materielle Ausgangsbasis „aufgehoben" wird, und zwar in jenem besonderen hegelschen Sinne „aufgehoben", der besagt, daß es nicht nur um Negierung und Überwindung, sondern auch um eine „Bewahrung" in modifizierter Gestalt geht.

Das zeigt sich in einem Doppelten: *einmal* in der Art, wie nun der Mensch in Beziehung gesetzt wird zu den materiell-ökonomischen Gesetzen, die seine Existenz bestimmen; und *ferner* in der Art, wie der Geistsektor verstanden wird. Im folgenden wird zunächst vom ersten, nämlich von der Bedeutung der ökonomischen Prozesse, die Rede sein.

c) „Einsicht in die Notwendigkeit" als Grundlage menschlichen Handelns

Die Art, wie der Mensch im Marxismus als Funktion des geschichtlichen Unterbaues gesehen wird, erinnert an die Abhängigkeit des Menschen von Naturgesetzen. Das wird besonders deutlich etwa an der Interpretation der Revolution, wie sie MARX mit Hilfe des Bildes vom Umschlag der Quantität in Qualität verdeutlicht: Im Verlauf quantitativer Umschichtungen in der Gesellschaft, das heißt einer quantitativen Besitzmehrung auf der einen und einer quantitativen

---

[101] MARX-ENGELS-Ausgabe III, Abt. I S. 7.

Besitzminderung auf der anderen Seite, ferner eines zunehmenden quantitativen Mißverhältnisses zwischen der immer kleiner werdenden Schicht der Besitzenden und dem immer gigantischer sich vergrößernden Heer besitzloser Proletarier treten mit Notwendigkeit solche Knotenpunkte ein, wie sie beim Umschlag der Quantität in Qualität vorliegen. In diesem Falle kommt es zu dem Knotenpunkt der *„Revolution"*.

Man sollte meinen, daß gerade in der Revolution die *Freiheit* des Menschen hervorbräche, daß sie ein von Emotionen begleitetes Ereignis menschlicher Spontaneität sei. Die Revolutionen bedeuten doch immer, daß man mit dem Trägheitsgesetz der Vergangenheit bricht, daß man sich nicht einfach mehr als Wirkung historischer Zustände (zum Beispiel gesellschaftlicher Ordnungen) auffaßt, sondern in freier Spontaneität die Fesseln bricht und sich selber zum Schöpfer neuer Zustände erklärt. Wir sehen aber, daß auch die Revolution (als dieses spezifische Phänomen menschlicher Freiheit) einer naturgesetzlichen Notwendigkeit unterworfen ist und die Eigenschaft eines physikalischen Knotenpunktes besitzt. Ist damit nicht jede Subjekthaftigkeit des Menschen, und das heißt: jedes Menschliche überhaupt aufgehoben? (Hierbei dient uns der Fall Revolution nur als Modell der Betrachtung.) Um die Frage noch weiter zu treiben: Kann es in diesem Umkreis überhaupt die für den Menschen so repräsentative Situation der „Verantwortung" geben?

1. Das Problem der Verantwortung

Um gleich bei diesem letzteren Begriffe zu bleiben: Die Chance zur Verantwortung ist immer nur dann gegeben, wenn eine doppelte Bedingung erfüllt ist: wenn ich *erstens* als Subjekt frei handle und darum für das, was ich tue, geradestehen muß; für das, was ich im Trancezustand oder angesichts eines erpresserisch vorgehaltenen Revolvers tue, kann ich jedenfalls von Menschen nicht zur Verantwortung gezogen werden. Verantwortung ist *zweitens* gegeben, wenn die Möglichkeit besteht, daß der Mensch ein Echo gibt auf den an ihn ergehenden Anspruch der höheren Autorität, zum Beispiel der Wahrheit. Verantwortung heißt ja doch, der Notwendigkeit ausgesetzt zu sein, antworten zu müssen, Echo geben zu müssen.

Daher ist Verantwortung prinzipiell nicht möglich, wenn die Konfrontation mit einer Größe fehlt, der ich antworten muß und die deshalb von mir unabhängig ist. Die Möglichkeit der Verantwortung ist prinzipiell nicht gegeben, wenn alles, was ich tue und denke, sich unter Umgehung meines personhaften Ich beziehungsweise unter bloßer Benutzung meines unpersönlich gedachten Ich als dialektisch bedingter Prozeß ergibt. Wird in diesem Zusammenhang der Begriff Freiheit dennoch gebraucht (und gibt es überhaupt ein philosophisches System, das auf ihn verzichten würde?), dann kann er nicht mehr das Signum willentlicher Spontaneität sein, sondern nur noch „Einsicht in die geschichtliche Notwendigkeit" bedeuten. Wir müssen bei diesem Verständnis der Freiheit einen Augenblick verweilen.

WOLFGANG LEONHARD berichtet in seinem berühmt gewordenen Buch „Die Revolution entläßt ihre Kinder" (1955) von dem eigenartigen Eindruck, den die Freiheitsproklamationen der westlichen Presse auf die jungen Funktionäre bolschewistischer Parteihochschulen gemacht hätten. „Für uns", so sagt er[102], „war Freiheit die Einsicht in die historische Notwendigkeit. Da wir die einzigen waren, die aufgrund wissenschaftlicher Theorien diese Einsicht hatten, waren wir frei, während die Menschen im Westen, die diese wissenschaftliche Theorie nicht besaßen und damit der geschichtlichen Entwicklung unwissend und hilflos gegenüberstanden, ja zum Spielball dieser Entwicklung wurden (trotz ihren Freiheitsproklamationen), unfrei waren."

Anders ausgedrückt: Der Westen versteht unter Freiheit das Vermögen, „zu tun, was man will", ahnt aber nicht, welche geheimen Steuerungskräfte der Geschichte seine vermeintliche Freiheit durchwirken und sie damit zur Illusion machen. Man wird die Ernsthaftigkeit dieser Infragestellung nicht überhören können. Würden wir sie mit dem bloß konfessorischen Hinweis beantworten, wir verträten eben den freiheitlichen way of life des Westens, so wäre das hohles Pathos. Es erschreckt mich, wenn ich das Geräusch dieser klingenden Schellen immer wieder unter uns höre. Sie sind die Signale einer beklemmenden Sicherheit, die am Rande des Abgrunds nicht nur unangemessen, sondern bedrohlich ist. Hier ist uns die Anstrengung des Gedankens aufgegeben.

2. Herrschaft des „Notwendigen"

Was bedeutet dieser Satz, daß Freiheit die Einsicht in die Notwendigkeit sei? Der dialektische Materialismus vertritt die These, daß in der Natur sowohl wie in der Gesellschaft nicht so etwas wie Zufall, sondern daß *Notwendigkeit* herrsche. Insofern wird alles, was den Geschichtsraum und damit die Sphäre menschlichen Handelns durchwirkt, von objektiven Gesetzen gesteuert. Sie haben die Stringenz von Naturgesetzen. Da sich der Kommunismus nun als eine Befreiungsbewegung versteht und infolgedessen die Welt nicht zu interpretieren, sondern zu verändern wünscht, sieht er sich sehr elementar dem Problem der Freiheit gegenübergestellt. Denn der Wille, die Welt zu verändern, setzt logischerweise die Freiheit voraus, sie verändern zu können.

Die Antwort auf die so erfragte Relation zwischen Freiheit und Notwendigkeit kann in dem abgesteckten Rahmen – in der berühmten Definition von FRIEDRICH ENGELS – nur lauten: „Nicht in der erträumten Unabhängigkeit von den Naturgesetzen liegt die Freiheit, sondern in der Erkenntnis dieser Gesetze und in der damit gegebenen Möglichkeit, sie planmäßig zu bestimmten Zwecken wirken zu lassen." Die Freiheit ist demnach nicht aktives Eingreifen in die Gesetze – wie sollte das auch möglich sein! –, sondern sie vollzieht sich als *Kollaboration* mit diesen Gesetzen, als ein planmäßiges Wirken*lassen*. Diese Kollabora-

---

[102] AaO. 331.

tion setzt natürlich ihre Kenntnis voraus. Und diese Kenntnis läßt sie als die der Bewegungsregeln des materialökonomischen Unterbaus der Geschichte verstehen.

Dieser geschichtlichen Struktur der Freiheit als einer bloßen Einsicht in die Notwendigkeit folgt nun als Überbietung die eschatologische Freiheit der Geschichtsvollendung. Diese ihre zweite Gestalt – eben die eschatologische – führt das herbei, was der Marxismus-Leninismus den „Sprung in das Reich der Freiheit" nennt. Denn mit der Besitzergreifung der Produktionsmittel durch die Gesellschaft hört die Herrschaft des Produkts über den Produzenten auf. Damit hört auch die Notwendigkeit des bisherigen Geschichtsverlaufs, die eine Art Oktroi für den Menschen bedeutet, auf. Und die „objektiven fremden Mächte, die bisher die Geschichte beherrschten, treten unter die Kontrolle des Menschen" und räumen ihm nunmehr die Rolle des Subjekts ein. Erst dieses eschatologische Stadium der Geschichte bringt die endgültige Emanzipation des Menschen aus dem Tierreich, läßt ihn ganz bei sich selbst sein und eröffnet die Chancen einer ungebrochenen Humanität.

Wer HEGEL kennt, hört hier die Materialisierung seiner Geistlehre unschwer heraus: Indem der Mensch sich zum subjektiven Geiste entwickelt, wird er frei und erkennt in aller Wirklichkeit die Manifestation desselben Geistes, der in ihm als endlichem Geist zum Bewußtsein seiner selbst kommt. Indem er sich so in seiner Identität mit dem erkennt, was alles Gegenständliche durchwirkt, ist er absolut frei. Denn Frei-Sein und Von-nichts-Fremdem-determiniert-Sein ist dasselbe. „Frei bin ich, wenn ich bei mir selbst bin"[103]; anders: wenn ich das vom Weltgeist Gewollte will und wenn also dieses Gewollte kein Oktroi mehr für mich ist. Indem die Geschichte ein Fortschritt im Bewußtsein dieser Identität ist, ist die Weltgeschichte zugleich „der Fortschritt im Bewußtsein der Freiheit."[104] Der eschatologische Raum der Freiheit ist deshalb ebenfalls ein Raum vollendeter Humanität im Sinne des Bei-sich-selbst-Seins der Menschen.

3. Im dynamischen Gefälle der Geschichte

In der Nachfolge HEGELS sieht der Marxist also den Aufstieg zur Freiheit dadurch gegeben, daß er die anonymen Gewalten, denen die Bourgeoisie geblendet gegenübersteht, beim Namen nennt und die Erkenntnis ihres gesetzlichen Ablaufs in eins setzt mit dem Programm seines Handelns. Dadurch verzehrt er sich nicht mehr, wie der kantsche Dualismus von Freiheit und Notwendigkeit es fordert, im Kampf mit den Zwangsläufigkeiten der Geschichte – also im Kampf mit ökonomischen Trends, mit massenpsychologischen Nomoi und vielen anderen Faktoren des überindividuellen Geschichtsraums –, sondern er nutzt deren Gefälle aus, treibt alle Wasser auf seine Mühlen und potenziert damit seine geschichtsverändernde Dynamik mit den Kräften der Geschichte selbst. Er behan-

---

[103] Philosophie der Geschichte/Philos. Bibl., S. 32.
[104] AaO. 40.

delt folglich die Geschichte sozusagen homöopathisch, im Sinne von similia similibus, statt ihr allopathisch „contra" zu geben.

Man versteht, daß hierin – nun im *Unterschiede* zu HEGEL! – selbst eine „ökonomische" Überlegung zum Zuge kommt: daß es nämlich kraftverzehrend sei, sich dem Trend der Geschichte zu widersetzen, und umgekehrt kraftsparend, den eigenen Willen durch Richtungsgleichheit mit dem dynamischen Gefälle der Geschichte um das Vielfache zu potenzieren. Das Ökonomische ist nicht nur der Gegenstand des marxistischen Denkens, sondern bestimmt auch seine Methode, sich denkerisch dieses Gegenstandes zu bemächtigen und dann handelnd auf ihn einzuwirken.

Wir verstehen den hohen Grad von Faszination, den diese Schau und diese Programmatik erzeugen müssen. Die Attraktivität dieses Konzepts beruht dabei wohl weniger auf seinen materialistischen Hintergründen – hier ist ein polemisches Wenn und Aber vielmehr sofort auf dem Plan –, sondern jene Attraktivität rührt aus der Einsicht, daß hier die Freiheit nicht einfach als Wunschziel proklamiert, sondern daß sie dem Druck der Reflexion ausgesetzt wird. Diese Reflexion entdeckt bestimmte Steuerungskräfte der Geschichte, angesichts deren Freiheit erst zu sich selbst kommen kann, wenn anders sie nicht blind sein und dann zur Phrase entleert werden will. Wer Freiheit sagt, ohne um jene Notwendigkeit zu wissen, mit der er sich so oder so arrangieren muß, hat im Grunde nichts gesagt.

Darum kann der freie Westen in kommunistischer Sicht seine Freiheit nicht so erklären, daß er anders „will" als sein östlicher Widerpart, sondern daß er anders „denkt". Die Freiheit zu wollen – im Gegensatz etwa zu Terror und ideologischer Tyrannis – kann deshalb nur heißen, daß man andere Gedanken über die Freiheit will. Freiheit muß begründet werden, sonst hat sie keinen Grund. Hierbei möchte ich den Doppelklang des Begriffes „Grund" im Sinne einer logischen Kategorie und im Sinne eines realen Lebensfundamentes bewußt ausschwingen lassen. Insofern enthält der Marxismus eine sehr prinzipielle Anfrage, die nicht deklamatorisch, sondern nur argumentierend beantwortet werden kann. Das Problem, wie diese Anfrage zu beantworten sei, erscheint als die große Denk- und Entscheidungsaufgabe für die mündigen Geister des Westens.

4. Die Legitimierung der Verkürzung des Menschen

Hier stoßen wir nun wieder auf die Reduktion des personalen Bereiches im Marxismus, denn man ist doch zu der Frage genötigt: Ist Freiheit auf diese Weise nicht zurückgeschraubt auf das bloße Vermögen, eine *Einsicht* zustande zu bringen (eben die in die historische Notwendigkeit)? Was aber drängt den Menschen, diese Einsicht in Anspruch zu nehmen? oder besser: was bevollmächtigt ihn dazu?

Was die Proletarierklasse anbelangt, so könnte man vielleicht antworten: Dieses Drängende ist eben das soziale Elend, das sich überwinden möchte und taktische Möglichkeiten zu erspähen sucht, wie diese Befreiung bewirkt werden könnte. Dabei stellt man als erste Voraussetzung fest, den Gang des geschichtlichen Prozesses zu konstatieren, um im Sinne seines Trends und damit produktiv, nicht aber gegen ihn und damit erfolglos, zu wirken. Dann wäre die Freiheit als Einsicht in die Notwendigkeit also nur das Produkt des ökonomischen Drucks, auf keinen Fall aber das, was man von jeher unter Freiheit verstanden hat: nämlich das Vermögen, sich von jeglichem Druck zu distanzieren, sich gegenüber Gesetzen zu behaupten und zum Beispiel die Freiheit des Geistes gegenüber den Leiden des Körpers triumphieren zu lassen.

Denkt man aber statt an die Proletarierklasse an Leute wie Marx selbst, die es ja hier doch sind, die die Theorie der Geschichte aufstellen und ihre Einsichten in Notwendigkeit proklamieren, so kommt man mit dieser Erklärung nicht aus. Denn diese Philosophen des Marxismus, Marx und Engels etwa, stehen ja selber nicht unter dem Druck des proletarischen Schicksals; sie leisten die Arbeit der Gedanken doch stellvertretend für das Proletariat. Was drängt denn *sie* zur Inanspruchnahme jener Freiheit? Ist es das Erbarmen mit dem entfremdeten Menschentum der Proletarier? Antworten wir darauf mit Ja, dann ergibt sich sofort die nächste Frage: Wie kommt es zu jenem Erbarmen? Was ist denn die Würde dieser Menschen, für die sich der Einsatz eines Denkerlebens lohnt? Und auf diese Frage bekommen wir keine Antwort.

Das Motiv der Freiheit, die Bevollmächtigung zur Freiheit erfolgt also, wenn ich recht sehe, entweder nur als Selbsthilfemaßnahme unter ökonomischem Druck, oder sie erfolgt um des Menschen willen, dessen Wesen und Würde dunkel bleiben. Müßte es aber nicht aufgelichtet werden, müßte man nicht sagen, was dieser Mensch ist, um die Bereitschaft, ihm zu helfen, etwa aus dem Motiv der Liebe zu erklären? Im Neuen Testament ist ja die Liebe aus dem Wesen des Menschen begründet: Er ist das Wesen, an dem Gott gelegen ist und das er „teuer erkauft"; darum muß auch uns an ihm liegen, wenn uns an Gott liegt.

5. Ausklammerung des personalen Bereichs

So bleibt der personale Bereich ausgeklammert und unbelichtet. Das letzte, was über den Menschen gesagt wird, ist nur dies, daß der Mensch in seinem Sein und Bewußtsein durch den ökonomischen Unterbau, also durch die Klassensituation, bestimmt sei, daß er der Exponent dieser Situation wäre. Alle seine Antriebe und Entscheidungen sind nur ein Ausfluß dieses Unterbaues, sind nur Reaktionen auf ihn, sind aber niemals auf Überzeugungen zurückzuführen, die einen eigenständigen Ursprung im sittlichen Ich, im Gewissen hätten.

Wie sollte so etwas denn auch nur denkbar sein? Solche Entscheidungen und Überzeugungen würden ja doch, wenn sie zustande kommen, im Bewußtsein gebildet. Dieses aber ist nur das Spiegelbild jener ökonomischen Grundlage, befindet sich also von ihr in funktionaler Abhängigkeit. Daher kann es gar nichts Eigenständiges produzieren. Denn: „Die herrschenden Gedanken sind weiter nichts als der ideelle Ausdruck der herrschenden materiellen Verhältnisse, die als Gedanken gefaßten herrschenden materiellen Verhältnisse; also die Verhältnisse, die eben die eine Klasse zur herrschenden machen, also Gedanken ihrer Herrschaft."[105]

Auch hier ist zwar festzustellen, daß diese Diagnose von MARX in vieler Hinsicht die Bedeutung eines Korrektivs hat: daß sie nämlich zeigt, wie wenig die Annahme stimmt, daß die Philosophie voraussetzungslos vom Himmel auf die Erde stiege, und wie wichtig es ist, sich klarzumachen, daß die soziale Lage tatsächlich formend auf unser Bewußtsein und unsere Entscheidungen wirkt. „Die Primitivität besteht nur darin", so sagt SCHOEPS einmal[106], „daß er glaubt, hier das alleinige und absolute Erklärungsprinzip der doch so komplexen menschlichen Handlungsweisen gefunden zu haben, mit dem sich sogar die Entwicklungsgesetze der Geschichte bestimmen und vorausbestimmen lassen. Daß die Handlungsweisen der Menschen – vulgär ausgedrückt – immer nur von der Brieftasche abhängen, ist einfach eine Albernheit. Gegenüber jeder wahrhaft großen Gestalt der Weltgeschichte versagt das materialistische Erklärungsprinzip ... Nicht einmal eine so ephemere Erscheinung der jüngsten Vergangenheit wie die Hitler-Bewegung kann ernsthaft so erklärt werden." Darum „setzt der reale Geschichtsverlauf die marxistischen Deutungen und Prognosen immer wieder ins Unrecht, obwohl sie, mit den Erfordernissen der ökonomischen Vernunft gedeckt, so realistisch klingen. Aber in Entscheidungszeiten versagen sie immer wieder. Warum dies? Weil die Marxisten eine falsche Anthropologie besitzen, weil MARX mit seiner These von der ausschließenden Seins-Fundiertheit des Bewußtseins den Menschen verkürzt angesetzt hat."

d) Die Degradierung des Menschen zur Funktion

Im Ausfall der Personalität, in der Reduktion des Menschen zur bloßen Funktion des Unterbaus, liegen die tiefsten Gründe dafür verborgen, daß wir in der Welt des kommunistischen Denkens immer wieder auf die Personlosigkeit in ihren verschiedenartigen Ausdrucksformen stoßen, z. B. darauf, daß es hier nur ein kollektives Handeln und Denken gibt, daß es zum DIN-Format und zur Schematisierung in Sprache und Anschauungen, zum Klischee der Propaganda neigt, daß die Vielfalt und der Spannungsreichtum der geistigen Strukturen, daß das Schwimmen gegen den Strom und daß das Nichtheulen mit den Wölfen schon als Möglichkeit nicht vorgesehen sein können.

1. Marxistische Marxismuskritik

Ein Zeichen dafür, wie stark man die gefährlichen Entwicklungsmöglichkeiten auch innerhalb des Sozialismus selbst gesehen hat, bilden die sogenannten „Revisionismen", die sich freilich in bloßen Postulaten erschöpfen, wobei es natür-

---

[105] MARX, Deutsche Ideologie, Kröner, S. 373f.
[106] Was ist der Mensch, S. 53.

lich zweifelhaft ist, ob sich die von ihnen gewünschten Korrekturen noch wirksam anbringen lassen, wenn erst einmal die Ebene des marxistischen Denkens betreten ist. Es seien hier nur zwei solcher revisionistischer Postulate genannt, die für unseren Fragenkreis besonders wichtig sind. So weist etwa einer der führenden Revisionisten wie EDUARD BERNSTEIN darauf hin, daß es nicht angehe, die Gesellschaftslehre wie eine Art Naturwissenschaft zu betreiben, die gewisse soziologische Gesetze aufstellt, genauso wie man Naturgesetze formuliert, und die dann mit Hilfe dieser Gesetze kommende Entwicklungen exakt vorauszusagen vermöge.

Diese Voraussagungen könnten gar nicht in Erfüllung gehen und seien auch nicht in Erfüllung gegangen. Zum Beispiel sei die Verelendung des Industrieproletariats überhaupt nicht weiter fortgeschritten, sondern es habe sich infolge Selbsthilfe (Streiks) und anderer sozialer Maßnahmen (Gewerkschaften), also infolge von Eingriffen menschlicher Initiative, die von keinem Naturgesetz bestimmt seien, eine stete Verbesserung der Lebensverhältnisse bei den arbeitenden Schichten und beim bürgerlichen Mittelstand ergeben. Er sagt also mit anderen Worten: Die exakt berechneten Prognosen können gar nicht in Erfüllung gehen, weil sie nicht mit der Intervention des zielbewußten, vernünftigen Willens rechnen. Deshalb aber müsse man die ethischen und idealen Werte ernst nehmen und dürfe sie nicht als bloß funktionelle Ideologien verstehen. Religion, Kunst und Recht hätten ebenso auf die wirschaftlichen Verhältnisse eingewirkt, wie umgekehrt die wirtschaftlichen Zustände den religiösen oder künstlerischen Überbau beeinflußt hätten.

Man wird angesichts dieser Revisionsvorschläge, die aus dem Lager des Marxismus kommen, allen Ernstes die Frage stellen müssen, inwieweit sie damit nicht die eigentliche Front des Marxismus ablehnen und ihn deshalb nicht *korrigieren,* sondern *negieren,* was natürlich nicht zu heißen braucht, daß man sich nicht seine wirtschaftstheoretischen Einsichten – oder einige von ihnen – anzueignen vermöchte.

Die Prüfung dieser Frage kann nicht unsere Aufgabe sein. Ich erwähnte den Revisionismus nur, um zu zeigen, daß das Erschrecken über die im Marxismus herrschende Personlosigkeit nicht aus theologischen Vorurteilen zu stammen braucht, sondern daß es innerhalb des Marxismus selbst empfunden wurde. Genau wie der junge Marxismus eine Art Intervention zugunsten des Humanum vollzog (damals gegenüber der kapitalistischen Gesellschaft), so vollzieht nun der Revisionismus wiederum eine Art Intervention zugunsten des Humanum (diesmal aber gegenüber dem Marxismus selbst).

Ein eindrucksvoller Hinweis auf die drohende Personlosigkeit zeigt sich auch in einer atheistischen Meditation über das Gebet, wie sie der marxistische Philosoph MILAN MACHOVEC in seinem Essay „Vom Sinn des menschlichen Lebens[107]" vorträgt: Während der heutige Mensch kraft permanenter Außensteuerung und Ablenkung in der Ichvergessenheit lebe, habe sich „der Mensch von einst ... den inneren Dialog durch die Religion

---

[107] In: Disputation zwischen Christen u. Marxisten, ed. M. Stöhr, 1966, 75ff.

gesichert". Er sprach im Gebet zwar entgegen seiner Vermutung nicht mit Gott, sondern mit seinem „idealen Ich", doch gewann er dadurch immerhin jenen „inneren Dialog, der ihm ermöglichte, sein Leben zu bewältigen, sein Ich nicht in äußerlichen Dingen aufgehen zu lassen". Wenn der moderne Mensch deshalb „das Gebet nur einfach aus seinem Leben streicht, ohne das Menschliche, das im Gebet enthalten war, zu demystifizieren und zu befreien, dann verliert er den inneren Dialog mit sich selbst, dann verzichtet er ... auf die Vergegenwärtigung und Überwindung des Gefühls der eigenen Schwäche und der ‚Schuld', d.h. der Mißerfolge des ‚empirischen' Ich"; dann ... „erleidet er notwendigerweise eine gewisse innere Verarmung". – „Der souveräne Herrscher über die Dinge, der sein Ich vergißt, bringt sich um das Kostbarste auf der Welt: um die Kommunikation mit dem Menscheninnern. Im Vergleich mit dem modernen Menschen ist der mittelalterliche, seinen Meditationen hingegebene Mönch, was den Einstieg in den inneren Dialog betrifft, eigentlich fortgeschrittener" (Hervorhebung vom Verfasser).

So scheint sich MACHOVEC in einem Zwiespalt zu befinden: Einerseits solidarisiert er sich mit der marxistischen Religionskritik, und zwar mit einem unverkennbar rationalistischen Akzent. Andererseits sieht er, daß mit der marxistisch bedingten Emanzipation von der Theologie zugleich eine Gefährdung der Anthropologie gegeben ist: Die fundamentale Rolle des Materiell-Dinglichen raubt dem Humanum seine Eigenständigkeit und tastet den Freiraum seines Innen an. Sein fehlendes spezifisches Gewicht läßt das Humanum wehrlos dem Außen der Dingwelt verfallen. So wird das Gebet als bewahrendes Exerzitium der Menschlichkeit beschworen, wenn auch so, daß es entmythisiert werden müsse. Nur seine kreative Funktion im Bereich des Humanum solle erhalten werden, nicht aber sein ursprünglicher Sinn: der Dialog mit Gott, aus dem sich – wie nebenbei – dann auch jene „humane" Funktion ergeben hatte.

Wenn irgendwo, dann zeigt sich in diesem Stadium des Spätmarxismus, wo die liegen gebliebene Frage nach der Wirklichkeit des Humanum mit Macht aufbricht, die „heimliche Frage nach Gott".

2. „Kommunistischer Humanismus"

Damit sind wir nochmals auf den tiefen Bruch gestoßen, der sich im Marxismus selbst offenbart. Er besteht darin, daß der merkwürdige Widerspruch, der von vornherein zwischen dem menschlich-persönlichen Anliegen einerseits und der ökonomisch-materialistischen Entpersönlichung anderseits besteht, in Theorie und Praxis immer mehr zugunsten der Entpersönlichung entschieden wird. Hat aber nicht auch der Marxismus-Leninismus das Stichwort vom „positiven Humanismus" aufrechterhalten? Hat selbst STALIN – um eine besonders extreme und schillernde Gestalt zu zitieren – diesen Begriff nicht auch verwendet?

Eine Rede STALINS, die FRITZ LIEB[108] abdruckt, ist für die Interpretation des Begriffs „positiver Humanismus" außerordentlich instruktiv. In dieser Rede wettert STALIN bei einem Betriebsappell dagegen, daß man sich um eine entlaufene Stute mehr bemüht habe als um einen vermißten Arbeiter. Und er sagt dann: früher, in der Zeit der Revolution, habe man allen Wert auf die Förderung der Technik legen müssen; jetzt aber müsse man sich wieder dem Menschen zuwenden, der die Technik meistere. Gerade dieses humane Interesse werde durch die Losung der Technik selbst gefordert. Man beachte: Nicht ein kategorischer Imperativ oder ein Gebot Gottes legt den Akzent auf das Humanum, sondern dieser Akzent wird von der Technik gesetzt: „Wir müssen jeden fähigen und sachkundigen Funktionär hüten und sein Wachstum fördern, sorgfältig die Menschen aufziehen, sie

---

[108] Rußland unterwegs, 1945, S. 262ff.

richtig im Produktionsprozeß einteilen und organisieren, ihre Qualifikation heben, das ist es, was wir nötig haben, um eine große Armee von produktions-technischen Kadern zu schaffen."

3. Verwertbarkeit als Maßstab

Da diese Argumentation ja nicht allein steht, sondern durchaus konformistisch ist, wird man sie als repräsentativ verstehen und entsprechend interpretieren dürfen. Danach ist der neue, auf den Menschen zu legende Akzent und ist der ihm korrespondierende positive Humanismus nicht dadurch veranlaßt, daß der Mensch als Gegenüber zur Welt des Mechanisch-Instrumentalen gesehen würde, daß er etwa der Träger von personhafter Würde oder eines „unendlichen Wertes der Menschenseele" oder einer Gottebenbildlichkeit wäre, sondern es ist so: Innerhalb der Hierarchie der technischen Mittel ist der Mensch befördert und zu einer Spitzenstellung erhoben worden, insofern er der Steuermann der Maschine ist. Er ist der Funktionär inmitten einer Welt von Funktionen: das ist sein Adel. Es geht nicht um seinen Wert, sondern es geht um seine Verwertbarkeit. Auch hier dominiert der pragmatische Aspekt.

Die Frage, die an diese Form des Humanismus zu stellen ist, lautet von hier aus so: Versteht er nicht ebenfalls – nämlich genauso wie sein ursprünglicher kapitalistischer Gegner – den Menschen als Mittel zum Zweck, wenn er dessen Wichtigkeit danach bemißt, welche Rolle der Mensch im Produktionsprozeß spielt? Die Mittel-zum-Zweck-Stellung wird immer an einem Grenzfall erkennbar (wie überhaupt die Grenze der für die Erkenntnis fruchtbare Ort ist): daran nämlich, ob der Mensch nur Träger eines dinglichen Wertes und einer Funktion ist, ob er zum Beispiel nur dadurch Gewicht besitzt, daß er einen ökonomischen Wert repräsentiert, oder ob er auch, abgesehen von diesem Wert, als alter, schwacher und „lebensunwerter" Mensch noch sakrosankt bleibt. Denn eben dies empfinden wir doch als das spezifisch Menschliche.

Ist der Mensch dagegen nur wichtig als Träger eines dinglichen Wertes, so darf auch die höchste Schätzung, die ihm widerfährt und die sich vielleicht in Orden, gesellschaftlichen Privilegien und entsprechenden Gehaltsbezügen ausdrückt, nicht zu dem Irrtum verführen, als ob es bei dieser Schätzung um den Respekt vor der menschlichen „Person" ginge. Wie wenig es um diesen menschlichen Respekt geht, wird daran deutlich, daß es in der Konsequenz dieses Gedankens liegen würde, die nicht mehr verwertbaren Exemplare der Spezies Mensch zu „liquidieren" (etwa radikale, nicht integrierbare Non-Konformisten und Dissidenten).

4. Ausklammerung der anthropologischen Grundfragen

Tatsächlich wird über diesen pragmatischen Aspekt hinaus *nicht* nach dem Wesen des Menschen gefragt. Es drängt sich aber noch eine Testfrage auf. An zwei Punkten nämlich scheint die Frage nach dem Menschen doch gestellt zu werden: *erstens,* wenn MARX von der Entfremdung spricht. Kann man von der

Entfremdung reden, ohne sie an einer Norm dessen zu messen, was nun der Mensch, der „bei sich selbst" ist, in seinem Wesen und also positiv darstellt?

Das braucht indessen *nicht* so zu sein, so verwunderlich es klingt. Denn auch bei uns ist es so, daß wir alle ziemlich genau sagen können, was *un*menschlich ist. Wenn man aber sagen soll, was menschlich im positiven Sinne ist, breitet sich leicht Verlegenheit aus. Wer etwa weiß, was böse ist, weiß noch längst nicht, was gut ist. Denn um zu wissen, was der Mensch ist und was gut ist, müßte man die Quelle seines Wissens verraten: zum Beispiel, ob der Mensch Ebenbild Gottes oder aber nur Funktionär des ökonomischen Prozesses ist. Bei der Negation dagegen, bei der Feststellung dessen, was unmenschlich ist, braucht man das nicht ohne weiteres zu verraten. Denn eine massive Mißhandlung des Menschen, seine zynische Ausnutzung zum Beispiel, widerspricht beiden Menschenbildern.

Weil man aber meist nur von „dem" Menschen spricht, darum ist dieser Begriff bei uns auch so verblasen und unglaubwürdig, darum ist er zum Humanitätsgeschwätz geworden. Meist meinen wir, wenn wir von „dem" Menschen sprechen, nur eine Chiffre für das Gegenteil des Unmenschlichen, also die Negation der Negation. Aus der Feststellung allein also, daß Marx den Begriff der Entfremdung und damit der Unmenschlichkeit kennt, können wir noch nicht schließen, daß er auch um das Positive, um das Wesen des Menschen selber, wüßte. Den gleichen Ausfall eines *positiv* gefüllten Menschenbildes können wir auch bei Herbert Marcuse beobachten[109].

Weiß Marx denn – vielleicht unter der Chiffre der Entfremdung – wenigstens um das „Radikal-Böse"? Auch das wird man mit gewichtigen Gründen in Frage stellen dürfen. Leszek Kolakowski[110] dürfte recht haben, wenn er darauf hinweist, daß die Frage des Radikal-Bösen hier gar nicht entstehen könne, weil der Mensch sich ja nicht vor radikalen Entscheidungen gegenüber einem absolut verstandenen Guten und Bösen sehe, sondern sich nur vor die durch geschichtliche Prozesse eingeschränkten und relativierten Werte stelle. Gut und Böse können sich doch überhaupt nur in einer persönlichen, unbedingt verstandenen Überzeugung zeigen: „Einer moralischen Beurteilung unterliegen ausschließlich einzelne Menschen und ihre Handlungen. Das kommt daher, daß es keine moralische Beurteilung ohne Berücksichtigung der Absicht des Handelnden gibt, die Absichten aber sind Sache der einzelnen Menschen; daraus wiederum folgt, daß es unmöglich ist, einen anonymen historischen Prozeß, sein Gelingen oder Mißlingen moralisch zu werten."[111]

5. Vergesellschaftung als „freie Tat"

Wir haben für unsere Testfrage noch eine *zweite* Kontrollmöglichkeit. Marx hat Gelegenheit gehabt, sich auch positiv über das Wesen des Menschen, über den

---

[109] Vgl. das Buch des Verf.s „Kulturkritik der studentischen Rebellion", 1969, 40 ff.
[110] Der Mensch ohne Alternative, 1961.
[111] Kolakowski, S. 106 ff.

eigentlichen Menschen zu äußern: wenn er ihn nämlich schildert, wie dieser aus seiner Entfremdung befreit und zu sich selbst gebracht wird. Das ist in seiner Eschatologie so. Er stellt sie unter dem Stichwort „Sprung in die Freiheit" dar: Dieser Sprung besteht darin, daß „mit der Besitzergreifung der Produktionsmittel durch die Gesellschaft ... die wahren Produktionen beseitigt (sind) und damit die Herrschaft des Produkts über die Produzenten." „Der Kampf ums Einzeldasein hört auf. Damit erst scheidet der Mensch endgültig aus dem Tierreich, tritt aus tierischen Daseinsbedingungen in wirklich menschliche ..." Die eigene Vergesellschaftung des Menschen, die ihm bisher von Natur und Geschichte oktroyiert gegenüberstand, wird jetzt seine eigene Tat. Das ist „Der Sprung der Menschheit aus dem Reich der Notwendigkeit in das Reich der Freiheit."[112]

Der Mensch an sich, der eigentliche Mensch, ist also derjenige, der nicht mehr Objekt der Verhältnisse ist, sondern seine eigene Vergesellschaftung in freier Tat vollzieht. Aber ist das etwas anderes als eine immer noch negative Aussage, als eine Negation der Negation? Steckt darin denn mehr als die Feststellung, der Mensch sei nun nicht mehr verfremdet, ohne daß aber gesagt würde (und nach dem ideologischen Ansatz auch gesagt werden *könnte*), was er positiv sei? Wie wird die Geschichte weitergehen? Geht sie überhaupt weiter? Es gibt offenbar keine feindlichen Gewalten mehr – weder außerhalb des Menschen in der Gesellschaft (die Klassen haben ja aufgehört!) noch in der Seele des Menschen –, mit denen er sich auseinandersetzen müßte. Ist dieser Mensch der letzten Tage gut, vollkommen, ohne das Böse? Das alles bleibt dunkel. Ein Mann wie ROBERT HAVEMANN hat sich, wenn auch in sehr utopischer Weise, Gedanken darüber gemacht. Aber schon die Tatsache, daß er dieses Thema stellte, schien den Instinkt der Chefideologen zu bestätigen, daß er ein Fremdkörper im System sei[113].

6. Vages Bild des Menschen

Es gibt anscheinend bei MARX nur *eine* Andeutung, die das Wesen des Menschen selbst anspricht[114]. Auch für MARX hat sich die ganze ungeheuerliche Macht des Bösen, wie sie in der wirtschaftlichen Unordnung des Kapitalismus proletarisierend, das heißt entmenschlichend am Werke ist, ja nicht von selbst gebildet, sondern sie kommt vom Menschen her, der sie verschuldet hat. „Es ist", sagt MARX, „die eigene Tat des Menschen, die ihm zu einer fremden, gegenüberstehenden Macht wird, die ihn unterjocht, statt daß er sie beherrscht."

Ist es ein Zufall, daß dieser Gedanke des Bösen als anthropologische Wesensaussage nicht weiter expliziert wird, daß der Begriff des Bösen (außer unter der Chiffre der Entfremdung), soweit ich sehe, nirgendwo sonst auftaucht? (Oder sollte ich nur Unglück bei meinem Suchen gehabt haben? Dann wäre ich dankbar, wenn mir einer weiterhülfe.) Insbesondere ist dieser Gedanke an das radi-

---

[112] Handbuch des Weltkommunismus, 1958, 69.
[113] HAVEMANN, Dialektik ohne Dogma?, 1964, 151 ff.
[114] Deutsche Ideologie, Kröner II, S. 5; dazu: H. WEINSTOCK, Die Tragödie des Humanismus, 1960, 292.

kale Böse in der marxistischen Eschatologie wieder völlig verdampft. Dort steht nur das utopische Traumbild eines Menschen, der keine Geschichte mehr hat: ein merkwürdig unwirkliches doketisches Gespenst, an dem keinerlei Wesenszüge abzulesen sind. Hier hört MARX einfach auf, den Menschen zu porträtieren; gerade dort also, wo wir aufs höchste gespannt sind, nun sein unverfremdetes und eigenes Wesen zu erblicken.

Wo ist jenes Böse geblieben, um dessen Spurenelemente beim „geschichtlichen" Menschen MARX immerhin weiß? Angenommen einmal, es sei nach MARX wirklich so gewesen, daß die soziale Form der Entmenschlichung, daß Ausbeuten und Klassenstruktur der Gesellschaft das Produkt des Bösen im Menschen sei: Wie soll man dann hoffen dürfen, daß der Mensch anders würde, wenn er dieses Produkt seiner Sünde beseitigt? Wird denn, dogmatisch ausgedrückt, sein Status geändert, wenn der ihm entstammende Actus unterbleibt? Müßte man nicht vielmehr annehmen, daß die potentielle Energie des Bösen sich nun in andern und neuen kinetischen Formen auch bei der klassenlosen Gesellschaft entlädt, etwa im individuellen Kampf der Menschen miteinander, in Neid, Haß, Prestigebedürfnis? Der Aggressionstrieb bleibt ja immer derselbe.

Das Bild dieses eschatologischen eigentlichen Menschen wird dadurch noch ungreifbarer, daß er alle individuellen Züge verliert und zum bloßen Substrat eines kollektiven Bewußtseins wird. „Erst wenn der wirkliche individuelle Mensch den abstrakten Staatsbürger in sich zurücknimmt und als individueller Mensch in seinem empirischen Leben, in seiner individuellen Arbeit, Gattungswesen geworden ist, erst wenn der Mensch seine „forces propres" als gesellschaftliche Kräfte erkannt und organisiert hat und daher die gesellschaftliche Kraft nicht mehr in der Gestalt der politischen Kraft von sich trennt, erst dann ist die menschliche Emanzipation vollbracht."[115]

Der Mensch vollendet sich also in der Weise, daß er als Individuum aufhört und „gesellschaftlicher" Mensch wird. Erst hier bildet die Gesellschaft eine vollendete Wesenseinheit des Menschen mit der Natur; hier erst gibt es den „durchgeführten Naturalismus des Menschen" und den „durchgeführten Humanismus der Natur". Mit andern Worten: hier ist der Mensch in seine Einheit mit Natur und Welt zurückgekehrt. Hier will er das, was die Natur will, was die Gesellschaft will. Alle Widersprüche hören auf, weil die Emanzipation alles Partikulären, also auch des Individuellen, beendigt ist. Im Sinne von GOGARTEN könnte man vielleicht sagen, hier sei der Mensch aus seinem geschichtlichen wieder ein mythisches Wesen geworden. Das führt bis zur Ausbildung von „gesellschaftlichen Organen", eines kollektiven Instinktes sozusagen, durch den hindurch der gesellschaftliche Wille sich ausspricht und den Menschen auch in seiner Spontaneität nicht mehr bloß als Gegenstand eines „Du sollst!" gesellschaftlich-kollektiv sein läßt[116]. Die Vergesellschaftung der Produktionsmittel wird auch diesen gesellschaftlichen Menschen erzeugen.

---

[115] MARX, Zur Judenfrage, Kröner S. 199.
[116] Vgl. Kröner S. 241.

e) Die anthropologische Fehlrechnung

Ist dieser Mensch nicht in der Tat ein unwirkliches Gespenst, ein Wesen mit kollektiven Instinkten, mit kollektivem Bewußtsein? Gibt es ihn überhaupt noch? Hat er nicht aufgehört zu „sein", und ist er nicht statt dessen ein Synonym für „Menschheit" geworden, für jene Menschheit, die im 18. und 19. Jahrhundert und auch noch bei FEUERBACH die Summe aller positiven und sich ergänzenden Eigenschaften des Menschen ist?

Hier tut sich die große Fehlrechnung auf. Das Wesen des Menschen kann nicht empirisch erhoben und als Summe von Eigenschaften gewonnen werden[117]. Das aber hat MARX getan, wenn er den Menschen aus der Empirie des Geschichtsverlaufs als Homo oeconomicus zu erweisen sucht. Auf diese Weise entsteht letzten Endes das doketische humane Gespenst, weil das Eigentliche des Menschen nicht von der partikulären Lebensäußerung des Ökonomischen zu fassen ist. Daß sich das auch empirisch nicht machen läßt, zeigt sich daran, daß sich soundso viele menschliche Phänomene einfach nicht begreifen lassen, wenn wir sie nur aus der ökonomischen Interessensituation erklären wollen: Kann LUTHER, kann FRANZ VON ASSISI, kann selbst HITLER von diesem Interessengesichtspunkt aus erklärt werden?

Der Marxismus kann also von seiner Position aus die Menschlichkeit des Menschen nicht ins Visier bekommen. Denn paradoxerweise bleibt die Menschlichkeit des Menschen so lange unerkennbar, wie man sich an seinen immanenten Wert, an seinen Funktionswert, hält. Im profanen Sinn an den Wert des Menschen glauben heißt nichts anderes, als ihn für „verwertbar" (zum Beispiel im Produktionsprozeß oder als Fortpflanzungsinstrument) zu halten, ihn also als Mittel zum Zweck zu verstehen.

Damit stoßen wir auf ein letztes Mysterium der Anthropologie überhaupt: In jeder Interpretation menschlicher Existenz kann es nicht anders sein, als daß durch die Wirklichkeit des Menschen hindurch eine andere Wirklichkeit schimmert, ein Alienum gleichsam, das ihn entscheidend charakterisiert. Das liegt daran, daß der Mensch immer und nur als ein „Wesen im Bezug" beschrieben werden kann, als ein Wesen, das sich auf etwas erstreckt, in Relation zu etwas steht und sich transzendiert.

Entweder ist dieses den Menschen bestimmende Alienum das Dingliche, dem er dienstbar ist, so wie das beim Marxismus die ökonomische Struktur oder im Nationalsozialismus die biologischen Mächte sind. Es geht hier um irgendeine Form immanenter essentia. *Oder* aber dieses Alienum ist das alles Dingliche transzendierende Unbedingte, ist Gott. In diesem Falle hat der Mensch jene dignitas aliena, die als das wesentliche Charakteristikum der Gottebenbildlichkeit zu bezeichnen ist. KIERKEGAARD bringt den Unterschied dieser beiden Beziehungsgrößen in der „Krankheit zum Tode" zum Ausdruck: „Welche unendliche

---

[117] Dieser Satz bildet die durchgängige These im Buch des Verf.s „Mensch sein – Mensch werden" (Anthrop.), 3. A. 1981.

Realität bekommt doch das menschliche Selbst, wenn es sich dessen bewußt wird, daß es vor Gott da ist, wenn es ein menschliches Sein wird, dessen Maßstab Gott wird (das sich also durch die Relation zu dem über ihm befindlichen göttlichen Alienum konstituiert). Ein Hirte, der, wenn das möglich wäre, Kühen gegenüber ein Selbst ist, ist ein sehr niedriges Selbst; ein Herrscher, der Sklaven gegenüber ein Selbst ist, desgleichen, und eigentlich sind diese beiden kein Selbst, denn es fehlt das Maß. Das Kind, das bisher nur die Eltern zum Maß hatte, wird ein Selbst, indem es als Mann den Staat zum Maß bekommt; aber welcher unendliche Akzent fällt auf das Selbst, wenn es Gott zum Maß bekommt!" (Vgl. S. 550, Anm. 83).

1. Die „eigentliche" Humanitas

Hier wird also der Wert des Selbst danach entschieden, ob es durchsichtig wird für die über ihm oder für die „unter" ihm befindliche Beziehungsgröße. Wird es durch das unter ihm Befindliche bestimmt, so wird damit sein eigener Rang bestimmt. Auf diese Weise wird der Mensch, der sich vom Dinglichen her bestimmt, selber in den Verschleiß der Dinge mit hineingezogen. Und nur wer jene „fremde Würde" besitzt, die ihm das Sein gegenüber Gott verleiht, ist dem versklavenden Zugriff entzogen, der ihn dinglich verwerten will bzw. der ihn fallenläßt, wenn er diese dingliche Verwertbarkeit nicht mehr besitzt. Gerade hier wirken sich der Schutz, die Unantastbarkeit und die heilige Privilegierung aus, die der Mensch besitzt, wenn er als Träger jener fremden Würde erkannt wird: Selbst in den zitierten Grenzfällen der Nichtmehrverwertbarkeit bleibt er der von Gott Geschaffene oder – wie das Alte Testament sagt – der „Augapfel Gottes", dessen Schutz Gott selbst übernimmt: „Wer ihn antastet, tastet den Herrn selber an ..."

Es ist im gleichen Sinne charakteristisch, daß im Neuen Testament die Würde des Menschen gerade nicht an den sogenannten Gipfelerscheinungen beziehungsweise an den Renommiermodellen der Humanitas aufgezeigt wird, also an den Genies und moralischen Heroen, sondern an den Kleinen, den Erbarmungswürdigen, den ptochoí, an den Grenzgebilden der Menschheit, aber den Grenzgebilden nach der *andern,* nach der *dunklen* Seite.

So will uns der heimliche Christus in denen begegnen, die hungrig, heimatlos, gefangen, nackt und bloß sind. Zu ihrer aller Bruder macht er sich. Und wer sie aufnimmt, besucht, speist, bekleidet, der tut das alles an ihm selber. Ganz entsprechend kann Paulus die unantastbare Würde der engherzigen, die christliche Freiheit beschränken wollenden, uns also belastenden Naturen mit den Worten umschreiben: Christus sei für sie gestorben, darum dürfe man sie nicht ärgern (Röm 14,15; 1. Kor 8,11). Es ist die fremde Würde, die sie sakrosankt macht.

Der Mensch ist also hier ganz und gar nicht auf sich oder auf Dinge oder auf seine Verwertbarkeit bezogen, sondern er ist auf die Gloria Dei bezogen, die sich an ihm erweisen und verherrlichen will. Es geht hier um das Geborgensein in der „fremden" Gerechtigkeit Jesu Christi. Und genauso, wie wir darin unter den

Augen Gottes unseren unendlichen Wert erhalten (so gewiß uns Gott in seinem Sohn anschauen will), genauso ist darin auch unter den Augen der Menschen die eigentliche Humanitas gegeben. Es ist die Humanitas des Sohnes Gottes, der uns seine Brüder heißt, verborgen wie diese selbst und darum auch geschändet wie diese, aber gerade in ihrer heimlichen Würde geschändet und geehrt.

Es ist somit nicht wahr, daß der Mensch durch diese Art seiner dienenden Stellung klein würde, und daß ihn gleichsam die Übermacht der Doxa Gottes herabdrückte, so wie der orientalische Despot seine Größe gerade darin erweist, daß er seine Umgebung zu Sklaven und Fellachen herabwürdigt. Die vielfach angenommene Proportion, daß mit der Größe und absoluten Stellung Gottes eine entsprechende Verkleinerung und Entwertung des auf ihn bezogenen Menschen gegeben wäre, stimmt nicht. Vielmehr ist es umgekehrt: Je größer der Bezugsgegenstand der menschlichen Existenz wird (sofern nur dieser Bezugs-„Gegenstand" Gott selbst und nicht eine übergeordnete geschöpfliche Größe ist, die den Menschen in der Tat sofort relativiert und zum Partikel macht), um so eindeutiger und in ihrer Eindeutigkeit unantastbar wird seine Humanitas. Das lehren uns gerade die Grenzfälle dieser Humanitas, die den Menschen entweder als Augapfel Gottes oder als Spielball des menschlichen Opportunismus verstehen lassen.

2. Die entscheidende Erkenntnis

Wir halten die entscheidende Erkenntnis fest: Das Bild des Menschen ist immer wesentlich geprägt durch das jeweilige Alienum, das sich in ihm verwirklicht. Mit dieser Feststellung ist zugleich der Schlüssel für die merkwürdige und zunächst befremdliche Tatsache gegeben, daß der Marxismus trotz seiner Bemühung um den Menschen schließlich nur dessen Verdinglichung zu vollziehen vermochte. Da er ihn einer „verkehrten Relation" einbeschloß, konnte er ihn gerade durch die Eigengesetzlichkeit dieser Relation nicht „heben", ja nicht einmal in seinen Gesichtskreis ziehen. Er hat den Menschen niemals gesehen.

Entweder also ist der Mensch geprägt durch das, was *unter* ihm ist. Dann ist jener Zustand das Ende, in dem dieses dingliche Alienum gleichsam die Humanitas verzehrt und in dem uns das erstarrte Antlitz der unmenschlichen Natur oder der ebenso unmenschliche, weil hüllenlose Mechanismus der dialektischen Gliederpuppe anblickt. *Oder* er ist geprägt durch das, was *über* ihm ist: durch das Alienum des göttlichen Bildes. Dann ist das Ziel dieser Prägung die Gloria Dei, die sich uns zum Werkzeug wählt. Als solche Gloria aber, die uns zugewandt ist, heißt sie in der alten Sprache der Christenheit Gratia, Gnade.

Durch welche Größe wir das Bild des Menschen geprägt sehen, in welcher Größe wir es erhalten wissen oder aber verloren haben wollen, das ist die Entscheidungsfrage großen Ranges. Es ist die *theologische* Frage, vor die sich jede Lehre vom Menschen gestellt sieht – und wahrlich nicht nur bei den Links-Hegelianern!

Daß MARX bei seinem Selbst- und Menschenverständnis Konflikte gekannt hat, die ans Letzte rühren und die in seinen theoretischen Schriften so nicht sichtbar werden, zeigt ein Jugendgedicht, in dem er – fast hellseherisch auf sein Leben vorausblickend – sich als einen tragisch scheiternden und gleichwohl trutzig auf seinem Protest beharrenden Prometheus sieht. Hier liegt die „von oben" eingestiftete essentia, man könnte auch sagen die „Idee" des Humanum im Kampf mit dem prometheisch eigenwilligen Entwurf seiner selbst. „Des Höchsten Blitze" mögen diesen Selbstentwurf zu zerschmettern suchen, können aber nur zurückprallen; und wenn sie dennoch seine Mauern brechen, richtet er sie trotzend immer wieder auf. Diese Verse haben den Titel" „Des Verzweifelnden Gebet"[118]:

> Hat ein Gott mir alles hingerissen,
> Fortgewälzt in Schicksalsfluch und Joch,
> Seine Welten – alles – alles missen!
> Eines blieb, die Rache blieb mir doch!
>
> An mir selber will ich stolz mich rächen,
> An dem Wesen, das da oben thront,
> Meine Kraft sei Flickwerk nur von Schwächen
> Und mein Gutes selbst sei unbelohnt!
>
> Einen Thron will ich mir auferbauen,
> Kalt und riesig soll sein Gipfel sein,
> Bollwerk sei ihm übermenschlich Grauen,
> Und sein Marschall sei die düstere Pein.
>
> Wer hinaufschaut mit gesunden Augen,
> kehre totenbleich und stumm zurück,
> Angepackt von blindem Todeshauche,
> Grabe selbst die Grube sich sein Glück.
>
> Und des Höchsten Blitze sollen prallen
> Von dem eisernen Gebäu,
> Bricht er meine Mauern, meine Hallen,
> Trotzend baut die Ewigkeit sie neu.

---

[118] Zit. (mit undeutlicher bibliogr. Angabe) in: HENRI DE LUBAC, Die Tragödie des Humanismus ohne Gott, Salzburg 1950, 340.

16. Kapitel

Das Ringen um die Unbedingtheit christlicher Wahrheit

I. SÖREN KIERKEGAARD

Die existenzielle Unbedingtheit

Literatur: E. HIRSCH, Sören Kierkegaard. Gesammelte Werke, 1950ff. (nach dieser Ausgabe wird meist zitiert: „Hirsch"). – H. GOTTSCHED/CH. SCHREMPF, Ges. W.e K.s, 2. A. Jena 1922ff. (zit. Jena).

Sekundäre Literatur: Kurzdarstellungen und Werkauswahlen zur ersten Einführung: FR. BRANDT, S. K., Kopenhagen 1963 (dtsch.). – H. DIEM, K.-Auswahl u. Einleitung, Fischer Bücherei, 1956. – H. GERDES, S. K., Sammlung Göschen Bd. 1221, 1966. – P. P. ROHDE, S. K. in Selbstzeugnissen u. Bilddokumenten, Rowohlt-Taschenb. 1959.

Monographien: M. BENSE, Hegel u. K., 1948. – H. DIEM, Die Existenzdialektik von S. K., 1950. – DERS., S. K., Spion im Dienste Gottes, 1957. – ED. GEISMAR, S. K. Seine Lebensentwicklung u. seine Wirksamkeit als Schriftsteller, 1929. – E. HIRSCH, K.-Studien, 3 Bde., 1920f. – DERS., Gesch. der evang. Theol. V, 1954, 433–491. – S. HOLM, Grundvig u. K.-Parallelen u. Kontraste, 1956. – K. JASPERS, Rechenschaft u. Ausblick, 1951, 115ff. – K. LÖWITH, Von Hegel zu Nietzsche, 3. A. 1953. – W. LOWRIE, Das Leben S. K.s, 1955. – H. P. MÜLLER, Welt als ‚Wiederholung'. S. K.s Novelle als Beitrag zur Hiob-Interpretation, in: Werden u. Wirken des AT, Festschr. f. Cl. Westermann, 1979, 355ff. – ANNA PAULSEN, Menschsein heute. Analysen u. Reden K.s, 1973. – EDO PIVCEVIĆ, Ironie als Daseinsform b. S. K., 1960. – W. REHM, K. als Verführer, 1949. – W. RUTTENBECK, S. K., der christl. Denker u. sein Werk, 1929. – H. P. SCHMIDT, Ontologie u. Personalismus ..., dargestellt an A. F. C. Vilmar u. S. K., Hamburger Diss. 1957.

Biographischer Überblick: K. lebte von 1813 bis 1855, ausgenommen einige kürzere Studienaufenthalte in Berlin, in Kopenhagen. Dort studierte er auch von 1830 bis 40 Theologie und schloß seine Universitätszeit mit der Dissertation „Der Begriff der Ironie mit ständiger Rücksicht auf Sokrates" ab. Der schwermütige und schwerblütige Vater, ein wohlhabender Kaufmann, hat seine innere Entwicklung wesentlich geprägt. Diesen verfolgte zeitlebens ein Jugendtrauma: Er hatte als armer Hütejunge einmal, von seinem Elend überwältigt, Gott verflucht. Seine davon umdüsterte Frömmigkeit übertrug sich auf den Sohn, der einen Fluch über der Familie liegen sah. S. KIERKEGAARDS Ringen um ein Loskommen von diesem Fluch trug wesentlich mit dazu bei, daß die Frage nach einer neuen, durch Vergebung geschenkten Möglichkeit des Seins zum beherrschenden Thema seines Lebens wurde. Eine tiefe, sein Leben überschattende Schwermut, die nicht ohne psychopathische Züge ist, geht wohl auf sein väterliches Erbe zurück. Im Rückblick darauf sagt er einmal: „Bereits in der frühesten Kindheit hatte ich mich verhoben an den Eindrücken, unter denen der schwermütige alte Mann, der sie auf mich gelegt hatte, selber zusammensank – ein Kind, auf wahnsinnige Weise dazu verkleidet, ein schwermütiger alter Mann zu sein. Fürchterlich!"[1]

---

[1] Über meine Wirksamkeit als Schriftsteller (Hirsch, 33. Abt., 75).

Gleichwohl wäre es falsch – obwohl das immer wieder geschieht – KIERKEGAARD nur mit Hilfe psychiatrischer Kategorien zu verstehen. Gerade an ihm ist zu bemerken, daß psychische Belastungen von seiner Art nicht nur eine Hypothek des Lebens bilden, sondern zugleich die Sensibilität für Daseins-Dimensionen erhöhen, die robusteren Naturen verschlossen bleiben. Das gilt in erhöhtem Maße, wenn es sich um eine geniale Natur wie die KIERKEGAARDs handelt.

Kein Wunder, daß er sich als „Ausnahmeexistenz" verstand und daß es ihm nicht gelang, sich der menschlichen oder kirchlichen Ordnung des „Allgemeinen" einzufügen. So scheiterte sein Versuch, den „Weg alles Fleisches" zu gehen und die Ehe anzustreben. Seine Verlobung mit Regine Ohlsen (1840) wurde im Jahr darauf wieder gelöst und wirkte in seinen Reflexionen über den „Einzelnen" und in seinen Analysen der Schwermut nach.

Sein erstes großes Werk „Entweder-Oder. Ein Lebensfragment, herausgegeben von Viktor Eremita" (1843), das ihn berühmt machte, zeigt schon die entscheidenden Characteristica seines literarischen Schaffens: daß er mit Vorliebe sich einer ganzen Anzahl von Pseudonymen bedient. Jedes Pseudonym repräsentiert den perspektivischen Mittelpunkt einer Weltanschauung, z.B. der ethischen, der ästhetischen, der tragischen und der religiösen. Das alles ist er jeweils selbst und ist es wieder nicht, es sind jedenfalls von ihm „durchgemachte" Lebenspositionen. Die Wahl dieser pseudonymen Mitteilung kennzeichnen ihn als „existierenden Denker". (Auf dieses Stichwort kommen wir später zurück.)

Der Sinn dieser Mitteilungsmethode, die auch biographisch wichtig ist, ergibt sich, wenn wir die Frage stellen: Warum schreibt er nicht darstellend, kritisch und polemisch „über" den Typus des ethischen, ästhetischen oder religiösen Menschen – sagen wir einmal, wie EDUARD SPRANGER die entsprechenden Lebensformen in ihren idealtypischen Konturen beschreibt[2]? Eben dieses „Über ..." will KIERKEGAARD aus verschiedenen Gründen notorisch *nicht*:

Einmal will er nicht die Distanz zu der betreffenden Position. Sie würde ja voraussetzen, daß er sich als Beobachter darüber erhöbe und den Leser vor das fait accompli einer überlegenen kritischen Belehrung stellte. Er würde ihn, wie wir heute vielleicht sagen würden, zum bloßen „Konsumenten" seiner Mitteilungen machen. Er setzt sich gerade deshalb von HEGEL als seinem philosophischen Erzfeind ab, weil dieser alle geistigen Vorgänge von der überlegenen Zuschauerperspektive eines Denkers aus betrachtete, der dem Weltgeist in die Karten geblickt zu haben meinte.

Ferner: Indem KIERKEGAARD sich jeweils selbst an den perspektivischen Mittelpunkt jener Weltsichten begibt – was ihm um so näher liegt, als es eben seine eigenen, jedenfalls die von ihm „durchgemachten" Positionen sind –, nimmt er seinen Leser zugleich „mit hinein". Er stellt ihn vor die Aufgabe, sich mit Hiob, Abraham, Sokrates und vielen andern zu identifizieren. Das bedeutet für ihn dann einen Appell und eine Herausforderung: Der Leser sieht sich vor die Entscheidung gestellt, ob er Ja oder Nein zu dieser Identifikation sagt, ob er in der Wahrheit oder Unwahrheit existieren will, jedenfalls ist er so in die Situation der Verbindlichkeit versetzt und aus jeder zuschauerischen Indifferenz herausgeholt. In diesem Sinne geht es bei KIERKEGAARD nie um eine bloß geltende Wahrheit, sondern um die Wahrheit oder Unwahrheit des eigenen *Seins*. Nicht „was" der Denker denkt, ist wesentlich, sondern „wie" er denkt, in welchem Maße er existenziell beteiligt ist, ob er also – ein „existierender Denker" ist. Das aber kann er nur als „Einzelner" sein.

Von hier aus wird es verständlich, daß KIERKEGAARD in seinem Leben keinen Weg zum „Allgemeinen" fand, ja daß er davor zurückscheute. Denn das Allgemeine hat es an sich, daß es mich unter sich subsumiert, mein Einzelner- und mein Eigen-Sein in sich verdampfen läßt – ganz gleich, ob es um die „allgemeine" Ehe oder um institutionelle und kirchenamtliche Vereinerleiungen geht. So bleibt er ohne Amt und offiziellen Auftrag der „freie Schriftsteller", der in eigener Verantwortung lebt und schreibt. Das führt ihn zugleich in

---

[2] E. SPRANGER, Lebensformen. Geisteswissenschaftliche Psychologie u. Ethik der Persönlichkeit, 7. A. 1930.

eine heftige Polemik wider die dänische Staatskirche und ihre Repräsentanten, die Kirche und Welt nivellieren und im Allgemeinen verschwimmen lassen.

Mit entsprechendem Bangen sieht KIERKEGAARD revolutionäre Bewegungen voraus – schon 1846, also vor deren Aufflackern im Jahre 1848[3] –, die das Gefälle auf Vermassung und Nivellierung hin vorantreiben; so etwa in der Besprechung der Novelle „Zwei Zeitalter": Dort sieht er die wachsende „Übermacht der Kategorie der Generation über die Kategorie der Individualität" und spricht davon, daß „das in unserer Zeit vergötterte positive Prinzip der gesellschaftlichen Verbindung ... gerade das Zehrende, das Demoralisierende" sei. Es stamme daher, „daß man vorübergeht an der Besonderung der religiösen Individualität vor Gott in der Verantwortung der Ewigkeit"[4]. Den Einzelnen im Sinne KIERKEGAARDS gibt es nur coram Deo. Sobald er sich nur am gesellschaftlichen Gefüge orientiert und in ihm aufgeht, hört er auf, Einzelner zu sein.

Sein Einzelner-sein prägte auch seinen *Lebensstil:* Er blieb ohne Amt (was ihm durch sein Haus- und Gelderbe ermöglicht wurde). Auch eine Schülergemeinschaft hat er nicht begründet. Aber er flanierte gerne auf der Kopenhagener Promenade, dem „Strög", besuchte viel das Theater und verwickelte gerne die ihm Begegnenden in sokratische Gespräche. Die Auffälligkeit seiner Erscheinung brachte ihn auch in die satirische Zeitschrift „Der Korsar". Die daran anschließende Fehde führte zu seinen Reflexionen über die Nivellierung der öffentlichen Meinung durch die Presse und über die Erzfeindschaft des Säkularismus gegenüber dem „Einzelnen".

KIERKEGAARD starb schon im Alter von 42 Jahren, aufgezehrt von unbeschreiblich intensiver Tätigkeit als Denker und Schriftsteller. Daß er sein riesiges Werk in zwölf Jahren schrieb und veröffentlichte, ist fast unbegreiflich. Bis zuletzt blieb er in Fehde mit der offiziellen Kirche. Als der allseits verehrte Bischof J. P. MYNSTER, der aus der materialistischen Philosophie – zunächst mit Hilfe von KANT – heraus- und zu einem biblischen Christentum durchgefunden hatte, bei seinem Begräbnis als „Glaubenszeuge" von Prof. MARTENSEN gepriesen wurde, hat er ihm und seinem Nachrufer eben diese Eigenschaft in einem unglaublich harten und zynischen Artikel abgesprochen[5]. Daß er auch den großen geistlichen Liederdichter N. F. S. GRUNDTVIG, den verdienstvollen Gründer der dänischen Volkshochschulen, mit Injurien wie „Fasler", „Prophet" und ärgerem angriff, mag zwar ebenfalls unpassend sein, doch ist das bei der zu Entscheidung und Scheidung drängenden Mentalität KIERKEGAARDS schon eher verständlich, weil sich bei GRUNDTVIG orthodoxes Luthertum und Liebe zur nordischen Mythologie eigentümlich verbanden:

Freiheit der Norden als Losung erkor,
Freiheit für Loke so gut wie für Thor,
Freiheit für alles, was der Geist gewollt,
Der sich Fesseln nicht beugt, sondern Fesseln grollt[6].

Auf die ungeheuer weitgespannte Wirkungsgeschichte KIERKEGAARDS in Dichtung, Existenzphilosophie (von GABRIEL MARCEL bis J. P. SARTRE) und Theologie (BARTH, BULTMANN) auch nur kurz einzugehen, ist hier nicht möglich. Statt dessen weise ich auf die Monographie von O. F. BOLLNOW hin, die wenigstens für den Bereich von Philosophie und Dichtung wesentliche Durchblicke gibt[7].

---

[3] Im Rückblick auf dieses Jahr schreibt er: „Es ward gehört, das Geheul, welches das Chaos ankündigt" (Ges. Werke – Hirsch, 33. Abt., 15).

[4] Eine literarische Anzeige (Hirsch, 17. Abt., S. 90f.).

[5] In: Das Vaterland, 18. 12. 54, Nr. 295; abgedruckt bei Hirsch, Der Augenblick, 34. Abt., 3ff.

[6] S. HOLM, aaO. 88.

[7] BOLLNOW, Existenzphilosophie, 6. A. 1964. – Zu BULTMANN u. HEIDEGGER vgl. EvGl I (Reg.).

a) Von HEGEL *zu* KIERKEGAARD

HEGELS System verstand sich selbst als Synthesis und Abschluß aller vorange-
gangenen Philosophie. Gerade dann aber, wenn wir im Sinne der hegelschen
Dialektik weiterdenken – darauf wies ich schon im Kapitel über die Linkshegelianer hin –, bekommt die von seinem Denken gebildete Synthese ihrerseits wieder
die Bedeutung einer These, die eine neue Antithese aus sich heraussetzt.

Diese Antithese hat nun merkwürdigerweise zwei Varianten:

Sie stellt sich *einmal* so dar, daß nicht der Geist, sondern der Bereich des materialen Unterbaus als das eigentliche Fundamentum des Seins begriffen wird.
Paradigmen *dieser* Art Antithese sind etwa FEUERBACH, STIRNER und MARX.

Die *andere* Spielart der sich herausbildenden Antithese wird von KIERKE-
GAARD repräsentiert.

KIERKEGAARD sah nämlich in HEGELS gigantischem Versuch, Denken und Sein
in ihrer Identität aufzuzeigen, d.h. das Wirkliche als Selbstentfaltung des absoluten Geistes und den endlichen Geist als den Ort des Selbstbewußtseins dieses
Geistes zu verstehen, ein Betrugsmanöver größten Ausmaßes, das in immer
neuen Anläufen zu entlarven sein denkerisches Bemühen war. Die Aussagen
HEGELS über die Wirklichkeit implizieren für KIERKEGAARD gerade *keine* Wirklichkeit. Sie vollziehen nur eine leere Abstraktion und konstruieren eine absurde
„Gedanken"-Wirklichkeit, noch deutlicher: ein Hirngespinst. Die Aporie dieses
titanischen Versuchs liegt für ihn darin, daß das so angenommene Subjekt des
reinen Denkens nur Gott selbst, also eine transzendente, der endlichen Wirklichkeit entrückte Größe sein könne. Allein *diese* verfügt über die souveräne
Distanz, um das Panorama des gesamten Seins unter sich liegen zu sehen und
überblicken zu können. Niemals aber ist ein endliches Wesen dazu imstande, das
doch selber *Glied* der Immanenz und also in den Strom der immanenten Geschichte mit eingeschlossen ist. HEGEL vermag nach KIERKEGAARD *nicht* zu
zeigen – oder kann mit Hilfe von Tricks nur so tun, *als ob* er es zeigte –, wie sich
der in die Geschichte eingeschlossene endliche Geist in ein der Geschichte über-
legenes, gottgleiches Wesen verwandeln könne.

Bei aller Anerkennung der Größe HEGELS, die KIERKEGAARD sehr wohl durchblicken läßt, und im Bewußtsein der gefährlichen Möglichkeit, zu dem gleichen
spekulativen Wege verführt zu werden (der seinem virtuosen Denkvermögen
durchaus offen gestanden hätte!), erhebt KIERKEGAARD *einen* entscheidenden
Vorwurf wider diese Gegenphilosophie: daß HEGEL den „existierenden Denker"
unterschlägt. Ich werde diesen Begriff später erläutern. An dieser Stelle sei nur
so viel darüber gesagt: HEGEL kann – und will auch! – gar nicht zeigen, wie der
Mensch als endlicher Geist, genauer: wie der „Einzelne" sich zur Wahrheit *verhält* und in diesem Verhalten dann seine Geschichte hat, wie er sich zum Beispiel
entscheidet, wie er also zwischen Gegensätzen und Alternativen *wählt,* statt sie
nur ineinander zu erkennen, und bloß auf der Woge des Dialektischen dahinzu-
reiten, um dem Prinzip des laissez-faire zu frönen.

So wird das Hauptthema KIERKEGAARDS das Problem der „Existenz" des Einzelnen und der Existenzbezogenheit aller von diesem Einzelnen angegangener Wirklichkeit. *Es geht ihm um existenzielle Unbedingtheit.* Der Mensch ist eben nicht nur im Sinne HEGELS der „endliche Geist", sondern konkrete, mehrdimensionale Existenz, in der Intellekt, Wille, Gefühl, Leidenschaft, Furcht und Hoffnung, ästhetische, ethische und religiöse Subjektivität zusammenwirken.

b) Der „existierende" und der abstrakte Denker

Es wäre in der hier gebotenen Begrenzung ein unmögliches Unterfangen, einen kompendienhaften Überblick der hochdifferenzierten Dialektik seines Gesamt-Oeuvre zu versuchen – zumal alles Kompendienhafte ja nur in einer distanzierten Zuschauerhaltung möglich wäre, die sich denkbar inadäquat zu KIERKEGAARD verhielte. Sein Denken ist – in Gestalt unendlicher Reflexion – ein Appell an den Leser, sich in den Prozeß dieser Reflexion hinein nehmen zu lassen, seine existenzielle Beteiligung zu erwirken und dabei sein Eigenes zur Virulenz zu erwecken. In diesem Sinne will KIERKEGAARD „Anstöße" vermitteln. Ich kann ihm deshalb in meiner Darstellung nur so gerecht werden, daß ich mich dem Stil seines Denkens füge und mich damit begnüge, dem Leser zu einem *Einstieg* in jenen Denkprozeß zu verhelfen und mich deshalb auf dessen entscheidenden Schwerpunkt zu konzentrieren. Wenn irgendwo, dann muß hier die Kunst des Porträtierens im Weglassen bestehen. Allerdings weiß ich auch, was ich dem Leser damit schuldig bleibe. Gerade die so verbleibenden weißen Flecken mögen dazu anregen, KIERKEGAARD selbst zu lesen. Für eine erste originale Begegnung mit ihm sei sein schmales Buch „Einübung im Christentum" empfohlen[8].

Der begriffliche Schwerpunkt, in dem sich KIERKEGAARDS Besonderheit zeigt, und den ich deshalb analysieren möchte, ist der des *„existierenden Denkers"*.

Während der abstrakte, auf Objektivierung drängende Denker vom Subjekt des Erkennens absieht und es zu einer entleerten, austauschbaren Hülse degradiert, bringt der existierende Denker gerade die *Existenz* des Denkenden ins Spiel. „Alles logische Denken findet in der Sprache der Abstraktion und unter der Form der Ewigkeit (sub specie aeterni) statt."[9] Ewigkeit will hier soviel wie Zeitenthobenheit, wie Abgelöstsein von der Geschichte besagen. Das ist beim existierenden Denker anders, der sein So-Sein mit in den Erkenntnisakt einbringt. Denn „Existenz läßt sich nicht ohne Bewegung denken, und Bewegung läßt sich nicht unter der Form der Ewigkeit ... denken"[10]. Darum kann der abstrakte, zeitlose Objektivität anstrebende Denker gar nicht anders, als von einer in geschichtlicher Bewegung befindlichen Existenz abzusehen. Diese ist das „einzige An-sich, das sich nicht denken läßt ..., mit dem das Denken gar nichts zu tun hat", weil es ja von seinem Subjekt gerade hinweggewandt und auf Objekti-

---

[8] Hirsch, Ges. Werke, 26. Abt.
[9] Unwissenschaftl. Nachschrift II (Hirsch, 16. Abt., 8).
[10] AaO. 9.

vität gerichtet ist. Wovon also „abstrahiert das reine Denken? Von der Existenz, und also von dem, was es erklären sollte", aber nicht einmal ins Visier bekommt[11].

Der Unterschied zwischen dem abstrakten und dem existierenden Denker läßt sich noch an weiteren Differenzpunkten aufweisen. So ist etwa „die Abstraktion ... interesselos", während „das Existieren ... für einen Existierenden sein höchstes Interesse" bedeutet. Im „reinen Denken ist Ruhe vor allem Zweifel, ist die ewige positive Wahrheit, und was man sonst noch zu sagen beliebt ...; und wenn die hegelsche Philosophie frei von allen Postulaten ist (weil sie nicht mehr – wie Kant – solche nur punktierten Linien kennt, sondern weil das Denken mit seinem abstrakten Zugriff die Wirklichkeit in klar konturierten, ausgezogenen Linien meint erfassen zu können), so hat sie dies durch *ein* irrsinniges Postulat gewonnen: das Anfangen des reinen Denkens ..." Dieses „reine Denken ist ein Phantom"[12].

Insofern ist das abstrakte Denken also interesselos; sein Subjekt ist an dem, was es denkt, unbeteiligt. Es ist gewissermaßen nur Zuschauer dessen, was bei seinem Denken *herauskommt*. Demgegenüber ist das existenzielle Denken in höchster Beteiligung „dabei". Es hat die Leidenschaft des inter-esse.

Schließlich sei noch ein dritter Differenzpunkt genannt, der theoretisch-abstraktes und existenzielles Denken von einander abhebt: Da die Existenz nie abgeschlossen ist, sondern im Werden bleibt, so verhält sich auch ein Denken, das an die Existenz gebunden ist, entsprechend: Mit dem Sein wird das ihm entstammende Denken ebenfalls in ein unabgeschlossenes Werden versetzt. Deshalb ist nicht eine fixierbare, vom Subjekt *abgehobene* Wahrheit die wahre Wahrheit. Die wahre Wahrheit ist nie ein endgültiges „*Resultat*", sondern ein „*Weg*", sie besteht im Prozeß der Aneignung. Wahrheit wird erst frei, indem das denkende Subjekt eine *Geschichte* mit ihr hat[13]. Das will heißen: „Nur *dann* erkenne ich in Wahrheit die Wahrheit, wenn sie Leben in mir wird"[14]. Insofern folgt Wahrheits-„*Wissen*" nur aus einem In-der-Wahrheit-„*Sein*" – nicht umgekehrt:

> „Eben deshalb wird es Unwahrheit, wenn man Wahrheit wissen trennt von Wahrheit sein, oder wenn man Wahrheit wissen in eines setzt mit Wahrheit sein, da es sich umgekehrt verhält: Wahrheit sein ist eins mit Wahrheit wissen, und Christus hätte die Wahrheit nie gewußt, wo er sie nicht gewesen wäre; und kein Mensch weiß mehr von der Wahrheit, als er von der Wahrheit ist."[15]

Nicht als ob der Mensch je endgültig in der Wahrheit zu sein vermöchte (wie Christus!). Es bleibt auch hier bei einem Prozeß, bei einem In-die-Wahrheit-*Kommen*. Deshalb kommt es für das existenzielle Denken niemals zu jener fugen-

---

[11] AaO. 31.
[12] AaO. 14f.
[13] Einübung im Christentum (Hirsch, 26. Abt., 197).
[14] AaO. 196.
[15] AaO. 196.

losen Übereinstimmung von Denken und Sein, die dem spekulativ-abstrakten Denken als „Schimäre" vorschwebt, ja in deren Besitz zu sein es sich einbildet. Diese Übereinstimmung existiert nur für Gott, nicht aber „für einen existierenden Geist, da dieser selbst existierend im Werden ist"[16]. So bleibt „für den existierenden Geist als (qua) existierenden die Frage nach der Wahrheit *bestehen*"[17], sie bleibt *offen*.

Das ist auch der Grund für KIERKEGAARDS *System*-Feindschaft. Ein System ist ja schon qua Definition etwas abgerundet Fertiges. So etwas gibt es aber nur für Gott – *und* den, der sich wie HEGEL hybrid an seine Stelle setzt. Anders ausgedrückt: nur „wenn der Existierende wirklich außerhalb seiner selbst sein könnte, würde die Wahrheit etwas Abgeschlossenes für ihn sein", das in ein System einzufangen wäre; „aber wo gibt es diesen Punkt?" Nur dort, antwortet KIERKEGAARD, wo beim abstrakten Denker die Existenz des Subjekts zu einem „Punkt" degeneriert ist. Das Subjekt, das sich an diesen Punkt stellt, ist dann beliebig austauschbar: „Das Ich-Ich ist (bloß noch) ein mathematischer Punkt, der überhaupt nicht Dasein hat; insofern kann jeder gern diesen Standpunkt einnehmen ..."[18]

Alles läuft also darauf hinaus, daß die dem existenziell Beteiligten sich erschließende Wahrheit nicht in einem „Was" besteht, das als geltendes Resultat formulierbar wäre, sondern in einem „Wie", in der Art und Weise der Aneignung: „Das Wie der Wahrheit ist gerade die Wahrheit. Es ist darum Unwahrheit, eine Frage in einem Medium zu beantworten (erg.: im Medium des abstrakten Denkens), wo die Frage nicht auftreten kann."[19]

c) Die „unendliche Leidenschaft der Innerlichkeit"

Wenn KIERKEGAARD zusieht, wie sich der Antagonismus zwischen existenziellem und abstraktem Denken nun im Rahmen der *theologischen* Wahrheit auswirkt – bei der Gottes-, der Christus- und der Unsterblichkeitsfrage vor allem –, dann setzt er diesen Überlegungen einige hervorgehobene Leitsätze voran, die auch für unsere Orientierung wichtig sind[20]:

„Wenn *objektiv* nach der Wahrheit gefragt wird, so wird objektiv auf die Wahrheit als einen Gegenstand reflektiert, zu dem der Erkennende sich verhält. Es wird nicht auf das *Verhältnis* reflektiert, sondern darauf, daß es die Wahrheit, das Wahre *ist,* wozu er sich verhält. Wenn das, *wozu* er sich verhält, bloß die Wahrheit ... ist, so ist das Subjekt in der Wahrheit.

Wenn (dagegen) *subjektiv* nach der Wahrheit gefragt wird, so wird subjektiv auf das *Verhältnis* des Individuums reflektiert: wenn nur das *Wie* dieses Verhältnisses in Wahrheit ist, so ist das Individuum in Wahrheit, *selbst wenn es sich so zur Unwahrheit verhielte.*"

---

[16] Unwissenschaftl. Nachschr. I (Hirsch, 16. Abt., 181).
[17] AaO. 182.
[18] AaO. 187.
[19] Unwissenschaftl. Nachschr. II, 24. – Über „Was" und „Wie" vgl. auch aaO. I, 193.
[20] Unwissenschaftl. Nachschr. I, 190 (Hervorhbg. v. Verf.)

KIERKEGAARD illustriert diesen Satz in der Art und Weise, wie Gotteserkenntnis zustandekommen kann: Der abstrakte, an der Objektivität interessierte Denker fragt nach dem „wahren Gott" und sucht ihn vom bloß eingebildeten Gott,
vom „Götzen" des Heidentums, zu unterscheiden. Bei diesem Bemühen betritt
er „den ganzen Weg der *approximierenden* Betrachtung, die Gott objektiv hervorbringen will, was in alle Ewigkeit nicht erreicht werden kann, weil Gott Subjekt ist und daher nur für die Subjektivität in Innerlichkeit da ist". – Beim existierenden, seine Subjektivität mit einbringenden Denker ist das ganz anders: Ihm
liegt daran, das *Verhältnis* zu seinem Gegenstande zu durchdenken, also sich
selbst und seine Existenz *mit* im Blick zu behalten. Deshalb kommt ihm alles darauf an, „daß sein Verhältnis in Wahrheit ein *Gottes-Verhältnis* wird". Dann aber
hat er Gott nicht mehr „kraft einer objektiven Betrachtung", die nur approximativ wäre und ihn eben „in alle Ewigkeit nicht erreichen könnte", sondern er hat
ihn „jetzt", im „Augenblick", weil sein Verhältnis zu ihm durch die „unendliche
Leidenschaft der Innerlichkeit" bestimmt ist, weil er ganz in das Verhältnis zu
Gott eintaucht und so ihm gegenüber in der Wahrheit ist, „selbst wenn er sich
so zur Unwahrheit verhielte", d.h. wenn er den „wahren Gott" nicht in allem
träfe[21].

Es ist charakteristisch, daß KIERKEGAARD hier den Begriff des *„Augenblicks"*
verwendet, wenn er die Unmittelbarkeit des Verhältnisses zu Gott und das Jetzt,
in dem es sich aktualisiert, bezeichnen will. Das Ewige berührt uns als Gegenwärtiges, eben „im Augenblick"[22], als Gleichzeitiges. Wir finden es nicht innerhalb der Abfolge der Zeit, also nicht so, daß wir es in irgendeiner Vergangenheit
– etwa als das historisch verifizierbare Ereignis, in dem Gott Mensch wird – aufspüren könnten, oder daß wir es als Zukunftsutopie erwarten. Das würde nur
ein sehr mittelbares Verhältnis zum Ewigen ermöglichen. Nein, wir haben es nur
in unmittelbarer Gegenwart, besser: das Ewige *qualifiziert* sogar das Gegenwärtige und macht es zum „Augenblick" unmittelbarer Gegenwart, während
die Gegenwart sonst in der Abfolge der Zeiten verschwindet und sozusagen
zwischen Vergangenheit und Zukunft aufgerieben wird:

> „Die Zeit ist … das unendliche Aufeinanderfolgen; das Leben welches in der Zeit ist und
> allein der Zeit gehört, hat nichts Gegenwärtiges … Der Augenblick bezeichnet (nun) das
> Gegenwärtige als ein solches, das nichts Vergangenes und nichts Zukünftiges hat; denn
> hierin liegt ja die Unvollkommenheit des sinnlichen Lebens. Das Ewige bezeichnet eben
> falls das Gegenwärtige, das nichts Vergangenes und Zukünftiges hat, und dies ist des Ewi
> gen Vollkommenheit."[23]

Es wäre also falsch, wenn wir das, was KIERKEGAARD mit „Augenblick" meint,
nur chronologisch als ein Moment, als einen Partikel der Zeit verstünden. Der
Augenblick ist für ihn „nicht eigentlich Atom der Zeit, sondern Atom der Ewigkeit. Er ist der Ewigkeit erster Widerschein in der Zeit, ihr erster Versuch, die
Zeit gleichsam anzuhalten." KIERKEGAARD kann auch sagen, der Augenblick sei

---

[21] Angeführte Zitate aaO. 190f.
[22] Der Begriff der Angst (Hirsch, 11. u. 12. Abt., 87).
[23] Der Begriff der Angst, aaO. 88.

jenes „Zweideutige, darin Zeit und Ewigkeit einander berühren"[24]. Diesen Augenblick erfährt nur der mit seiner Existenz Beteiligte, weil er leidenschaftlich an seinem *Verhältnis* zum Ewigen interessiert ist.

Ein anderes Beispiel für die Differenz zwischen abstraktem und existenziellem Denken ist für Kierkegaard die Art und Weise, wie man nach der *Unsterblichkeit* fragt[25]: „Wer hat die meiste Gewißheit?" fragt er: derjenige, der objektiv der Unsterblichkeit nachforscht, der Beweise für sie sucht und dabei doch nur zu approximativer Gewißheit durchdringen kann – *oder* aber derjenige, der ihr die Leidenschaft seiner Subjektivität zuwendet, wie das *Sokrates* tut. Der habe nämlich „objektiv" die Unsterblichkeit in Frage gestellt und auf *dieser* Ebene davon gesprochen: „wenn" es eine Unsterblichkeit gebe ... An dieses „Wenn" aber habe er die ganze Leidenschaft seiner Innerlichkeit, sein ganzes Leben gesetzt: „Er wagt zu sterben." Um dieses seines Einsatzes, um dieses Engagements seiner Existenz willen mußte dieses sein Leben „als annehmbar befunden werden ... – *wenn* es eine Unsterblichkeit gibt". So liegt die Wahrheit auch hier in dem leidenschaftlich ergriffenen *Verhältnis* zu dem, wonach er – „objektiv" ungewiß! – fragt.

Die Menschwerdung Gottes in *Christus* ist nun für Kierkegaard der Paradefall, an dem sich die Differenz zwischen objektiver und existenzieller Vergewisserung verdeutlichen läßt. Denn Christus ist einmal eine Erscheinung der Geschichte und damit in der Zeit. Damit gibt er sich dem Mißverständnis preis, ein möglicher Gegenstand des für Raum und Zeit zuständigen Denkens und Erfahrens zu sein. Er ist aber zugleich der Einbruch der *Ewigkeit* in die Zeit, für die das objektive Denken nicht zuständig ist, sondern nur das leidenschaftliche Engagement der Existenz. Wie wirkt hier beides zusammen, wie tritt beides auseinander?

Kierkegaard spitzt dieses Problem dadurch aufs äußerste zu, daß er es ganz anders stellt, als es in berühmten Christologien des 19. Jahrhunderts – etwa bei Schleiermacher, Hegel oder David Friedrich Strauss – geschah. Für alle diese war Christus der Träger einer Idee, z. B. der Idee der Menschheit oder der Versöhnung. Ideen sind *nicht* an einen zeitlichen Augenblick fixiert, im Gegenteil: sie transzendieren die Zeit und erscheinen so dem objektiven Denken wie Sterne am ewigen Firmament. Wenn also Christus nur die Idee der Menschheit repräsentiert, sind Zeit und Ewigkeit sozusagen gleichgeschaltet. Jedenfalls bleibt eine harte Kollision zwischen beiden aus.

Für Kierkegaard aber schwebt der ewige Gott nicht in eine überpersönliche Idee ein, durch die er dann zum Gegenstand unseres Denkens werden könnte, sondern er wird ein *„einzelner Mensch"*. Das aber ist „der größtmögliche, der unendliche qualitative Abstand vom Gott Sein" und deshalb sein tiefstes „Inkognito"[26].

Damit stehen wir vor der Aufgabe, etwas Unvereinbares zusammenzudenken, vor einem Faktum also, dem das objektive, an den Satz vom Widerspruch gebundene Denken nicht gewachsen ist. Das Unvereinbare läßt sich nur durch die

---

[24] AaO. 90.
[25] Unwissenschaftl. Nachschr. I, 192f.
[26] Einübung im Christentum, 122.

Chiffre des *Paradoxes* formulieren; dem objektiven Denken erscheint es als das Absurde[27]. Zu einer paradoxen Aussage kommt es also dann, wenn ein Begriff innerhalb der Grenzen des Verstandes mit einem solchen verbunden wird, der außerhalb dieser Grenzen liegt. Das geschieht eben, wenn ich, um die Inkarnation zu denken, den unendlichen Gott und einen endlichen Einzelnen zusammendenken muß.

Das Problem des Paradoxes stellt sich aber nicht nur in der religiösen Dimensiom beim „Zusammenprall" von Zeit und Ewigkeit. Hätte KANT den Begriff gekannt bzw. ihn in Anspruch genommen[28], so hätte er sehr wohl von der Paradoxie der *Freiheit* sprechen können. Denn diese taucht ja nicht im Gegenstandsbereich der theoretischen Vernunft auf, sondern sie wird auf zweierlei Weise festgestellt: einmal als Bedingung für die Möglichkeit theoretischen Denkens, als „analytischer Grundsatz der reinen spekulativen Vernunft"[29], und ferner unter dem Gebot des praktischen Logos, das zugleich die Gewißheit vermittelt: „Du kannst, denn du sollst." (Wir haben das im KANT-Kapitel besprochen.) Auch die Freiheit kann also vom Verstande nicht gegenständlich gedacht werden. Insofern wäre sie für ihn im Sinne KIERKEGAARDS durchaus ein Paradoxon.

d) Das Ewige im Endlichen

Das Fehlen direkter Kenntlichkeit

„Wenn man Gott ist, dann ein einzelner Mensch zu sein"[30], bedeutet also den paradoxen Zusammenschluß der Ewigkeit mit einem endlich-zeitlichen Dasein. Da das objektive Denken damit vor etwas steht, das seine Zuständigkeit transzendiert, kann es den inkarnierten Logos nicht als einen seiner Gegenstände fest- und ausmachen. Die Knechtsgestalt Gottes in Christus hat so die Signatur der „Unkenntlichkeit", des „Inkognito".

Was bedeutet diese Unkenntlichkeit? „Unkenntlichkeit heißt, der Erscheinung nach nicht der sein, der man wesentlich ist, z.B. wenn ein Polizeibeamter Zivil trägt." Deshalb ist es „schlechthinnige Unkenntlichkeit: wenn man Gott ist, dann ein einzelner Mensch zu sein". Dann kommt es zum „tiefsten Inkognito". Denn hier wird der „unendlich qualitative Abstand" auf paradoxe Art in der Identität eines Einzelnen überwunden[31]; das heißt: nicht eigentlich „überwunden", denn es bleibt ja infolge des Gegensätzlichen die *Unkenntlichkeit*. Gerade sie gehört aber als Signatur zum Gottmenschen. Es wäre geradezu Lästerung des Wunders der Inkarnation, sie beseitigen und zu direkter Kenntlichkeit vordringen zu wollen.

---

[27] Unwissenschaftl. Nachschr. I, 201ff.; Philos. Brocken (Hirsch, 10. Abt., 34ff.; 46ff.) – Eindringende Analysen zum Wesen des Paradoxes bei HEINRICH VOGEL, Christologie, 1949, 164ff.

[28] Er kommt aber, soweit ich sehe, nur einmal bei ihm vor, da aber in einer recht harmlosen, unbedeutenden Form: in der Anthropologie, Werke (Weischedel) XII,410.

[29] Kr.d.pr.V. (Philos. Bibl.) 57; vgl. auch Kr.d.r.V., Vorrede zur 2. Aufl.

[30] Einübung, 122.

[31] Einübung, 122.

Diese Lästerung kann sich etwa durch die Annahme vollziehen, es sei allein der zeitliche Abstand von ihm, der ihn unserm heutigen Erkennen entziehe: Wäre man sein Zeitgenosse gewesen, so hätte einem seine Göttlichkeit ganz gewiß eingeleuchtet. So kommt es zu lästernden Formen gewaltsamer Vergegenwärtigung, wie sie etwa enthalten sind „in der pastorengeschwätzigen, undialektisch-wortwirbeligen Übersteigerung", gerade *in dem Maße* sei Christus Gott, wie „man es unmittelbar und unverzüglich hat sehen können". In Wahrheit aber verhält es sich doch genau umgekehrt: Er war *„in dem Maße Gott,* daß er in der Unkenntlichkeit war, so daß nicht etwa Fleisch und Blut es Petrus eingegeben haben, ihn zu kennen, sondern das gerade Widerspiel zu Fleisch und Blut"[32].

Die Unkenntlichkeit Christi hat folglich keine zweitrangigen Gründe, die zu überwinden wären (wie etwa der zeitliche Abstand), sondern sie ist ein Constitutivum seiner gottmenschlichen Existenz, das man lästern und versehren würde, wenn man ihn direkt begreiflich zu machen suchte. Denn dadurch würde man ihn „umdichten" und zu etwas anderm machen[33], wie das alle taten – so können wir hinzufügen –, die Christus gewaltsam in das eigene Denkschema integrierten: sei es so, daß er von uns nur geschieden ist durch die größere „Kräftigkeit seines Gottesbewußtseins" (SCHLEIERMACHER), sei es so, daß er der bloße Repräsentant einer von uns gebildeten Idee – der Idee der Versöhnung etwa oder der der Menschheit (HEGEL, STRAUSS) – ist.

Bei dem Protest KIERKEGAARDS gegen die Annahme – oder gar die Herstellung! – einer direkten Kenntlichkeit Christi stellt sich unwillkürlich die Assoziation zu der Versuchungsgeschichte (Mt 4,1–11) ein, in der Christus sich dem vom Teufel vorgeschlagenen *leichteren* Weg direkter Kenntlichmachung verweigert und statt dessen den schmalen Weg der verhüllenden Knechtsgestalt und des Leidens wählt[34]. Zu unmittelbarer Kenntlichkeit wäre es ja gekommen, wenn Christus sich durch Wunder (Steine zu Brot machen, von der Zinne des Tempels springen) oder durch die Annahme der Herrschaft über alle Länder und Reiche „legitimiert" und sein gottmenschliches Monopol so aller Welt sichtbar demonstriert hätte. Was aber hätte es bedeutet, wenn Christus sich so dem objektiven Erkennen dargeboten hätte? Wäre es so zum Engagement der Existenz gekommen und nicht bloß zu einem sozusagen partikulären Interesse: zu etwas, das wir nur mit dem Verstande oder mit unseren Sinnen registriert hätten, um dann getrost und nicht weiter behelligt nach Hause zu gehen? Der verhüllte Christus dagegen spannt in seiner Knechtsgestalt eine ganz andere Qualität unseres inter-esse an. Als „Zuschauer" jedenfalls erkennen wir ihn dann nicht mehr. Wir müssen schon ein *verbindliches* Verhältnis – das der Nachfolge – zu ihm gewinnen, damit er sich uns erschließt.

Im Sinne von LUTHERs Heidelberger Disputation könnte man sagen, daß KIERKEGAARD mit seiner Verneinung jeglicher unmittelbarer Kenntlichkeit jede theologia gloriae ablehnt und eine theologia crucis vertritt[35].

---

[32] AaO. 122f. – Hervorhbg. im Original.

[33] AaO. 123.

[34] KIERKEGAARD hat diese Geschichte in seinen „Erbaulichen Reden" in diesem Sinne ausgelegt: Ges. Werke (Hirsch, 27.–29. Abt., 92ff.) – Vgl. auch die Novelle DOSTOJEWSKIS „Der Großinquisitor" in den „Brüdern Karamasow".

[35] Vgl. dazu W. VON LOEWENICH, Luthers Theologie crucis, 2. A. 1933 (weitere Auflagen).

e) Die Misere historischer Vergewisserung

Ein „ewiges Historisches", will sagen: ein Ewiges, das sich in der Geschichte vor-findet und mit historischen Mitteln verifiziert werden soll, ist für KIERKEGAARD also ein bloßes „Spiel mit Worten". Es führt zu nichts anderem, als „das Histori-sche in Mythe (zu) verwandeln" – wobei „Mythe" hier bedeutet, daß wir etwas Historisches in *unserm* Vorstellungskreis hochstilisieren und damit unserem menschlich-allzumenschlichen Bewußtsein anpassen.

Daß es dahin kommen muß, rührt da her, daß wir den „dialektischen Wider-spruch" nicht bewältigen, der mit der Erscheinung Gottes in einem einzelnen Menschen gegeben ist. Hier liegt ja nicht „etwas einfach Historisches" vor, son-dern ein Phänomen, das „nur entgegen seinem Wesen historisch werden kann" und deshalb eine Absurdität ist[36].

Gerade hier zeigt sich so die Unzulänglichkeit, ja geradezu die Absurdität jedes Versuchs, sich der Erscheinung Christi mit *historischen* Mitteln zu verge-wissern. Wir gehen vermutlich nicht fehl in der Annahme, daß es die diesbezüg-liche Inkompetenz der Historie ist, die KIERKEGAARD dazu führte, der gerade zu seiner Zeit doch mit Macht aufkommenden historisch-kritischen Schrift-forschung nahezu kein Augenmerk zu widmen, also gleichsam das Kind mit dem Bade auszuschütten. Denn selbst wenn man dem von KIERKEGAARD festgestell-ten historischen Defizit in puncto Christologie recht gibt, kann es doch nicht ohne sachliche Bedeutung sein, Quellenscheidungen vorzunehmen, form-geschichtliche Kriterien und manches andere historisch Relevante ins Spiel zu bringen. Daß etwa die Frage nach dem historischen Jesus aufgegeben bleibt und daß jede christologische Aussage, vorsichtig ausgedrückt, zumindest einen „An-halt" am historischen Jesus haben muß, d.h. keine Grundlage mehr besäße, wenn sie in direktem Widerspruch zu dem hier Festgestellten stünde: das dürfte doch kaum einem Zweifel unterliegen! Die völlige Ausschaltung des historischen Aspekts zeitigt die Gefahr, daß inhaltliche Bestimmungen der Christologie be-denklich zurücktreten könnten hinter einem bloßen „daß ...": *daß* es bei Chri-stus eben um die Präsenz Gottes in diesem *einen* Individuum gegangen sei. Und es besteht wohl einiges Recht zu der Vermutung, daß KIERKEGAARD dieser Re-duktion in der Tat weithin erliegt. Er insistiert immer wieder auf diesem *einen* Punkt.

Jedenfalls: der alarmierende Widerspruch, in den uns die Historie verwickelt, sobald sie mit dem Thema „Christus" konfrontiert wird, ergibt sich dadurch, daß der Mensch „in dem Äußersten seiner subjektiven Leidenschaft", nämlich „in der Sorge um eine ewige Seligkeit" nach etwas fragt, was *unbedingten,* in Zeit und Ewigkeit gleichermaßen geltenden Charakter haben muß – denn *so* und in *dieser* Erwartung fragt er doch nach Christus, nicht wahr! Die historische Ant-wort auf diese seine Frage aber kann allenfalls ein „Maximum an Approxima-

---

[36] Unwissenschaftl. Nachschr. II, 291.

tion" bringen, bleibt also bedingt und unsicher[37]. *Wie könnte ich aber die gerade hier erforderliche absolute Gewißheit auf etwas Bedingtes gründen?*

Das gleiche Problem steht im Mittelpunkt von M. KÄHLERS klassischem Werk „Der sogenannte historische Jesus und der geschichtliche biblische Christus"[38], ohne daß es hier aber bei KIERKEGAARDS Reduktion auf die Frage des bloßen „Daß" bliebe (wir haben das früher schon einmal angesprochen):

> „Wenn die Filigranarbeit geschichtlicher Wertung und Verwertung der Stoffe erst über Sündlosigkeit, über Klarheit der Selbsteinschätzung oder des messianischen Bewußtseins, über den ‚Wiederkunftsgedanken', über den ‚Thron in der Weltgeschichte' oder zur Rechten im Himmel zu befinden hat, dann bleibt es bei der Frage, wie kann diese erst jetzt (im Zeitalter der historisch-kritischen Schriftforschung [Verf.]) kunstvoll aus dem Nebel hervorzuholende Gestalt, *wie kann dieser unsichere Rest des kritischen Subtraktionsexempels der Gegenstand für die Glauben aller Christen sein?* und vollends, wie kann sie es bisher trotz dieser Verhüllung gewesen sein, welche abzustreifen man erst *jetzt* so glücklich ist?"[39]

Auch hier geht es also um die Feststellung, daß die Relativität historischer Vergewisserung nicht das Fundament unbedingter Gewißheit sein könne. Ohne daß KIERKEGAARD zitiert würde (hat KÄHLER ihn überhaupt gekannt?), ist es bezeichnend, daß KÄHLER die Fragwürdigkeit der historischen Exploration gerade an den gottmenschlichen, sozusagen „wider"-historischen Seiten der Gestalt Christi verdeutlicht (Sündlosigkeit, Messianität, Wiederkunftsfrage u.a.).

Die Verschiedenheit der Gewißheit, wie sie unsere leidenschaftliche Frage nach ewiger Seligkeit anstrebt, von der nur begrenzten Gewißheit, die uns die geschichtliche Rückfrage vermittelt, kann KIERKEGAARD auch an einem ganz menschlichen Beispiel verdeutlichen: am Verhältnis der Liebenden. Auch Liebe will ja die unbedingte Gewißheit der Gegenliebe. Diese Gewißheit kann sich nur in actu – im unmittelbaren Verhältnis der Liebenden – ergeben, nicht aber durch Hören-Sagen über dritte:

> „Wenn eine Verliebte aus *zweiter* Hand die Gewißheit bekommen würde, daß der tote Geliebte, aus dessen eigenem Munde sie niemals die Versicherung gehört hatte, versichert habe, daß er sie liebe: ... mögen (dann) die Zeugen die zuverlässigsten Menschen sein, mag die Sache *so* in Ordnung sein, daß ein Historiker, ein spitzfindiger ... Advokat sagt: das ist sicher – die Liebende (aber) wird bald die *Mißlichkeit* entdecken; und der Liebenden, die das nicht tut, macht man nicht just ein Kompliment; denn *Objektivität ist kein Ehrenkranz für Liebende.*"[40]

Weil KIERKEGAARD so feststellen muß, daß die Erscheinung des Ewigen in der Zeit für den Historiker ein unerreichbares Absurdum bleiben muß, kann er ein Sich-Verlassen auf die geschichtliche Rückfrage geradezu als Anmaßung, ja als *„Lästerung"* bezeichnen: Man will dann eben „mit Hilfe der Geschichte", etwa durch Würdigung der außerordentlichen Folgen, die Christus in der Geschichte gezeitigt hat, „im Schlußverfahren zu dem Also kommen: also ist er Gott gewesen". Der Glaube aber, der ihn in Unmittelbarkeit, nämlich mit der unend-

---

[37] AaO. 287.
[38] 2. A. 1928 u. später.
[39] AaO. 4. – Hervorhbg. v. Verf.
[40] Unw. Nachschr. II, 289; Hervorhbg. v. Verf.

lichen Leidenschaft der Innerlichkeit ergreift, sieht hierin geradezu sein Gegen
spiel: Er kann nur sagen, „daß der, welcher überhaupt mit diesem Syllogismus
anhebt, anhebt mit einer Lästerung"[41]. KIERKEGAARD macht sich geradezu lustig
über den Geschichtsprofessor, der die „glänzenden Folgen" Christi in der Geschichte für den Erweis seiner Gottessohnschaft hält. Denn was sind alle diese
Folgen gegen „seine Wiederkunft in Herrlichkeit"! Und eben diese, in der sein
Gott-sein einzig manifest wird, liegt doch *außerhalb* jeder historischen Verifizierbarkeit! Sie ist etwas von den Folgen „gänzlich Verschiedenes, etwas, das man
glaubt" – ganz abgesehen davon, daß jene sogenannten „glänzenden Folgen",
besonders bei näherem Zusehen, ein zu lumpige Herrlichkeit" sind, als daß der
Glaube von ihnen redete, wenn er die eigentliche Herrlichkeit Christi meint: jene
Herrlichkeit, die gerade nicht glänzend, sondern in Niedrigkeit verhüllt und „in
Lumpen gewickelt" ist[42].

Wir fassen zusammen:
Jede historische Vergewisserung hat gegenüber dem „ephápax" Christi[43] zwei
Grenzen, deren Nichtbeachtung an die Stelle des Glaubens die Lästerung setzt:
erstens führt sie nur zu unsicherer Annäherung (Approximation) und setzt
darum dem unerträglichen Widerspruch aus, die Frage nach dem ewigen Heil
mit relativen Auskünften, ja mit einer Fehlanzeige beantwortet zu sehen.
Zweitens setzt jede historische Verifizierbarkeit die Möglichkeit des Verstehens, also Analogie zwischen dem Fragenden und seinem Gegenstande voraus.
Hier aber ist der „ganz Andere", die „Ausnahme", der widerhistorische Sonderfall. Darüber kann dem Menschen nur etwas vom *Außerhalb* seiner selbst gesagt,
es muß ihm „verkündigt" werden.

Immer wieder rührt KIERKEGAARD so an die grundsätzliche Differenz zwischen dem
„vor"- bzw. säkularisiert „nach"-christlichen Menschen einerseits und dem in die Wahrheit gebrachten Glaubenden andererseits: Der erstere rechnet damit, daß die Wahrheit
„nicht in ihn hineingebracht, sondern (schon) in ihm gewesen" ist[44]. Dem ersteren entspricht die sokratische Maieutik. Hier bewegt sich der Mensch innerhalb der Immanenz
des Daseins und bleibt in der Existenzdialektik. KIERKEGAARD kann diese Position auch
als „Religiosität A" bezeichnen. Diese kann „es im Heidentum geben, und im Christentum
kann sie jedermanns Religiosität sein, der nicht entschieden Christ ist, er sei nun getauft
oder nicht". – Im zweiten Falle dagegen, auch als „Religiosität B" bezeichnet, „ist das Erbauliche ein Etwas außerhalb des Individuums", das als Verkündigtes an es herangebracht
werden muß[45].

---

[41] Einübung, 27.
[42] AaO. 28f.
[43] „Ein für allemal": Röm 6,10; Hebr 7,27; 9,10; 10,10.
[44] Philos. Brocken, 7.
[45] Über Religiosität A u. B: Unwissenschaftl. Nachschr. II, 266ff. – Die beiden Zitate
S. 268 u. 272.

f) Der „Sprung" in den Glauben

Wie aber kann ich dann überhaupt zur Erkenntnis Christi kommen? Im Sinne Kierkegaards müßte die Frage genauer lauten: Wie kann ich – die trügerische Distanz des Historischen überspringend – die Unmittelbarkeit der „Gleichzeitigkeit" mit Christus gewinnen, jene Unmittelbarkeit, die der *Glaube* meint? Und deren bedarf ich ja doch, wenn es um das „Thema 1" geht, auf das die unendliche Leidenschaft meiner Innerlichkeit, auf das die Frage nach meinem ewigen Heil gerichtet ist!

Einen ersten Hinweis auf dieses „Wie" haben wir schon mit dem Satz zitiert, daß nicht Fleisch und Blut es Petrus eingegeben hätten, Christus in seiner Unkenntlichkeit, in seinem Inkognito als Gott in der Geschichte zu erkennen, sondern „das gerade Widerspiel zu Fleisch und Blut", nämlich das testimonium Spiritus Sancti[46].

Gerade weil Christus sich uns so (durch das Pneuma) erschließt, ist er etwas qualitativ anderes als ein „Lehrer", der uns Wahrheiten mitteilt, dessen Funktion also das Dozieren ist. Das irrige Bild des Lehrers (das in der Theologiegeschichte denn auch immer wieder – etwa in der „liberalen" Theologie – erscheint) stellt sich ja sofort ein, wenn wir uns vom Analogieprinzip leiten lassen. Die gesamte Pädagogik ist auf dieses Prinzip gegründet: Alles, was uns der Lehrer mitteilt, kann von uns doch nur deshalb aufgenommen werden, weil es Geist von unserem Geist ist und weil es bereits einen Brückenkopf in unserem Bewußtsein *hat*. Deshalb ist Sokrates der – allerdings ideale! – Lehrer, weil er sich der maieutischen Methode bedient, weil er das so schon in uns Schlummernde erweckt und entfaltet.

Hier aber geht es um etwas, das *nicht* auf diese Voraussetzung gegründet ist: Wie könnten wir die Wahrheit, daß Gott in einem einzelnen Menschen erscheint, je erfassen, wo wir ihr notorisch *nicht* analog sind? Wir entbehren dieser Analogie, so Kierkegaard, ja nicht nur deshalb, weil wir endlich sind und das Unendliche, das hier erscheint, so etwas qualitativ Verschiedenes von uns ist, sondern wir entbehren ihrer vor allem deshalb, weil wir *Sünder* sind[47]: Wir bilden den Schöpfer nach dem Muster von uns selbst (Röm 1,18ff.), statt daß es umgekehrt ist; wir assimilieren uns auch das Bild Christi, indem wir ihn dem Schema unseres Bewußtseins einstücken und ihn auf uns hin mythisieren. Wir existieren also in der Unwahrheit, in der sündigen Abgewandtheit und eben damit in der Analogielosigkeit.

Dies ist der entscheidende Grund, warum wir in unserem Verhältnis zu Christus mit sokratischen Methoden *nicht* weiterkommen. Denn Sokrates geht nun einmal davon aus, daß „die Wahrheit ... nicht in ihn (den Menschen) hineingebracht" wird, sondern daß sie bereits „in ihm gewesen" ist[48]. Als ein Lehrer die-

---

46 Einübung, 123.
47 Zu diesem und dem Folgenden: Philos. Brocken, 12ff.
48 Philos. Brocken, 7.

ser Art hat er nur die Funktion der „Veranlassung", der Entbindung des schon Gegebenen[49]. Diese Möglichkeit aber fällt weg, wenn wir als Sünder in einem Zustande sind, dessen Analogielosigkeit uns bleibend daran hindert, den in Christus erscheinenden Gott aus seiner Unkenntlichkeit herauszuholen. Im von Gott abgewandten Sünder gibt es eben nichts, was auf sokratische Weise virulent gemacht und ein Aha-Erlebnis bewirken könnte. Darum ist der „Lehrer" hier vor das Unmögliche gestellt. Denn um an *diesem* Punkte weiterzukommen, müßte er „den Lernenden ja nicht (allein) umgestalten, sondern ihn *umschaffen,* ehe denn er anfängt ihn zu lehren. Aber dies vermag kein Mensch; soll es denn geschehen, so muß es durch den Gott selber sein."[50]

Was Gott vom bloßen Lehrer unterscheidet, ist demnach dies, daß er mit dem Angebot seiner Wahrheit zugleich die *„Bedingungen"* zur Verfügung stellt, unter denen sich mir die Wahrheit erschließt: Er *schafft* mich eben um, das heißt: Er verändert meine Existenz, er versetzt mich aus der Unwahrheit meines Seins in die Wahrheit:

> „Wenn der Jünger die Unwahrheit ist (und ansonst gehen wir ja auf das Sokratische zurück) und doch Mensch ist, und er nun die Bedingung und die Wahrheit erhält, dann wird er ja nicht erst jetzt Mensch, denn das ist er schon gewesen; sondern er wird ein anderer Mensch ... oder, wie wir es auch nennen können, ein *neuer* Mensch." Das ist die von Gott bewirkte „Wiederholung" (auf der ersten Silbe zu betonen!), die Zurückholung des Menschen aus der Fremde des In-der-Unwahrheit-Seins, der auf Seiten des Menschen „Umkehr (Bekehrung)", „Wiedergeburt" und „Glaube" entsprechen.[51]

Sollten wir Gott, der uns in dieser Art zum Sein in der Wahrheit „umschafft" und uns die Bedingungen mitliefert, unter denen wir seine Wahrheit nun auch *erkennen* können, sollten wir diesen Gott wirklich noch einen Lehrer nennen? Das wäre jetzt unangemessen. Nein: „Laßt uns ihn einen Heiland, einen Befreier nennen, denn er macht den Lernenden ja aus der Unfreiheit frei, macht ihn von sich selber frei; einen *Erlöser,* denn er löst ja den, der sich selbst gefangen gesetzt hat ..."[52]

So kommt es bei dem, was wir von Gott erkennen, stets auf den Zustand unserer Existenz an, auf ihr Sein in der Wahrheit oder in der Unwahrheit. Unser Denken ist gewissermaßen nur die Funktion dieses Zustandes. Das ist jedenfalls der entscheidende Grund dafür, daß das Denken sich nie in einem von der Existenz geschiedenen, „objektiven" und nur logischen Zusammenhang vollziehen kann, wenn das Ziel des zu Denkenden Gott (oder gar die Anwesenheit Gottes in einem einzelnen Menschen!) sein soll. Zeitlose Beziehungen gibt es hier schon deshalb nicht, weil die Existenz ja selber in der Zeit ist, so gewiß sie sich in ständigem Werden befindet.

---

[49] AaO. 9; 12.

[50] AaO. 13. – KIERKEGAARD bedient sich hier bewußt einer platonischen Ausdrucksweise, wenn er das Wort Gott mit dem bestimmten Artikel verbindet; vgl. dazu aaO. Anm. 38, S. 171.

[51] AaO. 16f.

[52] AaO. 15.

Darum kann die Unmittelbarkeit zu Gott niemals in der Ruhelage eines zeitlosen Bezuges bestehen, sondern eben nur im *„Sprunge"*, nur momentan. Der „Augenblick" tritt an die Stelle der Vermittlung (Mediation). Der Glaube als die subjektive Seite der Unmittelbarkeit zu Gott ist ein Ereignis des Augenblicks, in dem je und je der Übertritt erfolgt. Und obwohl es dabei nur um „ein kurz und zeitlich Ding" geht, ist er dennoch „entscheidend, ... dennoch erfüllt von dem Ewigen. Solch ein Augenblick muß doch einen besonderen Namen erhalten, laß uns ihn nennen: *die Fülle der Zeit"*[53].

Hier stoßen wir noch einmal auf den Grund, dessentwegen die Wahrheit nicht in einem *System* einzufangen ist. Denn das System kann jeweils nur ein geschlossener, von der werdenden Existenz gelöster und aus Mediation entstehender Zusammenhang sein, innerhalb dessen es keinen Augenblick und keinen Sprung gibt. Nicht, als ob es *überhaupt* kein derartiges System gäbe, in dem Denken und Sein in geschlossenem Zusammenhang miteinander verbunden sind! Doch – es gibt so etwas, allerdings nur „für Gott, aber ... nicht ... für einen existierenden Geist, da dieser selbst existierend im Werden ist"[54]. Die Spitze gegen HEGEL ist hier deutlich genug!

Da das Denken also eine Funktion unserer Existenz und ihres Zustandes ist, kann es zur Wahrheit nur so durchdringen, daß die Existenz selbst in der Wahrheit *ist*:

„Denn Wahrheit wissen folgt ganz von selbst aus Wahrheit sein, nicht umgekehrt ... Wahrheit sein ist eins mit Wahrheit wissen, und *Christus hätte die Wahrheit nie gewußt, wo er sie nicht gewesen wäre; und kein Mensch weiß mehr von der Wahrheit, als was er von der Wahrheit ist* ... Das will heißen, nur dann erkenne ich in Wahrheit die Wahrheit, wenn sie Leben in mir wird."[55]

Noch einmal fällt von hier aus ein Licht auf KIERKEGAARDS immer wieder entschlossen vertretene These, daß es „eine ungeheuerliche Verirrung" sei, „beinahe die größte überhaupt mögliche: das Christentum zu dozieren"[56]. Sobald es auf die Existenz ankommt, werden „Resultat" und „Ausbeute" gleichgültig. Wenn Christus sein In-der-Wahrheit-*Sein* auf uns überträgt, wird der *Weg* des Existierenden entscheidend, und gerade nicht ein resultierendes, für sich formulierbares Ergebnis. Dieser Weg aber ist die *Nachfolge*[57]. Nur auf ihm wird der „Sprung" möglich, der aus der Gefangenschaft im Kreis objektivierenden Denkens herausführt. Diese Wahrheit vollzieht sich als Rettungstat der Erlsöung, als „Wandlung" unserer Existenz, als Bekehrung.

---

[53] Philos. Brocken, 16.
[54] Unwissenschaftl. Nachschr. I, 181.
[55] Einübung, 196; Hervorhbg. v. Verf.
[56] AaO. 197.
[57] AaO. 201.

g) Warum die ganze Strapaze Kierkegaardscher Dialektik?

An dieser Stelle, wo wir die höchst verwickelte, die „dialektische" Struktur des Verhältnisses von Existenz und Wahrheit, Glauben und Denken überblickt haben (zu überblicken *versucht* haben!), erlaube ich mir eine ganz naive Frage zu stellen – in der Hoffnung, daß sie nicht naiv bleibt, sondern uns vielleicht tiefer in KIERKEGAARDS Konzeption hineinführen könnte. Diese Frage lautet schlicht (ich gebe sie in mehreren Spielarten wieder):

Warum diese ganze komplizierte Konstruktion, die noch verwickelter dadurch wird, daß KIERKEGAARD in die ironischen Masken seiner Pseudonyme schlüpft und so nicht von *einem* Punkte aus übersehbar reflektiert, sondern immerfort seine Positionen wechselt? Warum dieses ständig „Indirekte", um drei Ecken herum Erfolgende seiner Mitteilungen? Selbst wenn er nur à la SCHLEIERMACHER an die „Gebildeten unter den Verächtern" denken sollte: Wer ist selbst von diesen in der Lage, einer solchen oft zerfasernden Dialektik zu folgen, und selbst wenn er es wäre: Wer ist bereit, sich den Exerzitien solcher Art zu unterziehen? Dabei kann er doch – in den „Erbaulichen Reden" etwa – auch sehr schlicht und dem einfachsten Gemüt verständlich sprechen! Macht es uns Gott wirklich so schwer, wie KIERKEGAARD das tut, zum Glauben zu kommen und den Punkt des „Absprungs" zu finden?

Noch weiter gefragt: Ist nicht die Leugnung der unmittelbaren Kenntlichkeit Christi und die ihr entstammende Redeweise des Paradoxes der Grund für dieses ganze Übel der dialektischen Komplikation? Hätte Gott sich nicht unmittelbarer und im Klartext verständlich machen können, statt durch dreimal verschlüsselte Chiffren? Eben diesen Ruf nach unmittelbarer Kenntlichkeit haben doch auch die *Frommen* von jeher erhoben: „Ach daß du den Himmel zerrissest und führest herab ..., daß dein Name kund würde unter deinen Feinden" – einfach weil du damit unübersehbar für sie würdest! (Jes 64,1). – Oder: „Wie lange hältst du unsere Seele in der Schwebe, in der Ungewißheit? Bist du Christus, so sage es uns frei heraus", tue es uns unmittelbar kund! (Joh 10,24).

Eine erste Antwort (1.) auf diese Fragen könnte in dem Hinweis bestehen, daß KIERKEGAARD bei seiner dezidierten Leugnung unmittelbarer Kenntlichkeit des Göttlichen ja sicher die synoptische Tradition auf seiner Seite hat. (Ich kann das hier nur andeuten.) Wenn Christus etwa den Messiastitel nicht unmittelbar für sich in Anspruch nimmt und wenn das Markus-Evangelium das Buch der *geheimen* Epiphanien sein will[58], so spricht daraus die Absicht, daß die Gestalt Christi nicht unter einen gegebenen Titel subsumiert und unter der von diesem ausgehenden Suggestion scheinbar „kenntlich" und sozusagen objektiv definierbar werden soll. Erst in der *Nachfolge* wird sich für den Jünger herausstellen,

---

[58] So M. DIBELIUS, Formgeschichte des Evangeliums, 1919; vgl. auch WILLAIM WREDE, Das Messiasgeheimnis in den Evangelien, 1+01. – Zum Ganzen des Problems: EvGl II, 424ff.

wer er ist – und dann mag er ihm nachträglich und als Fazit dieser existenziellen Begegnung den Messiastitel zuerkennen (Mt 16,16).

Aus dem gleichen Grunde schilt Christus auf die „zeichensüchtige Art", die durch das Instrument des *Wunders* den Erweis unmittelbarer Kenntlichkeit wünscht, die also „sehen" statt „glauben" möchte und seine Wahrheit ohne den Einsatz der *Existenz*, d.h. ohne *Nachfolge* wünscht (Mt 12,39; 16,4). Selbst die Gleichnisse, die doch didaktisch dem Aufnahmevermögen des Menschen am meisten entgegenkommen, können und sollen keine unmittelbare Kenntlichkeit vermitteln, im Gegenteil: dem in der Unwahrheit Existierenden werden gerade sie zur Verhüllung (Mt 13,13).

Insofern hat KIERKEGAARD das neutestamentliche Kerygma auf seiner Seite, wenn er die unmittelbare Kenntlichkeit Gottes in einem einzelnen, endlichen Menschen leugnet und von der notwendigen Bedingung spricht, unter der allein sich die hier verborgene Wahrheit mir erschließt: daß ich aus der Unwahrheit in die Wahrheit verwandelt werde. Nur „wer aus der Wahrheit *ist*, der höret meine Stimme" (Joh 18,37).

Sobald mir aber klar wird, daß Existenz und Wahrheit in dieser Weise zusammenhängen, sind meinem Denken immense Aufgaben gestellt: Der in die Wahrheit Zurückgebrachte stellt nun im Rückblick fest, auf welchen irrigen Wahrheitsfährten sich sein Denken – selbst ein von SOKRATES inspiriertes Denken! – vorher bewegte, wenn es in Gestalt von objektiven, von der Existenz gelösten Konklusionen die Wahrheit meinte finden zu können. Wer für die Wahrheit frei werden will, muß ja seine Gefangenschaft – hier die Gefangenschaft in einem falschen Denkschema – kennen lernen. Wer die in Christus ans Licht getretene Wahrheit zu gewinnen sucht, kann sie nur aneignen, wenn er sich darüber klar wird, wie es mit seinem Eigensten, eben mit seiner *Existenz*, bestellt ist. Das aber fordert für den mündigen Geist jene reflexive Selbstklärung, die KIERKEGAARD auf höchster Stufe vollzieht.

Die zweite Antwort (2.) auf die Frage nach dem Warum von KIERKEGAARDS komplizierter Reflexion muß in dem Hinweis auf die *Front* bestehen, wider die er sich wendet, und angesichts deren alle seine Thesen zugleich als Anti-Thesen zu verstehen sind. Es ist jene Front, die sich im falschen, eben im objektiven Denkgeleise bewegt und damit nach seiner Sicht von der Existenz absieht. Dazu gehört nicht nur HEGEL, wenn auch er vor allem. Gerade für ihn, der spekulativ die Mediation von absolutem und endlichem Geiste herstellt, ist Christus in direkter Kenntlichkeit verfügbar, allerdings um den Preis seiner wesentlichen Verfälschung: Er denkt ihn entindividualisiert als den Repräsentanten einer Idee – der Idee der Versöhnung –. Indem KIERKEGAARD ihn nun, im Gegensatz dazu, als den Gott interpretiert, der in einem Individuum erscheint, durchbricht er die Kontinuität (die Mediation) der Hegelschen Dialektik und läßt ihn für die objektivierende Vernunft als Absurdum, als schlechthinnige Ausnahme erscheinen, über die nur in der Form des Paradoxes geredet werden kann. Gerade dieser Widerspruch zu HEGEL, der ausgesprochen oder unausgesprochen sein ganzes

Werk durchzieht, mag nicht zuletzt dazu beigetragen haben, daß dessen Abstraktheit und Dialektik KIERKEGAARDS eigenen Denkstil wesentlich mitbestimmt.

Doch ist es keineswegs nur HEGEL, den er der theologischen Ursünde, nämlich einer direkten Kenntlichmachung Christi zeiht: Er sieht sie *ebenso* gegeben im religiösen Common sense des üblichen Kulturchristentums, vor allem aber in dessen Institutionalisierung, wie sie sich in der dänischen Staatskirche findet. Gerade der hier waltende Liberalismus produziert allenthalben die falschen Synthesen von Kirche und Welt, Glaube und Vernunft und sucht sich durch Akkomodation an den Zeitgeist des Ärgernisses an dem wahren Christus, an der paradoxen Erscheinung des Ewigen im Endlichen, ja in einem einzelnen Individuum, zu entledigen. So kommt es dann etwa dazu, daß Christus zum bloßen Lehrer entstellt wird, der eingängige und von der Vernunft leicht resorbierte Wahrheiten doziert.

Diesen verhängnisvollen Fehleinstellungen – auch der Verachtung der Kategorie des Einzelnen, wie sie sich in der Nivellierung des heraufdämmernden Massenzeitalters äußert – tritt er nicht nur mit massivem Hohn und Spott gegenüber (das auch!), sondern vor allem so, daß er diese kollektiven Tendenzen bis in ihre letzten Hintergründe ausleuchtet. Dazu aber bedarf es einer ungeheuren reflexiven Anstrengung.

Die dritte (3.) Antwort nach dem Warum von KIERKEGAARDS Kompliziertheit muß nun über alle zeitgeschichtliche Situation und Polemik hinausgreifen und einen letzten positiven, ja geradezu kreativen Sinn ermitteln, den KIERKEGAARD mit der denkerischen Überwindung seiner Denknot verfolgt. Diese Denknot wurde letztlich, wie wir sahen, durch ein einziges Faktum ausgelöst: dadurch, daß „ein Einzelner Gott" ist, daß er dadurch für das objektive und historische Erkennen unzugänglich bleibt, eben keine „unmittelbare Kenntlichkeit" besitzt. Dies für sich genommen erscheint zunächst als eine rein *negative* Feststellung.

Was nun so wie eine Sackgasse für unser Denken und Suchen anmutet, ist für KIERKEGAARD gerade ein entscheidender, kreativer Augenblick. Denn eben dann, wenn ich von einer Lebensfrage (wie der nach meiner ewigen Seligkeit) heftigst bewegt bin, gleichzeitig aber in objektiver Ungewißheit über die Antwort schwebe, wird meine existenzielle Leidenschaft aufs äußerste angespannt: Gerade *„die objektive Ungewißheit, in der Aneignung der leidenschaftlichsten Innerlichkeit festgehalten, ist die Wahrheit,* und zwar die höchste Wahrheit, die es für einen *Existierenden* gibt". *Diese* Bestimmung der Wahrheit ist nichts anderes als „eine Umschreibung für Glauben. *Ohne Risiko kein Glaube. Glaube ist gerade der Widerspruch zwischen der unendlichen Leidenschaft der Innerlichkeit und der objektiven Ungewißheit."*[59] Was für meinen rationalen Zugriff also glatt aufgeht und was ich als Conclusio „schwarz auf weiß nach Hause tragen" kann, enthält

---

[59] Unwissenschaftl. Nachschr. I, 194f. – Hervorhbg. im ersten Zitat im Original, im zweiten vom Verf.

nicht jenes Risiko objektiver Ungewißheit, ohne das der Glaube nicht leben kann und ohne das es keinen „Sprung", keinen „Augenblick, in dem die Fülle der Zeit" ist, gibt. *Ich komme also nicht zum Glauben, ohne daß ich das Scheitern des falschen objektiven Weges der Versicherung durchmachte.*

Auch hier (wenngleich an einem andern Fundort) illustriert KIERKEGAARD die Mobilisierung jener äußersten Leidenschaft der Innerlichkeit am Verhältnis der Liebenden. Wir sahen bereits an anderer Stelle, daß die Liebe – auch die erotische Liebe – für ihn ein bevorzugtes Paradigma für die Ergriffenheit der ganzen Existenz ist. Auch diese *Liebe* kann nun in einen produktiven Konflikt mit objektiver Ungewißheit geraten:

KIERKEGAARD geht von der Annahme aus, „der Liebende versichert die Geliebte in den feurigsten Ausdrücken seiner Liebe, und sein ganzes Wesen ist dieser Versicherung gemäß, ist beinahe eitel Anbetung – er fragt nun die Geliebte ‚glaubst du, daß ich dich liebe?' So antwortet die Geliebte: ‚ja, ich *glaube*'." Nun kommt aber der Liebhaber auf die Idee, die Geliebte einmal auf die Probe zu stellen, ob sie ihm wirklich glaube. „Er schert alle unmittelbare Mitteilung fort", er macht sich gewissermaßen unkenntlich und erscheint verborgen unter dem Gegenteil, geradezu als Betrüger, macht sich durch sein Verhalten für sie zu einem „Rätsel". In dieser so abenteuerlich gewandelten Situation fragt er sie nun, ob sie ihm „glaube", und zwar trotz des entgegengesetzten Augenscheins. Zuerst war der Liebende direkt kenntlich. Die Liebe und ihr verbaler Ausdruck stimmten überein; so ging alles glatt auf. Im zweiten Stadium, dem der Verstellung (wo der Liebhaber gleichsam sub contrario absconditus ist), besteht die Absicht, „die Geliebte in einer Wahl offenbar zu machen; sie muß nun nämlich aus der Zwiefältigkeit wählen, welcher Gestalt sie glaubt als der wahren"[60]. Die Sicherheit einer objektiven Erkenntnis der Liebe ihres Liebhabers ist ihr genommen, aber gerade das fordert das Dennoch des Glaubens, den Einsatz ihrer Existenz heraus. Damit wird das tertium comparationis zwischen *dieser* Situation und derjenigen gegenüber dem „nicht direkt kenntlichen Christus" deutlich.

Ich möchte, ohne dem Paradigma KIERKEGAARDs ein kleines Satyrspiel folgen lassen zu wollen, doch darauf aufmerksam machen, daß es auch in der ars amandi dieses Verstellmanöver gibt, so daß es nicht einmal jener etwas theatralischen (und wohl auch ein wenig gesuchten) Liebesprobe bedarf. Es gehört zu den Künsten eines umworbenen Mädchens, eine gewisse Erfahrung vorausgesetzt, daß es auf die Werbung nicht unmittelbar eingeht, sondern sich gleichgültig stellt. Sie spekuliert dann darauf, daß der Liebhaber nun um so leidenschaftlicher entbrennt. Indem sie ihn objektiv ungewiß macht – das ist ihre taktische Raffinesse – mobilisiert sie gerade die Leidenschaft seines Liebespotentials – quod erat demonstrandum!

h) *Der religiöse Schriftsteller als „Spion Gottes" und seine Enthüllung*

Auch KIERKEGAARD verhält sich als Schriftsteller ähnlich wie der sich verstellende Liebhaber: Er verhüllt sich, redet nicht allzu direkt dozierend; sein Redestil ist die Mittelbarkeit der Äußerung. Dieser seiner Verhüllung dienen auch die vielfältigen Pseudonyme, unter deren Maske er „Verführer", listig Einfangender und „Spion in Höherem" ist[61].

Diese Maskerade besagt nicht, daß er seine Identität verleugnen wolle und sich der Verantwortung für das so pseudonym Gesagte entzöge. Nein: unter

---

[60] Einübung, 136f.
[61] Die Schriften über sich selbst (Hirsch, 33. Abt., 83).

allen diesen Namen (Johannes Climacus, Viktor Eremita u. a.) spricht KIERKE-
GAARD selbst; es sind Stadien auf seinem Lebensweg, zumindest ästhetische, tragische, erotische und ethische „Möglichkeiten", die er in sich birgt. Doch spricht
er gleichsam hier im Nachhinein von ihnen – als jemand, der in die Wahrheit
gebracht ist, eben als religiöser Schriftsteller. Dadurch gewinnt diese Verstellung
einen ironischen Zug: Er ist es jeweils und ist es wieder nicht. Indem er vom perspektivischen Mittelpunkt der jeweiligen Weltsicht aus spricht – nicht von außen
her beschreibend, sondern die betreffende Position einnehmend –, geht es ihm
um einen sokratischen Appell an seine Leser; jedoch nicht nur in der Absicht,
deren eigene Möglichkeit maieutisch zu entbinden, sondern sie auch in Frage zu
stellen, sie zu bezweifeln – eben weil er auch schon in seiner ironischen Vertretung des Ästhetizismus oder des Sokratischen der religiöse Schriftsteller *war* und
damit jene Standpunkte besser verstand, als sie sich selbst verstehen. „Man reflektiert sich nicht in das Christ Sein hinein, sondern aus Anderem heraus, um
Christ zu werden"; und um eben diese Hilfe zum Heraus-Reflektieren geht es
in den Pseudonymen; das ist die geheime Infragestellung, die sie allenthalben
durchwebt[62]. Einen kommenden Dichter, der sein Werk würdigt und ihm „den
Platz anweisen wird unter denen, die gelitten haben für eine Wahrheit", läßt er
sagen: „Während er dialektisch in Eigenschaft als Schriftsteller Überschau hielt
über das Ganze" – jenes Ganze möglicher Existenz, das er nur mit Hilfe der von
seinen Pseudonymen eingenommenen strategischen Punkte zu überblicken vermochte –, „verstand er christlich, für ihn bedeute das Ganze Erziehung zum Christentum"[63]. So möchte er unter allen übergestülpten Masken und bei allen als
Schauspieler eingenommenen Positionen seiner Identität als *christlicher* Schriftsteller treu bleiben[64].

In der Tat: die Versicherung, daß *alles* von ihm Geschriebene – selbst das
Tagebuch des Verführers, „diese ungeheuerliche Pikantheit"[65] – eben diese
christliche Pointe gehabt habe, ist der cantus firmus seiner letzten Selbstzeugnis-
nisse. In ihnen möchte er nichts anderes bekennen, als „was ich als Schriftsteller
in Wahrheit bin, daß ich bin und gewesen bin *religiöser* Schriftsteller, daß meine
gesamte Wirksamkeit als Schriftsteller in einem Verhältnis zum *Christentum*
steht, zu dem Fragmal: ein Christ werden". Dabei habe er sich der Pseudonyme
bedienen müssen, der sozusagen indirekten Rede, um die Vertreter einer verirrten Christenheit in ihren fragwürdigen Gehäusen aufzusuchen und aus ihnen ab-

---

[62] Der Anteil der Weltlenkung an meinem schriftstellerischen Werk, aaO. 90.
[63] AaO. 94.
[64] Man wird diese und im Folgenden zitierten Versicherungen ernst nehmen müssen, so
daß sich Widerspruch erhebt gegen die KIERKEGAARD-Deutung von JASPERS (siehe Lit.-
Verz.), wenn er das Christliche KIERKEGAARDS nur als Chiffren für eine allgemeine Existenzphilosophie interpretiert. Daß er das Christliche hier nur für beiläufig und letztlich
belanglos hält, betonte JASPERS noch sehr viel entschiedener, als er den Verf. während der
gemeinsamen Lehrtätigkeit in Heidelberg (1936–40) in sein Seminar zu einem Streitgespräch über das Christliche bei KIERKEGAARD einlud.
[65] AaO. 89.

zuholen. Er habe also „mit mittelbarer und unmittelbarer polemischer Sicht auf den ungeheuerlichen Sinnentrug (reagiert): die Christenheit, oder daß in einem Lande so alle soso Christen sind"[66]. Als einen Beleg für diese seine Identität als Christ, die er unter allen Masken durchhielt, weist KIERKEGAARD darauf hin, daß er *gleichzeitig* mit dem Ästhetizismus von „Entweder-Oder" seine „Zwei erbaulichen" Reden geschrieben habe, in denen sich der eigentliche, hinter seinen Pseudonymen verborgene Autor zu erkennen gibt[67]. Auch „‚Entweder-Oder‘ ist in strengstem Sinne im Kloster geschrieben"[68]. Deshalb ist es nicht „ein ehemaliger Ästhetiker, der späterhin sich von der Welt abwendet", wenn er schließlich die Masken fallen läßt und sich als christlicher Schriftsteller *unmittelbar* zu erkennen gibt, nein: es ist einer, der sich schon von jeher und unter allen weltlichen Masken „entschieden von der Welt und von der Welt Weisheit abgewandt hatte"[69].

Am Ende also legt der Autor die ästhetische Verkleidung ab und verzichtet auf die „literärischen Saturnalien"; es gibt die „Demaskierung zur Mitternachtsstunde". Denn zuletzt, so heißt es gegen Ende der Selbsterkenntnisse[70], müsse die Mitteilung des Christlichen eben doch mit dem *„Zeugen"* und seiner direkten Aussage enden. Das Maieutische könne nicht die letzte Form sein. Nach christlichem Verständnis liege die Wahrheit eben *nicht* im Subjekt – so wie SOKRATES es verstand –, sondern sie sei eine Offenbarung, die *verkündigt* werden muß. In der Christenheit könne das Maieutische zwar eine sehr wichtige Funktion ausüben, weil die meisten in der bloßen Einbildung lebten, Christen zu sein, und darum das bohrende sokratische Nachfragen durchaus nützlich für eine Enthüllung dieser Fassade sei. Schließlich aber müsse der Maieutiker doch Farbe bekennen und unmittelbarer Zeuge werden.

KIERKEGAARD weiß sehr wohl, welches Opfer er bringt, wenn er so alle pseudonymen Maskierungen fallen läßt, wenn er sich von allen listigen Künsten eines Spions Gottes ab- und zur Einfalt des unmittelbaren Zeugen hinwendet[71]. Er steht entblößt und wehrlos da und muß mit der giftigen Reaktion der also von ihm getäuschten Welt rechnen. Er hört sehr wohl den teils hämischen, teils bedauernden Hinweis eines Kritikers, der ihm die Verlustrechnung vor Augen stellt:

„‚Aber was hast du hier nur getan‘, höre ich da einen sagen, ‚siehst du denn nicht, was dir mit dieser Aufklärung und Verlautbarung in der Welt Augen verloren geht?‘ – Ei freilich, das seh ich sehr wohl; mir geht damit verloren, was christlich für Verlust zu achten ist (Phil 3,8) ..., jede der Weltlichkeit gemäße Gestalt des Interessanten. Mir geht verloren das Interessante, daß ich die verführerische Arglist der Lust verkündige und den Lebensgenuß, des allerverfeinertsten Lebensgenusses Frohbotschaft und des Spottes Übermut.

---

[66] AaO. 21 und später.
[67] AaO. 26f.
[68] AaO. 31.
[69] AaO. 91.
[70] Vgl. auch das Zitat bei REHM, aaO. 393.
[71] AaO. 91.

Mir geht verloren das Interessante, daß ich eine interessante Möglichkeit bin … Mir geht verloren das Interessante, daß ich ein Rätsel bin, ob diese bis zum Äußersten getriebene Verteidigung des Christentums nicht die mit äußerster Arglist ersonnene Gestalt eines Angriffs sei. Dies Interessante geht mir verloren, und an seine Stelle tritt das, was am allerwenigsten interessant ist, die *unmittelbare Mitteilung,* daß das Fragmal ist und gewesen ist: ein Christ zu werden …"[72]

Im Rückblick auf diese nun hinter ihm liegenden Stadien des „Interessanten" betont er immer wieder, daß er – eben um des *religiösen* Hintergedankens seiner ästhetischen Schriftstellerei willen – auch damals den „Beistand Gottes" nötig gehabt und ihn gesucht habe[73]. Den schon zitierten Dichter läßt er in dieser Richtung das Fazit seines Lebens ziehen: „Es war die Sache des Christentums, der er diente, sein Leben von Kind auf war wunderbar darauf angelegt. So vollbrachte er das Werk der Reflexion, das Christentum, das Christ Werden, ganz und gar hineinzuversetzen in Reflexion. *Seines Herzens Reinheit war: nur Eines zu wollen."* – Historisch, so sagt der Nachrufende schließlich, sei er an einer tödlichen Krankheit gestorben, dichterisch aber „aus Sehnsucht nach der Ewigkeit, um ohn' Unterbrechen nichts anderes mehr zu tun als Gott zu danken"[74].

In diesem Sinne ist wohl die allerunmittelbarste Selbstkundgabe der pietistische (!) Vers des dänischen Kirchenliederdichters H. A. BRORSON, den er für seinen Grabstein erwählte:

Noch eine kleine Zeit, / So ist's gewonnen, / So ist der ganze Streit / Ins Nichts zerronnen; / Im Rosensaal darf ich / Ohn Unterbrechen, / Auf ewig, ewiglich / Mit Jesus sprechen[75].

i) Kritische Würdigung

Ohne daß wir die reiche Wirkungsgeschichte KIERKEGAARDS auf den verschiedenen Ebenen (Philosophie, Dichtung, Dialektische Theologie) hier nachzeichnen könnten, erscheint es doch wichtig, die geistesgeschichtliche Linie zu markieren, auf der er zu orten ist und für die er zugleich den Scheitelpunkt eines Winkels bedeutet:

Wir stellten als durchgängige Grundtendenz der von uns besprochenen neuzeitlichen Epochen fest, daß das menschliche Subjekt – das denkende (DESCARTES), das fühlende (SCHLEIERMACHER), das transzendentale (KANT) und das glaubende Subjekt (von HOFMANN bis BULTMANN) – als perspektivischer Bezugspunkt aller Aussagen ins Spiel kommt. In der Regel sind es Erkenntnis- und Vergewisserungsprobleme, gerade auf dem Felde der Theologie, die diese Frage nach dem Erkenntis-*Subjekt* und nach seinen Aufnahmebedingungen für die

---

[72] AaO. 87f.
[73] AaO. 67; 69f.
[74] AaO. 94f. – Hervorhbg. v. Verf.
[75] GERHARD KRAUSE, Ein Sonderfall des sog. Ewigkeitsliedes. Zu einem Kapitel dänischer u. deutscher Hymnologie, in: ZThK, 3/1979, 360ff.

religiöse Wahrheit stellen ließen. Daher kommt es, daß man hierbei vor allem den Menschen als *Vernunftwesen, als denkendes* Subjekt im Auge hatte[76].

Die Bedeutung KIERKEGAARDS liegt nun vor allem darin, daß er durch den Existenzbezug jeglicher Wahrheitsfindung die einseitige Akzentuierung des *Vernunft*wesens Mensch überwand: Was er unter „Existenz" verstand, ist ungleich reicher instrumentiert: Der Mensch (als solche Existenz) besteht ja aus „Seele, Leib und Geist"[77], so daß „alle Momente auf einmal zur Stelle sind. In Bezug auf die Existenz steht das Denken gar nicht höher als die Phantasie und das Gefühl, sondern ist diesen nebengeordnet"[78]. Wenn deshalb ein Denker, „der ja zugleich ein Existierender ist, Phantasie und Gefühl verloren hat", dann ist das ebenso schlimm, „wie den Verstand zu verlieren". Wenn man so anstelle der „existenziellen Gleichzeitigkeit" *aller* dieser Momente in einseitiger Weise den rational gesteuerten „wissenschaftlichen Prozeß setzt, verstört man das Leben"[79]. (Der hier auftauchende Begriff der „Gleichzeitigkeit" schillert übrigens in verschiedenen Bedeutungen. Während er im allgemeinen den unmittelbaren, den zeitlichen Zwischenraum überwindenden Bezug des Jüngers zu Christus meint, hat er an dieser Stelle den Sinn der Zugleich-Wirksamkeit oder auch der Gleichrangigkeit von Rationalität, Gefühl und Phantasie. Vgl. aaO., Anm. 192, S. 360.) Gerade diese Variationsbreite existenzieller Bezüge hat sich in der von KIERKEGAARD beeinflußten Philosophie ausgewirkt: Wenn etwa bei HEIDEGGER (und in seinem Gefolge bei BULTMANN) Begriffe wie „Angst", „Sorge" u.a. zu Existenzialien und damit zu Themen philosophischer Reflexion werden, dann hat KIERKEGAARD dafür die wesentlichen Impulse vermittelt. Ähnliches hat es in der Philosophie vor ihm nicht gegeben.

Trotz dieser Bereicherung der Relation Subjekt/Wahrheit sind die *Grenzen* KIERKEGAARDS gerade hier nicht zu übersehen. Ich stelle dazu einiges heraus, was in dem bisher Gesagten bereits anklang:

Erstens. KIERKEGAARD hatte eine zutiefst kranke, vom Vater her mit Schwermut belastete Konstitution. In seinen Selbstbekenntnissen kann er sich erschütternd darüber äußern:

> „... mein Unglück ist so ziemlich von der Geburt an, und vollendet durch die Erziehung, *das* gewesen: *nicht Mensch zu sein.* Aber wenn man Kind ist – und die andern Kinder spielen, scherzen ...; o, und wenn man Jüngling ist – und die andern Jünglinge lieben, tanzen ...: dann, wiewohl man Kind und Jüngling ist, Geist sein, entsetzliche Pein, und noch entsetzlicher, wenn man vermittels der Einbildungskraft (!) das Kunststück zu machen ver-

---

[76] Eine gewisse (nur eine „gewisse"!) Ausnahme bildet dabei Schleiermacher. Wir sahen aber, daß die Etablierung seiner Theologie auf der Ebene des Gefühls bzw. des unmittelbaren Selbstbewußtseins nicht zuletzt von der Absicht geleitet war, eine sturmfreie Zone gegenüber *rationalen* (historischen, philosophischen und naturwissenschaftlichen) Infragestellungen zu finden. Ich erinnere bes. an die besprochenen Sendschreiben an Lücke.

[77] Unwissenschaftl. Nachschr. II, 47.

[78] AaO. 51.

[79] AaO. 52f.

steht, daß es aussieht, als wäre man der Jugendlichste von allen ... Ich habe keine Unmittelbarkeit gekannt, habe daher, schlecht und recht menschlich verstanden, *nicht gelebt* ...[80]

Gerade wenn man seine These ernst nimmt, daß das Denken eine Funktion der Existenz und ihrer Befindlichkeit sei, wird man diese pathologische Belastung nicht übersehen dürfen. Seine so auch *konstitutionell* bedingte Ausnahmestellung dürfte nicht ohne Einfluß auf seinen Begriff des „Einzelnen" gewesen sein. Und doch wäre es falsch – in den biographischen Notizen wies ich schon darauf hin – durch eine psychiatrische Diagnose dieser Art KIERKEGAARDS Denkleistung abgewertet zu sehen (wie es nicht selten geschieht): Die dünnen Wände einer derart kranken Psyche erhöhen zugleich die Empfänglichkeit für Mysterien und die Witterung von Hintergründen, die dem sogenannten Normalen verschlossen bleiben. Mag so der „Einzelne" bei ihm in verzerrter und isolierter Absolutheit erscheinen: immerhin hat er ihn eben *durch* sein „anormal" sehen lassendes Vergrößerungsglas entdeckt.

Zweitens. Dadurch, daß KIERKEGAARD die Aporie jeder historischen oder überhaupt objektiven Erkenntnis Christi in eine unendliche Reflexion vortreibt und seine *nicht*-unmittelbare Kenntlichkeit zur zentralen christologischen Frage erhebt, verschließt er sich – jedenfalls in seinen theoretischen Schriften – die Weite *inhaltlicher* Entfaltung des Evangeliums. Ich drückte diese Reduktion früher durch die Formulierung aus, er habe das inhaltliche „Was" der Erscheinung und Botschaft Christi hinter ein „Daß" zurücktreten lassen: „daß" er paradoxerweise als Einzelner Gott sei. KIERKEGAARD konzentriert sich so gleichsam auf einen einzigen Punkt, der sicher das Entscheidende, gleichwohl aber nicht das *einzig* hier zu Sagende ist (auch wenn alles zu Sagende von diesem Vorzeichen bestimmt sein muß). Diese punktuelle Konzentration drückt sich symbolisch in der Herausstellung des zeitlichen Begriffs „Augenblick" aus. Er berührt den Boden geschichtlichen Seins sozusagen nur punktuell. Es ist seinem Stil wahrscheinlich nicht unangemessen und karikiert ihn nicht, wenn wir uns dabei an einen „Spitzen"-Tanz erinnert fühlen.

Drittens. Ebenso wie diese Einseitigkeit sich mit aus der Front ergibt, wider die er antithetisch antritt – aus der Front der direkt Kenntlich-machen-Wollenden, der Objektivierenden, sich der Welt-Mentalität Angleichenden –, so wird man auch die Absolutsetzung des „Einzelnen" nicht zuletzt vor dem Hintergrunde der kollektivistischen und nivellierenden Tendenzen des beginnenden Massenzeitalters sehen müssen. Gewiß hat er im Entscheidenden recht, wenn er die Masse – heute würden wir vielleicht sagen: das Kollektiv – nur so meint entflechten zu können, daß er den unendlichen, von Gott her auf den Einzelnen gelegten Akzent herauskehrt[81]. Gleichwohl ist es schwer vorstellbar, wie KIERKE-

---

[80] Der Gesichtspunkt für meine Wirksamkeit als Schriftsteller, 2. Abschn., 3. Kap. (Hirsch, 33. Abt., S. 78f.); Hervorhbg. v. Verf.
[81] Ich sprach darüber in den biographischen Notizen u. erinnere an die dort erwähnte Besprechung der „Zwei Zeitalter".

GAARD von dieser *einen* theologischen Sicht des Einzelnen her zu einem Konzept zu kommen vermöchte, das etwa eine theologische Ethik des Politischen zu begründen in der Lage wäre. Es ist nicht erkennbar, welche Bedeutung etwa den Institutionen, den geschichtlichen – sozialen und ökonomischen – Strukturen zugewiesen wird, in denen der Einzelne doch existiert.

Das Licht, das von der Ewigkeit her auf diesen Einzelnen fällt – nur „Einer" kann zum Ziel gelangen, niemals die Menge, die stets „in der Unwahrheit" ist[82]! – strahlt gewiß eine *Wahrheit* an (ich zitierte sie bereits):

> „Welch unendliche Realität erhält nicht das Selbst dadurch, daß es dessen sich bewußt wird, für Gott da zu sein, dadurch, daß es ein menschliches Selbst wird, dessen Maßstab Gott ist! Ein Viehhirt, welcher (gesetzt, dies wäre möglich) Kühen gegenüber ein Selbst ist, ist ein sehr niederes Selbst; ein Herrscher, welcher Knechten gegenüber ein Selbst ist, desgleichen und ist eigentlich kein Selbst – denn in beiden Fällen fehlt es am Maßstabe. Das Kind, welches bisher allein die Eltern zum Maßstabe gehabt, wird ein Selbst, indem es als Mann den Staat zum Maßstabe empfängt; welch eine unendliche Betonung aber legt sich auf das Selbst, wenn man zum Maßstabe Gott empfängt!"[83]

Die hier ausgesprochene Wahrheit ist diese: Das letzte „Selbst"-Verständnis kann sich gewiß nur coram Deo ergeben. Deshalb muß es zu einer irregeleiteten Anthropologie kommen, wenn das Ich seine entscheidende Orientierung von dem unter ihm befindlichen Animalischen oder dem neben und über ihm stehenden Menschlichen oder vom allgemeinen Zeitgeist empfängt. Dennoch kann die Aufgabe des Existierens mit jener Letztorientierung an dem Maßstabe Gott ja nicht erschöpft sein. Vielmehr geht es nun um die *Konsequenzen* aus jener Letztorientierung: um deren Folgen für das Mit-sein mit andern Menschen (und auch Tieren!), für das Innestehen des Selbst in den Ordnungen dieser Welt. Auch hier aber begnügt sich KIERKEGAARD mit dem Spitzentanz auf dem „einen" Punkt: auf der Fixierung des Einzelnen in seiner Situation coram Deo. – Doch ist hier Vorsicht geboten: Dies könnte eine sozusagen „einäugige" Kritik sein, weil sie allenfalls KIERKEGAARDs *theoretische* Reflexionen über das Christentum betrifft. Ganz anders weitet sich der Horizont seiner Meditationen in den vielerlei erbaulichen Schriften aus, die auch in die inhaltliche Fülle des Evangeliums hineinleiten und sie entfalten. Sie müssen deshalb immer mitgesehen werden.

Viertens. Der objektive Bereich unseres Erkennens, Naturwissenschaft und Historie vor allem, bleibt in seiner Beziehung zur existenziellen Wahrnehmung der Wahrheit ausgeblendet. „Für die Bedeutung der Tatsachenwissenschaft hat KIERKEGAARD kein Organ"[84], *auch* nicht für die historisch-kritische Frage, wie sich biblischer Bericht und tatsächlicher Vorgang zueinander verhalten. Gründe und Einwände dieser Art, die einem Zweifler zu schaffen machen, vernimmt er überhaupt nicht, „weil sie der absoluten theologischen Prämisse seines Denkens

---

[82] AaO. Beilage „Der Einzelne", S. 99f.
[83] Die Krankheit zum Tode (Hirsch, 24./25. Abt.), 78.
[84] v. LOEWENICH, Luther u. d. Neuprotestantismus, 1963, 180.

und Lebens widersprechen"[85]. Das Erkenntnisproblem in seiner Ganzheit reicht weiter, als es in seiner These „die Subjektivität ist die Wahrheit" zum Ausdruck kommt. Die Ausblendung jener anderen Wahrheitsaspekte ist sicher die Folge davon, daß KIERKEGAARD das „Was" hinter dem „Daß" der existenziell erscheinenden Wahrheit zurücktreten läßt.

Fünftens. Klammert also KIERKEGAARD die religiöse Dimension nicht aus der Gesamtheit des Daseins aus, so daß sie die horizontale Dimension nur so berührt wie eine Tangente den Kreis, nämlich in einem Punkte[86]? Man braucht sicher nicht so weit zu gehen wie JASPERS, *darf* es wohl auch nicht, wenn er die Botschaft dieser punktuellen Existenz und die in ihr enthaltene Deutung des Christentums als „schlechthin ruinös" bezeichnet[87] und wenn er KIERKEGAARD und NIETZSCHE für Gestalten hält, welche die Menschen zwar „auflockern, daß jeder zu sich selbst komme", die sie zugleich aber „vernichten im Strudel des Nihilismus"[88]. Beide seien wie „Sturmvögel vor einer Wetterkatastrophe": Sie zeigen Unruhe, Hast und Irrung an, doch beobachteten wir auch so etwas „wie Kreisen und Taumeln und Absturz"[89]. JASPERS meint damit offenbar so etwas wie die „Weltlosigkeit" dieser Art von Existenz bei KIERKEGAARD und damit die Unmöglichkeit, in dieser Weise zu existieren und „alles Menschlichen und weltlich Wirklichen" zu entbehren[90].

Tatsächlich ist es ja so, wie wenn KIERKEGAARD das Verhältnis radikaler Unbedingtheit, das er gegenüber Gott hat, negativ auf sein Verhältnis zu den Weltdingen (einschließlich der kirchlichen Institution und des weithin gelebten Christentums!) übertrüge und damit zu jener Entbehrung des Menschlichen und zu jenem Verlust an unmittelbarem Leben käme, von denen er selbst in seinen Bekenntnissen spricht. Er hat insoweit, mit einem Begriff BONHOEFFERS ausgedrückt, keine Beziehung zum *Vorletzten,* in dem es auch Kompromisse und Bedingtheiten geben muß. Ebensowenig gibt es bei ihm nur den Hauch einer Zwei-Reiche-Lehre, ohne die keine theologische Ethik (nicht bloß die lutherische nicht!) so oder so, in dieser oder jener Gestalt, auskommt[91]. Er hat gleichsam nur zwei rechte Hände und keine linke Hand. Was er von der Erlösung sagt, gilt – in äußerster Zuspitzung gesagt – nur für den gewissermaßen abstrakten Einzelnen, nicht aber für das Selbst, insofern es sich in politische, gesellschaftliche und ökonomische Strukturen verwoben sieht, aus denen es seine individuelle Existenz doch nicht herauspräparieren kann. *Wenn* KIERKEGAARD sich weltliche Formen von Existenz vor Augen hält (wie in einigen seiner pseudonymen Schriften), dann sind sie nur gespielt und sind Maskerade, analog dem jugendlichen

---

[85] HIRSCH, Gesch. der neueren ev. Theologie V, 1949, 490.
[86] Ich greife damit ein Bild auf, das der frühe K. BARTH gerne gebrauchte.
[87] Rechenschaft u. Ausblick, 126.
[88] AaO. 129.
[89] AaO. 130.
[90] AaO. 128.
[91] Vgl. dazu ThE I, § 1783ff., sowie II,2 passim.

KIERKEGAARD, der sich als der „allerjüngste" aufführt. Ist dieses Spiel eine Ersatzhandlung für die de facto entbehrte weltliche Existenz? Warum blieb er der sich vom Allgemeinen (Ehe, Amt) dispensierende und in bewußter – auch äußerer – Ausnahmeexistenz lebende Schriftsteller? So mag man, so muß man wohl fragen.

Eines ist an der Kritik von JASPERS wohl richtig, oder vorsichtiger gesagt: könnte ein Wahrheitsmoment enthalten: Wer bei dieser punktuellen Ausnahmeexistenz, die den Einzelnen auf der horizontalen Ebene isoliert, stehen bliebe und KIERKEGAARD imitieren wollte (was aber sicher nicht in seinem Sinne wäre!), der könnte inmitten einer von Sinnentleerung bedrohten Wirklichkeit in der Tat dem Nihilismus nahe kommen. Klafft nicht in KIERKEGAARDS Leben selbst ein solches Nihil, ein solches Vakuum, wenn er als Kind nicht spielt, als Jüngling nicht flirtet und tanzt und als Mann sich den Sturkturen des Allgemeinen entzieht? Sind nicht ganze Provinzen dieser Lebenslandschaft sinnentleert und insofern – nihilistisch?

Es sieht gewiß wie der abenteuerliche Vergleich zwischen einem ragenden Denkgebäude und einer ihm gegenüber doch recht subalternen Geisteshütte aus – aber ein Quäntchen Wahrheit wäre doch dran –, wenn ich sage: Es gibt eine Zone, in der KIERKEGAARDS Existenz nicht ohne eine gewisse Nachbarschaft zu MAX STIRNER ist. Und es wäre durchaus denkbar, daß ein an der unendlichen Reflexion verzweifelnder „Einzelner" aus dem Hause KIERKEGAARDS fortliefe, um im Nachbarhause der etwas komplikationslosere, freilich noch höher abstrahierte „Einzige" zu werden.

Auch ich meine, wenn ich zum Ende unverschlüsselt pro domo reden darf: Mit KIERKEGAARD allein kann man nicht leben. Es ist nicht möglich, in seine Ausnahme-Existenz zu schlüpfen und *nur* sein Schüler zu sein. Kann es, darf es einen „Kierkegaardianer" geben?

Sein Recht und sein geistesgeschichtlicher Rang bestehen aber darin, daß er ein warnendes Frage- und Ausrufungszeichen am Rande jeder Theologie und philosophischen Anthropologie ist, ein rotes Warnlicht gewissermaßen, das vor aller Vergegenständlichung Gottes und auch des Menschen warnt, zugleich vor jedem Versuch, einen von beiden – wahrscheinlich aber beide zusammen – in unsere Denkschemata zu integrieren. Ja, noch mehr: KIERKEGAARD taucht als solches Korrektiv nicht nur am Rande der Theologie auf, sondern zugleich am Rande jedes „Ismus". Dieser kann sowohl der Historie wie den Natur- oder Gesellschaftswissenschaften entstammen, wenn diese es wagen, eine Anthropologie aus ihren objektivierenden Kategorien zu entwickeln und sich so absolut zum Relativen zu verhalten und ihren partikulären Aspekt für das Ganze zu halten.

Nochmals: KIERKEGAARD ist ein Ausrufe- und ein Fragezeichen, nicht aber der Text selber, an dessen Rand dieses Zeichen steht – jedenfalls keiner, der mein Leben als das *einzige* Leitwort bestimmen könnte.

II. Ernst Troeltsch

Die dem Relativismus sich entringende Unbedingtheit

Literatur: Ges. Schriften I–IV, 1912ff. – Die Absolutheit des Christentums u. die Religionsgeschichte, Neudruck Siebenstern-Taschenbuch, 1969 (zit. „Absolutheit"). – Ein Apfel vom Baum Kierkegaards (Auseinandersetzung mit Gogarten), 1921; Neudruck in: Theol. Bücherei Bd. 17: Anfänge der dialektischen Theologie II (1963), 134ff. – Artikel in RGG (1. Aufl.): Erlösung, Eschatologie, Gesetz, Glaube, Kirche, Naturrecht, Offenbarung, Prädestination, Protestantismus. Posthum: Der Historismus u. seine Überwindung, 1924. – Glaubenslehre, 1925.
Sekundäre Literatur: H. Benckert, E. Tr. u. das ethische Problem, 1932. – Ders., Der Begriff der Entscheidung b. E. Tr., in: ZThK 12/1932, 422ff. – Ders., Art. E. Tr., in: RGG, 3. A. VI, 1962, 1044ff. – W. Bodenstein, Neige des Historismus. E. Tr.s Entwicklungsgang, 1959. – F. Brunstäd, Über die Absolutheit des Christentums, 1905. – H. G. Drescher, Glaube u. Vernunft bei E. Tr., 1959. – Ders., Entwicklungsgedanke u. Glaubensentscheidung. Tr.s Kierkegaardverständnis u. die Kontroverse Tr.-Gogarten, in: ZThK 1/1982, 80ff. – F. Gogarten, Historismus, in: ZwZ 8/1924, 7ff.; Neudruck: Theol. Bücherei Bd. 17, 171ff. – W. James, in: G. Wobbermin, Die rel. Erfahrung in ihrer Mannigfaltigkeit. Materialien u. Studien zu einer Psychol. u. Pathol. des rel. Lebens; deutsche Bearbeitung von W. James, The Varieties of Religious Experience, 1907; 4. A. 1925. – Th. Kaftan, E. Tr. Zeitkritische Studie, 1911. – W. Köhler, E. Tr., 1941. – W. v. Loewenich, Luther u. der Neuprotestantismus, 1963, § 17. – R. Röhricht, Zwischen Historismus u. Existenzdenken. Die Gesch.philosophie E. Tr.s, Diss. Tübingen 1954. – H. H. Schrey, E. Tr. u. sein Werk, in: ThR N.F. 12/1940, 130ff. – P. Tillich, E. Tr., Versuch einer geistesgeschichtl. Würdigung (1924), in: Ges. W. XII, 1971, 166ff. – Ders., Der Historismus u. seine Probleme (1924) aaO., 204ff. – H. O. Wölber, Dogma u. Ethos. Christentum u. Humanismus von Ritschl bis Tr., 1950.

Biographische Notiz: Troeltsch lebte von 1865 bis 1923. In seiner Entwicklung war er wesentlich beeinflußt durch den Neukantianismus: theologisch durch A. Ritschl, philosophisch durch R. H. Lotze, H. Rickert und W. Windelband. Aber auch Schleiermachers Religionsverständnis blieb Gegenstand seiner kritischen Auseinandersetzung. – 1892 Prof. der System. Theologie in Bonn, 1894 in Heidelberg, wo er ab 1910 – bezeichnend für seinen fächerübergreifenden Universalismus – auch Mitglied der philos. Fakultät war. 1914 folgte er einem Ruf als Philosoph nach Berlin und war von 1919 an drei Jahre im Nebenamt Unterstaatssekretär im Preußischen Kultusministerium. – Tr. wußte sich eng verbunden mit bedeutenden wissenschaftlichen Zeitgenossen wie Friedrich Meinecke, Friedrich Naumann, Max Scheler und Max Weber. Unter seinen Schülern ragen Paul Tillich, Friedrich Gogarten, der Kirchenhistoriker Walther Köhler und die Dichterin Gertrud von Le Fort hervor. Die Dialektische Theologie hat sich nicht zuletzt in der kritischen Auseinandersetzung mit ihm selbst gefunden. Das gilt besonders für Gogarten. Aber auch bei Barth ist er immer wieder als Gesprächspartner erkennbar (vgl. Registerband zur KD S. 216); dazu: Ch. Gestrich, Neuzeitl. Denken u. die Spaltung der dial. Theol. 1977, 77ff.).

a) Drei Grundmotive Troeltschs

Friedrich Gogarten bekennt ausgerechnet in einem Augenblick, wo er sich im Namen der Dialektischen Theologie von Troeltschs Konzeption als einem Irrweg lossagt, daß ihm die Leistung Troeltschs von der allergrößten Bedeutung zu sein scheine, und „daß keine Theologie hoffen darf, irgendetwas von Bedeutung zu leisten, die sich nicht gründlich mit ihm auseinandergesetzt hat"[92]. Das besagt doch: Niemand möge sich anmaßen, von einem Unbedingten, einer „Offenbarung" in der Geschichte zu reden, wenn er nicht die Möglichkeiten historischen Erkennens bis an seine Grenzen, dann aber auch in seinen Irrungen und Wirrungen durchschritten hat. Nur so könne er vor leichtfertigen Absolutsetzungen und Dogmatisierungen bewahrt bleiben. Erst nach diesem Weg durch die Fremde könne es so etwas wie eine legitime Heimkehr, wie eine Abwendung von dem Pfade auswegloser Relativierung geben. Hat KIERKEGAARD, so könnte man weiterhin fragen, sich diesen Umweg über den Abgrund des Relativismus nicht möglicherweise erspart? Sollte er sich bei seinem Ergebnis, daß der Weg objektiver historischer Erkenntnis in bloßen Bedingtheiten und Approximationen ende, beruhigt und also zu früh den Sprung in das Paradox gemacht haben? Diese Frage legt sich schon deshalb nahe, weil TROELTSCH einer der wenigen Theologen seiner Zeit war, die nicht nur Kenntnis von KIERKEGAARD genommen, sondern ihn studiert und sich mit ihm auseinandergesetzt haben.

Das Fazit dieser seiner Begegnung sind heftigste Vorbehalte: Er vertrete den abstrakten Einzelnen, der jedem geschichtlichen Zusammenhang entnommen sei. Sein Christentum falle „mit keiner Kirche oder Konfession oder historischen Gestalt" zusammen, er vertrete „ein ganz persönliches, von der Seite des schärfsten Radikalismus gegen Welt, Volk, Staat, Kultur und Kirche genommenes Privat-Christentum", voller „Geringschätzung aller Vermittlung zwischen Gott und Welt, welche nach Kierkegaard wesentlich Interesse und Werk aller Kirchen ist". So komme es zu einem „Christentum der Absolutheit oder des Entweder-Oder". Insofern gehöre KIERKEGAARD „durch Abstammung und Erziehung wie durch Geistesart und schließliche Lebensrichtung in diese (mystisch-chiliastische) Gegend der Sektenreligion" und habe dementsprechend für ein „rein individuelles und abstraktes, rein persönliches und absolut radikales Christentum gekämpft". – „Vor der Notwendigkeit, die positive, bejahende, irgendwie mit der Welt sich abfindende Seite seiner Religion herausarbeiten zu müssen, bewahrte ihn sein früher Tod und seine völlige Einsamkeit und Absonderlichkeit, welche mit einer psychopathischen Anlage zusammenzuhängen scheinen."[93] Kurz: KIERKEGAARD habe ungeschichtlich, abstrakt existiert. Er habe abgeschieden von den Strukturgesetzen unserer Welt gelebt. Darum denke er auch in abstrakten Alternativen und nicht in Vermittlungen.

Entsprechend irreal und abstrakt sei auch sein Gottesverständnis: „Gottes Wesen und ewige Schöpfung mag völlig grundlos und überlogisch sein" – gewiß! Doch sei Gott nicht weltlos. Vielmehr sei „die Welt … überall Gottes". Darum empfangen wir von ihm die Kräfte unseres In-der-Welt-Seins. Dann aber entsteht die Aufgabe, „den jeweils vorliegenden Lebensstoff … so zu vereinheitlichen und zu kneten, daß seine Formung ein Ausdruck der so gewonnenen Lebenskräfte sein kann. Regel und Ideal dieser Formung muß jede Zeit und

---

[92] Historismus, aaO. 181.
[93] Ein Apfel vom Baum Kierkegaards, aaO. 135–137.

jeder lebendige Mensch sich selber schaffen"[94]. Gott wendet uns also zur Welt *hin,* statt von der Welt *ab.* Er beruft uns als Wesen, die in die Geschichte verwoben sind und nicht als isolierte Einzelne existieren. Unsere Aufgabe ist deshalb die Vermittlung. Alles andere ist „ein Kapitulieren vor dem Leben"[95]. Nicht nur die alte Kirche habe seit Paulus unzählige Vermittlungen mit der Welt gesucht (und „den alten Radikalismus als Askese und Mönchtum nur in ihrem Kernholz" zurückbehalten), auch LUTHER sei davon durchdrungen gewesen, daß der „neue Mensch ... seine Vermittlungen mit der ‚Welt' suchen mußte"[96].

Dennoch zeigt sich bei aller Ferne von KIERKEGAARD *eine* gewisse Affinität zu ihm, die man als den „existenziellen" Bezug in TROELTSCHS Denken bezeichnen mag. Er wolle, so heißt es einmal in seiner Auseinandersetzung mit GOGARTEN und damit indirekt mit KIERKEGAARD, nicht nach dem Wesen „des" Christentums fragen, auch nicht nach einer „für Pfarrer möglichen Position", nein: „Ich frage mich nur, wovon *ich* lebe und was *meine* Position ist", wenn ich jene radikale Theologie „als seelisch für mich unmöglich bezeichnen muß"[97]. TROELTSCH will also auf keinen Fall im hegelschen Sinne als distanzierter Zuschauer von der Geschichte sprechen; er will keine Unverbindlichkeit, sondern spricht als Betroffener. Der Relativismus, dem die Geschichte zu überantworten droht, ist ihm ein Schmerz, *der* Schmerz seines Lebens. Doch nur, indem er ihm standhält – so sieht er es –, wird sein Suchen nach einem Unbedingten, das die Geschichte transzendiert, legitim.

Vor diesem Hintergrund lassen sich die *drei Grundmotive* ausmachen, die ihn beim Suchen nach christlicher Wahrheit bestimmen: Es geht ihm *erstens* um das Prinzip der Vermittlung von Religion und geschichtlicher Wirklichkeit; *zweitens* sucht er den Weg von jeglichem theologischen oder metaphysischen Dogmatismus zu dem geschichtlich bedingten und damit der Relativität ausgesetzten Dasein; *drittens* ist er leidenschaftlich darum bemüht, sich dem Zugriff des alles relativierenden Historismus zu entwinden und einen neuen Weg zu unbedingter Wahrheit und unbedingten Werten zu finden. Nicht das Ziel, wohl aber der ihm vorschwebende Weg dahin verläuft in verschiedenen Lebensphasen je anders.

b) Die Bestimmung des historischen Charakters der menschlichen Wirklichkeit (1. Phase)

Die Verbindung des Gottes- und Menschenverständnisses mit der Wirklichkeit bedeutet für TROELTSCH vor allem die Verbindung mit der *Geschichte.* Das Wort „Geschichte" hat dabei eine gewissermaßen totale Bedeutung: Er spricht im Namen des zeitgenössischen Historismus – und schon die Endung „-ismus" be-

---

[94] AaO. 138f.
[95] TROELTSCH, Ges. Schr. II, 293f.
[96] Ein Apfel ..., 136.
[97] AaO. 129; Hervorhbg. v. Verf.

sagt, daß die geschichtliche Bedingtheit aller Erscheinungen und Normen einen *absoluten* Sinn gewinnt. Das ist in der Tat die Situation, in der sich TROELTSCH vorfindet und die er seinerseits aufgreift: Es geht um eine „Historisierung" unseres gesamten Denkens einschließlich der höchsten normativen Geltungen. Es gibt nichts, was dieser geschichtlichen Bedingtheit entnommen wäre.

TROELTSCH verlieh diesem geistigen Klima, in dem er dachte, nur drastischen Ausdruck, wenn er den in Eisenach versammelten „Freunden der christlichen Welt" 1896 als junger Mann zurief: „Meine Herren, es wackelt alles!", was dann FERDINAND KATTENBUSCH im Namen der älteren und etwas schockierten Teilnehmer als Symptom einer „schofelen Theologie" zurückwies [98].

Mit dem Worte „Es wackelt alles" sollte gesagt sein, daß die Zeit einer theologia perennis, in der eine feststehende Wahrheit ein für allemal dogmatisch festgelegt ist, vorüber sei. Nicht als ob es eine solche Wahrheit nicht gäbe, als ob alles einfach durch die Geschichte „hervorgebracht" sei! Doch verwandelt die Geschichte „die" Wahrheit in polymorphe Ausprägungen, hinter der wir sie allererst *suchen* müssen, ohne sie vorweg schon axiomatisch zu setzen oder gesetzt sehen zu wollen. Immerhin muß es eine gewaltige Erschütterung bedeuten, wenn „alle ewigen Wahrheiten, seien sie kirchlich-supranaturaler und darum von der höchsten autoritativen Art, seien es ewige Vernunftwahrheiten und rationale Konstruktionen von Staat, Recht, Gesellschaft, Religion und Sittlichkeit", in diese Historisierung hineingezogen werden [99].

TROELTSCH meint zwar, daß nur „eine schlechte Denkgewöhnung des rationalen und supranaturalen Dogmatismus ... das Wort ‚relativ' mit allen Schrecken des Unsicheren, Haltlosen, Zwecklosen" umgebe [100]. Gerade das, was für die historische Erkenntnis grundlegend sei, nämlich die „Kunst der hypothetischen Anempfindung an fremdartige Gebilde und ihre inneren wie äußeren Voraussetzungen", habe eine „grenzenlose Virtuosität im Wechsel des Beurteilungsstandpunktes hervorgebracht, indem nun alles aus sich selbst verstanden und beurteilt wird". So sei für viele die „Historie identisch geworden mit Nachfühlung alles fremden Charakters und Verzicht auf den eigenen, mit Skepsis und geistreicher Spielerei oder mit Blasiertheit und Glaubenslosigkeit". Das gelte allerdings für „schwache Naturen", womit TROELTSCH offensichtlich die Opfer der genannten „schlechten Denkgewöhnung" meint, Leute also, die stabile, feststehende Normen als rocher de bronze brauchen [101].

Für TROELTSCH ist der Verdacht, er löse alle unbedingten Normen und Maßstäbe im Strom der Geschichte auf, ein von ihm bedauertes Mißverständnis. Er ringt vielmehr in allen Lebensstadien um geschichtstranszendente Werte. Nur will er sie eben nicht billig, nicht unter ihrem Preis anbieten. Und der Preis für sie ist der kostspielige Versuch, sie inmitten unserer geistigen, vom Historismus

---

[98] W. KÖHLER, aaO. 1.
[99] TROELTSCH, Die Krisis des Historismus, NR 33 (1922), 573.
[100] Absolutheit, 65.
[101] AaO. 66.

geprägten Situation – und nicht *abgesehen* von ihr! – aufzuspüren, sie also auf der gegebenen geschichtlichen Basis sicherzustellen. Auch wenn er durchaus formulieren kann: „historisch und relativ ist identisch"[102], so bedeutet das *kein* Bekenntnis zum Relativismus und *keinen* Verzicht auf das Ringen um Absolutheit. Es bedeutet nur die Preisgabe einer falschen und längst als unhaltbar erwiesenen Absolutheit.

Was versteht er unter diesem preiszugebenden Verständnis von Absolutheit?

Unter Anspielung auf HEGEL erklärt TROELTSCH den Begriff Absolutheit aus einer evolutionistischen Konstruktion der Religionsgeschichte, gemäß der alle nichtchristlichen Religionen als relative Wahrheiten, genauer: als Vorstadien des Christentums verstanden werden, das dann die „absolute vollendete Gestalt der Religion", das „Sein ihres Begriffs", repräsentiert[103].

In diesem Zusammenhange kann er nicht ohne Anerkennung von seinen älteren Zeitgeossen F. H. R. v. FRANK (1827–94) und L. IHMELS (1858–1933) sprechen, die zwar den supranaturalen Begriff der Absolutheit vertreten, aber immerhin bemüht sind, im Sinne „moderner Rechtgläubigkeit" dieses Supranaturale nicht einfach als Oktroi zu verstehen, sondern es mit psychologisch-immanenten Faktoren in Verbindung zu bringen, wie SCHLEIERMACHER das auf seine Weise ebenfalls tat. Dennoch bleibe auch hier ein für modernes Denken nicht resorbierbarer Rest: Da hier wie überall in der rechtgläubigen Tradition „alles Menschliche subjektiv, irrtumsfähig, sündig und kraftlos bleibt", bedürfe es gewisser übermenschlicher, göttlicher Akte, die unmittelbar und analogielos in die geschichtlich bestimmte menschliche Wirklichkeit einbrechen und die sonst allenthalben geltende Gesetzmäßigkeit des menschlichen Lebens aufheben. So gebe es hier eine „unmittelbare Kausalität Gottes und damit die prinzipielle Abgrenzung gegen alles Menschlich-Geschichtliche und gegen dessen bloß relative Wahrheiten und Kräfte"[104]. Das moderne Denken aber „hat eine durchgängige Kontinuierlichkeit des Kausalzusammenhangs unwiderleglich erwiesen und den kirchlich-dogmatischen Supranaturalismus unmöglich gemacht"[105]. Deshalb könne die normative Geltung, nach der TROELTSCH ja durchaus *sucht,* nur etwas anderes sein „als die ausschließliche *übernatürliche Geoffenbartheit* und ebenso etwas anderes als die *absolute Vollendung des Begriffes* der Religion"[106].

Andererseits dürfen wir uns aber *auch* nicht der Hoffnung hingeben, das Christentum als absolute Religion nun mit *historischen* Mitteln erweisen zu wollen, als ob es wie ein Vorfindliches in der Geschichte festzumachen sei. Vor dem Auffinden eines absoluten Punktes *in* der Geschichte schreckt TROELTSCH im gleichen Sinne zurück wie der ausdrücklich von ihm zitierte D. F. STRAUSS, der ja

---

[102] AaO. 65.
[103] AaO. 35.
[104] AaO. 37.
[105] AaO. 38.
[106] AaO. 41.

gesagt hatte, die Idee liebe es nicht, ihre ganze Fülle in einem einzigen Exemplar auszuschütten und gegen alle andern zu geizen[107].

Noch eine letzte Hoffnung der „schwachen Naturen" muß TROELTSCHS Historismus zunichte machen: die Hoffnung, man könne vielleicht durch die Unterscheidung von Kern und Schale an einen letzten Gehalt von Absolutheit *in* der Geschichte herankommen. Diese Unterscheidung sähe so aus, daß man nur die *Äußerungsform* ewiger Wahrheit zeitgeschichtlich bedingten Grenzen und damit der Relativität unterworfen sähe, daß aber der von dieser Schale umschlossene *Kern* eben doch ein Unbedingtes sei, das sich in der Geschichte finden ließe. Diese Unterscheidung hätte, wie wir Heutigen sofort assoziieren, eine gewisse Verwandtschaft mit BULTMANNS Entmythologisierungsprogramm: Auch hier werden der gnostische Erlösungsmythos und die spätjüdische Apokalyptik als Aussage-*Form* (eben als Schale) von dem kerygmatischen *Kern* unterschieden[108]. TROELTSCH meint demgegenüber, daß die Differenzierung zwischen Kern und Schale nur in „peripherischen Kleinigkeiten" funktioniere. Bei allem Wesentlichen aber lasse sich diese Operation *nicht* vollziehen:

Denn „in der Hauptsache sind gerade die zentralen religiösen Gedanken eng mit uns ganz fremdartigen und unwiederholbaren Gedanken der Zeit verbunden, und das Ergebnis all dieser beweglichen Scheidekünste ist nur, daß die Scheidung immer schwieriger geworden ist und über ihnen die erhebende Freude an der großartigen individuellen Wirklichkeit der Geschichte verloren geht". TROELTSCH empfindet bei solchen Versuchen offenbar so etwas wie eine barbarische Unmusikalität gegenüber der Melodie der Geschichte, ja wie ein Attentat wider sie: Auch die gesuchte Hauptsache, eben der hinter der Schale verborgene Kern, ist „eben kein geschichtsloser, ewiger und unveränderlich explizierter Begriff, sondern ein individuell lebendiges, in diesen Bedingungen so gewordenes Ganzes konkreter Wirklichkeit". Deshalb ist es sinnlos, *hinter* der Bewegtheit individueller Erscheinungen den zeitlosen Begriff aufzusuchen[109].

c) Die Suche nach dem Absoluten

Damit hat TROELTSCH nun den Problemknoten geschürzt: Der Rückweg zu irgendeiner dogmatisch dekretierten oder spekulativ erdachten Absolutheit ist ihm verbaut, weil sie nur um den Preis einer die Geschichte ignorierenden abstrakten Allgemeingültigkeit zu haben wäre. Hält er sich aber an die Geschichte, so scheint er sich einem ausweglosen Werte-Wirrwarr gegenüberzubefinden und dem Verdacht ausgesetzt zu sein, daß das historische Denken uns dem „Nihilismus" überantworte[110]. Damit ist jedoch nicht einmal das Maximum der

---

[107] AaO. 58.

[108] Vgl. dazu THIELICKE, Die Frage der Entmythologisierung des NT, in: W. Bartsch (ed.), Kerygma u. Mythos I, 1948, 159–189.

[109] AaO. 53. – Hier hört übrigens die Analogie zu BULTMANN wieder auf. Denn dieser meint mit dem kerygmatischen Kern keinesfalls den zeitlosen, von HEGEL intendierten Begriff.

[110] AaO. 72.

Komplikation bezeichnet, in die er sich hineinmanövriert haben könnte. Dieses Maximum tritt erst hervor, wenn wir uns folgendes klar machen:

Daß sich irgendeine absolute Wahrheit – z. B. das Christentum als *die* religiöse Wahrheit – nur mit Hilfe des historischen Denkens und nicht durch dessen Ignorierung finden läßt, ist für TROELTSCH eine Selbstverständlichkeit. Dabei fällt von vornehrein, wie wir sahen, jede Hoffnung aus, an einem individuellen Punkt der Geschichte, in einem individuellen geschichtlichen „Exemplar" (STRAUSS) die Manifestation des Absoluten aufzufinden. Ein anderer Ausfall aber ist *noch* gravierender:

Um auf der Basis der Geschichte die Spuren eines Unbedingten zu verfolgen oder überhaupt nach ihnen zu suchen, bedarf es ja eines Beurteilungsmaßstabes, sagen wir: eines Wert-Kriteriums. Das aber kann ich ja unmöglich an die Geschichte *herantragen*. Denn das würde entweder heißen, daß ich die Geschichte wiederum ungeschichtlich behandelte, wenn ich bereits *vor* der Begegnung mit ihr über ein Wert-Axiom verfügte und die geschichtlichen Phänomene ihm dann unterwürfe. Oder aber ich müßte mir klar machen, daß mein an die Geschichte herangetragenes Wert-Kriterium selbst wieder geschichtlich bedingt wäre, so gewiß ich ja meinerseits Glied der Geschichte und mitsamt meinen Anschauungen nur *eine* unter ihren vielen individuellen Ausprägungen bin. Dann aber stünde ich vor der paradoxen Situation, daß der wertvergleichende Maßstab, mit dessen Hilfe ich dem Zugriff des Relativismus zu entrinnen und ein Unbedingtes zu erreichen hoffte, selbst wieder relativ und nur historisch wäre. Droht uns also TROELTSCH nicht vom Regen (dem alten Dogmatismus) über die Traufe (die historische Relativierung der Werte) in Bredouille (den *potenzierten* Relativismus) zu führen?

Wie will TROELTSCH da herausfinden? Wie kann er auf der Fährte eines Unbedingten bleiben, wenn er die Ebene geschichtlicher Erfahrung nicht zu verlassen wünscht? *Das* ist das Problem.

Die erste Andeutung eines Ausweges bietet sich ihm durch die Beobachtung, daß es mit der verwirrenden Werte-Vielfalt der Geschichte doch nicht gar so schlimm sei, und man ihr deshalb durchaus nicht hilf- und orientierungslos gegenüber stehen müsse. Es ist ihm vielmehr erstaunlich, „wie wenig große Inhalte die bisherige Geschichte hervorgebracht hat", und er hält es für sehr unwahrscheinlich, daß „die Zukunft auf einmal eine ungemessene verwirrende Produktivität beginnen werde"[111]. Unter diesen wenigen idealtypischen Ausprägungen „großer Art" scheint es dann aber Wertvergleiche durchaus geben zu können. Zumindest dünkt es ihn nicht ausgeschlossen, „daß die großen Werte und Inhalte des geistigen Lebens miteinander verglichen und nach einem Wertmaßstabe beurteilt, also der Idee eines gemeinsamen Zieles (erg.: im Sinne eines Unbedingten) untergeordnet werden". Natürlich ist dabei der Maßstab, nach dem die Unterschiede solcher idealtypischen Erscheinungen „zu bewerten sind, …

---

[111] AaO. 72.

keine irgendwoher a priori zu deduzierende religiöse Theorie"[112], wie die Scholastik sie aufstellte[113].

Wie aber soll dieser Maßstab dann *a posteriori,* wie soll er also *aus* der Geschichte gewonnen werden? Statt daß wir den Maßstab mitbringen und damit die Geschichte vergewaltigen, „kann er sich nur im freien Kampf der Ideen miteinander erzeugen". Er bildet sich also in der Begegnung mit der Geschichte. Indem wir uns ihr aussetzen, werden uns schon Kriterien zuteil. Dabei räumt Troeltsch durchaus ein, daß „ein solcher Maßstab ... dann freilich Sache der persönlichen Überzeugung und im letzten Grunde subjektiv sei". Aber er sei doch nicht *nur* subjektiv! Denn er habe schließlich seinen „objektiven (!) Grund in der sorgfältigen Umschau, in der parteilosen Anempfindung und in der gewissenhaften Abwägung". Gewiß bleibe dabei die letzte Entscheidung „die subjektiv-persönliche Überführung", aber eben die *Überführung.* Das heißt doch: Die Geschichte überzeugt mich von der Evidenz ihrer großen, wertesetzenden Erscheinungen. Sie selbst ist es, die mir die Maßstäbe zuwachsen läßt, wenn ich mich ihr nur vorbehaltlos hingebe. Denn bei dieser Hingabe treten mir nur wenige Höhenzüge entgegen; das ist sozusagen das Erste, was ich erfahre. Und zwischen diesem Wenigen lerne ich dann auch unterscheiden. So ist „bei aller Subjektivität ... der Maßstab kein zufälliger", er gründet vielmehr in objektiven geschichtlichen Bezügen. Deshalb besteht für Troeltsch das „Wesen historischen Denkens darin, die großen, unser Dasein tragenden Gesteinsmassen der in der Historie erarbeiteten Werte deutlich abzugrenzen und in ihrem Zusammenhang zu durchschauen."

Damit kommt Troeltsch zu einem für ihn charakteristischen Begriff von Allgemeingültigkeit, der sich grundlegend von dem einer abstrakt-spekulativ deduzierenden Philosophie wie der Hegels unterscheidet. Bildet sich nämlich so in der Vergleichung ein Beurteilungsmaßstab, dann ist eben „damit die Vergleichbarkeit und die gemeinsame Beziehung der verglichenen Gebilde auf ein ihnen einwohnendes *Gemeinsames und Allgemeingültiges* ausgesagt". Dieses Allgemeingültige läßt sich aber nun nicht aus den konkreten Erscheinungen als eine freischwebende und von ihnen abgehobene Idee herausdestillieren. Das wäre nur wieder unhistorisch und würde den Verdacht nahelegen, daß man das so aus den Erscheinungen als Allgemeingültigkeit Hervorgezauberte vorher schon in den Zylinder hineinbugsiert hätte. Troeltschs Historismus bleibt vielmehr dabei, daß dieses Allgemeingültige, das sich in den „konvergierenden Linien der Grundrichtungen" äußert und von uns als „normatives Ziel", als „Ideal" und „Endzweck" erfahren wird, *nur* in individuell-partikulären Verwirklichungen vorliegt und davon nicht abgelöst werden kann, ohne das Opfer einer Verfälschung zu werden. Es gibt nur „individuell geartete Anbahnungen" auf solch allgemeingültige Ziele hin. Das aber bedeutet, daß das „Ganze und Fertige", wie es sich in jenen Zielen andeutet, selbst nicht *in* der Geschichte auftaucht, sondern

---

[112] AaO. 72f.
[113] AaO. 12; zum Folgenden S. 74ff.

eben „der Geschichte jenseitig ist und in ihr immer nur auf eine jeweils bedingte und individuell geartete Weise erfaßt wird". Entsprechend kommt es dann zu „Unterschieden der Ergreifungen des vorschwebenden letzten Geisteszieles", zu Abstufungen, die „in der geringeren oder größeren Klarheit und Stärke der Offenbarung des höheren Lebens begründet" sind und zu der Erwartung einer „abschließenden und endgültigen Offenbarung" führen.

Man beachte hierbei die sprachlichen Nuancen, die den sonst mit der Gloriole der Unbedingtheit versehenen Begriff des „Allgemeingültigen" hier enthärten und ihm die Signatur des Schwebenden und Unbestimmten mitteilen: Es geht dabei nur um „Anbahnungen" auf das Allgemeingültige hin; und es selbst „schwebt nur vor". Die bleibende Verhaftung an das Individuelle läßt es nie zu einer unmittelbaren, sondern stets nur zu einer durch die Geschichte zwar vermittelten, aber *jenseits* ihrer bleibenden Allgemeingültigkeit kommen. In dieser Sicht der Dinge sieht TROELTSCH sich durch GOETHES Sprüche bestätigt:

„Du kommst nicht ins Ideenland" –
So bin ich doch am Ufer bekannt,
Wer die Inseln nicht zu erobern glaubt,
Dem ist Ankerwerfen doch wohl erlaubt[114].

TROELTSCH wirft den Anker im Meer der Geschichte und blickt von da aus auf die unerreichbaren Inseln der Erfüllung, die sich fern im Dunste zeigen.

Das Unbedingte von Sinn, Wert und Norm, kurz: das „Allgemeingültige" ist damit für TROELTSCH *nicht* mehr Gegenstand einer objektiven, auf das Gegenständliche sich erstreckenden *Erkenntnis*. Insofern kann er sich nicht dem Verdikt KIERKEGAARDS ausgesetzt fühlen, daß die Historie stets nur zu Approximationen führe und des Unbedingten niemals habhaft werde. Das weiß auch TROELTSCH – und eben deshalb ankert er ja auch in der Ferne, wenn und solange er sich auf dem Boot der Erkenntnis bewegt. Doch genauso, wie er das Unbedingte im Geschichtstranszendenten sieht, stellt sich für ihn die Vergewisserung dieses Unbedingten in einem Jenseits der *Erkenntnis* ein: in der *Ahnung,* im *Erleben* und *Empfinden.*

Das zeigt sich gerade in der Religion, bei der es ja um die Gewißheit eines Letzten geht. In ihr liegt das „Erlebnis einer letzten, absoluten Wirklichkeit" vor. Der „rein religiöse Vorgang" kann ebenso wenig „bestimmt, definiert und beschrieben" werden wie sein Gegenstand, denn er ist „nichts anderes ... als das Erleben und Empfinden eines letzten Seins und eines letzten Wertes, der eben damit diesem letzten Sein zukommt"[115]. Gerade weil „der absolute, wandellose, durch nichts temporär bedingte Wert ... nicht in der Geschichte, sondern im Jenseits der Geschichte" liegt, ist er genau wie dieses Geschichtsjenseitige überhaupt „nur der Ahnung und dem Glauben zugänglich". Deshalb verfehlt man das Problem der Geschichte, wenn man sich durch ein falsches „Entweder-Oder von

---

[114] AaO. 84.
[115] RGG II (1. Aufl.), Sp. 624.

Relativismus und Absolutismus" bestimmen läßt (wie das etwa KIERKEGAARD tut). Vielmehr geht es um „die Mischung von beidem, (um) das Herauswachsen der Richtungen (!) auf absolute Ziele aus dem Relativen" der Geschichte[116]. „Die Pistole des Entweder-Oder auf die Brust zu setzen, ist eben die *dogmatische* Methode", während die *historische* „die beziehende Abwägung des Sowohl-Als-auch ist" – hier: des Sowohl-Als-auch von Relativem und Absolutem. Die endgültige Entscheidung zwischen diesen so erlebten Werten ist dann freilich eine *„letzte axiomatische Tat"*, aber doch keine Tat in willkürlich-subjektivem Sinne, denn sie verdeutlicht sich ja „ihr Motiv ... durch Abwägung und Abstufung der verglichenen Werte" und läßt sich so ihre Kriterien aus der Begegnung mit der Geschichte *zuwachsen*[117].

d) Der religionsgeschichtliche Rang des Christentums

Welche Rangstufe kann TROELTSCH nun dem *Christentum* einräumen, wenn er sich in dem beschriebenen Sinne dem Wertvergleich der geschichtlich auftauchenden Religionen aussetzt und die wertvergleichenden Kriterien aus der Geschichte selbst zu gewinnen sucht?

Daß er ihm nicht im hegelschen Sinne Absolutheit zusprechen und es als die adäquate Realisation des Begriffs Religion verstehen kann, ist inzwischen klar geworden. Welchen Grad von Unbedingtheit könnte er ihm aber zubilligen, wenn er die geschichtlichen Individualisationen und damit die nur partikulären Verwirklichungen alles Unbedingten im Auge behält – und *dann* doch auch das *Christentum* als eine solch geschichtliche Erscheinung verstehen und deren Grenzen unterworfen sehen muß? Ist er hier dem Zugriff einer Polymorphie der Religion, die keine Wertstaffelung erlaubt und darum auch das Christentum dem Relativismus aussetzt, nicht hoffnungslos unterworfen?

Die Antwort TROELTSCHs, die wir zunächst zur Kenntnis nehmen, klingt von seinen Voraussetzungen her erstaunlich:

> „Die auf die Propheten und Jesus begründete, in der Bibel ihr klassisches Hauptzeugnis besitzende und in der Verschmelzung von Antike und Germanentum einen unermeßlichen Reichtum entfaltende personalistische Erlösungsreligion des Christentums ist die höchste und folgerichtigst entfaltete religiöse Lebenswelt, die wir kennen."[118]

Das Wertkriterium, das TROELTSCH hier ins Spiel bringt, ist der *personalistische* Charakter, an dem sich die christliche Erlösungsreligion bewährt. Man wird diesen Begriff „personalistisch" nicht ohne weiteres dem Verdacht ausgesetzt sehen dürfen, daß er als ein Abstraktum an die Geschichte herangetragen worden sei. Denn gerade in ihm drückt sich eine zeitgeschichtlich für TROELTSCH ungemein relevant gewordene Frage aus, die für ihn an die Stelle der reformato-

---

[116] Absolutheit, 69.
[117] AaO. 20.
[118] Absolutheit, 92; die folgenden nicht einzeln lokalisierten Zitate S. 88–95.

rischen Frage „Wie kriege ich einen gnädigen Gott?" getreten ist und lautet: „Wie finde ich die Seele und die Liebe wieder?" oder auch: Wie gewinne ich („in einer tödlich infizierten Menschheit") „ein höheres Personleben aus Gott"[119]? TROELTSCHs Lebensfrage – denn das ist sie! – spiegelt ähnlich wie schon bei seinem Lehrer A. RITSCHL die Bedrohung der Personalität durch mechanistische Strukturen und Vermassung wider.

Diese so aus der Geschichte erwachsene Frage sieht TROELTSCH in der christlichen Erlösungsreligion beantwortet, so gewiß diese die menschliche Person in ihren Privilegien erhält. In dieser Hinsicht zeichnet sie sich vor anderen Religionen aus. Am klarsten ist das dort, wo die religiösen Kräfte „außerhalb des Christentums ... gebunden und gehemmt (sind) durch die ursprüngliche Veranschaulichung Gottes im Natursein und Naturwirken und durch die Betrachtung des Menschen als eines bloß seienden und nicht erst in eigener Hingabe und Tat werdenden". So ist in den Naturreligionen der Mensch in den Kosmos verwoben und noch nicht zu eigener Personalität erwacht. Ähnliches gilt aber auch von den nicht-christlichen Erlösungsreligionen: sie „verzehren" die Welt und den Menschen in Gottes Substanz" und lassen es so nicht zu einem Gegenüber personaler Partnerschaft kommen.

Nicht als ob das Christentum dadurch in der Religionsgeschichte wie ein isoliertes Sonderphänomen dastünde! Nein, es nimmt durchaus teil an gewissen Gemeinsamkeiten, die alle Hochreligionen miteinander verbinden und sich in „verwandten Grundgedanken, Kräften und Trieben" äußern, freilich außerhalb des Christentums gebunden bleiben „an die überall schwer überschreitbaren Grenzen".

TROELTSCH nennt in diesem Zusammenhang „vier Gedankengruppen, in deren Anschauung sich das höhere religiöse Leben bewegt: Gott, die Welt, die Seele und das in deren Beziehung sich verwirklichende höhere, überweltliche Leben, die Überwelt". Man werde sagen dürfen, daß dies zu den wenigen großen Inhalten gehöre, die die Geschichte hervorgebracht hat. Und an jedem dieser wenigen großen Gedanken und ihrem Verhältnis lasse sich nun „deutlich zeigen, daß die hier erstrebten Ziele im Christentum zu voller Selbständigkeit und Kraft gelangt sind". Das Kriterium dafür ist eben das höhere Personleben, das in der christlich gesehenen Gott-Mensch-Beziehung thematisiert werde:

„Das Christentum ist ... unter den großen Religionen die stärkste und gesammelteste Offenbarung der personalistischen Religiosität ... Es ist der einzige vollkommene Bruch mit den Grenzen und Bedingungen der Naturreligion und die Darbietung der höheren Welt als unendlich wertvollen, *alles andere erst bedingenden und gestaltenden persönlichen Lebens"*, und zwar „durch die erlösende Verbindung der in Welt und Schuld verstrickten Seelen mit der entgegenkommenden ergreifenden Liebe Gottes"[120].

So muß das Christentum „nicht bloß als der Höhepunkt, sondern auch als der Konvergenzpunkt aller erkennbaren Entwicklungsrichtungen der Religion gel-

---

[119] Ges. Schr. II, 1913, 522; 840.
[120] Absolutheit, 88; Hervorhbg. v. Verf.

ten". Natürlich bleibt es dabei eine „geschichtliche Tatsache" und ist insofern mit allen „individuellen und temporären Schranken geschichtlicher Erscheinungen" versehen. Es gibt kein überzeitliches „Wesen des Christentums"[121].

Eben deshalb ist auch *„mit keiner strengen Sicherheit zu beweisen, daß es der letzte Höhepunkt bleiben müsse* und daß jede Überbietung ausgeschlossen sei"[122]. Weil die absolute Wahrheit und das Unbedingte überhaupt geschichts*jenseitig* sind, geht es jetzt um „eine noch mannigfach verhüllte Wahrheit", deren Entschleierung erst „die Zukunft bringen wird im Gerichte Gottes und im Stillstand der irdischen Weltzeit". Bis dahin gibt es „nur mehr den seiner selbst gewissen Glauben", also – das bedeutet Glaube doch für TROELTSCH – die erkenntnistranszendente Form des Erlebens und Vertrauens, des Fühlens und der Erprobung.

Wenn jene denkbare Überbietung des Christentums in irgendeiner geschichtlichen Zukunft mit Hilfe von Beweisen nicht widerlegt werden kann, so läßt sich der Fromme dadurch gleichwohl nicht anfechten. Kann er nicht dessen gewiß sein, fragt TROELTSCH, daß „das, was er so als Wahrheit des Lebens innerlich gefühlt und erprobt hat, in alle Ewigkeit nicht zur Unwahrheit werden kann, und kann es ihn anfechten, wenn es ein bloßer Glaube ist, daß über die Offenbarung in Jesus hinaus in unserm ganzen Gesichtskreis nichts Höheres zu erwarten ist?" Ihm, dem Frommen, muß es genügen, „daß er das Tiefste und Beste habe, was es gibt, und über das hinaus Höheres zu suchen zwecklos ist, da es nirgends existiert und er selbst es nicht erfinden kann"[123].

So ist das Christentum „Höhepunkt aller bisherigen Religion und ... Boden und Voraussetzung jeder kräftigen und klaren Religiosität der Zukunft, zugleich ohne jede Wahrscheinlichkeit einer Überholung ..., *soweit unser historischer Gesichtskreis reicht*"[124].

Zum zweiten Male taucht bei dieser Zukunftsperspektive des Frommen – der TROELTSCH hier auch für *seine* Person sein will! – die Einschränkung auf: soweit es um unseren Gesichtskreis gehe. Kann er auf der Ebene des Historismus in der Tat etwas anderes, kann er *mehr* sagen? Könnte die an Jesus gestellte Frage: „Bist du, der da kommen soll, oder sollen wir eines andern warten?" (Mt 11,3) in TROELTSCHs Sinne je die Antwort finden: Diesen Andern wird es nicht geben? Nein: Er könnte es allenfalls für seinen – europäischen – Erfahrungshorizont sagen. Gibt es aber nicht noch ganz andere historische Gesichtskreise, für die wir *keine* Antwort geben können – Erfahrungskreise, die etwa beim Problem der Mission zur Sprache kommen müssen[125]?

Wir werden noch sehen, wie dieses Wort vom eigenen Gesichtskreis in der spä-

---

[121] Was heißt Wesen des Christentums?, in: Ges. Schr. II, 387ff. – Über historische u. dogmatische Methode in der Theologie, aaO. II, 129ff. – Über die Herkunft des Begriffs „Wesen des Christentums" vgl. KÖHLER, aaO. 71ff.

[122] Absolutheit, 90; Hervorhbg. v. Verf.

[123] Absolutheit, 94.

[124] Absolutheit, 102; Hervorhbg. v. Verf.

[125] Vgl. dazu Art. Mission, in: RGG (1. Aufl.) II, 1959ff.

teren Lebensperiode TROELTSCHS, vor allem in seinem Historismus-Werk, neue
Aktualität gewinnt: Die religionsgeschichtliche Erweiterung dieses seines Gesichtskreises ruft auch nach entsprechenden Revisionen.

e) *Exkurs:* TROELTSCHS *Begriff des ,,religiösen Apriori"* *mit einem Ausblick auf* KARL HEIM

Auch wenn die Gültigkeit religiöser Erfahrung – ebenso wie die ,,Absolutheit"
des Christentums – im Erleben und im Gefühl verwurzelt ist, so ist TROELTSCH
gleichwohl bemüht, ihr einen Ort im Zusammenhang unseres geistigen Lebens
zuzuweisen und sie damit vom Verdacht einer bloß irrationalen Setzung zu befreien[126].

Im Grunde ist TROELTSCH dabei von dem gleichen Motiv bewegt, das wir bei
SCHLEIERMACHER beobachteten: Er möchte die Religion nicht zu einem Anhängsel der Moral, der Metaphysik oder der Psychologie werden lassen, sondern
ihr eine spezielle Autonomie einräumen, wie sie KANT nur der theoretischen
Vernunft, der Ethik und der Ästhetik zuerkannte. Zugleich möchte er damit der
Religion ihre Exterritorialität gegenüber unserem Bewußtseinszusammenhang
nehmen. Dabei setzte er eine Korrelation unseres intelligiblen Ich mit der übersinnlichen Welt voraus.

Wenn er in diesem Zusammenhang den Begriff ,,religiöser Trieb" nicht scheut,
so geniert ihn das deshalb nicht, weil er unter ihm eine innere Bewegtheit versteht, die allem gegenständlichen Bewußtsein vorausliegt (ähnlich wie das Gefühl schlechthinniger Abhängigkeit bei SCHLEIERMACHER) und auf einer Affizie-
rung der Seele durch ein ,,Letztes", durch den sie tragenden Seelengrund beruht.
Man mag sich dabei an die wenigstens formal analoge Art erinnert fühlen, in
der KANT unser Kategoriensystem durch das ,,Ding an sich" affiziert sah. In der
Religion geht es so für TROELTSCH ebenfalls um eine transzendierende Wirklichkeit, die Reaktionen in unserem geistigen Haushalt hervorruft. Weil diese Reaktionen nicht aus dem ,,diesseitigen" Erfahrungskreis abzuleiten, sondern Begeb-
nisse sui generis sind, kommt ihnen ein vor und außerhalb jener Erfahrungen
wirksames Apriori zu.

Die spezifisch religiöse Erfahrung ist also *dann* als eigenständiges Phänomen
in unserm Bewußtseinszusammenhang gesichert, wenn sie als seinsnotwendiges
Moment unserer Vernunft – diese im weitesten Sinne verstanden – erwiesen ist.

Obwohl sich hier der kantische Einfluß deutlich bemerkbar macht, drängt sich
doch der Eindruck auf, daß TROELTSCH aus KANTs Erkenntnistheorie insofern

---

[126] Vgl. zum Folgenden TROELTSCHS Arbeiten Psychologie u. Erkenntnistheorie in der
Religionswissenschaft (1905), 2. A. 1922; und: Zur Frage des religiösen Apriori, Ges.
Schr. II, 754ff. – Eine kritische Auseinandersetzung mit dem rel. Apriori bringt ANDERS
NYGREN, Die Gültigkeit der rel. Erfahrung, 1922; ebenso F. K. SCHUMANN, Der Gottesge-
danke u. der Zerfall der Moderne, 1929, 106ff.

ausbricht, als sein Begriff des Apriori nicht eigentlich „transzendental" verstanden, sondern ins Psychologische gewendet ist und nur für eine eigenständige psychisch-religiöse Potentialität gut steht. Dieser Transformation des Apriori-Begriffs auf eine andere Ebene hat HEINRICH SCHOLZ eine kritische Untersuchung gewidmet[127].

Hier wirken bei TROELTSCH Eindrücke nach, die er von JAMES' Religionsphilosophie empfangen hat. Als Beispiel dafür nur ein Zitat: „Es ist, als wenn im menschlichen Bewußtsein eine Empfindung von etwas Realem, ein Gefühl von etwas wirklich Vorhandenem, eine Vorstellung von etwas objektiv Existierendem lebte, die tiefer und allgemeingültiger ist als irgendeine der einzelnen und besonderen Empfindungen, durch welche nach der Meinung der heutigen Psychologie die Realität bezeugt wird ... Soweit die religiösen Vorstellungen dieses Realitätsgefühl zu erwecken vermögen, müßte ihnen aller Kritik zum Trotz Glauben geschenkt werden, auch wenn sie fast bis zur Unvorstellbarkeit schwach und unbestimmt wären." (Die rel. Erfahrung ..., 46.)

Wenn TROELTSCH so bemüht ist, die Gültigkeit erfahrener religiöser Wirklichkeit zu begründen, treten bei ihm zugleich *polemische* Absichten ins Spiel: Er wendet sich damit *einmal* gegen seine alte Feindin, gegen die vom Supranaturalen her sich begründende Theologie: Diese nimmt das tradierte Religionsgut unbesehen und unkritisch als ein Gegebenes hin, ohne die Frage nach der subjektiven Möglichkeit der Gewißheit zu stellen. Sie verliert damit zugleich den Zusammenhang mit den anderen Dimensionen des Geistes und treibt in jene Isolierung, die schon SCHLEIERMACHER in seinen Sendschreiben fürchtete. Außerdem kommt es so zu simplifizierenden Absolutsetzungen des Christentums, die auf der Nichtachtung religiöser Erfahrungen im außerchristlichen Bereiche beruhen. – *Ferner* macht TROELTSCH mit seinem Apriori-Gedanken Front gegen gewisse säkularistische Theorien, welche die Religion genetisch (vor allem psychologisch oder soziologisch) ableiten. Dabei hat er im Wesentlichen A. COMTE, H. SPENCER und L. FEUERBACH im Auge.

In diesem Zusammenhang nun den Namen KARL HEIM auftauchen zu sehen, mag den Leser überraschen, weil dieser große schwäbisch-pietistische Lehrer der systematischen Theologie aus Tübingen sowohl der Konzeption wie auch der persönlichen und geistigen Konstitution nach ERNST TROELTSCHs denkbar ferne steht. Dennoch gibt es mehr als nur *ein* tertium comparationis, das beide Gestalten in diesem Exkurs über das religiöse Apriori zusammenrücken läßt:

Zum *einen* ist auch für HEIM das denkerische Lebensthema die Auseinandersetzung mit einer *relativistischen Bedrohung,* der er in weitgespannten Reflexionen den Weg zum Unbedingten, zur *„Glaubensgewißheit"* abzuringen sucht[128].

---

[127] Religionsphilosophie, 1921, 356.

[128] So das Thema eines seiner Hauptwerke: Glaubensgewißheit. Eine Untersuchung über die Lebensfrage der Religion, 4. A. 1949. – Eine Vorform dieser Konzeption findet sich bereits in dem rasant geschriebenen Frühwerk des Verf.s: Das Weltbild der Zukunft, 1904. – Eine Kurzfassung des Gesamtsystems liegt vor in dem „Leitfaden der Dogmatik", den HEIM für seine studentischen Hörer herausgab (I, 3. A. 1923; II, 2. A. 1921). Eine gute Einführung bietet A. KÖBERLE, K. H., Denker u. Verkündiger aus evang. Glauben, 1972.

Dabei geht es ihm weniger um den von der Religionsgeschichte als den von der *Naturwissenschaft* ausgehenden Relativismus[129].

Zum *andern* haben TROELTSCH und HEIM, soweit es um die Gültigkeit religiöser Erfahrung geht, einen gemeinsamen philosophischen Wurzelgrund in KANTS Transzendentalismus, auch und vornehmlich im Neukantianismus H. RICKERTS[130]. HEIM sucht ebenfalls, ohne den Begriff eines religiösen Apriori in Anspruch zu nehmen, in ähnlicher Weise wie TROELTSCH religiöse Gewißheit mit Hilfe des von KANT konzipierten ungegenständlich-transzendentalen Ich zu begründen.

HEIMS Ziel ist es, den Rationalismus, vornehmlich den naturwissenschaftlicher Provenienz, zu überwinden, weil er in ihm die Quelle der ,,intellektuellen Not" erblickt, die die Gebildeten seiner Zeit bei der Suche nach verläßlichen Glaubensfundamenten belastet. Seine Methode besteht dabei darin, diesen Rationalismus mit dessen eigenen Mitteln zu überwinden: so nämlich, daß er ihn zuende denkt und dabei Konsequenzen bloßlegt, die absurd sind und mit denen man nicht leben kann. Der sinnentleerte Relativismus, in den wir auf dieser Ebene geführt werden, ist deshalb selbst wieder zu relativieren. Dazu bedarf es einer Brücke, ,,die vom diesseitigen Ufer der sichtbaren und greifbaren Welt, für die nur der Naturforscher zuständig ist, hinüberführt zu dem jenseitigen Ufer des Glaubens, die auf einem unsichtbaren Grunde ruht"[131]. Der Bemühung, diese Brücke zu finden und ihre Konstruktion als tragfähig zu erweisen, gilt die Anstrengung HEIMS in seinem vielbändigen Lebenswerk[132]

Der destruktiv-kritische Teil von HEIMS System setzt – in einer gewissen Analogie zu KIERKEGAARD, wenn auch mit anderen Schwerpunkten – ein mit der Bemühung, die *Grenzen alles objektiven Erkennens* aufzuzeigen: Das an Raum, Zeit und Kausalität gebundene Erkennen stößt nach vorwärts und rückwärts auf unendliche Kausalketten. Beim Rückblick in die Vergangenheit muß ich deshalb an irgendeinem Punkte Halt machen, ohne erklären zu können, ,,warum" dies Letzterreichbare so war. Genauso ist es beim Blick in die Zukunft, wo mein Blick vielleicht bis zur Weltvereisung ausschweifen kann. Aber auch da gibt es wieder ein Halt, von dem ich bekennen muß: ,,Wozu" das so sein wird, läßt sich nicht verstehen, es wird nun einmal so sein.

Die Unendlichkeit der Kausalabläufe nach rückwärts und vorwärts bringt es mit sich, daß wir immer gleich weit von einem Ziel entfernt bleiben, so daß wir nie das *Ganze* des Seins erfassen können.

Dadurch kommt es, daß die religiöse Frage in einen nicht auflösbaren Widerspruch zur objektiven Struktur dieses unseres Denkens gerät. Denn sie fragt

---

[129] Der christl. Gottesglaube u. die Naturwissenschaft, 1949. – Die Wandlung im naturwissenschaftl. Weltbild, 2. A. 1951. – Weltschöpfung u. Weltende, 1952.

[130] HEIM weist im Geleitwort zur 4. Aufl. der ,,Glaubensgewißheit" ausdrücklich auf RICKERTS Werk ,,Der Gegenstand der Erkenntnis", 6. A. 1928, hin.

[131] Weltschöpfung, 5.

[132] Kein Theologe vor, neben und nach ihm hat die Auseinandersetzung mit der Naturwissenschaft so intensiv u. ausführlich betrieben wie HEIM.

nach dem ewigen Sinn meiner jetzigen Lage, stellt also jene Frage nach dem Warum und Wozu, die nur beantwortet werden könnte, wenn ich den objektiv gerade *nicht* verfügbaren Durchblick durch das Ganze der Wirklichkeit hätte.

Soll also die Sinnfrage – und damit die *religiöse* Frage – nicht ihrerseits sinn- und ausweglos sein, müssen die Denk- und Anschauungsformen, die uns in jene Sackgasse führen, „ihren Ermöglichungsgrund in einer abgeschlossenen ‚Totali- tät aller Bedingungen‘ haben, die wir weder anschauen noch vorstellen können, da sie unendlich ist, deren ‚Idee‘ wir aber denken müssen, wenn unsere Anschau- ungen und Begriffe einen Sinn bekommen sollen"[133].

Der Problemknoten, zu dem HEIM uns damit führt, sieht demnach so aus: Wir können im objektiven Denken das Ganze der Wirklichkeit nicht erfassen. Wir können andererseits aber nicht *ohne* den Ausblick auf dieses Ganze, auf „die To- talität aller Bedingungen" auskommen, weil wir ohne die Gewißheit eines *Sinnes* nicht auskommen können. Von dieser objektiv nicht zu begründenden Gewiß- heit ist ja jeder Augenblick getragen, in dem etwas Unbedingtes uns berührt. Das ist etwa dann der Fall, wenn wir jenseits aller Bedingungen und Nützlichkeits- erwägungen den unbedingten Forderungen unseres Gewissens gehorchen.

Wie kann es zwischen diesem kategorial bestimmten Außenaspekt der Wirk- lichkeit und der aufs Unbedingte angelegten Innensicht unseres Ich eine Brücke geben?

Im Anschluß an KANT und RICKERT entwickelt K. HEIM ein perspektivisches Weltbild, in dem als Urfaktum der Bezug zwischen dem nicht objektivierbaren Ich (als dem Erfahrungssubjekt) und dem gegenständlichen Erfahrungsbereich gegeben ist.

Damit ist sowohl der Materialismus wie der spekulative Idealismus abgelehnt. Denn beide lösen die genannte Urbeziehung auf und verwandeln sie in eine kau- sale Relation: Der Materialismus macht das Ich zu einem Erzeugnis – einem Er- zeugnis unter *andern!* – der gegenständlichen Welt. Der spekulative Idealismus dreht diese Beziehung um und macht die gegenständliche Welt zu einer Setzung des Ich à la FICHTE. „Beide Anschauungen beruhen auf einer gleich mytholo- gischen Objektivierung des Nichtobjektivierbaren"[134], anders ausgedrückt: auf einer Absolutsetzung der Kategorie der Kausalität und des auf sie gegründeten gegenständlichen Denkens. Da es in diesem Bereich keine Denkmöglichkeit von Sinn, keinen Durchblick durch das Ganze der Wirklichkeit und damit auch keine diesen Durchblick gewährende Offenbarung geben kann, wird man erwar- ten dürfen, daß sich das ändert, wenn eine nichtgegenständliche Wirklichkeit festgestellt werden kann und ernst genommen wird.

Dieses Faktum des nicht objektivierbaren Ich wird aber dann *nicht* ernst- genommen, wenn ich es doch wieder von außen sehen möchte. Dann kann ich z. B. seine Freiheit und die Unbedingtheit seiner Verantwortung nicht mehr ver- stehen, weil es ja seinerseits wieder in den Kausalnexus hinein objektiviert

---

[133] Leitfaden, 5f.
[134] Leitfaden, I,15.

würde[135]. Außerdem entsteht bei dieser Vergegenständlichung ein exklusives Verhältnis zwischen den einzelnen Exemplaren von Ichs, genau wie zwischen A und non-A. Deshalb kann ein so bestimmtes Ich niemals die Gewißheit gewinnen, daß sein persönliches Erlebnis ein allgemeingültiges, d.h. für alle geltendes Erlebnis ist.

In Wahrheit aber ist uns das transzendentale Ich als der nichtgegenständliche Ermöglichungsgrund der ganzen Erfahrungswelt, „so nahe …, daß wir ihn nicht mehr objektivieren können, daß er also für unser Erkennen immer transzendent bleibt". Dieses nichtgegenständliche Ich ist so „in einem Zustand, der jenseits der räumlichen und zeitlichen Grenzen liegt", in dem folglich auch das exklusive Verhältnis aufgehoben ist, das bei der gegenständlichen Ich-Vorstellung ein Ich vom andern trennt. „In diesem über den Kategorien und Anschauungsformen stehenden Zustand ist also ein Durchblick durch das Ganze möglich, der die Schranken der Raumzeitlichkeit durchbricht."[136]. Damit ist auch eine „Offenbarung möglich, die Einer empfängt und die doch in ihm alle empfangen, eine Enthüllung, die an Einer Stelle durchbricht und die doch das Ganze des Daseins erschließt"[137].

HEIM führt den Gottesbegriff nun dadurch ein, daß er Gott im Rahmen dieses nichtgegenständlichen Wirklichkeitsbereiches sieht und damit eine (dem Verfasser nie ganz begreiflich gewordene) Identifizierung des Nichtgegenständlichen mit Gott vollzieht[138]. Verständlich daran ist allenfalls die negative Seite dieser Identifizierung: daß Gott nicht im Gegenstandsbereich zu fassen ist (was in seiner Weise auch SCHLEIERMACHER mit dem Gefühl „schlechthinniger" Abhängigkeit hatte sagen wollen). Wo das dennoch versucht wird, kommt es im Sinne von Röm 1,23 zur blasphemischen Verabsolutierung eines Endlichen. Verständlich mag auch noch der Gedanke sein, daß wir Gott ebenso wenig sehen können wie das ungegenständliche Ich, weil uns beides zu nahe ist, „näher, als wir uns selber sind"[139]. Die Nichtunterscheidbarkeit aber zwischen Gott und nichtobjektivierbarem Ich, wie sie uns bei HEIM entgegentritt, scheint sich doch in größerer Nähe zu FICHTES Metaphysik zu befinden, als es HEIM lieb sein kann.

Erst nachdem so die Denkmöglichkeit einer das Ganze erschließenden Offenbarung begründet ist, kann HEIM von der Gestalt Jesu sprechen, die nur durch ihren Gewissenseindruck die Gewißheit zuteil werden läßt, daß Jesus der *Träger* jener Offenbarung, „der Herzpunkt der Menschheitsgeschichte" sei, und daß sich von ihm her der Sinn des Ganzen erschließe. Weil Jesus als Offenbarer so selbst in den Bereich des transzendierend Nichtgegenständlichen gehört, weil wir seiner also nicht „objektiv", sondern im Tun seines Willens und in personaler

---

[135] Die Folgen dieser Objektivierung des Ich hat KANT, wie wir früher sahen, im einzelnen entfaltet: Kr.d.pr.V. (PhB), S. 110f.; 115.
[136] Glaubensgewißheit, 272f.
[137] Leitfaden, 17.
[138] Glaubensgewißheit, 245. 273 u. sonst.
[139] AaO. 246.

Zuwendung innewerden, darum sind wir ihm gegenüber auch von aller historischen Kritik unabhängig. Wir müssen ja stets damit rechnen, daß die Geschichtswissenschaft mit kausalen Zusammenhängen hantiert und sich deshalb prinzipiell in einer unauflöslichen Spannung zu dem befindet, was uns im Glauben, d. h. auf nichtgegenständlichem Wege gewiß ist.

KARL HEIM bindet so die Gültigkeit des Gottesgedankens an die Bejahung eines bestimmten Weltbildes. Dieses Weltbild ist aber nicht erzwingbar, weil sich das ungegenständliche Ich und damit die Urbeziehung von Ich und Objektwelt einer definitorischen Festlegung entziehen. „Wir können einander also in dieser entscheidenden Frage der Philosophie nicht mehr logisch überführen." Wem aber dieses transzendentale Ich, das dem Raum und der Zeit entzogen ist und deshalb einen Durchblick durch das Ganze der Wirklichkeit gewinnen kann, einmal klar geworden ist, für den hat „die Grundthese des Kritizismus ... die Gewißheit eines Axioms, das unbeweisbar ist, aber auch keines Beweises bedarf, weil es von selbst einleuchtet"[140].

Es leuchtet von selbst ein – und gleichwohl gibt es Menschen, die man vergeblich von diesem Einleuchtenden zu überzeugen versucht. Diese philosophische Aporie, die im Außenaspekt an einen circulus vitiosus erinnert, ist für HEIM aber so etwas wie ein *theologischer* Augenblick: Ich stoße damit „auf eine letzte Urentscheidung", die nicht mehr mit Hilfe logischer, stets nur auf den Gegenstandsbereich bezogener Argumente gefällt werden kann. *Wie* ich diese Entscheidung fälle, ist aber auch nicht in das Belieben meines Willens gestellt. Das Ja oder Nein zu ihr bildet keine Alternative, die meiner Wahlmöglichkeit zur Verfügung stünde. Es *ist* sozusagen schon über mich entschieden, wenn ich das Ja zu einer Weltanschauung ergreife, die das Axiom des nicht objektivierbaren Ich vertritt und mir dadurch die Denkmöglichkeit von Offenbarung ermöglicht. Daß ich in dem Augenblick meiner Wahl schon „im Ja stehe, obwohl theoretisch betrachtet das Nein ebenso gut möglich ist, daß ich also über dem Abgrund der entgegengesetzten Möglichkeiten schwebe, ohne hinunterzustürzen, das kann nur kraft des Nichtgegenständlichen zustandegekommen sein". Diese Entscheidung hat also „ihren Grund nicht in einem Unterscheidungsmerkmal, ... sondern einzig und allein im Nichtgegenständlichen selbst ... Nenne ich das Nichtgegenständliche Gott, so nenne ich diese letzte Entscheidung Gottes, kraft deren ich mich in diesem Augenblick im Ja befinde, *Gnade,* die Stellung selbst aber, durch die ich über dem Abgrund entgegengesetzter Möglichkeiten schwebe, ohne hinunterzustürzen, *Glaube, sola fides.*"[141]

Die argumentativ nicht mehr zu bewältigende Frage, ob ich das Grundaxiom des nichtgegenständlichen, transzendentalen Ich anerkenne, kann also allein in einer *Entscheidung* beantwortet werden, paradoxerweise aber nur in einer solchen, die von der Position eines mir schon *zuteil* gewordenen Ja aus gefällt wird.

---

[140] Glaubensgewißheit, 73.
[141] AaO. 251 f.

Das heißt: Ich entscheide mich, indem über mich entschieden *wird*. Daß und wie aber über mich entschieden wird, hängt nicht von meiner physischen oder psychischen Konstitution, von meinem Milieu oder anderen Faktoren der gegenständlichen Welt, sondern ausschließlich von jenem Ungegenständlichen ab, das ich Gott nenne.

Man wird insofern sagen dürfen, daß die letzte religiöse Entscheidung – analog zu anderen Konzeptionen des 19. Jahrhunderts, besonders denen der kantianischen Theologien – hier eine hervorgehobene Affinität zur *praktischen* Vernunft hat. Dabei sind einige wesentliche Nuancen allerdings unverkennbar:

Erstens nämlich erschöpft sich die praktische Vernunft nicht wie bei KANT in bloßen *Postulaten* des Gottesgedankens, sondern sie trägt bereits die Entscheidungsakte *innerhalb* des Erkenntnisbereichs, der die Denkmöglichkeit des Gottes- und Offenbarungsgedankens vorbereitet. – *Zweitens* sind die ethischen Entscheidungen, zu denen die praktische Vernunft kommt, selbst schon umschlossen von einem theologischen Faktum: daß über uns entschieden *wird*[142].

Diese so letztlich in einer Entscheidung begründete perspektivische Denkfigur, die mit Hilfe der Nichtgegenständlichkeit des Ich das Verständnis von Sinn, den Durchblick durch das Ganze der Wirklichkeit und damit die Denkmöglichkeit der Transzendenz (Gott, Offenbarung, Gnade) eröffnet, wird man sicher in Analogie zu dem setzen können, was TROELTSCH das religiöse Apriorie nennt, und das für ihn die Bedingung der Möglichkeit ist, das Verständnis religiöser Wahrheit in unserem menschlichen Bewußtseinszusammenhang zu orten. Diese Analogie – in Verbindung mit dem Versuch, der Bedrohung durch den Relativismus zu entrinnen und ein Absolutum zu finden – brachte mich auf die etwas abenteuerliche Idee, ERNST TROELTSCH und KARL HEIM in diesem Exkurs nebeneinander zu stellen.

Es mag mit dieser Bindung an eine ganz bestimmte Philosophie zusammenhängen, daß HEIMS grandioser Entwurf in Zeiten anderer Philosophien in den Hintergrund trat, fast der Vergessenheit anheimfiel[143]. Jede Theologie schuldet sich nur *ihrer* Zeit ganz – so ähnlich hat es A. KÖBERLE einmal ausgedrückt. Und in diesem Sinne wird man sagen dürfen, daß KARL HEIM *seiner* Zeit mit den ihm verfügbaren Mitteln philosophischer Reflexion die Brücke zur Transzendenz, zur „Glaubensgewißheit" frei gekämpft hat.

Nur zögernd nenne ich am Schluß noch einen Punkt, der die ehrwürdige Erscheinung KARL HEIMS gegenüber TROELTSCH für manchen Betrachter – aber eben nur für manchen! – abzuwerten scheint:

Bei TROELTSCH stoßen wir auf das Urgestein eines Grundkonfliktes zwischen Relativismus und Absolutheit, den er in seiner Person, am Ende ungelöst, austrug. Ich frage mich, ob K. HEIM den analogen Konflikt, den er in seiner Lebens-

---

[142] Zur Bedeutung der ethischen Entscheidung: Glaubensgewißheit, 245. 253ff.
[143] Obwohl TROELTSCH ebenfalls nicht ohne Rückhalt bei neukantianischen Philosophien seiner Zeit ist, wäre es der Überlegung wert, warum ihm vorerst eine größere Aktualität erhalten geblieben ist. Im Folgenden deutet der Verf. seine Meinung dazu an.

arbeit thematisiert, ebenso in sich ausgetragen hat. Der Blick auf seine Lebensge-schichte, die abgründiger Krisen zu entbehren scheint (doch wer dürfte darüber letztlich befinden?!), könnte die Vermutung nahelegen, daß sein maßgebliches Motiv weniger ein eigenes tödliches Ringen mit dem Relativismus als das seel-sorgerliche Erbarmen mit seinen säkularisierten Zeitgenossen, mit den „Gebilde-ten unter den Verächtern" gewesen sei, die er von „intellektueller Not" in puncto Sinnfrage und damit vom Nihilismus bedrängt sah. Es kommt mir so vor – ich drücke mich bewußt unbestimmt aus –, als ob er eher ein Diakon des Denkens gewesen sei, der stellvertretend für andere die Last dieser Problematik auf sich nahm. Vielleicht war es weniger eigene Not, als die Einfühlung in die Not jener anderen, die ihn dazu brachte, das riesenhafte Unternehmen dieser gedanklichen Arbeit auf seine Schultern zu nehmen. Ob es daran liegt, daß wir bei ihm nicht jene elementare Urkraft denkerischer Auseinandersetzung spüren, die uns bei TROELTSCH anrührt? Aber selbst wenn es so sein sollte, wie ich wagend vermute: würde die „nur" einfühlende Liebe wirklich jene befürchtete Abwertung bedeu-ten müssen? Wer könnte sich anmaßen, das zu entscheiden?

Im übrigen stoßen wir damit auf eine Grenze der HEIM-Interpretation, die als unüberschreitbar zu respektieren ist.

f) Das verschärfte Relativismus-Problem (2. Phase)

Wir kehren nach diesem Exkurs zu der Darstellung TROELTSCHs zurück und er-innern uns, wie er in der 1902 erschienenen Schrift über die Absolutheit des Chri-stentums Spuren der Transzendenz in der Religionsgeschichte aufsuchte, dem Christentum eine Sonderstellung anzuweisen sich bemühte und dem Glaubens-erlebnis des Frommen, das in Christus den Letzten sieht, Legitimität zusprach, „soweit unser historischer Gesichtskreis reicht".

Der Hauch eines relativierenden Vorbehalts, der damit über der so gewonne-nen Absolutheitsidee noch weht, hat sich im folgenden Jahrzehnt, als ihn die Ge-danken beschäftigten, die in seinen Historismus-Schriften Gestalt gewannen[144], zu einem Sturm entfacht. Schon im Vorwort zur 2. Auflage der „Absolutheit des Christentums" (16. Dezember 1911), erwähnt er, daß die Lage, in der diese Schrift geschrieben worden wäre, nicht mehr ganz die heutige sei; „die Problem-stellungen haben sich in dem letzten Jahrzehnt ganz ungeheuer verschärft".

Was hat sich für TROELTSCH geändert?

Im Anschluß an die oben zitierte Bemerkung können wir sagen: der histori-sche Gesichtskreis hat sich ungleich erweitert. Damit erscheint manches von den früher erstellten Wertehierarchien und Absolutheitsvorstellungen im Rückblick fast provinziell. Entsprechend stellt sich auch das Relativitätsproblem neu. Am

---

[144] Der Historismus u. seine Probleme, Ges. Schr. Bd.III; Der Historismus u. seine Überwindung, 1924.

krassesten äußert sich diese Wendung in seinen fünf Vorträgen über den Historismus und seine Überwindung[145]:

Ein neues Eindringen in die Weiten der Religionsgeschichte, insbesondere die Kenntnisnahme von Buddhismus und Brahmanismus, haben TROELTSCH die Erkenntnis vermittelt, daß es auch außerhalb des Christentums eine „rein humane und innerliche Religiosität" gibt, die „sich auf ihre Weise genau so auf innere Gewißheit und Hingabe berufen kann". Nur sei dabei zu bedenken, daß diese religiösen Geltungen eben „unter ganz anderen historischen, geographischen und sozialen Bedingungen ihre besondere, auf diesem Boden geforderte Form gewonnen" haben. Selbst die Gültigkeiten der Wissenschaft und Logik scheinen ihm „unter verschiedenen Himmeln und auf verschiedenen Böden bis in den tiefsten und innersten Grund hinein starke individuelle Unterschiede zu zeigen". Im Unterschied zu der Zeit vor zehn Jahren kommt es ihm jetzt so vor, als sei das, „was *wirklich* in der Menschheit allgemein und *absolut* ist, ... trotz durchgängiger Verwandtschaft und Verstehensmöglichkeit" doch ungleich weniger[146]. Das Christentum sei das uns *Europäern* zugewandte Antlitz Gottes, sei „die Art, wie wir in unserer Lage Gottes Offenbarung empfinden und fühlen (!), für *uns* verpflichtend" und insofern dann auch *„für uns erlösend"*. Andere Menschengruppen aber könnten unter anderen kulturellen Verhältnissen „den Zusammenhang mit dem göttlichen Leben auf eine *individuell* ganz andere Art" und deshalb mit voller Ehrlichkeit ihre eigene Absolutheit empfinden"[147].

1. Die Verflechtung der Religionen in die jeweilige Kultur

Damit sind die beiden Stichworte gefallen, die für TROELTSCH nun eine *neue* Sicht des Verhältnisses von Christentum und Hochreligionen bezeichnen und damit auch eine neue Fragestellung in puncto Absolutheit umreißen. Es sind die Stichworte: „Kulturelle Verhältnisse" und „Individualität".

Die historische Denkweise hat TROELTSCH von der tiefen Verflechtung der Religionen – einschließlich des Christentums! – mit der jeweiligen *Kultur* überzeugt. Selbst die Idee des Personalismus sei keineswegs von allgemeingültiger Verbindlichkeit, sondern sei dem abendländisch-christlichen Kulturraum entwachsen und deshalb in andere Lebensbereiche nicht einfach übertragbar. Nimmt man diese Verflechtung von Religion und Kultur ernst und macht man sich klar, daß die Religion nur ein *Partikel* der jeweiligen Kultur ist, dann steht man vor der Schwierigkeit, einen Wertvergleich nur so vollziehen zu können, daß „nicht die Religionen für sich, sondern stets nur die ganzen Kultursysteme selbst" zu vergleichen sind, zu denen die Religionen „als ihr unablösbares Ingrediens gehö-

---

[145] Im Folgenden zit. als „Überwindung"; das große Werk „Der Historismus u. Seine Probleme" als „Historismus".
[146] Überwindung, 75f.
[147] AaO. 78.

ren"[148]. Wer aber könnte es wagen, angesichts der Komplexheit solcher Systeme noch „wirklich entscheidende Wertvergleiche zu machen"?

Indem TROELTSCH so in Konsequenz seines historischen Ansatzes immer mehr über die theologische Fragestellung, die für seine Absolutheits-Schrift noch wesentlich war, hinausdrängt auf einen allgemein-*kulturhistorischen* Aspekt, muß die Idee, daß dem Christentum so etwas wie Höchstgeltung, wie der Rang eines Konvergenzpunktes in der Religionsgeschichte zuzusprechen sei, verblassen und im Wesenlosen untergehen. Wir haben eben, zugespitzt ausgedrückt, nur unsere provinziell-europäischen Maßstäbe. Und wenn wir deren Ursprung dem Christentum verdanken, so hebt das ihre Begrenztheit keineswegs auf. Sie sind nicht in der Lage, universale Kriterien zur Verfügung zu stellen, denen die Fülle kultureller und religiöser Individuationen zu unterwerfen wären. Diese müssen nach ihren eigenen Maßstäben beurteilt werden – genauso, wie sie ihrerseits zu bedenken haben, daß ihre Maßstäbe nur für den eigenen Bereich gelten.

Damit aber wird der Relativismus aufs neue in Kraft gesetzt. Die Geschichte kommt nicht einmal wie bei KIERKEGAARD zur Approximation. Das in die Geschichte eingelassene Ewige entzieht sich uns immer wieder wie der illusionäre Beutehase, der den Tieren bei einem Hunderennen so dicht vor der Nase hergezogen wird, daß er in jedem Augenblick fast erreicht, ihnen dann aber doch wieder entzogen wird. Kaum scheint die Sonne des Absoluten einen Augenblick aufzuleuchten, schiebt sich die Wolkenbank eines neuen Bezugsrahmens vor sie, so daß sie abermals verdunkelt ist.

Damit entfällt für das Christentum auch jede *Missionsaufgabe*. Gegenüber primitiven Stammesreligionen kann es zwar noch eine gewisse zivilisatorische Aufgabe erfüllen, die aber mehr auf das Konto der Kultur als ihres christlichen Ingrediens geht. Den Hochreligionen gegenüber kann es jedenfalls keine Missionierung geben, weil deren Lebenstyp den besonderen Bedürfnissen ihres jeweiligen Kulturkreises besser entspricht als ein importiertes Christentum[149]. Allenfalls das, was heute gern als „Dialog" der Religionen untereinander bezeichnet wird, kann der Erweiterung des Gesichtskreises und der Findung der eigenen religiösen Identität dienen.

Die Entfaltung der individuell ausgeprägten Anlagen strebt damit dem Endziel einer synkretistischen Verschmelzung dessen zu, was vorerst noch in den verschiedenen *Konkretionen* des religiösen Bedürfnisses existiert. In diesem finis ultimus verrät sich eine metaphysische Hypothese, die für TROELTSCH an der Grenze der Wissenschaft liegt und von dieser nicht mehr objektiviert werden kann: die Annahme nämlich, „daß die historische Bewegung schließlich doch in einer letzten Einheit beruhe, die nur bei ihrer eigenen Bewegtheit sich jedem Begriff entzieht und die daher mit den Worten ‚Einheit' und ‚All' nur sehr unzureichend bezeichnet wird"[150].

---

[148] AaO. 79.
[149] AaO. 78f.
[150] Historismus, 173.

Hier stehen wir bei Troeltsch vor dem paradoxen Faktum, daß der Historismus in seiner letzten Konsequenz jeden Gedanken einer religiösen Absolutheit auflöst und durch nicht transzendierbare kulturelle Individuationen blockiert sieht, daß aber der gleiche Historismus offenbar nach einer metaphysischen Grundannahme ruft, die zwar nicht aus ihm selber objektivierend abgeleitet werden kann, ohne die aber sein Gegenstand zu einem zusammenhanglosen Gewoge zielloser Bewegungen würde[151]. Dabei mag man streiten, ob dieses so angenommene Absolutum von ihm an die Geschichte herangetragen oder aber unter dem Eindruck entstanden sei, daß die Geschichte nicht chaotisch auseinanderstrebe, sondern über einen letzten Integrationsgrund verfüge. Ganz gleich aber, wie man sich hier entscheidet: auf jeden Fall geht es dabei um ein den Historismus transzendierendes Absolutum.

2. Die Bindung der Religionen an die Individuation

Dieser von Troeltsch angenommene metaphysische Hintergrund der Geschichte äußert sich auch in dem zweiten der genannten Stichworte, die sein Verständnis der Religionsgeschichte bezeichnen: in dem der *Individualität.* Der Begriff Individualität steht bei ihm in einem doppelten Bezugsrahmen: einem rein formalen, der neukantianischen Ursprungs ist, und einem metaphysisch überhöhenden, der seiner Altersmystik entstammt.

1. Was Troeltsch veranlaßt, in seinem Historismus-Werk den Begriff der Individualität zu akzentuieren, ergibt sich aus der neukantianischen Tradition, innerhalb deren er denkt. In dieser wurden Natur- und Geschichtswissenschaft so unterschieden, daß die Naturwissenschaft das überindividuell-allgemeine *Gesetz* zu ihrem Gegenstand mache, während die Historie das *Besondere,* das individuelle Exemplar thematisiere.

So spricht H. Rickert in seinem Werk über „Die Grenzen der naturwissenschaftlichen Begriffsbildung" (5. A. 1929) davon, daß die Naturwissenschaft in ihrer Methode eine generalisierende, die Geschichtswissenschaft aber eine individualisierende Tendenz verfolge. In ähnlicher Weise unterscheidet W. Windelband die nomothetische Methode im Natur- und die idiographische im historischen Bereich. (Präludien II, 9. A. 1924.) An einem Hühnerei interessiert den Zoologen das Eihafte und Allgemeine, nicht ein einzelnes ausgefallenes Exemplar. Umgekehrt interessiert den Historiker an einer geschichtlichen Persönlichkeit wie Napoleon nicht das, was sie mit andern Persönlichkeiten teilt (etwa die militärische Normalkarriere oder physiologische Gesetze von Ernährung und Verdauung usw., sondern die individuelle Kontur. Daß soziologische Betrachtungsweisen es inzwischen unmöglich gemacht haben, diese beiden Methoden in einem exklusiven Sinne von einander zu scheiden, sei hier nur am Rande vermerkt.

Entsprechend bleibt Troeltsch dabei, die individuellen Konkretionen der Geschichte nicht als bloße „Fälle" zu verstehen, die er unter ein allgemeines Gesetz subsumiert. Vielmehr sieht er in ihnen „die anschauliche Repräsentation un-

---

[151] So schon angedeutet in seiner frühen Schrift „Über historische u. dogmatische Methode in der Theologie (1898), Ges. Schr. II, 728 f.

zähliger Einzelvorgänge in einem sie zusammenfassenden Ganzen", das aber nie jenseits dieser Konkretionen und getrennt von ihnen in Erscheinung tritt[152].

2. Neben diesem mehr neutralen Begriff der Individualität steht nun deren metaphysisch gefülltes Verständnis[153]. Dabei knüpft er an die Monaden-Lehre von LEIBNIZ an. Denn die Monade ist eine „individuelle Totalität" – diesen Begriff verwendet TROELTSCH gerne –, d. h. sie existiert nicht in einem isolierten Für-sich-Sein, sondern nimmt am Allbewußtsein teil und partizipiert so am Gesamtgehalte der Wirklichkeit. „Die Monaden gleichen einer Reihe elektrischer Glühbirnen, die geheimnisvoll durch unsichtbare Drähte mit der elektrischen Zentrale verbunden sind, individuell leuchten und doch vom Zentrum gespeist werden."[154]

In der Idee der Individualität tritt also nicht bloß – wie bei RICKERT und WINDELBAND – „die Faktizität des Besonderen und Einmaligen hervor, ... sondern die jedesmalige Individualisation eines Ideellen, die Konkretion eines jedesmaligen Seinsollenden"[155]. Das Ich ist nicht nur individuelles Exemplar, sondern als *menschliches* Ich ein mit Freiheit und Verantwortung ausgestattetes Persongebilde, das nicht nur als Seiendes zu beschreiben, sondern zugleich ein Sein-Sollendes und insofern auf ein Ideell-Normatives hin zu bestimmen ist. So sehr das Individuum in die allgemeine Wertrelativität verwoben ist, so sehr wird doch in diesem „Relativen ein Absolutes lebendig und schaffend"[156]. Kurz: Es gibt so etwas wie die „wesenhafte und individuelle Identität der endlichen Geister mit dem unendlichen Geiste und eben damit die intuitive Partizipation an dessen konkretem Gehalt und bewegter Lebenseinheit"[157]. Im Wesen und in der Bewegtheit individueller Vielfältigkeit der Geschichte äußert sich die Bewegtheit des göttlichen Lebens selbst, in den Relationen der Geschichte wird ein die Geschichte transzendierendes Absolutum manifest[158]. Dabei sieht TROELTSCH die Individualität nicht nur auf den personalen Bereich beschränkt, sondern auch auf die einzelnen Religionen bezogen: auf die „Religionsmonaden", die an jenem Absolutum, am „Allbewußtsein" partizipieren, dabei aber stets das obligatorische Medium bleiben, ohne das die letzte Wahrheit nicht in Erscheinung tritt.

In diesem Zusammenhang ergibt sich erst *der hermeneutische Schlüssel zum Verständnis anderer Religionen und anderer Kulturen.* TROELTSCH spricht dabei vom Verständnis des „Fremdseelischen"[159]. Bloße Kongenialität und bloße Einfühlung genügen nicht, um hier weiterzukommen. An die Stelle bloß psycholo-

---

[152] Historismus, 120.
[153] Historismus, Kap. 2 u. 3.
[154] So KÖHLER, aaO. 367.
[155] Historismus, 200f.
[156] AaO. 211f.
[157] AaO. 677.
[158] AaO. 677f.
[159] AaO. 684ff.

gischer Verstehensbedingungen müssen solche ontologischer Art treten, ohne daß dabei auf Takt und Divination verzichtet werden könnte. Diese ontologische Bedingung des Verstehens besteht darin, daß wir „vermöge unserer Identität mit dem Allbewußtsein" das Fremdseelische in uns selbst tragen; es partizipiert an jenem Allbewußtsein ja ebenso wie wir, so daß ein Band des Verstehens zu ihm geknüpft ist.

Damit hat sich in der zweiten Phase der Begriff der Absolutheit entscheidend verschoben. Die Frage lautet nun nicht mehr, ob eine einzelne Erscheinung der Geschichte wie das Christentum ein Absolutum repräsentieren könne. Auch das Christentum kann nur die Bedeutung einer Religionsmonade haben, die gleichberechtigt mit anderen Monaden dieser Art am Allbewußtsein teilnimmt. Es ist nur ein endliches Exemplar, in dem sich das Unendliche partikulär vergegenwärtigt. Das umgreifend Absolute liegt außerhalb der Geschichte; aber es ist die Bedingung dafür, daß sich die endlichen Individualitäten begegnen und sich verstehen können. In diesem Sinne, so könnte man sagen, ist es das *eigentliche religiöse Apriori*.

Fazit

Zusammenfassend können wir feststellen:

Das Christentum wird im Zuge der Entwicklung Troeltschs mehr und mehr zurückgedrängt zur Repräsentation jener Einheit, in die „die geschichtliche Entwicklung der Mittelmeer-Völker" einmündet. Dabei ist die „vom Christentum beherrschte Totalität der europäischen Völker doch nur ein kleines *Stück* innerhalb der Gesamtgeschichte".[160]

Der Ausblick auf diese Gesamtgeschichte verdüstert sich, wie mir scheint, für Troeltsch mehr und mehr. Auch die Prognose eines synkretistischen Zusammenschlusses der einzelnen Religionsmonaden droht sich schließlich wieder zu verflüchtigen. Der historisch – oder historistisch? – erhebbare Zukunftsaspekt, wie ihn seine Glaubenslehre entfaltet, ist durch einen tiefen Pessimismus bestimmt:

„Die Frage der schließlichen Religions- und Kultureinheit ist noch nicht zu beantworten (!). Dem Glauben an einen alles vereinheitlichenden und steigenden Fortschritt widerspricht die Ermüdung und Erschöpfung, die sich großer Kulturkreise bemächtigen kann, und die Entstehung immer neuer Kämpfe und Schwierigkeiten aus jedem neuen Zustand. Auch ist es schwer, den Endzustand der Menschheit als einheitlichen irdischen Vollendungszustand anzusehen, da vielmehr große Schwierigkeiten der äußeren Lebenshaltung das Wahrscheinlichere sind." Die Düsternis dieses Augenblicks kann auch vom *Glauben* her nicht aufgehellt werden: Er eröffnet keine Möglichkeit, die Kontinuierlichkeit einer aufsteigenden Entwicklung aus ihm zu folgern, „da diese sich nicht auf ein irdisches Endziel, sondern auf ein jenseitiges weiteres Werden bezieht." Deshalb „ist schwerlich ein all-

---

[160] Glaubenslehre, 320. – Die Nachschriften dieser posthum von Marta Troeltsch herausgegebenen Vorlesungen (1925) beruhen auf Nachschriften der Troeltsch-Schülerin Gertrud von le Fort. Die in diesem Abschnitt verzeichneten Zitate stammen aus den Diktaten Troeltschs, nicht aus dem freien Vortrag. Insofern sind sie authentisch. Die Vorlesung wurde in seiner Heidelberger Zeit gehalten.

gemeiner ... Fortschritt, sondern immer nur ein auf neuen Fronten sich neu erzeugender Kampf zu erwarten"[161].

Wenn der Glaube aber so nicht imstande ist, positive Aussichten auf den Geschichtsverlauf und sein höheres Ziel zu eröffnen – welche Bedeutung kann er denn *dann* noch haben? Der Glaube – gemeint ist hier wohl eine allgemeinreligiöse, nicht spezifisch christliche Gläubigkeit – gewährt wenigstens die Möglichkeit, an jedem Punkte dieser so fragwürdig gesehenen Geschichte „mit den jeweils vorhandenen religiösen Kräften den Kampf zwischen Fleisch und Geist zu überwinden und dadurch an jedem Punkt in die Ewigkeit durchzubrechen". Der *christliche* Glaube bedeutet dabei nur die äußerste quantitative Steigerung dieser Möglichkeit. Denn er wirkt sich dahin aus, daß „wir in der christlichen Gottesgewißheit die stärkste Kraft zu diesem Durchbruch besitzen und von ihm aus den Lebenskampf so weit ethisieren, als es jedesmal bei opferfähigstem Willen möglich ist"[162]. Das jedenfalls gilt, so werden wir hinzufügen dürfen, für den christlich-abendländischen Bereich.

TROELTSCH drängt, wie wir sahen, in seiner letzten Lebenszeit auf einen mystischen Spiritualismus zu, der ihn offensichtlich näher und näher an HEGEL heranführt. (Wir brauchen uns nur der Stichworte „Allbewußtsein", „göttlicher Geist" u. a. zu erinnern.) Das bedeutet in seinem Sinn: Der Blick von der konkreten Geschichte auf ein sie Transzendierendes kehrt sich zunehmend um: Es sieht so aus, als ob dieser Blick sich immer mehr von dem erlebten Jenseits der Geschichte auf die Geschichte *zurück*wende. *Ganz* freilich verleugnet er nie, daß ihn der Weg zu dieser mystischen Wirklichkeit – die sowohl das letzte Ziel wie das letzte Vorgegebene ist – *durch* die Geschichte geführt habe, daß ihm die Ahnung und das Erlebnis dieser letzten Wirklichkeit also von eben dieser *Geschichte* und nicht durch eine abstrakte Spekulation zuteil geworden sei. Bezeichnend für den Ausklang seines historischen Denkens aber ist, daß er nun vom Horizont, von den „Rändern" der Geschichte spricht, an denen sich ein Wirklichkeitsbereich eröffne, der mit den Mitteln der Historie selbst nicht mehr zu fassen sei: „Die Historie geht ... an ihren Rändern in einen *mystischen Hintergrund des Allebens* zurück, und nicht einmal die Selbständigkeit ihrer Logik und Methode wäre ohne das aufrechtzuerhalten."[163]

Das ist ein außerordentlich verräterischer Satz: Jener mystische Hintergrund ist also keine letzte Konsequenz aus der Begegnung mit der Geschichte; erst recht liegt er nicht auf der nur punktierten Linie eines Postulats. Er ist zwar das Ziel, dem die Geschichte zustrebt; aber er ist zugleich die *Voraussetzung* dafür, daß es überhaupt zu dieser Begegnung kommen kann. Denn die „Logik und Methode" der Geschichtserforschung hängen ja von der Existenz dieses transzendierend Umgreifenden ab.

---

[161] AaO. 320f.
[162] AaO. 321.
[163] Historismus, 87; Hervorhbg. v. Verf.

Wir haben früher schon gesehen, inwiefern das so ist: Nur weil die individuellen Monaden durch diese metaphysische Wirklichkeit miteinander verbunden sind, ja in einer letzten Identität mit ihr stehen, kann „Fremdseelisches" verstanden werden. Jede Begegnung mit der Geschichte ist aber an ein solches Verstehen gebunden! Geschichts*erforschung* ist darum hinsichtlich ihrer „Logik und Methode" ein *hermeneutisches* Unternehmen, das in jedem seiner Schritte von diesem außergeschichtlichen Absolutum getragen, bedingt und bestimmt ist und von ihm als seinem Apriori überhaupt ermöglicht wird.

Angesichts dessen möchte man die – zugegeben: *offen* bleibende und etwas abenteuerlich klingende Frage stellen, ob TROELTSCH wohl, sofern er ein zweites Leben hätte beginnen können und dann von diesem Ergebnis seines ersten Forscherlebens ausgegangen wäre, ein neuer HEGEL geworden sein würde: ein Autor also, der mit dem absoluten Geist begänne und die Geschichte als dessen Entfaltung betrachtete –? Rückt nicht der Gedanke einer solchen Reinkarnation in der Tat nahe, wenn man hört: „... wie so ein letztes gemeinsames Ziel im Unbekannten, Zukünftigen und vielleicht Jenseitigen liegt, so liegt ein gemeinsamer Grund in dem ans Licht und ins Bewußtsein drängenden göttlichen Geiste, der im endlichen eingeschlossen ist und aus dessen letzter Einheit mit dem endlichen Geiste die ganze vielfältige Bewegung erst hervorgeht"[164]?

Wohin immer aber sein Weg auch geführt hätte, er war auf jeden Fall ein *Wegbereiter.* Und mag dieser neue von ihm eröffnete oder zumindest *mit* vorbereitete Weg auch „weit wegführen von dem Punkt, auf dem er selber abbrechen mußte, an ihm vorbei kann der Weg auf keines der Gebiete gehen, in denen er gearbeitet hat"[165].

Der Weg *nach* ihm ist tatsächlich in anderer Richtung weitergegangen. Nach ihm kam die Dialektische Theologie. Sie ist am Gegensatz zu ihm mit erwachsen und gereift. Insofern ging sie nicht an ihm vorüber. Wie aber steht es mit deren Söhnen und Enkeln? Haben sie sich nicht in dem, was einst als Antithese entstanden war, wie in einer These eingerichtet? – Sicherlich konnte das nur so geschehen, daß es auch gegen *diese* These wieder antithetische Auflehnung gab, so daß der von TROELTSCH erwartete „an immer neuen Fronten sich neu erzeugende Kampf" auch auf dem Felde der Theologie tatsächlich eintrat! Gleichwohl ist hier die Frage erlaubt, ob der Kampf TROELTSCHs mit dem Historismus und seinen relativistischen Konsequenzen dem heutigen Geschlecht noch gegenwärtig sei oder ob man sein vermeintlich erwiesenes Ende als gegeben hinnehme. Es gibt aber Probleme, bei deren Lösung man sich von niemandem vertreten lassen kann, die deshalb auch niemals „erledigt" sind und die uns insofern – kierkegaardsch ausgedrückt – stets gleichzeitig bleiben.

---

[164] Historismus, 82.
[165] So PAUL TILLICH zum Tode ERNST TROELTSCHs (1923), in: WW XII, 175.

Epilog

Und die Folgen ...

Die Antwort der Dialektischen Theologie und ihre Krise

Der Historismus war mit TROELTSCH an sein Ende gekommen. Die Geschichte gab keine Absolutheit aus sich heraus. Der Versuch, das Transzendenzbewußtsein des Glaubens mit der Geschichte *so* in Einklang zu bringen, daß man Spuren dieser Transzendenz *in* der Geschichte aufzutreiben bemüht war, mißlang: Was sich hier zeigte, war stets nur ein provinziell Beschränktes, der Individuation Unterworfenes. Dies wurde allzu leicht für ein universal Umgreifendes gehalten – jedoch nur so lange, bis die kosmische Ausweitung des Gesichtskreises es als eben dieses Provinzhafte enthüllte und dann auch das *Christentum* dieser Beschränktheit unterworfen sehen ließ. Die Religionen waren überdies nur (bescheidene!) Bestandstücke sehr viel weiter gespannter Kulturkreise; und das Christentum war auf die mittelmeerisch-abendländische Kultur-Insel verbannt.

Die Verbindung zwischen dem Glauben an ein Unbedingtes und dem *Leben,* sprich: mit der *Geschichte,* brachte nicht die erhoffte Lebens-Verwurzelung der Religion – auch nicht der christlichen –, sondern stellte vor eine mit historischen Mitteln nicht mehr zu „hinterfragende"[1] heterogene Polymorphie transzendenter Abschattungen. (Heute würden wir wohl von „Pluralismus" sprechen.)

So sah sich die Sehnsucht nach dem Unbedingten angesichts geschichtlicher Wirklichkeitserfahrung einem *Vakuum* überantwortet, das für TROELTSCH nur durch einen Sprung in mystischen Spiritualismus, also in ein Jenseits der Geschichte, gefüllt werden konnte. Es mag für den Beobachter dieser Gedankentragödie wie ein Notausgang wirken, zu dem man seine Zuflucht nahm, weil alle anderen Wege zu einer Überwindung des Relativismus blockiert waren.

Nach diesem Ende, für das die große Gestalt ERNST TROELTSCHS repräsentativ steht, und das auch selbst der Größe nicht entbehrt, konnte nur ein radikaler *Neubeginn* einsetzen. Dieses Neue war vor allem die *Dialektische Theologie,* und hier wieder in erster Linie die explosive Kraft der Römerbriefauslegung von KARL BARTH.

Um die eminente Wirkung BARTHS zu verstehen, ist zu bedenken, daß er nicht nur am Ende einer Entwicklung – eben beim relativistischen Nachklang des Historismus und dem ebenfalls auslaufenden liberalen Kulturprotestantismus – auftauchte, sondern daß seine öffentliche Wirkung auch inmitten des Wert- und

---

[1] Hier paßt das schreckliche Modewort tatsächlich einmal.

Institutionen-Zusammenbruchs nach dem ersten Weltkrieg einsetzte. Der elementare Eindruck seiner Botschaft in diesem Kairós ist nur zu vergleichen mit dem „Untergang des Abendlandes" von OSWALD SPENGLER, einem Werk, das von ganz anderer Seite her den Nerv der geschichtlichen Stunde traf.

Es ging um nichts geringeres als eine prophetische Botschaft. Sie hatte *deshalb* prophetischen Rang, weil sie das über das Abendland hereingebrochene Geschichtsschicksal vom Worte Gottes her deutete und es als Gericht über die entchristlichte Kultur und mehr noch über eine entchristlichte, ihres Auftrags vergessende Christenheit verstehen ließ. Daß diese Deutung vom Worte Gottes her vollzogen wurde, weist bereits darauf hin, daß die Maßstäbe für dieses Kairós-Verständnis nicht der Geschichte selbst entnommen, sondern im Jenseits ihrer, in einer *an* die Geschichte gerichteten „Offenbarung" gefunden wurden. Deshalb wurde hier nicht einfach ein theologisches Gespräch mit neuen Wendungen fortgesetzt. Wie hätte das auch zugehen sollen, nachdem dieses Gespräch in brütendem Schweigen versunken war (was bei Theologen nicht auszuschließen braucht, daß sich dieses Schweigen hinter einem weitergehenden Wortgeklingel verbirgt!). Nein: Es war auf einmal ein neues *Thema* da. Neue Fragestellungen und Kriterien kamen auf den Tisch und auch ganz neue, personell anders zusammengesetzte Gesprächsrunden rekrutierten sich.

Die Leere, in die diese neue, vom Worte Gottes her aktualisierte Theologie hineinstieß, war auch das Vakuum, das – neben anderen geistig-geistlichen Prozessen – der Historismus hinterlassen hatte. Diese Generation sah sich vor das Ende aller menschlichen Möglichkeiten – auch des historischen Experiments – gestellt. Und eben dieses Ende *verkündete* BARTH.

Indem er es aber vom Worte Gottes her und also im Namen der Möglichkeiten *Gottes* verkündete, war er nicht einfach Unheilsprophet – oder gar pessimistischer Kulturkritiker! –, sondern der Botschafter neuer Hoffnung. Diese Hoffnung wurde nicht *in* der Geschichte und ihrer Regenerationskraft gefunden – nein: Die Geschichte blieb wie alles menschliche Gemächte unter der „Todeslinie". Dieser Leichnam spottete aller Wiederbelebungsversuche durch die eingebildete Schöpferkraft des Menschen. Der Anhauch, unter dem die Gebeine dieses Totenfeldes wieder zum Leben erweckt wurden (Hes 37), wehte nicht in der Geschichte, sondern entstammte dem Geiste Gottes, der als Geist der Auferstehung *in* die Todeswelt der Geschichte blies.

Wenn BARTH so vom Worte Gottes her in die Zeit sprach, meinte er in diesem ersten Stadium weniger eine inhaltliche Bekundung. Er sah in ihm vor allem den Gerichts-Ausdruck für das Ende aller Menschenmöglichkeiten. „Dieses Nein als Ja verstanden – das ist für BARTH das ‚Wort Gottes'."[2] Das „Ja" weist inmitten dieses Endes auf die Möglichkeiten *Gottes* hin. Noch vor der Schwelle der Römerbriefauslegung, mitten im Kriege, konnte BARTH 1916 bereits sagen: „Wo geglaubt wird, da fängt mitten in der alten Kriegswelt und Geldwelt und Todeswelt der neue Geist an, aus dem eine neue Welt, die Welt der Gerechtigkeit Got-

---

[2] So ALTHAUS in einer frühen Stellungnahme: ZsyTh, 1924, S. 770A.

tes wächst."[3] Doch ist dieses Ja Gottes nur vernehmbar, wenn zuvor das Nein über alle menschliche Anmaßung, die der Geschichte in Deutung und Gestaltung mächtig zu sein glaubt, gehört worden ist. „Weil *Gott* Ja zu uns sagt, darum müssen wir so radikal, so unentrinnbar im Nein stehen."[4] Insofern enthält die neue Theologie „eine durchgreifende Relativierung aller vorletzten Gedanken und Dinge, eine Bereitschaft für *letzte* Fragen und Antworten, ein Warten und Eilen *letzten* Entscheidungen entgegen, ein Lauschen auf den Ton der *letzten* Posaune, die von der Wahrheit Kunde gibt, die jenseits der Gräber ist …"[5].

In der 2. Auflage der Römerbriefauslegung[6] erfahren diese Gedanken dann eine flammende Formulierung, die nicht selten so klingt, als habe er dabei eine spezielle Absage an den Historismus TROELTSCHS im Auge gehabt: so etwa, wenn er von Jesus als der „Bruchstelle zwischen der uns bekannten und einer unbekannten" Ebene spricht oder wenn er von ihm sagt, er sei „die uns unbekannte Ebene, die die uns bekannte *senkrecht von oben* durchschneidet". Die in Jesu Auferstehung hereinbrechende Ewigkeit gehe keine Verbindung mit der Zeit ein, sondern berühre die Geschichte als deren absolute, transzendente Grenze ebenso indirekt, wie die Tangente den Kreis nur in einem einzigen Punkte berührt[7].

Das Ewige oder – wie TROELTSCH sagen würde – das Absolute und Unbedingte taucht innerhalb dieser ersten Stadien der Dialektischen Theologie überhaupt nicht *in* der Zeit auf. Auch „die Auferstehung Christi oder, was dasselbe sagt (!), seine Wiederkunft, ist kein geschichtliches Ereignis". „Der Augenblick, da die letzte Posaune geblasen wird, … kommt en atómo, sagt Paulus, in einem unteilbaren, unzeitlichen, ewigen Nu und Jetzt. Ist's gestern, Morgen, Heute? Ist's Immer? Ist's Nimmer? Wir können auf das alles mit Ja und Nein antworten. Denn unsere Zeit ist in Gottes Händen, aber Gottes Zeit ist nicht in unsern Händen … Auferstehung ist die *neue* Welt, die neu bestimmte und geartete Welt … Qualiter? totaliter aliter!"[8]

Entsprechend wehrt BARTH das Gerede von der „ausgebliebenen Parusie", das von jeher die Etablierung der Kirche in der Zeit begründen und die Anerkennung der Welt in ihrer Weltlichkeit sanktionieren sollte, mit Verve ab und übergießt im „Römerbrief" alle die mit wildem Hohn, die sich der zeitlichen Erwartung „eines groben, brutalen, theatralischen Spektakels" am Weltende hingeben und, wenn dieses „mit Recht ‚ausbleibt'", sich „getrost wieder schlafen … legen". „Wie soll denn ‚ausbleiben', was seinem Begriff nach überhaupt nicht ‚eintreten' kann?"

Auferstehung und Wiederkunft Christi vollziehen sich nicht in der Geschichte. Schon deshalb können sie ja auch zusammenfallen. Beide sind unmittelbar zu jedem unserer Lebensaugenblicke, sind uns auf paradoxe Art gleichzeitig, so daß „die Parusie erwarten" nichts anderes bedeutet, als „unsere tatsächliche Lebenslage so *ernst* (zu) nehmen, wie sie ist", nicht aber zu schlafen[9].

---

[3] BARTH, Das Wort Gottes u. die Theologie. Ges. Vorträge I, 1924, 16.

[4] Das Probl. der Ethik in der Gegenwart, 1922; aaO. 147.

[5] So in dem damals berühmt gewordenen Vortrag „Biblische Fragen, Einsichten u. Ausblicke von 1920, aaO. 91.

[6] Diese ist grundlegend gegenüber der 1. Aufl. umgestaltet. Vor allem ist das getilgt, was BARTH später als platonisierende und kantianisierende Tendenzen in seinem früheren Stadium empfand.

[7] Römerbrief, 2. A., 5f.

[8] Das Wort Gottes u. die Theol., aaO. 94f.

[9] Römerbrief, 484f.

Diese Absage BARTHs an jeden Versuch, Offenbarung an ein geschichtlich fixierbares Ereignis zu binden, die Zeit als Gefäß der Ewigkeit zu verstehen und dann womöglich – wie TROELTSCH! – *in* dieser Zeit nach Spuren des Ewigen und Unbedingten zu suchen, diese Absage nimmt Anregungen auf, die BARTH ausgerechnet von dem faszinierenden theologischen Außenseiter und NIETZSCHE-Freund FRZ. OVERBECK empfangen hat[10]. Für OVERBECK ist Kirchengeschichte Verfallsgeschichte. Das Christentum verfällt in dem Augenblick, wo es in die Geschichte eintritt und sich mit ihr arrangiert, d.h. die Hochspannung seiner ursprünglichen Eschatologie aufgibt. Zustimmend zitiert BARTH diesen Protest OVERBECKs gegen die Geschichtswerdung des Christentums: „‚Historisches, d.h. der Zeit unterworfenes Christentum ist etwas Absurdes‘. Gerade historisch läßt sich das Christentum nicht begründen; denn ‚weder Christus selbst noch der Glaube, den er gefunden hat, haben wenigstens unter dem Namen Christentum historisches Dasein gehabt‘ … ‚Die Geschichte ist ein Schlund, in den sich das Christentum nur ganz wider Willen gestürzt hat‘."[11]

Für die Art, wie K. BARTH das christliche Heilsgeschehen derart aus der Geschichte ausgliedert, übernimmt er von OVERBECK den – freilich modifizierten – Begriff der „Urgeschichte":

„Der mögliche Ort des Christentums liegt …, was die Vergangenheit betrifft, nicht in der Geschichte, sondern *vor* der Geschichte, in der *Urgeschichte*. Und nur unhistorische Begriffe, Maßstäbe und Beobachtungsmöglichkeiten könnten uns in den Stand setzen, dieses Christentum, das noch gar nicht Christentum in irgend einem historischen Sinn ist, zu verstehen, davon zu reden und gar, es zu vertreten."[12] Hier erreicht der (übrigens nicht erwähnte) Gegensatz zu TROELTSCH wohl seine äußerste Schärfe.

Wir können die einzelnen Phasen der Entwicklung BARTHs von dieserm seinem ersten Ansatz aus hier nicht verfolgen. Nur soviel mag angemerkt sein, daß sich im Zusammenhang mit der Christologie, insbesondere mit der Inkarnationslehre, sein Verhältnis zur Geschichte ändert. Das zeigt sich bereits in der Vorgestalt der späteren Kirchlichen Dogmatik, in den 1927 erschienenen Prolegomena zur „Christlichen Dogmatik im Entwurf I". Hier äußert er sich *kritisch* zu dem Begriff „Übergeschichte" und implizit damit auch zu dem früher verwendeten Wort „Urgeschichte": In der Inkarnation setzt sich Gott „selbst als Fleisch, als Mensch in der Zeit. Er begegnet uns. Das ist die Offenbarung. Und darum und insofern ist die Offenbarung Geschichte, nicht nur Übergeschichte, sondern Geschichte."[13] Es ist wohl die Sorge, daß damit doch wieder Kategorien und Methoden der Historiographie normative Bedeutung gegenüber dem Verstehen des Gottes „im Fleisch" gewinnen könnten, die ihn formulieren läßt: „Geschichte ist (zwar) ein Prädikat der Offenbarung, aber Offenbarung ist darum kein Prädikat der Geschichte."[14] Das heißt doch wohl: Wir erfahren aus der Offenbarung, was Geschichte ist, aber nicht aus der Geschichte, was Offenbarung sein könnte.

---

[10] Vor allem aus seinem Werk „Christentum u. Kultur. Gedanken u. Anmerkungen zur mod. Theol.; aus dem Nachlaß herausgegeben von C.A. Bernoulli, 1919.

[11] BARTH, Die Theol. u. die Kirche. Ges. Vorträge II, 1928, 9. – Vgl. auch: A. PFEIFFER, F. Overbecks Kritik des Christentums, 1975, bes. S. 79–97.

[12] AaO. 10.

[13] ChD, 232.

[14] AaO. 232.

Die frühe Römerbrief-Periode BARTHS, in der der „unendliche qualitative Unterschied von Zeit und Ewigkeit" im Vordergrund stand[15], und in der er sich wider das Eingehen der Offenbarung in die Geschichte sperrte[16], brachte notwendig *Schwierigkeiten mit der theologischen Ethik* mit sich: Wie kann man in einer Welt grundsätzlich, programmatisch, zielbewußt handeln wollen, die analogielos und radikal vom Willen Gottes geschieden ist und in der Finsternis seines „nur" von der Gnade erhellten Nein liegt? In dieser Weltnacht sind alle Katzen grau. Hier kann ich weder zwischen Gut und Böse noch zwischen weniger und mehr Gut unterscheiden. Was ich auch tue, ist in einem letzten Sinne verkehrt. Kann darum die Frage nach der Richtigkeit des Tuns – selbst wenn sie unter dem Vorbehalt steht: „Es ist doch unser Tun umsonst / auch in dem besten Leben" – noch irgendeinen Sinn haben? Eben deshalb führt „die Infragestellung des ganzen Komplexes unseres Da-seins und So-seins, aller uns bekannten Wege und Umwege, Ernsthaftigkeiten und Leichtfertigkeiten, Gerechtigkeiten und Sünden, Gläubigkeiten, Atheismen und Skeptizismen" hinsichtlich unserer ethischen Entscheidungen zu einem *„Vielleicht-vielleicht auch nicht!"*[17]

Das kann doch, was die Konkretheit unseres Tuns in der Geschichte betrifft, nur *Indifferenz* bedeuten. Bleibt in der Tat etwas anderes übrig, wenn „das Bestehende als solches das Böse ist"?[18]. Jede „bestehende Ordnung", jede in der Geschichte sich bildende und konstitutiv mit ihr verbundene Institutionalität bedeutet nur, „daß der Mensch heuchlerischerweise wieder einmal mit sich ins Reine gekommen ist"[19]. Gewiß: Wir kritisieren immer wieder konkrete Mängel. Unter letztem Aspekt kann das aber nicht heißen, daß unser Maßstab dabei eine zu verbessernde Ordnung oder gar die Vorstellung einer idealen Ordnung wäre. Nein: die Einsicht in die Mängel des Bestehenden kann nur „Anlaß" für die Erkenntnis sein, daß „das Bestehende *als solches das Böse* ist". Wenn uns die „Beunruhigung durch Gott" so in „kritischen Gegensatz zum Leben bringt", dann ist darin „die denkbar positivste und fruchtbarste Leistung" enthalten, kann BARTH schon 1919 sagen[20].

Hier sehen wir, wie der Rückzug aus der Geschichte, der sich dogmatisch in der Formulierung „Senkrecht von oben" sowie im Tangenten-Gleichnis ausdrückte, zugleich im handelnden Verhältnis zur Geschichte, d.h. in der Ethik, relevant wird. Selbst wenn in der Ethik keine kasuistischen Anweisungen, son-

---

[15] Römerbrief, Vorwort zur 2. Aufl., XIII.
[16] Von hier aus fällt übrigens noch einmal ein Licht auf unseren Versuch, im 13. Kapitel BARTH von einem gewissen Hegelianismus aus zu interpretieren u. die These zu vertreten, daß seine Abhängigkeit von der Urdekreten-Lehre auch späterhin sein Verhältnis zur Geschichte (hier: zum Heils-„Geschehen") gefährde.
[17] Römerbrief, 275.
[18] AaO. 463.
[19] AaO. 462.
[20] In dem berühmt gewordenen Vortrag vor der religiös-sozialen Konferenz in Tambach, in: Das Wort Gottes u. die Theol., 47.

dern nur gewisse normative Richtungskonstanten gesucht werden[21], bedarf es einer entscheidenden Prämisse: daß eine (wie auch immer gebrochene!) *Analogie* zwischen der Wirklichkeit Gottes und unserer Wirklichkeit, zwischen seinen Geboten und den Normen des Humanum bestehen[22]. Gibt es hier *nur* den unendlichen qualitativen Unterschied, so kommt es zu einem Normen-Defizit, das es der Theologie unmöglich macht, sich in Fragen der Kulturpolitik, der Politik überhaupt, ja der persönlichen Daseinsgestaltung selbst zum Wort zu melden.

An dieser Stelle mag – in Parenthese sozusagen – einiges biographisch Illustrierende dazu vermerkt sein:

Einmal: Wenn wir als Bonner Studenten in den Jahren 1931/32 unseren Lehrer K. BARTH um eine Stellungnahme zu damals hochaktuellen politischen Problemen baten, so weigerte er sich, „ex cathedra", von seiner Lehrkanzel im Kolleg aus, dazu Stellung zu nehmen, stellte dafür aber gerne seine private Sprechstunde zur Verfügung. Das sollte besagen, er habe als Theologe zur Gegenwarts-Geschichte nichts zu bemerken. Selbstverständlich aber habe er seine private Meinung zu dem allem. Das war dann die „vernünftige" Meinung eines wach beobachtenden Zeitgenossen.

Ferner: In meiner Heidelberger Zeit (1936–41) hatte ich viele Gespräche mit dem mir freundschaftlich zugetanen Heidelberger Neurologen VICTOR VON WEIZSÄCKER, bei denen uns auch gewisse theologene Neurosen beschäftigten. In diesem Zusammenhang kam er auch auf die Frage zu sprechen, wie es wohl zu erklären sei, daß manche Barthianer (ich sage ausdrücklich: „manche", nicht „die" Barthianer!) auf der Kanzel von rigoros donnerndem Gerichtsernst erfüllt seien, unter der Kanzel aber gelegentlich einer Libertinage ihres Lebensstils frönten, die sie offensichtlich nicht als Bruch empfänden, sondern mit „bestem Gewissen" zu betreiben schienen. Ich konnte das nur mit dem Hinweis auf die genannte ethische Indifferenz beantworten, die beim frühen BARTH zu beobachten sei. (Auch WEIZSÄCKERs Beobachtungen bezogen sich auf eine damals schon zurückliegende Zeit.)

Es ist immer gewagt, Geschichtsdeutungen anzustellen, auch wenn sie sich auf die selbst durchlebte Zeitgeschichte beziehen. Im Wissen um dieses Risiko möchte ich den Versuch machen, gewisse kirchenpolitische Folgen jenes ethischen Defizits auszumachen:

Es scheint fast widersinnig zu klingen, wenn ich auszusprechen mich unterwinde, daß ausgerechnet *der* BARTH, der später das Haupt des kirchlichen Widerstandes gegen HITLER war, mit für die weiche Flanke eben dieser Kirche gesorgt hat, die für die nazistische Ideologie durchlässig war. Seine Theologie hatte die Kirche zwar darauf vorbereitet, jede unmittelbare Antastung ihres Glaubensfundamentes zu erkennen und sie mit dem Schlachtruf „Kirche muß Kirche bleiben" abzuwehren. Er hatte aber die Kirche infolge jenes ethischen Defizits nicht darauf vorbereiten können, eine ideologisch gefüllte Außen-, Kultur- und Rassenpolitik und damit ein indirektes Attentat auf das christliche Verständnis des Lebens mit der gleichen Deutlichkeit zu erkennen. Insofern hat BONHOEFFER mit seiner Kritik an der Bekennenden Kirche recht, wenn er immer

---

[21] Das ist eine der Thesen, die die Prinzipienlehre der ThE des Verf.s bestimmen.

[22] Daß dies nicht im Sinne des von PRZYWARA geprägten Begriffes der „analogia entis" zu verstehen ist, hat der Verf. in ThE I zu wiederholten Malen aufgewiesen; vgl. z.B. §954ff.; 1178; 1643ff. u.a.

wieder darauf hinwies, daß sie sich auf einen innerkirchlichen Widerstand, einen Kampf pro domo beschränke und ihre politische Mitverantwortlichkeit dabei zurücktreten lasse. (Wir werden noch sehen, daß BARTH selbst unter dem Druck dieser Erkenntnisse später eine theologische Kehre vollzog). BARTHs früher Exodus aus der politischen Ethik und aus der Ethik überhaupt hinterließ ein Vakuum, in das eine widerchristliche Politik so lange ziemlich widerstandslos einströmen konnte, wie sie nicht das direkte Bekenntnis der Kirche – sei es in säkularistischem Widerspruch, sei es durch institutionelle Eingriffe („Deutsche Christen"!) – antastete. Gerade diese *indirekte* Überfremdung und Unterwanderung gehört aber zu den ideologisch-totalitären Strategien.

BARTH selbst hat diese Anfälligkeit der Kirche für das Neuheidentum in späteren Rückblicken immer wieder auf die vom Luthertum betonte Scheidung zwischen Gesetz und Evangelium sowie zwischen dem Weltreich und dem Gottesreich zurückgeführt[23]. Dabei schwebten ihm aber offensichtlich krasse Entartungen dieser Scheidung vor, wie sie vornehmlich vom Neuluthertum produziert wurden[24]. Hier sah er – ganz gewiß zu Recht! – den Schaden Israels darin, daß das Weltreich mit seinen Ordnungen aus der theologischen Zuständigkeit entlassen und der freien Verfügung der Archonten dieser Welt anheimgegeben wurde. Zugleich schien er aber einen blinden Fleck im Auge zu haben, so daß er nicht bemerkte, daß seine Dialektische Theologie in ihrer entscheidenden Durchbruchszeit eben diese und genau dieselbe Irrelevanz der Theologie gegenüber Wertungen geschichtlicher Zustände – wenn auch aus anderen Gründen – vertreten hatte. Die Bekennende Kirche ist ohne die Vorbereitung durch BARTHs Theologie kaum denkbar; aber auch ihre – zumindest anfängliche – Hilflosigkeit gegenüber der kultur- und rassenpolitischen Unterwanderung ist ohne ihn schwer denkbar.

Deshalb ist es kein Wunder, daß gerade unter dem Druck des Dritten Reiches und der von ihm neu heraufgeschworenen verschärften Fragestellungen die Einheit der Dialektischen Theologie auseinanderbrach[25]. Diese Vorgänge können hier nur skizzenhaft angedeutet werden:

---

[23] Vgl. dazu z. B. BARTH, Die evang. Kirche in Dtschld. nach dem Zusammenbruch des Dritten Reiches, 1946, 26ff. – H. DIEM, K. Barths Kritik am deutschen Luthertum, 1947. – HANS SCHMIDT, Das Kreuz der Wirklichkeit? Einige Fragen zur Bonhoeffer-Interpretation, in: Die mündige Welt IV, 79ff.

[24] Ich denke etwa an den schauerlichen „Ansbacher Ratschlag von 1934", der leider auch von ALTHAUS und ELERT unterzeichnet wurde, oder an ebenso schauerliche Kundgaben wie die von Bischof MARAHRENS aus dem Jahr 1938, dokumentiert bei DIEM, aaO. 7f. Kritische Analysen der Zwei-Reiche-Lehre LUTHERS selbst in ThE I, 1783ff.

[25] Vgl. hierzu vor allem das wiederholt schon zitierte bedeutende Buch von CHR. GESTRICH, Neuzeitl. Denken u. die Spaltung der dialekt. Theol., 1977. – Umfassende kirchen- u. theologiegeschichtl. Perspektiven zum Thema eröffnet auch das monumentale Werk von KLAUS SCHOLDER, Die Kirchen u. das Dritte Reich I, 1977. – Zum Grundsätzlichen des Problems: G. GLOEGE, Evang. Weltbewußtsein heute, in: Heilsgeschehen u. Welt, 1965, 286ff.

1. Emil Brunner hat das ethische Vakuum bei Barth wohl zuerst bemerkt und in einer Schrift 1934 die These vertreten, daß anthropologische Gesichtspunkte wie die Ausstattung des Menschen mit Vernunft und Gewissen in die Zuständigkeit der Theologie einzubeziehen seien. Ohne dieses lumen naturale könne die „Anknüpfung" des Willens Gottes an unser menschliches So-sein nicht gedacht werden[26]. Darauf erwiderte Barth mit einer „Nein!" betitelten, äußerst rabiaten Abfuhr[27], in der er für eine radikale Ignorierung anthropologischer Aspekte plädiert:

> „Man kann ... an der sog. natürlichen Theologie immer nur gerade vorbeikommen wie an einem Abgrund, in den man, wenn man nicht stürzen will, nun einmal nicht hineintreten soll. Man kann ihr nur als *der* großen Versuchung und Fehlerquelle mit Schrecken und Entrüstung den Rücken kehren, indem man sich nicht auf sie einläßt ... In wirklicher Ablehnung der natürlichen Theologie starrt man die Schlange nicht erst an, um sich von ihr wieder anstarren, hypnotisieren und dann sicher beißen zu lassen, sondern, indem man sie erblickt, hat man mit dem Stock schon zugeschlagen und tot geschlagen. Wirkliche Ablehnung der natürlichen Theologie kann sich nur ... in einer letzten *Uninteressiertheit an dieser Sache* vollziehen[28].

Als ob das Problem dadurch erledigt wäre, daß man sich für „uninteressiert" erklärt! Ganz im Gegenteil: Gerade diese Ignorierung kann verhängnisvoll werden:

Indem man die auf natürliche Gotteserkenntnis drängende und dafür Vernunft und Gewissen als Material benutzende Macht nicht zum Gegenstand seiner theologischen Beobachtung und Kritik macht, setzt man sich der Gefahr aus, daß sie nun unbeobachtet und ungegenständlich *hinter* einen tritt und einem die nüchternen Kriterien zu ihrer Entlarvung nimmt. Wenn nicht alles trügt, ist Barth diesem Vorgang selber zum Opfer gefallen. Seine Schrift „Rechtfertigung und Recht" (1937), aber auch zahlreiche Kundgaben während des Krieges[29] scheinen in erheblichem Maße der Gefahr erlegen zu sein, theologische Urteile über Demokratie und Totalitarismus nicht aus dem Zentrum einer theologischen Ethik, sondern aus politischen, vielleicht durchaus vernünftigen, manchmal wohl auch speziell schweizerischen Gründen heraus zu bilden (deren Berechtigung auf der nur weltlichen Ebene durchaus angenommen werden mag). Hier feiert die ungegenständlich gewordene und damit aus dem Beobachtungsfeld verwiesene natürliche Theologie gewisse Triumphe. – Brunner hat jedenfalls ein Problem gesehen – mag seine Lösung auch selbst wieder der Kritik unterliegen[30] –, das auch nur als *Problem* zu sehen Karl Barth sich beharrlich geweigert hat.

2. R. Bultmann suchte die Geschichtslosigkeit Barths von einer ganz anderen Seite her zu überwinden: so nämlich, daß er mit Hilfe von Heideggers Onto-

---

[26] E. Brunner, Natur u. Gnade. Zum Gespräch mit K. Barth, 1934.

[27] Nein! Antwort an E. Brunner, ThEx Nr. 14. – Zur Stellung Brunners vgl. ferner: Der Mensch im Widerspruch, Zürich 1941, 71 ff.; 541 ff. – Ders., Offenbarung u. Vernunft, 1941, 305 ff. – Zur Barth-Brunner-Kontroverse: ThE I, § 130 ff.

[28] Nein!, 12 f.

[29] Gesammelt in: Eine Schweizer Stimme 1938–1945, Zürich 1948.

[30] Zu dieser Kritik: Thielicke, Geschichte u. Existenz, 2. A. 1964, 104 ff.

logie ein anthropologisches „Vorverständnis" herausarbeitete, das mit dem Kerygma in Kontakt tritt und die hermeneutische Voraussetzung für dessen Verstehen bildet[31]. Gerade ihm gegenüber meint BARTH seine Reserve gegenüber der natürlichen Theologie und jeder Einbeziehung anthropologischer Gesichtspunkte bestätigt zu sehen: Er stellt an BULTMANN wohl nicht ohne Recht die Frage: „Fängt ... die Botschaft des Neuen Testamentes auch mit einer Explikation des als Hörer der Botschaft sich selbst erfahrenen Menschen an?"[32] Er meint zu sehen (was auch der Verf. kritisch gegen BULTMANN eingewendet hat), daß die Akzentuierung des anthropologischen Vorverständnisses nicht nur eine Brücke für das Verstehen bedeutet, sondern sich unter der Hand zu einem normativen Kriterium für das aufwirft, was überhaupt verbindliches Kerygma *sein kann*[33]. Hier wird zumindest das *Interesse* BARTHs an der Ablehnung natürlicher Theologie verständlich, auch wenn die Ignorierung des *Problems* sicher eine unangemessene und bzgl. des ethischen Defizits folgenschwere Wahrnehmung dieses Interesses ist.

3. Auch FRIEDRICH GOGARTEN suchte durch einen anthropologischen Einbau in die Theologie das ethische Defizit der BARTH-Schule zu überwinden. Er tat das vor allem so, daß er im Anschluß an E. GRISEBACH – auch er hat seinen Spezialphilosophen und anthropologischen Gewährsmann! – die Ich-Du-Beziehung als Schöpfungsbezug und die Ordnungen als institutionelle Formen des göttlichen Gesetzes interpretierte[34]. GOGARTEN kam von hier aus zu einer vorübergehenden Identifizierung von Gottesgesetz und Volksnomos und einem dann naheliegenden Consens mit der nazistischen Ausprägung dieses Volksnomos[35].

Unter dem schweren ideologischen Druck des Dritten Reiches konnte es nicht ausbleiben, daß BARTH sich zu ethisch-politischen Stellungnahmen *gezwungen* sah und daß damit auch einige Umstellungen in der theologischen Prinzipienlehre erforderlich wurden. Das erste Erfordernis dieser Umstellung mußte es sein, mit dem Analogieproblem fertig zu werden, ohne dessen wie immer beschaffene Lösung es keine Basis für ethische Entscheidungen gibt. Doch wie sollte es Analogie geben zwischen Ewigkeit und Zeit, wenn der unendliche qualitative Abstand von beidem festgehalten werden sollte? Eine analogia entis konnte dafür jedenfalls nicht in Betracht kommen, weil in ihr ja Natur und Gnade in einem hierarchischen Aufbau erschienen[36]. Deshalb greift BARTH zum Begriff einer „analogia fidei", die qualitativ anders strukturiert ist: Mit dieser

---

[31] Zur Auseinandersetzung mit BULTMANN vgl. EvGl I, passim.

[32] BARTH, Rud. Bultmann. Ein Versuch, ihn zu verstehen, in: ThSt Nr. 34, 1952, 13.

[33] Dazu EvGl I, 46ff.

[34] GOGARTEN, Politische Ethik, 1932. – Zur Darstellung u. Auseinandersetzung damit vgl.: Gesch. u. Existenz, 120ff.

[35] GOGARTEN, Die Einheit von Evangelium und Volkstum, 1934. – Ähnlich zu dieser Zeit auch W. STAPEL, Der christl. Staatsmann. Eine Theol. des Nationalismus, 1932.

[36] Vgl. dazu U. VON BALTHASAR, Karl Barth. Darstellung u. Deutung seiner Theol., 1951, 93ff.

Art der Analogie ist keine Seinsbeschaffenheit des Menschen gemeint, die ihn kraft natürlicher und als solche analysierbarer Anlagen zum Vernehmen des Wortes Gottes disponiert. Vielmehr handelt es sich um einen von Gott in actu gewirkten und im Glauben sich begebenden Analogie-*Vollzug*. Gott *schafft* sich den Hörer, indem er die Ohren öffnet und im Glauben Analogie bewirkt:

„Nicht als natürliches Vermögen des Menschen also – ist es doch Gnade, die Sündern, unvermögenden Menschen widerfährt – als Vermögen der Unvermögenden also, als anthropologisch gar nicht deutbares Wunder, aber als wirkliches Vermögen, das im Glauben schon aktualisiert ist, über dessen Vorhandensein es also gar keine Diskussion mehr geben kann (!), dessen Vorhandensein nur noch festgestellt werden kann, weil es sich, indem es Ereignis wurde, als Möglichkeit schon ausgewiesen hat, bevor danach gefragt werden kann."[37] – BARTH glaubt damit die ihm von BRUNNER entgegengehaltene „An-knüpfungsfrage" nicht gelöst, aber als Frage überwunden zu haben, weil die so im Glauben stattfindende analogia fidei oder die sich so vollziehende „Gottförmigkeit des Menschen" nicht mehr als eine „angeborene oder zugewachsene Eigenschaft des Menschen, sondern als das alleinige Werk der aktuellen Gnade Gottes" verstanden wird. Als letztes Wort habe deshalb zu gelten: „*Gott* handelt in seinem Wort am Menschen. *Darum,* weil des Menschen Werk im Glauben dasjenige ist, an dem Gottes Werk geschieht, darum kann der Mensch das Wort Gottes erkennen. Er erkennt, indem er von Gott erkannt ist."[38]

Das Problem, das im Hintergrund von BRUNNERs Einwänden stand – daß Gott sich mit seinem Wort doch an *Menschen* und nicht an Tiere oder Klötze wende und daß deshalb das So-sein des Menschen doch eine wie immer zu beschreibende Disposition für dieses Wort enthalten müsse –, dieses Problem ist durch die analogia fidei freilich nicht gelöst. Der Mensch ist auch hier in seiner natürlichen Befindlichkeit und damit in seiner Eingebundenheit in die *Geschichte* wieder übersehen. Deshalb kann dieser Begriff kaum geeignet sein, eine Neufundierung der Ethik zu begründen. Er wirkt in dieser Hinsicht eher wie ein Not-Brückenschlag, der es zweifelhaft erscheinen lassen muß, ob diese Brücke die Last ethischer und vor allem politisch-ethischer Entscheidungen zu tragen vermag. In der Tat bleibt es, wie noch zu zeigen ist, in merkwürdiger Weise offen, unter welchem Vorzeichen BARTH seine mancherlei politischen Stellungnahmen vollzieht: unter einem theologischen, einem realistisch-vernünftigen oder gar unter einem speziell-schweizerischen Vorzeichen.

Jedenfalls: es geht um eine neue Hinwendung zum Analogieproblem. (Die KD hat 1935 zu erscheinen begonnen!). Die damit grundgelegte – oder grundegelegt werden *sollende* – Möglichkeit theologisch-politischer Ethik aktualisiert sich erst, nachdem BARTH wieder in Basel wirkte (ab 1932). So macht er von dort aus geltend, daß das Bekenntnis des Ersten Gebotes „im Raume des Nationalsozialismus nicht nur eine kirchenpolitische, sondern ipso facto auch eine *politische* Entscheidung bedeutet: die Entscheidung gegen einen Staat, der als totalitärer Staat eine andere Aufgabe, Verkündigung und Ordnung als seine eigene, einen

---

[37] KD I,1; 254.
[38] AaO. 257.

anderen Gott als sich selbst nicht anerkennen kann"[39]. Damit ist zugleich ein Vorbehalt gegenüber der Bekennenden Kirche verbunden: Sie habe zwar innerkirchlich sich gewehrt und für die Reinheit ihrer Verkündigung gefochten, sie habe aber geschwiegen „zu dem Vorgehen gegen die Juden, zu der erstaunlichen Behandlung der politischen Gegner, zu der Unterdrückung der Wahrheit in der Presse des neuen Deutschland und zu vielem anderen, zu dem die alttestamentlichen Propheten sicher geredet hätten"[40]. Ja, er wirft sich sogar selbst vor, daß er in seiner deutschen Zeit die politische Dimension des christlichen Auftrags nicht öffentlich angesprochen habe und sieht in seiner weitgehenden politischen Abstinenz einen Fehler[41].

Die eigentliche Kehre zur politischen Ethik vollzieht sich wohl mit der schon erwähnten Schrift „Rechtfertigung und Recht" (1937)[42]. Hier versucht er, anders als die Zwei-Reiche-Lehre, die theologische Zuständigkeit für politische Fragen *christologisch*, d.h. von der *Rechtfertigung* her zu begründen. Zusammen mit der göttlichen Rechtfertigung wird „auch das menschliche Recht ... zum Gegenstand des christlichen Glaubens und der christlichen Verantwortung und damit auch des christlichen Bekenntnisses"[43]. Sein so theologisch gemeintes Urteil begründet damit zugleich ein Ja zur Demokratie, ja zur schweizerischen Landesverteidigung.

Aber gerade hier und auch in den späteren Kriegs- und Nachkriegs-Veröffentlichungen von politischen Kundgaben BARTHs zeigt sich die Misere seiner „Not"-Lösung des Analogieproblems in Gestalt einer ausschließlichen analogia fidei[44]. Da diese keinen Bezug zur Struktur des Humanum impliziert, eröffnet sie kaum einen Zugang zu einer *theologischen* Interpretation des menschlichen So-seins in seiner Geschichtlichkeit. Insofern hatte BARTH nicht Unrecht, wenn er sich gegenüber der Redeweise von seiner angeblichen theologischen „Kehre" zurückhaltend bis ablehnend verhielt und nur politisch aktualisierende *Folgerungen* für seine spätere Lebensperiode einräumte. Tatsächlich *bleibt* ein eigentümlich ungeschichtliches Klima in seiner Theologie, von dem schon die Rede war, als wir von seiner Beziehung zu HEGEL sprachen, und das auch durch die Einführung der analogia fidei nicht grundlegend geändert wird. Diese führt eher zu Trübungen und Unklarheiten, die es dem Leser schwer machen, darüber zu entscheiden, ob gewisse konkrete sozial- oder politisch-ethischen Aussagen *theolo-*

---

[39] How my mind has changed I – 1928–38; zit. bei: EBERHARD BUSCH, K. Barths Lebenslauf, 1975, 286.

[40] BUSCH, aaO. 286.

[41] BARTH zum Kirchenkampf. Beteiligung – Mahnung – Zuspruch. In: ThEx N.F. Nr. 49, 1956, S. 91.

[42] ThSt I, 1937. – Auch P. TILLICH spricht von dieser Kehre, nimmt aber als Zäsur BARTHs Buch „Die Kirche u. die polit. Frage von heute" (2. A. 1938) an: TILLICH, WW XII, 324ff.

[43] AaO. S. 3.

[44] BARTH kann sie auch analogia relationis nennen, wenn er im Anschluß an Gen 1,26 von einer „Pluralität im göttlichen Wesen" spricht, so z.B. KD III, 1; 220.

gisch legitimiert sein sollen oder ob sie nur *Ermessens*urteile sind, die ihr besonderes Gewicht lediglich dadurch gewinnen, daß die Autorität eines prominenten
Theologen hinter ihnen steht.

So kommt es zu einem eigentümlichen Zwiespalt in Barths theologischen
Aussagen: Manchmal kommt es (1.) zu direkten Analogie-Aussagen, die in dieser ihrer Direktheit formal kaum hinter dem zurückstehen, was wir etwa aus der
auf die analogia entis gegründeten scholastischen Naturrechtslehre kennen[45]. In
anderen Fällen (2.) wiederum scheint es nur um Aussagen der (vom Glauben
allenfalls *ernüchterten*) Vernunft des Schweizers Karl Barth zu gehen. Beide
Fälle möchte ich kurz illustrieren:

ad 1: „Direkte" Formen der Analogie, die über das hinausgehen, was die analogia fidei eigentlich aus sich herausgeben könnte, zeigen sich sowohl im Bereich
theologischer Grundsatz- wie konkreter ethischer Urteile.

(1.) Zu den *Grundsatz*-Urteilen: Barth leitet die menschliche Ich-Du-Beziehung und innerhalb ihrer besonders die Ehe aus einer von ihm entfalteten inner-
göttlichen Struktur, aus der „Pluralität im göttlichen Wesen" unmittelbar ab:

Diese „Pluralität" folgert er aus dem Selbstgespräch Gottes: „Lasset uns Menschen
machen, ein Bild das uns gleich sei" (Gen 1,26): Gott „wollte die Existenz eines solchen
Wesens, das ihm in seiner ganzen Nicht-Göttlichkeit und also Andersartigkeit ein wirklicher Partner, der ihm gegenüber verhandlungs- und bündnisfähig, dem also seine eigene,
die göttliche Lebensform (erg.: die genannte Pluralität) nicht fremd, das vielmehr in ge-
schöpflicher Wiederholung (!), als Abbild und Nachbild (!), seinerseits ein Träger seiner,
der göttlichen Lebensform sein möchte ... Eben dieser göttlichen Lebensform Wiederholung, ihr Abbild und Nachbild ist der Mensch ... So ist ... die *Analogie* zwischen Gott
und Mensch sehr schlicht die *Existenz im Gegenüber von Ich und Du*. Sie ist zuerst für *Gott*
konstitutiv; sie ist es dann auch für den von Gott geschaffenen *Menschen*."[46]
„Oder ist es nicht greifbar (!), daß wir es zwischen jenem Merkmal des Wesens *Gottes*:
daß er ein Ich und ein Du in sich schließt, und dem Wesen des *Menschen*: daß er Mann
und Frau ist, mit einer nun wirklich einfachen und klaren Entsprechung (!), und zwar eben
mit einer *analogia relationis* zu tun haben?"[47]

Angesichts solcher Texte – die natürlich zu vermehren wären! – drängt sich
doch die Frage auf, wie sich diese Formen einer Entsprechung von Zeit und
Ewigkeit noch von der analogia entis unterscheiden lassen. Irre ich mich, wenn
ich hier einen ganz anderen Ton als den der „bloßen" analogia fidei heraushöre?
Hier setzt Gott doch nicht nur je und je eine im Glauben gegebene „aktuelle"
Analogie, sondern er setzt eine ontische, ein für allemal geltende Entsprechung.
Hier geht es um menschliche Daseinsstrukturen auf der horizontalen, geschicht-
lichen Ebene, die in keiner Weise auf den Kreis der Glaubenden beschränkt sind.
Welche Bedeutung sollte der Glaube und damit auch die analogia fidei in *diesem*
Zusammenhang noch haben? Kommt dem Glauben hier nicht die bloße Bedeu-
tung zu, daß er diese Entsprechung von Gott und Mensch *erkennen* läßt, daß

---

[45] Zu dieser vgl. ThE I, § 1852ff.
[46] KD III,1; 207.
[47] AaO. 220.

ihm also bloß noetische, nicht aber – wie sonst in der analogia fidei – eine ontische Bedeutung zukommt?

(2.) Es ist kein Wunder, daß sich diese Unschärfe in der Planskizze des Analogie-Begriffs auch in dem angedeuteten Zwielicht konkreter *ethischer* Stellungnahmen auswirkt.

Ein Beispiel für eine ähnlich direkte Form der Analogie, hier mit christologischer Akzentuierung, kann in BARTHS konkreter *politischer* Programmatik aufgezeigt werden, so etwa in der Schrift „Christengemeinde und Bürgergemeinde" (1946). Hier wird die in der analogia fidei lebende Kirche als eine Größe verstanden, die den Auftrag hat, durch ihre Ordnung und ihr Verhalten dem „gleichnisfähigen" und „gleichnisbedürftigen" Staate[48] als analoges Vorbild zu dienen, so daß diesem eine gleichsam abgeleitete, eine Analogie zweiten Grades zugemessen wird. Diese Analogie drückt sich graphisch in dem Bild von zwei konzentrischen Kreisen aus, von denen das politische Wesen den weiteren, die Christengemeinde den engeren Kreis repräsentiert. Beide sind aber auf die gleiche (christologische) Mitte bezogen: „Die Gerechtigkeit des Staates in christlicher Sicht ist seine Existenz als ein *Gleichnis,* eine Entsprechung, ein Analogon zu dem in der Kirche geglaubten und von der Kirche verkündigten Reich Gottes."[49]

Dabei geht die Analogie zwischen Staat und Kirche so weit, daß auch einzelne Strukturformen des Staates aus ihr (und das heißt dann: christologisch) abgeleitet werden: So wird aus der Tatsache, daß die Glieder der Gemeinde durch das *eine* Haupt Christus miteinander verbunden sind, die politische Entsprechung abgeleitet, daß die Freiheit des Bürgers stets im Rahmen wechselseitiger Verpflichtung gesehen werden muß[50], und daß so „die christlich-politische Richtung und Linie, die sich vom Evangelium her ergibt, eine auffallende Neigung nach der Seite verrät, die man gemeinhim ... als die des ‚demokratischen' Staates zu bezeichnen pflegt"[51]. (Ob nicht ein „Deutscher Christ" aus dem gleichen Faktum des Einen Hauptes mit Hilfe dieser sehr konstruierten Analogie genau das Gegenteil hätte ableiten können: „Ein Volk, ein Reich, ein Führer" –? Sit venia verbo!)

Wie konstruiert diese christologische Analogie tatsächlich ist, wird geradezu grotesk deutlich, wenn sie bis ins Detail ausgezogen und aus ihr gefolgert wird, daß die „Geheimdiplomatie" im Widerspruch stünde zu dem „Licht", das in Christus aufleuchtet: Die Christengemeinde „lebt am angebrochenen Tage des Herrn ... Die notwendige politische Entsprechung dieses Sachverhaltes besteht darin, daß die Christengemeinde die abgesagte Gegnerin aller Geheimpolitik und Geheimdiplomatie ist. Was grundsätzlich geheim sein und bleiben wollte, das könnte auch in der politischen Sphäre nur das Unrecht sein ... Wo Freiheit und Verantwortlichkeit im Dienste der Bürgergemeinde Eines sind, da kann und muß vor *Aller* Augen gehandelt werden[52]. (Hoffentlich wird es nicht als vorlaut empfun-

---

[48] AaO. 29.
[49] AaO. 29.
[50] AaO. 36.
[51] AaO. 45.
[52] AaO. 38.

den, wenn ich mir hier die Frage zu stellen erlaube, ob bei dieser Forderung weniger die christologische Analogie, als die Analogie zu einem – in vielem so beglückenden – schweizer Kanton wirksam gewesen sei[53].)

ad 2: Es gibt in den politischen Stellungnahmen BARTHS andere Fälle, in denen selbst Rückgriffe auf eine noch so konstruierte Analogie nicht mehr wahrnehmbar sind und in denen theologisch nicht gestützte – oder nur *scheinbar* gestützte – Ermessensurteile das Feld beherrschen. Hier wirkt sich die vom Schreckgespenst des Neuluthertums ausgelöste Absage an jede Differenzierung zwischen Weltreich und Gottesreich verwirrend aus. Denn nur bei einer solchen Differenzierung wäre es möglich gewesen, ein blankes, klares, unverhülltes „Welt"-Urteil abzugeben und damit dem Verdacht zu entgehen, hier werde nur theologisch verklausulierte Politik getrieben.

Ermessensurteile dieser untheologischen Art, in ähnlichen politischen Situationen erstaunlich verschieden ausfallend, zeigen sich in erbetenen brieflichen Beratungen, für die ich zwei exemplarische Fälle nenne:

Einmal den berühmten Brief an BARTHS Prager Kollegen JOSEF HROMADKA während der Tschechenkrise August/September 1938[54]: „... mit der Freiheit Ihres Volkes steht und fällt heute nach menschlichem Ermessen die von Europa und vielleicht nicht nur von Europa. Ist denn die ganze Welt unter den Bann des bösen Blickes der Riesenschlange geraten? ..." Wenn der Ernstfall tatsächlich eintrete, hoffe er, „daß die Söhne der alten Hussiten dem überweich gewordenen Europa dann zeigen werden, daß es auch heute noch Männer gibt. Jeder tschechische Soldat, der dann streitet und leidet, wird es auch für uns – und ich sage es heute ohne Vorbehalt: *er wird es auch für die Kirche Jesu Christi tun,* die in dem Dunstkreis der Hitler und Mussolini nur entweder der Lächerlichkeit oder der Ausrottung verfallen kann."[55] – Dieser Brief, am 24. September in Prag veröffentlicht, löste in Deutschland eine Propaganda-Kampagne der GOEBBELS-Presse aus, die der Bekennenden Kirche große Verlegenheit besorgte, aber auch bei BARTHS Freunden zu einer theologischen Betretenheit führte. So widersprach ihm z.B. aus London FRANZ HILDEBRANDT, BARTH- und BONHOEFFER-Freund zugleich. Daß er die politische Lage anders beurteilte, ist dabei weniger wichtig als sein theologisches Unverständnis: „Haben Sie uns nicht gelehrt, den politischen Protest und die Predigt des Evangeliums auseinanderzuhalten? Haben Sie uns nicht gelehrt, daß die Kirche jederzeit und ausschließlich mit den Waffen der geistlichen Ritterschaft zu kämpfen habe", daß es also – wie wir im Sinne LUTHERS und seiner Schriften zum Türkenkrieg hinzufügen dürfen, keine Kreuzzüge zum Schutz von Evangelium und Kirche geben dürfe[56]?

Ferner: Zwölf Jahre später (1950) wurde ein deutscher Beitrag zur militärischen Verteidigung des Westens leidenschaftlich diskutiert. Die Bedrohung durch eine östliche

---

[53] Weiteres zum Problem „Christengemeinde u. Bürgergemeinde" in ThE II,2, § 4068ff. – Hinweise auf sonstige Behandlungen des Analogie-Problems in der KD: I,2, 175. – II,1, 96ff. – III,1, 220. – III,2, 267ff. – III,3, 406. – IV,1, 196 u.a. – Vgl. ferner G. WINGREN, Die Methodenfrage der Theol., 1957, bes. 43 u. 47.

[54] Abgedruckt in: Eine Schweizer Stimme, 2.A. 1948, 58f.

[55] AaO. Hervorhebg. v. Verf.

[56] Dokumentiert bei KLAUS SCHOLDER, Die Demokratie fragt jetzt um Bewaffnung. Ein Briefwechsel (K. Barths) aus dem Jahre 1938 u. eine Ergänzung aus dem Jahre 1950, in: FAZ 187/1981. – Ein Brief BARTHS mit ähnlicher Tendenz wie der an HROMADKA ging am 24. Oktober 1938 an eine holländische Pfarrfrau: Schweizer Stimme, 63ff.

Diktatur schien ähnlich wie die von 1938 durch die Nazi-Diktatur: Ausgelöst durch den gewaltsamen Umsturz in Prag und die Berliner Blockade, auch durch den Korea-Krieg (1950), hatte der Kalte Krieg begonnen. Martin Niemöller und Gustav Heinemann, die Barth nahe standen, waren Wortführer in dem Kampf *gegen* einen deutschen Wehrbeitrag. In dieser Lage wurde Karl Barth erneut um eine Stellungnahme gebeten. Diesmal schätzte er die Lage aus politischen – sicher nicht theologischen! – Gründen ganz *anders* ein, wie er denn bei aller Kritik an bolschewistischen Methoden die Stalin-Diktatur stets anders eingeschätzt hat als die Hitlersche. Er wandte sich also gegen eine entsprechende militärische Absicherung und meinte „nicht dringlich genug darauf aufmerksam machen (zu) können, daß es dem Kommunismus gegenüber letztlich und im Grunde nur die positive Abwehr gibt, die in der Schaffung gerechter, für alle Schichten der Bevölkerung tragbarer sozialer Verhältnisse liegt"[57].

Niemand wird Barth das Recht bestreiten können, eine solche Meinung zu haben; man wird ihr vielleicht sogar ein gewisses geschichtliches Recht einräumen. Doch darum geht es garnicht. Das Problem besteht viel mehr darin, ob ein Theologe das Recht habe, für eine Entscheidung der Christengemeinde zu plädieren, zu der er allenfalls vernünftige Ermessensgründe, jedoch keine theologischen Argumente anführen kann. Ermessensentscheidungen können aber prinzipiell verschieden ausfallen, auch wenn Christen sie fällen – etwa als Mitglieder einer Synode –, die auf dem gleichen Glaubensgrunde stehen.

Werden deshalb diese relativen, diese „weltlichen, allzu weltlichen" Entscheidungen theologisch *aufgewertet,* so drohen sie unter der Hand zu Glaubensentscheidungen, sodann zu casus stantis et cadentis ecclesiae zu werden, die den Leib Christi zerreißen.

Dieser Zustand ist in der Tat in den folgenden Jahrzehnten immer wieder eingetreten, wenn der Streit um die Methoden der Friedenssicherung, um friedliche und militärische Verwendung der Atomkraft und vieles andere das geistliche Leben der Kirche immer mehr zu bestimmen schien als der Glaube an die Auferstehung Christi. Kein Mensch bestreitet den fundamentalen Ernst dieser Fragen. Niemand kann auch leugnen, daß sie unsere Verantwortumg coram Deo herausfordern und daß die Kirche den Auftrag hat, dieser Verantwortung das Wort zu reden und sie geistlich zu vertiefen. Nur kann es im Bereich politischer, wirtschaftlicher und sozialer *Methoden* keine Bekenntnisurteile „der" Kirche geben, sondern eben nur Ermessensurteile ihrer Glieder, die diese im Rahmen ihrer Sachkunde, ihres Einflusses und ihrer demokratischen Mitverantwortung zu fällen haben. Sie aber zu Glaubensbekenntnissen „der" Kirche hochzustilisieren, ist im strengen Sinne „Häresie" – Zerteilung des Leibes Christi[58].

Ich bin weit davon entfernt, Karl Barth die Schuld an dieser Entwicklung zu geben. Daß aber das Vakuum der Geschichtslosigkeit, das seiner Theologie

---

[57] Scholder, aaO.

[58] Einen besonders krassen Modellfall dieser irregeleiteten, Barth unkritisch fortspinnenden theologischen Ethik bildet die Erklärung des Reformierten Bundes in Deutschland „Das Bekenntnis zu Jesus Christus u. die Friedensverantwortung der Kirche" vom Sommer 1982. Hier wird im Stil eines Bekenntnisses die Ablehnung aller Atomwaffen zum Zweck der Abschreckung aus einer Ermessensfrage zum status confessionis gemacht, ebenso die Bereitschaft zu einseitiger Abrüstung. Bis in die Formulierung hinein klingen Sätze der Barthschen Christologie nach.

anhaftet, einen Beitrag zu der immer wieder zu beobachtenden Wehrlosigkeit weiter Kreise der Kirche gegenüber jener Häresie geleistet hat, das erscheint mir gleichwohl nicht unwahrscheinlich.

Was uns nottut, ist eine Neubegründung der theologischen Ethik, die mit jenem Vakuum aufräumt. (Es ist nicht so, daß keinerlei Versuche zu dieser Neubegründung vorlägen!) Eine solche Ethik wird das Analogieproblem neu durchdenken, vor allem aber die Zwei-Reiche-Lehre neu in Angriff nehmen müssen. Sie kann LUTHERS ersten Ansatz dazu nicht einfach reaktionär übernehmen und dabei seine Zeitgebundenheiten übersehen. Sie muß erst recht die Irrwege des Neuluthertums korrigieren, die in F. NAUMANN und seiner zwei-Götter-Lehre einen ersten Höhepunkt erreichten, um dann bei führenden Lutheranern während des Dritten Reiches endgültig in die Sackgasse zu führen [59]. Im Grunde gibt es keine theologische Ethik – auch keine calvinistische, auch keine katholische Moraltheologie –, die nicht zumindest implizit das Thema der Zwei-Reiche-Lehre enthielte.

Finis

Wir haben einen weiten und vielverschlungenen Weg zurückgelegt, und auch der letzte Abschnitt über die Dialektische Theologie war nicht eben eine Schluß-Gerade. Der Grund, aus dem ich einiges von ihrer Geschichte ausführlicher behandeln mußte, liegt wohl am Tage: Sie bildet eine scharfe Zäsur zwischen dem Ende einer theologischen Entwicklung, für das TROELTSCHS ausgloses Ringen mit dem alles relativierenden Historismus symbolisch war, und einem radikalen Neubeginn, der von der unendlichen qualitativen Differenz zwischen Zeit und Ewigkeit aus die *Offenbarung* des Unbedingten auf den Scheffel stellte.

Ich bemühte mich dabei zu zeigen, daß die analogielos-radikale Diastase von Zeit und Ewigkeit auf gewisse Probleme der Anthropologie – vor allem der Geschichtlichkeit des Menschen und damit der theologischen Ethik – stieß, die sie von diesem Ansatz her nicht zu bewältigen vermochte. Diese ihre Aporie war es vor allem, die zur Aufspaltung der dialektischen Schule führte: Alle ihre bisherigen Vertreter, mit Ausnahme BARTHS selbst, suchten nach einem neuen (oder doch alten und schon vielfach durchreflektierten) anthropologischen Bezug des Denkens, wie er in TILLICHS „Korrelationsprinzip" seine wohl klassische Formulierung gefunden hat [60]. Es ging dabei um eine Variante des immer schon umkreisten *Analogie*-Problems: um die Relevanz der menschlichen Wirklichkeit für das theologische Denken.

---

[59] Zu NAUMANN: Briefe über die Religion, 1903, 81; vgl. ThE II,2 Reg. – Nützlich ist die Stoffsammlung: Umdeutung der Zweireichelehre Luthers im 19. Jahrh., in: Texte zur Kirchen- u. Theol.geschichte, Nr. 21, Gütersloh 1975.

[60] System. Theol. I, 1955, 79.

Waren damit aber die dialektischen Brüder von einst – danach ihre theologischen Söhne und heute ihre Enkel – nicht wieder auf die alte Problemlinie eingeschwenkt, die uns durch den ganzen in diesem Buch besprochenen Zeitraum hindurch beschäftigte? Was anders war es denn, das seit DESCARTES, seit der Aufklärung, seit der Romantik SCHLEIERMACHERS, seit dem kritischen und dem Hochidealismus die entscheidenden theologischen Probleme auslöste? Immer ging es doch darum, wie der Glaube sich in der neu entdeckten Wirklichkeit des Humanum zurechtfand – ganz gleich, ob es um das „Vernunftwesen" Mensch ging, um das intelligible Ich KANTS, um den endlichen Geist HEGELS oder den der geschichtlichen Relativität ausgesetzten Menschen: immer erwuchs denen, die nach dem Glauben und seiner Möglichkeit fragten, aus dieser Wirklichkeit des Humanum *Anfechtung*: Wie kann der als mündiges Vernunftwesen sich verstehende Mensch den christlichen Glauben mit seinen rationalen Normen in Einklang bringen, ohne einem Dogmatismus zu erliegen, der sein Wesen aufspalten mußte? Wie konnte er, nachdem KANT da gewesen war und ihm die Würde seiner Autonomie eröffnet hatte, noch theonom bestimmt sein?

So sprang dieselbe Frage immer neu auf, ohne daß der ganze Katalog ihrer Varianten hier noch einmal vorgeführt zu werden brauchte.

Eines jedenfalls ist der cantus firmus, der sich dabei allenthalben vernehmbar macht: Immer wieder geht es um die Anfechtung des Glaubens durch die erlebte oder empirisch erhobene Wirklichkeit, die Infragestellung des Unsichtbaren durch das Sichtbare, des Geglaubten durch das Geschaute, des Ewigen durch das Zeitliche.

Ebenso wie dieser cantus firmus ist aber noch ein *anderer* zu hören: die Frage, ob und wie es inmitten dieser Krisen zu erneuter *Aneignung* des Glaubens kommen könne. „Aneignung" aber kann ja nicht heißen, daß ich die so mich anspringenden Fragen umgehe, ihnen ausweiche oder sie verdränge, um mich blindlings vom Fließband der Tradition weitertreiben zu lassen. „Aneignung" kann kein Fundamentalismus irgendeiner Spielart sein. Sie kann nur bedeuten, daß ich das vor mir liegende Problemfeld *durchschreite* und *inmitten* seiner nach der Macht Ausschau halte, die stärker ist als alle Anfechtung, die mir die Gnade des Glaubens zuteil werden läßt und damit zugleich die Glaubbarkeit des Glaubens eröffnet. Die Theologiegeschichte ist, wie wir sahen, voller Siege und Niederlagen bei der Bewältigung dieser Fragen – auch voller *Schein*siege.

Einen Augenblick lang schien die Dialektische Theologie ein völlig neues Panorama zu eröffnen, in dem der Dualismus von Anfechtung und Aneignung den Rückzug angetreten hatte und nur das Senkrecht-von-oben das Feld beherrschte. Doch war dies nur ein Interim der Theologiegeschichte – nicht ein Atemstillstand, eher wohl ein Atemholen. Dann stellte sich das Problem der Wirklichkeit erneut und erwies so etwas wie einen character indelebilis (einen unzerstörbaren Charakter). Es scheint uns also wahrlich aufgegeben zu sein! Wir müssen diesem Auftrag standhalten. Vielleicht ist eben dies der *Sinn* unserer langen Wanderung: den Auftrag unseres theologischen Denkens mit Hilfe der Väter zu finden – ihn als Auftrag für *unsere* Zeit zu erkennen.

Gibt es also nichts Neues unter der Sonne, auch auf dem Felde der Theologie nicht? Ist alles schon einmal da gewesen?

Ja, es *ist* da gewesen und es wird auch *immer* sein, solange dieser Äon währt, solange in ihm geglaubt und über den Glauben nachgedacht wird. Doch wird es immer auf neue *Art* da sein, und der Glaube wird stets ein Abenteuer bleiben. Der Glaube wird – wie einst und immerdar – von einem ,,Dennoch" bestimmt sein und nicht von einem ,,Deshalb, weil ...". Er wird dieses Dennoch im Angesicht der Wirklichkeit des Humanum und damit gegen den Augenschein immer neu zusprechen lernen. Dabei wird die Gestalt dieses Dennoch sich so vielfach variieren, wie sich die Interpretationen jener Wirklichkeit (reflektiert oder unreflektiert) ändern. Es kann nur ein *Wunder* sein und bleiben, wenn wir der Anfechtung durch den Augenschein entrissen werden. In diesem Sinne sollten wir auf die Väter des Glaubens und auch des Unglaubens blicken, die je auf ihre Weise – hoffend oder auch scheiternd – in diesem Kampfe standen.

,,Selig ist der Mensch, dessen Ziel und Laufbahn sich in die Wolken jener Zeugen verliert, deren die Welt nicht wert war."

JOHANN GEORG HAMANN

Beilage

Gläubige, denkende, liebende Existenz

Ein Elogium für Paul Tillich[1]

Paulus war bereit und bemüht, allen alles zu werden;
aber zwei Dinge hat er sich doch ausgenommen, –
den Juden ein Wundertäter und den Hellenen ein Kulturchrist
zu werden.

MARTIN KÄHLER
(der Lehrer Paul Tillichs)

Wir ehren einen Mann, dem es zum Schicksal und dann auch zum Auftrag geworden ist, die Fakultäten der Universitas sowie die Traditionen der alten und der neuen Welt geistig zu umfassen. Die Entelechie des Denkens, die hier am Werke ist und sich „lebend entwickelt", ist wohl vor allem dadurch bestimmt, daß sie in polaren Kraftfeldern existiert, daß sie der Spannungen bedarf, um immer wieder zu sich selbst erzeugt zu werden und selber zeugerisch zu sein. So steht TILLICH – und das zeigt sich auch in seinem curriculum vitae – zwischen den Fakultäten, vor allem der theologischen und der philosophischen, und so steht er auch zwischen den Kulturen.

Die dadurch zustandekommenden Begegnungen führen aber nirgendwo zu statischen Synthesen und zu einem ruhenden Dritten gleichsam, das oberhalb dieses bewegten Spieles in platonischer Ruhe verharrte. Sondern diese Begegnungen vollziehen sich in einer nie zuendekommenden dynamischen Bewegtheit, sie gefrieren nie zu fixen „Ergebnissen", sondern bleiben die zwar scharf umrissenen, aber ständig im Geschehen befindlichen Elemente eines Gedankendramas, in dem sich der Autor unaufhörlich objektiviert, in dem er sich selber formt und umformt. Denn „die Grenze ist der für die Erkenntnis fruchtbare Ort", heißt es in der vielleicht prägnantesten Regieanweisung dieses Denkens. Die Grenze aber ist immer ein „Zwischen", ein Innestehen in Begegnungen, oder wie TILLICH sagt: in Korrelationen.

---

[1] Die folgende Rede wurde bei der Verleihung des Hansischen Goethe-Preises 1958 im Hamburger Rathaus gehalten. Ich füge sie im Gedenken an die freundschaftliche Verbundenheit mit PAUL TILLICH dem Gesagten noch hinzu, zumal sein Name in den vorangehenden Kapiteln immer wieder auftauchte. TILLICH hielt wiederholt Gastvorlesungen an der Hamburger Fakultät. Ein Semester hindurch vertrat er meinen Lehrstuhl in Hamburg, während ich den seinen in Chicago vertrat.

Hier liegt also der äußerste Gegentypus einer Denkgestalt vor, die sich parthenogenetisch immer neu aus sich selber erzeugt oder besser fortspinnt, während bei TILLICH die befeuernden Funken stets von außen hereinfliegen: aus der Konfrontation mit der gesellschaftlichen Wirklichkeit, mit der Kunst – besonders mit der griechischen Antike und der expressiven Moderne – und vor allem aus dem Dialog mit der Philosophie. So ist das Denken hier nie bei sich selber, es lebt selbst eben *nicht* aus den Gedanken, sondern es entwächst dem Eros, der es mit der Existenz, mit ihrer Bedrohung durch das Nicht-Sein, mit ihrer Angst und Hoffnung und mit dem Wissen um ihre „Getragenheit" verbindet. Man könnte auch sagen, dieses Denken sei ekstatisch, nicht im psychologischen Sinne eines irrationalen Flackerns – nein: dieses Denken ist zu kalter Glut gebändigt –, sondern in dem existenzialen Sinne, daß das Denken über sich hinaussteht oder unter sich hinunter greift und beide Male in die Schächte der Existenz hineinragt und in das Reich der Mütter vorstößt.

So ist denn auch die theologische Fakultät in TILLICHs Denken nicht bei sich selbst, um einen vermeintlich gesicherten Glauben lediglich in seine Reflexionsgestalt zu transponieren, sondern darum ist sie der philosophischen Fakultät zugewandt. Das bedeutet: Hier wird nicht etwa ein naiver Glaube in denkenden Glauben übersetzt, sondern hier begegnet die gläubige Existenz der denkenden Existenz; hier muß diese Personalunion zwischen beiden nun im Wagnis gefunden, hier muß in intellektueller Redlichkeit die Polarität ausgehalten werden.

Die so zustandekommenden geistigen Vollzüge sind immer ein Ertragen und Aushalten und Überwinden; sie halten Wache an den einmal entdeckten Grenzen.

Darum kann dieses Denken nie eigengesetzlich wuchern und der Lust an spielerischer Intellektualität verfallen – und wie nahe mag diese verbotene Frucht vor den Augen eines Denk-Virtuosen von solchen Graden baumeln! –, sondern darum bleibt dieses Denken stets ein ethischer Akt. Es ist ein *frommes* Denken, und zwar nicht primär in dem, *was* es denkt, sondern in dem, *wie* es denkt und wie hier die Freiheit der Gebundenen gelebt und durchdacht wird.

Endlich steht PAUL TILLICH noch auf der Grenze zwischen Europa und Amerika, um auch diese Spannung der Hemisphären in sich auszutragen und schöpferisch werden zu lassen. Daß ihm dieser auch im *Geographischen* universale Auftrag zuteil wurde, und daß er an ihm zum führenden Theologen der neuen Welt emporwuchs, ist das Ergebnis einer höheren Führung, die das, „was die Menschen gedachten böse zu machen", in ein gnadenvoll Gutes verkehrt hat. Denn 1933 – dieses einzige biographische Datum sei wenigstens verzeichnet – wurde er als einer der geistigen Führer des religiösen Sozialismus aus Deutschland vertrieben und fand dann durch die Hilfe REINHOLD NIEBUHRs eine neue Wirkungsstätte am Union Theological Seminary in New York.

Dieses jähe Eingetauchtwerden in ein völlig neues und fremdes Element mußte zunächst einen schweren geistigen Schock für einen Menschen mit sich bringen, der so wie TILLICH in den Überlieferungen des Abendlandes wurzelte, ja der – ich wage das zu sagen – ein ausgesprochen *deutscher* Denker war und der das

Erbe der Mystik, der Klassik und des deutschen Idealismus – nicht konservierend-antiquarisch, sondern in lebendiger Unmittelbarkeit – in sich trug und mit der Begriffskultur der deutschen philosophischen Tradition auch für die Amerikaner vorerst ein fremder, vielleicht im ersten Augenblick sogar steinerner Gast sein mochte.

Aber dieser Virtuose der Begegnung ließ das, was ihm zunächst als der Phobos des Fremden und des mit Verstummung Drohenden in den Weg trat, zu einem schöpferischen Antrieb dadurch werden, daß er die Bereitschaft aufbrachte, sein Geschick zu bejahen und durch die Umschmelzung der Gedanken in ein anderes Idiom die einstige Überdifferenziertheit seiner Aussageform zur Einfalt und Einfachheit des Sagens abzuklären. Nicht als ob das alles eine bloße Tat der Selbstgestaltung gewesen wäre! TILLICH würde es wohl selbst am wenigsten so verstehen wollen. Das gnadenvoll Hinzukommende, das diese Läuterung gelingen und dem aus Europa Entführten Amerika zur neuen Heimat werden ließ, war wohl etwas anderes. Und diese Stunde erlaubt es vielleicht, das mit den Engeln zu sagen, die Fausts Unsterbliches entführen: „Und hat an ihm die Liebe gar / von oben teilgenommen …"

Daß diese Liebe an ihm teilnahm und teilhat, ist die Botschaft, die der Mensch und Christ TILLICH nicht nur verkündet, sondern die er durch sein Dasein ausstrahlt. Darum würde der entscheidende Zug an seinem Bilde fehlen, wenn er uns in dieser Stunde nur als der Denkende und nicht vor allem auch als der Liebende erschiene.

Er war und blieb der Liebende, als er sein altes Vaterland verlassen mußte, und als ihm jedes Emigranten-Ressentiment fremd blieb. Er hat trotz der beklemmenden und schreckvollen Maske, mit der Deutschland verhüllt war, immer das Antlitz seines alten Vaterlandes gesehen – jenes Antlitz, das ihn aus den erlauchten Geistern unseres Volkes anblickte und das vor allem im Bilde seiner Freunde dem Herzen naheblieb. Und als unser Land in sein tiefstes Unglück stürzte, wandte er sich nicht ab, sondern winkte aus Leibeskräften herüber, kam herüber, warb, entschuldigte und deutete in Liebe. Wir wollen das diesem in Schuld und Leid – in *unserer* Schuld und in *unserem* Leid – bewährten Freunde nicht vergessen.

Diese Liebe war es wohl auch, die ihm das Herz der jungen akademischen Generation in Amerika gewann. Sie spürte hinter dem, was sie zunächst wie die spröde Schale einer unzugänglichen Abstraktion anmuten mochte, den Denker, der nicht einfach die Wahrheit im Sinne des „objektiv Richtigen" suchte, sondern dem es um eine Wahrheit ging, die frei zu machen vermochte. Und also suchte er eben sie selber, die Menschen, um sie an der Wahrheit genesen zu lassen. Dort, wo Wahrheit und Liebe eins sind – und das ist ja in Jesus Christus so –, kann nur der die Wahrheit finden, der die Menschen sucht, und kann nur der die Menschen suchen, der das Sein in der Wahrheit gefunden hat.

So spüren sie hinter der kristallisch geprägten Form der Gedanken den Seelsorger, sie spürten – TILLICHs Lehrer MARTIN KÄHLER hat es so einmal von THOLUCK gesagt – den „nach Jünglingen Dürstenden".

In Amerika sagte mir einmal ein Student – diese kleine Anekdote mag das anschaulich machen –: „When I am bad, I like Hollywood; when I am worse, I like Tillich." Zu deutsch: Wenn ich ein Kümmerchen habe, geh' ich ins Kino; doch wenn ich an einem wirklichen Brocken würge, dann geh' ich zu Tillich. – Dieser junge Mann wußte: Hier ist jemand, der selber den Mut zum Sein gefunden hat und der nur darauf wartet, auch mich dahin zu führen. Hier ist jemand, der um die Getragenheit des Seins weiß und der das Geheimnis kennt, daß wir wider alles eigene Postulieren-können gnadenvoll bejaht sind, auch wenn wir selber Nein zu uns sagen müssen.

Fast wage ich zu hoffen, daß mit diesen Bemerkungen der Herzpunkt in TILLICHs Denken bezeichnet sei.

Jedenfalls mag es die Kürze dieses Elogiums entschuldigen, wenn der Redner nicht die Gestalt als ganze porträtieren und wenn er erst recht nicht die Konturen des Systems nachzeichnen kann, sondern wenn er nur den Widerschein einer eigenen Begegnung aufleuchten läßt und damit das Wagnis der Deutung auf sich nehmen muß.

In der Tat erscheint mir das Denken aus Liebe als das tragende Motiv, und zwar in der doppelten Weise, daß dieses Motiv die Eros- und die Agape-Komponente in sich trägt. Das Eros-Motiv läge dann darin (ich denke an PLATONs Symposion), daß der Eros um eine ursprüngliche Einheit weiß, die zerbrochen ist und die er durch Vereinigung wiederherzustellen sich sehnt. Und wenn der Mensch nach dem Sein und nach einer Sinn-Orientierung inmitten des Seins fragt, dann liegt in dieser Frage die Erkundigung nach eben dieser verlorenen Einheit. Denn nur weil der Mensch vom Sein getrennt ist, weil er sein Verhängnis gleichsam im Rücken hat und weil er zugleich um dieses Abgetrenntsein seiner Endlichkeit weiß, *kann* er überhaupt nach dem Sein fragen. „Wer unendlich ist", sagt TILLICH, „stellt die Frage nach dem Sein nicht; denn als unendliches Wesen hat er die vollkommene Macht des Seins. Er ist mit ihm identisch, ist Gott." Gott kennt also diese Frage nach dem Sein nicht. Er ist ohne den Eros, der immer nur aus der Tiefe fragt. Die außermenschliche Kreatur aber kennt ihn auch nicht, denn sie wird nicht gewahr, daß sie endlich ist, und vegetiert also unterhalb des Eros, der die Frage allererst zu entbinden vermag.

Daß der Mensch aber so aus dem Sein heraussteht, daß er von ihm getrennt ist und nach ihm zurückfragen muß, das läßt ihn ein *gefährdetes* Wesen sein, das macht sein Existieren bedrohlich. Denn mit der „Erhebung über das Sein ist zugleich die Möglichkeit gegeben, das Sein zu verfehlen".

In dieser seiner Gefährdung sucht TILLICH nun den Menschen auf.

Gewiß: Er spricht als Systematiker, und die gehämmerte Strenge der Systemgestalt ist alles andere als emotionaler Zuspruch. Aber es kann dem, der schärfer hinsieht, und erst recht demjenigen, der das Glück hat, die Gedanken TILLICHs durch sein Bild vom *Menschen* TILLICH interpretieren zu können, nicht zweifelhaft sein, daß hier allenthalben menschlich gezielt gesprochen wird und daß das Ziel dabei ist, dem Menschen in seiner Gefährdung zurechtzuhelfen und ihm den „Mut zum Sein" wiederzugeben.

Er ist vielleicht im Letzten – der *Seelsorger,* der sich des Mittels der Gedanken bedient. Durch dieses Mittel des Gedankens richtet er den Nihilisten auf; denn der Nihilist kann die Bedrohung durch das Nicht-sein ja nur deshalb so leidvoll erfahren, weil hinter dem Innewerden des Nicht-seins die vorgängige Erfahrung des Seins steht; und selbst die schockierende Erfahrung der Sinnlosigkeit ist nur deshalb möglich, weil man vorgängig eben um Sinn weiß und bereits an ihm Maß genommen *hat. Auch unsere Infragestellungen leben von dem Gültigen, in dessen Namen wir sie vollziehen.*

So ist es denn gar nicht möglich, aus der Getragenheit des Seins herauszufallen. Darum kann das Ziel des Gedankenappells nur sein, den Bedrohten dieser seiner Getragenheit gewiß zu machen und ihm zu verdeutlichen, daß selbst seine Verzweiflung nur darum möglich ist, weil die Macht des Seins schon von ihm Besitz ergriffen *hat.*

Dieses Ja, das wie eine Glocke über unseren Verzweiflungen schwingt, ist freilich nicht dialektisch erschlichen, es ist – wie man vielleicht am Gegensatz zu HEGEL verdeutlichen könnte – nicht so etwas wie der unbewegte Indifferenzpunkt über der dramatischen Bewegtheit menschlichen Hoffens und Verzweifelns, menschlicher Erfüllungen und menschlichen Scheiterns. Sondern dieses Ja ist eine Gnade, die zugesprochen, die Ereignis werden muß und die deshalb, statt dialektisch als zeitloses Bonum postuliert zu werden, ein geschichtliches Widerfahrnis, ein Geschenk und eine gnadenvolle Annahme ist.

Ich kann nicht anders, als diese „Tröstung durch den Gedanken" – wie ich es nennen möchte – an einem Predigtzitat zu verdeutlichen. Dieses Zitat zeigt TILLICH in dem Augenblick, wo die heimliche, im System versteckte und gleichsam akademisch verhaltene Anpeilung des Menschen zur unmittelbaren Ansprache in der Verkündigung wird: „Die Gnade (diese Bejahung also)", sagt er, „trifft uns, wenn wir in großer Qual und Unruhe sind. Sie trifft uns, wenn wir durch das finstere Tal eines sinnlosen und leeren Lebens gehen. Sie trifft uns, wenn wir fühlen, daß wir ein anderes Leben verletzt haben, ein Leben, das wir liebten oder von dem wir entfremdet waren … Zuweilen bricht in einem solchen Augenblick eine Welle von Licht in unsere Finsternis ein, und es ist, als ob eine Stimme sagte: ‚Du bist dennoch bejaht!'. Dennoch bejaht, be-jaht durch das, was größer ist als Du, und dessen Namen Du nicht kennst. Frage jetzt nicht nach dem Namen, vielleicht wirst Du ihn später finden … Trachte nach nichts, versuche nichts, beabsichtige nichts. Nimm nur dies an, daß Du bejaht bist."

Frage nicht nach dem Namen – frage nicht vorzeitig nach ihm, so gibt der Prediger TILLICH hier zu verstehen. Muß diese Unterdrückung des christlichen Schul-Vokabulars im dogmatischen System und sogar in der Predigt nicht im ersten Augenblick befremden? Warum diese Furcht gegenüber vorschnellen Antworten, warum also das, was DIETRICH BONHOEFFER die „nicht religiöse Interpretation" und die „weltliche" Sprache der christlichen Verkündigung nennt?

Obwohl TILLICH sich von der sokratischen Mäeutik – ähnlich wie KIERKEGAARD – dadurch unterscheidet, daß er nicht ein schon gegebenes Wissen aus dem Menschen herausholen, sondern daß er ihm etwas zu sagen und zuzusprechen wünscht, was er sich gerade *nicht* selber sagen kann, so ist hier doch *eine* sokratische Absicht nicht zu übersehen: Die unmittelbare, der Innengeschichte gleichsam *voran*eilende Mitteilung der Botschaft könnte so etwas wie ein dogmatisches Oktroi werden, das die Existenz gar nicht erst zu eigenem Fragen kommen ließe, sondern das den Keim der Frage durch die Übermacht und die Vorzeitigkeit von Antworten erschlüge. Darum sieht TILLICH, wenn ich das recht beobachtet habe, im Routinebetrieb der kirchlichen Verkündigung eine große Gefahr. Die selbstsichere Übernahme einer traditionellen Christlichkeit und die Verwendung ihrer Klischees läßt gar nicht zu einem eigenen glaubenden Selbst kommen, sondern reichert nur mit unverdaulichen Fremdstoffen an und führt zu Deklamationen fremder Texte statt zu eigenen Bekenntnissen des Inhaltes dieser Texte.

Insofern kann das Christliche nur aus der eigenen, aus der *existenziellen* Frage zugänglich werden. Die Aufgabe des Verkünders und Seelsorgers, diese Frage stellen zu lehren, bedeutet dabei, daß er eine Konfrontation mit dem Nichts und der Sinnlosigkeit geradezu provozieren muß und daß er den Menschen erst an *dieser* Stelle abholen darf.

Wenn ich recht sehe, zeigt sich an diesem Angelpunkt der denkerischen Seelsorge, wie TILLICH die Theologie LUTHERs mit den Fragestellungen des modernen Existenzialismus verbindet. Wenn LUTHER sagt: tentatio facit theologum, die Anfechtung mache den Theologen, dann meint auch er die Konfrontation mit dem Nichts der Verzweiflung, durch das jeder hindurch muß, der nicht nur traditionelle Bildungserlebnisse haben, sondern der den Glauben in sein eigenes Selbst einstücken will und der also nicht von „dem" Gott zu sprechen wünscht (wie unverbindlich ist das!), sondern der im Akte persönlicher Aneignung bekennen möchte: „*Mein* Herr und *mein* Gott!" Und wenn der Existenzialismus von der Verfallenheit an das Man, von der Selbst-Entfremdung des Ich durch andrängende Außenstoffe spricht (durch die Übermacht der Historie wie bei NIETZSCHE; durch die vorgegebene essentia wie bei SARTRE; durch das übergestülpte System wie bei KIERKEGAARD; durch das Man wie bei HEIDEGGER) und wenn er zu einem eigenen Selbst dadurch zu führen wünscht, daß er die Existenz gerade in das Nichts *hinein*hält, dann ist hier – wie mir scheint – der Fragestellung nach die gleiche Daseinsaufgabe angesprochen.

Darum ist der Nerv in TILLICHs System die Idee der *„Korrelation"*. Das bedeutet: Die christliche Botschaft hört nur dann auf, ein doktrinäres und der Selbstentfremdung überantwortendes Oktroi zu sein, wenn sie als Antwort einer vorgängigen Frage entspricht. Diese vorgängige Frage ist, so darf man es vielleicht ausdrücken, der Hilferuf der vom Nichtsein bedrohten Existenz.

Darum müssen alle christlichen Begriffe durch das Mittel der Interpretation in die Form dieser vorgängigen Frage eingepaßt werden. Nur dann sind sie zur Aneignung freigegeben und führen das Selbst „zu sich selbst", statt es sich zu entfremden.

Im einzelnen sieht dieser Vorgang der Einpassung und der Interpretation dann etwa so aus: „Wenn der Begriff Gott ... in Korrelation mit der ... Bedrohung durch das Nichtsein erscheint, dann muß Gott die unendliche Macht des Seins genannt werden, die der Bedrohung durch das Nichtsein widersteht ... Wenn die Angst als das Gewahrwerden der Endlichkeit verstanden wird, dann muß Gott der unendliche Grund des Mutes genannt werden ... Wenn der Begriff ,Reich Gottes' in Korrelation mit dem Rätsel unserer geschichtlichen Existenz erscheint, muß ,Reich Gottes' der Sinn, die Erfüllung und die Einheit der Geschichte genannt werden."[2]

So tauchen zwar alle Begriffe der christlichen Tradition auf, aber sie sind in das Frage-Antwort-Schema eingespannt. Und wenn sie dabei zunächst bis zur Unkenntlichkeit maskiert und verändert zu sein scheinen, so geht es doch umgekehrt darum, ihr eigentliches Gesicht gerade ans Licht zu heben und sie als *das* erscheinen zu lassen, „was mich unbedingt angeht". Denn das nur Übernommene und Nachgesprochene geht mich nicht an. Das unmittelbar christliche Vokabular kann so ein spielerischer Verschleiß von bloßen Worten sein und kann ein heimliches Noli-me-tangere enthalten.

Ein Gespräch mit seinem Freunde FEDOR STEPUN brachte das mit besinnlichem Charme zum Ausdruck. „Von den Engländern hat man gesagt", so meinte STEPUN, „daß, wenn sie ,Gott' sagen, sie ,Kattun' meinen. Von Ihnen, Herr Tillich, möchte man behaupten, daß, wenn Sie ,Kattun' sagen, Sie ,Gott' meinen. Warum sagen Sie nicht lieber gleich Gott?" TILLICH gab zur Antwort: „Solange die Menschen das Wort Gott nicht mehr verstehen (weil sie es eben nicht als Antwort auf ihre Fragen erfassen), werde ich Kattun sagen, vorausgesetzt, sie verstehen, daß ich ihnen etwas von Gott sagen will."

Wenn TILLICH also sowohl auf dem Katheder wie auf der Kanzel die sakrale Esoterik der Sprachgestalt durchbricht und die Profanität der Aussage vorzieht, dann liegt in dieser „nicht-religiösen" Verkündigung sehr viel mehr als eine missionarisch gemeinte Angleichung an den säkularen Menschen. Hier geht es nicht um eine Methode des Sagens, sondern um die Sache selbst.

Es ist diese *Sache,* es ist dieser Kampf um ihre Glaubwürdigkeit, um ihr unmittelbares Mich-angehen, die unsere Generation und vor allem die Jugend gegenüber dieser Botschaft aufhorchen lassen. Denn wenn es hier wirklich darum geht, daß der Mensch am Orte seiner Bedrohung abgeholt werden soll, dann kann die hier verhandelte Sache sich nicht darin erschöpfen, daß das Glauben *leichter* gemacht würde, daß TILLICH ihm das Wagnis der Entscheidung und des Sprungs abnähme. Trotz allen Eingehens auf die vorgängige Frage des Menschen, trotz aller ontologischen Analytik des Daseins, die das Ziel der Verkündigung anpeilen soll, geht es ja auf keinen Fall um eine Assimilation der Botschaft an eben diesen Menschen und seine Fragen. Auch sein Zweifel und seine Verzweiflung werden nicht durch Diskussion behoben, sondern es geht darum und bleibt dabei, daß die Bejahung, daß die Gnade *zugesprochen* und im wagenden Sprung *ergriffen,* daß sie also *geglaubt* werden muß ... Die Toga des

---

[2] System. Theol. I, 79.

Philosophen darf nicht darüber hinwegtäuschen, daß hier ein Botschafter spricht. Und weil es ein Botschafter ist, geht es niemals um die *immanente* Überwindung des Zweifels. Das Ziel *solcher* Überwindungen könnte ja nie die Wahrheit, die Aletheia (also die Enthüllung) sein, sondern allenfalls das intellektuelle Aufzeigen eines Richtigen. Da die Wahrheit hier aber ein Ereignis, da sie das Widerfahrnis der Bejahung ist, darum geht es nicht um die Aussage, daß dies und das „richtig" sei, sondern darum geht es um das neue, um das begnadete *Sein.*

Vielleicht ist die ontologische Bestimmtheit von TILLICHs Denken besonders geeignet, um diese von ihm gemeinte „Sache" angemessen auszudrücken, und vielleicht wird gerade die junge Generation hier besonders hellhörig. Denn die innerste Leidenschaft ihres Suchens richtet sich, so will mir scheinen, nicht auf eine Erlösung durch Wissen und Einsicht, sondern auf eine Erlösung, die mir neue *Wirklichkeit* schenkt, die Zukunft enthält und das Leben finden, es im Finden aber auch gelingen läßt. Was unsere Generation bei TILLICH sucht, ist nicht ein Gedachtes – selbst wenn hier in Perfektion gedacht wird! –; sondern was sie sucht, ist das „begnadete Sein" selbst, das allererst im Denken *kund*wird und das nur Signale der Reflexion aufrichtet, um auf eine Wirklichkeit hinzuweisen, die sich hier aussprechen, kundtun und schenken will.

Das System mag in der Ausgewogenheit seiner Symmetrien und in den Proportionen seiner Gewölbe und Pfeiler auch ästhetisch genossen werden wie eine Architektur. Und wer den Sinn für Anmut und Würde eines gekonnten Gedankenspiels nicht völlig verloren hat und wer kein Böotier und Beckmesser ist, dem mag die Freude an diesem Wohllaut des Gefüges von Herzen gegönnt sein. Wer aber *nur* diesen amor intellectualis walten ließe, der würde die Pointe des Ganzen gerade verfehlen: daß hier nämlich der Botschafter und Mittler einer neuen Wirklichkeit, eines Lebens*ereignisses* spricht. Und dem würde dieses Denken dann zum Spiel der Schatten auf der inneren Wand der platonischen Höhle, während doch hier einer die Anstrengung des Denkens auf sich nimmt, um uns der Höhle zu entreißen und um auf eine Wirklichkeit hinzuweisen, die alle Schatten und Finsternisse transzendiert, weil sie die Macht des Seins selbst ist.

Darum täte man TILLICH Unrecht, wenn man in seinem Denken nur eine philosophische Ontologie sähe, die lediglich „christliche Ideen" verarbeitet. Das wäre eine Fehldeutung schon deshalb, weil in der Herzkammer dieses Gedankengebäudes etwas mitgeteilt wird, das der Mensch sich eben *nicht* selber sagen kann, und das in der Terminologie der Überlieferung „Offenbarung" heißt. Daß das Sein nicht nur gefährdet, sondern auch getragen ist, daß es von Armen umfangen ist, denen keine Verzweiflung sich entwinden kann, und daß wir bejaht sind, auch wenn wir an der Grenze der Selbstvernichtung stehen – das ist nicht das Fazit von Deduktionen, sondern das ist eben die Mitteilung jenes Widerfahrnisses, das ist ein Brief, der uns überbracht wird und der von keinem Menschen konzipiert oder gar geschrieben ist.

Daß freilich die Umschmelzung christlicher Gedankengehalte in dieses Schema einer Ontologie und der Frage-Antwort-Korrelation auch *Wagnisse* des

Denkens enthält, ja daß es immer vor die Möglichkeit des Scheiterns gestellt ist, das ist jedem klar, der in theologischen Laboratorien arbeitet. Daß die Kategorien, mit deren Hilfe die christlichen Gedankengehalte erfaßt werden – und eben erfaßt werden *müssen,* wenn sie in ihrem unbedingten Michangehen deutlich werden sollen! –, daß diese Kategorien immer auch auf dem Sprunge liegen, um ihren Auftrag begrifflichen Dienens zu einer *Herrschaft* des Systems auszuweiten: diese Gefährdung teilt TILLICH mit allen denen, die ihrer Zeit als Botschafter das Letzte mitzuteilen wagen, aber auch mit allen, die das „Reich Gottes mit Gewalt an sich reißen". Nur gibt es wenige Systematiker von solchem Range, die ihr Charisma derart in Kontrolle halten, die also nicht nur mit dem Pfunde architektonischen Gestaltens wuchern, sondern die auch ihren eigenen Tugenden gegenüber derart mißtrauisch sind. Denn auch unser theologisches Denken ist ein menschliches, allzu menschliches Werk, das sich in seiner Fehlsamkeit dessen getrösten muß, daß es ebenfalls „getragen" ist, daß es unter der Vergebung steht, und daß die Überraschungen und Revisionen des Jüngsten Gerichts den nicht zerscheitern dürfen, der ein Diensttuender und kein Pharisäer des Denkens gewesen ist und der das Wagnis des Denkens nicht als Abenteurer, sondern als Liebender auf sich nahm. Vielleicht darf ich den Imperativ und zugleich den Trost, den ich diesem liebenden Denker und uns allen, die wir am gleichen Strange ziehen möchten, zurufen darf, in die Worte fassen: *Man muß Häresien wagen, um die Wahrheit zu gewinnen.*

Es ist ein hintergründiges Spiel der Lebensmächte, daß wir PAUL TILLICH heute vor dem Haus am Frauenplan zu Weimar begegnen. Wenn das nicht ein Zufallstreffen im Gemenge der klassischen Walpurgisnacht sein, sondern wenn dem Symbolkraft innewohnen soll, dann ist es sicher die, daß auch GOETHE nach TILLICHs Deutung eine Gestalt der Grenze ist, eine Gestalt, die sich den verschiedensten Gestalten der Transzendenz ausgeliefert sieht, die etwas vom bedrohlichen Einbruch der Magie, aber auch von der Getragenheit des Seins weiß und die zugleich dessen inne geworden ist, daß von oben her die Liebe an uns teilnimmt. Und ebenso ist GOETHE eine Gestalt, die sich in ihrer menschlichen Form erfaßt und als Entelechie nach dem Telos in sich selber fragt, auf das hin sie sich „lebend entwickeln" soll und das nach den orphischen Urworten in geheimnisvoller Korrespondenz zu den Planetenbahnen und zu dem Gotte steht, der die Welt „im Inneren bewegt".

Sicher sind es zwei verschiedene Grenzen, von denen hier herübergewinkt wird. Und dennoch sind die Menschen an der Grenze ein geheimer Orden, sind sie einander wahlverwandt, denn sie sind Erkennende und Liebende. So grüßen wir heute in Ehrerbietung und Freude PAUL TILLICH, und ich darf wohl sagen: *unsern* PAUL TILLICH. Uns als seinen Freunden erscheint er wie ein Wanderer zwischen beiden Welten, und es freut uns, daß wir in Deutschland die eine dieser beiden Welten sind, in deren Boden seine Wurzeln gesenkt sind. Wir hoffen, daß es nicht nur der kategorische Imperativ ist, der ihn fast Jahr für Jahr auf das Hamburger Katheder steigen läßt, sondern daß es auch ein wenig Heimweh ist nach dem Ursprung, aus dem er hervorging. Aber wir wissen auch: wenn er bei uns ist, dann treibt ihn wieder das Heimweh zu seinen Studenten in Amerika. Wer ein Liebender ist, wird selber viel geliebt. Und so ist er denn zugleich ein Wanderer zwischen zwei Gestalten des Heimwehs. Auch das ist wohl das Schicksal der Liebenden. Denn sie werden erwartet. Und wo immer sie auftauchen, herrscht Freude, daß es sie gibt, daß es Wissende gibt, die nicht das Fernste suchen, sondern die dem Nächsten nahe sind.

Namensregister
(Auswahl)

Sachregister*
(Auswahl)

---

* Bei der Ausführlichkeit des Inhaltsverzeichnisses ist das Sachregister nur als Ergänzung gedacht.

Bücher von Helmut Thielicke im Verlag J.C.B. Mohr (Paul Siebeck):

Der evangelische Glaube
Grundzüge der Dogmatik

Band 1: Prolegomena.
Die Beziehung der Theologie zu den Denkformen der Neuzeit
1968. XX, 611 Seiten. Leinen.

Band 2: Gotteslehre und Christologie
1973. XIX, 585 Seiten. Fadengeheftete Broschur und Leinen.

Band 3: Theologie des Gesites
1978. XXIV, 648 Seiten. Leinen.

Theologie der Anfechtung

1949. VIII, 270 Seiten. Broschur.

Leben mit dem Tod

1980. XII, 346 Seiten. Pappband.

Leben angesichts des Todes

Beiträge zum theologischen Problem des Todes.
Helmut Thielicke zum 60. Geburtstag
1968. VII, 325 Seiten. Leinen.

Theologische Ethik

Band 1: Prinzipienlehre
5. Auflage 1981.
XIX, 746 Seiten. Leinen.

Band 2: Entfaltung
Teil 1: Mensch und Welt
5. Auflage 1986.
XXVII, 730 Seiten. Leinen.

Band 2: Entfaltung
Teil 2: Ethik des Politischen
4. Auflage 1987.
XXIII, 855 Seiten. Leinen.

Band 3: Entfaltung
Teil 3: Ethik der Gesellschaft,
des Rechtes, der Sexualität
und der Kunst
2. Auflage 1968.
XXXV, 972 Seiten. Leinen.

Die Atomwaffe
als Frage an die christliche Ethik

1958. 50 Seiten (Sammlung
gemeinverständlicher Vorträge 219). Broschur.

Notwendigkeit und Begrenzung des politischen Auftrages der Kirche

1974. 46 Seiten (Sammlung
gemeinverständlicher Vorträge 259/260). Broschur.

Sex

Ethik der Geschlechtlichkeit
1966. XII, 311 Seiten.
Broschur und Leinen.

Über die Angst des heutigen Theologiestudenten vor dem geistlichem Amt

1967. 34 Seiten (Sammlung
gemeinverständlicher Vorträge 247). Broschur.

Die erzieherische Verantwortung der Universität

Grundfragen der Hochschulreform
1952. 28 Seiten (Philosophie
und Geschichte 75). Broschur.

J.C.B. Mohr (Paul Siebeck) Tübingen